समाज मनोविज्ञान

समाज मनोविज्ञान

राजेन्द्र कुमार शर्मा
रचना शर्मा

ATLANTIC
PUBLISHERS & DISTRIBUTORS (P) LTD

प्रकाशक :
एटलांटिक पब्लिशर्स एण्ड डिस्ट्रीब्यूटर्स (प्रा.) लि.
7/22, अन्सारी रोड, दरियागंज, नई दिल्ली-110002
दूरभाष : +91-11-40775252, 23273880, 23275880, 23280451
फैक्स : +91-11-23285873
ई-मेल : orders@atlanticbooks.com
वेबसाइट : www.atlanticbooks.com

शाखा कार्यालय :
5, नालाथम्बी स्ट्रीट, वालाजाह रोड, चेन्नई-600002
दूरभाष : +91-44-64611085, 32413319
ई-मेल : chennai@atlanticbooks.com

मुद्रक : ग्लोरियस प्रिंटर्स, ए-13, डी.एस.आई.डी.सी., झिलमिल औद्योगिक क्षेत्र, नई दिल्ली-110095

SAMAJ MANOVIGYAN *(in Hindi)*
By Rajendra Kumar Sharma & Rachana Sharma

भूमिका

प्रस्तुत पुस्तक भारतीय विश्वविद्यालयों में मनोविज्ञान और समाजशास्त्र विषयों में स्नातकोत्तर कक्षाओं के लिये समाज मनोविज्ञान विषयक प्रश्न-पत्र के पाठ्यक्रमानुसार लिखी गई है। प्रस्तुत पुस्तक के लेखक को मनोविज्ञान और समाजशास्त्र दोनों क्षेत्रों में लिखने का अनुभव है। अतः आशा है कि यह पुस्तक मनोविज्ञान और समाजशास्त्र दोनों के ही दृष्टिकोण से खरी उतरेगी, परन्तु मूल रूप से पुस्तक में विषय विवेचन का दृष्टिकोण मनोवैज्ञानिक ही है क्योंकि समाज मनोविज्ञान, मनोविज्ञान की शाखा पहले है, समाजशास्त्र की शाखा बाद में है।

यह पुस्तक विश्लेषणात्मक पद्धति से लिखी गई है अतः प्रत्येक विषय पर प्रत्येक प्वाइन्ट को काले अक्षरों में देकर यथा-सम्भव अलग पैराग्राफ में वर्णन किया गया है। विषय को उपस्थित करने की विश्लेषणात्मक पद्धति के साथ-साथ विषय के विवेचन में रचनात्मक समालोचना की विधि अपनाई गई है। विवादास्पद विषयों पर निष्कर्ष देने में लेखक का दृष्टिकोण सर्वांग रहा है। सर्वांग दृष्टिकोण में किसी भी मत को असत्य न कहकर उसके सत्य के पक्ष पर जोर दिया जाता है और उसके खंडन के स्थान पर उसकी सीमायें दिखाने की ओर अधिक ध्यान दिया जाता है। जहां तक प्रयोग-सिद्ध बातों का प्रश्न है उनमें नवीनतम प्रयोगों के परिणाम ही अन्तिम निष्कर्ष हैं। लेखक ने प्रत्येक विषय के विवेचन में यथासंभव नवीनतम सामग्री देने का प्रयास किया है।

लेखक ने इस पुस्तक को अपनी ओर से स्नातकोत्तर कक्षाओं के विद्यार्थियों के लिए एक आदर्श पाठ्य पुस्तक बनाने की चेष्टा की है। पुस्तक में जहाँ पाठ्यक्रम के किसी भी विषय को छोड़ा नहीं गया है, वहां प्रत्येक का वर्णन प्रथम श्रेणी के स्तर से करने की चेष्टा की गई है। चार्टों, तालिकाओं और चित्रों से पुस्तक को अधिकाधिक सुबोध बनाने की चेष्टा की गई है।

पारिभाषिक शब्दों के लिए प्रस्तुत पुस्तक में अधिकांश शब्द भारत सरकार के शिक्षा विभाग द्वारा प्रकाशित वैज्ञानिक शब्दावलियों से लिये गये हैं। परन्तु जहां-जहां सरकारी शब्दावली में दिये शब्द अत्यधिक दुरूह मालूम पड़े हैं, वहां लेखक ने चालू शब्दों का प्रयोग करना ही बेहतर समझा है।

समाज मनोविज्ञान उन थोड़े से विज्ञानों में से है जो मानव जीवन के अत्यधिक निकट हैं। अत: उसके तथ्यों को दैनिक जीवन के अनुभवों की पृष्ठभूमि समझना आवश्यक है। इस बात को ध्यान में रखकर लेखकों ने यथासंभव दैनिक जीवन की मामूली-मामूली बातों से विषय को समझने की कोशिश की है।

भारत में वैज्ञानिक रूप में समाज मनोविज्ञान का अध्ययन अभी नया है। अत: विषय को समझाने के लिए उदाहरणों, चित्रों, परीक्षणों आदि के भारतीयकरण की दिशा में अभी पर्याप्त कार्य नहीं हुआ है। प्रस्तुत पुस्तक में विषय को समझाने के उदाहरणों का भी यथासम्भव भारतीयकरण करने की चेष्टा की गई है।

डॉ० राजेन्द्र कुमार शर्मा
डॉ० रचना शर्मा

विषय-सूची

प्रथम खण्ड
विषय प्रवेश
(Introductory)

द्वितीय खण्ड

मानव व्यवहार के मनोजैवकीय आधार

(Psycho-Biological Foundations of Human Behaviour)

तृतीय खण्ड

मानव व्यवहार के सामाजिक-सांस्कृतिक आधार)
(Socio-Cultural Foundations of Human Behaviour)

चतुर्थ खण्ड
सामाजिक प्रक्रियायें
(Social Processes)

पंचम खण्ड

व्यवहारिक समाज मनोविज्ञान
(Applied Social Psychology)

प्रथम–खण्ड

विषय प्रवेश

(Introductory)

1

विषय प्रवेश

(Introductory)

मनुष्य के ज्ञान विज्ञान का कोई भी पहलू एक दम विकसित अवस्था में उत्पन्न नहीं होता बल्कि क्रमशः विकास से विकसित अवस्था तक पहुँचता है । इस प्रकार प्रत्येक विज्ञान के विकास का अपना इतिहास है जिसके अध्ययन से उस विज्ञान के स्वरूप को समझने में भी सहायता मिलती है। समाज मनोविज्ञान समाज में व्यक्ति के व्यवहार का अध्ययन है। प्रागैतिहासिक काल में जब मनुष्य का जन्म हुआ और वह किसी न किसी प्रकार के समूह में रहने लगा तथा दूसरे लोगों से प्रभावित हुआ तभी से समाज मनोविज्ञान की विषय सामग्री उपस्थित हुई। मानव में चिन्तनशीलता बढ़ने के साथ-साथ यह स्वाभाविक था कि मनुष्य सामाजिक परिस्थितियों में व्यक्ति के व्यवहार के परिवर्तन के विषय में भी सोचता और इस परिवर्तन के कारण भी मालूम करता। इस प्रकार किसी न किसी रूप में समाज मनोविज्ञान का मूल उद्गम अति प्राचीन काल से दिखलाया जा सकता है यद्यपि उस अति प्राचीन रूप को समाज मनोविज्ञान कहना कठिन होगा क्योंकि वह वैज्ञानिक नहीं था। वैज्ञानिक रूप में तो समाज मनोविज्ञान 19वीं शताब्दी की देन है और उसका विशेष विकास 20वीं शताब्दी में हुआ।

ऐतिहासिक पृष्ठभूमि : समाज दार्शनिकों के विचार

परन्तु फिर भी समाज मनोविज्ञान के इतिहास के वर्णन में उसके प्राग्-वैज्ञानिक (Pre-Scientific) उद्गम पर दृष्टि डालना भी प्रासंगिक होगा। अन्य विद्वानों की तरह समाज मनोविज्ञान का उद्गम भी प्राचीन दार्शनिकों के विचारों में खोजा जा सकता है। समाज से सम्बन्धित होने के कारण सुविधा के लिये इन दार्शनिक विचारों को दार्शनिक मात्र न कहकर समाज दार्शनिक कहना अधिक उपयुक्त होगा। इस प्रकार समाज मनोविज्ञान के मूल प्रणेता समाज दार्शनिक थे। प्राचीन यूनानी राज्य में प्लेटों और अरस्तू ने जिस प्रकार अन्य विज्ञानों को प्रभावित किया है उसी प्रकार समाज मनोविज्ञान की समस्याओं के विषय में भी विचार प्रस्तुत किये हैं।

1. प्लेटो के विचार—प्लेटो ने मनुष्य के सीखने की प्रवृत्ति को उसकी विशिष्ट सामाजिक व्यवस्था का मूल आधार बतलाया है। मनुष्य शिक्षा प्राप्त करता है और शिक्षित किया जा सकता है। इसी से समाज में उसके व्यवहार में परिवर्तन की सम्भावनायें उत्पन्न होती हैं। प्लेटो के अनुसार मनुष्य की जन्म जात प्रवृत्तियां शिक्षा से अत्यधिक प्रभावित होती हैं। जैसी शिक्षा उसे मिलती है उसी के अनुसार उसका व्यक्तित्व बनता है और वैसा ही व्यवहार वह सामाजिक परिस्थितियों में करता है। इस प्रकार प्लेटो के अनुसार समाज में वांछित परिवर्तन करने के लिये शिक्षा की व्यवस्था की उन्नति की जानी चाहिये। अपनी प्रसिद्ध पुस्तक रिपब्लिक में प्लेटो ने आदर्श राज्य के लिये शिक्षा की आदर्श व्यवस्था उपस्थित की है। प्लेटो का विश्वास था कि व्यक्ति का व्यवहार उस सामाजिक व्यवस्था का परिणाम है जिसमें उसका विकास हुआ है। जैसा समाज होगा वैसा ही व्यक्ति भी होगा। प्लेटो के विचारों में समाज के महत्व पर अत्यधिक जोर दिखलाई पड़ता है मानो कि समाज के सामने मनुष्य की वैयक्तिकता का कोई मूल्य न हो।

2. अरस्तू के विचार—मनुष्य के सामाजिक व्यवहार के विषय में प्लेटो के प्रधान शिष्य अरस्तू ने बिल्कुल ही भिन्न विचार उपस्थित किये हैं। जहां प्लेटो ने मानव के व्यवहार के परिवर्तन के लिये शिक्षा को बहुत अधिक प्रभावशाली माना है वहां अरस्तू के अनुसार शिक्षा से मनुष्य की प्रकृति में परिवर्तन नहीं किया जा सकता। अरस्तू मनुष्य की जन्मजात मूल प्रवृत्तियों को उसके सामाजिक व्यवहार का कारण मानता है। प्लेटो के अनुसार व्यक्ति की प्रकृति समाज की प्रकृति पर आधारित है। अरस्तू के अनुसार समाज की प्रकृति का मूल आधार व्यक्ति की प्रकृति है। अरस्तू के अनुसार समाज मनुष्य की मूल प्रवृत्तियों का परिणाम जो कि अपरिवर्तनीय है। उसके अनुसार न मनुष्य की प्रकृति को ही बदला जा सकता है और न समाज को ही। इस प्रकार अरस्तू मानव के भविष्य के ही विषय में निराशावादी मत उपस्थित करता है। कहना न होगा कि आधुनिक विचारक मानव की परिवर्तनशीलता के विषय में न तो प्लेटो के विचारों से सहमत हैं न अरस्तू के, यद्यपि इससे उनके विचारों का महत्व अपनी जगह पर किसी भी तरह से कम नहीं होता।

3. सौफिस्टों के विचार—प्लेटो और अरस्तू के बाद मनुष्य के सामाजिक व्यवहार के विषय में कुछ विचार ई० पू० पांचवी शताब्दी के सौफिस्ट (Sophist) विचारकों में मिलते हैं। यूनान के इन विचारकों ने मनुष्य के व्यवहार पर सामाजिक और आध्यात्मिक प्रक्रियाओं के प्रभाव का उल्लेख किया है। उन्होंने सामाजिक परिस्थिति में व्यक्ति के व्यवहार की व्याख्या करने की चेष्टा की है। उन्होंने व्यक्ति पर शिक्षा और समाजीकरण (Socialisation) के प्रभाव का वर्णन किया है। इसी समय प्रोटेगोरस (Protegoras) ने जनमत की व्याख्या करने की चेष्टा की है।

4. सिरेनैक्स और एपीक्यूरियन्स के विचार—सौफिस्टों के अलावा यूनान के सिरेनैक्स और एपीक्यूरियन्स नामक मतावलम्बियों ने भी मनुष्य के सामाजिक व्यवहार के विषय में विचार उपस्थित किये। प्राचीन यूनान में सुखवादी (Hedonist) विचारधारा के दो रूप दिखलाई पड़ते थे—स्थूल सुखवाद और परिष्कृत सुखवाद। स्थूल सुखवाद सिरेनैक्स (Cyrenaics) मत का सिद्धान्त है। दूसरी ओर एपीक्यूरियन्स (Epicureans) परिष्कृत सुखवाद को मानते हैं। सिरेनैक्स

का प्रवर्तक एरिसटीपस (Aristippus) और एपीक्यूरियन्स के मत का प्रवर्तक एपीक्यूरस (Epicurus) था। इन दोनों ही मतों के अनुसार मनुष्य के अधिकतर व्यवहार उसकी सुख की इच्छा से प्रेरित होते हैं। एरिस्टीपस के अनुसार मनुष्य सदैव सुख खोजता है। सुख ही कर्मों का एक मात्र प्रेरक है। कर्म का औचित्य उनके परिणामों पर निर्भर है। सुख देने वाले कर्म सदैव अच्छे होते हैं और जिन कर्मों का परिणाम दुख हो वे अवश्य त्याज्य हैं। एपीक्यूरस ने मनुष्य के आत्म-चेतन रूप पर और उसकी बुद्धि पर जोर दिया है। उसके अनुसार बौद्धिक सुख शारीरिक सुख से श्रेष्ठ है। मनुष्य पशु के समान निरूद्देश्य, अव्यवस्थित और संवेगपूर्ण जीवन व्यतीत करना पसन्द नहीं करता। वह शान्त सुख चाहता है। शान्त सुख जीवन की हलचल से श्रेष्ठ है। ऐन्द्रिक सुख तीव्र और क्षणिक है। बौद्धिक सुख शान्त, गम्भीर और चिरस्थाई है। यह मनुष्य का लक्ष्य है। व्यवसायिक बुद्धि मनुष्य को इस सुख के प्राप्त करने का मार्ग दिखा सकती है।

यूनानी सुखवाद के उपरोक्त दोनों ही मतों से आधुनिक विचारक सहमत नहीं हैं। मनोवैज्ञानिक दृष्टि से ये दोनों ही मत भ्रामक सिद्ध होते हैं। मनोविज्ञान के अनुसार मनुष्य न तो स्थूल सुख और न परिष्कृत सुख की इच्छा से प्रेरित होता है बल्कि अपनी कुछ आवश्यकताओं की पूर्ति के लिये बाह्य उत्तेजनाओं से प्रेरित होता है।

5. अन्य समाज दार्शनिक—उपरोक्त दार्शनिक मतों के अलावा जर्मन दार्शनिक हेगेल (Hegel) और फ्रेंच दार्शनिक कौन्ट (Comte) ने भी मनुष्य के सामाजिक व्यवहार के विषय में विचार उपस्थित किये। हेगेल ने लोक आत्मा (Folk Soul or Volksgeist) की चर्चा की यद्यपि इस प्रत्यय को मान्यता नहीं मिल सकी। इन समाज दार्शनिकों के अलावा अनेक अन्य सामाजिक विचारकों ने भी समाज मनोविज्ञान के तत्वों के विषय में विचार प्रस्तुत किये। इनमें बोदां (Bodin), मान्टेस्क्यू (Montasquieu), हॉब्स (Hobbes), लॉक (Locke) तथा रूसो (Rousseau) आदि के विचार उल्लेखनीय है। मध्य युग में धार्मिक विचारों का समाज मनोविज्ञान के विचारों पर प्रभाव पड़ा इन विचारों में प्रकृति का स्थान परमात्मा ने ले लिया। 16वीं शताब्दी के प्रारम्भ में जर्मन राजनीतिज्ञ मैकियावली (Machiavelli) ने मानव मनोविज्ञान के विषय में कुछ महत्वपूर्ण विचार उपस्थित किये। 18 वीं शताब्दी में मान्टेस्क्यू ने मनुष्य के व्यवहार पर जलवायु के प्रभाव का उल्लेख किया। इसके अलावा और भी बहुत से भौगोलिकवादी विचारकों ने मनुष्य के व्यवहार को बहुत कुछ जलवायु का परिणाम माना। इनमें हटिंगटन (Huntington) का नाम विशेष रूप से उल्लेखनीय है। कौन्ट ने निरपेक्षवाद (Postivism) की स्थापना की। उसने समाज की प्रगति में तीन स्थितियां दिखलाई—धार्मिक, अध्यात्मिक और सामाजिक। उसके अनुसार मनुष्य का सम्पूर्ण व्यवहार समाज पर निर्भर है। कौंट ने सामाजिक परिवर्तनों में शासन के नियन्त्रण को महत्वपूर्ण माना। 1897 में हरबर्ट स्पेन्सर (Herbert Spencer) ने कौंट के इस मत की आलोचना की और कहा कि सामाजिक परिवर्तन कुछ निश्चित प्राकृतिक नियमों के अनुसार होते हैं तथा उनमें शासन द्वारा नियन्त्रण की कोई आवश्यकता नहीं है। हरबर्ट स्पेन्सर का यह सिद्धांत निर्णायकवाद (Determinism) कहलाता है। कौंट के अलावा समाज मनोविज्ञान को प्रभावित करने वाले महत्वपूर्ण सामाजिक विचारकों में दुर्खीम (Durkheim) का नाम लिया जा

सकता है। दुर्खीम ने सामूहिक प्रतिनिधित्ववाद (Collective Representationism) का सिद्धान्त उपस्थित किया। यह सिद्धान्त समूह के महत्व पर प्रकाश डालता है और सामाजिक जीवन की व्याख्या करता है। व्यक्तिगत मस्तिष्क से अलग दुर्खीम ने एक सामूहिक मस्तिष्क (Collective mind) की कल्पना की। आधुनिक समाज मनोविज्ञान समूह मस्तिष्क को नहीं मानता परन्तु फिर भी समाज मनोविज्ञान के इतिहास में दुर्खीम का महत्वपूर्ण स्थान है।

मानवशास्त्रियों के विचार

अब तक समाज मनोविज्ञान के इतिहास में समाज दार्शनिकों और सामाजिक विचारकों के प्रभाव का संकेत किया गया है। इसके अलावा समाज मनोविज्ञान में मानवशास्त्रियों (Anthropologists) ने भी महत्वपूर्ण योगदान दिया है। कुछ समाज मनोवैज्ञानिक लेजारस (Lazarus) को समाज मनोविज्ञान का संस्थापक मानते हैं। लेजारस ने सन् 1860 में स्टीन्थेल (Steinthal) के साथ मिलकर जर्मनी में लोक मनोविज्ञान और भाषा विज्ञान (Folk Psychology and Philology) पर एक पत्रिका की स्थापना की। इस पत्रिका में सबसे पहले समूह मस्तिष्क (Group mind) और लोक आत्माओं (Folk Souls) की व्याख्या उपस्थित की गई। इस पत्रिका ने प्रयोगात्मक मनोविज्ञान के प्रणेता वुँट (Wundt) को प्रोत्साहित किया, यद्यपि इसके लेख दार्शनिकता और रहस्यवाद से ओत-प्रोत थे। वुँट ने दस भागों में लोक मनोविज्ञान से सम्बन्धित एक विशाल ग्रन्थ की रचना की है। वुँट ने समूह मस्तिष्क की धारणा को स्पष्ट किया और व्यक्तिगत मस्तिष्क से उसका अन्तर दिखलाया। उसके अनुसार सामाजिक प्रक्रियाओं का अध्ययन प्रयोगशाला में नहीं बल्कि व्यवहारिक जगत में किया जाना चाहिये। समूह मस्तिष्क के अलावा वुँट ने लोकाचार (Customs), परम्पराओं (Traditions), पौराणिक कथाओं (Myths), सामाजिक संगठनों तथा भाषा आदि के आधारों का गहन विश्लेषण किया। लोक मनोविज्ञान की परिभाषा करते हुए लेजारस ने लिखा है कि लोक मनोविज्ञान का कर्तव्य उन नियमों की खोज करना है जो कि वहां काम करते हैं जहां कहीं बहुत से लोग एक होकर रहते और काम करते हैं। कहना न होगा कि लोक मनोविज्ञान समाज मनोविज्ञान के अत्यन्त निकट है।

ब्रिटिश उद्विकासवादियों के विचार

मानवशास्त्रियों के अलावा समाज मनोविज्ञान के इतिहास में ब्रिटिश उद्विकासवादियों ने भी महत्वपूर्ण योगदान दिया। चार्ल्स डार्विन (Charles Darwin) के विकासवादी सिद्धान्त ने अन्य क्षेत्रों के समान मनोविज्ञान के क्षेत्र को भी प्रभावित किया और उसके प्रकाश में व्यक्ति के व्यवहार और उद्विकास को समझने की चेष्टा की गई। डार्विन के सिद्धान्त से प्रभावित सामाजिक विचारकों में हरबर्ट स्पेन्सर (Herbert Spencer), बेजहौट (Bagehot) और काल मार्क्स (Karl Marx) मुख्य हैं। इन्होंने सामाजिक विकास की व्याख्या करने में प्राकृतिक प्रवरण (Natural Selection) के नियम की सहायता ली। हरबर्ट स्पेन्सर के अनुसार मनुष्य आन्तरिक और बाहरी सम्बन्धों के निरन्तर सामन्जस्य की प्रक्रिया है अत: उसको समझने के लिये सामाजिक परिवेश का अध्ययन आवश्यक है।

समाज मनोविज्ञान के आधुनिक संस्थापक

समाज मनोविज्ञान के पीछे दिये गये इतिहास के बाद अब समाज मनोविज्ञान अपने वर्तमान रूप में आता है। समाज मनोविज्ञान के वैज्ञानिक स्वरूप के जन्मदाताओं में मुख्य रूप से चार वैज्ञानिकों का नाम लिया जा सकता है 1—गैब्राइल टार्डे, 2—लेबौं, 3—एडवर्ड रॉस, 4—विलयम मैक्डूगल। समाज मनोविज्ञान के वर्तमान वैज्ञानिक रूप को समझने के लिये उसके संस्थापकों के विचारों का दिग्दर्शन भी प्रासंगिक होगा। इनका काल 1890 से 1910 तक माना जा सकता है।

(1) गैब्राइल टार्डे—गैब्राइल टार्डे (Gabriel Tarde) फ्रांस का प्रसिद्ध कानूनवेत्ता था। अनेक विचारकों ने इसको समाज मनोविज्ञान का मूल संस्थापक माना है। टार्डे ने सन् 1890 में अनुकरण के नियमों पर अपनी प्रसिद्ध पुस्तक Laws of Imitation प्रकाशित की। इसमें व्यक्ति के जीवन पर सामाजिक परिवेश के प्रभाव की मनोवैज्ञानिक व्याख्या की गई। इस प्रभाव की प्रक्रिया में टार्डे ने अनुकरण को सबसे महत्वपूर्ण माना है। उसने तो यहां तक कह दिया है कि समाज अनुकरण (Society is Imitation) है। टार्डे अन्वेषणों की व्याख्या तो करता है परन्तु उसके अनुसार अन्वेषण बहुत ही कम होते हैं। अनुकरण की प्रक्रिया को समझने के लिये उसका सम्मोहन (Hypnotism) का सिद्धान्त भी महत्वपूर्ण है। टार्डे के अनुसार मनुष्य का अपराधी व्यवहार भी उसकी सामाजिक परिस्थितियों का परिणाम है। सामाजिक जीवन का कारण मनुष्य की मानसिक क्रिया-प्रतिक्रियायें हैं। टार्डे ने इन मानसिक क्रिया-प्रतिक्रियाओं को तीन वर्गों में विभाजित किया है:— 1—पुनरावर्तन (Repetition), 2—विरोध (Opposition), 3—अभियोजन (Adaptation)। अनुकरण के सिद्धान्त को टार्डे ने सबसे पहले उपस्थित नहीं किया था उससे पहले सन् 1873 में बेजहौट ने अनुकरण का सिद्धान्त उपस्थित किया।

(2) लेबौं—टार्डे की पुस्तक के पांच वर्ष बाद लेबौं की प्रसिद्ध पुस्तक The Crowd प्रकाशित हुई। इस पुस्तक में भीड़ व्यवहार की मनोवैज्ञानिक व्याख्या की गई। लेबौं ने भीड़ व्यवहार में व्यक्तिगत मस्तिष्क से अलग एक सामूहिक मस्तिष्क का संकेत किया है, जिसमें अत्यधिक मात्रा में सुझावात्मकता (Suggestibility), संक्रामकता (Contagion), प्रवृत्तिजन्यता (Impulsiveness), संवेगात्मकता (Emotionality) और अन्धविश्वास (Credulity) मिलता है। लेबौं के भीड़मन के प्रत्यय का खण्डन किया जा चुका है। उसके विचारों का यही महत्व है कि उसने सबसे पहले समूह व्यवहार की मनोवैज्ञानिक व्याख्या करने का प्रयास किया।

(3) एडवर्ड रॉस—अपनी प्रसिद्ध पुस्तक Social Psychology में रॉस ने समाज मनोविज्ञान की परिभाषा करते हुए उसको ज्ञान की वह शाखा बतलाया है जो व्यक्ति और उसके चारों ओर के परिवेश की अन्तर्क्रिया का अध्ययन करती हैं। रॉस टार्डे के सुझाव और अनुकरण के सिद्धान्त को स्वीकार करता है और विकसित करता है। उसी ने सबसे पहले अपनी पुस्तक में टार्डे, लेबौं और बेजहौट के विचारों को व्यवस्थित रूप में एकत्रित किया। उसने भीड़, फैशन, परम्पराओं और जनरीतियों, प्रथाओं, संघर्षों (Conflicts), समझौते (Compromises) तथा जनमत (Public opinion) की मनोवैज्ञानिक व्याख्या की है। उसने विभिन्न सामाजिक घटनाओं को

सुझाव और अनुकरण के सिद्धान्त के आधार पर सुलझाने की चेष्टा की। उसने समाज मनोविज्ञान की सर्वप्रथम वैज्ञानिक परिभाषा प्रस्तुत की।

(4) विलियम मैक्डूगल—अपनी प्रसिद्ध पुस्तक Introduction to Social Psychology में विलियम मैक्डूगल (Wm. Mcdougall) ने मूल प्रवृति के सिद्धान्त द्वारा जीव के सामाजिक व्यवहार को समझाने की चेष्टा की। मैक्डूगल के मूल प्रवृति के सिद्धान्त की पर्याप्त आलोचना की गई है परन्तु अभी इस विषय में कोई निश्चित मत स्थापित नहीं हो सका है। मैक्डूगल के आलोचकों में जॉन डिवी (John Dewey), मीड (Mead) और कूले का (C. H. Cooley) का नाम उल्लेखनीय है। इन्होंने व्यक्ति की सामाजिक आत्मा (Social self) के विकास पर जोर देते हुये उसमें सामाजिक परिवेश के महत्व को दिखलाया है।

समाज मनोविज्ञान का वर्तमान विकास

उपरोक्त संस्थापकों के बाद समाज मनोविज्ञान अपने वर्तमान विकास की स्थिति में प्रवेश करता है। समाज मनोविज्ञान का आधुनिक विकास मुख्य रूप से 19 वीं और 20 वीं शताब्दी में हुआ। 19 वीं शताब्दी में कुछ विचारक उसको समाजशास्त्र की एक शाखा मानते थे। परन्तु क्रमश: उसको एक पृथक विज्ञान माना जाने लगा। समाजशास्त्र से अलग समाज मनोविज्ञान को पृथक मान्यता दिलाने में प्रसिद्ध मनोवैज्ञानिक आलपोर्ट (F. H. Allport) ने महत्वपूर्ण कार्य किया। आलपोर्ट ने सन् 1924 में समूह मन की कल्पना की तीव्र आलोचना की। गत पचास वर्षों में समाज मनोविज्ञान में प्रयोगात्मक विधि से अधिक से अधिक खोजें की जा रही हैं। समाज मनोविज्ञान के विकास में कुछ मानसिक चिकित्सकों और मनोविश्लेषणवादियों ने भी महत्वपूर्ण योगदान दिया है। इनमें पैरिस स्कूल के शार्को (Charcot) और मनोविश्लेषणवाद के संस्थापक सिगमन्ड फ्रॉयड (Sigmund Freud) का नाम उल्लेखनीय है। फ्रॉयड के अलावा युंग (Jung) ने भी समूह व्यवहार के अचेतन कारणों पर प्रकाश डाला। इनके अलावा समाज मनोविज्ञान के विकास में महत्वपूर्ण योगदान देने वाले अन्य मनोविश्लेषणवादियों में लासवैल (Lasswell), हार्नी (Horney), डोलार्ड (Dollard) कार्डिनर (Kardiner) और फ्रॉम (Fromm) का नाम लिया जा सकता है। आधुनिक समाज मनोवैज्ञानिकों में कर्ट लेवीन (Kurt Lewin), ब्राउन (Brown), किम्बालयंग (K. Young), स्प्रोट (Sprott), शेरिफ (Sherif), क्रेच (Krech) और क्रच फील्ड (Crutchfield), गार्डनर मर्फी (Gr. Murphy), न्यूकौम्ब (Newcomb) आदि के नाम उल्लेखनीय हैं। इनके अलावा आधुनिक समाज मनोविज्ञान के क्षेत्र में इतने अधिक मनोवैज्ञानिक भिन्न-भिन्न दशाओं में कार्य कर रहे हैं कि उनके नामों की सूची देने के लिए एक पूरी पुस्तक की आवश्यकता होगी।

पिछले कुछ वर्षों में समाज मनोविज्ञान के क्षेत्र में भारी परिवर्तन हुये हैं। समाज मनोविज्ञान के प्रारम्भ के दिनों में मैक्डूगल और फ्रॉयड ने मानव के सामाजिक व्यवहार को कुछ मूल प्रवृत्तियों से समझने की कोशिश की थी। बाद में समाज मनोवैज्ञानिकों और विशेषतया सामाजिक मानवशास्त्रियों की खोजों से यह बात लगभग निश्चित रूप से सिद्ध हो गई है कि मनुष्य का व्यवहार उसके सामाजिक और सांस्कृतिक परिवेश पर अत्यधिक निर्भर है। इस क्षेत्र में सामाजिक

मानवशास्त्री जार्ज हरबर्ट मीड (G.H. Mead), राल्फ लिन्टन (Ralph Linton), रूथ बैनेडिक्ट (Ruth Benedict), मलिनोवस्की (B. Malinowaski), अब्राम कार्डीनर (A. Kardiner) आदि के प्रयत्न अत्यन्त महत्वपूर्ण है। इनके अलावा एडवर्ड सपीर (E.Sapir), गैग्री बैडसिन, जॉन डोलार्ड (J. Dollard), लासवैल (Lasswell), सलीवन (Sulliven), फ्रॉड एलैक्जैन्डर (F. Alexander), हैलोवैल (Hallowel), मैसलो (Maslow), ऐरीक्सन (Erickson) और ऐरिक फ्रॉम (Erich Fromm) आदि की खोजें भी महत्वपूर्ण हैं। इन खोजों से यह सिद्ध हुआ कि यह सिद्धान्त उपयुक्त नहीं है कि मनुष्य कुछ जन्मजात मूल प्रवृत्तियों को लेकर उत्पन्न होता है और बाद में इन मूल प्रवृत्तियों का विकास भर ही होता है। इन खोजों ने यह सिद्ध किया कि जन्म से व्यक्ति एक सामाजिक और सांस्कृतिक परिवेश में विकसित होता है। मानव के सामाजिक व्यवहार के विषय में इस सिद्धान्त के अलावा आधुनिक समाज मनोविज्ञान में अन्य क्षेत्रों में भी महत्वपूर्ण प्रगति दिखलाई पड़ती है। उदाहरण के लिए व्यक्तित्व और उसके माप (Measurement) के विषय में महत्वपूर्ण अध्ययन हुये हैं। सामाजिक और सांस्कृतिक परिवेश में व्यक्तित्व के विकास के विस्तृत अध्ययन किये गये। लक्षणों (Traits), मतों (Opinions), अभिवृत्तियों (Attitudes) आदि के माप के नये-नये साधन निकाले गये। व्यक्तित्व परीक्षणों को भी अधिक वैज्ञानिक बनाया गया जिनसे अब व्यक्तित्व का नियन्त्रण और उसके विषय में भविष्यवाणी अधिक सरल हो गई है। इस प्रकार आधुनिक समाज मनोविज्ञान क्रमशः अधिकाधिक वैज्ञानिक बनता जा रहा है।

समाज मनोविज्ञान में वर्तमान प्रवृत्तियां

शेरिफ और शेरिफ ने आधुनिक काल में समाज मनोविज्ञान में निम्नलिखित तीन प्रवृत्तियों की ओर ध्यान दिलाया है :-

(1) वैज्ञानिक पद्धतियों और प्रविधियों का प्रयोग (Use of Scientific Methods and Techniques)—सामान्य मनोविज्ञान के समान समाज मनोविज्ञान को भी आजकल अधिक से अधिक मनोवैज्ञानिक बनाने का प्रयास किया जा रहा है। समाज मनोविज्ञान में वैज्ञानिक पद्धतियों का प्रयोग बढ़ता ही जाता है। मनोविज्ञान में प्रयोग विधि सबसे अधिक वैज्ञानिक है। आधुनिक समाज मनोविज्ञान में प्रयोग विधि का अधिक से अधिक प्रयोग करने का प्रयास किया जाता है।

(2) आवश्यक दृष्टिकोण प्राप्त करना (Achieving Necessary Perspective) —मानव के ज्ञान विज्ञान में सब कहीं कुछ न कुछ मानवकेन्द्रिता (Ethnocentrism) दिखलाई पड़ती है अर्थात् सब कहीं व्यवहार और घटनाओं को ज्यों का त्यों देखने की अपेक्षा विशेष मूल्यों, नियमों और उद्देश्यों की पृष्ठभूमि में देखा जाता है। समाज मनोविज्ञान भी इसका अपवाद नहीं है। परन्तु आजकल इस मानवकेन्द्रिता की प्रवृति को समाप्त करने का अधिक से अधिक प्रयास किया जा रहा है। सांस्कृतिक मानवशास्त्री भी इस प्रयास में योगदान दे रहे हैं।

(3) अन्तर्क्रियात्मक प्रभावों के सन्दर्भ में सामाजिक व्यवहार का अध्ययन (Study of Social Behaviour in a Frame of Reference of Interacting Influences)—जैसा कि पहले संकेत किया जा चुका है आजकल अन्तर्क्रिया को समाज मनोविज्ञान

के अध्ययन की मूल सामग्री माना जाता है। इस सम्बन्ध में शेरिफ और शेरिफ ने लिखा है कि ''पिछली शताब्दियों में एक केन्द्रीय प्रवृत्ति व्यक्तियों और समूह दोनों से (संस्कृति, समाज) आने वाले प्रभावों के अध्ययन की ओर रही है जैसा कि वे अनुभव और व्यवहार को निश्चित करने में कार्य करते हैं, प्रतिक्रिया करते हैं अथवा अन्तर्क्रिया करते हैं।''[1]

किम्बाल यंग (Kimball Young) ने आधुनिक समाज मनोविज्ञान में निम्नलिखित 6 प्रवृत्तियों का उल्लेख किया है–

(1) अध्ययन की पद्धतियों में परिवर्तन (Change in the Methods of Study)– जैसा कि शेरिफ और शेरिफ के मत के विवरण में कहा जा चुका है कि आधुनिक समाज मनोविज्ञान में अध्ययन की पद्धतियों में परिवर्तन हो रहा है। जहां पहले जीवन इतिहास (Case History) जैसी गुणात्मक (Quantitative) विधियों का अधिक प्रयोग किया जाता था वहां आजकल गुणात्मक विधियों का अधिक प्रयोग किया जाता है। आधुनिक अनुसंधानों में निदर्शन प्रणाली (Sampling Methods) विधि मूल्याकंन मापदण्ड (Rating Scale) प्रक्षेपण प्रविधियों (Projective Techniques) और सांख्यिकीय (Statistical) विधियों का प्रयोग बढ़ता जा रहा है।

(2) विषय सामग्री के प्रस्तुतीकरण में परिवर्तन (Change in the Presentation of Subject Matter)–जहाँ पहले समाज मनोविज्ञान की विषय सामग्री को विवरणात्मक विधि से प्रस्तुत किया जाता था वहाँ उसके स्थान पर विश्लेषणात्मक (Analytic) विधि का प्रयोग किया जाता है।

(3) मूल प्रवृत्ति के सिद्धान्त के स्थान पर सीखने के सिद्धान्त का प्रतिस्थापन (Substitution of the Principle of learning in place of the theory of instinct)–पहले समाज मनोविज्ञान में मनुष्य के बहुत से व्यवहार की व्याख्या मूल प्रवृत्ति के सिद्धान्त से की जाती थी। अब इसके स्थान पर अधिकतर व्यवहार की व्याख्या व्यवहारवादियों (Bahaviourists) के शिक्षण सिद्धान्त से की जाती है।

(4) सांस्कृतिक मानवशास्त्र का बढ़ता हुआ प्रभाव (Increasing Impact of Cultural Anthropology)–आधुनिक काल में समाज मनोविज्ञान में सांस्कृतिक मानवशास्त्र का प्रभाव बढ़ता जा रहा है। यह माना जाने लगा है कि मनुष्य का व्यक्तित्व और व्यवहार एक विशेष सांस्कृतिक परिवेश में विकसित होता हैं। सांस्कृतिक परिवेश बदलने से व्यवहार में भी अन्तर पड़ता है। अत: किसी एक सांस्कृतिक समूह में व्यक्ति के अध्ययन में मिले सामान्य सिद्धान्तों को भिन्न सांस्कृतिक समूह में रहने वाले व्यक्तियों पर लागू नहीं किया जा सकता। उदाहरण के लिये अनेक सांस्कृतिक मानवशास्त्रीय अध्ययनों से यह ज्ञात हुआ है कि आधुनिक

---

1. "One converging trend during the last decades has been toward studying influences coming both from the individual and from groups (Culture, Society) as they act, react or interact in determining experience and behaviour."
— Sherief and Sherief. *An Outline of Social Psychology*, p.765

संस्कृतियों में व्यक्ति को किशोर अवस्था से प्रौढ़ अवस्था में आने के लिये जिस मानसिक संघर्ष से गुजरना पड़ता है वह आदिम संस्कृतियों में दिखाई नहीं पड़ता क्योंकि उनमें व्यक्ति के यौन (Sex) व्यवहार पर इतनी अधिक रोक-टोक नहीं है। अत: अनस्टासी (Anastasi) और फोले (Foley) ने ठीक ही लिखा है "सामान्य मनोविज्ञान के शीर्षक के अन्तर्गत प्रस्तुत किये गये अनेक कथन सामान्य नहीं हैं, बल्कि ऐसे मानव व्यवहार पर आधारित हैं जैसा कि वह एक अकेली संस्कृति में विकसित होता है।"[2]

(5) चिकित्सात्मक और प्रयोगात्मक मनोविज्ञान का बढ़ता हुआ अभाव (Increasing Influence of Clinical and Experimental Psychology)—मनोविज्ञान की दो मुख्य शाखायें चिकित्सात्मक और प्रयोगात्मक मनोविज्ञान हैं। चिकित्सात्मक अथवा नैदानिक मनोविज्ञान व्यक्तित्व की असामान्यताओं और मानसिक रोगों के निदान से सम्बन्धित है। प्रयोगात्मक मनोविज्ञान में, जैसा कि उसके नाम से स्पष्ट है, प्रयोग की सहायता से नियन्त्रित परिस्थितियों में मानव व्यवहार की विभिन्न बाह्य और आन्तरिक प्रतिक्रियाओं का अध्ययन किया जाता है।

आधुनिक समाज मनोविज्ञान में इन दोनों का प्रभाव बढ़ता जाता है। जैसा कि पहले ही संकेत किया जा चुका है समाज मनोविज्ञान में प्रयोग विधि से मिले तथ्यों पर विश्वास किया जाता है।

(6) समाज मनोविज्ञान के नवीन मूलाधार—अन्तर्क्रिया, कार्य और स्थिति (New Foundations of Social Psychology-Interaction, Role and Status)—समाज में विभिन्न व्यक्तियों और समूह की पृथक-पृथक और विशेष स्थिति होती है, स्थिति के अनुसार अपने-अपने कार्य होते हैं और उसी के अनुसार उससे व्यवहार की आशा की जाती है। भिन्न भिन्न स्थिति और कार्यों वाले ये व्यक्ति और समूह परस्पर नाना प्रकार की अन्तर्क्रिया करते हैं। समाज मनोविज्ञान इन्हीं का अध्ययन करता है और स्थिति, कार्य तथा अन्तर्क्रिया के इन्हीं मूलाधारों की पृष्ठभूमि में सामाजिक परिस्थितियों में व्यक्तियों के व्यवहार की व्याख्या करता है।

समाज मनोविज्ञान की मान्यतायें

समाज मनोविज्ञान भी अन्य विज्ञानों के समान कुछ मान्यतायें (Postulates) लेकर चलता है। अन्य विज्ञानों के समान उसमें एक प्रमुख मान्यता यह है कि मनुष्य के प्रत्येक व्यवहार का कुछ न कुछ कारण अवश्य होता है। प्रत्येक विज्ञान कारण कार्य सम्बन्ध (Cause-Effect Relation) की मान्यता को लेकर चलता है। समाज मनोवैज्ञानिक व्यक्ति और समूह की परस्पर अन्तर्क्रिया के मूल कारणों की खोज करता है। वह व्यक्तियों की परस्पर अन्तर्क्रियाओं का अध्ययन करता है और यह देखता है कि उनका व्यक्ति के विचारों, भावनाओं, संवेगों और आदतों पर क्या प्रभाव पड़ता है। इस अध्ययन में समाज मनोविज्ञान दर्शनशास्त्र तथा सामाजिक विज्ञानों पर निर्भर है।

---

2. "Many statements offered under the heading of general psychology are not general at all, but are based upon human behaviour as it develops within a single culture."
— Anastasi and Foley, *Differential Psychology,* (1949), p. 883

समाज मनोविज्ञान की एक मान्यता यह है कि व्यक्ति का सामाजिक व्यवहार उसके सामाजिक और सांस्कृतिक परिवेश से उसकी अन्तर्क्रिया पर निर्भर है। इस मान्यता को लेकर समाज मनोविज्ञान के क्षेत्र में बराबर अध्ययन किये जा रहे हैं। समाज और व्यक्ति की अन्तर्क्रिया में समाजशास्त्र समाज पर अधिक जोर देता है। अनेक समाजशास्त्रियों ने समाज को व्यक्तियों के ऊपर माना है। व्यक्तित्व के विकास में समाज के महत्व को मानवशास्त्रियों ने भी सिद्ध किया है। दूसरी ओर सामान्य मनोविज्ञान व्यक्ति के व्यवहार का अध्ययन करता है यद्यपि सच तो यह है कि व्यक्ति के व्यवहार को भी सामाजिक परिवेश में ही जाना जा सकता है और इसलिये समाज मनोविज्ञान की सहायता के बिना सामान्य मनोविज्ञान अधूरा है। श्रम विभाजन के हेतु सामान्य मनोविज्ञान और समाज मनोविज्ञान को पृथक कर दिया है। यहां यह ध्यान रखने की बात है कि कुछ विचारकों ने व्यक्तित्व के विकास में समाज के योगदान पर अत्यधिक जोर दिया है। यह भी उचित नहीं मालूम पड़ता, क्योंकि यदि केवल सामाजिक और सांस्कृतिक परिवेश ही सब कुछ है तो एक से सामाजिक सांस्कृतिक परिवेश में भिन्न-भिन्न प्रकार के व्यक्तित्व कैसे विकसित होते हैं? समाज मनोवैज्ञानिक व्यक्ति के सामाजिक व्यवहार के अध्ययन में न तो समाज पर अत्यधिक जोर देता है और न व्यक्ति पर बल्कि अपनी दृष्टि सामाजिक अन्तक्रियाओं अथवा व्यक्ति और व्यक्ति की परस्पर क्रियाओं पर जमाये रहता है। वह व्यक्तित्व, समाज और संस्कृति की परस्पर अन्तक्रियाओं का अध्ययन करता है। इस प्रकार उसकी स्थिति समाजशास्त्र और सामान्य मनोविज्ञान के बीच में पड़ती है।

जैसा कि शैरिफ तथा अन्य समाज मनोवैज्ञानिकों ने संकेत किया है व्यक्ति का सामाजिक व्यवहार इस बात पर निर्भर है कि वह अपने चारों ओर की दुनिया को किस तरह देखता है। हर एक व्यक्ति भौतिक जगत के अलावा एक विशेष मानसिक जगत में भी रहता है। हर एक वस्तु की अच्छाई बुराई को परखने के लिये उसकी कुछ अपनी कसौटियां होती हैं। अत: उसके सामाजिक व्यवहार को जानने के लिये उसकी उत्तेजना परिस्थितियों (Stimulus Situations) के अध्ययन के साथ-साथ उसके निर्देशन के सांचों (Frame of References), सामाजिक प्रत्यक्षों (Social Perceptions) की व्यक्तिगत आदतों और सामाजिक मध्यमानों (Social norms) का अध्ययन भी आवश्यक है। इस सम्बन्ध में शैरिफ और आलपोर्ट ने अनेक महत्वपूर्ण प्रयोगों द्वारा सामाजिक मध्यमानों का महत्व सिद्ध किया है। सामाजिक परिस्थिति के प्रति व्यक्ति की अनुक्रिया के अध्ययन में उसके संवेगों और अनुभूतियों का भी अध्ययन आवश्यक है। इसके साथ-साथ विभिन्न समूहों के सदस्य होने के नाते व्यक्ति के कार्यों का अध्ययन भी आवश्यक है। समाज मनोविज्ञान यह मानता है कि विभिन्न समूहों की सदस्यता से व्यक्ति के व्यवहार पर महत्वपूर्ण प्रभाव पड़ता है। समाज मनोवैज्ञानिक इस परिर्वतन का अध्ययन करता है। समूहों का विशेष प्रभाव चुनाव (Choice) के अवसरों पर पड़ता है। विभिन्न जाति, वर्ग, राष्ट्र आदि समूहों के सदस्य एक से अवसरों पर भिन्न-भिन्न प्रकार से चुनाव करते हैं।

आधुनिक समाज मनोविज्ञान प्रयोगशालाओं की सीमा तक ही सीमित नहीं है बल्कि यह कहना अधिक उपयुक्त होगा कि उसका अधिकांश अध्ययन वास्तविक जगत में होता है। उदाहरण के लिये पिछले महायुद्ध के बाद युद्ध और क्रांति के समाज मनोविज्ञान में अनेक अध्ययन किये

गये हैं। प्रयोगशाला का कार्य केवल ऐसे सिद्धान्तों का विकास करना है जिनको जीवन की वास्तविक परिस्थितियों में देखा जा सकता है। मनोवैज्ञानिक सिद्धान्त जितना ही उपयुक्त होगा वास्तविक परिस्थितियों में भी वह उतना ही सही मालूम पड़ेगा। अतः आधुनिक समाज मनोविज्ञान प्रयोगशाला की नियन्त्रित परिस्थिति में अधिक से अधिक कार्य करने की चेष्टा करता है। इस प्रकार आधुनिक समाज मनोविज्ञान अधिकाधिक प्रयोगात्मक बनता जा रहा है, यद्यपि इससे इस तथ्य का महत्व कम नहीं होता कि बहुत सी बातें ऐसी हैं जिनका प्रयोगशाला में अध्ययन नहीं किया जा सकता।

समाज मनोविज्ञान की परिभाषा

समाज मनोविज्ञान के इतिहास के उपरोक्त संक्षिप्त दिग्दर्शन से समाज मनोविज्ञान की परिभाषा पर भी कुछ प्रकाश पड़ता है। विभिन्न विद्वानों ने सामान्य मनोविज्ञान की परिभाषा भिन्न-भिन्न प्रकार से की है। समाज मनोविज्ञान की वैज्ञानिक परिभाषा प्रस्तुत करने के लिये उसकी कुछ प्रमुख परिभाषाओं का दिग्दर्शन और विवेचन सहायक होगा।

किम्बाल यंग के शब्दों में "समाज मनोविज्ञान व्यक्तियों का उनकी एक दूसरे के प्रति अन्तर्कियाओं में और इस परस्पर क्रिया में व्यक्ति के विचारों, अनुभूतियों, संवेगों और आदतों पर प्रभाव के प्रसंग में अध्ययन हैं।"[3] जैसा कि इस परिभाषा से ज्ञात होता है समाज मनोविज्ञान में व्यक्तियों की अन्तक्रियाओं का अध्ययन किया जाता है। इन अन्तक्रियाओं का अध्ययन समाजशास्त्र में भी किया जाता है, तब फिर समाज मनोविज्ञान को इनका अध्ययन कहने में क्या विशेषता है? वस्तुतः समाज मनोविज्ञान में इन अन्तर्क्रियाओं के मनोवैज्ञानिक पक्ष का अध्ययन किया जाता है। जैसा कि यंग ने अपनी परिभाषा में बतलाया है समाज मनोविज्ञान इन अन्तक्रियाओं के व्यक्ति के विचारों, भावनाओं, संवेगों और आदतों पर प्रभाव का अध्ययन करता है। मनुष्य एक सामाजिक परिवेश में पलता है। इस सामाजिक परिवेश में उसके नाते रिश्तेदार, उसके संगी साथी, उसके मौहल्ले वाले, पड़ौसी तथा और भी कितने ही लोग होते हैं। इन सभी से उसकी क्रिया प्रतिक्रिया होती रहती है, जिसमें वह इन सब पर कुछ न कुछ प्रत्यक्ष या अप्रत्यक्ष प्रभाव डालता है और इनसे प्रभावित भी होता है। इन सबसे उसके सम्बन्ध बनते हैं। ये सम्बन्ध किसी भी प्रकार के हो सकते हैं, यथा संघर्ष के सम्बन्ध, सहयोग के सम्बन्ध, प्रतिद्वन्द्विता के सम्बन्ध या प्रतियोगिता के सम्बन्ध और इन सभी सम्बन्धों का उस पर कुछ न कुछ प्रभाव पड़ता है। ये सम्बन्ध ही सामाजिक परिवेश बनाते हैं। इन्हीं के ताने बाने को समाज कहते हैं। इन्हीं में व्यक्ति के विचारों, अनुभूतियों, संवेगों और आदतों का विकास होता है। स्वाभाविक है कि इस विकास में इन सभी का प्रभाव पड़ता है। यह प्रभाव क्या है, इसका अध्ययन समाज मनोविज्ञान करता है। इस प्रकार समाज मनोविज्ञान सामान्य मनोविज्ञान के समान व्यक्तिगत रूप में मनुष्य का अध्ययन नहीं करता। वह

---

3. "Social Psychology is the study of persons in their interactions with one another and with reference to the effects of this interplay upon the individual's thoughts, feelings, emotions and habits."

— Young K.
Handbook of Social Psychology, (1951), p. 1.

तो यह अध्ययन करता है कि व्यक्ति समाज में अन्य व्यक्तियों के सम्बन्ध में क्या-क्या करता है, उन पर क्या प्रभाव डालता है और उससे किस तरह प्रभावित होता है? इस प्रकार समाज मनोविज्ञान मानव व्यक्तित्व के सामाजिक पहलू पर अधिक जोर देता है।

स्पष्ट है कि मानव व्यक्तित्व के दो मुख्य पहलू देखे जा सकते हैं—व्यक्तिगत पहलू और सामाजिक पहलू। परन्तु यह अन्तर केवल समझने की दृष्टि से किया गया है। वस्तुत: व्यवहारिक रूप में व्यक्तित्व के उन दो पहलुओं को अलग-अलग करना बहुत कठिन है। सच तो यह है कि इन दोनों का अन्तर नितान्त सापेक्ष (Relative) है, क्योंकि वास्तव में मनुष्य अकेले में भी जो कुछ करता है उस पर भी उसके सामाजिक परिवेश का प्रभाव पड़ता है। मान लीजिये कि आप घर में अकेले रहते हैं। जब आप बाहर जाने की तैयारी करते हैं तो आपको कोई नहीं देखता परन्तु जिस समय आप कपड़े पहन रहे होते हैं या टाई लगा रहे होते हैं उस समय अचेतन रूप में समाज के अन्य व्यक्ति आपके इस काम को प्रभावित करते हैं। आप ऐसी ही टाई लगाते हैं जो दूसरों को देखने में भली मालूम पड़े। दूसरे लोग इस समय तो मौजूद हैं नहीं परन्तु इससे क्या हुआ? भौतिक रूप से उपस्थित न होते हुये भी वे मानसिक रूप से तो उपस्थित हैं ही, अर्थात् आपके मन में वे उपस्थित हैं। इस प्रकार अन्य व्यक्तियों के अनुपस्थित होने पर भी व्यक्ति पर सामाजिक परिवेश का प्रभाव पड़ता हैं।

अत: समाज मनोविज्ञान व्यक्ति की उस चेतना का वर्णन करता है जो कि सामाजिक प्रभावों से निर्मित होती है। समाज मनोविज्ञान की परिभाषा करते हुये **आलपोर्ट** ने लिखा है "समाज मनोविज्ञान वह विज्ञान है जो कि एक व्यक्ति के व्यवहार का अध्ययन करता है जहां तक कि उसका व्यवहार अन्य व्यक्तियों को प्रेरित करता है अथवा स्वयं उनके व्यवहार की प्रक्रिया है और जो कि व्यक्ति की चेतना का वर्णन करता है जहां तक कि वह सामाजिक विषयों और प्रतिक्रियाओं की चेतना है।"[4] इस परिभाषा में आलपोर्ट ने सामाजिक मनोविज्ञान की सीमाओं की ओर संकेत किया है। मनोविज्ञान व्यवहार का विज्ञान है। मनोविज्ञान होने के नाते समाज मनोविज्ञान भी व्यवहार का अध्ययन करता है। यह व्यवहार व्यक्ति का व्यवहार है। मनोविज्ञान व्यक्ति के व्यवहार का अध्ययन है जबकि समाजशास्त्र समूह के व्यवहार का अध्ययन करता है। परन्तु व्यक्ति के व्यवहार में भी समाज मनोविज्ञान केवल उसी व्यवहार का अध्ययन करता है जो कि अन्य व्यक्तियों को प्रभावित करता है या अन्य व्यक्तियों से प्रभावित होता है।

पीछे बतलाया गया है कि समाज मनोविज्ञान सामाजिक अन्तर्क्रियाओं का अध्ययन करता है जहां तक कि वे मनुष्य को प्रभावित करती हैं। मनुष्य और उसके चारों ओर के समाज में जो क्रिया-प्रतिक्रिया चलती रहती है वह कुछ तो बाहरी रूप से देखी जा सकती है परन्तु बहुत कुछ आन्तरिक अथवा मानसिक होती है। समाजशास्त्र बाहरी अन्तर्क्रिया का अध्ययन करता है परन्तु

---

4. "Social Psychology is the science which studies the behaviour of an individual in so far as his behaviour stimulates other individuals or is itself a reaction to their behaviour and which describes the consciousness of the individual in so far as it is a consciousness of social objects and reactions."

— Allport F.H., *'Social Psychology'*, Chapt. 1.

समाज मनोविज्ञान आन्तरिक अथवा मानसिक अन्तर्क्रिया का अध्ययन करता है। इसी बात को स्पष्ट करते हुये समाज मनोविज्ञान की परिभाषा करते हुए **रॉस** ने लिखा है "यह ज्ञान की वह शाखा है जो कि मनुष्य और उसके चारों ओर के समाज के मध्य मानसिक अन्तर्क्रिया का अध्ययन करती है।"[5]

इस प्रकार सामाजिक अध्ययनों में मनोविज्ञान का एक विशेष स्थान है। अर्थशास्त्र, राजनीति, समाजशास्त्र तथा अन्य सामाजिक विज्ञान विभिन्न समूहों में मनुष्य के संस्थात्मक व्यवहार (Insitutional behaviour) का अध्ययन करते हैं। दूसरी ओर समाज मनोविज्ञान समाज में व्यक्ति के व्यवहार के प्रत्येक पहलू का अध्ययन करता है। इस प्रकार समाज मनोविज्ञान की परिभाषा करते हुये **क्रेच और क्रचफील्ड** ने लिखा है "अत: विस्तृत रूप से समाज मनोविज्ञान की परिभाषा समाज में व्यक्ति के रूप में की जा सकती है।"[6] समाज मनोविज्ञान की यह परिभाषा काफी विस्तृत है। कहना न होगा कि पीछे दी गई सभी परिभाषाओं को इसमें सम्मिलित किया जा सकता है। समाज मनोविज्ञान की इस परिभाषा को स्पष्ट रूप से समझने के लिये सामाजिक मनोविज्ञान के क्षेत्र को समझना जरूरी है। यह एक सामान्य अनुभव की बात है कि हममें से प्रत्येक व्यक्ति एक विशेष मानसिक जगत में रहता है जिसमें एक प्रतीकात्मक (Symbolic) रूप से वे सब व्यक्ति उपस्थित रहते हैं जो कि उसको प्रभावित करते हैं। इस मनोवैज्ञानिक क्षेत्र से प्रभावित होने के लिये यह आवश्यक नहीं है कि अन्य लोग वास्तविक रूप से एकत्रित हों। उनकी अनुपस्थिति में भी उनसे सम्बन्धित मनोवैज्ञानिक घटनायें, प्रत्यक्ष (Percepts) स्मृतियां, संवेग आदि व्यक्तित्व के व्यवहार को प्रभावित करती हैं। यूं तो मनुष्य के प्रेरक सामाजिक और असामाजिक दोनों ही क्षेत्रों में एक से ही हैं परन्तु सामाजिक मनोवैज्ञानिक क्षेत्र (Social Psychological Field) की कल्पना सामने रखने से समाज मनोविज्ञान का स्वरूप अधिक स्पष्ट रहता है, क्योंकि इससे व्यक्ति के उस व्यवहार पर नजर रहती है जो कि अन्य व्यक्ति से उसकी मनोवैज्ञानिक अन्तर्क्रिया से प्रभावित होता है। अन्त में, परिभाषा को और भी स्पष्ट करने के लिये यह कहा जा सकता है कि समाज मनोविज्ञान समाज में व्यक्ति के व्यवहार का अध्ययन है जहाँ तक कि वह अन्य व्यक्तियों से मानसिक अन्तर्क्रिया द्वारा प्रभावित होता है और उसको प्रभावित करता है।

समाज मनोविज्ञान की प्रकृति

समाज मनोविज्ञान की परिभाषा के विवेचन से समाज मनोविज्ञान की प्रकृति अथवा स्वरूप स्पष्ट होता है। समाज मनोविज्ञान एक विज्ञान है। उसका स्वरूप वैज्ञानिक है। उसकी प्रकृति वैज्ञानिक है। वह वैज्ञानिक पद्धतियों से मानव व्यवहार के सामाजिक पहलू का अध्ययन करता

---

5. "...the branch of knowledge that deals with the psychic interplay between man and his environing society."

— Rose E.A. in '*Social Psychology*'.

6. "Social Psychology may therefore be broadly defined as the science of the behaviour of the individual in society."

— Krech and Crutchfield. *Theory and Problems of Social Psychology*, (1958) p. 7.

है। वह उसी प्रकार एक विज्ञान है जिस प्रकार सामान्य मनोविज्ञान अथवा समाजशास्त्र को विज्ञान कहा जाता है। ''समाज मनोविज्ञान का सम्बन्ध उन रूपों से है जिनमें एक व्यक्ति का आचार और विन्यास अन्य लोगों के आचार और विन्यास से प्रभावित होता है।''[7] समाज मनोविज्ञान व्यक्ति के व्यवहार के अध्ययन के साथ-साथ समूह गतिशास्त्र (Group Dynamics) का भी अध्ययन करता है। इस अध्ययन का भी उद्देश्य तथ्यों की खोज करके उनमें कार्यकरण सम्बन्ध स्थापित करना और इन सम्बन्धों के आधार पर सामान्य नियम बनाकर उनको मूर्त (Concrete) सामाजिक समस्याओं के सुलझाव में प्रयोग करना है।

विज्ञान क्या है?

समाज मनोविज्ञान एक विज्ञान है, इस बात की परीक्षा करने के लिये सबसे पहले यह जानना आवश्यक है कि विज्ञान क्या है? विज्ञान एक सीमित क्षेत्र का व्यवस्थित अध्ययन है। विज्ञान कहलाने के लिये किसी भी अध्ययन का क्षेत्र सीमित (Limited) होना आवश्यक है और उसका अध्ययन व्यवस्थित (Systematic) होना चाहिये। परन्तु विषय सामग्री के कारण ही किसी विषय को विज्ञान नहीं कहा जा सकता। विज्ञान कहलाने के लिये आवश्यक है वैज्ञानिक पद्धति। वास्तव में वैज्ञानिक पद्धति ही विज्ञान है। पद्धति के कारण ही विज्ञान कला तथा दर्शन से भिन्न है। विज्ञान की विशेषता उसकी विषय सामग्री में न होकर उसकी पद्धति में है।

वैज्ञानिक पद्धति की विशेषतायें

अत: विज्ञान के स्वरूप को समझने के लिये वैज्ञानिक पद्धति को जानना आवश्यक है। वैज्ञानिक पद्धति में एक सीमित क्षेत्र की विषय सामग्री का व्यवस्थित अध्ययन किया जाता है। इस पद्धति में बड़े धैर्य, साहस, कठोर परिश्रम, रचनात्मक कल्पना शक्ति (Creative Imagination) और तटस्थता (Objectivity) की जरूरत होती है। इस वैज्ञानिक अभिवृत्ति या भावना (Scientific attitude or Spirit) के बिना कोई भी व्यक्ति वैज्ञानिक पद्धति से फायदा नहीं उठा सकता। वैज्ञानिक पद्धति से काम आरम्भ करने से पहले अनुसंधान करने वाले को उस समस्या की सूक्ष्म व्याख्या करनी चाहिये जिस पर वह खोज करना चाहता है। यह व्याख्या जितनी ही अधिक स्पष्ट होगी उतनी ही अधिक खोज करने में आसानी होगी। वैज्ञानिक पद्धति में मुख्य कदम (Steps) निम्नलिखित हैं।

(1) अवलोकन (Observation)—वैज्ञानिक पद्धति में पहला कदम खोज की विषय सामग्री का सूक्ष्म और सावधानी से अवलोकन करना है। इस अवलोकन में अक्सर यन्त्रों (Apparatus) से सहायता लेनी पड़ती है। इन यन्त्रों का सही होना बड़ा जरूरी है।

(2) अवलोकन को लिखना (Recording)—वैज्ञानिक पद्धति का दूसरा कदम इस अवलोकन को सावधानी से लिखना है। इसमें निष्पक्ष तटस्थता बड़ी जरूरी है।

---

7. "Social Psychology is concerned with the ways in which a person's conduct and dispositions are influenced by the conduct and dispositions of other people."
— Sprott. W. J. H. '*Social Psychology*' Methuen & Co Ltd London (1952), p.1.

(3) **वर्गीकरण** (Classification)—जब एकत्रित सामग्री का वर्गीकरण और संगठन करना होता है। यह बड़ा ही गम्भीर कदम है। कार्ल पियरसन के शब्दों में, ''तथ्यों का वर्गीकरण, उनके क्रम का ज्ञान और उनके सापेक्षिक महत्व का परिचय प्राप्त करना भी विज्ञान का काम है।''[8] वर्गीकरण इस तरह किया जाता है जिससे बिखरे हुये तत्वों में एक सम्बन्ध और प्रतिमान (Pattern) दिखाई पड़े। इस तरह विषय सामग्री को तर्क के आधार पर व्यवस्थित कर दिया जाता है।

(4) **साधारणीकरण** (Generalisation)—वैज्ञानिक पद्धति में चौथा कदम वर्गों में बांटी हुई सामग्री के प्रतिमान के आधार पर सामान्य नियम निकालना अथवा साधारणीकरण करना है। यही सामान्य नियम वैज्ञानिक सिद्धान्त (Scientific Law) कहलाता है।

(5) **परीक्षण** (Verification)—वैज्ञानिक पद्धति सामान्य नियम बनाकर ही नहीं रुक जाती है। इन सामान्य सिद्धान्तों का परीक्षण होना भी जरूरी है। वैज्ञानिक सिद्धान्तों की परीक्षा द्वारा जांच की जा सकती है। यह प्रामाणिकता उनकी आवश्यक शर्त है। इसके बिना उनको वैज्ञानिक नहीं कहा जा सकता।

विज्ञान के आवश्यक तत्व

वैज्ञानिक पद्धति के उपरोक्त विवेचन से यह स्पष्ट हो गया होगा कि विज्ञान कहलाने के लिये किसी अध्ययन में किन-किन बातों की जरूरत है। विज्ञान के ये जरूरी तत्व या विशेषतायें निम्नलिखित हैं—

(1) **वैज्ञानिक पद्धति** (Scientific Method)—जैसा कि पीछे कहा जा चुका है किसी विज्ञान को उसकी वैज्ञानिक सामग्री के कारण नहीं बल्कि वैज्ञानिक पद्धति के प्रयोग के कारण विज्ञान कहा जाता है।

(2) **तथ्यात्मक** (Factual)—विज्ञान तथ्यों का अध्ययन है। वह यथार्थ सत्यों की खोज करता है। उसकी विषय सामग्री आदर्श नहीं बल्कि तथ्य (Facts) हैं।

(3) **सार्वभौम** (Universal)—वैज्ञानिक सिद्धान्त सार्वभौम होते हैं। वे सभी देशों में सभी काल में खरे उतरते हैं।

(4) **प्रामाणिक** (Veredical)—वैज्ञानिक नियम प्रामाणिक होते हैं। उनकी प्रामाणिकता की कभी भी जांच की जा सकती है। उनकी जितनी बार जांच की जायेगी वे उतनी ही बार सच निकलेंगे।

(5) **कार्य-कारण सम्बन्धों की खोज** (Discovery of Cause-effect Relationships)—विज्ञान अपनी विषय सामग्री में कार्य-कारण के सम्बन्धों की खोज करता है और इस सम्बन्ध में सार्वभौम तथा प्रामाणिक नियम पेश करता है।

---

8. "The classification of facts, the recognition of their sequence and relative significance is the function of science."

—Karl Pearson, *'The Grammar of Science'*, p. 6.

(6) **भविष्यवाणी** (Prediction)—कार्य-कारण सम्बन्धों के बारे में सार्वभौम और प्रामाणिक नियमों के आधार पर विज्ञान उस विषय पर भविष्यवाणी कर सकता है। कार्य-कारणवाद (Causality) में विश्वास पर ही विज्ञान की नींव टिकी हुई है। वैज्ञानिक यह मानता है कि ''क्या है'' के आधार पर ''क्या होगा'' का निश्चय किया जा सकता है क्योंकि कार्य-कारण का नियम सार्वभौम और अपरिवर्तनीय है।

समाज मनोविज्ञान विज्ञान है

उपरोक्त छः तत्वों के आधार पर समाज मनोविज्ञान की परीक्षा करने से यह मालूम होगा कि समाज मनोविज्ञान में एक विज्ञान के सभी आवश्यक तत्व मिलते हैं।

(1) समाज मनोविज्ञान वैज्ञानिक पद्धति का प्रयोग करता है—समाज मनोविज्ञान की सभी पद्धतियां वैज्ञानिक हैं। समाज मनोविज्ञान में प्रयोगात्मक विधि (Experimental Method) का अधिक से अधिक प्रयोग किया जाता है। प्रयोगात्मक विधि में अध्ययन के विषय को निश्चित परिस्थितियों में रखकर उसका अध्ययन किया जाता है। सूक्ष्म अवलोकन के बाद समाज मनोवैज्ञानिक तथ्यों को लिख डालता है और उनका वर्गीकरण करके साधारणीकरण के द्वारा सामान्य नियम निकालता है। ये ही सामान्य नियम समाज मनोविज्ञान के सिद्धान्त हैं। इस प्रकार स्पष्ट है कि समाज मनोविज्ञान में वैज्ञानिक पद्धति का प्रयोग किया जाता है। प्रयोग के अतिरिक्त समाज मनोविज्ञान में अपनायी जाने वाली अन्य पद्धतियां इतनी अधिक वैज्ञानिक नहीं हैं, परन्तु फिर भी उनको अधिकाधिक वैज्ञानिक और तथ्यात्मक रूप देने का प्रयास किया गया है और इसमें पर्याप्त सफलता भी मिली है। विशेष पद्धति के गुण दोष के विषय में समाज मनोवैज्ञानिकों में चाहे कितना भी विवाद क्यों न हो परन्तु इस विषय पर सभी एक मत हैं कि समाज मनोविज्ञान में अध्ययन की पद्धति वैज्ञानिक ही होनी चाहिये।

(2) समाज मनोविज्ञान तथ्यात्मक है—समाज मनोविज्ञान व्यवहार का तथ्यात्मक (Factual) अध्ययन करता है। समाज मनोवैज्ञानिक के निर्णय तटस्थ और वस्तुवादी (Objective) होते हैं। वह व्यवहार पर नियामक विज्ञान के समान निर्णय नहीं देता। वह व्यवहार का वर्णन करता है और उसके सामान्य नियमों की खोज करता है। अतः उसका सम्बन्ध मूल्यों (Values) से न होकर तथ्यों (Facts) से है।

(3) समाज मनोविज्ञान के सिद्धान्त सार्वभौम हैं—समाज मनोविज्ञान के सिद्धान्त, परिस्थितियां एक सी रहने पर, सभी देश काल में एक से होते हैं। समाज मनोविज्ञान के नियम सभी देशों में और सभी समय पर एक से रहते हैं चाहे विशिष्ट मानव प्राणियों के मनोविज्ञान में कितना भी अन्तर क्यों न हो। उदाहरण के लिये यह नियम सभी देश काल में खरा उतरेगा कि भीड़ की परिस्थिति में व्यक्ति का व्यवहार अकेले में उसके व्यवहार से एकदम भिन्न और असंतुलित हो जाता है।

(4) समाज मनोविज्ञान के सिद्धान्त प्रामाणिक हैं—इस प्रकार परीक्षण (Verification) और पुनः परीक्षण (Reverification) करने पर समाज मनोविज्ञान के नियम सदैव सही सिद्ध होते हैं। उनकी प्रामाणिकता की कोई कभी भी जांच कर सकता है। उदाहरण के लिये

सामूहिक तनावों के मूल में सदैव कुछ पूर्वधारणायें, अज्ञान, अन्धविश्वास आदि होते हैं। इस तथ्य की कहीं भी परीक्षा की जा सकती है।

(5) समाज मनोविज्ञान कार्य-कारण सम्बन्धों की व्याख्या करता है—समाज मनोविज्ञान व्यवहार के नियमों का पता लगाता है और उनमें कार्य-कारण सम्बन्धों की व्याख्या करता है। उदाहरण के लिये स्त्री-पुरुष में परस्पर आकर्षण, बालक का समाजीकरण, भीड़ व्यवहार आदि के विषय में समाज मनोविज्ञान कार्य-कारण सम्बन्धों की खोज करता है और बड़े उपयोगी नियम बतलाता है। इस प्रकार समाज मनोविज्ञान व्यवहार के 'क्या' के साथ-साथ 'कैसे' का पता लगाता है।

(6) समाज मनोविज्ञान भविष्यवाणी (Prediction) **कर सकता है**—कार्य-कारण सम्बन्धों की खोज करने के कारण समाज मनोविज्ञान मानव व्यवहार के सम्बन्ध में भविष्यवाणी कर सकता है और यह भविष्यवाणी सही भी उतरेगी। इस प्रकार आजकल सभी प्रगतिशील देशों में विभिन्न सामाजिक समस्याओं को सुलझाने के लिये समाज मनोवैज्ञानिकों द्वारा की गई 'भविष्यवाणी' का सहारा लिया जाता है और इससे बड़ा लाभ होता है।

उपरोक्त विवेचन से यह भली प्रकार ज्ञात होता है कि समाज मनोविज्ञान एक यथार्थ विज्ञान (Exact Science) है। परन्तु इससे यह अर्थ निकालना ठीक नहीं होगा कि उसमें भौतिक विज्ञान (Physical Science) के समान यथार्थता है। वास्तव में सभी प्रकार के विज्ञानों से एक सी यथार्थता की आशा करना भारी भूल है। किसी भी विज्ञान की यथार्थता कुछ न कुछ मात्रा में उसकी विषय सामग्री पर निर्भर होती है। स्पष्ट है कि समाज में व्यक्ति के व्यवहार का अध्ययन करने वाला विज्ञान भौतिक वस्तुओं का अध्ययन करने वाले विज्ञानों के समान यथार्थ नहीं हो सकता, क्योंकि व्यवहार एक जटिल, परिवर्तनशील और गतिशील विषय है। अत: समाज मनोविज्ञान को यथार्थ विज्ञान कहते समय उसकी यथार्थता की सीमाओं को ध्यान में रखना आवश्यक है, यद्यपि यह सीमायें कठोर और पूरी तरह निश्चित नहीं कही जा सकती। नवीन पद्धतियों के आविर्भाव के साथ-साथ समाज मनोविज्ञान की यथार्थता बढ़ती जायेगी।

समाज मनोविज्ञान की विषय सामग्री और क्षेत्र

समाज मनोविज्ञान के विषय क्षेत्र (Scope) पर विचार करते हुए काज़ और शैंक ने लिखा है "मानव के अपने साथियों से सम्बन्ध पर आधारित यह सामाजिक संसार ही समाज मनोविज्ञान के लिये वह विषय सामग्री प्रदान करता है।"[9] इस प्रकार समाज मनोविज्ञान का क्षेत्र सम्पूर्ण समाज है जहां तक कि सामाजिक अन्तर्क्रियाओं का मनुष्य पर प्रभाव पड़ता है। मनुष्य का व्यवहार उसके साथियों के व्यवहार से जहां तक प्रभावित होता है वहीं तक समाज मनोविज्ञान का क्षेत्र है। जहां कहीं भी व्यक्ति का व्यवहार दूसरे व्यक्तियों के व्यवहार से प्रभावित होता है या उनको प्रभावित करता है वहीं समाज मनोविज्ञान के अध्ययन की विषय सामग्री है।

---

9. "It is this social world, based upon the relation of man to his fellows which furnishes that subject matter for Social Psychology."
— Katz and Schank, *'Social Psychology'*, Chapt. 1.

इस प्रकार समाज मनोविज्ञान के क्षेत्र में समस्त मानसिक अन्तर्क्रियायें और उनके प्रभाव आते हैं। व्यक्ति और व्यक्ति तथा व्यक्ति और समूह की क्रिया-प्रतिक्रियाओं के अग्रलिखित तीन रूप देखे जा सकते हैं–

1. व्यक्ति और व्यक्ति की क्रिया प्रतिक्रिया।
2. व्यक्ति और समूह के बीच क्रिया प्रतिक्रिया।
3. समूह तथा समूह के बीच क्रिया प्रतिक्रिया।

उपरोक्त तीनों रूपों में से पहले दो का अध्ययन समाज मनोविज्ञान के क्षेत्र में आता है। अन्तर्समूह क्रिया प्रतिक्रियाओं का अध्ययन समाजशास्त्र का विषय है।

समाज मनोविज्ञान के क्षेत्र को अधिक स्पष्ट करने के लिये उसे निम्नलिखित तीन भागों में विभाजित किया जा सकता है।

1. सामाजिक उत्तेजनायें तथा उत्तेजनात्मक सामाजिक परिस्थितियां (Social stimuli and social stimulus situations)

2. सामाजिक उत्तेजनाओं से उत्पन्न होने वाली व्यक्ति की प्रतिक्रियायें और अनुभव (Individual's reactions and experiences arising from social stimulations)

3. व्यक्ति पर सामाजिक परिवेश के प्रभाव (Influence of social environment on the individual)।

(1) सामाजिक उत्तेजनायें तथा उत्तेजनात्मक सामाजिक परिस्थितियां–समाज में ऐसी अनेक परिस्थितियां होती हैं जो व्यक्तियों को विशेष प्रकार के काम करने के लिए उत्तेजित करती हैं। उदाहरण के लिये भीड़ की परिस्थिति में व्यक्ति एक विशेष उत्तेजनात्मक सामाजिक परिस्थिति में होता है। यह एक प्रत्यक्ष उत्तेजनात्मक परिस्थिति है क्योंकि इसमें अन्य व्यक्ति प्रत्यक्ष रूप से उपस्थित होकर व्यक्ति के व्यवहार को प्रभावित कर रहे हैं। परन्तु उत्तेजनात्मक परिस्थिति अप्रत्यक्ष भी हो सकती है। यह एक सामान्य बात है कि बहुत सी वस्तुयें प्रतीकात्मक (Symbolic) रूप से व्यक्ति को प्रभावित करती हैं। उदाहरण के लिये राष्ट्र का ध्वज राष्ट्र के सम्मान का प्रतीक है। उसकी उपस्थिति, उसका अपमान, उसका नीचे गिरना या उसका सम्मान किसी भी प्रकार की घटना व्यक्तियों को और उनके व्यवहार को प्रभावित कर सकती है। प्रत्यक्ष और अप्रत्यक्ष रूपों के अलावा सामाजिक उत्तेजनायें और उत्तेजनात्मक परिस्थितियां सामान्य अथवा सरल हो सकती हैं और दूसरी ओर जटिल भी हो सकती हैं। समाज मनोविज्ञान इन सभी प्रकार की सामाजिक उत्तेजनाओं और उत्तेजनात्मक परिस्थितियों का अध्ययन करता है। इस अध्ययन में वह यह पता लगाने की चेष्टा करता है कि वे कौन से कारण है अथवा कौन सी विशेषतायें हैं जिनसे व्यक्ति के व्यवहार पर विशिष्ट सामाजिक उत्तेजनाओं और उत्तेजनात्मक सामाजिक परिस्थितियों का प्रभाव होता है। उदाहरण के लिये भारत में साम्प्रदायिकता और साम्प्रदायिक परिस्थितियों के मनोवैज्ञानिक पहलू का अध्ययन किया गया है।

(2) सामाजिक उत्तेजनाओं से उत्पन्न व्यक्ति की प्रतिक्रियायें तथा अनुभव–सामाजिक उत्तेजनायें व्यक्ति की प्रतिक्रियाओं को प्रभावित करती हैं। भीड़ में व्यक्ति

का व्यवहार अकेले में उसके व्यवहार से एकदम भिन्न होता है। केवल इतना ही नहीं बल्कि व्यक्ति भिन्न-भिन्न प्रकार की भीड़ में भिन्न-भिन्न प्रकार की प्रतिक्रियायें करता है और साथ ही साथ उसके अनुभव भी भिन्न-भिन्न होते हैं। समाज मनोविज्ञान सामाजिक उत्तेजनाओं और उत्तेजनात्मक परिस्थितियों के साथ-साथ उनसे उत्पन्न होने वाली व्यक्ति की प्रतिक्रियाओं और अनुभव का भी अध्ययन करता है। मनोवैज्ञानिक विश्लेषण के द्वारा वह इन प्रतिक्रियाओं में और अनुभवों में कार्य-कारण सम्बन्ध खोजता है। इस प्रकार समाज मनोविज्ञान सामाजिक प्रतिक्रियाओं का अध्ययन करता है। ये प्रतिक्रियायें संगठनकारी अथवा विघटनकारी किसी भी प्रकार की हो सकती हैं। अकोलकर के शब्दों में "समाज मनोविज्ञान की विषय सामग्री सामाजिक अन्तर्क्रिया है जो कि जन्म से शुरू होती है और जीवन पर्यन्त चलती रहती है।"[10]

(3) व्यक्ति पर सामाजिक परिवेश का प्रभाव—सामाजिक अन्तर्क्रियाओं से व्यक्ति का सामाजीकरण (Socialization) होता है। वह समाज के रीति-रिवाज, तौर-तरीके आदि सीखने के साथ-साथ सामाजिक व्यवहार को भी ग्रहण करता है। समाजीकरण से व्यक्ति का बाहरी व्यवहार ही नहीं बल्कि उसका मनोविज्ञान भी परिवर्तित होता है, उसमें अनेक प्रेरणाओं का रूपान्तर होता है और उसमें अनेक सामाजिक प्रेरणायें आती हैं। समाज मनोविज्ञान व्यक्ति पर सामाजिक परिवेश के इस प्रभाव का अध्ययन करता है।

समाज मनोविज्ञान के कार्य

समाज मनोविज्ञान समाज में व्यक्ति के व्यवहार का अध्ययन है। वह सामाजिक परिस्थितियों में व्यक्ति के व्यवहार की व्याख्या करता है। वह यह पता लगाता है कि किन सामाजिक उत्तेजनाओं का व्यक्ति पर क्या प्रभाव पड़ता है। वह सामाजिक अन्तर्क्रियाओं के मनोवैज्ञानिक पहलू का विश्लेषण कराता है। इन सबसे वह कार्य-कारण सम्बन्ध मालूम करके समाज में मनुष्य के व्यवहार के सम्बन्ध में कुछ सामान्य नियम निकालता है। इन सामान्य नियमों के आधार पर वह समाज में व्यक्ति के व्यवहार के विषय में भविष्यवाणी भी कर सकता है। सामूहिक परिस्थिति में व्यक्ति के व्यवहार का अध्ययन करके वह यह भी मालूम करता है कि विभिन्न सामूहिक परिस्थितियों में व्यक्ति के विभिन्न व्यवहार का क्या कारण है। इस विश्लेषण के आधार पर वह सामाजिक तनावों (Social Tensions) और सामाजिक अवरोधकों (Social Barriers) को दूर करने के विषय में सुझाव भी देता है।

समाज मनोविज्ञान की समस्यायें

समाज मनोविज्ञान के कार्यों के उपरोक्त संक्षिप्त संकेत से स्पष्ट है कि समाज मनोविज्ञान की मुख्य समस्यायें (Problems) अग्रलिखित हैं—

(1) समाज में व्यक्ति के व्यवहार का अध्ययन (Study of the individual's behaviour in society)—जैसा कि पहले बताया जा चुका है कि समाज मनोविज्ञान का प्रमुख

10. "...the subject matter of Social Psychology is social interaction which begins with birth and continues throughout life."
— Akolkar V.V, *Social Psychology*, (1959), p. 7.

उद्देश्य तथा मुख्य समस्या समाज में व्यक्ति के व्यवहार का अध्ययन है। विभिन्न सामाजिक परिस्थितियों में विभिन्न सामाजिक उत्तेजनाओं के प्रभाव से व्यक्ति का व्यवहार किस प्रकार प्रभावित होता है? सामाजिक परिवेश का मनुष्य पर क्या प्रभाव पड़ता है, समाजीकरण की प्रक्रिया का मनुष्य पर क्या प्रभाव पड़ता है आदि बातों का अध्ययन इसी समस्या के अन्तर्गत आ जाता है। इस प्रकार समाज मनोविज्ञान की सबसे पहली समस्या समाज में मनुष्य के व्यवहार के 'क्या' (What) की व्याख्या करना अर्थात् यह बतलाना है कि विभिन्न सामाजिक परिस्थितियों में मनुष्य का व्यवहार क्या होता है।

(2) समाज में व्यक्ति के व्यवहार की व्याख्या—(Interpretation of the individual's behaviour in society)—परन्तु समाज मनोविज्ञान समाज में व्यक्ति के व्यवहार का अध्ययन करके ही संतुष्ट नहीं हो जाता। समाज मनोविज्ञान एक विज्ञान है। विज्ञान केवल तथ्यों को जानकर ही सन्तुष्ट नहीं होता बल्कि उनमें कार्य-कारण सम्बन्ध खोजकर उनकी व्याख्या करने की भी चेष्टा करता है। इस प्रकार समाज मनोविज्ञान, समाज में व्यक्ति के व्यवहार की व्याख्या करता है। उदाहरण के लिये जहां वह यह पता लगाता है कि भीड़ में व्यक्ति का व्यवहार और अनुभव किस प्रकार का होता है वहां वह भीड़ व्यवहार की व्याख्या करके यह भी बताने की चेष्टा करता है कि ऐसा क्यों होता है अर्थात् क्या कारण है कि भीड़ में व्यक्ति का व्यवहार अकेले में उसके व्यवहार से एकदम भिन्न हो जाता है।

(3) समाज में व्यक्ति के व्यवहार की भविष्यवाणी (Prediction regarding individual's behaviour in society)—कार्य-कारण सम्बन्धों का पता लगा कर प्रत्येक विज्ञान ज्ञात के आधार पर अज्ञात के विषय में भविष्यवाणी करता है। समाज मनोविज्ञान भी समाज में व्यक्ति के व्यवहार की व्याख्या करके उनमें कार्य-कारण सम्बन्धों के विषय में सामान्य नियम बनाकर विशेष सामाजिक परिस्थितियों में व्यक्ति के व्यवहार के विषय में भविष्यवाणी भी करता है। निस्सन्देह समाज मनोविज्ञान की विषय सामग्री अत्यन्त जटिल और परिवर्तनशील होने के कारण उसकी भविष्यवाणी करने की शक्ति अन्य विज्ञानों से कम रहती है। परन्तु फिर भी उनमें कुछ न कुछ सफलता अवश्य मिलती है और समाज मनोविज्ञान की प्रगति के साथ-साथ यह सफलता बढ़ती भी जाती है।

(4) सामाजिक अवरोधकों और सामाजिक तनावों को दूर करने के विषय में सुझाव (Suggestions to ease social barriers and social tensions)—यद्यपि समाज मनोवैज्ञानिक समाज सुधारक नहीं है और न वह सामाजिक अवरोधकों और सामाजिक तनावों को दूर कर सकता है परन्तु फिर भी इस विषय में एक विशेषज्ञ (Specialist) होने के नाते वह अत्यन्त महत्वपूर्ण सुझाव अवश्य देता है। इस विषय में क्या सुझाव दिये जा सकते हैं यह भी समाज मनोविज्ञान की समस्या है। उदाहरण के लिये भारत में जातिवाद, सम्प्रदायवाद, क्षेत्रवाद तथा भाषावाद आदि समस्यायें विभिन्न समूहों के परस्पर तनावों के परिणामस्वरूप दिखलाई पड़ती हैं। समाज मनोवैज्ञानिक इन समस्याओं के मनोवैज्ञानिक पहलू का अध्ययन करता है और इन समस्याओं को सुलझाने के विषय में सुझाव भी देता है। समाज के विभिन्न समूहों के परस्पर संगठित रूप से कार्य करने के लिये यह आवश्यक है कि उनमें सामाजिक दूरी (Social Distance) हटाई जाय और तनाव कम किये जायें। इस विषय में समाज मनोवैज्ञानिक के

सुझाव बड़े महत्वपूर्ण सिद्ध होते हैं।

(5) विभिन्न समूहों का अध्ययन (Study of various groups)—यूं तो समूहों का अध्ययन समाजशास्त्र की समस्या है परन्तु जहां तक उनके मनोवैज्ञानिक पहलू का प्रश्न है समाज मनोविज्ञान भी उनका अध्ययन करता है। इस अध्ययन से विभिन्न समूहों में व्यक्तियों के भिन्न-भिन्न व्यवहार की व्याख्या करने में सहायता मिलती है।

समाज मनोविज्ञान के दो पहलू

समाज मनोविज्ञान की उपरोक्त समस्याओं के विवरण से यह स्पष्ट होता है कि अन्य विज्ञानों के समान उसके भी दो पहलू (Aspects) हैं—मौखिक और व्यवहारिक। वास्तव में कोई भी विज्ञान केवल मौखिक अथवा केवल व्यवहारिक नहीं होता। मौखिक सिद्धान्त पता लगने के बाद उनका कुछ न कुछ व्यवहारिक प्रयोग किया ही जाता है।

जैसा कि पीछे बताया जा चुका है समाज मनोविज्ञान के मौखिक पक्ष में समाज में मनुष्य के व्यवहार का अध्ययन और उसकी व्याख्या सम्मिलित है। इस प्रकार समाज मनोविज्ञान विभिन्न सामाजिक परिस्थितियों और सामाजिक उत्तेजनाओं में व्यक्ति के व्यवहार का अध्ययन करता है। उनमें कार्य-कारण के सम्बन्ध का पता लगाता है और इस खोज के आधार पर व्यक्ति के व्यवहारों, आदतों, अनुभवों, संवेगों आदि पर अन्य लोगों के प्रभाव के विषय में सामान्य नियमों का पता लगाता है।

परन्तु जैसा कि पीछे बतलाया जा चुका है समाज मनोविज्ञान केवल सामान्य नियमों का पता लगा कर ही नहीं रह जाता बल्कि वह उनके आधार पर भविष्यवाणी भी करता है और सामाजिक तनावों तथा सामाजिक बाधाओं को दूर करने के लिये सुझाव भी पेश करता है। इस प्रकार समाज मनोवैज्ञानिक, सामाजिक व्यवहार के मूल-भूत सिद्धान्तों की खोज करने के साथ साथ, मूर्त (Concrete) सामाजिक परिस्थितियों में व्यक्ति के विशेष व्यवहार के विश्लेषण और व्याख्या में इन सिद्धान्तों का इस्तेमाल भी करता है। परन्तु क्या इससे यह समझना चाहिये कि समाज मनोवैज्ञानिक, सामाजिक समस्याओं को सुलझाता है? नहीं। विभिन्न सामाजिक समस्याओं का सुलझाव मनोविज्ञान के क्षेत्र से बाहर है। जैसा कि क्रेच और क्रचफील्ड ने लिखा है "सामाजिक समस्याओं के निपटने में मनोवैज्ञानिक का वास्तविक कार्य सम्पूर्ण समस्या के केवल एक पहलू के विषय में अर्थात् समस्या में सम्मिलित व्यक्ति और व्यक्तियों के समूहों के व्यवहार के विषय में विश्लेषक, नैदानिक, युद्ध विद्या विशारद और सलाहकार का है। और यहां भी यह स्पष्ट रूप से समझा जाना चाहिये कि कुछ अन्य समाज वैज्ञानिक भी हैं (उदाहरण के लिये जो कि समाजशास्त्री कहलाते हैं) जिनकों कि इस काम में समाज मनोवैज्ञानिक का साथ देना चाहिये।"[11]

---

11. "The proper role of the psychologist in dealing with social problems is that of the analyst, the diagnostician, the strategist and the advisor with respect to only one feature of the whole problem—the behaviour of the individual and groups of individuals who are involved. And even here, it should be clearly understood that there are other social scientists (those labelled "sociologists" for example) who must share in this task with the social psychologist."

— Krech and Crutchfield. *Theory and Problems of Social Psychology*, p.12.

समाज मनोविज्ञान के व्यवहारिक पहलू की सीमाओं को समझने के लिये एक उदाहरण लीजिये। भारतवर्ष में हिन्दू और मुस्लिम सम्प्रदायों में साम्प्रदायिक तनाव दिखलाई पड़ता है। साम्प्रदायिकता की इस समस्या में समाज मनोवैज्ञानिक सामाजिक विश्लेषण से यह पता लगायेगा कि इसमें कौन-कौन सी पूर्व-धारणायें (Prejudices) निहित हैं। ये पूर्वधारणायें लोगों को क्यों प्रभावित करती हैं, ये पूर्व-धारणायें कैसे बनती हैं और उनका व्यक्ति पर क्या प्रभाव पड़ता है। उनकी अभिवृत्तियों पर, व्यक्तित्व पर तथा व्यवहार पर क्या प्रभाव पड़ता है इत्यादि। इस प्रकार समाज मनोवैज्ञानिक साम्प्रदायिकता की समस्या का मनोवैज्ञानिक विश्लेषण करेगा। उसका काम यह पता लगाना नहीं है कि देश में कितनी साम्प्रदायिकता है अथवा हिन्दू और मुस्लिम सम्प्रदायों के कितने प्रतिशत लोग साम्प्रदायिकता के शिकार हैं। यह काम तो समाजशास्त्री, समाज सुधारक अथवा सांख्यिकीशास्त्री (Statistician) का है। इसी प्रकार साम्प्रदायिकता के मूल में कौन-कौन से राजनैतिक, आर्थिक तथा सामाजिक कारण हैं इनका पता लगाना भी समाज मनोवैज्ञानिक का काम नहीं है। साम्प्रदायिकता के सामाजिक कारणों और परिणामों का विवेचन समाजशास्त्र का क्षेत्र है। राजनीतिज्ञ उसके राजनैतिक कारणों और परिणामों का पता लगायेगा। साम्प्रदायिकता की समस्या को सुलझाने के लिये समाज मनोवैज्ञानिक उसके मनोवैज्ञानिक कारणों का संकेत करते हुये इस विषय में सुझाव देगा कि सामाजिक परिस्थितियों में किन परिवर्तनों से लोगों में अवांछनीय पूर्व-धारणायें दूर की जा सकती हैं। ध्यान रहे कि इस प्रकार की सामाजिक परिस्थितियां उत्पन्न करना समाज सुधारकों और प्रशासकों का काम है। समाज मनोविज्ञान तो केवल एक विशेषज्ञ होने के नाते सुझाव भर दे सकता है। फिर, यह भी आवश्यक नहीं कि समाज मनोवैज्ञानिक के सुझावों पर चलकर सम्प्रदायवाद की समस्या पूरी तरह से सुलझाई जा सके क्योंकि यद्यपि समाज मनोवैज्ञानिक साम्प्रदायिकता की समस्या का विश्लेषण करके उनको समझने में सहायता दे सकता है और उसको सुलझाने के विषय में महत्वपूर्ण सुझाव भी दे सकता है परन्तु साम्प्रदायिकता को दूर करना तो हिन्दू मुस्लिम सम्प्रदाय के लोगों की अपनी इच्छा की बात है।

समाज मनोविज्ञान का मूल्य

इस प्रकार सच तो यह है कि समाज मनोवैज्ञानिक अन्तर्राष्ट्रीय तनावों, सामूहिक तनावों, आर्थिक संघर्षों आदि विभिन्न समस्याओं को समझने के लिये एक मौखिक पृष्ठभूमि प्रस्तुत करता है। इस पृष्ठभूमि की अनुपस्थिति में इन समस्याओं को नहीं समझा जा सकता और समझे बिना उनका सुलझाव भी कैसे हो सकता है। अत: समाज मनोवैज्ञानिक का महत्व स्पष्ट है। क्रेच और क्रचफील्ड के शब्दों में ''एक व्यवहारिक मनोवैज्ञानिक के रूप में समाज मनोवैज्ञानिक का प्रासंगिक कारकों का अनावरण करते हुए और इन विभिन्न कारकों की सापेक्ष शक्ति और परस्पर सम्बन्ध निश्चित करते हुये प्रत्येक विशिष्ट सामाजिक समस्या का अवश्य अध्ययन करना चाहिये। उसको उस समस्या में आने वाले विशेष लोगों के विषय में और उस समस्या के घटित होने के विशिष्ट सामाजिक वातावरण के विषय में तथ्यों की व्याख्या करनी चाहिये।'' कहना न होगा कि यह व्याख्या विशिष्ट सामाजिक समस्याओं को समझने के लिये कितनी आवश्यक है और उनको सुलझाने की दिशा में कितना महत्वपूर्ण कदम है। समाज में विभिन्न व्यक्तियों की अन्तर्क्रियाओं और परस्पर सम्बन्धों में नित नये परिवर्तन होते रहते हैं और इन परिवर्तनों के साथ-साथ नित नई

समस्यायें उत्पन्न होती रहती हैं। इन समस्याओं को समझने और इनकी व्याख्या करने के लिए समाज मनोवैज्ञानिक द्वारा किए गये अनुसन्धान अपरिहार्य हैं। इस प्रकार केवल एक सैद्धान्तिक विज्ञान के रूप में नहीं बल्कि एक व्यवहारिक विज्ञान के रूप में समाज मनोविज्ञान का सामाजिक विज्ञानों में महत्वपूर्ण स्थान है।

समाज मनोविज्ञान के मूल्य में सन्देह

आजकल किसी भी देश में सामाजिक समस्याओं को सुलझाने में समाज मनोविज्ञान अत्यन्त महत्वपूर्ण माना जाता है। परन्तु एक समय था जबकि बहुत से राजनीतिज्ञ, विचारक, नेता और प्रशासकगण समाज मनोविज्ञान को महत्वपूर्ण नहीं मानते थे। अपनी प्रसिद्ध पुस्तक 'Theory and Problems of Social Psychology'[12] में क्रेच और क्रचफील्ड ने समाज मनोविज्ञान के महत्व के सम्बन्ध में उपेक्षा के कुछ कारणों पर विचार किया है। समाज मनोविज्ञान के महत्व के विवेचन से पूर्व इन कारणों पर दृष्टिपात करना भी प्रासंगिक होगा। क्रेच और क्रचफील्ड के अनुसार ये कारण मुख्य रूप से निम्नलिखित हैं–

(1) **समाज मनोविज्ञान में अनुसंधान व्यर्थ है**–वैज्ञानिक व्याख्या और सामान्य बुद्धि की व्याख्या के अन्तर को न समझने के कारण कुछ लोग यह समझते हैं कि समाज मनोविज्ञान के क्षेत्र में वैज्ञानिक अनुसंधान व्यर्थ हैं। प्रत्येक नेता यह सोचता है कि समाज मनोविज्ञान के तत्वों को अनुभव से जाना जा सकता है और सामाजिक क्रिया, प्रतिक्रियाओं का जो अनुभव उसे है वह समाज वैज्ञानिक को नहीं हो सकता। इसलिये इस विषय में खोज व्यर्थ है। यह ठीक है कि अनुभव के आधार पर नेता और शासकगण समाज मनोविज्ञान के विषय में बहुत कुछ जानते हैं। परन्तु इससे कोई उन्हें समाज मनोवैज्ञानिक तो नहीं कहेगा। विज्ञान का लक्ष्य नियन्त्रण अथवा भविष्यवाणी करना नहीं होता बल्कि व्याख्या करना होता है। विज्ञान में वैज्ञानिक पद्धति से विषय सामग्री का अध्ययन किया जाता है और उसकी वैज्ञानिक व्याख्या की जाती है। इस व्याख्या से सामाजिक परिस्थितियों को नियंत्रित करने और परिवर्तित करने में भी सहायता मिलती है।

(2) **समाज मनोविज्ञान पर्याप्त ज्ञान नहीं देता**–कुछ लोग यह सोचते हैं कि समाज मनोविज्ञान समस्या के विषय में पर्याप्त ज्ञान नहीं देता और इसलिये उसका महत्व नहीं है। यह तो ठीक है कि मानव मनोविज्ञान इतना दुरुह है कि उसके विषय में अन्तिम रूप से कोई भी बात कहना बड़ा कठिन है। परन्तु क्या इससे वह व्यर्थ हो गया? यदि ऐसा है तो शायद कोई भी विज्ञान महत्वपूर्ण नहीं रहेगा। सच तो यह है कि कोई भी विज्ञान पूरा नहीं है और न कोई भी अपने क्षेत्र की समस्याओं की पूरी-पूरी व्याख्या करता है। हर एक क्षेत्र में वैज्ञानिक अधिक से अधिक जानने की चेष्टा कर रहे हैं। यही बात समाज मनोविज्ञान के क्षेत्र में भी सत्य है। कोई भी निष्पक्ष विचारक इस बात से इन्कार नहीं कर सकता कि प्रचार, जनमत, नेतृत्व, समूह व्यवहार आदि विभिन्न तत्वों के विषय में समाज मनोविज्ञान ने बहुत कुछ निश्चित और उपयोगी ज्ञान प्रदान किया है।

---

12. *Ibid.*, p.3. (Head lines of the points mine.)

यदि यह ज्ञान पर्याप्त नहीं है तो और अधिक ज्ञान की चेष्टा करनी चाहिये। इसका तात्पर्य यह बिल्कुल नहीं हो सकता कि समाज मनोविज्ञान से कोई लाभ नहीं है।

(3) समाज मनोविज्ञान से भय—समाज मनोविज्ञान की उपेक्षा करने वालों में कुछ लोग ऐसे भी हैं जिनको कि यह भय है कि मनोविज्ञान उनकी आन्तरिक मनोवृत्तियों और उद्देश्यों का पर्दाफाश करके उनको जनता के सामने उनके नग्न रूप में उपस्थित कर देगा। इस प्रकार के लोग निहित स्वार्थों से प्रेरित हैं। इस प्रकार के लोगों ने प्रत्येक विज्ञान का विरोध किया है, उसकी वैज्ञानिकता को चुनौती दी है और उसके वैज्ञानिकों के जीवन तक से खेलने की चेष्टा की है। स्पष्ट है कि इन लोगों के मत से समाज मनोविज्ञान का महत्व कुछ भी कम नहीं होता।

भारत में समाज मनोविज्ञान का महत्व

भारत जैसे देश में समाज मनोविज्ञान का और भी महत्व है। आज देश संकट की परिस्थिति से गुजर रहा है जिसमें विघटनकारी शक्तियों से राष्ट्र की एकता को भारी खतरा उपस्थित हो गया है। देश में अनेक सामाजिक समस्यायें भयंकर रूप धारण कर चुकी हैं। ऐसी परिस्थिति में समाज मनोविज्ञान का योगदान अत्यन्त महत्वपूर्ण है। स्थूल रूप से आधुनिक भारत में समाज मनोविज्ञान के महत्व के विषय में निम्नलिखित बातों की ओर संकेत किया जा सकता है—

(1) सामूहिक तनावों को दूर करने में सहायता—भारत में उपस्थित जातिवाद, साम्प्रदायिकता, क्षेत्रवाद और भाषावाद के मूल में मुख्य कारण सामूहिक तनाव है। सामूहिक तनाव का मुख्य कारण मनोवैज्ञानिक है। समाज मनोविज्ञान सामूहिक तनाव के इन कारणों का पता लगाता है और उनमें निहित पूर्वाग्रहों, हठधर्मियों, रूढ़ियुक्तियों, बुद्धिहीन निर्णय तथा गलत विश्वासों और अभिवृत्तियों आदि को परिवर्तित करने के विषय में महत्वपूर्ण सुझाव देता है। साम्प्रदायिकता की समस्या के विषय में भारत में प्रसिद्ध मनोवैज्ञानिक गार्डनर मर्फी के निर्देशन में खोज भी की गई है। इसी प्रकार की खोजें यदि सामूहिक तनाव से सम्बन्धित अन्य समस्याओं के विषय में भी की जायें तो उनसे उनका स्वरूप स्पष्ट होगा और उनको सुलझाने के लिये सुझाव दिये जा सकेंगे।

(2) समाज सुधार के क्षेत्र में समाज मनोविज्ञान का मूल्य—भारतीय समाज में अनेक सामाजिक समस्यायें हैं—जैसे दहेज की समस्या, अस्पृश्यता की समस्या, विधवा विवाह के विरोध की समस्या, आपसी भेद-भाव, छूआ-छात आदि की समस्या, इत्यादि। इन समस्याओं के सुलझाने के लिये देश में समाज सुधार की जरूरत है। परन्तु समाज सुधार केवल बाहर से नहीं हो सकता। उसके लिये लोगों की मनोवृत्तियों, भावनाओं, आदतों, संवेगों आदि को बदलना पड़ेगा। उनमें से गलत परम्पराओं और हानिकारक रूढ़ियों को दूर करना पड़ेगा। इसके लिये इन समस्याओं के मनोवैज्ञानिक पहलू को समझकर लोगों में मनोवैज्ञानिक परिवर्तन लाने होंगे। इसमें समाज मनोविज्ञान महत्वपूर्ण निर्देशन दे सकता है।

(3) व्यापार के क्षेत्र में समाज मनोविज्ञान का मूल्य—व्यापार की दृष्टि से भारत विदेशों से बहुत पिछड़ा हुआ है। इसका एक कारण यह भी है कि हमारे यहाँ व्यापार में वैज्ञानिक उपाय नहीं अपनाये जाते इस बात को सभी जानते हैं कि फैशन, जनमत, रुचि आदि का चीजों

की बिक्री पर बड़ा असर पड़ता है। यह बात किसी से छिपी नहीं है कि व्यापार बढ़ाने के लिये प्रचार कितना आवश्यक है। समाज मनोवैज्ञानिक फैशन, जनमत, प्रचार आदि का विशेष अध्ययन करता है। अतः एक विशेषज्ञ के नाते वह इस सम्बन्ध में उपयोगी सुझाव दे सकता है। प्रचार चाहे वह व्यापार के क्षेत्र में हो या युद्ध के क्षेत्र में जितना ही अधिक वैज्ञानिक होगा उतना ही अधिक लाभदायक होगा।

(4) उद्योग के क्षेत्र में समाज मनोविज्ञान का मूल्य—आजकल भारतवर्ष में सरकारी और गैर सरकारी दोनों पक्षों से उद्योगों के विकास की भारी चेष्टा की जा रही है। इसके लिये जहाँ विशेषज्ञ कर्मचारियों, कच्ची सामग्री और मशीनों आदि की जरूरत है वहां मालिक और मजदूरों में अच्छे सम्बन्ध बनाये रखना उससे भी अधिक जरूरी है। इसकी अनुपस्थिति में हड़ताल और ताले बन्दी की दुर्घटनायें होती हैं, जिससे देश को लाखों रुपये प्रतिदिन ही हानि होती है। मूलरूप से ताले बन्दी और हड़ताल की समस्यायें मनोवैज्ञानिक समस्यायें हैं। समाज मनोवैज्ञानिक इनको सुलझाने के बारे में महत्वपूर्ण सुझाव दे सकता है। उद्योग क्षेत्र में उद्योग की व्यवस्था करने, कर्मचारियों को आवश्यक प्रेरणा देने, दुर्घटनाओं को कम से कम करने आदि में भी समाज मनोवैज्ञानिक के सुझाव बड़े उपयोगी सिद्ध होते हैं।

(5) राजनीति के क्षेत्र में समाज मनोविज्ञान का महत्व—भारत एक नवोदित जनतन्त्र है। जनतन्त्र में जनमत का प्रशिक्षण बड़ा जरूरी है। इसकी अनुपस्थिति में कोई भी कानून या नियोजन सफल नहीं हो सकता। या तो कानून या नियोजन जनमत के अनुरूप होना चाहिये या जनमत को उनके अनुरूप परिवर्तित किया जाना चाहिये। जनमत को मापने के लिये और उसमें आवश्यक परिवर्तन करने के लिये समाज मनोवैज्ञानिक का निर्देशन आवश्यक है। जनतन्त्र में जनता अपने प्रतिनिधियों को सरकार बनाने के लिये चुनती है। इस प्रकार जनतन्त्र की सफलता चुनाव की सफलता पर निर्भर है। चुनाव को सफल बनाने के लिये जनमत को प्रशिक्षित करना जरूरी है। इसमें समाज मनोविज्ञान का योगदान अपेक्षित है। देश के नेताओं को भी जनता से व्यवहार करने के लिये समाज मनोविज्ञान के सिद्धान्तों को दृष्टि में रखकर चलना चाहिये। जनतन्त्र की सफलता के लिये देश में नये-नये नेता बनाने चाहिये। सच तो यह है कि भारत जैसे देश का विकास सफल नेतृत्व पर ही निर्भर है। सफल नेतृत्व क्या है, वह कैसे विकसित किया जा सकता है, देश में विभिन्न क्षेत्रों में नये-नये नेता कैसे उत्पन्न किये जा सकते हैं, इन सब समस्याओं के विषय में समाज मनोविज्ञान सुझाव देता है क्योंकि वह नेतृत्व का विशेष अध्ययन करता है। भारत एक गणतन्त्र देश है। यहाँ पर अनेक मामलों में राज्यों की सरकारें स्वाधीन हैं और कुछ राष्ट्रीय मामलों में केन्द्रीय सरकार सर्वाधिकार रखती हैं। देश की प्रगति के लिये केन्द्रीय और राज्य सरकारों में समायोजन (Coordination) की आवश्यकता है। इस समायोजन में समाज मनोवैज्ञानिक के सुझाव बड़े सहायक सिद्ध हो सकते हैं। केवल वैज्ञानिक क्षेत्र में ही नहीं बल्कि प्रशासन के क्षेत्र में भी प्रशासकों को समाज मनोविज्ञान का ज्ञान होना चाहिये। उसकी अनुपस्थिति में वे भीड़, जनता आदि के भिन्न-भिन्न रूपों से कुशल व्यवहार नहीं कर सकेगें।

(6) सहकारिता और स्वायत्त शासन के विकास में समाज मनोविज्ञान का महत्व—भारत गांवों का देश है। गांवों में सबसे बड़ी समस्यायें सहकारिता और स्वायत शासन का

विकास है। इनके विकास के लिये जो आयोजन किये जायेंगे उनमें समाज मनोवैज्ञानिक के सुझाव बड़े महत्वपूर्ण हैं क्योंकि अन्त में जनता में सहयोग की भावना फैलाने के लिये जोर जबर्दस्ती नहीं बल्कि उनकी अभिवृत्तियों भावनाओं, आदतों, संवेगों आदि में परिवर्तन करने होंगे सच तो यह है कि ग्रामीण पुनर्निर्माण में समूह गतिशास्त्र (Group Dynamics) को समझे बिना प्रगति बहुत कठिन है। सामूहिक गति शास्त्र समाज मनोविज्ञान के अध्ययन का विषय है।

(7) सांस्कृतिक क्षेत्र में समाज मनोविज्ञान का महत्व—भारत में असली स्वराज्य तभी होगा जबकि देश भारतीय संस्कृति के अनुरूप विकसित होगा। इसका अर्थ यह नहीं है कि भारतीय संस्कृति में परिवर्तन की जरूरत नहीं है। भारतीय संस्कृति तो सदैव ही परिवर्तनशील रही है परन्तु इस परिवर्तन में एक तारतम्य सदैव बना रहा है। सर्वांग विकास में परम्पराओं, रूढ़ियों, रीतिरिवाजों, जनरीतियों इत्यादि को तोड़ने या रोकने की नहीं बल्कि मोड़ने और रूपान्तरित करने की जरूरत होती है। इसके लिये समिति, संस्था, संघ रूढ़ि, परम्परा, जनरीति इत्यादि सामाजिक संरचना और लोक संस्कृति के विभिन्न अंगों के गतिशास्त्र का शास्त्रीय ज्ञान होना चाहिये। यह समाज मनोविज्ञान का क्षेत्र हैं। स्पष्ट है कि इस दिशा में समाज मनोवैज्ञानिक के सुझाव उपयोगी होंगे।

भारत में समाज मनोविज्ञान के महत्व के विषय में जो कुछ पीछे कहा गया है वह कुछ विशेष क्षेत्रों की ओर ही संकेत करता है इनके अलावा और भी कितने ही क्षेत्र ऐसे हैं जिनमें समाज मनोविज्ञान लाभदायक सिद्ध हो सकता है। उदाहरण के लिए जहां कहीं भारत की सीमा पर आक्रमणकारियों से संघर्ष की नौबत आती है वहां सीमा के निकट रहने वाले लोगों में नीतिंमत्ता (Morale) बनाने के लिये समाज मनोवैज्ञानिक के सुझाव महत्वपूर्ण हैं। शीत युद्ध में समाज मनोविज्ञान के तथ्यों का व्यापक रूप से प्रयोग किया जाता है। पीछे जो बातें बतलाई गई हैं उनमें समाज मनोविज्ञान का महत्व केवल भारत तक ही सीमित हो ऐसी बात नहीं है। विश्व के हर एक समाज में इन क्षेत्रों में समाज मनोविज्ञान का महत्व है। समाज मनोविज्ञान अभी अविकसित दशा में है। जैसे-जैसे उसका विकास होता जायेगा और वह नये-नये क्षेत्रों में कार्यकारण सम्बन्धों का पता लगाकर सामाजिक अन्तर्क्रियाओं के विषय में भविष्यवाणी करने में समर्थ हो सकेगा वैसे-वैसे उसका महत्व भी बढ़ता जायेगा। अन्त में, समाज मनोविज्ञान के महत्व का दिग्दर्शन करते समय उसकी सीमाओं पर दृष्टि रखना जरूरी है। समाज मनोवैज्ञानिक न तो समाज सुधारक है और न नेता या शासक। वह तो सामाजिक परिस्थितियों में व्यक्ति के व्यवहार के तथ्यों का विशेषज्ञ है। इसलिये जहां कहीं इस प्रकार की समस्यायें हैं, जिनमें व्यक्तियों का सामाजिक व्यवहार निहित है, वहां उसके सुझावों की जरूरत पड़ती है। परन्तु इन सुझावों का लाभ उठाना समाज सुधारकों, नेताओं और प्रशासकों पर निर्भर है।

सारांश

ऐतिहासिक पृष्ठभूमि—समाज मनोविज्ञान क्रमश: विकास से अपनी वर्तमान स्थिति पर पहुंचा है। प्राचीन काल में प्लेटो और अरस्तू की रचनाओं में मनुष्य के सामाजिक व्यवहार के विषय में विवेचन देखा जा सकता है। प्लेटो और अरस्तू के बाद इस सम्बन्ध में सौफिस्ट विचारकों

और सिरेनेक्स तथा एपीक्यूरियन्स के विचार उल्लेखनीय हैं। वास्तव में इनको समाज मनोवैज्ञानिक न कहकर समाज दार्शनिक कहना उचित होगा। इनके अलावा अन्य उल्लेखनीय विचारक हैं—हैगिल, बोदां, मान्टेस्क्यू, हॉब्स, लॉक, रूसो, मैक्यिावली तथा हंटिगटन इत्यादि। इन सामाजिक विचारकों के अलावा कौंट, हरबर्ट स्पेन्सर, दुर्खीम आदि ने भी सामूहिक व्यवहार की व्याख्या की—समाज मनोविज्ञान के विकास में योगदान देने वाले मानवशास्त्रियों में लेजारस और स्टीनथेल के नाम उल्लेखनीय हैं। चार्ल्स डार्विन तथा उसके विचारों से प्रभावित बेजहॉट और कार्ल मार्क्स आदि विचारकों ने महत्वपूर्ण विचार उपस्थित किये। वैज्ञानिक रूप में समाज मनोविज्ञान का विकास उन्नीसवीं और बीसवीं शताब्दी में हुआ। इसके जन्मदाताओं में गैब्राइल टार्डे, लैबौं, एडवर्ड रॉस और विलियम मैक्डूगल के नाम लिये जा सकते हैं। समाज मनोविज्ञान के वर्तमान विकास में आलपोर्ट, फ्रॉयड, किम्बाल यंग, शैरिफ, मर्फी, न्यूकाम्ब आदि दर्जनों समाज मनोवैज्ञानिकों ने महत्वपूर्ण योगदान दिया है।

समाज मनोविज्ञान की वर्तमान प्रवृत्तियां

शैरिफ और शैरिफ का मत (1) वैज्ञानिक पद्धतियों और प्रविधियों का प्रयोग (2) आवश्यक दृष्टिकोण प्राप्त करना (3) अन्तर्क्रियात्मक प्रभावों के सन्दर्भ में सामाजिक व्यवहार का अध्ययन।

किम्बाल यंग का मत—(1) अध्ययन की पद्धतियों में परिवर्तन (2) विषय सामग्री के प्रस्तुतीकरण में परिवर्तन (3) मूलप्रवृत्ति के सिद्धान्त के स्थान पर सीखने का सिद्धान्त (4) सांस्कृतिक मानवशास्त्र का बढ़ता हुआ प्रभाव (5) चिकित्सात्मक और प्रयोगात्मक मनोविज्ञान का प्रभाव (6) नवीन मूलाधार—अन्तर्क्रिया, कार्य और स्थिति।

समाज मनोविज्ञान की मान्यतायें—(1) कार्य-कारण सम्बन्ध (2) सामाजिक व्यवहार सामाजिक और सांस्कृतिक परिवेश से अन्तर्क्रिया पर निर्भर है।

समाज मनोविज्ञान की परिभाषा—समाज मनोविज्ञान समाज में एक व्यक्ति के व्यवहार का अध्ययन है जहाँ तक कि वह अन्य व्यक्तियों से मानसिक अन्तर्क्रिया द्वारा प्रभावित होता है और उनको प्रभावित करता है।

समाज मनोविज्ञान की प्रकृति—समाज मनोविज्ञान एक विज्ञान है उसमें वैज्ञानिक पद्धति की सभी विशेषतायें और विज्ञान के सभी आवश्यक तत्व मिलते हैं इस सम्बन्ध में उल्लेखनीय बातें हैं—(1) समाज मनोविज्ञान वैज्ञानिक पद्धति का प्रयोग करता है, (2) समाज मनोविज्ञान तथ्यात्मक है, (3) समाज मनोविज्ञान के सिद्धान्त सार्वभौम हैं, (4) समाज मनोविज्ञान के सिद्धान्त प्रामाणिक हैं, (5) समाज मनोविज्ञान कार्य-कारण सम्बन्धों की व्याख्या करता है, (6) समाज मनोविज्ञान भविष्यवाणी कर सकता है।

समाज मनोविज्ञान की विषय सामग्री—इनमें समस्त मानसिक अन्तर्क्रियायें और उनके प्रभाव आते हैं। जैसे—(1) व्यक्ति और व्यक्ति की क्रिया प्रतिक्रिया। (2) व्यक्ति और समूह के बीच क्रिया प्रतिक्रिया। (3) समूह तथा समूहों के बीच क्रिया प्रतिक्रिया।

समाज मनोविज्ञान का क्षेत्र—(1) सामाजिक उत्तेजनायें तथा उत्तेजनात्मक सामाजिक परिस्थितियां, (2) सामाजिक उत्तेजनाओं से उत्पन्न होने वाली व्यक्ति की प्रतिक्रियायें और अनुभव (3) व्यक्ति पर सामाजिक परिवेश का प्रभाव।

समाज मनोविज्ञान की समस्यायें—(1) समाज में व्यक्ति के व्यवहार का अध्ययन, (2) समाज में व्यक्ति के व्यवहार की व्याख्या, (3) समाज में व्यक्ति के व्यवहार की भविष्यवाणी, (4) सामाजिक अवरोधकों और सामाजिक तनावों को दूर करने के विषय में सुझाव। (5) विभिन्न समूहों का अध्ययन।

समाज मनोविज्ञान का मूल्य—कुछ लोगों को समाज मनोविज्ञान के मूल्य में सन्देह है। इसके कारण हैं—(1) समाज मनोविज्ञान में अनुसंधान व्यर्थ है। (2) समाज मनोविज्ञान पर्याप्त ज्ञान नहीं देता। समाज मनोविज्ञान से भय।

परन्तु आजकल समाज मनोविज्ञान का मूल्य भली-भाँति सिद्ध हो चुका है। आधुनिक भारत में समाज मनोविज्ञान के महत्व के सम्बन्ध में मुख्य बातें हैं— (1) सामूहिक तनावों को दूर करने में सहायता, (2) समाज सुधार के क्षेत्र में समाज मनोविज्ञान का महत्व, (3) व्यापार के क्षेत्र में समाज मनोविज्ञान का मूल्य, (4) उद्योग के क्षेत्र में समाज मनोविज्ञान का मूल्य, (5) राजनीति के क्षेत्र में समाज मनोविज्ञान का महत्व, (6) सहकारिता और स्वायत्त शासन के विकास में समाज मनोविज्ञान का महत्व, (7) सांस्कृतिक क्षेत्र में समाज मनोविज्ञान का महत्व।

2

विधियाँ

(Methods)

समाज मनोविज्ञान समाज में मनुष्य के व्यवहार का विज्ञान है। विज्ञान एक पद्धति है। विज्ञान वैज्ञानीकरण है। विज्ञान और दर्शन का मुख्य अन्तर उनकी पद्धतियां हैं। किसी भी विषय वस्तु का वैज्ञानिक पद्धति से अध्ययन ही विज्ञान है। अत: विज्ञान कहे जाने को सार्थक सिद्ध करने के लिये समाज मनोविज्ञान में वैज्ञानिक पद्धतियों का प्रयोग होना चाहिये। समाज मनोविज्ञान में अनेक वैज्ञानिक और अर्ध-वैज्ञानिक पद्धतियों का प्रयोग किया जाता है जिनमें मुख्य पद्धतियां अन्तर्दर्शन, निरीक्षण और प्रयोग हैं। आधुनिक समाज मनोविज्ञान में इनमें से प्रयोग विधि को सबसे अधिक महत्वपूर्ण माना जाता है। अन्तर्दर्शन तथा निरीक्षण की पद्धतियां समाज मनोविज्ञान में अपना स्थान रखती हैं और उनका अपना महत्व और उपयोग है परन्तु समाज मनोविज्ञान को विज्ञान के स्तर पर लाने का श्रेय प्रयोग पद्धति को ही दिया जायेगा। आधुनिक काल में समाज मनोविज्ञान में इसी पद्धति का सबसे अधिक प्रचार है। समाज मनोविज्ञान एक विज्ञान है। अत: उसमें वैज्ञानिक पद्धति का ही प्रयोग होना चाहिये। वैज्ञानिक पद्धति में अध्ययन के विषय को एक नियन्त्रित परिस्थिति में रखकर उसमें प्रयोग किया जाता है।

प्रयोग विधि

(Experimental Method)

प्रयोग क्या है ?

गैरेट (Garret) के अनुसार प्रयोग का अर्थ पद्धति से पूछा गया प्रश्न है। प्रयोग में प्रयोगकर्ता के सामने एक स्पष्ट प्रश्न या समस्या होती है और उसका उत्तर पाने के लिए वह प्रयोग करता है। यह प्रश्न जितना ही स्पष्ट होगा उतना ही स्पष्ट उसका उत्तर भी मिलने की सम्भावना है। यह प्रश्न उपकल्पना (Hypothesis) पर आधारित होता है। यह उपकल्पना युक्ति से निकलती है। इस उपकल्पना को प्रयोगों के आधार पर सिद्ध अथवा असिद्ध किया जाता है। एक उदाहरण लीजिये, पढ़ते समय या पढ़ाते समय किसी को यह बात सूझी कि पढ़ने में प्रेरणाओं का भी प्रभाव पड़ सकता है। यह बात एक उपकल्पना मात्र है। इसकी जांच करने

के लिए उसने इसको इस प्रश्न के रूप में रख दिया कि क्या पढ़ने पर प्रेरणा का प्रभाव पड़ता है? इस प्रश्न का उत्तर पाने के लिए उसने प्रयोग करने शुरू किये। मान लीजिये कि प्रयोगों से यह परिणाम निकला कि प्रेरणा पढ़ने में लाभदायक है तो इससे उपकल्पना सिद्ध हो गई है। अब इस पर आगे यह प्रश्न उठाया जा सकता है कि पढ़ने में प्रेरणा से कितना लाभ होता है। इसकी परीक्षा करने के लिये आगे प्रयोग किये जा सकते हैं। इसी तरह पढ़ने में प्रेरणा का कैसे और क्यों प्रभाव पड़ता है आदि अनेक सम्बन्धित प्रश्नों पर प्रयोग द्वारा खोज की जा सकती है। इसी प्रकार पढ़ने पर ध्रूमपान का प्रभाव, पारिवारिक परिवेश का प्रभाव, बुद्धि का प्रभाव, अभ्यास का प्रभाव आदि किसी भी उपकल्पना को प्रश्न के रूप में लेकर उस पर प्रयोग किये जा सकते हैं। प्रयोग विधि में पहले से निर्धारित स्थितियों में निरीक्षण किया जाता है। अतः प्रयोग को एक नियमित निरीक्षण (Controlled observation) कहा जा सकता है। यह नियमित परिस्थितियों में किसी वस्तु की क्रिया अथवा जीवन के व्यवहार का निरीक्षण है। इस निरीक्षण के परिणामों में यह विशेषता है कि इनको कभी भी दोहराया जा सकता है। अर्थात् उन विशेष परिस्थितियों में उनको कितनी ही बार किया जा सकता है और जितनी बार किया जायेगा उतनी ही बार एक परिणाम आयेगा।

प्रयोग विधि के सोपान

प्रयोग विधि में क्रमशः निम्नलिखित भिन्न-भिन्न कदम (Steps) होते हैं—

(1) एक समस्या को उठाना (Raising a problem)— प्रयोग में पहला कदम समस्या को उठाना है। एक उदाहरण लीजिये बहुधा सिगरेट पीने की बड़ी आलोचना की जाती है। कहा जाता है कि सिगरेट न पीने वाले विद्यार्थी परीक्षा में सिगरेट पीने वाले विद्यार्थियों से अधिक अंक प्राप्त करते हैं अथवा कि सिगरेट पीने से चरित्र भ्रष्ट होता है। दूसरी ओर कुछ लोग यह कहते देखे जाते हैं कि सिगरेट पीने से ध्यान एकाग्र होता है। जो न सिगरेट पीने के हक में हैं और न विपक्ष में, वे कहते हैं कि परीक्षा में कम अंक पाने का कारण सिगरेट पीने की आदत न होकर विद्यार्थी का व्यक्तित्व है। सिगरेट न पीने वालों की अपेक्षा सिगरेट पीने वाले अधिक सामाजिक तथा आराम तलब होते हैं अतः वे परीक्षा के लिये उतना परिश्रम नहीं करते। इस वाद-विवाद से यह समस्या उत्पन्न हो जाती है कि मानसिक अथवा शारीरिक क्षमता पर सिगरेट पीने का क्या प्रभाव पड़ता है? इस समस्या को सुलझाने के लिये प्रयोग किये जा सकते हैं।

(2) एक परिकल्पना का बनाना (Formulation of a hypothesis)—प्रयोगविधि में दूसरा कदम एक परिकल्पना का बनाना है। सिगरेट पीने के उदाहरण में मानसिक तथा शारीरिक क्षमता पर सिगरेट पीने के प्रभाव की समस्या को एक परिकल्पना के रूप में रखना जरूरी है। यह परिकल्पना इस प्रकार होगी कि ''सिगरेट पीने से मानसिक तथा शारीरिक क्षमता का ह्रास होता है।'' अब प्रयोग द्वारा इस परिकल्पना की जांच की जायेगी।

(3) स्वतन्त्र परिवर्त्यों (Independent Variables) **तथा आश्रित परिवर्त्यों** (Dependent Variables) **को अलग करना**—प्रयोग विधि में तीसरा कदम प्रयोग की परिकल्पना में से स्वतन्त्र परिवर्त्यों और आश्रित परिवर्त्यों को अलग-अलग बांटना है। उपरोक्त

उदाहरण में शारीरिक और मानसिक क्षमता आश्रित परिवर्त्य हैं क्योंकि प्रयोग में ये स्थिर होंगे। सिगरेट पीना स्वतन्त्र परिवर्त्य है क्योंकि प्रयोग में सिगरेट पीने और न पीने के प्रभाव की परीक्षा होनी है।

(4) परिवेश या परिस्थिति को नियन्त्रित करना (Controlling the environment or situation)—प्रयोग विधि में चौथा और सबसे महत्वपूर्ण कदम परिवेश को नियन्त्रित करना है। धूम्रपान के प्रभाव के प्रयोग में कई कठिनाइयां हैं। हो सकता है कि प्रयोग का पात्र व्यक्ति यह सिद्ध करना चाहता हो कि सिगरेट पीने से उसकी शारीरिक और मानसिक क्षमता पर कोई प्रभाव नहीं पड़ता। इस प्रकार की सम्भावनाओं को निर्मूल करने के लिये इस प्रयोग में परिस्थिति को नियन्त्रित कर दिया गया। प्रयोग में सभी पात्रों की आंखें बांध दी गईं। बिल्कुल एक से दो होल्डरों का प्रयोग किया गया जिनमें केवल यह अन्तर था कि एक में तो खोखले में बिजली के तार का कुण्डल था जिसमें से पात्र गर्म हवा पी सकता था और दूसरे में साधारण सिगरेट थी। प्रयोग के सभी सत्रों (Sessions) में सिगरेट पीने से सम्बन्धित सभी तरह की आवाजों को पैदा करने का प्रबन्ध किया गया जैसे दियासलाई की रगड़, होल्डर का खटखटाना आदि। प्रयोग के अन्त में राख और दियासलाईयां पड़ी रहती थीं जिससे कि पात्र यह समझें कि वास्तव में सिगरेट पी गई थी। पात्र किसी भी समय सिगरेट में हाथ नहीं लगा पाता था। प्रयोगकर्त्ता स्वयं उसके मुंह में होल्डर लगाता तथा निकालता था। जिन सत्रों में पात्र को सिगरेट नहीं दी जाती थी उनमें प्रयोग करने वाला स्वयं सिगरेट पीता था। होल्डर देने के नियमित क्रम से मिल जाने वाले इशारों को रोकने के लिये तम्बाकू वाले सत्रों को अनियमित क्रम में रखा गया। सिगरेट के प्रयोग में परिवेश के नियन्त्रण के लिये किये गये ये सब इन्तजाम सभी प्रयोगों में आवश्यक नहीं होते। जैसा प्रयोग होगा वैसे ही नियन्त्रण भी करने पड़ेगे। मनुष्यों पर प्रयोगों में कुछ विशेष प्रकार के नियन्त्रण जरूरी हो जाते हैं क्योंकि पात्र के प्रयोग का तात्पर्य जान जाने का और उससे उसकी मनोवृत्ति में अन्तर हो जाने का भय रहता है। परन्तु पशुओं पर प्रयोग करने में इस तरह की सम्भावना बहुत कम रहती है अतः उसमें पात्र की शारीरिक क्रियाओं के नियन्त्रण का अधिक ध्यान रखा जाता है, जैसे पैवलोव के प्रयोगों में कुत्ते के मुंह से गिरी लार को नापने के लिये विशेष आयोजन किया गया था।

(5) प्रयोग फल का विश्लेषण (Analysis of the result)—प्रयोग विधि में पांचवा महत्वपूर्ण कदम प्रयोग के फल का विश्लेषण है। प्रयोग में अधिक पात्र होने पर कभी-कभी उनको दो दलों में बांट देना आवश्यक हो जाता है। एक नियन्त्रित दल (Controlled group) कहलाता है और दूसरा प्रयोगबद्ध दल (Experimental group) कहलाता है। सिगरेट पीने के प्रयोग में प्रत्येक पात्र अपना नियन्त्रण पात्र भी था। सबने आधी बार सिगरेट पी और आधी बार गर्म हवा पी। प्रयोगबद्ध दल बहुधा स्वतन्त्र परिवर्त्य कहलाता है क्योंकि प्रयोगकर्त्ता उसको रोक सकता है अथवा किसी भी तरह से प्रयोग कर सकता है। सिगरेट पीने के इस प्रयोग में सिगरेट स्वतन्त्र परिवर्त्य है और उसके परिणामों की सिगरेट रहित परिणामों के साथ तुलना की गई है। प्रयोगफल का विश्लेषण करने में सांख्यिकी पद्धति (Statistical technique) का प्रयोग किया जाता है।

(6) **प्रयोगफल से परिकल्पना की जांच** (Verification of the hypothesis by the result of the experiment)—प्रयोग विधि में छठा कदम प्रयोगफल से परिकल्पना की जांच करना है। प्रयोग फल से यह मालूम पड़ जाता है कि परिकल्पना सही है या गलत। सिगरेट पीने के प्रयोग में सिगरेट वाले सत्रों की सिगरेट रहित सत्रों से तुलना करने पर दोनों के परिणामों में बहुत ही कम अन्तर मिला। सिगरेट पीने से हृदय की गति थोड़ी बढ़ी और स्थिरता कम हो गई तथा हाथ का कांपना बढ़ गया। यह प्रभाव सिगरेट पीने वाले पात्रों की अपेक्षा सिगरेट न पीने वाले पात्रों में अधिक स्पष्ट दिखाई पड़ता था। मानसिक परीक्षणों से नापे हुये व्यापारों पर सिगरेट पीने का स्पष्ट प्रभाव नहीं पड़ा 18 दिन तक सिगरेट पीने के इस प्रयोग से यह परिणाम निकाला गया कि सिगरेट पीने का प्रभाव नहीं के बराबर होता है। इससे जिस कल्पना को लेकर प्रयोग किया गया था वह सही नहीं साबित हुई। परन्तु वास्तव में सिगरेट पीने का स्पष्ट प्रभाव बहुत दिनों तक सिगरेट पीने के परिणामों की जांच करने से ही जाना जा सकता है।

प्रयोग में नियन्त्रण का महत्व

प्रयोग में विषय का नियन्त्रित परिस्थितियों में अध्ययन किया जाता है। प्रयोग करने वाला प्रयोगात्मक खण्ड के अलावा प्रयोग के अन्य सब खण्डों को नियन्त्रित करता है। इस प्रकार का नियन्त्रण न करने पर परिणाम कभी भी सही और विश्वसनीय नहीं हो सकता। उदाहरण के लिए पढ़ाई पर सिगरेट पीने के प्रभाव को जानने के लिए किए जाने वाले प्रयोग में धूम्रपान करने वाले और न करने वाले पात्रों की आयु, बुद्धि, पाठशाला के अभिलेख तथा पाठ्यक्रम के अलावा कार्यकलापों की समानता बड़ी जरूरी है, क्योंकि इन सबका भी पढ़ाई पर बड़ा प्रभाव पड़ता है। यदि इनकी समानता का ध्यान रखा जाये तो हो सकता है कि जिस अन्तर को प्रयोगकर्त्ता सिगरेट पीने के कारण समझ रहा है, वह बुद्धि, आयु आदि के अन्तर के कारण हों। सामान्य जीवन में अधिकतर निष्कर्षों में नियन्त्रण के इस महत्व का ध्यान नहीं रखा जाता। इसीलिये अधिकतर निष्कर्ष बिल्कुल सही न होकर व्यवहारिक अनुमान मात्र होते हैं। दो चार सिगरेट पीने वाले व्यक्तियों का अच्छा स्वास्थ्य देखकर यह नतीजा निकाल लिया जाता है कि सिगरेट पीने से स्वास्थ्य पर बुरा प्रभाव नहीं पड़ता। किसी दवा से रोगी के अच्छा हो जाने पर यह जांच नहीं की जाती कि रोगी दवा से अच्छा हुआ है या किसी और कारण से। आमतौर पर मामूली जुकाम तीसरे दिन खत्म हो जाता है। बहुत से लोग तीसरे दिन जुकाम उतर जाने का श्रेय प्रकृति को न देकर दवा को देने लगते हैं। मनोवैज्ञानिक प्रक्रियाओं पर अनेक बातों का बड़ा प्रभाव पड़ता है जैसे व्यक्ति की आयु, बुद्धि, हेतु, उद्देश्य, होशियारी, शिक्षा तथा वर्तमान शारीरिक व मानसिक अवस्था जैसे भूख, थकान, आदि। प्रयोग के परिणामों पर इन सबका प्रभाव पड़ सकता है। अत: इन सबको नियन्त्रित किये बिना प्रयोग करके सही परिणाम नहीं निकाले जा सकते।

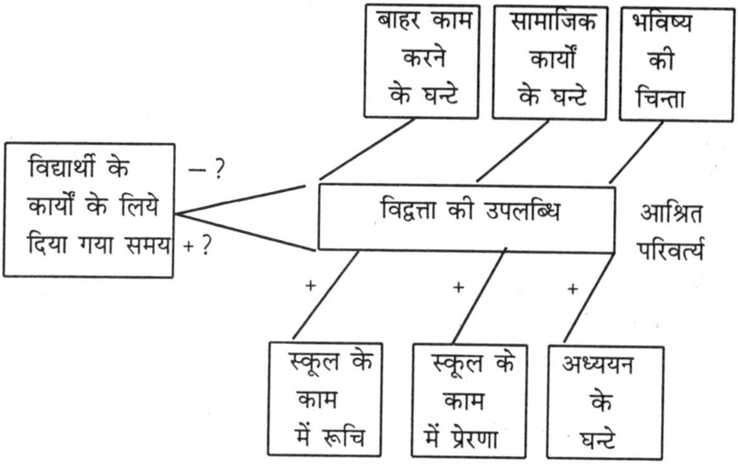

चित्र 1—प्रयोग की सामान्य व्यवस्था

(जे० पी० गिलफोर्ड की General Psychology से)

(1) रुख का नियन्त्रण—इस प्रकार प्रत्येक प्रयोग में बहुत से प्रभावक तत्व होते हैं। इनमें जीव की सामान्य अवस्था का बड़ा महत्व है। मनोवैज्ञानिक प्रयोग में प्रयोग के पात्र के रुख का नियन्त्रण करना आवश्यक हैं। उद्दीपन को प्रस्तुत करते समय पात्र के रुख का नियन्त्रण किया जाना चाहिये। उदाहरण के लिये यदि सीखने के सम्बन्ध में प्रयोग किया जा रहा है तो सीखने वाले पात्र में सीखने के प्रति रूचि पैदा करना भी जरूरी हो जाता है अन्यथा प्रयोग सफल नहीं होगा। इस प्रकार प्रयोग में पात्र को यह बतला दिया जाता है कि वह अमुक उद्दीपन की ओर ध्यान देगा और अमुक को छोड़ देगा। कभी-कभी उसको भ्रम में डालने की जरूरत पड़ती है। उसको यह बतलाया जाता है कि अमुक बात की परीक्षा की जा रही है जबकि वास्तव में परीक्षा किसी और ही बात की हो रही होती है। उदाहरण के लिये यदि किसी पर इन्जेक्शन के प्रभाव को देखना हो तो कभी पानी का और कभी दवा का इन्जेक्शन दिया जाता है। पशुओं पर प्रयोग करने में पात्र के रुख की चिन्ता नहीं करनी पड़ती। परन्तु मनुष्यों पर विशेषकर वयस्कों पर प्रयोग करने में रुख का नियन्त्रण करना बड़ा जरूरी है।

(2) उद्दीपनों का नियन्त्रण—रुख के साथ-साथ आन्तरिक और बाहरी उद्दीपनों का भी नियन्त्रण आवश्यक है। उद्दीपन (Stimulus) में आन्तरिक बाहरी वे सब कारक आते हैं जिनका अध्ययन किये जाने वाले विषय पर कोई भी प्रभाव पड़ता है। प्रकाश, आवाज, स्पर्श, तापक्रम, गन्ध इत्यादि बाहरी उद्दीपन हैं और स्नायविक उत्तेजनायें इत्यादि आन्तरिक उद्दीपन के उदाहरण हैं। इन दोनों प्रकार के उद्दीपनों का प्रयोग के विषय पर प्रभाव पड़ता है। अतः इनका नियन्त्रण किया जाता है। विभिन्न प्रकार के कमरों और सहायक यन्त्रों की सहायता से बाहरी उद्दीपनों का नियन्त्रण किया जाता है। खाना न देकर, विशेष प्रकार का खाना देकर अथवा विशेष प्रकार की दवायें देकर आन्तरिक उद्दीपनों का नियन्त्रण किया जाता है।

(3) आनुवंशिकता का नियन्त्रण—अनेक प्रयोगों में आनुवंशिकता (Heredity) का भी नियन्त्रण करने की जरूरत रहती है। उदाहरण के लिए मान लीजिए कि मनोवैज्ञानिक को इस समस्या पर प्रयोग करना है कि प्रशिक्षण से बालक को अधिक लाभ होता है या परिपक्वता से। स्वाभाविक है कि वह इस प्रयोग में शिक्षित तथा अशिक्षित दो प्रकार के पात्र लेगा। इसके साथ-साथ इन पात्रों का विकास भी एक सी गति से होना चाहिये। परन्तु विकास आनुवंशिकता पर निर्भर है। अतः पात्रों की आनुवंशिकता समान होनी चाहिये। परन्तु आनुवंशिकता केवल सहयमज (Identical) बालकों में ही समान होती है। अतः उसका नियन्त्रण करने के लिये प्रयोग में सहयमज बालक लेने पड़ेंगे। अब इनमें से एक को प्रशिक्षण दिया जायेगा और एक को नहीं तथा दोनों की तुलना करके प्रशिक्षण का प्रभाव जाना जा सकेगा। इस प्रकार मनुष्यों पर प्रयोग करने में अनेक कारकों का नियन्त्रण करना पड़ता है। पशुओं पर प्रयोग किया जाता है। उदाहरण के लिये किसी विशेष अन्तःश्रावी ग्रन्थि (Endocrine gland) का प्रभाव देखने के लिये पशु के व्यवहार को नोट किया जाता है और फिर आपरेशन से उस ग्रन्थि को निकाल कर उसका व्यवहार देखा जाता है तथा दोनों की तुलना करके यह निश्चित किया जाता है कि ग्रन्थि का क्या प्रभाव पड़ता है?

स्वतन्त्र परिवर्त्य

प्रयोग विधि में विभिन्न कारकों को स्वतन्त्र परिवर्त्य (Independent Variable) या आश्रित परिवर्त्यों में बांट दिया जाता है। स्वतन्त्र परिवर्त्य एक ऐसा उद्दीपन या जीव की ऐसी अवस्था होती है जिसको इच्छानुसार परिवर्तित किया जा सकता हो। बहुधा यह स्वतन्त्र परिवर्त्य एक ही होता है क्योंकि प्रयोगकर्त्ता प्रत्येक कारक का अलग-अलग प्रभाव देखना चाहता है। यदि कोई परिवर्तन किन्हीं दो कारकों के कारण हो तो यह निश्चय करना कठिन होगा कि उनमें से किस कारक का उस परिवर्तन में कितना महत्व है? सांख्यिकी पद्धति (Statistical Method) में एक बार में एक से अधिक कारक भी स्वतन्त्र परिवर्त्य हो सकते हैं परन्तु सांख्यिकीय विश्लेषण प्रत्येक कारक के प्रभाव को अलग कर देता है।

आश्रित परिवर्त्य

आश्रित परिवर्त्य (Dependent Variable) स्वतन्त्र परिवर्त्य पर आश्रित होता है। प्रयोगकर्ता किसी प्रयोग में सब कारकों को स्थिर रखता है और किसी एक कारक में परिवर्तन करता है। इस परिवर्तन से प्रयोग के विषय में अनेक अनुक्रियायें दिखाई पड़ती हैं। ये अनुक्रियायें उस प्रयोग के आश्रित परिवर्त्य हैं। जैसा कि इनके नाम से ही स्पष्ट है ये उस कारक पर आश्रित हैं जिसके प्रभाव का अध्ययन किया जा रहा है। इस प्रकार के आश्रित परिवर्त्यों में पात्र का बाहरी व्यवहार, बोलना, भयभीत होना, भागना, हंसना, रोना आदि तथा आन्तरिक शारीरिक क्रियायें शामिल हैं। आन्तरिक शारीरिक क्रियाओं का अध्ययन रासायनिक पदार्थों अथवा विविध यन्त्रों की सहायता से किया जाता है। कभी प्रयोगकर्त्ता पात्र द्वारा शाब्दिक विवरण जानना चाहता है, कभी उसका बाहरी व्यवहार नोट करना चाहता है, कभी उसमें आन्तरिक परिवर्तन जानना चाहता है।

प्रयोग विधि की सीमायें

अन्य विधियों के समान प्रयोग विधि की भी कुछ सीमायें हैं। मुख्य सीमायें निम्नलिखित हैं–

(1) प्रयोगशाला की कृत्रिम परिस्थिति–प्रयोगशाला की कृत्रिम परिस्थिति (Artificial Situation of Laboratory) प्रयोग विधि की विशेषता है परन्तु वही उसकी सीमा भी है। प्रयोग विधि में प्रयोगकर्त्ता एक परिवर्त्य को स्वतन्त्र छोड़ देता है तथा अन्य परिवर्त्यों को नियन्त्रित करता है परन्तु किसी विषय में काम करने वाले सभी परिवर्त्यों का निश्चय करना बड़ा कठिन होता है। उदाहरण के लिये विद्वत्ता की उपलब्धि के प्रयोग में बाहर काम करने के घण्टे, सामाजिक कार्यों के घण्टे, भविष्य की चिन्ता, स्कूल के काम में रुचि, स्कूल के काम में प्रेरणा, अध्ययन के घण्टे आदि परिवर्त्यों को नियन्त्रित रखा गया और विद्यार्थी के कार्यों के लिये दिये गए समय को घटाया बढ़ाया गया। इस घटाने बढ़ाने से विद्वत्ता की उपलब्धि में जो अन्तर आया उसका कारण विद्यार्थी के कार्यों के लिये दिये गये समय को ही समझा गया। परन्तु हो सकता है कि इस प्रयोग में जितने कारक नियन्त्रित किये गये हैं उनके अलावा कुछ कारक भी विद्वत्ता की उपलब्धि पर प्रकाश डालते हों। वास्तव में किसी व्यक्ति की विद्वत्ता (Scholarship) के सब कारकों को निश्चित करना बहुत ही कठिन काम है और इसलिये इसमें यह कठिनाई है कि इस पर प्रयोग करने में जो कारक अनजाने रह जायेंगे, उनके प्रभाव को हम अन्य कारकों के कारण समझ लेंगे।

(2) पात्र के रुख के नियन्त्रण में कठिनाई–प्रयोग विधि में दूसरा दोष पात्र के रुख के नियन्त्रण की कठिनाई है। मनुष्यों पर प्रयोग करने में पात्र के रुख को नियन्त्रित करना बड़ा जरूरी होता है। यदि पात्र किसी तरह से प्रयोग के विरुद्ध हो, उसकी परवाह न करता हो तो वह उल्टे सीधे और गलत उत्तर दे सकता है। इस कठिनाई से बचने के लिये कुछ परिस्थितियों में पात्र के रुखों को नियन्त्रित किया जा सकता है परन्तु बालकों या विद्यार्थियों के समूहों पर प्रयोग करने में रुख को नियन्त्रित करना और उनके मनोभावों को समझना बड़ी टेढ़ी खीर है।

(3) पात्र का सहयोग प्राप्त करने में कठिनाई–प्रयोग विधि में तीसरा दोष पात्र का सहयोग प्राप्त करने में कठिनाई है। प्रयोग विधि में पात्र के सहयोग के बिना काम नहीं चल सकता परन्तु पात्र का सहयोग प्राप्त करना सदैव सम्भव नहीं होता। हो सकता है कि विद्यार्थी की योग्यता की परीक्षा करने में विद्यार्थी तैयार न हो या गलत जवाब दे, या जान बूझकर अपने को थका हुआ अथवा न थका हुआ दिखाये।

(4) प्रयोग विधि का सीमित क्षेत्र–प्रयोग विधि का चौथा दोष अथवा सीमा यह है कि उसका क्षेत्र सीमित है। कुछ विषयों में तो प्रयोग करना असम्भव ही होता है। वास्तव में मानव जीवन की जटिल परिस्थितियों और जटिल व्यवहारों में से अधिकतर प्रयोगशाला में उत्पन्न नहीं किये जा सकते। उनका केवल वास्तविक जीवन में ही निरीक्षण किया जा सकता है। उदाहरण के लिये बालक पर बुरे परिवेश का प्रभाव देखने के लिये उसे बुरे परिवेश में

नहीं रखा जा सकता अथवा अत्यधिक शराब पीने का प्रभाव देखने के लिये किसी व्यक्ति को बहुत दिनों तक अत्यधिक शराब नहीं पिलायी जा सकती। प्रेम आदि अनेक मानसिक दशायें ऐसी हैं जिन पर नियन्त्रण नहीं किया जा सकता और न उन्हें प्रयोगशाला में उत्पन्न किया जा सकता है।

उपरोक्त दोषों के बावजूद भी प्रयोग विधि मनोविज्ञान की सर्वश्रेष्ठ विधि है। यह विधि अन्य सब विधियों से अधिक निश्चित निष्कर्ष उपस्थित करती है। परन्तु प्रयोग विधि मानव व्यवहार के ऐसे पक्षों में ही सीमित है जिनमें कुछ निश्चित निष्कर्ष निकाला जा सकता है। दूसरी ओर मानव के अनेक व्यवहार पक्ष इतने परिवर्तनशील और जटिल हैं कि उनका निरीक्षण करके और कुछ व्यवहारिक निष्कर्षों पर ही पहुंचकर सन्तोष करना पड़ता है फिर भी मनोविज्ञान में प्रयोग का क्षेत्र धीरे-धीरे बढ़ता ही जाता है। नये-नये यन्त्रों के अनुसन्धान से नई-नई समस्याओं पर प्रयोग किये जा रहे हैं। यदि निरीक्षण और अन्तर्दर्शन पद्धतियों ने मनोविज्ञान को व्यापक और दैनिक जीवन में उपयोगी बनाया है तो प्रयोग पद्धति ने ही उसे एक विज्ञान का स्थान दिलाया है। प्रयोगशालाओं के बाहर फैले हुये मानव जीवन में मनुष्य सदैव मानव मनोविज्ञान के विषय में अनुभव द्वारा सीखता रहेगा परन्तु प्रयोग पद्धति से अन्य विज्ञानों के समान सम्मानास्पद स्थान प्राप्त कर सकेगा। प्रयोग विधि से ही निश्चित ज्ञान मिलता है और हम किसी अन्तिम निष्कर्ष पर पहुँच पाते हैं। मनोविज्ञान का भविष्य प्रयोगविधि पर ही आधारित है।

समाज मनोविज्ञान में प्रयोगविधि

समाज मनोविज्ञान में प्रयोगविधि का व्यापक-रूप से इस्तेमाल सन् 1920 के बाद से किया जा रहा है। जनमत, अभिरुचि, प्रचार, नेतृत्व आदि अनेक समस्याओं का समाज मनोविज्ञान में प्रयोगविधि से अध्ययन करने की चेष्टा की गई है। परन्तु समाज मनोविज्ञान प्रयोगविधि का स्वरूप, दशायें, गुण, दोष और सीमायें आदि वहीं हैं जो सामान्य विज्ञान में हैं। परन्तु यह विषय सामग्री किसी विशाल पहेली के कुछ टुकड़ों की तरह है जिसमें कि पूर्ण की झांकी मिलने की कोई सम्भावना नहीं है। समाज मनोविज्ञान के क्षेत्र में प्रयोगविधि का इस्तेमाल करने में निम्नलिखित मुख्य कठिनाइयां हैं।

(1) नियन्त्रण की कठिनाई—यह एक सामान्य बात है कि प्रयोगविधि में प्रयोगकर्त्ता को परिस्थितियों पर पूरी तरह से नियन्त्रण करना पड़ता है। यदि परिस्थितियां पूरी तरह से नियन्त्रित न हो सकती हों तो प्रयोग के परिणाम प्रामाणिक नहीं कहे जा सकते। प्रयोगकर्त्ता को अन्य परिस्थितियों को नियन्त्रित करके बारी-बारी से एक-एक परिस्थिति को स्वतन्त्र छोड़ता है और इससे हुये अन्तर को देख कर उस परिस्थिति के प्रभाव को बतलाता है। भौतिक विज्ञान की प्रयोगशालाओं में परिस्थितियों में पूरी तरह से नियन्त्रण किया जाता है। परन्तु समाज मनोविज्ञान की प्रयोगशाला तो सम्पूर्ण समाज ही है, जिसमें परिस्थितियां उसके नियन्त्रण से बाहर हैं। अतः वह प्रयोग विधि का बहुत ही कम इस्तेमाल कर सकता है। उदाहरण के लिये साम्प्रदायिकता की समस्या को ही लीजिये। इस समस्या पर प्रयोग करने के लिये साम्प्रदायिकता

को कृत्रिम रूप से उपस्थित करना सम्भव होना चाहिये। सामूहिक तनाव को कृत्रिम रूप से उपस्थित किया जा सकता और चूंकि सामाजिक तनाव साम्प्रदायिक तनाव में एक मुख्य कारण है इसलिये इस प्रयोग से साम्प्रदायिकता की प्रगति पर कुछ न कुछ प्रकाश अवश्य पड़ सकता है परन्तु वास्तविक स्थिति में साम्प्रदायिकता के कारण इतने अधिक जटिल होते हैं कि उनको कृत्रिम रूप से उत्पन्न नहीं किया जा सकता और न नियन्त्रित ही किया जा सकता। फिर यदि कहीं किसी प्रकार से कुछ नियन्त्रित करके साम्प्रदायिक तनावों का अध्ययन किया भी गया तो कोई अन्य समाज मनोवैज्ञानिक किसी भी अन्य स्थान पर उस परिस्थिति को फिर उत्पन्न करके इस प्रयोग को दोहरा नहीं सकता और इस प्रकार इस प्रयोग का परीक्षण नहीं कर सकता। ऐसी स्थिति में समाज मनोवैज्ञानिक को निरीक्षण तथा अन्य विधियों से ही सन्तुष्ट रहना पड़ता है।

(2) **वास्तविक और कृत्रिम परिस्थितियों में अन्तर**—जैसा कि पीछे बताया जा चुका है कभी-कभी सामाजिक परिस्थितियों को कृत्रिम रूप से उत्पन्न करके व्यक्ति के सामाजिक व्यवहार के विषय में कुछ बातें मालूम की जा सकती हैं परन्तु कृत्रिम परिस्थितियों में और वास्तविक परिस्थितियों में भारी अन्तर है। कृत्रिम परिस्थितियों में वास्तविक परिस्थितियों की सी स्वाभाविकता नहीं आ पाती।

(3) **कुछ प्रयोगों में नैतिक कठिनाई है**—समाज मनोविज्ञान में ऐसे प्रयोग नहीं किये जा सकते जिनमें ऐसी परिस्थितियां उत्पन्न करने की जरूरत पड़े जिनका किसी के व्यक्तित्व पर बुरा प्रभाव पड़ता हो। उदाहरण के लिए व्यक्ति किन सामाजिक परिस्थितियों में अपराधी बन जाता है अथवा भग्न परिवार आदि परिस्थितियों का उसके व्यवहार पर क्या प्रभाव पड़ता है इसका अध्ययन करने के लिए किसी अच्छे भले व्यक्ति को बुरी परिस्थितियों में या भग्न परिवार में नहीं रखा जा सकता।

उपरोक्त कठिनाइयों के होते हुये भी समाज मनोविज्ञान में कुछ सावधानी और परिश्रम से काम लेने से काफी सफल प्रयोग किये जा सकते हैं। उदाहरण के लिये यह तो ठीक है कि किसी बालक को बुरी परिस्थिति में रखकर प्रयोग नहीं किया जा सकता परन्तु फिर बुरी परिस्थिति में पले हुये बालक को अच्छी परिस्थिति में रखकर प्रयोग किया जा सकता है और इससे उसके व्यवहार में परिवर्तन को देखकर उसके व्यक्तित्व पर बुरी परिस्थिति के प्रभाव को भी जाना जा सकता है। समाज मनोविज्ञान में प्रयोग करने के लिये नियन्त्रण की कठिनाई को दूर करने के लिए समस्या के विभिन्न पहलुओं के विषय में व्यापक जानकारी प्राप्त की जा सकती है। उदाहरण के लिए किसी व्यक्ति के व्यवहार के अध्ययन में यदि उसके शारीरिक संगठन, पारिवारिक इतिहास, आदर्श, मूल प्रवृत्तियों, चरित्र तथा अन्य व्यक्तियों से उसके सम्बन्ध का व्यापक ज्ञान हो तो इस ज्ञान की पृष्ठ भूमि में उस पर कुछ प्रयोग किये जा सकते हैं। यह ठीक है कि यह प्रयोग कभी भी उतने यथार्थ नहीं हो सकते जितने कि अन्य विज्ञानों में होते हैं। परन्तु फिर भी इससे इन्कार नहीं किया जा सकता कि इनसे अनेक महत्वपूर्ण बातों की जानकारी हो सकती है।

समाज मनोविज्ञान में अन्य विधियां

प्रयोग विधि सभी विज्ञानों में प्रयुक्त होती है। इसका भौतिक और सामाजिक सभी विज्ञानों में महत्व है परन्तु भौतिक विज्ञान से भिन्न समाज मनोविज्ञान में कुछ अन्य विधियां भी हैं। इनका प्रयोग भौतिक विज्ञानों में नहीं होता। इनमें मुख्य निम्नलिखित हैं–

1. अन्तर्दर्शन विधि (Introspection Method)।
2. जीवन वृत्त विधि (Case History Method)।
3. साक्षात्कार विधि (Interview Method)।
4. प्रश्नावली विधि (Questionnaire Method)।
5. परिस्थिति परीक्षण विधि (Situation Test Methods)।
6. आरोपणात्मक विधियां (Projective Methods)।

अन्तर्दर्शन समाज मनोविज्ञान की एक महत्वपूर्ण पद्धति है। मनोविश्लेषणवादी मनोवैज्ञानिकों ने इस पद्धति का व्यापक प्रयोग किया है। व्यवहारवादी मनोवैज्ञानिक इसको मनोविज्ञान से एक दम निकाल देना चाहते हैं। परन्तु मनोविज्ञान में इस पद्धति का क्या स्थान है और इसका प्रयोग कहां तक किया जा सकता है, यह निश्चित करने के लिये इस पद्धति को समझकर इसके गुण दोषों की परीक्षा करना आवश्यक है।

अन्तर्दर्शन विधि

अन्तर्दर्शन क्या है?

अर्न्तदर्शन का अर्थ अन्दर देखना या अन्दर की क्रियाओं को देखना है। अन्तर्दर्शन आन्तरिक प्रत्यक्ष है। इसमें व्यक्ति अपने स्वयं के अनुभव का निरीक्षण करता है। उदाहरण के लिये एक व्यक्ति कोई भाषण सुनने जाता है और तीन घण्टे सुनने के बाद लौटता है। उसे भाषण कैसा लगा यह उसके स्वयं की मौखिक सूचना (Verbal report) का विषय है। लोग कहते हैं कि भीड़ में व्यक्ति की चाल-ढाल, मनोदशा, भावनायें सभी में एक अजीब परिवर्तन होने लगता है। यह परिवर्तन क्या है, यह तो वही जान सकता है जो भीड़ की दशा में रह चुका हो। इस तरह प्रेम, द्वेष, शोक, सुख, दु:ख, भय, स्मृति, विचार, प्रयत्न आदि कितने ही ऐसे विषय हैं, जिनको अनुभव करने वाला स्वयं ही विश्लेषण करके जान सकता है कोई व्यक्ति अनुभूतियों को बाहर से देखकर नहीं जान सकता। सामूहिक परिस्थिति में जो अनुभूति होती है वह समझाने से, तर्क करने से या दूसरे को देखने से कभी समझ में नहीं आ सकती जब तक कि किसी ने स्वयं कभी उसका अनुभव न किया हो। अस्तु व्यक्तिगत अनुभवों और अपने अन्दर की क्रियाओं को जानने के लिये अन्तर्दर्शन विधि का प्रयोग किया जाता है। समाज मनोविज्ञान में अन्तर्दर्शन विधि से अनेक तत्वों के बारे में महत्वपूर्ण बातें ज्ञात होती हैं जैसे पूर्वाग्रह, जनमत, अभिवृत्ति, फैशन इत्यादि।

अन्तर्दर्शन से लाभ

बाह्य व्यवहार के साथ-साथ समाज मनोविज्ञान में मानसिक प्रक्रियाओं का भी अध्ययन किया जाता है। इन मानसिक प्रक्रियाओं को बाहर के निरीक्षण से नहीं जाना जा सकता। उनको व्यक्ति स्वयं ही अन्तर्दर्शन से जान सकता है। इस अन्तर्दर्शन में व्यक्ति स्वयं अपनी मानसिक क्रियाओं का नियमित रूप से निरीक्षण करता है। इसके लिये निरीक्षक को किसी दूसरे यन्त्र या किसी दूसरे व्यक्ति की सहायता की जरूरत नहीं पड़ती। निरीक्षक जब चाहे अन्तर्दर्शन द्वारा अपनी मानसिक प्रक्रियाओं का अध्ययन कर सकता है और उसका प्रत्यक्ष ज्ञान प्राप्त कर सकता है। इस प्रकार आन्तरिक व्यवहार के ज्ञान में अन्तर्दर्शन की विधि बड़ी लाभदायक सिद्ध हुई है। अन्तर्दर्शन विधि मनोविज्ञान की मौलिक विधि है और अन्य प्राकृतिक विज्ञानों में यह विधि नहीं दिखाई पड़ती। व्यवहारवादी (Behaviourists) मनोवैज्ञानिकों ने उसके विरुद्ध अनेक आक्षेप प्रस्तुत किये हैं, परन्तु फिर भी उसको छोड़ा नहीं जा सकता।

अन्तर्दर्शन की सीमायें

परन्तु समाज मनोविज्ञान में सभी पद्धतियों की अपनी सीमायें हैं। अतः अन्तर्दर्शन की विधि की भी अपनी सीमायें हैं। मोटे तौर से ये सीमायें निम्नलिखित हैं—

(1) यह ठीक है कि अन्तर्दर्शन से मन की प्रक्रियाओं को प्रत्यक्ष रूप से जाना जा सकता है परन्तु उसके आधार पर कोई सामान्य नियम नहीं बनाया जा सकता क्योंकि यह जरूरी नहीं है कि दूसरे व्यक्तियों का अनुभव भी वही हो जो निरीक्षण करने वाले व्यक्ति का है।

(2) अन्तर्दर्शन से दूसरे व्यक्तियों के मन की बात जानकर अपने अनुभव से उसकी तुलना नहीं की जा सकती। दूसरे व्यक्तियों की मानसिक क्रियाओं या व्यवहार को निरीक्षण अथवा प्रयोग से ही जाना जा सकता है। अतः समाज मनोविज्ञान में किसी विषय का समुचित अध्ययन करने के लिये अन्तर्दर्शन के साथ निरीक्षण तथा प्रयोग पद्धति को इस्तेमाल करना जरूरी है।

अन्तर्दर्शन में कठिनाइयां

मनोविज्ञान की अन्य पद्धति के समान अन्तर्दर्शन विधि में भी कठिनाइयां है। कुछ मुख्य कठिनाइयां निम्नलिखित हैं—

(1) **मानसिक प्रक्रियाओं पर ध्यान लगाना कठिन है**—वस्तुओं के प्रत्यक्ष में और मानसिक क्रियाओं के निरीक्षण में बड़ा अन्तर है। वस्तुयें जड़ और स्पष्ट होती हैं, मानसिक क्रियायें परिवर्तनशील और अस्पष्ट होती हैं। अत्यधिक एकाग्रता के बिना उनका निरीक्षण नहीं किया जा सकता। मन को एकाग्र करना बड़ा कठिन काम है। परन्तु अन्तर्दर्शन में यह कठिनाई अपरिहार्य नहीं है। इसमें कोई सन्देह नहीं कि मानसिक प्रक्रियाओं के निरीक्षण के लिये अधिक एकाग्रता की जरूरत होती है और नौसिखिये को उसमें बहुत ही कम सफलता मिलने की सम्भावना होती है। परन्तु बहुत दिन तक अभ्यास करने से कठिनाई को दूर किया जा सकता है। सच तो यह है कि अन्तर्दर्शन के लिए लम्बे प्रशिक्षण की जरूरत है। प्रशिक्षण और अभ्यास

से अमूर्तकरण (Abstraction) की शक्ति बढ़ती है और एकाग्रता में भी वृद्धि होती है। इससे अन्तर्दर्शन प्रामाणिक हो सकता है।

(2) मानसिक प्रक्रियाओं को पकड़ना कठिन है—मानसिक प्रक्रियायें स्वभाव से ही बड़ी चंचल होती हैं। मनुष्य के विचार, अनुभूतियां, शंकायें और इच्छायें बहुत अधिक समय तक एक-सी नहीं रह सकतीं। ये सदैव बदलती रहती हैं, जबकि निरीक्षण के विषय का स्थिर होना जरूरी है। दुनिया की बाहरी चीजों का निरीक्षण किया जा सकता हैं क्योंकि पेड़ पौधे तथा दुनिया की अन्य चीजें स्थिर हैं। परन्तु मानसिक प्रक्रियायें तो ध्यान देते ही गायब हो जाती हैं। फिर उनका निरीक्षण कैसे हो सकता है? उदाहरण के लिये मान लीजिये कि कोई मनोवैज्ञानिक भीड़ में व्यक्ति की दशा को मनोवैज्ञानिक अन्तर्दर्शन से जानना चाहता है। अब यह भीड़ में होने पर फौरन अन्दर देखने की कोशिश करेगा। परन्तु उसका जैसे ही वह निरीक्षण करना चाहेगा उसकी मानसिक स्थिति उद्वेगात्मक नहीं रह जायेगी।

अन्तर्दर्शन विधि में उपरोक्त कठिनाई किसी सीमा तक वास्तविक अवश्य है परन्तु स्मृति की सहायता से इसे दूर किया जा सकता है। भीड़ में उद्वेग के उदाहरण में यद्यपि ध्यान देते ही उद्वेग दूर होने लगता है परन्तु उत्तेजित होने के बाद भी स्मृति की सहायता से उस समय की दशा का विश्लेषण किया जा सकता है। अभ्यास तथा पर्याप्त प्रशिक्षण से चंचल मानसिक प्रतिक्रियाओं को भी पकड़ा जा सकता है। इसके अलावा विभिन्न निरीक्षकों के परस्पर सहयोग से भी इस विषय में सहायता मिल सकती है। एक मनोवैज्ञानिक भीड़ में अपने उद्वेग का अनुभव नोट करे तथा दूसरे मनोवैज्ञानिक भी अपने उद्वेग का अनुभव नोट करें। अब इन सब अभिलेखों की तुलना की जाये और उसमें से असामान्य तत्व को छोड़कर सामान्य तत्व को भय की प्रक्रिया के विवरण के रूप में मान लिया जाये। इस तरह स्मृति, मानसिक सावधानी तथा भिन्न अभिलेखों की तुलना से अन्तर्दर्शन में मानसिक प्रक्रियाओं को पकड़ने की कठिनाई को दूर किया जा सकता है।

(3) **अनेक मनोवैज्ञानिक एक ही मनोवृत्ति का अध्ययन नहीं कर सकते**—अन्तर्दर्शन में तीसरी कठिनाई यह है कि अनेक मनोवैज्ञानिक समान (Similar) प्रक्रिया का तो अध्ययन कर सकते हैं परन्तु एक ही (Same) प्रक्रिया का अध्ययन नहीं कर सकते। उद्वेग का अध्ययन करने में प्रत्येक व्यक्ति अपने उद्वेग का ही तो अनुभव करेगा तब फिर उन सबके अभिलेखों से भीड़ में उद्वेग की प्रक्रिया का वैज्ञानिक अध्ययन कैसे हो सकता है? वास्तव में यह अध्ययन एक ही मनोवृत्ति का अध्ययन न होकर समान मनोवृत्तियों के अनेक अध्ययनों का एक विवरण मात्र हो जायेगा।

परन्तु ध्यान देने से यह मालूम होगा कि अन्तर्दर्शन विधि पर उपरोक्त आक्षेप व्यवहारिक से अधिक तार्किक हैं। तर्क के दृष्टिकोण से यह कहना ठीक है कि दो मनोवैज्ञानिक समान मनोवृत्ति का अध्ययन कर सकते हैं और एक ही मनोवृत्ति का अध्ययन नहीं कर सकते। परन्तु विज्ञान की मुख्य पद्धति सामान्यीकरण (Generalisation) विभिन्न वस्तुओं या व्यवहारों के इस समान अंश पर ही आधारित है। यह ठीक है कि दुनिया में कोई भी दो वस्तुयें समान भी हो सकती हैं वही (Same) नहीं हो सकतीं परन्तु फिर भी विभिन्न पशुओं पर प्रयोग करके

पशु मनोविज्ञान और विभिन्न शरीरों के अध्ययन से शरीर विज्ञान के नियम भी बनाये जाते हैं। वास्तव में मन की समानता ही समाज मनोविज्ञान का आधारभूत सिद्धान्त है। इसलिये जर्मनों पर प्रयोग से मिले तथ्यों को अमरीकनों के विषय में भी सत्य मान लिया जाता है। इस विवेचन से स्पष्ट है कि अन्तर्दर्शन विधि के विरुद्ध उपरोक्त तर्क सही नहीं मालूम पड़ता।

(4) **अन्तर्दर्शन में मन विभक्त हो जाता है**—अन्तर्दर्शन की विधि के विरुद्ध चौथा आक्षेप यह उठाया गया है कि उसमें मन ही निरीक्षक होता है और मन का ही निरीक्षण किया जाता है और इस तरह मन विभक्त हो जाता है क्योंकि मन स्वयं अपना निरीक्षण नहीं कर सकता। एक ही मन ज्ञाता और ज्ञेय दोनों नहीं हो सकता। इसी तर्क के आधार पर कौन्ट (Comte) ने अन्तर्दर्शन को असम्भव बतलाया था।

परन्तु व्यवहारिक अनुभव से यह आक्षेप गलत मालूम पड़ता है। व्यवहार में हम अपने अन्दर क्रोध, भय, जिज्ञासा, शोक आदि का अनुभव करते हैं। एक व्यक्ति कहता है कि उसे भय लग रहा है, दूसरा कहता है कि उसे दुख मिल रहा है। इन दोनों दशाओं में, ये दोनों व्यक्ति अपनी इस मानसिक प्रक्रियाओं का अनुभव करते हैं। वास्तव में, आत्म चेतना (Self-consciousness) मानव मन की विशेषता है। हम आत्म चेतन हैं और हम यह भी जानते हैं कि हम आत्मचेतन हैं। इस बात को हम तर्क से चाहे न भी सिद्ध कर सकें परन्तु व्यवहार तथा अनुभव से, अवश्य जान सकते हैं और प्रत्यक्ष अनुभव स्वयं सिद्ध है उनको सही सिद्ध करने के लिये किसी तर्क की आवश्यकता नहीं है। हम जैसे बाहरी चीजों को देख सकते हैं वैसे ही आन्तरिक मनोवृत्तियों का निरीक्षण कर सकते हैं। यह निरीक्षण अभ्यास और प्रशिक्षण से और भी स्पष्ट हो सकता है।

(5) **वस्तु और मनोवृत्ति का एक साथ निरीक्षण असम्भव है**—अन्तर्दर्शन में कभी-कभी किसी ऐसी मनोदशा पर ध्यान लगाना पड़ता है जो किसी बाहरी चीज से पैदा होती है। मनोवैज्ञानिक स्टाउट (Stout) ने लिखा है कि ''यदि मैं देखने की क्रिया का निरीक्षण करूं तो मुझे एक साथ जो देखा जाता है उस (वस्तु) पर और उसको देखने की क्रिया प्रत्यक्ष पर ध्यान देना पड़ेगा।'' ऐसी परिस्थिति में यह कठिनाई उत्पन्न होती है कि यदि वस्तु पर ध्यान दें तो मनोवृत्ति पर ध्यान नहीं दिया जा सकता और यदि मनोवृत्ति पर ध्यान दें तो वस्तु पर ध्यान नहीं दिया जा सकता। अत: ऐसी दशाओं में हम अन्तर्दर्शन नहीं कर सकते।

अन्तर्दर्शन विधि के विरुद्ध यह आक्षेप वास्तविक हैं क्योंकि मन एक समय में एक ही वस्तु पर ध्यान दे सकता है। परन्तु इस कठिनाई को भी कुछ उपायों से बहुत कुछ दूर किया जा सकता है। एक उपाय तो यह है कि वस्तु और मनोवृत्ति दोनों में जल्दी-जल्दी ध्यान को दौड़ाया जाय जिससे ध्यान का वस्तु और मनोवृत्ति दोनों में प्रदोलन (Oscillation) होता रहे। दूसरा उपाय यह है कि स्मृति की सहायता से वस्तु पर ध्यान लगाया जाय और ध्यान लगाते समय मनोवृत्ति का भी ध्यान रखा जाय।

(6) **अन्तर्दर्शन का ज्ञान आत्मगत और व्यक्तिगत है**—अन्तर्दर्शन के विरुद्ध यह भी कहा जाता है कि अन्तर्दर्शन द्वारा मिला ज्ञान आत्मगत (Subjective) और व्यक्तिगत (Personal) होता है। अत: अन्तर्दर्शन से मिले ज्ञान के आधार पर वैज्ञानिक नियम नहीं बनाये

जा सकते। परन्तु इस कठिनाई को आसानी से दूर किया जा सकता है। एक ओर तो प्रशिक्षण तथा अभ्यास से अन्तर्दर्शन को अधिक से अधिक वस्तुगत बनाया जा सकता है। दूसरी ओर अनेक मनोवैज्ञानिकों के अन्तर्दर्शन के विवरण की तुलना करके उसमें से सामान्य तत्व निकालकर एक सामान्य सिद्धान्त बनाया जा सकता है। इन दोनों उपायों से परिणाम आत्मगत और व्यक्तिगत नहीं रहेंगे।

मनोविज्ञान में अन्तर्दर्शन विधि का स्थान

अन्तर्दर्शन के विरुद्ध बतलाई गई कठिनाइयों के उपरोक्त विवेचन से यह स्पष्ट है कि प्रशिक्षण और अभ्यास से उसे अधिक से अधिक लाभदायक बनाया जा सकता है और उसकी अनेक कठिनाइयों को दूर किया जा सकता है। परन्तु इससे यह न भूल जाना चाहिये कि समाज मनोविज्ञान की अन्य विधियों के समान अन्तर्दर्शन विधि की भी अपनी सीमायें हैं। बहुत से विषयों में तो वह बिल्कुल ही बेकार सिद्ध होती है। ऐसे अवसरों पर निरीक्षण अथवा प्रयोग आदि विधियों से काम लेना बेहतर है। आधुनिक समाज मनोविज्ञान में अन्तर्दर्शन विधि का कम से कम और प्रयोग तथा निरीक्षण विधि का अधिक से अधिक प्रयोग करने की कोशिश की जाती है क्योंकि इन विधियों से मिला ज्ञान अधिक प्रामाणिक होता है। अन्तर्दर्शन विधि की अपनी सीमायें हैं और उससे मिला ज्ञान कम तथ्यात्मक हो सकता हैं परन्तु इससे इस विधि को व्यर्थ नहीं कहा जा सकता। ऐतिहासिक रूप में ही नहीं बल्कि व्यवहारिक रूप में भी इस विधि का अब भी महत्व है और इसको समाज मनोविज्ञान से एकदम निकाल देना न तो सम्भव है और न वांछनीय ही है।

निरीक्षण विधि

निरीक्षण का महत्व

बालक पर बुरे परिवेश का बुरा प्रभाव पड़ता है। किस बुरे परिवेश का क्या बुरा प्रभाव पड़ता है यह जानने के लिये बालक को बुरे परिवेश में रख कर नहीं देखा जा सकता। अतः इस विषय में प्रयोग विधि काम नहीं दे सकती। बालक से उसका अनुभव पूछा भी नहीं जा सकता क्योंकि बालक अपने अनुभव का विश्लेषण नहीं कर सकता। अतः अन्तर्दर्शन विधि भी बेकार है। अनाथ बच्चे का निरीक्षण करके माता-पिता के अभाव का प्रभाव जाना जा सकता है। इस तरह अनेक बातों को केवल निरीक्षण करके ही जाना जा सकता है।

समाज में यौन नियन्त्रण के कारण व्यक्ति का एक विशेष प्रकार से विकास होता है। यौन नियन्त्रण के न होने पर व्यक्ति के विकास पर क्या प्रभाव पड़ेगा, यह देखने के लिये यौन नियन्त्रण को समाप्त नहीं किया जा सकता। इस तथ्य की जांच केवल ऐसे समाजों में व्यक्तियों के विकास के निरीक्षण से हो सकती है जिनमें यौन क्रियाओं पर किसी प्रकार का नियन्त्रण न हो। इसी प्रकार पागल या मानसिक रोगी व्यक्ति अन्तर्दर्शन नहीं कर सकता। उस पर प्रयोग करना भी कठिन है। उसके बारे में तथ्यों का पता लगाने के लिये मनोवैज्ञानिक को निरीक्षण विधि से ही काम लेना पड़ेगा।

निरीक्षण विधि के सोपान

निरीक्षण विधि के उपरोक्त उदाहरणों से उसके तत्वों के विषय में कुछ-कुछ आभास होता है। मोटै तौर से निरीक्षण विधि के सोपान निम्नलिखित हैं–

(1) **व्यवहार का प्रत्यक्ष**–निरीक्षण विधि में पहला कदम व्यवहार का प्रत्यक्ष है। निरीक्षक का शाब्दिक अर्थ किसी व्यवहार अथवा प्रक्रिया की जांच करना या उसको देखना है। निरीक्षण में वस्तु या विषय के व्यवहार का प्रत्यक्ष ज्ञान किया जाता है। मनोवैज्ञानिक पशुओं के व्यवहार को देखता और नोट करता है। उदाहरण के लिये यदि बन्दरों के सामाजिक व्यवहार का निरीक्षण करना हो तो जहां अनेक बन्दर एकत्रित हों वहां जाकर उनके व्यवहार को सूक्ष्म दृष्टि से देखना होगा।

(2) **व्यवहार को नोट करना**–मनोविज्ञान में निरीक्षण एक वैज्ञानिक विधि है। अतः उसमें किसी व्यवहार को देखना या स्मृति के सहारे याद रखना भर ही काफी नहीं है बल्कि जो कुछ देखा हो उसको ज्यों का त्यों सावधानीपूर्वक नोट करना भी जरूरी है। बन्दरों के सामाजिक व्यवहार के अध्ययन के उदाहरणों में बन्दरों के उठने, बैठने, खेलने, लड़ने, यौन व्यवहार आदि सभी को सावधानी से नोट करना पड़ेगा।

(3) **व्यवहार की व्याख्या और विश्लेषण**–निरीक्षण विधि में तीसरा कदम व्यवहार की व्याख्या और विश्लेषण है। व्यवहार को ज्यों का त्यों नोट करने से यह लाभ है कि फुर्सत में उसका विश्लेषण करके उसमें दिये तथ्यों का पता लगाया जा सकता है। मुख के हाव-भाव, हाथ-पैरों का चलना, आवाज तथा अन्य अनेक बाहरी चेष्टाओं को देखकर हम अपने अनुभव के आधार पर दूसरों की मनोदशाओं का अनुमान लगा लेते हैं। पशुओं के विषय में भी उनकी मनोदशा का अनुमान लगाने की कोशिश की जाती है परन्तु इस अनुमान का आधार स्वयं मनोवैज्ञानिक का अपना अनुभव न होकर अन्य पशुओं का व्यवहार तथा पशु मनोविज्ञान में अन्तर्दृष्टि पर निर्भर रहता है। इस प्रकार विश्लेषण तथा अनुमान की सहायता से नोट किये हुये व्यवहार की व्याख्या की जाती है।

(4) **सामान्यीकरण**–निरीक्षण विधि में चौथा कदम सामान्यीकरण है। वैज्ञानिक नियम सामान्यीकरण (Generalisation) से बनाये जाते हैं। मनोविज्ञान एक विज्ञान है अतः उसके नियम सामान्यीकरण होते हैं। मनोविज्ञान की विधि के रूप में निरीक्षण का प्रयोजन भी सामान्य नियम निकालना है। बन्दरों के सामाजिक व्यवहार के उदाहरण में विभिन्न मनोवैज्ञानिक उनके व्यवहार को देखकर नोट करेंगे, उसका विश्लेषण करेंगे और उसकी व्याख्या करेंगे तथा इस व्याख्या के आधार पर अन्त में सामान्य नियम बनाये जायेंगे जिनसे बन्दरों के सामाजिक व्यवहार की व्याख्या की जायेगी।

निरीक्षण विधि में कठिनाइयां

अन्य विधियों के समान निरीक्षण विधि में भी अनेक दोष अथवा कठिनाइयां हैं। मुख्य कठिनाइयां अग्रलिखित हैं–

(1) व्यक्तिगत रुचि का प्रभाव–निरीक्षण विधि में मनोवैज्ञानिक स्वयं देख-भाल करता है अत: उसके देखने में व्यक्तिगत रुचि का कुछ न कुछ प्रभाव आ जाना सदैव सम्भव है। उदाहरण के लिये मान लीजिये कि किसी मनोवैज्ञानिक को यौन व्यापारों में अत्यधिक रुचि है तो वह बन्दरों के सामाजिक व्यवहार के देखने में अधिकतर अपना ध्यान उनके यौन व्यापारों पर लगाये रहेगा और उन्हें वास्तविकता से अधिक व्यापक मान लेगा। देखने के साथ-साथ देखी हुई बातों की व्याख्या पर भी व्यक्तिगत रुचि का प्रभाव पड़ता है। कामुक प्रवृत्ति का निरीक्षक अन्य व्यक्तियों के सामान्य अथवा किसी अन्य मनोदशा से उत्पन्न व्यवहार को भी कामवासना से सम्बन्धित मान लेता है। दुष्ट व्यक्ति दूसरों के सहानुभूतिपूर्ण कामों के पीछे भी कोई दुष्ट प्रयोजन ढूंढ लेता है। धार्मिक व्यक्ति अन्य लोगों के कामुक व्यवहार में भी पवित्रता और धार्मिकता समझ बैठेगा। इस प्रकार देखे हुये व्यवहार की गलत व्याख्या कर दी जाती है। विशेषत: बालकों, विक्षिप्तों आदि के अध्ययन में तो यह दोष आ जाने की बड़ी सम्भावना है क्योंकि उनकी मानसिक क्रियाओं में और निरीक्षक मनोवैज्ञानिक की मानसिक क्रियाओं में बड़ा भारी अन्तर होता है।

निरीक्षण विधि में उपरोक्त कठिनाई नि:सन्देह वास्तविक है परन्तु वैज्ञानिक तटस्थता (Scientific detachment) के द्वारा इनको दूर किया जा सकता है रचनात्मक कल्पना (Constructive Imagination) से दूसरों के मनोभावों या मनोदशा को समझा जा सकता है। यह ठीक है कि वैज्ञानिक तटस्थता और रचनात्मक कल्पना को प्राप्त करना सरल काम नहीं है परन्तु अभ्यास तथा प्रशिक्षण से उसमें बहुत कुछ सफलता प्राप्त की जा सकती है।

(2) **पक्षपात की सम्भावना**–मनोवैज्ञानिक की व्यक्तिगत धारणा तथा प्रवृत्ति के अनुसार निरीक्षण के विषय के व्यवहार की व्याख्या में पक्षपात हो जाने की सम्भावना है। उदाहरण के लिये जिन देशों मे रंग के आधार पर भेदभाव ज्यादा है वहां गोरे मनोवैज्ञानिक काले लोगों के अध्ययन में उनके व्यवहार में अच्छाइयां, बुद्धि, कुशलता आदि कम पाते हैं।

निरीक्षण विधि का मूल्यांकन

उपरोक्त दोषों के होते हुये भी निरीक्षण विधि मनोविज्ञान में अनिवार्य है। जैसा कि पहले बतलाया जा चुका है व्यवहार की बहुत सी बातों को अन्तर्दर्शन अथवा प्रयोग से नहीं जाना जा सकता। इनके लिये निरीक्षण विधि ही सर्वश्रेष्ठ विधि है। वास्तव में निरीक्षण विधि का सही और लाभदायक प्रयोग करने के लिये निरीक्षक के लिये प्रशिक्षण और अभ्यास की जरूरत है। अपनी मनोवृत्तियों का विश्लेषण करके निरीक्षक को अपनी पूर्व धारणाओं, पक्षपातों, राग, द्वेष आदि को दूर कर देना चाहिये और फिर अधिक से अधिक वैज्ञानिक तटस्थता के साथ निरीक्षण करना चाहिये। बहुत सी बातें जो प्रारम्भ में निरीक्षण में छूट जायेंगी या गलत समझ में आयेंगी अभ्यास करने से समझ में आने लगेंगी। निरीक्षण में सूक्ष्मता तो अनुभव और अभ्यास से ही आ सकती है। सिद्धहस्त मनोवैज्ञानिक नौसिखिये लोगों को निरीक्षण का शिक्षण दे सकते हैं। अनेक मनोवैज्ञानिक अपने निरीक्षण के लेखों की तुलना करके उसमें से विषमताओं को दूर कर सकते हैं।

जीवन वृत्त विधि

जीवन वृत्त विधि क्या है ?

मनोविज्ञान में व्यक्तित्व के गुण दोष अथवा असामान्यताओं में सामाजिक परिवेश के योगदान के अध्ययन में जीवनवृत्त विधि से काम लिया जाता है। इसमें समाज मनोवैज्ञानिक व्यक्ति की परिस्थिति का निरीक्षण करता है। इसमें व्यक्ति के परिवार, स्कूल या दफ्तर तथा उसके नाते रिश्तेदार और दोस्त आदि सभी के बारे में सूचनायें एकत्रित करना जरूरी हो जाता है। इसमें व्यक्ति के जीवन वृत्त (Case History) का अध्ययन किया जाता है। इस तमाम अध्ययन में विश्लेषण द्वारा यह पता लगाने की कोशिश की जाती है कि व्यक्ति के असामान्य व्यवहार या मानसिक व्याधि का मूल कारण क्या है? यह विधि विशेषतया मनोवैज्ञानिक रोगों के उपचार में प्रयोग की जाती है। उदाहरण के लिये मान लीजिये कि एक मनोवैज्ञानिक के पास एक ऐसा बालक आता है जिसका आचरण असामान्य और बिगड़ा हुआ है। बालक उदण्ड, अशिष्ट तथा लड़ाकू है। वह धमकियों और सजा की परवाह नहीं करता और कई बार घर से भाग चुका है। ऐसी दशा में वैज्ञानिक उस बालक का अनेक प्रकार से निरीक्षण करता है। वह उसको अलग कमरे में ले जाकर उससे सहानुभूतिपूर्वक बहुत सी बातें जानने की कोशिश करता है। वह उसके प्रति उसके माता-पिता तथा परिवार के अन्य व्यक्तियों के व्यवहार का पता लगाता है। वह उसके स्कूल की परिस्थितियों का पता लगाता है और यह मालूम करता है कि उसके दोस्त कौन-कौन और कैसे हैं तथा आवश्यकता पड़ने पर उनसे पूछताछ भी करता है। संक्षेप में, बालक से सम्बन्धित प्रत्येक व्यक्ति के उसके प्रति व्यवहार की तथा उसकी प्रत्येक परिस्थिति की पूरी छानबीन करके तथा उससे बातचीत करके और अन्य प्रकार से यथा सम्भव उसकी परीक्षा करके उसके उद्दण्ड और अशिष्ट व्यवहार के कारणों का पता लगाने की कोशिश करता है।

जीवन वृत्त विधि का उदाहरण

कैथेराइन एम० मौरर (Katherine M. Mourer) की रिपोर्ट A Behaviour Problem in a Young Child से लिये हुये एक उदाहरण से यह और भी स्पष्ट हो जायेगा कि मनोवैज्ञानिक जीवन वृत्त पद्धति का किस प्रकार प्रयोग करते हैं।

लूसी की आयु तीन वर्ष नौ माह की है। वह अत्यधिक उद्दण्ड, जिद्दी और क्रोधी स्वभाव की है। उसके माता पिता से इन्टरव्यू करने पर वे बालक के समुचित पालन पोषण न करने के लिये एक दूसरे पर दोषारोपण करने लगे और भावनात्मक रूप से असन्तुलित मालूम पड़े। फिर उनका अलग-अलग इंटरव्यू किया गया। लूसी की चाची और नर्सरी शिक्षक का भी इंटरव्यू किया गया। इंटरव्यू में लूसी की माता ने उसकी पारिवारिक पृष्ठ भूमि का परिचय दिया। उसने बतलाया कि लूसी का साधारण रूप से जन्म हुआ। उसने यह बतलाया कि उसकी सास घर के काम में हिस्सा न लेती थी और घण्टों लूसी के साथ काटती थी, लूसी को अत्यधिक अपच (Constipation) रहता था और उसको दौरे से चढ़ते थे जिनमें वह जमीन पर लेट जाती थी, चीखती, चिल्लाती और दूसरों पर हमला करती थी और बिस्तर पर नहीं जाती थी।

लूसी की माता अपने वैवाहिक अनुकूलन के विषय में बतलाना न चाहती थी परन्तु उसकी सास ने उसके मित्रों की, उसके गृह प्रबन्ध की और लूसी के साथ उसके व्यवहार की कटु आलोचना की।

दो वर्ष की आयु से लूसी के व्यवहार की समस्यायें शुरू हुई। तीन वर्ष की आयु में वह अन्य समवयस्क बालिकाओं के समान गुड़ियों से खेलने के स्थान पर कहानियां सुनना पसन्द करती थीं। लूसी कभी अन्य बालकों के साथ नहीं खेली। अन्य बच्चों में होने पर वह उनसे लड़ती थी। वह अपने पिता के साथ घूमने जाना और रहना पसन्द करती थी यद्यपि क्रोध भड़कने पर वह उसे कभी नहीं छोड़ती थी। एक बार जब पिता ने किसी से बातचीत करने में उसकी बात न सुनी तो उसने पिता के पैर में काट लिया।

पिता के इण्टरव्यू करने पर यह मालूम हुआ कि उसको लूसी पर गर्व था। वह उसे बहुत बुद्धिमान समझता था और उसने लूसी के अपने प्रति ध्यान का वर्णन किया जिसमें कि वह एक व्यस्क स्त्री की तरह काम करती थी। उसने लूसी की प्रसन्नता में सन्देह प्रकट किया और बतलाया कि शायद वह सुरक्षित महसूस न करती थी।

लूसी की शारीरिक परीक्षा करने पर उसमें सिवाय कुछ अधिक वजन के कोई भी शारीरिक असामान्यता दिखाई न पड़ी। डाक्टर के अनुसार अपच गलत खाने के कारण था। अंगूठा चूसना, नाखून काटना और बाल मोड़ना स्पष्ट था।

जब उसका पिता लूसी को मानसिक चिकित्सक के यहां लाया तो वह आकर्षक, स्त्रियोचित और नम्र मालूम पड़ती थी। जब उसकी माता उसको लाई तब वह उद्दण्ड, स्वतन्त्र और जबर्दस्त मालूम पड़ती थी। कभी-कभी वह झगड़ा करने लगती थी और मां के कोट पहनने की प्रार्थना करने पर चीखने चिल्लाने और जमीन में लेटने लगती थी।

लूसी के व्यवहार का विश्लेषण

मनोवैज्ञानिक परीक्षणों से लूसी में आठ वर्ष की आयु की शब्द शक्ति और औसत से बहुत अधिक बुद्धि दिखलाई पड़ी। उसकी भाषा की शक्तियां उसकी शारीरिक शक्तियों से बहुत अधिक विकसित थीं।

यह एक भली प्रकार विकसित और प्रभावशाली व्यक्तित्व का तेज बालक है जो अत्यधिक वयस्क ध्यान और साथ का आदी हो चुका है, जिसका दैनिक कार्यक्रम थका देने वाला और अव्यवस्थित है जिससे माता-पिता और बालक के सम्बन्ध में अव्यवस्था उत्पन्न हो गई है। उसको अन्य बालकों से अनुकूलन करने का अवसर नहीं मिला और उसको विविध अनुभव न मिलने के कारण उसकी बुद्धि का अत्यधिक विकास हो गया है। उसकी योग्यताओं का विकास संतुलित रूप में नहीं हुआ है, उसकी शाब्दिक शक्तियां गत्यात्मक शक्तियों की अपेक्षा अत्यधिक बढ़ गई हैं। वह अपनी कमियों को समझती है जिससे बालक के स्तर पर उसका सन्तुलन और भी कठिन हो गया है। वह चिकित्सकों को एक अत्यधिक थका हुआ छोटा बाल अत्याचारी (Tyrant) मालूम हुई, जिसको माता से भावनात्मक सन्तोष न मिला था और जो भावनात्मक रूप से पिता पर स्थिर होती जा रही थी।

मनोवैज्ञानिकों ने उसके लिये मुख्य रूप से इन बातों की सिफारिश की—माता से मैत्रीपूर्ण सम्बन्ध स्थापित होने चाहियें और लूसी के घर के जीवन के पुनर्संगठन में उसको सहायता मिलनी चाहिये। इससे अधिक सोना, संतुलित भोजन विशेष तौर से बालकों के साथ घर से बाहर खेलना होना चाहिये और शाम के खाने के पहले थोड़े समय तक घर के किसी सदस्य माता-पिता अथवा दादी द्वारा व्यक्तिगत रूप से उसकी ओर ध्यान दिया जाना चाहिए। माता को यह अनुभव करना आवश्यक था कि वह लूसी की प्रगति के लिये जिम्मेदार है परन्तु पिता और सास का इन्टरव्यू करके उनको यह जता दिया गया कि लूसी और उसकी माता में सम्बन्ध बेहतर करने के लिये उनका अपना दैनिक कार्यक्रम बदलना पड़ेगा। बालक को एक नर्सरी स्कूल में दाखिल कर दिया गया और स्कूल तथा क्लीनिक के बीच व्यवस्था हो गई जिससे कि बालक के सुधरने के पहले उसके दुर्व्यवहार के कारण उसको स्कूल से न निकाला जा सके। नर्सरी में लूसी का अनुकूलन होने में शुरू-शुरू में भारी कठिनाइयां पड़ीं। कुछ सालों में यह मालूम हुआ कि लूसी स्कूल के अनेक कार्यों जैसे पढ़ने लिखने तथा स्काउटिंग आदि में सबसे आगे थी परन्तु वह अपनी शुरू की कमियों पर अब भी विजय न पा सकी थी जिसमें माता के लिए प्रेम की कमी और डैडी के लिये उसका अत्यधिक मोह भी शामिल था। पन्द्रह वर्ष की आयु में वह एक सुन्दर बालिका है जो कि बड़ी योग्य मालूम पड़ती है और सधा हुआ व्यवहार करती है। उसमें घबराने की आदतें नहीं हैं ... उसकी अपनी रिपोर्ट के अनुसार उसका सबसे अधिक सुख डैडी के साथ काम करने में है.... वह जिस आदमी से विवाह करने का स्वप्न देखती है वह ठीक डैडी के समान है।

जीवन वृत्त विधि के दोष

जीवन वृत्त विधि के उपरोक्त उदाहरण से उसकी उपयोगिता पर प्रकाश पड़ता है। निस्संदेह इस विधि से व्यक्तियों के असामान्य व्यवहार के कारणों का पता लगाने में सहायता मिलती है परन्तु फिर भी वैज्ञानिक दृष्टि से इस पद्धति में अनेक दोष हैं। सबसे बड़ा दोष तो यह है कि जीवन वृत्त का सही रूप से संग्रह करना बड़ा कठिन है। यदि व्यक्ति से स्वयं पूछा जाय तो वह निश्चय ही बहुत कुछ कल्पना प्रधान और गलत बातें बतला सकता है। उसके सम्बन्धी भी सदैव ठीक बातें नहीं बतलाते। उस व्यक्ति के प्रति उनके रुख के अनुसार वे बातों को बढ़ा चढ़ा कर या घटा कर बतला सकते हैं। इस प्रकार एकत्रित किये हुए जीवन वृत्त के आधार पर व्यवहार के कारणों का निश्चय करना कभी भी वैज्ञानिक नहीं कहा जा सकता, चाहे व्यवहार में यह निदान कभी-कभी सही क्यों न बैठता हो।

जीवन वृत्त विधि की कठिनाइयां

वास्तव में जीवन वृत विधि में उपरोक्त दोष ही उसकी कठिनाई है। सबसे बड़ी कठिनाई यह है कि सही रूप में जीवन वृत्त कैसे एकत्रित किया जाय? दूसरे यह आवश्यक नहीं है कि एक ही घटना अथवा बात का विभिन्न मनोवैज्ञानिक एक अर्थ लगायें उसे समान महत्व दें। उदाहरण के लिये फ्रॉयड (Freud) के अनुयायी कुछ मनोविश्लेषक जीवन वृत्त में यौन सम्बन्धी घटनाओं पर अत्यधिक जोर देते हैं।

वास्तव में जीवन वृत्त विधि की सफलता बहुत कुछ उसके प्रयोग करने वाले मनोवैज्ञानिक की निष्पक्षता, मनोवैज्ञानिक अन्तर्दृष्टि और सूझ-बूझ पर निर्भर है क्योंकि यह कोई यथार्थ (Exact) विधि नहीं है। इस प्रकार के योग्य मनोवैज्ञानिकों ने उसका बड़ी सफलता से प्रयोग किया है। इसके अलावा जिन कारणों का पता लगाने का कोई साधन न हो, व्यक्ति के जीवन सम्बन्धी उन कारणों का पता लगाने के लिए जीवन वृत्त विधि के अतिरिक्त और चारा ही क्या है? अत: समस्त सीमाओं और दोषों के होते हुए भी जीवन वृत्त विधि का मनोविज्ञान विशेषत: नैदानिक मनोविज्ञान (Clinical Psychology) में महत्वपूर्ण स्थान है।

साक्षात्कार विधि

व्यक्तित्व की परीक्षा के लिए सबसे अधिक सामान्य विधि साक्षात्कार विधि है। सरकारी नौकरियों में चुनाव के लिए इस विधि का सबसे अधिक प्रयोग किया जाता है। इसमें परीक्षक और परीक्षार्थी आमने सामने बैठते हैं और परीक्षार्थी परीक्षक के प्रश्नों का उत्तर देता है। परीक्षार्थी के दिये हुए उत्तरों के अतिरिक्त उसके हाव-भाव, तौर-तरीके तथा अन्य बातों से भी उसके व्यक्तित्व का पता चलता है। जीवन वृत्त विधि के समान साक्षात्कार विधि में बड़े कुशल परीक्षकों की आवश्यकता है। कुशल परीक्षक ऐसा प्रश्न पूछता है कि जिससे मतलब की बात निकल आये और परीक्षार्थी नि:संकोच अपने को अभिव्यक्त कर सके। सच पूछिये तो साक्षात्कार विधि जितनी परीक्षार्थी पर निर्भर है उतनी ही परीक्षक पर भी निर्भर है।

प्रश्नावली विधि

व्यक्तित्व के सामाजिक गुणों जैसे सामाजिकता, आत्म प्रकाशन आदि की परीक्षा के लिये समाज मनोविज्ञान में प्रश्नावलियों का बड़े पैमाने पर प्रयोग किया जाता है। प्रश्नावली में जैसा कि उसके नाम से स्पष्ट है कुछ ऐसे चुने हुये प्रश्नों की सूची होती है जिनके उत्तरों से व्यक्तित्व की इन विशेषताओं पर प्रकाश पड़ता है। इन प्रश्नों के समाने 'हां' या 'न' लिखा रहता है जिनमें से परीक्षार्थी गलत शब्द को काट देता है अथवा सही के आगे निशान लगा देता है। प्रश्नावलियों में व्यक्तित्व के विभिन्न लक्षणों जैसे आत्म-विश्वास, सामाजिकता, अन्तर्मुखता अथवा बहिर्मुखता, प्रभुत्व वृत्ति अथवा आधीनता की वृत्ति आदि की जानकारी हो जाती है।

प्रश्नावली विधि की सीमायें

प्रश्नावली विधि में कुछ कठिनाइयां है। उसकी सीमायें निम्नलिखित हैं–

(1) बहुधा परीक्षार्थी सही बात को छिपा लेते हैं और गलत उत्तर देते हैं।

(2) कभी-कभी प्रश्न इस प्रकार के होते हैं कि उनका अर्थ परीक्षक कुछ और लगता है और परीक्षार्थी कुछ और।

(3) आमतौर से परीक्षार्थी अधिक मनन किये बिना ही प्रश्नों के उत्तर लिख देते है जिससे गलती होने की सम्भावना रह जाती है।

प्रश्नावली विधि का उपयोग

उपरोक्त कठिनाइयों के होते हुए भी प्रश्नावली विधि बड़ी ही उपयोगी सिद्ध हुई है। आलपोर्ट तथा मिनेसोटा आदि ने ऐसी प्रश्नावलियां बनाई हैं जिनसे व्यक्तित्व के किसी एक शील गुण की जांच हो सके। इस विधि में विभिन्न परीक्षार्थियों द्वारा एक ही प्रश्न के अनेकों उत्तर दिये जाने से तुलनात्मक अध्ययन में बड़ी सहायता मिलती है। इन प्रश्नावलियों पर आधारित निर्णय तुलनात्मक के साथ-साथ संख्यात्मक भी होते हैं। प्रश्नावलियों से अनेक व्यक्तियों का परीक्षण एक साथ हो जाता है और इस प्रकार बहुत सा समय बच जाता है।

परिस्थिति परीक्षण विधि

'परिस्थिति परीक्षण' में जैसा कि उसके नाम से स्पष्ट है व्यक्ति को कुछ विशेष परिस्थितियों में रखकर उसके व्यक्तित्व के गुण दोषों की जांच की जाती है। वास्तव में यह विधि निर्माण परीक्षण जैसी ही है। अन्तर केवल यह है कि इसमें व्यक्ति को एक परिस्थिति में रखा जाता है और निर्माण परीक्षण में उसको कुछ कार्य करने को दिये जाते हैं। बहुधा मनोवैज्ञानिकों ने इन दोनों विधियों को एक ही मान लिया है। अतः इसका पृथक वर्णन करना अनावश्यक है।

आरोपणात्मक विधियाँ

व्यक्तित्व की परीक्षा में सबसे अधिक प्रसिद्ध और प्रचलित परीक्षण आरोपणात्मक विधि के हैं। यह विधि जैसा कि इसके नाम से स्पष्ट है आरोपण (Projection) के तथ्य पर आधारित है। आरोपण का अर्थ किसी वस्तु अथवा क्रिया में अपनी विशेष मानसिक अवस्था अथवा व्यक्तित्व के अनुसार कोई विशेष बात देखना है। उदाहरण के लिये ताजमहल एक संगमरमर की इमारत है, जिसको देखने बहुत से लोग जाते हैं। व्यक्तित्व की विभिन्न विशेषताओं के अनुसार भिन्न-भिन्न लोग ताजमहल में भिन्न-भिन्न बातें पाते हैं। भावुक व्यक्ति उसको भावनाओं के एक साकार स्मारक के रूप में देखता है जबकि आर्थिक और राजनैतिक प्रश्नों को अत्यधिक महत्व देने वाले व्यक्ति को वह शोषण का प्रतीक भी मालूम पड़ सकता है। यह तो एक स्थूल वस्तु का उदाहरण हुआ परन्तु इससे यह स्पष्ट हुआ कि मनुष्य किसी भी वस्तु को ज्यों का त्यों नहीं देखता बल्कि उसमें अपने व्यक्तित्व की विशेषताओं को भी आरोपित करता है। इस आरोपण का विश्लेषण करके और अन्य लोगों के आरोपण से उसकी तुलना करके व्यक्तित्व की अन्य विशेषताओं की जांच की जाती है।

आरोपणात्मक पद्धतियों में दो परीक्षण अधिक प्रसिद्ध हैं—

(1) रौर्शा का स्याही धब्बा परीक्षण (Rorschach ink blot test)।

(2) मरे का प्रासंगिक अन्तर्बोध परीक्षण (Murray's Thematic Apperception Test)। इसको संक्षिप्त रूप में टी० ए० टी० भी कहते हैं। सामान्य रूप से व्यक्तित्व की परीक्षा में इन दो परीक्षणों का अत्यधिक प्रयोग किया जाता है। अतः यहां पर इसका संक्षिप्त वर्णन किया जायेगा।

(1) रौर्शा स्याही धब्बा परीक्षण–इस परीक्षण को एक स्विस विद्वान हरमैन रौर्शा (Herman Rorschach) ने प्रचलित किया। रौर्शा नें 10 प्रामाणिक स्याही धब्बे के कार्डों का प्रयोग किया जो कि अब भी प्रयोग किये जाते हैं। इन धब्बों में कोई चित्र नहीं बनाया गया है। इनमें पांच पूरी तरह काले हैं, दो काले और लाल हैं और बाकी तीन में अनेक रंग हैं। व्यक्तित्व की जांच करने के लिये इन दसों कार्डों को प्रयोज्य के सामने एक-एक करके रखा जाता है और उससे यह पूछा जाता है कि उसे उस धब्बे में क्या-क्या दिखलाई पड़ता है। ये कार्ड निश्चित समय के अन्तर से प्रस्तुत किये जाते हैं। इसके बाद ये कार्ड फिर से एक-एक करके प्रयोज्य के सामने रखे जाते हैं और उससे यह पूछा जाता है कि उसने पहली बार जो-जो कुछ देखा वह उस धब्बे में कहां था? इन धब्बों के प्रति प्रयोज्य की प्रतिक्रिया का अर्थ निर्धारित करने के लिये मनोवैज्ञानिक स्थान, निर्धारक गुण तथा विषय का विश्लेषण करता है। स्थान के विश्लेषण में यह देखा जाता है कि प्रयोज्य में धब्बे के किसी विशेष भाग के प्रति प्रतिक्रिया है अथवा सम्पूर्ण धब्बे के प्रति। सामान्य रूप से यह माना जाता है कि अधिक पूर्ण प्रतिक्रिया करने वाला व्यक्ति अधिक सैद्धान्तिक है। निर्धारित गुण के विश्लेषण में यह देखा जाता है कि प्रयोज्य में प्रतिक्रिया धब्बे की बनावट के कारण अथवा उसके विभिन्न रंगों या गति के कारण। विषय के विश्लेषण में यह देखा जाता है कि प्रयोज्य धब्बे में मनुष्य की आकृति देखता है अथवा पशु की या वस्तु की या किसी और की।

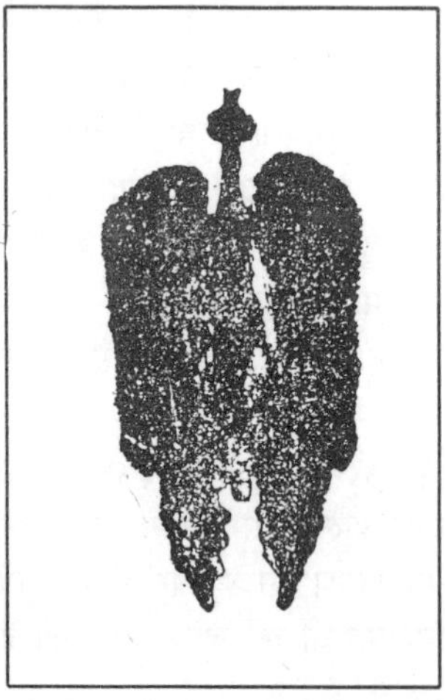

चित्र नं. 2– रौर्शा का एक स्याही धब्बा

उपरोक्त विश्लेषण के साथ-साथ यह भी देखा जाता है कि प्रत्येक धब्बे के प्रति प्रतिक्रिया में प्रयोज्य को औसत रूप से कितना समय लगा, उसने कुल कितनी प्रतिक्रियायें कीं तथा ये प्रतिक्रियायें सामान्य रूप से की हैं अथवा नहीं। इन सब बातों से प्रयोज्य की चेतन और अचेतन विशेषताओं की जांच की जाती है।

स्याही धब्बा परीक्षण में सबसे बड़ी कठिनाई यह है कि प्रयोज्य की प्रतिक्रियाओं की व्याख्या बहुत कुछ आत्मगत (Subjective) हो जाती है, जिससे प्रयोज्य के व्यक्तित्व की विशेषताओं का ठीक-ठीक पता नहीं चलता। परन्तु फिर भी इस परीक्षण को अधिक से अधिक वैज्ञानिक बनाने की चेष्टा की जा रही है।

चित्र नं. 3— मरे का एक चित्र (भारतीयकृत)

(2) **मरे प्रासंगिक अन्तर्बोध परीक्षण—** इस परीक्षण के जन्मदाता मरे ने कुछ चित्रों की सहायता से व्यक्तित्व की विशेषताओं की जांच की। मरे के ये चित्र अब भी प्रामाणिक माने जाते हैं। इन चित्रों को देखकर प्रयोज्य आरोपण के द्वारा चित्र के पात्रों में अपना एकीकरण कर लेता है। प्रयोज्य के सामने एक-एक चित्र उपस्थित किया जाता है और उसको एक निश्चित काल, जैसे पांच मिनट के अन्दर उस चित्र के आधार पर एक कहानी लिखनी होती है। आरोपण के द्वारा इस कहानी में प्रयोज्य न जानते हुये भी अपने व्यक्तित्व की अनेक विशेषताओं को व्यक्त करता है। उसको सोचने का समय नहीं मिलता। अतः कहानी में उसकी स्वाभाविक इच्छायें, संवेग, स्थाई भाव आदि व्यक्त होते है। इन कहानियों के आधार पर मनोवैज्ञानिक प्रयोज्यों के व्यक्तित्व का विश्लेषण करता है और उसकी विशेषताओं का पता लगाता है।

मरे प्रासंगिक अन्तर्बोध परीक्षण में रौर्शा परीक्षण की तरह काफी जटिलता मिलती है। उसके द्वारा व्यक्तित्व परीक्षण संख्यात्मक न होकर गुणात्मक होता है। अतः इसमें गलतियां हो जाना स्वाभाविक है। परन्तु फिर भी इसमें कोई सन्देह नहीं है कि अनुभवी और कुशल मनोवैज्ञानिक इस परीक्षण से प्रयोज्य के व्यक्तित्व की अनेक विशेषताओं का पता लगा सकता

है। इस परीक्षण की सहायता से प्रोशेन्सकी (Proshansky) ने श्रम के प्रति लोगों की मनोवृत्ति का अध्ययन किया। फ्रॉम (Fromm), डूबिन (Dubin) और मरे (Murray) ने भी इसका उल्लेखनीय प्रयोग किया है। प्रोशेन्सकी ने पत्र-पत्रिकाओं से निकाले हुये श्रम-आन्दोलन सम्बन्धी चित्र विद्यार्थियों को दिखलाकर मजदूरों के प्रति उनकी मनोवृत्तियों का अध्ययन किया है।

सारांश

समाज मनोविज्ञान एक विज्ञान है। अतः उसमें वैज्ञानिक पद्धतियों का प्रयोग किया जाता है।

प्रयोग विधि

प्रयोग विधि में विभिन्न कदम—1. एक समस्या को उठाना, 2. एक परिकल्पना का बनाना, 3. स्वतन्त्र परिवर्त्यों तथा आश्रित परिवर्त्यों को अलग करना, 4. परिवेश का परिस्थिति को नियन्त्रित करना, 5. प्रयोग फल का विश्लेषण, 6. प्रयोगफल से परिकल्पना की जांच।

प्रयोग विधि में नियन्त्रण—इस विधि में नियन्त्रण का बड़ा महत्व है। इसमें पात्र के रुख, उद्दीपनों और कभी-कभी आनुवंशिकता का नियन्त्रण किया जाता है। इसमें विभिन्न कारकों को स्वतन्त्र परिवर्त्य या आश्रित परिवर्त्यों में बांट दिया जाता है। इस विभाजन से स्वतन्त्र परिवर्त्य का प्रभाव ज्ञात किया जा सकता है—

प्रयोग विधि की सीमायें—1. प्रयोगशाला की कृत्रिम परिस्थिति, 2. पात्र के रुख के नियन्त्रण की कठिनाई, 3. पात्र का सहयोग प्राप्त करने में कठिनाई, 4. प्रयोग विधि का सीमित क्षेत्र। समाज मनोविज्ञान को विज्ञान बनाने का श्रेय प्रयोग विधि पर ही है।

समाज मनोविज्ञान में प्रयोग विधि में कठिनाइयाँ—1. नियन्त्रण की कठिनाई, 2. वास्तविक और कृत्रिम परिस्थिति में अन्तर, 3. कुछ प्रयोगों में नैतिक कठिनाई है।

उपरोक्त कठिनाइयों के होते हुए भी समाज मनोविज्ञान प्रयोग का क्षेत्र बराबर बढ़ता जा रहा है।

अन्तर्दर्शन विधि

अन्तर्दर्शन का अर्थ अन्दर की क्रियाओं को देखना है। इसमें निरीक्षक को यन्त्रों की आवश्यकता नहीं पड़ती। वह जब चाहे अपनी मानसिक अवस्थाओं और क्रियाओं का विश्लेषण कर सकता है। इस प्रकार अन्तर्दर्शन की विधि बड़ी लाभदायक है। परन्तु अन्तर्दर्शन की अपनी सीमायें भी हैं। उसके आधार पर किसी बात के बारे में सामान्य नियम नहीं बनाये जा सकते। इसके द्वारा दूसरे के व्यवहार अथवा मानसिक प्रक्रियाओं के बारे में कुछ नहीं माना जा सकता।

अन्तर्दर्शन विधि में कठिनाइयाँ—1. मानसिक प्रक्रियाओं पर ध्यान लगाना कठिन है। 2. मानसिक प्रक्रियाओं को पकड़ना कठिन है। 3. अन्तर्दर्शन में अनेक मनोवैज्ञानिक एक

ही वृत्ति का अध्ययन नहीं कर सकते। 4. अन्तर्दर्शन में मन विभक्त हो जाता है। 5. वस्तु और मनोवृत्ति का एक साथ निरीक्षण असम्भव है। 6. अन्तर्दर्शन का ज्ञान आत्मगत और व्यक्तिगत है।

उपरोक्त कठिनाइयों में तीसरी और चौथी के अलावा बाकी कठिनाइयां वास्तविक हैं। अभ्यास और प्रशिक्षण से इन कठिनाइयों को बहुत कुछ दूर किया जा सकता है। फिर भी अन्तर्दर्शन विधि अनेक विषयों में किसी काम की नहीं है। इन विषयों में निरीक्षण और प्रयोग की विधियां अधिक लाभदायक हैं।

निरीक्षण विधि

निरीक्षण विधि से बाह्य जीवों और वस्तुओं के व्यापारों का अध्ययन किया जाता है। मनोविज्ञान में बालकों, पशुओं, विक्षिप्तों तथा समूह, भीड़ आदि अनेक के व्यवहार के अध्ययन में यह विधि अपरिहार्य है।

निरीक्षण विधि के चार तत्व—1. व्यवहार का प्रत्यक्ष, 2. व्यवहार को नोट करना, 3. व्यवहार की व्याख्या तथा विश्लेषण, 4. सामान्यीकरण।

निरीक्षण विधि में मुख्य कठिनाइयाँ—1. व्यक्तिगत रुचि का प्रभाव, 2. पक्षपात की सम्भावना। इन कठिनाइयों को प्रशिक्षण और अभ्यास से दूर किया जा सकता है।

जीवन वृत्त विधि

यह विधि मानसिक चिकित्सा में रोग के निदान के लिए प्रयोग की जाती है। इसमें व्यक्ति की परिस्थितियों, व्यवहार, जीवन वृत्त आदि का निरीक्षण तथा विश्लेषण किया जाता है। इस विश्लेषण से रोगी के रोग के कारणों का पता लगता है और उसका उपचार करने में सहायता मिलती है।

जीवन वृत विधि के दोष—1. जीवन वृत्त एकत्रित करना कठिन है, 2. वह वैज्ञानिक नहीं होता है।

जीवन वृत्त विधि की कठिनाइयां—1. जीवन वृत्त एकत्रित करने में कठिनाई, 2. सभी मनोवैज्ञानिक जीवन वृत्त की विभिन्न घटनाओं की सामाजिक व्याख्या नहीं करते।

अन्य विधियाँ—(1)साक्षात्कार विधि, (2) प्रश्नावली विधि, (3) परिस्थिति परीक्षण विधि, (4) आरोपणात्मक विधि, (अ) रौर्शा का स्याही धब्बा (ब) मरे प्रासंगिक **अन्तर्बोध** परीक्षण।

3

ज्ञान के अन्य क्षेत्रों से सम्बन्ध

(Relation with other Fields of Knowledge)

समाज मनोविज्ञान समाज में व्यक्ति के व्यवहार का अध्ययन करता है। इस प्रकार वह सामाजिक अन्तर्क्रियाओं और सामूहिक गतिशास्त्र का अध्ययन करता है। वह व्यक्ति की सभी सामाजिक क्रियाओं का अध्ययन करता है। परन्तु उसकी विषय सामग्री सम्पूर्ण समाज नहीं है। उसके अलावा अनेक अन्य विज्ञान भी समाज में व्यक्ति के व्यवहार का अध्ययन करते हैं। इन सामाजिक विज्ञानों से समाज मनोविज्ञान का महत्वपूर्ण सम्बन्ध है। इनमें उल्लेखनीय हैं समाजशास्त्र, मानवशास्त्र, अर्थशास्त्र, राजनीतिशास्त्र, अपराधशास्त्र, इत्यादि। इनके अलावा समाज मनोविज्ञान का समाज दर्शन और नीतिशास्त्र से भी घनिष्ट सम्बन्ध है क्योंकि इन्हीं के बतलाये हुये आदर्शों के प्रकाश में समाज मनोवैज्ञानिक व्यक्ति के सामाजिक व्यवहार के परिवर्तन के विषय में सुझाव दे सकता है। सामाजिक विज्ञानों में समाजशास्त्र से तो समाज मनोविज्ञान का बहुत ही निकट सम्बन्ध है, क्योंकि समाजशास्त्र समाज मनोविज्ञान की विषय सामग्री का समाजशास्त्रीय दृष्टिकोण से अध्ययन करता है। सच तो यह है कि समाज का ढांचा इतना विशाल और जटिल है कि उसका सम्पूर्ण अध्ययन करने के लिये विभिन्न सामाजिक विज्ञानों में श्रम विभाजन और विशिष्टीकरण (Specialisation) अनिवार्य है। इस प्रकार प्रत्येक सामाजिक विज्ञान अपने विशेष दृष्टिकोण से सामाजिक सम्बन्धों और सामाजिक अंतर्क्रियाओं के विशेष पहलुओं पर प्रकाश डालता है। परन्तु व्यक्ति के सामाजिक व्यवहार के विभिन्न पहलुओं का परस्पर घनिष्ट सम्बन्ध है। इसी प्रकार समाज के विभिन्न अंग भी परस्पर घनिष्ट रूप में सम्बन्धित हैं। अत: कोई भी सामाजिक विज्ञान अन्य विज्ञानों की अवहेलना नहीं कर सकता।

समाजिक विज्ञानों में समाज मनोविज्ञान की स्थिति के विषय में कुछ विद्वान उसको सर्वाधिक महत्वपूर्ण स्थिति प्रदान करते हैं। परन्तु दूसरी ओर कुछ विद्वान उसे स्वतन्त्र सामाजिक विज्ञान न मानकर समाजशास्त्र अथवा मनोविज्ञान की एक शाखा मात्र मानते हैं। इन विद्वानों का कहना है कि समाज मनोविज्ञान अभी इतना विकसित नहीं हो सका है कि उसे एक स्वतन्त्र सामाजिक विज्ञान मान लिया जाये। समाज विज्ञानों में समाज मनोविज्ञान की स्थिति के विषय में

यह मत पुराना हो चुका है। आज समाज मनोविज्ञान इतना विकसित हो चुका है कि उसके एक स्वतन्त्र सामाजिक विज्ञान होने में किसी को भी सन्देह नहीं है।

ब्रोड (C.D. Broad) ने ज्ञान-विज्ञान के क्षेत्र में समाज मनोविज्ञान को सबसे ऊँचा स्थान प्रदान किया है क्योंकि उसकी सहायता से मनुष्य अपने आप को और अपने साथियों को समझ सकता है तथा सामाजिक प्रगति और सामाजिक समायोजन के समुचित उपाय निकाल सकता है। प्रसिद्ध मनोवैज्ञानिक विलियम मैक्डूगल (Wm. Mcdougall) ने भी सामाजिक विज्ञानों में समाज मनोविज्ञान की स्थिति को अत्यन्त श्रेष्ठ और महत्वपूर्ण माना है क्योंकि यह सामाजिक मनुष्य के मानसिक पहलू को समझने का एकमात्र विज्ञान है और मनुष्य के सामाजिक व्यवहार का वैज्ञानिक विश्लेषण करता है। आज समाज मनोविज्ञान की व्यवहारिकता और उपयोगिता किसी से छिपी नहीं है। उसकी सहायता के बिना मानव की सामाजिक प्रगति को नहीं समझा जा सकता। सामूहिक गतिशास्त्र के ज्ञान में उसकी सहायता अनिवार्य है। सामाजिक परिस्थितियों में व्यक्ति के व्यवहार के अध्ययन को समझाने में समाज मनोविज्ञान ने अनेक भ्रान्तियों का खण्डन किया है। समाज मनोवैज्ञानिक सामाजिक समस्याओं को सुलझाने में महत्वपूर्ण सुझाव देता है। इस प्रकार स्पष्ट है कि सामाजिक विज्ञानों में समाज मनोविज्ञान का महत्वपूर्ण स्थान है।

समाज मनोविज्ञान और सामान्य मनोविज्ञान
(Social Psychology and General Psychology)

परिभाषायें

समाज मनोविज्ञान समाज में व्यक्ति के व्यवहार का अध्ययन है। उसमें न तो व्यक्ति का ही अध्ययन किया जाता है और न समूह का अध्ययन किया जाता है बल्कि व्यक्ति समूह की अन्तर्क्रियाओं का अध्ययन किया जाता है। उसकी विषय सामग्री ये मनोवैज्ञानिक अन्तर्क्रियायें ही हैं। दूसरी ओर सामान्य मनोविज्ञान व्यक्ति के व्यवहार का विधायक विज्ञान है। वह व्यक्ति के अनुभव और व्यवहार का वैज्ञानिक अध्ययन करता है। इस व्यवहार में इन्द्रियों के व्यवहार के साथ-साथ मस्तिष्क की सभी प्रक्रियायें सम्मिलित हैं। व्यवहार परिवेश की उत्तेजनाओं के प्रति प्रतिक्रिया स्वरूप होता है। मनुष्य एक परिवेश में रहता है। इस परिवेश से उसे तरह-तरह की उत्तेजनायें मिलती हैं। इनकी प्रतिक्रिया स्वरूप वह कुछ आन्तरिक और बाह्य क्रियायें करता है। इन सभी का अध्ययन सामान्य मनोविज्ञान में आता है। व्यक्ति का परिवेश स्थूल रूप से दो प्रकार का हो सकता है– प्राकृतिक और सामाजिक। समाज मनोविज्ञान केवल सामाजिक परिवेश के प्रति व्यक्ति की प्रतिक्रियाओं का अध्ययन करता है।

सम्बन्ध

उपरोक्त विवेचन से स्पष्ट है कि समाज मनोविज्ञान और सामान्य मनोविज्ञान में अग्रलिखित सम्बन्ध है:–

(1) **व्यवहार का अध्ययन**—मनोविज्ञान होने के नाते सामान्य मनोविज्ञान और समाज

मनोविज्ञान दोनों ही व्यक्ति के व्यवहार का अध्ययन करते हैं। इस व्यवहार में व्यक्ति के आन्तरिक अनुभव और उसकी बाह्य क्रियायें सम्मिलित हैं।

(2) **विधायक विज्ञान**—सामान्य मनोविज्ञान और समाज मनोविज्ञान दोनों ही विधायक विज्ञान हैं। दोनों ही वैज्ञानिक पद्धतियों से मनोवैज्ञानिक तथ्यों की खोज करते हैं।

(3) **मनोवैज्ञानिक पद्धतियां**—सामान्य मनोविज्ञान और समाज मनोविज्ञान दोनों ही मनोवैज्ञानिक पद्धतियों, प्रयोगों, निरीक्षणों आदि का प्रयोग करते हैं। दोनों की ही पद्धतियां वैज्ञानिक हैं। दोनों ही विषय सामग्री का अवलोकन, एकत्रीकरण और वर्गीकरण करके सामान्यीकरण के द्वारा सिद्धान्त निकालते हैं, जिनका परीक्षण किया जा सकता है और जिनके आधार पर कार्य-कारण सम्बन्ध जानकर व्यवहार के विषय में भविष्यवाणी की जा सकती है।

अन्तर

उपरोक्त समानताओं के होते हुये भी सामान्य मनोविज्ञान और समाज मनोविज्ञान में निम्नलिखित महत्वपूर्ण अन्तर हैं—

(1) **दृष्टिकोण का अन्तर**—सामान्य मनोविज्ञान के और समाज मनोविज्ञान के दृष्टिकोण में अन्तर है। सामान्य मनोविज्ञान की दृष्टि व्यक्ति पर रहती है जबकि समाज मनोविज्ञान की दृष्टि समूह में उसकी अन्तर्क्रियाओं पर रहती है।

(2) **क्षेत्र का अन्तर**—इस प्रकार समाज मनोविज्ञान और सामान्य मनोविज्ञान का क्षेत्र भिन्न है। जैसा पीछे बतलाया जा चुका है सामान्य मनोविज्ञान प्रत्येक प्रकार के परिवेश के प्रति व्यक्ति की प्रत्येक क्रिया का अध्ययन करता है। दूसरी ओर समाज मनोविज्ञान केवल सामाजिक उत्तेजनाओं के प्रति व्यक्ति की प्रतिक्रियाओं का अध्ययन करता है। इसके साथ-साथ समाज मनोविज्ञान, सामाजिक उत्तेजनाओं और उनसे सम्बन्धित परिस्थितियों का भी अध्ययन करता है। इसका अध्ययन प्रत्यक्ष रूप से सामान्य मनोविज्ञान के क्षेत्र में नहीं आता।

(3) **इकाई का अन्तर**—सामान्य मनोविज्ञान की इकाई व्यक्ति है। समाजशास्त्र की इकाई समूह है। समाज मनोविज्ञान की इकाई व्यक्ति और समूह की मनोवैज्ञानिक अन्तर्क्रियायें हैं।

दोनों का अन्तर सापेक्ष है

समाज मनोविज्ञान और सामान्य मनोविज्ञान के सम्बन्ध और अन्तर के विवेचन में यह ध्यान रखना चाहिये कि यह अन्तर सापेक्ष (Relative) है। वास्तव में व्यक्ति का कोई भी व्यवहार सामाजिक परिवेश से एकदम अछूता नहीं रह सकता। अन्य लोगों की अनुपस्थिति में भी मनुष्य सामाजिक-मनोवैज्ञानिक क्षेत्र (Social Psychological Field) से प्रभावित होता है। समाजीकरण का उसके सभी व्यवहार पर महत्वपूर्ण प्रभाव पड़ता है। अत: यह कहना कठिन है कि व्यक्ति का कौन-सा व्यवहार केवल प्राकृतिक परिवेश के प्रति प्रतिक्रिया है और कौन-सा व्यवहार सामाजिक परिवेश से सम्बन्धित है जैसा कि फ्रॉयड ने लिखा है ''व्यक्तिगत मानसिक जीवन में एक आदर्श,

एक लक्ष्य, एक सहायक अथवा एक विरोधी के रूप में कोई न कोई अनिवार्य रूप से उपस्थित रहता है और इसलिये प्रारम्भ से ही इस विस्तृत परन्तु शब्दों के पूरी तरह से उचित अर्थ में व्यक्तिगत मनोविज्ञान उसी समय मनोविज्ञान भी है।''[1] प्राकृतिक परिवेश और सामाजिक परिवेश किस प्रकार मिला-जुला रहता है इसके समझाने के लिये केवल एक ही उदाहरण पर्याप्त होगा। यह एक सामान्य अनुभव की बात है कि सूर्य, चन्द्र, पर्वत, नदी, सागर इत्यादि प्राकृतिक वस्तुओं के प्रति आदिम मनुष्यों की जो प्रतिक्रिया है वह प्रतिक्रिया सभ्य व्यक्ति की नहीं होती। आदिम मनुष्य उससे डरता है और उनको जादू या धर्म से अपने पक्ष में लाने की चेष्टा करता है। दूसरी ओर सभ्य व्यक्ति उनके असली रूप को जानता है और इसलिये उनसे सम्बन्धित प्राकृतिक नियमों के द्वारा उनका उपयोग करने की चेष्टा करता है। प्रकृति के प्रति आदिम और सभ्य व्यक्ति के व्यवहार के अन्तर का कारण उनके सामाजिक परिवेश का अन्तर है। यद्यपि यह सामाजिक परिवेश प्रकृति के प्रति उनकी प्रतिक्रिया के समय केवल अप्रत्यक्ष रूप से ही उपस्थित होता है। जैसा कि मनोवैज्ञानिकों ने निश्चित रूप से दिखला दिया है मनुष्य का व्यक्तित्व उसके सामाजिक परिवेश और संस्कृति से बनता है। अन्य लोगों से क्रिया प्रतिक्रिया के द्वारा ही मनुष्य का समाजीकरण होता है। उसके समस्त व्यवहार के पीछे यह समाजीकरण उपस्थित है। उसका व्यवहार अन्य लोगों से उसकी क्रिया प्रतिक्रिया का परिणाम है। तब फिर समाज मनोविज्ञान और सामान्य मनोविज्ञान को एकदम पृथक् कैसे किया जा सकता है? सामान्य मनोविज्ञान और समाज मनोविज्ञान दोनों ही प्रत्यक्षीकरण, सीखना तथा प्रेरणा आदि मनोवैज्ञानिक तथ्यों का अध्ययन करते हैं। परन्तु जहां सामान्य मनोविज्ञान इनके व्यक्तिगत पहलू का अध्ययन करता है वहां समाज मनोविज्ञान इनके सामाजिक पहलू का अध्ययन करता है। फिर भी सामान्य मनोविज्ञान और समाज मनोविज्ञान दोनों ही समाज में व्यक्ति का अध्ययन करते हैं, क्योंकि समाज से बाहर मनुष्य का व्यक्तित्व विकसित नहीं हो सकता। समाज मनोविज्ञान और सामान्य मनोविज्ञान दोनों ही मानव व्यवहार की व्याख्या में एक से प्रत्ययों को इस्तेमाल करते हैं। जैसा कि पीछे बतलाया जा चुका है, अन्तर है केवल विषय सामग्री का और दृष्टिकोण का। मुजफ्फर शैरिफ ने ठीक ही लिखा है ''समाज मनोविज्ञान सामाजिक नाम को भिन्न प्रत्ययों को इस्तेमाल करने से नहीं पाता है बल्कि इस तथ्य से पाता है कि वह सामान्य विज्ञान में वैध प्रत्ययों को समाज मनोविज्ञान के क्षेत्र में प्रयोग करता है।''[2]

---

1. "In the individual mental life some one else is invariably involved, as a model, as an object, as a helper, as an opponent, and so from the very first, individual psychology is at the same time social psychology as well-in this extended but entirely justifiable sense of the words." -S. Freud

2. "Social Psychology derives the designation social, not from the use of a different set of concepts, but from the fact that it extends concepts valid in general psychology in the social psychology."

—M. Sherif, *The Psychology of Social Norms*, New York, Harper, 1936.

समाज मनोविज्ञान और अर्थशास्त्र
(Social Psychology and Economics)

परिभाषा

अर्थशास्त्र की परिभाषा करते हुये, फेयर चाइल्ड, बक और स्लेसिंगर ने लिखा है ''अर्थशास्त्र मनुष्य की उन क्रियाओं का अध्ययन करता है जो कि उसकी आवश्यकताओं को सन्तुष्ट करने के भौतिक साधनों को प्राप्त करने के लिए की जाती है।''[3] इस प्रकार अर्थशास्त्र मनुष्यों की कुछ क्रियाओं का अध्ययन करता है। दूसरी ओर समाज मनोविज्ञान भी मनुष्य की कुछ क्रियाओं का अध्ययन करता है। अत: दोनों में परस्पर घनिष्ठ सम्बन्ध है। अन्तर इतना है कि अर्थशास्त्र आर्थिक क्रियाओं का अध्ययन करता है जबकि समाज मनोविज्ञान सामाजिक अन्तर्क्रियाओं का अध्ययन करता है। समाज मनोविज्ञान और अर्थशास्त्र का सम्बन्ध प्रोफेसर मार्शल की अर्थशास्त्र की व्याख्या से और भी अधिक स्पष्ट होता है। मार्शल के शब्दों में ''अर्थशास्त्र जीवन के साधारण व्यवसाय के सम्बन्ध में मानव जाति का अध्ययन करता है। यह व्यक्ति अथवा समाज के उन कार्यों का अध्ययन करता है जिनका सम्बन्ध उन भौतिक साधनों को प्राप्त करने तथा उपयोग करने से है, जो जीवन हित के लिये आवश्यक हैं। इस प्रकार वह एक ओर धन का अध्ययन है और दूसरी ओर, जो इससे भी अधिक महत्वपूर्ण है, वह स्वयं मनुष्य का अध्ययन है।'' इस प्रकार अर्थशास्त्र और समाज मनोविज्ञान दोनों ही मनुष्य का अध्ययन करते हैं यद्यपि इस अध्ययन के दृष्टिकोण और प्रणालियां भिन्न-भिन्न हैं।

सम्बन्ध

उपरोक्त परिभाषाओं से स्पष्ट है कि अर्थशास्त्र और समाज मनोविज्ञान में निम्नलिखित सम्बन्ध है—

(1) आर्थिक परिस्थितियों और सामाजिक अन्तर्क्रियाओं में परस्पर सम्बन्ध— आर्थिक परिस्थितियां मनुष्य की सामाजिक अन्तर्क्रियाओं को प्रभावित करती हैं। विभिन्न आर्थिक वर्गों के लोगों के परस्पर व्यवहार में स्पष्ट अन्तर देखा जा सकता है। दूसरी ओर सामाजिक अन्तर्क्रियायें भी आर्थिक परिस्थितियों को प्रभावित करती हैं। उदाहरण के लिये भारत के गांवों में लोगों की सामाजिक अन्तर्क्रियाओं का उनके आर्थिक व्यापारों पर स्पष्ट प्रभाव देखा जा सकता है।

(2) आर्थिक समस्याओं में समाज मनोविज्ञान का योगदान—अनेक आर्थिक समस्याओं में समाज मनोविज्ञान से बड़ी सहायता मिलती है क्योंकि आर्थिक समस्याओं में बहुधा मनोवैज्ञानिक पहलू अत्यन्त महत्वपूर्ण होता है। उदाहरण के लिये हड़तालों, ताले बन्दियों, प्रचार, विज्ञापन, दुर्घटनाओं, काम करने की परिस्थितियों, श्रमिकों के लिये प्रेरणा आदि आर्थिक क्षेत्र में

---

3. "Economics is the study of man's activities devoted to obtaining the material means for the satisfaction of his wants."
—F.R. Fairchild, M S. Buck and R. E. Shlesinger, *'Principles of Economics'* The Macmilan & Co New York (1954), p.2.

सब कहीं दिखलाई पड़ने वाली समस्याओं को सुलझाने में समाज मनोविज्ञान का ज्ञान आवश्यक है। स्पष्ट है कि अर्थशास्त्र और समाज मनोविज्ञान का निकट सम्बन्ध है। समाज मनोविज्ञान से केवल कुछ आर्थिक समस्याओं को सुलझाने में ही सहायता नहीं मिलती बल्कि अनेक आर्थिक नियमों को भी समझने में सहायता मिल सकती है। उदाहरण के लिये मांग और पूर्ति (Demand and supply) का प्रसिद्ध आर्थिक नियम मानव मनोविज्ञान से घनिष्ठ रूप से सम्बन्धित है। इसी प्रकार सीमान्त उपयोगिता का नियम (Law of Marginal utility) और ह्रासोन्मुख उपयोगिता का नियम (Law of Diminishing utility) भी मानव मनोविज्ञान से घनिष्ठ सम्बन्ध रखता है। इन दोनों ही नियमों को भली प्रकार समझने के लिये मनुष्य की सामाजिक अन्तर्क्रियाओं के मूलभूत नियमों का ज्ञान सहायक होगा।

अन्तर

उपरोक्त सम्बन्ध के होते हुये भी अर्थशास्त्र और समाज मनोविज्ञान में भारी अन्तर है। स्थूल रूप से इस विषय में महत्वपूर्ण बातें निम्नलिखित हैं—

(1) **समाज मनोविज्ञान का क्षेत्र अधिक व्यापक है**—समाज मनोविज्ञान समाज में व्यक्ति की समस्त अन्तर्क्रियाओं का अध्ययन करता है जबकि अर्थशास्त्र केवल धन सम्बन्धी क्रियाओं के अध्ययन तक ही सीमित है। स्पष्ट है कि अर्थशास्त्र की अपेक्षा समाज मनोविज्ञान का क्षेत्र अधिक व्यापक है।

(2) **दृष्टिकोण का अन्तर**—अर्थशास्त्र केवल आर्थिक दृष्टिकोण में मानव सम्बन्धों और क्रियाओं का अध्ययन करता है। समाज मनोविज्ञान का दृष्टिकोण मनोवैज्ञानिक है।

(3) **इकाई का अन्तर**—अर्थशास्त्र की इकाई मनुष्य है और वह उसके आर्थिक पक्ष का अध्ययन करता है। समाज मनोविज्ञान की इकाई समाज में व्यक्ति की अन्तर्क्रिया है और वह उसके मनोवैज्ञानिक पक्ष का अध्ययन करता है।

(4) **पद्धतियों का अन्तर**—अर्थशास्त्र में निगमन (Deduction) और आगमन (Induction) की पद्धतियों से काम लिया जाता है। समाज मनोविज्ञान प्रयोग, निरीक्षण, अन्तर्दर्शन, आत्मकथा, विकास आदि मनोवैज्ञानिक विधियों का प्रयोग करता है।

अन्त में कहा जा सकता है कि परस्पर सहायता से समाज मनोविज्ञान और अर्थशास्त्र दोनों को ही लाभ है। व्यवहारिक रूप में उपयोगी होने के लिये आर्थिक सिद्धान्त को समाज मनोवैज्ञानिक तथ्यों पर आधारित होना चाहिये।

समाज मनोविज्ञान और समाजशास्त्र
(Social Psychology and Sociology)

सम्बन्ध

समाज मनोविज्ञान की परिभाषा करते हुये क्रेच और क्रचफील्ड ने लिखा है, "समाज मनोविज्ञान समाज में व्यक्ति के व्यवहार का ज्ञान है।"[4] समाजशास्त्र और समाज मनोविज्ञान में

4. "Social psychology is the science of the behaviour of the individual in society."
—Krech and Crutchfield. *Theory and Problems of Social Psychology.* p. 7.

इतनी अधिक समानता है कि कार्ल पियर्सन (Karl Pearson) ने तो उनमें कोई अन्तर ही नहीं माना हैं। मनोविज्ञान की यह शाखा समाजशस्त्र से उसके सम्बन्ध और भी निकट कर देती है। वार्ड (Ward) के अनुसार समाज शास्त्र और समाज मनोविज्ञान में बहुत अधिक समानता है। मोटवानी के शब्दों में, ''समाज मनोविज्ञान, मनोविज्ञान और समाज शास्त्र के बीच एक कड़ी है।''[5] लेपियर और फ्रान्सवर्थ लिखते हैं कि ''समाज मनोविज्ञान समाजशास्त्र और मनोविज्ञान के लिये वैसा ही है जैसा कि शारीरिक रसायन शास्त्र जीवशास्त्र और रसायन शास्त्र के लिये है।"[6]

अन्तर

इस तरह स्पष्ट है कि समाजशास्त्र और समाज मनोविज्ञान में बहुत कुछ समानता है परन्तु फिर भी इन दोनों में मौलिक अन्तर है। यह मौलिक अन्तर निम्नलिखित है—

(1) **विषय सामग्री का अन्तर**—समाज शास्त्र समूह के व्यवहार का अध्ययन करता है। परन्तु समाज मनोविज्ञान समाज में व्यक्ति के व्यवहार का अध्ययन करता है। क्लाइनबर्ग के शब्दों में ''इसी समय यह भी सच है कि समाज शास्त्री का मौलिक सम्बन्ध समूह के व्यवहार से है और समाज मनोवैज्ञानिक का सामूहिक परिस्थिति में व्यक्ति के व्यवहार से।''[7] इस तरह समाजशास्त्र और समाज मनोविज्ञान की विषय सामग्री अलग-अलग है। बोगार्डस लिखता है, ''जैसे मनोविज्ञान मानसिक क्रियाओं का अध्ययन करता है वैसे ही समाजशास्त्र सामाजिक प्रक्रियाओं का विश्लेषण करता है।''[8]

(2) **दृष्टिकोण का अन्तर**—समाजशास्त्र और समाज मनोविज्ञान के अध्ययन करने के दृष्टिकोण में अन्तर है। समाज मनोविज्ञान में सांस्कृतिक व सामाजिक मूल्यों (Values) के प्रति व्यक्ति के रुखों (Attitudes) या अध्ययन किया जाता है। समाजशास्त्र इन रुखों से सम्मिलित सामाजिक नियमों या मूल्यों का अध्ययन करता है। रिवर्स (W. R. H. Rivers) ने लिखा है कि दोनों शास्त्रों का परस्पर सम्बन्ध जरूरी है परन्तु एक शास्त्र को दूसरे पर निर्भर नहीं रहना चाहिये।

इस प्रकार मनोविज्ञान समाजशास्त्र को घटक तत्व (Elemental facts) प्रदान करता है। समाज मनोविज्ञान समाजशास्त्र को प्रभावक तत्व (Conditioning facts) प्रदान करता है।

---

5. "Social psychology is a link between psychology and Sociology,"
—Motwani, K. *Sociology*, p.53.

6. "Social psychology is to sociology and psychology as biochemistry is to biology and chemistry. —-Lapiere and Fransworth in *Social Psychology*

7. "At the same time it remains true that the primary concern of the sociologist is group behaviour and that of the social psychologist is the behaviour of the individual in the group situation."
—Otto Klineberg, *Social Psychology*, Henry Holt & Co. New York. Rev. Ed. (1956) pp. 6-7.

8. "As psychology analyses mental processes, sociology analyses social processes."
--Bogardus, *Sociology*, p. 564.

समाज मनोविज्ञान और सांस्कृतिक मानवशास्त्र
(Social Psychology and Cultural Anthropology)

मानवशास्त्र के तीन भाग

मानवशास्त्र एक विस्तृत विषय है। अतः अध्ययन की सुविधा के लिये उसके तीन बड़े भाग किये गये हैं–

1. **भौतिक मानवशास्त्र** (Physical Anthropology)–इसमें मनुष्यों के शारीरिक लक्षणों का अध्ययन किया जाता है जिनसे मानव प्रजातियों तथा मानव उत्पत्ति का ज्ञान होता है।

2. **सामाजिक अथवा सांस्कृतिक मानवशास्त्र** (Social or Cultural Anthropology)–ब्रिटेन के रायल मानव शास्त्रीय इन्स्टीट्यूट की एक कमेटी की रिपोर्ट के अनुसार "सामाजिक मानवशास्त्र सामाजिक परिस्थितियों में मनुष्य के व्यवहार का अध्ययन करता है।"[9]

3. **प्रागैतिहासिक पुरातत्व शास्त्र** (Pre-Historic Archeology)–इसमें प्रागैतिहासिक काल की संस्कृतियों आदि का अध्ययन किया जाता है।

सम्बन्ध

मानवशास्त्र के उपरोक्त तीनों भागों का समाज मनोविज्ञान से सम्बन्ध है। परन्तु इनमें सामाजिक मानवशास्त्र समाज मनोविज्ञान के सबसे अधिक निकट है। यहां पर सामाजिक मानवशास्त्र और समाज मनोविज्ञान के सम्बन्ध का ही विवेचन किया जायेगा। सामाजिक मानव शास्त्र की अनेक खोजों से समाज मनोविज्ञान पर बड़ा प्रभाव पड़ा। राल्फ लिंटन (Ralph Linton) तथा अब्राम कार्डीनर (A. Kardinar) जैसे मानव शास्त्रियों की खोजों ने समाज मनोविज्ञान को बड़ा प्रभावित किया। इन खोजों से भिन्न-भिन्न संस्कृतियों में व्यक्ति के सामाजिक व्यवहार की व्याख्या में सहायता मिली है। इन दोनों मानवशास्त्रियों ने यह पता लगाया कि प्रत्येक समाज में एक मौलिक व्यक्तित्व प्रकार (Personality Type) होता है जो व्यक्ति पर बचपन से ही सांस्कृतिक प्रभाव पड़ने से बचाता है। इन सांस्कृतिक प्रभावों के भिन्न-भिन्न होने के कारण यह मौलिक व्यक्तित्व का प्रकार भी भिन्न-भिन्न होता है। हिन्देशिया के एक नीग्रो जातीय एलोरीज (Alorese) के विषय में कार्डीनर ने लिखा है कि उनके समाज में मौलिक व्यक्तित्व रूप अविश्वासी, सन्देहशील, लड़ाकू तथा साहसशून्य और परशोषक व्यक्ति का होता है जबकि हमारे समाज में इस प्रकार का व्यक्ति मानसिक रोगी अथवा अप्राकृत (Abnormal) समझा जायेगा। राल्फ लिन्टन के अनुसार प्रशान्त महासागर के मारकेसास द्वीप के लोगों में भोजन सामग्री के विषय में वही चिन्ता और विधि निषेध तथा नियम पाये जाते हैं जैसे हमारे समाज में यौन भावनाओं के सम्बन्ध में पाये जाते हैं। इन खोजों से यह स्पष्ट होता है कि प्रत्येक समाज की एक अपनी संस्कृति होती

---

9. "Social anthropology deals with the behaviour of man in social situation."
— A Committee of the Royal Anthropology Institute of Gr. Britain and Ireland *Notes and Querries on Anthropology*, p.3.

है और उसके सदस्यों का व्यक्तित्व बचपन से ही उसी के अनुसार बदल जाता है। ब्रिटिश मानवशास्त्री मैलिनोवस्की ने संस्कृति के अध्ययन का क्रियात्मक (Functional) दृष्टिकोण उपस्थित करके समाज के मनोविज्ञान में यह जानने में सहायता की है कि संस्कृति मनुष्य के लिए क्या करती है? रूथ बैनेडिक्ट (Ruth Benedict) ने राष्ट्रीय चरित्र (National Character) के विषय में अपनी खोजों से समाज मनोविज्ञान में अनेक समस्यायें समझने में बड़ी सहायता की है। मानवशास्त्रीय खोजों से यह सिद्ध हुआ है कि व्यक्ति के अपराधी बनने में सामाजिक परिस्थितियों का कितना अधिक हाथ होता है। मानवशास्त्रीय खोजों से यह सिद्ध हुआ है कि आज विश्व में कोई भी प्रजाति शुद्ध नहीं है और कोई भी औरों से श्रेष्ठ होने का दावा नहीं कर सकती। फ्रांज (Franz) तथा औटो क्लाइनबर्ग की नृवंशशास्त्रीय खोजों से यह सिद्ध हुआ है कि शारीरिक लक्षणों का बौद्धिक और मानसिक श्रेष्ठता से कोई सम्बन्ध नहीं है और बुद्धि भेद का मुख्य कारण सामाजिक परिवेश का प्रभाव है। इस प्रकार मानवशास्त्र विशेषतया सामाजिक मानवशास्त्र के क्षेत्र में की गई विभिन्न खोजों से समाज मनोविज्ञान में अनेक तत्वों के अध्ययन में बड़ी सहायता मिली है।

समस्यायें

उपरोक्त विवेचन से स्पष्ट है कि समाज मनोविज्ञान और सामाजिक मानवशास्त्र में निम्नलिखित समानतायें और सम्बन्ध देखे जा सकते हैं–

(1) **कुछ समान समस्यायें** (Some Common Problems)–समाज मनोविज्ञान और सामाजिक मानवशास्त्र दोनों ही व्यक्ति और सांस्कृतिक परिवेश की अन्तर्क्रियाओं का अध्ययन करते हैं। इस प्रकार उनकी कुछ समस्यायें सामान्य हैं।

(2) **व्यवहार का अध्ययन** (Study of Behaviour)– जैसा कि पीछे बताया जा चुका है सामाजिक मानवशास्त्र सामाजिक परिस्थितियों में मनुष्य के व्यवहार का अध्ययन है। इसी प्रकार समाज मनोविज्ञान भी सामाजिक परिस्थितियों में व्यक्तियों की अन्त: क्रियाओं तथा व्यवहार का अध्ययन करता है।

अन्तर

उपरोक्त घनिष्ठ सम्बन्ध के होते हुए भी सामाजिक मानवशास्त्र और समाज मनोविज्ञान में निम्नलिखित मुख्य अन्तर है–

(1) **दृष्टिकोण का अन्तर** –समाज मनोविज्ञान व्यक्ति के सामाजिक व्यवहार के विषय में सार्वभौम सिद्धान्तों की खोज करता है। सामाजिक मानवशास्त्र का दृष्टिकोण भूतकाल की ओर झुका रहता है। वह भविष्य के विषय में सुझाव नहीं देता। सामाजिक मानवशास्त्र का दृष्टिकोण मानव शास्त्रीय है जब कि समाज मनोविज्ञान का दृष्टिकोण मनोवैज्ञानिक है।

(2) **विषय सामग्री का अन्तर**–सामाजिक मानवशास्त्र की विषय सामग्री संस्कृति और व्यक्ति का सांस्कृतिक व्यवहार है। समाज मनोविज्ञान की विषय सामग्री न तो समाज और सांस्कृतिक है और न व्यक्ति बल्कि इनकी परस्पर अन्तर्क्रियायें हैं।

(3) पद्धतियों का अन्तर—सामाजिक मानवशास्त्र विशेषतया कार्यात्मक पद्धति का प्रयोग करता है। इसमें निरीक्षणकर्ता उन समाजों में जाकर रहता है जिनका उसे अध्ययन करना होता है। दूसरी ओर समाज मनोविज्ञान में प्रयोग, अन्तर्दर्शन, व्यक्ति इतिहास, प्रश्नावली तथा आरोपणात्मक विधियों का प्रयोग किया जाता है।

(4) मार्ग निर्देशन सम्बन्धी अन्तर— सामाजिक मानवशास्त्र सामाजिक समस्याओं के सुलझाने में किसी प्रकार का मार्ग निर्देशन नहीं करता। दूसरी ओर इस विषय में समाज मनोवैज्ञानिक के सुझाव बड़े सहायक सिद्ध होते हैं।

उपरोक्त विवेचन से स्पष्ट है कि सामाजिक मानवशास्त्र और समाज मनोविज्ञान एक दूसरे को प्रभावित करते हुए भी दो स्वतन्त्र विज्ञान हैं।

समाज मनोविज्ञान और राजनीतिशास्त्र
(Social Psychology and Politics)

सम्बन्ध

राजनीतिशास्त्र राजनैतिक संस्थाओं के प्रसंग में व्यक्ति के व्यवहार का अध्ययन करता है। वह राष्ट्र की शासन व्यवस्था के नियमों का अध्ययन करता है। राजनीतिशास्त्र राज्य द्वारा बनाये गये उन नियमों का अध्ययन करता है जो व्यक्तियों पर लागू किये जाते हैं। समाज मनोविज्ञान समाज में व्यक्ति के व्यवहार का अध्ययन करता है। अत: स्पष्ट है कि समाज मनोविज्ञान और राजनीतिशास्त्र का परस्पर घनिष्ट सम्बन्ध होना चाहिये। राज्य की उत्पत्ति को समझने के लिये व्यक्ति के सामाजिक व्यवहार को समझना आवश्यक है। सफल कानून बनाने के लिये जनता के मनोविज्ञान को जानना जरूरी है। आधुनिक राजनीतिशास्त्र जनतन्त्र का बड़ा महत्व मानता है। किसी भी देश में जनतन्त्र की सफलता जनमत के प्रशिक्षण पर निर्भर है। इसके लिये यह जानना जरूरी है कि जनमत क्या है और उसका प्रशिक्षण कैसे हो सकता है? यह समाज मनोविज्ञान का विषय है किसी भी राज्य की सफलता इस बात पर निर्भर है कि शासकों में सफल नेतृत्व के गुण हों। नेतृत्व क्या है, यह कैसे सफल हो सकता है? यह समाज मनोविज्ञान का विषय है। अन्तर्राष्ट्रीय राजनीति में प्रत्येक राज्य को विदेशों के जनसमूहों में अपने राष्ट्र के प्रति सद्भावना बनाये रखनी पड़ती है और संघर्ष की स्थिति में देश की जनता में नीतिमत्ता (Morale) बनाये रखनी पड़ती है। इन दोनों ही कार्यों को समाज मनोविज्ञान के समुचित ज्ञान की अनुपस्थिति में नहीं किया जा सकता। राजनैतिक संस्थाओं का व्यक्ति के सामाजिक व्यवहार पर प्रभाव पड़ता है, इस सीमा तक समाज मनोवैज्ञानिक के लिये भी राजनीतिशास्त्र की सहायता आपेक्षित है।

अन्तर

परस्पर उपरोक्त सम्बन्ध के होते हुए भी राजनीति शास्त्र और समाज मनोविज्ञान में निम्नलिखित अन्तर है।—

(1) विषय सामग्री का अन्तर—राजनीति शास्त्र राजनैतिक संस्थाओं, सरकार के रूपों, राज्य आदि का अध्ययन करता है। दूसरी ओर समाज मनोविज्ञान समाज में व्यक्तियों की

अन्तर्क्रियाओं का अध्ययन करता है। स्पष्ट है कि दोनों के क्षेत्र अलग-अलग हैं। समाज मनोविज्ञान सभी प्रकार के सामाजिक सम्बन्धों का अध्ययन करता है। राजनीति शास्त्र केवल राजनैतिक सम्बन्धों का अध्ययन करता है। समाज मनोविज्ञान में चेतन व्यवहारों के साथ-साथ अचेतन क्रियायें भी आती हैं। राजनीति शास्त्र केवल चेतन क्रियाओं का विश्लेषण करता है। इस प्रकार समाज मनोविज्ञान सभी प्रकार के समुदायों के मानसिक पहलू का अध्ययन करता है। इस प्रकार समाज मनोविज्ञान का क्षेत्र राजनीति शास्त्र से कहीं अधिक विस्तृत है।

(2) **प्रकृति में अन्तर**—राजनीति शास्त्र बाहरी सृष्टि अथवा तथ्यों के बाहरी पहलू का अध्ययन करता है। उसका मानसिक नियमों से कोई विशेष सम्बन्ध नहीं होता। दूसरी ओर समाज मनोविज्ञान व्यक्ति के मनोवैज्ञानिक पहलू का अध्ययन करता है। वह सामाजिक घटनाओं के मानसिक नियमों को खोजता है। उसका सृष्टि के बाहरी पक्ष से कोई प्रत्यक्ष सम्बन्ध नहीं है।

(3) **दृष्टिकोण का अन्तर**—समाज मनोविज्ञान का दृष्टिकोण मनोवैज्ञानिक है। दूसरी ओर राजनीति शास्त्र का दृष्टिकोण सामाजिक अथवा राजकीय है।

समाज मनोविज्ञान और रेडियो प्रौद्योगिकी
(Social Psychology and Radio Technology)

आधुनिक युग में रेडियो जनमत के निर्माण का और प्रचार का एक महत्वपूर्ण साधन है। रेडियो के द्वारा प्रसारित वार्तायें, संदेश, वक्तव्य, समाचार आदि तत्काल ही दूर-दूर बैठे करोड़ों लोगों तक पहुँच जाते हैं और उनको प्रभावित करते हैं। यह प्रभाव समाज, संस्कृति, परम्परायें, रीति-रिवाज, लोकाचार, अरुचि, फैशन, प्रवृत्ति, साहित्य, कला सब कहीं देखा जा सकता है। रेडियो ने साहित्य के विकास में महत्वपूर्ण योगदान दिया है। शान्ति का समय हो अथवा युद्ध का, रेडियो सदैव जनता से नेता के सम्पर्क का एक महत्वपूर्ण साधन है। रेडियो से नेता की आवाज सुनाई पड़ती है। अतः समाचार पत्रों से उसका अधिक प्रभाव पड़ता है। यह एक मनोवैज्ञानिक तथ्य है कि पढ़ी बात से सुनी बात अधिक प्रभावशाली होती है।

सम्बन्ध

समाज मनोविज्ञान समाज में व्यक्ति के व्यवहार का विज्ञान है। वह उन अन्तर्क्रियाओं का अध्ययन करता है जो समूह के व्यक्तियों में परस्पर होती हैं। इस अध्ययन में वह जनमत, प्रचार, जनप्रवाद, नेतृत्व आदि का विशेष अध्ययन करता है और उनके मूल्य में स्थित मनोवैज्ञानिक तथ्यों का पता लगाता है। व्यक्ति के सामाजिक व्यवहार में प्रेरणाओं, मनोवृत्तियों, निर्देश, सहानुभूति तथा अनुकरण, रूढ़ियुक्तियां तथा पूर्वाग्रह आदि का विशेष अध्ययन करके वह इनका परिवर्तित करने के विषय में भी सुझाव देता है। समाज मनोविज्ञान जनतन्त्र का मनोवैज्ञानिक अध्ययन करता है और उसकी सफलता के विषय में सुझाव देता है। वह समूह व्यवहार का मनोवैज्ञानिक विश्लेषण करके उसको वांछित दिशा में परिवर्तित करने के सिद्धान्तों की व्याख्या करता है। इस प्रकार जनतन्त्र के लिए आवश्यक प्रचार किस प्रकार का होना चाहिए अथवा कैसे होना चाहिये यह समाज मनोविज्ञान बतलायेगा। इसके ज्ञान के बाद ही रेडियो को समुचित रूप से

प्रयोग किया जा सकता है। स्पष्ट है कि रेडियो एक साधन मात्र है। जनता पर वांच्छित प्रभाव डालने के लिए उसका कैसे उपयोग किया जाना चाहिये, यह समाज मनोविज्ञान बतलायेगा।

अतः रेडियो द्वारा प्रसार में समाज मनोविज्ञान के तथ्यों को ध्यान में रखना आवश्यक है।

रेडियो और समाज मनोविज्ञान के इस घनिष्ठ सम्बन्ध के कारण रेडियो प्रौद्योगिकी के विषय में समाज मनोवैज्ञानिकों ने महत्वपूर्ण खोजें कीं। इन खोजों से यह मालूम पड़ा कि रेडियो को कैसे अधिक से अधिक प्रभावशाली बनाया जा सकता है। जनता पर मनोवैज्ञानिक प्रभाव के विषय में रेडियो द्वारा प्रचार के अनेक वैज्ञानिक अध्ययन किये गये हैं। Psychology of Radio नामक पुस्तक में, कैन्ट्रिल और आलपोर्ट ने रेडियो के विषय में निम्नलिखित महत्वपूर्ण बातें बतलाई हैं–

(क) रेडियो के द्वारा अधिकतर स्त्रियों से ब्राडकास्ट कराना चाहिये क्योंकि उनकी कंठ ध्वनि अधिक जनप्रिय होती है।

(ख) रेडियो में अभ्यस्त भाषणकर्ता के भाषण अधिक पसन्द किये जाते हैं।

(ग) शुद्ध उच्चारण पर जोर देना जरूरी है।

(घ) किसी भी विषय में सामान्य विवरण देने के साथ-साथ विशेष व्याख्या भी दी जानी चाहिये।

(ड) पुनरावर्तन अवश्य किया जाये, क्योंकि उसका प्रभाव पड़ता है। परन्तु वह सीमा से अधिक नहीं होना चाहिये।

(च) विषय के अनुरूप वाक्य छोटे बड़े किये जाने चाहिये। साधारण तथा छोटे वाक्य ही अच्छे रहते हैं, परन्तु रोचक विषय में वाक्य लम्बे भी हो सकते हैं।

(छ) बोलने की गति तीव्र होना ठीक नहीं है। साधारणतया एक मिनट में 115 से 160 तक शब्द बोले जा सकते हैं।

(ज) कार्यक्रम औसत रूप में 15 मिनट से अधिक लम्बा नहीं होना चाहिए। यद्यपि नाटक आदि मनोरंजन कार्यक्रमों में अधिक समय भी दिया जा सकता है।

कहना न होगा कि यदि उपरोक्त बातों का ध्यान रखा जाये तो जनमत के निर्माण में रेडियो की शक्ति का पूरा उपयोग किया जा सकता है। रेडियो से जनमत के विचारों, मतों, विश्वासों और अभिवृत्तियों के साथ-साथ सामाजिक मूल्यों पर भी प्रभाव पड़ता है।

समाज मनोविज्ञान और दर्शनशास्त्र
(Social Psychology and Philosophy)

समाज मनोविज्ञान केवल विज्ञानों से ही नहीं बल्कि दर्शनशास्त्र से भी सम्बन्ध रखता है। यह सम्बन्ध विशेष रूप से दर्शन के दो अंगों में दिखलाई पड़ता है– समाज दर्शन और नीति शास्त्र। नीति शास्त्र और समाज मनोविज्ञान के सम्बन्ध का विवरण आगे दिया जायेगा। यहां पर समाज मनोविज्ञान और समाज दर्शन के सम्बन्ध का विवेचन किया जायेगा।

समाज मनोविज्ञान और समाज दर्शन
(Social Psychology and Social Philosophy)

समाज दर्शन क्या है?

समाज मनोविज्ञान और समाज दर्शन के परस्पर सम्बन्ध को जानने के लिए यह जानना जरूरी है कि समाजदर्शन क्या है। समाज दर्शन समाज का दर्शन है। दर्शन तथ्यों और मूल्यों का समन्वय है। इस तरह समाज दर्शन समाज से सम्बन्धित तथ्यों और मूल्यों का समन्वय है। समाज सामाजिक सम्बन्धों का एक जाल है। समाज दर्शन इन्हीं सम्बन्धों को सामाजिक पूर्ण के मूल्यों के प्रकाश में देखता है। दर्शन के समान ही वह विकासमान है। वह सामाजिक मूल्यों का दर्शन है। वह व्यक्ति और समाज के आदर्शों की विवेचना करता है। प्रो० हाबहाउस के शब्दों में "हम मानव शक्तियों की एक समन्वित परिपूर्णता को आनन्दमय जीवन का सार मान कर सामने रख लेते हैं और हमें उसको प्राप्त करने की परिस्थितियों की जांच करनी है। हम विधियों, परम्पराओं और संस्थाओं के कामों पर केवल किसी प्रकार का सामाजिक जीवन जारी रखने के लिये नहीं बल्कि एक समन्वित जीवन कायम करने और विकसित करने के लिये विचार करते हैं।"[10] इस प्रकार समाज दर्शन सामाजिक सम्बन्धों का परम आदर्श के प्रकाश में अध्ययन करता है। वह उस परम तत्व की खोज करता है और उसके प्रकाश में विभिन्न सामाजिक सम्बन्धों, क्रियाओं तथा घटनाओं का मूल्यांकन करता है।

सम्बन्ध

समाज मनोविज्ञान समाज में व्यक्ति के व्यवहार का अध्ययन है। वह व्यक्ति और व्यक्ति तथा व्यक्ति और समूह की अन्तर्क्रियाओं का अध्ययन करता है और इन अन्तर्क्रियाओं में निहित कार्य-कारण सम्बन्धों को खोजकर उनके आधार पर सामान्य सिद्धान्त स्थापित करता है। इन सामान्य सिद्धान्तों के आधार पर वह समूह में व्यक्ति के व्यवहार के विषय में भविष्यवाणी भी कर सकता है। इस प्रकार जबकि समाज दर्शन सामाजिक मूल्यों को उपस्थित करता है समाज मनोविज्ञान इन मूल्यों को प्राप्त करने का ढंग बतलाता है। तथ्यों के बिना मूल्य निरर्थक है और मूल्यों के बिना तथ्य प्रयोजनहीन हैं। इस प्रकार समाज दर्शन साध्य उपस्थित करता है और समाज मनोविज्ञान साधन। सामाजिक मूल्य ऐसे होने चाहिये जो कि समाज मनोविज्ञान के विरुद्ध न हों अन्यथा उनको जीवन में उतारा नहीं जा सकेगा। समाज दर्शन समाज मनोविज्ञान पर आधारित होना चाहिये। ऐसा न होने पर वह अव्यवहारिक सिद्ध होगा। दूसरी ओर समाज मनोवैज्ञानिक के सामाजिक लक्ष्यों को ध्यान में रखकर उन लक्ष्यों की प्राप्ति के लिये सुझाव देने चाहिये। तभी उसका ज्ञान उपयोगी सिद्ध हो सकेगा। स्पष्ट है कि समाज मनोविज्ञान और समाज दर्शन परस्पर पूरक हैं।

---

10. "We set before ourselves a conception of the harmonious fulfilment of human capacity as the substance of happy life, and we have to inquire into the conditions of its relations. We consider laws, customs and institutions in respect of their functions not merely in maintaining any sort of social life but in maintaining or promoting a harmonious life."

—Hobhouse, L.T., *The Elements of Social Justice*, p. 27.

अन्तर

उपरोक्त घनिष्ठ सम्बन्ध के होते हुये भी समाज मनोविज्ञान और समाज दर्शन में निम्नलिखित महत्वपूर्ण अन्तर देखे जा सकते हैं–

(1) **विषय सामग्री का अन्तर**–समाज मनोविज्ञान की विषय सामग्री सामाजिक अन्तर्क्रियायें हैं। वह उनके मनोवैज्ञानिक पहलू का अध्ययन करता है। समाज दर्शन मानव से सम्बन्धित मूल्यों का अध्ययन करता है। जहां कहीं समाज मनोविज्ञान मूल्यों का अध्ययन करता भी है वहां वह केवल मनोवैज्ञानिक तथ्यों के रूप में ही उनका विश्लेषण करता है।

(2) **दृष्टिकोण का अन्तर**–इस प्रकार समाज मनोविज्ञान का दृष्टिकोण तथ्यात्मक है जबकि समाज दर्शन का दृष्टिकोण मूल्यात्मक है। समाज मनोविज्ञान तो सामाजिक परिस्थितियों में सामाजिक उत्तेजनाओं के प्रतिक्रिया स्वरूप व्यक्ति के व्यवहार का यथा तथ्य वर्णन कर देता है। समाज दर्शन मानव के परम आदर्श अथवा सर्वोच्च मूल्यों के प्रकाश में उसका मूल्यांकन करता है।

(3) **प्रणाली का अन्तर**– समाज मनोविज्ञान एक विज्ञान है। इसलिये वह वैज्ञानिक प्रणाली का प्रयोग करता है। वैज्ञानिक,प्रणाली में अवलोकन, लेखन, वर्गीकरण तथा सामान्यीकरण आदि के द्वारा तटस्थ रूप से वस्तु विषयक तथ्यों को खोजने की चेष्टा की जाती है। समाज दर्शन की प्रणाली दार्शनिक है। दार्शनिक प्रणाली में अपरोक्ष अनुभूति, सहज ज्ञान तथा तर्क आदि की सहायता से प्रत्येक तथ्य को समन्वयात्मक दृष्टिकोण से पूर्ण के अंश के रूप में देखा जा सकता है।

उपरोक्त विवेचन से स्पष्ट है कि समाज दर्शन और समाज मनोविज्ञान की प्रकृति में अन्तर है। एक की प्रकृति दार्शनिक है दूसरे की वैज्ञानिक। परन्तु जिस प्रकार विज्ञान के बिना ज्ञान अधूरा है उसी प्रकार समाज मनोविज्ञान और समाज दर्शन परस्पर पूरक हैं।

समाज मनोविज्ञान और नीतिशास्त्र
(Social Psychology and Ethics)

नीतिशास्त्र क्या है?

नीतिशास्त्र मानव व्यवहार में सत् और शुभ का अध्ययन करता है अर्थात् वह यह निर्देश देता है कि हमारा आचार हमारे लक्ष्य अथवा साध्य का साधक होना चाहिये। उसका सम्बन्ध उन नियमों अथवा सामान्य सिद्धान्तों से है जिनके अनुसार इस लक्ष्य की प्राप्ति के लिये हमें कार्य करने चाहियें। परन्तु इस प्रकार से आचार के शुभत्व को जानने के लिये हमें पहले साध्यों का अध्ययन करना होगा। यूँ तो मानव जीवन में विभिन्न अवस्थाओं में और विभिन्न मनुष्यों के विभिन्न जीवन में नैतिक साध्य भिन्न-भिन्न हो सकते हैं परन्तु क्योंकि नीतिशास्त्र मानव के आचार के किसी विशेष पक्ष का नहीं बल्कि सम्पूर्ण आचार का अध्ययन करता है अतः उसका उद्देश्य उस परम लक्ष्य को जानना है जो हम सबसे सम्पूर्ण जीवन का लक्ष्य हो। इसी को परम शुभ (Ultimate Good) कहते हैं। मानव जीवन के समस्त लक्ष्य और सभी क्रियायें इसी एक परम लक्ष्य की ओर निर्देश करते हैं। यह परम शुभ क्या है, यही जानना नीतिशास्त्र के अध्ययन का विषय है। उसको

जाने बिना कर्तव्य, अकर्तव्य अथवा शुभाशुभ का निर्णय करना असम्भव है। इस प्रकार मैकेन्जी का यह कहना यथार्थ है कि "नीतिशास्त्र मानव जीवन के आदर्शों का विज्ञान अथवा सामान्य अध्ययन है।"[11] ये आदर्श ही आचार में शुभ और उचित का निर्णय करते हैं।

सम्बन्ध

परन्तु तथ्यों के ज्ञान के अभाव में आदर्श अधूरे हैं। व्यवहारिक रूप में उपयोगी होने के लिए नैतिक आदर्शों को मनोवैज्ञानिक तथ्यों पर आधारित होना चाहिए। मनोवैज्ञानिक तथ्यों के विरुद्ध कोई भी नैतिक आदर्श वास्तविक जीवन में उतारा नहीं जा सकता। समाज मनोविज्ञान समाज में व्यक्ति के व्यवहार का अध्ययन करता है। नीतिशास्त्र यह बतलाता है कि समाज में व्यक्ति का व्यवहार कैसा होना चाहिए। व्यक्ति के व्यवहार में वांछित परिवर्तन करने के लिए नीतिशास्त्री को समाज मनोविज्ञान की सहायता लेनी पड़ेगी। व्यक्ति को समाज में कैसे व्यवहार करना चाहिए, यह जानने से पहले यह जानना जरूरी है कि वह समाज में कैसे व्यवहार करता है। तभी उसके व्यवहार का नियन्त्रण और उसमें वांच्छित परिवर्तन किये जा सकते हैं। सामाजिक नीतिशास्त्र समाज मनोविज्ञान पर आधारित होना चाहिए। उदाहरण के लिये समूह मनोविज्ञान को जाने बिना व्यवहार को नैतिक बनाने के प्रयास व्यर्थ सिद्ध होंगे। समाज मनोविज्ञान और नीतिशास्त्र के घनिष्ठ सम्बन्ध का एक अन्य कारण यह है कि नीतिशास्त्र के नियम व्यक्ति और समाज की उन अन्तर्क्रियाओं में उत्पन्न होते हैं जिनका अध्ययन समाज मनोविज्ञान करता है। हेज (Hayes) के शब्दों में "मनुष्य अच्छे काम इसलिये नहीं करता कि ईश्वर ऐसे काम चाहता है या ऐसे व्यवहार समाज में रहने के लिये आवश्यक हैं बल्कि मनुष्य ऐसे काम इसलिये करता है क्योंकि इन आचरणों को समाज अच्छा मानता है और इन आचरणों से सम्बन्धित नैतिक विचार उसकी संस्थाओं में निहित हैं।" कार्नेजो (Cornejo) ने लिखा है "अच्छा क्या है यह सामूहिक अनुभव से निश्चित होता है। कोई भी दूसरों की तुलना में अच्छा है। इसलिये अच्छाई सामाजिक धारणा है।"

अन्तर

उपरोक्त निकट सम्बन्ध के होते हुए भी समाज मनोविज्ञान और नीतिशास्त्र में निम्नलिखित अन्तर हैं–

(1) क्षेत्र का अन्तर–समाज मनोविज्ञान तथ्यों का अध्ययन करता है। नीतिशास्त्र मूल्यों और आदर्शों का अध्ययन करता है। ये आदर्श तथ्यों से नहीं निकलते। इसलिए दोनों के क्षेत्र अलग-अलग हैं।

(2) दृष्टिकोण का अन्तर–इस प्रकार समाज मनोविज्ञान का दृष्टिकोण तथ्यात्मक (Factual) है जबकि नीतिशास्त्र का दृष्टिकोण मूल्यात्मक (Axiological) है।

(3) प्रकृति का अन्तर–समाज मनोविज्ञान एक विधायक (Positive) विज्ञान है जबकि नीतिशास्त्र एक नियामक (Normative) विज्ञान है और विज्ञान होते हुये भी दर्शन का एक अंग है।

---

11. "......The science or general study of ideal involved in human life."
—Mackenzie, J. S., A. *Manual of Ethics*, p. 4.

(4) **प्रणालियों का अन्तर**—स्पष्ट है कि नीतिशास्त्र की प्रणालियां वैज्ञानिक होने के साथ-साथ दार्शनिक भी हैं जबकि समाज मनोविज्ञान की पद्धतियां वैज्ञानिक हैं। नीतिशास्त्र में अनुभवात्मक (Empirical) और अनुभवातीत (Transcendental) प्रणलियों का समन्वय किया जाता है। दूसरी ओर समाज मनोविज्ञान की प्रणाली विशेष रूप से अनुभवात्मक है।।

दोनों परस्पर पूरक हैं

अन्त में यह ध्यान रखना चाहिए कि समाज मनोविज्ञान और नीतिशास्त्र परस्पर पूरक हैं। नीतिशास्त्र वे आदर्श उपस्थित करता है जिनके प्रकाश में व्यक्ति के सामाजिक व्यवहार का मूल्यांकन किया जाता है। नैतिक आदर्शों का मनोवैज्ञानिक दृष्टिकोण से अध्ययन समाज मनोविज्ञान की विषय सामग्री है क्योंकि सामाजिक परिस्थितियों में ही नैतिक आदर्शों का विकास होता है। इस प्रकार सामाजिक व्यवहार सम्बन्धी मूल्यों को समझने के लिए समाज मनोवैज्ञानिक को नीतिशास्त्र की सहायता लेनी चाहिए। दूसरी ओर व्यवहारिक सामाजिक मूल्यों की व्याख्या करने के लिए और उनकी व्यवहारिकता परखने के लिए नीतिशास्त्र को समाज मनोवैज्ञानिक की सहायता लेना आवश्यक है।

सारांश

समाज मनोविज्ञान और अन्य विज्ञान—समाज मनोविज्ञान का अन्य सामाजिक विज्ञानों से घनिष्ट सम्बन्ध है। समाज मनोविज्ञान एक स्वतन्त्र विज्ञान है। सामाजिक विज्ञानों में समाज मनोविज्ञान का महत्वपूर्ण स्थान है।

समाज मनोविज्ञान और सामान्य मनोविज्ञान—सामान्य मनोविज्ञान व्यवहार का विज्ञान है समाज मनोविज्ञान समाज में व्यक्ति के व्यवहार का अध्ययन है।

समाज मनोविज्ञान और सामान्य मनोविज्ञान में सम्बन्ध—(1) व्यवहार का अध्ययन, (2) विधायक विज्ञान, (3) मनोवैज्ञानिक पद्धतियां।

समाज मनोविज्ञान और सामान्य मनोविज्ञान में अन्तर—(1) दृष्टिकोण का अन्तर, (2) क्षेत्र का अन्तर, (3) इकाई का अन्तर।

समाज मनोविज्ञान और सामान्य मनोविज्ञान का अन्तर सापेक्ष है।

समाज मनोविज्ञान और अर्थशास्त्र—अर्थशास्त्र और समाज मनोविज्ञान में सम्बन्ध:—(1) आर्थिक परिस्थितियों और सामाजिक अन्तर्क्रियाओं में परस्पर सम्बन्ध, (2) आर्थिक समस्याओं में समाज मनोविज्ञान का योगदान।

अर्थशास्त्र और समाज मनोविज्ञान में अन्तर—(1) समाज मनोविज्ञान का क्षेत्र अधिक व्यापक है, (2) दृष्टिकोण का अन्तर, (3)इकाई का अन्तर, (4) पद्धतियों का अन्तर।

मनोविज्ञान और समाजशास्त्र—समाजशास्त्र समाज का अध्ययन है। मनोविज्ञान व्यवहार का विज्ञान है। दोनों यथार्थ हैं और दोनों का क्षेत्र मिलता जुलता है फिर भी इनमें दृष्टिकोण, इकाई और प्रणालियों का अन्तर है। ये दोनों परस्पर पूरक विज्ञान हैं। समाजशास्त्र और मनोविज्ञान

के सम्बन्ध में समाज मनोविज्ञान और समाजशास्त्र का सम्बन्ध स्पष्ट होता है। फिर भी इन दोनों में कुछ मौलिक अन्तर हैं–(1) विषय सामग्री का अन्तर, (2) दृष्टिकोण का अन्तर।

समाज मनोविज्ञान और सांस्कृतिक मानवशास्त्र–मानवशास्त्र के तीन भाग हैं:– (1) भौतिक मानवशास्त्र, (2) सामाजिक अथवा सांस्कृतिक मानवशास्त्र, (3) प्रागैतिहासिक पुरातवशास्त्र।

समाज मनोविज्ञान में सामाजिक मानवशास्त्र की खोजों से बड़ी सहायता मिली है। इन दोनों में अनेक समानतायें हैं। दोनों ही व्यवहार के अध्ययन हैं। परन्तु फिर इनमें निम्नलिखित अन्तरों से स्पष्ट है कि दोनों स्वतन्त्र विज्ञान हैं:– (1) दृष्टिकोण का अन्तर, (2) विषय सामग्री का अन्तर, (3) पद्धतियों का अन्तर, (4) मार्ग निर्देशन सम्बन्धी अन्तर।

समाज मनोविज्ञान और राजनीतिशास्त्र–राजनीतिशास्त्र, राजनैतिक संस्थाओं के प्रसंग में व्यक्ति के व्यवहार का अध्ययन करता है। अत: समाज मनोविज्ञान से इसका घनिष्ट सम्बन्ध है। समाज मनोविज्ञान पर आधारित राजनीति ही सफल हो सकती है। राजनीतिशास्त्र और समाज मनोविज्ञान में मुख्य अन्तर है:–(1) विषय सामग्री का अन्तर, (2) प्रकृति का अन्तर, (3) दृष्टिकोण का अन्तर।

समाज मनोविज्ञान और रेडियो प्रौद्योगिकी–आजकल जनमत के निर्माण और प्रचार में रेडियो का प्रभाव और उपयोग सर्वविदित है। समाज मनोविज्ञान जिन अन्तर्क्रियाऔं का अध्ययन करता है उनमें से अधिकतर रेड़ियो प्रौद्योगिकी की सहायता से प्रभावित किये जा सकते हैं। रेडियो और समाज मनोविज्ञान में इस घनिष्ठ सम्बन्ध के कारण रेडियो प्रौद्योगिकी में अनेक महत्वपूर्ण खोजें क़ी गई हैं जिनसे रेडियो का प्रभाव बढ़ गया है।

समाज मनोविज्ञान और समाजदर्शन–समाज दर्शन सामाजिक सम्बन्धों का परम आदर्श के प्रकाश में अध्ययन करता है। वह सामाजिक मूल्यों का दर्शन है। समाज मनोविज्ञान व्यक्ति और व्यक्ति तथा व्यक्ति और समूह की अन्तर्क्रियाओं का अध्ययन करता है। अत: दोनों में निकट सम्बन्ध है। इनमें महत्वपूर्ण अन्तर है–(1) विषय सामग्री का अन्तर, (2) दृष्टिकोण का अन्तर, (3) प्रणाली का अन्तर। फिर भी दोनों परस्पर पूरक हैं।

समाज मनोविज्ञान और नीतिशास्त्र–नीतिशास्त्र मानव व्यवहार में सत्य और शुभ का अध्ययन करता है। वह मानव जीवन के आदर्शों का विज्ञान है। परन्तु तथ्यों के ज्ञान के अभाव में आदर्श अधूरे है। अत: नीतिशास्त्र और समाज मनोविज्ञान का घनिष्ठ सम्बन्ध है। समाज मनोविज्ञान यह बतलाता है कि समाज में व्यक्ति कैसे व्यवहार करता है और नीतिशास्त्र यह बतलाता है कि उसको कैसे व्यवहार करना चाहिए। समाज मनोविज्ञान और नीतिशास्त्र में मुख्य अन्तर हैं– (1) क्षेत्र का अन्तर, (2) दृष्टिकोण का अन्तर, (3) प्रकृति का अन्तर, (4) प्रणालियों का अन्तर। फिर भी समाज मनोविज्ञान और नीतिशास्त्र परस्पर पूरक हैं।

द्वितीय–खण्ड

मानव व्यवहार के मनोजैवकीय आधार

(Psycho-Biological foundations of Human Behaviour)

4

मानवीय प्रेरणा और मूल प्रवृत्तियाँ

(Human Motivation and Instincts)

समाज मनोविज्ञान समाज में व्यक्ति के व्यवहार की व्याख्या करता है। कुछ मनोवैज्ञानिकों ने, जिनमें व्यवहारवादी मुख्य हैं, व्यवहार की यान्त्रिक व्याख्या की है। परन्तु आधुनिक मनोवैज्ञानिकों में बहुत कम व्यवहार की यान्त्रिक व्याख्या का समर्थन करते हैं। आधुनिक मनोविज्ञान यह मानता है कि व्यवहार यन्त्रवत् नहीं होता, उसमें कुछ प्रेरक कारण होते हैं। अत: व्यवहार में प्रेरणा का स्थान आधुनिक मनोविज्ञान में एक अत्यन्त महत्वपूर्ण विषय है।

अनुभव और व्यवहार में प्रेरणा

अनुभव में प्रेरणा

सामाजिक व्यवहार में विभिन्न व्यक्तियों का परस्पर व्यवहार किसी न किसी प्रेरणा से प्रेरित होता है। मानव में यह प्रेरणा कहीं से भी हो सकती है–कर्तव्य भावना में, स्त्री बच्चों के प्रति प्रेम से, प्रेमिका की आंख में चढ़ जाने की आकांक्षा से या फिर केवल अपनी आत्मा को सुखी बनाने के इरादे से अथवा प्रभु के प्रति अर्पण करने की अभिलाषा से। इस प्रेरणा की प्रत्येक ऐसे काम में जरूरत होती है जिसमें संकल्प की आवश्यकता हो। सोने, जागने, खाने, पीने, खेलने, कूदने आदि शारीरिक क्रियाओं में मनुष्य अपने अन्दर से आवश्यकता, मांग या भूख का अनुभव करता है। ये अनुभव ही इन क्रियाओं के प्रेरक हैं। मनुष्य अकेले ऊब जाता है, उसको जीना भार सा लगता है, वह संसार के झंझटों से तंग आ जाता है, वह चाहता है कि कोई प्रेरणा दे, कोई कन्धे पर हाथ रखे या पीठ ठोके। ''जंगल में मोर नाचे किसने देखा''। कवि कविता लिखे और कोई उसका आनन्द न ले, उनकी प्रशंसा न करे तो उसको कैसा लगेगा? दूसरों से प्रशंसा से या उनके आनन्द से उसको कविता लिखने में क्या होता है? प्रेरणा मिलती है। इस प्रकार की प्रेरणा मनुष्य के दैनिक अनुभव का विषय है। कठिन या आसान कोई भी ऐच्छिक कार्य किसी न किसी प्रेरणा के बिना नहीं हो सकता। सामर्थ्य होने के बाद जितनी ही जबर्दस्त प्रेरणा होगी, काम उतनी ही तेजी से उतना ही सतत और अच्छा होगा। जितना ही कठिन काम होगा उसके लिये उतनी ही जबर्दस्त प्रेरणा की आवश्यकता है।

व्यवहार में प्रेरणा

केवल अनुभव में ही क्यों व्यवहार में भी प्रेरणा का बड़ा महत्व दिखाई पड़ता है। सुई चुभने पर हाथ हटाने के लिये या आंख के पास किसी वस्तु के आने पर पलक झपकाने के लिये किसी प्रकार की प्रेरणा की आवश्यकता नहीं पड़ती। प्रतिवर्त क्रियायें अपने आप हो जाती हैं अत: उनके लिये प्रेरणा की जरूरत नहीं पड़ती। परन्तु इनके अलावा जीवन के सभी व्यवहारों में शारीरिक या सामाजिक, आन्तरिक या अर्जित किसी न किसी प्रेरणा का हाथ अवश्य होता है। मां बालक के पालन-पोषण में दिन रात लगी रहती है, उसको नहलाती धुलाती है, उसको दूध पिलाती है, उसको थपकियां दे-दे कर सुलाती है, उसके बीमार होने पर रातों जागती रहती है, उस पर तनिक सी भी आपत्ति आते देखकर व्याकुल हो जाती है। बच्चे के प्रति मां का यह समस्त व्यवहार प्रेरणा का परिणाम है। सड़क पर दो आदमी आपस में गाली-गलौच और मारपीट करते दिखाई पड़ते हैं तो उनके इस व्यवहार को कोई यन्त्रवत् नहीं कह सकता। इसके व्यवहार के पीछे कोई प्रेरक कारण है। युवावस्था में प्रेमी प्रेमिका घण्टों एक दूसरे से न जाने क्या-क्या बातचीत किया करते हैं। इतनी सब बातें कहां से निकलती हैं, आन्तरिक प्रेरणा से इस विद्यार्थी को देखिये, जुलाई से लेकर मार्च तक जब मुहल्ले के सब लोग सो जाते हैं तब रात के बारह बजे तक इसका लैम्प बराबर जलता रहता है। यह किताबों से दिन रात क्यों उलझा रहता है, और सब विद्यार्थी इतना क्यों नही पढ़ पाते, इस अन्तर के पीछे प्रेरणा का प्रभाव है। इस प्रकार पढ़ने, लिखने, दोस्ती, प्रेम, स्नेह, बैर, लड़ाई-झगड़ा, चोरी-डकैती, खून सामान्य असामान्य सभी प्रकार के मानव व्यवहार के पीछे कुछ प्रेरक कारण काम करते हैं। प्रेरणा जीवित प्राणी के शरीर यन्त्र की चालक शक्ति है। उसके अभाव में वह काम नहीं कर सकता। प्रेरणा से स्त्री-पुरुष बाल, किशोर, युवा और वृद्ध सभी लोगों के सभी ऐच्छिक व्यवहार चलते हैं।

प्रेरणा क्या है?

यह प्रेरणा क्या है? गिलफोर्ड के शब्दों में ''प्रेरक एक कोई भी विशेष आन्तरिक कारक अथवा अवस्था है जो क्रिया को प्रारम्भ करने अथवा जारी रखने की प्रवृत्ति रखता है।''[1] इस प्रकार प्रेरणा (Motivation) में वे सब आन्तरिक अवस्थायें आ जाती हैं जो कि किसी क्रिया को छेड़ती या उसको जारी रखती हैं। प्रेरक (Motive) उद्दीपन (Stimulus) से भिन्न होता है, क्योंकि वह उत्तेजना के प्रगट होने के पहले से ही मौजूद होता है। यदि आन्तरिक प्रेरणा न हो तो बाह्य उद्दीपन कितना भी तीव्र होने पर भी अनुक्रिया उत्पन्न नहीं कर सकता। शाब्दिक अर्थ में प्रेरणा में जीव में क्रिया उत्पन्न करने वाले आन्तरिक और बाहरी सभी कारक आ जाते हैं। परन्तु मनोवैज्ञानिक अर्थ में उसमें केवल उन कारकों को लिया जाता है जो अन्दर से जीव की क्रियाओं का नियन्त्रण करते हैं। इसमें यांत्रिक अथवा प्रतिवर्त क्रियायें नहीं आतीं क्योंकि वे शारीरिक ढांचे पर और बाह्य पर्यावरण पर ही निर्भर रहती हैं। इस प्रकार यान्त्रिक व्यवहार बहुत ही अविकसित जीवों में दिखलाई पड़ता है। विकसित श्रेणी के जीवों में उनकी परिवर्तनशील शारीरिक और मानसिक

1. "A motive is any particular internal factor or condition that tends to initiate and to sustain activity." —Guilford, J.P. *General Psychology*, (1956), p.91.

दशायें उनके व्यवहार का नियन्त्रण करती हैं। प्रेरक परिवर्तनशील शारीरिक अवस्थाओं और पूर्व अनुभव पर निर्भर रहते हैं। दूध का जला छाछ को फूंक-फूंक कर पीता है। जलने से पहले गर्म दूध को देखकर भी उसमें उसे गटागट पी जाने की प्रेरणा होती है। जलने के बाद अब उसे छाछ को भी गटागट पीने की प्रेरणा नहीं होती। इस प्रकार प्रेरणा व्यवहार के 'क्यों' की व्याख्या है। पीछे दिये हुये व्यवहार के उदाहरणों से स्पष्ट है कि मनुष्य कोई व्यवहार क्यों करता है यह जानने के लिये उसके अन्दर के प्रेरक कारणों को जानने की आवश्यकता है। इस 'क्यों' का अनुमान बाहरी व्यवहार को देखकर लगाया जाता है। मां के व्यवहार का कारण वात्सल्य माना जाता है। परन्तु अनेक प्रकार के कामों के पीछे एक ही प्रेरक हो सकता है और एक ही काम के पीछे भिन्न-भिन्न प्रेरक हो सकते हैं। एक व्यक्ति किसी भिखारी को चोट मारने के लिये भी उसकी ओर पैसा फैंक सकता है और दया की प्रेरणा से भी ऐसा कर सकता है। एक सिपाही परोपकार की भावना से प्रेरित होकर भी किसी डूबते को बचा सकता है और फांसी या जेल दिलाने के लिये भी बचा सकता है। मनोविज्ञान का काम व्यक्ति अथवा जीव के व्यवहार और अनुभव में उसके वास्तविक प्रेरक की व्याख्या करना है।

प्रेरणायुक्त व्यवहार के लक्षण

अनुभव तथा व्यवहार में प्रेरणा का स्थान समझ लेने के बाद अब प्रेरणायुक्त व्यवहार के लक्षणों को जान लेना आसान होगा। स्थूल रूप से ये लक्षण निम्नलिखित हैं।

(1) शक्ति-संचालन—प्रेरणायुक्त व्यवहार का पहला लक्षण शक्ति-संचालन (Energy Mobilization) है। किसी मैच में खिलाड़ियों के प्रयत्न को देखिये। किसी मकान में आग लग जाने पर उस आग से बचकर निकल भागने वालों में कैसी शक्ति आ जाती है? शान्त से शान्त जीव भी आपत्ति पड़ने पर कितना भंयकर हो जाता है! ये सब शक्ति संचालन के उदाहरण हैं। शक्ति-संचालन की यह प्रक्रिया रासायनिक और शारीरिक है। उसको प्रत्यक्ष नहीं देखा जाता परन्तु जब किसी प्रेरणा का लक्ष्य प्राप्त करने में कठिनाई मालूम पड़ती है तो यह शक्ति दिखाई पड़ती है। जीव को जिस वस्तु की जितनी अधिक प्रेरणा होगी वह उतनी ही अधिक शक्ति से उसे प्राप्त करने की चेष्टा करेगा। परीक्षा में प्रथम श्रेणी में उत्तीर्ण होने की प्रेरणा से विद्यार्थी जितना परिश्रम कर लेता है उतना सामान्य जीवन में कभी भी करते नहीं देखा जाता। इसलिये बहुधा निर्धन परिवारों में पले हुए व्यक्ति बड़े पुरुषार्थी होते हैं। अत्यधिक काम वासना जागृत होने पर व्यक्ति ऐसे-ऐसे अमानुषिक कार्य कर बैठता है कि उस पर आश्चर्य होता है। आन्तरिक आवश्यकता के तीव्र होने पर चयापचय की क्रिया भी उसी अनुपात में तेज हो जाती है और उसी अनुपात में स्नायु शक्ति भी तीव्र हो जाती है।

(2) निरन्तरता—प्रेरणायुक्त अनुभव या व्यवहार में निरन्तरता (Persistancy) होती है। प्रेरणा के लक्ष्य को प्राप्त किये बिना जीव उस कार्य को नहीं छोड़ता। भोजन की खोज में घूमता हुआ व्यक्ति तब तक घूमता ही रहता है। जब तक कि उसे भोजन प्राप्त न हो जाय। लड़ने वाले प्रतिपक्षी तब तक लड़े ही जाते हैं जब तक कि वे एक दूसरे को हरा न दें। कभी-कभी कुछ प्रेरणाओं से उत्पन्न क्रियायें सालों साल चलती हैं कैरियर बनाने के लक्ष्य को प्राप्त करने के लिये प्रयत्नशील युवक वर्षों बराबर परिश्रम करता रहता है जब तक कि वह कहीं जम न जाय।

प्रेमिका को जीतने के लिये कमर कसे तैयार प्रेमी कितनी ही कठिनाइयां सहन करने पर भी उसका पीछा नहीं छोड़ता।

(3) परिवर्तनशीलता—प्रेरणायुक्त व्यवहार में एक लक्ष्य होता है। अत: उसमें किसी एक क्रिया को यन्त्रवत नहीं दोहराया जाता बल्कि लक्ष्य प्राप्ति के दृष्टिकोण से उसमें बराबर परिवर्तन किये जाते हैं। कैरियर बनाने में लगा हुआ युवक बीसों तरकीबें लड़ाता है। कभी वह किसी प्रतियोगिता में भाग लेता है, कभी वह किसी परीक्षा के लिये जी जान एक कर देता है। कभी वह किसी सीनियर अध्यापक के यहां चक्कर लगाता है, कभी किसी बड़े आदमी से मिलने की कोशिश में उसके दरवाजे पर बैठा इन्तजार किया करता है। संसार में नाम पैदा करने वाले अनेक व्यक्तियों ने अखबार बेचने से लेकर जूता पालिश करने तक के कितने ही काम किये हैं। वास्तव में प्रेरणा प्राप्त व्यक्ति जब तक लक्ष्य प्राप्ति का सही मार्ग नहीं पा लेता तब तक मार्ग बदलता रहता है। प्रारम्भ में यह प्रयत्न और भूल की सी तरह चलता है परन्तु क्रमश: सही रास्ता मालूम हो जाने पर उसी का अनुसरण किया जाता है।

(4) लक्ष्य प्राप्त करने की बेचैनी—प्रेरणायुक्त व्यवहार में लक्ष्य प्राप्त करने की बेचैनी दिखाई पड़ती है। यह बेचैनी तब तक शान्त नहीं होती तब तक कि लक्ष्य प्राप्त नहीं हो जाता। यह लक्ष्य वह ध्येय है जिसकी ओर प्रेरित क्रिया संचालित होती है। इस प्रकार प्रेरणायुक्त व्यवहार लक्ष्योन्मुख व्यवहार है। उदाहरण के लिये भूख का लक्ष्य भोजन है। भोजन प्राप्त न होने तक भूख से बराबर बेचैनी रहती है। खाने के बाद बेचैनी शान्त हो जाती है। लक्ष्य, चेतन और अचेतन कैसा भी हो सकता है क्योंकि कभी-कभी मनुष्य बेचैनी अनुभव करते हुए भी यह नहीं जानता कि उसका कारण क्या है? बहुत से जीव अपने प्रेरक के लक्ष्य को समझते हैं परन्तु कुछ जीवों को पर्याप्त प्रयत्न और भूल के पश्चात् यह ज्ञात होता है कि उनकी यह विशेष बेचैनी किस वस्तु से शान्त होगी। शारीरिक और मानसिक प्रेरकों के लक्ष्य भी शारीरिक और मानसिक होते हैं। लक्ष्य से ही यन्त्रवत व्यवहार और प्रेरणायुक्त व्यवहार में अन्तर किया जा सकता है।

(5) लक्ष्य की प्राप्ति से बेचैनी समाप्त हो जाती है – प्रेरणायुक्त व्यवहार का एक और विशेष लक्षण यह है कि लक्ष्य की प्राप्ति से बेचैनी समाप्त हो जाती है। प्रेरणायुक्त व्यवहार एक आन्तरिक कमी की अनुभूति, एक आवश्यकता की बेचैनी से प्रारम्भ होता है और उस कमी के पूरा होने पर बेचैनी खत्म हो जाती है। प्रेरणा की बेचैनी को हटाने के दो ही उपाय हैं या तो उसके तनाव को दूर किया जाय अथवा उसे बदल दिया जाय। यह बेचैनी किसी वांच्छित वस्तु को प्राप्त करने के लिये भी हो सकती है और किसी अवांच्छित वस्तु को हटाने के लिये भी हो सकती है। एक समय में एक से अधिक प्रेरकों के तनाव भी हो सकते हैं जिससे कभी-कभी उलझनें उत्पन्न हो जाती हैं। कुछ तनाव शान्त किये जा सकते हैं। कुछ को शान्त करने में दिन, महीने और कभी-कभी सालों लग जाते हैं। जब तक जीवन है तब तक तनाव है। समस्त तनावों के समाप्त हो जाने और पूर्ण शान्ति का नाम मौत है। तनावों से ही जीवन में आकर्षण है, उन्हीं से जीवन में प्रगति है।

सीखना और प्रेरणा

सीखने की क्रिया पर प्रेरणा का बड़ा प्रभाव पड़ता है। प्रेरणा के अभाव में या तो सीखना होगा ही नहीं या फिर बहुत ही कम होगा और जो कुछ होगा भी वह शीघ्र ही भुला दिया जायेगा। दूसरी ओर समुचित प्रेरणा होने पर सीखने की क्रिया में शक्ति, निरन्तरता, परिवर्तनशीलता तथा लक्ष्य प्राप्त करने की बेचैनी पड़ेगी। प्रेरणा सीखने की क्रिया में शक्ति को जारी रहने की शक्ति देती है। प्रेरणा के बल पर विद्यार्थी हफ्तों, महीनों और सालों तक दत्तचित्त होकर अध्ययन में लगे रहते हैं। साइकिल सीखने के इच्छुक किसी लड़के को देखिये तो उसमें प्रेरणा का प्रभाव साफ दिखलाई पड़ेगा। वह पूरी लगन और शक्ति से साइकिल चलाना सीखने की कोशिश करता है। बार-बार असफल होने और चोट खा जाने पर भी वह अपने प्रयत्न को नहीं छोड़ता। यदि एक उपाय से उसे सफलता नहीं मिलती तो वह दूसरा उपाय काम में लाता है। जब तक वह साइकिल चलाना सीख नहीं जाता तब तक उसमें एक प्रकार की बेचैनी सी दिखलाई पड़ती है। साइकिल चलाना सीख जाने पर उसको बड़ी प्रसन्नता होती है और वह सब जगह साइकिल पर चढ़ कर घूमता फिरता है।

सीखने में प्रेरणा के इस महत्व का शिक्षा में व्यापक रूप से प्रयोग किया जाता है। कुशल शिक्षक बालक को कोई नया पाठ पढ़ाने या कोई नया काम सिखाने से पहले उसमें सीखने की प्रेरणा उत्पन्न करने की कोशिश करता है। इस कोशिश में सफलता मिलने पर उसका आधे से अधिक काम समाप्त हो जाता है क्योंकि अब उस बालक को केवल निर्देश मात्र देना पड़ता है, बाकी काम बालक स्वयं कर लेता है। सीखना ऐच्छिक क्रिया है। सीखने का विषय जितना ही कठिन होगा उसमें उतनी ही अधिक इच्छा शक्ति और परिणामस्वरूप उतनी ही अधिक प्रेरणा की आवश्यकता होगी।

केवल दूसरों को सिखाने में ही नहीं बल्कि स्वयं सीखने की क्रिया में भी प्रेरणा की उतनी ही आवश्यकता है। अत: बुद्धिमान विद्यार्थी पहले अपने में सीखने की प्रेरणा उत्पन्न करने की ओर ध्यान देता है। प्रेरणा से सीखना सक्रिय सीखना है। उसमें रुचि, ध्यान सभी काम करते हैं और कम समय में अधिक काम होता है तथा एक बार सीखी हुई बात अधिक दिन तक याद रहती है। शिक्षार्थी में प्रेरणा का वही स्थान है जो स्थान मशीन में शक्ति का है। शक्ति के अभाव में मशीन काम नहीं कर सकती। मशीन के अभाव में शक्ति व्यर्थ है। मशीन के द्वारा शक्ति बड़े बड़े काम करती है।

प्रेरकों के प्रकार

विभिन्न दृष्टिकोण से प्रेरकों (Motives) के अनेक प्रकार बतलाये गये हैं जैसे शारीरिक (Physiological) और मनोवैज्ञानिक (Psychological), आन्तरिक (Innate) और अर्जित (Acquired), वैयक्तिक (Personal) और सामाजिक (Social) इत्यादि। इसी प्रकार से उनको अनेक नामों से पुकारा गया है जैसे आवश्यकतायें (Needs), प्रेरक (Motives), प्रवृत्तियां (Propensities) इत्यादि। इन्हीं में मूल प्रवृत्तियों का सिद्धान्त (Theory of Instincts) आ जाता है। आमतौर से प्रेरकों के दो प्रकार अधिक प्रचलित हैं जैवजनित अथवा जन्मजात और समाजजनित या

अर्जित। जैवजनित (Biogenic) में मूल-प्रवृत्तियां, शारीरिक और मनोवैज्ञानिक आवश्यकतायें तथा वैयक्तिक प्रवृत्तियां आ जाती हैं। अर्जित प्रेरकों के साथ-साथ ऐसे वैयक्तिक प्रेरक गिने जाते हैं जो कि सीखे गये हों।

वुडवर्थ (Woodworth) ने प्रेरक को निम्नलिखित तीन मुख्य मुख्य वर्गों में विभाजित किया है–

(1) शारीरिक आवश्यकतायें (Organic Needs)–ऐसे प्रेरक जो आन्तरिक शारीरिक दशाओं पर निर्भर रहते है जैसे भूख प्यास आदि।

(2) सद्यस्कृत्यता प्रेरक (Emergency Motives)–जो परिवेश की परिस्थिति द्वारा तेज और जोरदार क्रिया की मांग करने पर उत्पन्न होते हैं, जैसे पलायन का प्रेरक इत्यादि।

(3) वस्तु विषयक प्रेरक (Objective Motives)–इन प्रेरकों का उद्देश्य परिवेश की वस्तुओं तथा व्यक्तियों के साथ प्रभावपूर्ण व्यवहार करना है। इस प्रकार के प्रेरकों में अनुसन्धान तथा कुशलतापूर्वक व्यवहार आदि गिने जा सकते हैं।

अन्य मनोवैज्ञानिकों ने प्राथमिक आवश्यकताओं और गौण आवश्यकताओं में प्रेरकों का वर्गीकरण किया है। कुछ विद्वांनों ने प्रेरकों को जैवजनित और समाजजनित वर्गों में बांटा है। यहां इसी वर्गीकरण के आधार पर वर्णन किया जायेगा। यह सबसे अधिक सरल वर्गीकरण है।

जैवजनित प्रेरक

जैवजनित या जन्मजात प्रेरक बिना सीखे हुये स्वाभाविक प्रेरक है। ये प्राथमिक (Primary), प्राणभूत (Vital), शारीरिक (Physiological) और जैविक (Biological) आवश्यकतायें हैं। ये वे आवश्यकतायें हैं जिनको लेकर ही व्यक्ति संसार में उत्पन्न होता है। इनकी पूर्ति परम आवश्यक अथवा अनिवार्य है। ये प्राण रक्षा के लिये भी आवश्यक हैं। इनके पूर्ण न होने से शारीरिक अथवा मानसिक सन्तुलन बिगड़ जाता है जिसको फिर से पाने के लिये इन आवश्यकताओं की पूर्ति करना जरूरी है। शरीर के सूक्ष्म तन्तुओं के आधार पर मनोवैज्ञानिकों ने ईहाओं (Drives) की कल्पना की है। ये ईहायें अन्त: यान्त्रिक क्रियायें हैं।

विशिष्ट शारीरिक आवश्यकतायें

जैवजनित प्रेरकों में यहां पर सबसे पहले विशिष्ट शारीरिक आवश्यकताओं (Specific Organic Needs) का वर्णन किया जायेगा। ये पाशविक ईहायें (Drives) हैं। ये पशु और मनुष्यों में सामान्य रूप से पाई जाती हैं परन्तु इनको सन्तुष्ट करने के तरीके दोनों में अलग होते हैं। मुख्य विशिष्ट शारीरिक आवश्यकतायें निम्नलिखित हैं–

(1) होमियोस्टैसिस (Homeostasis)–होमियोस्टैसिस शरीर की एक विशिष्ट आवश्यकता है। होमियोस्टैसिस में शरीर रक्त की हालत को व्यवस्थित रखने की कोशिश करता है। शरीर में पानी, नमक, आक्सीजन, कार्बन-डाईआक्साइड, एसिड, शर्करा, प्रोटीन, चर्बी और ग्रन्थियों के स्राव में से किसी की भी कमी हो जाने पर शरीर का सन्तुलन बिगड़ जाता है। अत: शरीर इनको उचित मात्रा में बनाये रखने के लिये प्रयत्नशील रहता है। कोई भी गड़बड़ होते ही

उसको दूर करने की चेष्टा की जाती है। इस सन्तुलन में शरीर को बाहर से पानी, ऑक्सीजन आदि की आवश्यकता पड़ती रहती है। इस प्रकार होमियोस्टैसिस से अनेक शारीरिक प्रेरणाओं का सूत्रपात होता है और क्योंकि स्नायु संस्थान भी इस सन्तुलन में भाग लेता है अत: होमियोस्टैसिस से अनेक मानसिक प्रेरणायें भी होती हैं। इनमें से कुछ प्रेरणाओं में जीव को उन्हें सन्तुष्ट करने के साधन का पता रहता है और कुछ में उसे अनुभव से सीखना पड़ता है। उदाहरण के लिये शारीरिक असन्तुलन के परिणामस्वरूप पहली बार भूख का अनुभव करने पर जीव यह नहीं जानता कि उसकी भूख किस तरह शान्त होगी। परन्तु जब किसी प्रकार से उसकी भूख शान्त हो जाती है तब वह भूख शान्त करने का उपाय जान जाता है।

(2) तापक्रम का नियमन (Regulation of Temperature)—मस्तिष्क में हाइपोथैलेमस (Hypothalamus) शारीरिक तापक्रम को नियन्त्रित करने का एक स्वत: चालित यन्त्र है। इससे शारीरिक तापक्रम में कभी भी अत्यधिक अन्तर नहीं होने पाता। शरीर में कुछ अवांछित या हानिकारक तत्वों के पहुंच जाने पर कभी-कभी यह तापक्रम अपने आप बढ़ जाता है और जब तक वह खराबी निकल नहीं जाती तब तक बुखार रहता है अन्यथा जब हाइपोथैलेमस का एक भाग तापक्रम को ऊँचा उठाता है तब दूसरा उसे गिराता है। हाइपोथैलेमस की क्रिया से पसीना आना, काँपना, आग जलाना, कपड़े पहनना, खस-खस की टट्टी लगाना, पंखा चलाना आदि क्रियाओं को प्रत्यक्ष या अप्रत्यक्ष प्रेरणा मिलती है।

(3) निद्रा (Sleep)—निद्रा एक ऐसी क्रिया है जो हमारा सबसे अधिक समय लेती है। निद्रा का केन्द्र भी हाइपोथैलेमस में ही होता है। इस पर रासायनिक प्रक्रियायें करने से जीव को निद्रा आ जाती है। प्रयोगों से ज्ञात हुआ है कि निद्रा में व्यक्ति निश्चेष्ट नहीं रहता। साधारणतया वह लगभग प्रत्येक 12 मिनट में शरीर की स्थिति में कुछ न कुछ परिवर्तन करता है। यह देखा गया है कि सोने के बाद पहले कुछ घण्टों में नींद सबसे अधिक गहरी होती है और बाद में हल्की होती चली जाती है। नींद थकान तथा उद्दीपनों के अभाव की एक स्वाभाविक प्रतिक्रिया है। प्रत्येक व्यक्ति में नींद की अपनी-अपनी आदतें होती हैं। परन्तु यह कहना ठीक नहीं होगा कि नींद केवल एक आदत है। प्रयोग करने पर यह देखा गया कि अत्यधिक जागने पर व्यक्ति की रुचियों, अवधान और उत्साह पर बड़ा प्रभाव पड़ता है चाहे वह अपनी अन्य अनेक क्रियायें सामान्य रूप से करता रहे।

(4) भूख (Hunger)—भूख में पेट हरकत करता है। यह हरकत 10 प्रति मिनट से लेकर कभी-कभी बीस या पच्चीस प्रति मिनट तक होती है। अनेक प्रकार के प्रयोगों से यह ज्ञात हुआ है कि भूख का रक्त की रासायनिक अवस्था से बड़ा निकट सम्बन्ध है। उदाहरण के लिये रक्त में शर्करा तत्व कम कर दिये जाने से भूख की संवेदनायें शुरू हो जाती हैं। रक्त में शर्करा बढ़ा देने पर भूख लगनी बन्द हो जाती है। भूखे कुत्ते से दूसरे कुत्ते में रक्त पहुंचाने पर उसको भी भूख लगने लगती है। परन्तु यह नहीं कहा जा सकता कि भूख शरीर की रासायनिक अवस्था पर ही निर्भर है। शरीर में प्रोटीन, चर्बी तथा कार्बोहाइड्रेट आदि पदार्थों की कमी हो जाने से भूख लगती है। वास्तव में अधिकतर पशु और मानव भूख में खाना मात्र न मांग कर विशेष प्रकार का खाना मांगते है। शरीर में जिस चीज की कमी होती है जीव उसी प्रकार का खाना मांगता है।

गर्भावस्था में चुहिया को सामान्य से लगभग तिगुने नमक की आवश्यकता पड़ती है। अनेक प्रकार के प्रयोगों से यह सिद्ध हो गया है कि जीवों को उनका खाना बतलाने की आवश्यकता अधिक नहीं पड़ती। कैफेटेरिया विधि (Cafeteria Method) से खिलाने पर, जिससे कि बालक चाहे जो चीज, चाहे जितनी और चाहे जिस तरह खा सकता है, बालक शीघ्र ही देखकर या सूंघकर खाने की चीजें चुनने लगे। इस प्रयोग से यह स्पष्ट हुआ कि सभी बालक अपनी इच्छानुसार भोजन पाने पर ही भली प्रकार विकसित होते हैं। साधारणतया चुने हुये खाने में डाक्टर द्वारा बतलाये खाने से विभिन्नता नहीं होती है। प्रयोगों द्वारा यह भी देखा गया है कि चूहे आदि पशुओं की खाने के सम्बन्ध में अपनी रुचियां होती हैं जो कि उनकी शारीरिक अवस्थाओं के साथ-साथ बदलती रहती हैं। खाने का चुनाव न तो केवल प्रयत्न और भूल से होता है और न केवल शारीरिक आवश्यकता की प्रेरणा से होता है। शारीरिक आवश्यकता या परिवर्तन प्रेरणा देता है और प्रयत्न और भूल से उस प्रेरणा को सन्तुष्ट करने वाले खाने का निश्चय होता है। मनुष्यों तथा पशुओं दोनों में सामूहिक रूप से खाने पर अधिक मात्रा में खाया जाता है। मनुष्यों में खाने के चुनाव में उसकी गन्ध, स्वाद और शक्ल का विशेष प्रभाव दिखाई पड़ता है। खाने में आदतों का बड़ा प्रभाव होता है मगर अनेक परिस्थितियों में आदतों के विरुद्ध चीजें भी खाई जा सकती हैं। ऐसी अनेक चीजें हैं जिनको खाना लोग पसन्द नहीं करते परन्तु उनसे कोई हानि नहीं होती। अत: यदि कोई व्यक्ति किसी विशेष प्रकार का खाना पसन्द नहीं करता तो इसका यह अर्थ नहीं निकाला जा सकता कि वह खाना उसके लिये हानिकारक होगा। पशुओं में भी भूख शारीरिक के अलावा अन्य कारणों से भी हो सकती है। मुर्गियों पर किये गये कुछ प्रयोगों में यह देखा गया कि भूखी मुर्गी अनाज के ढेर को देखकर ही खाने लगती है। खाते-खाते वह रुक जाती है। यदि अनाज को हटाकर कुछ देर बाद फिर से रख दिया जाय तो मुर्गी फिर खाने लगती है। यदि मुर्गी अन्य मुर्गियों को खाते देखती है तो पेट भरने पर भी खाने लगती है। इसी प्रकार का व्यवहार मनुष्यों में भी देखा जा सकता है।

(5) प्यास (Thirst)—भूख की तरह प्यास भी एक शारीरिक आवश्यकता है। यदि जीव को काफी समय तक पानी न मिलने दिया जाय तो अन्य आवश्यकताओं की पूर्ति होने पर भी वह अत्यधिक बैचैन और क्रियाशील दिखाई पड़ता है। इससे स्पष्ट मालूम पड़ता है कि उसके अन्दर कुछ कमी अवश्य है। रक्त में पानी की कमी से लारवाही ग्रन्थियों में पानी की कमी हो जाती है जिससे मुंह में लार का बनना कम हो जाता है और मुंह तथा गला सूख जाता है। इससे पानी अथवा कोई तरल पदार्थ लेने की अत्यधिक इच्छा दिखाई पड़ती है। मनुष्यों में सामाजिक कारणों से कभी-कभी बहुत जोरों की प्यास लगने पर भी बैचैनी नहीं दिखाई पड़ती। परन्तु केवल मुंह तथा गले को तर करने मात्र से प्यास नहीं बुझती अथवा स्थायी रूप से नहीं बुझ सकती। इससे यह स्पष्ट होता है कि प्यास का कारण मुंह या गले का सूखना न होकर रक्त में पानी की कमी से उत्पन्न हुई अवस्था है। कुत्तों पर प्रयोगों में उन्होंने ठीक उतना ही पानी पिया जितने पानी की शरीर को कमी थी। इस अनुपात का कारण पोष न्यासर्ग (Pituitary hormones) का सन्तुलन कार्य मालूम पड़ता है।

उपरोक्त विशिष्ट शारीरिक आवश्यकताओं के अतिरिक्त शरीर से मलमूत्र, पसीना आदि के रूप में व्यर्थ पदार्थों को निकालने की तथा शारीरिक व्यायाम करने की आवश्यकतायें भी पशु और मनुष्यों में पाई जाती हैं। ये दोनों ही शरीर के लिये अत्यन्त आवश्यक हैं। अब तक वर्णन की हुई सब शारीरिक आवश्यकतायें प्राणी के जीवन के लिए आवश्यक हैं अतः ये सब प्रेरणात्मक (Vital) शारीरिक प्रेरक हैं। इन सब आवश्यकताओं का प्रारम्भ किसी न किसी शारीरिक अवस्था से होता है।

कम विशिष्ट आवश्यकतायें

अब कुछ ऐसी शारीरिक आवश्यकताओं का उल्लेख किया जायेगा जिनको प्रारम्भ करने वाली उत्तेजनायें और जिनके परिणामस्वरूप होने वाली प्रतिक्रियायें किसी एक ही प्रकार की न होकर अनेक प्रकार की हो सकती हैं। इन आवश्यकताओं की पूर्ति में देर होने या इनके बिल्कुल ही पूर्ण न होने से व्यक्ति के जीवन को खतरा होना आवश्यक नहीं है। इन आवश्यकताओं की पूर्ति के लिये प्राकृतिक साधनों का अभाव होने पर इनकी पूर्ति अन्य साधनों से की जा सकती है। इस प्रकार की कम विशिष्ट आवश्यकताओं (Less Specific Needs) में कुछ मुख्य निम्नलिखित हैं—

(1) **काम** (Sex)—काम न्यासर्गों से सम्बन्धित होने के कारण यह एक शारीरिक आवश्यकता है। इससे सन्तानोत्पत्ति होती है और जाति (Species) का अस्तित्व बना रहता है। स्तनधारी मादाओं में इसका पता ऋतु-चर्या सम्बन्धी (Menstrual) परिवर्तनों से भी चलता है। सभ्य समाज में काम प्रवृत्ति पर अनेक प्रकार के नियन्त्रण होने के कारण मनुष्यों में इसकी अभिव्यक्ति का स्वरूप बड़ा जटिल हो गया है। परन्तु इसके महत्व से कोई इन्कार नहीं कर सकता। मनोविश्लेषण (Pycho-analysis) विज्ञान के प्रणेता सिगमन्ड फ्रॉयड (Sigmund Freud) ने काम प्रवृत्ति को मानव के प्रेरकों में सबसे अधिक महत्वपूर्ण और व्यापक प्रेरक माना है।

काम प्रवृति का मूल प्रारम्भ एक ग्रन्थि के स्राव या न्यासर्ग के कारण होता है। नर में यह काम ग्रन्थियों के स्राव के कारण और मादा में डिम्भ ग्रन्थियों (Ovaries) के स्राव के कारण होता है। रक्त प्रणाली के द्वारा यह मस्तिष्क में पहुँच जाता है और जीव में ऐसे अनेक व्यवहार उत्पन्न कर देता है जो कि साधारणतया दिखलाई नहीं पड़ते। इस प्रवृत्ति की सामान्य अनुक्रिया विपरीत लिंग वाले जीव या व्यक्ति में रुचि और उसके प्रति एक विशेष प्रकार के व्यवहार रूप में दिखाई पड़ती है जिसका लक्ष्य नर मादा का संभोग (Mating) होता है। निम्न श्रेणी के जीवों में काम क्रिया ऋतुओं से सम्बन्धित होती है और बसन्त ऋतु में सबसे अधिक होती है। इस ऋतु में दिन का प्रकाश अधिक काल तक रहता है। आंखों की राह यह प्रकाश मस्तिष्क पर प्रभाव डालता है और पोष ग्रन्थि से स्राव को उत्तेजित करता है। यह स्राव काम प्रवृत्ति को भड़काता है।

जिस प्रकार से भोजन सम्बन्धी आवश्यकता में भूख (Hunger) और वासना (Appetite) में अन्तर किया गया है उसी प्रकार काम के सम्बन्ध में काम की भूख और काम वासना में अन्तर करना आवश्यक है। कामुक भूख काम न्यासर्गों पर आधारित है परन्तु काम वासना इनके साथ-साथ मादा के सौन्दर्य या स्त्रीत्व अथवा नर के पुरुषत्व या शक्ति आदि उत्तेजक तत्वों से भी भड़कती

है। भिन्न लिंगीय व्यक्ति के निकट रहने से भी काम वासना भड़कती है। मानव समाज में सिनेमा, भड़कीले वस्त्र, बनाव श्रृंगार आदि अनेक तत्व काम वासना को उत्तेजित करते हैं।

मनुष्य में काम क्रिया बड़ी जटिल होती है अत: असली रूप में उसे जानवरों में देखा जा सकता है। इस विषय में चूहों पर कुछ प्रयोग किये गये। इन प्रयोगों मे चूहों के पिंजड़े के साथ एक घूमने वाला ढोल (Rotating Drum) लगा दिया गया। इस ढोल में एक ऐसी तख्ती लगी होती है जो किसी भी दिशा में उसके घूमने का हिसाब रखती है। इस ढोल के घूमने से यह पता लगाया जा सकता है कि चूहों ने कितना फासला तय किया।

इस यन्त्र के प्रयोग करने पर यह मालूम हुआ कि नर चूहे मादाओं से कम क्रिया दिखलाते हैं और उनकी क्रिया में कोई नियमित परिवर्तन नहीं होता। परन्तु मादा चूहा तीन चार दिन में एक मील तक दौड़ता है और चौथे तथा पांचवें दिन उसकी क्रिया अत्यधिक बढ़ जाती है। अत्यधिक क्रिया के समय कभी-कभी तो वह एक दिन में 15 मील तक चक्कर काट आती है। मादा चूहे की क्रिया में इस भारी अन्तर से उसमें काम प्रवृत्ति का प्रभाव स्पष्ट दिखाई पड़ता है। काम क्रिया के समय मादा चूहा संभोग के लिये तैयार नहीं होती परन्तु अधिक क्रिया के दिनों में वह स्वयं संभोग को प्रस्तुत रहती है। कामेन्द्रियों के निकाल देने से इस व्यवहार में अन्तर नहीं मालूम पड़ता अत: डिम्भ ग्रन्थियों के प्रभाव की जांच की जानी चाहिये। ऐसा मालूम पड़ता है कि यह व्यवहार डिम्भ ग्रन्थि के स्राव के कारण होता है। बधिया कर देने (Castration) से काम क्रिया का स्तर गिर जाता है परन्तु वह पूरी तरह खत्म नहीं होती। टैस्टोस्टीरोन (Testosterone) नामक न्यासर्ग का इन्जेक्शन देने पर यह क्रिया बढ़ जाती है। अत: इस क्रिया में इस न्यासर्ग का प्रभाव अवश्य मालूम पड़ता है। काम व्यवहार पर काम ग्रन्थियों के स्राव के अलावा अन्य ग्रन्थियों के स्राव का भी प्रभाव पड़ता है। पोष ग्रन्थि और अभिवृक्क ग्रन्थि का इसमें विशेष महत्व है। इन तीनों ग्रन्थियों के प्रभाव का अलग-अलग विश्लेषण नहीं किया जा सका है परन्तु यह निश्चित रूप से मालूम हो गया है कि काम व्यवहार में ये सभी योगदान देती हैं।

मनुष्य में काम व्यवहार पर ऋतु का इतना अधिक प्रभाव नहीं पड़ता जितना पशुओं में पड़ता है। परन्तु उनमें काम ग्रन्थियों के स्राव का विशेष प्रभाव पड़ता है। डिम्भ ग्रन्थियों के निकाल देने से लड़की में स्त्रीत्व के चिन्हों का विकास नहीं हो पाता। परन्तु वयस्क स्त्री पुरुष में से काम ग्रन्थियों को निकाल देने से काम व्यवहार पर अधिक प्रभाव नहीं पड़ता। सम्भवत: इसका काम ग्रन्थियों के रहते हुये पड़ी हुई आदतें हैं। मनुष्यों में अधिक आयु पर काम ग्रन्थियों में किसी प्रकार की गड़बड़ी हो जाने पर काम न्यासर्गों का इन्जेक्शन देने पर साधारण काम क्रिया फिर से प्रारम्भ हो जाती है।

मनुष्यों में सभी स्त्री पुरुषों में काम प्रवृत्ति समान रूप से प्रबल नहीं होती। काम प्रवृत्ति की प्रबलता और उसकी तुष्टि के साधन में प्रत्येक व्यक्ति में कुछ न कुछ अन्तर पाया जाता है। अत्यधिक ग्रंथि स्राव से या सामाजिक उत्तेजना से अनेक स्त्री-पुरुषों में काम प्रवृत्ति असाधारण रूप से प्रबल होती है। किन्से (Kinsey) की प्रसिद्ध रिपोर्ट ने पुरुषों की यौन सम्बन्धी व्यवहार की भारी विभिन्नताओं पर अच्छा प्रकाश डाला है। अत्यधिक दमन से शारीरिक रूप से सामान्य व्यक्ति में भी काम वासना बहुत कम हो जाती है। अप्राकृतिक यौन व्यवहारों का प्रारम्भ बचपन

से ही हो जाता है क्योंकि बालक अपनी काम प्रवृत्ति को किसी न किसी प्रकार सन्तुष्ट करने की चेष्टा करता है। इनके प्रभाव से बहुत से वयस्कों में यौन व्यापारों के सम्बन्ध में अनेक विकृतियां (Perversions) दिखाई पड़ती हैं। मानव में ये विकृतियां पशुओं से कहीं अधिक होती हैं क्योंकि मानव समाज में काम प्रवृत्ति पर अधिक रोक-टोक होती है।

परन्तु क्या पशु और मनुष्यों में काम प्रवृत्ति के समान कोई संभोग प्रवृत्ति (Mating Instinct) भी होती हैं? जैसा कि पीछे बतलाया गया है कि निम्न श्रेणी के जीवों जैसे चूहे आदि में निःसन्देह संभोग प्रवृत्ति होती है। चूहों पर प्रयोग करने में यह देखा गया है कि मादा से अलग पाले हुये नर में दो माह की आयु में काम प्रवृत्ति के चिन्ह स्वरूप क्रिया की अधिकता दिखाई पड़ती है और संभोग को प्रस्तुत मादा के साथ छोड़ दिये जाने पर वह शीघ्र ही एक सामान्य नर के समान संभोग करने लगता है। इस प्रकार चूहे चुहियों में पूर्व अनुभव न होने पर भी वयस्क होने पर यौन व्यवहार और संभोग क्रिया एक निश्चित प्रतिमान प्रकट होता है। अतः स्पष्ट है कि चूहों में संभोग प्रवृत्ति जन्य है क्योंकि उन्हें उसे सीखने की आवश्यकता नहीं पड़ती। परन्तु उच्च श्रेणी के पशुओं में संभोग का प्रतिमान इतना निश्चित नहीं होता। उदाहरण के लिये येल विश्वविद्यालय में हुये शिम्पन्जियों पर प्रयोगों में यह देखा गया कि वे बड़े प्रयत्न और भूल के बाद यौन व्यवहार सीख पाते हैं और उसका प्रतिमान सबमें अलग-अलग होता है कि उनमें यौन व्यवहार के प्रतिमान अधिकतर अर्जित होते हैं और देखकर, प्रयत्न और भूल से अथवा अन्य साधनों से सीखे जाते हैं। अतः यह कहना कठिन है कि काम प्रवृत्ति के समान मनुष्यों में कोई संभोग प्रवृत्ति भी होती है।

(2) मातृक व्यवहार (Maternal Behaviour)—मातृक व्यवहार या मातृक ईहा का चिन्ह सभी प्राणियों में माता का शिशु के प्रति स्वाभाविक वात्सल्य और लगाव है। इस विशेष व्यवहार का कारण पोष ग्रन्थि से निकलने वाला प्रोलैक्टिन (Prolactin) नामक न्यासर्ग माना जाता है। इस न्यासर्ग के मस्तिष्क को प्रभावित करने से शिशु के प्रति माता में एक विशेष व्यवहार दिखाई पड़ने लगता है। वह नाना प्रकार से उसकी रक्षा करने और देख-भाल करने, दूर होने पर उसके पास पहुँचने और उसको अपने समीप खींचने की चेष्टा करती है। प्रोलैक्टिन के इन्जेक्शन देने से उन मुर्गियों में भी मातृक व्यवहार दिखाई पड़ने लगा जिनके अपने बच्चे न थे। कभी-कभी ऐसा देखने में आता है कि कोई मादा अपने बच्चों के प्रति मातृसुलभ व्यवहार नहीं दिखाती। वह उनको छोड़ देती है और कभी-कभी तो खा भी डालती है। इसका यह अर्थ नहीं निकाला जा सकता कि इन पशुओं में मातृक ईहा (Maternal Drive) का सर्वथा अभाव है बल्कि इसका अर्थ केवल इतना ही है कि उस समय मादा में मातृक ईहा से अधिक जबर्दस्त कोई अन्य प्रेरणा काम कर रही है। यदि कोई चुहिया अपने बच्चे को खा जाती है तो उसका कारण यह भी हो सकता है कि उसके शरीर में किसी वस्तु की भारी कमी हो जो कि बच्चे को खा लेने से पूरी होती है। दुनिया में बदनामी के डर से या अन्य किसी कारण से कोई माता अपने शिशु को भले ही कहीं छोड़ दे परन्तु इसका अर्थ यह नहीं निकाला जा सकता कि उसमें मातृ स्नेह नहीं है या उसको अपने बच्चे को छोड़ने से कष्ट नहीं होता।

पक्षियों और पशुओं में मातृक व्यवहार में अनेक जटिल क्रियायें देखने में आती हैं। यौन व्यवहार के समान मातृक व्यवहार भी अनर्जित होता है और प्रत्येक जाति के जीव में इसका एक निश्चित प्रतिमान होता है। इसी कारण पशुओं में केवल मातृक ईहा का होना ही नहीं माना जा सकता बल्कि मातृक मूल प्रवृत्ति (Maternal Instinct) का अस्तित्व भी माना जा सकता है। विकास के स्तर के बढ़ाने के साथ-साथ जीवों में मातृक व्यवहार भी अधिकाधिक विविध होता जाता है।

परन्तु मनुष्यों में मातृक ईहा या मातृक मूलवृत्ति का होना स्पष्ट रूप से सिद्ध नहीं होता। बालक होने के पहले बालकों की इच्छा रखना एक बात है और बालक होने के बाद उससे स्नेह रखना या उसकी देख-भाल करना दूसरी बात है। आजकल बहुत सी पढ़ी-लिखी समृद्ध स्त्रियाँ कभी-कभी तो बालकों को एकदम झंझट ही समझती हैं और यदि किसी प्रकार से उनको बालक को जन्म देने की इच्छा हो भी गई तो उनमें से बहुत सी उनकी देख-भाल का काम धायों या नौकरानियों पर डाल देती हैं। इस प्रकार स्त्रियों में न तो बालकों की इच्छा सार्वभौम है और न सभी में उसके पालन-पोषण की रुचि होती है। संयुक्त राज्य अमरीका में 87 गर्भवती स्त्रियों पर एक प्रयोग में जब उनसे यह पूछा गया कि वे बालक होने की सम्भावना से प्रसन्न हैं या नहीं तो उनमें से 75 प्रतिशत ने यह उत्तर दिया कि वे इस सम्भावना से प्रसन्न नहीं हैं। 66 गर्भवती स्त्रियों के एक अन्य समूह में 66 प्रतिशत ने यह स्वीकार किया कि उनकी बालकों की कोई योजना नहीं है। अमरीका में हुए इन प्रयोगों को भारतीय परिस्थितियों में एकदम लागू नहीं किया जा सकता क्योंकि दोनों समाजों में भारी सांस्कृतिक भेद पाये जाते हैं। परन्तु यदि भारत की पाश्चात्य संस्कृति के रंग में रंगी नारियों पर ये प्रयोग किये जायें तो परिणामों में अधिक अन्तर न आयेगा। अतः यदि सांस्कृतिक कारण को निकाल दिया जाय तो स्त्रियों में मातृक व्यवहार को अनर्जित या मूलप्रवृत्ति-जन्य नहीं माना जा सकता। यह बात इस तथ्य से भी पुष्ट होती है कि बचपन में गुड़ियों से खेलने में और वयस्क आयु में मातृक व्यवहार में बड़ा निकट सम्बन्ध है। जान-बूझ कर माँ बनने वाली स्त्रियों में कितनी ही अपने पति की इच्छा के कारण, कितनी ही अपना खाली समय काटने के लिये, कितनी ही इसको आवश्यक समझते हुए और कितनी ही समाज में निःसन्तान स्त्री को अच्छा न समझे जाने के कारण तथा अन्य कितनी ही इसको परम्परागत समझकर सन्तानोत्पत्ति करती हैं। इस प्रकार की स्त्रियों की संख्या बहुत कम मिलेगी जो स्वेच्छा से केवल मातृक ईहा के कारण माँ बनने को तैयार हुई हैं। स्त्रियों में मातृक ईहा के अभाव का एक बड़ा प्रमाण यह भी है कि बहुत से बच्चे अपनी माताओं से आवश्यक स्नेह नहीं पाते।

माता अपने बच्चे को क्यों प्यार करती है, इसके विषय में मनोविश्लेषण-वादियों ने अनेक कारणों का पता लगाया है। इन कारणों में बालक की असहाय या निर्बल अवस्था के कारण उसकी रक्षा करने की भावना बालक पर अधिकार का गर्व, बालक को गोद में लेने, दुलारने, चूमने आदि से होने वाला शारीरिक आनन्द आदि अनेक कारण हो सकतें है। जैसा कि पहले बतलाया जा चुका है बचपन के संस्कारों और खेलों से बड़े होने पर मातृक व्यवहार में बड़ा प्रभाव पड़ता है। इस विषय में दो विभिन्न प्रकार के उदाहरण देखिये।[2]

---

2. क्लकहौन और मरे (Kluckhohn & Murray) की *Personality in Nature, Society and Culture* नामक पुस्तक में डेविड लेवी (David Levy) द्वारा लिखित अध्याय से उद्धृत।

एक स्त्री में जबर्दस्त मातृक व्यवहार दिखाई पड़ता है। बचपन में उसका सबसे प्रिय मनोरंजन गुड़ियों से खेलना, उनको पहनाना उढ़ाना, खिलाना, सुलाना आदि था। चौदह पन्द्रह वर्ष की आयु तक वह बच्चों से खेलती रही। वह अपनी माँ के मित्रों के यहां जाती और उनके बच्चों की देख-भाल करती। उसकी माँ बनने की बड़ी इच्छा थी और वह सोचती कि वह कम से कम छः बच्चों की माँ बनेगी। जब कभी वह गली में किसी सुन्दर बालक को देखती तो उसका दिल उसको गोद में समेट लेने के लिये मचल उठता। शादी के बाद और शादी के पहले वह बच्चों में ही मगन रहती। पुरुषों से व्यवहार में उसमें जरूरत से ज्यादा मातृक व्यवहार दिखाई पड़ता था। इस समय उसके चार बच्चे थे और पांचवा गर्भ में था। उसको अपने पहले बच्चे के लिए धाय रखनी पड़ती थी जिसका उसे बड़ा दुख था क्योंकि वह स्वयं भली प्रकार बालक की देख-भाल न कर पाती थी। वह अस्पताल के इस नियम से घृणा करती थी कि मां अपने बच्चे को अपने पास न रख सके। उसने अपने सभी बच्चों को अपना ही दूध पिलाया था और इसमें उसने कभी कठिनाई नहीं अनुभव की। उसके दूध भी खूब उतरता था। उसके पति का कहना था कि उसने अत्यधिक लाड़ प्यार से बच्चों को बिगाड़ दिया है। कभी-कभी वह कठोर बनने की भी चेष्टा करती थी परन्तु ऐसे अवसरों पर बच्चे समझ जाते थे कि वह केवल कोशिश करके ही कठोरता दिखा रही है।

अब एक दूसरी स्त्री का उदाहरण लीजिये जिसमें मातृक व्यवहार का बचपन से वयस्क अवस्था तक प्रभाव पड़ता है। वह स्त्री बचपन में कभी इसके खेल नहीं खेली जिसमें उसको मातृक व्यवहार करना पड़ता। उसने किसी अन्य बालक के प्रति भी कभी मातृवत व्यवहार नहीं दिखलाया। उसको गुड़ियों में बहुत कम रुचि थी और उसने 6 साल की उम्र में ही गुड़िया खेलना छोड़ दिया। गली में किसी सुन्दर बालक को देखकर उसमें कोई रुचि न उत्पन्न होती। किशोरावस्था में उसने कभी भी मां बनने के और बालक होने के स्वप्न नहीं देखे। उसकी विवाह की इच्छा अवश्य थी परन्तु मां बनने की नहीं। मां के रूप में वह बिल्कुल अनभ्यस्त मालूम पड़ी। वह दो सप्ताह बाद ही बच्चे को दूध पिलाना बन्द कर देती। उसको दूध पिलाना बिल्कुल पसन्द न था। वह कहती थी कि दूध पिलाते समय ऐसा लगता है जैसे कि वह कोई गाय हो। यद्यपि वह एक कर्त्तव्यपरायण और सम्भवतः स्नेहमयी माँ है परन्तु वह बालकों के शारीरिक दुलार करने से घृणा करती है। वह पुरुषों के प्रति कभी भी मातृवत नहीं रही। उसकी रुचियां सदैव स्त्रियोचित थी और वह पुरुषों में काफी लोकप्रिय थी।

उपरोक्त उदाहरणों से यह स्पष्ट ज्ञात होता है कि स्त्रियों में मातृक ईहा या मातृक-मूलप्रवृत्ति का होना सिद्ध नहीं होता है। इस विषय में उनमें बड़ा भेद दिखाई पड़ता है। इसी प्रकार मनुष्यों में मातृक व्यवहार के प्रतिमान भी प्रत्येक संस्कृति और प्रत्येक व्यक्ति के अनुसार बदलते रहते हैं और इनमें अधिकांश सीखा हुआ होता है। लड़कियां अपने माता-पिता आदि के व्यवहार को देखकर और गुड़ियों से खेलकर मातृक व्यवहार सीखती हैं और इतने पर भी सफल मातायें बहुत कम दिखाई पड़ती हैं। वास्तव में मानव में मातृक व्यवहार इतना अधिक अर्जित होता है कि उसे प्रेरणायुक्त या मूल-प्रवृत्ति-जन्य व्यवहार मानना कठिन है।

सामान्य आवश्यकतायें

उपरोक्त प्रेरणाओं के अतिरिक्त कुछ ऐसी आन्तरिक प्रेरणायें भी है जो कि सामान्य रूप से जीवों में पाई जाती हैं। वुडवर्थ (Woodworth) इनको सद्यस्कृत्यताकालीन प्रेरक (Emergency Motives) कहता है। इनको सामान्य आवश्यकतायें (General Needs) भी कहा गया है। इनमें से मुख्य हैं पलायन (Escape), युयुत्सा (Combat), प्रभुत्व प्रेरक (Mastery Motives) इत्यादि।

(1) पलायन की प्रवृत्ति (Urge to Escape)—पलायन की प्रवृत्ति खतरे की स्थिति में काम करती है। खतरे की स्थिति में शारीरिक हानि की संभावना रहती है। शारीरिक हानि की संभावना के समय पलायन जीव की स्वाभाविक प्रवृत्ति है। हाथ में सुई चुभ जाने पर हम हाथ खींच लेते हैं। किसी पशु के पांव में कांटा चुभ जाये तो वह तुरन्त पांव सिकोड़ लेता है। कछुआ तनिक सी आहट पाते ही अपनी गर्दन अन्दर खींच लेता है। इस प्रकार खतरे की स्वाभाविक प्रतिक्रिया उससे बचने के उपाय करना है।

पलायन की प्रवृत्ति में खतरे के संकेतों का बड़ा महत्व होता है। भिन्न-भिन्न प्रकार के पशुओं के लिये ये संकेत अलग-अलग तरह के होते हैं और भिन्न-भिन्न साधनों से प्राप्त होते हैं। ये संकेत स्वयं भयानक नहीं होते उनका अर्थ जानने पर ही भय लगता है। इसकी परख करने के लिये एक मनोरंजक प्रयोग किया गया। एक विषहीन सांप को लेकर बालकों तथा बड़ों को छूने के लिये कहा गया। दो वर्ष से कम आयु के बालक ने सांप से कोई भय नहीं दिखलाया, तीन या चार वर्ष के बच्चे उससे बचने की कोशिश करने लगे, बड़े लड़के लड़कियां सांप से भागने लगे और कालिज के छात्र तो निश्चित रूप से भय दिखाने लगे। इस प्रकार बच्चे बहुत सी ऐसी बातों से नहीं डरते जिनसे बड़े डरते हैं।

खतरे के इन संकेतों के अर्थों को या तो साहचर्य के द्वारा सीखा जाता है या नियन्त्रणों के द्वारा। इस विषय में वाटसन (Wastson) का एक प्रयोग प्रसिद्ध है। एलबर्ट नामक लगभग एक वर्ष का शिशु सफेद खरगोश, कुत्ते, या चूहों के साथ निडर होकर खेला करता था। प्रयोग के लिये एक सफेद चूहा उसके निकट लाया गया और जैसे ही बालक ने चूहे को पकड़ने को हाथ बढ़ाया वैसे ही एक लोहे की छड़ पर हथौड़े से आवाज करके उसको चौंका दिया गया। इससे बच्चा डरकर पीछे हट गया। यह क्रिया कई बार दोहराई जाने पर फिर बच्चा सफेद चूहे से डरने लगा और उससे भागने लगा। इस घटना से वह इतना डर गया कि फिर कुत्ते और खरगोश से भी भागने लगा। इस प्रयोग में खतरे का संकेत समझने में साहचर्य का प्रभाव स्पष्ट है। बालक ने आवाज का सम्बन्ध पशुओं से जोड़ लिया और पशुओं को उस आवाज अथवा खतरे का संकेत समझने लगा। अधिक बुद्धिमान बच्चों में इस प्रकार का साहचर्य नहीं उत्पन्न हुआ। साहचर्य के अतिरिक्त बच्चे अपने से बड़ों को देखकर भी डरते हैं। बाज को देखते ही मुर्गी जोर से चींखती है और उसकी चीख सुनकर उसके बच्चे इधर-उधर भाग जाते हैं। मनुष्यों में भी माँ के चिल्लाने या रोने से बच्चों पर बड़ा प्रभाव पड़ता है और वे भी चिल्लाने या रोने लगते है। बड़ों को बिजली, बारिश या तूफान से डरते देखकर बच्चे भी इनसे डरना सीख जाते हैं।

इस प्रकार का सीखा हुआ भय धीरे-धीरे बालक के मस्तिष्क में जम जाता है और उसका निकलना कठिन हो जाता है परन्तु कभी-कभी साहचर्य की सहायता से ही इस प्रकार के अर्थहीन भयों को दूर किया जा सकता है। इसका एक उदाहरण लीजिये। शिब्बू नामक तीन वर्ष का एक बालक न जाने क्यों खरगोश से बहुत डरता था उसके इस डर को साहचर्य की प्रक्रिया से दूर किया गया। प्रयोगकर्त्ता ने खरगोश को एक पिंजड़े में बन्द करके शिब्बू के खाते समय उससे इतनी काफी दूर रखा कि वह डर कर खाना न छोड़ दे। अब रोज धीरे-धीरे खरगोश नजदीक खिसकाया जाने लगा। धीरे-धीरे वह शिब्बू के पास रखा जाने लगा और जब शिब्बू उसका अभ्यस्त हो गया तो खरगोश को बिना पिंजड़े के भी रखा जाने लगा तथा धीरे-धीरे खाने के बिना भी शिब्बू खरगोश से खेलने लगा। इस प्रकार खरगोश का खाने की रुचिकर परिस्थिति से साहचर्य कराकर बालक के मन से खरगोश का भय दूर कर दिया गया। साहचर्य से भय उत्पन्न होने की क्रिया बड़ों और पढ़े लिखों में बच्चों की अपेक्षा बहुत कम होती है क्योंकि अपनी बुद्धि के कारण वे किसी भी वस्तु का किसी खतरे से सम्बन्ध नहीं जोड़ लेते। पढ़ा लिखा आदमी कितनी भी आवाज होने पर इंजिन से डर कर नहीं भागता और न वह बालक के समान किसी आवाज का किसी वस्तु से सम्बन्ध ही जोड़ लेता है। परन्तु साथ ही साथ अपनी समझ के कारण वयस्क और पढ़ा लिखा आदमी ऐसी चीजों में भी खतरा देख लेता है जिनको बालक या बे पढ़ा लिखा व्यक्ति निर्दोष समझता है।

मस्तिष्क में भय उत्पन्न करने वाला कोई अंग या ग्रन्थि नहीं होती। भय की अवस्था में मस्तिष्क के कुछ विशेष अंग कार्य अवश्य करते है परन्तु भय का कारण अधिकतर बाह्य उत्तेजनायें ही होती हैं। इन उत्तेजनाओं से दर्द, चोट या किसी प्रकार की क्षति का खतरा रहता है। खतरे से बचने के उपाय सभी व्यक्तियों में एक से नहीं होते। यदि मनुष्यों का ही उदाहरण लिया जाय तो कुछ खतरे से भागने के प्रयास में दिवास्वप्नों (Day Dreams) में डूब जाते हैं और कल्पना के सहारे खतरे से भागा करते हैं। समाज में अन्य लोगों से डरने वाला व्यक्ति एकान्त प्रेमी हो जाता है। कठिन कर्त्तव्य से बचने के लिये कुछ लोग बीमार पड़ जाते हैं। खतरे से इस प्रकार का बचाव सैनिकों में दिखाई पड़ता है। कुछ सैनिक युद्ध पर जाने का खतरा उपस्थित होते ही बीमार पड़ जाते हैं।

(2) युयुत्सा प्रेरक (Combat Motive)—युयुत्सा या संघर्ष का प्रेरक एक सार्वभौम प्रवृत्ति है। इसका सबसे अधिक प्रभावशाली उत्तेजक अवरोध (Restraint) है। साधारणत: यदि आप बिल्ली की ओर जायें तो वह भाग जाती है परन्तु यदि उसके निकल भागने के सब रास्ते बन्द हों तो वह दाँत निकाल कर आप पर झपट पड़ने को तैयार हो जायेगी। किसी बच्चे के हाथ पैर और सिर आदि पकड़ कर उसकी चेष्टाओं को रोक दीजिये। बच्चा चेहरा लाल कर लेगा, चिल्लाने लगेगा और संघर्ष करने लगेगा। एक मुर्गी के पास से उसके बच्चे उठा लीजिये, किसी चिड़चिड़े आदमी से कोई मजाक कर दीजिये या किसी पशु को किसी प्रेरणा को पूरा करने से रोक दीजिये तो संघर्ष शुरू हो जायेगा। संघर्ष की प्रतिक्रिया साधारणतया किसी प्रेरणा के असफल होने पर होती है।

युयुत्सा में जीव का लक्ष्य बाधक वस्तु को दूर करना या उस विजय प्राप्त करना होता है। जब तक वह बाधक वस्तु दूर नहीं हो जाती या व्यक्ति उस पर विजय नहीं प्राप्त कर लेता तब तक वह उसमें आंतरिक, शारीरिक और संवेगात्मक उथल-पुथल मची रहती है। संघर्ष या युयुत्सा

का प्रतिमान सभी जीवों या व्यक्तियों में एक सा नहीं होता और न सभी में उसके उपकरण ही एक जैसे होते हैं। जिन जीवों के बड़े-बड़े नाखून या दाँत होते हैं वे संघर्ष में उनका उपयोग करते हैं। अधिकतर पशुओं में नर लड़ाका होता है। वह अन्य जातियों के जीवों से लड़ता है और मादाओं के लिये या खाने के लिए अपनी जाति के नरों से लड़ता है। शायद मादा सुलभ न्यासर्गों से लड़ने की प्रवृत्ति कुछ दब जाती है। मनुष्य तथा अनेक पशु लड़ने से पहले धमकी देते हैं। बन्दर की घुड़की तो मशहूर ही है। कुछ पशु दाँत निकाल कर, कुछ जीभ चबा कर और कुछ छाती ठोक कर धमकी देते हैं। आयु, बुद्धि, सामाजिक और सांस्कृतिक प्रभाव तथा जाति सुलभ व्यवहार युयुत्सा ढंगों में भी परिवर्तन कर देते हैं। सभ्य मनुष्य की युयुत्सा वृत्ति अप्रत्यक्ष रूप से प्रकट होती है। उसकी दुश्मनी वर्षों चलती है और वह बदला लेने के लिये अप्रत्यक्ष उपायों का सहारा लेता है। मुकदमेबाजी भी एक प्रकार का संघर्ष ही है जो कि सभ्य समाजों में खूब दिखाई पड़ता है। वास्तव में युयुत्सा को प्रवृत्ति; ईहा या ऐसी आन्तरिक प्रेरणा मानना कठिन है जिसका लक्ष्य केवल लड़ना ही हो। प्रतिद्वन्दिता की प्रवृत्ति तो जन्मजात हो सकती है परन्तु युयुत्सा की प्रवृति साधारणतया किसी प्रेरणा की पूर्ति की राह में बाधा के आ जाने पर ही जाग्रत होती देखी जाती है। संघर्ष क्रोध का परिणाम है परन्तु कभी-कभी क्रोध को संघर्ष के अलावा अन्य तरीकों से भी अभिव्यक्त किया जाता है। अफसर से फटकार सुनने वाला कर्मचारी अफसर को तो जवाब नहीं दे सकता क्योंकि इससे नौकरी छूटने का भय है परन्तु घर आकर अपने स्त्री बच्चों पर गुस्सा उतारता है। दूसरों को लड़ते देखकर भी कभी-कभी हमारी वृत्ति शान्त होती है। खेल खेलते अथवा दूसरों को खेल खेलते देखने या फिल्म में मुक्केबाजी देखने से भी संघर्ष के तनाव को निकालने का रास्ता मिलता है। परिवार में माता-पिता बच्चों की बहुत सी प्रवृत्तियों को रोकते हैं अत: बच्चों में उनके विरुद्ध बैरभाव जागता है। बच्चे माता-पिता को परेशान करते हैं अत: वे बच्चों से झींके रहते हैं। भाई बहनों में माता-पिता का प्रेम पाने के लिये प्रतिद्वन्दिता दिखाई पड़ती है। इसी प्रकार पति-पत्नी में भी किसी न किसी बात को लेकर संघर्ष की आग भड़कती रहती है। इन सब तनावों में परिवार की सुख-शान्ति को बचाने के लिये उनको निकालने के हानिरहित तरीके अपनाये जाने चाहियें। बालकों में इसका उपाय खेल है। बड़ों में इसके लिए एक दूसरे को कह लेने का अवसर देना चाहिये क्योंकि कह लेने से भी मन की बात निकल जाती है।

उपरोक्त प्रेरकों के अलावा जिज्ञासा, क्रीड़ा, हास्य आदि को भी जन्मजात या मूल्यप्रवृत्तिजन्य प्रेरक माना गया है।

(3) जिज्ञासा (Curiosity)—यह एक मौलिक प्रवृत्ति है जिसका कोई विशिष्ट शारीरिक आधार नहीं है। जब किसी जीव के समाने कोई नवीन या अपरिचित वस्तु आती है तब उसमें स्वभावत: इस वस्तु को जानने या समझने की इच्छा हो जाती है। मनुष्यों में जिज्ञासा वृत्ति के साथ-साथ आश्चर्य या जिज्ञासा की अनुभूति भी दिखाई पड़ती है। सभी लोग नई-नई चीजों के बारे में जानना चाहते हैं और नई-नई जगह देखने के इच्छुक रहते हैं। किसी मानव शिशु के हाथ में कोई वस्तु दे दीजिये। वह उसको हर तरह से उलट-पुलट कर, ठोक-बजा कर उसको जानने की कोशिश करता है। बालक प्रश्न पूछने को सदैव तत्पर रहता है और उसके प्रश्नों का कोई अन्त नहीं। प्रश्न पूछते समय वह कभी नहीं थकता चाहे आप उसके प्रश्नों का जवाब देते-देते खीज कर उसे डांट दें। यदि बालक की जिज्ञासा को दबाया न जाय तो वह तब तक खोज करता ही रहता है जब तक कि वह अपने चारों ओर की वस्तुओं से भली प्रकार परिचित न हो जाय। ये

ही बालक जब अपनी जिज्ञासा वृत्ति को वयस्क आयु तक बनाये रखते हैं तो बड़े-बड़े आविष्कारक, अन्वेषक और विज्ञानवेत्ता बनते हैं।

जैवकीय दृष्टिकोण से जिज्ञासा बड़ी लाभदायक प्रेरक है। इससे जीव परिवेश से परिचित हो जाता है और उसे अनुकूलन करने में सहायता मिलती है।

(4) **क्रीड़ा प्रवृत्ति** (Urge to play)—क्रीड़ा की प्रवृत्ति भी लगभग सभी जीवों में सामान्य रूप से दिखाई पड़ती है। जिज्ञासा की प्रवृत्ति के समान यह भी अनर्जित प्रवृत्ति है। इस प्रवृत्ति का शरीर में कोई विशेष केन्द्र नहीं है परन्तु फिर भी यह शरीर की सामान्य दशा पर निर्भर रहती है। थका अथवा रोगी होने पर कोई भी जीव कभी भी खेलना पसन्द नहीं करता। खेल की इच्छा तभी होती है जब कि जीव पर्याप्त आराम कर चुका हो और उसका स्वास्थ्य ठीक हो। खेल तब होता है जबकि जीव में काफी शक्ति हो और उसको व्यय करने का जीवन व्यापार से सम्बन्धित कोई कार्य न हो। वयस्क जनों से शिशु अधिक क्रीड़ाप्रिय होते हैं क्योंकि उनके सामने जीवन संघर्ष की समस्यायें लगभग नहीं होती।

क्रीड़ा का प्रतिमान भी सभी जाति के जीवों में और एक जाति के सभी जीवों में एक सा नहीं होता। खेलने में दौड़ना, कूदना, पीछा करना, पकड़ना, लड़ना, यौन व्यवहार, चीजों को उलटना पलटना तथा रचना करना आदि अनेक प्रकार की क्रियायें होती हैं। खेल में बहुधा बच्चे बड़ों का अनुकरण भी करते देखे जाते हैं। परन्तु इससे यह अर्थ निकालना ठीक नहीं है कि खेल वयस्क जीवन की तैयारी करने का एक साधन है। खेल से वयस्क जीवन की क्रियाओं में सहायता अवश्य मिलती है क्योंकि उससे स्नायु मजबूत बनते हैं और उनमें अनेक प्रकार की क्रियायें करने की कुशलता आती है। परन्तु खेल का लक्ष्य वयस्क जीवन की तैयारी नहीं कहा जा सकता। खेल में मूल प्रेरणा कोई भी रूप ग्रहण कर सकती है। इस शारीरिक प्रेरणा के अलावा प्रभुत्व प्राप्त करने की प्रवृत्ति, काम ईहा आदि अनेक अन्य प्रेरक भी खेल में काम करते हैं।

(5) **हास्य विनोद** (Humour or laughter)—मनुष्यों में हँसने की प्रवृत्ति भी लगभग सार्वभौम रूप से पाई जाती है। हँसने की प्रवृत्ति मानव की एक विशिष्ट प्रवृत्ति है। हंसने की क्रिया में विभिन्न व्यक्तियों में बहुत अधिक अन्तर नहीं होता परन्तु प्रत्येक के विषय में हास्य उत्पन्न करने वाली परिस्थितियाँ भिन्न-भिन्न होती हैं। किस प्रकार की बात पर किस व्यक्ति को हंसी आ सकती है, इसके विषय में कोई निश्चित नियम नहीं है। केले के छिलके पर पैर पड़ जाने से कोई फिसल जाय, कहीं साइकिल लड़ जाने से कुछ लोग गिर पड़े या कोई ताँगा ही उलट जाय तो इससे कुछ लोगों को बड़े जोरों की हंसी आती है जबकि दूसरों को इसमें हंसने की कोई बात नहीं दिखाई पड़ती। परन्तु व्यक्तिगत विषमताओं के होते हुए भी कुछ बातें ऐसी हैं जिन पर आमतौर से लोगों को हंसी आती है। उदाहरण के लिये हम दूसरों की मूर्खताओं पर हंसते हैं। किसी व्यक्ति को किसी बुरी परिस्थिति में देखकर हमें हंसी आती है। बहुधा लड़के लड़कियों के विषय में और लड़कियाँ लड़कों के विषय में बातें करके हंसते हैं। कामुक मजाकों से नौजवानों को बहुधा बड़ी हंसी आती है। कभी-कभी ऐसा भी देखा जाता है कि जितना गन्दा और खुला मजाक किया जाय उस पर लोगों को उतनी ही अधिक हंसी आती है। मनोविश्लेषणवादियों

के अनुसार इसका कारण यह है कि समाज में इस प्रकार की बातों को बोलने की इजाजत नहीं होती और उनका दमन किया जाता है जिससे तनाव उत्पन्न होता है और जब इस प्रकार की बातें सुनने से यह तनाव ढीला पड़ता है तो हंसी आती है। परन्तु इससे यह नहीं कहा जा सकता कि सभी प्रकार के हास्य काम प्रवृत्ति के दमन किये तत्व के निकलने के सेफ्टी बाल्व (Safety Valve) हैं। फिर भी यह बात तो निश्चित है कि सभी हास्यों में तनाव कम हो जाता है। अत: इतना जरूर कहा जा सकता है कि हंसी से तनाव कम होता है और इस अर्थ में सेफ्टी वाल्व का सिद्धान्त सर्वोत्तम है। खेल के समान हंसी भी तनावों से छुटकारा पाने की एक प्रवृत्ति है। हंसने के बाद स्वभावत: कुछ हल्कापन और प्रफुल्लता महसूस होती है।

अभी तक जन्मजात प्रेरकों (Innate Motives) का वर्णन किया गया है। ये प्राथमिक (Primary) आवश्यकताएँ भी कहलाती हैं क्योंकि ये जीव की जैवकीय आवश्यकताओं से प्रत्यक्ष रूप मे सम्बन्धित होती हैं। ये प्रेरक लगभग जीवन भर काम करते हैं, यद्यपि आयु तथा अनुभव के बढ़ने के साथ-साथ इनके सन्तुष्ट करने की विधियां भी बदलती जाती हैं। जैवकीय विरासत का एक भाग होने के कारण ये आन्तरिक प्रेरक सार्वभौम होते हैं। प्रत्यक्ष या अप्रत्यक्ष रूप से इनमें से अधिकतर जीव की शारीरिक दशा से सम्बन्धित होते हैं।

अर्जित अथवा समाजजनित प्रेरक
(Acquired or Sociogenic Motives)

जीव की अधिकांश प्रेरणायें उसकी शारीरिक दशा पर निर्भर होती हैं। परन्तु इससे यह अर्थ नहीं निकाला जा सकता कि उसके समस्त प्रेरक शारीरिक या आन्तरिक होते हैं। आन्तरिक प्रेरक जीव से सम्बन्धित होते हैं परन्तु कुछ प्रेरक ऐसे भी हैं जो जीव की बाहर की वस्तुओं से सम्बन्धित होते हैं। वुडवर्थ इनको वस्तु सम्बन्धी प्रवृत्तियां (Objective tendencies) कहता है। सामाजिक प्रभाव से भी जीवों में अनेक प्रेरक उत्पन्न होते हैं। ये समाज-जनित प्रेरक हैं। शेरिफ और शेरिफ के शब्दों में, ''समाज-जनित प्रेरक वे हैं जिनको व्यक्ति अपने सामाजिक-सांस्कृतिक परिवेश से अर्जित करता है।''[3] यूथचारिता एक सामाजिक प्रेरक है। मानव शिशु अपनी शारीरिक आवश्यकताओं को स्वयं पूर्ण नहीं कर सकता। वह दूसरों से उनकी पूर्ति के ढंग सीखता है। अत: एक वयस्क मनुष्य सामाजिक नियमों के अनुसार अपनी आवश्यकताओं की पूर्ति करता है। इस तरह उसकी आवश्यकताओं का समाजीकरण होता है। समाजीकरण की इस प्रक्रिया में व्यक्ति अनेक ऐसी आवश्यकतायें और प्रेरक विकसित कर लेता है जिनका शारीरिक कारण पाना कठिन है। उदाहरण के लिये आधुनिक सभ्य समाज के व्यक्ति की धन कमाने, नाम बढ़ाने, साहित्य, संगीत व कला आदि की प्रवृत्तियों का शारीरिक कारण नहीं बतलाया जा सकता। इस प्रकार यह स्पष्ट है कि समाज में मनुष्यों की बहुत सी आवश्यकतायें और प्रेरक अर्जित अर्थात् सीखे हुए (Learned) होते हैं। ये गौण प्रेरक (Secondary motives) या अप्राणात्मा प्रेरक (Non-vital

---

3. "Sociogenic motives are those derived by the individual from his socio-cultural setting."

—Sherif and Sherif. *An Outline of Social Psychology*, p. 403.

motives) कहे जा सकते हैं। समाज जनित अथवा अर्जित प्रेरक भी दो प्रकार के हो सकते हैं एक तो वे जो सभी व्यक्तियों में पाये जाते हैं। इनको सामान्य सामाजिक प्रेरक (General Social Motives) कहा जा सकता है। दूसरे वे जिनमें व्यक्तिगत मित्रता पाई जाती है। ये व्यक्तिगत सामाजिक प्रेरक (Individual Social Motives) कहे जायेंगे। यहां पर पहले कुछ ऐसे अर्जित प्रेरकों का वर्णन किया जायेगा जो न्यूनाधिक रूप से लगभग सभी व्यक्तियों में पाये जा सकते हैं। इस प्रकार के प्रेरक बहुत से हो सकते हैं अत: यहां कुछ मुख्य सामान्य सामाजिक प्रेरकों का ही वर्णन किया जायेगा।

(1) प्रशंसा और निन्दा—प्रशंसा (Praise) पाने की प्रवृत्ति और निन्दा (Blame) से बचने की प्रवृत्ति लगभग सभी समाजों में मानव व्यवहार को प्रेरित करती है। प्रत्येक व्यक्ति औरों की प्रशंसा का पात्र बनना चाहता है चाहे वह प्रत्यक्ष रूप से उनसे अपनी प्रशंसा न भी सुनना चाहता हो। इसी प्रकार प्रत्येक व्यक्ति औरों द्वारा निन्दित होना नापसन्द करता है। साधारणतया उचित अनुचित का विचार प्रशंसा और निन्दा के विचार से ही जुड़ा रहता है। बचपन से ही मनुष्य अन्य लोगों की प्रशंसा पाने वाला व्यवहार करना और निन्दा पाने वाला व्यवहार न करना सीखता है। बालक ऐसे काम करना सीखता है जिनसे उसकी माता उसे प्यार करे और ऐसे कामों से बचता है जिनसे उसकी मां उसे दण्ड दे। बाद में यह प्रवृत्ति प्रशंसा और निन्दा के प्रभाव में दिखाई पड़ती है क्योंकि प्रशंसा से उसे लाभ होता है और निन्दाजनक कामों से नुकसान होता है। समाज की निन्दा अथवा स्तुति से प्रभावित न होने वाला व्यक्ति भी अपनी अन्तरात्मा (Conscience) की निन्दा अथवा स्तुति का बड़ा ध्यान रखता है। यह अन्तरात्मा उचित अनुचित के सामाजिक विचार से ही बनती है। निन्दा स्तुति के प्रभावों के विषय में किये गये प्रयोगों से यह निश्चित रूप से सिद्ध हो गया है कि व्यक्ति पर इनका प्रभाव जरूर पड़ता है और साधारणतया निन्दा की अपेक्षा स्तुति का प्रभाव अधिक पड़ता हैं।

(2) प्रभुत्व का प्रेरक—प्रसिद्ध मनोवैज्ञानिक एलफ्रेड एडलर ने प्रभुत्व के प्रेरक (Mastery motive) को मानव जीवन में सबसे अधिक महत्वपूर्ण प्रेरक माना है। उसके अनुसार मानव जीवन के प्रत्येक क्षेत्र में मनुष्य दूसरों पर प्रभुत्व पाने की या उन पर हावी होने की कोशिश करता है। नीत्शे (Nietzsche) ने "शक्ति के संकल्प" (Will to Power) को जीवन का मुख्य प्रेरक माना है। डार्विन (Darwin) के अनुसार प्रकृति में सब कहीं अस्तित्व के लिये संघर्ष होता रहता है और इस संघर्ष में योग्यतम या सबसे शक्तिशाली की विजय होती है, अत: प्रत्येक जीव शक्ति प्राप्त करने की चेष्टा करता है। समूहों में रहने वाले जीवों में समूह के नेता होते हैं और ये नेता बलपूर्वक दूसरों पर अपना प्रभुत्व बनाये रखते हैं। नेता के अलावा भी समूह के अन्य व्यक्तियों में ऊंच-नीच का संस्तरण (Heirarchy) होता है। दल के नेता के न रहने पर उसका स्थान लेने वाला जीव भी समूह में निश्चित रहता है। प्रभुत्व आयु, शक्ति तथा बुद्धि में से किसी पर भी निर्भर हो सकता है और प्रभुत्व की यह कसौटी मनुष्यों में देश काल के साथ-साथ बदलती रही है। पशुओं में साधारणतया शक्ति ही प्रभुत्व की कसौटी होती है।

प्रेरकों के प्रकार

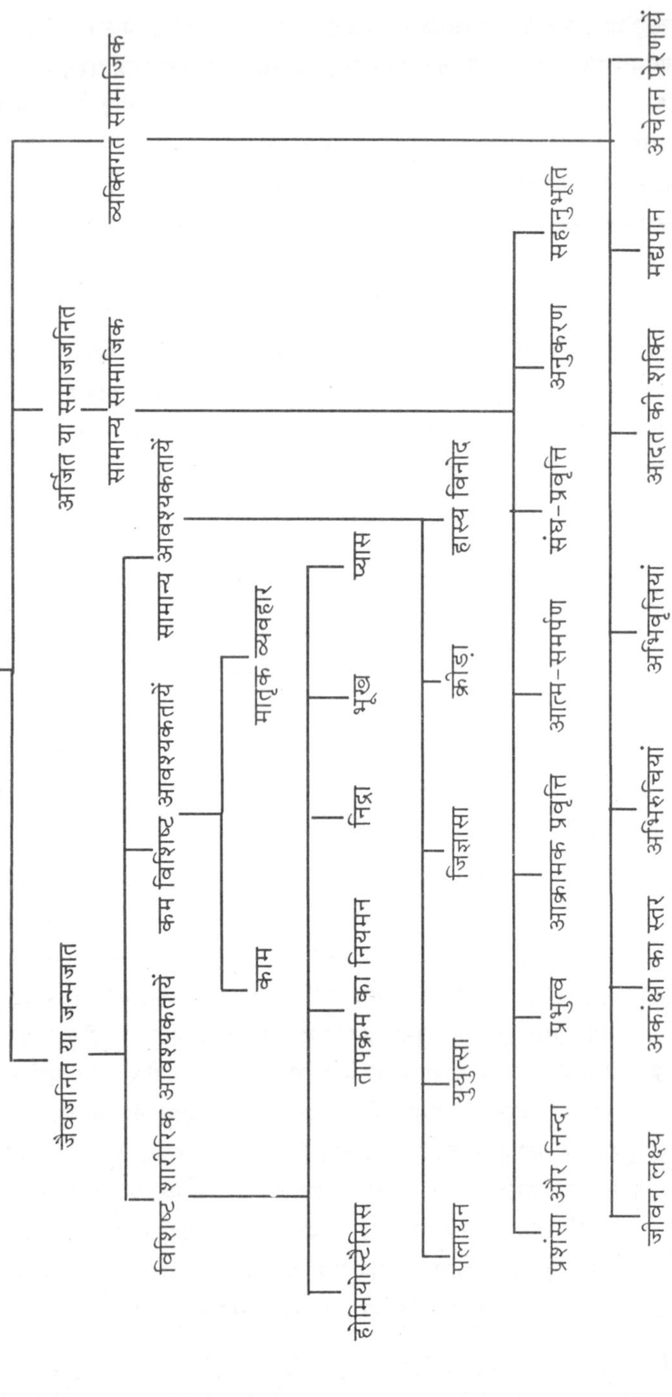
जैवजनित या जन्मजात
अर्जित या समाजजनित
विशिष्ट शारीरिक आवश्यकतायें
कम विशिष्ट आवश्यकतायें
सामान्य आवश्यकतायें
सामान्य सामाजिक
व्यक्तिगत सामाजिक
होमियोस्टैसिस
तापक्रम का नियमन
निद्रा
भूख
प्यास
काम
मातृक व्यवहार
पलायन
युयुत्सा
जिज्ञासा
क्रीड़ा
हास्य विनोद
प्रशंसा और निन्दा
प्रभुत्व
आक्रामक प्रवृत्ति
आत्म-समर्पण
संघ-प्रवृत्ति
अनुकरण
सहानुभूति
जीवन लक्ष्य
अकांक्षा का स्तर
अभिरुचियां
अभिवृत्तियां
आदत की शक्ति
मद्यपान
अचेतन प्रेरणायें

प्रभुत्व के प्रेरक के परिणामस्वरूप प्रतिद्वन्द्विता (Rivalary) और प्रतियोगिता (Competition) की प्रवृत्ति भी अधिकतर समाजों में पाई जाती है। प्रतियोगिता की भावना से व्यक्ति सदैव अधिक परिश्रम करता है। प्रतियोगिता में भी सामूहिक प्रतियोगिता की अपेक्षा व्यक्तिगत प्रतियोगिता में अधिक उत्साह और श्रम देखा गया है।

परन्तु यह सब तथ्य निर्विवाद नहीं कहे जा सकते। प्रभुत्व का प्रेरक एक अर्जित प्रेरक है अत: उसका सभी समाजों में पाया जाना अनिवार्य नहीं है। न्यूगिनी के अरापेश (Arapesh of New Guinea) में आत्म गौरव (Self assertion) की प्रवृत्ति इतनी कम देखी जाती है कि वहां इस प्रवृत्ति को असामान्य (Abnormal) माना जाता है। जूनी (Zuni) और होपी (Hopi) भारतीयों में भी यह प्रवृत्ति बहुत कम दिखाई पड़ती है। इन लोगों में प्रतियोगिता में श्रेष्ठ व्यक्ति को और प्रतियोगिताओं में भाग नहीं लेने दिया जाता। जूनी बालकों पर प्रयोगों में यह देखा गया कि सवालों की प्रतियोगिता में वे औरों से आगे बढ़ने की कोई कोशिश नहीं करते और दूसरों से अधिक अच्छे परिणाम दिखाने में हिचकते हैं। इन लोगों में आत्म-गौरव के बारे में अन्य समाजों से इतना भेद क्यों है? क्योंकि इनमें बचपन से ही बड़े-बड़े आत्म-गौरव की प्रवृत्ति को निरुत्साहित करते हैं जब कि अन्य समाजों में उसको बचपन से ही प्रोत्साहित किया जाता है। पश्चिमी समाज के मुकाबले में भारत में शुरू से ही बच्चों को शान्ति से और भाग्य के भरोसे रहने तथा ईश्वर पर विश्वास करने का पाठ पढ़ाया जाता है। अत: पाश्चात्य व्यक्तियों के मुकाबले में भारतवासी कम सक्रिय दिखाई पड़ता है।

(3) **आक्रामक प्रवृत्ति**—आक्रामक प्रवृत्ति (Aggressiveness) भी प्रभुत्व के प्रेरक की एक अभिव्यक्ति है। भिन्न-भिन्न समाजों में प्रचलित आदर्शों और नियमों के प्रभाव से इस आक्रामक प्रवृत्ति में बड़ा अन्तर दिखाई पड़ता है। उदाहरण के लिए भारत में नागा एक रक्त पिपासु जाति है और ये लोग सिरों का शिकार करने वाले (Head hunters) कहलाते हैं जबकि हिमालय की अनेक पहाड़ी जातियाँ बिल्कुल शान्त स्वभाव की होती हैं। सभ्य समाज में नर हत्या बहुत बुरी समझी जाती है और ऐसे पुरुष से जान बूझकर कोई स्त्री विवाह नहीं कर सकती परन्तु नागा लोगों में जो व्यक्ति किसी का सिर काट कर नहीं लाता उससे कोई स्त्री शादी नहीं करती। न्यूगिनी के अरापेश बहुत ही शान्त लोग हैं और आक्रामक प्रवृत्ति को निरुत्साहित करते हैं। दूसरी ओर मुण्ड्गुमार (Mundugumar) लोग इस प्रवृत्ति को बचपन से ही प्रोत्साहित करते हैं। अत: आत्म-गौरव की प्रवृत्ति के समान आक्रामक प्रवृत्ति को भी सार्वभौम और जन्म-जात नहीं माना जा सकता। ये अर्जित प्रवृत्तियां हैं और इनका होना न होना सामजिक दशाओं पर निर्भर रहता है।

(4) **आत्म-समर्पण**—आत्म गौरव की प्रवृत्ति के विरुद्ध आत्म-समर्पण (Self-Submission) की प्रवृत्ति को भी कुछ लोगों ने स्वाभाविक माना है। इसमें कोई सन्देह नहीं है कि मानव शिशु को बचपन से ही आत्म-समर्पण के अवसर आते हैं क्योंकि बड़ों के सामने वह बिल्कुल असहाय होता है। बचपन के ये संस्कार बड़ेपन तक रहते हैं। परन्तु आत्म-समर्पण की प्रवृत्ति को अर्जित प्रवृत्ति ही कहना उचित है क्योंकि वह अधिकतर परिवार और समाज में सीखी जाती है। पुरुष की अपेक्षा दुर्बल होने के कारण साधारणतया स्त्रियों में आत्म-समर्पण की प्रवृत्ति अधिक होती है परन्तु अमरीका के दक्षिणी समुद्र के कुछ द्वीपों में स्त्रियां नेतृत्व करती हैं और

पुरुष राजनैतिक तथा आर्थिक मामलों में उनका अनुसरण करते हैं। इस प्रकार आत्म-समर्पण की प्रवृत्ति सामाजिक प्रतिमान पर ही निर्भर है। भिन्न-भिन्न व्यक्तियों में यह प्रवृत्ति भिन्न-भिन्न मात्रा में होती है और कुछ में इसका नितान्त अभाव भी हो सकता है।

(5) संघ प्रवृत्ति—संघ प्रवृत्ति (Gregariousness) से जीव अपनी जाति के साथ मिलकर समूह बना कर रहना चाहते हैं। पशुओं में यह प्रवृत्ति यूथचारिता के रूप में भी दिखाई पड़ती है। इसी के कारण भेड़ बकरियाँ आदि झुण्ड बना कर रहते हैं। परन्तु यह प्रवृत्ति सभी जाति के पशुओं में नहीं दिखाई पड़ती। उदाहरण के लिये शेर झुण्ड बना कर नहीं रहते। अत: संघ प्रवृत्ति को आन्तरिक या सार्वभौम अथवा स्वयं साध्य नहीं माना जा सकता। मनुष्यों में भी सभी लोगों में संघ प्रवृत्ति नहीं दिखाई पड़ती। जहां अधिकतर लोग किसी न किसी प्रकार के समाज में रहते हैं वहां कुछ लोग समाज से नफरत भी करते हैं। वास्तव में संघ प्रवृत्ति एक अर्जित प्रवृत्ति है। इसमें समाज से मिलने वाले अनेक लाभ भी शामिल होते हैं। समूह से व्यक्ति को खाना, पानी, आवास आदि जरूरत की चीजें पाने में आसानी होती है और उसकी अनेक प्रवृत्तियां सन्तुष्ट होती हैं। अत: संघ प्रवृत्ति एक जटिल प्रवृत्ति है।

(6) अनुकरण—मनुष्यों में अनुकरण (Imitation) तो बहुत देखा जाता है परन्तु वह बाध्य करने वाला नहीं होता। यदि मानव में दूसरों का अनुकरण करने की कोई मूलप्रवृत्ति मानी भी जाय तो उसका क्षेत्र बहुत सीमित मालूम पड़ता है। यह सर्वविदित है कि बालक अपनी अधिकांश क्रियायें, आदतें, व्यवहार आदि परिवार में दूसरों के अनुकरण से सीखता है। कभी-कभी वह यह न जानते हुए भी बड़ों का अनुकरण करता है कि वह क्या कर रहा है। मनुष्य की अनुकरण शक्ति पशुओं से भी अधिक है क्योंकि वह उनसे अधिक सूक्ष्म निरीक्षण कर सकता है। यह आवश्यक नहीं है कि वह सभी सूक्ष्म बातों को देख ले या जो कुछ देखे उसका तत्काल अनुकरण करे परन्तु वह अनुकरण करता जरूर है। मनुष्य के सीखने में अनुकरण का बड़ा भारी महत्व है। पक्षियों में तोता, मैना आदि कुछ पक्षी दूसरों की आवाज का बड़ा अच्छा अनुकरण कर लेते हैं, परन्तु अन्य में अनुकरण की शक्ति नहीं होती। इस प्रकार अनुकरण करने की शक्ति जीवों में अलग-अलग मात्रा में होती है और उसी के अनुसार उनमें अनुकरण की प्रवृत्ति पाई जाती है।

(7) सहानुभूति—सहानुभूति (Sympathy) में दूसरे की संवेगात्मक अनुक्रिया का अनुकरण किया जाता है। किसी को भारी कष्ट में देखकर सहानुभूतिमय व्यक्तियों को भी उसी प्रकार की, यद्यपि उससे बहुत ही अधिक हल्की मात्रा में कष्ट की अनुभूति हो सकती है। बहुत से लोग ऐसे हैं जो किसी को रोते हुए देखकर अपने आंसू नहीं रोक सकते। किसी दु:खपूर्ण कहानी को चित्रपट पर देखते हुए बहुत से लोग घण्टों आंसू बहाते देखे जाते हैं। किसी दुखान्त फिल्म के खत्म होने के बाद सिनेमा घर से निकलने वाली स्त्रियों पर एक नजर डालिये तो अधिकांश की आंखों में रोने के चिन्ह दिखाई पड़ जायेंगे। परन्तु इस प्रकार की प्रतिक्रिया सभी लोगों में नहीं देखी जा सकती। ऐसे भी लोग हैं जो दूसरों को कष्ट पाते देखकर ही नहीं बल्कि स्वयं दूसरों को घोर पीड़ा पहुँचाते समय हंसते हैं। ऐसे लोगों को आप क्या कहेंगे? अवश्य ही उनमें सहानुभूति का अभाव है। जर्मनी में हजारों आदमियों के मरने का समाचार पढ़ कर आपको केवल कौतूहल

होता है परन्तु अपने किसी एक दूर के स्नेही के मर जाने पर आपको दु:ख होता है। ऐसा क्यों है? वास्तव में सहानुभूति को मूल-प्रवृत्ति नहीं माना जा सकता। उसमें से बहुत कुछ तो **प्रतिबद्ध** अनुक्रिया (Conditioned Response) के कारण होती है। शेष भी किसी न किसी प्रकार से अर्जित प्रेरक है।

वैयक्तिक सामाजिक प्रेरणायें
(Personal Social Motives)

सामाजिक परिवेश में सभी व्यक्ति बहुत सी सामाजिक प्रेरणाओं को विकसित कर लेते हैं। सामाजिक परिवेश में अर्जित प्रेरणायें ही सामाजिक प्रेरणायें कही जाती हैं। इनका वर्णन पीछे किया जा चुका हैं। परन्तु पीछे बतलाई गई सामान्य सामाजिक प्रेरणाओं के अतिरिक्त व्यक्ति भिन्न-भिन्न प्रकार की वैयक्तिक प्रेरणायें भी विकसित कर लेते हैं। जहाँ सामान्य सामाजिक प्रेरणायें सभी व्यक्तियों में देखी जा सकती हैं वहां वैयक्तिक प्रेरणाओं सब में नहीं मिलती। उदाहरण के लिये सभी लोग नशा नहीं करते। दूसरे, जहां सामाजिक प्रेरणायें सबमें लगभग एक सी दिखलाई पड़ती हैं वहां वैयक्तिक सामाजिक प्रेरणाओं के रूप भिन्न-भिन्न व्यक्तियों में भिन्न-भिन्न होते हैं। उदाहरण के लिये विभिन्न व्यक्तियों की अभिरुचियां और अभिवृत्तियां, जीवन लक्ष्य, आकांक्षा का स्तर, आदत की शक्ति और अचेतन प्रेरणायें इत्यादि अपनी-अपनी सामाजिक परिस्थितियों और अपने वंशानुगत गुणों के अनुसार भिन्न-भिन्न देखे जाते हैं। इसी भिन्नता से व्यक्तियों का सामाजिक व्यवहार एक दूसरे से इतना भिन्न होता है। अत: मनुष्य के सामाजिक व्यवहार के अध्ययन में उसकी जैवजनित और सामान्य सामाजिक प्रेरणाओं के साथ-साथ वैयक्तिक सामाजिक प्रेरणायें भी महत्वपूर्ण हैं। यहां इन पर विचार किया जायगा।

(1) जीवन लक्ष्य (Life-Goal)—संसार में छोटे से छोटा और बड़े से बड़ा व्यक्ति स्त्री-पुरुष, बालक-युवक, प्रौढ़ और वृद्ध सभी स्तर, सभी आयु और सभी लिंग के लोग जीवन में अपने-अपने कुछ न कुछ लक्ष्य रखते हैं। इन लक्ष्यों से ही जीवन में उनकी क्रियायें और व्यवहार परिचालित होते हैं। ये ही व्यक्ति को परिश्रम करने की शक्ति प्रदान करते हैं। इन्हीं से उसका व्यक्तित्व बनता है। केवल चेतन रूप में ही नहीं बल्कि अचेतन रूप में भी इनका कार्य बड़ा महत्वपूर्ण है। यूं तो जीवन-लक्ष्य बहुत कुछ बचपन से ही निर्धारित हो जाते हैं परन्तु परिस्थितियों के बदलने के साथ-साथ समयानुसार इनमें भी परिवर्तन होता रहता है। हो सकता है कि कोई बालक जो आज डाक्टर बनना चाहता है वह बड़ा होकर डाक्टर न बन कर वकील बनने की चेष्टा करे क्योंकि उसको डाक्टर के पेशे में बहुत सी असुविधायें और नापसन्द बातें दिखलाई पड़ती है। परन्तु चाहे जीवन लक्ष्य बाद में बदल जाये फिर भी मानव जीवन में सदैव कोई न कोई जीवन-लक्ष्य व्यक्ति के सामने अवश्य रहता है।

जीवन-लक्ष्य जैसा कि उसके नाम से स्पष्ट है जीवन का लक्ष्य है। यह बहुत कुछ जीवन दर्शन (Philosophy of life) पर आधारित होता है। जीवन दर्शन को प्रेरणा नहीं कहा जा सकता क्योंकि वह अधिकतर ज्ञानात्मक होता है। जीवन दर्शन के आधार पर जो जीवन लक्ष्य बनते हैं वे ही व्यक्तिगत जीवन में प्रेरक कारक होते हैं। जीवन दर्शन बदलने के साथ-साथ जीवन-लक्ष्य

भी बदलते रहते हैं। उदाहरण के लिये जो लोग खाने-पीने, गृहस्थी बसाने तथा भौतिक वस्तुओं को जुटाने को ही जीवन का एकमात्र उद्देश्य मानते हैं उनका जीवन-लक्ष्य बहुधा उनका व्यवसाय ही रहता है। इस तरह कोई डाक्टर, कोई वकील, कोई मिल मालिक और कोई व्यापारी बनना चाहता है। परन्तु कुछ अन्य लोगों के जीवन दर्शन में भौतिक सफलता का स्थान इतना ऊंचा नहीं होता। वे साहित्य, दर्शन, कला, विज्ञान इत्यादि किसी ऊंचे लक्ष्य की साधना को जीवन का चरम उद्देश्य मानते हैं। इन लोगों का जीवन लक्ष्य दार्शनिक, साहित्यकार, वैज्ञानिक इत्यादि बनना हो सकता है। कुछ अन्य लोग यह समझते हैं कि जीवन दूसरों की सेवा के लिये मिला है। इस जीवन दर्शन को लेकर उनके लक्ष्य सार्वजनिक सेवा, समाज सुधार इत्यादि बन जाते हैं। अन्य कुछ लोग 'खाओ पियो मौज उड़ाओ' का जीवन लक्ष्य लेकर चलते हैं। उनका जीवन लक्ष्य येन केन प्रकारेण रुपये पैदा करना और चाहे जैसे सुख भोग करना होता है।

(2) आकांक्षा का स्तर (Level of Aspiration)–जिस प्रकार संसार में कोई भी व्यक्ति जीवन दर्शन और जीवन लक्ष्य से हीन नहीं होता उसी प्रकार हर एक व्यक्ति अनेक आकांक्षायें भी रखता है। ये आकांक्षायें सब में एक जैसी नहीं होतीं। कोई सुख शान्ति से रहना चाहता है, कोई विशाल सम्पत्ति का मालिक बनना चाहता है। किसी की आकांक्षा इतनी ही है कि उसको दोनों जून पेट भर खाना और तन ढँकने को कपड़ा मिलता रहे तो दूसरा और कोई कोठी, कार, नौकर-चाकर तथा लाखों के बैंक बैलेंस से कम में सन्तुष्ट नहीं हो सकता। केवल भौतिक उत्पादनों को लेकर ही आकांक्षाओं के स्तर भिन्न नहीं होते अन्य क्षेत्रों में भी भिन्न-भिन्न स्तर की आकांक्षायें देखी जा सकती हैं। उदाहरण के लिये धार्मिक तो बहुत से लोग होते हैं परन्तु धार्मिक आकांक्षायें सब में नहीं होतीं। अधिकतर लोग समय असमय थोड़ी बहुत पूजा पाठ करके या धार्मिक विधि विधान में सम्मिलित होकर धर्म से छुट्टी पा जाते हैं। परन्तु कुछ लोगों के लिये धर्म का प्रचार और अपना आध्यात्मिक विकास ही सबसे अधिक तीव्र आकांक्षा बना जाता है। इसी प्रकार लेखक, दार्शनिक, राजनीतिज्ञ, समाज सुधारक, नेता, अभिनेता सभी की अपनी-अपनी व्यक्तिगत आकांक्षायें होती हैं जो दूसरों में नहीं दिखाई देती।

आकांक्षा का स्तर चाहे कैसा भी हो अथवा मनुष्य में चाहे कोई भी आकांक्षायें हों उसके जीवन और व्यवहार में इनका महत्व कभी भी कम नहीं होता। उसके आचार-विचार इन्हीं के अनुसार बन जाते हैं। वह इन्हीं को सन्तुष्ट करने के प्रयासों में लगा रहता है। एक व्यक्ति दिन-रात अधिक से अधिक पैसा कमाने में लगा रहता है तो दूसरा व्यक्ति अधिक से अधिक काम कमाने में जुटा रहता है। एक व्यक्ति दिन रात काम करके महान लेखक बनना चाहता है तो एक विद्यार्थी प्रथम श्रेणी में परीक्षा में पास होने के लिये दिन रात परिश्रम करता दिखलाई पड़ता है। जीवन में उत्साह और प्रेरणा बनाये रखने के लिये आंकाक्षाओं का होना नितान्त आवश्यक है यद्यपि उन पर बुद्धि का सन्तुलन भी अवश्य होना चाहिये।

आकांक्षायें कैसे बन जाती हैं और भिन्न-भिन्न व्यक्तियों की आकांक्षाओं में इतना अधिक अन्तर क्यों होता है? स्थूल रूप से हर एक व्यक्ति अपनी-अपनी परिस्थितियों के अनुसार आकांक्षायें विकसित कर लेता है। सामान्य रूप से आर्थिक क्षेत्र में निर्धन परिवार में पले लोगों की आकांक्षायें निम्न और धनिक परिवारों में पले लोगों की आकांक्षायें उच्च स्तर की होती हैं। परन्तु यह कोई

अनिवार्य नियम नहीं माना जा सकता क्योंकि बहुत से निर्धन परिवार में पले लोगों की आर्थिक आकांक्षायें बहुत ऊंची होती हैं जबकि दूसरी ओर कुछ धनिक परिवारों में पले लोगों में आर्थिक आकांक्षा होती ही नहीं। वास्तव में आकांक्षा का स्तर और रूप केवल परिवेश से ही निर्धारित नहीं होता। बहुधा देखा जाता है कि एक ही परिवार में किसी-किसी की आकांक्षा धार्मिक है और किसी की आर्थिक, आर्थिक क्षेत्र में भी किसी की नीचे स्तर की है और किसी की उच्च स्तर की। आकांक्षाओं के रूप और स्तर के निर्माण में व्यक्ति की वंशानुगत प्रवृत्तियों और परिवेश की परिस्थितियों की अन्तर्क्रिया का सबसे अधिक महत्व है। जो हो, मनुष्य के जीवन और व्यवहार में उसकी आकांक्षाओं के रूप और स्तर का बड़ा महत्व होता है यद्यपि समयानुसार आकांक्षाओं के रूप और स्तर दोनों बदल सकते हैं।

(3) **अभिरुचियां** (Interests)—प्रत्येक व्यक्ति में नाना प्रकार की अभिरुचियां होती हैं। कुछ अभिरुचियां कुछ लोगों से मिलती हैं और कुछ अन्य लोगों से मिलती हैं। किन्हीं भी दो व्यक्तियों की सभी अभिरुचियों का एकदम हूबहू एक सा होना कठिन है। अभिरुचि का व्यक्ति के व्यवहार पर बड़ा प्रभाव पड़ता है। जिस वस्तु में हमारी अभिरुचि है वह हमें अच्छी लगती है और हम उसे प्राप्त करना चाहते हैं। जिसमें हमारी अभिरुचि नहीं है हम उसकी कोई परवाह नहीं करते। इस अभिरुचि का ध्यान से भी बड़ा निकट सम्बन्ध है। जिस व्यक्ति की जिस वस्तु में अभिरुचि होती है वह उसी की ओर अधिक ध्यान देता है। दूसरे शब्दों में उसकी ओर उसका ध्यान अनायास ही चला जाता है। जिस वस्तु में उसकी कोई अभिरुचि नहीं हैं उसकी ओर स्वभावतया वह ध्यान नहीं देता। अभिरुचि के विरुद्ध वस्तुओं को हम पसन्द नहीं करते और उनसे दूर रहना चाहते हैं। अभिरुचियां कुछ तो जन्मजात स्वभाव और प्रवृत्तियों पर आधारित होती हैं और कुछ परिस्थितियों से भी बन जाती हैं। कुछ अभिरुचियां लगभग जीवन भर चलती हैं और कुछ आयु अथवा परिस्थितियों या मानसिक विकास के साथ बदलती रहती हैं। परन्तु किसी भी दशा में व्यवहार और जीवन में अभिरुचि का महत्व कम नहीं होता।

(4) **अभिवृत्तियां** (Attitudes)—अभिरुचि के समान भिन्न-भिन्न व्यक्तियों में भिन्न-भिन्न वस्तुओं और व्यक्तियों की ओर विभिन्न अभिवृतियां दिखलाई पड़ती हैं। अभिवृतियां अनुकूल भी होती हैं और प्रतिकूल भी होती हैं। दोनों ही दशाओं में मनुष्य के व्यवहार पर इनका महत्वपूर्ण प्रभाव पड़ता है। हममें जिन वस्तुओं या व्यक्तियों के प्रतिकूल अभिवृत्ति बन जाती है, उनसे हम दूर भागते हैं और बचना चाहते हैं। दूसरी ओर जिन वस्तुओं या व्यक्तियों के प्रति मनुष्य में अनुकूल अभिवृत्ति होती है वह उन्हें पसन्द करता है और उनकी ओर बढ़ता है।

(5) **आदत की शक्ति** (Force of Habit)—मनुष्य के जीवन में आदतों का बड़ा महत्व होता है। जब हमारी किसी काम की आदत नहीं बनी होती तब तक तो हम आसानी से उसे चाहे जिस तरह से कर सकते हैं परन्तु जब कोई आदत पड़ जाती है तो साधारणतया हम उस आदत के अनुरूप कार्य करने को बाध्य हो जाते हैं। उदाहरण के लिये जिन्हें गाली देने की आदत है उनके मुख से हजार रोकने पर भी गाली निकल ही जाती है। जिन्हें सुबह जल्दी उठने की आदत है उन्हें उसके लिए विशेष प्रयास नहीं करना पड़ता। दूसरी ओर जिन्हें सुबह देर तक सोने की आदत हैं उनके लिए जल्दी उठना बड़ा कठिन है। आदतें डालना मनुष्य के अपने हाथ की बात है परन्तु

आदत पड़ जाने पर उनको तोड़ना उसके लिए बड़ा कठिन है और दुखदायी हो जाता है। गलत आदतें पड़ जाने पर उनके नुकसान को जानते हुए भी व्यक्ति उन्हें छोड़ नहीं पाता। स्पष्ट है कि आदत की शक्ति एक महत्वपूर्ण प्रेरणा है। इसके महत्व के विषय में जेम्स ने लिखा है "आदत समाज का विराट गतिपालक चक्र उसका सर्वाधिक मूल्यवान संरक्षक है... केवल वही जीवन के कठोरतम और घृणित रास्तों को उन पर चलने के लिए पले हुए लोगों द्वारा छोड़ दिये जाने को रोके रखता है। वह जाड़े भर मछुवे और नाविक को समुद्र पर रखती है। वह खनिक को उसके अन्धकार में थामें रहती है और बर्फ पड़ने के तमाम महीनों में किसान को उसकी झोपड़ी और एकांत खेत से विजड़ित रखती है। वह हमको रेगिस्तान और बर्फीले प्रदेशों के आदिमवासियों के आक्रमण से बचाती है।"[4] यद्यपि इस उदाहरण से जेम्स ने आदत के प्रभाव को अपने अमरीकन परिवेश से बहुत कुछ बांध दिया है परन्तु फिर भी इससे जीवन में आदत का प्रभाव भली प्रकार स्पष्ट होता है। कहना न होगा कि मानव व्यवहार में आदत की शक्ति एक सबल प्रेरणा है।

(6) मद्यपान (Drug Addiction)—आदत के प्रसंग में मद्यपान की प्रेरणा को भी समझा जा सकता है। जिन लोगों को किसी भी तरह के मद्य अथवा नशे की आदत पड़ जाती है वे उस लत को छोड़ नहीं सकते अथवा उन्हें उसे छोड़ने में बड़ी कठिनाई अनुभव होती है। इसका कारण यह है कि शराब, भांग, अफीम, बीड़ी-सिगरेट आदि किसी भी नशे की लत पड़ जाने पर व्यक्ति में उसकी आवश्यकता सी बन जाती है और वह उसके बिना रह नहीं सकता। उसे बार-बार उसी वस्तु के सेवन की प्रेरणा होती है। यदि किसी कठिन समय में आंधी तूफान या वर्षा में अथवा आधी रात को भी उसे नशे की हुड़क लगती है तो वह चाहे जिस तरह से, चाहे जितनी भी कोशिश करके उस वस्तु को अवश्य प्राप्त कर लेना चाहता है। जब तक वह ऐसा नहीं कर लेता तब तक उसे चैन नहीं मिलता। मद्यपान की प्रेरणा कितनी तीव्र होती है यह जानने के लिये उन लोगों के जीवन पर दृष्टिपात करना काफी होगा जो मद्यपान के आदि हैं। ऐसे लोग मद्यपान के लिए जीवन की बड़ी से बड़ी चीज छोड़ने को प्रस्तुत रहते हैं। मद्यपान न करने वाला नशेबाज लोगों की मनस्थिति का अनुमान भी नहीं कर सकता। आजकल मद्यपान की लत छुड़ाने के लिये बहुत से मनोवैज्ञानिक उपायों को प्रयोग किया जाता है।

(7) अचेतन प्रेरणा (Unconscious Motives)—मनोविश्लेषणवाद के संस्थापक डाक्टर सिगमंड फ्रॉयड (Freud) ने मानव जीवन और व्यवहार में अचेतन प्रेरणाओं के महत्व पर विशेष जोर दिया है। फ्रॉयड के अनुसार अचेतन मानव मन का एक बड़ा भाग है जिनकी क्रियायें हम से छिपी रह कर चेतन स्तर की बहुत सी क्रियाओं को संचालित करती हैं। अचेतन के विषय में खोजों से ज्ञात हुआ है कि उसका मानव जीवन में बड़ा महत्व है। हमारे दैनिक जीवन के बहुत से

4. "Habit is the enormous fly-wheel of society, its most precious conservative agent....,It alone prevents the hardest and most repulsive walks of life from being deserted by those brought up to tread therein. It keeps the fisherman and the deck hand at sea through the winter. It holds the miner in his darkness and nails the countryman to his log cabin and his lonely farm through all the months of snow. It protects us from invasion by the natives of the desert and the frozen zone"

— W. m. James, *The Principles of Psychology,* Vol. I p.121

व्यवहारों के आदि स्रोत अचेतन में होते हैं। स्वप्नों को अचेतन मन ही संचालित करता है। दिवा स्वप्नों में अचेतन मन का बहुत बड़ा हाथ है। मानसिक रोगों की जड़ें अचेतन में ही होती हैं। भूलने के कारण अचेतन में होते हैं। अचेतन हमारी कल्पनाओं में महत्वपूर्ण भाग लेता है। दैनिक व्यवहार की बहुत सी भूलें जैसे लिखने की, शारीरिक और मानसिक क्रियाओं की बहुत सी भूलों का कारण अचेतन ही है। हमारी जो मूल प्रवृत्ति जन्य प्रवृत्तियां सन्तुष्ट नहीं हो पातीं वे अचेतन में रहती हैं और स्वप्न, दिवा स्वप्न, भूल अनेक असामान्य व्यवहारों के द्वारा चेतन स्तर पर आती रहती हैं। अचेतन का विश्लेषण करके इनको समझा जा सकता है और समझकर अनेक असामान्य व्यवहार तथा मानसिक व्याधियां दूर की जा सकती हैं। हमारी सीखी हुई बहुत सी बातें जो चेतन स्तर पर नहीं दिखाई पड़ती और जिन्हें हम भूला हुआ समझते हैं अचेतन मन में रहती हैं। इन्हीं के कारण अन्तर्दृष्टि होती है जिससे सीखने में बड़ी सहायता मिलती है। इन्हीं से कला, साहित्य तथा विज्ञान आदि में सूझ-बूझ दिखलाई पड़ती है। अचेतन मन की यही प्रवृत्तियां मनुष्यों को नृत्य, गान, चित्रकारी आदि ललित कलाओं में प्रेरणा देती है क्योंकि इनके माध्यम से दमित प्रवृत्तियों को सन्तोष मिलता है।

मानव व्यवहार में अचेतन की सहायता से बड़ा लाभ उठाया जा सकता है। बहुधा चेतन और अचेतन प्रवृत्तियों में संघर्ष रहता है और इससे व्यक्ति में नाना प्रकार के असामान्य व्यवहार दिखाई पड़ते हैं। परन्तु यदि अचेतन पर नियन्त्रण कर लिया जाय अथवा उसका सहयोग प्राप्त कर लिया जाय तो हमारी योग्यताओं, सामर्थ्यों और कार्यों में असामान्य प्रतिभा दिखाई पड़ सकती है। भविष्य में मनोवैज्ञानिक शोधों से मानव जीवन और व्यवहार में अचेतन के महत्व पर और भी प्रकाश पड़ने की संभावना है।

प्रेरणाओं की आपेक्षिक शक्ति

पीछे जैवजनित और सामान्य सामाजिक तथा वैयक्तिक सामाजिक प्रेरणाओं का वर्णन किया गया है। यहां यह प्रश्न उठता है कि इन प्रेरणाओं में अपेक्षाकृत रूप से (Relatively) कौन अधिक शक्तिशाली होती है? इस प्रकार के उत्तर में सबसे पहले यह जानना आवश्यक है कि मनुष्य की विभिन्न आवश्यकताओं में कौन सी आवश्यकतायें अन्य आवश्यकताओं से अधिक मौलिक हैं और कौनसी इन मौलिक आवश्यकताओं की पूर्ति के बाद आती हैं। आवश्यकताओं के महत्व के विषय में सामान्य रूप से यह बात सभी मानते हैं कि शारीरिक और जैवकीय आवश्यकतायें सबसे अधिक महत्वपूर्ण हैं क्योंकि इनकी पूर्ति के अभाव में मनुष्य का अस्तित्व ही खतरे में पड़ जाता है और जीवन ही नहीं रहा तो फिर आवश्यकतायें ही कहां रह सकती हैं? यह मत निस्सन्देह समीचीन है परन्तु यदि शारीरिक आवश्यकताओं की पूर्ति का आध्यात्मिक या सामाजिक आवश्यकताओं से संघर्ष होता है तो ऐसी स्थिति में समस्या इतनी सरल नहीं रहती। कुछ लोगों का विचार है कि जान पर आ बनने पर आदमी को कुछ भी करने का अधिकार है अर्थात् तत्व को बनाये रखने की आवश्यकतायें सबसे पहले हैं। परन्तु दूसरी ओर कुछ अन्य विचारक आध्यात्मिक और सामाजिक आवश्यकताओं के सामने शारीरिक और जैवकीय आवश्यकताओं को गौण समझते हैं। किस व्यक्ति में इन दोनों विकल्पों में से किस विकल्प की ओर अधिक प्रवृत्ति होगी यह उसके अपने व्यक्तित्व, चरित्र तथा जीवन दर्शन पर निर्भर है।

जैवकीय आवश्यकताओं में भी भिन्न-भिन्न विचारक भिन्न-भिन्न आवश्यकताओं को एक-दूसरे से अधिक शक्तिशाली मानते हैं। उदाहरण के लिये कहा गया है "बुभुक्षित: किम् न करोति पापम्" अर्थात् भूख से पीड़ित व्यक्ति बड़े से बड़ा पाप करने को तैयार हो जाता है। परन्तु यही बात तो यौन प्रवृत्ति के विषय में कही जा सकती है और कुछ विचारकों ने इसको ही अपेक्षाकृत सबसे अधिक शक्तिशाली माना है। फ्रॉयड मानव जीवन और व्यवहार में यौन प्रवृत्ति की प्रेरणा को सबसे अधिक शक्तिशाली मानता है। मैसलो (Maslow) दैहिक आवश्यकताओं को अपेक्षाकृत सबसे अधिक शक्तिशाली मानता है।

मनोवैज्ञानिक आवश्यकताओं का महत्व

जहां कुछ लोग शारीरिक और जैवकीय आवश्यकताओं को अधिक शक्तिशाली मानते हैं वहां अन्य लोग कुछ मनोवैज्ञानिक आवश्यकताओं पर जोर देते हैं। उदाहरण के लिये एडलर (Adler) शक्ति प्राप्त करने की प्रेरणा (Will to Power) और आत्म-सम्मान की भावना को मानव जीवन में सबसे अधिक महत्वपूर्ण मानता है। उसके अनुसार मनुष्य में आत्म-सम्मान या स्वस्थापन (Self-Assertion) की प्रवृत्ति प्रमुख होती है। करेन हारनी (K. Horney) ने सुरक्षा सम्बन्धी आवश्यकताओं (Safety Needs) को महत्वपूर्ण माना है। गोल्ड स्टीन (Goldstein) ने आत्माभिव्यक्ति की आवश्यकताओं (Self-Actualisation) को महत्वपूर्ण माना है। यद्यपि सभी व्यक्तियों की प्रेरणाओं में किसी विशेष प्रेरणा को अन्य प्रकार की प्रेरणाओं से अधिक महत्वपूर्ण ठहराना उचित नहीं है परन्तु यदि व्यक्तिगत विभिन्नताओं को छोड़ दिया तो यह कहा जा सकता है कि मानव व्यवहार की प्रेरणाओं में सबसे अधिक शक्तिशाली जैवकीय प्रेरणायें होती हैं। इनमें भी भूख (Hunger) और यौन (Sex) प्रवृत्ति की प्रेरणायें अपेक्षाकृत अधिक शक्तिशाली हैं। काम प्रवृत्ति की अपेक्षा भूख की प्रेरणा को अधिक शक्तिशाली कहना उचित होगा क्योंकि पेट भरा होने पर ही मनुष्य में काम प्रवृत्ति उठ सकती है पहले नहीं। इस सम्बन्ध में गुएट्जकोव (Guetzkow) और बाउमैन (Bouman) ने लिखा है "भुखमरी के अन्त तक कोई बिरला व्यक्ति ही प्रेम व्यवहार चलाये रखता है। उठते हुए रोमान्स निष्प्राण हो गये और कुछ लोगों ने आश्चर्य किया कि उस लड़की में कैसे इतनी अधिक रुचि रखते थे। भुखमरी के लम्बे दिनों में एक व्यक्ति की लड़की मित्र एक दूर के नगर से उसको मिलने पहुँची और उसने उसके उत्कृष्ट प्रेम को निराशाजनक रूप से उथला पाया। उसका स्नेहमय प्रतिक्रियाओं का सरोवर सूख रहा था"[5] जैसा कि इस उदाहरण में ठीक ही कहा गया है भूख की दशा में मनुष्य की और कोई भी प्रेरणा काम नहीं कर

---

5. "It was the rare individual who continued courtship at the end of starvation. Budding romances collapsed, and some men wondered how they could have been so interested in that girl. One fellow's girl friend visited him from a distant city in the low days of starvation, and she found his ostensible affection disappointingly shallow. His reservoir of affectional responses was drying up."

— Guetzkov and Bowman, *Man and Hunger : A Psychological Manual for Relief Workers* (1946), p. 24.

सकती। इस सम्बन्ध में मिनेसोटा विश्वविद्यालय में एक प्रयोग भी किया गया। यह प्रयोग एक वर्ष तक चला। इस प्रयोग में बत्तीस व्यक्तियों को तीन महीने तक सामान्य भोजन दिया गया और 6 महीने उनको लगभग आधे पेट ही भोजन दिया गया। इसके बाद तीन महीने इन्हें फिर पहली दशा पर लाया गया। आधे पेट भोजन के दिनों में ये लोग पदार्थों के विषय में इतना अधिक सोचते थे कि उनके लिये लाख कोशिश करने पर भी किसी बौद्धिक काम में ध्यान लगाना कठिन था। यदि आदमी पढ़ने बैठ भी जाता तो बहुत शीघ्र ही उसके मस्तिष्क में खाद्य पदार्थों के सम्बन्ध में कल्पनायें उठने लगतीं और वह उनके दिवास्वप्न में खो जाता। वह बार-बार पिछले दिनों में मिले हुए भोजन की याद करता। वह उन अवसरों के लिए पछताता जब कि उसने मिली हुई खाने की चीजों को छोड़ दिया। भोजन मिलने का अवसर आने के कितने ही पहले लोग उसकी सुखद कल्पनाओं में खो जाते। वे भोजन के ही स्वप्न देखते, उसी के बारे में सोचते, उन्होंने बहुत सी विचित्र आदतें भी विकसित कर लीं जिनमें से कुछ असभ्य भी थीं। उदाहरण के लिये वे खाने के बाद प्लेटें चाट जाते और उंगलियां चूसते। इनमें से कुछ लोग हर समय खाने की तलाश में रहते। एक दो लोगों ने भोजन की वस्तुओं की चोरी भी की। स्पष्ट है कि भूख की प्रेरणा को सबसे अधिक महत्वपूर्ण मानना गलत नहीं होगा। धार्मिक और आध्यात्मिक जीवन के भारी समर्थक महात्मा गांधी ने लिखा है कि भूखे को चांद और सूरज भी रोटी की तरह गोल दिखलाई पड़ते हैं। जिन लोगों ने भुखमरी और अकाल के दिनों में भूख से हुये दंगे देखे हैं उनको इस अवसर पर अधिक समझाने की आवश्यकता नहीं होगी। शारीरिक और जैवकीय प्रेरणाओं के बाद मनोवैज्ञानिक प्रेरणाओं को शक्तिशाली माना जा सकता है इनमें आती हैं-सुरक्षा सम्बन्धी आवश्यकतायें, स्नेह और अपनेपन की आवश्यकतायें, प्रशंसा और सम्मान प्राप्त करने की आवश्यकतायें तथा आत्माभिव्यक्ति की आवश्यकतायें इत्यादि। इनके बाद उन प्रेरणाओं को लिया जा सकता है जिनका वैयक्तिक सामाजिक प्रेरणाओं में वर्णन किया गया है। सबसे अन्त में सामान्य आवश्यकताओं को माना जा सकता है। इस प्रकार प्रेरणाओं की आपेक्षिक शक्ति के विषय में अधिकतम से न्यूनतम की ओर जाने पर स्थाई रूप से निम्नलिखित क्रम माना जा सकता है।

प्रेरणायें

1. दैहिक और जैवकीय प्रेरणायें–
   - (अ) भूख।
   - (ब) काम प्रवृत्ति।
   - (स) अन्य।
2. मनोवैज्ञानिक प्रेरणायें।
3. वैयक्तिक सामाजिक प्रेरणायें।
4. सामान्य सामाजिक प्रेरणायें।

मानव व्यवहार की गतिशीलता
(Dynamics of Human Behaviour)

मनुष्य के जीवन और व्यवहार में भिन्न-भिन्न प्रकार की प्रेरणाओं के उपरोक्त विवेचन से स्पष्ट है कि मनुष्य का व्यवहार गतिशील और परिवर्तनशील होता है। किंबाल यंग ने ठीक ही लिखा है ''व्यवहार को सर्वोत्तम रूप से तभी समझा जाता है जबकि हम उसे व्यक्ति और उसके परिवेश के एक गतिशील और बराबर बदलते हुए सम्बन्ध में देखते हैं।''[6] पिछले दिनों समाज मनोविज्ञान में जो खोजें हुई हैं उनसे मानव व्यवहार की गतिशीलता पर और भी अधिक प्रकाश पड़ा है। केवल मनोवैज्ञानिकों ने ही नहीं बल्कि समाजशास्त्रियों और मानवशास्त्रियों ने भी मानव व्यवहार की गतिशीलता को समझने में योग दिया है।

व्यवहार और प्रेरणा के गतिशास्त्र में दो परिवर्तनशील तत्वों की परस्पर अन्तर्क्रियाओं और सम्बन्धों का अध्ययन किया जाता है। इनमें से एक तो है व्यक्ति की आवश्यकतायें, प्रेरणायें, संकल्प, संवेग, मूल प्रवृत्तियां इत्यादि और दूसरें तत्व में उसके लक्ष्य, योजनायें अथवा वे वस्तुयें तथा स्थितियां आदि आती हैं जिनको प्राप्त करने के लिये व्यक्ति प्रयास करता है। इन दोनों तत्वों में से किसी भी तत्व में कोई भी परिवर्तन होने पर मानव व्यवहार में कुछ न कुछ परिवर्तन अवश्य आता है। इस प्रकार मानव व्यवहार में जैवकीय और सामाजिक दोनों ही तत्व महत्वपूर्ण हैं। इसलिये आधुनिक समाज मनोवैज्ञानिकों में बहुत से व्यवहार को जैवसामाजिक मानते हैं। शेरिफ और शेरिफ के शब्दों में ''जैवकीय और सामाजिक विज्ञान दोनों में आधुनिक प्रवृत्ति मनोवैज्ञानिक विकास को एक जैव-सामाजिक उत्पत्ति समझती है। व्यवहार उन प्रक्रियाओं का परिणाम है जिनमें जैवकीय कारक और सामाजिक प्रभाव अविभाज्य रूप में परस्पर सम्बन्धित हैं।''[7]

सारांश

प्रेरणा क्या है—प्रेरणा में वे सब आन्तरिक क्रियायें आ जाती हैं जो किसी क्रिया को छेड़ती या जारी रखती हैं। प्रेरक में वे कारक सम्मिलित हैं जो अन्दर से जीव की क्रियाओं को नियन्त्रित करते हैं। प्रेरणा व्यवहार के 'क्यों' की व्याख्या है। अनेक प्रकार के कामों के पीछे एक ही प्रेरक और एक ही काम के पीछे भिन्न-भिन्न प्रेरक हो सकते हैं।

---

6. "Behaviour is best understood when we view it in terms of a dynamic or constantly changing relationship of the individual to his environment."
— Young, K., *Personality and Problems of Adjustment,* p.43.

7. "The modern trend in both biological and social sciences conceives of psychological development as a biosocial product. Behaviour is a product of processes in which biological factors and social influences are inextricably interrelated--one of the main points in the frame of reference concept."
—Sherif and Sherif, *An Outline of Social Psychology,* p. 365.

प्रेरणायुक्त अनुभव तथा व्यवहार के लक्षण–(1) शक्ति संचालन (2) निरन्तरता (3) परिवर्तनशीलता (4) लक्ष्य प्राप्त करने की बेचैनी (5) लक्ष्य की प्राप्ति से बेचैनी का शान्त हो जाना।

प्रेरकों के प्रकार–प्रेरकों के वर्गीकरण में सबसे प्रसिद्ध हैं–जैव-जनित अथवा जन्मजात और समाजजनित अथवा अर्जित प्रेरक।

जैव-जनित प्रेरक–आन्तरिक प्रेरक अनर्जित, जन्मजात, प्राणात्मक, प्राथमिक, और स्वाभाविक होते हैं। इनमें शारीरिक और जैवकीय, आवश्यकतायें और ईहायें शमिल हैं।

विशिष्ट शारीरिक आवश्यकतायें–(1) होमियोस्टैसिस-इससे शरीर के रक्त में आवश्यक पानी, नमक आदि पदार्थों का सन्तुलन रहता है। इससे अनेक शारीरिक और मानसिक प्रेरणाओं का सूत्रपात होता है जिनका लक्ष्य सन्तुलन प्राप्त करना है। (2) तापक्रम का नियमन–इसका आधार मस्तिष्क में हाइपौथैलेमस है। (3) निद्रा–इसका केन्द्र भी हाइपोथैलेमस में ही है। आदतों से अत्यधिक प्रभावित होते हुए भी यह एक अनिवार्य शारीरिक आवश्यकता है। निद्रा में शारीरिक गतियां होती रहती हैं। (4) भूख-भूख में पेट हरकत करता है। इसका रक्त की रासायनिक अवस्था से बड़ा निकट सम्बन्ध है। आमतौर से जिन चीजों की शरीर में कमी होती है जीव को उन्हीं के खाने की इच्छा होती है। खाने के चुनाव में प्रयत्न और भूल का भी महत्व है। खाने में आदतों का प्रभाव पड़ता है परन्तु आदत के विरुद्ध भी चीजें खाई जा सकती हैं। सामूहिक रूप से खाने पर अधिक मात्रा में खाया जाता है। भूख शारीरिक के अलावा अन्य कारणों से भी हो सकती है। (5) प्यास–रक्त में पानी की कमी से प्यास लगती है। पोष न्यासर्ग के सन्तुलन कार्य में आवश्यकता के अनुपात में ही पानी पिया जाता है।

उपरोक्त आवश्यकताओं के अलावा जीवधारियों में मल-मूत्र, पसीना आदि व्यर्थ पदार्थ त्यागने तथा शारीरिक व्यायाम करने की विशिष्ट आवश्यकता पाई जाती है। इन विशिष्ट आवश्यकताओं के अलावा शरीर की कुछ ऐसी जन्मजात आवश्यकतायें भी हैं जिनके पूर्ण न होने से जीवन को कोई खतरा नहीं होता।

कम विशिष्ट आवश्यकतायें– (1) काम–यह काम न्यासर्गों से सम्बन्धित है और इससे सन्तानोत्पत्ति होती है। इसको सामान्य अनुक्रिया भिन्नलिंगीय जीव के प्रति एक विशेष प्रकार का व्यवहार है जिसकी चरम परिणति संभोग में होती है। निम्न श्रेणी के जीवों में यह ऋतु पर निर्भर होता है। मनुष्यों में यह एक जटिल क्रिया है और अनेक प्रकार के तत्वों से प्रभावित होती है। कामेन्द्रियों को निकाल देने से इसमें अन्तर नहीं पड़ता है। काम ग्रन्थियों के अलावा अन्य ग्रन्थियों के स्राव का भी इस पर प्रभाव पड़ता है। सभी स्त्री-पुरुषों में काम प्रवृत्ति के सम्बन्ध में व्यक्तिगत वैषम्य पाया जाता है। निम्न श्रेणी के जीवों में संयोग प्रवृत्ति के भी चिह्न मिलते हैं परन्तु कुछ श्रेणी के जीवों में और मनुष्यों में यौन व्यवहार के प्रतिमान अधिकतर अर्जित होते हैं। (2) मातृक व्यवहार–इसका चिह्न माता का शिशु के प्रति लगाव है। इसका कारण पोष ग्रन्थि से निकलने वाला प्रोलेक्टिन है। यह अनर्जित और सार्वभौम है तथा प्रत्येक जाति में इसका

एक निश्चित प्रतिमान होता है। परन्तु मनुष्यों में यह अर्जित ही मालूम पड़ता है। स्त्रियों में बचपन के संस्कारों और खेलों का मातृक व्यवहार से बड़ा निकट सम्बन्ध होता है।

सामान्य आवश्यकतायें— उपरोक्त कम विशिष्ट शारीरिक आवश्यकताओं के अलावा जीवों में कुछ सामान्य आवश्यकतायें भी पाई जाती हैं। ये भी जन्मजात प्रेरक हैं। (1) पलायन की प्रवृत्ति—यह खतरे की स्थिति में खतरे के चिह्नों से उत्पन्न होती है। इस लक्ष्य शरीर की रक्षा करना है। खतरे के संकेतों को साहचर्य या नियन्त्रण द्वारा सीखा जाता है। साहचर्य की सहायता से ही बालकों में से अनावश्यक भय को दूर किया जा सकता है। आमतौर से भय के कारण बाह्य उत्तेजनायें होती हैं। खतरे से बचने के उपाय सब जाति के जीवों और सब मनुष्यों में एक से नहीं होते। (2) युयुत्सा प्रेरक—इसका सबसे अधिक प्रभावशाली उत्तेजक अवरोध या किसी प्रेरणा का असफल होना है। इसमें जीव का लक्ष्य बाधक वस्तु को दूर करना या उस पर विजय प्राप्त करना होता है। युयुत्सा का प्रतिमान सभी जाति के जीवों या सभी मनुष्यों में एक सा नहीं होता। (3) जिज्ञासा—इसमें जीव अपरिचित को जानने की प्रवृत्ति रखता है। इसके साथ आश्चर्य की अनुभूति भी लगी हुई है। इस मूल प्रवृत्ति का कोई शारीरिक आधार नहीं है। (4) क्रीड़ा प्रवृत्ति—इसका शरीर में कोई विशेष केन्द्र न होते हुए भी यह शरीर की सामान्य दशा पर निर्भर होती है। इसका प्रतिमान सभी जातियों और एक जाति के सभी जीवों में बिल्कुल एक सा नहीं होता। इसमें मूल प्रेरणा व्यायाम करने की आवश्यकता है। (5) हास्य विनोद—यह मनुष्य की विशेष प्रवृत्ति है। इसकी क्रिया सभी व्यक्तियों में बहुत कुछ एक सी होती है परन्तु इसकी उत्पन्न करने की परिस्थितियां सब में एक सी नही होतीं। हास्य विनोद से तनाव कम होता है।

समाजजनित अथवा अर्जित प्रेरक—जन्मजात प्रेरकों के अलावा जीव में समाज और परिवेश के प्रभाव से भी अनेक प्रेरक विकसित होते हैं। ये अर्जित प्रेरक गौण तथा अप्रणात्मक होते हैं। अर्जित प्रेरकों के दो प्रकार हैं—(1) सामान्य सामाजिक और (2) व्यक्तिगत सामाजिक।

सामान्य सामाजिक प्रेरक—(1) प्रशंसा और निन्दा— यह व्यक्ति के समाजीकरण का परिणाम है और इसी से उसकी सामान्य अन्तरात्मा बनती है। आमतौर से व्यक्ति में प्रशंसा के कामों को करने और निन्दित कामों को न करने की प्रवृत्ति होती है। (2) प्रभुत्व का प्रेरक—एडलर, नीत्शे तथा डार्विन ने भानव व्यवहार में इस प्रेरक के महत्व पर जोर दिया है। इसके परिणामस्वरूप प्रतियोगिता और प्रतिद्वन्द्विता की प्रवृत्ति सभी व्यक्तियों में दिखाई पड़ती है। नेतृत्व इसी पर निर्भर होता है। प्रभुत्व का प्रेरक सभी समाजों और व्यक्तियों में नहीं पाया जाता। (3) आक्रामक प्रवृत्ति—यह प्रवृत्ति की ही एक अभिव्यक्ति है और सब समाजों तथा सब मनुष्यों में समान रूप से नहीं पाई जाती है। (4) आत्मसर्मपण—यह परिवार तथा समाज में सीखी जाती है। आमतौर से यह बच्चों और स्त्रियों में पाई जाती है परन्तु इसका होना सामाजिक प्रतिमान पर निर्भर है। (5) संघ प्रवृत्ति—इसमें जीव अपनी जाति के अन्य जीवों के साथ समूह बना कर रहना चाहता है। पशुओं में यह यूथचारिता के रूप में जाहिर होता है। परन्तु यह सार्वभौम नहीं है। (6) अनुकरण—मनुष्यों में व पशुओं में बहुत सी बातें अनुकरण से सीखी जाती हैं परन्तु अनुकरण बाध्य करने वाली अर्जित प्रवृत्ति नहीं है। मनुष्य में अनुकरण करने की क्षमता पशुओं से अधिक

है। (7) सहानुभूति—सहानुभूति दूसरों को कष्ट में देखकर उत्पन्न होती है। परन्तु वह प्रतिक्रिया सार्वभौम नहीं है।

वैयक्तिक सामाजिक प्रेरणायें—(1) जीवन लक्ष्य, (2) आकांक्षा का स्तर, (3) अभिरुचियां, (4) अभिवृत्तियां, (5) आदत की शक्ति, (6) मद्यपान, (7) अचेतन प्रेरणायें।

प्रेरणाओं की आपेक्षिक शक्ति—आपेक्षिक शक्ति की दृष्टि से मानव की प्रेरणाओं का क्रम इस प्रकार होगा—(1) दैहिक और जैवकीय प्रेरणायें (3) वैयक्तिक सामाजिक प्रेरणायें (4) सामान्य सामाजिक प्रेरणायें।

मानव व्यवहार की गतिशीलता—विभिन्न प्रेरणाओं से स्पष्ट है कि मानव व्यवहार गतिशील है और उसकी प्रक्रियाओं से जैवकीय और सामाजिक कारकों का अविभाज्य सम्बन्ध है।

5

अनुक्रियायें

(Responses)

अनुक्रियायें और व्यवहार के प्रकार

मानव प्राणी एक विशिष्ट परिवेश में रहता है। इस परिवेश से उसको बराबर कुछ न कुछ उत्तेजनायें मिलती रहती हैं और उनके कारण वह बराबर कुछ न कुछ अनुक्रिया करता रहता है। कभी वह पलक झपकता है तो कभी सिर हिलाता है, कभी घूमता फिरता है तो कभी बातचीत करता है। इस प्रकार पलक झपकने से लेकर तरह-तरह के खेल खेलने और जटिल कार्य करने तक की भिन्न-भिन्न अनुक्रियायें परिवेश जनित उत्तेजनाओं के परिणामस्वरूप होती रहती हैं। इन अनुक्रिय़ाओं का उद्देश्य परिवेश की वस्तुओं को समझना और बेहतर समायोजन (Adjustment) के लिए उनको इस्तेमाल करना है। अनुक्रियाओं में होने वाली शारीरिक गतियां रेखायुक्त (Striped) और चिकनी (Smooth) मांस-पेशियों पर निर्भर होती हैं। अनुक्रियाओं के अध्ययन से मनोवैज्ञानिक यह पता लगाता है कि जीव किस प्रकार विकसित होता है और अपने परिवेश से कैसे समायोजन करता है। अनुक्रियाओं का आधार मनुष्य का अनुक्रिया यन्त्र है। जिसका पिछले अध्याय में वर्णन किया जा चुका है। अनुक्रिया यन्त्र को समझ लेने के पश्चात् अब प्रस्तुत अध्याय में विभिन्न प्रकार की अनुक्रियाओं का अध्ययन किया जा सकता है। कहना न होगा कि ये अनुक्रियायें ही मिल कर व्यवहार बनाती हैं। इस व्यवहार को मनोवैज्ञानिकों ने भिन्न-भिन्न वर्गों में बांटा है। उदाहरण के लिए कुछ व्यवहार अर्जित होता है तो कुछ जन्मजात, कुछ जैवजनित प्रेरणाओं का परिणाम होता है, तो कुछ समाजजनित प्रेरणाओं का परिणाम, कुछ स्वचलित होता है तो कुछ जान-बूझ कर किया जाता है, कुछ चेतन होता है तो कुछ अचेतन, किसी में सम्पूर्ण शरीर कार्य करता है तो किसी में शरीर का कोई विशिष्ट अंग। व्यवहार की इन सब अनुक्रियाओं की ट्रॉपिज्म (Tropism) सहज क्रियाओं (Reflexes), प्रतिबद्ध अनुक्रिया (Conditioned response) तथा विभिन्न प्रकार की मूलप्रवृत्तियों (Instincts) और प्रेरणाओं (Motives) से व्याख्या की गई है। इन अनुक्रियाओं में संकेत (Suggestion), सम्मोहन (Hypnotism), विचार (Idea), समानुभूति (Empathy) और सबसे अधिक सीखने का महत्वपूर्ण योगदान होता है।

शरीरचालन (Locomotion) और प्रहस्तन (Manipulation)

प्रत्येक मानव प्राणी को जीवित रहने के लिये अपने भौतिक परिवेश से अनिवार्य रूप से समायोजन करना होता है। यह समायोजन दो प्रकार से किया जा सकता है, या बाहरी परिवेश को शारीरिक स्थितियों के अनुसार बदल दिया जाय अथवा शारीरिक स्थितियों को बाहरी परिवेश के अनुकूल बना दिया जाय। उदाहरण के लिए मनुष्य अपने परिवेश को नाना प्रकार से परिवर्तित करता है। तेज धूप, पानी और हवा से बचने के लिए वह तरह तरह के निवास स्थान में रहता है। अनाज के अभाव के दिनों में भोजन चलाने के लिए वह भोजन-सामग्री एकत्रित करता है। संक्षेप में, उसका व्यवहार कभी शरीर चालक (Motor) दिखलाई पड़ता है तो कभी प्रहस्तनकारी (Manipulative)।

शरीरचालक व्यवहार मनुष्य ही में क्या छोटे-मोटे कीड़ों-मकोड़ों, जल-चर, थल-चर और नभ-चर सभी प्रकार के जीवों में दिखलाई पड़ता है। ये सभी जीव भोजन की तलाश में इधर-उधर घूमते हैं। अधिक विकसित श्रेणी के जीवों को भोजन की तलाश में इतना अधिक परेशान नहीं होना पड़ता और मनुष्य ने तो अपनी शारीरिक आवश्यकताओं की पूर्ति के लिए बहुत से सरल साधन निकाल रखे हैं। उदाहरण के लिए आग लग जाने पर वह उससे भाग कर ही नहीं बचता बल्कि उसको बुझाता भी है। इसी प्रकार जब कि एक छिपकली छोटे से कीड़े को मारने के लिए घण्टों घात लगाये रहती है, बन्दर बड़ी आसानी से पेड़ों से फल तोड़ कर खा लेता है। परन्तु कुछ मनुष्यों को इतना भी परिश्रम नहीं करना पड़ता। खाने-पीने, आचार बनाने, शरीर को वस्त्रों के द्वारा ठीक से ढंका रहने तथा अपनी अन्य सभी आवश्यकताओं को पूरा करने में मनुष्य विज्ञान और प्रोद्यौगिकी की सहायता लेता है। साधन पशुओं को उपलब्ध नहीं हैं। इस प्रकार जीव-प्राणियों के क्रमशः विकास में शरीरचालक गतियों में क्रमशः परिवर्तन होता गया है और ऊंची श्रेणी के जीव परिवेश की वस्तुओं का भिन्न-भिन्न प्रकार से प्रहस्तन करना सीखते गये हैं। ज्यों-ज्यों विकास की श्रृखंला में ऊंची श्रेणी के जीव बढ़ते गये त्यों-त्यों उनकी सीखने की योग्यता में भी उन्नति होती गयी और मनुष्य में तो विभिन्न औजारों को इस्तेमाल करने की योग्यता अत्यन्त परिष्कृत स्तर पर पहुँच गई है। मानव शरीर में विभिन्न अंगों में परस्पर आश्चर्यजनक समायोजन दिखलाई पड़ता है। जिसमें मनुष्य अपने हाथों और पैरों से ऐसे बहुत-से काम कर सकता है जो पशु नहीं कर सकते। मनुष्य की यह योग्यता उसकी वैज्ञानिक और प्रोद्यौगिकीय प्रगति का आधार है।

किसी व्यवहार में हम सम्पूर्ण शरीर का प्रयोग करते हैं अथवा उसके किसी विशेष अंग का। इस अन्तर से मनोवैज्ञानिकों ने एक मूल और ऐच्छिक क्रियाओं (Voluntary actions) और ट्रॉपिज्म तथा सहज क्रियाओं में अन्तर किया है।

ऐच्छिक अनुक्रियायें

मोटे तौर से अनुक्रियाओं के दो भेद किये जा सकते हैं—ऐच्छिक (Voluntary) अनुक्रियायें और अनैच्छिक (NonVoluntary) अनुक्रियायें। ऐच्छिक अनुक्रियायें वे हैं जिन्हें जानबूझ कर किया जाता है। अनैच्छिक अनुक्रियायें अपने आप होती हैं।

ऐच्छिक क्रियाओं में लक्ष्य पहले से ही ज्ञात होते हैं, अत: उनमें अनुकूलन की यथार्थता (Precision of Adjustment) दिखाई पड़ती है। सप्रयोजन होने के कारण ऐच्छिक क्रियाओं में समायोजन में नवीनता दिखाई पड़ती है। सुचारू रूप से चलने पर उनमें समायोजन की तीव्रता (Intensity), विस्तार (Breadth) आदि पाये जाते हैं। ऐच्छिक क्रिया को तीन अवस्थाओं (Stages) से गुजरना पड़ता है—मानसिक, शारीरिक तथा बाह्य परिणामों की अवस्था। ऐच्छिक क्रियाओं में इच्छा (Desire), संकल्प (Will), विचार (Deliberation), निर्णय (Decision), निश्चय (Resolution), ध्यान, प्रेरणा और अभिप्राय (Intention) आदि सम्मिलित हैं।

अनैच्छिक अनुक्रियायें (Involuntary Responses)

अनैच्छिक अनुक्रियाओं में निम्नलिखित क्रियायें होती हैं—

(1) **स्वयंचलित क्रियायें** (Automatic Activities)—इनमें श्वास लेना, रक्त-संचार और पाचन इत्यादि वे कर्म आते हैं, जो बालक के जन्म के बाद उसमें स्वयं चलने लगते हैं। कुछ लोग इन्हें शरीर-व्यापारिक प्रतिवर्त (Physiological Reflex) भी कहते हैं।

(2) **अनियमित क्रियायें** (Random Activities)—गर्भ में भ्रूण की गतियाँ, अण्डे में बच्चे की गतियाँ तथा बालक का हाथ-पैरों को निरुद्देश्य हिलाना आदि जीव के शरीर के लिए लाभदायक निरुद्देश्य कर्म अनियमित कर्म कहलाते हैं।

(3) **प्रतिवर्त क्रियायें** (Reflex Activities)—ये अनर्जित अल्पकालिक और तात्कालिक पैशिक या ग्रन्थिक क्रियायें हैं।

(4) **प्रतिबद्ध अनुक्रियायें** (Conditioned Responses)—प्रतिवर्त क्रिया के विरुद्ध यह एक नियन्त्रित प्रतिक्रिया है। परन्तु ऐच्छिक क्रियाओं के विरुद्ध यह अनैच्छिक है। इसमें वे क्रियायें आती हैं जो अपनी स्वाभाविक उत्तेजनाओं के अलावा अन्य उत्तेजनाओं से प्रतिबद्ध हो जाती हैं।

(5) **विचार प्रेरित क्रियायें** (Ideo-Motor Activities)—इनमें वे क्रियायें होती हैं जो गतियों के विचारमात्र से तत्काल उत्पन्न हो जाती हैं।

(6) **मूल प्रवृत्ति जन्य क्रियायें** (Instinctive Activities)—मूल-प्रवृत्तियाँ वे मनोशारीरिक विन्यास है, जिनसे विशेष वर्ग की वस्तुओं की ओर, विशेष जाति के जीवों की, विशेष प्रकार की क्रियायें होती हैं। ये क्रियायें मूल-प्रवृत्तिजन्य क्रियायें कहलाती हैं।

प्रतिमान प्रतिक्रियायें

यदि हम अपने और अपने चारों ओर के मानव और पशु जीवन पर दृष्टि डालें तो हमें बहुत सी क्रियाओं में कुछ निश्चित प्रतिमान दिखाई पड़ेंगे। आँख के पास कोई भी चीज ले जाइये तो वह सदैव एक ही तरह से झपकती हैं। कुत्ता, बिल्ली, गिलहरी, कबूतर इत्यादि पशु-पक्षियों के जीवन में बहुत-सी अनुक्रियायें बार-बार एक ही तरह से होती हैं। बिना अधिक हेर-फेर के निरन्तर एक रूप में होने वाली इन प्रतिमान प्रतिक्रियाओं को मनुष्य और पशु जीवन में सब कहीं

देखा जा सकता है। "इन्हीं न्यूनाधिक समान क्रियाओं के लिए एक सामान्य नाम प्रतिमान क्रियायें हैं"[1] प्रतिमान प्रतिक्रियायें तीन वर्गों में बांटी जाती हैं—

(1) ट्रॉपिज्म (Tropism)
(2) सहज क्रियायें (Reflex Actions)
(3) मूल-प्रवृत्तिजन्य क्रियायें (Instinctive Activities)

इनमें से मूल-प्रवृत्तियों का विस्तृत विवरण आगे एक पृथक अध्याय में दिया गया है। अत: यहाँ पर केवल पहले दो प्रकार की प्रतिमान प्रतिक्रियाओं का विवेचन किया जायेगा।

ट्रॉपिज्म

ट्रॉपिज्म (Tropism) शब्द वास्तव में भौतिक और रासायनिक उत्तेजनाओं के प्रति प्रतिक्रियाओं के लिए प्रयोग किया जाता है। यह एक सामान्य बात है कि पेड़-पौधों की जड़ें पृथ्वी की ओर और उनकी पत्तियां सूर्य की ओर मुड़ जाती हैं। पहले प्रकार की प्रवृत्ति को भूम्यावर्तना (Geotropism) और दूसरे प्रकार की प्रवृत्ति को सूर्यावर्तना (Heleotropism) कहा जाता है।

इसी प्रकार वनस्पति और जीव जगत में ट्रॉपिज्म के और भी बहुत-से उदाहरण देखे जा सकते हैं, जैसे कमल और सूरजमुखी इत्यादि कुछ फूल सूर्य निकलने पर खिलते हैं और सूर्यस्त हो जाने पर मुरझा जाते हैं। छुई-मुई कहलाने वाले पौधे को कभी भी छू दीजिये तो उसकी पत्तियां तत्काल मुरझा-सी जाती हैं। दीपक की लौ के चारों ओर झुण्ड के झुण्ड परवाने चक्कर काटते रहते हैं और कट-कट कर गिरते रहते हैं। उनका स्थान लेने के लिए और आ जाते हैं और इस तरह किसी-किसी मौसम में सुबह तक दीपक के चारों ओर परवानों के पंखों और शरीर के ढेर दिखलाई पड़ते हैं। जीव-जगत के इस व्यापार को लेकर कवियों ने नाना-प्रकार की कल्पनायें की हैं, परन्तु जीवशास्त्रीय खोजों से ज्ञात हुआ है कि दीपक के चारों ओर परवाने के चक्कर काटने में किसी प्रकार का प्रेम या त्याग नहीं है, यह एक यन्त्रवत प्रतिमान प्रतिक्रिया है। पानी में तैरते हुए एक कोष्ठ वाले (Unicellar) जीवों के लिए किसी एक ओर रोशनी डालिए तो वे सब उसी की ओर तैरने लगते हैं। इस तरह कुछ जीव प्रकाश की ओर जाते हैं तो कुछ अन्य जीव अन्धकार की ओर जाते हैं। वनस्पति जगत में अफ्रीका के जंगलों में ऐसे बहुत-से मांस-भक्षी वृक्ष मिले हैं जो किसी भी जीव-प्राणी के निकट आते ही उसको मांस-भक्षी पशु के समान झपट कर पकड़ लेते हैं और कितना ही फड़फड़ाने पर भी वह जीव मर कर ही छूटता है। उसका खून ये पेड़ पी जाते हैं। यह क्रिया कितनी भी भयानक और जटिल दिखलाई पड़े, परन्तु फिर भी सरल और सीधी प्रक्रिया है। ये सब ट्रॉपिज्म के उदाहरण है।

ट्रॉपिज्म की परिभाषा करते हुए थाउलस (Thouless), ने लिखा है, "ट्रॉपिज्म अनुकूलन करने वाली (या लाभदायक) प्रतिमान प्रतिक्रिया का सरलतम रूप है, जो कि इस तथ्य से पहचाना

1. "A general name for these more or less uniform actions is pattern reaction."
—R.H. Thouless, *General and Social Psychology*, IIIrd . Ed. (1951), p.16.

जाता है कि वह जीव पर शरीरिक अथवा रासायनिक उत्तेजनाओं की प्रत्यक्ष क्रिया से कठोर रूप से निश्चित होता है।"[2] इस प्रकार ट्रॉपिज्म की क्रियायें भी अनुकूलन करने की क्रियाओं का एक रूप हैं। सामान्य अनुकूलन की क्रियाओं से इनमें यह अन्तर है कि ये भौतिक अथवा रासायनिक उत्तेजनाओं से निश्चित होती हैं। स्पष्ट है कि ट्रॉपिज्म के सिद्धान्त को मानव व्यवहार की व्याख्या करने में प्रयोग नहीं किया जा सकता।' प्रसिद्ध वैज्ञानिक मैक्डूगल (Mcdougall) ने ऐसा करने के प्रयासों की कटुआलोचना की और मानव व्यवहार की व्याख्या के लिये ट्रॉपिज्म के यान्त्रिक सिद्धान्त के स्थान पर मूल-प्रवृत्ति का प्रयोजनवादी सिद्धान्त उपस्थित किया है।

प्रतिवर्त क्रिया

प्रतिवर्त क्या है

प्रतिवर्त क्रियायें (Reflexes) बिना सीखी हुई तथा स्वत: होने वाली और द्रुतगति वाली अनुक्रियायें (Responses) हैं। वुडवर्थ (Woodworth) के शब्दों में, "एक प्रतिवर्त किसी सांवेदनिक उत्तेजना के प्रति मांस-पेशी की या श्राव-ग्रन्थियों की एक प्रत्यक्ष, अनैच्छिक और न सीखी हुई अनुक्रिया है। साधारण प्रतिक्रिया के विरुद्ध यह विषयों के तैयार होने पर या तत्परता पर निर्भर नहीं होती। प्रतिवर्त को किसी तैयार रहो के संकेत की आवश्यकता नहीं होती।"[3] आंख के पास किसी चीज के आ जाने से आँख के पलक झपक जाते हैं। किसी प्रकार की भस लगने पर नाक से छींक आती है। हाथ या पैर में सुई चुभोने से हाथ अथवा पैर की मांस-पेशियां तत्काल गति करने लगती हैं। ये सब प्रतिवर्त क्रियायें हैं। ये क्रियायें सीखनी नहीं पड़ती, ये स्वयं होती हैं। आमतौर से, इच्छा करने पर भी इनको रोका नहीं जा सकता। इन क्रियाओं के समय जीव को इनकी चेतना भी नहीं होती। प्रतिक्षेप क्रियायें बाहरी उत्तेजना के परिणामस्वरूप होती हैं। ये इतनी जल्दी हो जाती हैं कि इनका पता भी नहीं लगता। आंखों के पास हाथ या किसी वस्तु के ले जाने पर पलक झपकने की प्रतिवर्त क्रिया में लगभग .05 सैकिंड लगता है। यदि टांग के निचले भाग को स्वतन्त्र रूप से लटका कर बैठा जाये और झुके हुए घुटने के ठीक नीचे वाला कंडरा (Tendon) को दबाया जाय तो इससे कंडरा जानु प्रतिवर्त (Tendon Knee Jerk) होने में केवल .03 सैकिंड लगते हैं, परन्तु इसका अर्थ यह नहीं है कि सभी प्रतिवर्त क्रियायें साधारण प्रतिक्रियाओं से तेज गति वाली होती हैं। उदाहरण के लिए अचानक रोशनी पड़ने पर आंख की पुतली के सिकुड़नें में एक या दो सैकिण्ड लगते हैं। प्रतिवर्त की क्रियायें बाहरी उत्तेजनाओं के अलावा आन्तरिक उत्तेजनाओं से भी होती हैं। आमाशय और आंतों के स्पन्दन, धमनियों का

---

2. "The tropism is the simplest form of adaptive (or useful) pattern reaction, distinguished by the fact that it is rigidly determined by the direct action on the organism or physical or chemical stimuli." —R.H. Thouless, *Ibid.*

3. "A reflex is a direct muscular or glandular response to a sensory stimulus, an involuntary and unlearned response. Unlike the simple reaction, it does not depend upon the subject's being prepared or set. The reflex does not, need a 'Ready,' signal.
— Woodworth.

फैलना और संकुचित होना, त्वचा का लाल-पीला होना आदि मांस-पेशियों की प्रतिवर्त क्रियायें हैं। खाने की वस्तु देखकर मुंह में लार आ जाना, आंख में तिनका पड़ जाने से आंख में आंसू आ जाना आदि ग्रथियों से सम्बन्धित प्रतिवर्त क्रियायें हैं। जलने पर हाथ खींच लेना, खांसना, छींकना आदि बाहरी प्रतिवर्त क्रियायें हैं।

प्रतिवर्त के प्रकार

मोटे तौर से प्रतिवर्त के दो मुख्य रूप हैं। ये रूप निम्नलिखित हैं–

(1) **शारीरिक प्रतिवर्त** (Physiological Reflex)–इनमें से प्रतिवर्त आते हैं जिनकी व्यक्ति को कोई चेतना नहीं होती, जैसे पुतली का सिकुड़ना और फैलना। आंख पर अधिक प्रकाश पड़ने से आंख की पुतली स्वभावतः सिकुड़ जाती हैं और प्रकाश कम आने पर फैल जाती हैं। पुतली के इस फैलने-सिकुड़ने की क्रिया का व्यक्ति को कोई पता नहीं लगता।

(2) सांवेदनिक प्रतिवर्त (Sensation Reflex)–शरीरिक प्रतिवर्त के विरुद्ध सांवेदनिक प्रतिवर्त में व्यक्ति को क्रिया का पता चलता है। गले में खराश होने पर खांसी आने, नाक में भस लगने पर छींक आने, आंख में धूल पड़ने से आंखों में आंसू आ जाने का व्यक्ति को पता चलता है।

प्रतिवर्त क्रिया का उपयोग

प्रतिवर्त अनैच्छिक, अनियन्त्रित और अनर्जित क्रिया है, परन्तु वह शरीर के लिए उपयोगी है। वह शरीर की स्वाभाविक प्रतिक्रिया है। उससे शरीर के विभिन्न अंगों की बाहरी वस्तुओं से रक्षा होती है, जैसे आंख के पास उंगली लाने से पलक झपकते हैं और आंख की रक्षा होती है। प्रतिवर्त क्रिया से जीव की आवश्यकताओं की पूर्ति होती है। उससे शरीर के अनेक आवश्यक काम स्वभावतः होते चलते हैं। उदाहरण के लिये बालक का माता के स्तन चूसना एक प्रतिवर्त क्रिया है। बच्चे को स्तन चूसना सीखना नहीं पड़ता।

जीव के जीवन में प्रतिवर्त का उपयोग इस तथ्य से भी स्पष्ट होता है कि सभी प्रतिवर्त एक साथ नहीं होते, बल्कि जीव के विकास के साथ-साथ भिन्न-भिन्न समय पर प्रकट होते हैं। जैसे-जैसे प्राणी का स्नायु-संस्थान परिपक्व होता जाता है वैसे-वैसे भिन्न-भिन्न समयों पर भिन्न-भिन्न प्रतिवर्त प्रकट होते हैं। मनुष्य में खांसने तथा छींकने के प्रतिवर्त जन्म के कुछ ही दिनों बाद प्रकट हो जाते हैं, परन्तु पलक मारने का प्रतिवर्त 11 सप्ताह की आयु में प्रकट होते हैं। काम सम्बन्धी प्रतिवर्त (Sex Reflexes) 10 वर्ष की अवस्था के बाद प्रकट होते हैं। इनसे सन्तानोत्पत्ति (Reproduction) की क्रिया स्वाभाविक रीति से होती चलती है। प्रतिवर्त अपने आप होते रहते है, अतः हमें उनकी ओर ध्यान नहीं देना पड़ता और हम अन्य कामों में लगे रह सकते हैं। प्रतिवर्त से ही नवजात शिशु की आवश्यकतों की पूर्ति होती है जब कि वह सीख कर उनकी पूर्ति नहीं कर सकता।

प्रतिवर्त की विशेषतायें

इस प्रकार संक्षेप में प्रतिवर्त में निम्नलिखित मुख्य विशेषतायें होती हैं:–

(1) सभी प्रतिवर्त एक साथ उदय न होकर विकास-क्रम के साथ-साथ क्रमशः उदय होते हैं।

(2) प्रतिवर्त शरीर के लिए उपयोगी होते हैं।

(3) प्रतिवर्तों पर नियन्त्रण करना कठिन है। साधारणतया वे अचेतन रूप में होते हैं।

(4) प्रतिवर्त तात्कालिक (Immediate) होते हैं।

(5) एक उत्तेजना से एक ही प्रतिवर्त होता है, जैसे तेज रोशनी से पलकों का झपकना।

(6) प्रतिवर्त सीखे नहीं जाते, वे जन्मजात होते हैं।

(7) प्रतिवर्त सरल हैं और सीमित स्थान पर होते हैं। उनकी उत्तेजना की प्रतिक्रिया शरीर के किसी निश्चित भाग से होती है।

प्रतिवर्त और ऐच्छिक क्रियाओं में अन्तर

प्रतिवर्त की उपरोक्त विशेषताओं से उसका ऐच्छिक क्रियाओं से अन्तर भी स्पष्ट होता है। स्थूल रूप से ये अन्तर निम्नलिखित हैं–

(1) प्रतिवर्त पर नियन्त्रण नहीं होता, ऐच्छिक क्रियाओं पर पूरा नियन्त्रण होता है। पलक झपकना रोकना कठिन है, दौड़ने से रुक जाना साधारण बात है।

(2) प्रतिवर्त ऐच्छिक क्रियाओं की अपेक्षा तात्कालिक होते हैं, क्योंकि उनमें विचार या संकल्प की आवश्यकता नहीं होती। ऐच्छिक क्रियायें उत्तेजना के बहुत समय बाद भी हो सकती हैं।

(3) एक उत्तेजना से एक ही प्रतिवर्त होता है, परन्तु उससे अनेक ऐच्छिक क्रियायें हो सकती हैं जैसे तेज रोशनी से केवल पलक ही झपकेगा, परन्तु उससे काँपना, भागना, गिर पड़ना आदि कोई भी क्रिया हो सकती है।

(4) प्रतिवर्त जन्मजात होते हैं, ऐच्छिक क्रियायें चलना, दौड़ना आदि सीखी जाती हैं।

(5) प्रतिवर्त सरल होते हैं, ऐच्छिक क्रियायें जटिल भी हो सकती हैं। प्रतिवर्त सीमित होते हैं, ऐच्छिक क्रियाओं में समस्त शरीर भी प्रतिक्रिया कर सकता है।

प्रतिवर्त चाप आमतौर से बाकी स्नायु-संस्थान से अलग रहकर काम नहीं करता। प्रत्येक स्नायु-केन्द्र में स्नायु-संस्थान के कई भागों से आने वाले लांगूल मिलते हैं, इसलिये स्नायु-केन्द्र किसी एक उत्तेजना के आधीन न रहकर अनेक प्रभावों के कारण काम करता है। उदाहरण के लिए श्वासं केन्द्र फेफड़ों के बोध-स्नायु-आवेगों के साथ-साथ कई अन्य बोध-स्नायु-आवेगों को भी ग्रहण करता है। शरीर में कहीं पर दर्द हो, बाहर शोरगुल हो या शरीर की त्वचा पर शीतल जल के छींटे पड़ जायें तो श्वास क्रिया की गति में भी परिवर्तन दिखाई पड़ता है। श्वास केन्द्र में होकर प्रवाहित होने वाले रक्त में कार्बन डाई-आक्साइड की मात्रा में भी श्वास केन्द्र में परिवर्तन

होता है। मस्तिष्क के आदेशों से भी श्वास की गति में परिवर्तन किया जा सकता है। प्रतिवर्त की प्रतिक्रिया से यह नहीं समझना चाहिये कि प्रतिवर्त के अलावा समय में स्नायु-संस्थान क्रियाहीन रहता है। वास्तव में स्नायु-संस्थान सदैव क्रियाशील रहता है। उसमें निरन्तर उत्तेजनायें प्राप्त हुआ करती हैं और उससे उसकी क्रिया में परिवर्तन होता रहता है। वह एक सतत सक्रिया संस्थान है।

मूल-प्रवृत्ति तथा सहज प्रतिवर्त में अन्तर

मूल-प्रवृत्ति तथा सहज क्रिया अथवा प्रतिवर्त (Reflex) में निम्नलिखित अन्तर हैं—

(1) मूल-प्रवृत्ति कार्यों की जटिल श्रृखंला है। उदाहरण के लिए कबूतरों में यौन-प्रवृत्ति का कर्मचक्र कई महीने चलता है। शुरू में ऋतुकाल आने पर नर-मादा का पीछा करता है और उसको सम्भोग को राजी करता है फिर उनमें सम्भोग क्रिया होती है। सम्भोग क्रिया के बाद दोनों मिलकर घोंसला बनाते हैं जिसमें मादा अण्डा देती है। फिर नर-मादा दोनों बारी-बारी से इस अण्डे को सेते हैं। जब अण्डे से बच्चा निकल आता है तब दोनों बारी-बारी से उसके लिये चारा लाते हैं और अन्त में जब बच्चा बड़ा होकर उड़ जाता है, तब कहीं जाकर यह क्रम श्रृखंला समाप्त होती है। दूसरी ओर प्रतिवर्त एक सरल प्रतिक्रिया है जैसे आँख के पास किसी वस्तु के आ जाने से पलक का झपकना।

(2) मूल-प्रवृत्ति में समय परिस्थिति के प्रति सम्पूर्ण जीवन की या उसके एक बड़े भाग की प्रतिक्रिया होती है। जैसे कि कबूतरों के उदाहरण में मालूम पड़ता है। यौन मूल-प्रवृत्ति में नर और मादा दोनों अपनी पूर्ण शक्ति से भाग लेते हैं। आक्रमण में पूरा मनुष्य उत्तेजित हो उठता है। परन्तु प्रतिवर्त में उत्तेजना के प्रति शरीर के एक भाग में स्थानीय प्रतिक्रिया होती है जैसे हाथ में सूई चुभने पर हाथ खींच लेना।

(3) मूल-प्रवृत्ति की क्रियायें दीर्घकाल तक चलती हैं। कबूतर के उदाहरण में यह बात स्पष्ट है। दूसरी ओर प्रतिवर्त तात्कालिक होता है। मनुष्यों में आक्रमण की प्रवृत्ति के वशीभूत व्यक्ति सालो-साल अवसर खोजता है। दूसरी ओर पैर में कांटा गड़ जाने पर हाथ तत्काल उसे निकालने को बढ़ जाता है।

(4) मूल-प्रवृत्ति मिश्र प्रतिवर्त (Compound Reflex) या प्रतिवर्त क्रियाओं की श्रृखंला मात्र नहीं है। मूल-प्रवृत्ति जनित कार्यों मे तन्मयता होती है जो प्रतिवर्त में नहीं दिखाई पड़ती। वह एक स्थायी प्रक्रिया है।

(5) मूल प्रवृत्ति जन्य क्रियाओं में तात्कालिक लक्ष्यों का ज्ञान होता है, प्रतिवर्त क्रिया मूलरूप में अचेतन होती है।

(6) मूल-प्रवृत्ति जन्य क्रियाओं में आवश्यकता के अनुसार परिवर्तन होता है। यौन-प्रवृत्ति के वशीभूत व्यक्ति उसको सन्तुष्ट करने के लिये कितने-कितने पेचीदा और अप्रत्यक्ष उपाय निकालता है। इस प्रकार मूल-प्रवृत्तिजन्य क्रियायें अनुभव से परिवर्तित होती हैं। दूसरी ओर प्रतिवर्त में यह परिवर्तनशीलता नहीं होती है।

(7) मूल प्रवृत्तिजन्य कामों में वृद्धि, रुचि, ध्यान और अनुभव से सीखने की शक्ति आदि अनेक मानसिक तत्वों का समावेश होता है। आहार की खोज (Food Seeking) की मूल-प्रवृत्ति

से उत्पन्न मनुष्य के कामों में इन सब मानसिक तत्वों के कारण कितना परिवर्तन हो जाता है, परन्तु प्रतिवर्त में ये मानसिक तत्व नहीं होते हैं।

मूल-प्रवृत्तिजन्य अनुक्रियायें

स्टाउट के शब्दों में मूल-प्रवृत्तिजन्य क्रियाओं का लक्षण ''प्रयत्न के परिवर्तनों के साथ स्थिरता'' (Persistency with Varied Effort) है। मूल-प्रवृत्ति विशेष प्रकार की वस्तुओं के प्रति एक स्थायी प्रवृत्ति है। उदाहरण के लिये जीवों में वयस्क नर में जवान मादा के प्रति यौन-मूल-प्रवृत्ति (Sex Instinct) होती है। इस मूल प्रवृत्ति को निकाला नहीं जा सकता, परन्तु इसके स्वरूप अथवा इसकी अभिव्यक्ति की पद्धति में परिवर्तन किया जा सकता है। प्रतिबद्ध अनुक्रिया (Conditioned Response) के द्वारा नर का मादा के प्रति व्यवहार में अन्तर किया जा सकता है। उदाहरण के लिए मनुष्यों की युवावस्था में स्त्री-पुरुष का मूल-प्रवृत्तिजन्य आकर्षण नितान्त स्वाभाविक है, परन्तु यदि किसी युवक अथवा युवती को भिन्न लिंगीय व्यक्ति से ऐसा अनुभव हो कि उसे भिन्न लिंगीय व्यक्ति से भय अथवा घृणा उत्पन्न हो जाय या उसके प्रति उपेक्षा हो जाय तो इससे यौन-मूल-प्रवृत्ति के रहते हुए भी उसकी अभिव्यक्ति में बड़ा अन्तर हो जाता है और यह पहचानना तक मुश्किल हो जाता है कि उस व्यक्ति के व्यवहार में यौन-मूल-प्रवृत्ति काम भी करती है या नहीं।

इसी प्रकार मूल-प्रवृत्ति की वस्तु (Object) में भी परिवर्तन हो सकता है। उदाहरण के लिये मनुष्यों में यह देखा गया है कि कभी-कभी लड़कियों का लड़कियों के प्रति और लड़कों का लड़कों के प्रति वही व्यवहार होता है जो लड़कियों का लड़कों के प्रति या लड़कों का लड़कियों के प्रति होना चाहिये। मूल-प्रवृत्ति एक मनोभौतिक विन्यास (Psycho-Physical Disposition) है। मनोभौतिक विन्यास के रूप में उसको जीव से नहीं निकाला जा सकता। परन्तु उसकी वस्तुओं में और उसकी अभिव्यक्ति की विधियों में अन्तर देखा जा सकता है। मूल-प्रवृत्ति का यह परिवर्तन पशुओं में बहुत कम और मनुष्यों में बहुत अधिक दिखाई पड़ता है। मनुष्य समाज में रहता है। समाज में व्यवहार के कुछ निश्चित नियम होते हैं। जिनको उल्लंघन करने पर समाज व्यक्ति को भिन्न-भिन्न प्रकार से दण्ड देता है। अतः व्यक्ति अपनी मूल-प्रवृत्तिजन्य इच्छाओं को दबाकर उनको पूर्ण सामाजिक रीति से अभिव्यक्त करने की कोशिश करता है। इस प्रकार पुरुष यौन-प्रवृत्ति के वशीभूत होकर भी कभी-कभी स्त्री की ओर नहीं देखता। स्त्री आकर्षित होने पर पर भी पुरुष से दूर भागती है। बालक भूखा होने पर भी दूसरों का दिया हुआ खाना खाने से इन्कार कर देता है। प्यास लगी होने पर भी हम कह देते हैं कि हमें प्यास नहीं है। भय लगने पर भी हम खतरे की ओर बढ़ जाते हैं। घृणा होने पर भी हम कोई भाव नहीं दिखलाते। आक्रमण की प्रवृत्ति होने पर भी व्यक्ति मैत्रीभाव दिखाता है और उचित अवसर की प्रतीक्षा करता है। मैक्डूगल ने लिखा है कि बुद्धि के विकास के साथ-साथ मूलप्रवृत्तिजन्य व्यवहार कम होता है। बुद्धि की दृष्टि से मनुष्य सबसे श्रेष्ठ जीव है। मनुष्यों में भी भिन्न-भिन्न व्यक्तियों की बुद्धि में अन्तर हो जाता है। इससे उनकी मूल-प्रवृत्ति की विषय-वस्तु और अभिव्यक्ति के प्रकार में भारी अन्तर देखा जा सकता है। परन्तु इस अन्तर के बावजूद भी मनोभौतिक विन्यास के रूप में कुछ मूल-प्रवृत्तियां सभी में समान रूप से पाई जाती हैं।

विचार और अनुक्रियायें

मनुष्य के व्यवहार में जहाँ कुछ स्वचालित और कुछ संकल्पनात्मक क्रियायें होती हैं वहाँ कुछ ऐसी क्रियायें भी होती हैं जो बाहरी उत्तेजनाओं अथवा आन्तरिक आवश्यकताओं पर आधारित न होकर विचारों से नियन्त्रित होती हैं। इस प्रकार की क्रियाओं के उदाहरण हैं—विचार-प्रेरित कर्म, समानुभूति, संकेत और सम्मोहन, अनुक्रियाओं के अध्ययन में इनका संक्षिप्त विवेचन भी प्रासंगिक होगा। कहना न होगा कि ये अनुक्रियायें पशुओं में नहीं पाई जातीं। क्योंकि पशुओं में विचार के प्रमाण नहीं मिलते।

विचार-प्रेरित कर्म (Ideo-Motor Action)

विचार-प्रेरित कर्म में पहले गति का विचार होता है। गति का यह विचार अत्यन्त आवेगात्मक होता है और तुरन्त गति में बदल जाता है। इस प्रकार यह एक आवेगात्मक कर्म (Impulsive Action) है। इसमें संकल्प के बिना ही केवल विचार मात्र से तुरन्त क्रिया होती है। इस प्रकार यह स्वाभाविक और अनैच्छिक होता है। इसमें कोई उद्देश्य नहीं होता। इसमें इरादे के बिना अनायास होने वाला अनुकरण भी शामिल है। भीड़ में बहुधा विचार-प्रेरित कर्म होते हैं क्योंकि व्यक्ति की संकल्प शक्ति स्वतन्त्र नहीं रह पाती। असामान्य हालतों में भी विचार-प्रेरित कर्म होते हैं। चौर्मोन्माद (Kleptomania) में व्यक्ति चोरी का विचार आते ही तुरन्त चोरी करता है। विचार-प्रेरित कर्म के विषय में विलियम जेम्स (Wm. James) ने लिखा है, ''जब कभी गति के विचार के बाद तुरन्त किसी असमंजस के बिना गति होती है तो यह विचार-प्रेरित कर्म है। इसमें हमें विचार और उसके कार्यान्वित होने के बीच किसी वस्तु का ज्ञान नहीं होता। हम कर्म के बारे में सोचते हैं और काम सम्पन्न हो जाता है।'' विचार-प्रेरित कर्म के उदाहरण देते हुए जेम्स फिर लिखता है, ''बातचीत करते समय मैं फर्श पर पड़ी एक आलपिन देखता हूं या अपने कोट की बांह पर धूल देखता हूं। बातचीत को रोके बिना मैं आलपिन को उठा लेता हूँ या धूल को झाड़ देता हूं। मैं कोई प्रकट इरादा नहीं करता, लेकिन ऐसा मालूम पड़ता है कि चीज को देखने से ही और उसके साथ किये जाने वाले कर्म के उड़ते हुए विचार मात्र से काम हो जाता है। इसी तरह मैं खाना खा चुकने के बाद मेज पर बैठा हूं और समय-समय पर मैं अपने आपको तश्तरी से किशमिश, बादाम उठाते और खाते पाता हूं। मेरा भोजन उचित रीति से समाप्त हो चुका है और बातचीत के जोश में मुझे मुश्किल से ही यह ज्ञात होता है कि मैं क्या कर रहा हूं। लेकिन मेवों को देखना और यह उड़ता ख्याल कि मुझे उन्हें खाना है, खाने के काम को सम्पन्न करते मालूम पड़ते हैं।''

समानुभूति (Empathy)

किसी खेल का मैच देखने वाले दर्शकों के व्यवहार पर नजर डालिये तो आपको अनेक आश्चर्यजनक क्रियायें दिखलाई पड़ेंगी। कल्पना कीजिये कि एक ओर के खिलाड़ी गेंद लेकर दूसरे पक्ष के गोल की ओर भागे चले जा रहे हैं। आप देखेंगे कि इस उत्तेजित परिस्थिति में जो दर्शक गोल करने वालों से समानुभूति रखते हैं वे केवल उछल कर खड़े ही नहीं हो जाते, बल्कि विपक्षी के गोल की तरफ को झुके भी दिखाई पड़ते हैं, मानो कि स्वयं गोल करने के लिए जोर

रलगा रहे हैं। ऊंची कूद सिखाने वाले किसी शिक्षक को देखिये। जब प्रशिक्षणार्थी कूद रहा होता है तो वह भी अचेतन रूप से एक टांग पर उठ जाता है, मानों कूदने वाले की सहायता कर रहा हो। इसी तरह की क्रियायें नाना प्रकार के खेलों, कलाबजियों, मैचों आदि के दर्शकों में नित्य प्रति देखी जा सकती हैं। संगीत सुनने में अथवा नाना प्रकार के चित्रों, मूर्तियों और इमारतों को देखने के लिए उपस्थित दर्शकों में भी ऐसी क्रियायें दिखलाई पड़ती हैं। बहुधा लोग संगीत की ताल के साथ न जाते हुए भी हाथों या पैरों से ताल देते रहते हैं। इन सब क्रियाओं में जो शारीरिक क्रिया होती है वह अचेतन होती है और व्यक्ति को उसका पता नहीं रहता। देखी जाने वाली क्रिया के अनुसार दर्शक के शरीर में क्रिया होने का कारण यह है कि वह अचेतन रूप से अपनी गतियों को दृश्य-वस्तु अथवा व्यक्ति में प्रक्षेपित (Projected) कर देता है और इस प्रकार स्वयं वस्तु के अथवा व्यक्ति के समान अनुभव करता है। इस प्रक्षेप (Projection) के कारण यह क्रिया समानुभूति कहलाती है। समानुभूति का शाब्दिक अर्थ भी दूसरे जैसी अनुभूति (सम+अनुभूति) करना है। इस प्रकार यह सहानुभूति से भिन्न है। जिसमें कि दूसरे जैसी (सम) नहीं बल्कि दूसरे के साथ (सह+अनुभूति) अनुभूति होती है। स्मरण रहे कि अपनी क्रियाओं का दृश्य वस्तु में प्रक्षेप किये बिना समानुभूति की क्रिया नहीं हो सकती।

सारांश

परिवेश की उत्तेजनाओं के प्रति अनुक्रियाओं से प्राणियों में नाना प्रकार का व्यवहार दिखलाई पड़ता है। शरीर पालन में प्राणी नाना प्रकार की शारीरिक गतियां करता है। प्रहस्तन के द्वारा वह अपने चारों ओर की वस्तुओं और प्राणियों को लेकर अनेकानेक क्रियायें करता है। मानव की अनुक्रियायें ऐच्छिक भी होती हैं अनैच्छिक भी। अनैच्छिक क्रियाओं में मुख्य हैं—स्वयंचालित क्रियायें, अनियमित प्रतिबद्ध अनुक्रियायें, विचार-प्रेरित क्रियायें और मूल-प्रवृत्तिजन्य क्रियायें इत्यादि।

ट्रॉपिज्म, सहज-क्रियायें और मूल प्रवृत्तिजन्य क्रियायें प्रतिमान क्रियायें कहलाती हैं। ट्रॉपिज्म भौतिक और रासायनिक उत्तेजनाओं की प्रतिक्रियायें हैं। प्रतिवर्त अनर्जित, स्वतः और द्रुतगति से होने वाली अनुक्रियायें हैं। वे शारीरिक और सांवेदनिक प्रकार के होते हैं। उनसे जीव के स्वाभाविक कार्य होते रहते हैं। प्रतिक्रिया और मूल-प्रवृतिजन्य क्रिया में विशेषतया प्रयोजन को लेकर अन्तर होता है। मूलप्रवृत्तिजन्य क्रियाओं में प्रयोजन होता है और उनकी वस्तु में भी परिवर्तन होता है। मानव अनुक्रियाओं पर विचार-प्रेरित कर्म, सहानुभूति, संकेत और सम्मोहन में देखा जा सकता है। विचार-प्रेरित कर्म में गति का विचार तुरन्त गति में बदल जाता है। समानुभूति में व्यक्ति अपनी गतियों को दृश्य-वस्तु अथवा व्यक्ति में प्रक्षेपित कर देता है।

6

संवेग, स्थायीभाव और चालक (Emotions, Sentiments and Drives)

संवेग का अंग्रेजी पर्याय 'एमोशन' (Emotion) शब्द लैटिन भाषा के 'एमोवेयर' (Emovere) शब्द से लिया गया है जिसका अर्थ होता है कि हिला देना या उत्तेजित कर देना। इस प्रकार संवेग मनुष्य की वह अवस्था है जो उसको हिला देती है। भय में व्यक्ति के दांत भिच जाते हैं, शरीर कांपने लगता है, माथे पर पसीना दिखाई पड़ता है। संवेग मनुष्य को झकझोर देते हैं। संवेग जीव की शक्ति को उत्तेजित करते हैं। आपत्तिकाल में वे जीव की बड़ी सहायता करते हैं। संवेग की दशा में वह ऐसे-ऐसे काम करता है जो वह सामान्य दशा में नहीं कर सकता। परन्तु कभी-कभी संवेग के कारण जीव एकदम स्तम्भित हो जाता है और मामूली क्रियायें भी नहीं कर सकता। इन परस्पर विरोधी परिणामों से यह स्पष्ट है कि संवेग की परिभाषा करना बड़ा कठिन है। कुछ मनोवैज्ञानिकों ने प्रेरणाओं और संवेग में इतना अन्तर नहीं माना है। परन्तु दैनिक अनुभव से यह मालूम पड़ता है कि दोनों में कितना अन्तर है? इसी प्रकार कुछ मनोवैज्ञानिकों ने शारीरिक क्रियाओं तथा संवेगों में अन्तर नहीं किया है। परन्तु प्रयोगों से इनमें काफी अन्तर दिखाई पड़ा है।

संवेग की परिभाषा

पी० टी० यंग ने संवेग की परिभाषा इन शब्दों में की है "संवेग सम्पूर्ण व्यक्ति का तीव्र उपद्रव है, जिसकी उत्पत्ति मनोवैज्ञानिक कारणों से होती है तथा जिसके अन्तर्गत व्यवहार, चेतन अनुभूति और जाठरिक क्रियायें शामिल होती हैं।"[1] वुडवर्थ (Woodworth) के अनुसार संवेग शरीर की आन्दोलित अवस्था है। वह अनुभूति की क्षुब्ध अवस्था है। यह एक अस्त-व्यस्त पैशिक और ग्रन्थिक क्रिया है। वुडवर्थ लिखता है "प्रत्येक संवेग एक अनुभूति होता है तथा प्रत्येक के साथ ही एक गत्यात्मक तत्परता होती है।"[2] इस प्रकार संवेग व्यक्ति की एक ऐसी

---

1. "Emotion is an acute disturbance of the individual as a whole. psychological in origin, involving behaviour, conscious experience and visceral function."

— P. T. Young

2. "Each emotion is a feeling and each is at the same time a motor set."

— Woodworth.

अवस्था है जिसमें उसके शरीर में आन्तरिक और बाहरी उथल-पुथल मच जाती है। यह क्रोध के उदाहरण से स्पष्ट हो जायेगा।

मैक्डूगल के अनुसार क्रोध का संवेग लड़ने की मूल प्रवृत्ति का वेदनात्मक पहलू है। क्रोध जीव के किसी मूल प्रवृत्ति-जन्य कार्य में बाधा पड़ने या विफलता होने से उत्पन्न होता है। अत: क्रोध बालक, वस्तु या जीव पर किया जाता है। परन्तु कभी-कभी क्रोध अपने पर भी हो सकता है। क्रोध की संवेगावस्था में मुट्ठी बंधना, दांत पीसना, भौहें चढ़ाना, गरजना, ठोकर मारना, आघात करना, कांपना आदि अनेक शारीरिक क्रियायें दिखाई पड़ती हैं। क्रोध के संवेग में होने वाली बाह्य क्रियायें भय के संवेग से लगभग विपरीत होती हैं। क्रोध में जीव आक्रामक (Aggressive) हो जाता है।

अनुभूति और संवेग
(Feeling and Emotion)

अनुभूति और संवेग में परस्पर घनिष्ठ सम्बन्ध हैं। ये दोनों स्नायु संस्थान में मस्तिष्क के तन (Brain stem) पर निर्भर होते हैं। सुख, दुख, भय, क्रोध, प्रेम और उल्लास आदि को अनुभूति भी माना जाता है और संवेग भी। इसी प्रकार बहुत से संवेगों की गणना अनुभूतियों में की जाती है। अनुभूतियां सुखदायक हो सकती हैं और दुखदायक भी हो सकती हैं। इसी प्रकार संवेग प्रसन्नता या सुख के कारण हो सकते हैं और दुख के कारण भी हो सकते हैं। संवेग और अनुभूति में इतना घनिष्ठ सम्बन्ध होते हुये भी वे अलग-अलग हैं और उनका अन्तर हमें नहीं भूलना चाहिये। यह अन्तर निम्नलिखित है—

(1) संवेग अधिक जटिल है—अनुभूति सुख-दुख की इन्द्रियजनित सरल वेदना है। वह संवेदना (Sensation) से उत्पन्न होती है। उदाहरण के लिये आकाश में इन्द्र धनुष देखने से सुख की अनुभूति होती है। पैर में एक कांटा चुभ जाने से दुख की अनुभूति होती है। इस प्रकार अनुभूति ऐन्द्रिक और सरल है। दूसरी ओर संवेग अनुभूति से अधिक जटिल होते हैं। वे केवल प्रत्यक्ष परिस्थिति से नहीं बल्कि किसी परिस्थिति की स्मृति या कल्पना से भी उत्पन्न हो सकते हैं। खेल में असफल होने की कल्पना मात्र से अच्छे खिलाड़ी अपमान की भावना से उत्तेजित हो उठते हैं। किसी गन्दी परिस्थिति को याद करके हम घृणा से भर जाते हैं। संवेग और अनुभूति में एक दूसरा अन्तर यह है कि जब कि अनुभूति ऐन्द्रिक वेदनाओं से उत्पन्न होती है, संवेग संवेदनाओं से नहीं बल्कि विचार या कल्पना से उत्पन्न होते हैं। इस प्रकार संवेग और अनुभूति में मानसिक दृष्टि से अन्तर है। उनके मानसिक गुण में अन्तर उनको उत्पन्न करने वाली सहकारी परिस्थितियों के अन्तर के कारण है। संवेग अनुभूति से अधिक जटिल स्तर पर उत्पन्न होता है। अत: उसमें बहुत से नये तत्व आ जाते हैं। किसी अच्छे व्याख्यान को सुनकर या किसी उत्तम पुस्तक को पढ़कर हमें जो प्रसन्नता होती है वह उस पुस्तक के अक्षरों को देखने से नहीं होती बल्कि उसमें लिखे हुये विचारों के कारण होती है। किसी प्रसिद्ध नेता का भाषण सुनने से उत्पन्न प्रसन्नता नेता की आवाज से नहीं बल्कि उसके विचारों से उत्पन्न होती है। ये संवेग के उदाहरण हैं। शोर मचने से हुई परेशानी अनुभूति है, विषाद का दु:ख संवेग है। बढ़िया खाना खाने के बाद की प्रसन्नता अनुभूति है, राष्ट्र के अपमान पर हुआ क्षोभ संवेग है।

(2) संवेग व्यापक है—संवेग और अनुभूति में एक दूसरा बड़ा अन्तर यह है कि संवेग अनुभूति से अधिक व्यापक है। अनुभूति संवेग का अंश है। संवेग में अनुभूति तो है ही परन्तु उसके अलावा कुछ और भी हैं। संवेग और अनुभूति की इस घनिष्ठता से ही बहुधा उनका अन्तर भुला दिया जाता है। संवेग में शरीर की कुछ ग्रन्थियां विशेष प्रकार का रस निकालती हैं। अनुभूति में इस प्रकार का कोई स्राव नहीं होता। अनुभूति में संवेग की अपेक्षा अधिक सीमित स्नायविक उद्दीपन (Neural excitement) होता है। संवेग में किसी विशेष दिशा में क्रियाशील होने की प्रवृत्ति भी आ जाती है।

(3) संवेग अधिक उग्र होता है—इस प्रकार संवेग अनुभूति से अधिक उग्र होता है। उससे सम्पूर्ण शरीर में उथल-पुथल मच जाती है। संवेग से जीव का सन्तुलन समाप्त हो जाता है और परिस्थिति पर उसका नियन्त्रण नहीं रहता। उससे आवश्यक प्रतिक्रिया होनी कठिन हो जाती है और व्यवहार में अव्यवस्था दिखाई पड़ती है। अनुभूति में भी कुछ अव्यवस्था होती है। वास्तव में साधारण अव्यवस्था होने पर अनुभूति और गहन अव्यवस्था में संवेग को पहचाना जा सकता है। अनुभूति कभी भी संवेग के समान उत्तेजनापूर्ण नहीं होती। संवेग के जोश में व्यक्ति सब प्रकार की सीमाओं का अतिक्रमण कर जाता है और कभी उसकी क्रियायें एकदम स्तम्भित हो जाती हैं। अनुभूति में मनुष्य कभी भी इतना उग्र रूप धारण नहीं करता। घृणा में कभी इतनी तेजी नहीं होती जितनी की क्रोध में। संवेग में व्यक्ति के व्यवहार में अनुभूति की उपेक्षा अधिक उत्तेजना, उग्रता और अव्यवस्था दिखलाई पड़ती है।

संवेग में शारीरिक परिवर्तन
(Bodily Changes in Emotion)

संवेग में शारीरिक परिवर्तन होते हैं। ये शारीरिक परिवर्तन दो प्रकार के हैं—बाह्य शारीरिक परिवर्तन और आन्तरिक शारीरिक परिवर्तन। संवेग और इन शारीरिक परिवर्तनों के परस्पर सम्बन्ध के विषय में मनोवैज्ञानिकों के भिन्न-भिन्न मत हैं। अब इन दोनों प्रकार के शारीरिक परिवर्तनों का क्रमशः वर्णन किया जायेगा।

बाह्य शारीरिक परिवर्तन

संवेगों में शारीरिक अवस्था में इतना अधिक परिवर्तन दिखाई पड़ता है कि कुछ मनोवैज्ञानिकों ने तो शारीरिक परिवर्तन अथवा उनकी चेतना को ही संवेग मान लिया है। बहुधा शारीरिक परिवर्तनों को देखकर ही संवेग को पहचाना जाता है। आप कैसे जानते हैं कि अमुक व्यक्ति को क्रोध आ रहा है या अमुक व्यक्ति शोक में डूबा हुआ है? आपको यह कैसे मालूम हुआ कि पिस्तौल का धड़ाका सुनकर मैं डर गया हूं? आपने कैसे जाना कि बच्चा आपको देखकर हर्षित हो उठा है? इन सब प्रश्नों के जवाब में आप यही कहेंगे कि आपने बाह्य शारीरिक परिवर्तनों को देखकर संवेगों का अनुमान लगाया है। कोई दांत पीसता है तो हम कहते हैं कि उसको गुस्सा आ रहा है। कोई कांपने लगता है तो कहा जाता है कि वह घबरा गया है प्रसन्नता में आपका चेहरा खिल जाता है, दुख में आपकी आंखों में आंसू आ जाते हैं और विस्मय से आपकी आँखे फैल जाती हैं।

इस प्रकार संवेगों से व्यक्ति के चेहरे में आँख, नाक, मुंह, ललाट, गाल आदि की भाव भंगिमा में अन्तर दिखाई पड़ता है। उसकी आवाज में अन्तर आ जाता है और उसके शरीर का आसन (Posture) बदल जाता है। ये संवेग की अभिव्यक्ति में बाह्य परिवर्तन है। अब इनको विस्तारपूर्वक समझ लेना भी अच्छा रहेगा।

(1) चेहरे की अभिव्यक्ति (Facial Expression)—आमतौर से चेहरे की अभिव्यक्ति को देखकर ही संवेगों को पहचाना जाता है। संवेगों को कितना भी छिपाया जाये परन्तु उग्र या तीव्र संवेग से हुये चेहरे के परिवर्तन को अनुभवी आंखों से नहीं छिपाया जा सकता। संवेग के वशीभूत होने पर व्यक्ति की मुख मुद्रा में सबसे पहले परिवर्तन होता है। चेहरे को देखकर सुख दुख के संवेगों को पढ़ना सबसे आसान है। संवेग की अवस्था में चेहरे की मांसपेशियाँ सिकुड़ या फैल जाती हैं। सुखद संवेग में हम कह सकते हैं कि खुशी में उसका चेहरा खिल उठा। यहां खिलने से अभिप्राय इन्हीं मांस-पेशियों के फैलने से है। इसी प्रकार दुखद संवेग में यह कहा जाता है कि दुख से चेहरा लटक गया है। यहाँ पर मांसपेशियों के सिकुड़ने का तात्पर्य है। इसी प्रकार शर्म से गाल लाल हो जाना अथवा आँखें नीची कर लेना, भय से आँखें फैल जाना, क्रोध से भौंहे तनना आदि चालू मुहावरों से विभिन्न संवेगों में चेहरे के परिवर्तन दर्शाये जाते हैं। चेहरे की किस अभिव्यक्ति का क्या अर्थ है, इस सम्बन्ध को निश्चित करने के लिये बहुत से मनोवैज्ञानिकों ने प्रयोग किये हैं। फैलेकी (Feleky) ने 86 संवेगात्मक चित्रों को 100 व्यक्तियों को पहचानने को दिया और विभिन्न संवेगों की सूची बनाकर कहा कि जिस चित्र में जो संवेग अभिव्यक्त होता है वह उसके सामने लिख दिया जाय। इस प्रयोग में संवेगों को पहचानने में 71 से 93 प्रतिशत तक सफलता मिली। केनर (Kanner) के प्रयोगों का भी इसी प्रकार का परिणाम निकला। परन्तु लैण्डिस (Landis) ने अपने प्रयोगों से यह सिद्ध किया कि संवेगों को पहचानने में चेहरे की अभिव्यक्ति की अपेक्षा पहचानने वाले की प्रवृत्ति ही अधिक दिखाई पड़ती है। फर्नबर्गर (Fernberger) ने अपने प्रयोगों के आधार पर यह बतलाया कि चेहरे के परिवर्तनों को देखकर केवल यही कहा जा सकता है कि कोई व्यक्ति संवेग की हालत में है या नहीं, यह नहीं कहा जा सकता कि वह कौन सा संवेग अनुभव कर रहा है। आलपोर्ट (Allport) का कहना है कि चेहरे को देखकर संवेग को पहचानना अनुभव और शिक्षण पर निर्भर है। इसके अभाव में केवल चेहरे की अभिव्यक्तियों से संवेग को नहीं पहचाना जा सकता।

उपरोक्त विचारों से स्पष्ट है कि केवल चेहरे की अभिव्यक्तियों से भिन्न-भिन्न संवेगों को पहचानना कठिन है। परन्तु इन प्रयोगों से मिली सामग्री में भी कुछ दोष हैं। यह एक तो प्रयोगशाला की कृत्रिम परिस्थिति में स्वाभाविक संवेग उत्पन्न करना कठिन है। दूसरे, भिन्न-भिन्न संस्कृतियों में भिन्न-भिन्न संवेगों को प्रदर्शित करने के प्रतिमान अलग-अलग हैं। तीसरे, यदि किसी प्रकार से प्रयोगशाला में कोई वास्तविक संवेग उत्पन्न हो भी जाए तो बड़ी तीव्र गति से उसका फोटोग्राफ लेने की आवश्यकता है। चौथे संवेगों को पहचानने के लिये अनुभव और शिक्षण की भी आवश्यकता है। वास्तव में अभी यह निश्चित रूप से नहीं कहा जा सकता कि चेहरे की अभिव्यक्तियों से संवेगों को नहीं पहचाना जा सकता। संस्कृति का प्रभाव पड़ने के बावजूद भी कुछ मानव संवेग

सभी संस्कृतियों में एक से ही मिलते हैं। ल्योनार्डो-द विन्सी (Leonardo da Vinci) के बनाये निम्नलिखित रेखाचित्र में आप खुशी और दुख के विरोधी संवेगों को सहज ही पहचान सकते हैं।

चित्र सं0 4

परन्तु इसका अर्थ यह नहीं है कि संवेगों की अभिव्यक्तियाँ जन्मजात होती हैं। जन्मान्ध और जन्म से बहरे लोगों पर प्रयोगों से स्पष्ट हो गया है कि संवेग की अभिव्यक्तियां, जन्मजात और अर्जित दोनों ही हैं यद्यपि यह निश्चित करना कठिन है कि कौनसी अभिव्यक्तियां जन्मजात और कौनसी अर्जित हैं। तीव्र गति वाले कैमरा से चौंकने के चित्र लेने पर इस संवेग की अभिव्यक्ति में बड़ी समानता दिखाई पड़ी है। कठिनता केवल इतनी ही है कि प्रयोगशाला में स्वाभाविक रूप से संवेगों को उत्पन्न करना अत्यन्त कठिन है। संवेग सम्बन्धी निर्णय करने में संस्कृति के प्रभाव को ध्यान में रखना जरूरी है। पहचानने वाले की बुद्धि, आयु, अनुभव और वातावरण का भी इसमें बड़ा महत्व है।

(2) स्वर अभिव्यक्ति (Vocal Expression)—संगीत प्रेमी जानते हैं कि स्वर के सहारे केवल संवेगों को अभिव्यक्त ही नहीं किया जा सकता बल्कि दूसरों में भी उसी प्रकार के संवेग उत्पन्न किये जा सकते हैं। विभिन्न संवेगों की अभिव्यक्ति में ध्वनि की उच्चता (Pitch) और नाद (Loudness) में अन्तर पड़ जाता है। क्रोध में आवाज भारी और कर्कश जो जाती है। प्रसन्नता की हालत में आवाज लयात्मक (Rhythmical) और मधुर हो जाती है। इस प्रकार आवाज को सुनकर तीव्र संवेगों में बड़ा अन्तर जाना जा सकता है। कभी-कभी भाषा भी संवेगों को बड़ी सफलता से व्यक्त कर देती है। भारतवर्ष में देहातों में ऐसे उदाहरण मौजूद हैं जहां आल्हा के स्वरों ने लोगों में तलवारें बजवा दीं हैं। परन्तु केवल ध्वनि को ही किसी संवेग का कारण नहीं माना जा सकता। अपने मृतक बालक का नाम सुनकर कोई स्त्री रो सकती है परन्तु इसमें बालक के नाम की ध्वनि के स्थान पर उनके साथ जुड़े सहचर्यों का अधिक महत्व है।

(2) आसनिक अभिव्यक्ति (Postural Experssion)—संवेग की अवस्था में शरीर के आसन में भी कुछ परिवर्तन होते हैं परन्तु ये परिवर्तन सभी समाजों में और एक समाज के सभी व्यक्तियों में एक से नहीं होते। भय के संवेग में भागना भी हो सकता है और जड़वत स्तम्भित हो जाना भी हो सकता है। क्रोध में कुछ लोग गालियां देते हैं, कुछ तेजी से इधर-उधर घूमते और कुछ किसी को मार बैठते हैं। प्रेम में आलिंगन, चुम्बन आदि क्रियायें दिखाई पड़ती हैं

परन्तु संस्कृति के प्रभाव से विभिन्न सामाजों में इनमें भारी अन्तर देखा जा सकता है। हाथ मलने, मुट्ठी बांधने, तनकर खड़े होने, सिर थाम कर बैठ जाने, छिप जाने, भुजाओं को इधर-उधर फ़ैकने से संवेगों का पता चलता है परन्तु इनमें से किस हरकत से किस संस्कृति के किसी व्यक्ति में क्या संवेग समझना चाहिये यह खोज का विषय है। परन्तु इतना जरूर कहा जा सकता है कि शारीरिक आसनों में और संवेगों में सम्बन्ध अवश्य है।

आन्तरिक शारीरिक परिवर्तन

उपरोक्त बाह्य शारीरिक परिवर्तनों के अलावा संवेग की अवस्था में कुछ आन्तरिक शारीरिक परिवर्तन भी होते हैं। इन शारीरिक परिवर्तनों को हम संवेगों की दशा में स्वयं अनुभव करते हैं। क्रोध की दशा में हमारे दिल की घड़कन बढ़ जाती है, आश्चर्य में सांस रुक सी जाती हैं। परन्तु संवेग की दशा में आन्तरिक परिवर्तनों को यन्त्रों से नापकर ही निश्चित रूप से जाना जा सकता है।

प्रयोगशाला में प्रयोग से यह पता लगाने की कोशिश की जाती है कि विभिन्न संवेगों में क्या शारीरिक परिवर्तन होते हैं और क्या विभिन्न संवेगों में शारीरिक परिवर्तनों के प्रतिमान निश्चित हैं? अब कुछ मुख्य आंतरिक शारीरिक परिवर्तनों का वर्णन किया जायेगा।

(1) हृदयगति (Heart beat) **में परिवर्तन**—संवेग की दशा में आमतौर से व्यक्ति की हृदयगति में कुछ न कुछ परिवर्तन अवश्य होता है। साहित्य में कभी-कभी संवेगों का संकेत करने क़े लिए इतना ही कहना पर्याप्त होता है कि दिल धड़कने लगा या दिल की धड़कन बन्द होने लगी इत्यादि। संवेग में रक्त संचार में परिवर्तन हो जाता है क्योंकि संवेग में हृदय की धड़कन बढ़ जाती है। रक्त नालियों (Blood Vessels) में संकुचन (Contraction) और प्रसरण (Expansion) होने के कारण संवेगावस्था में शरीर के किसी अंग विशेष में अधिक रक्त जाने लगता है। इसी कारण क्रोध में चेहरा लाल हो जाता है। स्कॉट (Scott) के प्रयोगों में कामोत्तेजक चित्र दिखलाने से सभी लोगों में रक्त चाप बढ़ गया।

(2) रक्त चाप (Blood Pressure) **में परिवर्तन**—संवेगों में व्यक्ति के रक्त चाप में स्पष्ट रूप से परिवर्तन दिखाई पड़ता है। रक्त चाप को प्लेथिस्मोग्राफ (Plethysmograph) नामक यंत्र से नापा जाता है। बहुधा मनोवैज्ञानिक रक्त-चाप से ही संवेगावस्था का पता लगाते हैं। अतः इसको संवेग का सबसे अच्छा सूचक माना गया है। रक्त चाप को नापकर व्यक्ति में झूठ सच का भी पता लगाया जाता है । परन्तु यह केवल अनभ्यस्त झूठ बोलने वालों में ही सम्भव है क्योंकि झूठ बोलने से वे घबरा जाते हैं और उनका रक्त चाप बढ़ जाता है। जिनको झूठ बोलने की आदत पड़ जाती है उनमें झूठ बोलने पर रक्त चाप में परिवर्तन नहीं दिखाई पड़ता। कुछ प्रयोगों से यह ज्ञात हुआ है कि संवेगावस्था में रक्त चाप में परिवर्तन आवश्यक भी नहीं है। युद्ध में घायल सैनिकों के एक निरीक्षण में यह देखा गया कि युद्ध में असाधारण संवेगात्मक आघात सहन करने पर भी सैनिकों के रक्त चाप में विशेष परिवर्तन नहीं हुआ था जबकि उनको देखने आने वाले सम्बन्धियों के रक्त चाप में बड़ा अन्तर दिखाई पड़ा।

(3) रक्त रसायन (Blood Chemistry)) **में परिवर्तन**—रक्त चाप बढ़ने के अलावा संवेगावस्था में रक्त में रासायनिक परिवर्तन भी होते हैं। कैनन आदि कुछ मनोवैज्ञानिकों द्वारा कुत्ते, बिल्ली आदि जानवरों पर प्रयोगों में यह सिद्ध हुआ कि संवेग की अवस्था में सफेद और लाल रुधिर कणों में रासायनिक परिवर्तन हो जाते हैं। संवेग की अवस्था में अभिवृक्क (Adrenal) ग्रन्थियों से अभिवृक्की (Adrenalin) नामक रस स्रवित होता है। जिससे रक्त में शर्करा तत्व बढ़ जाता है और व्यक्ति को अधिक शक्ति महसूस होने लगती है। अभिवृक्की के प्रभाव से मूत्र आदि में भी कुछ शर्करा तत्व मालूम पड़ता है, रक्त चाप बढ़ जाता है, हृदय की गति तेज हो जाती है तथा त्वचा में छोटी-छोटी रक्त नालियाँ सिंकुड़ने लगती हैं।

(4) श्वासगति (Rate of Respiration) **में परिवर्तन**—संवेग की दशा में श्वासगति में परिवर्तन भी स्पष्ट दिखाई पड़ता है। इस परिवर्तन को नीमोग्राफ (Pneumograph) नामक यन्त्र से नापा जाता है। संवेगावस्था में श्वास की गति में परिवर्तन के साथ-साथ श्वास की तीव्रता में भी परिवर्तन होता है। शोक या अवसाद आदि में श्वास धीमी पड़ जाती है। आश्चर्य या भय में एक क्षण को श्वास रुक सी जाती है। आमतौर से संवेग की उत्तेजना से श्वास की गति बढ़ जाती है। सामान्य अनुभव में हम संवेग में श्वास के रुकने, धीमी पड़ने या उत्तेजित होने के अनुभव करते हैं। सामान्य दशा में श्वास प्रश्वास का अनुपात 1 : 4 होता है परन्तु संवेग की दशा में यह 1 : 2 और कभी-कभी 1 : 1 भी हो जाता है। स्केग्य (Skaggs) के प्रयोगों में प्रत्याशा (Expectation) में श्वास की गति बढ़ गई। ब्लाज (Blatz) के प्रयोगों में भय में श्वास की गति कुछ देर को रुक सी गई।

(5) वैद्युतिकत्वक अनुक्रिया (Gelvanic skin response)**में परिवर्तन**—पहले मनोवैज्ञानिक वैद्युतिकत्वक अनुक्रिया को संवेगावस्था की एक विशेषता समझते थे, बाद में यह निश्चित हो गया कि यह शारीरिक और मानसिक परिश्रम में भी दिखाई पड़ती है। परन्तु संवेगावस्था में वैद्युतिकत्वक अनुक्रिया निश्चित रूप से मौजूद रहती है और उसमें संवेगावस्था का कुछ न कुछ आभास अवश्य होता है। वैद्युतिकत्वक अनुक्रिया का अर्थ त्वक अथवा त्वचा की विद्युत के अवरोध की क्रिया है। इसको साइकोगालवनोमीटर (Psychogalvanometer) से नापा जाता है। त्वचा पर पसीना आ जाने से त्वचा की विद्युत अवरोध की शक्ति कम हो जाती है।

(6) रसपरिपाक परिवर्तन (Metabolic Changes)—संवेगावस्था में एक अन्य आंतरिक महत्वपूर्ण शारीरिक परिवर्तन रसपरिपाक में अर्थात् पाचन क्रिया में परिवर्तन है। इस विषय में कैनन ने बिल्ली पर प्रयोग किया। खाना खाने के बाद जब बिल्ली के पेट में रसपरिपाक की क्रिया अच्छी तरह हो रही थी तब उसके सामने एक कुत्ता लाया गया। कुत्ते को देखते ही डर के कारण बिल्ली के पेट में रसपरिपाक की क्रिया रुक गई। अन्य प्रयोगों से यह तो मालूम हो गया कि संवेगावस्था से रसपरिपाक की क्रिया में अवश्य ही परिवर्तन होता है परन्तु अभी यह निश्चित नहीं हो पाया है कि यह परिवर्तन भिन्न-भिन्न संवेगों में भिन्न-भिन्न प्रकार का होता है या नहीं। बर्न्सविक (Burnswick) के मनुष्यों पर किये गये प्रयोगों में भय दु:ख आदि संवेगों में रसपरिपाक की प्रक्रिया अवरुद्ध दिखाई पड़ी परन्तु आश्चर्य आदि के संवेगों में उसकी वृद्धि पाई गई और मनोविवाद तथा प्रसन्नता आदि में कोई भी परिवर्तन नहीं दिखाई पड़ा।

(7) मस्तिष्क तरंगों (Brain Waves) **में परिवर्तन**—संवेगावस्था में मस्तिष्क तरंगों में भी परिवर्तन होते हैं। यन्त्र से नापने पर यह मालूम पड़ता है कि संवेग की अवस्था में मस्तिष्क तरंग की बारम्बारता में परिवर्तन होता है।

संवेग की दशा में बाह्य और आन्तरिक परिवर्तन आगे दिये हुये चार्ट से और भी स्पष्ट हो जायेंगे—

संवेग का शरीर पर प्रभाव

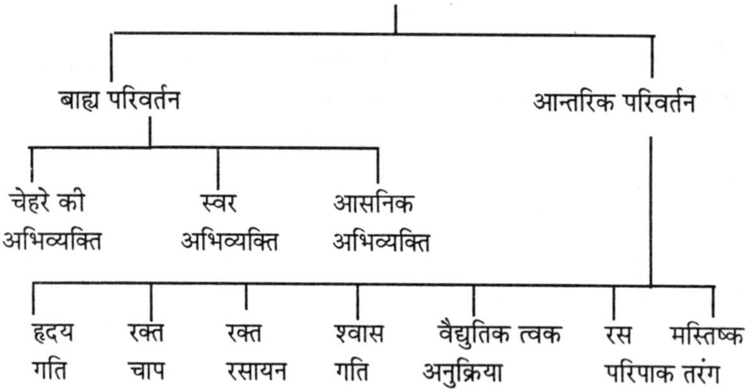

संवेगावस्था में अब तक वर्णन किये गये मुख्य बाह्य तथा आन्तरिक शारीरिक परिवर्तनों के अलावा कुछ और शारीरिक परिवर्तन भी कभी-कभी दिखलाई पड़ते हैं। उदाहरण के लिये बहुधा यह देखा जाता है कि अत्यधिक भयभीत होने पर जीवधारी मल-मूत्र त्याग देते हैं। मनुष्यों और पशु-पक्षियों, सभी प्राणियों में यह प्रवृत्ति दिखाई पड़ती है। संवेगों में बाह्य और आन्तरिक शारीरिक परिवर्तन के इस वर्णन से इतना तो अवश्य स्पष्ट हो गया होगा कि संवेगावस्था में शारीरिक परिवर्तन अवश्य होते हैं। परन्तु किस परिस्थिति में किस संवेग में कौन से परिवर्तन होंगे, इसके विषय में अभी निश्चित रूप से कुछ नहीं कहा जा सकता।

संवेगावस्था में स्वतन्त्र स्नायु संस्थान (Autonomic Nervous System)**का कार्य**—संवेगात्मक में शारीरिक परिवर्तन का विवरण स्वतन्त्र स्नायु-संस्थान के विवरण के बिना पूरा नहीं होगा। स्वतन्त्र स्नायु-संस्थान का चित्र तीसरे अध्याय में दिया ही जा! चुका है। स्वतन्त्र स्नायु-संस्थान के तीन भाग होते हैं—ऊर्ध्व, मध्य और निम्न। यहां पर संवेगावस्था में इन तीनों के प्रभाव को अलग-अलग देखना अच्छा रहेगा।

(1) ऊर्ध्व भाग—यह मस्तिष्क के तने से निकलता है। यह हृदय के स्पन्दन को मन्द कर देता है परन्तु आमाशय की ग्रन्थियों को पाचक रस के स्राव के लिये और आमाशय की दीवार को मन्थन क्रिया के लिये उत्तेजित करता है। इस प्रकार यह पाचन क्रिया में सहायता करता है।

(2) मध्य भाग—यह हृदय की धड़कन को बढ़ा देता है, रक्तचाप को तीव्र कर देता है और आमाशय की क्रिया को रोक देता है। इस प्रकार इसका प्रभाव ऊर्ध्व भाग के विपरीत होता है।

(3) निम्न भाग—यह सुषुम्ना के निचले भाग से निकलता है। यह उत्पादन सम्बन्धी तथा मल-विसर्जन सम्बन्धी अंगों को प्रभावित करता है।

स्वतन्त्र स्नायु-संस्थान का केन्द्र अन्तर्मस्तिष्क के एक भाग हाइपोथैलेमस (Hypothalamus) से होता है। यह संवेग की क्रिया की अत्यधिक प्रभावित करता है।

संवेगावस्था और शारीरिक परिवर्तनों का परस्पर सम्बन्ध
(Interrelation of Emotion and Physiological Changes)

संवेगावस्था में शारीरिक परिवर्तनों का कितना महत्व है, इस विषय में मनोवैज्ञानिकों में मत-भेद हैं। पहले बतलाया जा चुका है कि व्यवहारवादी मनोवैज्ञानिक संवेगावस्था में शारीरिक प्रतिक्रियाओं पर इतना जोर देते हैं कि उसमें मानसिक प्रक्रियाओं को कोई स्थान ही नहीं देते। शारीरिक लक्षणों से ही संवेग का निश्चय कर लेते हैं। दूसरी ओर कुछ विद्वान संवेग में शारीरिक परिवर्तनों के साथ-साथ मानसिक परिवर्तनों पर भी जोर देते हैं। इस विवाद में सही बात का पता लगाने के लिये यहां संवेग के स्वरूप के विषय में कुछ मुख्य सिद्धान्तों का विवेचन किया जायेगा।

(1) जेम्स-लाँज सिद्धान्त
(James-Lange Theory)

सन् 1884 में प्रसिद्ध अमरीकन मनोवैज्ञानिक विलियम जेम्स (Wm. James) ने अपना संवेग का सिद्धान्त प्रकाशित किया। सन् 1885 में डेनमार्क के दैहिक मनोवैज्ञानिक लाँज ने स्वतन्त्र रूप से अपना संवेग विषयक सिद्धान्त प्रस्तुत किया। इन दोनों के सिद्धान्तों में अत्यधिक समानता होने के कारण संवेग विषयक यह सिद्धान्त जेम्स-लाँज के नाम से प्रसिद्ध है।

व्याख्या:

जेम्स-लाँज सिद्धान्त सामान्य प्रचलित सिद्धान्त के ठीक विपरीत है। अपनी पुस्तक (Psychology) में जेम्स ने अपना सिद्धान्त इस प्रकार प्रस्तुत किया है 'मेरा सिद्धान्त यह है, कि शारीरिक परिवर्तन उद्दीपन तथ्य के प्रत्यक्ष के तुरन्त बाद होते हैं और जैसे ये परिवर्तन घटित होते हैं उसी रूप में उनकी अनुभूति संवेग है। सामान्य लोक बुद्धि कहती है कि हम अपनी सम्पत्ति खोते हैं, हमें शोक होता है और हम रोते हैं, हम एक रीछ को देखते हैं, भयभीत होते हैं और भागते हैं; हम प्रतिद्वन्द्वी से अपमानित होते हैं, क्रोधित होते हैं और आक्रमण करते हैं। इससे अधिक तर्कसंगत कथन यह है कि हमें शोक होता है क्योंकि हम रोते हैं, हम क्रोधित होते हैं क्योंकि हम आक्रमण करते हैं, हम भयभीत होते हैं क्योंकि हम काँपते हैं।'' इसी प्रकार लाँज ने भी शारीरिक क्रियाओं को ही संवेग का कारण माना है। वह लिखता है ''हमारे हर्षों और विषादों के लिए, हमारे आनन्दों

और व्याथाओं के लिये, हमारे मानसिक जीवन के सम्पूर्ण संवेगात्मक पहलू के लिये वाहिनी पेशी संस्थान (Vaso motor system) जिम्मेदार है।'' इस प्रकार जेम्स लाँज के सिद्धान्त के अनुसार पहले परिस्थिति का प्रत्यक्ष होने से शरीर में कई प्रकार के आन्तरिक परिवर्तन होते हैं और इन्हीं परिवर्तनों के ज्ञान से संवेग का अनुभव होता है। अत: संवेग एक शारीरिक संवेदनाओं का प्रतिमान (Pattern of organic sensations) है। बाहरी उत्तेजना एक या एक से अधिक इन्द्रियों को उत्तेजित करती है। उत्तेजना की संवेदना ज्ञानात्मक स्नायु प्रवाह (Sensory nerve impulse) से वृहद मस्तिष्क (Cerebral cortex) में पहुंचती है जिससे उत्तेजना विशेष का ज्ञान होता है। इसके बाद स्नायु-प्रवाह माँसपेशियों तथा जठर (Viscera) में आ जाता है। मांसपेशियों तथा जठर के उत्तेजित हो जाने से उसके अन्दर से ज्ञानात्मक स्नायु प्रवाह द्वारा उत्तेजना के मस्तिष्क तक पहुँचने से संवेग की अनुभूति होती है।

पक्ष में युक्तियां

जेम्स लाँज के सिद्धान्त के पक्ष में निम्नलिखित युक्तियां उपस्थित की जाती हैं–

(1) वस्तु का प्रत्यक्ष संवेग को जाग्रत किये बिना तुरन्त आंगिक परिवर्तन उत्पन्न करता है। जेम्स के शब्दों में 'यदि हम जंगल में एक काली चलती फिरती शक्ल देखें तो खतरे के किसी स्पष्ट विचार के उत्पन्न होने से पहले ही हृदय की धड़कन तुरन्त रुक जाती है और हम कांपने लगते हैं।'' यहां वस्तु के प्रत्यक्ष और आँगिक क्रियाओं के बीच कोई संवेग नहीं है।

(2) आँगिक अभिव्यक्ति से रहित किसी संवेग की कल्पना नहीं की जा सकती। जेम्स के शब्दों में ''यदि किसी संवेग की कल्पना करें और तब अपनी चेतना से उसकी शारीरिक अनुभूतियों के सब लक्षणों को हटाने की कोशिश करें तो हम ऐसी कोई चीज नहीं पाते जिससे संवेग बन सके, तथा जो कुछ भी बाकी बचता है वह केवल बौद्धिक प्रत्यक्ष की अनुभूतिशून्य तटस्थ अवस्था है।'' संवेग विशेष का अनुभव करने के लिये उसके अनुरूप शारीरिक आसन (Bodily posture) का होना जरूरी है। इसके बिना संवेग का अनुभव नहीं किया जा सकता।

(3) आँगिक अभिव्यक्तियों का निरोध करने से उससे सम्बन्धित संवेग का भी निरोध हो जाता है। यदि संवेग को प्रकट न होने दिया जाय तो उसका अन्त हो जाता है। जब कोई व्यक्ति दुख के कारण रोता है तब उसका रोना बन्द करने या उसको हंसाने की कोशिश की जाती है क्योंकि यह समझा जाता है कि रोने की क्रिया बन्द हो जाने से उसका दुख दूर हो जायेगा या हंसने से वह खुश हो जायेगा और बहुधा होता भी ऐसा ही है।

(4) कृत्रिम रूप से आँगिक अभिव्यक्तियां उत्पन्न करने से सम्बन्धित संवेग भी उत्पन्न हो जाते हैं। जेम्स ने नाटक और सिनेमा के पात्रों का उदाहरण देते हुये कहा कि अभिनय करते समय क्रोध, शोक आदि संवेगों की आँगिक अभिव्यक्ति करने से वे इन संवेगों का अनुभव करने लगते हैं। मद्य तथा अन्य उत्तेजक दवाओं के सेवन से विभिन्न आँगिक दशाओं के उत्पन्न होने से विभिन्न संवेगों का अनुभव होने लगता है।

(5) कुछ आँगिक उपद्रव भी संवेग उत्पन्न करते हैं। जेम्स ने इनका उदाहरण देते हुये कहा है कि ''यकृत के रोग अवसाद और चिड़चिड़ाहट उत्पन्न करते हैं, स्नायविक रोग निराशा

और भय उत्पन्न करते हैं।" जेम्स के अनुसार वस्तुशून्य संवेग (Objectless emotions) शरीर की रुग्णावस्था से उत्पन्न होते हैं।

इस प्रकार जेम्स लाँज के सिद्धान्त में संवेग और आँगिक संवेदनाओं में अन्तर नहीं किया गया है। वार्ड (Ward) के शब्दों में, इस सिद्धान्त में, "संवेग आँगिक संवेदनाओं के पुंज हैं और ये पुंज संवेग हैं, दोनों सहचारी मात्र नहीं हैं बल्कि अभिन्न भी हैं।"

आलोचना

जेम्स-लाँज के संवेग विषयक सिद्धान्त की कटु आलोचना की गई है। इस विषय में मुख्य तर्क निम्नलिखित हैं–

(1) शारीरिक परिवर्तनों के अभाव में भी संवेगात्मक प्रतिक्रिया का होना सम्भव है। शेरिंगटन (Sherrington) ने कई कुत्तों की सुषुम्ना नाड़ियों का ऑपरेशन करके मस्तिष्क से शरीर के निचले भागों का सम्बन्ध तोड़ दिया। परन्तु इसके बाद भी कुत्तों के संवेग में किसी प्रकार का परिवर्तन नहीं दिखाई पड़ा। यद्यपि इससे यह नहीं कहा जा सकता कि कुत्ते संवेगों का अनुभव करते रहे परन्तु इतना तो स्पष्ट ही है कि ऑपरेशन से कुत्तों की संवेगात्मक प्रतिक्रियाओं में कोई अन्तर नहीं दिखाई पड़ा। कैनन तथा उसके सहकारियों ने बिल्लियों पर प्रयोग करके भी यही बात सिद्ध की। डॉ० डाना (Dr. Dana) ने एक चालीस साल की महिला का प्रमाण देकर भी यही बात सिद्ध की गर्दन में चोट के कारण सहानुभूति नाड़ी मन्डल से किसी प्रकार की संवेदना प्राप्त न कर सकने पर भी यह महिला संवेगों का अनुभव करती थी।

नाटक के पात्रों से जेम्स के सिद्धान्त के विपक्ष में भी प्रमाण मिले हैं। आर्चर (Archer) को बहुत से नाटक के पात्रों ने बतलाया कि अभिनय करते समय उन्हें किसी प्रकार की संवेगात्मक अनुभूति नहीं होती।

(3) जाठरिक और आन्तरिक परिवर्तनों तथा उपद्रवों के होने पर भी संवेग उत्पन्न होना आवश्यक नहीं है। कैनन तथा उसके अनुयायियों ने साधारण व्यक्तियों में एड्रीनल ग्रन्थि स्राव का इन्जेक्शन देकर तरह-तरह के जाठरिक और आन्तरिक परिवर्तन उत्पन्न किये। परन्तु इन परिवर्तनों तथा उपद्रवों से किसी भी व्यक्ति ने कोई संवेग महसूस नहीं किया। मैरेनन और कैण्ट्रिल (Cantril) तथा हन्ट (Hunt) के प्रयोगों से भी यही परिणाम निकला।

(4) मादक द्रव्यों के प्रयोग करने पर भी किसी व्यक्ति को किसी प्रकार के संवेग का अनुभव नहीं हुआ।

(5) यौन ग्रन्थियों की अनुपस्थिति में भी व्यक्तियों के यौन सम्बन्धी संवेगों में कोई अन्तर नहीं देखा गया। मैकर्डी (Maccurdy) ने यह लिखा है कि एक व्यक्ति को संज्ञाहीनता के कारण अपने गुप्तांगों का ज्ञान नहीं रह गया था परन्तु फिर भी वह अस्पताल की नर्सों के प्रति अभिरुचि व्यक्त करता था।

(6) यदि शारीरिक परिवर्तनों के कारण ही संवेग का अनुभव होता है तब एक से शारीरिक परिवर्तनों में भिन्न-भिन्न संवेगों और भिन्न-भिन्न शारीरिक परिवर्तनों में एक से संवेग का अनुभव

कैसे होता है? जैसा कि पहले बतलाया जा चुका है शारीरिक परिवर्तनों के आधार पर विभिन्न संवेगों में अन्तर नहीं किया जा सकता।

(7) वस्तुहीन संवेग (Objectless Emotions) वास्तव में वस्तुविहीन नहीं होते। टिचनर (Titchener) के शब्दों में वे ''सांवेगिक पूर्व प्रवृत्तियों के फलस्वरूप होने वाले प्रेरणायुक्त संवेगों के प्रेरणाशून्य अवशेष हैं।''

(8) यदि संवेग वस्तुओं के प्रत्यक्ष मात्र से होते हैं तो एक सी उत्तेजनाओं से एक सी प्रतिक्रियायें क्यों नहीं जाग्रत होतीं? वार्ड (Ward) के शब्दों से ''मान लो जेम्स का मुकाबला पहले पिंजड़े में बन्द भालू से होता है और तत्पश्चात् खुले हुए भालू से, पहली वस्तु को वह मूंगफली देता है और दूसरी से भागता है।'' स्पष्ट है कि संवेग केवल वस्तुओं से नहीं बल्कि परिस्थितियों से जाग्रत होते हैं।'' वुडवर्थ (Woodworth) के अनुसार संवेग तब पैदा होते हैं जब किसी परिस्थिति के द्वारा जाग्रत मूल प्रवृत्ति-जन्य कार्य विफल होते हैं। ड्रेवर (Drever) का भी यही विचार है। मैक्डूगल ने भी संवेग के मूल प्रवृत्ति-जन्य तत्व पर जोर दिया है।

(9) संवेग वेदनात्मक दशायें हैं जबकि आंगिक संवेदनायें ज्ञानात्मक दशायें है। अत: दोनों को अभिन्न नहीं माना जा सकता। यदि ऐसा हो तो एक ही संवेग भिन्न-भिन्न व्यक्तियों में भिन्न-भिन्न आंगिक संवेदनायें और भिन्न-भिन्न संवेगों में एक सी आंगिक संवेदनायें कैसे दिखाई पड़ती हैं।

(10) जेम्स ने संवेग में बनाने वाली और संवेग न बनाने वाली आंगिक संवेदनाओं में अन्तर नहीं किया है। स्टाउट (Stout) ने लिखा है। ''निसन्देह सभी आंगिक संवेदनायें संवेग नहीं हैं, भूख और उदर पीड़ा संवेगात्मक अनुभव नहीं हैं।''

जेम्स-लाँज के सिद्धान्त के विरुद्ध उपरोक्त तर्कों से यह स्पष्ट है कि यह सिद्धान्त वैज्ञानिक नहीं है। जेम्स ने बाद में अपने सिद्धान्त में कुछ संशोधन किया जिसमें उसने प्रत्यक्ष पैदा करने वाली वस्तु के परिस्थिति मूलक लक्षण को मान लिया और प्रत्यक्ष तथा आंगिक परिवर्तनों के बीच अनुभूति के तत्व (Feeling Core) का अस्तित्व स्वीकार किया। इस संशोधन में संवेग वस्तु के प्रत्यक्ष का प्रतिवर्त्त (Reflex) न रह गया और न आंगिक अभिव्यक्तियां संवेग की पूर्ववर्तिनी रह गईं। इस प्रकार जेम्स का यह संशोधित सिद्धान्त साधारण मत के समान हो गया है। वास्तव में जेम्स-लाँज के सिद्धान्त का संवेग मनोविज्ञान को यही योगदान है कि उसने संवेगों में आंगिक संवेदनाओं पर जोर दिया है।

(2) कैनन सिद्धान्त
(Cannon's Theory)

व्याख्या

जेम्स-लाँज के सिद्धान्त के विरुद्ध कैनन तथा उनके अनुयायियों के प्रयोगों का जिक्र पीछे किया जा चुका है। कैनन सिद्धान्त अथवा कैनन वार्ड सिद्धान्त आकस्मिक सिद्धान्त

(Emergency Theory) या हाइपोथैलेमिक सिद्धान्त (Hypothalamic Theory) भी कहलाता है क्योंकि इसके अनुसार संवेगात्मक प्रतिक्रियाओं में हाइपोथैलेमस का स्राव मुख्य काम करता है। इस सिद्धान्त के अनुसार बृहत मस्तिष्क (Cerebral Cortex) संवेगात्मक अनुभूति का केन्द्र हैं और अन्तर मस्तिष्क (Dien Cephalon) संवेगात्मक प्रदर्शन का केन्द्र है जिसके दो प्रमुख भाग हाइपोथैलेमस और थैलेमस हैं। उत्तेजना संग्राहकों को प्रभावित करती है। जिससे स्नायु प्रवाह ज्ञानवाही नाड़ियों से होकर थैलेमस में पहुंचता है। थैलेमस इस स्नायुप्रवाह में संवेगात्मक गुण (Emotional Quality) जोड़कर उसको वृहद मस्तिष्क में भेज देता है जिससे व्यक्ति विशेष में संवेग का अनुभव पैदा होता है। स्नायु प्रवाह को वृहद मस्तिष्क में भेजते समय थैलेमस उसके कुछ भाग को जठर तथा स्केलिटल मांसपेशियों की ओर मोड़ देता है। इससे इनकी क्रियाओं में परिवर्तन हो जाता है।

आलोचना

कैनन सिद्धान्त निःसन्देह जेम्स-लाँज के सिद्धान्त से अधिक उपयुक्त है। यह बिल्कुल ठीक है कि संवेग के नियन्त्रण में हाइपोथैलेमस का हाथ रहता है। इस सिद्धान्त को मानने से यह समझ में आ जाता है कि सुषुम्ना नाड़ी को काट देने अथवा जठर की मन्द प्रतिक्रियाओं से संवेग पर प्रभाव क्यों नहीं पड़ता और एण्ड्रिल ग्रन्थि के स्राव का इन्जेक्शन देने से संवेग क्यों नहीं उत्पन्न होते। परन्तु यह मत सीमित और एकांगी है जैसा कि लैशले (Lashley) ने अपने प्रयोगों से दिखलाया है। कैनन सिद्धान्त के द्वारा संवेग के सभी पहलुओं की व्याख्या नहीं की जा सकती। वास्तव में संवेगों में हाइपोथैलेमस के अलावा स्नायु संस्थान के अन्य भागों का भी हाथ रहता है। उदाहरण के लिये संवेगों की अभियोजनशीलता (Abjustibility) में हाइपोथैलेमस की अपेक्षा वृहत मस्तिष्क का अधिक भाग रहता है।

(3) प्रेरणात्मक सिद्धान्त
(Motivational Theory)

व्याख्या

अपने सिद्धान्त को आकस्मिक सिद्धान्त कहकर कैनन ने संवेग के अभियोजनात्मक तत्व पर जोर दिया है। परन्तु लीपर (Leeper) ने प्रेरणात्मक सिद्धान्त उपस्थित करके संवेग को पूरी तरह प्रेरणात्मक बना दिया और प्रयोगों द्वारा इस तथ्य की पुष्टि की। इस सिद्धान्त के अनुसार प्रत्येक संवेग का एक विशेष लक्ष्य होता है जिससे संवेगात्मक क्रिया का संचालन और निर्देशन होता है। लीपर ने यह सिद्ध किया है कि संवेग के समय के सभी शारीरिक परिवर्तन जीव के अभियोजन में सहायक होते है। श्वास गति, दिल की घड़कन, रक्त चाप, पसीने का निकलना तथा जाठरिक परिवर्तन सभी जीव को आकस्मिक परिस्थिति से अभियोजन करने में सहायता देते हैं। सहानुभूतिक स्नायु-संस्थान के स्राव शरीर को कठिन परिश्रम के लिए प्रेरित करते हैं। परसहानुभूतिक (Parasympathetic) क्रियायें शरीर के साधनों को सुरक्षित रखती हैं।

आलोचना

लीपर का यह प्रेरणात्मक सिद्धान्त कुछ हद तक सच जरूर है क्योंकि दैनिक अनुभव और व्यवहार में यह स्पष्ट मालूम पड़ता है कि संवेगात्मक क्रियाओं का लक्ष्य होता है और वे अभियोजन में सहायता करती हैं। उदाहरण के लिये सांप का भय उत्पन्न होने से हम भाग जाते हैं और इस प्रकार उसके दंश से बच जाते हैं। परन्तु यह संवेग की साधारण अवस्था में ही होता है। अत्यधिक भय की हालत में हम स्तम्भित हो जायेंगे और साँप काट लेगा। इसी प्रकार अत्यधिक क्रोध आदि तीव्र संवेगावस्थाओं में व्यक्ति का परिस्थिति से अभियोजन सुधारने के स्थान पर और भी बिगड़ जाता है। मनोवैज्ञानिक ई० मीरा (E. Mira) ने भय संवेग की छः विकासात्मक अवस्थाओं को दिखाकर संवेग के प्रेरणात्मक सिद्धान्त का खण्डन किया है। इस अध्ययन से मालूम पड़ता है कि विकास की विभिन्न अवस्थाओं के साथ संवेग में निरोध (Inhibition) बढ़ता जाता है और उच्च नाड़ी केन्द्र की क्रियायें अवरुद्ध होती जाती हैं। अत: संवेग का प्रेरणात्मक सिद्धान्त सामान्य संवेगावस्था में तो कुछ सत्य प्रतीत होता है परन्तु संवेगावस्था में तीव्रता के बढ़ने के साथ वह ठीक नहीं जंचता क्योंकि इन अवस्थाओं में संवेग की क्रियायें अभियोजनात्मक नहीं होतीं।

(4) सक्रियकरण सिद्धान्त
(Activation Theory)

व्याख्या

सक्रियकरण सिद्धान्त संवेग के विषय में नवीनतम सिद्धान्त है। सक्रियकरण सिद्धान्त उपरोक्त सभी सिद्धान्तों के महत्वपूर्ण पक्षों को स्वीकार करता है। जेम्स लाँज के संवेग सिद्धान्त के साथ यह संवेग में आंगिक अभिव्यक्तियों तथा शारीरिक परिवर्तनों को आवश्यक मानता है। कैनन सिद्धान्त के साथ यह संवेग में हाइपोथैलेमस का महत्व स्वीकार करता है। प्रेरणात्मक सिद्धान्त के साथ यह संवेग में सहानुभूतिक नाड़ी मण्डल का महत्वपूर्ण योगदान स्वीकार करता है और संवेग को अभियोजन में सहायक मानता है। इस सक्रियकरण सिद्धान्त में अन्य सभी सिद्धान्तों का समन्वय किया गया है।

सक्रियकरण सिद्धान्त मस्तिष्क तरंगों के अध्ययनों से निकाला गया है, अत: इसमें संवेग में प्रान्तस्था (Cortex) की क्रियाओं पर बड़ा जोर दिया गया है। यह देहविज्ञान के अनुसन्धानों पर आधारित है। इस सिद्धान्त के अनुसार संवेग में जीव का कोई अंग विशेष नहीं बल्कि सम्पूर्ण जीव सक्रिय रहता है। इस प्रकार संवेग मस्तिष्क या शरीर के किसी विशेष भाग पर आधारित नहीं कहा जा सकता। मस्तिष्क के विभिन्न भागों की क्रियाओं के समन्वय से ही संवेगात्मक व्यवहारों की व्याख्या की जा सकती है। संवेगात्मक व्यवहार को समझने के लिये मस्तिष्क के विभिन्न भागों की अन्तर्क्रियाओं को समझना जरूरी है।

शारीरिक परिवर्तनों का महत्व

वास्तव में संवेग में शारीरिक परिवर्तनों को ही सब कुछ नहीं समझा जा सकता और न उनको नगण्य ही समझा जा सकता है। इसी प्रकार संवेग के मानसिक पक्ष की अवहेलना करना

भी ठीक नहीं है और न उसको संवेग का सब कुछ माना जा सकता है। वास्तव में संवेग को समझने के लिये उसके शारीरिक और मनोवैज्ञानिक दोनों पहलुओं को समझना होगा। इन दोनों पहलुओं में अभी नित्य नये प्रयोग हो रहे हैं। अत: संवेग के विषय में अन्तिम रूप से इस विषय में कुछ कहना ठीक में नहीं होगा। परन्तु इतना अवश्य कहा जा सकता है कि संवेग का अध्ययन करने में मस्तिष्क के सभी भागों की क्रियाओं के साथ-साथ उसके शारीरिक पहलू को भी ध्यान में रखना पड़ेगा। इस प्रकार के समन्वयात्मक दृष्टिकोण से ही भविष्य में संवेग के विषय में पूरी तरह सन्तोषजनक सिद्धान्त निकाला जा सकता है।

स्थायीभाव
(Sentiments)

संवेग और स्थायीभाव

संवेग सम्पूर्ण जीव का तीव्र उपद्रव (acute disturbance of the individual) है। वह एक मानसिक क्रिया है। जिसमें अनुभूति (Feeling) और गत्यात्मक तत्परता (Motor set) होती है। वह व्यक्ति की आन्तरिक संरचना से निर्देशित अनुभव और क्रिया है। वह आती है और चली जाती है तथा कुछ समय के लिए व्यक्ति को विक्षुब्ध कर जाती है। दूसरी ओर स्थायीभाव जैसा कि उसके नाम से स्पष्ट है स्थायी (Permanent) भाव (emotion) है। वह एक मानसिक संरचना है जो व्यक्ति के अवसर न रहने पर भी सदैव बनी रहती है। यह अन्तर मानसिक संरचना के तथ्यों और मानसिक क्रियाओं में एक ओर स्नायु विन्यासों की संरचना अथवा स्नायु विन्यासों की व्याख्या में तथा दूसरी ओर उस संरचना से नियमित अनुभवों और क्रियाओं में अन्तर है। डॉ॰ मैक्डूगल के शब्दों में, ''संवेग अनुभव का एक प्रकार, कार्य की एक प्रणाली और क्रिया का एक तरीका है। स्थायीभाव संरचना का एक तथ्य, स्नायुविन्यासों की एक संगठित व्यवस्था है जो कि कार्य करने के अवसरों के बीच न्यूनाधिक शान्त दशा में रहती है।''[3]

स्थायीभाव संवेगों के रूप को निश्चित करता है। इस प्रकार स्थायीभाव संवेगों का कारण है और संवेग स्थायीभाव के अनुगामी हैं। परन्तु दूसरी ओर संवेग भी स्थायीभाव का कारण है और स्थायीभाव संवेग का अनुगामी है क्योंकि संवेगों से ही स्थायीभाव बनता है। एक वस्तु अथवा व्यक्ति की ओर हमारे जिस प्रकार के संवेग होंगे उसी प्रकार का स्थायीभाव भी बन जायेगा।

स्थायीभाव का विकास

मानव में नैसर्गिक रूप से कुछ संवेग होते हैं। ये सरल संवेग (Simple Emotions) कहलाते हैं जैसे भय, आश्चर्य, क्रोध, शोक, इत्यादि। इनके अतिरिक्त कुछ संवेग क्रमश: विकसित होते हैं जैसे ईर्ष्या, प्रेम, घृणा इत्यादि। जैसे-जैसे व्यक्ति का सामाजिक परिस्थितियों में विकास

---

3. "The emotion is a mode of experience, a way of functioning and a way of activity. The sentiment is a fact of structure, an organised system of disposition which endures, in a more or less quiescent condition, between the occasions upon which it is brought into activity."
—Wm. Mcdougall

होता है, ये संवेग विभिन्न वस्तुओं की ओर प्रेरित होते हैं। उदाहरण के लिए वह किसी से डरता है और किसी से उसे हर्ष होता है। जब एक ही वस्तु अथवा व्यक्ति से लगे अनेक संवेग मिलाकर एक स्थायी स्नायु विन्यास का रूप धारण कर लेते हैं तब उस वस्तु या व्यक्ति की ओर उन संवेगों के अनुरूप एक स्थायी भाव बन जाता है। उदाहरण के लिए बालक माता से प्रेम करता है, उसके सम्पर्क में उसे हर्ष होता है, उससे उसके क्षुधा, आमोद, स्वामित्व तथा कामुकता के संवेग सन्तुष्ट होते हैं। इस प्रकार बालक में क्रमशः माता के प्रति इन संवेगों से एक स्थायी भाव बन जाता है।

स्थायी भाव और भावना ग्रन्थि

अनेक लेखकों ने स्थायी भाव और भावना ग्रन्थि (Complex) शब्दों का एक ही अर्थ में प्रयोग किया है। दोनों ही को अर्जित संवेगात्मक प्रतिमान अथवा प्रवृत्ति मान लिया गया है जो मानव में क्रमशः विकसित होता है। परन्तु यदि ध्यान से देखा जाय तो यह समानता होते हुए भी दोनों में भारी अन्तर है। भावना ग्रन्थि एक असामान्य (Abnormal) स्थायीभाव है जबकि स्थायी भाव एक सामान्य संरचना है। डॉ० मैक्डूगल के शब्दों से, ''सर्वोत्तम उपयोग भावना ग्रन्थि को ऐसी अर्जित भावात्मक प्रवृत्तियों तक सीमित रखना है जो कि कुछ अंश में शेष चरित्र से अपने सामन्जस्य के अभाव से पहचानी जाती हैं।''[4] उदाहरण के लिए बहुत से लोगों में हीन भावना ग्रन्थि (Inferiority Complex) बन जाती है जिससे उनके चरित्र में दृढ़ता और संकल्प शक्ति नहीं रहती। इस ग्रन्थि के कारण चरित्र का संगठन बिगड़ जाता है और अन्य स्थायी भावों की भी समुचित अभिव्यक्ति और विकास नहीं हो पाता। दूसरी ओर स्थायीभाव चरित्र का एक भाग होता है और अन्य स्थायीभावों से संगठित होकर चरित्र निर्माण में सहायक होता है। इस प्रकार सामान्य रूप से स्थायीभाव सामान्य अर्जित भावात्मक प्रवृत्तियां (Acquired conative trends) हैं और भावना ग्रन्थि के स्थायीभाव हैं जो कि कुछ न कुछ अंश में असामान्य अथवा रोगी दशा (Pathological state) के सूचक हैं।

स्थायी भाव और चरित्र

चरित्र स्थायी भावों की एक व्यवस्था अथवा संगठन है। इस संगठन में विभिन्न स्थायी भावों पर एक प्रधान स्थायी भाव (Master sentiment) शासन करता है। जब तक मनुष्य में स्थायी भाव बिखरे हुए होते हैं तब तक उसका कोई चरित्र नहीं होता। इस प्रकार मनोवैज्ञानिक दृष्टिकोण से ऐसा व्यक्ति चरित्रहीन कहा जायेगा जो कभी एक और कभी दूसरे स्थायी भाव से निर्देशित होता हो और जिसमें कोई एक स्थायी भाव अन्य स्थायी भावों का संगठन न करता हो। इसी अर्थ में यह कहा गया है कि स्त्रियों में कोई चरित्र नहीं होता। इस प्रकार चरित्र में विभिन्न स्थायी भाव एक मुख्य स्थायी भाव के आधीन संगठित होते हैं। उदाहरण के लिए यदि आत्म-सम्मान (Self regard) का स्थायी भाव प्रधान हो तो चरित्र के संगठन को अग्रलिखित चार्ट से दिखलाया जा सकता है–

---

4. "The best usage restricts the term complex to acquired conative settings, which are in some degree marked by reason of their lack of harmony with the rest of character."
--Wm. Mcdougall

इसमें व्यक्ति के प्रेम, वात्सल्य, मैत्री और घृणा के स्थायी भाव उसके आत्मसम्मान के स्थायी भाव से निर्देशित होते हैं।

आत्म-सम्मान का स्थायी भाव

प्रेम — वात्सल्य — मैत्री — घृणा

नैतिक दृष्टिकोण से यदि प्रधान स्थायी भाव ऊंचा है तो चरित्र ऊंचा और यदि निम्न है तो चरित्र निम्न कहा जायेगा। इस प्रकार चरित्र का संगठित होना एक बात है और उसका ऊंचा या नीचा होना दूसरी बात है। एक मनोवैज्ञानिक धारणा है दूसरी नैतिक धारणा है।

स्थायी भाव और संस्कृति

स्थायी भाव का संस्कृति से घनिष्ठ सम्बन्ध होता है क्योंकि प्रत्येक संस्कृति में सामाजिक अनुकूलन के लिये व्यक्ति में कुछ स्थायी भाव उत्पन्न करने की चेष्टा की जाती है। समाज में स्थायी भाव के महत्व के विषय में मैक्डूगल ने लिखा है– ''व्यक्तियों और समाजों के चरित्र और आचार के लिये स्थायी भाव का विकास सबसे अधिक महत्व का है, यह भावात्मक संकल्पात्मक जीवन का संगठन हैं। स्थायी भावों के अभाव में हमारा भावात्मक जीवन क्रमहीन, अव्यवस्थित अथवा किसी भी प्रकार की समीचीनता अथवा निरन्तरता से हीन हो जायेगा और साथ ही साथ हमारे सामाजिक सम्बन्ध और आचार, जो कि संवेगों और उनकी प्रवृत्तियों पर आधारित है, क्रमहीन भविष्य कथन के अयोग्य और अस्थायी हो जायेंगे।''[5] मनुष्य का सामाजिक आचार कुछ मूल्यों से प्रचलित होता है। ये मूल्य उसके स्थायी भावों से सम्बन्धित होते हैं। अत: स्थायी भाव का मनुष्य के आचार में बड़ा महत्व है। उदाहरण के लिये जो लोग त्याग, सेवा या परोपकार को मूल्यवान समझते हैं उनमें देश-भक्ति, मातृ-भक्ति या मानवता प्रेम के स्थाई भाव देखे जा सकते हैं। कहना न होगा कि इन स्थायी भावों के अभाव में ये मूल्य भी नहीं टिक सकते।

प्रत्येक संस्कृति में मनुष्य के आचार पर नियन्त्रण रखने की आवश्यकता होती है। यह नियन्त्रण जब तक स्थायी भावों में जगह न बना लें तब तक यह बाहर से लादा गया हुआ सा मालूम होगा और व्यक्ति अवसर मिलते ही उसको उतार फेंकेगा। अत: प्रत्येक समाज में वांछित कार्यों और वस्तुओं के प्रति व्यक्तियों में अनुकूल स्थायी भाव उत्पन्न किये जाते हैं। इनसे व्यक्ति उन वस्तुओं अथवा नियमों के विरुद्ध काम नहीं करता। जैसा कि शैंड ने लिखा हैं ''प्रत्येक नये स्थायी भाव के साथ जो कि मनुष्य अर्जित करता है वह एक नया भय भी अर्जित करता है। अपने

---

5. "The growth of sentiments is of the utmost importance for the character and conduct of individuals and of societies; it is the organisation of the effective and conative life. In the absence of sentiments our emotional life would be a mere chaos, without order, consistency, or continuity of any kind; and all our social relations and conduct, being based on the emotions and their impulses, would be correspondingly chaotic, unpredictable and unstable."

—Wm. Mcdougall, *An Introduction to Social Psychology, p. 137*

से प्रेम करते हुये वह अपनी प्रतिष्ठा, सम्पत्ति और शक्ति अथवा उससे प्रेम करने वाले लोगों के स्नेह के खो जाने से डरता है। ये सब ऐसे लक्ष्य हैं जो कि पशुओं में नहीं दिखलाई पड़ते। इन नये प्रयोजनों के लिये मनुष्य नये साधन अपनाता है।"[6] इस प्रकार मानव संस्कृति मनुष्य में नये-नये स्थायीभावों, नई-नई प्रेरणाओं, मूल्यों और लक्ष्यों तथा उनको प्राप्त करने के लिये नये-नये साधनों के विकास का परिणाम है।

अत: किंबाल यंग ने ठीक ही लिखा है "स्थायी भाव सांस्कृतिक प्रतिबद्धता का परिणाम हैं। वे हमारे आधारभूत मूल्यों से निकट रूप में सम्बन्धित हो सकते हैं अथवा वे अपनी शक्ति और महत्व में अपेक्षाकृत परिवर्तनशील हो सकते हैं।"[7] इस प्रकार भिन्न-भिन्न सांस्कृतिक परिस्थितियों में मनुष्य में भिन्न-भिन्न स्थायी भाव विकसित होते हैं। उदाहरण के लिये जहां एक ओर कहीं पर विश्वबन्धुत्व का स्थायी भाव विकसित होता है वहां दूसरी ओर प्रजाति प्रेम अथवा जातिवाद का स्थायी भाव गोरे लोगों को काले लोगों से घृणा सिखलाता है। किसी देश में राष्ट्रीय झण्डे, राष्ट्रीय गान आदि के लिये लोगों में जो स्थायी भाव दिखलाई पड़ता है वह घुमन्तू लोगों में नहीं देखा जाता। स्थायी भाव से लगे होने पर वस्तुओं का मूल्य उनके भौतिक मूल्य से एक दम भिन्न हो जाता है। सगाई की अंगूठी या प्रेम-पत्र सम्बन्धित व्यक्तियों के लिये जो महत्व और मूल्य रखते हैं उसका उनके भौतिक मूल्य से कोई विशेष सम्बन्ध नहीं है और जिस संस्कृति में सगाई या विवाह का महत्व जितना ही कम होता है उसमें इससे सम्बन्धित वस्तुओं के प्रति स्थायी भाव भी उतने ही कम दृढ़ होंगे। इस प्रकार मनुष्यों के नैतिक, सौन्दर्यात्मक, भावात्मक तथा धार्मिक स्थायी भाव उनके सांस्कृतिक परिवेश से निश्चित होते हैं। परिवेश बदलने पर ये भी बदल जाते हैं वास्तव में संस्कृति से अनुकूलन करने में स्थायी भाव व्यक्ति को सहायक होते हैं। इसीलिये संस्कृति में परिवर्तन होने पर उनमें भी परिवर्तन हो जाता है। परन्तु फिर स्थायी भाव मनुष्य के विशेष स्वभाव के कारण भी हो सकते हैं। सांस्कृतिक परिवेश के प्रतिकूल होने पर इन स्थायी भावों को असामान्य समझा जाता है और व्यक्ति के उपचार की चेष्टा की जाती है। संस्कृति से अनुकूल होने पर वे वांछित होते हैं भले ही भिन्न संस्कृति में अवांछित समझें जायें।

चालक
(Drives)

चालक मनुष्य के व्यवहार को परिचालित करते हैं। ये मनुष्य में कुछ आवश्यकतायें उत्पन्न करते हैं। जिनको पूरा करने के लिये वह नाना प्रकार के साधन अपनाता है। इस प्रकार

---

6. "With every new sentiment that a man acquires, he acquires a new fear, loving himself, he fears the loss of his reputation, of his wealth or power, or the affection of those that love him, all which are ends of sentiments lacking in the animals. For these new ends man acquires, new means."

—Shand in *Foundations of Character*

7- "Sentiments are products of cultural condition, they may be closely allied our fundamental values, or they may be relatively fleeting in their strength and importance."

—Young, K. A., *Handbook of Social Psychology,* p. 80.

जैसा कि किंबाल यंग ने लिखा है "एक चालक जीव में किसी असन्तुलन के परिणामस्वरूप एक तीव्र उत्तेजना है जो कि उसको प्रत्युत्तर देने या प्रतिक्रिया करने को प्रेरित करती है।" चालक और आवश्यकता में अन्तर है। आवश्यकता किसी मानसिक या शारीरिक कमी का परिणाम है। चालक इसी आवश्यकता को पूरी करने की प्रेरणा है। हिलगार्ड के शब्दों में, "आवश्यकता के मनोवैज्ञानिक परिणाम को हम चालक कहते हैं।" आवश्यकता और चालक के साथ-साथ उद्दीपन भी लगा हुआ है। उद्दीपन जैसा कि उसके नाम से स्पष्ट है बाहरी परिवेश में कोई भी ऐसी वस्तु है जो व्यक्ति में किसी चालक को उद्दीप्त करती है जैसे साहित्य में सब कहीं प्रेमिका के सौन्दर्य को और सुहावने वातावरण को प्रेम का उद्दीपन माना गया है। आवश्यकता, चालक और उद्दीपन के सम्बन्ध के विषय के हिलगार्ड ने लिखा है, "आवश्यकताओं से चालक उत्पन्न होता है, चालक एक तीव्र तनाव की दशा है जो क्रिया और तैयारी के व्यवहार की ओर ले जाती है। उद्दीपन बाहरी परिवेश में कोई वस्तु है जो कि आवश्यकता को सन्तुष्ट करती है और इस प्रकार परिपूर्ण करने वाली क्रिया के द्वारा चालक को कम कर देती है।" उदाहरण के लिये प्यास एक शारीरिक आवश्यकता है जिससे एक मानसिक चालक उत्पन्न होता है और पानी उद्दीपन है जिससे प्यास बुझा कर चालक को समाप्त किया जा सकता है।

मानव व्यवहार में सब कहीं जैव मनोवैज्ञानिक चालकों के कार्य को देखा जा सकता है। ये चालक जैसा कि इसके नाम से स्पष्ट है जैवकीय और मनोवैज्ञानिक आवश्यकताओं पर आधारित होते हैं। उदाहरण के लिये बालक की बहुत सी जैवकीय आवश्यकतायें जैसे भूख, प्यास, काम प्रवृत्ति इत्यादि माता से पूर्ण होते हैं और इसी प्रकार माता से उसकी अनेक मनोवैज्ञानिक आवश्यकतायें जैसे उद्वेगात्मक सुरक्षा की आवश्यकता, स्वीकृति और समर्थन की आवश्यकता तथा सामाजिक आवश्यकता भी पूर्ण होती है। इस प्रकार माता से बालक की जैवकीय आवश्यकतायें पूर्ण होने के कारण उसमें माता पर आश्रितता उत्पन्न हो जाती है। इन आवश्यकताओं से बालक में अनेक जैव-मनोवैज्ञानिक चालक उत्पन्न होते हैं जोकि माता के द्वारा सन्तुष्ट होते हैं।

चालकों के प्रकार

जैव-मनोवैज्ञानिक चालकों को अर्जित चालकों में गिना जा सकता है। अर्जित के अतिरिक्त चालकों के दो और प्रकार होते हैं—प्राथमिक और संवेगात्मक। इस प्रकार चालकों के मुख्य रूप निम्नलिखित हैं:—

(1) **प्राथमिक** (Primary) **चालक**—प्राथमिक चालक वे चालक हैं जो मनुष्य की प्राथमिक आवश्यकताओं से उत्पन्न होते हैं। ये आन्तरिक चालक भी कहे जा सकते हैं। ये जन्मजात होते हैं और सभी प्राणियों में पाये जाते हैं। टालमैन ने इनको दो भागों में बांटा है—भूख और घृणा। वैसे इनमें प्यास, सांस लेना आदि सभी शारीरिक आवश्यकताओं से उत्पन्न चालक होते हैं। प्राथमिक चालकों में काम प्रवृत्ति बहुत महत्वपूर्ण है। फ्रॉयड ने मनुष्य के सामाजिक व्यवहार के अतिरिक्त नैतिक आचार और धार्मिक कल्पनाओं के मूल में भी काम चालक को प्रमुख चालक माना है। कभी-कभी प्राथमिक चालक सामाजिक निषेधों से दबे से मालूम पड़ते हैं। उदाहरण के लिये बहुत से सभ्य समाजों में काम प्रवृत्तिजन्य क्रियाओं के सम्बन्ध में इतने अधिक निषेध होते हैं कि उसका महत्व बाहर से नहीं दिखलाई पड़ता परन्तु मनोवैज्ञानिकों ने यह भली प्रकार

सिद्ध कर दिया है कि सामाजिक निषेधों से प्राथमिक चालकों का दमन भले ही हो जाय और उनका स्वरूप भी बदल जाय परन्तु इससे उनका महत्व कम नहीं होता। सच तो यह है कि अर्जित चालक अथवा संवेगात्मक चालक भी मूल रूप से प्राथमिक चालकों पर ही आधारित होते हैं।

(2) **अर्जित** (Acquired) **चालक**—ये चालक जैसा कि इनके नाम से स्पष्ट है कि सामाजिक और सांस्कृतिक परिस्थितियों में अर्जित किये जाते हैं। "संस्कृति के संघात में हम सब एक बड़ी संख्या में द्वैतीयक चालक अर्जित करते हैं।" उदाहरण के लिये आत्म-गौरव की भावना, साहित्य, संगीत, कला आदि को प्राप्त करने की इच्छा इत्यादि मानव समाज में अर्जित चालक हैं। यद्यपि द्वैतीयक चालक प्राथमिक चालकों पर आधारित होते हैं परन्तु कभी-कभी इनका महत्व प्राथमिक चालकों से भी बढ़ जाता है। उदाहरण के लिए कुछ लोग नाम की खातिर भूख, प्यास, काम, वासना इत्यादि सभी को भूल जाते हैं।

(3) **संवेगात्मक** (Emotional) **चालक**—इनमें वे चालक आते है जो संवेगात्मक परिस्थितियों में उत्पन्न होते हैं। संवेगात्मक परिस्थिति में मनुष्य ऐसे बहुत से काम कर बैठता है जिनका उसकी प्राथमिक आवश्यकताओं से विशेष सम्बन्ध नहीं होता। इन चालकों के कारण सामाजिक परिस्थितियों में होते हैं।

सारांश

संवेग क्या है?—एमोशन शब्द लैटिन 'एमोवेयर' से लिया गया है जिसका अर्थ है उत्तेजित कर देना। कार्य में बाधक होने के साथ-साथ संवेग कार्य के प्रेरक भी हैं। वे आपत्तिकाल में जीव की सहायता करते हैं। पी॰ टी॰ यंग के अनुसार "संवेग सम्पूर्ण व्यक्ति का तीव्र उपद्रव है।" वुडवर्थ ने संवेग को अनुभूति की एक क्षुब्ध अवस्था कहा है।

अनुभूति और संवेग—अनुभूति और संवेग दोनों में सुख-दुख दोनों पाये जाते हैं। बहुत से संवेगों की गणना अनुभूतियों में की जाती है। परन्तु संवेग और अनुभूति में काफी अन्तर है। मुख्य अन्तर निम्नलिखित हैं:—(1) अनुभूति संवेदना से उत्पन्न होती है, संवेग परिस्थिति की स्मृति या कल्पना से भी उत्पन्न हो सकते हैं। (2) अनुभूति ऐन्द्रियिक और सरल है, संवेग अधिक जटिल है। (3) संवेग अनुभूति से अधिक जटिल स्तर पर होता है अत: उसमें बहुत से नये तत्व आ जाते हैं।(4) संवेग अनुभूति से अधिक व्यापक है, अनुभूति संवेग में शामिल है। (5) संवेग में शरीर की कुछ ग्रन्थियां विशेष रस का स्राव करती हैं, अनुभूति में ऐसा नहीं है। (6) संवेग की अपेक्षा अनुभूति में अधिक सीमित स्नायविक उद्दीपन होता है। (7) संवेग में विशेष दिशा में क्रियाशील होने की प्रवृत्ति भी आ जाती है। अनुभूति मे ऐसा नहीं है। (8) संवेग अनुभूति से अधिक उग्र होता है। उसमें अनुभूति से अधिक अव्यवस्था होती है।

संवेग में शारीरिक परिवर्तन (Bodily Changes in Emotion)—संवेग में मुख्य बाह्य शारीरिक परिवर्तन—(1) चेहरे की अभिव्यक्ति, (2) संवेग अभिव्यक्ति, (3) आसनिक अभिव्यक्ति।

संवेग में मुख्य आन्तरिक शारीरिक परिवर्तन—(1) हृदय गति में परिवर्तन (2) रक्तचाप में परिवर्तन, (3) रक्त रसायन में परिवर्तन, (4) श्वास गति में परिवर्तन, (5) वैद्युतिक त्वक

प्रतिक्रिया में परिवर्तन, (6) रस परिपाक, (7) मस्तिष्क तरंगों में परिवर्तन।

संवेगावस्था में स्वतन्त्र स्नायु संस्थान में ऊर्ध्व, मध्य और निम्न भाग भिन्न-भिन्न आन्तरिक शारीरिक क्रियाओं को प्रभावित करते हैं।

संवेगावस्था और शारीरिक परिवर्तनों में परस्पर सम्बन्ध—संवेगावस्था और शारीरिक परिवर्तनों के परस्पर सम्बन्ध के विषय में अनेक मत पाये जाते हैं। कुछ मुख्य मत निम्नलिखित हैं—

(अ) जेम्स लॉंज का सिद्धान्त—यह सिद्धान्त संवेगात्मक के विषय में सामान्य सिद्धान्त के विपरीत है। इसके अनुसार संवेग शारीरिक क्रियाओं के कारण उत्पन्न होते हैं।

जेम्स लॉंज सिद्धान्त के पक्ष में युक्तियां—(1) वस्तु का प्रत्यक्ष संवेग को जाग्रत किये बिना तुरन्त आंगिक परिवर्तन उत्पन्न करता है। आंगिक अभिव्यक्ति से रहित किसी संवेग की कल्पना नहीं की जा सकती। (2) आंगिक अभिव्यक्तियों का निरोध करने से उनसे सम्बन्धित संवेग का भी निरोध हो जाता है। (3) कृत्रिम रूप से आंगिक अभिव्यक्तियां उत्पन्न करने से सम्बन्धित संवेग भी उत्पन्न हो जाते हैं। (4) कुछ आंगिक उपद्रव भी संवेग उत्पन्न करते हैं।

जेम्स लॉंज के सिद्धान्त के विपक्ष में युक्तियां—(1) शारीरिक परिवर्तनों के अभाव में भी संवेगात्मक प्रतिक्रियाओं का होना असम्भव है। (2) नाटक के पात्रों से जेम्स के सिद्धान्त के विपक्ष में भी प्रमाण मिले हैं। (3) जाठरिक और आन्तरिक परिवर्तनों तथा उपद्रवों के होने पर भी संवेग उत्पन्न होना जरूरी नहीं हैं। (4) मादक द्रवों के प्रयोग करने पर भी संवेग के चिन्ह दिखलाई नहीं पड़ते। (5) यौन ग्रन्थियों की अनुपस्थिति में भी यौन संवेगों की अभिव्यक्ति में अन्तर नहीं हुआ। (6) एक से शारीरिक परिवर्तनों में भिन्न-भिन्न संवेग और भिन्न-भिन्न शारीरिक परिवर्तनों में एक से संवेग देखे गये। (7) वस्तुविहीन संवेग वास्तव में वस्तुविहीन नहीं होते। (8) एक सी उत्तेजनाओं से एक सी प्रतिक्रियायें नहीं होतीं अतः संवेग प्रत्यक्ष मात्र से नहीं हो सकते। (9) संवेग वेदनात्मक और आंगिक संवेदनायें ज्ञानात्मक दशायें हैं। (10) जेम्स ने संवेग उत्पन्न करने वाली और संवेग न उत्पन्न करने वाली आंगिक वेदनाओं में अन्तर नहीं किया है। उपरोक्त तर्कों से स्पष्ट है कि जेम्स लॉंज का सिद्धान्त वैज्ञानिक नहीं है।

(ब) कैनन वार्ड सिद्धान्त—इसके अनुसार संवेगात्मक अवस्थाओं में हाइपोथैलेमस का स्राव मुख्य रूप से काम करता है। यह सिद्धान्त जेम्स के सिद्धान्त से अधिक उपयुक्त है परन्तु यह भी सीमित और एकांगी है। वास्तव में संवेगावस्था में हाइपोथैलेमस के अलावा स्नायु संस्थान के अन्य भागों का भी हाथ रहता है।

(स) प्रेरणात्मक सिद्धान्त—इस सिद्धान्त के अनुसार प्रत्येक संवेग का एक विशेष लक्ष्य होता है जिससे संवेगात्मक क्रिया का संचालन तथा निर्देशन होता है। संवेगावस्था से हुये शारीरिक परिवर्तन परिस्थिति से जीव के अभियोजन में सहायक होते हैं।

साधारण संवेगावस्था में प्रेरणात्मक सिद्धान्त सत्य मालूम पड़ता है परन्तु असाधारण संवेगावस्था में यह लागू नहीं होता।

(द) सक्रियकरण सिद्धान्त—यह संवेग के विषय में नवीनतम सिद्धान्त है। यह उपरोक्त सभी सिद्धान्तों का समन्वय करता है। इसमें संवेग में प्रान्तस्था की क्रियाओं पर बड़ा जोर दिया गया है। इसके अनुसार संवेग किसी अंश विशेष पर नहीं बल्कि सम्पूर्ण जीव की क्रियाओं पर आधारित है। अत: संवेग को समझने के लिये मस्तिष्क के विभिन्न भागों की अन्तर्क्रियाओं को समझना बड़ा जरूरी है।

निष्कर्ष—वास्तव में संवेगावस्था को पूरी तरह समझने के लिये शारीरिक परिवर्तनों के साथ-साथ उसके मानसिक पक्ष पर भी ध्यान देना पड़ेगा। मानसिक पक्ष में भी किसी एक विशेष अंग को नहीं बल्कि सभी अंगों की परस्पर क्रिया को समझना जरूरी है।

स्थायीभाव

स्थायीभाव और संवेग—संवेग अस्थायी और स्थायीभाव स्थायी है। संवेग अनुभव का प्रकार और स्थायी भाव संरचना का तथ्य है।

स्थायीभाव का विकास—किसी वस्तु से अनेक संवेग जुड़ जाने से क्रमश: उस वस्तु के प्रति स्थायी भाव बन जाता है।

स्थायीभाव और भावना ग्रन्थि—स्थायीभाव सामान्य मानसिक संरचना है, भावना ग्रन्थि असामान्य स्थायी भाव है।

स्थायीभाव और चरित्र—चरित्र स्थायी भाव की व्यवस्था है। संगठित चरित्र में विभिन्न स्थायीभाव एक मुख्य स्थायीभाव से निर्देशित होते हैं। मुख्य स्थायीभाव ऊंचा या नीचा होने के साथ चरित्र भी ऊंचा या नीचा होता है। एक से अधिक स्थायी भावों के भिन्न-भिन्न समयों पर मुख्य होने से चरित्र असंगठित रहता है।

स्थायीभाव और संस्कृति—स्थायी भाव सांस्कृतिक प्रतिबद्धता का परिणाम है।

चालक—चालक मनुष्य के व्यवहार को परिचालित करते हैं। इनके मुख्य रूप हैं—(1) प्राथमिक चालक, (2) अर्जित चालक, (3) संवेगात्मक चालक।

7

अनुभूतियाँ (Feelings)

अनुभूति की प्रकृति और महत्व

मनुष्य के जीवन में अनुभूतियों का विशेष महत्व है। हमारी जिन क्रियाओं से हमें सुखद अनुभूतियाँ होती हैं, उन्हें हम दोहराना चाहते हैं और जो क्रियायें दु:खद अनुभूतियों से लगी होती हैं, सामान्य रूप से हम उन्हें दोहराना नहीं चाहते। इस प्रकार मनुष्य अनुभूतियों के माध्यम से बहुत-से काम करना सीखता है और बहुत-से कामों से दूर रहता है। अनुभूतियाँ सामान्य रूप से दो प्रकार की कही जा सकती हैं—सुखद, और दु:खद। इन दोनों प्रकारों में बहुत-सी ऐसी अनुभूतियां आती हैं जिनमें न्यूनाधिक तीव्रता, स्थायित्व और गहराई का अन्तर होता है। मनुष्य के व्यवहार में अनुभूतियों के महत्व को लेकर नीतिशास्त्र में सुखवादी सिद्धान्त (Hedonism) उपस्थित किये गये हैं। विभिन्न प्रकार के सुखवादी सिद्धान्तों में यह बतलाया गया है कि मनुष्य उन कामों को करता है जिनसे उसे सुख होता है और उनको नहीं करता जिनसे उसे दु:ख होता है। इस मनोवैज्ञानिक सुखवाद के आधार पर नैतिक सुखवाद (Ethical hedonism) की स्थापना की गई, अर्थात् यह कहा गया है कि मनुष्य का कर्त्तव्य है कि वह ऐसे कार्य करे जिनसे दु:ख की अपेक्षा सुख अधिक प्राप्त हो। इस प्रकार सुखवाद मनुष्य की सम्पूर्ण प्रेरणाओं को सुखद अनुभूतियों में सीमित कर देता है। नि:सन्देह यह मानव व्यवहार की अत्यधिक सरल और अपूर्ण व्याख्या है। सुखात्मक अनुभूति, चाहे वह भूत, वर्तमान अथवा भविष्य किसी भी काल से सम्बन्धित क्यों न हो, मानव व्यवहार के जटिल कार्यों की पूरी तरह से व्याख्या नहीं कर सकती। सच तो यह है कि सुखात्मक अनुभूति मनुष्य के कार्य का निर्णय नहीं करती, बल्कि उसके साथ चलती है अथवा उसका परिणाम होती है। सुख की अनुभूति को व्यवहार का प्रवर्तक मानना भारी भूल है। साधारणतया मनुष्य विशिष्ट अनुभूति को नहीं बल्कि वस्तु को चाहता है और उसे मनचाही वस्तु के मिल जाने पर सुख होता है। जो वस्तुयें उसके स्वभाव के अनुरूप होती हैं वह उन्हीं की खोज में लगा रहता है चाहे परिणामस्वरूप उसको दु:ख ही क्यों न भोगना पड़े। भूखे मनुष्य को भोजन चाहिये, भोजन के बाद की सुखानुभूति नहीं। भोजन मिलने पर और उसके उपयुक्त और संतुलित होने पर सुखानुभूति होगी। और कभी-कभी अनुपयुक्त पदार्थ को खा जाने से वेदना और दु:ख भी हो सकता है। यहां

पर यह ध्यान रखना आवश्यक है कि वास्तव में जब कभी सुख और दु:ख में चुनाव होता है तो मनुष्य साधारणतया सुख को ही चुनता है परन्तु यदि यह चुनाव सुख और परोपकार अथवा सुख और आत्मानुभूति में हो तो उस अवसर पर हो सकता है कि मनुष्य सुख का परित्याग करे। यहां पर भी वास्तव में सुख का परित्याग करने वाला दो सापेक्ष दुखों में से अधिक दुख का परित्याग करता है। उदाहरण के लिये क्षत्रिय युद्ध के मैदान से भाग कर सुख भोगने की अपेक्षा युद्धस्थल में जान देना पसन्द करता है, क्योंकि युद्ध-स्थल से भाग कर मिलने वाले अपयश से होने वाले दु:ख की तुलना में मृत्यु का दु:ख भी कुछ नहीं है। चुनाव की इस प्रक्रिया में आदत का भी बड़ा महत्व होता है। अनेक कठिन कार्य जो किसी विशेष व्यक्ति को दुखद जान पड़ते हैं, आदत के कारण अन्य व्यक्ति को दुखद नहीं लगते और उन्हें वह सरलता से करता है। सैनिकों को कठोर कामों और अनुशासन के अभ्यास के द्वारा ऐसी आदत डाल दी जाती है जिससे कि वे चुनाव का अवसर होने पर केवल सुखात्मक अनुभूति से गलत मार्ग न चुन बैठें।

अनुभूति का मनोवैज्ञानिक अर्थ

यहां पर यह स्पष्ट कर देना उपयुक्त होगा कि मनोवैज्ञानिक दृष्टिकोण से अनुभूति क्या हैं, क्योंकि कुछ लोग उसको एक विशेष प्रकार की संवेदना मान बैठते हैं। अनुभूति एक भावात्मक मानसिक क्रिया है जिसके दो पहलू होते हैं—सुखद और दुखद। इनके अलावा रुचिकर और अरुचिकर तथा कुछ अन्य भेद भी अनुभूति में माने गये हैं। भावात्मक-प्रक्रिया होने के कारण अनुभूति ज्ञानात्मक और संकल्पात्मक क्रियाओं से भिन्न है। कुछ मनोवैज्ञानिक अनुभूति के तीन प्रकार मानते हैं यथा सुखद, दु:खद और तटस्थ। यहां पर तटस्थ अनुभूति की धारणा से सभी मनोवैज्ञानिक सहमत नहीं हैं अनुभूति को आत्मगत (Subjective) कहना भी उपयुक्त नहीं होगा क्योंकि इससे उसे कल्पना, स्वप्न तथा भ्रम आदि के समक्ष रख दिया जाता हैं जबकि वास्तव में वह यथार्थ, स्पष्ट और व्यक्तिगत होती है। इसी प्रकार अनुभूति को निष्क्रिय मानसिक प्रक्रिया कहना भी उपयुक्त नहीं होगा, क्योंकि इसमें मनुष्य निष्क्रिय न होकर अन्य क्रियाओं के समान सक्रिय भी रहता है। फिर भी अन्य मानसिक प्रक्रियाओं के विरुद्ध अनुभूति का विश्लेषण करना बड़ा कठिन है क्योंकि वह अत्यन्त चंचल और क्षणिक होती हैं। बाह्य निरीक्षण से तो इसको जाना ही नहीं जा सकता अन्तर्निरीक्षण में भी जैसे ही हम इसकी ओर ध्यान देते हैं त्यों ही यह विलीन हो जाती हैं। इसका तात्पर्य यह नहीं है कि अनुभूति का अध्ययन ही नहीं किया जा सकता, चंचल और क्षणिक होने पर भी अनुभूति की स्मृति अपेक्षाकृत स्थायी होती है और कभी-कभी तो वह बहुत लम्बे काल तक बनी रहती है।

अनुभूति शरीर के किसी विशेष अंग को नहीं बल्कि सम्पूर्ण शरीर को प्रभावित करती है। एक समय में एक ही प्रकार की अनुभूति हो सकती है। यद्यपि कुछ विद्वानों ने दो विरोधी अनुभूतियों के एक साथ उपस्थित होने की सम्भावना मानी है। अनुभूतियों का सम्वेदनाओं से निकट सम्बन्ध है। रुचिकर सम्वेदना से सुखद और अरुचिकर से दुखद अनुभूति उत्पन्न होती है। मनुष्य की इच्छाओं की सन्तुष्टि से भी सुखद अनुभूति होती है। दूसरी ओर इच्छाओं के सन्तोष में बाधा आने से उसे दुखद अनुभूति होती है। यह एक सामान्य अनुभव की बात है कि जीवन में

सफल व्यक्ति सुखी और असफल व्यक्ति बहुधा दुखी दिखाई पड़ते हैं। यहां पर यह ध्यान रखना आवश्यक है कि सुख और दुख की अनुभूति का सम्बन्ध इतना अधिक बाहरी सफलता और असफलता से नहीं है जितना कि आन्तरिक सन्तोष और असन्तोष से है। इसी कारण कुछ लोग धनी होने पर भी दुखी रहते हैं और अन्य निर्धन होने पर भी सन्तुष्ट होने के कारण सुखी रहते हैं। यह सन्तोष व्यक्ति से सापेक्ष होता है अर्थात् जबकि एक विशिष्ट दशा में एक व्यक्ति सन्तुष्ट रह सकता है, दूसरे उसमें सन्तुष्ट नहीं रहता। कुछ व्यक्ति स्वभाव से ही सन्तोषी और अन्य असन्तोषी होते हैं। इनका भी अनुभूतियों पर प्रभाव पड़ता है।

अनुभूति की सापेक्षता

वस्तु प्रत्येक अनुभूति सापेक्ष (Relative) होती हैं। किसी विशिष्ट अनुभूति को सुखद कहने का तात्पर्य यह है कि उत्तेजनाओं की तुलना में वह अधिक सुखद है। दूसरी ओर सुखद उत्तेजना समूह में शामिल होकर कोई भी अनुभूति सुखद बन जाती है। उदाहरण के लिए जिस व्यक्ति को हम पसन्द करते हैं उससे सम्बन्धित अनुभूतियों से हमें सुख होता है। दूसरी ओर जिस व्यक्ति से हम घृणा करते हैं उससे सम्बन्धित अनुभूतियां दुखद होती हैं। पहले प्रिय व्यक्ति के सम्पर्क में व्यतीत किये हुए क्षण कितने सुखद और अप्रिय व्यक्ति के साथ बीता हुआ समय कितना दुखद होता है। जैसा कि पहले बतलाया जा चुका है उत्तेजना अन्य उत्तेजनाओं की तुलना में सुखद अथवा दुखद होती है। इस प्रकार, विभिन प्रकार की गन्धों को एक दूसरे की तुलना में सुखद अथवा दुखद कहा जा सकता है। जब कभी हम कह सकते हैं कि इस दुकान की मिठाई बहुत खराब है तो हमारा तात्पर्य अन्य दुकानों की मिठाइयों की तुलना में उसे खराब कहने से होता है। अब यदि हम किसी ऐसी दुकान की मिठाई खायें जो उससे भी खराब हो तो इस नई दुकान की तुलना में उक्त दुकान की मिठाई भी अच्छी ही कही जायेगी। इस प्रकार अधिक व्यापक सुखों की तुलना में कम व्यापक सुख उतने सुखात्मक नहीं मालूम होते। दूसरी ओर बड़े-बड़े दुखों के सामने मनुष्य छोटे-छोटे दुखों को भूल जाता है।

सुखात्मक अनुभूति और सीखना

मनुष्यों और पशुओं के सीखने में सुखात्मक अनुभूति को पुरस्कार और दुखद अनुभूति को दण्ड के रूप में प्रयोग किया जाता है। प्रयोगों से यह देखा गया है कि जिस काम के करने से हमें सुख होता है उसे हम फिर करना चाहते हैं और जिससे दुख होता है उसे पुनः दोहराना नहीं चाहते। दूसरी ओर सीखने पर भी कभी-कभी सुखात्मक अनुभूति अनुभव होती है। उदाहरण के लिए आरम्भ में बालक को पढ़ना सीखने में कष्ट होता है, परन्तु बाद में तरह-तरह की कहानियां और उपन्यास पढ़ने में उसे कितना आनन्द आता है। मनुष्य अपने प्रिय व्यक्ति द्वारा दी गई वस्तु को देखकर कितना सुखी होता है।

संवेदना और अनुभूति

पीछे कहा जा चुका है कि अनुभूति संवेदना से भिन्न है। यहां पर इन दोनों के अन्तर को और भी अधिक स्पष्ट कर देना आवश्यक है। इनमें मुख्य अन्तर अग्रलिखित हैं:–

(1) प्रत्येक संवेदना किसी विशेष इन्द्रिय जैसे आँख, कान, नाक इत्यादि के माध्यम से होती है, परन्तु अनुभूति के लिए किसी ऐसे माध्यम की आवश्यकता नहीं है।

(2) विशेष संवेदना विशेष उत्तेजना के द्वारा उत्पन्न होती है जैसे प्रकाश तरंगों से दृष्टि की संवेदना होती है। परन्तु अनुभूति के बारे में ऐसा नहीं है। दुखद अनुभूति वेदना से भिन्न है यद्यपि कुछ विद्वानों ने भ्रम से इनको एक मान लिया है। वेदना त्वचा के किसी विशेष भाग में होती है जबकि अनुभूति को इस प्रकार निश्चित नहीं किया जा सकता। फिर वेदना सदैव दुखद भी नहीं होती बल्कि कभी-कभी सुखद होती है ।

(3) ध्यान देने से संवेदना तो स्पष्ट हो जाती है परन्तु अनुभूति अस्पष्ट हो जाती है या कभी-कभी बिल्कुल नहीं रहती । उदाहरण के लिये यदि किसी के मस्तिष्क में पीड़ा हो रही हो तो वह उसकी ओर जितना ध्यान देता है उसका अनुभव उतना ही अधिक होता है, परन्तु दूसरी ओर यदि आप किसी सुस्वादु भोजन की सुखद अनुभूति पर ध्यान दें तो अनुभूति विलीन हो जायेगी। इसी कारण जबकि संवेदना को अन्तर्निरीक्षण से जाना जा सकता है, अनुभूति का निरीक्षण नहीं हो सकता ।

(4) जैसा कि पहले बतलाया जा चुका है हमारे शरीर में प्रत्येक संवेदना एक निश्चित स्थान पर होती है। परन्तु अनुभूति का ऐसा कोई स्थान निश्चित नहीं है। जबकि संवेदना शरीर के विशेष भाग को प्रभावित करती है, अनुभूति सम्पूर्ण शरीर पर प्रभाव डालती है।

(5) बाह्य उत्तेजनाओं से उत्पन्न होने के कारण संवेदनायें वस्तुगत होती हैं। दूसरी ओर अनुभूति आत्मगत होती है। वस्तुगत होने के कारण संवेदना सभी सामान्य होती है। सामान्य व्यक्तियों को एक दूसरी ओर आत्मगत होने के कारण अनुभूति विभिन्न व्यक्तियों में भिन्न-भिन्न होती हैं। उदाहरण के लिए एक ही वस्तु से किसी को सुखद, दूसरे को दुखद और अन्य को तटस्थ अनुभूति हो सकती है। इस अन्तर के कारण जबकि संवेदना बाहरी जगत का ज्ञान कराती है, अनुभूति आन्तरिक जगत को व्यक्त करती है। वस्तुगत होने के कारण संवेदना का प्रत्यास्मरण किया जा सकता है। आत्मगत होने के कारण अनुभूति के प्रत्यास्मरण में कठिनाई होती है। दूसरे शब्दों में, जबकि संवेदना की स्मृति-प्रतिमा (Memory Image) होती है, अनुभूति की स्मृति-प्रतिमा नहीं होती।

अनुभूति और संवेदना में उपरोक्त अन्तर से स्पष्ट है कि अनुभूति को संवेदना का लक्षण नहीं माना जा सकता, क्योंकि ये दोनों भिन्न-भिन्न हैं। बहुत-सी संवेदनायें ऐसी होती हैं जिनमें भावात्मक पहलू का अभाव होता है, न वे सुखद होती हैं और न दुखद। यदि अनुभूति संवेदना का अनिवार्य लक्षण होती है तो संवेदना को दुखद अथवा सुखद कुछ न कुछ होना आवश्यक था। अनुभूति को संवेदना का लक्षण मानने वाले मत की आलोचना करते हुये कुल्पे (Kulpe) ने यह संकेत किया कि संवेदनायें अनुभूतिहीन होती हैं। फिर भी यह निश्चित है कि अनेक संवेदनाओं में भावात्मक पहलू होता है। वास्तव में अनुभूति एक स्वतन्त्र मानसिक प्रक्रिया है जिसके अपने लक्षण हैं जो कि संवेदना के लक्षणों से भिन्न हैं। दोनों के लक्षणों के अन्तर को पीछे बतलाया जा चुका है।

अनुभूति के प्रकार

पीछे बतलाया जा चुका है कि अनुभूति केवल दो प्रकार की होती हैं—सुखद अथवा दुखद या रुचिकर अथवा अरुचिकर। इनके अलावा कुछ मनोवैज्ञानिकों ने अनुभूति के अन्य प्रकार भी माने हैं। उदाहरण के लिए प्रसिद्ध मनोवैज्ञानिक उंट (Wundt) ने अपने त्रिआयाम (Three dimensional) सिद्धान्त में सुख-दुख (Pleasant-unpleasant), खिंचाहट-शिथिलता (Strain-Relaxation), उद्दीपन-शान्ति (Excitation-quiet), अनुभूति के तीन आयाम माने हैं जिनमें किसी भी अनुभूति को रखा जा सकता है। टिचनर (Titchener) ने प्रयोगात्मक आधार पर उंट के मत का विरोध किया है। उसके अनुसार न तो ये तीनों आयाम एक दूसरे से पूर्ण स्वतन्त्र हैं और न ये सभी अनुभूतियां ही हैं। उसके प्रयोगों में प्रयोज्य विभिन्न रंगों और मैट्रोनोम (Metro-nome) ध्वनियों के उपस्थित होने पर उंट के दिये हुए अनुभूति के गुणों में अन्तर नहीं कर सके। उन्होंने जो अन्तर्निरीक्षणात्मक रिपोर्ट दी उसके आधार पर यह देखा गया कि वास्तव में केवल सुखद और दु:खद अनुभूतियों में ही स्पष्ट अन्तर किया जा सकता है। अन्य प्रकार की तथाकथित अनुभूतियां वास्तव में अनुभूति न होकर स्नायविक गतियों और अन्तरावयव संवेदनाओं के मिश्रण मात्र दिखाई पड़े। योकोयामा (Yokoyama), जोन्सटन (Johnston) और लिंडवस्की (Lindwosky) इत्यादि विद्वान भी अनेक प्रयोगों से इसी परिणाम पर पहुँचे प्रयोगों के आधार पर फैलन (Phelan) ने अनुभूतियों को वस्तुगत और आत्मगत दो वर्गों में बांटा है। फैलन के अनुसार कोई पदार्थ तो स्वयं सुखद या दु:खद होता है अर्थात् उसकी अनुभूति आत्मगत न होकर वस्तुगत होती है। दूसरी ओर यदि कोई पदार्थ उसका भोग करने वाले जीव की अवस्था के कारण सुखद या दु:खद कहा जाता है अर्थात् उसकी अनुभूति आत्मगत होती है। इस मत से भी उंट के त्रिआयाम सिद्धान्त का खण्डन होता है।

अनुभूति विषयक सिद्धान्त

अनुभूति की मनोवैज्ञानिक व्याख्या के विषय में निम्नलिखित सिद्धान्त उपस्थित किये हैं—

(1) दैहिक सिद्धान्त (Physiological Theroy)—इस सिद्धान्त के अनुसार शरीर के लिए लाभदायक अनुभव, सुखद अनुभूति और हानिकारक अनुभव, दु:खद अनुभूति उत्पन्न करता है। इसी प्रकार अधिक जीवनशक्ति व्यय कराने वाली क्रिया दु:खद और सन्तुलित जीवन-शक्ति व्यय कराने वाली क्रिया सुखद होती है। दूसरे शब्दों में, स्वस्थ बलवान और पुष्ट नाड़ी-मण्डल की क्रियाओं से सुखद और अस्वस्थ तथा निर्बल नाड़ी-मण्डल की क्रियाओं से दु:खद अनुभूति होती है।

अनुभूति की व्याख्या के दैहिक सिद्धान्त की विशेषता यह है कि उसमें अनुभूति में नाड़ी-मण्डल के योगदान पर जोर दिया गया है। परन्तु यह सिद्धान्त सन्तोषजनक नहीं है जिसके कारण निम्नलिखित हैं—

(अ) सबल नाड़ी-मण्डल की क्रियाओं का अनिवार्य रूप से सुखद और निर्बल नाड़ी-मण्डल की क्रियाओं का अनिवार्य रूप से दु:खद होना अनिवार्य नहीं है। दूसरी ओर कभी

इसके विपरीत देखा जाता है अर्थात् निर्बल नाड़ी-मण्डल की क्रिया संतोषजनक और सबल नाड़ी-मण्डल की क्रिया असन्तोषजनक होती है।

(ब) वास्तव में अनुभूति इतनी अधिक नाड़ी-मण्डल की दशा पर निर्भर नहीं होती जितनी कि विशेष कार्य के लक्ष्य में सफलता अथवा असफलता पर निर्भर होती है। इस प्रकार हमें जिस कार्य के लक्ष्य को प्राप्त करने में सफलता मिलती है उससे सुखद और जिसमें असफलता मिलती है उससे दुखद अनुभूति होती है चाहे स्नायु-मण्डल की दशा कैसी भी क्यों न हो।

(स) सुख अथवा दुःख की अनुभूति जीवन-शक्ति के व्यय पर निर्भर न होकर उसके ध्येय और उस ध्येय को प्राप्त करने में सफलता या असफलता पर निर्भर होती है। यह एक सामान्य अनुभव की बात है कि किसी वाँछित कार्य में भारी जीवन शक्ति व्यय करके भी मनुष्य को आनन्द मिलता है जबकि किसी अवांछित कार्य में थोड़ी भी शक्ति लगाने पर उसे दुःखद अनुभूति होती है।

(2) प्रगति बाधा सिद्धान्त (Furtherance-hinderance Theory)—इस सिद्धान्त के अनुसार जब किसी शारीरिक क्रिया में कोई विघ्न नहीं होता और बराबर प्रगति होती जाती है तो सुखानुभूति होती है और जब किसी क्रिया में बाधा पड़ती है तो दुःखानुभूति होती है। उदाहरण के लिये यदि किसी पदार्थ को प्राप्त करने में कोई कठिनाई नहीं होती तो हमें उससे सुख की अनुभूति होती है और जब इसमें कठिनाई होती है तो दुःख की अनुभूति होती है। प्रगति बाधक सिद्धान्त को अन्य व्याख्याकारों ने अनुभूतियों की व्याख्या निर्विघ्नता या विघ्न के आधार पर न करके मनुष्य के किसी विशेष परिस्थिति या पदार्थ के साथ तादात्म्य कर लेने के आधार पर की है। जब तादात्म्य की यह परिस्थिति अनुकूल होती है तो अनुभूति सुखद और जब वह प्रतिकूल होती है तो वह दुःखद होती है। प्रगति बाधा-सिद्धान्त का एक अन्य रूप स्ट्राउड (Stroud) नाम के मनोवैज्ञानिक ने उपस्थित किया। स्ट्राउड के अनुसार मानसिक क्रियाओं की सफलता से सुखद और असफलता से दुःखद अनुभूति होती है। जो शारीरिक दशा मानसिक प्रक्रियाओं में सहायक होती है उससे सुख मिलता है और जो बाधक होती है उससे दुःख मिलता है।

ध्यान देने से ज्ञात होगा कि अनुभूति के विषय में उपरोक्त सिद्धान्त कुछ विशेष परिस्थितियों में सही होने पर भी सभी परिस्थितियों में सही नहीं उतरता। उदाहरण के लिए यह हो सकता है कि किसी पदार्थ को देखने, चलने या स्पर्श करने में भारी कठिनाई पड़ने पर भी उससे सुखद अनुभूति हो।

(3) विकासात्मक सिद्धान्त (Evolutionary Theory)—अनुभूति की व्याख्या के विकासात्मक सिद्धान्त के अनुसार सुख और दुःख की अनुभूतियां मनुष्य के विकास का परिणाम है। ज्यों-ज्यों मनुष्य का विकास होता जाता है त्यों-त्यों उसे कुछ वस्तुयें और दशायें अपने तथा अपनी जाति के विकास में लाभदायक और कुछ घातक जान पड़ती हैं। पहली प्रकार की परिस्थितियां या वस्तुओं से सुखद अनुभूति होती है और दूसरी प्रकार की वस्तुओं और परिस्थितियों से दुःखद अनुभूति होती है। अनुभूति की व्याख्या के इस सिद्धान्त में कुछ न कुछ सत्य अवश्य है। यह ठीक है कि विकास की स्थिति के अनुरूप जो वस्तु अथवा कार्य हमारे विकास में बाधक

होते हैं वे हमें दु:खदायक होते हैं और साधक सुखदायक होते हैं। परन्तु फिर ऐसे उदाहरण भी उपस्थित किये जा सकते हैं जिनमें स्वयं के अथवा जाति के विकास के लिये लाभदायक वस्तु अथवा परिस्थिति सुखद न होकर दु:खद अनुभूति होती है। दूसरी ओर अनुभव से हम यह जान सकते हैं कि हमें बहुत सी ऐसी वस्तुओं में सुखद अनुभूति होती है जो अन्त में हमारे अथवा जाति के विकास में बाधक और हानिकारी हैं।

अनुभूति की प्रगति की व्याख्या के उपरोक्त सभी सिद्धान्तों में से कोई भी पूरी तरह सन्तोषजनक नहीं है। किसी न किसी अवसर पर सभी अपवाद उपस्थित होते हैं। फिर अनुभूति में व्यक्तिगत विभिन्नता का भी बड़ा प्रभाव है। एक ही वस्तु एक ही व्यक्ति को कभी सुखद और कभी दु:खद अनुभूति देती है। इस प्रकार एक ही वस्तु भिन्न-भिन्न व्यक्तियों को व्यक्तिगत भेद से सुखद अथवा दु:खद हो सकती है। अनुभूति विषयक उपरोक्त सिद्धान्तों में कोई भी इस वैयक्तिक भिन्नता की व्याख्या नहीं करता। वास्तव में अनुभूति की व्याख्या में कुछ ऐसी कठिनाइयां हैं जो अन्य मानसिक प्रक्रियाओं में नहीं होती। उदाहरण के लिये जबकि अन्य मानसिक प्रक्रियायें नाड़ी-मण्डल के किसी न किसी भाग से सम्बन्धित होती हैं, अनुभूतियों का कोई ऐसा निश्चित आधार नहीं होता। दूसरे, जबकि अन्य प्रक्रियाओं के स्वरूप निश्चित होते हैं, अनुभूति का स्वरूप भी निश्चित करना कठिन होता है। फिर भी अनुभूति की व्याख्या के उपरोक्त सिद्धान्तों को परस्पर पूरक मानकर चलने से कुछ लाभ हो सकता है।

अनुभूति के अध्ययन की विधियां

आधुनिक मनोवैज्ञानिक अनेक विधियों से अनुभूति का अध्ययन करते हैं। स्थूल रूप से विधियां दो प्रकार की हैं:–

(1) संस्कार विधि (Method of Impression)–संस्कार विधि से अन्तर्निरीक्षण के आधार पर किसी पदार्थ के प्रति अनुभूति का अध्ययन किया जाता है। इसमें अनेक विधियां हैं जो निम्नलिखित हैं:–

(अ) मूल्यांकन विधि (Rating Method)–मूल्यांकन विधि में अनुभूति की जितनी वस्तुएं होती हैं उतने मानदण्डों की रूपरेखा बना दी जाती है। प्रत्येक पदार्थ के लिए एक ऐसी मानदण्डों की रेखा दी जाती है जिसमें विभिन्न अनुभूतियों या उनकी मात्राओं का स्थान निश्चित होता है। अब प्रयोज्य की अन्तर्निरीक्षण के आधार पर विशेष पदार्थ-सम्बन्धी अनुभूति को उसके मापदण्ड की रेखा में निश्चित स्थान पर अंकित कर देना होता है। साधारणतया यह कार्य एक से अधिक प्रयोज्यों से कराकर उनके मूल्यांकन का मध्यमान निकालकर विशेष अनुभूति का अंकन किया जाता है।

(ब) चयन विधि (Method of Choice)–इस विधि में प्रयोज्य के सम्मुख विभिन्न प्रकार की उत्तेजनाओं को उत्पन्न करके उससे सबसे अधिक सुखद अथवा सबसे अधिक दु:खद उत्तेजना का चुनाव करने को कहा जाता है। इससे विशिष्ट व्यक्ति के लिए विशिष्ट उत्तेजना के भावात्मक महत्व पर प्रभाव पड़ता है। फिर भी इससे अनुभूति का विश्लेषण नहीं हो पाता।

(स) श्रृंखला विधि (Serial Method)—इस विधि में प्रयोज्य के सम्मुख क्रमशः एक-एक वस्तु उपस्थित की जाती है और उससे अन्तर्निरीक्षण के आधार पर अपनी अनुभूति को व्यक्त करने को कहा जाता है। विशिष्ट वस्तु के प्रति अनुभूति को निर्धारित करने में यह विधि लाभदायक सिद्ध होती है।

(द) युगल तुलनात्मक विधि (Method of Paired Comparison)—इस विधि में जैसा कि इसके नाम से स्पष्ट है, कई पदार्थों के भावनात्मक पहलुओं का तुलनात्मक अध्ययन किया जाता है। इसमें एक बार में युगल अथवा दो पदार्थ उपस्थित्त किये जाते हैं और प्रयोज्य यह बतलाता है कि उनमें से कौन-सा रुचिकर है और कौन-सा अरुचिकर है। प्रत्येक पदार्थ को दूसरे के साथ नीचे-ऊपर या दायें-बायें के क्रम में दो-दो बार उपस्थित किया जाता है जिससे कि काल और स्थान के दोषों से बचा जा सके। प्रत्येक पदार्थ को अनियमित क्रम में उपस्थित किया जाता है क्योंकि बार-बार लगातार उपस्थित करने से उसके भावात्मक महत्व में कमी आ सकती है। पदार्थ का भावात्मक महत्व निर्धारित करने के पश्चात् प्रयोज्य से यह पूछकर नोट किया जाता है कि उसे किसी पदार्थ से विशिष्ट सुखद या दुःखद अनुभूति क्यों होती है। इस सम्बन्ध में निम्नलिखित चार कारण ज्ञात हैं—

(1) **साहचर्य** (Association)—अनेक प्रयोगों से ज्ञात हुआ है कि यदि किसी पदार्थ का सुखद अनुभव से साहचर्य होता है तो सुखद अनुभूति और यदि दुःखद अनुभव से साहचर्य होता है तो दुःखद अनुभूति होती है।

(2) **शारीरिक दशा पर प्रभाव** (Effect on Physical Condition)—जिन पदार्थों का शारीरिक दशा पर अनुकूल प्रभाव पड़ता है वे रुचिकर और जिनका प्रतिकूल प्रभाव पड़ता है वे अरुचिकर अनुभूति देते हैं।

(3) **वस्तुगत गुण** (Objective traits)—वस्तुगत गुणों के कारण भी व्यक्ति को किसी विशिष्ट वस्तु में रुचि अथवा दुःखद अनुभूति हो सकती है।

(4) **संस्कार** (Impressions)—कुछ पदार्थ संस्कार के कारण सुखद और कुछ दुःखद प्रतीत होते हैं। उदाहरण के लिए हिन्दू लोग अनेक वस्तु को शुभ अथवा अशुभ मानते हैं और परिणामस्वरूप उनके सम्पर्क से उन्हें सुखद अथवा दुःखद अनुभूति होती है।

(2) आविष्करण विधि—इस विधि में अनुभूति के अध्ययन में यह देखा जाता है कि प्रयोज्य में कौन-से आन्तरिक परिवर्तन होते हैं। संस्कार विधि के विरुद्ध यह विधि वस्तुगत है। इसमें श्वास-गति के अध्ययन के लिए न्यूमोग्राफ (Pnumograph) नाड़ीगति के अध्ययन के लिए इस स्फिग्मोग्राफ (Sphygmograph) तथा इसी प्रकार अन्य परिवर्तनों के अध्ययन के लिए विभिन्न यन्त्रों का प्रयोग किया जाता है।

सारांश

अनुभूति एक भावात्मक मानसिक क्रिया है जिसके दो पहलू होते हैं—सुखद और दुःखद। वह सम्पूर्ण शरीर को प्रभावित करती है। प्रत्येक अनुभूति सापेक्ष होती है। सुखात्मक अनुभूति

का सीखने पर अनुकूल प्रभाव पड़ता है और दु:खात्मक का प्रतिकूल प्रभाव पड़ता है। अनुभूति संवेदना से भिन्न है। उसके लिए किसी विशेष माध्यम की आवश्यकता नहीं होती है और न उसका स्थान ही निश्चित होता है। संवेदना के विरुद्ध वह आत्मगत होती है। अत: उसको संवेदना का परिणाम नहीं माना जा सकता। विभिन्न मनोवैज्ञानिकों ने अनुभूति के भिन्न-भिन्न प्रकार बतलाये हैं, परन्तु मुख्य रूप से उसके दो प्रकार हैं—सुखद अथवा दु:खद या रुचिकर अथवा अरुचिकर। अनुभूति की व्याख्या के विषय में तीन सिद्धान्त उपस्थित किये गये हैं यथा दैहिक सिद्धान्त प्रगति-बाधा सिद्धान्त, तथा विकासात्मक सिद्धान्त। इनमें से कोई भी सिद्धान्त अनुभूति की पूर्णतया संतोषजनक व्याख्या नहीं करता यद्यपि सभी सिद्धान्तों को परस्पर पूरक मानकर चलने से कुछ लाभ हो सकता है। अनुभूति के अध्ययन के लिये मुख्य रूप से दो विधियां प्रयोग की जाती हैं—संस्कार-विधि और आविष्करण विधि। संस्कार विधि में चार प्रकार की विधियां हैं—मूल्यांकन विधि, चयन विधि, श्रृंखला विधि और युगल-तुलनात्मक विधि। इन विधियों से ज्ञात हुआ है कि अनुभूति पर साहचर्य, शारीरिक दशा, वस्तुगत गुण और संस्कार का महत्वपूर्ण प्रभाव पड़ता है।

8

अहं और उसकी अन्तर्ग्रस्ततायें
(THE SELF AND ITS INVOLVEMENTS)

'स्व' के विकास का अर्थ

व्यक्तित्व के विकास में सबसे अधिक महत्वपूर्ण तथ्य उसके स्व का विकास है। इसी के विकास से व्यक्ति का समाजीकरण होता है। इसी से उसमें आत्म-चेतना और सामाजिक चेतना उत्पन्न होती है। यह स्व व्यक्तित्व का केन्द्र है और इस प्रकार व्यक्तिगत के विभिन्न तत्वों को संगठित रखता है। किम्बालयंग के शब्दों में " एक व्यक्तित्व 'स्व' दूसरे व्यक्तियों के सम्बन्ध में उसके कार्यों और विचारों की उसकी चेतना है। वासना में यह अन्तर्मुखता की एक स्थिति है यद्यपि उसका उद्गम बाह्य अन्तर्क्रिया में हैं।"[1] इस प्रकार 'स्व' से तात्पर्य अन्य व्यक्तियों से अन्तर्क्रिया के परिणामस्वरूप हमारी कार्यों और विचारों की चेतना से है। मनुष्य एक सामाजिक परिवेश में रहता है। व्यक्तित्व के क्रमशः विकास में उसकी अन्य व्यक्तियों से अन्तर्क्रिया होती है। यह अन्तर्क्रिया सामाजिक समूहों में उसके पदों और उनके अनुकूल भूमिकाओं से निर्धारित होती है। इस अन्तर्क्रिया के परिणामस्वरूप वह विशिष्ट प्रकार से सोचता और व्यवहार करता है। इसके मूल में जो चेतना है। वह आत्मचेतना और समाज चेतना दोनों से मिलकर बनी है। यह व्यक्ति का 'स्व' है। इस प्रकार 'स्व' जन्मजात नहीं होता। सामाजिक परिस्थितियों से और अन्य व्यक्तियों से अन्तर्क्रियाओं के द्वारा 'स्व' का विकास होता है। ये अन्तर्क्रियायें संयुक्त भी होती हैं और विभाजक भी। प्रतियोजन, सात्मीकरण, सहयोग, सामाजिक एकीकरण की संयुक्त अन्तर्क्रियायें व्यक्ति को दूसरे के अनुकूल व्यवहार को प्रेरित करती हैं। दूसरी ओर प्रतिस्पर्धा, संघर्ष और प्रतिकूलता की अन्तर्क्रियायें व्यक्ति को अन्य व्यक्तियों के प्रतिकूल व्यवहार करने को प्रेरित करती हैं। इन दोनों ही प्रकार की अन्तर्क्रियाओं का उसके 'स्व' के विकास में महत्वपूर्ण स्थान है।

---

1. "An individual self is his consciousness of his acts and thoughts as they are related to others. It is really a phase of internalisation, but it has its origin in overt interaction."

—K. Young.

'स्व' का उदय

'स्व' का उदय तादात्म्य (Identification) और प्रत्याशा (Expectancy) में होता है। तादात्म्य और प्रत्याशा की सबसे पहली अभिव्यक्ति बालक और माता की अन्तर्क्रिया में होती है। शिशु की समस्त शारीरिक और मनोवैज्ञानिक आवश्यकतायें उसकी माता से पूरी होती हैं। अस्तु वह जननी माता से तादात्म्य कर लेता है। तादात्म्य से तात्पर्य मनोवैज्ञानिक दृष्टि से एक रूप हो जाने से है। इससे शिशु माता की प्रतिक्रियाओं के अनुकूल प्रतिक्रियायें दिखलाता है। यह माता के संकेतों को समझता है और उनके अनुकूल प्रत्याशी प्रतिक्रियायें दिखलाती है। प्रत्याशी प्रतिक्रिया से तात्पर्य उस प्रतिक्रिया से है जो दूसरे व्यक्तियों में किसी विशिष्ट व्यवहार की प्रत्याशा के कारण उत्पन्न होता है। उदाहरण के लिये शिशु यह समझ जाता है कि कब उसकी माता उसे दूध पिलाने वाली है, कब सुलाना चाहती है इत्यादि और माता में इस उद्देश्य की क्रियायें दिखलाई देते ही शिशु प्रत्याशी प्रतिक्रियायें करने लगता है। उदाहरण के लिये यदि माता उसे गोद में लेती है तो यह समझकर कि वह उसे दूध पिलायेगी वह स्तनों से चिपट जाता है। इस प्रकार माता के सम्बन्ध में सबसे पहले व्यक्ति में दूसरों के प्रति उसके कार्यों और विचारों की चेतना उत्पन्न होती है। यह 'स्व' का उदय है। क्रमशः शिशु यह समझने लगता है कि माता उसके किस व्यवहार से सन्तुष्ट होती है और किससे असन्तुष्ट होती है तथा इनके अनुकूल वह अपनी अनुक्रियाओं को नियन्त्रित और निर्देशित करना सीख लेता है। इससे माँ और बालक में तादात्म्य सम्बन्ध बढ़ता है जिससे दोनों एक दूसरे के विचारों और भावनाओं को समझते हैं। बालक के रोने, हाथ पैर चलाने और शारीरिक तनाव से माँ उसकी भूख को पहचान जाती है। इससे शिशु की क्रियायें स्वयं उसके लिये महत्वपूर्ण हो जाती हैं क्योंकि इनसे उसकी माता उसकी आवश्यकताओं को समझती और उन्हें सन्तुष्ट करती है। पुरस्कार के रूप में आवश्यकताओं की सन्तुष्टि से शिशु के व्यवहार के प्रतिमान बनते हैं। इस प्रकार वह माता के व्यवहार के अनुकूल अपने व्यवहार को नियन्त्रित और निर्देशित करना सीखता है। कुछ बड़ा होने पर वह उन कामों को दोहराता है जिनसे उसकी माता सन्तुष्ट होती है और माता के द्वारा दण्ड दिये जाने से वह कुछ कार्यों से बचता है।

'स्व' के विकास में भाषा का स्थान

'स्व' के इस विकास में भाषा का महत्वपूर्ण स्थान है। भाषा के रूप में मनुष्य को अन्य मनुष्यों से आदान-प्रदान करने की शक्ति मिली हुई है। भाषा के माध्यम से ही उसके मस्तिष्क में दूसरों के विचार और क्रियायें प्रतीक रूप में विद्यमान रहकर उसके व्यवहार को प्रेरित करते हैं। भाषा का उदय भी 'स्व' के उदय के साथ होता है। इस प्रकार बालक सबसे पहले अपनी माता से ही भाषा सीखता है। इसलिये स्वाभाविक भाषा मातृ-भाषा कहलाती है। जब माता बालक को कोई वस्तु दिखलाकर कोई शब्द उच्चारण करती है तो उस शब्द की ध्वनि का उस वस्तु के साथ साहचर्य सम्बन्ध हो जाता है और जब यह क्रिया बार-बार दोहराई जाती है तो बालक यह सीख लेता है कि अमुक वस्तु के लिये अमुक शब्द प्रयोग किया जाता है। पुरस्कार तथा दण्ड के कारण भी भाषा का प्रयोग सीखा जाता है। उदाहरण के लिये जब बालक यह अनुभव करता है कि उसे अमुक शब्द बोलने से दण्ड मिलता है तो वह समझ जाता है कि वह शब्द बुरा है तथा वह उसे प्रयोग नहीं करता। दूसरी ओर जो बात कहने से उसे पुरस्कार मिलता है उन शब्दों को वह अधिक प्रयोग करता है। भाषा के

माध्यम से ही माता-पिता बालक को तरह-तरह की बातें सिखलाते हैं। बालक अपने विषय में भाषा के माध्यम से ही कल्पना करता है। बहुधा वह अपने से बात करता दिखलाई पड़ता है। भाषा के विकास से बालक में मानसिक क्रियाओं के साथ-साथ व्यक्तित्व का भी विकास होता है। उसके सम्पर्क का दायरा बढ़ता है। उसके सामने नई-नई आवश्यकतायें और समस्यायें उत्पन्न होती हैं। वह दूसरों से सुनकर तरह-तरह की बातें समझता है और समाज में अपने व्यवहार और सम्बन्धों को नियन्त्रित करना सीखता है। भाषा के माध्यम से ही वह सामाजिक समूहों में विभिन्न कार्यों को ग्रहण करता है तथा अपने सम्पर्क में आने वाले व्यक्तियों के दृष्टिकोणों और भावनाओं को समझता हैं। भाषा के माध्यम से वह अन्य व्यक्तियों के सामने अपने विचार और अपनी माँगें उपस्थित करता है। भाषा आत्माभिव्यक्ति का साधन है।

शिशु की भाषा उसकी प्रत्याशी प्रतिक्रियाओं का ही भाग होती हैं। एक ओर तो शब्द वस्तुओं, गुणों, सम्बन्धों के प्रतीक होते हैं और दूसरी ओर वे हमारी वर्तमान प्रतिक्रियाओं और अनुभवों से सम्बन्धित होते हैं तथा भविष्य में हमारी प्रतिक्रियाओं का संकेत करते हैं। भाषा के विकल्प में सबसे पहले शिशु विभिन्न प्रकार की ध्वनियों के उच्चारण और हाथ पैर आदि विभिन्न शारीरिक अंगों के परिचालन के द्वारा संकेत करता है। क्रमशः वह कुछ शब्दों को सीखता है और जैसे-जैसे उसका विकास होता जाता है उसका शब्द भण्डार बढ़ता रहता है।

अन्तर्निवेश

'स्व' के विकास में भाषा के साथ-साथ अन्तर्निवेश (Introjection) का भी महत्वपूर्ण योगदान होता है। अन्तर्निवेश से तात्पर्य जीव प्राणी की अपनी क्रियाओं और उसके प्रति दूसरों के व्यवहार के प्रत्यक्षीकरण और बाद में स्मृति प्रतिमा के रूप में ग्रहण कर लेने की सामर्थ्य से है। बालक का दूसरों के प्रति जो व्यवहार है और दूसरों का जो उसके प्रति व्यवहार है उसका वह पहले प्रत्यक्षीकरण करता है और फिर वह स्मृति प्रतिमा का रूप ग्रहण कर लेता है। इससे उसके प्रति दूसरों की प्रतिक्रियायें उसके 'स्व' का अंग बन जाती हैं और उसके व्यवहार को निर्धारित करती हैं। उदाहरण के लिये जब हम यह जानते हैं कि किसी की ओर हाथ मिलाने के लिये हाथ बढ़ाने पर वह भी हाथ बढ़ाता है तो दूसरों के हाथ बढ़ाने पर हम यह जान जाते हैं कि वह हमसे किस व्यवहार की आशा करता है। इसी प्रकार माता के व्यवहार से बालक के सामने व्यवहार के प्रतिमान बनते हैं।

कार्य अर्जन

'स्व' के विकास में कार्य अर्जन (Role Taking) का विशेष महत्व है। वह कार्य अर्जन दो प्रकार का होता है विशिष्ट (Specific) और सामान्य (General) कार्य अर्जन से तात्पर्य विभिन्न सामाजिक परिस्थितियों में विभिन्न पदों के अनुसार कार्यों को करने की सामर्थ्य और तत्परता से है। बालक अन्य व्यक्तियों के व्यवहार का अनुकरण करता है और पहले से ही उसके व्यवहार को प्रत्याशी प्रतिक्रिया (Anticipatory reaction) के द्वारा समझा लेता है। वह अपने चारों ओर के परिवेश में उपस्थित विभिन्न व्यक्तियों, माता-पिता, भाई-बहन आदि के साथ तादात्म्य करता है और उनके कार्य ग्रहण करता है। प्रारम्भ में यह कार्य ग्रहण या कार्य अर्जन विशिष्ट होता है किन्तु बाद में इसका सामान्यीकरण होने लगता है जिसमें सबसे पहले आवश्यकताओं, चालकों और फिर क्रमशः संकेतों, प्रतिक्रियाओं और पुरस्कारों में सामान्यीकरण होता है।

(1) **विशिष्ट कार्य अर्जन** (Specific Role Taking)—विशिष्ट कार्य अर्जन से तात्पर्य विशेष व्यक्तियों के कार्य ग्रहण करने से है। उदाहरण के लिये छोटी बालिका अपनी माँ की देखा-देखी बच्चे खिलाने, उनके सुलाने, खाना बनाने, घर का कामकाज करने आदि का अनुकरण करती है। इससे उसे सहज आनन्द प्राप्त होता हैं। इसी प्रकार बालक अपने पिता की तरह छड़ी लेकर चलने, टोप लगाने और उसके अन्य कार्यों का अनुकरण करने में आनन्द प्राप्त करता है। इस अनुकरण का मुख्य आधार तादात्म्य है जिसके कारण बालक या बालिका अपने माता-पिता के कार्यों को करते हैं। कभी-कभी विशेष अनुकरण के फलस्वरूप बालक को दण्ड मिलता है क्योंकि माता-पिता नहीं चाहते कि उस विषय में वह उनका अनुकरण करे। उदाहरण के लिये यदि बालक पिता को देखकर सिगरेट मुँह में लगाता है तो उसे डाँट पड़ती है। इससे बालक बालिकायें क्रमश: यह सीख जाते हैं कि किस प्रकार का अनुकरण अनुचित है। इससे उनकी अनुकरण करने की इच्छा कम नहीं होती और वे कभी-कभी लुक छिपकर अनुकरण करते हैं। परन्तु दण्ड के भय से इनका अनुकरण अपेक्षाकृत कम होता है। फिर भी यह निश्चित है कि परिवार में माता-पिता जिस प्रकार का व्यवहार करते हैं बालक बालिकायें वैसा ही व्यवहार करना सीखते हैं। इसलिये यह देखा जाता है कि जिन पति-पत्नी के परस्पर सम्बन्ध अच्छे नहीं हैं, उनके बालक बालिकायें बड़े होकर कठिनता से ही अच्छे पति-पत्नि बन पाते हैं। ऐसा इसलिये है क्योंकि उनके सामने पति-पत्नि के सम्बन्धों का अच्छा उदाहरण उपस्थित नहीं किया गया। कभी-कभी यह होता है कि जब छोटे शिशु माता-पिता के किसी कार्य का अनुकरण करते हैं तो वह बुरा भी हो तब भी माता-पिता उस पर हँसते हैं और उसको प्रोत्साहित करते हैं। इससे बालक वह व्यवहार सीख जाता है और बाद में उसमें से वह आदत निकालना कठिन हो जाता है। उदाहरण के लिये जब बालक तोतली बोली में गाली देता है तो कुछ माता-पिता उसे सुनकर बड़े प्रसन्न होते हैं और उसे गाली दोहराने को उकसाते हैं। ऐसी परिस्थिति में यदि बालक गाली देना सीख जाये तो आश्चर्य ही क्या है और फिर कुछ वर्ष बाद उससे यह आशा करना अनुचित है कि वह गाली देना छोड़ देगा। अस्तु, बालक के 'स्व' के विकास में माता-पिता के कार्यों का ग्रहण विशेष रूप से महत्वपूर्ण है। स्पष्ट है कि माता-पिता को बालक के सामने व्यवहार के ऊँचे आदर्श उपस्थित करने चाहियें।

विशिष्ट कार्य ग्रहण की प्रक्रिया में दो रूप दिखाई पड़ते हैं, एक तो बालक अपने से उसी तरह से बात करता है जैसे कि दूसरे उससे करते हैं। इस तरह दूसरे शब्दों में, वह अपने को उसी रूप में देखता है, जिस रूप में वे उसे देखते हैं। यह अन्तर्निवेश की प्रक्रिया है। उदाहरण के लिये बालक अपने विषय में यह कहता दिखलाई पड़ता है कि लल्लू यह चाहता है, मुन्ना वह चाहता है इत्यादि। इसमें वह उन विचारों को अभिव्यक्त करता है जो कि दूसरों ने उसके प्रति अभिव्यक्त किए हैं। विशिष्ट कार्य ग्रहण की अन्य प्रक्रिया में बालक अकेला होने पर खेल-कूद में अन्य व्यक्तियों के कार्य करता है। उदाहरण के लिए वह पिता का टोप लगाकर और उसकी छड़ी हाथ में लेकर उसकी तरह चलता है। बालिका तरह-तरह के बर्तन और खिलौने एकत्रित करके माता की तरह खाना बनाने का आयोजन करती है और माता की तरह उन खिलौनों को शिशुओं के रूप में नहलाती, धुलाती, कपड़े पहनाती, खाना खिलाती और सुलाती है। कभी-कभी यह भी देखा गया है कि यदि बच्चों को इन क्रियाओं को करते देख लिया जाये तो वे झेंप जाते हैं। परन्तु उन्हें ये खेल पसन्द हैं और इसलिये यथासम्भव उन्हें इनसे नहीं रोका जाना चाहिये क्योंकि इन्हें खेलों के द्वारा उनके 'स्व' का विकास होता है।

(2) सामान्य कार्य ग्रहण (General Role Taking)–विशिष्ट कार्य ग्रहण में बालक या बालिका विशिष्ट व्यक्ति जैसे पिता या माता का कार्य ग्रहण करते हैं। दूसरी ओर सामान्य कार्य ग्रहण का उदाहरण टीम के अन्य लोगों की तरह व्यवहार करना है। इसमें खिलाड़ी यह समझ लेता है कि अन्य लोग उससे किस प्रकार के सहयोग की आशा करते हैं। इससे उसे अपने को दूसरों की स्थिति में रखकर अपने प्रति उनके विचारों को समझना पड़ता है। इसमें अन्तर्निवेश की प्रक्रिया होती है। इसी तरह कक्षा में बालक क्रमशः यह समझता है कि उसके अध्यापक और सहपाठी उससे किस प्रकार के व्यवहार की आशा करते हैं और उसके बारे में क्या सोचते हैं। इसके लिए यह अपने को शिक्षकों और सहपाठियों की आँखों से देखता है और तदनुकूल कार्य ग्रहण करता है। सामान्य कार्य ग्रहण बहुधा किसी अर्जित प्रेरक जैसे सामाजिक स्वीकृति की इच्छा से परिचालित होते हैं। दूसरें, इसमें कार्य ग्रहण के मूल तत्व वही होते हैं जो अनेक विशिष्ट क्रियाओं में पाये जाते हैं। तीसरे, इसमें व्यक्ति किसी विशिष्ट व्यक्ति का नहीं बल्कि समूह के सामान्य व्यक्ति का कार्य ग्रहण करता है।

कार्य ग्रहण में भाषा से बड़ी सहायता मिलती है क्योंकि भाषा के द्वारा दूसरों के शब्दों में हम अपने प्रति उनके विचारों को समझ लेते हैं। कार्य ग्रहण में शिशु माता-पिता की भाषा ग्रहण करता है। उदाहरण के लिये बालक बालिकायें माता-पिता के समान डाँटते फटकारते हैं। जैसा कि पीछे बतलाया जा चुका है, 'स्व' के विकास में बालक अपने को दूसरों की आँखों से देखता है। साथ ही साथ वह अपने विषय में उस भाषा को इस्तेमाल करना सीख लेता है जो कि दूसरे उसके विषय में इस्तेमाल करते हैं। उदाहरण के लिये वह यह नहीं कहता कि मैं स्कूल जाऊँगा बल्कि यह कहता है कि लल्लू स्कूल जायेगा। इस प्रकार उसकी भाषा वह होती है जोकि दूसरे उसके विषय में बोलते हैं।

सामाजिक 'स्व' का उदय

आपने बहुधा देखा होगा कि छोटा बालक अकेले में अपने से बात करता है और अपने आप ही विशिष्ट भूमिका में उसका उत्तर भी देता है। उदाहरण के लिए वह जो कुछ माँ उससे कहती है, वह दोहराता है और उसके उत्तर में वह भी बोलता है जो कुछ वह स्वयं भी माँ से कहता हैं। इसी तरह वह माता-पिता के परस्पर वार्तालाप का भी अनुकरण करता हैं। एक बार वह पिता की हैसियत से कोई बात कहता है और फिर स्वयं ही विचारों का आदान-प्रदान करता है। इसमें कल्पना और चिन्तन की क्रियायें विकसित होती हैं। कर्टिस के शब्दों में, 'स्व' का विकास व्यक्ति के अपने प्रति एक वस्तु बन जाने की अर्जित योग्यता पर निर्भर करता है।''[2] इस प्रकार 'स्व' के विकास में व्यक्ति स्वयं को वस्तु समझकर स्वयं अपने प्रति व्यवहार करता है। यह योग्यता क्रमशः अर्जित होती है। इसमें भाषा का महत्वपूर्ण हाथ है। भाषा के अतिरिक्त हाव-भाव से आन्तरिक चिन्तन की अभिव्यक्ति होती है। इसीलिए कर्टिस ने लिखा है, ''संकेत और शब्द बाह्य कार्य और चिन्तन के आन्तरिक जगत के मध्य माध्यम है। अस्तु, मूल रूप में चिन्तन का उद्‌गम सामाजिक है।''[3] इस प्रकार चिन्तन की क्रिया सामाजिक परिस्थितियों में विकसित होती है।

---

2. "The development of self depends upon the acquired ability of the individual, to be an object to himself."
—Curtis.

3. "Gesture and word are the media between overt act and the inner world of thinking . Hence thinking is by its origin essentially social."
—Curtis.

सामाजिक 'स्व' के विकास में महत्वपूर्ण बात बालक का विभिन्न सामाजिक परिस्थितियों में विभिन्न व्यक्तियों के कार्यों को ग्रहण करना है। उदाहरण के लिये बालक अपने परिवार में माता-पिता, भाई-बहन, चाचा-ताऊ, दादी-बाबा आदि के कार्यों का अनुकरण करके उनके कार्य ग्रहण करता है। जब वह परिवार के दायरे से बाहर निकलकर गली मौहल्ले में खेलता है या सड़क पर आने वाली मोटरों, रिक्शों, ताँगों आदि को देखता है और बाहर यात्रा करने में रेल, वायुयान या अन्य सवारियों का अनुभव करता है, तक वह क्रमशः समाज के अनेक लोगों का कार्य ग्रहण करने लगता है। उदाहरण के लिये रेल बनाकर खेलना बच्चों का प्रिय खेल होता है। इस खेल में कोई बालक ड्राइवर का कार्य ग्रहण करता है तो कोई गार्ड बनकर हरी झन्डी दिखलाता है। इस तरह बालक तरह-तरह के खिलौने और सामान एकत्रित करके कभी स्कूटर, कभी कार, कभी रेल और कभी हवाई जहाज चलाने का अभिनय करते हैं। बाजार में तरह-तरह की वस्तुयें बेचने वाले दुकानदार को देखकर बालक खेलों में नाना प्रकार की वस्तुओं की दुकानें लगाते हैं, फिर कोई ग्राहक बनता है और कोई दुकानदार। बालक ग्राहक वयस्क ग्राहक के व्यवहार का अनुकरण करता है और बालक दुकानदार वयस्क दुकानदार का कार्य ग्रहण करता है। इसी तरह घरौन्दा बनाकर खेलना बालकों का प्रिय खेल है इसमें कोई लड़का पिता बनता है और कोई लड़की माता और कुछ उनके बच्चे बनते हैं और सब मिलकर विशिष्ट कार्य ग्रहण करके उसके अनुरूप अभिनय करते हैं। बालकों का एक अन्य प्रिय खेल स्कूल बनाकर खेलना है जिसमें कोई प्रधानाध्यापक बनता है तो कोई अध्यापक बनता हैं। अध्यापक बालक शरारत करने वाले बालकों को प्रधानाध्यापक के सामने उपस्थित करता है जो कि उन्हें दण्ड देता है। चपरासी बना हुआ बालक घण्टा बजाता है। इन खेलों में कभी-कभी काल्पनिक रूप में कार्य ग्रहण किया जाता है। उदाहरण के लिये दरोगा बना हुआ बालक काल्पनिक अपराधी को पकड़कर काल्पनिक जेल में बन्द कर देता है और उसे काल्पनिक बेंत लगाता है। परन्तु काल्पनिक होने में बालकों के लिये इन क्रियाओं का महत्व और कार्य ग्रहण का आनन्द किसी प्रकार भी कम नहीं होता। कभी-कभी तो दो बालक मिलकर ही पूरे स्कूल का नाटक करते हैं। एक छड़ी लेकर प्रधानाध्यापक बन जाता है और गम्भीर मुद्रा में बैठता है। दूसरा अध्यापक बनकर काल्पनिक शरारती बालकों को प्रधानाध्यापक के सामने पेश करता है और यह बतलाता है कि उन्होंने क्या शरारतें की हैं। प्रधानाचार्य काल्पनिक बालकों को डाँटता है और अध्यापक को उनको ले जाने का आदेश देता है और अध्यापक बालक काल्पनिक बालकों को ले जाता है। बालकों के इन खेलों को देखकर हमें बड़ा ही आश्चर्य और आनन्द होता है। सामाजिक 'स्व' के विकास की प्रक्रिया कितनी जटिल और कितनी विचित्र है। वह कितने स्वाभाविक ढंग से अपने आप होती रहती है। उसे किसी के निर्देश की आवश्यकता नहीं होती। बालक को आप जैसा बनाना चाहें, उसके अनुरूप सामाजिक परिवेश में उसे रख दीजिये। वह अपने चारों ओर के व्यक्तियों को देखकर उनके अनुरूप कार्य ग्रहण कर लेगा। एक बार बुरी सामाजिक परिस्थितियों में रहने के बाद आप बालक को बुरे व्यक्तियों के कार्य ग्रहण से रोक नहीं सकते क्योंकि सामाजिक परिवेश के अनुरूप ही 'स्व' का विकास होता है। अस्तु, यदि आप बालक के सामाजिक विकास को अच्छा बनाना चाहते हैं तो उसे अच्छा परिवेश दीजिये।

जार्ज मीड का सिद्धान्त

प्रसिद्ध अमेरिकन समाज मनोवैज्ञानिक जार्ज मीड ने 'स्व' के विकास का सबसे अधिक

महत्वपूर्ण सिद्धान्त उपस्थित किया है। कूले और दुर्खीम के साथ मीड यह मानता है कि व्यक्ति के 'स्व' के विकास में समाज का महत्वपूर्ण योगदान है। समाजीकरण के द्वारा ही 'स्व' का विकास होता है। मीड के अनुसार यह विकास संवेगात्मक न होकर ज्ञानात्मक है। उसमें आत्मभावना के स्थान पर आत्म-चेतना का विशेष महत्व है। व्यक्ति में 'स्व' के प्रति चेतना उसकी सामाजिक अन्तर्क्रियाओं से उत्पन्न होती है। सामाजिक प्रक्रियायें ही मनुष्य की बुद्धि के विकास में भी प्रधान कारक हैं। मनुष्य केवल जैवकीय प्राणी नहीं है। उसके विकास में तर्क और बुद्धि का महत्वपूर्ण योगदान है। उसमें सामाजिक चेतना का विशेष महत्व है। जहाँ अन्य जीव प्राणी अपनी मूल आवश्यकताओं को जैवकीय रूप में संतुष्ट करते हैं, वहाँ मनुष्य इसमें बुद्धि का विशेष सहारा लेता है। मीड मनुष्य में निम्नलिखित दस जैवकीय प्रवृत्तियाँ मानता है:—

(1) व्यवस्थापन की प्रवृत्ति जिससे व्यक्ति अपना संतुलन बनाये रखता है।

(2) व्यक्तिगत लक्ष्यों की ओर संगठनात्मक उत्तरदायित्व की प्रवृत्ति।

(3) व्यक्तिगत लक्ष्यों को प्राप्त करने की प्रवृत्ति।

(4) संगठनों पर आक्रमण से उनकी रक्षा करने की प्रवृत्ति।

(5) भय-प्रद लक्ष्यों से पलायन की प्रवृत्ति।

(6) भिन्नलिंगीय व्यक्तियों के प्रति लैंगिक प्रवृत्ति।

(7) भोजन की रक्षा और उत्पादन की प्रवृत्ति।

(8) बालक की देखभाल और पालन-पोषण तथा माता-पिता से उसके व्यवस्थापन की प्रवृत्ति।

(9) गर्मी, सर्दी और खतरे से बचने और आराम की ओर बढ़ने की प्रवृत्ति।

(10) सुरक्षात्मक प्रवृत्ति तथा माता-पिता की ओर से देखभाल की प्रवृत्ति।

उपरोक्त जैवकीय प्रवृत्तियाँ मनुष्य के सामाजिक विकास में सहायक होती हैं। जन्म के समय मानव शिशु विशुद्ध जैवकीय रूप में होता है। क्रमशः समाजीकरण से सामाजिक मनुष्य का निर्माण होता है जिससे जैवकीय प्रवृत्तियों का स्वरूप बदलने लगता है। इस प्रकार मनुष्य की जैवकीय प्रवृत्तियाँ सामाजिक आवश्यकताओं के अनुसार अधिमिश्रित हो जाती हैं।

जन्म के पश्चात् बालक क्रमशः हाथ पैरों के हाव-भाव से अपनी आवश्यकताओं को अभिव्यक्त करना सीखता है। उसके हाव-भावों को देखकर ही माता-पिता उसकी आवश्यकताओं को समझ लेते हैं। इस सांकेतिक भाषा में हँसने रोने और हाथ पैर फटकारने का विशेष महत्व है। जहाँ इन संकेतों से अन्य व्यक्ति प्रभावित होते हैं वहाँ अन्य व्यक्तियों के प्रभावों से भी ये प्रभावित हुए बिना नहीं रहते। उदाहरण के लिये यदि बालक के रोने अथवा पैर फेंकने पर माता अनिवार्य रूप से उसे गोद में उठा लेती है तो यह संकेत दृढ़ हो जाता है। दूसरी ओर यदि वह ऐसा नहीं करता तो बालक गोद में आने के लिए इस संकेत को प्रयोग नहीं करेगा। क्रमशः आयु बढ़ने पर बालक सांकेतिक भाषा का प्रयोग करने लगता है। इस भाषा के विकास में भी जहाँ भाषा के दूसरों पर प्रभाव का महत्व है, वहाँ दूसरों की भाषा के प्रति अनुक्रिया का भी महत्व है। जिन शब्दों से बालक वांछित प्रभाव प्राप्त करता है वे शब्द उन प्रभावों के लिए निश्चित हो जाते हैं। दूसरी ओर जिन शब्दों से वांछित प्रभाव प्राप्त नहीं होते, उन शब्दों को छोड़ दिया जाता है। इस प्रकार सामाजिक विकास में दूसरों के व्यक्ति के प्रति व्यवहार का भी उतना ही अधिक महत्व है जितना कि दूसरों के प्रति व्यवहार का महत्व होता है।

सामाजिक परिस्थिति में मानव मस्तिष्क की उत्पत्ति के विषय में मीड ने लिखा है, "मस्तिष्क सामाजिक प्रक्रिया में तभी उदय होता है जबकि वह प्रक्रिया पूर्ण रूप में इस प्रक्रिया में ग्रस्त व्यक्तियों में से किसी के अनुभव में दाखिल होती है या उपस्थित रहती है। जब ऐसा होता है तो व्यक्ति आत्म-चेतन बन जाता है, उसके एक मनस होता है—वह सम्पूर्ण प्रक्रिया और उसमें भाग लेने वाले अन्य व्यक्तियों से अपने सम्बन्ध के प्रति जागरूक हो जाता है, वह व्यक्तियों की प्रतिक्रियाओं और अन्तर्क्रियाओं, जिनमें कि वह स्वयं भी शामिल है, के द्वारा रूपान्तरित उस प्रक्रिया के प्रति चेतन हो जाता है, जो कि उसको चला रही है।"[4] इस प्रकार सामाजिक परिस्थितियों में मनुष्य के मानस का विकास समूहों के सदस्य के रूप में उसके अनुभव और व्यवहार को प्रतिबिम्बित करता है। दूसरे व्यक्ति जो उसके प्रति व्यवहार करते हैं उससे उसकी प्रतिक्रियाओं में ही अन्तर नहीं पड़ता बल्कि स्वयं उसके अपने प्रति विचारों और व्यवहारों में भी अन्तर पड़ता है। उदाहरण के लिये यदि कोई माता-पिता अपने किसी बालक को बराबर झिड़कते और डाँटते, फटकराते रहते हैं तो इससे बालक की क्रियाओं में अवरोध ही नहीं होता बल्कि वह अपने को अकुशल, गिरा हुआ और हीन समझने लगता है। उसमें हीन भावना जम जाती है और उसका व्यवहार सामान्य नहीं रहता।

भाषा और मनस के विकास के पश्चात् व्यक्ति में 'स्व' का विकास होता है। 'स्व' के उदय में मीड संचार (Communication), तादात्म्य तथा कार्य ग्रहण को मुख्य कारक मानता है। संचार से तात्पर्य सामूहिक परिस्थितियों में विभिन्न व्यक्तियों के परस्पर आदान-प्रदान से हैं। तादात्म्य से तात्पर्य व्यक्ति का अपने परिवार और समाज के अन्य व्यक्तियों के एकीकरण से है। इस एकीकरण से वह उनके अनुसार व्यवहार करता है। यह अनुकरण कार्य ग्रहण कहलाता है। सामाजिक परिवेश में संचार, तादात्म्य और कार्य ग्रहण की प्रक्रियायें बड़े जटिल और गतिशील रूप में कार्य करती हैं। 'स्व' के विकास के लिये आवश्यक है कि व्यक्ति स्वयं अपने ध्यान और प्रक्रियाओं का विषय बन जाये। मीड के शब्दों में, 'स्व' आचार में उदय होता है जबकि व्यक्ति अपने प्रति अपने अनुभव में एक सामाजिक वस्तु बन जाता है। यह तब होता हैं जबकि व्यक्ति उस अभिवृत्ति को ग्रहण कर लेता हैं या संकेत को प्रयोग करता है जिसको कि दूसरा व्यक्ति प्रयोग करेगा और उसके प्रति अनुक्रिया करता है। बालक स्वयं अपने अनुभव में क्रमशः एक सामाजिक प्राणी बन जाता है और वह अपने प्रति उस प्रकार से व्यवहार करता है जिस प्रकार से वह दूसरों के प्रति व्यवहार करता है।"[5] इस प्रकार जैसे कोई व्यक्ति दूसरों को सामाजिक वस्तु मानता है उसी प्रकार वह अपने को भी एक सामाजिक वस्तु

4. "Mind arises in the social process only when that process as a whole enters into, or is present in, the experience of any one of the given individuals involved in that process. When this occurs the individual becomes self conscious, has a mind, he becomes aware of his relation to the process as a whole and to the other individuals participating in it with him, he becomes aware of the process as modified by the reactions and interactions of the individuals including himself who are carrying it on."

—G.H Mead.

5. "The self arises in conduct when the individual becomes social object in experience to himself. This takes place when the individual assumes the attitudes or uses the gestures which another individual would use and responds to it. The child gradually becomes a social being in his own experience, and he acts towards himself in a manner analogous to that in which he acts to various others. --G.H. Mead.

मानता है तथा सामाजिक परिस्थितियों में जिस कार्य के प्रति जो अनुक्रिया होनी चाहिये वह दोनों ही स्थिति में एक सी रहती है। उदाहरण के लिए यदि कोई व्यक्ति शोषण को बुरा समझता है तो वह दूसरे के शोषक व्यवहार की आलोचना ही नहीं करता बल्कि स्वयं भी शोषण से बचता है। यहाँ पर यह कहा जा सकता है कि कुछ लोग जो दूसरों के शोषण व्यवहार की आलोचना करते हैं, स्वयं भारी शोषक होते हैं। ऐसी परिस्थिति में वस्तुत: वह व्यक्ति शोषक व्यवहार को बुरा नहीं समझता और केवल दिखाने के लिए दूसरों के व्यवहार की आलोचना करता है। कुछ लोग ऐसे भी हैं जो किसी कार्य को बुरा समझते हुए और बुरा कहते हुए भी करते जाते हैं। ये वे लोग है, जिनका मनस उस कार्य को बुरा नहीं मानता चाहे बुद्धि से वे उसे बुरा भले ही समझते हों। यदि ध्यान से देखा जाये तो जो व्यक्ति स्वयं कोई कार्य करता है वह बाहर से दूसरे की चाहे कितनी ही आलोचना करे अन्दर से उसके व्यवहार का अधिक प्रतिरोध नहीं कर सकता क्योंकि एक सामाजिक वस्तु के रूप में व्यक्ति पर स्वयं भी वह कसौटी लागू होती है जो कि अन्य व्यक्तियों के विषय में लागू की जाती है। स्वयं को सामाजिक वस्तु मान लेने से फिर व्यक्ति सामाजिक नियमों के अनुसार आचरण करता है। कम से कम वह उन नियमों का उल्लंघन नहीं करता जिनको वह उपयोगी और उचित मानता है। इस प्रकार 'स्व' के विकास में व्यक्ति स्वयं अपनी प्रतिक्रियाओं की उत्तेजना बन जाते हैं और स्वयं को वस्तु मानकर उसके विषय में सोचते और उसके प्रति व्यवहार करते हैं। व्यवहार के प्रतिमान बराबर बदलते रहते हैं क्योंकि व्यक्ति की सामाजिक परिस्थितियाँ और दूसरों का उसके प्रति व्यवहार सतत परिवर्तनशील है। इससे यह नहीं समझना चाहिये कि व्यवहार के प्रतिमान सदैव अस्थिर रहते हैं। वास्तव में गतिशील, होते हुये भी उनमें न्यूनाधिक स्थायी तत्व पाया जाता है।

व्यक्ति के 'स्व' का विश्लेषण करके मीड उसमें दो मौलिक तत्व दिखलाता है मैं (I) और मुझ (Me)। मीड के शब्दों में, ''मैं जीव की दूसरों की अभिवृत्तियों के प्रति अनुक्रिया है। 'मुझ' दूसरों की अभिवृत्तियों का एक संगठित प्रतिमान है जो कि वह स्वयं अपना लेता है।''[6] इस प्रकार 'स्व' में 'मैं' वह तत्व है जो कि दूसरों की अभिवृत्तियों के प्रति हमारी अनुक्रिया दिखलाता है। दूसरे हमारी ओर जो विशिष्ट अभिवृत्ति रखते हैं उसके परिणामस्वरूप हमारी जो प्रतिक्रिया होती है वह 'मैं' से जानी जाती है। इस प्रकार 'मैं' कर्ता है। वह हमारे मूल चालकों से मिलकर बनता है। सामाजिक परिस्थितियों में ये मूल चालक क्रमश: परिवर्तित होते रहते हैं और साथ ही उनमें अनेक अर्जित सामाजिक और वैयक्तिक प्रेरक और आदतें सम्मिलित हो जाती हैं। 'मैं' स्मृति के रूप में पहचाना जाता है। यह वर्तमान होता है परन्तु वह वर्तमान से तुरन्त भूत में चला जाता है और हम उसे पकड़ नहीं सकते। भूत में जाकर वह 'मुझ' का अंश बन जाता है।

'मुझ' से तात्पर्य अभिवृत्तियों के उस संगठित प्रतिमान से है जो व्यक्ति स्वयं अपनाता है। व्यक्ति दूसरों की अभिवृत्तियों के प्रति अनुक्रिया ही नहीं करता बल्कि उनकी बहुत सी अभिवृत्तियों को अपना भी लेता है। समाजीकरण की क्रिया में हम अधिकतर अभिवृत्तियाँ दूसरों से ग्रहण करते हैं। इस प्रकार 'मुझ' में वे समस्त विशिष्ट और सामान्य कार्य आते हैं जिनको व्यक्ति सामाजिक परिस्थितियों में, परिवार में, स्कूल में, व्यवसाय में, खेल-कूद के संगी साथियों से ग्रहण करता है। वह दूसरे के कार्य और अभिवृत्तियों, को ग्रहण करता है स्पष्ट है कि 'मैं' के कारण दूसरे के कार्य और

---

6. "The ' I' is the response of the organism to the attitude of others. The 'Me' is organised set of attitudes of others which one himself assumes." — G.H. Mead

अभिवृत्तियाँ विशिष्ट रूप से ग्रहण की जाती हैं। इस प्रकार 'मुझ' की रचना 'मैं' से प्रभावित होती है। 'मुझ' वर्तमान नहीं है। वह पिछले अनुभव का भण्डार है। उसी के आधार पर व्यक्ति का बाह्य व्यवहार विशेष प्रकार का होता है। बाह्य व्यवहार 'मैं' और 'मुझ' की प्रतिक्रिया का परिणाम है। 'मैं' के परिवर्तन से 'मुझ' और 'मुझ' के परिवर्तन से बाह्य व्यवहार बदलता रहता है। इसीलिए किसी व्यक्ति की पिछली प्रतिक्रियाओं के आधार पर व्यक्ति का बाह्य व्यवहार विशेष प्रकार का होता है। यह बाह्य 'मैं' और 'मुझ' की प्रतिक्रिया का परिणाम है। इसीलिए किसी व्यक्ति की पिछली प्रतिक्रियाओं के आधार पर उसकी मनोवृत्तियों को जाना जा सकता है परन्तु मीड के अनुसार किसी भी व्यक्ति की भावी प्रतिक्रियाओं को पहले से निश्चित नहीं किया जा सकता क्योंकि 'मैं' परिवर्तनशील तत्व है और इसलिए वह मनुष्य के व्यवहार में सदैव कुछ न कुछ परिवर्तन करता रहता है यहाँ तक कि व्यक्ति स्वयं भी यह नहीं कह सकता कि भविष्य में विशिष्ट परिस्थिति में उसकी क्या प्रतिक्रिया होगी।

मीड ने लिखा है, 'मुझ' को एक विशिष्ट प्रकार के 'मैं' की आवश्यकता होती है। जहाँ तक कि हम स्वयं व्यवहार में दिए हुए कर्त्तव्यों को पूरा करते हैं, परन्तु 'मैं' सदैव उससे भिन्न होता है जो कि परिस्थिति में आवश्यक होता है। इसलिये 'मैं' और 'मुझ' में सदैव संघर्ष होता रहता है। 'मैं' 'मुझ' का विरोध भी करता है और उसके प्रति अनुक्रिया भी करता है। एक साथ मिलकर वे सामाजिक अनुभव में दिखलाई देने वाला एक व्यक्तित्व बनाते हैं। 'स्व' मूल रूप में इन दो विभिन्न प्रक्रियाओं में चलने वाली एक सामाजिक प्रक्रिया है। यदि उसमें ये दो स्तर नहीं होते तो चेतन उत्तरदायित्व नहीं होता और अनुभव में कुछ भी नवीनता नहीं होती।''[7] मुझ' के कारण व्यक्ति के मनस में सामाजिक अभिवृत्तियों के प्रतिमान रहते हैं जिनसे उसके सामाजिक उत्तरदायित्व निर्धारित होते हैं। इन उत्तरदायित्वों को निभाना 'मैं' के ऊपर निर्भर है क्योंकि 'मैं' ही कर्त्ता है। स्पष्ट है कि 'मुझ' के बिना 'मैं' और 'मैं' के बिना 'मुझ' अपूर्ण है। जहाँ 'मुझ' उत्तरदायित्व की चेतना प्रदान करता है, वहाँ 'मैं' अनुभव में नवीनता लाता है। 'मुझ' सामाजिक-सांस्कृतिक परिस्थितियों पर निर्भर रहता है। ऐसा नहीं है कि इन परिस्थितियों का 'मैं' पर प्रभाव ही न पड़ता हो परन्तु 'मैं' 'मुझ' की अपेक्षा अधिक स्वतन्त्र है। कलाकार, वैज्ञानिक और नैतिकवादी व्यक्तियों में 'मैं' ही वे तत्व हैं जो 'मुझ' अर्थात् सामाजिक अभिवृत्तियों के प्रतिमानों से हटकर नवीन आदर्श और व्यवहार के प्रतिमान उपस्थित करता है। दूसरी ओर सामान्य व्यक्ति में यह नवीनता नहीं दिखालाई पड़ती क्योंकि उसके 'स्व' में उसका मैं 'मुझ' के सामने पूर्ण आत्मसमर्पण कर देता है स्पष्ट है कि मौलिक व्यक्तियों का 'मैं' सामान्य व्यक्तियों के 'मैं' से भिन्न होता है। इसी कारण वे मौलिक होते है। 'मैं' में आत्माभिव्यक्ति की प्रेरणा होती है। वह पुरातन से हटकर नवीन दिशाओं में आत्माभिव्यक्ति करना चाहता है। उसमें उसका 'मुझ' से संघर्ष

---

7. "The 'Me' does call for a certain sort of an I in so far as we meet the obligations that are given in conduct itself but the I is always something different from what the situation itself calls for. So there is always that distinction if you like, between the I and the 'Me'. The I both calls out the 'Me' and responds to it. Taken together they constitute a personality as it appears in social experience. The self is essentially a social process going on with in these two distinguishable phases. If it did not have these two phases there could not be conscious responsibility, and there would be nothing novel in experience."
— G.H. Mead.

होता है। इस संघर्ष में यदि वह विजयी होता है तो वह 'मुझ' को छोड़कर मौलिक दिशाओं में आगे बढ़ता है जैसा कि कलाकारों, वैज्ञानिकों, नैतिकवादियों और दार्शनिकों के व्यवहार में दिखलाई पड़ता है। ये समाज के व्यवहार के नवीन प्रतिमान उपस्थित करते हैं जिसके परिणामस्वरूप उनको नाना प्रकार के कष्ट और यातनायें सहन करनी पड़ती हैं। परन्तु उनके व्यवहार से अनेक अन्य व्यक्तियों को प्रोत्साहन मिलता है, जिनका 'मैं' स्वयं इतना बलवान नहीं है परन्तु जो मौलिक व्यक्तियों से उत्साह लेकर और उनके व्यवहार के प्रतिमानों को अपनाकर नई राहों में चल बैठते हैं। इस प्रकार समाज में व्यवहार के प्रतिमानों में बराबर परिवर्तन होता रहता है। इस परिवर्तन के अग्रदूत वे 'मैं' हैं जो 'मुझ' से अधिक शक्तिशाली सिद्ध होते हैं। स्पष्ट है कि यद्यपि सभी व्यक्तियों में 'मैं' 'मुझ' को प्रभावित करता है परन्तु इस प्रभाव की मात्रा न्यूनाधिक रूप से भिन्न-भिन्न होती है।

विलियम जेम्स, जोशिया रोईस, पियागेट और वाल्डविन इत्यादि के साथ मीड भी सामाजिक अन्तर्क्रियाओं के आधार पर 'स्व' के विकास की व्याख्या करता है। 'स्व' के विकास में सामाजिक अन्तर्क्रियाओं के साथ-साथ तरह-तरह की मुद्राओं और भाषा के द्वारा भावों, विचारों, अभिवृत्तियों आदि के संचार का विशेष महत्व है। इनके अभाव में 'स्व' का विकास नहीं हो सकता। कभी-कभी कुछ स्थितियों में पूर्ण 'स्व' एक साथ प्रतिक्रिया करता है और 'मैं' तथा 'मुझ' एक दूसरे में समा जाते हैं। उदाहरण के लिये युद्ध, संघर्ष, धार्मिक कीर्तन, संगीत, काव्य इत्यादि क्रियाओं में आत्म-विभोर हो जाने से 'मैं' और 'मुझ' का अन्तर समाप्त हो जाता है। इसलिए इन परिस्थितियों में अनुभव करते समय चेतना नहीं रहती और व्यक्ति अपने आपको भूल जाता है। क्रिया समाप्त होने के पश्चात् ही उसे होश आता है कि उसने क्या किया। इन परिस्थितियों के अतिरिक्त सामान्य स्थिति में 'मैं' और 'मुझ' सदैव एक दूसरे से अलग रहते हैं। इसलिए दैनिक जीवन में बहुधा यह देखा जाता है कि हम कहते कुछ हैं और करते कुछ हैं। करना 'मैं' पर निर्भर होता है और सामाजिक आदर्श 'मुझ' पर निर्भर होते हैं।

जैसा कि पीछे बतलाया जा चुका है, वस्तुओं की ओर हमारी अभिवृत्तियाँ स्वयं हमारी अपनी इच्छाओं और अनुभूतियों से परिचालित नहीं होतीं, बल्कि बहुधा अन्य व्यक्तियों की इच्छाओं और आवश्यकताओं से निर्धारित होती हैं। यह 'स्व' विकास में सामान्य कार्य का उदय (Rise of General Role) कहलाता है। सामान्य कार्य से तात्पर्य विशिष्ट कार्यों की बड़ी और संगठित इकाई से है। उदाहरण के लिये आरम्भ में शिशु की इच्छाएँ तथा आवश्यकताऐं ही उसकी अधिकतर प्रतिक्रियाओं को प्रेरित करती हैं। माता से सम्पर्क और सम्बन्ध बढ़ने पर क्रमश: वह तादात्म्य के द्वारा उसके कार्यों को ग्रहण करने लगता है और उसकी इच्छाओं, आवश्यकताओं तथा अभिवृत्तियों से प्रभावित होता है। इस प्रकार विशिष्ट कार्य क्रमश: बड़ी इकाइयों में संगठित हो जाते हैं जिससे बालक के व्यवहार में समरूपता दिखाई पड़ती है। इस समरूपता और स्थायित्व से व्यवहार के प्रतिमान निश्चित होते हैं और यह कहा जा सकता है कि बालक अमुक परिस्थिति में अमुक प्रकार की अनुक्रिया करेगा। क्रमश: परिवार के अन्य सदस्यों भाई-बहिन, चाचा-ताऊ तथा स्कूल में अध्यापकों की अभिवृत्तियाँ और व्यवहार भी बालक के व्यवहार को प्रभावित करते हैं और उसमें सामान्य कार्य का उदय होता है। वह सामान्य कार्य सामान्यीकृत अन्य (Generalised other) कहलाता है क्योंकि इसमें बालक अन्य व्यक्तियों की प्रतिक्रियाओं के अनुरूप अपनी प्रतिक्रियाओं को संगठित कर लेता है। ऐसा करने से उसकी प्रतिक्रियायें अन्य व्यक्तियों के व्यवहार से भी परिचालित होने लगती हैं। दूसरे शब्दों में, वह विभिन्न वस्तुओं, कार्यों और स्वयं अपने को दूसरों के दृष्टिकोण से देखना सीख

जाता है। अन्य व्यक्तियों से प्रतिक्रिया में व्यक्ति संयुक्तक और विभाजक दोनों प्रकार की अनुक्रियायें करता है। संयुक्तक अन्तर्क्रियाओं जैसे सहयोग, सात्मीकरण इत्यादि के परिणामस्वरूप व्यक्ति में सामान्य कार्य का विकास होता है। उदाहरण के लिये किसी भी प्रकार की टीम में सदस्य के रूप में व्यक्ति व्यक्तिगत स्वार्थों को एक ओर रखकर टीम के दृष्टिकोण से अपने कार्य को देखता है और पूरा करता है। व्यक्तिगत रूप में उसे चाहे अपना कार्य कितना ही अरुचिकर और कठिन प्रतीत होता हो परन्तु टीम के सदस्य के रूप में वह यह समझता है कि कष्ट सहकर भी ऐसा करना है। कोई भी खेल खेलते समय प्रत्येक व्यक्ति को उसके नियमों का पालन करना पड़ता है चाहे इससे उसकी हार होती हो या उसकी जीत होती हो। इसी प्रकार समूहों, समितियों और समुदायों के रूप में व्यक्ति को प्रचलित नियमों, प्रथाओं और परम्पराओं के अनुरूप कार्य करना पड़ता है। इससे क्रमश: व्यक्ति में सामान्यीकृत अन्य का विकास होता है और वह उन कार्यों को करना सीखता है जिनकी अन्य व्यक्ति उससे आशा करते हैं। वह समाज के अन्य व्यक्तियों की इच्छाओं, आवश्यकताओं तथा अभिवृत्तियों का आदर करता है और यह समान तदनुकूल व्यवहार में अभिव्यक्त होता है।

सामान्यीकरण की प्रक्रिया से व्यक्ति के 'मैं' में परिवर्तन होने लगता है। सामाजिक प्रथाओं, परम्पराओं, नियमों, लोक रीतियों आदि के प्रभाव से व्यक्ति के 'मैं' के व्यवहार के प्रतिमान स्थिर और स्थायी होने लगते हैं। यही चरित्र निर्माण की प्रक्रिया है। चरित्र स्थायीभाव का स्थायी संगठन है। स्थायीभाव अन्य व्यक्तियों के प्रति हमारे विभिन्न संवेगों की जटिल व्यवस्था है। इन संवेगों का विभिन्न व्यक्तियों और वस्तुओं से बंध जाना 'स्व' के विकास की प्रक्रिया में होता है। व्यक्ति में चरित्र अथवा नैतिक चरित्र के अभाव से तात्पर्य सामाजीकृत अन्य के अपर्याप्त विकास से है। इसके परिणामस्वरूप व्यक्ति के कार्य सामाजिक नियमों के नहीं होते। यह आवश्यक नहीं है कि यह कार्य अशुभ अथवा अनैतिक ही हो परन्तु सामान्यीकृत अन्य के पर्याप्त विकास के अभाव में व्यक्ति का 'मैं' उसको समाज विरोधी दिशाओं में ले जाता है चाहे ये दिशायें लाभदायक हों या हानिकारक। इस प्रकार सुकरात जैसा दार्शनिक और एक सामान्य असामाजिक व्यक्ति दोनों के कार्यों के परिणामों में भारी अन्तर होते हुए भी दोनों में ही सामान्यीकृत अन्य का पर्याप्त विकास हुआ है। दूसरे शब्दों में, दोनों में ही 'मैं' पर 'मुझ' का पूर्ण अधिकार नहीं हो सका है। चरित्र निर्माण और सामान्यीकृत अन्य के विकास से बालकों में स्वेच्छा की भावना बढ़ती है क्योंकि उन्हें दूसरों के अपने प्रति व्यवहार के प्रति अपने व्यवहार में स्थायित्व का आभास होता है। इस प्रकार व्यक्ति के 'स्व' का विकास आत्मा-आश्वासन, आत्म-निर्भरता तथा आत्म-सम्मान, इन तीन आधारभूत तत्वों पर निर्भर होता है। इन तत्वों का विकास जहाँ अन्य व्यक्तियों के द्वारा हमारी आवश्यकताओं की पूर्ति पर निर्भर करता है, वहाँ स्वयं हमारे अपने व्यवहार के द्वारा हमारी आवश्यकताओं की पूर्ति पर निर्भर होता है। वहां सामान्यीकृत अन्य के विकास से व्यक्ति सामाजिक नैतिकता ग्रहण करता है। परन्तु 'मैं' और 'मुझ' के संघर्ष से वह इस नैतिकता का मूल्यांकन करता है और यदि उसका 'मैं' 'मुझ' से विद्रोह करता है तो वह इस नैतिकता का उल्लंघन करके नवीन नैतिक नियमों की स्थापना करता है। 'स्व' के इस विकास में, जैसा कि पीछे बतलाया जा चुका है, परिवार, विद्यालय आदि विभिन्न सामाजिक संस्थाओं में व्यक्ति के प्रति अन्य लोगों के व्यवहार का विशेष महत्व होता है। सामूहिक परिस्थितियों में अन्य व्यक्तियों से तादात्म्य और उनके कार्य ग्रहण तथा इस प्रक्रिया को बार-बार दोहराने से व्यवहार के प्रतिमान निश्चित हो जाते हैं।

सामान्य व्यक्तित्व में 'मैं' और 'मुझ' में न्यूनाधिक संघर्ष होते हुए भी सामान्य रूप से संकलन रहता है। यह संकलन ही व्यक्तित्व को संकलित रखता है। दूसरी ओर यदि 'मैं' और 'मुझ' का संघर्ष बराबर बहुत दिनों तक चलता रहे और उसमें समन्वय न हो तो व्यक्तित्व असंकलित और अविकसित रह जाता है। व्यक्तित्व का यह संकलन समाज विरोधी व्यक्तियों के साथ-साथ सामाजिक क्रांति करने वाले व्यक्तियों में भी देखा जाता है। दोनों ही स्थितियों में 'मैं' सामाजिक 'मुझ' से विद्रोह करता है। पहली परिस्थिति में यह विद्रोह गलत दिशा में होता है, दूसरी परिस्थिति में यह विद्रोह व्यक्ति और समाज को शुभ दिशा में ले जाता है।

सारांश

'स्व' के विकास का अर्थ—स्व के विकास से क्रमशः व्यक्ति का समाजीकरण होता है। उसमें आत्मचेतना और सामाजिक चेतना दोनों ही का विकास होता है।

'स्व' का उदय—यह तादात्म्य और प्रत्याशा में होता है।

'स्व' के विकास में भाषा का स्थान—स्व के उदय के साथ भाषा का उदय होता है। भाषा आत्माभिव्यक्ति का साधन है। इसलिये वह 'स्व' के विकास में महत्वपूर्ण कार्य भाग रखती है।

अन्तर्निवेश—अन्तर्निवेश का अर्थ जीव-प्राणी की अपनी क्रियाओं और उसके प्रति दूसरे के व्यवहार को प्रत्यक्षीकरण और बाद में स्मृति प्रतिभा के रूप में ग्रहण कर लेने की सामर्थ्य है।

कार्य अर्जन—कार्य अर्जन दो प्रकार का होता है—विशिष्ट कार्य अर्जन और सामान्य कार्य अर्जन। कार्य अर्जन में भाषा से सहायता मिलती है। स्व के विकास में कार्य अर्जन का बड़ा महत्व है।

सामाजिक 'स्व' का उदय—इसमें सबसे अधिक महत्वपूर्ण बात बालक का विभिन्न सामाजिक परिस्थितियों में विभिन्न व्यक्तियों के कार्य को ग्रहण करना है। इसमें अनुकरण और भाषा का विशेष महत्व है।

जार्ज मीड का सिद्धान्त—मीड के अनुसार, 'स्व' का विकास समाजीकरण के द्वारा होता है। यह संवेगात्मक न होकर ज्ञानात्मक है। इसमें विभिन्न जैवकीय प्रवृत्तियाँ सहायक होती हैं। इसमें भाषा और मनस का विकास सम्मिलित है। इसमें संचार, तादात्म्य तथा कार्य अर्जन मुख्य कारक हैं। 'स्व' में दो मूल तत्व होते हैं 'मैं' और 'मुझ' इन दोनों का ही क्रमशः विकास होता है। इन दोनों की परस्पर क्रिया प्रतिक्रिया से 'स्व' का स्वरूप निर्धारित होता है।

9

सामाजिक सीखना
(SOCIAL LEARNING)

सीखने के विषय में दी गई विभिन्न परिभाषाओं का सार हिलगार्ड की इस अस्थायी परिभाषा में आ जाता है कि "सीखना वह प्रक्रिया है जिससे कि कोई क्रिया प्रारम्भ होती है अथवा सामना की गई परिस्थिति से प्रतिक्रिया के द्वारा परिवर्तित की जाती है, बशर्ते कि क्रिया में परिवर्तन के लक्षण स्वाभाविक प्रतिक्रिया की प्रवृत्तियों, परिपक्वता अथवा जीव की अस्थायी दशाओं के आधार पर न समझाई जा सके।"[1] सीखने की यह परिभाषा पूरी तरह संतोषजनक न होते हुए भी अस्थायी रूप से काम दे सकती है। इस अध्याय में सीखने की प्रक्रिया के सम्बन्ध में अनेक बातों पर विस्तारपूर्वक पढ़ने के बाद सीखने की प्रक्रिया का स्वरूप और भी स्पष्ट हो जायेगा।

प्रतिरूपों द्वारा सामाजिक सीखना
(Social Learning through Models)

सामाजिक सीखना प्रतिरूपों के अनुकरण से अथवा समाज में कार्य भाग (Role) के माध्यम से सीखा जाता है। सामाजिक प्रतिरूपों के अन्तर्गत सामाजिक सम्बन्धियों, अभिभावकों, माता-पिता आदि के व्यवहार प्रतिरूप सम्मिलित हैं। डौनोल्ड केम्पबेल (Donald Campbell 1961) के अनुसार प्रतिरूपों द्वारा सीखना निम्नलिखित दो प्रकार का होता है:—

(1) प्रतिरूप व्यवहार के परिणाम का निरीक्षण (Observation of outcome of Model's Behaviour)—अन्य लोगों का जो व्यवहार प्रतिमान लाभदायक परिणाम दिखलाता है उसका अनुकरण करने की प्रवृत्ति देखी जाती है। उदाहरण के लिये सब कहीं युवक वयस्क

---

1. "Learning is the process by which an activity originates or is changed through reacting to an encountered situation provided that the characteristics of the change in activity cannot be explained on the basis of native response tendencies, maturation or temporary status of organism."

—Hilgard, E.R., *Theories of Leaning,* (1958) Methuen, p. 3.

लोगों के उन प्रतिरूपों का अनुकरण करते हैं जो परिवार में, विवाह में अथवा व्यवसाय में लाभदायक सिद्ध होते हैं।

(2) प्रतिरूपों के कार्यों का निरीक्षण (Observation of Actions of Models)— इसमें सीखने वाला प्रतिरूप के कार्यों का निरीक्षण करता है और उनका अनुकरण करता है। इसमें वह परिणामों पर ध्यान नहीं देता है। यह अनुकरण इसलिये किया जाता है कि ऐसा करने से उसकी प्रशंसा होती है और अनुकरण न करने की निन्दा की जाती है। इस प्रकार प्रशंसा और निन्दा दोनों से ही प्रतिरूपों के अनुकरण को प्रोत्साहन मिलता है।

प्रतिरूप सें तादात्म्य
(Identification with Model)

इस अनुकरण का एक कारण प्रतिरूप से तादात्म्य है। तादात्म्य की परिभाषा करते हुए बान्डुरा और वाल्टर्स ने लिखा है, ''तादात्म्य किसी व्यक्ति की वास्तविक जीवन के प्रतीक प्रतिरूपों की क्रियाओं, अभिवृत्तियों और भावात्मक प्रतिक्रियाओं को दोहराने की प्रवृत्ति है।''[2] इस प्रकार तादात्म्य प्रतिरूप की क्रियाओं, अभिवृत्तियों और भावात्मक प्रतिक्रियाओं को दोहराने की प्रवृत्ति है। इसका उदाहरण परिवार में देखा जा सकता है जहाँ लड़के-लड़कियाँ अपने-अपने आदर्श नेताओं-अभिनेताओं आदि से तादात्म्य करके उनके व्यवहार प्रतिमानों का अनुकरण करते दिखलायी पड़ते हैं। इस तादात्म्य में यह आवश्यक नहीं है कि प्रतिरूप वास्तविक व्यक्ति हों, कभी-कभी वे काल्पनिक भी होते हैं। इसके अतिरिक्त यह भी आवश्यक नहीं है कि प्रतिरूप के सम्पूर्ण व्यवहार का अनुकरण किया जाये, अनुकरण किसी एक पहलू का भी हो सकता है। प्रतिरूप से तादात्म्य का परिणाम केवल अनुकरण नहीं होता। कभी कभी अनेक प्रतिरूपों के व्यवहारों का अनुकरण करने से अत्यन्त मौलिक और सृजनात्मक व्यवहार उत्पन्न होता है। इस सम्बन्ध में सीकोर्ड और बैकमैन ने ठीक ही लिखा है, ''किसी प्रतिरूप को उसकी सम्पूर्णता में अनुकरण किये जाने की आवश्यकता नहीं है, उसके व्यवहार के केवल कुछ तत्वों को अपनाया जा सकता है और अनेक प्रतिरूपों के व्यवहार के तत्वों में चुनाव करके कोई व्यक्ति मौलिक अथवा सृजनात्मक व्यवहार उत्पन्न कर सकता है।''[3] तादात्म्य के सम्बन्ध में डौनाल्ड केम्पबैल ने लिखा है, ''सामान्य रूप से प्रतिरूपों के रूप में चुने हुए व्यक्ति अधिक बुद्धिमान और विशिष्ट ज्ञान, स्थिति तथा कौशल रखने वाले होते हैं।''[4] इस प्रकार हम अपने से अधिक आयु, अधिक

---

2. "Identification is the tendency for a person to reproduce the actions, attitudes or emotional responses exhibited by real life symbolized models."

—Bandura, A. and W. H. Walters, *Social Learning and Personality Development,* 1963.

3. "A model need not be copied in his entirety, only certain elements of his behaviour may be adopted. And by choosing elements of behaviour from a variety of models, a person may produce original or creative behaviour."

—Secord, P.F. and C.W. Backman, *Social Psychology* (1964), p. 531.

4. "In general, persons chosen as models are older, more intelligent and possessed of special knowledge, status or skills." —Donald Campbell.

बुद्धि और अधिक योग्यता वाले व्यक्तियों को प्रतिरूप मान लेते हैं। इनसे तादात्म्य करने से उनके जैसे व्यवहार को प्रोत्साहन मिलता है और उसे तीव्र बनाया जा सकता है। इसके नैतिक चरित्र का भी विकास होता है क्योंकि प्रतिरूपों से तादात्म्य करके उनके आदर्श का अनुकरण किया जा सकता है।

प्रतिरूप से तादात्म्य को प्रभावित करने वाले कारक—अब यह देखना है कि प्रतिरूप से तादात्म्य को प्रभावित करने वाले कारकों में कौन से कारक सबसे अधिक महत्वपूर्ण हैं। ये कारक निम्नलिखित हैं:—

1. **गौण पुष्टिकरण** (Secondary Reinforcement)—लिंडग्रैन (Lindgren) के शब्दों, में "पुष्टिकरण शब्द एक ऐसा शब्द है जिसको कुछ मनोवैज्ञानिकों ने सीखने के विवेचन में पुरस्कार की तुलना में पसन्द किया है।"[5] तादात्म्य में पुष्टिकरण एक महत्वपूर्ण तत्व है। पुष्टिकरण परोक्ष रूप से भी होता है। परोक्ष पुष्टिकरण में एक व्यक्ति के प्रतिरूप को इसलिये स्वीकार किया जाता है कि वह पुरस्कार प्राप्त करता है किन्तु परोक्ष रूप से सीखने वाला व्यक्ति उस पुरस्कार क्रा अनुभव करता है। इस सम्बन्ध में सीकोर्ड और बैकमैन (Secord and Backman 1963) के अतिरिक्त मावरर (Mowrer 1950), बन्दुरा और हस्टन (Bandura and Huston 1960) तथा कैन्फर (Kanfer 1961) के प्रयोग महत्वपूर्ण हैं। बन्दुरा और हुस्टन ने परोक्ष पुष्टिकरण के सम्बन्ध में एक प्रयोग किया जिसमें एक प्रयोगशाला में एक महिला कुछ बालकों को लेकर गयी और उन्हें खिलौने देकर प्रयोगशाला के दूसरे कौने में व्यस्त रही। प्रयोग की दूसरी अवस्था में वह बालकों के साथ खेल में लगी किन्तु खेलों का प्रदर्शन न करके बालकों को पुरस्कृत किया। इन दोनों ही अवस्थाओं में अनुकरणात्मक व्यवहार का अध्ययन करने से यह देखा गया कि पुरस्कार मिलने पर बालक व्यवहार का अधिक अनुकरण करते हैं, यह एक सामान्य अनुभव की बात है कि जिन व्यक्तियों से हमें स्नेह मिलता है, हम उनसे शीघ्र तादात्म्य स्थापित कर लेते है और उनके व्यवहार का अनुकरण, करने की प्रवृत्ति होती है। बन्दुरा और वाल्टर्स के शब्दों में, "जो प्रतिरूप पुरस्कार देने वाले, सम्माननीय अथवा योग्य होते हैं, जो कि उच्च स्तर रखते हैं और जिन्होंने पुरस्कार के स्रोतों पर नियन्त्रण कर रखा है उन प्रतिरूपों की तुलना में अधिक आसानी से अनुकरण किये जाते हैं जिनमें ये गुण नहीं होते।"[6] स्पष्ट है कि तादात्म्य सम्मान, पुरस्कार, योग्यता, शक्ति और उच्च स्तर से प्रभावित होता है। अधिकतर बालक वयस्क व्यक्तियों से तादात्म्य करते हैं और उनका अनुकरण करते हैं। इसी प्रकार दुर्बल, बलवान का तथा असफल सफल का अनुकरण करने का प्रयास करते हैं। इसके अतिरिक्त हम सभी सामाजिक समूह से

---

5. "The term reinforcement is a term that some psychologist prefer instead of term reward, when discussing learning."

—Lindgren, H.C., *An Introduction to Social Psychology,* 1973.

6. "Models who are rewarding, prestigeful or competent, who possess high status, and who have control over rewarding resources are more readily imitated than are models who lack these qualities."

—Bandura and Walters, *Social Learning and Personality Development* (1963).

तादात्य करके उसमें प्रचलित व्यवहार को अपनाने का प्रयास करते हैं। अन्य प्रतिरूपों से यह तादात्म्य सामाजिक सीखने में सबसे अधिक महत्वपूर्ण तत्व है। किसी व्यक्ति को इसलिये प्रतिरूप के रूप में स्वीकार करना कि वह सीखने वाले व्यक्ति को पुरस्कृत करता है, गौण पुष्टिकरण (Secondary Reinfocement) कहलाता है क्योंकि इसमें प्रतिरूप से सीखने वाले व्यक्ति को कुछ न कुछ लाभ होता है। यह लाभ भौतिक अथवा मौखिक किसी न किसी प्रकार के पुरस्कार के रूप में हो सकता है।

2. परोक्ष पुष्टिकरण (Vicarious Reinforcement)—जैसा कि पीछे बतलाया जा चुका है, परोक्ष पुष्टिकरण से तात्पर्य सफल व्यक्ति के समान सफलता का अनुभव करना है। जजौने (Zajona 1955) के एक अध्ययन में यह देखा गया कि अनुकरण करने वाले ने प्रतिरूप के व्यवहार का इस आधार पर अनुकरण किया कि वह किस व्यवहार से किस सीमा तक सफलता प्राप्त करता है। दूसरे शब्दों में प्रतिरूप का जो व्यवहार सफल होता है उससे तादात्म्य करने वाला व्यक्ति उसका अनुकरण करता है। नर्सरी विद्यालय के बालकों पर प्रयोग करके बन्दुरा ने यह निष्कर्ष निकाला कि आक्रामक व्यवहार को पुरस्कृत होते देखकर बालक उसका अनुकरण करने लगते हैं। उसने नर्सरी स्कूल के बालकों को तीन प्रकार की फिल्में दिखायीं। पहली फिल्में वे थीं जिनमें प्रतिरूप व्यक्ति आक्रामक व्यवहार करता और उसके लिए पुरस्कार पाता था। दूसरी फिल्म वह थी जिसमें प्रतिरूप व्यक्ति आक्रामक व्यवहार करता था और उसके लिए दण्ड पाता था। तीसरी फिल्मों में प्रतिरूप व्यक्ति का व्यवहार आक्रामक नहीं था और न उसे दण्ड मिलता था और न पुरस्कार इन तीनों फिल्मों में पहली फिल्म ने बालकों को अन्य दो फिल्मों की तुलना में अधिक प्रभावित किया। इसका कारण यह था कि बालकों ने परोक्ष रूप से प्रतिरूप व्यक्ति से तादात्म्य करके आक्रामक व्यवहार में भाग लिया और प्रसन्नता प्राप्त की।

(3) तादात्म्य का निर्भरता सिद्धान्त (Dependence Theory of Identification)—आर.आर. सीयर्स (R.R. Sears 1975) के अनुसार तादात्म्य में अनुकरणकर्त्ता प्रतिरूप पर आश्रित होता है। उदाहरण के लिये अधिकतर बालक अपनी माता पर निर्भर होते हैं और इसलिये वे उससे तादात्म्य करते हैं। यदि इस अवस्था में उन्हें माँ से अलग कर दिया जाये तो सीखने में अन्तर देखा जा सकता है। माँ के द्वारा प्राप्त स्नेह, पुरस्कार या पुष्टिकरण के रूप में काम करता है जिससे बालक उसके व्यवहार का अनुकरण करता है। इसी प्रकार अन्य अनेक ऐसे सम्बन्ध दिखलाये जा सकते हैं जिनसे मनुष्य उन व्यक्तियों पर निर्भर होता है जो उससे अधिक योग्य, कुशल, शक्तिशाली, सफल और बुद्धिमान होते हैं। इस निर्भरता से वह उनसे तादात्म्य करता है और उनके व्यवहार का अनुकरण करता है।

(4) स्थिति ईर्ष्या सिद्धान्त (Status Envy Theory)—प्रतिरूप से तादात्म्य द्वारा सीखने के विषय में वाईटिंग (J. W. M. Whiting 1960) ने स्थिति ईर्ष्या सिद्धान्त उपस्थित किया है। इस सिद्धान्त के अनुसार अनुकरणकर्त्ता प्रतिरूप व्यक्ति से उसकी स्थिति के कारण ईर्ष्या करता है। वह देखता है कि प्रतिरूप व्यक्ति अनेक वस्तुओं का सफलतापूर्वक नियन्त्रण और उपयोग करता है जो वस्तुयें सीखने वाले व्यक्ति को कभी नहीं मिलतीं। इससे वह प्रतिरूप व्यक्ति से

ईर्ष्या करने लगता है। इस ईर्ष्या के कारण वह प्रतिरूप व्यक्ति से तादात्म्य करता है और उसकी स्थिति तथा कार्य भागों की कल्पना करके उनका अनुकरण करने लगता है। ईर्ष्या से उत्पन्न होने वाले तादात्म्य के उदाहरण धनिक वर्ग के व्यक्तियों, नेताओं, अभिनेताओं, सफल व्यक्तियों आदि से तादात्म्य के रूप में देखे जा सकते हैं। लोग उनसे ईर्ष्या करते हैं किन्तु फिर भी उनका अनुकरण करते हैं।

(5) **प्रतिरूप से समानता** (Similarity with Model)—प्रतिरूप से तादात्म्य के विषय में स्टाटलैण्ड (E. Stotland 1961) ने यह सिद्धान्त उपस्थित किया है कि सीखने वाला प्रतिरूप से कुछ समान गुणों के कारण तादात्म्य स्थापित करता है। इस प्रकार हम सब अपने समान गुण वाले व्यक्तियों, अपने समवयस्क, समवर्गीय, समलिंगीय और समान आर्थिक सामाजिक स्तर के व्यक्तियों से तादात्म्य स्थापित करते हैं और उनके व्यवहार का अनुकरण करते हैं। प्रतिरूप से समानता के सिद्धान्त के आधार पर समूह में व्यक्ति के व्यवहार की व्याख्या की जा सकती है।

(6) **दण्ड परिहार** (Avoidance of Punishment)—कभी-कभी सीखने वाला उस प्रतिरूप से तादात्म्य करता है जिससे वह भय खाता है क्योंकि वह उसे दण्ड दे सकता है उसकी इसी शक्ति के कारण उसे प्रतिरूप स्वीकार कर लिया जाता है और उससे तादात्म्य किया जाता है। उदाहरण के लिये जनता के अनेक सदस्य राजनैतिक नेताओं अथवा राजा को प्रतिरूप मानकर उससे तादात्म्य करके उसका अनुकरण करने लगते हैं क्योंकि वह दण्ड देने की शक्ति रखता है। इस अनुकरण के मूल में दण्ड परिहार का प्रयास है।

(7) **स्नेह प्रत्याशा** (Love Expectation)—अनेक लोग जिन व्यक्तियों से उन्हें स्नेह अथवा प्रेम मिलने की आशा होती है उन्हें प्रतिरूप मानकर उनसे तादात्म्य कर लेते हैं और उनके व्यवहार का अनुकरण करने लगते हैं। यह स्नेह प्रत्याशा का कारक कहा जा सकता है।

कार्य भाग द्वारा सीखना
(Role Learning)

यह एक सामान्य बात है कि प्रत्येक व्यक्ति की परिवार तथा समाज में भिन्न-भिन्न स्थिति होती है और इन स्थितियों से अलग-अलग कार्य भाग लगे होते हैं। ये कार्य भाग बराबर बदलते रहते हैं और इनके बदलने के साथ-साथ व्यक्ति नये-नये व्यवहार प्रतिमान सीखने लगता है। यह कार्य भाग (Role Learnng) कहलाता है। सीकोर्ड और बैकमैन के शब्दों में, "कार्य भाग सीखने में अपने समान स्थिति प्राप्त अन्य व्यक्तियों के समान जगत को देखने, अनुभव करने और उसमें व्यवहार करने का सीखना सम्मिलित हैं।"[7] इस प्रकार कार्य भाग सीखने में हम उन व्यक्तियों का अनुकरण करते हैं जो हमारे जैसी स्थिति में हैं अर्थात् जिनको वे ही कार्य भाग मिले हुये हैं जो

7. "Role learning includes learning to behave, feel and see the world in a manner similar to other persons occupying the same position as oneself."

—P. F. Secord and C. W. Beckman. *Social Psychology,* Mcgraw Hill Book Co, New York. (1964), p. 541

हमारे हैं। इनके अनुकरण से हम उनके जैसा अनुभव करने लगते हैं, देखने लगते हैं और व्यवहार करने लगते हैं। उदाहरण के लिये नवजात शिशु की माता अन्य माताओं की देखा-देखी अनुभव करने और व्यवहार करने लगती हैं। इस सम्बन्ध में उसे कुछ सिखाना नहीं होता, अपने नये कार्य भाग के अनुसार वह समान कार्य भाग वाली स्त्रियों का अनुकरण करके अपने उत्तरदायित्व को निबटाती रहती है। इससे वह सहज ही अनेक अभिवृत्तियाँ, कौशल और प्रविधियाँ सीख जाती हैं। इसी प्रकार के उदाहरण विभिन्न व्यवसायों में देखे जा सकते हैं। उदाहरण के लिये चिकित्सा सम्बन्धी अध्ययन करने वाले विद्यार्थी अनुभवी चिकित्सकों की अभिवृत्तियों और मूल्यों को अपना लेते हैं। इसी प्रकार नये वकील पुराने वकीलों के तौर तरीकों को सीख जाते हैं। विवाह होने के पश्चात् लड़के लड़कियाँ अन्य विवाहित व्यक्तियों के जैसा अनुभव करने और देखने लगते हैं तथा उन्हें यह व्यवहार सिखलाना नहीं पड़ता। इस प्रकार कार्य भाग सीखने वाला व्यक्ति अपने को सर्वथा नया व्यक्ति अनुभव करने लगता है और उस कार्य भाग में दिखलायी देने वाले समान व्यक्तियों का अनुकरण करने लगता है। मेधावी विद्यार्थी प्रोफेसर होते ही पुराने प्रोफेसरों जैसी चाल-ढाल, तौर तरीके, सोचने विचारने के ढंग, अभिवृत्तियाँ तथा मूल्य अपना लेता है। इस प्रकार अपने को उन व्यक्तियों से तादात्म्य करके जो हमारे समान कार्यभाग कर रहे हैं हमें वे व्यवहार प्रतिमान अपनानें में आसानी होती है। व्यवहार प्रतिमानों का यह अनुकरण केवल बाह्य गतिविधियां तक ही नहीं सीमित रहता बल्कि इसमें संवेगात्मक प्रतिक्रियायें और मूल्य भी सम्मिलित हो जाते हैं। साधारणतया कार्य भाग सीखने में वे ही कारक प्रभावशाली होते हैं जो सामाजिक सीखने को प्रभावित करते हैं किन्तु फिर भी इसमें कुछ कारक विशेष रूप से महत्वपूर्ण होते हैं जिनकी चर्चा आगे की जायेगी। कार्यभाग द्वारा सीखने की प्रक्रिया जटिल और विस्तृत होती है। इसमें सीखने से सम्बन्धित सभी नियम और सिद्धान्त सम्मिलित होते हैं। इसमें शिक्षा के साथ-साथ अभ्यास का भी विशेष महत्व होता है। इसमें सीखने वाले कार्य भाग का स्पष्ट होना आवश्यक है। सीखा जाने वाला कार्य भाग वर्तमान कार्य भाग के अनुरूप होना चाहिये। जिन कार्यभागों से सन्तोष मिलता है वे अधिक शीघ्र सीखे जाते हैं। कुछ अध्ययनों में यह देखा गया है कि शिक्षा और अभ्यास के अतिरिक्त विपरीत कार्यभाग अपनाये हुये व्यक्तियों के प्रत्यक्षीकरण से भी कार्य भाग ग्रहण करने में सहायता मिलती है।

कार्यभाग सीखने की अन्तर्वस्तु
(Content of Role Learning)

कार्यभाग सीखने की अन्तर्वस्तु में अनेक महत्वपूर्ण पहलू होते हैं। सफल कार्यभाग सीखने में निम्नलिखित तत्वों का सीखना सम्मिलित हैं—

(1) नियम और मूल्य (Norms and Values)—कार्यभाग में सफल होने के लिये यह आवश्यक होता है कि हम उससे सम्बन्धित नियमों और मूल्यों को सीख लें। उदाहरण के लिये माता के कार्यभाग से सम्बन्धित कुछ नियम और मूल्य होते हैं जिनको अपना लेने से मातृत्व का कठिन कार्य आसान और सहज हो जाता है।

(2) कौशल और तकनीकियाँ (Skills and Techniques)–प्रत्येक कार्यभाग से लगे हुये कुछ कौशल और तकनीकें होती हैं। माता के कार्यभाग में बालक को दूध पिलाना, रोते बालक को चुप कराना, बालक को सुलाना तथा अन्य सभी कार्यों को करने के कुछ कौशल और तकनीकें हैं जिनको सीख लेने से उससे सम्बन्धित कोई भी माता आसानी से बालक का पालन पोषण कर पाती है। ये तकनीकें और कौशल परोक्ष और अपरोक्ष दोनों प्रकार के हो सकते हैं। इनमें से कुछ सीखने से और कुछ स्वभाव से सम्बन्ध रखते हैं। दोनों को ही जानना आवश्यक है।

(3) कार्य भाग का प्रत्यक्षीकरण (Perception of Roles)–मातृत्व के कार्यभाग में नये-नये प्रवेश करने पर माता को स्वयं शिशु से सम्बन्धित सभी कार्य अपने आप नहीं आ जाते। इसके लिये आवश्यक है कि वह अन्य माताओं का प्रत्यक्षीकरण करे। इसके साथ-साथ उसे अपना कार्यभाग भी स्पष्ट रूप से समझना चाहिये। ज्यो-ज्यों हमारा अनुभव बढ़ता जाता है, हमारे आत्म (Self) का विकास होता जाता है। इसको स्पष्ट रूप से जानने से व्यक्ति अन्य व्यक्ति की प्रत्याशाओं (Expectations) के अनुरूप कार्यभाग करने लगता है और अपना आत्म सम्मान बनाये रखता है। उपरोक्त विवेचन से स्पष्ट है कि कार्य भाग सीखने में सफलता प्राप्त करने के लिये कार्य भाग से सम्बन्धित नियमों और मूल्यों, कौशल और तकनीकों को सीखने के साथ-साथ इस विषय में स्पष्ट विचार और उसके अनुरूप मन की तैयारी आवश्यक है। तभी कोई व्यक्ति सफलतापूर्वक कार्य भाग सीख सकता है।

कार्य भाग सीखने के निर्धारक (Determinants of Role Learning)–पीछे जो कार्य भाग की अन्तर्वस्तु का विवेचन किया गया है उससे कार्य भाग के निर्धारक स्पष्ट होते हैं। इस सम्बन्ध में महत्वपूर्ण कारक निम्नलिखित हैं–

(अ) सामाजिक व्यवस्था से सम्बन्धित कारक (Factors related with system)–कार्य भागों का सामाजिक व्यवस्था अथवा सामाजिक संगठन से घनिष्ठ सम्बन्ध होता है। जैसी सामाजिक व्यवस्था होती है वैसे ही कार्य भाग होते हैं। उदाहरण के लिये पितृ प्रधान समाजों में पिता का कार्य भाग सबसे अधिक केन्द्रीय और महत्वपूर्ण होता है जबकि मातृ प्रधान समाजों में यही केन्द्रीय और महत्वपूर्ण कार्य भाग माता को दिया जाता है। सामाजिक व्यवस्था से सम्बन्धित कारकों में मुख्य निम्नलिखित हैं–

(1) स्पष्टता और मतैक्य (Clarity and Consensus)–ए. एम. रोज (A.M. Rose,1951) के अनुसार जिन कार्य भागों से सम्बन्धित प्रत्याशाओं के विषय में हमें अधिक स्पष्टता होती है और जिनमें मतैक्य पाया जाता है उनका सीखना अत्यन्त सरल होता है क्योंकि उनके विषय में हमें कोई सन्देह नहीं होता। दूसरी ओर जिन कार्य भागों के विषय में स्पष्टता नहीं होती और न मतैक्य ही होता है उनके प्रति कम व्यक्ति आकर्षित होते हैं और उन्हें सभी नहीं सीखते। उदाहरण के लिये सामान्य माता-पिता के कार्य भाग में बच्चों का पालन-पोषण और उनके विवाह आदि का प्रबन्ध सम्मिलित हैं और अधिकतर माता-पिता का कार्य भाग करने वाले स्त्री पुरुष इन्हें सहज ही अपना लेते हैं। किन्तु अत्यधिक परिश्रम और त्याग करके बालकों को किसी योग्य बनाने का प्रयास स्पष्ट रूप से और एक मत से माता-पिता का उत्तरदायित्व नहीं माना जाता और इसलिये बहुत कम लोग ऐसा करते हैं।

(2) **प्रत्याशाओं में प्रतिस्पर्धा** (Competition between expectations)—कभी-कभी किसी कार्य भाग से सम्बन्धित प्रत्याशाओं में प्रतिस्पर्धा देखी जाती है। उदाहरण के लिये हमारे समाज में पिता का कार्य सन्तान को स्नेह देने के साथ-साथ अनुशासित करना भी है। ये दोनों प्रत्याशायें कभी-कभी परस्पर विरोधी हो उठती हैं जिससे कार्य भाग में तनाव उत्पन्न होता है। यह कार्य भाग तनाव (Role strain) स्नेह करने वाले पिता और अनुशासित करने वाले पिता के भिन्न कार्य भागों के मध्य प्रतिस्पर्धा के कारण होता है। कुछ कुशल पिता ही इन प्रतिस्पर्धी कार्य भागों में समन्वय कर पाते हैं।

(3) **पूर्व अधिगम** (Prior Learning)—कभी-कभी नये कार्य भाग में कुछ ऐसे तत्व होते हैं जो उससे पहले के कार्य भाग में सीख लिये जाते हैं। ऐसी स्थिति में पूर्व अधिगम के कारण कार्य भाग सीखना आसान हो जाता है। उदाहरण के लिये पिता के कार्य भाग को सीखा हुआ व्यक्ति संरक्षक का कार्य भाग आसानी से करने लगता है।

(4) **कार्य भाग से सम्बन्धित पुरस्कार और मूल्य** (Rewards and Values of Roles)—जिन कार्यभागों का समाज में अधिक मूल्य होता है उनको करने पर व्यक्ति को प्रत्यक्ष या परोक्ष पुरस्कार प्राप्त होते हैं। इससे पुष्टिकरण होता है और ऐसे कार्य भाग आकर्षित करने के कारण आसानी से सीख लिये जाते हैं।

(5) **कार्यभाग विस्तार** (Role Pervasiveness)—सामाजिक दृष्टि से कुछ कार्यभागों का विस्तार कम और कुछ का अधिक होता है। उदाहरण के लिये सन्तान का कार्यभाग कम विस्तृत और माता पिता का अधिक विस्तृत होता है। अस्तु, सन्तान का कार्यभाग सीखना सरल और माता का कार्यभाग सीखना कठिन होता है। यही बात अनुयायियों के कार्यभाग के सीमित विस्तार और नेता के व्यापक कार्यभाग के विषय में कही जा सकती है।

(ब) **कार्यभाग सीखने की परिस्थितियाँ** (Role Learning Situations)—अनेक परिस्थितियाँ कार्यभाग सीखने को प्रभावित करती हैं। इनमें से मुख्य निम्नलिखित हैं—

(1) **असमाजीकरण दशायें** (Desocialization Conditions)—समाजीकरण से कार्यभाग सीखना आसान होता है। दूसरी ओर असमाजीकरण की दशायें, कार्यभाग सीखने में बाधक होती हैं, और उनसे कार्यभाग सीखना कठिन हो जाता है।

(2) **तीव्र समाजीकरण दशायें** (Intensifying Socializing Conditions)—तीव्र समाजीकरण की दशा में, जैसा कि इनके नाम से स्पष्ट है, समाजीकरण की प्रक्रिया तीव्र होती है। ऐसी स्थिति में कार्यभाग सीखना अधिक आसान हो जाता है।

(3) **तादात्म्य की परिस्थिति** (Identification Situations)—जैसा कि पीछे बतलाया जा चुका है, प्रतिरूपों से तादात्म्य कार्यभाग सीखने में सहायक तत्व हैं क्योंकि इससे उनका अनुकरण आसान होता है और उनका कार्यभाग सुगमता से सीखा जाता है।

(स) **व्यक्तिगत विशेषतायें** (Individual Characteristics)—व्यक्तिगत विशेषताओं से सम्बन्धित अग्रलिखित तीन परिस्थितियाँ कार्यभाग सीखने को प्रभावित करती हैं—

(1) योग्यताओं का अभाव (Lack of Abilities)—कार्यभाग से सम्बन्धित योग्यताओं का अभाव होने पर कार्यभाग सीखने में उसी अनुपात से कठिनाई होती है।

(2) विरोधी आत्म प्रत्यय (Contrary Self Concepts)—कार्यभाग के अनुकूल आत्म प्रत्यय होने पर उसे सीखने में आसानी होती है और जब कभी आत्म प्रत्यय विरोधी होता है तो कार्यभाग सीखने में कठिनाई होती है।

(3) बाधक अभिवृत्तियाँ और आवश्यकतायें (Interfering Attitudes and Needs)—कुछ अभिवृत्तियाँ और आवश्यकतायें कार्यभाग के अनुकूल होती हैं जिनसे उसे सीखने में आसानी होती है। किन्तु दूसरी ओर कुछ अभिवृत्तियाँ और आवश्यकतायें कार्यभाग में बाधक होती हैं जिनसे उसे सीखने में कठिनाई होती है। उदाहरण के लिये स्वार्थी प्रवृत्ति और अनियन्त्रित माता पिता का कार्यभाग सीखने में बाधक होती है।

कार्यभाग सीखने के उपरोक्त विवेचन से सामाजिक सीखने का प्रमुख प्रकार स्पष्ट होता है। वास्तव में सामाजिक सीखने को कार्यभाग सीखना कहा जा सकता है जिसमें प्रतिरूप से तादात्म्य तथा पीछे बतलाये गये विभिन्न कारकों से विशेष सहायता मिलती है।

सांराश

सामाजिक प्रतिरूप से सीखना

सामाजिक सीखने में सामाजिक प्रतिरूपों के अनुकरण का विशेष महत्व है। सामाजिक प्रतिरूप से तादात्म्य को प्रभावित करने वाले कारकों में मुख्य हैं। 1. गौण पुष्टिकरण 2. परोक्ष पुष्टिकरण 3. तादात्म्य का निर्भरता सिद्धान्त 4. स्थिति ईर्ष्या सिद्धान्त 5. प्रतिरूप से समानता 6. दंड परिहार रखे 7. स्नेह प्रत्याशा।

कार्यभाग द्वारा सीखना

सामाजिक सीखना कार्यभाग द्वारा सीखना है। कार्यभाग द्वारा सीखने की अन्तर्वस्तु में हैं: 1. नियम और मूल्य 2. कौशल और तकनीकियां 3. कार्यभाग का प्रत्यक्षीकरण।

कार्यभाग के निर्धारक

(अ) सामाजिक व्यवस्था से सम्बन्धित कारक— 1. स्पष्टता और मतैक्य 2. प्रत्याशाओं में प्रतिस्पर्धा 3. पूर्व अधिगम 4. कार्य मात्र से सम्बन्धित पुरूस्कार और मूल्य 5. कार्यभाग विस्तार

(ब) कार्य मात्र सीखने की परिस्थितियां— 1. असामाजिक दशायें 2. तीव्र समाजीकरण दशायें 3. तादात्म्य की परिस्थिति।

(स) व्यक्तिगत विशेषतायें—1. योग्यताओं का अभाव 2. विरोधी आत्म प्रत्यय 3. बाधक अभिवृतियां और आवश्यकतायें।

10

विवेक और संकल्प का कार्य (Function of Reason and Will)

मनुष्य के सामाजिक व्यापार में विवेक और संकल्प दोनों का ही महत्वपूर्ण योगदान है। परन्तु बहुत से विचारकों ने इनमें से एक अथवा दूसरे पर जरूरत से ज्यादा जोर दिया है और इनमें से एक को प्रमुख तथा दूसरे को गौण माना है।

बुद्धिवादी मत

बुद्धिवादी विचारकों ने मानव व्यवहार में ज्ञान अथवा विवेक को अत्यधिक महत्व दिया है। उनके अनुसार विवेक ही मनुष्य को सही मार्ग दिखा सकता है। इच्छाओं के संघर्ष में विवेक ही निश्चय कर सकता है कि किस इच्छा को दूसरी से अधिक महत्व दिया जाना चाहिये। काण्ट (Kant) जैसे बुद्धिवादी दार्शनिकों ने तो अनुभूतियों का गला ही घोट देने की सम्मति दी है क्योंकि वे उन्हें सदैव ही अनैतिक मार्ग पर ले जाती हैं। आवेश मनुष्य को पथ-भ्रष्ट कर देते हैं। आवेश के कारण मनुष्य के अच्छे काम भी सन्तुलित नहीं हो पाते।

अनुभववादी मत

दूसरी ओर कुछ विचारकों ने आवेशों, प्रवृत्तियों और वासनाओं को ही जीवन में अधिक महत्वपूर्ण माना है। उनका कहना है कि ये ही मनुष्य में असली प्रेरक कारण हैं। रिबोट (Ribot) ने लिखा है कि मनुष्य के आचरण के मूल में मूल प्रवृत्तियों, प्रेरणा शक्तियों, इच्छाओं, भावों और संवेगों के अतिरिक्त कुछ भी नहीं होता है। अनुभववादी ब्रिटिश दार्शनिक डेविड ह्यूम के शब्दों में ''बुद्धि वासनाओं की दासी है और होनी चाहिये और वह सेवा करने और आज्ञा मानने के सिवाय कभी भी अन्य दूसरा काम नहीं कर सकती।''[1] इस प्रकार बुद्धिवाद के विरोधी दार्शनिकों और विचारकों ने जीवन और व्यवहार में विवेक को गौण स्थान दिया।

---

1. "Reason is and ought to be the slave of passions and can never pretend to any other office than to serve and obey."

—Hume

उपरोक्त दोनों मत एकांगी हैं

वास्तव में उपरोक्त दोनों ही मत एकांगी हैं। यदि ध्यान से देखा जाय तो मनुष्य के जीवन में वासनाओं और विवेक दोनों का ही स्थान मानना पड़ेगा। ह्यूम के मत में कई कठिनाइयाँ हैं। पहले तो यह तथ्य सत्य नहीं है कि विवेक वासनाओं का दास है। यह ठीक है कि बहुधा लोग अपनी वासना पूर्ति के लिये विवेक की बात नहीं सुनते और वासना के वशीभूत होकर बहुत से विवेकहीन काम कर बैठते हैं। परन्तु फिर दूसरी ओर मनुष्य को विवेक इसीलिये दिया गया है कि जहां वासनाओं में संघर्ष हो वहाँ वह विवेक के आधार पर उनमें चुनाव कर सके। यदि यह मान भी लिया जाय कि विवेक वासनाओं का दास है तो भी इससे यह निष्कर्ष अथवा यह आदर्श नहीं निकाला जा सकता कि उसे दास रहना भी चाहिए। सच तो यह है कि जो कुछ होता है उसमें होना चाहिये था का प्रश्न ही नहीं उठता क्योंकि वह तो होता ही है। दूसरी ओर बुद्धिवादियों का मत भी उतना ही एकांगी है। प्रवृत्तियों, वासनाओं, इच्छाओं आदि के अभाव में विवेक कहां काम करेगा, किसको निर्देशन देगा? मानव व्यवहार से वासनाओं को निकाल देने पर विवेक के कार्य करने के लिये कोई आधार नहीं रह जाता। अत: वास्तव में मानव जीवन में विवेक और वासनायें दोनों का ही महत्व है।

प्रवृत्ति, इच्छा और संकल्प

लगभग सभी मनोवैज्ञानिकों ने मनुष्य के व्यवहार के मूल में कुछ प्रेरणाओं को माना है। इसको भिन्न-भिन्न मनोवैज्ञानिकों ने आवश्यकतायें (Needs), प्ररेणायें (Motives), मूल प्रवृत्ति (Instincts) आदि नामों से पुकारा है। व्यक्ति के प्रत्येक ऐच्छिक कार्य का प्रारम्भ किसी न किसी प्रवृत्ति अथवा आवेग (Impulse) से होता है। प्रवृत्ति किसी शारीरिक अथवा मनोवैज्ञानिक अभाव से शुरू होती है। इन प्रवृत्तियों को चाहे जन्मजात माना जाए अथवा अर्जित माना जाए ये ही व्यवहार के प्रेरक कारण हैं। प्रवृत्ति से इच्छा (Desire) उत्पन्न होती है। मनुष्य को भूख लगती है और वह रोटी खाने की इच्छा करता है। भूख की प्रवृत्ति से रोटी खाने की इच्छा उत्पन्न हुई। परन्तु किसी भी वस्तु को प्राप्त करने के लिये इच्छा मात्र काफी नहीं है जब तक कि उसको संकल्प (Will) में परिवर्तित न किया जाय। संकल्प उस इच्छा को कहते हैं जिसको कार्य रूप में परिणित करने का निश्चय किया जाता है। इस प्रकार संकल्प में निर्णय शामिल है। अनेक इच्छाओं में चुनाव करके जब मनुष्य किसी एक को कार्य रूप में परिणित करने का निश्चय करता है तो वह संकल्प बन जाती है। संकल्प के बाद ही ऐच्छिक कार्य होता है।

प्रवृत्ति और संकल्प

इस प्रकार प्रवृत्ति और संकल्प में घनिष्ठ सम्बन्ध है। जैसा कि गिन्सबर्ग ने लिखा है "फिर भी सच तो यह है कि संकल्प से प्रवृत्ति को अलग करना उतना ही गलत है जितना कि अनुभव को विचार से अलग करना।"[2] प्रवृत्ति के बिना संकल्प नहीं हो सकता और न अनुभव

---

2. "In truth, however, it is as mistaken to separate impulse from will as it is to separate too sharply sense from thought."

—Ginsberg, *M., The Psychology of Society*, (1949). p. 36

के बिना विचार ही हो सकता है। अतः बुद्धिवादियों का यह विचार ठीक नहीं जंचता कि प्रवृत्ति, विवेक, संकल्प आदि मानव व्यक्तित्व की स्वतन्त्र इकाइयां हैं और क्रिया तथा प्रभाव के क्षेत्र में स्वंतत्र हैं। वस्तु स्थिति तो यह है कि मानव व्यक्तित्व को इस प्रकार अलग-अलग टुकड़ों में नहीं बांटा जा सकता। व्यक्तित्व एक पूर्ण है और पूर्ण के रूप में ही कार्य करता है। इस पूर्ण में प्रवृत्ति, विवेक, संकल्प आदि एक दूसरे को प्रभावित करते हैं। इन सभी को मनुष्य का अपना आत्म (Self) संचालित करता है। विशेष अवसरों पर इनमें से कोई प्रभावशाली अथवा गौण हो सकता है। परन्तु इससे इनमें से किसी का भी महत्व कम नहीं होता।

जीवन में विवेक

विवेक की परिभाषा करते हुये गिन्सबर्ग ने लिखा है, "उसका कार्य प्रवृत्तियों का व्यापक और समन्वित लक्ष्यों के आधीन करते हुये उनका समन्वय करना है। इस प्रकार वह निर्देशन देने और संगठित करने का महत्वपूर्ण काम करता है।"[3] स्पष्ट है कि सामाजिक जीवन में विवेक की अधिकाधिक आवश्यकता है। विवेक से ही मनुष्य यह निश्चित करता है कि उसको क्या करना चाहिये। जीवन संघर्ष में भिन्न-भिन्न स्थितियों में व्यक्ति के सामने अनेक विकल्प आते हैं। उसकी समझ में यह नहीं आता कि वह इनमें से कौन से विकल्प को चुने, किसको महत्व दे। इस समय विवेक ही मनुष्य की सहायता करता है। बर्ट्रेण्ड रसल (B. Russell) ने विवेक की शक्ति को ठीक ही अन्य सभी शक्तियों से प्रभावशाली माना है विवेक पर आधारित व्यवहार अधिक समन्वित होता है। विवेक के आधार पर ही समाज में विभिन्न संस्थाओं का उचित विकास हो सकता है। भिन्न-भिन्न संस्थाओं के क्या कार्य होने चाहियें, यह विवेक ही निश्चित करता है। विवेक व्यवहार के विभिन्न पहलुओं में आदर्शों को स्पष्ट करता है। उसके दो रूप हैं—सैद्धान्तिक (Theoretical) और व्यवहारिक (Practical) । इन दोनों ही रूपों का बड़ा महत्व है। सैद्धान्तिक विवेक विचारों को निर्देशित और संगठित करता है। व्यवहारिक विवेक व्यवहार में मार्ग दर्शन करता है।

विवेक और संकल्प का समन्वय

परन्तु संकल्प के अभाव में व्यवहारिक विवेक भी कुछ नहीं कर सकता, उसका लाभ तभी है जबकि उसके आदेश को कार्य के रूप में परिणित किया जाय। संकल्प की प्रकृति को समझाते हुए गिन्सबर्ग ने लिखा है "संकल्प बिना भावात्मक शक्ति का एक विचार मात्र नहीं है बल्कि हमारी भावात्मक प्रकृति की पूर्ण एकता और समन्वय है। तत्व रूप से यह संगठन का एक सिद्धान्त है, समन्वय की ओर एक प्रयत्न है जोकि संकल्पात्मक और भावात्मक रुचियों की जटिल व्यवस्थाओं में और उनके द्वारा काम करता है और उसकी शक्ति हमारे सम्पूर्ण व्यक्तित्व

---

3. "Its function is that of harmonising the impulses by subordinating them to broad and coherent ends. It has thus the important function of directing and organising."
—Ginsberg, *Ibid.* p. 41.

की शक्ति है।"[4] इस प्रकार जैसे विवेक हमारे व्यक्तित्व के विचारात्मक पहलू को अभिव्यक्त करता है वैसे ही संकल्प संकल्पात्मक पहलू का प्रतिनिधि है। सामाजिक जीवन में सभी कार्य संकल्प से ही शुरू होते हैं। व्यक्ति के व्यवहार में संकल्प ही निर्णायक शक्ति है। वास्तव में विवेक ठीक प्रकार का होने पर संकल्प बन ही जाता है। रसल के शब्दों में "अन्त में विचार शक्ति किसी भी अन्य मानव शक्ति से महान है.... ठीक प्रकार का विचार बहुत कम होता है और कठिन है परन्तु शक्तिहीन नहीं है।"[5] वास्तव में विवेक और संकल्प दोनों का ही मनुष्य के जीवन में महत्वपूर्ण कार्य है। अनेक इच्छाओं के संघर्ष में अथवा अनेक विकल्पों के उपस्थित होने पर विवेक की सहायता से व्यक्ति यह निश्चय करता है कि कौन-सी इच्छा अथवा विकल्प श्रेष्ठ है। इसके बाद संकल्प की शक्ति से इच्छा अथवा विकल्प को कार्य रूप में परिणित किया जाता है। विवेक के अभाव में व्यक्ति अनुचित और गलत काम कर बैठता है। संकल्प के अभाव में वह सागर में एक तिनके के समान है जिसको कोई भी लहर किसी भी तरफ कितनी ही दूर ले जा सकती है। मानव व्यवहार की मूल प्रेरक प्रवृत्तियां हैं। परन्तु विवेक और संकल्प की सहायता से ही मनुष्य के आवेग, प्रवृत्तियां और इच्छायें ठीक प्रकार से अभिव्यक्त हो पाती हैं। विवेक और संकल्प के स्वस्थ होने से ही व्यक्तित्व का स्वस्थ विकास हो सकता है। विवेक और संकल्प में संघर्ष होने पर मनुष्य का व्यक्तित्व विगठित हो जाता है। वह जो ठीक समझता है उसे कर नहीं पाता और जो करता है उसे ठीक नहीं समझता। इससे मानसिक संघर्ष बढ़ता है और अनेक प्रकार के मानसिक रोग उत्पन्न होते हैं। अत: सफल जीवन और उचित व्यवहार के लिये विवेक और संकल्प का समन्वय अनिवार्य है।

सारांश

मनुष्य के जीवन में विवेक और संकल्प दोनों ही महत्वपूर्ण हैं। बुद्धिमान विचारकों ने विवेक पर और अनुभववादी विचारकों ने वासनाओं पर अधिक जोर दिया है। ये दोनों ही मत एकांगी हैं। विवेक के आधार पर वासनाओं का नियन्त्रण और उनमें चुनाव होता है। वासनाओं की अनुपस्थिति में विवेक के कार्य के लिये कोई आधार नहीं होता। मनुष्य के कार्य प्रवृत्ति से शुरू होते हैं। प्रवृत्ति से इच्छा होती है और इच्छा संकल्प में बदल कर कार्य रूप में परिणित होती है। संकल्प में विवेक का महत्वपूर्ण योगदान है। उसके अभाव में उचित संकल्प असम्भव है। सामाजिक और व्यक्तिगत जीवन में विवेक का महत्वपूर्ण योगदान है। विवेक के दो रूप हैं, सैद्धान्तिक और व्यवहारिक। पहला विचारों को निर्देशित और संगठित करता है। दूसरा संकल्प में सहायक है। सफल जीवन और उचित व्यवहार के लिये विवेक और संकल्प का समन्वय आवश्यक है।

---

4. "Will is not a mere idea with no conative energy, but, the whole unity or synthesis of our conative nature. It is essentially a principle of integration, an effort towards harmony, working within and through complex systems of conative-effective interests, and its energy is the energy of our whole personality." —Ginsberg. *Ibid,* p. 40.
5. "The power of thought in the long run is greater than any other human power.... The right kind of thought is rare and difficult but not impotent."

—B. Russell.

11

संकेत, अनुकरण और सहानुभूति
(Suggestion, Imitation and Sympathy)

संकेत क्या है?

साधारण बोलचाल में संकेत शब्द का जो अर्थ लिया जाता है अंग्रेजी के Suggestion शब्द का वह अभिप्राय नहीं है। संकेत के अलावा इस शब्द के लिये निर्देश सुझाव आदि शब्दों का इस्तेमाल किया जाता है। संकेत एक मानसिक प्रक्रिया है जिसमें एक व्यक्ति के विचार अथवा प्रक्रियायें दूसरे व्यक्ति के विचारों अथवा क्रियाओं को प्रभावित करते हैं। उदाहरण के लिये एक भीड़ में यदि कुछ लोग किसी पर आक्रमण करते दिखलाई पड़ते हैं तो अन्य लोग भी वैसा ही करने लगते हैं चाहे उन्हें इस हिंसा का कारण पता न हो। सड़क पर यदि कहीं दो बैल आपस में लड़ जायें, दंगा या लाठी चार्ज हो जाये या कुछ भी न हो और कुछ लोग यूँ ही तेजी से एक ओर को भागते दिखाई पड़ें तो उनकी देखा-देखी दूसरे लोग भी भागने लगते हैं। इस प्रकार के व्यवहार के मूल में एक कारण संकेत है। संकेत का सबसे अधिक प्रत्यक्ष उदाहरण सम्मोहन की प्रक्रिया में दिखलाई पड़ता है। बम्बई के सर जे० के० हाल में विराट सभा में एक सम्मोहनकर्त्ता ने कुछ लोगों को मंच पर बुलाया। ये लोग काफी बुद्धिमान और सधे हुये व्यक्ति थे और उनसे किसी प्रकार के बुद्धिहीन व्यवहार की आशा नहीं की जाती थी। परन्तु अपना कमाल दिखाते हुये सम्मोहनकर्त्ता ने उनसे कहा "देखिये मेरे हाथ में पानी का एक गिलास है, लीजिये पानी पीजिये।" न वहाँ गिलास था न पानी परन्तु संकेत की शक्ति के वशीभूत होकर वे लोग पानी पीने का अभिनय करने लगे। थोड़ी देर बाद सम्मोहनकर्त्ता ने उनसे कहा "खाना तैयार है आप लोग तशरीफ रखिये।" वे लोग मंच पर बैठ गये और सामने कुछ जूते और चप्पलें डाल दी गईं। उन्हें खाद्य सामग्री समझकर उन्हें खाने का अभिनय करते देखकर जनता आश्चर्य और हंसी से उद्वेलित हो उठी। यह सम्मोहन की शक्ति का प्रभाव था। सम्मोहन संकेत की प्रक्रिया के माध्यम से काम करता है।

संकेत की परिभाषायें

संकेत क्या है इसको ठीक प्रकार से समझने के लिये संकेत की कुछ परिभाषाओं पर दृष्टि डालना प्रासंगिक होगा। कुछ मुख्य परिभाषायें अग्रलिखित हैं–

(1) मैक्डूगल का मत–"संकेत संदेशवहन की एक प्रक्रिया है जिसके परिणामस्वरूप संदेश विश्वास के साथ ग्रहण कर लिया जाता है यद्यपि उसको मानने के लिये तर्क पूर्ण और उपयुक्त आधारों का अभाव होता है।"[1] जैसा कि सम्मोहन के उदाहरण में पीछे बतलाया गया है पानी पीने और खाना खाने के संकेत दिये जाने के समय इनको मानने का कोई भी तर्क पूर्ण आधार नहीं था क्योंकि ये वस्तुएं उपस्थित नहीं थीं फिर भी संकेत के कारण लोगों ने इन आदर्शों को चुपचाप मान लिया और उन पर अमल करने लगे। भयातुर भीड़ में अधिकतर लोग भय का कारण न जानते हुये भी और बौद्धिक रूप से कोई बात न समझते हुये भी इधर-उधर भागते दिखाई पड़ते हैं। इसका कारण भीड़ व्यवहार में व्यापक संकेत है। संकेत संदेशवहन की प्रक्रिया है। सम्मोहनकर्ता इस प्रक्रिया के द्वारा अन्य व्यक्तियों को अपना संदेश पहुंचाता है। इस प्रकार वह उनसे मनचाही बात करवा सकता है। महान नेताओं और सेना अधिकारियों के वाक्यों में संकेत की इसी प्रकार की शक्ति होती है और सुनने वाले उनकी बात को माने बिना नहीं रह सकते।

(2) किम्बाल यंग का मत–"हम संकेत को शब्दों, चित्रों अथवा चिन्हों की स्वीकृति के माध्यम से प्रतीकात्मक संदेशवहन के रूप में परिभाषित कर सकते हैं जिसमें कि उसको मानने का कोई स्वयं सिद्ध अथवा तर्क पूर्ण आधार नहीं होता।"[2] मैक्डूगल के समान यंग ने भी इस बात पर जोर दिया है कि संकेत में प्रसारित संकेत को मानने का कोई स्वयं सिद्ध या तर्कपूर्ण आधार नहीं होता।

(3) थाउलस का मत–"संकेत शब्द अब सामान्यतया उस प्रक्रिया के लिये प्रयोग किया जाता है जिसके द्वारा विचारों की एक व्यवस्था के प्रति एक अभिवृत्ति विवेकशील अनुनय के अलावा किसी अन्य प्रक्रिया से एक व्यक्ति से दूसरे व्यक्ति तक पहुँचाई जाती है।"[3]

संकेत की विशेषतायें

संकेत की उपरोक्त तीनों परिभाषाओं से उसकी निम्नलिखित विशेषतायें स्पष्ट होती हैं–

(1) संकेत के द्वारा एक व्यक्ति से दूसरे व्यक्ति को कुछ संकेत पहुँचाया जाता है।

(2) संकेत के पीछे कोई प्रमाण अथवा तर्क नहीं होते।

---

1. "Suggestion is a process of communication resulting in the acceptance with conviction of the communicated proposition in the absence of logically adequate grounds for its acceptance."

—Wm. Mcdougall, *An Introduction to Social Psychology,* p. 83.

2. "We may define suggestion as a form of symbol, communication by words, pictures or some similar medium inducing acceptance of the symbol without any self evident or logical ground for its acceptance."

—Young, K. *Handbook of Social Psychology,* (1951), p.10.

3. "The word suggestion is now commonly used for the process by which an attitude towards a system of ideas is communicated from one person to another, by a process other than that of rational persuation."

—Thouless, R.H., *General and Social Psychology,* (1951), p. 247.

(3) संकेत शब्दों, चित्रों अथवा अन्य किसी प्रतीकात्मक माध्यम से दिया जाता है।

(4) संकेत एक मानसिक प्रक्रिया है।

उपरोक्त विशेषताओं के आधार पर संकेत की परिभाषा करते हुये कहा जा सकता है कि यह एक ऐसी मानसिक प्रक्रिया है जिसमें शब्दों के चित्रों अथवा किसी अन्य प्रतीकात्मक माध्यम से बौद्धिक प्रमाण या तर्क दिये बिना किसी संदेश को एक व्यक्ति से दूसरे व्यक्ति तक पहुंचाया जाता है।

संकेतग्रहणशीलता

संकेत की प्रक्रिया में विशेष बात यह है कि प्रमाण अथवा तर्क के न होते हुये भी दूसरा व्यक्ति उसको ज्यों का त्यों ग्रहण कर लेता है। ऐसा नहीं है कि सभी लोग संकेत को चुपचाप ग्रहण कर लेते हों। न्यूनाधिक अन्तर से लोग संकेत का विरोध भी करते हैं परन्तु यदि संकेत की शक्ति काफी हुई तो अन्त में उन्हें उसे मानना ही पड़ता है। संकेत ग्रहण करने वाला व्यक्ति संकेत को एक सत्य के रूप में स्वीकार करता है। स्पष्ट है कि संकेत ग्रहण करते समय उसकी तर्कशक्ति या मानसिक संयम इत्यादि काम नहीं करते। वह संकेत की आलोचना नहीं कर सकता। उसकी अच्छाई बुराइयों का विश्लेषण नहीं कर सकता। इस प्रकार संकेत की शक्ति का कारण व्यक्ति की संकेतग्रहणशीलता (Suggestibility) ही है।

यहां पर यह स्पष्ट समझ लेने की जरूरत है कि संकेत शब्द को दो रूपों में इस्तेमाल किया गया है। कुछ लोग संकेत को एक सम्पूर्ण मानसिक क्रिया मानते हैं। दूसरी ओर अन्य लोग संकेत शब्द से व्यक्ति पर किसी उत्तेजना के प्रभाव को व्यक्त करते हैं। इस विषय में एक तीसरा मत यह हो सकता है कि संकेत को एक विशेष उत्तेजना मात्र माना जाये। संकेत का जो भी अर्थ लिया जाये संकेत और संकेतग्रहणशीलता में स्पष्ट अन्तर है। संकेतग्रहणशीलता या सांकेतिकता से वह व्यक्त होता है कि कोई व्यक्ति कहां तक संकेत को ग्रहण कर सकता है। संकेतग्रहणशीलता प्रतिशत में व्यक्त की जाती है। इसको समझने के लिये किसी व्यक्ति के द्वारा ग्रहण किये हुये संकेतों को उसको दिये हुये संकेतों की संख्या से विभाजित करके उसको सौ से गुणा करते हैं। इस प्रकार किसी व्यक्ति की सांकेतिकता निम्नलिखित सूत्र से जानी जा सकती है–

$$\text{सांकेतिकता} = \frac{\text{ग्रहण किये हुये संकेतों की संख्या}}{\text{कुल दिये हुये संकेतों की संख्या}} \times 100$$

सामान्यतया अपनी निजी संकल्प शक्ति और बुद्धि का ऊँचा स्तर रखने वाले लोग आसानी से दूसरों के संकेत के शिकार नहीं होते। सामूहिक परिस्थिति में बुद्धि का स्तर निम्न हो जाने के कारण व्यक्ति की संकेतग्रहणशीलता बढ़ जाती है।

सामाजिक जीवन में संकेत का महत्व

संकेत के रूप

सामूहिक जीवन में संकेतग्रहणशीलता के कारण बहुत से काम होते हैं। यदि हम अपने चारों ओर की घटनाओं पर दृष्टि डालें तो हमें सामाजिक जीवन में संकेत का महत्व मालूम होगा।

केवल दूसरों से व्यवहार में ही नहीं बल्कि अपने निजी व्यवहार में भी संकेत का प्रभाव पड़ता है। कुछ लोगों पर संकेत का प्रभाव उल्टा ही पड़ता है अर्थात् जो संकेत दिया जाता है वे उससे उल्टी क्रिया करने लगते हैं। संकेत कभी प्रत्यक्ष होता है और कभी अप्रत्यक्ष। पहली दशा में व्यक्ति यह जानता है कि उसको संकेत दिया जा रहा है। दूसरी दशा में वह इस बात को नहीं जानता। इनके अलावा समाज में प्रतिष्ठा सुझाव का प्रभाव सब कहीं देखा जा सकता है। भीड़ की परिस्थितियों में व्यक्ति का व्यवहार सामूहिक सुझाव का एक उदाहरण है। जीवन में संकेत के विभिन्न रूपों पर अलग-अलग दृष्टि डालना सहायक होगा। संकेत के मुख्य रूप निम्नलिखित हैं—

(1) भावचालक संकेत (Ideo Motor Suggestion)

(2) प्रतिष्ठा संकेत (Prestige Suggestion)

(3) आत्म संकेत (Auto Suggestion)

(4) समूह संकेत (Mass Suggestion)

(5) प्रतिषेध संकेत (Contra Suggestion)

(6) प्रत्यक्ष संकेत (Direct Suggestion)

(7) अप्रत्यक्ष संकेत (Indirect Suggestion)

(8) सकारात्मक संकेत (Positive Suggestion)

(9) नकारात्मक संकेत (Negative Suggestion)

(1) **भावचालक संकेत**—इसमें जैसा कि इसके नाम से स्पष्ट है विचारों और क्रिया में बिल्कुल अन्तर नहीं होता अर्थात् विचार उठते ही क्रिया शुरू हो जाती है। इस प्रकार इसमें सोचने समझने का समय नहीं मिलता। साधारणतया इस प्रकार के सुझावों में मस्तिष्क अचेतन रूप से संकेत ग्रहण कर लेता है। प्रसिद्ध मनोवैज्ञानिक एल्फ्रेड बिने (Alfred Binet) ने भावचालक संकेत के विषय में महत्वपूर्ण प्रयोग किये हैं।

(2) **प्रतिष्ठा संकेत**— अभिनेताओं और अभिनेत्रियों के द्वारा प्रयोग की जाने वाली वस्तुयें अन्य लोग भी प्रयोग करने लगते हैं। इसीलिये तरह-तरह की वस्तुओं का विज्ञापन करने में प्रसिद्ध अभिनेताओं और अभिनेत्रियों द्वारा उनका इस्तेमाल करने और उनकी प्रशंसा करने की बात कही जाती है। इसी प्रकार विभिन्न विषयों के प्रसिद्ध विशेषज्ञों की राय बिना सोचे समझे मान ली जाती है। प्रसिद्ध लेखकों की पुस्तकें अच्छी न होने पर भी बिकने लगती हैं। जिसके लिये कहा जाता है कि काम नहीं बिकता है, नाम बिकता है। इसी प्रकार प्रसिद्ध नेताओं के विचारों को जनता के लोग बिना किसी नूँ नच के ग्रहण कर लेते हैं। एक साहब बम्बई के एक दर्जी के यहाँ सूट सिलाने गये। दर्जी ने सूट की सिलाई 2000 रुपये मांगी। ग्राहक को बड़ा आश्चर्य हुआ और शायद वह उस दुकान को छोड़कर कहीं और सूट सिलाता। चतुर दूकानदार ने ग्राहक की बात भांपकर फौरन कहा कि अभी अभी मनोज कुमार साहब एक सूट सिलवाकर ले गये हैं। केवल इतना ही संकेत काफी था और ग्राहक ने चुपचाप कपड़ा दर्जी के हवाले किया।

दर्जी की कटिंग की सिफारिश के लिये अभिनेता मनोज का नाम ही काफी था। राजनीति सम्बन्धी वाद-विवाद में जब कभी कोई व्यक्ति कहता है कि पंडित जवाहरलाल नेहरू ने ऐसा कहा है या गांधी जी ऐसा कहते थे तो अन्य लोग उसकी बात चुपचाप मान लेते हैं। ये सब प्रतिष्ठा संकेत के उदाहरण हैं। प्रतिष्ठा संकेत के प्रभाव के विषय में पी० ए० सोरोकिन (P.A. Sorokin) और जे० डब्ल्यू० बोडीरफ (J.W. Bodyreff) ने एक प्रयोग किया। इस प्रयोग में हाई स्कूल के 1484 विद्यार्थियों को दो ग्रामोफोन रिकार्ड सुनवाये गये जिनमें से एक को महान् संगीत बतलाया गया और दूसरों को साधारण, जबकि वास्तव में दोनों एक ही कोटि के थे। प्रतिष्ठा संकेत के कारण 96 प्रतिशत विद्यार्थियों ने पहले रिकार्ड को उत्तम और दूसरे को साधारण बतलाया। इसके बाद एक विशेषज्ञ ने यह बतलाया कि दोनों रिकार्डों में वास्तव में कोई अन्तर नहीं है। विशेषज्ञ के मत में प्रतिष्ठा संकेत होने के कारण 51 प्रतिशत विद्यार्थी उससे तुरन्त सहमत हो गये। 16 प्रतिशत ने उसके मत का विरोध किया और 21 प्रतिशत ने कोई विचार प्रकट नहीं किया। ध्यान रहे कि केवल 4 प्रतिशत विद्यार्थियों ने यह बतलाया कि दोनों रिकार्डों में कोई अन्तर नहीं हैं। इन्हीं ने निर्णय करने में अपनी बुद्धि इस्तेमाल की थी। बाकी सब संकेत से प्रभावित थे।

(3) **आत्म संकेत**—भारतीय विचारकों ने चरित्र का विकास करने के लिये आत्म संकेत पर बड़ा जोर दिया है। जिस व्यक्ति के जैसे विचार होते हैं वह वैसा ही बनता है। क्योंकि विचारों में संकेत की शक्ति होती है। यदि आप सदैव यही सोचते रहते हैं कि आप में बुद्धि नहीं है, आप परीक्षा में अच्छी डिवीजन नहीं ला सकते इत्यादि तो आपकी पढ़ाई अच्छी हो ही कैसे सकती है? रोगी को डॉक्टर यही सोचते रहने का सुझाव देता है कि वह अच्छा हो रहा है क्योंकि इस संकेत का उसके स्वास्थ्य पर प्रभाव पड़ता है। प्रसिद्ध मनोवैज्ञानिक एमाइल कोन (Emile Cone) ने आत्म सुझाव के आधार पर मानसिक रोगियों का इलाज किया था। महापुरुषों की जीवनियों को पढ़ने से ज्ञात होगा कि वे अपने समाने सदैव ऊंचे लक्ष्य रखते थे और कठिनाइयों के अवसरों पर भी अपने से यह कहते रहते थे कि अन्त में उन्हें सफलता होगी। इस प्रकार आत्म संकेत का व्यक्ति की मानसिक स्थिति, शारीरिक स्थिति, व्यवहार और यहाँ तक कि सफलता पर भी महत्वपूर्ण प्रभाव पड़ता है।

(4) **समूह संकेत**—व्यक्ति का व्यवहार भीड़ में क्यूं बदल जाता है। जो लोग निजी स्थिति में अच्छे, और भले समझदार और शान्त दिखाई पड़ते हैं वे भी भीड़ में कितने उत्तेजित और हिंसक बन जाते हैं, इसका कारण सामूहिक संकेत है। अपने एक अध्ययन में मूर (H.T. Moore) ने यह बताया कि विद्यार्थियों पर प्रतिष्ठा संकेत से अधिक समूह संकेत का प्रभाव पड़ता है। इसीलिये तो आये दिन यह देखने में आता है कि हड़ताल होने पर शोर मचाते हुये विद्यार्थीगण अध्यापकों की बात ही क्या, वाइस चान्सलर की बात भी नहीं सुनते और सामूहिक संकेत से उत्तेजित होकर ऐसे-ऐसे काम कर बैठते हैं जिनकी उनसे आशा नहीं की जा सकती। मारपल (C.H. Marpal) ने अपने प्रयोगों के द्वारा यह सिद्ध किया कि सामूहिक संकेत और प्रतिष्ठा संकेत में 4:3 का अनुपात था।

(5) **प्रतिषेध संकेत**—कुछ लोग बहुधा उसी काम को करते हैं जिसको करने से उनको मना किया जाता है। किसी बच्चे से यदि कोई चीज न छूने को कहा जाये तो वह उसे अवश्य

छुयेगा अर्थात् न छूने की आशा से उसे प्रतिषेध संकेत मिलता है। इसलिये यदि बच्चे को चीज नहीं छूनी चाहिये तो यदि उसको छूने को कहा जाता है तो वह नहीं छूता।

(6) **प्रत्यक्ष संकेत**—कुछ संकेत प्रत्यक्ष होते हैं, अर्थात् संकेत ग्रहण करने वाला व्यक्ति जानता है कि उसको संकेत किया जा रहा है। सफल दुकानदार आपके न चाहते हुए भी जो आपके हाथ वस्तुयें बेच देते हैं इसमें वे संकेत से काम लेते हैं और आप यह जानते भी हैं कि वे ऐसा कर रहे हैं चाहें उस वस्तु को घर में लाकर आपको कितना ही अफसोस क्यों न हो, परन्तु दुकानदार की बातों में आकर आप मजबूर से हो जाते हैं और वस्तु खरीद ही लेते हैं। कपड़े वाला दुकान पर आपके पहुंचते ही पूछता है कि "लेटैस्ट फैशन की रेडीमेड कमीजें आई हैं। कहिये तो दिखाऊं।" आप सोचते हैं कि वह लेने को तो कह ही नहीं रहा है केवल देखने मात्र में क्या हर्ज है और दुकानदार को दिखलाने को कह देते हैं। दुकानदार दिखाने लगता है और किसी कमीज की प्रशंसा करता है तथा आपसे स्पष्ट कहता है कि आप उस कमीज को ले लीजिए, पैसे बाद में आते रहेंगे। आप जानते हैं दुकानदार अपने वाक् चातुरी से आपको जरूरत न होते हुए भी कमीज आपके हाथ बेच रहा है परन्तु फिर भी आप उसे खरीद लेते हैं। चतुर दुकानदार किसी भी ग्राहक के आने पर और उसे मोटी आसामी देखकर उसके न मांगने पर भी उसको लेटैस्ट फैशन की दर्जनों चीजें दिखलाने से बाज नहीं आते।

(7) **अप्रत्यक्ष संकेत**—परन्तु कुछ संकेत प्रत्यक्ष नहीं होते इनमें संकेत देने वाले का प्रयोजन छिपा रहता है। वह अपना तात्पर्य न जाहिर करते हुये संकेत देता है। बुद्धिमान और पढ़े लिखे लोगों को इस प्रकार के संकेत अधिक प्रभावित करते हैं।

(8) **सकारात्मक संकेत**—जो संकेत किसी कार्य को करने के लिए या किसी बात को मानने के लिए दिए जाते हैं वे सकारात्मक संकेत कहलाते हैं।

(9) **नकारात्मक संकेत**—जो संकेत किसी कार्य को न करने या किसी विचार को न मानने के लिये दिए जाते हैं वे नकारात्मक संकेत हैं।

संकेत के विभिन्न प्रकारों के उपरोक्त विवेचन से स्पष्ट है कि सामाजिक जीवन में संकेत कितना व्यापक है। व्यापार उद्योग, राजनीति, उपचार, शिक्षा सभी क्षेत्रों में मनोवैज्ञानिक तथ्यों से परिचित लोग अन्य लोगों से अपने विचार मनवाने के लिए अपनी इच्छानुसार कार्य करने के लिए संकेत का प्रयोग करते हैं। हम चाहें या न चाहें कहीं न कहीं कभी न कभी दूसरों के संकेत का हम पर प्रभाव पड़ता ही है। फिर संकेत को केवल दूसरों को प्रभावित करने के लिये ही नहीं बल्कि आत्म विकास के लिए भी इस्तेमाल किया जा सकता है।

संकेत की दशायें

यूं तो संकेत का कुछ न कुछ प्रभाव पड़ता ही है परन्तु कुछ विशेष परिस्थितियों में वह अधिक प्रभावशाली हो जाता है। मनोवैज्ञानिकों ने इन परिस्थितियों का अध्ययन करके इस सम्बन्ध में सामान्य सिद्धान्त निकालने की चेष्टा की है। संकेत के प्रभाव की ये परिस्थितियां दो वर्गों में

बांटी जा सकती हैं—आन्तरिक और बाहरी। कुछ विशेष दशाओं में व्यक्ति की निर्देशशीलता बढ़ जाती है और वह दूसरों के विचारों और क्रियाओं से अधिक प्रभावित होता है। उदाहरण के लिये थकान की अवस्था में मानसिक शक्ति के शिथिल हो जाने से सांकेतिकता बढ़ जाती है।

सांकेतिकता की आन्तरिक परिस्थितियां

सांकेतिकता की आन्तरिक परिस्थितियों में वे सभी आन्तरिक कारक आते हैं जिनसे मनुष्यों की तर्क वितर्क करने की शक्ति कम हो जाती है और वह दूसरों का संकेत ग्रहण करने लगता है। आन्तरिक परिस्थितियों को निजी कारण या व्यक्तिगत कारण कहा जा सकता है। ये कारण व्यक्ति में होते हैं। स्थूल रूप से ये निम्नलिखित हैं:—

(1) **स्वभाव** (Temperament)—व्यक्ति के स्वभाव का उसकी सांकेतिकता पर प्रभाव पड़ता है। उदाहरण के लिये कुछ लोगों का विचार है कि अन्तर्मुखी व्यक्तियों की अपेक्षा बहुर्मुखी व्यक्ति अधिक संकेत ग्रहण करते हैं। इस प्रकार बहिर्मुखी स्वभाव संकेत की एक आन्तरिक परिस्थिति हुई।

(2) **आयु** (Age)—आयु का भी संकेत ग्रहणशीलता पर प्रभाव पड़ता है। कुछ मनोवैज्ञानिकों के अनुसार बालक की सांकेतिकता पांच या छः वर्ष की आयु से बढ़नी प्रारम्भ होकर 8 या 9 वर्ष की आयु तक बढ़ती जाती है और इसके बाद इसमें अवनति शुरू होती है। इस विचार का विरोध करते हुये इलौक ने यह दिखलाने की कोशिश की है कि बालकों में इतनी सांकेतिकता नहीं होती जितनी कि सामान्य रूप से लोग समझते हैं। कुछ भी हो, इससे इंकार नहीं किया जा सकता कि व्यक्ति की परिपक्वता और बौद्धिक स्तर बढ़ने से उसकी सांकेतिकता कम होती है और अपरिपक्व लोगों में सांकेतिकता अधिक होती है। परन्तु यहां यह ध्यान रखने की बात है कि जबकि भिन्न-भिन्न समाजों में बालकों की सांकेतिकता में अन्तर हो सकता है एक ही समाज में भी बालकों की सांकेतिकता में अन्तर पाया जाता है।

(3) **बौद्धिक योग्यता** (Intellectual Ability)—इस प्रकार कुछ मनोवैज्ञानिकों ने बौद्धिक योग्यता और सांकेतिकता में सहसम्बन्ध (Correlation) दिखाने की चेष्टा की है अर्थात् उनके अनुसार बौद्धिक योग्यता जितनी ही अधिक होगी सांकेतिकता उतनी ही कम होगी और उसके विरुद्ध बौद्धिक योग्यता जितनी ही कम होगी सांकेतिकता उतनी ही अधिक होगी। परन्तु इस मत के विरुद्ध एस्ट्राबुक्स और कुछ अन्य मनोवैज्ञानिकों के अनुसार बुद्धि और सांकेतिकता में बहुत ही कम सम्बन्ध है। एवलिंग और हारग्रेब्स ने अपनी परीक्षाओं के आधार पर बौद्धिक योग्यता और सांकेतिकता में शून्य सहसम्बन्ध पाया।

(4) **अज्ञानता** (Ignorance)—सांकेतिकता का एक अन्य कारण आन्तरिक अज्ञानता भी है। किसी बात के विषय में न कुछ जानने के कारण लोग एक दूसरे की बात मान लेते हैं। दूसरी ओर जो व्यक्ति उस बात को जानता है उस पर दूसरों के संकेत का प्रभाव नहीं पड़ता और यदि पड़ता भी है तो तभी जबकि संकेत ठीक दिशा में दिया गया हो।

(5) लिंग भेद (Sex-Differences)—कुछ अध्ययनों के आधार पर कुछ मनोवैज्ञानिकों ने स्त्रियों में पुरुषों की अपेक्षा अधिक सांकेतिकता बतलाई है। इस मत के अनुसार लिंग भेद भी सांकेतिकता का एक महत्वपूर्ण कारण है। परन्तु दूसरी ओर कुछ अन्य अध्ययनों में यह देखा गया कि विषम लिंगीय व्यक्तियों की सांकेतिकता में जो अन्तर देखने में आया है उससे कहीं अधिक अन्तर समलिंगीय व्यक्तियों की सांकेतिकता में दिखलाई पड़ता है। अत: यह बात प्रामाणिक नहीं मानी जाती कि लिंग भेद सांकेतिकता में अन्तर का कोई महत्वपूर्ण कारण है। बर्ड (Charles Bird) के मतानुसार लिंग भेद के अनुसार सांकेतिकता में अन्तर शिक्षा पद्धति और सामाजिक व्यवस्था के कारण होता है। प्राचीन शिक्षा पद्धति और सामाजिक अवस्था में स्त्री पुरुष में भारी अन्तर होने के कारण उनकी सांकेतिकता में भी भारी अन्तर आना स्वाभाविक है। आधुनिक शिक्षा पद्धति और समाज व्यवस्था में स्त्री पुरुषों में अन्तर बराबर कम होता चला जा रहा है। अत: आजकल लिंग भेद के आधार पर सांकेतिकता में अधिक अन्तर नहीं दिखलाई पड़ता।

(6) अन्य आन्तरिक परिस्थितियां (Other Internal Conditions)—सांकेतिकता को प्रभावित करने वाली उपरोक्त व्यक्तिगत दशाओं के अलावा कुछ अन्य आन्तरिक परिस्थितियां भी महत्वपूर्ण हैं। उदाहरण के लिये यह एक सामान्य अनुभव की बात है कि नशे की हालत में आदमी को जो कुछ भी सुझाया जाय वह उसी को मान लेता है और वैसा ही करने लगता है। आत्म विश्वास के अभाव से भी व्यक्ति की सांकेतिकता बढ़ जाती है और वह दूसरों की हर एक अच्छी बुरी बात को मान लेता है। इसके अलावा थकान, भूख, प्यास, आदि में वे शारीरिक दशायें भी सांकेतिकता को बढ़ा देती हैं जिनमें शारीरिक शक्ति कम होती है और मानसिक शक्तियां शिथिल पड़ जाती हैं। लोगों के धार्मिक विश्वास भी कभी-कभी सांकेतिकता के कारण बन जाते हैं। उदाहरण के लिये भारत में साम्प्रदायिक प्रवृत्ति के लोगों में दूसरे सम्प्रदाय के विरोधी विचारों और क्रियाओं के संकेत बड़ी तेजी से फैलते हैं।

सांकेतिकता की बाह्य परिस्थितियां

उपरोक्त आन्तरिक परिस्थितियों के अलावा अनेक बाहरी परिस्थितियां भी सांकेतिकता का कारण होती हैं। इस विषय में मुख्य दशायें निम्नलिखित हैं:—

(1) सामूहिक परिस्थिति (Group Situation)—भीड़ अथवा समूह में व्यक्ति की बौद्धिक शक्तियां अपेक्षाकृत मन्द हो जाती हैं और संवेग अधिक आसानी से जाग्रत होने लगते हैं। अत: सामूहिक परिस्थिति में सांकेतिकता बढ़ जाती है। भीड़ में तो कोई भी विचार अथवा क्रिया संक्रामक रोग की तरह फैलती है और देखते ही देखते सभी लोग एक ही तरह का काम करने लगते हैं।

(2) निर्देशक का सम्मान (Prestige of the Suggestor)—निर्देशकर्ता या संकेत देने वाले व्यक्ति के सम्मान का भी सांकेतिकता पर प्रभाव पड़ता है। यह सम्मान जितना ही अधिक होगा संकेत के प्रति व्यक्ति की ग्रहणशीलता उतनी ही बढ़ जायेगी। महान् नेताओं, फिल्म के अभिनेताओं और अभिनेत्रियों तथा विभिन्न क्षेत्रों के विशेषज्ञों के विचारों में दूसरों को संकेत देने

की जबर्दस्त शक्ति होती है। फैशन के बारे में लोग अभिनेता और अभिनेत्रियों का अनुगमन करते हैं। राजनैतिक मामलों में नेताओं के विचार सामान्य जनता के विचार बन जाते हैं। इसी प्रकार ज्ञान-विज्ञान के भिन्न-भिन्न क्षेत्रों में विशेषज्ञ जो कुछ भी कहता है उसको लोग आंख मूंद कर मान लेते हैं।

(3) **पुनरार्वतन** (Repetition)—किसी बात को बार-बार दुहराने से भी उसके प्रति सांकेतिकता बढ़ जाती है क्योंकि वह लोगों का ध्यान आकर्षित करती है। इस विषय में अनेक अध्ययनों से यह भी सिद्ध हुआ है कि पुनरावर्तन के साथ-साथ संकेत में थोड़ा बहुत परिवर्तन भी होना चाहिये अन्यथा लोग उससे ऊब कर या उसको सामान्य बात समझकर उसकी ओर ध्यान देना बन्द कर देते हैं।

(4) **जनमत का प्रभाव** (Influence of Public Opinion)—सांकेतिकता पर जनमत का बड़ा प्रभाव पड़ता है। दूसरे शब्दों में जिन विचारों और क्रियाओं को जनमत समर्थन प्राप्त है उनकी सांकेतिकता बढ़ जाती है और लोग उनको आसानी से ग्रहण करते हैं। इसलिये कभी-कभी लोग जनमत की दुहाई देकर संकेत देते हैं।

(5) **बहुमत का प्रभाव** (Influence of Majority Opinion)— पूर्ण जनमत का समर्थन न भी हो तो भी यदि किसी संकेत को किसी समाज या समूह में बहुमत का समर्थन प्राप्त हो जाये तो बाकी लोग उसको बिना सोचे समझे ही मान लेते हैं क्योंकि यह समझा जाता है कि जिस बात को अधिकतर लोग ठीक मानते हैं वह ठीक ही होगी। इसमें कोई सन्देह नहीं कि कुछ लोग बहुमत तो क्या जनमत का भी विरोध करके अपनी निजी समझ के अनुसार चलते हैं। परन्तु सामान्यतया अधिकतर लोग विचारों और क्रियाओं में जनमत और बहुमत का ही अनुगमन करना अधिक अच्छा समझते हैं।

(6) **विश्वासपूर्ण स्वर** (Confident Tone)—सांकेतिकता को बढ़ाने में एक कारण संकेत देने वाले का विश्वासपूर्ण स्वर भी है। यदि कोई व्यक्ति विश्वासपूर्ण स्वर से कोई बात कहता है तो उसका दूसरों पर अधिक प्रभाव पड़ता है। विशेषज्ञों, नेताओं तथा साधु-संन्यासियों आदि के विशेष प्रभाव का यही कारण है। सच तो यह है कि विश्वासपूर्ण स्वर से कही गई झूठी बात भी अविश्वासपूर्ण स्वर में कही गई सच्ची बात से अधिक प्रभावशाली होती है।

सांकेतिकता में सहायक उपरोक्त आन्तरिक और बाह्य दशाओं का राजनीतिक क्षेत्र में प्रचार करने में तथा व्यापारिक क्षेत्र में विज्ञापन बाजी में व्यापक रूप से प्रयोग किया जाता है। वास्तव में प्रचार और विज्ञापन संकेत के मनोवैज्ञानिक सिद्धान्तों पर ही आधारित हैं क्योंकि सबसे अच्छा प्रचार और विज्ञापन वही होता है जिसमें किसी बात को प्रत्यक्ष न कहकर उसका संकेत दिया जाय ताकि व्यक्ति स्वयं उसको मानने को मजबूर हो जाय।

अनुकरण
(Imitation)

अनुकरण क्या है?

अनुकरण का लक्षण करते हुये प्रो॰ मैक्डूगल ने लिखा है, ''अनुकरण केवल एक व्यक्ति द्वारा दूसरे व्यक्ति के कार्यों और शारीरिक क्रियाओं की नकल करने पर लागू होता है।''[4] इस प्रकार जब बालक पिता के समान छड़ी लेकर चलता है तो यह अनुकरण है। मीड ने दूसरों के व्यवहार को जानबूझ कर अपनाने को अनुकरण कहा है। उसके अपने शब्दों में ''अनुकरण दूसरों के व्यवहारों या कार्यों को जानबूझ कर अपनाने को कहते हैं।''[5]

अनुकरण के प्रकार

गिन्सबर्ग का मत

गिन्सबर्ग (Ginsberg) के अनुकरण के निम्नलिखित तीन प्रकार माने हैं–

(1) **जैवकीय अनुकरण** (Biological Imitation)–एक जाति का पशु दूसरे पशु को देखकर वैसा ही व्यवहार करने लगता है। जंगल में एक सियार रोता है तो दूसरे भी रोने लगते हैं। यह जैवकीय अनुकरण है। यह अचेतन होता है।

(2) **विचार चालक अनुकरण** (Ideo-Motor Imitation)–अपने बच्चे परिवार में बड़ों को जैसे व्यवहार करते, खाते पीते आदि देखते हैं, वैसा ही स्वयं करने लगते हैं। यह विचार-चालक अनुकरण है। विचारों या भावों द्वारा संचालित होने के कारण यह स्वतः अनुकरण भी कहलाता हैं।

(3) **बौद्धिक या सप्रयोजन अनुकरण** (Rational or Purposeful Imitation)–कोई भी काम सीखने वाला नया व्यक्ति उस्ताद के कार्यों का अनुकरण करके बहुत कुछ सीखता है। यह बुद्धिपूर्वक तथा प्रयोजन के कारण किया गया अनुकरण है।

मैक्डूगल का मत

प्रसिद्ध मनोवैज्ञानिक विलियम मैक्डूगल ने अनुकरण के निम्नलिखित पांच प्रकार बताये हैं–

(1) **सहानुभूति जन्य अनुकरण** (Sympathetic Imitation)–यह एक साधारण बात है कि लोग दूसरों की चेष्टाओं को देखकर सहानुभूति के कारण वैसी ही चेष्टायें करने लगते हैं। उदाहरण के लिये दूसरों को रोते, हंसते या मुंह बनाते देखकर लोगों को रोते, हंसते या मुंह बनाते

---

4. "Imitation is applicable only to copying by an individual of the actions, the bodily movements of another."
—Mcdougall, W., *'An Introduction to Social Psychology'*

5. "Inmitation is self-conscious assumption of another's acts or roles."
— Mead, George H., Quoted by K. Young, *A Hand Book of Social Psychology*, p. 110.

देखा जा सकता है। परन्तु इस प्रकार का अनुकरण केवल सरल शारीरिक चेष्टाओं में ही दिखाई पड़ता है।

(2) विचार-चालक अनुकरण (Ideo-motor Imitation)—जैसा कि इस अनुकरण के नाम से स्पष्ट है इसमें प्रत्यय और चेष्टा अथवा विचार और काम में समय का अन्तर नहीं होता अर्थात् विचार के उठते ही वह क्रिया में परिवर्तित हो जाता है। इस तरह यह एक प्रकार का अचेतन अनुकरण है। उदाहरण के लिये क्रिकेट, फुटबाल अथवा किसी अन्य खेल के मैच को देखने वाले लोगों में खिलाड़ियों द्वारा की जाने वाली चेष्टाओं का अनुकरण देखा जा सकता है। इसी प्रकार रंग-मंच पर अभिनय करते हुये नर-नारियों की अनेक चेष्टाओं का दर्शकों में अनुकरण देखा जा सकता है।

(3) सप्रयत्न अनुकरण (Deliberate Imitation)—जैसा कि इसके नाम से स्पष्ट है। इसमें बहुधा व्यक्ति पहले से सोच समझकर अपनी रुचि अथवा लक्ष्यों के अनुसार अनुकरण करता है। स्पष्ट है कि इस तरह का अनुकरण बालकों में नहीं देखा जाता।

(4) मध्यवर्ती अनुकरण (Intermediary Imitation)—जैसा कि इस अनुकरण के नाम से स्पष्ट है यह अनुकरण उपरोक्त दो प्रकारों का मध्यवर्ती है। इस प्रकार यह अंशतः विचारजन्य होता है और अंशतः प्रयत्न सहित। इस तरह का अनुकरण अधिकतर बालकों में देखा जा सकता है। इसमें किसी आदर्श लक्ष्य अथवा पहले से सोची समझी हुई बात का आधार नहीं होता। उदाहरण के लिये बालक किसी दृश्य, परिस्थिति आदि से प्रभावित होकर बिना सोचे विचारे बहुत सी बातों का अनुकरण करते हुये देखे जाते हैं।

(5) शिशुओं का निरर्थक अनुकरण (Meaningless Imitation of Infants)—जैसा कि इसके नाम से स्पष्ट है इसके शिशुओं का अनुकरण आता है जिसका कोई विशेष अर्थ नहीं होता। वास्तव में यही सबसे अधिक शुद्ध और स्वाभाविक अनुकरण है। परन्तु इसका तात्पर्य यह नहीं है कि इस अनुकरण से बालकों को कोई लाभ नहीं होता। वास्तव में इस अनुकरण से बालक अनेक सामाजिक व्यवहारों को सीखता है।

कर्क पैट्रिक का मत

कर्क पैट्रिक ने अनुकरण के निम्नलिखित पांच प्रकार माने हैं—

(1) सहज अनुकरण (Reflex Imitation)—जैसा कि इसके नाम से स्पष्ट है इसमें वे अनुकरण आते हैं जो सहज और स्वाभाविक होते हैं। उदाहरण के लिये जंभाई लेना, मुस्कराना, चिल्लाना आदि सहज अनुकरण हैं।

(2) स्वाभाविक अनुकरण (Spontaneous Imitation)—इसमें वे सब अनुकरण आते हैं जो कि व्यक्ति अपने स्वभाव के अनुसार करता है उदाहरण के लिये रेलगाड़ी के इन्जन की सीटी बजाते देखकर बच्चे उसकी नकल करके सीटी बजाने लगते हैं। इस तरह इस अनुकरण में केवल वे ही अनुकरण आते हैं जो व्यक्ति के स्वभाव के अनुरूप होते हैं।

(3) अभिनयानुकरण (Dramatic Imitation)—जैसा कि इसके नाम से स्पष्ट है कि यह अनुकरण अभिनयात्मक है। बालक में स्वाभाविक प्रवृत्ति होती है कि वह जैसा औरों को

करते देखता है उसका अभिनय करने लगता है। उदाहरण के लिये वह अपने पिता की छड़ी लेकर और टोप लगाकर उसके समान चलने का अनुकरण करता है। वह अपनी माता के व्यवहार का अभिनय करता है और गुड्डे-गुड़ियों को उसी तरह सुलाता, नहलाता और खिलाता है जिस तरह उसकी मां उसको सुलाती, नहलाती, और खिलाती है। केवल मां-बाप का ही नहीं बल्कि डाक्टर, व्यापारी, सिपाही, रेलवे गार्ड आदि अनेक व्यक्तियों का बालक अनुकरण करते हैं। इस अभिनयात्मक अनुकरण का शिक्षा के क्षेत्र में बड़ा महत्व है। सफल शिक्षक बच्चों को बहुत सी बातों का अभिनय करके दिखाता है जिसका कि वे अनुकरण करते हैं।

(4) **ऐच्छिक अनुकरण** (Voluntary or Deliberate Imitation)—इस तरह का अनुकरण तभी हो सकता है जबकि बालक में कुछ इच्छायें विकसित हो जायें। जैसा कि इसके नाम से स्पष्ट है इसमें इच्छापूर्वक अनुकरण किया जाता है।

(5) **आदर्शवादी अनुकरण** (Idealistic Imitation)—इस अनुकरण में व्यक्ति किसी आदर्श को सामने रखकर उसका अनुकरण करता है।

ड्रेवर का मत

ड्रेवर ने अनुकरण के निम्नलिखित दो भेद किये हैं—

(1) **अचेतन अनुकरण** (Unconscious Imitation)—इनमें वे सब अनुकरण आते हैं जो कि मनुष्य अनजाने या अचेतन रूप में करता है। इस तरह व्यक्ति बहुत से सामाजिक व्यवहार अचेतन रूप में ग्रहण कर लेता है।

(2) **ऐच्छिक अनुकरण** (Deliberate Imitation)—इसमें वे अनुकरण आते हैं जो कि जान बूझकर किए जाते हैं। उदाहरण के लिए व्यक्ति दूसरों के जिन गुणों को अपनाना चाहता है उनका अनुकरण करने की जानबूझ कर कोशिश करता है।

(3) **दृश्यानुकरण** (Perceptual Imitation)—यदि अनुकरण किए जाने वाला व्यवहार या वस्तु व्यक्ति के सामने हो तो यह अनुकरण दृश्यानुकरण कहलायेगा।

(4) **विचारानुकरण** (Ideational Imitation)—यदि अनुकरण किया जाने वाला व्यवहार या वस्तु व्यक्ति के सामने न होकर केवल विचार के रूप में उसके मन में हो तो यह विचारानुकरण कहलायेगा।

अनुकरण की प्रक्रिया

मनोवैज्ञानिक दृष्टि से अनुकरण की प्रक्रिया में निम्नलिखित विशेषतायें देखी जा सकती हैं।

(1) अनुकरण करने वाला अनुकरण करने से पहले सोच विचार या प्रयत्न और भूल नहीं करता बल्कि अनुकरण की जाने वाली क्रिया को तुरन्त करने लगता है।

(2) अनुकरण करने वाला अनुकरण की जाने वाली प्रक्रिया को पहले से नहीं जानता।

(3) अनुकरण की प्रक्रिया में अनुकरण करने वाला हूबहू वही क्रिया करता है जो उसके सामने की जाती है।

सामाजिक जीवन में अनुकरण का बहुत अधिक महत्व है। वास्तव में यदि यह कहा जाय तो अतिश्योक्ति नहीं होगी कि मनुष्य अपने सामाजिक व्यवहार का अधिकतर भाग अनुकरण से ही ग्रहण करता है। अनुकरण से ही वह दूसरों के और पूर्वजों के अनुभवों का लाभ उठाता है। अनुकरण से ही वह दूसरों से व्यवहार करने के प्रतिमान ग्रहण करता है। अनुकरण से ही समाज में रीति रिवाज, आदर्श, प्रथायें और परम्परायें काम करती हैं और सदस्यों में पीढ़ी दर पीढ़ी बनी रहती है। जीवित प्राणियों में मनुष्य में अनुकरण करने की शक्ति सबसे अधिक है। इस अनुकरण में भाषा का बड़ा महत्व है और भाषा तथा बोली बालक अनुकरण से सीखता है। समाज में अनेक बातें जैसे पहनावा, शिष्टाचार, खाने-पीने, उठने-बैठने आदि के तौर-तरीके प्रचलित फैशन के अनुसार किये जाते हैं। यह फैशन कैसे फैलता है इसका उत्तर अनुकरण है। समाज की उन्नति में आविष्कारों का बड़ा महत्व है। सभ्य संसार में आविष्कार बड़ी द्रुतगति से संसार के एक कोने से दूसरे कोने तक फैलते रहते हैं। इसका कारण समाज के लोगों में सब कहीं पाया जाने वाला अनुकरण ही है। समाज में जन-साधारण नेताओं और महापुरुषों के आचार-विचार को अपनाते हैं। यहाँ भी अनुकरण के सहारे ही कार्य होता है। शिक्षा में भी अनुकरण की प्रवृत्ति का बड़ा लाभ उठाया जाता है। सच तो यह है कि सामाजिक व्यवहार का शिक्षण बहुत कुछ अनुकरण पर ही आधारित है। यह एक सामान्य बात है कि व्यक्ति जैसी संगति में रहता है वैसा ही मन बन जाता है। बहुधा देखा जाता है कि विद्यार्थी अपने अध्यापकों के तौर-तरीके, आदर्श और रंग-ढंग को अपनाने की कोशिश करते हैं। इस तरह एक अच्छा अध्यापक विद्यार्थियों के व्यवहार में वांछित परिवर्तन करता है। बहुधा लोग खानदान को देखकर लड़के लड़कियों के आचार-व्यवहार का अनुमान लगा लेते हैं। आमतौर से यह माना जाता है कि सज्जन और शिष्ट माता-पिता की सन्तान सज्जन और शिष्ट होगी तथा झगड़ालू और उद्दण्ड माता-पिता के बालक झगडा़लू और उद्दण्ड होंगे। इन सभी बातों के मूल में अनुकरण का तत्व है। अनुकरण का लाभ उठाकर योग्य शिक्षक अपने विद्यार्थियों के व्यवहार को सुसंस्कृत बनाता है। बालकों में अनुकरण की प्रवृत्ति के कारण उन पर माता-पिता और संगी साथियों के व्यवहार का प्रभाव पड़ता है। अनुकरण के इसी महत्व को समझकर आजकल शिक्षा के विभिन्न क्षेत्रों में इस बात पर जोर दिया जाता है कि व्यक्ति को जो बातें सिखानी हों उनका आदर्श उसके सामने उपस्थित किया जाना चाहिये। सांस्कृतिक जीवन के विभिन्न पहलुओं, नृत्य, संगीत, कला आदि में तो प्रदर्शन और उसके अनुकरण का बड़ा महत्व है।

सामाजिक जीवन में अनुकरण के इस महत्व को देखकर कुछ समाज शास्त्रियों ने अनुकरण को समस्त सामाजिक शिक्षण का ही आधार मान लिया। इनके अनुसार समाज के समस्त व्यवहार व्यक्ति अनुकरण के द्वारा ही सीखता है। टार्डे ने तो यहां तक लिख दिया है कि ''समाज अनुकरण है'' परन्तु वास्तव में जैसा कि टार्डे के सिद्धान्त के विस्तृत विवेचन से मालूम होगा अनुकरण को समस्त सामाजिक व्यवहारों का कारण नहीं माना जा सकता यद्यपि निःसन्देह सामाजिक शिक्षण में उसका बड़ा महत्व है।

संकेत अनुकरण सिद्धान्त
(Suggestion Imitation Theory)

बेजहौट का सिद्धान्त

सन् 1873 में सबसे पहले बेजहौट (Begehot) ने संकेत-अनुकरण सिद्धान्त उपस्थित किया। उसने अनुकरण को बड़े विस्तृत अर्थों में लिया और उसमें संकेत को शामिल कर लिया। इसी कारण उसका मत संकेत अनुकरण कहलाया। इस सिद्धान्त के अनुसार अनुकरण सामाजिक संगठन और व्यवहार, जनजातीय समाज का निर्माण, वर्तमान समाज के रीति-रिवाज, रूढ़ियों, फैशन, राजनैतिक और धार्मिक व्यवहार, कला, साहित्य, रहन-सहन आदि में मुख्य तत्व हैं।

अनुकरण और संकेत में अन्तर

इस मत में अनुकरण और संकेत के अन्तर को भुला दिया गया है। अनुकरण और संकेत में मुख्य अन्तर निम्नलिखित हैं–

1. अनुकरण शारीरिक क्रिया है, संकेत मानसिक क्रिया है।
2. अनुकरण में जानबूझकर नकल की जाती है, संकेत का प्रभाव अनजान में होता है।
3. अनुकरण का कार्यक्षेत्र शारीरिक क्रियाओं तक सीमित है। संकेत का कार्यक्षेत्र अधिक व्यापक है।
4. अनुकरण में बुद्धि का काम नहीं है, संकेत में परोक्ष रूप से बुद्धि की भी छाप रहती है। अनुकरण यन्त्रवत होता है।
5. अनुकरण में संकेत सन्निहित है, संकेत में अनुकरण नहीं होता।
6. संकेत पहले होता है, अनुकरण बाद में होता है।

टार्डे का सिद्धान्त

बेजहौट के समान टार्डे ने भी अनुकरण को बड़ा महत्व दिया। उसने उसमें सुझाव, सहानुभूति आदि सभी मानसिक क्रियाओं को शामिल किया और यहां तक कह दिया कि समाज अनुकरण है। सामाजिक उन्नति समूह के सदस्यों की मानसिक अन्तः क्रिया का परिणाम है। मानसिक अन्तः क्रिया तीन प्रकार से प्रकट होती है पुनरावृत्ति (Repetition), विरोध (Opposition) और अनुकूलन (Adaptation)। इनमें से प्रत्येक के तीन स्वरूप हैं–भौतिक (Physical), जैवकीय (Biological) तथा सामाजिक (Social)। उदाहरण के लिये पुनरावृत्ति के तीन रूप हैं। भौतिक रूप में वह शब्द और प्रकाश की लहरों के रूप में, जैवकीय रूप में वंशानुसंक्रमण के रूप में और सामाजिक रूप में अनुकरण की शक्ल में दिखाई देती है।

टार्डे के अनुसार किसी समाज की प्रगति अन्वेषण पर आधारित है। अन्वेषण की शक्ति नवीन विचारों के सम्बन्धो पर निर्भर है। अन्वेषण का स्वीकार किया जाना अनुकरण पर आधारित है। अनुकरण से पुनरावृत्ति होती है और पुनरावृत्ति से सामाजिक अनुरूपता उत्पन्न होती है।

किसी आविष्कार का अनुभव दो सामाजिक कारणों पर आधारित होता है–

(क) तार्किक (Logical)–जब कोई विचार तत्कालीन समाज की मान्यताओं के अनुरूप होता है तब वह तुरन्त मान लिया जाता हैं

(ख) अतार्किक (Extra Logical)–इसके तीन प्रकार हैं–

1. नई वस्तु तर्कसंगत न होने पर भी आकर्षण के कारण मान ली जाती है।

2. शुरू करने वाले की समाज में प्रतिष्ठा होने के कारण नई बात मान्य हो जाती है।

3. अनुकरण अन्दर से बाहर की ओर बढ़ता है। यूरोपियनों में फ्रेंच साहित्य में रुचि के बाद फ्रेंच वेशभूषा में भी रुचि हुई।

टार्डे का कहना है कि विचारों का अनुकरण पहले होता है और संस्थाओं का उसके बाद होता है।

आलोचना

टार्डे के मत के विरुद्ध निम्नलिखित तर्क उपस्थित किये गये हैं–

(1) यह नहीं कहा जा सकता कि समाज में सब कुछ अनुकरण के कारण है चाहे अनुकरण का स्थान कितना भी महत्वपूर्ण क्यों न हो।

(2) अनुकरण का इतने व्यापक अर्थों में प्रयोग करना सर्वथा अवैज्ञानिक है। इससे उसका अर्थ अस्पष्ट भी हो गया है।

(3) टार्डे का कहना गलत है कि जहां जनसंख्या अधिक होगी वहां आविष्कार भी अधिक होंगे। इससे तो भारतवर्ष में और चीन में सबसे अधिक आविष्कार होने चाहियें।

(4) अनुकरण के अलावा मूल प्रवृत्तियां, सामाजिक परम्परा, सुझाव, सहानुभूति आदि भी सामाजिक व्यवहार पर प्रभाव डालते हैं।

सहानुभूति
(Sympathy)

सहानुभूति का अर्थ

सहानुभूति शब्द दो शब्द से मिलकर बना है 'सह' तथा 'अनुभूति'। अतः सहानुभूति का शाब्दिक अर्थ दूसरों के समान अनुभूति महसूस करना है। वुडवर्थ के शब्दों में सहानुभूति का अर्थ है "दूसरे व्यक्ति के साथ अनुभव करना।" कोई व्यक्ति दूसरों के दुःख में दुःखी होता है और उनके सुख में सुख का अनुभव करता है तो यह कहा जायेगा कि उसे दूसरों से सहानुभूति है। यह सहानुभूति का सामान्य उदाहरण है कि जब हम से मिलता हुआ दूसरा व्यक्ति मुस्कराता है तो हम भी मुस्कारने लगते हैं। गम्भीर वातावरण में हम को गम्भीर बनना पड़ता है और रंगीन वातावरण में हम भी रंगीनी महसूस करते हैं। इस प्रकार सहानुभूति को दैनिक अनुभव तथा व्यवहार में बराबर देखा जा सकता है।

सहानुभूति द्वारा अनुकरण

सहानुभूति नैसर्गिक है या अर्जित, अनुकरण से सीखी हुई प्रतिक्रिया है या अन्य किसी उपाय से सीखी हुई प्रतिक्रिया है, इस विषय में निश्चित रूप से कुछ नहीं कहा जा सकता, परन्तु इतना अवश्य कहा जा सकता है कि सहानुभूति केवल अनुकरण मात्र नहीं है। अनुकरण के साथ-साथ इसमें एक निश्चित प्रेरक भी होता है। उदाहरण के लिए प्रेमी प्रेमिका स्वभाव से ही एक दूसरे की अनुभूतियों में भाग लेते हैं परन्तु पति-पत्नी बन जाने पर उनको जानबूझ कर भी एक दूसरे की अनुभूति में हिस्सा बंटाना पड़ता है। क्योंकि वे जानते हैं कि ऐसा न करने से उनका वैवाहिक सुख स्थायी न हो सकेगा। सहानुभूति से आपस का प्रेम दृढ़ होता है और मनोवैज्ञानिक सन्तोष तथा शान्ति का अनुभव होता है।

सहानुभूति में कल्पना

सहानुभूति के लिये व्यक्ति में कुछ कल्पना होना जरूरी है। जो व्यक्ति कल्पना द्वारा अपने को दूसरे की स्थिति में रखकर उसके अनुभवों को महसूस नहीं कर सकता उसमें दूसरों के लिये सहानुभूति उत्पन्न नहीं हो सकती। सहानुभूति के अनुभव के लिये भावुक होना अनिवार्य है। उदाहरण के लिये दूसरे के दर्द में सहानुभूति वही व्यक्ति महसूस कर सकता है जिसको बिल्कुल वैसा नहीं तो किसी न किसी प्रकार का दर्द अवश्य हुआ हो जो कल्पना द्वारा उस व्यक्ति के दर्द का अनुभव कर सकता हो। सहानुभूतिपूर्ण व्यवहार स्वाभाविक तो होता ही है परन्तु दूसरों से सहानुभूति रखना सीखना भी पड़ता है। सहानुभूति जन्मजात होती है। परन्तु अनुभव से उसका बराबर विकास होता रहता है। बालक की सहानुभूति का दायरा बढ़ता जाता है। इसी कारण सभी लोग मित्र के साथ सहानुभूति प्रकट करते हैं शत्रु के साथ सहानुभूति कोई नहीं प्रकट करता।

सहानुभूति जन्मजात है

मैक्डूगल के अनुसार सहानुभूति एक संवेग न होकर एक मूल प्रवृत्ति है। Social Psychology में मैक्डूगल लिखता है कि "बालकों में ऐसी आयु पर संवेग और अनुभूति का सहानुभूति जन्य आगमन देखा जा सकता है जबकि उनमें इन प्रतिक्रियाओं को उत्पन्न करने वाली अभिव्यक्तियों के महत्व को जानने की समझ नहीं मानी जा सकती। शायद वे सबसे पहले जिस अभिव्यक्ति का प्रत्युत्तर देते हैं वह अन्य बालकों के चिल्लाने की आवाज है। कुछ और बड़े होने पर मुस्कराते चेहरे या प्रत्यक्ष तथा प्रसन्नता की अभिव्यक्त मुस्कराहट उत्पन्न करती है। इसके भी बाद भय, जिज्ञासा और मेरा विचार है कि क्रोध इस प्रत्यक्ष रूप में एक बालक से दूसरे बालक में तेजी से पहुंचाये जाते हैं। हास्य जीवन भर छत की तरह फैलने के लिए बदनाम है और यह, यद्यपि एक सच्ची मूल प्रवृत्ति जन्य अभिव्यक्ति नहीं है परन्तु एक भावात्मक दशा के सहानुभूति जन्य आगमन का सबसे परिचित उदाहरण उपस्थित करता है। अन्य लोगों की संवेगात्मक अभिव्यक्तियों के प्रति यह तत्काल और निर्बाध प्रतिक्रियात्मकता बचपन के महान आकर्षणों में से एक है। इस प्रकार मैक्डूगल का मत है कि बालक में दूसरों के प्रति सहानुभूति की एक स्वाभाविक प्रतिक्रिया होती है।

सहानुभूति अर्जित है

कुछ अन्य मनोवैज्ञानिकों के अनुसार सहानुभूति एक अर्जित प्रतिबद्ध अनुक्रिया है। डब्लू॰ ई॰ ब्लाज़ (W.E.Blatz) के अनुसार सहानुभूति दिखलाने वाले व्यक्ति में उत्पन्न संवेग मूल वर्तमान परिस्थिति में सामान्य रूप से उपस्थित किसी तत्व के प्रति एक प्रतिबद्ध अनुक्रिया के रूप में उत्तेजित हुआ, भूतकाल में अनुभवों से उत्पन्न संवेगात्मक आदतों की उसकी अपनी व्यवस्था का एक भाग है। इस प्रकार जब एक बालक दूसरे को देखकर रोता है तो इसका मतलब यह है कि वह अपनी उसी अनुक्रिया को जाहिर कर रहा है जो कि उसके समान परिस्थितियों में स्वयं रहने पर अभिव्यक्त कर चुका है।

सहानुभूति की प्रकृति

दैनिक जीवन में बाल व्यवहार पर तथा स्वयं अपने अनुभव पर गौर करने से यह मालूम पड़ता है कि उपरोक्त दोनों मत एकांगी हैं। मूलप्रवृत्तिजन्य व्यवहार या प्रतिबद्ध अनुक्रिया कहकर सहानुभूति के सब उदाहरणों की व्याख्या नहीं की जा सकती। सहानुभूति मूलप्रवृत्ति की प्रेरणा के साथ-साथ परिस्थिति के प्रति प्रतिक्रिया से भी हो सकती है। वास्तव में मूलप्रवृत्ति या परिस्थिति के प्रति प्रतिबद्ध अनुक्रिया कहकर उस तमाम सहानुभूतिजन्य व्यवहार की व्याख्या नहीं की जा सकती जो मनुष्य समाज में रहकर अर्जित करता है। स्पष्ट है कि बालक अपने माता पिता या बड़ों के व्यवहार के अनुकरण से ही सहानुभूति अभिव्यक्त करना सीखता है। संक्षेप में, सहानुभूति में बहुत कुछ जन्मजात है और बहुत कुछ अर्जित है। किस प्रकार की सहानुभूति में कितना अर्जित और कितना जन्मजात है यह खोज करने से जाना जा सकता है।

सारांश

संकेत

संकेत क्या है—यह एक ऐसी मानसिक प्रक्रिया है जिसमें शब्दों, चित्रों अथवा किसी अन्य प्रतीकात्मक माध्यम से बौद्धिक प्रमाण या तर्क दिये बिना किसी संदेश को एक व्यक्ति से दूसरे व्यक्ति तक पहुँचाया जाता है। संकेत का कारण व्यक्ति की संकेत ग्रहणशीलता होती है। संकेत के विभिन्न रूपों के अध्ययन से सामाजिक जीवन में उसका महत्व मालूम पड़ता है।

संकेत के रूप—1. भावचालक संकेत, 2. प्रतिष्ठा संकेत, 3. आत्म संकेत, 4. समूह संकेत, 5. प्रतिषेध संकेत, 6. प्रत्यक्ष संकेत, 7. अप्रत्यक्ष संकेत, 8. सकारात्मक संकेत, 9. नकारात्मक संकेत।

संकेत की दशायें—संकेत को प्रभावित करने वाली परिस्थितियाँ दो प्रकार की हैं, आन्तरिक और बाह्य।

सांकेतिकता की आन्तरिक परिस्थितियां—1. स्वभाव, 2. आयु, 3. बौद्धिक योग्यता, 4. अज्ञानता, 5. लिंग भेद, 6. अन्य आन्तरिक परिस्थितियां।

सांकेतिकता की बाह्य परिस्थितियां—1. सामूहिक परिस्थिति, 2. निर्देशक का सम्मान, 3. पुनरावर्तन, 4. जनमत का प्रभाव, 5. बहुमत का प्रभाव, 6. विश्वासपूर्ण स्वर।

अनुकरण

अनुकरण दूसरों के व्यवहारों या कार्यों को जानबूझ कर अपनाने को कहते हैं।

अनुकरण के प्रकार—(अ) गिन्सबर्ग का मत—1. जैवकीय अनुकरण, 2. विचारचालक अनुकरण, 3. बौद्धिक या सप्रयोजन अनुकरण। (ब) मैक्डूगल का मत—1. सहानुभूतिजन्य अनुकरण, 2. प्रत्यय चेष्टा अनुकरण, 3. सप्रयत्न अनुकरण, 4. मध्यवर्ती अनुकरण, 5. शिशुओं का निरर्थक अनुकरण। (स) कर्क पैट्रिक का मत—1. सहज अनुकरण, 2. स्वाभाविक अनुकरण, 3. अभिनयानुकरण, 4. ऐच्छिक अनुकरण, 5. आदर्शवादी अनुकरण। (द) ड्रेवर का मत—1. अचेतन अनुकरण 4. ऐच्छिक अनुकरण, 3. दृश्यानुकरण, 4. विचारानुकरण।

संकेत के समान अनुकरण का भी सामाजिक जीवन में बड़ा महत्व है। उससे बालक बहुत सी बातें सीखता है। परन्तु यह कहना गलत है कि समाज अनुकरण है। अनुकरण सामाजिक जीवन में सब कुछ नहीं हैं।

सुझाव अनुकरण सिद्धान्त—इस सिद्धान्त के अनुसार अनुकरण सामाजिक संगठन और व्यवहार, जनजातीय समाज का निर्माण, वर्तमान समाज के रीति-रिवाज, रूढ़ियों, फैशन, राजनैतिक और धार्मिक व्यवहार कला, साहित्य, रहन-सहन आदि में मुख्य तत्व है। इस मत में अनुकरण और सुझाव के अन्तर को भुला दिया गया है। इस सम्बन्ध में बेजहाट और टार्डे दोनों के मत की आलोचना की गई है।

सहानुभूति—सहानुभूति का अर्थ दूसरे व्यक्ति के साथ, अनुभव करना है। वह केवल अनुकरण नहीं है उसके लिये कल्पना बड़ी जरूरी है। कुछ विचारकों ने उसे जन्मजात और कुछ ने अर्जित माना है। वास्तव में यह दोनों ही हैं।

तृतीय–खण्ड

मानव व्यवहार के सामाजिक–सांस्कृतिक आधार
(Socio-Cultural Foundations of Human Behaviour)

12

व्यक्तित्व और संस्कृति
(Personality and Culture)

व्यक्तित्व क्या है?

व्यक्तित्व शब्द अंग्रेजी के पर्सनैलिटी (Personality) शब्द का पर्याय है। पर्सनैलिटी शब्द लैटिन शब्द पर्सोना (Persona) से लिया गया है। पर्सोना का अर्थ वेष बदलने के लिये प्रयोग किये गये आवरण से था। परन्तु रोमन काल में विशेष गुणयुक्त पात्र को पर्सोना कहा जाने लगा। यह दूसरा अर्थ ही आधुनिक मनोविज्ञान के पर्सनैलिटी शब्द से लिया गया है। जनसाधारण में व्यक्तित्व का अर्थ व्यक्ति के बाहरी रूप में लगाया जाता है। दर्शन में व्यक्तित्व को आन्तरिक तत्व 'जीव' माना जाता है। मनोविज्ञान में व्यक्तित्व न तो बाह्य आवरण ही है और न आन्तरिक तत्व, बल्कि दोनों ही हैं। व्यक्तित्व कोई स्थिर अवस्था न होकर एक गतिशील समष्टि है जो कि परिवेश के प्रभाव से बराबर बदलती रहती है। यह व्यक्तित्व व्यक्ति के आचार-विचार, व्यवहार, क्रियाओं, गतिविधियों सभी बातों में झलकता है। व्यक्तित्व व्यक्ति का परिवेश से अनुकूलन करने का ढंग है। जो व्यक्ति परिवेश से अनुकूलन के लिए जिस प्रकार से व्यवहार करता है वही उसका व्यक्तित्व है। इस व्यवहार में संकलन (Integration) की आवश्यकता पड़ती है। यह संकलन भिन्न-भिन्न व्यक्तियों में अलग-अलग मात्रा में पाया जाता है, परन्तु सामान्य रूप से सभी स्वस्थ व्यक्तियों में किसी न किसी प्रकार का संकलन होता अवश्य है। यह विशेष संकलन या संकलन का विशिष्ट रूप ही उसका व्यक्तित्व है यही एक व्यक्ति को दूसरे व्यक्ति से अलग करता है। यही व्यक्ति का स्थायी रूप है। मन (Munn) के शब्दों में ''व्यक्तित्व की परिभाषा एक व्यक्ति के ढाँचे, व्यवहार के रूपों, रुचियों, अभिवृत्तियों, सामर्थ्यों, और योग्यताओं और अनुवृत्तियों के सबसे अधिक लाक्षणिक संकलन के रूप में की जा सकती है।''[1]

---

1. "Personality may be defined as the most characteristic intergration of an individual's structures, modes of behaviour, interests, attitudes, abilities and aptitudes."

— Munn, N L., *Psychology* (1953) p. 569.

गौर्डन आलपोर्ट के शब्दों में, "व्यक्तित्व व्यक्ति के भीतर उन मनोदैहिक गुणों का गत्यात्मक संगठन है जो परिवेश के प्रति होने वाले उससे अपूर्व अभियोजनों का निर्णय करते हैं।"[2]

इस प्रकार व्यक्तित्व व्यापक और विविध अर्थ का एक प्रत्यय है। व्यक्तित्व व्यक्ति के रूप, गुण, प्रवृत्तियों सामर्थ्यों आदि का संगठन है। वह व्यक्ति और परिवेश की परस्पर अन्तर्क्रिया का परिणाम है। वह उसके विशेष लक्षणों (Traits) का योग-मात्र न होकर उनका विशिष्ट संगठन हैं। यह व्यक्ति के व्यवहार का समग्र गुण (Total quality) है। व्यक्तित्व दूसरों पर प्रभाव डालता है। वह विभिन्न परिस्थितियों में व्यक्ति की प्रतिक्रियाओं में अभिव्यक्त होता है। इस प्रकार व्यक्तियों में आन्तरिक और बाहरी दोनों प्रकार की क्रियाओं का संगठन शामिल है। संक्षेप में, व्यक्तित्व एक व्यक्ति के व्यवहारों, रुखों, रुचियों, सामर्थ्यों, योग्यताओं अभिरुचियों आदि बाहरी और आन्तरिक लक्षणों के प्रतिमान (Patterns) का संकलित समग्र रूप है जो कि परिवेश में उसके विशिष्ट व्यवहार में प्रकट होता है।

मनोवैज्ञानिकों में बहुत दिन तक इस विषय में विवाद रहा कि व्यक्तित्व आनुवंशिकता (Heredity) के प्रभाव से विकसित होता है या परिवेश (Environment) के प्रभाव से बनता है। इस विवाद में दोनों ही पक्षों से सबल तर्क उपस्थित किये गये और निरीक्षण तथा प्रयोग के आधार पर बहुत सी सामग्री एकत्रित की गई। इन निरीक्षणों तथा प्रयोगों से अन्त में यह स्पष्ट हुआ कि व्यक्तित्व के विकास पर आनुवंशिकता और परिवेश दोनों का ही प्रभाव पड़ता है। अतः आधुनिक मनोविज्ञान में व्यक्तित्व को प्रभावित करने वाले कारकों में आनुवंशिकता तथा परिवेश दोनों के विभिन्न अंगों की गिनती की जाती है। व्यक्तित्व के मूल दोनों में ही हैं।

आनुवंशिकता का प्रभाव

गौर्डन आलपोर्ट ने अपनी पुस्तक "Personality, A Psychological Interpretation" में लिखा है, "जो प्रमाण मिले हैं उनसे चार महत्वपूर्ण निष्कर्ष निकाले जा सकते हैं। (1) व्यक्ति, जिसकी परिभाषा जीवित रहने के अपने प्रयत्नों में प्रत्येक व्यक्ति द्वारा ग्रहण किये हुये अनुकूलन का एक विशेष रूप कहकर की जा सकती है, जन्म के समय नहीं बनता, परन्तु वह जन्म के समय शुरू हुआ कहा जा सकता है। (2) सबसे प्रारम्भ के विशेष अनुकूलन जिनके विषय में शिशुओं में अन्तर कहा जा सकता है उनकी सहजगति (Mobility) की तीव्रता और बारम्बारता और उनकी स्वभाव या सांवेगिक अभिव्यक्ति है। ये दोनों कारक प्रारम्भिक रूप से आनुवंशिकता की उपज हैं। (3) शायद चौथे महीने से पहले अस्पष्ट लक्षणों का परिपक्वन नहीं हो पाता परन्तु पहले साल में दूसरे आधे भाग तक भौतिक परिवेश और लोगों के प्रति अनुकूलन की अनुक्रियाओं से स्पष्ट विशेषता दिखाई पड़ती है। (4) शुरू से जीवन में दिखाई पड़ने वाले विशेष गुणों में स्थिर रहने की प्रवृत्ति होती है। बालक में अनुकूलन के कुछ रूपों को ग्रहण करने की और अन्यों को छोड़ने की प्रवृत्ति साफ दिखाई पड़ती है।"

---

2. "Personality is the dynamic organisation within the individual of those psycho-physical systems that determine his unique adjustment to environment."
—Allport G. W. Personality : *A Psychological Interpretation*, p. 18.

जैवकीय कारक
(Biological Factors)

इस प्रकार आनुवंशिकता से व्यक्तित्व के जैवकीय (Biological) कारकों पर बड़ा प्रभाव पड़ता है। वास्तव में आनुवंशिकता न तो व्यक्तित्व को पूरी तरह प्रभावित करती है और न ऐसा है कि उसका कोई प्रभाव ही न पड़ता हो। व्यक्तित्व के विकास पर प्रभाव डालने वाले जैवकीय कारक तीन प्रकार के हैं—(1) नलिका विहीन ग्रन्थियां, (2) शारीरिक रचना, (3) शारीरिक रसायन। ये कारक मिल कर व्यक्तित्व का अवयवीय आधार (Organic basis of personality) प्रस्तुत करते हैं।

(1) नलिका विहीन ग्रन्थियाँ

नलिका विहीन ग्रन्थियां (Ductless Glands) बिना नलिका के सीधे रक्त में अपना स्राव भेजती है। इनके स्राव न्यासर्ग (Hormones) कहलाते हैं। इन न्यासर्गों का व्यक्तित्व पर काफी प्रभाव पड़ता है। विभिन्न ग्रन्थियां एक या एक से अधिक न्यासर्गों का स्राव करती हैं।

मुख्य नलिका विहीन ग्रन्थियों का व्यक्तित्व पर निम्नलिखित प्रभाव पड़ता है—

(i) **सर्वकिंवी** (Pancreas)—यह ग्रन्थि रक्त में मधुवशि (Insulin) नामक द्रव्य पहुंचाती है। इसकी मात्रा में परिवर्तन से रक्त में शर्करा तत्व की मात्रा में परिवर्तन होता है। रक्त में शर्करा तत्व की कमी होने से मानसिक शक्तियां क्षीण हो जाती हैं और व्यक्तित्व में परिवर्तन दिखाई पड़ता है, भावावस्था (Mood) में परिवर्तन हो जाता है स्वभाव चिड़चिड़ा हो जाता है और भय की भावना बढ़ जाती हैं।

(ii) **गल ग्रन्थि** (Thyroid gland)—जन्म से ही इस ग्रन्थि के न होने पर बालक की बुद्धि का विकास नहीं हो पाता। अजाम्बुक बाल (Cretins), बौने, कुरूप और मूढ़ बुद्धि (Imbecile) बालक इसी ग्रन्थि के अभाव का परिणाम हैं। इसके नष्ट हो जाने पर श्लेष्मस्फाय (Myxoedema) नामक रोग हो जाता है। इस रोग में व्यक्ति के शरीर में शिथिलता छा जाती है। मस्तिष्क और पेशियों की क्रिया मन्द पड़ जाती है, चमड़े पर शोथ आ जाती है, स्मृति कमजोर होने लगती है, ध्यान नहीं जमता, चिन्तन करना कठिन हो जाता है। वृद्धि के काल में गलग्रन्थि की क्रिया अधिक होने पर शारीरिक विकास, विशेषतया लम्बाई के विकास में बड़ी तेजी दिखाई पड़ती है। इस ग्रन्थि के अधिक क्रियाशील होने पर व्यक्ति में तनाव, अशान्ति, चिड़चिड़ापन, चिन्ता और अस्थिरता दिखाई पड़ती है। इस प्रकार संक्षेप में, गलग्रन्थि की क्रिया की अधिकता और कमी के साथ-साथ शरीर की क्रिया में अधिकता और कमी दिखाई पड़ती है यद्यपि अन्य प्रभावों के कारण भी शरीर में यही परिवर्तन देखा जा सकता है।

(iii) अभिवृक्क ग्रन्थि (Adrenal Gland) इस ग्रन्थि में अभिवृक्की (Adrenin) नामक रस निकलता है। इसका व्यक्तित्व पर बड़ा प्रभाव पड़ता है। इसकी अधिकता होने पर पुरुष या स्त्री में पुरुषोचित गुणों की अधिकता दिखाई पड़ती है। स्त्रियों के अंगों की गोलाई (Rounded contours) खत्म हो जाती है और आवाज भारी हो जाती है तथा दाढ़ी उगने लगती है। इससे

आपत्ति के समय जीव की शक्तियों का संगठन होता है। इसकी अधिकता के अन्य प्रभाव हैं–दिल की तेज धड़कन, ऊंचा रक्तचाप, उदर और आंतों की क्रिया का स्थगित हो जाना, फुफ्फुसों के वायु मार्गों का चौड़ा हो जाना, यकृत में एकत्रित शर्करा का निकलना, मांस पेशियों में थकान न आना, खुलकर पसीना आना और आंख की पुतलियों का फैल जाना आदि। इसके नितान्त अभाव में एडीसन की बीमारी हो जाती है जिसमें शरीर में दुर्बलता और शिथिलता बढ़ जाती है, यौन क्रिया में अरुचि हो जाती है, चयापचय (Metabolism) मन्द पड़ जाता है, रोग का प्रतिरोध करने की शक्ति कम हो जाती है, चमड़े का रंग काला पड़ जाता है, सर्दी गर्मी सहन करने की शक्ति नहीं रहती, व्यवहार में परख की कमी, चिड़चिड़ाहट और असहयोग दिखाई पड़ता है।

(iv) जनन ग्रन्थियां (Gonads)–जनन ग्रन्थियों के आन्तरिक स्राव का भी व्यक्तित्व पर भारी प्रभाव पड़ता है। इनसे पुरुषों में पुरुष सुलभ यौन लक्षणों दाढ़ी मूंछ, भारी आवाज आदि का और स्त्रियों में स्त्री सुलभ लक्षणों जैसे दुग्ध ग्रन्थियों (Mammary Glands) आदि का विकास होता है। स्त्रियों की संतानोत्पत्ति सम्बन्धी प्रक्रियायें, मासिक धर्म, गर्भाधान, शिशु का पालन-पोषण तथा मातृक व्यवहार भी इससे प्रभावित होता है।

यौन न्यासर्ग (Sex hormones) यौन सम्बन्धी रुचि के विकास में सहायक होते हैं। किशोरावस्था में उनमें विशेष रूप से वृद्धि होती है। अतः इस आयु में स्त्री पुरुष में अपने-अपने लिंग के अनुरूप चिन्ह प्रकट होने लगते हैं।

(v) पोष ग्रन्थि (Pituitary Gland)–इस ग्रन्थि के न्यासर्ग अन्य ग्रन्थियों पर नियन्त्रण करते हैं। इस ग्रन्थि के पुच्छ भाग से निकलने वाले न्यासर्गों से रक्तचाप तथा जल के चयापचय आदि शारीरिक क्रियाओं का नियमन होता है। ग्रन्थि के अग्रभाग से निकलने वाले न्यासर्गों से अन्य ग्रन्थियों की क्रियाओं को उत्तेजना मिलती है। इन न्यासर्गों का शारीरिक विकास पर भी भारी प्रभाव पड़ता है। विकास काल में इनकी क्रिया की गति कम होने से व्यक्ति समाकार का बौना (Midget) बन जाता है यद्यपि उसकी बुद्धि सामान्य स्तर की रहती है और शारीरिक गठन आकर्षक नहीं होता। विकास काल में इस ग्रन्थि की क्रिया तीव्र होने पर व्यक्ति की अस्थियां और पेशियां बड़ी तेजी से बढ़ती हैं और उसकी ऊंचाई 7 से 9 फुट तक जा सकती है। परन्तु अत्यधिक क्रियाशील होने के बाद में उसके शिथिल होने के कारण दैत्याकार व्यक्तियों के असमय ही मर जाने की भी सम्भावना रहती है। यदि यह ग्रन्थि विकास काल में सामान्य गति से रहे और बाद में उसकी क्रिया तेज हो जाय तो व्यक्ति के हाथ पैर, नाक, निचला जबड़ा आदि लम्बे हो जाते हैं। यह अवस्था वृहत् आत्यन्तिकता (Acromegaly) की स्थिति कहलाती है।

नालिकाविहीन ग्रन्थियों के उपरोक्त वर्णन से यह नहीं समझना चाहिये कि जिस ग्रन्थि की क्रिया तेज होगी उसका प्रभाव शरीर से दिखाई पड़ता। उदाहरण के लिय यौन वासना की अधिकता को सदैव जनन ग्रन्थियों के स्राव की अधिकता के कारण नहीं माना जा सकता क्योंकि विभिन्न ग्रन्थियों के स्रावों का एक-दूसरे पर भी प्रभाव पड़ता है जिससे किसी का प्रभाव कम हो जाता है और किसी का बढ़ जाता है। दूसरे ग्रन्थियों के प्रभाव से होने वाले शारीरिक परिवर्तनों में सामाजिक परिस्थिति और परिवेश का भी प्रभाव पड़ता है। उदाहरण के लिये यौन व्यवहार पर सामाजिक

नियमों, रीति-रिवाजों, परिस्थितियों, आदतों आदि अनेक बातों पर प्रभाव पड़ता है। इन सब प्रभावों से कभी-कभी यौन न्यासर्गों की कमी होने पर भी व्यक्ति में अत्यधिक कामुकता दिखाई पड़ सकती है और अधिकता होने पर भी यौन रुचि की कमी दिखाई पड़ सकती है। इस प्रकार न्यासर्गों के प्रभाव पर जैवकीय और परिवेश जनित दोनों प्रकार के कारकों का प्रभाव पड़ता है। परन्तु फिर भी किसी ग्रन्थि की अत्यधिक क्रियाशीलता या एकदम अभाव का व्यक्तित्व पर स्पष्ट प्रभाव देखा जा सकता है।

(2) शरीर रचना (Physique)

यद्यपि आजकल व्यक्तित्व पर प्रभाव डालने वाले जैवकीय कारकों में अन्त: श्रावी ग्रन्थियों को ही सबसे अधिक महत्वपूर्ण माना जाता है परन्तु जैवकीय कारकों, शरीर रचना और शरीर रसायन (Body Chemistry) का जिक्र भी प्रासंगिक होगा। दैनिक व्यवहार में हम देखते हैं कि व्यक्ति की शरीर रचना से उसके स्वभाव का कुछ न कुछ सम्बन्ध अवश्य दिखाई पड़ता है। प्राय: मोटे आदमी हंसी मजाक पसन्द करने वाले, आराम पसन्द और सामाजिक दिखाई पड़ते हैं और दुबले पतले आदमी संयमी, तेज और चिड़चिड़े होते हैं।

शरीर रचना तथा स्वभाव के सम्बन्ध को समझने के लिये बहुत से प्रयोग किये गये हैं परन्तु इस विषय में स्पष्ट रूप से प्रमाण नहीं मिल सके हैं। वास्तव में शरीर रचना और व्यक्तित्व में निश्चित रूप से सम्बन्ध स्थापित करने के लिए अभी और प्रयोगों की आवश्यकता है। अभी तक हुए अधिकांश प्रयोग कालिज के विद्यार्थियों पर किये गये हैं। अत: उनके परिणामों से निश्चित निष्कर्ष निकालने के पहले प्रौढ़ और वयस्क व्यक्तियों पर भी प्रयोग करने की आवश्यकता है। इसके बाद भी समसम्बन्ध (Correlation) के आधार का प्रश्न रह जाता है। केवल समसम्बन्ध से शरीर रचना को विशेष प्रकार के स्वभाव का कारण नहीं माना जा सकता। इस विषय में यह बात भी ध्यान रहनी चाहिये कि शरीर रचना से व्यक्ति के प्रति औरों के व्यवहार में भी अन्तर पड़ता है। यह दैनिक अनुभव की बात है कि मोटे सुगठित शरीर वाले और दुबले-पतले व्यक्तियों के प्रति हमारे व्यवहार में उनके आकार प्रकार के अनुसार अन्तर भी पड़ता है। हमारे व्यवहार के इस अन्तर से भी उनके व्यक्तित्व में अन्तर आता है। अत: व्यक्तित्व के अन्तर को केवल शरीर के मोटे पतले या बलिष्ट दुर्बल होने के कारण ही नहीं बल्कि दूसरों के उसके प्रति व्यवहार का कारण भी माना जाना चाहिये।

(3) शारीरिक रसायन (Body Chemistry)

अंत: स्रावी ग्रन्थियों और शरीर रचना के अलावा व्यक्तित्व के जैवकीय कारकों में शारीरिक रसायन का उल्लेख भी आवश्यक है। प्राचीन काल से मनुष्य स्वभाव का कारक उसके शरीर के रासायनिक तत्वों को माना है। उस प्रकार आदतन आशावादी (Sanguine) व्यक्ति में रक्त की अधिकता, चिड़चिड़े (Choleric) व्यक्ति में पित्त (Bile) की अधिकता, शांत (Phlegmatic) व्यक्ति में कफ (Phlegm) के अधिकता और उदास रहने वाले (Melancholic)व्यक्ति में तिल्ली

(Spleen) की अधिकता मानी जाती है। नर्वी (Nervous) व्यक्तित्व का कारण शरीर में स्नायु द्रव्य (Nervous Fluid) की अधिकता मानी जाती है। इस सामान्य शरीर शास्त्रीय सिद्धान्त को मनोविज्ञान में नहीं माना जाता परन्तु फिर भी शरीर के रासायनिक तत्वों के व्यक्तित्व से सम्बन्ध की सम्भावना से कोई भी गम्भीर मनोवैज्ञानिक इन्कार नहीं कर सकता। शरीर के ये रासायनिक तत्व दो प्रकार के होते हैं—कुछ बाहर से शरीर में पहुंचते हैं और कुछ शरीर में ही बनते हैं। रक्त प्रवाह में बाहर से या अन्दर से डाले हुये ये रासायनिक तत्व पन्द्रह सैकिण्ड के अन्दर पूरे शरीर में पहुँच जाते हैं। दवाओं के रक्त में पहुँचने से व्यक्तित्व पर स्पष्ट प्रभाव दिखाई पड़ता है। शराबी आदमी का व्यवहार इसका प्रमाण है। तम्बाकू, चरस, भांग, गांजा आदि सेवन करने वाले व्यक्तियों के व्यक्तित्व पर इनका प्रभाव दिखाई पड़ता है। रुधिर में शर्करा (Sugar) की मात्रा कम या अधिक हो जाने से मनुष्य की शारीरिक और मानसिक दशा में परिवर्तन हो जाता है जिसका जिक्र पीछे स्राव ग्रन्थियों के प्रसंग में किया जा चुका है। भोजन की कमी या अधिकता अथवा उसकी किस्म का शारीरिक के साथ-साथ मानसिक दशा पर भी प्रभाव पड़ता है। विभिन्न विटामिनों की कमी से व्यक्ति में विभिन्न परिवर्तन दिखाई पड़ते हैं। शारीरिक रोगों की अवस्था में तथा उनके दूर हो जाने के बहुत दिन बाद तक भी व्यक्ति में बड़ा परिवर्तन दिखाई पड़ता है। दीर्घकाल तक रहने वाले रोग का मानसिक प्रभाव कभी-कभी बहुत दिनों तक बना रहता है।

अन्य जैवकीय कारक

उपरोक्त जैवकीय कारकों के अलावा अनेक अन्य आनुवंशिक तत्व भी व्यक्तित्व पर प्रभाव डालते हैं। इनमें लिंग (Sex) बुद्धि (Intelligence) और मेधा (Intellect) तथा स्नायु मण्डल आदि कारक मुख्य हैं। भिन्न लिंगीय व्यक्तियों में लिंग भेद के कारण व्यक्तित्व का कुछ न कुछ अन्तर दिखाई पड़ता है यद्यपि अधिक अन्तर सामाजिक और सांस्कृतिक संरचना पर निर्भर करता है। व्यक्तित्व के विकास में बुद्धि का बड़ा महत्व है। गाल्टन (Galton) और गोडर्ड (Goddard) इत्यादि मनोवैज्ञानिकों ने बुद्धि को पूरी तरह आनुवंशिक माना है। यद्यपि आजकल बुद्धि को पूरी तरह आनुवंशिक नहीं माना जाता फिर भी उसमें आनुवंशिकता के प्रभाव से इन्कार नहीं किया जाता। परिवेश से बुद्धि के विकास पर बड़ा प्रभाव पड़ता है परन्तु जन्मजात बुद्धि को एक सीमा तक ही विकसित किया जा सकता है। बुद्धि के समान ही मेधायें (Talents) भी आनुवंशिक होती हैं। व्यक्तित्व में संगीत गणित आदि विशेष मेधाओं का प्रभाव सर्वविदित है। "The Autonomic function and Personality" नामक पुस्तक में प्रसिद्ध मनोवैज्ञानिक कैम्फ (Kemp E. J.) ने व्यक्तित्व के निर्धारक के रूप में स्नायु मण्डल के महत्व का विशद वर्णन किया है।

सामाजिक कारक
(Social Factors)

व्यक्तित्व को प्रभावित करने वाले सामाजिक कारकों को स्थूल रूप से निम्नलिखित तीन भागों में बांटा जा सकता है—घर (Home), स्कूल (School), और समाज (Society)। अब इनका क्रमशः वर्णन किया जायेगा।

(1) व्यक्तित्व पर घर का प्रभाव

सभी मनोवैज्ञानिक इस बात पर सहमत हैं कि व्यक्ति के विकास में घर के परिवेश का बड़ा प्रभाव पड़ता है। घर के परिवेश का प्रभाव बालकपन में ही पड़ता हो ऐसी बात नहीं है। वास्तव में व्यक्ति पर जीवन भर घर के परिवेश का प्रभाव पड़ता है। परन्तु बाल्यावस्था में यह प्रभाव सबसे अधिक महत्वपूर्ण होता है क्योंकि इसी समय व्यक्तित्व के आधारभूत तत्वों का निर्धारण होता है। अत: घर के प्रभाव के प्रसंग में पहले बाल्यावस्था में व्यक्तित्व पर घर के प्रभाव का वर्णन किया जायेगा।

घर के परिवेश में बालक के अलावा जितने भी सदस्य घर में होते हैं उन सबकी गिनती की जाती है। इस प्रकार बालक के व्यक्तित्व पर माता पिता, भाई बहन सभी के व्यक्तित्व का और व्यवहार का प्रभाव पड़ता है। यदि परिवार में बाबा, दादी, चाचा, ताऊ वगैरह होते हैं तो इनका भी बालक के व्यक्तित्व पर बड़ा प्रभाव पड़ता है। संयुक्त परिवार में पले बालक के व्यक्तित्व में छोटे परिवार में पले बालक के व्यक्तित्व से कुछ न कुछ अन्तर आ जाना स्वाभाविक ही है। माता पिता में से किसी के या दोनों के अभाव में परिवार में जो भी बालक का संरक्षक होगा उसी के व्यक्तित्व का उस पर प्रभाव पड़ेगा।

माता पिता का प्रभाव

आमतौर से परिवार के सदस्यों में माता-पिता से बालक का सबसे अधिक निकट सम्बन्ध रहता है। माता पिता के व्यवहार से ही बालक का सांस्कृतिक विकास होता है। सामान्य रूप से यह प्रभाव विशिष्ट समाज की संस्कृति के प्रतिमान के अनुसार होता है। इस प्रकार भारतीय परिवार में पले बालक में और पाश्चात्य संस्कृति को मानने वाले परिवार में पले बालक के व्यक्तित्व में अन्तर देखा जा सकता है। परन्तु इस सामान्य सांस्कृतिक प्रभाव के होते हुए भी भिन्न-भिन्न परिवारों में बालक के प्रति माता-पिता के व्यवहार में पर्याप्त अन्तर देखा जा सकता है। यूं तो भारतीय संस्कृति में परिवार में बालक का बड़ा सम्मानित पद माना गया है परन्तु सभी भारतीय माता पिता बालक से आवश्यक प्रेम और सहानुभूति नहीं दिखलाते। वे बालक को बात बात पर झिड़कते और गालियां देते या पीटते हैं। इस प्रकार के दमन के व्यवहार से बालक के मन पर बुरा प्रभाव पड़ता है। वह अन्तर्मुखी हो जाता है और बहुधा जिन कामों से उनके माता-पिता उनको रोकते हैं उनको स्वप्नों या दिवास्वप्नों या कल्पनाओं से पूरा करता है। माता-पिता के प्रेम के अभाव का सभी बालकों पर एक सा प्रभाव नहीं पड़ता क्योंकि इसमें बालक के जन्मजात स्वभाव और प्रवृत्तियों का भी बड़ा महत्व है। माता पिता की अवहेलना और ताड़ना से एक बालक दब्बू बन सकता है परन्तु दूसरा बालक दबंग और उद्दण्ड बन सकता है। आलपोर्ट के शब्दों में ''वही आग जो मक्खन को पिघलाती है, अण्डे को कठोर बनाती है।'' दूसरी ओर यदि माता-पिता बालक का अत्यधिक दुलार करते हैं तो बालक बहिर्मुखी और माता-पिता पर अत्यधिक निर्भर हो जाता है। बालक में स्वतन्त्र रूप से निर्णय करने की योग्यता का समुचित विकास नहीं हो पाता जो कि वयस्क आयु में जीवन संघर्ष में अत्यन्त आवश्यक होती है। यदि बालक अपने कामों में वस्तुओं का चुनाव स्वयं करे स्वयं निश्चित करे कि उसे क्या खाना है, क्या पहनना है,

कौन सी पुस्तक पढ़नी है आदि तो उसमें स्वतन्त्र निर्णय करने की प्रवृत्ति उत्पन्न होती है। परन्तु यदि यह सब उसके माता पिता निश्चित करें तो उसे अपनी निर्णय शक्ति के उपयोग करने का अवसर ही नहीं मिलता। इस प्रकार माता-पिता द्वारा अत्यधिक फटकारे जाने वाले और अत्यधिक प्यार किये जाने वाले दोनों ही प्रकार के बालकों में व्यक्तित्व की उलझनें उत्पन्न हो जाती हैं। व्यक्तित्व की उलझनों को दूर कराने के उद्देश्य से आचरण चिकित्सालयों में लाये गए बालकों के विषय में छानबीन करने पर यह मालूम हुआ कि उनमें से बहुत से लोगों की व्यक्तित्व सम्बन्धी कठिनाइयों का कारण उनके प्रति उनके माता-पिता का व्यवहार ही है। फ्रॉयड (Freud) ने इस विषय में तादात्म्य (Identification) के तत्व का बड़ा जोर दिया है। माता पिता बालक से अधिक शक्तिशाली, कार्यक्षम आदि होते हैं। अतः बालक के सामने वे आदर्श के समान होते हैं। बालक उन जैसा बनना चाहता है। इस प्रकार बालक माता-पिता में से किसी के व्यक्तित्व के साथ अपना तादात्म्य कर लेता है और उसके समान कपड़े पहनने, बोलने, आचरण करने आदि की कोशिश करता है। अक्सर लड़का पिता की बड़ी कमीज पहनकर या उनके बड़े जूते पहनकर और उनकी बेंत लेकर शान से चलता दिखाई पड़ता है। इस तादात्म्य से बालक की अतृप्त इच्छाओं की पूर्ति होती है। बालकपन में माता-पिता से तादात्म्य आगे चलकर नेता से तादात्म्य में बदल जाता है और व्यक्ति नेता से तादात्म्य करके उसके कारनामों में खुश होता और उसकी असफलताओं में दुःखी होता है।

परिवार में माता के स्नेह का बालक के भावात्मक विकास के लिए बड़ा महत्व है। अनाथालय में या धायों के द्वारा पले बालकों में भावात्मक स्थिरता का स्पष्ट अभाव दिखाई पड़ता है।

2. अपराध वृत्ति पर प्रभाव— अपराध विज्ञान में अनेक अध्ययनों से यह मालूम हुआ है कि बालक के अपराधी होने पर परिवार की परिस्थिति का बड़ा प्रभाव पड़ता है। संवेगात्मक अनुभूति और स्नेह के अभाव में बालक अक्सर अपराधी हो जाते हैं। बालक में अपराधी प्रवृत्तियों के विकास के कारणों की विवेचना करते हुये हीली और ब्रोनर (Healy and Bronner) ने तीन कारणों को महत्वपूर्ण बतलाया है—दुःखद परिस्थिति से छुटकारा पाने का प्रयास, पिता से उसके दुर्व्यव्यहारों का बदला लेने की भावना, अतृप्त इच्छाओं को तृप्त करने की चेष्टा। हीली तथा ब्रोनर के एक अध्ययन में पहली बार अपराध करने वाले 1000 बालकों में माता-पिता के नियन्त्रण में सर्वथा स्वतन्त्र बालकों की संख्या 23 प्रतिशत और दूसरी बार अपराध करने वालों में 46 प्रतिशत थी। लन्दन की वेश्याओं पर किये गए एक अध्ययन Women of the Streets के भूमिका लेखक के अनुसार वेश्याओं की समस्या उनके परिवार में ''माता पिता और बालक के सम्बन्ध'' (Parent child Relation) से प्रारम्भ होती है। बालकों को अपराधी बनाने में माता पिता का दुर्व्यवहार ही एकमात्र कारण नहीं है बल्कि उनका आपस का व्यवहार भी प्रभाव डालता है। हीली तथा ब्रोनर द्वारा किशोर अपराधियों पर किये गए एक अध्ययन में 20 प्रतिशत से 28 प्रतिशत अपराधियों के घर शराबीपन और अनैतिकता के दुर्व्यसनों से पीड़ित थे। इस प्रकार भग्न गृह (Broken Homes) किशोर अपराध के मुख्य कारण हैं।

बालक में यौन प्रवृत्ति की ओर स्वभावत: बड़ी जिज्ञासा होती है। बहुधा उसको यह जानने की भी जिज्ञासा होती है कि उनकी छोटी बहन या छोटा भाई कहां से आया है। इसका माता पिता से उसको जो जवाब मिलता है उससे भी उसके व्यक्तित्व पर प्रभाव पड़ता है। बहुधा माता पिता बालक की यौन विषयक जिज्ञासा को दबाने की कोशिश करते हैं और इस प्रकार के प्रश्न करने पर उनको डांट देते हैं या झूठ बहका देते हैं। बालक इससे चुप नहीं हो जाता । वह नौकरों से या अन्य साथियों से पूछ कर अपनी जिज्ञासा शान्त करता है परन्तु ऐसा करने में उसमें अपराध की भावना बढ़ती है। घर गृहस्थी के छोटे-छोटे मामलों को लेकर माता पिता में जो प्रतिक्रियायें दिखाई पड़ती हैं उनका बालक के विकास पर बड़ा प्रभाव पड़ता है। वास्तव में बालक की घर की परिस्थितियां और माता पिता का उसके प्रति व्यवहार इतना विविध हो सकता है कि उसमें सब प्रकार के व्यवहारों और परिस्थितियों का वर्णन करना सम्भव नहीं है। उन सबका बालक के व्यक्तित्व पर प्रभाव पड़ता है परन्तु प्रभाव का विस्तृत वर्णन करने के लिए तो एक अलग ग्रन्थ की आवश्यकता होगी। इस विषय पर बहुत से अध्ययन किये गये हैं और बहुत से करने बाकी हैं। अत: यहां पर संक्षेप में इतना ही कहना काफी होगा कि परिवार में माता पिता के प्रत्येक व्यवहार का और परिवार की परिस्थिति में प्रत्येक अच्छी बुरी बात का बालक के व्यक्तित्व पर न्यूनाधिक प्रभाव पड़ता है।

3. जन्मक्रम का प्रभाव—प्रसिद्ध मनोवैज्ञानिक एल्फ्रेड एडलर (Alfred Adler) के अनुसार परिवार में बालक के जन्म क्रम (Birth order) का उसके व्यक्तित्व पर बड़ा प्रभाव पड़ता है। यह सभी के अनुभव की बात है कि आमतौर से परिवार में छोटे, बड़े, सबसे बड़े, सबसे छोटे आदि विविध क्रम के बालकों के प्रति एक सा व्यवहार नहीं किया जाता। जन्म क्रम से बालक की पारिवारिक स्थिति (Status) निश्चित होती है। पारिवारिक स्थिति से उसके कार्यों (Roles) पर प्रभाव पड़ता है और इससे उसके व्यक्तित्व पर प्रभाव पड़ता है। इससे बालक कुछ दिन तक इकलौता रहता है अत: परावलम्बी और निर्दयी हो जाता है क्योंकि इकलौता होने के कारण न तो कोई उसकी चीजों में हिस्सा बंटाता है और न कोई उसका अधिकार छीनने वाला होता है। दूसरे बालक के जन्म का पहले बालक के मन पर प्रभाव पड़ता है क्योंकि इससे उसका एकाधिकार छिन जाता है और कभी-कभी तो उसकी अवहेलना होने लगती है। वह छोटे बालक के प्रति ईर्ष्या करता है और अपना अधिकार बनाए रखने की कोशिश करता है। दूसरी ओर नया बालक परिवार में अपना स्थान बनाने को उत्सुक रहता है। सबसे छोटा बालक सभी का लाड़-प्यार पाता है, अत: वह अत्यधिक पर-निर्भर बन जाता है। वास्तव में एडलर ने जन्मक्रम के अनुसार बालक की समस्याओं का जो उपरोक्त वर्णन किया है कि वह बहुत कम प्रमाणित हुआ है। अनुसंधानकर्त्ताओं ने प्रत्येक जन्मक्रम में बालक में एक सी और समान संख्याओं में उलझनें पाई हैं। एडलर का यह कहना बहुत कुछ सही है कि व्यक्ति अपनी जीवन शैली (Style of life) बहुत कुछ परिवार में प्रारम्भिक जीवन में ही निश्चित कर लेता है परन्तु यह मानने के निश्चित प्रमाण नहीं हैं कि बचपन की यह जीवन शैली आजीवन अपरिर्वितत रहती है। वास्तव में फ्रॉयड और एडलर का यह मत एकांगी है कि मनुष्य के व्यक्तित्व का निर्माण उसके बाल्यकाल में पारिवारिक परिवेश के प्रभाव से होता है और वयस्क होने पर उसी की अभिव्यक्ति होती है। फ्रॉयड और एडलर के निष्कर्ष मानसिक रोगियों के अध्ययन पर आधारित हैं अत: वे सामान्य लोगों पर समान रूप से लागू नहीं किए जा सकते।

(2) व्यक्तित्व पर स्कूल का प्रभाव

1. शिक्षक का प्रभाव—बालक के व्यक्तित्व पर स्कूल का भी बड़ा प्रभाव पड़ता है। स्कूल में उस पर प्रभाव डालने वाले व्यक्तियों में शिक्षक भी होता है और सहपाठी भी। जिस तरह घर में पिता या माता बालक के सामने आदर्श के रूप में होते हैं उसी प्रकार स्कूल में शिक्षक बालक के सामने आदर्श के रूप में होता है। कठोर तथा झिड़कने वाले या पीटने वाले शिक्षक से बालक नफरत करता है और बदला लेना चाहता है, मेहरबान और सहृदय शिक्षक के प्रति बालक में भक्ति और आदर की भावनायें होती हैं। शिक्षक का व्यक्तित्व और बालक के प्रति उसका व्यवहार इन दोनों बातों का बालक के व्यक्तित्व पर प्रभाव पड़ता है। शिक्षक बालक से ज्ञान और बुद्धि तथा शारीरिक बल में बड़ा होता है, उसको बालक पर बहुत से अधिकार होते हैं। अतः बालक उसके सामने बुद्धि, ज्ञान और बल प्राप्त करना चाहता है। जिस प्रकार बालक परिवार में माता या पिता से तादात्म्य (Identification) कर लेता है इसी प्रकार स्कूल में शिक्षक से तादात्म्य कर लेता है परन्तु यह तभी जबकि शिक्षक का व्यक्तित्व प्रभावशाली हो। शिक्षक का व्यक्तित्व प्रभावशाली न होने पर उसका बालक के व्यक्तित्व पर उतना प्रभाव नहीं पड़ता। शिक्षक के विचारों तथा नैतिक आचरण से बालक के विचारों तथा नैतिक आचरण पर प्रभाव पड़ता है। शिक्षक का रहन-सहन, तौर तरीके, व्यवहार आदि भी बालक के व्यक्तित्व पर प्रभाव डालते हैं। सक्षेंप में, बालक के प्रति व्यवहार में प्रकट होने वाले शिक्षक के व्यक्तित्व के सभी गुण दोष बालक के व्यक्तित्व पर अच्छा बुरा प्रभाव डालते हैं।

2. साथियों का प्रभाव—स्कूल में बालक के साथ सहपाठी ही आमतौर से उसके साथी होते हैं। कभी-कभी उसका अपने से नीचे ऊंचे दर्जे के विद्यार्थियों से भी साथ होता है। बड़ी आयु या बड़ी कक्षा का विद्यार्थी छोटी आयु या छोटी कक्षा के विद्यार्थी से बड़े अधिकार पूर्वक व्यवहार करता है यही व्यवहार स्नेह पूर्ण भी हो सकता है और निर्दय भी। छोटी आयु या छोटी कक्षा का विद्यार्थी बड़े विद्यार्थी से दबता है, यह दबना आदर सूचक भी हो सकता है और भय सूचक भी हो सकता है। सहपाठियों में पढ़ने-लिखने के मामले में प्रतिद्वन्दिता रहती है। इससे जहाँ ईर्ष्या, द्वेष और बैर की प्रवृतियां बढ़ सकती हैं, वहां बालक अधिक परिश्रमी और अध्यवसायी भी बन सकता है।

परन्तु बालक के व्यक्तित्व पर सहपाठियों का अथवा स्कूल के साथियों का सबसे अधिक प्रभाव खेल या क्रीड़ा समूह के प्रभाव के रूप में पड़ता है। साथ खेलने वाले या साथ मिलकर शैतानी करने वाले बालकों के स्कूल में अपने अपने दल बन जाते हैं। ये दल एक दूसरे से प्रतिद्वन्दिता करते हैं और एक दल के सदस्यों में भी दल के नेतृत्व के लिये संघर्ष चलता है। इस प्रकार दल में भिन्न-भिन्न बालकों की अलग-अलग स्थिति (Status) होती है और उसके अनुसार उनके कार्य भी अलग-अलग होते हैं। दल में कुछ नियमित सदस्य होते हैं और कुछ पिछलगू होते हैं। दल का एक नेता होता है जिसके घनिष्ठ साथियों के दल में एक अन्तरंग गोष्ठी होती है। यह नेता दल के कार्यों का नेतृत्व करता है। बहुधा यह दल का मस्तिष्क भी होता है और साहसिक दैत्य (Dare devil)भी होता है। परन्तु कभी-कभी दल में एक बालक मस्तिष्क होता है और दूसरा साहसिक दैत्य। मस्तिष्क योजनायें बनाता है और साहसिक दैत्य उन योजनाओं पर अमल

करने में सबसे आगे रहता है। बहुधा दल में एक बालक विदूषक है जिसका काम तरह-तरह की हंसी की बातें करके सबको हंसाना होता है। दल में कोई एक बालक ऐसा भी हो सकता है जो सबकी सेवा सुश्रुषा करे। दल में बालकों के कार्य उनके गुण अथवा सामर्थ्य के अनुसार विभाजित किये जाते हैं। लड़ाकू दलों में सबसे तगड़ा और लड़ाकू लड़का ही दल का नेता बनता है। शैतानी करने वाले दलों में अच्छे मस्तिष्क वाला लड़का नेता बनता है। वास्तव में बालक के व्यक्तित्व के अनुसार ही उसे समूह में कार्य भाग मिलता है परन्तु फिर उस कार्य भाग से उसके व्यक्तित्व के विकास पर भी प्रभाव पड़ता है। कभी-कभी अपराधी बालकों के भी कुछ गिरोह पाये जाते हैं। ऐसे गिरोह में आमतौर से अपराधी बालक ही शामिल होते हैं और उनका नेता कोई सजायाफ्ता या ऐसा बालक होता है जिस पर कई बार मुकदमा चल चुका हो, या अपराध में कई बार पकड़ा गया हो। इस प्रकार के समूह में शामिल होने वाले बालक बुद्धिहीन नहीं होते, जैसा कि पहले आमतौर में माना जाता था बल्कि किसी न किसी कारण से उनका स्कूल में पढ़ने लिखने में जी नहीं लगता, वे बहुधा स्कूल से फरार रहते हैं। कभी-कभी शिक्षा विधि में परिवर्तन करने से भी इस प्रकार के बालक सुधर जाते हैं।

वास्तव में घर से निकल कर स्कूल में जाने के बाद स्कूल के शिक्षक तथा साथी बालक सामाजिक दायरे के महत्वपूर्ण अंग बन जाते हैं। अब बालक के समाज में घर के अलावा स्कूल भी शामिल हो जाता है। अत: स्कूल का उसके व्यक्तित्व पर वह सब प्रभाव पड़ता है जो कि बाद में समाज का पड़ता है। स्कूल से निकल कर समाज में पहुँचने पर स्कूल के समान परिस्थिति आने पर उस व्यक्ति का आचरण और कार्य भाग वही रहता है जो स्कूल में गिरोह में रहा हो। परन्तु यहं नियम नहीं बनाया जा सकता कि स्कूल में बालक का व्यक्तित्व ही बाद में समाज में उसका व्यक्तित्व साबित होता है। परिस्थितियां बदल जाने पर स्कूल का साहसिक दैत्य बाद में एक दब्बू क्लर्क बन जाता है और स्कूल का शान्त बालक बाद में तेज आफिसर बन जाता है। परन्तु इतना अवश्य कहा जा सकता है कि स्कूल में शिक्षकों और साथियों का बालक के व्यक्तित्व के विकास, चरित्र के गुणों आदि पर न्यूनाधिक स्थायी प्रभाव पड़ता है। यह प्रभाव जटिल प्रक्रिया है और इनको समझने के लिये बालक की आनुवंशिकता और परिवेश की पूरी जानकारी अपेक्षित है।

(3) समाज का व्यक्तित्व पर प्रभाव

समाज सामाजिक सम्बन्धों का एक जाल है। ये सभी सामाजिक सम्बन्ध विभिन्न व्यक्तियों को एक दूसरे से सम्बन्धित रखते हैं। व्यक्तियों के परस्पर सम्बन्ध से उनके व्यक्तित्वों पर प्रभाव पड़ता है। समाज में प्रत्येक व्यक्ति की विशेष स्थिति होती है और उस स्थिति के अनुसार उसके कुछ विशेष कार्य होते हैं। उदाहरण के लिये भारतीय समाज में व्यवसाय के अलावा कुल और जाति के अनुसार भी प्रत्येक व्यक्ति की स्थिति अलग-अलग होती है। अध्यापक, व्यवसायी, धोबी आदि के काम अलग-अलग हैं। ब्राह्मण, क्षत्रिय, शूद्र और वैश्य की सामाजिक स्थिति भिन्न-भिन्न है। समाज व्यक्ति की स्थिति के अनुसार उसके कार्य निश्चित करता है। समाज व्यक्ति का नियन्त्रण करता है। रीति रिवाजों, परम्पराओं और सामाजिक नियमों से व्यक्ति की जीवन शैली पर व्यापक प्रभाव पड़ता है। व्यक्ति समाज में रहकर मनमाना व्यवहार नहीं कर

सकता। समाज के विरुद्ध काम करने पर समाज उसे दण्ड देता है। समाज के दण्ड का भय कभी-कभी राज्य के दण्ड के भय से अधिक होता है अत: व्यक्ति के कार्य ही नहीं बल्कि उसके सोचने विचारने तथा विभिन्न प्रवृत्तियों की अभिव्यक्ति करने के ढंग भी समाज के नियमों से निश्चित होते हैं। इनसे उसके व्यक्तित्व पर बड़ा प्रभाव पड़ता है। व्यक्ति समूह के आचरण प्रतिमानों को अपनाता है। इसी कारण भारतीय और अंग्रेज के आचरण में स्पष्ट अन्तर दिखाई पड़ता है। इसका अर्थ यह नहीं है कि व्यक्ति समाज का कभी विरोध नहीं करता अथवा एक समाज के भिन्न-भिन्न व्यक्तियों में कोई अन्तर नहीं पाया जाता। वास्तव में प्रत्येक में न्यूनाधिक रूप से सामाजिक नियमों का विरोध करने वाले व्यक्ति मिल सकते हैं। इसी तरह प्रत्येक समाज में व्यक्तियों के आचरण और विचारों में भारी अन्तर देखा जा सकता है। हिन्दू समाज का ही उदाहरण लीजिये तो इसमें कुछ लोग जाति प्रथा, पर्दा प्रथा, बालविवाह आदि के घोर विरोधी दिखाई पड़ेंगे और कुछ इनका कठोरता से पालन करते दिखाई पड़ेंगे। कुछ व्यक्ति समाज के प्रत्येक नियम को तोड़ने को तत्पर दिखाई देंगे जबकि अन्य लोग समाज के छोटे से छोटे नियम का पालन करने को प्रस्तुत दिखाई देंगे। व्यक्ति और समूह के संघर्ष से व्यक्तियों के व्यक्तित्व में अनेक उलझने उत्पन्न हो जाती हैं।

व्यक्तित्व विकास और व्यक्तित्व का कार्य करना
(Personality Development and Personality Functioning)

व्यक्तित्व के विकास की प्रक्रिया एक सी नहीं चलती। भिन्न-भिन्न अवस्थाओं में मनुष्य के व्यक्तित्व में भिन्न-भिन्न परिवर्तन दिखलाई पड़ते हैं। कुछ अवस्थाओं में ये अत्यधिक तीव्र और व्यापक होते हैं। कुछ अवस्थाओं में अपेक्षाकृत कम परिवर्तन होता है। मनुष्य के शारीरिक विकास में बचपन, किशोरावस्था, यौवन और प्रौढ़ावस्था की अवस्थायें स्पष्ट दिखाई पड़ती हैं। इन अवस्थाओं में शारीरिक विकास की गति और दिशा में अन्तर होता है। इस अन्तर से व्यक्तित्व में भी अन्तर दिखलाई पड़ता है। व्यक्तित्व के विकास को गतिशील (Dynamic) रूप में समझने के लिये इन विभिन्न अवस्थाओं को समझना लाभदायक है।

शैशवावस्था

फ्रॉयड आदि अनेक मनोवैज्ञानिकों के अनुसार बालक के जीवन में शैशवावस्था (Infancy) का बड़ा महत्व है। कुछ वैज्ञानिकों ने तो व्यक्तित्व के विकास की शुरूआत गर्भावस्था से ही मानी है। रैन्क (Rank) के अनुसार ''व्यक्तित्व का विकास माता के गर्भ से ही शुरू हो जाता है।'' इस मत के अनुसार बालक के उत्पन्न होने की प्रक्रिया का उसके व्यक्तित्व पर प्रभाव पड़ता है। उसमें कठिनाइयां होने या न होने से उसके व्यक्तित्व में अन्तर आता है। परन्तु प्रयोगों के आधार पर इस मत की परीक्षा नहीं की जा सकी है। फ्रॉयड के अनुसार तीन वर्ष की आयु तक के बालक के जीवन में जो कुछ होता है उससे उसका व्यक्तित्व स्थायी रूप से बन लेता है और बाद में केवल इन विशेषताओं का विकास भर होता है। बालक के व्यक्तित्व पर दूध पिलाने, दूध छुड़ाने, प्यार करने, झिड़कने, पीटने, सफाई की आदतें सिखाने आदि सभी बातों का प्रभाव पड़ता है।

जैसा कि पहले बतलाया जा चुका है बालक पर माता-पिता के लाड़-प्यार का बड़ा प्रभाव पड़ता है। उचित प्यार मिलने से उसमें संवेगात्मक स्थिरता आती है। अत्यधिक लाड़ प्यार से बालक अस्थिर और जिद्दी स्वभाव का हो जाता है। प्यार की कमी से उसमें संवेगों का समुचित विकास नहीं हो पाता। लाड़ प्यार के अलावा बालक के व्यक्तित्व पर दूध पिलाने का भी प्रभाव पड़ता है। प्रयोगों से देखा गया है कि बालक भूख बुझ जाने के बाद भी स्तनों को नहीं छोड़ना चाहता। वास्तव में दूध पिलाना केवल भूख बुझाने की तरकीब न होकर बालक के प्रति माता के स्नेह का भी परिचायक होता है। इसी कारण दूध छुड़ाने (Weaning) का भी बालक के व्यक्तित्व पर प्रभाव पड़ता है क्योंकि कभी कभी वह बालक के प्रति माता की उपेक्षा दिखलाता है। जल्दी दूध छुड़ा दिये जाने से व्यक्तित्व में निराशावाद (Pessimism) और कटुवादिता आदि प्रवृतियां देखी जा सकती हैं। यदि बालक को बहुत समय तक माता का दूध पिलाया जाता है तो वह पर-निर्भर और आरामतलब हो सकता है। इस विषय में कालेज के विद्यार्थियों पर एक मनोरंजक प्रयोग किया गया। उन्होंने अपनी माताओं से यह मालूम कर लिया कि किस आयु में उनका दूध छुड़ाया गया था। अब उनकी सुरक्षा असुरक्षा की भावना की परीक्षा की गई। इस परीक्षण से दूध छुड़ाने और सुरक्षा असुरक्षा की भावना में महत्वपूर्ण सम्बन्ध पाया गया। जिनका दूध बहुत ही अल्पायु में अर्थात् छः से नौ महीने की आयु में छुड़ा दिया गया था उनके सुरक्षा के अंक उनसे कम पाये गये जिनको नौ माह या उससे अधिक समय तक दूध पिलाया गया था। परन्तु यह देखा गया कि जिनको माता का दूध पिलाया ही नहीं गया था या जिनका दूध तीन से छः माह की आयु तक छुड़ा दिया गया था उनमें असुरक्षा नहीं पाई गई। इस विचित्र परिणाम को इस तथ्य के प्रकाश में देखा गया कि जिस सांस्कृतिक समूह से इन विद्यार्थियों को लिया गया था उसमें दूध छुड़ाने का कारण माता की अनिच्छा न होकर अयोग्यता थी। इस अध्ययन से यह मालूम पड़ता है कि बालक पर दूध छुड़ाने का इतना प्रभाव नही पड़ता जितना कि माता की उपेक्षा का पड़ता है बल्कि जो प्रभाव दूध छुड़ाने का मालूम पड़ता है कि वह वास्तव में माता की उपेक्षा का ही प्रभाव है। इस प्रकार जीवन के पहले छः वर्षों में बालक अपनी आवश्यकताओं का परिवेश से समायोजन करना सीखता है। इस समायोजन में माता से उसके सम्बन्ध का उसके व्यक्तित्व के विकास पर स्थायी प्रभाव पड़ता है। इस आयु में असुरक्षा की भावना विकसित हो जाने पर मानसिक संघर्ष शुरू होता है जिसके कारण कुछ बालक दब्बू और पलायनशील हो जाते हैं और कुछ आक्रामक और उद्दंड हो जाते हैं।

दूध पिलाने और छुड़ाने के अलावा इस आयु में बालक के व्यक्तित्व पर अन्य अनेक बातों का भी प्रभाव पड़ता है। बालक पर स्वच्छता प्रशिक्षण (Toilet-training) का भी प्रभाव पड़ता है। माता पिता अथवा अन्य सदस्य बालक को सफाई रखना सिखाते हैं। यदि इसमें अत्यधिक कठोरता बरती जाती है तो बालक में अनेक बाध्यतायें (Compulsions) विकसित हो जाती हैं। जैसा कि पीछे बतलाया जा चुका है परिवार में बालक के जन्म क्रम, नये बालक का जन्म आदि भी उस पर प्रभाव डालते हैं। परिवार की आर्थिक और सामाजिक अवस्था तथा माता पिता के आपस के सम्बन्ध भी बालक के व्यक्तित्व पर स्थायी प्रभाव छोड़ जाते हैं। बालक की यौन प्रवृत्तियों के प्रति परिवार के सदस्यों के दृष्टिकोण और प्रतिक्रिया का भी बालक के व्यक्तित्व

पर प्रभाव पड़ता है। अनावश्यक डाट फटकार या डराने धमकाने से बालक में अपराधी भावना विकसित हो जाती है। उसकी जिज्ञासा को चतुरता से शान्त करने से उसके विकास पर अच्छा प्रभाव पड़ता है।

बालक में बहुत छोटी आयु से ही व्यक्तित्व के गुण दिखलाई पड़ने लगते हैं। उद्यम, मैत्री, दृढ़ निश्चय और दूसरों पर प्रभाव डालना आदि बातों में बालकों में दो तीन वर्ष की आयु में ही अन्तर दिखलाई पड़ने लगता है। चार पांच वर्ष की आयु तक प्रतिद्वन्दिता भी दिखाई पड़ने लगती है। प्रयोगों से यह देखा गया है कि गत्यात्मक समायोजन, आत्म निर्भरता, परिवार के लिये प्रेम, हास्यप्रियता, संवेगात्मक समायोजन और निरोध के प्रति अनुक्रिया आदि व्यक्तित्व के गुण (Traits) एक वर्ष की आयु से दिखलाई पड़ते हैं और बहुधा किशोरावस्था के बाद भी स्थायी रहते हैं। अन्य कुछ गुणों में परिवर्तन भी दिखलाई पड़ता है। वास्तव में इस बात में बहुत कुछ सत्य है कि मनुष्य के व्यक्तित्व की अधिकांश विशेषताओं की आधार शिला शैशव के प्रथम कुछ वर्षों में रख दी जाती है।

बचपन

प्रथम छः वर्ष की आयु के बाद व्यक्तित्व के विकास में दूसरी अवस्था आती है। यह अवस्था शैशव से किशोरावस्था के आने तक चलती है। अतः इसको किशोरावस्थापूर्व बचपन (Pre-Pubertal Childhood) की अवस्था कहा जा सकता है। जिस तरह प्रथम छः वर्ष की अवस्था में बालक के व्यक्तित्व पर पारिवारिक परिस्थितियों का प्रभाव पड़ता है उसी प्रकार इस अवस्था में उस पर स्कूल की परिस्थिति का प्रभाव पड़ता है क्योंकि आमतौर से इस आयु में बालक स्कूल जाना या कम से कम घर के बाहर बालकों में खेलना शुरू कर देता है। घर में बालक को विशेष स्थान मिला रहता है, स्कूल में आकर उसे सहपाठियों में अपना स्थान खोजना या बनाना पड़ता है। अब वह समानता तथा न्यायानुकूलता का पाठ पढ़ता है। स्कूल में उसकी माता उसकी रक्षा करने नहीं आती। अतः वह स्वतन्त्रता और आत्मनिर्भरता के गुण सीखता है। इन परिवर्तनों से घर में भी बालक का व्यवहार बदल जाता है।

इस अवस्था में बालक अपने समवयस्क बालकों के समूह में प्रवेश करता है और अपने व्यक्तित्व के अनुसार समूह से अपना कार्य (Role) ग्रहण करता है। इस कार्य से भी उसके व्यक्तित्व पर प्रभाव पड़ता है। समूह में आयोजन की सफलता और असफलता से बालक में अनेक गुण अवगुण विकसित होते हैं। परिवार में माता या किसी अन्य सदस्य पर अत्यधिक निर्भर बालक को समूह में समायोजन करने में कठिनाई होती है। समूह में रहकर बालक अपने वयस्क जीवन का प्रतिमान सीखता है। इसी अवस्था में वह नेतृत्व, मैत्री, सहानुभूति और सामाजिक अनुकूलता के पाठ पढ़ता है। समूह में पर्याप्त समायोजन न हो पाने से बालक में हीनता (Inferiority) की भावना उत्पन्न होती है। समायोजन करने के प्रयास में बालक को जिन उपायों या क्रियाओं अथवा गुणों से अधिक सफलता मिलेगी उन्हीं को वह सीख लेगा। यदि बालक को पलायन से लाभ होगा तो वह पलायनवादी बन जायेगा, यदि उसको स्वावलम्बन और विरोध अथवा आक्रामकता से अधिक सन्तोष होगा तो वह इन्हीं विशेषताओं को विकसित कर लेगा।

तारुण्य और किशोरावस्था

किशोरावस्था-पूर्व बचपन की अवस्था के बाद व्यक्तित्व के विकास में तारुण्य और किशोरावस्था (Puberty and adolescence) की अवस्था आती है। तारुण्य शारीरिक (Physiological) अवस्था है। इसमें यौन क्रियाओं का परिपक्वन होता है। वह बचपन और वयस्क अवस्थाओं की बीच की कड़ी है। किशोरावस्था (Adolescence) एक मनोवैज्ञानिक अवस्था है जिसमें आमतौर से भारी उथल-पुथल होती है। तारुण्य का व्यक्तित्व पर प्रभाव अवश्य पड़ता है परन्तु इतना हीं नहीं जितना कि सामान्य रूप से समझा जाता है। यौन क्रियाओं में रुचि तारुण्य के बाद विशिष्ट (Specific) और विकसित हो जाती है। अनेक अध्ययनों से यह मालूम हुआ है कि तारुण्य के बाद लड़के लड़कियों के सामाजिक व्यवहार में अधिक परिपक्वता दिखलाई पड़ती है। इसका कारण यह भी हो सकता है कि तारुण्य में शारीरिक अवस्था का बोध होने से लड़का लड़की अपने को वयस्क समझने लगते हैं। इस अवस्था में लड़के लड़कियां शीघ्र ही वयस्कों में अपनी गिनती कराना चाहते हैं और उनकी रुचियां वयस्कोचित्त हो जाती हैं। तारुण्य की अवस्था लड़कियों में लड़कों से दो वर्ष पहले ही आती है। इसी कारण उनमें तारुण्य सुलभ परिवर्तन भी सम-वयस्क लड़कों से दो वर्ष पहले दिखलाई देने लगते हैं। तारुण्य के ठीक पहले शारीरिक विकास में बाढ़ सी आ जाती है। उसके तुरन्त बाद लड़के-लड़कियों में अपने-अपने लिंग सुलभ शारीरिक लक्षण प्रकट होने लगते हैं। लड़कियों को ऋतु स्राव होने लगता, अंगों में गोलाई आने लगती है और स्तन बढ़ने लगते हैं। लड़कों की आवाज भारी हो जाती है और दाढ़ी मूंछ उगती हैं। इस अवस्था में बौद्धिक योग्यता का विकास भी अधिकतम होता है।

किशोरावस्था की मनोवैज्ञानिक अवस्था में लड़के-लड़कियां भिन्न लिंगीय (Opposite Sex) व्यक्ति में अधिक रुचि लेने लगते हैं। उनमें स्वतन्त्रता की भावना बढ़ जाती है। किशोरावस्था के समायोजन की समस्या सभी संस्कृतियों में एक सी नहीं होती। सभ्य समाजों में किशोर व्यक्ति में जो उथल-पुथल दिखलाई पड़ती है वह समोआ (Samoa) द्वीप के निवासियों में नहीं देखी गई। इन लोगों में सभ्य समाजों के समान यौन व्यवहार पर किसी प्रकार की रोकथाम नहीं है और व्यक्ति अल्पायु में ही आत्म निर्भर बन जाता है। किशोरावस्था की उथल-पुथल उन मानसिक संघर्षों के कारण होती है जिनसे सभ्य समाज के एक व्यक्ति को गुजरना पड़ता है। ये संघर्ष माता-पिता पर निर्भरता से मुक्ति, यौन समायोजन, आत्मनिर्भरता, व्यवसाय का चुनाव आदि अनेक सामाजिक समस्याओं के कारण उत्पन्न होते हैं। इस आयु में यदि माता-पिता किशोर को अब भी बालक ही समझे जाते हैं। तो इससे या तो वह उनके विरुद्ध जबर्दस्त विद्रोह करने लगता है या फिर समर्पण कर देता है जिससे उसके व्यक्तित्व का विकास रुक जाता है। यौन शिक्षा की उपेक्षा से किशोरावस्था की समस्यायें और भी जटिल हो जाती हैं। भारतीय समाज में हिन्दू समाज की अपेक्षा जनजातीय समाजों में यौन शिक्षा अधिक और यौन नियन्त्रण कम होने के कारण जनजातीय किशोरों को वयस्क बन जाना अधिक सहज होता है। यौन जिज्ञासाओं के शान्त होने का साधन न होने के कारण और उनको समाज में बुरा समझे जाने से किशोर व्यक्ति में अपराध भावना और चिन्ता (Anxiety) बढ़ती है जिससे उसके व्यक्तित्व का समुचित विकास नहीं होने पाता।

किशोरावस्था में आर्थिक समायोजन की समस्या भी उत्पन्न होती है। आशा से निम्न पद प्राप्त होने पर, बहुत दिनों तक व्यवसाय न मिलने पर, रुचिकर व्यवसाय मिलने और व्यवसाय मिलने पर निर्भरता से मुक्ति मिल जाने से व्यक्ति पर बड़ा प्रभाव पड़ता है।

यह विश्वास निराधार है कि किशोरावस्था में व्यक्ति एकदम नया हो जाता है अथवा उसके सम्पूर्ण व्यक्तित्व का नये सिरे से पुनर्संगठन होता है। किशोरावस्था व्यक्तित्व के विकास में एक अवस्था है और व्यक्तित्व की कोई भी अवस्था अन्य अवस्थाओं से स्वतन्त्र नहीं है। व्यक्तित्व का विकास एक सतत प्रक्रिया (Continuous process) है जिसमें बचपन का किशोरावस्था पर और किशोरावस्था का वयस्क अवस्था पर प्रभाव पड़ता है।

वयस्कावस्था और उसके बाद

अनेक अध्ययनों से यह मालूम हुआ है कि वयस्कावस्था के प्रारम्भिक दिनों में और वृद्धावस्था से एक दम पहले सन्तुलन कम होता है और इन दोनों के बीच के समय में अपेक्षाकृत अधिक अच्छा समायोजन रहता है। किशोरावस्था के बाद वयस्क अवस्था में प्रवेश करने के बाद व्यक्ति किसी न किसी व्यवसाय में स्थायी रूप में जमता है, विवाह करता है और सन्तानोत्पत्ति करता है। इन तीनों कामों में शुरू में जबर्दस्त समायोजन की जरूरत होती है और इसके लिए व्यक्ति में बहुत कुछ परिष्कार करना पड़ता है। इसके बाद वृद्धावस्था तक परिवर्तन की बहुत कम आवश्यकता होती है। इस स्थायित्व से व्यक्तित्व में रूढ़िवादिता, सहिष्णुता और व्यापक सामाजिक दृष्टिकोण का विकास होता है। सामान्य विकास की यह रूपरेखा सभी व्यक्तियों में अनिवार्य रूप से पाई जाती। वास्तव में यह वयस्कावस्था के समायोजनों पर निर्भर है। वयस्कावस्था में वैवाहिक साथी से समायोजन में कभी-कभी बड़ी कठिनाइयां उत्पन्न हो जाती हैं जिनसे समस्त वयस्कावस्था अशान्ति में कटती है। इसी प्रकार स्थायी रूप से व्यवसाय में न जम पाने से चिन्ता बनी रहती है। सन्तान न होने, सन्तान होकर मर जाने, अत्यधिक सन्तानें होने और भारतवर्ष में अत्यधिक लड़कियां उत्पन्न होने से वयस्क व्यक्ति बुढ़ापे तक दुख और चिन्ता में डूबा रहता है। संक्षेप में, जैसा कि ऊपर कहा जा चुका है वयस्क व्यक्ति के लिए व्यवसाय, विवाह तथा सन्तान का बड़ा महत्व है। यदि इनकी हालत सन्तोषजनक होती है तो आमतौर से उसका व्यक्तित्व सन्तुलित रहता है। यदि इनमें किसी प्रकार की गड़बड़ी होती है तो वयस्क व्यक्ति का व्यक्तित्व संतुलित रहना कठिन है।

वयस्कावस्था के बाद अर्थात् वृद्धावस्था और उसके पहले अनेक प्रकार की चिन्तायें व्यक्ति को घेर लेती हैं। इनमें से अधिकांश उनकी शारीरिक शान्ति, आर्थिक शक्ति तथा सामाजिक सम्मान के ह्रास के कारण होती हैं। लड़के लड़कियों के शादी ब्याह हो जाने पर माता को कोई काम नहीं रह जाता जिससे समायोजन की समस्या उत्पन्न हो जाती है। अब यदि वह किसी प्रकार के काम, धर्म-कर्म आदि में नहीं लगती तो उसका काम पास पड़ोस में बहुओं की बुराइयां करना या नये लोगों के जीवन में व्यर्थ रौड़े अटकाना ही रह जाता है। बुढ़ापे में जो व्यक्ति अपने को दूसरों का आश्रित पाते हैं उनका मानसिक सन्तुलन ठीक नहीं रहता। जो व्यक्ति कुछ थोड़े बहुत पेन्शन या कुछ हजार प्राविडेन्ट फण्ड लेकर ही अवकाश प्राप्त करते हैं उनकी हालत भी अधिक

सन्तोषजनक नहीं होती जब तक कि उन्होंने अपनी वयस्कावस्था में किसी प्रकार का व्यवसाय विकसित न कर लिया हो।

व्यक्तित्व के विकास की विभिन्न अवस्थाओं की इसी मोटी रूपरेखा से यह स्पष्ट हो गया होगा कि व्यक्तित्व के विकास का अर्थ नई-नई आवश्यकताओं, संघर्षों और हताशाओं (Frustrations) से समायोजन (Adjustment) करना है। व्यक्तित्व के शारीरिक और मानसिक विकास की विभिन्न अवस्थाओं से तथा बदलते हुए परिवेश की नई-नई कठिनाइयों से समायोजन की नई-नई समस्यायें उत्पन्न होती रहती हैं बहुधा ऐसा देखा जाता है कि व्यक्तित्व के विकास में एक अवस्था की कमियों को दूसरी अवस्था में पूरा किया जाता है। परन्तु इसके साथ-साथ प्रत्येक नई अवस्था में नई-नई समस्यायें भी उत्पन्न होती हैं जिन पर विजय पाने की आवश्यकता होती है। विभिन्न अवस्थाओं से होकर व्यक्तित्व का विकास एक सतत प्रक्रिया है। उसमें किसी प्रकार का व्यवधान नहीं है। बचपन से लेकर वृद्धावस्था तक मानव व्यक्तित्व के विकास की वही कहानी है—वही नई-नई आवश्यकतायें और उनसे समायोजन।

व्यक्तित्व और संस्कृति
(Personality and Culture)

संस्कृति क्या है?

साधारण बोल-चाल में समूह के विश्वासों, आदर्शों, विचारों, व्यवहारों, रीति-रिवाजों आदि व्यवहार के अनेकों उपकरणों तथा साधनों को संस्कृति कहा जाता है। बोगार्डस (Bogardus) के अनुसार ''संस्कृति एक समूह के सम्बद्ध रीति-रिवाजों परम्पराओं और चालू व्यवहार-प्रतिमानों से बनती हैं। संस्कृति एक समूह का मूल-धन है। वह मूल्यों की एक ऐसी पूर्ववर्ती सृष्टि है जिसमें प्रत्येक व्यक्ति पैदा होता है। यह एक माध्यम है जिसमें व्यक्ति पैदा होते है और विकसित होते हैं।''[3] अलेक्जेंडर ए० गोल्डनवाइजर (Alexander A. Goldenweiser) ने संस्कृति में निम्नलिखित तत्व माने हैं—''हमारी प्रवृत्तियों, विश्वास और विचार, हमारे निर्णय और मूल्य, हमारी संस्थायें-राजनैतिक और कानूनी, धार्मिक और आर्थिक, हमारी नैतिक संहितायें और शिष्टाचार के नियम, हमारी पुस्तकें और मशीनें, हमारे विज्ञान, दर्शन और दार्शनिक से सब और बहुत सी चीजें तथा प्राणी, स्वयं भी और अपने विविध सम्बन्धों में भी।''[4] जे० एल० गिलिन तथा जे० पी० गिलिन (J.L.Gillin & J.P. Gillin) ने एक समाजिक समूह के सामान्य सीखे हुये

3. "Culture is composed of intergrated customs, traditions and current behaviour--patterns of a human group. Culture is the 'stock in trade' of a group. It is an antecedent complex of values into which every individual is born. It is a medium with in which individuals develop and mature.''

—Bogardus.

4. ''Our attitudes, beliefs and ideas, our judgements and values, our institutions--political and legal, religious and economic, our ethical codes & codes of etiquette, our books and machines, our sciences, philosophies and philosophers all of these and many other things, and beings within themselves and in their multi-form inter relations."

—Alexander A. Goldenweiser

व्यवहार (The learned behaviour common to a social group of human beings) को संस्कृति कहा है। इस तरह मोटे तौर से संस्कृति में वह सब कुछ शामिल है जो कुछ मनुष्य समाज में सीखता है, जैसे ज्ञान, धार्मिक विश्वास, कला, कानून, नैतिकता, रीति-रिवाज, व्यवहार के तौर तरीके, साहित्य संगीत, भाषा इत्यादि। सहज (Instinctive) व्यवहार को संस्कृति नहीं कहा जायेगा। स्वाभाविक तथा जन्मजात व्यवहार जैसे सांस लेना आदि संस्कृति में शामिल नहीं किये जाते। ए० डब्लू० ग्रीन (A.W.Green) के शब्दों में "संस्कृति ज्ञान, व्यवहार, विश्वास की उन आदर्श पद्धतियों की तथा ज्ञान और व्यवहार से उत्पन्न हुये साधनों की व्यवस्था को कहते हैं जो सामाजिक रूप से एक पीढ़ी से दूसरी पीढ़ी को दी जाती हैं।"[5] इस प्रकार संस्कृति में वह सब शामिल है जोकि सामाजिक विरासत में गिना जाता है। मैकाइवर और पेज (MacIver and Page) के शब्दों में संस्कृति "हमारे रहने और सोचने के ढंगों में, दैनिक कार्य कलापों में, कला में, साहित्य में, धर्म में, मनोरंजन और सुखोपभोग में हमारी प्रकृति की अभिव्यक्ति है।" इस प्रकार संस्कृति मूल्यों, शैलियों, भावात्मक लगावों और बौद्धिक अभियानों का क्षेत्र है।

व्यक्तित्व पर प्रभाव

व्यक्तित्व पर सामाजिक प्रभावों में संस्कृति का असर सबसे अधिक होता है। भारतीय और अंग्रेज, सभ्य और आदिम मनुष्यों के मूल्यों, शैलियों, भावात्मक लगावों और बौद्धिक अभियानों, उनके रहने और सोचने के ढंगों, उनके दैनिक कार्य कलापों तथा उनके साहित्य, धर्म, कला आदि में जो अन्तर दिखाई पड़ता है, वह संस्कृति के कारण है। प्राचीन भारतीय धर्म प्राण और आध्यात्मिक था, आज का भारतीय न उतना धार्मिक ही है और न उतना आध्यात्मिक। भारतीयों के लिये आज भी धार्मिक मूल्य सर्वोच्च हैं जबकि पाश्चात्य लोगों के लिये आमतौर से भौतिक या मानसिक मूल्य सर्वोच्च हैं। भारतीय समाज में भी हिन्दुओं और जनजातीय समाजों के रहन सहन, रीति रिवाज, परम्पराओं, धर्म, कला तथा मूल्यों आदि में भारी अन्तर देखा जा सकता है। हिन्दू मनुष्य हत्या महापाप समझते हैं। नागा लोगों में जो व्यक्ति जितने अधिक नरमुण्ड काट कर लाता है उसका उतना ही अधिक सम्मान होता है। हिन्दुओं में हत्या करने वाले व्यक्ति से कोई भी लड़की जान बूझ कर विवाह करना पसन्द नहीं करेगी। आदिम नागा लोगों में जिस व्यक्ति ने कभी कोई सिर न काटा हो उससे कोई स्त्री विवाह करना पसन्द नहीं करती। हिन्दू समाज में सब कहीं यौन आचरण पर भारी प्रतिबन्ध है परन्तु जौनसार बावर के आदिवासियों में अतिथि के सत्कार के लिये लोग अपनी क्वांरी कन्याओं को उनके पास सम्भोग के लिये भेजते हैं। हिन्दू समाज में तलाक बुरा समझा जाता हैं परन्तु कुछ जनजातियों में जो स्त्री जितने अधिक तलाक पाये होती है उसकी प्रतिष्ठा उतनी ही बढ़ जाती है। हिन्दू समाज में क्वांरी कन्या के गर्भवती हो जाने पर कोई उससे विवाह नहीं करता। कुछ जनजातियों में विवाह के पहले गर्भवती होना और सन्तनोत्पत्ति करना लड़की के विवाह में सहायक कारण होता है। जनजातियों का 'बोंगा' हिन्दू देवी देवताओं से बिल्कुल भिन्न है। इस प्रकार परिवार, विवाह, खानपान, रहन-सहन, वस्त्राभूषण,

---

5. "Culture is the socially transmitted system of idealized ways in knowledge, practice and belief along with the artifacts that knowledge and practice produce and maintain as they change in type."
—Green, A.W.

रीति-रिवाज, परम्परा, धर्म और सामाजिक संस्थाओं आदि में जनजातियों में और हिन्दुओं में भारी अन्तर पाया जाता है। इसी कारण हिन्दू और जनजातीय व्यक्ति के व्यक्तित्व में भारी अन्तर दिखाई पड़ता है। हिन्दू और जनजातीयों में भी सांस्कृतिक अन्तर के कारण व्यक्तित्व में अन्तर दिखाई पड़ता है। नागा 'सिरो के शिकारी' (Head hunters) हैं, भील लड़ाकू हैं, संथाल सीधे-सादे हैं और उनमें से बहुत से तो शहरी आदमी को देखकर पेड़ पर चढ़ जाते हैं। भारत के बाहर के कुछ उदाहरण लिये जायें तो एस्किमो व्यक्तिवादी, अरापेश शान्ति प्रिय तथा मुण्डगुमार आक्रामक, उद्दण्ड और असहिष्णु दिखाई पड़ते हैं। मानव शास्त्रियों (Anthropologists) के अनुसंधानों से व्यक्तित्व पर संस्कृति के प्रभाव के विषय में महत्वपूर्ण सामग्री मिली है।

इस प्रकार सामाजिक परिवेश में नियम संहिता (Social code), सामाजिक कार्य भाग (Social roles), सामाजिक स्थितियां (Social statuses) तथा संस्कृति (Culture) के विभिन्न कारक मनुष्य के व्यक्तित्व को प्रभावित करते हैं।

मूल्यों की प्राप्ति के रूप में व्यक्तित्व का विकास
(Personality Development as Acquisition of Values)

व्यक्तित्व के विकास पर काल्पनिक परिवेश के भिन्न-भिन्न कारकों के प्रभाव के उपरोक्त वर्णन से यह स्पष्ट हो गया होगा कि व्यक्तित्व के विकास में व्यक्ति नए-नए मूल्यों (Values) को प्राप्त करता है। बुद्धि के विकास के साथ वह सही और गलत की पहचान करना सीखता है और तर्क पूर्वक विचार करना सीखता है। घर, स्कूल और समाज में अन्य लोगों के सम्पर्क में आकर वह उचित, अनुचित कर्तव्य, अकर्तव्य, शुभ, अशुभ आदि नैतिक मूल्यों को ग्रहण करता है और उनके अनुसार आचरण करने की कोशिश करता है। शिक्षा प्राप्त करने से तथा मानसिक और संवेगात्मक विकास तथा परिष्कार (Refinement) से वह सौन्दर्यात्मक मूल्यों का सम्मान करना सीखता है। व्यक्तित्व के विकास के साथ इन मूल्यों में भी विकास और परिष्कार होता रहता है।

मूल्यों की इस प्राप्ति में व्यक्ति जीवों और वस्तुओं के बारे में नई-नई जानकारी (Information) भी प्राप्त करता है। जैसे जैसे वह इन मूल्यों को अपने जीवन में उतारता है वैसे वैसे उसमें नाना प्रकार के कौशल (Skills) भी बढ़ते जाते हैं। बौद्धिक, नैतिक तथा सौन्दर्यात्मक मूल्यों को प्राप्त करने से व्यक्ति को वस्तुओं तथा अन्य व्यक्तियों के प्रति अभिवृत्तियां (Attitudes) बनाने में भी सहायता मिलती है और वह उनमें मूल्यों की प्रशंसा (Appreciation) करना सीखता है।

कुछ मानवशास्त्रीय खोजें
(Some Anthropological Researches)

आधुनिक काल में सांस्कृतिक मानवशास्त्र की बहुत सी खोजों से मानव व्यक्तित्व पर संस्कृति के प्रभाव पर प्रकाश पड़ा है। इनसे मालूम हुआ है कि मनुष्य जितना कि मनोवैज्ञानिक समझते हैं उससे कहीं अधिक सांस्कृतिक प्राणी है। इस सम्बन्ध में राल्फ लिंटन (Ralph Linton) और अब्राम कार्डीनर (A.Kardiner) की खोजें महत्वपूर्ण हैं। इन दोनों मानवशास्त्रियों ने यह पता

लगाया कि प्रत्येक समाज में एक मौलिक व्यक्तित्व प्रकार (Basic Personality Type) होता है जो व्यक्ति पर बचपन से ही सांस्कृतिक प्रभाव पड़ने से बनता है। इन सांस्कृतिक प्रभावों के भिन्न-भिन्न होने के कारण यह मौलिक व्यक्तित्व का प्रकार भी भिन्न-भिन्न होता है। हिन्देशिया के एक नीग्रो जातीय समाज एलोरीज (Alorese) के विषय में कार्डीनर ने लिखा है कि उनके समाज में मौलिक व्यक्तित्व रूप अविश्वासी, संदेहशील, लड़ाकू तथा साहसशून्य और परशोषक व्यक्ति का होता है जबकि हमारे समाज में इस प्रकार का व्यक्ति मानसिक रोगी अथवा अप्राकृत समझा जायेगा। राल्फ लिंटन के अनुसार प्रशान्त महासागर के मारकेसास द्वीप के लोगों में भोजन सामग्री के विषय में वही चिन्ता और विधि, निषेध तथा नियम पाये जाते हैं जैसे हमारे समाज में यौन भावनाओं के सम्बन्ध में पाये जाते हैं। इन खोजों से यह स्पष्ट होता है कि प्रत्येक समाज की अपनी संस्कृति होती है और उसके सदस्यों का व्यक्तित्व बचपन से ही उसी के अनुसार बदल जाता है।

ब्रिटिश मानव शास्त्री मैलिनोवस्की (Malinowaski) ने संस्कृति के अध्ययन का क्रियात्मक (Functional) दृष्टिकोण उपस्थित किया है। इसके अनुसार संस्कृति का अध्ययन इस दृष्टिकोण से किया जाना चाहिये कि वह मनुष्य के लिये क्या काम करती है? रूथ बेनेडिक्ट ने राष्ट्रीय चरित्र के विषय में अपनी खोजों से समाजशास्त्र की अनेक समस्याओं के अध्ययन में बड़ी सहायता दी है।

रूथ बेनेडिक्ट के अध्ययन

व्यक्तित्व पर संस्कृति के प्रभाव के सम्बन्ध में प्रसिद्ध सामाजिक मानवशास्त्री रूथ बेनेडिक्ट के अध्ययन अत्यन्त महत्वपूर्ण हैं। रूथ बेनेडिक्ट ने न्यूमैक्सिकों की एक जनजाति जूनी (Zuni) इण्डियन, मैलेनेशिया की एक जनजाति डौबू (Dobu) तथा बैंकूवर द्वीप की एक जनजाति क्वाक्यिूटल (Kwakiutl) का अध्ययन किया। इन समाजों के अध्ययन से बहुत से ऐसे प्रेरक तत्व भी अर्जित मालूम पड़े जिनको मनोवैज्ञानिक अब तक जनजाति मानते थे।

(1) **जूनी जनजाति**—जूनी जनजाति में लोग अपने उद्देश्यों या लक्ष्यों को सिद्ध करने के लिये संस्कारों (Rituals) तथा जादू का सहारा लेते हैं। उनकी धार्मिक क्रियाओं में जटिल संस्कारात्मक जीवन दिखाई पड़ता है। जूनी लोग संस्कारों से सम्बन्धित बातों को बड़े ध्यान से याद रखते हैं। संस्कारात्मक क्रियायें जूनी स्त्री-पुरुषों का अधिकतर समय ले लेते हैं। जूनी लोगों में अनुकरणात्मक जादू (Imitative Magic) दिखाई पड़ता है। उदाहरण के लिये पानी बरसाने के लिये वे जमीन पर बड़े बड़े पत्थर लुढ़काते हैं। इन से जो बादलों की गरज होती हैं उससे यह विश्वास किया जाता है कि आकाश में बादल गरजने लगेंगे और पानी बरसेगा। इस प्रकार जूनी लोग धर्म के साथ जादू की क्रियायें भी करते हैं। ये लोग संघर्ष से कोसों दूर रहते हैं। इनमें प्रतिद्वन्दिता नहीं दिखाई पड़ती। जूनी लोगों में दूसरों से आगे बढ़ना अच्छा नहीं समझा जाता। ये लोग एकदम अहिंसक हैं और अपनी दिनचर्या में कोई परिवर्तन नहीं करना चाहते। इनको देखने से यह मालूम पड़ता है कि मनुष्य जन्म से ही संघर्षशील नहीं माना जा सकता। प्रतियोगिता, संघर्ष, युयुत्सा आदि की प्रवृत्तियां व्यक्तित्व पर संस्कृति के प्रभाव के कारण हैं।

(2) डोबू जनजाति—मैलेनेशिया के डोबू लोग जूनी लोगों से एकदम विरोधी प्रकृति के हैं। ये अत्यधिक संघर्षशील हैं। इनमें प्रतियोगिता, युयुत्सा और हिंसा खूब दिखाई पड़ती है। विरोध तो इतना है कि विवाह भी विरोध के ही ढंग से मनाया जाता है। जब कभी कोई युवक रात में किसी लड़की के घर चला जाता है तो उस लड़की की मां बाहर से घर का दरवाजा बन्द कर देती है और आसपास के सब लोगों को बुला कर उन दोनों के विवाह की घोषणा कर दी जाती है। इस तरह केवल विवाह ही जबर्दस्ती नहीं होता बल्कि उसके बाद भी दूल्हे को तरह-तरह के अपमान झेलने पड़ते हैं और उसके सास-ससुर उससे मनमाना काम लेते हैं। जूनी लोगों की तरह डोबू लोगों में भी जादू का बड़ा प्रचार है। परन्तु यह जादू अधिकतर दूसरों को नुकसान पहुँचाने के लिए या दूसरों के आक्रमण से अपनी रक्षा करने के लिये इस्तेमाल किया जाता है। डोबू लोगों में अधिकतर लोग दगाबाज होते हैं। वे वायदों और समझौतों की कोई परवाह नहीं करते। उनके यहां यह बात सामान्य मानी जाती है कि वायदों को और समझौतों को तोड़ दिया जाय। वे इसे बुरा नहीं समझते जबकि अधिकतर संस्कृतियों में इसको बुरा समझा जाता है। फसलों के काटने पर तथा अन्य आर्थिक क्रियाओं में जन्म तथा मृत्यु पर डोबू लोगों का भाव ऐसा होता है जिससे दूसरों के प्रति युयुत्सा की भावना स्पष्ट दिखाई पड़ती है। कहना न होगा कि जूनी और डोबू लोगों का यह अन्तर उनकी संस्कृतियों के भेद के कारण है। इसी प्रकार भारत में नागा जनजाति, भील जनजाति तथा अन्य बहुत-सी जनजातियों के सदस्यों में अपनी-अपनी संस्कृति के अनुरूप विशेष व्यक्तित्व देखा जा सकता है।

(3) क्वाक्यिूटल जनजाति—रूथ बेनेडिक्ट ने जूनी और डोबू जनजाति के अलावा क्वाक्यिूटल जनजाति का भी अध्ययन किया है। जूनी लोगों के विपरीत यह लोग धार्मिक संस्कारों में विश्वास नहीं रखते। ये भौतिकवादी (Materialist) होते हैं। इनके समाज में धन से ही पद निश्चित होता है और उसी से सम्मान मिलता है। इसलिए हर एक व्यक्ति अधिक से अधिक धन और सम्पत्ति एकत्रित करने की कोशिश करता है। धन की शक्ति से लोग एक दूसरे को नीचा दिखाना चाहते हैं। जिनके पास धन की कमी होती है उनको शर्म आती है और वे अपने को नीचा समझते हैं। क्वाक्यिूटल लोगों में आत्म श्रेष्ठता की प्रवृत्ति बहुत अधिक है। हर तरीके से यह अपने को दूसरों से श्रेष्ठ दिखाना चाहते हैं। इसके लिये इनके यहाँ एक अजीब तरीका भी है जिसको पोटलैच (Potlatch) कहते हैं। इसमें एक अमीर आदमी अपने से कम सम्पत्ति वाले लोगों को नीचा दिखाने के लिए उनके सामने अपनी धन सम्पत्ति नष्ट करता है। इस तरह वह यह दिखाना चाहता है कि दूसरों के पास जितना धन नहीं हैं उससे कहीं अधिक तो वह नष्ट कर सकता है।

व्यक्तित्व की सांस्कृतिक सापेक्षता

विभिन्न साँस्कृतिक मानवशास्त्रीय अध्ययनों की उपरोक्त रूपरेखा से स्पष्ट है कि व्यक्तित्व का संस्कृति पर कितना अधिक प्रभाव पड़ता है। संस्कृति के प्रभाव के कारण ही भिन्न-भिन्न संस्कृतियों में मनुष्यों के व्यक्तित्व में भिन्न-भिन्न लक्षण मुख्य दिखाई पड़ते हैं। हर एक मनुष्य के व्यक्तित्व पर उसके सांस्कृतिक परिवेश की छाप होती है। संस्कृति से ही बच्चों के पालन पोषण के तरीके निश्चित होते हैं। इन तरीकों से बच्चों के व्यक्तित्व पर महत्वपूर्ण प्रभाव पड़ता

है। भाषा का सीखना संस्कृति पर ही निर्भर होता है। संस्कृति से ही शिष्टाचार के ढंग निर्धारित होते हैं। संस्कृति से यौन व्यवहार पर प्रभाव पड़ता है। सभ्य समाजों में समलिंगीय यौन सम्बन्ध असामान्य समझे जाते हैं। परन्तु न्यूगिनी के केराकी लोगों में विवाह से पहले समलिंगीय यौन सम्बन्धों में भाग लेना ही असामान्य (Abnormal) समझा जाता है। सभ्य समाजों में अधिकतर लोग अपनी पत्नियों से यौन सम्बन्ध रखना ही अच्छा समझते हैं। परन्तु टूकी लोगों में अधिकतर लोग अपनी पत्नि से सम्भोग में आनन्द नहीं लेते और उन्हें अन्य स्त्रियों से सम्बन्ध स्थापित करने में ही आनन्द आता है। विभिन्न संस्कृतियों में यौन उत्तेजना के प्रेरक भी भिन्न-भिन्न हैं। विभिन्न संस्कृतियों में शरीर के भिन्न-भिन्न अंगों की नग्नता से यौन उत्तेजना होती है। सिरयोनों या ट्रोब्रियण्ड लोगों में नोचने काटने से यौन उत्तेजना उत्पन्न होती है। सुन्दर स्त्री को देखकर फीजी द्वीप के निवासियों के मुंह से लार टपकने लगती हैं। शिष्टाचार के ढंग सभी जगह अलग अलग है। इंग्लैड में किसी को देखकर फूत्कार करना (Hissing) बुरा माना जाता है जबकि जापान में यह आदर दिखाने का एक ढंग है। अधिकतर संस्कृतियों में किसी पर थूकना घृणा का चिन्ह हैं परन्तु अफ्रीका के मसाइ लोगों में इसमें स्नेह दिखलाई पड़ता है। अमेरिकन इण्डियन लोगों में रोगी का इलाज करने के लिए चिकित्सक उस पर थूकता है। सभ्य समाजों में बड़े लोगों के आने पर छोटे लोग उठकर खड़े हो जाते हैं। इसके विपरीत फीजी और टोंगा लोग श्रेष्ठ व्यक्ति के आने पर बैठ जाते है। भिन्न भिन्न संस्कृतियों में स्त्री पुरुष के सम्बन्ध में भारी अन्तर दिखलाई पड़ता है। नैतिकता के विषय में संस्कृति का मनुष्य पर बड़ा प्रभाव पड़ता है। जो व्यवहार कहीं पर घोर अनैतिक माना जाता है वही दूसरी जगह एकदम नैतिक माना जाता है। इसी प्रकार अतिथि सत्कार के ढंग भी भिन्न-भिन्न संस्कृतियों में भिन्न-भिन्न हैं। कहीं-कहीं पर अतिथि का सत्कार करने के लिये लोग अपनी पत्नि उसके पास सम्भोग के लिये भेजते हैं। कहीं यह काम क्वांरी कन्याओं को सौंपा जाता है।

व्यक्ति के भिन्न-भिन्न लक्षणों पर सांस्कृतिक प्रभाव के उपरोक्त संक्षिप्त विवरण से स्पष्ट है कि व्यक्तित्व पर संस्कृति का कितना अधिक प्रभाव पड़ता है। इस विषय में संस्कृति का प्रभाव मनोवैज्ञानिकों की कल्पना से कहीं अधिक है।

व्यक्तित्व संकलन
(Personality Intergration)

व्यक्तित्व का संकलन कैसे हो?

व्यक्तित्व का संकलन व्यक्तित्व के सभी मनोदैहिक गुणों का संकलन है। यह संकलन आवश्यकता से कम रहने पर परिवेश से समायोजन सम्बन्धी समस्यायें उत्पन्न हो जाती हैं। फ्रॉयड ने मनुष्य के व्यक्तित्व में तीन तत्व माने हैं– इड (Id), अहं (Ego) और सुपर इगो (Super Ego)। इड में मनुष्य की वासनायें, मूल वृत्तियाँ, दमित इच्छायें आदि शामिल हैं। सुपर इगो मनुष्य के समाजीकरण के परिणामस्वरूप उसमें सामाजिक नियन्त्रण के संस्कार से बनता है। यह मनुष्य पर सामाजिक नियन्त्रण लागू करता है जबकि इड पाशविक इच्छाओं की पूर्ति माँगती है। इगो में जीवन में अस्तित्व के लिये संघर्ष की प्रवृत्तियां हैं। अतः बहुधा सुपर इगो का इड या

इगो से संघर्ष हो जाता है। व्यक्तित्व की समस्या इन तीनों के परस्पर समायोजन की समस्या है। व्यक्तित्व की समस्याओं के मूल में व्यक्ति के अंह (Ego) की कमजोरी है या तो उसका अंह अपनी इहाओं, वासनाओं आदि पर नियन्त्रण नहीं कर पाता या फिर सुपर इगो (Super Ego) से समायोजन नहीं कर पाता। व्यक्तित्व के संकलन के लिये यह आवश्यक है कि व्यक्ति सन्तुलित (Balanced) और यथार्थवादी (Realistic) दृष्टिकोण रखे। कुछ न कुछ असफलताएं और हताशाएं सभी के जीवन में आती हैं। सुख-दुख से विशेष परेशान न होकर व्यक्ति को अपने जीवन कार्य (Life Task) में लगा रहना चाहिये। सन्तुलन ही जीवन में स्वर्ण मार्ग है। संवेगों, माँगों, आवश्यकताओं तथा कल्पना और चिन्तन का सन्तुलन ही व्यक्तित्व को संकलित रख सकता है। इस आधार को लेकर प्रत्येक व्यक्ति अपनी समायोजन सम्बन्धी समस्याओं को स्वयं सुलझा सकता है।

व्यक्तित्व संकलन सामाजिकता की बड़ी भारी आवश्यकता है। सामाजिकता के अभाव में व्यक्ति का सामाजिक परिवेश से समायोजन होना कठिन हो जाता है। सामाजिक परिवेश व्यक्ति का सम्पूर्ण परिवेश नहीं है और न केवल सामाजिकता ही समाज में अनुकूलन के लिये पर्याप्त गुण है पर इतना अवश्य कहा जा सकता है कि समाज में अनुकूलन के लिये सामाजिकता एक आवश्यक गुण है। सामाजिकता जैसा कि उसके नाम से प्रकट है वह प्रवृत्ति है जिसके कारण व्यक्ति समाज में अन्य लोगों से मेल-जोल करता तथा उनमें घुलमिल जाता है। असामाजिक व्यक्ति अन्तर्मुखी होता है और अकेला रहना पसन्द करता है। उसको दूसरों से मेल-मिलाप में, उनसे संम्बन्ध में तथा व्यवहार में कठिनाई अनुभव होती है। दैनिक जीवन में उनके और अन्य लोगों के सम्बन्धों से उठने वाली छोटी-छोटी बातें भी असामाजिक व्यक्ति के लिये समस्यायें बन जाती हैं जबकि सामाजिक व्यक्ति उनको बड़ी आसानी से निपटा लेता है। उदाहरण के लिये नये लोगों में जाने पर असामाजिक व्यक्ति अकेलापन, ऊब और अशान्ति अनुभव करता है। जबकि सामाजिक व्यक्ति शीघ्र ही उनमें घुलमिल जाता है और अपना स्थान बना लेता है।

संकलन की कमी के परिणाम

व्यक्तित्व की संकलन की कमी का सबसे अधिक स्पष्ट परिणाम परिवेश से अनुकूलन के अभाव के रूप में दिखलाई पड़ता है। इसका कारण यह है कि संकलन के अभाव में व्यक्तित्व असन्तुलित रहता है और मनोदैहिक गुणों का समुचित समन्वय नहीं हो पाता। यह आवश्यक नहीं है कि संकलन की कमी होने पर व्यक्ति काम न कर सके। संसार के अनेक महान् व्यक्तियों के व्यक्तित्व में संकलन की भारी कमी रही। परन्तु इससे उनकी महानता में बाधा न पड़ते हुये भी उनका व्यक्तित्व एकांगी और अपूर्ण अवश्य रहा। साधारण प्रतिभा वाले व्यक्तियों में संकलन की कमी होने पर उनकी व्यवहारिक कुशलता पर भी प्रभाव पड़ता है। साधारणतया यह कहा जा सकता है कि व्यक्तित्व के संकलन के अभाव में न तो व्यक्ति व्यवहार कुशल हो सकता है और न उसको जीवन के कार्यों में सफलता ही मिल सकती है। ऐसा व्यक्ति अपना जीवन ही अशान्तिमय नहीं बनाता बल्कि औरों के जीवन की शान्ति भी भंग करता है। अत: मनोवैज्ञानिक, व्यक्तियों को उनके व्यक्तित्व का संकलन करने में सुझाव देकर, सहायता करता है।

व्यक्तित्व के प्रकार
(Types of Personality)

मनोविज्ञान में शारीरिक तथा मानसिक गुणों और स्वभाव आदि के आधार पर व्यक्तियों के भेद किये गये हैं।

शारीरिक प्ररूप

व्यक्तित्व के शारीरिक प्ररूपों (Physiological Types) का उदाहरण Physique and Character नामक पुस्तक के लेखक क्रैशमर (Kretschmer, E) के वर्गीकरण में मिलता है। शारीरिक रचना के आधार पर क्रैशमर ने मनुष्यों को दो वर्गों में विभाजित किया है–

(1) **साइक्लौयड** (Cycloid)–ये मोटे होते हैं। इनका स्वभाव (Temperament) वस्तुवादी, सामाजिक, मिलनसार और प्रसन्न होता है।

(2) **शाइजौएड** (Schizoid)–ये लम्बे और दुबले पतले होते हैं। इनका स्वभाव आत्मकेन्द्रित, भावुक, संकोचशील, शान्त और एकान्तप्रिय होता है।

इन दो प्रकारों के अलावा क्रैशमर ने शारीरिक रचना के आधार पर अन्य अनेक उपवर्ग भी बतलाये हैं जिनमें मुख्य निम्नलिखित हैं–

(1) **एस्थेनिक** (Asthenic)–ये छोटे कन्धे वाले और दुबले पतले होते हैं। इनका स्वभाव आत्म केन्द्रित, भावुक, स्वप्न देखने वाला, बौद्धिक, शान्त और एकान्त प्रिय होता है।

(2) **एथेलेटिक** (Athletic)–जैसा कि इनके नाम से जाहिर है इनका शारीरिक गठन बहुत अच्छा होता है, कन्धे चौड़े और कमर पतली होती है। ये स्वभाव से व्यवहार कुशल, सामाजिक और क्रियाशील होते हैं।

(3) **पिकनिक** (Pyknic)–ये मोटे होते है। इनका पेट निकला हुआ और मुंह गोल होता है। ये स्वभाव से खुशमिजाज तथा मिलनसार होते हैं।

स्वभाव के आधार पर प्ररूप

शारीरिक रचना के अलवा स्वभाव (Temperament) के आधार पर भी व्यक्तित्व के प्ररूपों का वर्गीकरण किया गया। इस प्रकार के वर्गीकरण का एक उदाहरण शैल्डन (Sheldon W.H.) की The Varieties of Temperament नामक पुस्तक में मिलता है। इसमें पहले मानवशास्त्रीय नाप जोख (Anthropological Measurements) के आधार पर व्यक्तियों के आकार का वर्गीकरण किया गया है और फिर इसके आधार पर स्वभाव के प्ररूप बतलाये गये हैं। आकार प्रकार के आधार पर शैल्डन ने व्यक्तियों को तीन वर्गों में बांटा है। ये वर्ग अग्रलिखित हैं–

(1) **एण्डोमॉर्फिक** (Endomorphic)–इनका पेट बड़ा होता है तथा पाचन क्रिया सम्बन्धी अन्तड़ियां न्यूनाधिक विकसित होती हैं।

(2) मेसोमॉर्फिक (Mesomorphic)–इनकी हड्डियां तथा मांसपेशियां अधिक विकसित होती हैं।

(3) एक्टोमॉर्फिक (Ectomorphic)–इनकी हड्डियां लम्बी तथा कोमल होती हैं तथा शारीरिक बनावट कमजोर होती है।

आकार प्रकार के इस वर्गीकरण के अनुसार स्वभाव के निम्नलिखित तीन वर्ग बतलाये गये हैं–

(1) विसेरोटोनिक (Viscerotonic)–इनमें भोजन की क्रियाओं की प्रधानता होती है। ये आराम पसन्द, भोजन प्रिय तथा दूसरों से प्यार पाने के इच्छुक होते हैं। इनकी नींद गहरी होती है। आपत्ति पड़ने पर ये दूसरों से सहायता चाहते हैं। इनमें एण्डोमॉर्फिक शरीर रचना वालों की गिनती होती है।

(2) सोमेटोटोनिक (Somatotonic)–ये कर्मठ, स्पष्ट और प्रतियोगी स्वभाव वाले होते हैं। ये शक्तिशाली, साहसी, अधिकारप्रिय तथा जोर-शोर से बोलने वाले होते हैं। आपत्ति पड़ने पर ये अधिक क्रियाशील हो जाते हैं। मेसोमॉर्फिक इसी प्रकार के होते हैं।

(3) सेरीब्रोटॉनिक (Cerebrotonic)–इनमें एक्टोमॉर्फिक प्ररूप के व्यक्ति आते हैं। ये संयमी, संकोचशील और संवेदनशील होते हैं। ये अपनी भावनाओं को दबाने के आदी होते हैं। ये एकान्त प्रिय होते हैं और आपत्ति में दूसरों से सहायता लेने की अपेक्षा अपने ही तक सीमित रहना अधिक पसन्द करते हैं। ये धीरे-धीरे बोलते हैं तथा इन्हें अच्छी नींद नहीं आती।

मॉर्गन तथा गिलीलैंड ने स्वभाव के अनुसार व्यक्तित्व के चार प्ररूप बतलाये हैं–

(1) प्रफुल्ल (Elated)–ये आशावादी, प्रफुल्ल और खुशमिजाज होते हैं।

(2) उदास (Depressed)–ये निराशावादी, उदास और संवेगात्मक होते हैं।

(3) चिड़चिड़ा (Irritable)–ये झगड़ालू, चिड़चिड़े और गर्ममिजाज होते हैं।

(4) अस्थिर (Unstable)–इनका मिजाज असन्तुलित अस्थिर और संवेगात्मक होता है।

सामाजिकता के आधार पर व्यक्तित्व के वर्ग

व्यक्तित्व के प्ररूपों का सबसे महत्वपूर्ण वर्गीकरण युंग (Jung) का है। सामाजिकता के आधार पर युंग ने व्यक्तियों के दो प्रमुख प्ररूप माने हैं–बहिर्मुखी (Extroverts) और अन्तर्मुखी (Introverts)

(1) बहिर्मुखी–ये अन्य व्यक्तियों में अधिक रुचि लेते हैं। ये अपने स्वभाव के अन्य लोगों के साथ मिलना जुलना पसन्द करते हैं। ये यथार्थवादी होते हैं और जीवन की परिस्थितियों का वस्तुगत रूप में सामना करते हैं। ये अपने चारों ओर के सामाजिक कार्यों में भाग लेने को सदैव तैयार रहते हैं। सामाजिक आदान-प्रदान में ये मुक्त होकर भाग लेते हैं। ये भावना प्रधान होते हैं, शीघ्र निर्णय करते हैं और निर्णय पर फौरन अमल करते हैं। ये व्यवहार कुशल और कर्मठ होते हैं। बहिर्मुखी वर्ग में व्यापारी, खिलाड़ी, अभिनेता तथा सामाजिक, राजनैतिक नेता आदि आते हैं।

(2) **अन्तर्मुखी**—जैसा कि इनके नाम से स्पष्ट है इन लोगों की मानसिक प्रवृत्ति बाहर की ओर अर्थात् अपने आस-पास के लोगों की ओर न होकर अन्दर की ओर अर्थात् स्वयं अपनी ओर होती है। इस प्रकार ये आत्म केन्द्रित और एकान्त प्रिय होते हैं। इनमें विचार की प्रधानता होती है और ये चिन्तन, मनन में लगे रहते हैं। ये अपने विचारों में ही व्यस्त रहते हैं और दूसरों को अपने विचारों से ही प्रभावित करने की चेष्टा करते हैं। ये आदर्शवादी होते हैं और भविष्य के बारे में बहुत सोचते हैं। ये प्राय: सामाजिक परिवेश की अपेक्षा भौतिक परिवेश में अर्थात् पेड़, पौधों, मशीनों आदि में अधिक रुचि लेते हैं। ये शीघ्र निर्णय नहीं करते और न उस पर फौरन अमल ही करते हैं। ये व्यवहार कुशल नहीं होते और काम की अपेक्षा विचार की ओर अधिक ध्यान देते है। अन्तर्मुखी वर्ग में वैज्ञानिक, दार्शनिक कवि आदि आते हैं।

सारांश

व्यक्तित्व क्या है—व्यक्तित्व एक व्यक्ति के व्यवहारों, रुखों, रुचियों, सामर्थ्यों, योग्यताओं, अभिरुचियों आदि बाहरी और आन्तरिक लक्षणों के प्रतिमानों का संकलित समग्र रूप है जो कि परिवेश में उसके विशिष्ट व्यवहार में प्रकट होता है।

वैयक्तिकता—व्यक्तित्व से वैयक्तिकता प्रकट होती है। वैयक्तिकता व्यक्ति को अन्य व्यक्तियों से अलग करती है। उसका सार संकल्प की स्वतन्त्रता है।

व्यक्तित्व को प्रभावित करने वाले कारक—व्यक्तित्व पर अनेक जैवकीय और सामाजिक कारकों का प्रभाव पड़ता है। व्यक्तित्व उनके गुणनफल का परिणाम है।

जैवकीय कारक—व्यक्ति को प्रभावित करने वाले मुख्य जैवकीय कारक निम्नलिखित हैं (1) **नलिकाविहीन ग्रन्थियां**—इनमें गल, अभिवृक्क, जनन, पोष आदि ग्रन्थियां हैं। (2) **शरीर रचना**—शरीर रचना में व्यक्तित्व के गुणों तथा व्यक्ति के प्रति औरों के व्यवहार का प्रभाव पड़ता है। (3) **शरीरिक रसायन**—शरीर में अन्दर से स्रावित अथवा बाहर से आये अनेक रासायनिक तत्व व्यक्तित्व को प्रभावित करते हैं।

सामाजिक कारक—व्यक्तित्व को प्रभावित करने वाले सामाजिक कारक निम्नलिखित हैं—(1) **व्यक्तित्व पर घर का प्रभाव**—घर के प्रभाव में माता-पिता तथा बालक का सम्बन्ध, बालक का लाड़-प्यार, दूध छुड़ाना, सफाई सिखाना, जन्मक्रम, परिवार की सामाजिक-आर्थिक स्थिति, बालक की यौन जिज्ञासा के प्रति माता-पिता का रुख आदि अनेक बातों का प्रभाव पड़ता है। (2) **स्कूल का प्रभाव**—स्कूल में शिक्षकों तथा साथियों के व्यक्तित्व तथा व्यवहार का और समूह में बालक की स्थिति और कार्य का उसके व्यक्तित्व पर प्रभाव पड़ता है। (3) **समाज का प्रभाव**—समाज में व्यक्ति की स्थिति और कार्य तथा सामाजिक नियम व्यक्ति के व्यक्तित्व को प्रभावित करते हैं। भिन्न-भिन्न संस्कृतियों में इन सबका स्वरूप भिन्न-भिन्न होता है।

विभिन्न अवस्थाओं से होकर व्यक्तित्व का विकास—व्यक्तित्व के विकास में मौटेतौर से चार अवस्थायें देखी जा सकती हैं (1) **प्रथम छः वर्ष**—इनमें परिवार का प्रभाव

पड़ता है। (2) **किशोरावस्था पूर्व बचपन**—इसमें परिवार के साथ-साथ स्कूल और समूह का प्रभाव पड़ता है। (3) **तारुण्य और किशोरावस्था**—परिपक्वन की तारुण्यावस्था तथा मनोवैज्ञानिक किशोरावस्था में व्यक्ति को अनुकूलन की नई-नई समस्याओं को सुलझाना पड़ता है। इसमें वयस्क सुलभ शारीरिक विकास के साथ मानसिक और भावात्मक विकास भी होता है। (4) **वयस्कावस्था और उसके बाद**—वयस्कावस्था में वैवाहिक अनुकूलन तथा सन्तानोत्पत्ति और जीविकोपार्जन सम्बन्धी समस्याओं को सुलझाना पड़ता है। इसके बाद वृद्धावस्था में नौकरी छूटने, स्वास्थ्य गिरने तथा अन्य अनेक प्रकार की समस्यायें उत्पन्न होती हैं। इस प्रकार व्यक्तित्व के विकास में उपरोक्त भिन्न अवस्थाओं की समस्याओं को सुलझाना और नवीन परिस्थितियों से अनुकूलन करना पड़ता है।

मूल्यों की प्राप्ति के रूप में व्यक्तित्व का विकास—व्यक्तित्व के विकास के साथ-साथ व्यक्ति नये-नये बौद्धिक नैतिक तथा सौन्दर्यात्मक मूल्यों को प्राप्त करता है। इसमें उसको नई-नई जानकारी मिलती हैं, नये कौशल बढ़ते हैं और व्यक्तियों तथा वस्तुओं के प्रति अभिवृत्तियां बनती हैं। मूल्यों की प्राप्ति से वह गुणों की प्रशंसा करना सीखता है।

व्यक्तित्व और संस्कृति—संस्कृति में वह सब शामिल है जिसको सामाजिक विरासत में गिना जाता है। व्यक्तित्व के विभिन्न पहलुओं पर संस्कृति का प्रभाव पड़ता है।

कुछ मानवशास्त्रीय खोजें—जूनी, डौबू और क्वाक्यिूटल जनजातियों के रूथ बेनेडिक्ट के अध्ययनों से व्यक्तित्व पर संस्कृति के प्रभाव पर बड़ा प्रकाश पड़ा है।

व्यक्तित्व संकलन—व्यक्तित्व का संकलन परिवेश से समायोजन के लिए व्यक्तित्व के गुणों का संकलन है। व्यक्तित्व का संकलन करने के लिए व्यक्ति को सन्तुलित और यथार्थवादी दृष्टिकोण रखना चाहिये। इसमें संवेगात्मक और सामाजिकता का बड़ा महत्व है।

व्यक्तित्व के प्रकार—(अ) शारीरिक प्ररूप—(1) साइक्लौयड (2) शाइजौएड। (1) एस्थेनिक (2) एथेलेटिक (3) पिकनिक। (ब) **स्वभाव के आधार पर प्ररूप**—(1) एण्डोमार्फिक (2) मेसोमार्फिक (3) एक्टोमार्फिक। (स) **स्वभाव के वर्गीकरण** शैल्डन ने स्वभाव के अनुसार तीन प्ररूप माने हैं—(1) विसेरोटानिक (2) सोमेटोटोनिक (3) रीब्रोटोनिक। मार्गन तथा गिलीलैण्ड ने स्वभाव के अनुसार चार प्ररूप माने हैं—(1) प्रफुल्ल (2) उदास (3) चिड़चिड़ा (4) अस्थिर (द) **सामाजिकता के आधार पर वर्गीकरण**—(1) बहिर्मुखी (2) अन्तर्मुखी (3) उभयमुखी।

प्ररूप सिद्धान्त की आलोचना—व्यक्तियों को प्ररूपों में बांटना न तो व्यवहारिक और वैज्ञानिक है और न उपयोगी है।

13

समाजीकरण
(Socialization)

समाजीकरण की परिभाषा

पिछले अध्याय में व्यक्तित्व पर समाज और संस्कृति के प्रभाव का विस्तृत विवेचन किया गया है। व्यक्तित्व पर समाज और संस्कृति का सबसे अधिक प्रभाव समाजीकरण से ज्ञात होता है। समाजीकरण ही व्यक्ति के सामाजिक पहलू को बनाता है। अत: समाज और संस्कृति तथा व्यक्तित्व के सम्बन्ध के अध्ययन में समाजीकरण का विवेचन भी सहायक होता है। समाजीकरण व्यक्ति को सामाजिक बनने की क्रिया है। इसकी भिन्न-भिन्न परिभाषाओं में से कुछ मुख्य निम्नलिखित है:–

(1) **वी० वी० अकोलकर का मत**–अकोलकर के अनुसार "व्यक्ति द्वारा व्यवहार के परम्परागत प्रतिमानों को ग्रहण करने की प्रक्रिया उसका समाजीकरण कहलाती है क्योंकि वह उसके दूसरों से संगठन करने पर और उसके द्वारा कार्य करने वाली संस्कृति के प्रति खुलने पर निर्भर करती है।"[1]

(2) **रॉस का मत**–रॉस के अनुसार "सहयोग करने वाले लोगों में हम भावना का विकास और उनके साथ काम करने की क्षमता तथा संकल्प में समाजीकरण कहलाता है।"[2]

(3) **बोगार्डस का मत**–बोगार्डस के अनुसार समाजीकरण "वह प्रक्रिया है जिससे व्यक्ति मानव कल्याण के लिये एक दूसरे पर निर्भर होकर व्यवहार करना सीखते हैं और ऐसा

---

1. "The process of adoption by the individual of the conventional patterns of behaviour is described as his socialization, because it occurs on account of his integration with others and his exposure to the culture which operates through them."

—Akolkar V. V.

2. "The development of we feeling in associates and the growth in their capacity and will to act together." —Ross E.A.

करने में सामाजिक आत्म-नियन्त्रण, सामाजिक जिम्मेदारी और संतुलित व्यक्तित्व का अनुभव करते हैं''[3]

इस प्रकार समाजीकरण वह प्रक्रिया है जिससे व्यक्ति सामाजिक परम्पराओं और रूढ़ियों के अनुसार व्यवहार करना सीखता है। मानव शिशु में अनुकरण करने की प्रवृत्ति बड़ी तीव्र होती है। बच्चा जैसे पर्यावरण में पलता है उसी के अनुसार उसका विकास होता है। व्यक्ति जिस समूह में रहता है उसकी प्रशंसा प्राप्त करने की चेष्टा करता है। मनुष्य एक सामाजिक प्राणी है। वह स्वभाव से ही समाज की संस्कृति ग्रहण करने की चेष्टा करता है। समाजीकरण से ही मनुष्य बनता है। और पशुओं से श्रेष्ठ माना जाता है। समाजीकरण से उसका व्यक्तित्व सन्तुलित होता है क्योंकि व्यक्तित्व का सामाजिक पक्ष भी अत्यन्त महत्वपूर्ण है। समाजीकरण से व्यक्ति समाज के हित में अपने पर नियन्त्रण रखना सीखता है और दूसरों के प्रति अपना उत्तरदायित्व अनुभव करता है। समाजीकरण से उसमें सामूहिक भावना का विकास होता है और वह अन्य लोगों से सहयोग करना सीखता है।

समाजीकरण की आवश्यकता

व्यक्ति के विकास में समाजीकरण क्यों आवश्यक है इस प्रश्न का उत्तर उन मानव प्राणियों के उदाहरणों से अधिक मिलता है जो किसी कारण मानव समाज से बाहर पाले गये। गैसेल (Gesell) के Wolf children and Human child, तथा Davis के अनेक लेखों में इस प्रकार के मानव प्राणियों का वर्णन मिलता है। भारतवर्ष में 1920 में दो बच्चे एक भेड़िये की मांद में पाये गये। एक बालक की आयु आठ वर्ष की, दूसरे की दो वर्ष कम थी। दूसरा कुछ महीनों में ही मर गया। पहला 6 वर्ष तक जीवित रहा। उसका नाम कमला रखा गया। इस लड़की को मनुष्यों की तरह व्यवहार करना बिल्कुल नहीं आता था। वह चारों हाथ पैरों से चलती थी, भेड़ियों की तरह गुर्राती थी और बोल नहीं सकती थी। वह मनुष्यों को देखकर जंगली पशुओं के समान घबरा जाती थी। इस प्रकार समाजीकरण के अभाव में उसमें शरीर के अतिरिक्त मनुष्य के चिन्ह लगभग नहीं थे। धीरे-धीरे उसको बोलना सिखाया गया, कपड़े पहनना और खाना पीना सिखाया गया। इस प्रकार कुछ वर्षों में समाजीकरण के प्रभाव से वह कुछ मानव व्यवहार सीख सकी।

अहं का विकास

व्यक्ति के विकास में तौर तरीकों, शिष्टाचार, बोलचाल उठना-बैठना आदि सामाजिक व्यवहार के साथ-साथ आत्म या अहं के विकास का बड़ा महत्व है। यह सब समाजीकरण से ही होता है। मीड के शब्दों में ''स्वयं अपने विषय के रूप में 'स्व' मूल रूप से एक सामाजिक ढांचा है और वह सामाजिक अनुभव में विकसित होता हैं।''[4] मैक्डूगल तथा अन्य मनोवैज्ञानिकों के

3. "The process whereby persons learn to behave dependably together on behalf of human welfare and in so doing experience social self control, social responsibilities and balanced personalities."
—Bogardus.

4. "The self as that which can be object to itself is essentially a social structure, and it arises in social experience."
—Mead, George H, *Mind, Self and Society,* University of Chicago Press, p. 140.

अनुसार मानव चरित्र के विकास का अर्थ उनके 'स्व' (Self) का विकास है। इस प्रकार मानव व्यक्तित्व का विकास समाजीकरण पर निर्भर है। समाजीकरण द्वारा संस्कृति के प्रसार के बिना व्यक्ति का विकास असम्भव है। व्यक्ति के 'स्व' का विकास समाजीकरण से होता है। समाजीकरण की इस प्रक्रिया में व्यक्ति के प्रत्येक सामाजिक सम्बन्ध का योगदान है। मानव के समाजीकरण की समस्या बड़ी जटिल है और उसको किसी मानव समाज में अभी तक पूरी तरह से नहीं सुलझाया जा सका है। डेविस के शब्दों में "मानव प्रकृति और मानव समाज में समाजीकरण का विकास भविष्य में परिवर्तन करने के लिये सबसे बड़ी सम्भावनाओं में से एक उपस्थित करता है।"[5]

समाजीकरण की प्रक्रिया

व्यक्ति अनुकरण (Imitation), सुझाव (Suggestion) तथा सहानुभूति (Sympathy) द्वारा एक दूसरे पर प्रभाव डालते हैं। इनके अतिरिक्त सामाजिक संस्थायें और समितियां भी व्यक्ति का समाजीकरण करते हैं। व्यक्ति समाज की अनेक प्रक्रियाओं, प्रशंसा और आरोप (Praise and Blame) सहयोग और संघर्ष (Co-opertion and Conflict), सहिष्णुता (Submission) तथा प्रभुत्व (Ascendency) का फल है। इन्हीं से उसके व्यक्तित्व का निर्माण होता है। शिक्षा समाजीकरण का सबसे बड़ा साधन है। इसका विस्तृत वर्णन आगे, सामाजिक मध्यमान और नियंत्रण शीर्षक अध्ययन में दिया गया है।

परिवार में समाजीकरण

व्यक्ति के समाजीकरण में सबसे अधिक परिवार का हाथ है। परिवार में भाई बहनों और माता-पिता तथा अन्य सम्बन्धियों के व्यवहार से बालक बहुत कुछ सीखता है। वह उनके तौर तरीकों, कामों तथा अन्य बातों का अनुकरण करता है। वह उन कामों को छोड़ने की चेष्टा करता है जिन पर उसको दण्ड मिलता है या जिनको परिवार में लोग बुरा मानते हैं। परिवार का पर्यावरण ही उसमें अच्छी आदतें निर्माण करता है और परिवार में ही वह अपराधी प्रवृत्तियां सीखता है। New Light on Delinquency and its Treatment में हीली और ब्रोनर (Healy and Bronner) ने लिखा है कि बाल अपराधी अधिकतर उन्हीं परिवारों में मिलते हैं जिनमें सामाजिक सम्बन्धों के पूरा होने में कभी बाधा अवश्य पड़ चुकी है। मनोविश्लेषणवादियों में प्रमुख फ्रॉयड (Freud) तथा एडलर (Adler) आदि अनेक मनोवैज्ञानिकों ने यह सिद्ध किया है कि बालक परिवार में जो कुछ बन जाता है वह बड़ा होकर समाज में वैसा ही व्यवहार करता है। Psychological Factors in Marital Happiness के लेखक टरमैन (Terman) के अनुसार वे बच्चे बड़े होकर विवाह को सुखपूर्ण बना सकते हैं जिनके मां बाप सुखी थे। लन्दन की वेश्याओं पर एक खोजपूर्ण पुस्तक Women of the Street के भूमिका लेखक के अनुसार वेश्याओं की समस्या माता-पिता और बच्चों के सम्बन्ध (Parent-Child-Relation) की समस्या है। पारिवारिक

---

5. "The improvement of socialization offers one of the greatest possibilities for the future alteration of human nature and human society." —Davis K.

शान्ति और सुख के अभाव में लड़के लड़कियां बिगड़ जाते हैं। इसी प्रकार की परिस्थितियों में बहुत से चोर, डाकू, कातिल और वेश्याओं का जन्म होता है।

बचपन में परिवार का प्रभाव

बचपन में बालक का मन बड़ा लचीला होता है। उसे चाहे जिस ओर आसानी से मोड़ा जा सकता है। उस पर प्रत्येक घटना, प्रत्येक आघात का जबर्दस्त प्रभाव पड़ता है माता-पिता का बालक के प्रति व्यवहार उसके व्यक्तित्व के विकास में बड़ा महत्वपूर्ण होता है। अधिक लाड-प्यार में बालक बिगड़ जाते हैं परन्तु प्यार और स्नेह न मिलने पर बालक के मस्तिष्क में भावना ग्रन्थियाँ (Emotional Complexes) बन जाती हैं और उसका व्यक्तित्व असंतुलित हो जाता है। केवल माता-पिता ही नहीं बल्कि भाई बहिनों का भी बालक के व्यक्तित्व के विकास पर बड़ा प्रभाव पड़ता है। प्रसिद्ध मनोवैज्ञानिक एडलर (Adler) ने इस बात पर जोर दिया है कि बालक के व्यक्तित्व के विकास में जन्म क्रम (Birth Order) का बड़ा महत्व है। बालक भाई बहनों में सबसे बड़ा है या सबसे छोटा, यदि लड़का है तो उसके दूसरे भाई या बहिनें हैं या नहीं, यदि लड़की है तो उसकी दूसरी बहिनें या भाई हैं या नहीं, कितने भाई बहनों में उसका कौनसा स्थान है आदि का भी बालक पर बड़ा प्रभाव पड़ता है। लगभग सभी महापुरुषों ने अपने व्यक्तित्व पर अपनी माता के प्रभाव को स्वीकार किया है। बहुधा माता को देखकर उसकी विवाह योग्य लड़की के व्यक्तित्व का अनुमान लगा लिया जाता है और साधारणतया अनुमान ठीक बैठता है। शादी ब्याह के मामलों में बुजुर्ग लोग लड़के-लड़की के साथ-साथ उसके खानदान का भी ख्याल रखते हैं क्योंकि खानदान का व्यक्तित्व पर अवश्य प्रभाव पड़ता है। चरित्रहीन माता पिता की सन्तान का व्यक्तित्व सन्तुलित रहने की संभावनायें बहुत कम हैं। परिवार की आर्थिक तथा सामाजिक स्थिति का भी व्यक्तित्व के विकास पर प्रभाव पड़ता है।

वयस्कों पर परिवार का प्रभाव

केवल बचपन में ही नहीं बल्कि युवावस्था में भी परिवार का व्यक्तित्व पर महत्वपूर्ण प्रभाव पड़ता है। पारिवारिक नियन्त्रण के अभाव में बहुधा युवक युवतियों के बिगड़ जाने की संभावना रहती है। अत्यधिक पारिवारिक नियन्त्रण से उनका व्यक्तित्व अविकसित और कुंठित रह जाता है। संतुलित पारिवारिक नियन्त्रण से व्यक्तित्व के विकास में सहायता मिलती है। बड़े होने पर जब व्यक्ति विवाह करके परिवार बसाता है तब उसके व्यक्तित्व पर जीवन साथी के व्यक्तित्व का बड़ा प्रभाव पड़ता है। परिवार की आये दिन की घटनायें, बच्चों का होना न होना, अधिक होना या विकलाँग अथवा कुरूप होना, जीवन साथी का स्वास्थ्य, स्वभाव, चरित्र, आर्थिक स्थिति आदि छोटी बड़ी कितनी ही बातों का व्यक्तित्व पर प्रत्यक्ष अप्रत्यक्ष प्रभाव बराबर पड़ता है। वास्तव में व्यक्तित्व पर परिवार के प्रभाव पर बहुत कुछ लिखा जा चुका है और समाजशास्त्रियों के अतिरिक्त मनोवैज्ञानिकों तथा मानवशास्त्रियों ने भी इस विषय पर महत्वपूर्ण खोजें की हैं।

स्कूल का महत्त्व

परिवार के बाद बालक के व्यक्तित्व पर स्कूल का प्रभाव पड़ता है। बालक के लि उसको स्कूल ही उसका समाज है जहां उसका समाजीकरण होता है, उसके गुणों और शक्ति

की अभिव्यक्ति होती है और उसको अपने व्यक्तित्व के विकास का अवसर मिलता है। शिक्षक का व्यक्तित्व और चरित्र उसके सामने एक आदर्श के रूप में उपस्थित रहता है और उससे उसके व्यक्तित्व पर बड़ा प्रभाव पड़ता है। उसके सोचने, विचारने, उठने बैठने, बोलने तथा हावभाव आदि तक पर शिक्षक के व्यक्तित्व का प्रभाव पड़ता है। यह प्रभाव सभी शिक्षकों का एक सा नहीं होता है। कुछ शिक्षक बालक के मन में श्रद्धाभाव नहीं जमा पाते अतः बालक चेतन अचेतन रूप से सभी बातों में उनका विरोध करता है। परन्तु जो शिक्षक बालक के मन में श्रद्धा जगा पाते हैं वे उसके आदर्श बन जाते हैं। वह उनकी प्रशंसा पाने के लिये अपने व्यक्तित्व को बदलता है, उनका अनुकरण करता है, उन जैसा बन जाना चाहता है। शिक्षक के साथ-साथ सहपाठियों को बालक के व्यक्तित्व को प्रभावित करने का अवसर मिलता है। उनके समूह में उसका जो कार्य (Role) और स्थिति (Status) होती है, वह आगे चलकर सामाजिक जीवन में उसके कार्य तथा स्थिति को निश्चित करने में बड़ा महत्वपूर्ण कारक सिद्ध होती है। सहशिक्षा का भी बालक के व्यक्तित्व पर प्रभाव पड़ता है। लड़के लड़कियों के साथ-साथ पढ़ने, मिलने जुलने, उठने बैठने और बोलने चालने से बालक के व्यक्तित्व का विकास होता है। स्कूल में बालक एक अनुशासन में रहता है। उसे स्कूल के नियम मानने पड़ते हैं और न मानने पर दण्ड मिलता है। इससे उसका व्यक्तित्व संयमित होता है। यदि स्कूल का नियन्त्रण आवश्यकता से अधिक कठोर होता है तो व्यक्तित्व संकुचित हो जाता है और बालक में अपराधी प्रवृत्तियाँ भी उभरने लगती हैं। नियंत्रण के नितान्त अभाव में बालक का व्यक्तित्व उच्छृंखल भी हो सकता है और स्वतन्त्र भी। स्कूल के साँस्कृतिक कार्यक्रमों से बालक की मनोवृत्तियाँ परिष्कृत होती हैं।

इस प्रकार मानव के व्यक्तित्व पर स्कूल और परिवार दोनों का ही बड़ा महत्वपूर्ण प्रभाव पड़ता है। इनमें परिवार का प्रभाव अधिक समय तक और इसलिये अधिक व्यापक होता है। इस प्रकार मानव व्यक्तित्व को समझने के लिये उसकी परिस्थितियों को समझना बड़ा आवश्यक है।

व्यक्तित्व को समझने में परिस्थितियों के ज्ञान का महत्व

एक व्यक्ति अन्तर्मुखी है, एक बहिर्मुखी है। एक सदैव दु:ख में डूबा रहता है, एक के लिये जीवन एक खेल है। एक बीसों वर्ष बाद भी जहाँ का तहाँ दिखाई पड़ता है, एक उन्नति के शिखर पर पहुँच गया है। मानव-मानव में यह अन्तर क्यों है? अलग-अलग व्यक्तियों के स्वभाव, रुचि, रुख, झुकाव, भावनाओं, जीवन के प्रति दृष्टिकोण आदि में इतना अन्तर क्यों है? कुछ अन्तर उनकी आनुवंशिकता का प्रभाव हैं, कुछ उनके पर्यावरण के कारण है। जीवन की परिस्थितियाँ ही यह पर्यावरण है। जीवन की परिस्थितियां मनुष्य को बनाती हैं। वुडवर्थ के शब्दों में "व्यक्तित्व व्यक्ति के व्यवहार का समग्र गुण है।" यह व्यवहार एक प्रकार की प्रतिक्रिया है। प्रतिक्रिया जीवन की परिस्थितियों के प्रति होती है। अतः किस व्यवहार से किस प्रकार का व्यक्तित्व समझा जायेगा अथवा किस व्यवहार से व्यक्तित्व का कौनसा गुण मालूम पड़ता है इसको समझने के लिये मनुष्य के जीवन की परिस्थितियों को जानना आवश्यक है।

एक मनुष्य विक्षिप्त है। वह भिन्न लिंगीय व्यक्तियों से दूर भागता है। एक व्यक्ति असामान्य है वह जरा-जरा सी बातों पर आत्महत्या करने की सोचता है। संतुलित व्यक्ति बहुत कम हैं।

व्यक्तित्व का असन्तुलन आधुनिक सभ्यता की एक व्यापक बीमारी है। हमारे चारों ओर सैंकड़ों और हजारों आदमी मानसिक रोगों के शिकार दिखाई पड़ते हैं। यह असन्तुलन क्यों होता है, किसी व्यक्ति में कोई मानसिक ग्रन्थि क्यों है, उसका क्या कारण है, इन सब की छानबीन करने के लिये मनोविश्लेषक जीवन इतिहास पद्धति का प्रयोग करते हैं अर्थात् उस व्यक्ति के जीवन की परिस्थितियों का विश्लेषण करके उसके व्यक्तित्व के रोगों का कारण पता लगाते हैं। क्योंकि व्यक्तित्व को समझने के लिये जीवन की परिस्थितियों को समझना आवश्यक है।

मनुष्य परिवार में जन्म लेता है। परिवार की परिस्थिति, माता-पिता का स्वभाव, भाई बहनों की संख्या, परिवार की आर्थिक और सामाजिक स्थिति, जन्म क्रम में उसका स्थान, पारिवारिक नियन्त्रण की मात्रा, परिवार में माता पिता के अतिरिक्त अन्य सम्बन्धियों की उपस्थिति, परिवार का वातावरण, संक्षेप में, परिवार की प्रत्येक परिस्थिति बालक के व्यक्तित्व पर अपनी अमिट छाप छोड़ जाती है व्यक्तित्व के विकास में पारिवारिक परिस्थिति के महत्व पर मनोवैज्ञानिकों, मानवशास्त्रियों तथा समाजशास्त्रियों ने सैंकड़ों ग्रन्थ लिख डाले हैं।

परिवार से बाहर निकल कर बालक स्कूल की परिस्थितियों में पहुंचता है और समवयस्कों में खेलता है। स्कूल में सहपाठियों का स्वभाव, स्कूल का वातावरण, शिक्षक का व्यक्तित्व, स्कूल के सांस्कृतिक तथा सामाजिक कार्यक्रम, नाटक, खेल-तमाशे आदि का बालक पर प्रभाव पड़ता है। सहपाठियों में खेलने से वह नेतृत्व करना, आज्ञा पालन करना, दूसरों से सहयोग करना, अनुशासन में रहना आदि सीखता है। यह एक सामान्य अनुभव की बात है कि बुरे बालकों में खेलने से बच्चा आवारा बनता है और बुरी आदतें सीखता है और अच्छे बच्चों में बैठ कर अच्छी आदतें सीखता है। अध्यापक के व्यक्तित्व का भी बालक पर प्रभाव पड़ता है। शिक्षक बालक के सामने एक आदर्श के रूप में रहता है। बालक उसके तौर तरीके, व्यवहार, हाव-भाव बोलने के ढंग तथा आदतों तक का अनुसरण करता है। स्कूल में नियन्त्रण से बालक के व्यक्तित्व के विकास का बड़ा निकट सम्बन्ध है। अत्यधिक नियन्त्रण तथा शारीरिक दण्ड से बालक का व्यक्तित्व कुण्ठित रह जाता है। प्यार से समझाने और अच्छी तरह देख-भाल करने से बालक का व्यक्तित्व स्वाभाविक रूप से विकसित होता रहता है। इसी कारण आधुनिक शिक्षा में मनोवैज्ञानिक विधि से शिक्षण पर जोर दिया जाता है। मान्टेसरी आदि शिक्षा पद्धतियों में बालक को खेल-खेल में विद्याभ्यास कराया जाता है।

शिक्षा समाप्त करके व्यक्ति किसी व्यवसाय अथवा नौकरी में लगता है। इस समय उसके काम करने की परिस्थितियों का उसके व्यक्तित्व पर बड़ा भारी प्रभाव पड़ता है। आजकल यह बात भली प्रकार समझी जा चुकी है कि काम करने की परिस्थितियों का व्यक्तित्व पर प्रभाव पड़ता है। इसी कारण सभ्य देशों में सरकारें काम करने की परिस्थितियों की उन्नति के लिए प्रयत्नशील हैं। जिन मजदूरों को घर से दूर शहर में रहकर आठ दस घण्टे कारखानों में काम करना पड़ता है और उसके बाद भी उनके जीवन में अभाव रहता है, वे शराबखोरी, वेश्यागमन आदि दुर्व्यसनों में फंस जाते हैं। इस प्रकार श्रमिकों, क्लर्कों, व्यापारियों आदि सभी के व्यक्तित्व को जानने के लिये, उनकी काम करने की परिस्थितियों का ज्ञान आवश्यक है।

आजीविका सम्बन्धी परिस्थितियों के अतिरिक्त सामाजिक परिस्थितियां, जीवन साथी का स्वभाव और व्यक्तित्व, बाल-बच्चों की संख्या, व्यक्ति की आर्थिक-सामाजिक स्थिति, परिवार की आय-व्यय का सन्तुलन आदि भी व्यक्तित्व को प्रभावित करते हैं। इस प्रकार मनुष्य का व्यक्तित्व उसकी परिस्थितियों के प्रति उसकी प्रतिक्रिया का परिणाम है। अतः उसके व्यक्तित्व को समझने के लिए इन परिस्थितियों को समझना बड़ा आवश्यक है।

सारांश

समाजीकरण क्या है—समाजीकरण वह प्रक्रिया है जिससे व्यक्ति सामाजिक परम्पराओं और रूढ़ियों के अनुसार व्यवहार करना तथा सामाजिक हित में अपने पर नियन्त्रण करना सीखता है। अतः समाजीकरण मनुष्य के लिये अति आवश्यक है। समाज में ही उसके स्व का विकास होता है। समाजीकरण में व्यक्ति तो एक दूसरे को प्रभावित करते ही हैं, उनके अलावा सामाजिक संस्थाओं और समितियों का भी प्रभाव पड़ता है।

समाजीकरण में परिवार का प्रभाव—समाजीकरण में परिवार का सबसे अधिक प्रभाव पड़ता है। बचपन में परिवार का प्रभाव सबसे अधिक होता है। परिवार के अलावा समाजीकरण में स्कूल का भी बड़ा प्रभाव पड़ता है।

इस प्रकार व्यक्तित्व को समझने में मनुष्य की परिस्थितियों के ज्ञान का बड़ा महत्व है। भिन्न-भिन्न परिस्थितियों में भिन्न-भिन्न प्रकार के व्यक्तित्व विकसित होते हैं। परन्तु इस विकास में व्यक्ति निष्क्रिय नहीं होता वह भी परिस्थितियों को प्रभावित करता है।

14

सामाजिक प्रत्यक्षीकरण
(Social Perception)

मनोविज्ञान की कक्षा में मोहन का पहला दिन था। वह अपने सहपाठियों के साथ कक्षा में तैयार बैठा था। तभी मनोविज्ञान की प्राध्यापिका कुमारी सुनैना बोस ने कमरे में प्रवेश किया। संयत और सुन्दर व्यक्तित्व, नपी हुई चाल से प्रवक्ता ने स्थान ग्रहण किया, हाजिरी शुरू हो गयी, इसके बाद भाषण शुरू होना था किन्तु मोहन के विचार तो प्रवक्ता को देखते ही तेजी से दौड़ रहे थे। वह सोचता कि जैसी सुन्दर प्रवक्ता है क्या वह विषय को भी उतनी ही अच्छी तरह समझायेगी? क्या वह उसकी कठिनाइयों को दूर करेगी? क्या वह उसको अलग से निर्देशन दे सकेगी? कुछ भी हो किन्तु वह प्रवक्ता के प्रति आकर्षित था क्योंकि उसे वह अच्छी लगी। उसे हर्ष था कि उसने मनोविज्ञान विषय लिया। उसे आशा थी कि प्रवक्ता का व्यवहार मृदु और कोमल होगा। उसका विचार था कि वह उसकी कठिनाइयों को सहानुभूतिपूर्वक सुलझायेगी। यह सब कैसे हुआ? यह सामाजिक प्रत्यक्षीकरण है। हम किसी भी व्यक्ति को देखते ही तुरन्त कुछ न कुछ विचार बना लेते हैं, भले ही वह रूढ़ियुक्ति पर आधारित हो। केवल दूसरों के विषय में ही नहीं, बल्कि हम अपने विषय में भी विशेष प्रकार से प्रत्यक्षीकरण करते हैं। अपने और दूसरे दोनों को देखने पर हम केवल बाह्य आकार प्रकार पर ही नहीं रुक जाते बल्कि उससे कहीं आगे बढ़कर ज्ञानात्मक और भावात्मक अनुभव करते हैं। इस प्रकार सामाजिक प्रत्यक्षीकरण में प्रत्यक्षात्मक के साथ-साथ संज्ञानात्मक और भावात्मक कारक दिखलायी पड़ते हैं।

सामाजिक प्रत्यक्षीकरण क्या है?

उपरोक्त उदाहरण से सामाजिक प्रत्यक्षीकरण की परिभाषा स्पष्ट होती है। एफ० एच० आलपोर्ट के शब्दों में, 'बहुधा सामाजिक प्रत्यक्षीकरण की अपनी समस्त सामाजिक परिस्थिति में व्यक्ति की समझ का सम्पूर्ण विस्तार मान लिया जाता है।'"[1] इस प्रकार सामाजिक प्रत्यक्षीकरण सम्पूर्ण

1. "Social perception is frequently taken to include the whole range of the individual's understanding of his social situation."
—Allport F. H., *Theory of Perception and the Concept of Structure,* 1955.

सामाजिक परिस्थिति का प्रत्यक्षीकरण है। उपरोक्त उदाहरण में सामाजिक परिस्थिति यह है कि मोहन शिक्षार्थी है और उसके सम्मुख उपस्थित युवती शिक्षक है। इस परिस्थिति का मोहन के सामाजिक प्रत्यक्षीकरण में विशेष महत्व है क्योंकि उसका समस्त प्रत्यक्षीकरण इसी परिस्थिति के चारों ओर बन्ध कर होगा। वास्तव में सामाजिक परिस्थिति में अपर्याप्तता, असमीचीनता और अस्त-व्यस्तता होती है जिसके कारण एक ही व्यक्ति अथवा वस्तु का प्रत्यक्षीकरण भिन्न-भिन्न लोग भिन्न-भिन्न प्रकार से करते हैं। प्रत्येक परिस्थिति में दी गई जानकारी मात्र का प्रत्यक्षीकरण नहीं होता। जैसा कि ब्रूनर ने दिखलाया है हम प्रत्येक स्थिति में दी हुई जानकारी से आगे बढ़ते हैं फिर भी सामाजिक प्रत्यक्षीकरण में प्रत्यय बनाये जाते हैं, निर्णय लिये जाते हैं और अपर्याप्त सामग्री होने के बावजूद क्रियायें की जाती हैं।

सिकोर्ड और बैकमैन ने सामाजिक प्रत्यक्षीकरण की विशषेताओं को स्पष्ट करते हुये लिखा है, ''इन प्रक्रियाओं में समाज मनोवैज्ञानिक दो विशिष्ट रुचियाँ रखता है, एक अनुभव की प्रक्रियाओं पर व्यक्तिगत और सामाजिक कारकों का प्रभाव है दूसरा सामाजिक वस्तुओं के विषय में हमारा प्रत्यक्षात्मक, संज्ञानात्मक और भावात्मक अनुभव है।''[2] जैसा कि पीछे दिये गये उदाहरण में दिखलाया गया है सामाजिक प्रत्यक्षीकरण में अनुभव की प्रतिक्रियाओं पर व्यक्तिगत और सामाजिक, कारकों का प्रभाव होता है। व्यक्तिगत कारक सामाजिक वस्तु के विषय में हमारी जानकारी, पूर्वाग्रह, रूढ़ियुक्ति, अभिवृत्ति, प्रयोजन और रुख अथवा प्रतिक्रिया हो सकते हैं। इसी प्रकार सामाजिक कारकों में सामाजिक विषय की सामाजिक स्थिति और कार्यभाग महत्वपूर्ण कारक हैं। इनके साथ-साथ सामाजिक प्रत्यक्षीकरण प्रत्यक्षात्मक (Perceptual) अर्थात् इन्द्रियों के द्वारा अनुभव होने वाले, संज्ञात्मक (Cognitive) अर्थात् प्रत्यय, निर्णय तथा भावात्मक अर्थात् संवेग, स्थायीभाव , अनुभूति इत्यादि से प्रभावित होते हैं। कुछ मनोवैज्ञानिकों ने इन समस्त कारकों में प्रत्यय को सबसे अधिक महत्वपूर्ण माना है। कैनेथ जे० जर्गन (K.J. Gergen) के अनुसार सामाजिक प्रत्यक्षीकरण लोगों के प्रति प्रत्ययों को लागू करना है।[3] जब कभी हमारे सामने कोई व्यक्ति अथवा कोई वस्तु आती है तो हम उसका वर्गीकरण करते हुये उस पर कोई न कोई प्रत्यय लागू करते हैं जैसे स्त्री, पुरुष, शीत, उष्ण, मैत्रीपूर्ण, शत्रुतापूर्ण, खतरनाक, लाभदायक, सुन्दर, असुन्दर इत्यादि। यह आवश्यक नहीं है कि यह वर्गीकरण यथार्थ स्थिति के अनुरूप हो। किसी सुन्दर और बातूनी तथा अत्यधिक सामाजिकताप्रिय लड़की को देखकर यह समझ लिया जाता है कि वह अन्य अनेक मनोरंजनों में भी साथ दे सकती है जबकि वास्तव में ऐसा नहीं होता। किसी गम्भीर प्रोफेसर को देख कर विद्यार्थी यह अनुमान लगा लेते हैं कि वह अत्यधिक बोर

---

2. "The social psychologist has two specific interests in such processes. One is the effects of social and personal factors on these processes...The other interest of the social psychologist is in our perceptual, cognitive and affective experiences concerning social objects."

—Secord P. F. and C. W. Backman, *Social Psychology,* 1964, pp. 13-14.

3. Kenneth J. Gergen, *Social Perception* in K. W. Back (Ed). *Social Psychology*, 1977 John Wiley Sons, Chapt-X, pp.351-390.

करेगा जबकि उनका यह अनुमान बाद में गलत साबित होता है। वास्तव में मनोवैज्ञानिक प्रयोगों से यह पता चला है कि अधिकतर प्रत्यक्ष स्त्री-पुरुष की बाहरी आकृति को देखकर अनुमान से लगा लिये जाते हैं जबकि वास्तव में मुखाकृति अथवा शरीर का आकार-प्रकार, स्वभाव अथवा चरित्र का दर्पण नहीं होता।

सामाजिक प्रत्यक्षीकरण से कारक

सामाजिक प्रत्यक्षीकरण की उपरोक्त विवेचना से उसके निम्नलिखित कारक स्पष्ट होते हैं–

(1) **सामाजिक अन्तर्क्रियायें** (Social Interactions)–हमारे सामाजिक प्रत्यक्षीकरण पर सामाजिक अन्तर्क्रियाओं अर्थात् प्रत्यक्ष के विषयों से हमारे सहयोग, संघर्ष, प्रतिद्वन्द्विता इत्यादि अन्तर्क्रियाओं का प्रभाव पड़ता है। यदि कोई व्यक्ति सहयोग दिखलाता है तो हम उसमें अनेक विशेषतायें जैसे बुद्धिमत्ता, उदारता, हसंमुखता, सामाजिकता तथा यहाँ तक कि सुन्दरता तक देखने लगते हैं। इस प्रकार यदि किसी व्यक्ति से हमारी प्रतिद्वन्द्विता है तो केवल इसी कारण से हम उसमें दुष्टता, काइयाँपन, अनुदारता, पूर्वाग्रह, बेईमानी असत्यता इत्यादि अनेक अवगुण देखने लगते हैं। इन दोनों ही उदाहरणों में सामाजिक प्रत्यक्षीकरण का मूल आधार दी हुई विषय-वस्तु नहीं बल्कि प्रत्यक्ष के विषय से हमारी सामाजिक अन्तर्क्रिया है। आवश्यक नहीं है कि प्रोक्टर कठोरता का ही व्यवहार करेगा यद्यपि उसमें बहुधा विद्यार्थी यही देखते हैं।

(2) **प्रत्यक्षीकरण की क्षमता** (Perceptual Capacity)–व्यक्तिगत विभिन्नतायें सामाजिक प्रत्यक्षीकरण में सबसे अधिक काम करती हैं। इसी कारण कुछ लोग दूसरों को देखकर उनके चरित्र, व्यक्तित्व इत्यादि का सही अनुमान लगा लेते हैं जबकि अन्य लोग ऐसा नहीं कर पाते। वास्तव में प्रत्यक्षीकरण की क्षमता हमारे व्यापक सामाजिक अनुभव पर आधारित है। हैदरअली व्यक्तियों को केवल देखकर सेना में भर्ती करता था क्योंकि उसके व्यापक अनुभव के कारण उसका प्रत्यक्षीकरण सही था चाहे इस विषय में कोई पुस्तकीय ज्ञान नहीं था। इसी प्रकार अनेक पुलिस अफसर अपराधी को देखते ही पहचान जाते हैं। न्यायाधीश केवल शक्ल देखकर बता सकते हैं कि अभियुक्त अपराधी है अथवा नहीं। ये सब अनुभव के कारण हैं। दूसरी ओर अनुभवहीन व्यक्ति बहुधा गलत सामाजिक प्रत्यक्षीकरण करता है। यदि उससे कोई सहानुभूति से पेश आता है तो वह उसमें अनेक सद्गुण देखने लगता है भले ही बाद में उसे धोखा खाना पड़े। बहुधा देखा जाता है कि घर से भागने वाली लड़कियाँ दुष्ट व्यक्तियों के साथ भागती हैं। यद्यपि यह आसानी से समझा जा सकता है कि यदि वे उन्हें दुष्ट समझती होंगी तो वह उनके साथ कभी नहीं जायेगी बल्कि उनका सामाजिक प्रत्यक्षीकरण तो उन व्यक्तियों को अत्यन्त उच्च चरित्र और वांछित व्यक्तित्व वाला समझता है। इसका विशेष कारण यह है कि विशिष्ट आयु में लड़के लड़कियों को निर्णय की क्षमता बहुत कम होती है और भिन्न लिंगीय व्यक्ति का कोई भी अनुभव न होने के कारण वे आसानी से बहकाये जा सकते हैं। दूसरी ओर इस क्षेत्र में अनुभवी व्यक्तियों को धोखा नहीं दिया जा सकता।

(3) सूचनाओं की मात्रा एवं क्रम (Amount and Order of Informations)—किन्तु सामाजिक प्रत्यक्षीकरण में सबसे अधिक महत्वपूर्ण तत्व उपस्थित सूचनायें है क्योंकि बहुधा लोग सूचनाओं के आधार पर ही प्रत्यय बनाते हैं और निर्णय देते हैं। जिस विषय के बारे में हमें जितनी भी अधिक सूचनायें प्राप्त होंगी हम उनका उतना ही सही प्रत्यक्षीकरण करेंगे। हालैन्डर (Hollander 1956) के अनुसार परिचय और पहचान सही निर्णय करने में सहायक होते हैं किन्तु जैसा कि सामान्य अनुभव से पुष्ट होता है, यदि अपर्याप्त परिचय प्रत्यक्षीकरण को दोषयुक्त बनाता है तो अत्यधिक परिचय का भी यही परिणाम होता है। अंग्रेजी में एक कहावत है, "Too much familiarity breeds contempt" जिसका अर्थ होता है कि अत्यधिक परिचय उपेक्षा उत्पन्न करता है। कुछ अध्ययनों से यह पता चला है कि दीर्घकालीन परिचय के कारण हम अनेक व्यक्तियों के विषय में पूर्वाग्रह युक्त हो जाते हैं और इसलिये हमारा सामाजिक प्रत्यक्षीकरण हो जाता है।

सूचनाओं की मात्रा (Amount) के साथ-साथ सूचनाओं का क्रम (Order)भी महत्वपूर्ण है। यदि आपको किसी व्यक्ति के विषय में जानने योग्य बात आरम्भ में ही बता दी जाये तो सामाजिक प्रत्यक्षीकरण बहुत भिन्न होगा। पीछे दिये गये उदाहरण में यदि मोहन सुनैना बोस को बाजार में देखता तो वह उसके विषय में न जाने क्या-क्या सोचता किन्तु जब उसकी पहली जानकारी यह थी कि वह उसकी प्रवक्ता है तो उसका शेष प्रत्यक्षीकरण इसी से निर्धारित हुआ। कई बार सूचनाओं के गलत क्रम के कारण सामाजिक प्रत्यक्षीकरण गलत हो जाता है । इस सम्बन्ध में जो स्वाभाविक क्रम है, वह बनाये रखने से सामाजिक प्रत्यक्षीकरण सही होता है।

(4) आवश्यकतायें और अनुक्रियायें प्रबलता (Needs and Response Salience)—सामाजिक प्रत्यक्षीकरण वस्तुगत नहीं होता। उस पर प्रत्यक्षकर्ता की आवश्यकताओं और अनुक्रिया प्रबलता का भारी प्रभाव पड़ता है। कहावत है कि भूखे को चाँद और सूरज भी रोटी की तरह गोल दिखलायी पड़ते हैं। भूखे के सम्बन्ध में किये गये प्रयोगों में यह देखा गया है कि भूखे व्यक्ति के समस्त प्रत्यक्षीकरण उसकी भूख से प्रभावित हुए यहाँ तक कि उसे अपनी पूर्व प्रेमिका में भी कोई आकर्षण नहीं दिखलायी पड़ा । इस सम्बन्ध में लेवाइन, चेन और गार्डनर मर्फी (R. Levine, I. Chein and Murphy, 1942) के प्रयोगों से यह ज्ञात हुआ कि प्रत्यक्षकर्ता की आन्तरिक आवश्यकताओं, ईहाओं और अनुक्रियाओं की प्रबलता उसके प्रत्यक्षीकरण को प्रभावित करती हैं। कोई विशेष आवश्यकता तीव्र रूप से उत्पन्न होने के पश्चात् हमारी अनुक्रिया उससे प्रभावित होती है और हमारे प्रत्यक्षीकरण भी उससे प्रभावित होते हैं। उपरोक्त मनोवैज्ञानिकों ने इस सम्बन्ध में एक प्रयोग किया जिसमें कार्डों पर रंगीन और कुछ सादी ज्यामितीय आकृतियाँ बनी हुई थीं जो कि घरेलू वस्तुओं और भोजन के विषय में थीं। अब इन आकृतियों को एक काँच के पर्दे से प्रयोज्यों को दिखाया गया। इस पर्दे में होकर आकृतियाँ कुछ धुँधली दिखायी देती थीं। प्रयोज्यों में दो नियंत्रित समूह और तीन प्रायोगिक समूह बनाये गये। प्रत्येक समूह को आदेश दिया गया कि उसे पर्दे पर आकृति को देखकर सम्बन्धित साहचर्य शब्द बतलाने हैं । प्रायोगिक समूहों को भेजने के क्रमशः तीन, छः और नौ घन्टे बाद प्रयास कराया गया। दोनों नियन्त्रित समूहों को भोजन के डेढ़ तथा ढ़ाई घन्टे बाद प्रयास कराया गया।

प्रयोग से यह निष्कर्ष निकला कि शारीरिक दशाओं का प्रत्यक्षीकरण पर प्रभाव पड़ता है। मैक्लीलैण्ड और एटकिंसन (D.C McClelland and J.W.Atkinson, 1948) के प्रयोगों से यह ज्ञात हुआ कि भूखे व्यक्ति में भोजन से सम्बन्धित अनुक्रियायें अधिक घटित होती हैं और प्रत्यक्षीकरण को प्रभावित करती हैं। सामाजिक प्रत्यक्षीकरण पर भूख के प्रभाव को लेकर लेजारस, यूसेन और डी० आरेनबर्ग (R.S. Lazarus, H. Youssen & D. Arenberg, 1953) ने एक प्रयोग किया जिसमें स्वतन्त्र चुनाव (Free choice) और बाध्य चुनाव (Forced choice) के अवलोकन से यह निष्कर्ष निकाला गया कि प्रत्यक्षीकरण सम्बन्धी अनुक्रियाओं पर तत्कालीन अभिप्रेरणाओं का प्रभाव पड़ता है और भूखे व्यक्ति में भोजन सम्बन्धी अनुक्रियायें अधिक होती हैं। सन् 1953 में विस्पे और ड्रामबरकन (L.G. Wispke M.C. Drambarcan 1953) ने अपने एक प्रयोग में प्रयोज्यों को भोजन और पानी से वंचित रखकर उनमें भूख और प्यास की आवश्यकतायें उत्पन्न कीं। अब इन प्रयोज्यों को टेचिस्टोस्कोप की सहायता से भोजन और पानी से सम्बन्धित कुछ उद्दीपक शब्द दिखलाये गये जिनका अभिव्यक्तिकाल बहुत कम था। प्रयोग में यह देखा गया कि अन्य उद्दीपक शब्दों की तुलना में प्रयोज्यों ने भोजन और पानी से सम्बन्धित उद्दीपक शब्दों का अधिक तीव्र प्रत्यक्षीकरण किया। इसका लाभ उठाकर अनेक विज्ञापनों में सुन्दर स्त्रियों के चित्रों के माध्यम से विज्ञापन की वस्तुओं के प्रति अनुकूल प्रत्यक्षीकरण उत्पन्न किये जाते हैं। उत्तेजित अवस्था से अनुक्रिया की प्रबलता बढ़ जाती है। इस सम्बन्ध में सन् 1953 में लेजारस (Lazarus) और उसके साथियों ने यह जानने के लिये प्रयोग किया कि किसी आवश्यकता की मात्रा बढ़ जाने से सामाजिक प्रत्यक्षीकरण कहाँ तक प्रभावित होता है। अपने प्रयोगों में उन्होंने यह देखा कि अधिक भूखे प्रयोज्यों ने कम प्रकाश में भी भोजन सम्बन्धी चित्रों का सही प्रत्यक्षीकरण किया। यह इस बात पर निर्भर करता है कि भूख कितनी तीव्र थीं क्योंकि चार घन्टे से भोजन न पाने वाले प्रयोज्यों ने अपनी प्रतिक्रियाओं में भूख का कोई प्रभाव नहीं दिखलाया। संक्षेप में मनुष्य की किसी भी आवश्यकता के सन्तोष को लम्बे समय तक वंचित रखने में उसका सामाजिक प्रत्यक्षीकरण उस आवश्यकता से अत्यधिक प्रभावित होता है। इसका उदाहरण बलात्कार के मामलों में देखा जा सकता है। अनेक व्यक्ति जिन्हें यौन सन्तोष नहीं मिलता ऐसी हरकतों और क्रियाओं तथा वस्तुओं में भी यौन प्रवृत्ति देखने लगते हैं जहाँ कि वह लगभग नहीं मिलती। कहना न होगा कि सामाजिक प्रत्यक्षीकरण की यह भूल उनके अत्यधिक यौन वंचना और असन्तोष के कारण है।

(5) विषय वस्तु की विशेषतायें (Characteristics of Material)—उपरोक्त विवेचन से यह नहीं समझना चाहिये कि सामाजिक प्रत्यक्षीकरण आत्मगत होता है क्योंकि उस पर प्रत्यक्षीकरण की विषय-वस्तु वस्तुओं (Objects) अथवा व्यक्तियों (Individuals) की विशेषताओं का भी प्रभाव पड़ता है। कुछ स्त्रियाँ देखने में इतनी सौम्य, सन्तुलित और सुन्दर होती है कि उनको देख उनमें अनेक गुण मान लिये जाते हैं। इसमें देखने वाले का पूरा दोष नहीं है। इसी प्रकार कुछ व्यक्ति इतने अधिक कुरूप हो सकते हैं कि उनके विषय में गलत सामाजिक प्रत्यक्षीकरण बनाये जा सकते हैं। उदाहरण के लिये कुछ व्यक्ति शक्ल से अपराधी, कुछ बदमाश और कुछ निहायत शरीफ दिखलायी पड़ते हैं जबकि वास्तव में उनका ऐसा होना आवश्यक नहीं है। किन्तु क्या इसमें कोई सन्देह है कि उनका यह सामाजिक प्रत्यक्षीकरण उनके चेहरे और शरीर

की आकृति के कारण होता है? कुछ व्यक्ति सरल होते हैं और जैसे दिखलायी पढ़ते हैं वैसे ही होते हैं। अस्तु, उनके विषय में बहुधा सही प्रत्यक्षीकरण होता है। किन्तु फिर अनेक व्यक्ति अत्यधिक जटिल होते हैं और उनको देखने से उनके चरित्र या व्यक्तित्व के विषय में सही अनुमान नहीं लगाया जा सकता। फिर कुछ लोग नाटकीयता में कुशल होते हैं और उनके नाटक के कारण अन्य लोगों को उनके प्रत्यक्षीकरण में भूल होती है। बहुधा यह देखा जाता है कि दुष्चरित्र स्त्री-पुरुष अधिक नाटकीयता और अभिनयशीलता रखते हैं जिससे वे अपनी दुष्चरित्रता के बावजूद दूसरों, पर बार-बार अपने चरित्र का सिक्का जमा लेते हैं।

(6) मूल्य प्रणाली (Value System)– मनुष्य मूल्यों के परिवेश में रहता है। ये मूल्य परिवर्तनशील हैं किन्तु मनुष्य कभी भी मूल्यहीन शून्य में नहीं रहता। आदिम से आदिम समाज में भी कुछ न कुछ मूल्य होते हैं जो कि सदस्यों के व्यक्तित्व और प्रत्यक्षीकरण को प्रभावित करते हैं। इस सम्बन्ध में अनेक अध्ययनों से यह पता चला है कि जिस व्यक्ति के लिये जो मूल्य अधिक महत्वपूर्ण होते हैं वह उनका प्रत्यक्षीकरण शीघ्र कर लेता है। उदाहरण के लिये सौन्दर्य के मूल्य को सर्वाधिक महत्व देने वाले स्त्री-पुरुष सब कहीं सुन्दरता अथवा असुन्दरता के तत्व का शीघ्र प्रत्यक्षीकरण कर लेते हैं। जानसन, थामसन और फ्रिंके (R. C. Johnson, C. W.Thompson and Frincke,1960) ने इस सम्बन्ध में शब्द मूल्य, शब्द आकृति और दृष्टि अवधि सीमान्त (Threshold) पर एक प्रयोग किया। इससे उन्होंने यह निष्कर्ष निकाला कि प्रयोज्यों के सामने निरर्थक शब्दों को बार-बार प्रस्तुत करने से उनके लिये ऐसे शब्दों का मूल्य बढ़ जाता है। ब्रूनर और गुडमैन (J. S. Bruner and C. C. Goodman) ने सन् 1947 में मूल्यों और आवश्यकताओं तथा प्रत्यक्षीकरण के संगठन के कारक पर एक अध्ययन किया जिससे यह सिद्ध हुआ कि मूल्य और आवश्यकतायें प्रत्यक्षीकरण को तीव्रता प्रदान करती है।

(7) प्रत्यक्षिक तीव्रता (Perceptual Accentuation)–प्रत्यक्ष की तीव्रता से तात्पर्य यह है कि जो वस्तुयें सामाजिक दृष्टि से मूल्यवान होती हैं और व्यक्ति की आवश्यकताओं से सम्बन्धित होती हैं उनके प्रत्यक्षीकरण में अत्यांकन (Over estimation) होता है। अत्यधिक यौन वंचना के शिकार लोग यौन सुख को संसार में सबसे ऊँची वस्तु मानते हैं। कुछ प्रयोगों में यह देखा गया कि धनिक परिवार के बालकों की तुलना में निर्धन परिवार के बालक सिक्कों के आकार बड़े बनाते हैं क्योंकि उनके लिये उनका अधिक मूल्य है। कुछ अन्य अध्ययनों में जैसे लाईसक और गिलक्राइस्ट (W. Lysak and J. C. Gilchrist) के अध्ययनों में प्रत्यक्षीकरण पर मूल्य का यह प्रभाव नहीं दिखलायी पड़ा किन्तु सामान्य रूप से इसकी पुष्टि हुई। उदाहरण के लिये प्रोशेंसकी और गार्डनर मर्फी (H. Proshansky & G. Murphy) ने सन् 1942 में एक प्रयोग किया जिसका लक्ष्य रेखाओं की लम्बाई और भारों के अनुमान में मूल्यों के योगदान का पता लगाना था। इसमें यह देख गया कि प्रत्यक्षीकरण की जिन अनुक्रियाओं को पुरस्कृत किया गया उनमें अत्यांकन दिखलायी दिया और जिनको दण्डित किया गया उनमें अल्पांकन (Under-estimation) दिखलायी दिया। सन् 1954 में बीम्स (H. L. Beams) ने अपने एक प्रयोग में यह देखा कि यदि प्रयोज्य बालकों के सामने उनकी पसन्द के भोज्य-पदार्थों के चित्र प्रस्तुत किये जाते हैं तो वे उनका अत्यांकन करते हैं और दूसरी ओर जब उनकी नापसन्द भोज्यसामग्री के चित्र

उपस्थित किये जाते हैं तो अल्पांकन होता है। सन् 1957 में ताजफेल (H. Tajfel) ने इस सम्बन्ध में कुछ प्रयोग किये। इन प्रयोगों के निष्कर्ष में यह देखा गया कि बड़े उद्दीपकों का अल्पांकन और छोटे उद्दीपकों का अत्यांकन मूल्यों के प्रभाव से होता है। इन्हीं के कुछ अन्य प्रयोगों में यह पता चला कि किसी श्रेणी के उद्दीपक मूल्यात्मक और अन्य के तटस्थ होने पर मूल्यात्मक उद्दीपकों का अधिक प्रभाव दिखलाई पड़ता है और उनका अत्यांकन होता है। इससे ताजफेल ने यह निष्कर्ष निकाला कि जब उद्दीपक के आकार का सम्बन्ध घनात्मक मूल्यों से होता है तब प्रत्यक्ष पर अधिक दबाव पड़ता है और तब इनका सम्बन्ध ऋणात्मक मूल्यों से होता है तब प्रत्यक्ष पर कम दबाव पड़ता है।

(8) संस्कृति का प्रभाव (Influence of Culture)—सामाजिक मानवशास्त्रीय अध्ययनों से यह पता चलता है कि संस्कृति का सामाजिक प्रत्यक्षीकरण पर विशेष प्रभाव पड़ता है। एक अंग्रेज के लिये बर्फ केवल बर्फ है किन्तु ऐस्किमो के जीवन में बर्फ का विशेष महत्व होने के कारण उसकी शब्दावली में बर्फ के लिये अनेक शब्द हैं। इसी प्रकार हमारे लिये एक ऊँट, ऊँट ही है किन्तु अरब के रेगिस्तान में रहने वालों के लिये ऊँट बहुत कुछ है और वे उसके अनेक प्रकार बता सकते हैं। सैगल तथा अन्य (M. D. Segall & others 1964) ने दृष्टि प्रत्यक्ष पर संस्कृति के प्रभाव के विषय में 1878 व्यक्तियों पर एक अध्ययन किया। इन व्यक्तियों में तीन यूरोपीय संस्कृतियों और 14 अन्य संस्कृतियों के लोग शामिल थे। इस विस्तृत अध्ययन से यह निष्कर्ष निकला कि प्रत्यक्षीकरण अनुमान और सामाजिक प्रत्यक्षीकरण संस्कृतियों से विशेष रूप से प्रभावित होता है और इस सम्बन्ध में यूरोपीय तथा अन्य संस्कृतियों के सदस्यों के प्रत्यक्षीकरण में स्पष्ट भेद दिखलायी पड़ा। प्रत्यक्षीकरण पर संस्कृति का यह प्रभाव भारतीय और अमरीकन, चीनी और अरब तथा अन्य विभिन्न संस्कृतियों की तुलना में देखा जा सकता है।

(9) सामाजिक सहमति (Social Consensus)—सामाजिक सहमति का अर्थ किसी व्यक्ति अथवा वस्तु के विषय में समूह में सामान्य मत अथवा निर्णय का उपस्थित होना है। उदाहरण के लिये भारतवर्ष के गाँवों में गाँव की लड़की को युवकों की बहन माना जाता है और इस व्यवहार से थोड़ा भी हटकर व्यवहार दिखलायी पड़ने पर उसको अनुचित व्यवहार के रूप में देखा जाता है। सन् 1952 में ऐश (S. E. Asch) के अध्ययनों से यह सिद्ध हुआ कि कोई व्यक्ति किसी वस्तु या व्यक्ति के सम्बन्ध में वैसे ही प्रत्यक्षीकरण करता है जैसी उनके विषय में उसके समूह में सामाजिक सहमति पायी जाती है।

(10) पुष्टिकरण (Reinforcement)—सामाजिक प्रत्क्षीकरण में पुष्टिकरण का विशेष प्रभाव है। इस सम्बन्ध में सन् 1943 में शेफर और मर्फी (F. Shafer and G. Murphy) ने अपने एक प्रयोग में प्रयोज्यों का परिवर्तनशील (Reversible) आकृति पृष्ठभूमि से सम्बन्धित चित्र दिखाये। इन प्रयोज्यों को प्रशिक्षण काल में दो अलग-अलग मुखाकृतियाँ दिखायी गयीं जिनमें से एक के प्रत्यक्षीकरण पर कुछ मुद्रायें दी जाती थीं और दूसरी के प्रत्यक्षीकरण पर छीन ली जाती थीं। स्वभावतया पहली के पक्ष में पुष्टिकरण हुआ। अब प्रयोग किये जाने पर प्रयोज्यों के सामने टैचिटोस्कोप की सहायता से बहुत ही कम समय के लिये कुछ चित्र दिखलाये गये

यह निष्कर्ष निकाला गया कि प्रत्यक्षीकरण के पुरस्कृत चित्र पुष्टिकरण के कारण से अधिक स्पष्ट देखा गया। सन् 1959 में बैटी, डैमर्सन और ग्रीन, (S. E. Beatty, L. E. Demerson and J. E. Green) ने प्रत्यक्षीकरण पर पुरस्कार और दण्ड के प्रभाव का अध्ययन करके यह दिखलाया कि पहचान सीमान्त (Requisition Threshold) दण्ड से प्रभावित नहीं होता। दूसरी ओर सन् 1954 में स्मिथ और हासबर्ग (D. E. Smith and J. E. Hachberg) ने इसके विपरीत परिणाम प्राप्त किये थे किन्तु कुछ अन्य प्रयोगों में यह देखा गया कि पुरस्कार की उपस्थिति से पहचान काल अवश्य कम हो जाता है। इन प्रयोगों में सन् 1950 में स्मिथ, पार्कर और रोबिन्सन (Smith, Parker and Robinson) के प्रयोगों तथा सन् 1952 में एम॰ के॰ रिगबी और डब्लू॰ के॰ रिगबी (M. K. Rigby & W. K. Rigby) के प्रयोग उल्लेखनीय हैं।

(11) संरचनात्मक कारक (Structural Factors)—मस्तिष्क और स्नायु संस्थान की सरंचना से सामाजिक प्रत्यक्षीकरण पर प्रभाव पड़ता है। मस्तिष्क और स्नायु सम्बन्धी दोषों से सामाजिक प्रत्यक्षीकरण दोषपूर्ण हो जाता है। चूँकि संरचनात्मक कारकों का प्रत्यक्ष के संगठन में विशेष योगदान होता है इसलिए इनका प्रत्यक्षीकरण पर विशेष प्रभाव पड़ता है। अनेक प्रयोगों में यह देखा गया है कि वस्तुओं के प्रत्यक्षीकरण के समान व्यक्तियों के प्रत्यक्षीकरण में भी संज्ञानों में चयानात्मक संगठन होता है। सन् 1946 में ऐश ने अपने एक प्रयोगात्मक अध्ययन में कुछ प्रयोज्यों के सम्मुख एक अनजाने व्यक्ति के व्यक्तित्व की विशेषताओं की सूची उपस्थित की जिसमें ये विशेषतायें थीं—शक्तिशाली, आश्वस्त, बातूनी, शीत, व्यंगभाषी, जिज्ञासु, प्रभावशाली। सूची के प्रत्येक पद के मध्य में 5 सैकिण्ड की अवधि दी गयी। विशेषताओं को उपस्थित करने के पश्चात् प्रयोज्यों को उस व्यक्ति के सम्बन्ध में निर्णय देने के लिये कहा गया। यह देखा गया कि प्रयोज्यों ने उपर्युक्त विशेषताओं का संगठित रूप में प्रत्यक्षीकरण किया तथा एक सार्थक और गत्यात्मक व्यक्तित्व का स्वरूप व्यक्त किया। केवल इतना ही नहीं बल्कि उन्होंने अपनी ओर से भी उस अनजान व्यक्ति के व्यक्तित्व में अनेक विशेषताओं का समावेश कर दिया।

(12) संज्ञानों का चयनात्मक संगठन—संज्ञानों को चयनात्मक संगठन (Selective Organisation of Cognitions) को प्रत्यक्षीकरण में अंश और पूर्ण (Part and whole) के सम्बन्ध में सिद्धान्त से भी समझा जा सकता है। सामाजिक प्रत्यक्षीकरण में अंश और पूर्ण का सिद्धान्त तेज के प्रभाव (Helo Effect) में देखा जा सकता है। हम तेजस्वी अथवा प्रसिद्ध सन्तों, नेताओं और अभिनेताओं, के प्रत्यक्षीकरण में उनके तेज के प्रभाव के कारण बहुत अधिक शील गुण देखते हैं जबकि तेज के सर्वथा अभाव में बहुधा बुरे शील गुण देखे जाते हैं। इसी प्रकार सामाजिक प्रत्यक्षीकरण में अंश और पूर्ण का प्रभाव अव्यक्त व्यक्तित्व (Implicit Personality) सिद्धान्त में दिखलायी पड़ता है। किसी भी व्यक्ति के व्यक्तित्व का प्रत्यक्षीकरण करते समय स्वयं अपने अनुभव के आधार पर हम यह मान लेते हैं कि यदि उसमें अमुक शील गुण है तो उसके साथ-साथ अमुक शील गुण भी होंगे। उदाहरण के लिये यदि कोई स्त्री चोरी करती है तो वह व्याभिचार भी करती होगी, यदि वह भीख माँगती है तो वह वेश्यावृत्ति भी करती होगी इत्यादि। यह अव्यक्त व्यक्ति का सिद्धान्त है जिसके कारण हम हिंसक व्यक्ति को बेईमान, कामुक और लुटेरा तथा ईमानदार को न्यायप्रिय और उदार मान बैठते हैं जबकि वास्तव में ऐसा होना आवश्यक नहीं है। इस संगठन का कारण यह है कि ईमानदारी का न्यायप्रियता और उदारता से तथा हिंसा का

बेईमानी और कामुकता से घनिष्ठ सम्बन्ध होने के कारण अंश के होने पर सम्पूर्ण के होने के कारण अंश के होने का अनुमान लगा लिया जाता है।

सामाजिक रूढ़ियुक्तियाँ

सामाजिक प्रत्यक्ष में अंश और सम्पूर्ण के सिद्धान्त का उदाहरण रूढ़ियुक्तियों (Stereotypes) में भी दिखलायी पड़ता है। रूढ़ियुक्तियाँ मिथ्या वर्गीकरण करने वाले प्रत्यय हैं जिनके कारण हम रुचि और अरुचि, स्वीकृति और अस्वीकृति के आधार पर सामूहिक मत के प्रभाव से कुछ पूर्ण बना लेते हैं। उदाहरण के लिये काले और गोरे लोगों में तथा भारतवर्ष में उच्च जाति और निम्न जाति के लोगों में तथा हिन्दू और मुसलमानों में एक दूसरे के विषय में रूढ़ियुक्तियों के कारण गलत सामाजिक प्रत्यक्षीकरण दिखलायी पड़ते हैं।

(13) निर्णय (Judgement)—सामाजिक प्रत्यक्षीकरण में निर्णय का कारक काम करता है। इसमें हम कुछ निर्णय लेते हैं। ये निर्णय सामाजिक कारकों से प्रभावित होते हैं। इसलिये जनमत अथवा जनप्रवाद तथा सामाजिक रूढ़ियुक्तियाँ और पूर्वाग्रह हमारे प्रत्यक्षीकरण को प्रभावित करते हैं। इस प्रकार निर्णयों पर सामाजिक प्रभाव विभिन्न प्रजातियों, जातियों, धर्मों, वर्गों तथा अन्य समूहों के सदस्यों के निर्णयों में देखा जा सकता है।

(14) भावात्मक कारक (Affective Factors)—अन्त में सामाजिक प्रत्यक्षीकरण को प्रभावित करने वाले कारकों में भावात्मक कारकों का विशेष रूप से प्रभाव पड़ता है। ये भावात्मक कारक अनुभूतियाँ और संवेग है। यह एक सामान्य बात है कि दूसरे व्यक्तियों को देखकर हमारे अन्दर जो संवेग जैसे प्रेम, घृणा अथवा अनुभूतियाँ अथवा दुःख उत्पन्न होते हैं उनसे हमारे प्रत्यक्षीकरण प्रभावित होते हैं। उदाहरण के लिये प्रेमी युवक-युवतियों को समस्त प्रकृति, समस्त संसार, प्रेम में डूबा नाचता गाता दिखलायी पड़ता है। प्रेमी को अपनी प्रेमिका संसार की स्त्रियों में सबसे अधिक सुन्दर, प्रतिभाशाली और गुणशील युक्त दिखलायी पड़ती है जबकि प्रेम न रहने पर उसे यह आश्चर्य होता है कि उस जैसी फूहड़, मूर्ख और चिड़चिड़ी स्त्री में उसे कभी भी कैसे रुचि थी। अनेक अनुसंन्धानों से यह पता चला है कि हमारे प्रत्ययों में हमारी भावनाओं का विशेष योगदान होता है। आसगुड और उसके सहयोगियों ने विभिन्न प्रत्ययों के भावात्मक साहचर्यों की परीक्षा करके यह दिखलाया कि सभी संस्कृतियों के लोग प्रत्ययों के साथ में भावात्मक मूल्य लगाये रहते हैं और कुछ शब्दों के प्रति अत्यन्त तीव्र प्रतिक्रिया करते हैं तथा अन्य के उच्चारण को सर्वथा अनुचित मानते हैं। भिन्न-भिन्न भाषाओं में प्रचलित गालियाँ इसका उदाहरण हैं। यह देखा जा सकता है कि इन गालियों में से अधिकतर शब्द ऐसे रिश्तों, शारीरिक अंगों आदि के विषय में ऐसे कार्यों का आरोप करते हैं जो साधारणतया समाज विरुद्ध और वर्जित हैं और इसीलिये उनको सुनकर लोग तीव्र विरोध करते हैं और मारपीट तक पर उतारू हो जाते हैं। केवल व्यक्ति ही नहीं बल्कि सामाजिक प्रश्नों के प्रति हमारे निर्णय भी बहुधा भावनाओं से प्रभावित होते हैं। उदाहरण के लिये सन् 1971 में कैनेथ और मैरीजर्गन ने विभिन्न राष्ट्रीय चिन्हों के वियतनाम युद्ध के विरुद्ध प्रदर्शन में प्रयोग के भावात्मक अर्थ का पता लगाने के लिये कुछ अध्ययन किये। इन अध्ययनों से यह पता चला कि राष्ट्रीय चिन्हों के प्रति क्रिया राष्ट्रीय विशेषताओं के प्रति प्रतिक्रियाओं के रूप में थी। उदाहरण के लिये अमरीकी चिन्ह को जनतन्त्र का प्रतीक माना गया। इससे यह स्पष्ट होता है कि सामाजिक प्रश्नों पर दृष्टिकोण बहुत कुछ भावनाओं पर निर्भर करता है।

सामाजिक प्रत्यक्षीकरण पर भावनाओं का प्रभाव सबसे अधिक प्रजातिवादी (Racist) प्रत्ययों में देखा जा सकता है। इस क्षेत्र में किये गये अनुसन्धानों से यह पता चला कि संयुक्त राष्ट्र अमरीका, यूरोप और एशिया में 'काले' का अर्थ निषेधात्मक और 'श्वेत' का अर्थ अस्तिवाचक माना गया। यूँ भी संवगों के विषय में काले से निषेधात्मक संवेग उत्पन्न होते हैं जैसे काली रात, काली चुडैल, काला जादू, काला भूत, इत्यादि। दूसरी ओर श्वेत रंग से अनुकूल भावात्मक प्रतिक्रिया उत्पन्न होती है जैसे श्वेत वस्त्र, श्वेत मुख, श्वेत कार्य, श्वेत प्रकाश इत्यादि। इस प्रतिक्रिया में डोलार्ड और मिलर (Dollard and Miller) ने बाल्यावस्था में सफाई के प्रशिक्षण का महत्व भी दिखलाया है। यह एक सामान्य बात है कि सफाई को सफेदी और गन्दगी को काले रंग से दिखलाया जाता है। तब क्या आश्चर्य है कि पहले के प्रति अनुकूल और दूसरे के प्रति प्रतिकूल भावना बन जाये। इस प्रकार की भावनायें बाल्यावस्था में जड़ जमा लेने के बाद कालान्तर में वे अन्तर प्रजातीय व्यवहार में दिखलायी पड़ती हैं। संसार के सभी देशों में विभिन्न प्रजातियों, धर्मों, राष्ट्रीयताओं के व्यक्तियों के सामाजिक प्रत्यक्षीकरण में उपरोक्त कारकों का योगदान देखा जा सकता है।

(15) अचेतन प्रतिक्रियायें–(Unconscious Reactions)–मनोवैज्ञानिकों ने यह दिखलाया है कि प्रत्यक्षीकरण केवल चेतन कारकों से ही नहीं बल्कि अचेतन प्रतिक्रियाओं से भी प्रभावित होता है। सन् 1910 में पर्की (C.W. Perky) ने अपने एक प्रयोग में प्रयोज्य को एक शीशे की स्क्रीन में देखने के लिए कहकर साधारण वस्तुओं की कल्पना करने के लिए कहा। प्रयोज्य को बतलाये बिना उसने बहुत हल्के प्रकाश में पर्दे के दूसरी ओर से इन वस्तुओं के स्लाइड प्रोजेक्ट किये। प्रयोज्य यह नहीं बता पाये कि वे वास्तव में कोई वस्तु देख रहे हैं या उसकी कल्पना कर रहे हैं। जिस सीमा तक उन्होंने वस्तुओं को अचेतन अर्थ दिया उससे हमें उनकी अचेतन प्रतिक्रियायें समझने में सहायता मिलती है। इसी प्रकार के उदाहरण प्रक्षेपण प्रणालियों की परीक्षाओं में देखे जा सकते हैं। रौर्शा के स्याही धब्बा परीक्षणों में धब्बों के प्रत्यक्षीकरण अचेतन प्रतिक्रियाओं के अनुसार होते हैं। इसी प्रकार टी० ए० टी० नामक परीक्षण में उपस्थित चित्रों की सामाजिक परिस्थिति की व्याख्या बहुत कुछ प्रयोज्य की अचेतन प्रतिक्रियाओं पर आधारित होती है।

प्रत्यक्षपरक सुरक्षा
(Perceptual Defence)

प्रत्यक्षीकरण में हम कुछ वस्तुओं के प्रति अनुकूल और कुछ के प्रति प्रतिकूल प्रेरणा अनुभव करते हैं। यदि हमें यह आशा होती है कि वह वस्तु हमें सुख देगी तो हम उसकी ओर बढ़ते हैं और यदि हमें कष्ट की आशंका होती है तो हम उससे दूर भागते हैं। इस मनोवैज्ञानिक तथ्य के आधार पर सिगमन्ड फ्रॉयड तथा उसके अनुयायियों ने यह सिद्धान्त उपस्थित किया कि मनोवैज्ञानिक शक्तियाँ दु:खजनक विचारों को चेतन स्तर पर आने से रोकती हैं। सन् 1940 में फ्रॉयडीय विचारधारा के आधार पर प्रत्यक्षपरक सुरक्षा की पूर्व कल्पना उपस्थित की गयी। इस पूर्व कल्पना के अनुसार यदि आप किसी विशेष व्यक्ति से भयभीत हैं अथवा किसी विशेष भोजन से नफरत करते हैं तो आप उस व्यक्ति को किसी भीड़ में और वस्तु को भोजन की सूची में आसानी से पहचान लेंगे। यह माना गया कि अचेतन शक्तियाँ इस प्रत्यक्षात्मक सुरक्षा में काम कर

रही हैं। प्रयोज्य ने अचेतन रूप से खतरनाक विचार को चेतन होने से रोक दिया। इस क्षेत्र में आरम्भिक अध्ययनों में ऐसी सामग्री का इस्तेमाल किया गया जो भावात्मक रूप से खतरनाक थी। उदाहरण के लिये सन् 1949 में मैकगिनी (E. Mac Ginnies) ने अपने एक प्रयोग में प्रयोज्यों को टैचिस्कोप की सहायता से अनेक शब्द दिखलाये जिनमें निषिद्ध तथा अनुचित शब्द तटस्थ शब्दों के साथ बिखरे हुये थे। यह देखा गया कि प्रयोज्यों को तटस्थ शब्दों की तुलना में निषिद्ध शब्दों को पहचानने में अधिक समय लगा। इसका कारण प्रत्यक्षात्मक सुरक्षा माना गया, यद्यपि इसकी आलोचना की गयी। बाद के अध्ययन में इन आलोचनाओं को दूर किया गया। इसमें निरर्थक शब्दों का प्रयोग किया गया और कुछ शब्दों के साथ बिजली के धक्के दिये गये। यह देखा गया कि बिजली के धक्कों के साथ आने वाले शब्द बाद में कम असानी से पहचाने गये। इस सम्बन्ध में सन् 1954 में रौसेन, 1956 में ऐरिकसेन और ब्राउन तथा 1957 में डुलाने के प्रयोग महत्वपूर्ण हैं। इन अध्ययनों में यह देखा गया कि दु:ख साहचर्य वाली उत्तेजनाओं के अभाव में आत्मसन्तोष मिलता है। दूसरे शब्दों में आघात उत्पन्न करने वाले शब्दों से बचाव करने से अधिक सुख मिलता है। किन्तु यहाँ यह याद रखना आवश्यक है कि प्रत्यक्षपरक सुरक्षा सब कहीं काम नहीं करती क्योंकि यदि ऐसा हो तो मनुष्यों को खतरे से बचने में कठिनाई है। दूसरी ओर यह देखा जाता है कि हम खतरों को शीघ्र देख लेते हैं क्योंकि इससे हमारी सुरक्षा होती है। अस्तु, ऐसे मामलों में जहाँ दु:खजनक उत्तेजनों को देखने से आत्म सन्तोष होगा वहाँ प्रत्यक्षीकरण होगा और प्रत्यक्षपरक सुरक्षा नहीं होगी। यह निष्कर्ष अनेक प्रयोगों में पाया गया है जिनमें 1914 में रीस और रोसेन तथा 1957 में डुलाने के प्रयोग उल्लेखनीय हैं।

प्रेंत्यक्षपरक सुरक्षा में तीन प्रक्रियायें होती हैं—संवेगात्मक रूप से कष्टप्रद और भय उत्पादक उत्तेजनाओं का पहचान सीमान्त (Recognition Threshold) तटस्थ उत्तेजनाओं की अपेक्षा अधिक होता है। दूसरे, संवेगात्मक रूप से कष्टदायक और भय उत्पादक उत्तेजनायें व्यक्ति में वैकल्पिक प्रत्यक्षीकरण उत्पन्न करती हैं जो कि कष्टप्रद अनुभवों से छुटकारा दिलाता है। तीसरे, चाहे इन उत्तेजनाओं को सही-सही पहचाना न जाये तो भी ये उत्तेजनायें संवेगात्मक अनुक्रियायें उत्पन्न करती हैं। पोस्टमैन और उनके साथियों (L. Postman. W.C. Bonsos and G.L. Gropper 1953) ने अपने प्रयोग में निषिद्ध शब्दों की सूचना को प्रोत्साहित और हतोत्साहित करके यह देखा कि प्रयोज्य निषिद्ध शब्दों का प्रत्यक्षीकरण नहीं करना चाहते। सन् 1864 में क्राउन और मारलोन के अध्ययनों से यह पता चला कि प्रत्यक्षपरक सुरक्षा सामाजिक अवरोध और अनुमोदन के कारण होती है। इनके अभाव में व्यक्तिगत सन्तोष के आधार पर दु:खजनक विषयों का भी प्रत्यक्षीकरण किया जाता है।

आत्म प्रत्यक्षीकरण
(Self Perception)

सामाजिक प्रत्यक्षीकरण का दूसरा पहलू आत्म प्रत्यक्षीकरण है। दूसरे शब्दों में, सामाजिक प्रत्यक्षीकरण बहुत कुछ आत्म प्रत्यक्षीकरण पर आधारित होता है। जब हम दूसरे लोगों को देखते हैं तो उनके हाव-भाव, मुखाकृति, व्यवहार आदि का अर्थ निकालने में स्वयं अपने अनुभवों की सहायता लेते हैं किन्तु कठिनाई यह है कि हम स्वयं अपने को पूरी तरह नहीं जानते और बहुधा

स्वयं अपने व्यवहार की व्याख्या नहीं कर पाते और ऐसी स्थिति में हमें अपने प्रति दूसरों के व्यवहार का सहारा लेना पड़ता है। उदाहरण के लिये चरित्र के विषय में आत्म प्रत्यक्षीकरण बहुधा दूसरों की प्रशंसा और निन्दा से प्रभावित होता है। फिर, आत्म प्रत्यक्षीकरण सदैव एक सा नहीं होता बल्कि लगातार बदलता रहता है। भिन्न-भिन्न परिस्थितियों में हम अपना भिन्न-भिन्न प्रत्यक्षीकरण करते हैं। यद्यपि अपने विषय में हमारे कुछ मत सदैव एक से रहते हैं फिर भी यह सामान्य अनुभव की बात है कि अपने विषय में स्त्री अथवा पुरुष, श्वेत अथवा कृष्ण, कैथोलिक या प्रोटेस्टेन्ट, विवाहित या अविवाहित की हमारी धारणा बदलती रहती है। इसी प्रकार बुद्धिमान, आकर्षक बलवान, उदार, योग्य, शक्तिशाली आदि असंख्य प्रत्ययों द्वारा हमारा अपना मूल्यांकन देशकाल के अनुसार बदलता रहता है। कुछ लोगों ने जन्मपत्री के आधार पर विशेष ग्रह नक्षत्रों तथा राशियों के प्रभाव को लेकर मनुष्यों का वर्गीकरण किया है। इस ज्योतिषशास्त्र को मानने वाले लोग राशियों के आधार पर अपना प्रत्यक्षीकरण करते हैं। इसी प्रकार हम अपने स्वभाव, चरित्र, आदतों, प्रतिक्रियाओं आदि के विषय में कुछ पूर्व मान्यतायें लिये रहते हैं जो आत्म प्रत्यक्षीकरण को प्रभावित करती हैं।

समाज मनोवैज्ञानिकों ने यह देखा है कि वे मनुष्यों के आत्म प्रत्यक्षीकरण को आसानी से बदल सकते हैं। सन् 1965 में जरगन ने अपने एक अध्ययन में प्रयोज्यों के साक्षात्कार की परिस्थिति में उनके विषय में प्रश्न किये। प्रश्नोत्तर काल में प्रश्नकर्त्ता अनुकूल उत्तरों पर मुस्कराता और सहमति देता तथा प्रतिकूल उत्तरों पर चुप रह कर या सिर हिलाकर असहमति प्रगट करता। इस प्रकार अनुकूल उत्तरों के पुष्टिकरण से यह देखा गया कि साक्षात्कार बढ़ने के साथ-साथ प्रयोज्यों ने बेहतर आत्म मूल्यांकन किया और जब साक्षात्कार समाप्त हो गया तो उनमें अधिक आत्म विश्वास दिखलायी पड़ा। यह देखा गया कि पुष्टिकरण से आत्म-विश्वास स्पष्ट रूप से बढ़ता है। एक अन्य प्रयोग में लोगों को यह बतलाने पर कि वे दूसरे को कहाँ तक प्रभावित कर सकते हैं। उनके आत्म मूल्यांकन में परिवर्तन दिखलायी पड़ा। एक विद्यालय में लड़कों के एक समूह ने एक अनाकर्षक लड़की के विषय में यह निश्चय किया कि वे उससे विद्यालय की ब्यूटी क्वीन मानकर व्यवहार करेंगे। उनके इस व्यवहार से प्रोत्साहित होकर लड़की अपने रख-रखाव, केश विन्यास, वस्त्रों के चुनाव तथा व्यवहार में इस कदर परिष्कार और सुधार किया कि वर्ष समाप्त होते-होते वे ही लड़के अपने षड़यन्त्र को भूल कर उस लड़की का साथ प्राप्त करने के लिये प्रतिद्वन्दिता करने लगे। इस उदाहरण में आत्म प्रत्यक्षीकरण का परिवर्तन दिखलायी पड़ता है।

इसी प्रकार आत्म प्रत्यक्षीकरण में अपने विषय में स्पष्ट विचार का भी महत्व है। हम अपने विषय में जनमत के आधार पर निर्णय लेते हैं। अनेक विषयों पर हम वे ही निर्णय बना लेते हैं —जैसे अन्य सोचते हैं। हम बहुधा दूसरों से अपनी तुलना करते हैं। साधारणतया हम यह जानते हैं कि कब हम सुखी, दुःखी अथवा क्रोधित होते हैं किन्तु अनेक प्रयोगों से यह देखा गया है कि कृत्रिम उपायों से भी आत्म प्रत्यक्षीकरण में ये परिवर्तन किये जा सकते हैं जैसा कि अनेक प्रकार के मादक द्रव्यों के प्रभाव में दिखलायी पड़ता हैं। अस्तु, स्पष्ट है कि आत्म मूल्यांकन बहुधा सीखा हुआ होता है।

व्यक्ति प्रत्यक्षीकरण
(Person Perception)

व्यक्ति प्रत्यक्षीकरण की प्रक्रिया बतलाते हुए सन् 1964 में सीकोर्ड और बैकमैन ने लिखा कि, ''व्यक्ति प्रत्यक्षीकरण उन प्रक्रियाओं पर केन्द्रित होता है जिनके द्वारा अन्य व्यक्तियों के विषय में धारणायें, मत अथवा अनुभूतियाँ बनती है।''[4] इस प्रकार व्यक्ति प्रत्यक्षीकरण अन्य व्यक्तियों का प्रत्यक्षीकरण है। यह प्रत्यक्षीकरण अन्य व्यक्तियों के विषय में हमारी धारणायें, मत और अनुभूतियाँ दिखलाता है। इसमें अन्य व्यक्तियों के प्रति हमारी व्यक्तिगत प्रतिक्रियायें सम्मिलित होती हैं। इसमें दूसरे व्यक्ति के प्रति निर्णय लिया जाता है। आलपोर्ट (Allport) के अनुसार मनुष्यों में प्रत्येक व्यक्ति अन्य मनुष्यों के गुणों के सम्बन्ध में निर्णय लेने की योग्यता रखता है। यह दूसरी बात है कि वह योग्यता भिन्न-भिन्न व्यक्तियों में भिन्न-भिन्न होती है। इसमें सहानुभूति का विशेष योगदान है। जो लोग अन्य व्यक्तियों के समान अनुभव कर सकते हैं, वे उनके विषय में सही निर्णय लेने की अधिक योग्यता रखते हैं जबकि सहानुभूति के अभाव में यह निर्णय कठिन हो जाता है यही कारण है कि बहुधा हम उन व्यक्तियों के विषय में निर्णय लेने की अधिक अच्छी योग्यता रखते हैं जो हमारे समान हों। उदाहरण के लिए कहा जाता है कि स्त्री के मन की बात स्त्री ही अच्छी तरह जान सकती है। दूसरों के सम्बन्ध में निर्णय लेने के विषय में ब्रोन फेनबेनर, हार्डिंग और गैलदे ने दो विशेष योग्यताओं का वर्णन किया है एक तो सामान्यीकृत अन्य के प्रति संवेदनशीलता और दूसरी अन्त: व्यक्तिगत संवेदनशीलता। पहली प्रकार की योग्यता में हम अन्य के विषय में सामान्यीकरण द्वारा अनुभव करते हैं। जैसा कि लेखकों में पात्रों के विषय में होता है। दूसरी विशेषता निरीक्षण की वह योग्यता है जिसमें यह अनुमान लगाया जाता है कि कोई व्यक्ति अन्य से अन्त: क्रिया में कैसा अनुभव करता है। यह व्यक्तियों के चरित्र को पढ़ने की योग्यता भी कही जाती है। इसके क्षेत्र विभिन्न व्यक्तियों की परस्पर अन्त:क्रियायें हैं। इसमें व्यक्तिगत विभेदों के प्रति संवेदनशीलता पायी जाती है।

उपरोक्त विशेषताओं के अतिरिक्त व्यक्ति प्रत्यक्षीकरण अन्य अनेक कारकों से प्रभावित होता है। इनमें से एक कारक वृद्धि का स्तर है। गौलिन के अनुसार 10 से 16 वर्ष की आयु तक के बीच व्यक्ति प्रत्यक्षीकरण में निर्णय लेने की योग्यता तीव्र गति से बढ़ती है बुद्धि के अतिरिक्त परिपक्वता और अनुभव भी व्यक्ति प्रत्यक्षीकरण में सहायक होते हैं। सामाजिक तटस्थता अन्य व्यक्तियों के विषय में निर्णय लेने में सहायक होती है। टाफ्ट (Taft) के अनुसार इसके अभाव में प्रत्यक्षीकरण दूषित हो जाता है। सामाजिक तटस्थता में संवेगात्मक स्थायित्व सम्मिलित है। उपरोक्त योग्यताओं के अतिरिक्त कुछ अन्य विशेषतायें भी व्यक्ति प्रत्यक्षीकरण में सहायक होती हैं। इनमें से ज्ञानात्मक कारकों में से महत्वपूर्ण विशेषतायें हैं—आत्म-सूझ का उच्च स्तर, ज्ञानात्मक जटिलता तथा अस्पृश्यता के प्रति सहनशीलता इत्यादि।

---

4. "Person perception focuses on the processes by which impressions, opinions or feelings about other persons are formed."
—Secord, P. F. and C. W. Backman, *Social Psychology*, p. 49.

संक्षेप में, व्यक्ति प्रत्यक्षीकरण की मुख्य परिस्थितियाँ तीन प्रकार की कही जा सकती हैं एक तो अन्य व्यक्तियों के सम्बन्ध में निर्णय करने के लिये प्रत्यक्षकर्त्ता को प्राप्त सूचना की मात्रा, दूसरे प्रत्यक्षकर्त्ता और अन्य व्यक्ति के बीच अन्त: क्रिया की मात्रा, तथा तीसरे, प्रत्यक्षकर्त्ता और अन्य व्यक्ति के बीच सम्बन्धों की मात्रा। यह एक सामान्य बात है कि अन्य व्यक्तियों के विषय में हम जितना ही अधिक जानते हैं उतना ही अधिक प्रत्यक्षीकरण आसान होता है। इन सूचनाओं में शारीरिक दिखावा, अभिव्यक्तिपूर्ण तथा गतिशील व्यवहार और वाचिक व्यवहार इत्यादि महत्वपूर्ण हैं। सूचनाओं के अतिरिक्त अन्य व्यक्तियों का प्रत्यक्षीकरण उनसे हमारी अन्तर्क्रिया पर निर्भर है। जैसा कि पीछे कहा जा चुका है, सहयोग और प्रतिद्वन्दिता, समायोजन और असमायोजन की अन्तर्क्रियायें प्रत्यक्षीकरण को प्रभावित करती हैं। अन्य व्यक्तियों से भिन्न-भिन्न प्रकार के सम्बन्ध, शत्रुता के सम्बन्ध और मैत्री के सम्बन्ध, पारिवारिक, वैवाहिक, जातीय, प्रजातीय, राष्ट्रीय इत्यादि विभिन्न प्रकार के सम्बन्ध हमारे प्रत्यक्षीकरण को प्रभावित करते हैं। इस प्रकार व्यक्ति प्रत्यक्षीकरण एक जटिल प्रक्रिया है।

व्यक्ति प्रत्यक्षीकरण के ढंग

जोन्स और निस्बत (Jones and Nisbet) ने यह दिखलाया है कि अपने प्रति कारण की धारणा और व्यक्ति प्रत्यक्षीकरण में कारण की धारणा में अन्तर पाया जाता है। यह एक सामान्य अनुभव की बात है कि हम दुखान्त कार्यों में अपनी तुलना में अन्य लोगों को बड़ी आसानी से कारण ठहरा लेते हैं। जोन्स और निस्बत ने इसके कई कारण बतलाये हैं। इससे पहले तो व्यक्ति को अपने विषय में अधिक जानकारी होती है जबकि अन्य के विषय में जानकारी अस्पष्ट होती है अस्तु, वह अपने विषय में ही जानता है कि कहाँ वह कारण है और कहाँ नहीं जबकि अन्य को वह आसानी से जिम्मेदार ठहरा देता है। निस्बत ने अपने सहयोगियों के साथ सन् 1973 में कॉलिज के पुरुष विद्यार्थियों पर इस सम्बन्ध में एक अध्ययन किया। उनको अध्ययन के क्षेत्रों के चुनाव के विषय में कारण बतलाने के लिए कहा गया और फिर उनको उस क्षण सबसे अधिक रुचिपूर्ण तथा आकर्षक महिला के विषय में खोजने के कारण बतलाने को कहा गया। इसके बाद में उनसे पूछा गया कि अपने सर्वोत्तम मित्र के विषय में वे इन प्रश्नों का क्या उत्तर देंगे। इन उत्तरों की जाँच करने पर यह देखा गया कि परिणामों से जोन और निस्बत की मूल धारणा सत्य सिद्ध हुई। क्योंकि विद्यार्थियों ने अपने चुनावों को परिवेश के प्रसंग में और मित्रों के चुनावों को आन्तरिक कारण के शब्दों में समझाने का प्रयास किया। साधारणतया हम सभी यह अनुभव करते हैं कि जबकि हम परिस्थितियों से अधिक बन्धे हुये हैं, अन्य लोग कार्य करने में अधिक स्वतन्त्र हैं। यहाँ यह स्मरणीय है कि व्यक्ति प्रत्यक्षीकरण से मिले हुये निष्कर्षों को बहुत बड़े क्षेत्र में ज्यों का त्यों लागू नहीं किया जाना चाहिये। जोन्स और निस्बत के निष्कर्ष सभी लोगों पर सामान्य रूप से लागू नहीं होते। यह देखा जाता है कि कभी-कभी हम यह अनुभव करते हैं कि जबकि अन्य लोग कम स्वतन्त्र हैं हम कहीं अधिक स्वतन्त्र हैं। दूसरे, चूकि हमें अपने आन्तरिक कारकों का अधिक पता होता है इसलिये अन्य लोगों की तुलना में हम अपने को अधिक जिम्मेदार ठहरा सकते हैं। वास्तव में इस सम्बन्ध में अधिक अनुसन्धान किये जाने की आवशयकता है। यह सोचना ठीक नहीं है कि व्यक्ति स्वयं अपने व्यवहार के कारण होते हैं।

उदाहरण के लिये अपराधशास्त्र में यह भली प्रकार सिद्ध किया जा चुका है कि अपराधी व्यवहार में परिवेश का बहुत अधिक प्रभाव है। फिर भी न्यायाधीश तथा पुलिस के अधिकारी अपराधियों को अपराध के लिये उत्तरदायी ठहराने में यह मानते हैं कि उन्होंने जान बूझकर अपराध किये हैं।

व्यक्ति प्रत्यक्षीकरण के प्रकार

अन्य व्यक्ति के प्रत्यक्षीकरण के विषय में साधारणतया निम्नलिखित चार ढंग अथवा प्रकार माने जा सकते हैं:–

1. **सरल**–सरल अथवा साधारण रूप में एक व्यक्ति दूसरे व्यक्ति की शारीरिक बनावट, साधारण विशेषताओं और बाह्य व्यवहार आदि का प्रत्यक्षीकरण करके निर्णय लेता है।

2. **केन्द्रीय गुण**–अनुमान लगाने में हम व्यक्ति के केन्द्रीय गुणों के आधार पर उसके अन्य गुणों का अनुमान लगाते हैं।

3. **समरूपी गुण**–केन्द्रीय गुण का पता लग जाने पर प्रत्यक्षीकरण में हम अन्य व्यक्ति के समरूपी गुणों का अनुमान लगा लेते हैं जो कि उस केन्द्रीय गुण के साथ बहुधा पाये जाते हैं।

4. **अनेक गुण**–साधारणतया अन्य व्यक्ति के प्रत्यक्षीकरण में व्यक्ति की अनेक विशेषतायें देखी जाती हैं।

चित्रीकरण करना

जैसा कि पीछे बतलाया जा चुका है, व्यक्ति प्रत्यक्षीकरण में चित्रीकरण करना अथवा धारणायें बनाना सम्मिलित है। पहली मुलाकात के बाद ही हम अन्य व्यक्ति के विषय में कोई न कोई धारणा बना लेते हैं। इस प्रक्रिया में अनेक प्रक्रियायें सम्मिलित हैं। उदाहरण के लिये कुछ अनुमान सम प्रक्रियाओं पर आधारित होते हैं जो सभी व्यक्तियों में समान रूप में पायी जाती है। दूसरे स्वभावगत प्रक्रियायें होती हैं जो कि अनोखी और निजी होती हैं। पहली प्रकार की समप्रक्रियाओं के उदाहरण–कालगत विस्तार (Temporal Extension), साम्य द्वारा अनुमान (Importance From Analogy) तथा प्रवर्गीकरण (Categorisation) है। कालगत विस्तार निर्णयकर्ता की वह प्रवृत्ति है जो कि एक व्यक्ति की एक क्षणिक विशेषता को स्थायी मानने की ओर प्रेरित करती है। उदाहारण के लिए किसी व्यक्ति को मुस्काराते हुए देखकर यह अनुमान लगा लिया जाता है कि वह अच्छे स्वभाव का अथवा सरल हृदय का व्यक्ति है। साहित्य में इस प्रकार के अनेक उदाहरण पाये जाते हैं। साम्य द्वारा अनुमान में निर्णायक व्यक्ति की वेशभूषा, मुखाकृति, भाषा आदि से उसके व्यक्तित्व के विषय में अनुमान लगा लिया जाता है। उदाहरण के लिये कुछ व्यक्ति मोटी खाल वाले, गंवार और असंवेदनशील माने जाते हैं। उदाहरण के लिये एक पंजाबी अथवा एक मद्रासी के अनुभव से हम साम्य द्वारा अनुमान के आधार पर सभी पंजाबियों और मद्रासियों के विषय में धारणा बना लेते हैं। इसीलिये कहा जाता है कि पंजाबी मेहनती होते हैं, राजपूत लड़ाकू होते हैं, बिहारी सीधे होते हैं इत्यादि। प्रवर्गीकरण में हम प्रत्येक नये व्यक्ति को देखते ही तुरन्त किसी न किसी वर्ग में रखते हैं जैसे सीधा या चालाक, अच्छा या बुरा, शरीफ या बदमाश, मेहनती या काहिल इत्यादि। यह वर्गीकरण बहुधा रूढ़ियुक्तियों (Stereotypes) से प्रभावित

होता है। इसमें पूर्वाग्रह (Prejudices) भी काम करते हैं किन्तु फिर भी प्रवर्गीकरण एक सामान्य प्रक्रिया है और उसका एक लाभ यह है कि हम अन्य व्यक्ति के विकास में तुरन्त कोई न कोई निर्णय लेते हैं और उसे जिस वर्ग में रखते हैं उसकी सभी विशेषतायें उसमें पाये जाने की आशा करते हैं। अस्तु, यदि हमारा प्रवर्गीकरण ठीक है तो हम पहले ही परिचय में अन्य व्यक्ति के विषय में बहुत कुछ जान लेते हैं। साधारणतया यह समझा जाता है कि व्यक्ति का व्यक्तित्व एक संगठित पूर्ण है और यदि हम उसके केन्द्रीय गुणों को जानते हैं तो अन्य गुणों का अनुमान लगाया जा सकता है। किन्तु व्यक्तित्व सिद्धान्त में यह दोष है कि इसमें अनुचित सामान्यीकरण किया जाता है। उदाहरण के लिये यह कहना ठीक नहीं होगा कि ठिगने व्यक्ति में हीन भावना होती है अथवा सुन्दर लड़की में आत्म-विश्वास अधिक होता है।

चित्रीकरण करना (Picturisation) अथवा धारणा बनाना (Concept Formation) एक व्यवस्थित और संगठित प्रक्रिया में व्यक्ति अपने दोषों को छिपाता और गुणों को प्रकाशित करता है। उदाहरण के लिये राजनैतिक नेता जनता में अपनी प्रतिमा बनाने के लिये अनेक तरह के प्रयास करते है। चित्रीकरण में अनुमान के दो नियम काम करते हैं एक तो समप्रक्रिया का नियम जिसके अनुसार सब व्यक्तियों में स्वभाव की समान प्रक्रियायें चलती हैं जैसा कि पीछे बतलाया जा चुका है और दूसरे, स्वभावतया निजी प्रक्रियायें जो प्रत्येक व्यक्ति में अनोखी होती है। इन दोनों ही प्रकार की प्रक्रियाओं के आधार पर धारणा बनाने से प्रत्यक्षीकरण अधिक सही होता है।

सूचना के द्वारा अनुमान
(Inferences from Information)

किन्तु जैसा कि पीछे बतलाया जा चुका है, व्यक्ति प्रत्यक्षीकरण सबसे अधिक सूचनाओं के आधार पर अनुमान के द्वारा किया जाता है। ये सूचनायें विभिन्न प्रकार के गुणों के रूप में होती हैं। ये मौखिक (Verbal) अथवा अमौखिक (Non-Verbal) हो सकती हैं। इनका एक विशेष क्रम होता है तथा एक विशेष प्रक्रिया होती है। इन सब में अन्तर से व्यक्ति प्रत्यक्षीकरण बदल जाता है। इस सम्बन्ध में विस्तारपूर्वक तथ्य निम्नलिखित हैं:–

(1) **मौखिक गुणों द्वारा अनुमान** (Inference from Verbal Traits)–ऐश (S.E.Asch 1951) ने अपने अध्ययनों के आधार पर यह निष्कर्ष निकाला कि किसी भी व्यक्ति के सम्बन्ध में अवधारणायें मौखिक गुणों के आधार पर बनायी जाती हैं। उसके प्रयोगों में प्रयोज्यों ने अवधारणाओं के आधार पर व्यक्तित्व के सम्बन्ध में अनुमान भी किया। यह अनुमान चुनाव की प्रक्रिया के रूप में किया गया। कास्टेनबाम (A. Kastenbaum 1951) के अध्ययनों में प्रयोज्यों को एक व्यक्ति के सम्बन्ध में टेप किये हुए कथन सुनाये गये और उसके व्यक्तित्व के विषय में अनुमान लगाने को कहा गया । प्रयोज्यों ने समरूपी व्याख्या अथवा अनुमान के सिद्धान्त के अनुसार प्रतिक्रिया की। इसी प्रकार के अन्य प्रयोगों से, यह सिद्ध होता है कि वाचिक गुणों के द्वारा हम व्यक्तित्व के विषय में अनुमान लगा लेते है। इस सम्बन्ध में किये गये अध्ययनों में कैली, सूचिन्स, हेयर और ग्रून, डिनरिस्टीन तथा ब्रायरली (Kelly 1950, Suchins 1948, Haire and Grunes 1950, Dinnerstein 1951 and Brierly 1963) के अध्ययन महत्वपूर्ण हैं।

(2) अमौखिक सूचना से अनुमान (Inference from Nonverbal Information)—जबकि मौखिक अथवा वाचिक सूचनायें शब्दों द्वारा प्रदान की जाती हैं अमौखिक अथवा अवाचिक सूचनायें बिना शब्दों के प्रदान की जाती हैं जैसे चेहरे की अभिव्यक्ति, चेहरे की गतियाँ, शारीरिक बनावट इत्यादि। प्रमुख अमौखिक सूचनायें निम्नलिखित है—

(अ) शारीरिक गतियाँ और हाव-भाव (Expressive Movements and Gestures)—सन् 1960 में ताज्यूरी (Tagiuri) ने एक अध्ययन में प्रयोज्यों के सन्मुख तीन मार्गों के चित्र प्रस्तुत किये सीधा रास्ता, टेढ़ा रास्ता और अनिश्चित रास्ता। प्रयोज्यों से यह पूछा गया किस रास्ते से जाने वाला व्यक्ति किस प्रकार का होगा। प्रयोज्यों ने बतलाया कि सीधे रास्ते से जाना वाला व्यक्ति स्पष्ट और ईमानदार, टेढ़े रास्ते से जाने वाला व्यक्ति अस्थिर तथा अनिश्चित मार्ग से जाने वाला व्यक्ति अविश्वसनीय होगा। इसमें शारीरिक गतियों का व्यक्तित्व से सम्बन्ध दिखलायी पड़ता है। इसी प्रकार आवाज के अन्तर से व्यक्तित्व के अन्तर के विषय में अनुमान को लेकर पीयर, कास्टेनबाम, क्राइडर और लासवैल स्टोन और क्रेमर (Pear 1931, 1957, Kastenbaum 1951, Crider and Lasswell 1960, Stone 1962, Kramer 1962) ने अध्ययन किये हैं जिनसे यह पता चला है कि आवाज के आधार पर व्यक्तित्व के गुणों के विषय में अनुमान लगाया जाता है।

(ब) शरीर रचना और आकार-प्रकार (Body Built and Appearance)—शैल्डन (Sheldon 1940) ने शरीर रचना और आकार-प्रकार के आधार पर व्यक्तित्व प्ररूपों के भेद दिखलाये हैं। इसके अनुसार मोटे और भारी शरीर वाले व्यक्ति आराम पसन्द, खिलाड़ी शरीर वाले व्यक्ति साहसी और शक्तिशाली तथा दुबले-पतले शरीर वाले व्यक्ति चिड़चिड़े होते हैं। शैल्डन ने यह वर्गीकरण प्रत्यक्षीकरण के आधार पर किया है।

(स) चित्रों द्वारा अवधारणा (Impression from Photographs)—साधारणतया कोई भी चित्र देखकर हम उसके आधार पर व्यक्तित्त्व गुणों का अनुमान लगाये बिना नहीं रहते। सिकोर्ड (Secord 1954) के अध्ययनों में यह देखा गया कि काली और तैलीय त्वचा, भारी भोहें तथा सीधे मुँह वाले व्यक्ति को आक्रामक, गंवार, अस्थिर और अहंकारी देखा गया। सिकोर्ड और मुथार्ड (Secord and Muthard 1955) ने चित्र दिखाकर अवधारणा निर्माण पर जो प्रयोग किये उनमें चिकनी त्वचा, पतली आँखें, विस्तृत मुँह और लिपिस्टक ओंठ वाली महिलाओं को अधिक आकर्षक बतलाया गया। यूँ भी प्रत्येक व्यक्ति फोटोग्राफ देखकर व्यक्तित्व की विशेषताओं के बारे में कुछ न कुछ कहने का प्रयास करता हैं।

(3) सूचनाओं के प्रदर्शन का क्रम (Order of Presentation)—जब हम किसी व्यक्ति के विषय में कोई सूचनायें देते हैं तो वे एक साथ नहीं दी जा सकतीं, उनमें एक क्रम होता है। यह क्रम मौखिक सूचनाओं में अवश्य पाया जाता है जबकि अमौखिक सूचनाओं में बहुत सी एक साथ उपस्थित हो सकती हैं यद्यपि उनमें भी कभी-कभी क्रम हो सकता है। इस क्रम का भी प्रत्यक्षीकरण पर प्रभाव पड़ता है। ऐश, एन्डरसन और बेरीऔस (Asch 1946, Anderson and Barrios 1962) के अध्ययनों में यह देखा गया कि प्रदर्शन के क्रम में पहले आने वाले विशेषणों का प्रत्यक्षीकरण पर बाद में आने वाले विशेषणों की तुलना में अधिक प्रभाव पड़ता है। लूचिन्स

(Luchins 1957, 1960) के अध्ययन में आरम्भ के गुण मध्य और बाद के गुणों की अपेक्षा अवधारणा को अधिक प्रभावित करते दिखलायी पड़े। अस्तु, संक्षेप में यह कहा जा सकता है कि मौखिक सूचनाओं में प्रदर्शन के क्रम का प्रत्यक्षीकरण पर प्रभाव पड़ता है।

(4) अनुमान की प्रतिक्रियाओं का स्वरूप (Nature of Inference Processes)—अनुमान की प्रक्रियाओं का स्वरूप अनुमान केआधार पर बदलने के साथ-साथ बदलता जाता है। अवाचिक सूचनाओं के द्वारा अनुमान का स्वरूप निम्नलिखित 4 आधारों में देखा जा सकता है—

(अ) इसमें दूसरे व्यक्ति के क्षणिक व्यवहार को स्थायी विशेषता मान लिया जाता है, (ख) इसमें परिचित व्यक्ति की विशेषताओं के आधार पर उसके चरित्र का अनुमान लगा है, (स) इसमें व्यक्तित्व का अनुमान लगते समय आयु, वर्ग, लिंग इत्यादि विभिन्न आधारों पर सूचना का श्रेणीकरण किया जाता है, (द) इसमें अनुमान लगाने में सादृश्य का उपयोग किया जाता है जैसा कि पीछे शैल्डन के वर्गीकरण में देखा जा सकता है। इस प्रकार अनुमान के विभिन्न आधारों के परिवर्तन के साथ-साथ अनुमान की प्रक्रियाओं का स्वरूप बदलता रहता है।

प्रत्यक्षकर्त्ता का महत्व

अब तक हमने व्यक्ति प्रत्यक्षीकरण में अन्य व्यक्ति की विशेषताओं, उससे सम्बन्धित सूचनाओं आदि की चर्चा की है किन्तु इससे यह नहीं समझा जाना चाहिये कि प्रत्यक्षीकरण पूरी तरह वस्तुगत होता है। उसमें प्रत्यक्षकर्त्ता की अपनी विशेषताओं का भी योगदान होता है। इस सम्बन्ध में व्यक्ति प्रत्यक्षीकरण को प्रभावित करने वाली प्रत्यक्षकर्ता की प्रमुख विशेषतायें निम्नलिखित हैं—

(1) मूर्तता एवं अमूर्तता (Concreteness and Abstractness)—कुछ प्रत्यक्षकर्ता केवल मूर्त चिन्तन कर पाते हैं जबकि अधिक पढ़े-लिखे व्यक्ति अमूर्त चिन्तन की योग्यता रखते हैं। साधारणतया जिस व्यक्ति में अमूर्तता की अधिक योग्यता होगी वह व्यक्ति प्रत्यक्षीकरण के गुणों को उतना ही अधिक संगठित कर पायेगा।

(2) अन्तर्निहित व्यक्तित्व (Implicit Personality)--ब्रूनर और टिग्यूरी (Bruner and Tigiuri 1954) के अध्ययनों से यह पता चला है कि व्यक्ति प्रत्यक्षीकरण कुछ न कुछ पक्षपातपूर्ण होते, हैं। यह पक्षपात ही अन्तर्निहित व्यक्तित्व है क्योंकि यह प्रत्यक्षकर्ता की निजी विचारधारा पर आधारित है। ग्रास (Grass 1961) के अध्ययनों में कालिज के छात्र-छात्राओं के सम्बन्ध में यह देखा गया कि उनके व्यक्ति प्रत्यक्षीकरण में अन्तर्निहित व्यक्तित्व का प्रभाव था। इस सम्बन्ध में जैक्सन और मैसिक (Jackson and Messick 1963) ने कुछ नई तकनीकों का विकास किया है।

(3) प्रत्यक्षकर्ता की आयु (Age of Perceiver)—कोहन और फील्डर (Kohan and Fielder 1961) के अध्ययनों में देखा गया कि आयु के अन्तर से व्यक्ति प्रत्यक्षीकरण में अन्तर पाया जाता है। इनमें भी कम आयु और अत्यधिक आयु में आयु का प्रत्यक्षीकरण पर विशेष प्रभाव पड़ता है।

(4) लिंग का प्रभाव (Influence of Sex)—बीच और वर्दाइमर (Beach and Wertheimer 1961), फील्डर और हाफमैन (Fielder and Hoffman 1962) के अध्ययनों में यह देखा गया कि व्यक्ति प्रत्यक्षीकरण में पुरुषों की तुलना में स्त्रियों का मूल्यांकन अधिक रूढ़िवादी था।

(5) व्यक्तित्व प्रकार (Personality types)—एडोर्नो, लेविंसन और सामफोर्ड (T.W. Adorno, D. J. Levinson and R.M. Samford 1950) के अनुसार व्यक्ति प्रत्यक्षीकरण पर प्रत्यक्षकर्त्ता के व्यक्तित्व के प्रकार का प्रभाव पड़ता है। सोड़ल और फ्रीमैन (Scodel and Freeman 1956) तथा लिपेट (Lippet 1960) के अनुसार तानाशाही व्यक्तित्व प्रकार में व्यक्ति प्रत्यक्षीकरण अधिक सही होता है। दूसरी ओर रोबिनोवित्स तथा क्राकेट (Robinovitz 1956, Creckett 1956) के अध्ययनों में यह देखा गया कि उच्च तानाशाही वृत्ति के व्यक्ति अन्य व्यक्तियों को अपने समान समझकर प्रत्यक्षीकरण करते हैं।

(6) अहम् (Ego)—जैसा कि पीछे कहा जा चुका है प्रत्यक्षकर्त्ता के अहम् का सामाजिक प्रत्यक्षीकरण पर विशेष प्रभाव पड़ता है। अहम् की धारणा आत्म प्रत्यक्षीकरण की परिस्थितियों के अनुसार बदलती रहती हैं और इस विषय में मनुष्यों में भारी अन्तर देखे जाते हैं। उदाहरण के लिये अमरीका में काले और गोरे प्रयोज्यों के आत्म प्रत्यक्षीकरण में स्पष्ट अन्तर होने के कारण उनके व्यक्ति प्रत्यक्षीकरण में अन्तर दिखलायी पड़ता है। आत्म प्रत्यक्षीकरण में अपनी परिस्थितियों और कठिनाइयों को दूसरों की परिस्थितियों और कठिनाइयों से कहीं अधिक बढ़ा चढ़ाकर देखते हैं।

(7) ज्ञानात्मक कारक (Cognitive Factors)—उपरोक्त कारकों के अतिरिक्त प्रत्यक्षकर्ता का ज्ञान, प्रत्यय, शैक्षिक स्तर, मानसिक विकास इत्यादि ज्ञानात्मक कारक भी उसके प्रत्यक्षीकरण को प्रभावित करते हैं।

(8) भावनायें और अनुभूतियाँ (Emotions and Feelings)— अन्त में, जैसा कि पीछे दिखलाया जा चुका है, अन्य व्यक्तियों के विषय में हमारी भावनाओं और अनुभूतियों का सामाजिक प्रत्यक्षीकरण पर स्पष्ट प्रभाव पड़ता है।

सारांश

सामाजिक प्रत्यक्षीकरण सामाजिक परिस्थिति में व्यक्ति की समझ का सम्पूर्ण विस्तार है। इसके कारक हैं: 1. सामाजिक अन्तर्क्रियायें 2. प्रत्यक्षीकरण की क्षमता 3. सूचनाओं की मात्रा और क्रम 4. आवश्यकतायें और अनुक्रियायें प्रवक्ता 5. विषय वस्तु की विशेषतायें 6. मूल्य प्रणाली 7. प्रत्यक्षिक तीव्रता 8. संस्कृति का प्रभाव 9. सामाजिक सहमति 10. पुष्टिकरण 11. संरचनात्मक कारक 12. संज्ञानों का चयनात्मक संगठन 13. निर्णय 14. भावात्मक कारक 15. अचेतन प्रक्रियायें।

सामाजिक प्रत्यक्षीकरण में प्रत्यक्षपरक सुरक्षा और आत्म प्रत्यक्षीकरण का भी महत्व है। आत्म प्रत्यक्षीकरण का व्यक्ति प्रत्यक्षीकरण से घनिष्ठ सम्बन्ध है।

15

सामाजिक स्थिति और कार्य
(Social Status and Roles)

सामाजिक संगठन क्या है?

सामाजिक संगठन समाज का संगठन है। समाज सामाजिक सम्बन्धों का जाल है। इस प्रकार सामाजिक संगठन सामाजिक सम्बन्धों की व्यवस्था है। सामाजिक सम्बन्ध जटिल होते हैं। वे छोटे-छोटे समूहों में बंधे हुये होते हैं। समूहों में व्यक्ति होते हैं। व्यक्तियों के परस्पर सम्बन्ध संस्थाओं और समितियों द्वारा नियन्त्रित और व्यवस्थित होते हैं। अत: सामाजिक संगठन में व्यक्ति और समूहों के साथ-साथ समितियां और संस्थायें भी सम्मिलित होती हैं। रूटर और हाट के अनुसार ''सामाजिक संगठन से अभिप्राय सांस्कृतिक समितियों की पूर्णता और समूह की विशेषता असंगठित क्रियाओं के समूह सहित उनके परस्पर सम्बन्धों से है।''[1] इस प्रकार सामाजिक संगठन में सभी सांस्कृतिक समितियां तथा उनके परस्पर सम्बन्ध और समूह की असंगठित क्रियायें सम्मिलित हैं।

समाज एक विशाल व्यवस्था है। इस व्यवस्था का संगठन उसके अवयवों का परस्पर सम्बन्ध है। समाज के अवयव संस्थायें, समितियां और समूह हैं। समाज को संगठित तभी माना जाएगा, जबकि ये भिन्न-भिन्न अवयव भली प्रकार अपना कार्य करते चलें। इस प्रकार सामाजिक संगठन एक दशा के साथ-साथ एक प्रक्रिया भी है। जैसे एक मशीन इस प्रकार बनी होती है कि उसके पुर्जे एक दूसरे से समन्वय रखकर बराबर कार्य करते रहते हैं, उसी प्रकार संगठित समाज में विभिन्न इकाइयां सुसंगठित रूप से कार्य करती रहती हैं सामाजिक संगठन अस्तव्यस्त हो जाने से यह समन्वय बिखर जाता है। अत: सामाजिक संगठन ही समाज की विभिन्न इकाइयों की परस्पर क्रियाओं से क्रियाशील सामंजस्य रखता है। अर्नेस्ट जोन्स के शब्दों में ''सामाजिक संगठन

---

1. "By social organisation is meant the totality of cultural institutions and their interrelationships together with the body of the unorganized activities."
—Reuter and Hart *Introduction to Sociology*, Mcgraw Hill Book Co., Inc., New York, (1935), p. 143.

वह व्यवस्था है जिससे कि 'समाज के विभिन्न अंग एक दूसरे से तथा पूरे समाज के साथ सार्थक ढंग से सम्बन्धित रहते हैं।'[2] समाज के कुछ प्रत्यक्ष उद्देश्य हैं, जिनकी पूर्ति के लिए समाज का प्रत्येक अंग कार्य करता है। सामाजिक संगठन ही वह व्याख्या है जो इस कार्य को सुचारू रूप से बनाये रखती है। इलियट और मैरिल के अनुसार, ''सामाजिक संगठन अस्तित्व की एक अवस्था है, एक ऐसी दशा जिसमें कि एक समाज में विभिन्न संस्थायें अपने स्वीकृत अथवा मान्य उद्देश्यों के अनुसार कार्य कर रही हैं।''[3] लम्ले के शब्दों में, ''सामाजिक संगठन सहयोग करने वाले विशेषीकृत भागों से बना एक पूर्ण है।''[4]

सामाजिक संगठन और सामाजिक समूह

सामाजिक संगठन और सामाजिक समूह—सामाजिक समूह सामाजिक संगठन के अंग है। समाज में एकीकरण (Integration) और विभेदीकरण (Differentiation) की प्रक्रियायें बराबर होती रहती हैं जिनके फलस्वरूप बड़े-बड़े समूह छोटे समूहों में विभाजित होते रहते हैं और छोटे-छोटे समूह बड़े समूहों में संगठित होते रहते हैं। ये सामाजिक संगठन की प्रक्रियायें (Processes of social organisation) हैं। सामाजिक संगठन सामाजिक समूह में इन दोनों प्रक्रियाओं से होने वाली अन्तर्क्रियाओं का शुद्ध परिणाम (Net result) है। इस प्रकार सामाजिक संगठन सामाजिक समूहों पर आधारित है। जार्ज पीटर मरडोक (George Peter Murdock) के अनुसार सामाजिक संगठन एक समाज का छोटे समूहों में विशेष रूप से उन समूहों में सगंठन है जो आयु, रक्त सम्बन्ध, व्यवसाय, निवास स्थान, सम्पत्ति, अधिकार और स्थिति पर आधारित होते हैं। वास्तव में सामाजिक संगठन को समूहों के अन्तर्सम्बन्धों (Intergroup relationships) का प्रतिमान (Pattern) कहा जा सकता है। किसी समाज में विभिन्न समूहों के परस्पर सम्बन्ध क्या हैं? यह उसके सामाजिक संगठन पर निर्भर है। इस प्रकार सामाजिक संगठन और सामाजिक समूह का बड़ा घनिष्ट सम्बन्ध है।

सामाजिक संगठन का लक्षण

किसी समूह या समाज में सामाजिक संगठन है यह कैसे ज्ञात होगा? सामाजिक संगठन के लक्षण या आवश्यक तत्व क्या हैं। समाजशास्त्र में इस विषय पर बहुत कुछ लिखा जा चुका है। संक्षेप में, सामाजिक संगठन के अग्रलिखित लक्षण बतलाये जा सकते हैं—

---

2. "Social organisation is the system by which the parts of society are related to each other and to the whole society in a meaningful way."
—E. Jones., *Basic Sociological Principles,* (1949), p 195.

3. "Social organisation is a state of being, a condition in which the various institutions in a society are functioning in accordance with their recognized or implied purposes."
—Elliott and Merrill., *Social Disorganisation,* Harper and Bros. New York, (1950), p. 4.

4. "Social organisation is a whole composed of co-operating specializing parts..."
—Lumley, *Principles of Sociology,* (1936), p. 143.

(1) समाज के सदस्यों में एकमत्य—समाज के सदस्यों में एकमत्य होना सामाजिक संगठन का लक्षण है। इसके न होने पर उनमें आपस में विरोध उत्पन्न हो जायेगा और सामाजिक विघटन प्रारम्भ हो जायेगा। एक उदाहरण लीजिये, प्राचीन भारत में ब्राह्मण, क्षत्रियों और वैश्यों की स्थिति में और शूद्रों की स्थिति में बड़ा अन्तर था। इन सबके काम भी अलग-अलग थे जिनमें शुद्रों की स्थिति अन्य वर्णों से खराब थी। परन्तु इस वर्ण व्यवस्था को सभी लोगों ने एक मत से मान रखा था। अत: सामाजिक संगठन बड़ा सुदृढ़ रहा बाद में जब ब्राह्मणों ने अपनी श्रेष्ठ स्थिति का दुरूपयोग करना शुरू किया और शूद्रों की स्थिति बहुत गिर गई तब वर्ण क्रम व्यवस्था के प्रति यह एकमत्य बिगड़ने लगा जिससे हिन्दू समाज में अव्यवस्था फैल गई और सामाजिक संगठन छिन्न भिन्न हो गया।

(2) स्थिति और कार्यों को स्वीकार करने की तत्परता—समाज के सदस्यों में यह एकमत्य तभी रह सकता है जबकि सब लोगों में सामाजिक संगठन में अपनी स्थिति और कार्यों को स्वीकार करने की तत्परता हो। समाज में सभी की स्थिति एक समान नहीं हो सकती और न सभी के कार्य एक जैसे हो सकते हैं। जैसे एक मशीन में हर-एक पुर्जे की अलग अलग स्थिति और कार्य होते हैं वैसे ही समाज में सभी सदस्यों के काम बंटे रहते हैं। शरीर तभी काम कर सकता है जब कि हाथ पैर, आंख-नाक, सभी अपना-अपना काम करते रहें। यदि आँख देखने से सुनना बेहतर समझे और नाक श्वास लेने से इन्कार कर दे तथा पैर यह कहे कि हम ही क्यों सारे शरीर का भार उठायें, फिर तो शरीर चन्द रोज भी नहीं चल सकता। इसी तरह समाज की बात है। समाज में लिंग, आयु, विवाह, शारीरिक क्षमता तथा कुशलता और कर्त्तव्यों के आधार पर सामाजिक स्थिति का अन्तर पाया जाता है। स्थिति के आधार पर प्रत्येक व्यक्ति के कार्य निर्धारित होते हैं। समाज के सदस्यों में अपनी स्थिति और कार्य को स्वीकार करने की तत्परता सामाजिक संगठन का लक्षण है।

(3) सदस्यों के कार्यों पर समाज का नियन्त्रण—समाज के सदस्यों में अपनी स्थिति और कार्यों को स्वीकार करने की तत्परता तभी होगी जबकि उन पर समाज का नियन्त्रण रहे। समाज का यह नियन्त्रण आदतों, जनरीतियों प्रथाओं, रूढ़ियों, विधियों तथा संस्थाओं के द्वारा होता है। इन्हीं से समाज में एकमत्य रहता है। सदस्यों के कार्यों पर समाज का अंकुश उठते ही सामाजिक विघटन प्रारम्भ हो जाता है।

इस प्रकार सदस्यों में एकमत्य तथा अपनी स्थिति और कार्यों को स्वीकार करने की तत्परता और उनके कार्यों पर समाज का नियन्त्रण समाज में सामाजिक संगठन के अनिवार्य लक्षण हैं। स्पष्ट है कि सामाजिक संगठन में सामाजिक स्थिति का बड़ा महत्व है। अत: सामाजिक स्थिति का विस्तृत विवेचन प्रासंगिक होगा।

सामाजिक स्थिति
(Social Status)

स्थिति क्या है?

बहुधा लोग कहा करते हैं कि अमुक व्यक्ति की सामाजिक स्थिति अच्छी है, अमुक की

सामाजिक स्थिति बुरी है, स्त्रियों की सामाजिक स्थिति पहले से बेहतर हो गई है, हिन्दू समाज में ब्राह्मणों की सामाजिक स्थिति सबसे ऊँची है, पाश्चात्य देशों में काले लोगों की सामाजिक स्थिति गोरे लोगों से नीची है इत्यादि। यह सामाजिक स्थिति क्या है? सामाजिक स्थिति जैसा कि उसके नाम से स्पष्ट है, व्यक्ति की समाज में स्थिति है। समाज क्या है? समाज सामाजिक सम्बन्धों का एक जाल है। अतः सामाजिक स्थिति सामाजिक सम्बन्धों में व्यक्ति की स्थिति है जैसा कि ऊपर दिये वाक्यों से स्पष्ट है कि यह स्थिति ऊंची या नीची हो सकती है। अतः समाज में सामाजिक स्थिति का एक क्रम होता है। हिन्दू समाज में ब्राह्मणों को आदर दिया जाता है और उन्हें अन्य जातियों से ऊंचा माना जाता है, उनको बहुत से विशेषाधिकार प्राप्त हैं। अतः उनकी सामाजिक स्थिति ऊंची है। दूसरी ओर अस्पृश्य कहलाने वाली जातियों का हिन्दू समाज में ब्राह्मणों से कम आदर होता है और उनके अधिकार ब्राह्मणों से कम हैं। अतः उनकी सामाजिक स्थिति नीची है।

स्थिति की परिभाषा

स्थिति की धारणा को स्पष्ट रूप से समझने के लिए उसकी परिभाषाओं को जानना उपयोगी होगा। कुछ परिभाषायें निम्नलिखित हैं–

(1) ऑगबर्न और निमकॉफ का मत–''एक व्यक्ति की स्थिति, उनका समूह में स्थान और दूसरों के सम्बन्ध में उसका क्रम है।''[5] यह स्थिति की अत्यन्त सरल परिभाषा है। हिन्दू समाज में ब्राह्मण का स्थान शूद्र के स्थान के क्रम से ऊंचा है। परिवार में पिता का स्थान सबसे ऊंचा है। समूह में नेता की स्थिति शीर्ष पर है। इस प्रकार समूह में व्यक्ति का स्थान उसकी स्थिति है। इस स्थान का अन्य स्थानों में जो क्रम होगा, उसके अनुसार स्थिति को ऊंचा नीचा कहा जायेगा।

(2) मार्टिण्डल तथा मोनाकेसी का मत–''हम स्थिति की परिभाषा सामाजिक झुण्ड में एक स्थान से करते हैं जो आदर के चिन्हों और कार्यों के प्रतीक से पहचाना जाता है।''[6] इस परिभाषा में यह बतलाया गया है कि सामाजिक स्थिति आदर के चिन्हों और कार्यों के प्रतीक से पहचानी जाती है। एक उदाहरण लीजिये, एक कालिज में शिक्षकों और प्रिंसिपल की स्थिति अलग-अलग होती है। इस स्थिति का पता कैसे लगता है? प्रिंसिपल का सभी शिक्षक गण आदर करते हैं। जिधर से वह निकल जाता है उधर से उसे नमस्कार किया जाता है। उसके आने पर शिक्षक कुर्सी छोड़कर खड़े हो जाते हैं, जब तक वह खड़ा रहता है, खड़े रहते हैं और उसे सम्मानपूर्वक सम्बोधित करके बात-चीत करते हैं। यह तो हुई आदर के चिन्हों (Prestige Symbols) की बात। अब कार्यों के प्रतिमान को लीजिये। प्रिंसिपल सारे शिक्षकों के काम की देखरेख रखता है, उनमें व्यवस्था रखता है और समय-समय पर उनको निर्देश देता है। उसके हस्ताक्षर से

---

5. "A person's status is his group standing or ranking in relation to others."
—Ogburn & Nimkoff

6. "We define status as a position in social aggregate identified with a pattern of prestige symbols and actions."
—Martindale and Monachesi.

कार्य चलते हैं। इस प्रकार कालिज में प्रिंसिपल की स्थिति सामान्य शिक्षकों के पद से सम्बन्धित आदर के चिन्हों और कार्यों के प्रतिमान से भिन्न है। प्रतिमानों के इस अन्तर से दोनों की स्थिति का अन्तर स्पष्ट दिखाई पड़ता है।

(3) मैकाइवर और पेज का मत–"स्थिति वह सामाजिक पद है जोकि अपने रखने वाले के लिये उनके व्यक्तिगत गुणों अथवा सामाजिक सेवा के अतिरिक्त आदर, प्रतिष्ठा तथा प्रभाव की कुछ मात्रा निश्चित करती है।"[7] स्थिति की यह परिभाषा उस पर और भी प्रकाश डालती है। इसके अनुसार किसी व्यक्ति के आदर प्रतिष्ठा तथा प्रभाव की कुछ मात्रा उसकी सामाजिक स्थिति से निश्चित होती है। किसी परिवार में पति-पत्नी की स्थिति का पता उनके प्रभाव से और उस आदर या प्रतिष्ठा से चल सकता है जोकि उन्हें एक दूसरे से मिलता है। भिन्न-भिन्न संस्कृतियों में पति-पत्नी की सामाजिक स्थिति में अन्तर मालूम पड़ता है। भारत के गांवों में सरपंच की स्थिति गांव भर में सर्वश्रेष्ठ होती है। वह गाँव में जिधर निकल जाता है लोग उसको हाथ जोड़ते हैं। गांव की सभाओं में उसको सबसे ऊंची जगह बैठाया जाता है। यह गांव के सदस्यों के आपसी झगड़े निपटाता है और गांव वाले उसके फैसले का आदर करते हैं। यह आदर और प्रतिष्ठा केवल उसके गुणों के या उसकी सामाजिक सेवा के कारण नहीं हैं बल्कि बहुत कुछ उसके सरपंच के पद के कारण हैं। इस प्रकार "स्थिति या सामाजिक स्थिति किसी व्यक्ति का अन्य व्यक्तियों से सामाजिक सम्बन्धों में वह विशिष्ट स्थान है जिसके कारण उसे आदर और प्रतिष्ठा मिलती है तथा उसका प्रभाव होता है और जो उसको दिये गये आदर के चिन्हों और कार्यों से पहचाना जाता है।"[8]

स्थिति का निश्चय–इस स्थिति का निश्चय कैसे किया जाता है? इस बात का विवेचन करने से पहले यह जानना आवश्यक है कि स्थूल रूप से पद दो प्रकार के होते हैं कुछ पद 'आफिस' या पदवी के कारण होते हैं जैसे कालिज में प्रिंसिपल का पद या गांव में सरपंच का पद। इस प्रकार के पदों के कारण विशेष सामाजिक स्थिति का निश्चय व्यक्ति की कुर्सी या आफिस (Office) से होता है। जैसे प्रिंसिपल की कुर्सी पर जो भी व्यक्ति बैठेगा उसको उस पद के अनुरूप विशेष आदर मिलेगा। जिले में कलक्टर के अधिकार और कार्य प्रत्येक नये कलक्टर के साथ बदल नहीं जाते क्योंकि वे अधिकार अथवा आदर के चिन्ह कलक्टर के आफिस से सम्बन्धित हैं। ये तो हुये पोस्ट या आफिस पर आधारित पद। इनके अतिरिक्त कुछ पद व्यक्ति के परिवार, शारीरिक गुण, ज्ञान या निपुणता आदि के कारण होते हैं जैसे देश में प्रधान मन्त्री के पद से सम्बन्धित कुछ विशेष आदर के चिन्ह तथा कार्य हैं, परन्तु पं० जवाहरलाल नेहरू की भारत में

---

7. "Status is the social position that determines for its possessor, apart from his personal attribute or social service, a degree of respect, prestige and influence."

—MacIver and Page.

8. "Status or social status of a person is the particular position in social relations with other persons by which he gets respect or prestige and exercises influence and which is recognised by prestige symbols and roles attributed to him."

—R.N.Sharma

जो सामाजिक स्थिति है वह केवल उनके प्रधान मन्त्री होने के कारण नहीं बल्कि उनके व्यक्तित्व के गुणों, देश भक्ति तथा ज्ञान और कुशलता के कारण भी हैं। गामा या दारासिंह की सामाजिक स्थिति उनकी पहलवानी के कारण, उस्ताद फैय्याज खाँ की उनकी संगीत विद्या के कारण, विनोबा जी की सामाजिक सेवाओं के कारण तथा तेनजिंग की एवरेस्ट विजय के कारण है। इस प्रकार शारीरिक सौन्दर्य या बल, संगीत कला में प्रवीणता, वैज्ञानिक ज्ञान, साहित्यिक योग्यता आदि मानव सुलभ किसी भी विशेष गुण का होना व्यक्ति की स्थिति को ऊंचा उठाता है। सिनेमा की अभिनेत्रियों की सामाजिक स्थिति बहुत कुछ उनके शारीरिक सौन्दर्य के कारण होती है। इसी प्रकार व्यक्तित्व के दोषों से व्यक्ति की सामाजिक स्थिति नीची हो जाती है। एक निर्धन लड़का पढ़-लिखकर आई॰ ए॰ एस॰ बन जाता है तो केवल उसकी ही नहीं उसके सारे परिवार की स्थिति ऊंची हो जाती है। कुरूप या बेपढ़ी-लिखी बड़े आदमी की लड़की का छोटे परिवार में विवाह हो जाने से लड़की की सामाजिक स्थिति गिर जाती है। परन्तु सामाजिक स्थिति का निश्चय करने वाले कारण देश काल के अन्तर से बदलते रहते हैं। प्राचीन भारत में जाति से व्यक्ति की सामाजिक स्थिति का निश्चय होता था। आजकल धन सामाजिक स्थिति का निर्णायक है। किसी-किसी आदिम समाज में जिस व्यक्ति के जितनी ही अधिक पत्नियां होती हैं उसकी सामाजिक स्थिति उतनी ही ऊंची होती है। कुछ आदिम समाजों में स्त्री की सामाजिक स्थिति उसको मिले तलाकों की संख्या के साथ बढ़ती जाती है। कार्ल मार्क्स आदि के अनुसार सामाजिक स्थिति का निश्चय व्यक्ति की आर्थिक स्थिति से होता है। यह सिद्धान्त एकांगी है। भारतवर्ष में गांधी, दयानन्द, श्री अरविन्द, रवीन्द्र नाथ ठाकुर, प्रेम चन्द आदि की सामाजिक स्थिति उनकी आर्थिक स्थिति के कारण नहीं थी। आधुनिक भारत में विनोबा की सामाजिक स्थिति इस बात का जबर्दस्त सबूत है कि धन डिग्री, शारीरिक सौंदर्य, आफिस आदि के नितान्त अभाव में भी व्यक्ति के त्याग, समाज सेवा, ज्ञान तथा व्यक्तित्व के आन्तरिक गुणों से उसका कितना सम्मान हो सकता है।

सामाजिक स्थिति और कार्य

इस सामाजिक स्थिति का व्यक्ति के लिये बड़ा महत्व है। लगभग सभी समाजों में शादी विवाह सामाजिक स्थिति पर निर्भर होते हैं। दैनिक जीवन में इस प्रकार के सैकड़ों उदाहरण देखे जा सकते हैं, जब केवल सामाजिक स्थिति का अन्तर होने के कारण भिन्न जाति अथवा भिन्न आर्थिक अवस्था के युवक युवती का विवाह नहीं हो पाता। साधारणतया सभी अपने बराबर की या अपने से ऊंची सामाजिक स्थिति वाले परिवार में विवाह करना चाहते हैं। सामाजिक स्थिति से व्यक्ति को समाज में आदर मिलता है। प्रत्येक सामाजिक स्थिति को कुछ आदर के चिन्हों से पहचाना जाता है। सामाजिक स्थिति बदलने के साथ-साथ ये आदर के चिन्ह भी बदलते रहते हैं। सामाजिक स्थिति ऊंची हो जाने पर समाज में व्यक्ति का आदर बढ़ जाता है चाहे उसकी सामाजिक स्थिति ऊंचे परिवार में विवाह के कारण बढ़ी हो या किसी कला अथवा ज्ञान में विशेष योग्यता प्राप्त कर लेने के कारण या कोई ऊंचा पद पाने के कारण बढ़ी हो। सामाजिक स्थिति के साथ-साथ व्यक्ति के कार्य भी बदलते हैं। भिन्न-भिन्न सामाजिक स्थिति के साथ भिन्न-भिन्न कार्य जुड़े रहते हैं। वास्तव में समाज में स्थितियों की असमानता का मुख्य उद्देश्य यही है कि

समाज के भिन्न-भिन्न कार्य व्यक्तियों में योग्यतानुसार बंटे रहें। किंग्सले डैविस ने ठीक ही कहा है, "इस प्रकार सामाजिक असमानता एक अचेतन रूप से विकसित विधि है जिसके द्वारा समाज यह निश्चित करता है कि सर्वाधिक महत्वपूर्ण पद जान बूझकर सबसे अधिक योग्य व्यक्तियों से भरे जायें। अत: प्रत्येक समाज को चाहे वह कितना ही सरल अथवा जटिल हो प्रतिष्ठा और आदर के सम्बन्ध में व्यक्तियों में भेद करना ही चाहिये।"[9] कहीं-कहीं सामाजिक स्थिति से व्यक्ति कानून के सामने भी विशेषाधिकार रखते हैं। उदाहरण के लिए इंग्लैण्ड में राज परिवार पर किसी प्रकार का मुकदमा नहीं चलाया जा सकता और राज परिवार के व्यक्ति के अन्य व्यक्ति से किसी अन्य व्यक्ति का झगड़ा होने पर राज परिवार का व्यक्ति अन्य व्यक्ति से सदैव ऊपर रहता है। प्राचीन भारत में ब्राह्मण तथा शूद्र आदि विभिन्न वर्णों के व्यक्तियों को समान अपराध पर भिन्न-भिन्न दण्ड दिये जाते थे। इस प्रकार सामाजिक स्थिति से व्यक्ति को प्रत्यक्ष और अप्रत्यक्ष रूप से बहुत लाभ हैं।

सामाजिक स्थिति का महत्व

ऑगबर्न और निमकॉफ के अनुसार "समाज व्यक्ति की अपेक्षा उसकी स्थिति में अधिक रुचि लेता है।"[10] इस कथन के महत्व का पता आये दिन की सामाजिक घटनाओं से तथा ऐतिहासिक प्रमाणों से मिलता है। प्रत्येक सामाजिक स्थिति के साथ कुछ आदर के चिन्ह और कार्य लगे रहते हैं। आधुनिक जगत में किसी भी देश के राजनैतिक क्षेत्र में इसके बड़े सुन्दर उदाहरण मिल सकते हैं। राजनैतिक रंगमंच पर नये-नये अभिनेता आते रहते हैं और जाते रहते हैं। जाने वालों को जनता शीघ्र भूल जाती है और उसकी रुचि आने वालों में लग जाती है। कुछ वर्ष पहले मिश्र के बाहर कर्नल नासिर को कोई जानता भी न था, आज विश्व का प्रत्येक पढ़ा लिखा व्यक्ति उनको जानता है क्योंकि वह संयुक्त अरब राष्ट्र के भाग्य विधाता हैं कल तक जो च्यांग काई शेक चीन में महान देश भक्त और चोटी के नेता माने जाते थे, वही च्यांग काई शेक आज साम्यवादी चीन में पंचमांगी और देशद्रोही माने जाते हैं। जब तक स्टालिन रूस के सर्वेसर्वा थे, तब तक सारा रूस और अधिकांश साम्यवादी जगत उनके गुण गाता था। राजनैतिक रंगमंच से उनके हटते ही लोग केवल उनको भूल ही नहीं गये बल्कि रूस से उनका नामोनिशान तक मिटा देने के घोर प्रयत्न किये गये। इसी प्रकार के सैंकड़ों उदाहरण राजनैतिक क्षेत्र में नित्य देखे जा सकते हैं। समाज शक्ति का पुजारी है। जब तक व्यक्ति किसी शक्तिशाली पद पर रहता है, समाज को उसमें रुचि रहती है, उस पद से हटते ही लोग उसको भूल जाते हैं। उस पद से लगा आदर और सम्मान अब उस पद पर आने वाले नए व्यक्ति को मिलने लगता है।

---

9. "Social inequality is thus an unconsciously evolved device by which societies insure that the most important positions are filled by the most qualified persons. Hence every society, no matter how simple or complex, must differentiate persons in terms of both prestige and esteem."

—K. Davis.

10. "Society is less interested in the individual than in the position that he occupies."

—Ogburn and Nimkoff.

सामाजिक स्तर व्यक्तियों में स्थिति और उनके अनुरूप कार्यों के विभाजन पर आधारित है। इसके द्वारा समाज यह निश्चय करता है कि समाज में विभिन्न प्रकार के व्यक्ति भिन्न-भिन्न प्रकार के कार्य करते रहें। इस प्रकार समाज की इस बात में रुचि नहीं है कि किस पद पर कौन व्यक्ति है? पदों के इस विभाजन से ही समाज का संगठन बना रहता है। मैकाइवर के अनुसार "यह पद की भावना ही है जो आर्थिक, राजनैतिक तथा धार्मिक शक्ति और जीवन के विशेष ढंगों और उनके अनुरूप कार्यों से जीवित है तथा वर्ग को वर्ग से पृथक करती है, प्रत्येक को बाँधे रखती है और एक सम्पूर्ण समाज का स्तरण करती है।"[11]

परन्तु इससे यह निष्कर्ष निकालना ठीक नहीं है कि समाज को व्यक्ति में कोई रुचि नहीं है। जहां एक ओर इस प्रकार के सैंकड़ों उदाहरण पाये जा सकते हैं जिनमें व्यक्ति की अपेक्षा उसकी सामाजिक स्थिति में समाज की अधिक रुचि दिखाई देती है वहां इस प्रकार के उदाहरण भी कम नहीं हैं जिनमें समाज किसी व्यक्ति विशेष की सामाजिक स्थिति में नहीं बल्कि उस व्यक्ति विशेष में ही रुचि लेता है। भारतवर्ष में आज विनोबा में जो इतने अधिक लोग रुचि लेते हैं क्या उसका कारण उनका कोई पद है? आज जो डाकू और हत्यारे भी उनके चरण छूते हैं क्या वे उनसे किसी प्रकार का भय खाते हैं? इस नब्बे पौंड वजन के सूखे शरीर वाले व्यक्ति में ऐसा क्या है कि लोग उसका इतना सम्मान करते हैं? स्पष्ट है कि लोग उनके व्यक्तित्व, त्याग और सेवाओं से प्रभावित हैं। स्वामी रामकृष्ण परमहंस, श्री अरविन्द तथा महात्मा गांधी का सम्मान क्या उनकी सामाजिक स्थिति के कारण था? क्या राजनीति छोड़ने से पहले देश में जयप्रकाश नारायण का अधिक सम्मान था? क्या कांग्रेस में कांग्रेस अध्यक्ष से अधिक पं० नेहरू का प्रभाव नहीं है? बर्ट्रेण्ड रसल का इंगलैंड में क्या पद या ओहदा है? प्रधान मन्त्री पद से हटने के बाद आज इडेन का कहीं नाम भी नहीं सुनाई पड़ता परन्तु प्रधान मन्त्री पद छोड़ने के इतने दिनों बाद भी आज तक चर्चिल का इतना सम्मान क्यों हैं? इन सब उदाहरणों से यह स्पष्ट होता है कि महान् व्यक्तियों का सम्मान उनकी सामाजिक स्थिति मात्र से नहीं होता बल्कि उनके व्यक्तिगत गुणों से होता है। गांधी और विवेकानन्द, गौतमबुद्ध, ईसा और मुहम्मद में जो सारे मानव समाज ने रुचि दिखाई वह उनकी सामाजिक स्थिति के कारण नहीं थी। गायक का संगीत सभी को प्रभावित करता है। उसके गीत पर प्रत्येक मानव हृदय झूम उठता है। सम्मान उसके स्वर का है उसकी सामाजिक स्थिति का नहीं। इस प्रकार सामाजिक स्थिति के साथ-साथ समाज व्यक्ति में भी रुचि लेता है बल्कि उसके व्यक्तित्व के गुणों के अनुसार उसकी सामाजिक स्थिति ऊंची उठ जाती है। अतः ऑगबर्न और निमकॉफ का यह कथन एकांगी है कि समाज व्यक्ति की अपेक्षा उसकी सामाजिक स्थिति में अधिक रुचि लेता है।

---

11. "It is the sense of status, sustained by economic, political or ecclesiastical power and by distinctive modes of life and cultural expressions corresponding to them which draws class apart from class, gives cohesion to each, and stratifies a whole society."
—MacIver

सारांश

सामाजिक संगठन क्या है—सामाजिक संगठन सामाजिक सम्बन्धों तथा प्रक्रियाओं की व्यवस्था है। सामाजिक समूह सामाजिक संगठनों के अंग हैं।

सामाजिक संगठन के लक्षण—(1) समाज के सदस्यों में एकमत्य। (2) स्थिति और कार्यों को स्वीकार करने की तत्परता। (3) सदस्यों के कार्यों पर समाज का नियन्त्रण।

सामाजिक स्थिति क्या है—सामाजिक स्थिति सामाजिक सम्बन्धों में व्यक्ति की स्थिति है। वह किसी व्यक्ति का अन्य व्यक्तियों से सामाजिक सम्बन्धों में वह विशिष्ट स्थान है जिसके कारण उसे आदर और प्रतिष्ठा मिलती है तथा उसका प्रभाव होता है और जो उसको दिये गये आदर के चिन्हों और कार्यों से पहचाना जाता है।

सामाजिक स्थिति का महत्व—सामाजिक स्थिति से समाज में व्यक्ति के कार्य निश्चित होते हैं। उसी से उसके अधिकार और कर्तव्य निश्चित होते हैं। इसके अलावा प्रत्यक्ष और अप्रत्यक्ष रूप से व्यक्ति को उससे और भी बहुत से लाभ हैं। ऑगबर्न और निमकॉफ के अनुसार ''समाज व्यक्ति की अपेक्षा उसकी स्थिति में अधिक रुचि लेता है।'' यह मत एकांगी है क्योंकि कहीं-कहीं व्यक्ति की स्थिति की अपेक्षा स्वयं व्यक्ति में समाज की रुचि होने के उदाहरण मिलते हैं।

16

समुदाय, समिति, संस्था और वर्ग

(Community, Association, Institution and Class)

जैसा कि पिछले अध्यायों में संकेत किया जा चुका है व्यक्ति के सामाजिक परिवेश का उसके व्यक्तित्व और व्यवहार पर महत्वपूर्ण प्रभाव पड़ता है। इस प्रभाव में समुदाय, समिति, संस्था और वर्ग में व्यक्ति की स्थिति का विशेष महत्व है। प्रस्तुत अध्याय में इन्हीं का विवेचन किया जायेगा।

समुदाय
(Community)

समुदाय की परिभाषा

समुदाय के विवेचन में सबसे पहले उसकी परिभाषा करना आवश्यक है। कुछ मुख्य परिभाषायें निम्नलिखित हैं–

(1) **बोगार्डस का मत**–समुदाय की परिभाषा करते हुए बोगार्डस ने लिखा है कि ''एक समुदाय एक सामाजिक समूह है जिसमें कुछ अंशों में हम की भावना है और जो एक विशेष क्षेत्र में रहता है।''[1]

(2) **डेविस का मत**–डेविस के अनुसार ''समुदाय सबसे छोटा क्षेत्रीय समूह है जिसमें सामाजिक जीवन के सभी पक्ष आ सकते हैं।''[2]

(3) **गिन्सबर्ग का मत**–''समुदाय से सामाजिक प्राणियों के एक ऐसे समूह का बोध

---

1. "A community is a social group with some degree of 'we feeling' and living in a given area."

—Bogardus, E. S., *Sociology*, The Macmillan Co. New York, (1954), p. 122.

2. "The community is the smallest territorial group that can embrace all aspects of social life."

—Davis, K. *Human Society*, The Macmillan Co, New York, (1954), p. 312,

होता है जो एक सामान्य जीवन व्यतीत करता है जिसमें वे सब असीम रूप से विविध और जटिल सम्बन्ध सम्मिलित रहते हैं जो सामान्य जीवन का परिणाम हैं अथवा उसको बनाते हैं।''[3]

(4) मैकाइवर का मत–''जहां कहीं किसी छोटे या बड़े समूह के सदस्य इस प्रकार रहते हैं कि वे यह या वह विशेष हित नहीं बल्कि सामान्य जीवन की मूल दशाओं में भाग लेते हैं, तब हम उस समूह को समुदाय कहते हैं।''[4]

(5) कोल का मत–''एक समुदाय से मेरा तात्पर्य एक जटिल सामाजिक जीवन से है, एक ऐसी जटिलता जिसमें परिवर्तनशील समान रूढ़ियों, प्रथाओं तथा परम्पराओं द्वारा परस्पर सम्बद्ध और किसी सीमा तक सामान्य सामाजिक लक्ष्यों और हितों के प्रति चेतना, सामाजिक सम्बन्धों की अवस्थाओं में साथ-साथ रहने वाले मानव प्राणी सम्मिलित होते हैं।''[5]

समुदाय की उपरोक्त परिभाषाओं से स्पष्ट है कि ''समुदाय निश्चित भूभाग में रहने वाला, स्वतः उत्पन्न, एक विशिष्ट नाम से पुकारा जाने वाला ऐसे मनुष्यों का एक समूह है जिनमें एक सामान्य जीवन और समुदायिक भावना पाई जाती हो और जो सामान्य रूढ़ियों, परम्पराओं, रीति-रिवाजों, विधियों तथा सामाजिक सम्बन्धों से आपस में बंधे हुये हों।''[6] इस प्रकार के समुदाय का उदाहरण भारतवर्ष में हिन्दू समुदाय तथा मुस्लिम समुदाय आदि में देखा जा सकता है।

समुदाय के आवश्यक तत्व

समुदाय की उपरोक्त परिभाषाओं से उसके आवश्यक तत्वों पर भी प्रकाश पड़ता है। इस प्रकार एक समुदाय में अग्रलिखित आवश्यक तत्व होते हैं–

---

3. "By community is to be understood a group of social beings living a common life including all the infinite variety and complexity of relations which result from that common life or constitute it."

—Ginsberg, *The Psychology of Society,* p. 20.

4. "Whenever the members of any group, small or vast, live together in such a way that they share, not this or that particular interest but the basic conditions of common life, we call that group a community."

—MacIver, R.M., *Society,* p. 9.

5. "By a community I mean a complex of social life, a complex including a number of human beings, living together under conditions of social relationship, bound together by a common, however constantly changing stock of conventions, customs and traditions and conscious to some extent of common social objects and interests."

—Cole, G. D. H.

6. "Community is a self originated group of persons residing in a definite geographical locality, having a particular name, a common life and community consciousness and in which people are bound together by common traditions, customs, rituals and social relations.'"

— R. N. Sharma

(1) निश्चित भूभाग (Definite locality)—समुदाय की पहली शर्त एक निश्चित भूभाग है क्योंकि उसके बिना मनुष्यों में सम्बन्ध स्थापित नहीं हो सकते और 'हम की भावना' विकसित नहीं हो सकती। सैम्पिल के शब्दों में "मनुष्य पृथ्वी के धरातल की उपज है।"[7]

(2) मनुष्यों का समूह (Group of human beings)—समुदाय मनुष्यों का समूह है। मनुष्यों के समूह के बिना उसकी कल्पना भी नहीं की जा सकती।

(3) सामुदायिक भावना (Community sentiment)—सदरलैण्ड वुडवर्ड और मैक्सवेल के शब्दों में "समुदाय एक ऐसा स्थानीय क्षेत्र है जिस पर लोग एक ही भाषा का प्रयोग करते हैं, समान रूढ़ियों का पालन करते हैं और न्यूनाधिक समान भावों का अनुभव करते हैं।"[8] इस प्रकार समुदाय के लोगों में यह सामुदायिक भावना अत्यन्त आवश्यक है।

(4) समानतायें (Likenesses)—समुदाय में भाषा, रीति-रिवाज, रूढ़ियों, परम्पराओं आदि अनेक बातों में समानता पाई जाती है। ग्रीन ने लिखा है "समुदाय संकीर्ण भौगोलिक दायरे में रहने वाले लोगों का संग्रह है जो कि जीवन के एक सामान्य ढंग को अपनाते हैं।"[9]

(5) स्थायित्व (Permanency)—समुदाय भीड़ के समान अस्थायी नहीं होता। उसके लिए स्थायी स्थान में स्थायी जीवन आवश्यक है।

(6) स्वाभाविक (Natural)—समुदाय बनाए नहीं जाते बल्कि प्राकृतिक अथवा स्वाभाविक ही होते हैं। मनुष्य समुदाय में जन्म लेता है। समुदाय के द्वारा ही उसका विकास होता है।

(7) विशिष्ट नाम (Particular Name)—प्रत्येक समुदाय का कोई न कोई नाम होता है जिससे उसका व्यक्तित्व जुड़ा रहता है। लम्ले के शब्दों में "वह एक रूपता का संकेत करता है, वह यथार्थ बतलाता है, वह वैयक्तित्व का द्योतक है, वह बहुधा व्यक्तित्व का बखान करता है और प्रत्येक समुदाय किसी न किसी प्रकार का एक व्यक्तित्व है।"[10]

---

7. "Man is a product of earth's surface."
—Semple, E. C. *Influences of Geographical Environment,* Henery Holt & Co., (N. Y.), p. 1.
8. "A community is a local area over which people are using the same language, conforming to the same mores, feeling more or less the same sentiments, and acting upon the same attitudes."
—Sutherland, Woodward and Maxwell *Introductory Sociology*, J. B. Lippincott Co (N.Y.) p. 316.
9. "A community is a cluster of people, living within a narrow territorial radius, who share a common way of life."
—Green, A.W; *Sociology : An Analysis of life in Modern Society* Mcgraw Hill Book Co. (N.Y.), 1952, p. 193.
10. "It points to identity, it indicates reality, it points out individuality, it often describes personality and each community is something of a personality."
—Lumley F. E. *Principles of Sociology*, Mcgraw Hill Book Co. Inc. (N.Y) p. 208.

समुदाय के उपरोक्त आवश्यक तत्वों के अतिरिक्त उसमें एक सामान्य जीवन तथा थोड़ी बहुत आत्म निर्भरता भी आवश्यक है। आसबर्न और न्यूमियर के शब्दों में समुदाय "निकटवर्ती भौगोलिक क्षेत्र में रहने वाले, हितों और क्रियाओं के सामान्य केन्द्र रखने वाले और जीवन की मुख्य बातों में मिल कर काम करने वाले लोगों का समूह है।"[11]

सामुदायिक भावना
(Communtiy Consciousness)

सामुदायिक भावना क्या है?

समुदाय का अन्य मानव समूहों से अन्तर देखने से पूर्व समुदाय के मूल तत्व सामुदायिक भावना का विस्तृत विवेचन प्रासंगिक होगा। समुदाय एक सामान्य क्षेत्र में रहने वाला एक मानव समूह है जिसमें एक सामान्य जीवन पाया जाता है। इस सामान्य जीवन के परिणामस्वरूप समूहों के सदस्यों में एकता की भावना सामुदायिक भावना होती है। इस भावना के अभाव में कोई भी मानव समूह कितने भी समय तक एक स्थान पर रहने पर भी समुदाय नहीं कहला सकता। सामान्य जीवन व्यतीत करने वाले, साथ रहने वाले, समान भाषा बोलने वाले, समान रीति-रिवाजों और परम्पराओं को मानने वाले, अथवा समान स्वार्थ और हित वाले व्यक्तियों में सामुदायिक भावना स्वभावत: ही उत्पन्न हो जाती है। कोई भी व्यक्ति इस भावना से अछूता नहीं बच सकता यद्यपि भिन्न-भिन्न समुदायों और एक ही समुदाय के भिन्न-भिन्न व्यक्तियों में इसकी मात्रा में अन्तर हो सकता है। यह समूह के सदस्यों को एक सूत्र में पिरोये रहती है। एक ग्रामीण समुदाय का उदाहरण लीजिये। गांव के सब लोग खेती बाड़ी तथा व्यवसाय के कामों में एक दूसरे का हाथ बंटाते हैं; एक दूसरे के सुख-दुख, शादी ब्याह, गमी-मौत आदि में सम्मिलित होते हैं; साथ मिलकर तीज-त्यौहार मनाते हैं और गांव पर आई हुई आपत्तियों का मिलकर सामना करते हैं। इस प्रकार गांव के लोगों में आपस में भाई-चारे की भावना उत्पन्न हो जाती है और वे एक दूसरे के सुख-दुख को अपना सुख-दुख समझने लगते हैं। यही भावना सामुदायिक भावना है। इसी से व्यक्ति अपने स्वार्थों को समुदाय के स्वार्थों के आगे बलिदान कर देते हैं और समुदाय के हित को अपना हित समझते हैं।

सामुदायिक भावना के तत्व

सामुदायिक भावना क्या है, यह जानने के लिये उसके आवश्यक तत्वों को भी जानना जरूरी है। साधारणतया सामुदायिक भावना में निम्नलिखित तीन तत्व देखे जा सकते हैं—

(1) हम भावना (We feeling)—सामुदायिक भावना का सबसे अधिक महत्वपूर्ण तत्व 'हम भावना' है। इसके कारण व्यक्ति अपने को अन्य लोगों से अलग न मानकर उन्हीं के साथ

---

11. "A group of people living in a contiguous geographic area, having centres of interest and activities, and functioning together in the chief concerns of life."
—Osborn, L. D, and Neumeyer, M. H., *The Community and Sciety*, American Book Co. (N. Y.). p. 8.

मानता है। समाज के किसी भी अंग के सुख-दुख को समाज के भी सदस्य अपना सुख-दुख समझते हैं। इस प्रकार की 'हम भावना' मुहल्ले वालों, गाँव वालों तथा विदेश में एक नगर और राष्ट्र के लोगों में भी देखी जा सकती है। इस भावना का मूल कारण एक स्थान पर रहने वालों के हितों की समानता है।

(2) योगदान की भावना (Role feeling)—समुदाय में प्रत्येक व्यक्ति की अपनी स्थिति होती है और उसको उसी के अनुसार कार्य करके समाज के विकास में अपना योगदान देना चाहिये। सामुदायिक भावना होने पर यह योगदान की भावना अनिवार्य रूप से आ जाती है क्योंकि यह सामुदायिक भावना का ही एक अंग है। इस भावना से व्यक्ति अपने को समाज का एक विशेष अंग मानता है और उसी के रूप में अपना उत्तरदायित्व निभाता है।

(3) आश्रितता की भावना (Dependency feeling)—सामुदायिक भावना का तीसरा तत्व है आश्रितता की भावना अर्थात् व्यक्ति अपने को समाज पर आश्रित समझता है और समाज के बाहर अपना अस्तित्व असम्भव मानता है। इस आश्रितता की भावना के कारण वह किसी भी बात में समाज का विरोध नहीं करता और सदैव उसके अनुकूल काम करने की चेष्टा करता है।

इस सामुदायिक भावना के परिणास्वरूप व्यक्ति स्थानीय जीवन में बड़ी रुचि दिखलाते हैं और समस्याओं को सुलझाने तथा स्थानीय समूह का विकास करने में उत्साहपूर्वक भाग लेते हैं। सामुदायिक भावना जनरीतियों, रूढ़ियों और परम्पराओं के समान तथा उनके पालन करने में व्यस्त होती है।

आधुनिक जगत में सामुदायिक भावना में परिवर्तन

मैकाइवर के अनुसार "सामुदायिक भावना का विकास, स्वयं समाजीकरण की क्रिया, निर्धारण तथा सत्ता सामाजिक आदर अथवा तिरस्कार के द्वारा कार्य करने वाली विस्तृत अर्थों में शिक्षा के द्वारा होता है जब तक कि आदतें और आज्ञापालन, निष्ठाओं और विश्वासों का आधार न बन जाये।"[12] इस प्रकार समाज के ढांचे में परिवर्तन होने के साथ-साथ सामुदायिक भावना भी परिवर्तित होती रहती है। आधुनिक काल में सामुदायिक भावना में परिवर्तन के मुख्य कारक समुदायों की अन्योन्याश्रितता का विस्तार तथा नवीन समुदायों का उदय है।

(1) समुदायों की अन्योन्याश्रितता—प्राचीनकाल में समुदाय आत्म निर्भर होते थे क्योंकि न तो इतना श्रम विभाजन था और न एक स्थान से दूसरे स्थान पर आना-जाना इतना सुलभ था। इस कारण समुदाय का क्षेत्र बड़ा संकुचित होता था। आजकल संसार के सभी समुदाय एक दूसरे पर किसी न किसी प्रकार से आश्रित हैं। इससे जहाँ एक ओर सामुदायिक भावना का दायरा बढ़ता जाता है वहां दूसरी ओर उसके बन्धन भी ढीले पड़ते रहते हैं।

---

12. "Community sentiment is developed by the socialisation process itself, by education in the largest sense, working through prescription and authority, social esteem or disfavour, until habits and conformities become the ground of loyalties and convictions."
—MacIver, *Society,* p. 292

(2) समुदाय का विस्तार—प्राचीन काल में समुदाय बहुत छोटे-छोटे होते थे। आवागमन के साधनों की कमी के कारण और संदेशवाहन के साधनों के अभाव में लोगों का सम्पर्क कुछ सौ लोगों तक तथा कुछ निश्चित प्रदेश में ही सीमित रहता था। अधिकतर लोग जीवन भर अपने गांव से भी बाहर नहीं निकलते थे। धीरे-धीरे विज्ञान के विकास के साथ यातायात और संदेशवाहन के साधनों का विकास हुआ। इससे लोग केवल अपने देश में ही नहीं बल्कि विदेशों में हजारों मील दूर रहने वाले लोगों से भी व्यवसायिक तथा मैत्री आदि के सम्बन्ध स्थापित करने लगे। इस प्रकार सामुदायिक भावना का क्षेत्र बढ़ने लगा।

सामुदायिक भावना के इस विस्तार से तथा समुदायों की अन्योन्याश्रितता (Interdependence) से धीरे-धीरे सामुदायिक भावना 'विश्वबन्धुत्व' की भावना बनती जा रही है। संयुक्त राष्ट्र संघ (U.N.O.) इसी भावना का परिणाम है। जहां एक ओर राष्ट्रीयता की भावना दृढ़ हुई है वहां दूसरी ओर वह विश्वबन्धुत्व की विरोधी नहीं रही है। अनेक विचारक एक विश्वराज्य की बात भी करने लगे हैं।

(3) नवीन समुदायों का उदय—नवीन समुदायों के उदय से भी आधुनिक जगत में सामुदायिक भावना के रूप में बड़ा भारी परिवर्तन आया है। आधुनिक नगरों में जाति और रक्त सम्बन्धों से अधिक व्यवसाय और उद्योग आदि पर आधारित समुदाय दृढ़ दिखलाई पड़ते हैं। भिन्न-भिन्न हितों को लेकर नये-नये समुदाय बन गये हैं जोकि अपने हितों के सामने राष्ट्रीय हितों की भी परवाह नहीं करते।

वास्तव में औद्योगिक क्रान्ति के प्रभाव से आधुनिक जगत एक संक्रमण काल से गुजर रहा है। अत: उसमें किसी एक दिशा की ओर निश्चित प्रगति की तरफ संकेत नहीं किया जा सकता। जहां एक ओर विश्वबन्धुत्व और अन्तर्राष्ट्रीयता के विचार बढ़ रहे हैं वहां दूसरी ओर रंग भेद तथा संकीर्ण सामुदायिक हितों पर आधारित स्वार्थों का नंगा नाच भी दिखाई पड़ता है। यह निश्चय है कि इस कशमकश में विश्वबन्धुत्व की भावना अवश्य विजयी होगी क्योंकि अणुशक्ति के आविष्कार ने मानव के एक सार्वभौम संगठन को अनिवार्य बना दिया है अन्यथा उसके अस्तित्व तक को खतरा हो सकता है। अधिकांश आधुनिक विचारक ऐसी राष्ट्रीयता के पक्ष में हैं जो विश्वबन्धुत्व की भावना की पोषक हो, जिसमें मानवता की सामुदायिक भावना के सामने अन्य अपेक्षाकृत क्षुद्र स्वार्थों को तिलान्जलि दे दी जाय।

वास्तव में एक निश्चित भूभाग में रहने वाला समाज का मूर्तरूप ही समुदाय कहलाता है। मेंजर के शब्दों में "एक समाज, जो एक निश्चित भौगोलिक क्षेत्र में रहता है, समुदाय कहलाता है।"[13]

---

13. "A society that inhabits a definite geographic area is known as a community."
—Manzer, M.C., *Practical Sociology and Social Problems,* p. 9

समुदाय और समाज में अन्तर

समुदाय	समाज
1. समुदाय मनुष्यों का समूह है।	1. समाज सामाजिक सम्बन्धों का जाल है।
2. समुदाय मूर्त है।	2. समाज अमूर्त है।
3. समुदाय के लिये एक निश्चित भू-भाग का होना आवश्यक है।	3. समाज के लिए निश्चित भूखण्ड की आवश्यकता नहीं है।
4. एक समुदाय में एक से अधिक समाज नहीं हो सकते।	4. एक समाज में कई समुदाय हो सकते हैं।
5. समुदाय में सामुदायिक भावना होना अनिवार्य है।	5. समाज में सामुदायिक भावना या एक होने की भावना आवश्यक नहीं है।
6. समुदाय में समाज की अपेक्षा सामान्य हित कम विस्तृत (Extensive) और कम समन्वित (Coordinated) होते हैं।	6. समाज में सामान्य हित विस्तृत तथा समन्वित होते हैं।
7. संमुदाय में हित और स्वार्थों की समानता आवश्यक है।	7. समाज में सामान्य हित और सामान्य लक्ष्य आवश्यक नहीं हैं।

समुदाय और पड़ोस
(Community and Neighbourhood)

पड़ोस क्या है?

पड़ोस सरलतम समुदाय है। परिवार के बाद पड़ोस ही वह समूह है जिसका सामाजिक महत्व है और जिसमें स्थानीय एकता की भावना रहती है। इस प्रकार पड़ोस समुदाय का ही एक विशेष अंग या भाग है। एक समुदाय में अनेक पड़ोस होते हैं। पड़ोस मनुष्य की सामूहिक क्रियाओं पर भारी प्रभाव डालता है। परन्तु नगर और गांव में पड़ोस का स्वरूप और उसका महत्व बदल जाता है। गांव में पड़ोस का बहुत महत्व होता है और पड़ोसियों में सगे सम्बन्धियों के से प्रगाढ़ सम्बन्ध पाये जाते हैं। वे एक दूसरे के सुख-दुःख में परिवार के सदस्यों के समान सम्मिलित होते हैं। दूसरी ओर नगर में पड़ोस का महत्व बहुत कम होता है। कलकत्ता, बम्बई जैसे बड़े नगरों में तो पड़ोसी-पड़ोसी को पहचानता भी नहीं। जनसंख्या की गतिशीलता, यातायात तथा संदेशवाहन के साधनों का विकास, भौतिकता, व्यक्तिवाद तथा जीवन की तीव्र गति नगर में पड़ोसियों की एक दूसरे के प्रति उदासीनता के कुछ कारण हैं।

पड़ोस और समुदाय

फेयरचाइल्ड ने लिखा है कि "एक समुदाय के एक क्षेत्र में बड़ी मात्रा में व्यक्तियों का आपस में परिचय, एक दूसरे से जान पहचान, सम्बन्ध और सामाजिक एकता की विशिष्टता का

होना आवश्यक है जो समुदायों को पड़ोसी समूहों से अलग करती हैं।'' इस प्रकार जहां समुदाय का क्षेत्र पड़ोस से कहीं अधिक व्यापक और विस्तृत होता है वहाँ उसमें व्यक्तिगत परिचय और जान पहचान का क्षेत्र भी पर्याप्त विस्तृत होता है। दूसरी ओर पड़ोस का क्षेत्र बड़ा सीमित होता है। उसको समुदाय का संकुचित रूप या सबसे छोटी इकाई कहा जा सकता है।

समुदाय और पड़ोस का अन्तर निम्नलिखित तालिका से और भी स्पष्ट हो जायेगा:—

समुदाय	पड़ोस
1. समुदाय विस्तृत होता है।	1. पड़ोस संकुचित होता है।
2. समुदाय में व्यक्तिगत परिचय का क्षेत्र विस्तृत होता है।	2. पड़ोस में व्यक्तिगत परिचय का क्षेत्र सीमित होता है।
3. समुदाय समाज की इकाई है।	3. पड़ोस समुदाय की इकाई है।
4. समुदाय में सामुदायिक भावना का प्रधान महत्व है।	4. पड़ोस में स्थानीय एकता की भावना का प्रधान महत्व है।
5. सामुदायिक भावना निश्चित भू-भाग सामान्य जीवन आदि के कारण होती है।	5. पड़ोस की भावना पास रहने पर निर्भर रहती है।
6. सामुदायिक भावना अधिक दृढ़ होती है।	6. पड़ोस की भावना अपेक्षाकृत कम दृढ़ होती है।
7. समुदाय अधिक संगठित और नियन्त्रित होता है।	7. पड़ोस में कोई विशेष संगठन नहीं होता।

समिति
(Association)

समिति का अर्थ

समिति का जन्म मनुष्यों की कुछ सामान्य आवश्यकताओं की पूर्ति के लिए होता है। समिति की कुछ परिभाषायें निम्नलिखित हैं—

(1) मैकाइवर का मत—मैकाइवर के अनुसार ''सामान्य रूप से उसके सदस्यों के कुछ हित या हितों को सामूहिक रूप से प्राप्त करने के लिये बनाये गये ऐच्छिक संगठन को समिति कहते हैं।''[14] इस परिभाषा के अनुसार समिति ऐच्छिक समूह है और उसका लक्ष्य सदस्यों के विशेष हितों को सामूहिक रूप से प्राप्त करना है।

(2) गिन्सबर्ग का मत—गिन्सबर्ग के अनुसार ''सामाजिक प्राणियों का एक समूह जो एक दूसरे से इस तथ्य से सम्बन्धित है कि वे विशेष लक्ष्यों की पूर्ति के लिए सामान्य रूप से

14. "Any organisation deliberately formed for the collective pursuit of some interest or set of interest, which the members of it share, is termed an association."

—MacIver.

एक संगठन रखते या बनाते हैं समिति कहलाता है।''[15] इस परिभाषा में समिति में सामान्य लक्ष्य और सामान्य संगठन पर जोर दिया गया है।

(3) कौल का मत–''एक समिति से मेरा तात्पर्य ऐसे व्यक्तियों के किसी भी समूह से है जो किसी सहयोगी कार्य के द्वारा जो केवल एक कार्य से अधिक विस्तृत है, किसी सामान्य लक्ष्य को प्राप्त करने की चेष्टा करते हैं और इस सामान्य क्रिया के कुछ नियम निर्धारित करते हैं चाहे वे नियम बहुत ही साधारण और आदिम रूप वाले क्यों न हों।'' समिति की यह परिभाषा अत्यन्त विस्तृत है। इसमें समिति के सदस्यों में सामान्य लक्ष्यों के साथ-साथ सामान्य कार्य-विधियों को आवश्यक माना गया है।

संक्षेप में ''समिति समान हितों अथवा लक्ष्यों को प्राप्त करने के लिये संगठित मनुष्यों का एक ऐच्छिक समूह है जिनमें सहयोग की भावना होती है और जो कुछ नियमों के अनुसार सामूहिक रूप से काम करते हैं।''[16]

समिति के आवश्यक तत्व

समिति की उपरोक्त परिभाषा से समिति के आवश्यक तत्व भी स्पष्ट होते हैं। समिति (As sociation) के मुख्य आवश्यक तत्व निम्नलिखित हैं–

(1) मानव समूह (Human Group)–समिति का निर्माण मनुष्यों के ही उद्देश्यों को सिद्ध करने के लिये होता है। अतः मानव समूह समिति के लिये एक आवश्यक शर्त है।

(2) समान हित अथवा उद्देश्य (Common interests or aims)–समिति मनुष्यों का एक संग्रह मात्र नहीं है। उन मनुष्यों में कुछ समान हित अथवा समान स्वार्थ या उद्देश्य भी आवश्यक है। मैकाइवर तथा पेज के शब्दों में ''समिति किसी सामान्य हित अथवा हितों के समूह की प्राप्ति के लिये संगठित समूह है।''[17]

(3) सहयोग की भावना (Co-operative Spirit)–बोगार्डस के अनुसार ''साधारणतया समिति किसी सामान्य लक्ष्य की प्राप्ति के लिये लोगों का साथ काम करना है।''[18] इस प्रकार सहयोग की भावना से ही समिति का निर्माण होता है।

(4) संगठन (Organisation)–समिति की परिभाषा करते हुए गिन्सबर्ग ने लिखा है कि ''समितियां उन लोगों के समूह से बनती हैं जो किसी विशेष कार्य अथवा कार्यों को पूर्ण करने के लिये संगठित होते हे जैसे व्यापारिक संघ, राजनैतिक दल या विद्वानों की समितियां।'' इस प्रकार संगठन समिति का एक आवश्यक तत्व है।

---

15. "A group of social beings related to one another by the fact that they possess or have instituted in with a view to securing, a specific end or specific ends."
—Ginsberg, *Psychology of Society,* p. 121.
16. "Association is a voluntary group of persons who are organised for the achievement of some common interests or aims, who have cooperative feeling and who work collectively according to some rules." — R.N. Sharma.
17. "As a group organised for the pursuit of an interest or group of interests in common."
—MacIver and Page, *Society,* Macmillan & Co. Ltd., London, p. 12
18. "Association is usually a working together of people to achieve some purposes."
—Bogardus, E. S., *Sociology,* The Macmillan & Co. (N.Y.) p. 546.

(5) **नियम**—समिति का संगठन कुछ नियमों पर आधारित होता है। लिखे हुए हों या बिना लिखे हुए कुछ न कुछ नियम समिति के लिये अत्यन्त आवश्यक हैं।

समिति के कार्य

आजकल भारत में प्रत्येक नगर में एक नगरपालिका होती है। यह नगरपालिका समिति का एक उत्तम उदाहरण है। नगर निवासी नगर पालिका के सदस्यों का चुनाव करते हैं। ये सदस्य नगरपालिका के अध्यक्ष तथा विभिन्न कमेटियों के अध्यक्ष व कार्यकर्ताओं का चुनाव करते हैं। नगरपालिका के उद्देश्य निश्चित कर लिए जाते हैं जिनमें साधारणतया नगर में शिक्षा, सफाई, मार्गों की व्यवस्था, पानी व बिजली का प्रबन्ध, बाजारों का प्रबन्ध आदि मुख्य हैं। इनके अतिरिक्त नगरपालिका समय-समय पर नगर की उन्नति के लिये अनेक अन्य कार्य भी करती है जैसे वाचनालय, पुस्तकालय, सार्वजनिक पार्कों आदि की व्यवस्था तथा प्रदर्शनियाँ लगवाना आदि। इन सब कार्यों के लिये पैसे का प्रबन्ध करने के लिये नगरपालिका नगर निवासियों पर कुछ कर लगाती है जैसे पानी, बिजली, घर, वाहन आदि पर कर आदि। इन करों को उगाहने तथा अन्य अनेक कार्य करने के लिए नगरपालिका में अलग-अलग विभाग बना दिये जाते हैं जिनमें सैकड़ों कर्मचारी काम करते हैं और नगरपालिका का कोई सदस्य उनकी देखभाल करता है। यह सदस्य नगरपालिका की सभा के प्रति उसके विभाग के कार्यों के लिये उत्तरदायी होता है। शिक्षा के लिये नगरपालिका नगर में प्रारम्भिक तथा माध्यमिक शिक्षा के स्कूल खोलती है और निःशुल्क प्रारम्भिक शिक्षा का प्रबन्ध करती है। शिक्षा का काम एक शिक्षा अधिकारी की देखरेख में होता है, सफाई का प्रबन्ध एक स्वास्थ्य अधिकारी तथा उसके आधीन अनेक सफाई निरीक्षकों के द्वारा किया जाता है। सड़कों, सार्वजनिक मार्गों तथा सार्वजनिक स्थानों के प्रयोग के सम्बन्ध में नियम बनाये जाते हैं जिसको मानना प्रत्येक नगर निवासी के लिये अनिवार्य होता है। नगर की स्थानीय समस्याओं तथा आबादी की संख्या के अनुसार नगरपालिका के काम घटते बढ़ते रहते हैं।

समिति और समाज में अन्तर

समिति	समाज
1. समिति मनुष्यों का समूह है।	1. समाज सामाजिक सम्बन्धों की व्यवस्था है।
2. समिति मूर्त है।	2. समाज अमूर्त है।
3. समिति अस्थायी है।	3. समाज लगभग स्थायी है।
4. समिति की स्थापना की जाती है।	4. समाज प्राकृतिक और स्वाभाविक ही होते हैं।
5. समिति केवल सहयोग पर ही आधारित है।	5. समाज में सहयोग और संघर्ष दोनों ही होते हैं।
6. समिति का संगठित होना आवश्यक है।	6. समाज का संगठित होना आवश्यक नहीं है।
7. समिति का आधार चेतन भावनायें तथा विचार हैं।	7. समाज में चेतन अचेतन सभी प्रकार के सम्बन्ध आते हैं।
8. समिति के उद्देश्य निश्चित होते हैं।	8. समाज के उद्देश्य बिल्कुल निश्चित नहीं होते।
9. समिति ऐच्छिक होती है।	9. समाज अनिवार्य है।
10. समिति एक साधन मात्र है।	10. समाज स्वयं साध्य है।

समिति और समुदाय

समिति कुछ विशेष उद्देश्यों की पूर्ति के लिए सोच विचार कर बनाया गया मनुष्यों का एक संगठन है जिसके कुछ अपने नियम और अपनी कार्य प्रणालियां होती हैं। दूसरी ओर समुदाय एक नैसर्गिक संगठन है। उसके उद्देश्य विशेष न होकर सामान्य (Common) होते हैं। समुदाय के इन उद्देश्य में से विशेष-विशेष उद्देश्यों को लेकर विशेष-विशेष समितियां बनाई जाती हैं। मनुष्य समुदाय में उत्पन्न होता है जबकि वह अपनी विभिन्न आवश्यकताओं की पूर्ति के लिये विभिन्न समितियों का सदस्य बनता है। अतः समिति समुदाय नहीं है बल्कि समुदाय के अन्तर्गत एक संगठन है।

समिति और समुदाय के अन्तर की निम्नलिखित तालिका से भी उपरोक्त उद्धरण का अर्थ समझ में आ जायेगा—

समिति और समुदाय में अन्तर

समिति	समुदाय
1. समिति जानबूझ कर स्थापित की जाती है।	1. समुदाय स्वतः बन जाता है।
2. समिति की सदस्यता ऐच्छिक है।	2. समुदाय की सदस्यता अनिवार्य है।
3. समिति के कुछ निश्चित उद्देश्य होते हैं।	3. समुदाय सदस्यों की समस्त आवश्यकताओं को पूर्ण करता है।
4. समिति अपेक्षाकृत अधिक अस्थायी होती है।	4. समुदाय अपेक्षाकृत अधिक स्थायी होता है।
5. समिति में घनिष्ठ सामुदायिक भावना नहीं पाई जाती।	5. समुदाय घनिष्ठ सामुदायिक भावना पर आधारित है।
6. समिति की एक कानूनी स्थिति भी होती है।	6. समुदाय की अलग अपनी सम्पत्ति नहीं होती।
7. समिति की अपनी सम्पत्ति इत्यादि भी होती हैं।	7. समुदाय की कोई कानूनी स्थिति नहीं होती।
8. समिति के कुछ विशेष नियम होते हैं जिनसे उसकी व्यवस्था चलती है।	8. समुदाय में यह काम रीति रिवाजों से चलता है।
9. समिति विशेष हितों के लिये बनती है।	9. समुदाय सामान्य हितों से बनता है।
10. इस प्रकार समिति समुदाय में एक भाग है। एक समुदाय में अनेक समितियां हो सकती हैं।	10. समुदाय अपने विशेष उद्देश्यों की पूर्ति के लिये समिति को साधन के रूप में प्रयोग करता है।
11. मनुष्य समिति में कुछ विशेष स्वार्थों के कारण भाग लेता है।	11. मनुष्य समुदाय में उत्पन्न होता है और उसी में मरता है।
12. समिति का काम करने के लिये कुछ कार्यकर्त्ता अवश्य होते हैं।	12. समुदाय के लिये कार्यकर्त्ता आवश्यक नहीं है।

संस्था (Institution)

संस्था क्या है?

भिन्न-भिन्न समाजशास्त्रियों ने संस्था की भिन्न-भिन्न परिभाषायें उपस्थित की हैं। इनमें से कुछ मुख्य परिभाषायें निम्नलिखित हैं—

(1) **मैकाइवर का मत**—मैकाइवर के अनुसार संस्था "एक ऐसा निश्चित संगठन है, जो किसी विशेष स्वार्थ का अनुसरण करता है या एक विशेष ढंग से साधारण स्वार्थों का अनुसरण करता है।"[19] इस परिभाषा के अनुसार संस्था विशेष प्रयोजन से बनाया गया निश्चित संगठन है।

(2) **बोगार्डस का मत**—बोगार्डस ने लिखा है "एक सामाजिक संस्था समाज का एक ढांचा है जो मुख्य रूप से सुव्यवस्थित विधियों द्वारा लोगों की आवश्यकताओं की पूर्ति के लिये संगठित किया जाता है।"[20] परिभाषा के अनुसार संस्था संगठन न होकर समाज का एक ढांचा है। यह परिभाषा पिछली परिभाषा से श्रेष्ठ है।

(3) **ग्रीन का मत**—ग्रीन के अनुसार "एक संस्था कुछ जनरीतियों और रूढ़ियों (और प्रायः अधिकतर, परन्तु आवश्यक नहीं, विधियों) का ऐसा संगठन होता है जो अनेक सामाजिक कार्य करता है।"[21] संस्था की यह परिभाषा अधिक उपयुक्त है। वास्तव में संस्था को जनरीतियों, रूढ़ियों और विधियों का संगठित रूप कहना ही अधिक उपुयक्त है।

(4) **समनर का मत**—समनर का मत है कि "एक संस्था में एक विचारधारा (विचार मत, सिद्धान्त या हित) और एक ढांचा सम्मिलित है।"[22]

(5) **वुडवर्ड और मैक्सवैल का मत**—वुडवर्ड और मैक्सवैल लिखते हैं कि "समाजशास्त्रीय भाषा में एक संस्था जनरीतियों और रूढ़ियों का समूह है जो किसी मानवीय साध्य या उद्देश्य की प्राप्ति में केन्द्रित होता है।"[23] संस्था की यह परिभाषा भी समचीन है।

---

19. "Definite organisation pursuing some specific interest or pursuing general interests in a specific way."

— MacIver, R. M., *Community*, The Macmillon Co. Chapt.,VI.

20. "A social institution is a structure of society that is organised to meet the needs of people chiefly through well established procedures."

—Bogardus, E. S., *Sociology*, p. 478.

21. "An institution is the organisation of several folkways and mores (and most often but not necessarily laws) into a unit, which serves a number of social functions."

—Green, A, W., *Sociology*, p, 79.

22. "An institution consists of a concept (idea, notion, doctrine or interest) and a structure."

—Sumner, W. G., *Folkways*, p. 54.

23. "In sociological parlance, an institution is a set of folkways and mores that centre in the achievement of some human end or purpose."

—Sutherland, Woodward and Maxwell, *Introductory Sociology*, p. 26.

संस्था की उपरोक्त परिभाषाओं से यह स्पष्ट है कि संस्था के कुछ निश्चित उद्देश्य होते हैं जिनके कारण वह समाज के लिये लाभदायक होती है। संक्षेप में "संस्था जनरीतियों, रूढ़ियों और विधियों का एक संगठित रूप है जो एक प्रतीक और कुछ निश्चित उद्देश्य रखती हैं, जिसमें कुछ नियम और एक नियम पद्धति होती है, जो मनुष्य की सामूहिक क्रियाओं पर निर्भर है और उनको नियन्त्रित करने का एक अधिक स्थिर यद्यपि अमूर्त साधन है।"[24] संस्था की इस परिभाषा में उसके सभी तत्व आ जाते हैं।

संस्था की विशेषतायें

संस्था की निम्नलिखित मुख्य विशेषताओं से संस्था का रूप और भी स्पष्ट होता है:—

(1) निश्चित उद्देश्य—संस्था के कुछ निश्चित उद्देश्य होते हैं जिनको प्राप्त करने के लिये वह बनाई जाती है।

(2) प्रतीक—संस्था का एक प्रतीक (Symbol) होता है जो भौतिक भी हो सकता है और अभौतिक भी हो सकता है।

(3) नियम—प्रत्येक संस्था में कुछ नियम होते हैं जिनको मानना व्यक्तियों के लिये अनिवार्य होता है।

(4) निश्चित नियम पद्धति—संस्था की एक निश्चित नियम पद्धति होती है जो इन रीतियों व रूढ़ियों के आधार पर बनाई जाती है।

(5) सामूहिक क्रियाओं पर आधारित—संस्थायें मनुष्य की सामूहिक क्रियाओं पर निर्भर रहती हैं।

(6) नियन्त्रण का अमूर्त साधन—संस्था मनुष्यों को नियन्त्रित करने का एक अमूर्त साधन है।

(7) अधिक स्थिर—संस्था सामाजिक नियन्त्रण के अन्य साधनों से अधिक स्थिर होती है।

(8) प्रारम्भिक आवश्यकताओं की पूर्ति—संस्थायें प्रारम्भिक आवश्यकताओं की पूर्ति के लिये बनाई जाती हैं।

संस्था को समझने के लिये विवाह की संस्था का उदाहरण पर्याप्त होगा। प्रत्येक समाज में विवाह की पद्धति के विषय में कुछ प्रथायें, जनरीतियां और परम्परायें रूढ़ हो जाती हैं। इनको समाज की स्वीकृति प्राप्त होती है और इनके नियमों का पालन करना समाज के प्रत्येक सदस्य के लिये अनिवार्य होता है। विवाह की संस्था से विवाह करने की पद्धति का बोध होता है। विवाह मानव की एक प्रारम्भिक आवश्यकता है। समाज में यौन इच्छाओं की व्यवस्था और समाज की वृद्धि के लिये विवाह अनिवार्य है और सभी समाजों में किसी न किसी रूप से यह

---

24. "Institution is an organised form of mores, folkways and rituals having a symbol and some definite aims, based upon collective activities of human beings and which is a more stable though abstract means to control them." —R. N. Sharma

संस्था पाई जाती है। विवाह की संस्था किसी विशेष काल में अथवा विशेष मनुष्यों द्वारा बनाई नहीं जाती। उसका प्रारम्भिक रूप बड़ा संक्षिप्त सा होता है। यह संस्था क्रमशः प्रथाओं तथा रीतियों के अनुसार धीरे-धीरे विकसित होती है। भारतीय समाज की विवाह की वर्तमान संस्था पिछले हजारों वर्षों के प्रयोग और निरन्तर विकास का परिणाम हैं उसका एक निश्चित ढांचा है, कुछ निश्चित नियम हैं, कुछ व्यवस्थायें हैं। वह निराकार है और अमूर्त है। उसका कोई नाम नहीं है। उसके प्रतीक होते हैं। हिन्दू विवाहों में वेदी में अग्नि के चारों ओर वर वधु के सात फेरे वर का वधू की मांग भरना, दोनों का कुछ प्रतिज्ञायें, करना कन्या का वर को जयमाला पहनाना, विवाह की संस्था के कुछ प्रतीक हैं जिनके होने से विवाह सम्पन्न हुआ माना जाता है।

संस्था का महत्व

संस्था के सामाजिक महत्व के विषय में मैकाइवर ने लिखा है "यह सांस्कृतिक तत्वों को एक पीढ़ी से दूसरी पीढ़ी को पहुँचाती है, मनुष्य के व्यवहारों में एकता लाती है, उसके आचरणों को नियन्त्रित करती है तथा परिस्थितियों के अनुसार मनुष्य को निर्देशित करती है।" संस्था के सामाजिक महत्व के विषय में मुख्य रूप से निम्नलिखित बातें उल्लेखनीय हैं—

(1) समाज में नैतिक आदर्श, ज्ञान तथा व्यवहारों के स्वरूप संस्था द्वारा एक पीढ़ी से दूसरी पीढ़ी तक पहुँचते हैं। इससे नई पीढ़ी को अपनी समस्यायें सुलझाने में आसानी होती है।

(2) संस्था मनुष्य को सही रास्ता दिखलाती है और उसके कार्यों पर नियन्त्रण रखती है।

(3) संस्था में काम करने वाले व्यक्ति समाज में संस्था के विशेष स्थान के अनुसार स्थान प्राप्त कर लेते हैं।

(4) संस्था के द्वारा समाज सामूहिक रूप से मनुष्यों को सामाजिक संस्कृति के अनुरूप कार्य करने को बाध्य करता है।

संस्था और समुदाय

संस्था और समुदाय में मुख्य निम्नलिखित हैं—

(1) संस्था नियमों और विधियों का समूह है, समुदाय मनुष्यों का समूह है।

(2) संस्था कुछ विशेष आवश्यकताओं की पूर्ति के लिये बना ढांचा मात्र है। समुदाय एक विशेष भूभाग में रहने वाले और सामान्य जीवन बिताने वाले मनुष्यों का समूह है।

(3) संस्था अमूर्त है। समुदाय मूर्त (Concrete) है। अतः मनुष्य संस्था के सदस्य नहीं होते बल्कि समुदाय के सदस्य होते हैं।

(4) प्रत्येक संस्था जीवन के एक विशेष क्षेत्र से सम्बन्धित होती है। समुदाय पूरे सामाजिक जीवन से सम्बन्धित रहता है।

संस्था और समुदाय का अन्तर अग्रलिखित तालिका से और भी स्पष्ट हो जायेगा—

संस्था और समुदाय का अन्तर

संस्था	समुदाय
1. प्रारम्भिक आवश्यकताओं की पूर्ति करती है।	1. ऐसा कोई निश्चित उद्देश्य नहीं होता।
2. सामूहिक क्रिया पर निर्भर है।	2. आपसी सम्बन्धों पर निर्भर।
3. एक विशेष प्रकार का व्यवहार।	3. कोई विशेष प्रकार का व्यवहार नहीं।
4. संस्था के ढांचे में कार्य कर्त्ता, उत्सव और संस्कार तथा सामाजिक सम्बन्ध सम्मिलित होते हैं।	4. समुदाय के ढांचे में मनुष्यों का समूह, समुदायिक भावना तथा सामाजिक सम्बन्ध सम्मिलित होते हैं।
5. नियम पद्धति का बोध होता है।	5. संगठन का बोध होता है।
6. समिति और समुदायों से जन्म लेती है।	6. स्वतः उत्पन्न होता है।
7. अमूर्त।	7. मूर्त।
8. एक संस्था जीवन के एक विशेष क्षेत्र से सम्बन्धित होती है।	8. पूरे सामाजिक जीवन से सम्बन्धित होता है।

संस्था और समिति

जैसा कि पहले बतलाया जा चुका है समिति में राजनैतिक दल, व्यापारिक संघ, क्रीड़ा समितियाँ आदि ऐसे ऐच्छिक संगठनों को गिना जाता है जो कुछ विशेष उद्देश्यों की सिद्धि के लिये बनाये जाते हैं और एक निश्चित कार्य प्रणाली से कुछ नियमों के अनुसार उन उद्देश्यों को प्राप्त करने की चेष्टा करते हैं। इस प्रकार समिति को बनाने के लिये कुछ मनुष्यों की आवश्यकता होती है। मनुष्य स्वेच्छापूर्वक मिलकर एक समिति बनाते हैं। इस प्रकार की समितियों के उदाहरण सांस्कृतिक, सामाजिक, शैक्षिक, राजनैतिक, खेल-कूद सम्बन्धी तथा अन्य बीसों प्रकार की समितियों में पाये जा सकते हैं।

अब किसी क्लब अथवा मनोरंजन समिति से किसी संस्था की तुलना कीजिये तो संस्था और समिति का अन्तर स्पष्ट हो जायेगा। उदाहरण के लिये पीछे वर्णन की गई विवाह की संस्था को ही लिया जाय। क्लब साकार और मूर्त होता है। विवाह की संस्था निराकार और अमूर्त है। उसका एक विशेष स्थान होता है जहां पर क्लब के सदस्य मिलते हैं। विवाह की संस्था का कोई स्थान नहीं होता। क्लब का उद्देश्य, विवाह की संस्था के समान कुछ प्रारम्भिक आवश्यकताओं की पूर्ति न होकर द्वैतीयक आवश्यकताओं की पूर्ति होती है। क्लब अस्थायी होता है विवाह की संस्था स्थायी है। विवाह की संस्था के समान क्लब से कार्य पद्धति का नहीं बल्कि सदस्यता का बोध होता है। वह विवाह की संस्था के समान मनुष्यों की क्रियाओं पर नहीं बल्कि आपसी सहयोग पर निर्भर है। विवाह की संस्था के समान उसका कोई निश्चित ढांचा नहीं होता। उसमें सोच विचार कर बनाये हुये कुछ नियम होते हैं जिनका पालन तभी तक आवश्यक होता है जब तक कि कोई व्यक्ति क्लब का सदस्य रहे। क्लब का एक निश्चित नाम होता है जैसे ह्वीलर क्लब

इत्यादि। वह विवाह की संस्था के समान चिन्ह से नहीं बल्कि उस विशेष नाम या स्थान से पहचाना जाता है।

उपरोक्त उदाहरण से स्पष्ट है कि संस्था और समिति में निम्नलिखित मुख्य अन्तर हैं–

(1) संस्थायें नियमों और व्यवस्थाओं से मिलकर बनती हैं। समितियां मनुष्यों से मिलकर बनती हैं।

(2) संस्थायें निराकार और अमूर्त होती हैं। समितियां साकार और मूर्त होती हैं।

(3) संस्थायें विकसित होती हैं और समितियां बनाई जाती हैं।

(4) संस्थाओं में समितियों की अपेक्षा अधिक स्थिरता होती है।

(5) संस्था कार्य करने की पद्धति है समिति संगठन समूह है।

(6) संस्था से सेवा या काम की पद्धति का और समिति से सदस्यता का बोध होता है। मनुष्य संस्था का नहीं बल्कि समिति का सदस्य होता है।

संस्था और समिति का यह अन्तर निम्नलिखित तालिका से और भी स्पष्ट हो जायेगा:–

संस्था और समिति में अन्तर

संस्था	समिति
1. निराकार और अमूर्त।	1. साकार और मूर्त।
2. विकसित।	2. निर्मित।
3. स्थायी।	3. अपेक्षाकृत अस्थायी।
4. कार्य करने की पद्धति।	4. संगठित समूह।
5. नियमों और व्यवसायों से बनती हैं।	5. मनुष्यों से बनती हैं।
6. काम की पद्धति का बोध होता है।	6. सदस्यता का बोध होता है।
7. प्रारम्भिक आवश्यकताओं की पूर्ति।	7. अन्य प्रकार के निश्चित उद्देश्य।
8. मनुष्य की क्रियाओं पर निर्भर।	8. आपसी सहयोग पर निर्भर।
9. एक निश्चित ढांचा।	9. कोई विशेष ढांचा नहीं।
10. जनरीतियों और रूढ़ियों पर आधारित नियम।	10. सोच विचार कर बनाये हुए नियम।
11. नियमों का पालन अनिवार्य	11. नियमों का पालन सदस्यता रहने तक ही सीमित है।
12. नाम तथा प्रतीक	12. निश्चित नाम।

सामाजिक वर्ग
(Social Class)

वर्ग दैनिक बोलचाल की भाषा का शब्द है। हम कहते हैं कि वर्गवाद बढ़ रहा है या भारत में नये-नये वर्ग उत्पन्न हो रहे हैं। जमींदार वर्ग, दुकानदार वर्ग से लेकर ब्राह्मण वर्ग और पूँजीपति वर्ग आदि शब्दों के रूप में वर्ग शब्द का इस प्रकार अस्पष्ट रूप से प्रयोग करना उचित नहीं हैं। वैज्ञानिक दृष्टिकोण से वर्ग की एक परिभाषा करना जरूरी है। प्रत्येक समाज में अनेक वर्ग होते हैं। इन वर्गों के हित भी अलग-अलग होते हैं और उनमें समन्वय तथा सन्तुलन न होने पर वर्ग संघर्ष (Class Struggle) बढ़ता जाता है और कभी-कभी भयंकर क्रांतियों की नौबत आ जाती है। प्रत्येक सामाजिक वर्ग की समाज में अपनी स्थिति होती है जिसके अनुसार समाज में प्रतिष्ठा मिलती है। इस प्रकार वर्ग प्रतिष्ठा (Class Status) से प्रत्येक वर्ग के व्यक्तियों को समाज में कुछ विशेष सुविधायें प्राप्त होती हैं। सामाजिक प्रतिष्ठा के अन्तर से भिन्न-भिन्न वर्गों में वर्ग चेतना (Class Consciousness) का निर्माण होता है।

वर्ग की परिभाषा

भिन्न-भिन्न विद्वानों ने भिन्न-भिन्न दृष्टिकोण से वर्ग की परिभाषा की है। कुछ मुख्य परिभाषायें निम्नलिखित हैं–

(1) मैकाइवर का मत–"एक सामाजिक वर्ग सामाजिक स्थिति के आधार पर अन्य लोगों से पृथक किया गया समुदाय का एक अंश है।"[25] इस प्रकार वर्ग एक स्थिति समूह है। मैकाइवर के अनुसार वर्ग को स्थिति समूह मानने से उसे विभिन्न स्तरों वाले किसी भी समाज पर लागू किया जा सकता है। जहां कहीं एक चढ़ाव उतार वाले सोपान क्रम में स्थिति समूहों का विशेष स्थान हो वहां उन स्थिति समूहों को सामाजिक वर्ग कहा जा सकता है। यह सामाजिक स्थिति समूह के सदस्यों को केवल बाह्य रूप से अलग नहीं करती बल्कि सामाजिक स्थिति की भावना उन्हें मानसिक रूप से अलग करती है। मैकाइवर के शब्दों में "आर्थिक, राजनैतिक अथवा धार्मिक शक्ति से और उनके अनुरूप जीवन के विशेष ढंगों तथा सांस्कृतिक अभिव्यक्ति के द्वारा स्थित यह स्थिति की भावना ही वर्ग को वर्ग से अलग करती है, प्रत्येक वर्ग को संश्लिष्ट करती है और पूर्ण समाज का स्तरीकरण करती है।"[26]

(2) ऑगबर्न और निमकॉफ का मत–"एक सामाजिक वर्ग एक दिये हुए समाज में अनिवार्य रूप से एक ही सामाजिक स्थिति रखने वाले व्यक्तियों का योग है।"[27] वर्ग की यह

---

25. "A social class is a portion of community marked off from the rest by social status."
— MacIver and Page, *Society*, Macmillan and Co. London, (1957), p. 348.
26. "It is the sense of status, sustained by the economic, political or ecclesiastical power and by the distinctive modes of life and cultural expressions corresponding to them, that draws class apart from class, gives cohesion to each class and stratifies a whole society." — MacIver.
27. "A social class is the aggregate of persons having essentially the same social status in a given society."
Ogburn and Nimkoff, *A Handbook of Social Psychology*, p. 210

परिभाषा मैकाइवर की दी हुई परिभाषा से मिलती जुलती है। इसमें सामाजिक स्थिति को सामाजिक वर्ग का मुख्य आधार माना गया है।

(3) लेपियर का मत—"एक सामाजिक वर्ग एक सांस्कृतिक रूप में परिभाषित एक समूह है जिसको कि समस्त जनसंख्या में एक विशिष्ट पद या स्थिति प्रदान की जाती है।"[28] वर्ग की इस परिभाषा में दो विशेषतायें बतलाई गई हैं। एक तो विशेष सामाजिक स्थिति और दूसरे विशेष संस्कृति।

(4) क्यूबर का मत—"एक सामाजिक वर्ग या समाज का स्तर जनसंख्या का एक बड़ा भाग या श्रेणी है जिसमें सदस्यों की एक ही स्थिति या पद होता है।"[29]

(5) गिन्सबर्ग का मत—"एक वर्ग व्यक्तियों का एक समूह है.... जो सामान्य वंश परम्परा, व्यवस्था, संपत्ति और शिक्षा के द्वारा एक सा जीवन का ढंग, एक विचार समूह, अनुभूतियां, रुख और व्यवहार के रूप रखते हों और जो इनमें से किसी या सब आधारों पर एक दूसरे से समान शर्तों पर मिलते हैं और स्वयं को एक समूह से सम्बन्धित मानते हैं चाहे इसकी चेतना उसमें भिन्न-भिन्न मात्रा में पाई जाती हो।"[30] वर्ग की यह परिभाषा काफी विस्तृत है।

(6) जे० बी० जिटलर का मत—"एक सामाजिक वर्ग की परिभाषा ऐसे व्यक्तियों की एक श्रेणी के रूप में की जा सकती है जिनके कुछ विशेषाधिकार, उत्तरदायित्व और शक्तियां होती हैं जो उनको सामान्य मात्रा में उन गुणों के अधिकार से मिलती हैं जो कि एक विशेष संस्कृति में मूल्य माने जाते हैं।"[31]

वर्ग की उपरोक्त परिभाषाओं से यह स्पष्ट हो गया होगा कि सामाजिक वर्ग ऐसे अनेक व्यक्तियों की एक ऐसी श्रेणी है जिनको एक विशेष सामाजिक स्थिति प्राप्त है जिसके कारण उनके कुछ विशेषाधिकार, जिम्मेदारियां तथा शक्तियाँ हैं। प्रत्येक वर्ग में वर्ग चेतना तथा एक विशिष्ट संस्कृति होती है।

---

28. "A social class is a culturally defined group that is accorded a particular position or status within the population as a whole."

— Lapiere, *Sociology*, p. 452.

29. "A social class or stratum of society is a major segment or category of the population in which persons have about the same status or rank." — Cuber.

30. "A class is a group of individuals, who through common descent, similarity of occupation, wealth and education have come to have a similar mode of life, a similar stock of ideas, feeling., attitudes and forms of behaviour and who, on any or all of these grounds, meet one another on equal terms and regard themselves although with varying degree of explicitness as belonging to one group."

—Ginsberg.

31. "A social class may be defined as a category of persons with a set of privileges,. responsibilities, powers obtained through their possession of a common degree of those qualities which are appraised as values in a particular culture."

—J. B. Gitler.

वर्ग का आर्थिक आधार

कार्ल मार्क्स (Karl Marx) और इंगेल्स (Engles) के अनुसार वर्ग केवल आर्थिक भेदभावों पर ही आधारित है। कम्युनिस्ट मैनीफेस्टो (Communist Manifesto) में मार्क्स और इंगेल्स ने लिखा है "आज तक के वर्तमान सभी समाजों का इतिहास वर्ग संघर्ष का इतिहास हैं।"[32] मार्क्स और इंगेल्स ने वर्गों को आर्थिक संघर्ष समूह (Economic and conflict groups) बतलाया है जो कि उत्पादन के साधनों के स्वामित्व के आधार पर विभाजित हैं। इस प्रकार वे औद्योगिक समाज में दो वर्ग मानते हैं बुर्जुआ पूँजीपति और सर्वहारा श्रमिक। औद्योगिक क्रान्ति से पहले समाज में दो वर्ग जमींदार और किसान थे, क्योंकि सम्पत्ति का मुख्य रूप जमीन थी। इस प्रकार मार्क्स के अनुसार धन मनुष्य की सामाजिक स्थिति निश्चित करता है और आर्थिक भेदभाव ही वर्गों का आधार है।

मार्क्स के मत का खण्डन

मार्क्स के उपरोक्त मत का खण्डन करते हुये मैकाइवर और पेज ने लिखा है कि वर्ग केवल आर्थिक भेद पर आश्रित नहीं हैं, वे वस्तुतः सामाजिक स्थिति पर आधारित हैं। मैकाइवर तथा पेज ने यह माना है कि धन वर्ग का एक महत्वपूर्ण कारण है परन्तु उसके अतिरिक्त अन्य कारण भी माने जाते हैं। इस प्रकार मार्क्स का मत एकांगी है। समाजशास्त्र की दृष्टि से सामाजिक वर्गों को केवल आर्थिक भेद पर आधारित मानना ठीक नहीं। मार्क्स के मत के विरुद्ध निम्नलिखित दो तर्क भी महत्वपूर्ण हैं–

(1) सामाजिक वर्ग को केवल आर्थिक भेद पर आश्रित मान लेने से अनेक वर्गों की व्याख्या नहीं हो पाती और ऐसे वर्ग छूट जाते हैं जो आर्थिक भेद पर आश्रित नहीं हैं। मैकाइवर ने इस प्रसंग में हिन्दू समाज का उदाहरण दिया है। हिन्दू समाज में वैश्य सबसे अधिक सम्पत्तिशाली हैं परन्तु उसको सामाजिक वर्गों में तीसरा स्थान दिया गया है। ब्राह्मण अधिकतर धनी नहीं होते परन्तु हिन्दू सामाजिक व्यवस्था में उनका वर्ग सर्वोच्च है। आजीविका के लिये क्षत्रियों और वैश्यों की सेवा करने पर भी ब्राह्मण की सामाजिक स्थिति में अन्तर नहीं आता था। मैकाइवर ने इस प्रकार के वर्गों का दूसरा उदाहरण पुराने खानदानी जमींदारों का दिया है। इस की आर्थिक स्थिति व्यापारियों तथा उद्योगपतियों आदि से निम्न होती हैं परन्तु सामाजिक प्रतिष्ठा उनसे अधिक होती है।

(2) वास्तव में आर्थिक भेद एक बाह्य परिस्थिति है। केवल उसी के आधार पर वर्गों में अन्तर नहीं किया जा सकता। समाजशास्त्र के अनुसार वर्गों का सारतत्व वर्ग चेतना है। इसी के कारण वर्ग के सदस्य आपस में एकता और अन्य वर्गों में अन्तर का अनुभव करते हैं। मैकाइवर ने लिखा है "आर्थिक विभाजन लोगों को तब तक एक नहीं करता और न दूसरों से अलग ही करता है जब तक कि वे अपनी एकता या पृथकता का अनुभव नहीं करते।"[33] इस प्रकार मार्क्स ने वर्ग के केवल वाह्य पक्ष पर जोर दिया है और आन्तरिक पक्ष को बिल्कुल ही भुला दिया है।

32. "The history of all hitherto existing society is the history of the class struggle."
— K. Marx.

33. "Economic division does not unite people and separate them from others unless they feel their unity or separation."
— MacIver.

वर्गों के अन्य आधार

अन्य विद्वानों ने सामाजिक वर्ग के अन्य आधार माने हैं। उनके अवलोकन से भी यह सिद्ध होता है कि सामाजिक वर्ग केवल आर्थिक भेद पर आधारित नहीं माने जा सकते। इनमें कुछ मुख्य निम्नलिखित हैं—

(1) व्यवसाय के आधार पर--सेन्टर्स (Centres) ने व्यवसाय को वर्ग विभाजन माना है। उसके अनुसार उच्च व्यवसाय वाले ऊंचे वर्ग के और निम्न व्यवसाय वाले नीचे वर्ग के माने जाते हैं।

(2) शारीरिक श्रम के आधार पर--वेब्लेन (Veblen) ने शारीरिक श्रम को वर्ग चेतना का आधार माना है। शारीरिक श्रम करने वाले निम्न वर्ग के माने जाते हैं और उच्च वर्ग के लोग शासन, खेल, कूद, युद्ध, धर्म आदि के कामों में लगे रहते हैं।

(3) विभिन्न कारक—कैटिल ने वर्ग चेतना में पांच शक्तियों का योग माना है—प्रतिष्ठा (Prestige rating), औसत बौद्धिकता (Mean I.O.), औसत आय (Average Income), कुछ वर्षों की शिक्षा और बच्चों की पैदाइश पर नियन्त्रण की सीमा (Amount of Birth Restrictions)। परन्तु वर्ग चेतना केवल इन्हीं पांच बातों पर आधारित नहीं है। परिस्थिति के अनुसार यह बराबर बदलती रहती है।

उपरोक्त विचारों के अवलोकन से स्पष्ट हो गया होगा कि आर्थिक भेदभाव के अलावा वर्ग चेतना भी वर्ग विभाजन में महत्वपूर्ण तत्व है और वर्ग चेतना के कारक बराबर बदलते रहते हैं। ऑगबर्न और निमकॉफ (Ogburn and Nimkoff) के अनुसार सामाजिक वर्गों का जीवन के अवसरों से घनिष्ठ सम्बन्ध है। सामाजिक वर्ग में केवल आर्थिक स्थिति ही नहीं बल्कि अन्य कारकों की भी समानता पाई जाती है। इन्हीं समानताओं में उनमें वर्ग चेतना का विकास होता है। केवल आर्थिक स्थिति की समानता को वर्ग चेतना का आधार नहीं माना जा सकता।

व्यवहार पर वर्ग का प्रभाव

व्यक्ति के व्यवहार पर वर्ग का महत्वपूर्ण प्रभाव पड़ता है। यह भारत में विभिन्न जातियों के व्यक्तियों के व्यवहार को देखकर जाना जा सकता है। बन्द और मुक्त वर्ग प्रणाली में वह प्रभाव भिन्न-भिन्न रूप में पड़ता है। मुक्त वर्ग प्रणाली की विशेषता बन्द वर्ग प्रणाली से उसकी तुलना करने पर अधिक स्पष्ट रूप से ज्ञात होती है। बन्द वर्ग प्रणाली का एक उदाहरण भारतवर्ष की जाति व्यवस्था है। जाति जन्म से निश्चित होती है और व्यक्ति उसको बदल नहीं सकता। जाति ही व्यक्ति के व्यवसाय को निश्चित करती है। इस प्रकार चमार का लड़का चमार और सुनार का लड़का सुनार का व्यवसाय करता है। जाति से व्यक्ति के जीवन में आगे बढ़ने के अवसर निश्चित होते हैं। उच्च जातियों को बहुत से विशेषाधिकार मिले होते हैं और नीची कहलाने वाली जातियों पर अनेक अनर्हतायें लादी हुई होती हैं और क्योंकि जाति नहीं बदली जा सकती इसलिये व्यक्तिगत योग्यता से कोई भी निम्न जातीय व्यक्ति इन अनर्हताओं से नहीं बच सकता। शुद्रों को तो शिक्षा प्राप्त करने की भी आज्ञा नहीं है। अत: कुशाग्र बुद्धि होने पर भी शूद्र नवयुवक

जीवन भर बेपढ़ा लिखा, निर्धन और अस्पृश्य बना रहता है। इस प्रकार एक बन्द (Closed) वर्ग प्रणाली में कोई भी व्यक्ति अपना वर्ग परिवर्तित नहीं कर सकता। कितने भी गुण होने पर और कितना अध्यवसाय करने पर भी निम्न वर्ग का व्यक्ति उच्च वर्ग में नहीं पहुंच सकता। इस प्रकार बन्द वर्ग प्रणाली में जन्म पर सबसे अधिक जोर दिया जाता है। परन्तु मुक्त वर्ग प्रणाली में जन्म पर नहीं बल्कि व्यक्तिगत क्षमता पर सबसे अधिक जोर दिया जाता है। इसमें व्यक्ति पर जन्म के कारण किसी प्रकार की अनर्हतायें नहीं लादी जातीं। कोई भी व्यक्ति चाहे जो व्यवसाय कर सकता है, चाहे जितना पढ़ सकता है, चाहे जो काम सीख सकता है, चाहे जितना धन कमा सकता और इस प्रकार समाज में चाहे जितनी ऊंची स्थिति प्राप्त कर सकता है। अमरीका का Twentieth Centuary Fox नामक फिल्म कम्पनी का मालिक आज करोड़ों का आदमी है और विश्वभर में उसकी ख्याति है, कभी वह एक बिल्कुल मामूली आदमी था। रूस में स्टेलिन एक बहुत ही गरीब परिवार का व्यक्ति था और केवल अपनी योग्यता के बल पर कितने वर्षों तक संसार का भाग्य विधाता बना रहा। रूस के भूतपूर्व नेता खुश्चेव एक बहुत ही निर्धन परिवार से इस सामाजिक स्थिति पर पहुँचे थे। विश्व के इतिहास में ऐसे सैकड़ों उदाहरण मिल सकते हैं जिनमें व्यक्तिगत क्षमता के आधार पर कोई व्यक्ति निम्नतम सामाजिक स्थिति से उच्चतम सामाजिक स्थिति पर पहुँच गया है। परन्तु यह मुक्त वर्ग प्रणाली में ही सम्भव है।

वास्तव में मुक्त वर्ग प्रणाली में व्यक्तिगत क्षमता पर बहुत जोर दिया जाता है। उसके अभाव में ऊंचे कुल में उत्पन्न व्यक्ति भी निम्नतम वर्ग में पहुँच सकता है, करोड़पति का लड़का भीख मांग सकता है तथा विद्वान् कुलोत्पन्न व्यक्ति जीवन भर अनपढ़ गंवार बना रह सकता हैं। परन्तु इसका अर्थ यह नहीं निकाला जा सकता कि मुक्त वर्ग प्रणाली में कुल आदि का कुछ महत्व ही नहीं हैं। ऊंचे कुल में पैदा होने से प्रत्येक व्यक्ति को कुछ सुविधायें तो जन्म से ही प्राप्त हो जाती हैं। परन्तु वह उन सुविधाओं को खो भी सकता है और बढ़ा भी सकता है यह उसकी योग्यता पर निर्भर है। इस प्रकार मुक्त वर्ग प्रणाली का अर्थ समानता न होकर समान अवसर से है।

सारांश

समुदाय की परिभाषा–बोगार्डस, डेविस, गिन्सबर्ग, मैकाइवर तथा कोल आदि ने समुदाय की अलग-अलग परिभाषायें की हैं। इनसे स्पष्ट है कि 'समुदाय' निश्चित भूभाग में रहने वाला, स्वतः उत्पन्न एक विशिष्ट नाम से पुकारा जाने वाला ऐसे मनुष्यों का एक समूह है जिनमें एक सामान्य जीवन और सामुदायिक भावना पाई जाती हो और जो सामान्य रूढ़ियों, परम्पराओं, रीति-रिवाजों, विधियों तथा सामाजिक सम्बन्धों से आपस में बंधे हुये हों।''

समुदाय के आवश्यक तत्व–(1) निश्चित भूभाग, (2) मनुष्यों का समूह, (3) सामुदायिक भावना, (4) समानतायें, (5) स्थायित्व, (6) स्वाभाविक, (7) विशिष्ट नाम।

सामुदायिक भावना क्या है?–सामुदायिक भावना समूह के सदस्यों में एकता की भावना है। उसके आवश्यक अंग हैं–(1) हम भावना, (2) योगदान की भावना, (3) आश्रितता की भावना। आधुनिक काल में इन बातों के कारण सामुदायिक भावना में परिवर्तन हो रहा है (1) समुदायों की अन्योन्याश्रितता, (2) समुदाय का विस्तार, (3) विश्व बन्धुत्व की भावना, (4) नवीन समुदायों का उदय, (5) संक्रमण काल।

समुदाय और समाज में अन्तर—समुदाय और समाज की प्रकृति, क्षेत्र, आधार आदि में अन्तर है।

समुदाय और पड़ोस—पड़ोस सरलतम समुदाय है। वह समुदाय से अधिक संकुचित है।

समिति क्या है—"समिति समान हितों अथवा उद्देश्यों को प्राप्त करने के लिये संगठित मनुष्यों का एक ऐच्छिक समूह है जिसमें सहयोग की भावना होती है और जो कुछ नियमों के अनुसार सामूहिक रूप से काम करते हैं।"

समिति के आवश्यक तत्व—(1) मानव समूह (2) समान हित अथवा उद्देश्य (3) सहयोग की भावना (4) संगठन (5) नियम। समिति के कार्य नगरपालिका के कार्यों के उदाहरण से मालूम पड़ते हैं। समिति समुदाय और समाज से भिन्न है।

संस्था—"संस्था जनरीतियों रूढ़ियों और विधियों का ही एक संगठित रूप है जो एक प्रतीक और कुछ निश्चित उद्देश्य रखती हैं जिसमें कुछ नियम और एक नियम पद्धति होती है जो मनुष्य की सामाजिक क्रियाओं पर निर्भर है और उनको नियन्त्रित करने का एक अधिक स्थिर यद्यपि अमूर्त साधन है।"

संस्था की विशेषतायें— (1) निश्चित उद्देश्य (2) प्रतीक (3) नियम (4) निश्चित नियम पद्धति (5) सामूहिक क्रियाओं पर आधारित (6) नियन्त्रण का अमूर्त साधन (7) अधिक स्थिर (8) प्रारम्भिक आवश्यकताओं की पूर्ति। विवाह की संस्था के उदाहरण से संस्था की ये विशेषतायें स्पष्ट होती हैं।

सामाजिक वर्ग—सामाजिक वर्ग दैनिक बोलचाल का शब्द है परन्तु शास्त्रीय अध्ययन के लिये उसकी परिभाषा आवश्यक है।

सामाजिक वर्ग की परिभाषा—मैकाइवर ने सामाजिक वर्ग को 'स्थित समूह' कहा है और उसमें स्थिति की भावना को आवश्यक माना है। ऑगबर्न और निमकॉफ ने भी इसी प्रकार की परिभाषा उपस्थिति की है। लापियरे ने सामाजिक वर्ग की दो विशेषतायें—सामाजिक स्थिति और विशेष संस्कृति को माना है। क्यूबर ने वर्ग को समान स्थिति के लोगों का समूह माना है। वर्ग की गिन्सबर्ग की परिभाषा पर्याप्त विस्तृत है। जिटलर ने वर्ग की परिभाषा में कुछ विशेषाधिकार, उत्तरदायित्व तथा शक्तियों पर जोर दिया है जो एक संस्कृति में मूल्य माने जाते हैं।

क्या वर्ग केवन आर्थिक भेद-भावों पर आधारित है?—मार्क्स और इंगेल्स ने सामाजिक वर्गों को केवल आर्थिक भेद-भावों पर आधारित माना है। सामाजिक वर्ग की इस धारणा से उन वर्गों की व्याख्या नहीं होती जो केवल आर्थिक भेद-भावों पर आधारित नहीं हैं। दूसरे इनमें वर्ग के महत्वपूर्ण मानसिक तत्व 'वर्ग चेतना' की अवहेलना की गई है।

सामाजिक वर्गों के अन्य आधार—(1) व्यवसाय, (2) शारीरिक श्रम, (3) विभिन्न कारक।

व्यक्ति के व्यवहार पर वर्ग का प्रभाव—जाति बन्द और वर्ग मुक्त संस्तरण पर आधारित है। बन्द संस्तरण में व्यक्ति अपनी स्थिति नहीं बदल सकता। मुक्त संस्तरण में व्यक्ति को अपनी स्थिति बदलने की छूट है।

17

परिवार और माता-पिता तथा बालक का सम्बन्ध (Family and Parent-Child Relationship)

अरस्तू के अनुसार समुदाय (Community) परिवारों का एक संगठन है। इस प्रकार परिवार समुदाय की एक इकाई है। मैकाइवर ने परिवार को अन्य सामाजिक संगठनों का केन्द्र (Nucleus of other social organisations) कहा है। प्राचीन काल से लेकर आज तक परिवार सामाजिक संगठन की एक प्राथमिक और मौलिक इकाई के रूप में महत्वपूर्ण रहा है। बीसन्ज और बीसन्ज के शब्दों में "परिवार मौलिक और सार्वभौम संस्था है। उस पर प्रत्येक समाज का अस्तित्व निर्भर है।"[1]

मानव समाज के इतिहास में परिवार सबसे पहला सामाजिक समूह है। आदिम युग में मनुष्य छोटे-छोटे परिवारों में रहता था। इन परिवारों में किसी प्रकार का संगठन अथवा स्थायित्व नहीं था। परन्तु साधारण जैवकीय (Biological) तथा मनोवैज्ञानिक (Psychological) आवश्यकतायें उनसे पूरी होती थी। आमतौर से एक परिवार में स्त्री और पुरुष के अलावा उनके बच्चे भी रहते थे। शक्तिशाली पुरुष बहुत सी स्त्रियां रखते थे अतः उनकी स्त्रियों और बच्चों को मिलाकर बड़े-बड़े परिवार साथ रहते थे धीरे-धीरे जब मनुष्य खेती करना सीख गया तब कई परिवार एक स्थान पर इकट्ठे तथा स्थायी रूप से रहकर खेती आदि करने लगे। इन परिवारों में धीरे-धीरे पड़ोसी के नाते एक दूसरे के सुख दु:ख में शामिल होने से सामाजिक सम्बन्ध बढ़ने लगे और इस तरह कई परिवारों के मिलने से समुदाय बने और समुदायों से समाज का निर्माण हुआ। इस प्रकार परिवार ही वे प्राथमिक समूह थे जिनसे धीरे-धीरे मानव समाजों की उत्पत्ति हुई।

---

1. "The family is the basic and universal institution. Upon it depends the survival of every society."
—Biesanz and Biesanz

परिवार मानव समाज की एक मौलिक इकाई है उसकी नींव मानव की जैविक और मनोवैज्ञानिक आवश्यकताओं पर टिकी हुई है। आधुनिक काल में परिवार के बहुत से काम अन्य समितियों ने उनसे ले लिये हैं परन्तु फिर भी ऐसी अनेक जैविक और मनोवैज्ञानिक आवश्यकतायें हैं जिनको मानव, परिवार के बिना पूरा नहीं कर सकता। हैवलॉक ऐलिस (Havelock Ellis) ने अपने खोज पूर्ण प्रबन्धों में यह दिखलाया है कि बालक के लिये मां के दूध का जो महत्व है उसको किसी भी अन्य तरीके से नहीं पाया जा सकता। मनोवैज्ञानिकों ने यह साबित किया कि पारिवारिक स्नेह के अभाव का बालक के मनोवैज्ञानिक विकास पर जबर्दस्त प्रभाव पड़ता है। परिवार के बाहर भी यौन वासनाओं की पूर्ति की जा सकती है परन्तु उसे कभी भी वास्तविक भावात्मक सुख नहीं मिल सकता। इस प्रकार मनुष्य स्वभाव से ही परिवार में रहना चाहता है। मनुष्य एक सामाजिक प्राणी है इस कथन का वास्तविक अर्थ यही है कि वह परिवार के बिना नहीं रह सकता। अत: परिवार समाज की एक मौलिक इकाई है

परिवार की स्थिति केन्द्रीय है

मानव समाज में परिवार की स्थिति केन्द्रीय (Nuclear) होती है। आदिम समाजों में तो सम्पूर्ण सामाजिक संगठन ही पारिवारिक इकाइयों पर आधारित हैं और समाज में श्रमविभाजन भी परिवार के आधार पर होता है। आज के जटिल सामाजिक ढांचे में परिवार का महत्व पहले से कम अवश्य हो गया है परन्तु आज भी समाज के अधिकांश सदस्यों की अधिकांश क्रियायें परिवार के लिये और परिवार से ही सम्बन्धित होती हैं। देखा जाता है कि लोग अपने आराम से अधिक अपनी स्त्री बच्चों और परिवार के अन्य सदस्यों के सुख और आराम के लिये मेहनत करते हैं। अत: अब भी परिवार मनुष्य की अधिकांश क्रियाओं का केन्द्र है।

समाज की सुव्यवस्था परिवारों की सुव्यवस्था पर निर्भर है। यदि किसी समाज में परिवार विघटित होंगे तो सामाजिक संगठन कभी भी कायम नहीं रह सकता। सामाजिक विघटन (Social Disorganisation) का एक बड़ा कारण पारिवारिक विघटन है। परिवार समाज के सदस्यों का चरित्र निर्माण करते हैं। फ्रॉयड (Freud) आदि मनोवैज्ञानिकों ने यह साबित किया है कि बालक का चरित्र तथा मनोवृत्तियां परिवार में जैसे बन जाते हैं, वह आगे चलकर समाज में भी उसी के अनुसार व्यवहार करता है। एडलर (Adler) के अनुसार व्यक्ति का पारिवारिक कार्य (Role) उसके सामाजिक कार्य (Social Role) को प्रभावित करता हैं।

परिवार व्यक्ति का समाजीकरण करता है :

इस प्रकार परिवार में ही व्यक्ति का समाजीकरण होता है। परिवार की परिभाषा करते हुए मैरिल ने लिखा है, ''परिवार माता पिता की और बच्चों की एक स्थायी समिति है जिसके प्राथमिक कार्य बालक का समाजीकरण करना और सदस्यों को सन्तुष्ट करना है।''[2] डीवी और टफ्टस

---

2. "Family is an enduring association of parent and offspring whose primary functions are the socialization of the child and the satisfaction of the members."

—Merrill.

(Dewey and Tufts) के अनुसार परिवार प्रजाति (Race) की शिक्षा तथा संरक्षण की सामाजिक संस्था (Agency) है। परिवार में ही बालक कोमलता, सहानुभूति, आत्म समर्पण तथा जिम्मेदारी महसूस करना आदि आवश्यक गुण सीखता है। परिवार में सीखे हुये गुणों से ही बालक आगे चलकर समाज का एक जिम्मेदार सदस्य बनता है। राइट (Wright) ने ठीक ही लिखा है कि हर एक परिवार में बालक को स्वतन्त्रतापूर्वक विचार प्रकट करने और अपने व्यक्तित्व का पूर्ण विकास करने का अवसर मिलता है। मनोवैज्ञानिकों ने यह भी भली प्रकार सिद्ध कर दिया कि परिवार के अच्छे पर्यावरण के बिना बालक का समुचित विकास असम्भव है। परिवार में उसकी जो प्रवृत्तियां और आदतें बन जाती हैं उनको वह बड़े होकर छोड़ नहीं सकता है। फ्रॉयड के अनुसार परिवार में बालक का बड़ों के प्रति जो दृष्टिकोण रहता है उसी से निश्चित होता है कि उसका समाज अथवा बिरादरी के बढ़े-बूढ़ों के प्रति क्या दृष्टिकोण होगा। बालक की प्रारम्भिक शिक्षा परिवार में ही होती है। प्रो० कालिंगवुड (Prof. Collingwood) के अनुसार बालकों की शिक्षा परिवार में माता-पिता के ही साथ में होनी चाहिये। माता-पिता को बच्चों के सारे कामों में भाग लेना चाहिये। बालक अपने बड़ों के अनुकरण से बहुत कुछ सीखता है। महात्मा गांधी आदि विचारवान व्यक्ति सदैव अपने बच्चों के विकास पर स्वयं ध्यान रखते थे। इस प्रकार परिवार ही बालक को समाज के रीति-रिवाजों, व्यवहारों, संस्कृति के अन्य आवश्यक अंगों, स्वास्थ्य-रक्षा, प्रेम, सहानुभूति, त्याग, सहयोग आदि की व्यवहारिक शिक्षा देता है।

परिवार संस्कृति का वाहक है

परिवार समाज की एक प्राथमिक और मौलिक इकाई है। उससे ही व्यक्ति का चरित्र और व्यक्तित्व ढलता है। उसके द्वारा ही समाज व्यक्ति को अपनी संस्कृति प्रदान करता है अत: समाजीकरण करने वाली एक संस्था के रूप में परिवार का बड़ा महत्व है। The Family Conveyance of Tradition नामक लेख में Paul Schreker ने लिखा है ''परिवार का खास काम बच्चों को स्वीकृति प्रदान करना है। विवाह के समान परिवार की संस्था भी संस्कृति के अलग-अलग तत्वों से बनती है। इसी कारण से धार्मिक, न्यायिक, राजनैतिक, कलात्मक और भाषा सम्बन्धी पहलु होते हैं। जब कभी युग पर किसी नई विचारधारा का अधिकार जमता है तो उससे परिवार को भी एक नया रूप मिलता है। जिससे आने वाली पीढ़ियों का लालन पालन और मनोवृत्ति उस विचारधारा के अनुरूप हो सके। रोम में राजनीति और कानून का जोर था इसलिये वहां की पारिवारिक व्यवस्था भी ऐसी थी जिसमें बच्चों का पालन-पोषण उस संस्कृति के अनुरूप हो। आज आर्थिक व्यवस्था की प्रधानता है। इसलिये परिवार ने अपना रूप बदल लिया है, वह बच्चों की मनोवृत्ति नई संस्कृति के अनुरूप बनाता है।'' इस प्रकार परिवार व्यक्ति को समाज की संस्कृति के अनुरूप बनाता है। परिवार में बालक को समाज में प्रचलित रीति-रिवाजों, व्यवहारों, परम्पराओं आदि की शिक्षा मिलती है।

परिवार के द्वारा सामाजिक नियंत्रण

सामाजिक जीवन सम्बन्धों का ताना बाना है। इन सम्बन्धों को ठीक रूप में रखने के लिये अधिकारों और कर्तव्यों की ऐसी व्यवस्था की जाती है जिससे समाज के सदस्यों में आपस में संघर्ष

न हों और वे एक दूसरे के पूरक के रूप में साथ-साथ विकसित हो सकें। समाज में व्यक्तियों का यह सामंजस्य बनाये रखने के लिये समाज व्यक्ति पर अनेक प्रकार के नियन्त्रण लगाता है उनको बड़ों की आज्ञा मानना, छोटों से सहानुभूति रखना और अन्य लोगों से सहानुभूति करना सिखाता है। समाज में व्यवस्था रखने के लिये यौन संबंधों (Sex Relationships) पर कड़ा नियन्त्रण रखने की आवश्यकता है अन्यथा आज के जटिल सामाजिक जीवन में अव्यवस्था फैल जायेगी, स्त्री पुरुष के सम्बन्धों की दृढ़ता समाप्त हो जायेगी, वर्ण संकर सन्तान उत्पन्न होगी जिनकी देख-भाल करने वाला कोई न रहेगा। यद्यपि मानव-शास्त्रियों (Anthropologists), मीड और मैलिनोवस्की (Malinowaski) ने ऐसे समाजों का भी पता लगाया है जहां यौन नियन्त्रण बहुत कम हैं परन्तु फिर भी समाज आमतौर से व्यवस्थित रहता है परन्तु इस प्रकार की व्यवस्था आधुनिक सभ्य मानव की प्रवृत्ति के सर्वथा विरुद्ध है। यौन सम्बन्धों के इस नियन्त्रण का काम समाज के लिये परिवार करता है। परिवार में अविवाहित युवक युवतियों के आचार व्यवहार पर लगभग सभी संस्कृतियों में न्यूनाधिक नियन्त्रण रखा जाता है जब तक कि उनका विवाह न हो जाय। इसी प्रकार परिवार व्यक्ति को अन्य अनेक दुर्गुण और अपराधों, शराब पीना, चोरी करना, धोखे बाजी आदि से रोकता है। बहुत कम माँ-बाप अपने बच्चों को झूठा, चोर और हत्यारा बनाना चाहेंगे। बुरा आदमी भी आमतौर से यह कोशिश करता है कि उसके बच्चे इन बुराइयों को न सीखें। परिवार में बच्चों को बुरे कामों के न करने पर डांट तथा दंड सहन करना पड़ता है और अच्छे काम करने पर पुरूस्कार मिलता है या शाबासी मिलती है। इससे वे बुरी आदतें छोड़ते हैं और अच्छी-अच्छी बातें सीखते हैं। इस प्रकार समाज में अच्छे नागरिकों का बनाना योग्य माता-पिता पर निर्भर है।

मूल्यों का प्रसार

प्रत्येक समाज में कुछ मूल्यों (Values) या आदर्शों को ऊंचा और सभ्यता का चिन्ह माना जाता है। जिस व्यक्ति में ये आदर्श अधिक पाये जाते हैं उसका समाज में बड़ा सम्मान होता है। उदाहरण के लिये भारत में धार्मिक और आध्यात्मिक गुणों को सर्वश्रेष्ठ माना जाता है तथा धार्मिक और आध्यात्मिक व्यक्तियों का समाज में सब कहीं बड़ा आदर होता है। इसके अलावा भारतवर्ष में साधारणतः विवाह से पूर्व यौन सम्बन्धों पर नियन्त्रण आवश्यक माना जाता है। समाज में ऊंचे माने जाने वाले इन मूल्यों को व्यक्तियों में उत्पन्न करने का भार परिवारों पर ही है। यह ठीक है कि स्वभाव के अनुसार भी प्रत्येक व्यक्ति का चरित्र भिन्न-भिन्न होता है परन्तु पारिवारिक पर्यावरण का भी उसे बनाने में बड़ा हाथ है। गांधी इत्यादि संसार के बड़े-बड़े धार्मिक व्यक्तियों में से अनेकों पर उनके परिवार के किसी न किसी व्यक्ति का जबर्दस्त धार्मिक प्रभाव था। महापुरुषों के निर्माण में उनकी माताओं का सदा ही बड़ा भारी हाथ रहा है। भिन्न-भिन्न संस्कृतियों के मानने वालों के आदर्शों में जो मौलिक भेद पाया जाता है वह उनके परिवारों में ही उत्पन्न होता है।

परिवार में मातृभाषा

प्रत्येक समाज की संस्कृति, व्यवहार तथा मूल्यों का उस समाज में बोली जाने वाली भाषा से बड़ा दृढ़ सम्बन्ध होता है। साहित्य समाज की संस्कृति का दर्पण है और साहित्य भाषा पर आधारित है। भाषा का मनुष्य के समाजीकरण में बड़ा हाथ है। मानव समाज की इतनी जटिल व्यवस्था का

श्रेय उसकी अन्य प्राणियों से भाषा विषयक श्रेष्ठता को ही है और भाषा व्यक्ति परिवार में सीखता है। जंगल में भेड़ियों या बनमानुषों द्वारा पाले हुए मनुष्य के बच्चे भाषा के बारे में बिल्कुल ही अनजान देखे जाते हैं। वे इशारों से बात करते हैं या पशुओं की बोली बोलते हैं, चारों हाथ पैरों पर चलते हैं, कच्चा मांस खाते हैं और उनमें मनुष्यत्व के चिन्ह बहुत कम होते हैं। जानवरों के परिवार में पला मनुष्य जानवरों के समान और मनुष्य के परिवार में पला मनुष्यों के समान बनता है। इतना ही नहीं सभ्य परिवार में पला बालक सभ्य तथा असभ्य परिवार में पला बालक असभ्य होता है। बालक को सबसे पहले परिवारों में ही भाषा सिखाई जाती है। यही उसकी मातृभाषा कहलाती है और इसी के माध्यम से वह विचारों को आदान-प्रदान करता है। यदि कोई भारतीय बालक अंग्रेज परिवार में पाला जाये तो अंग्रेजी ही उसकी मातृभाषा बन जायेगी। इस प्रकार भाषा के रूप में समाजीकरण का मुख्य तत्व बालक को मां की गोद में ही मिलता है।

समाजीकरण के उपरोक्त तत्वों के अलावा और भी अनेक बातें मनुष्य परिवार में ही प्राप्त करता है। अनेक बार समाज में व्यक्ति क्या व्यवसाय करेगा इसका निश्चय भी परिवार में ही होता है। आज के युग में भी अधिकतर लोग अपने पैतृक पेशे और व्यवसाय करते है जिनकी शिक्षा दीक्षा उनको बचपन से ही परिवार में दी जाती है। यह देखा जाता है कि दूकानदार का लड़का बचपन से ही दूकानदारी और सुनार का लड़का सोने चांदी के काम में रुचि रखता है और शीघ्र योग्यता प्राप्त कर लेता है।

इस प्रकार संक्षेप में परिवार व्यक्ति को समाज की सभ्यता, व्यवहार, शिष्टाचार, रीतिरिवाजों,परम्परायें, धर्म, संस्कृति, आचार-विचार के नियमों, आदर्शों, मूल्यों, व्यवसायों, कर्त्तव्यों, के पालन तथा अधिकारों के सदुपयोग आदि समाजीकरण के सभी अंगों की शिक्षा देता है। यह कहा जाय तो अतिश्योक्ति नहीं होगी कि परिवार मनुष्य का समाजीकरण करने की सबसे महत्वपूर्ण संस्था है।

माता पिता और बालक के सम्बन्ध
(Parent-Child Relationship)

मनोविश्लेषणवादियों ने माता-पिता और बालक के सम्बन्ध के महत्व का मनोवैज्ञानिक विवेचन करके यह बतलाने की चेष्टा की है कि बालक पर माता-पिता का और उसके सम्बन्ध का इतना अधिक प्रभाव क्यों पड़ता है। फ्रॉयड के अनुसार माता-पिता विशेषतया पिता बालक के सामने आदर्श के रूप में होते हैं। वे अधिक शक्तिशाली होते हैं और सब कामों को भली-भांति कर पाते हैं। बालक अचेतन अवस्था में ही पिता से तादात्म्य (Identification) कर लेता है। वह उस जैसा बन जाना चाहता है। देखा जाता है कि छोटा लड़का अपने पिता के कपड़े पहन कर या उसकी छड़ी लेकर उसकी तरह चलने का नाटक करता है। माता-पिता जैसा करते हैं वैसे बालक भी करने लगता है। तादात्म्य के अलावा इसमें एक दूसरा तत्व अनुकरण (Imitation) का है। बालक अनुकरण से बहुत कुछ सीखता है। तरह-तरह के कामों को वह अपने माता-पिता का अनुकरण करके या बड़े भाई बहनों का अनुकरण करके सीख जाता है। बालक माता-पिता के उदाहरण से सीखता है। यदि माता-पिता स्वयं कोई काम करते हों तो बालक को उस काम से रोकना

बड़ा कठिन होगा क्योंकि बालक यह समझता है कि जब माता-पिता उस काम को करते हैं तो वह काम अवश्य किया जाना चाहिये। इसमें अनुकरण भी है और तादात्म्य भी। माता-पिता से बालक को सुझाव भी मिलते हैं। वे जो काम करते हैं उनके सुझाव से वह वैसा ही करने लगता है। इस प्रकार माता-पिता से बालक के सम्बन्ध में केवल तादात्म्य ही नहीं बल्कि अनुकरण, संकेत (Suggestion)और सहानुभूति की प्रक्रियायें भी काम करती हैं। फ्रॉयड के अनुसार माता-पिता के प्रति लड़के लड़की दोनों का दृष्टिकोण एकसा नहीं होता। फ्रॉयड ने मनुष्य में बचपन से ही काम वासना का होना माना है। उसके अनुसार बालक केवल भूख के कारण ही मां के स्तन नहीं चूसता बल्कि इस काम में उसे सुख मिलता है। उसकी माता उसको केवल भोजन देने वाली ही नहीं है बल्कि उसकी सहानुभूति का आवलम्बन भी है। फ्रॉयड ने बालकों में भिन्न लिंगीय काम प्रवृत्ति का होना भी माना है। उसके अनुसार लड़का माता को और लड़की पिता को अधिक चाहते हैं। मां लड़के की प्रेमिका है। अत: स्वभावतया उसका पिता उसका प्रतिद्वन्द्वी बन जाता है। बालक देखता है कि कभी-कभी उसके पिता के कारण ही उसको अपनी माता का प्यार नहीं मिल पाता। बहुधा पिता के आने पर माता बालक को छोड़कर पिता के पास चली जाती है। इससे बालक में पिता के प्रति शत्रुता की भावना जागती है। जहां वह एक आदर्श के रूप में उसका आदर करता है। वहां दूसरी ओर एक प्रतिद्वन्द्वी के रूप में उससे घृणा भी करता है।

ईडीपस ग्रन्थि

इन परस्पर विरोधी प्रेरणाओं से लड़के में ईडीपस भावना ग्रन्थि (Aedipus Complex) बन जाती है। फ्रॉयड ने इस प्रत्यय से लड़के में पिता के प्रति इन परस्पर विरोधी भावनाओं को दिखलाने का प्रयास किया है। यह प्रत्यय (Concept) एक प्राचीन ग्रीक कथा पर आधारित है जिसमें एक ग्रीक राजा के ईडीपस नाम के पुत्र के विषय में ज्योतिषी ने यह भविष्यवाणी की थी कि वह अपने पिता को मारकर माता से विवाह करेगा। यह सुनकर राजा ने उसको जंगल में छुड़वा दिया था। जंगल में वह कुछ लोगों के हाथ पड़ गया। उसका पालन-पोषण हुआ और वह बड़ा होकर एक बड़े जन-समूह का नेता बन गया। कहा जाता है कि अन्त में उसने अपने पिता पर आक्रमण किया और उसको परास्त करके मार डाला तथा रानी से विवाह कर लिया जो कि वास्तव में उसकी मां थी। बाद में जब उसे वास्तविकता का ज्ञान हुआ तो आत्म ग्लानि के कारण वह राज पाठ छोड़कर जंगलों में चला गया।

एलेक्ट्रा ग्रन्थि

फ्रॉयड का कहना है कि जिस प्रकार लड़का माता से अधिक प्रेम करता है उसी प्रकार लड़की पिता से अधिक प्रेम करती है। पुत्री के पिता के प्रति प्रेम को फ्रॉयड ने एलेक्ट्रा मानसिक ग्रन्थि (Electra Complex) का नाम दिया है। ग्रीक की एक पौराणिक कथा के अनुसार एलेक्ट्रा नामक एक लड़की ने अपने पिता गजामैमनान से विवाह करने के लिये अपने भाई औरस्टीज की सहायता से अपनी मां क्लाइटीम्नैस्ट्रा की हत्या करवा दी थी। पुत्री पिता से प्रेम करती है और इसलिये अचेतन रूप से मां को अपना प्रतिद्वन्द्वी समझकर उससे घृणा करने लगती है।

माता-पिता और बालकों के सम्बन्ध के विषय में फ्रॉयड का मत कुछ विचित्र मालूम पड़ता है। परन्तु वास्तव में इसमें कोई सन्देह नहीं कि इसमें थोड़ा बहुत सत्य अवश्य है। इससे माता-पिता अपने व्यवहार में थोड़ा सा परिवर्तन करके बच्चों पर अच्छा प्रभाव डाल सकते हैं। पिता बाहर जाये तो उसको चाहिये कि वह पुत्री को पत्र अवश्य लिखे चाहे पत्नी को न लिखे। ऐसा करने पर पुत्री को बड़ा सन्तोष होगा जोकि उसके व्यक्तित्व के विकास में सहायक सिद्ध होगा।

बालक की उपेक्षा के कारण

माता-पिता और बालकों के सम्बन्ध में मनोवैज्ञानिक तत्वों का बड़ा महत्व है। इसलिये माता-पिता को बालकों से व्यवहार करने में बड़ी सावधानी से काम लेना चाहिये। कभी-कभी माता-पिता बालक की उपेक्षा करने लगते हैं। इसके बहुत से कारण हो सकते हैं। कुछ कारण निम्नलिखित हैं।

(1) बालक का अनाकर्षक या कुरूप होना—इससे माता-पिता को बालक पर ग्लानि होने लगती है और वे उसको झिड़कने लगते हैं।

(2) पति-पत्नी के परस्पर प्रेम में बाधा—कहा जाता है कि हर बालक पति-पत्नी के बीच में एक दीवार की तरह होता है और जितने ही बालक बढ़ते जाते हैं उतनी ही दीवारें पति पत्नी के बीच खड़ी होती जाती हैं। फिर क्या आश्चर्य है कि उनको कभी-कभी बालकों पर खीझ आये। इसमें कोई सन्देह नहीं कि बालक होने पर या बालकों की संख्या बढ़ने पर पति-पत्नी को एक दूसरे के लिए देने को कम समय बचेगा। परन्तु यह तो माता-पिता का गौरव प्राप्त करने के लिए आवश्यक त्याग है। इसकी अनुपस्थिति में किसी भी स्त्री-पुरुष को माता-पिता बनने का अधिकार नहीं हैं।

(3) पति-पत्नी की परस्पर घृणा—पति-पत्नी में परस्पर घृणा होने पर वे बच्चों से भी घृणा करने लगते हैं क्योंकि बालकों में माता-पिता का रूप होता है। पति-पत्नी के सम्बन्ध खराब होने पर सबसे अधिक परेशानी बालकों को पैदा होती है।

(4) अवांछित सन्तान—प्रत्येक परिवार में उसकी आर्थिक स्थिति के अनुसार एक निश्चित संख्या तथा बालकों का ही भली प्रकार पालन पोषण हो सकता है। बालकों की संख्या इस सीमा से बढ़ जाने पर घर के किसी भी सदस्य की आवश्यकतायें भली प्रकार पूरी नहीं हो पाती। ऐसी स्थिति में परिवार में कटुता बढ़ने लगती है और माता पिता का व्यवहार बालकों के प्रति प्रेममय नहीं रह पाता।

उपरोक्त कारणों के अलावा और भी अनेक कारणों से माता-पिता बालकों के प्रति दुर्व्यवहार करने लगते हैं। किन्तु सच तो यह है कि चाहे कोई कारण हो यह दुर्व्यवहार एकदम अनुचित है और इसका बालक के व्यक्तित्व पर बड़ा बुरा प्रभाव पड़ता है। प्रत्येक बालक प्रेम चाहता है और यदि उसको यह न मिले तो वह या तो संवेगशून्य बन जाता है और उसका व्यक्तित्व अविकसित रह जाता है या फिर वह हीनता की भावना, असुरक्षा की भावना अथवा भय, चिन्ता आदि से असामान्य रूप से ग्रस्त हो जाता है।

बालक को किशोर अपराधी बनाने में माता-पिता की उपेक्षा का अथवा उनके दुर्व्यवहार का बड़ा भारी हाथ है। Women of the street नामक लन्दन की वेश्याओं पर किये गये एक खोजपूर्ण प्रबन्ध के भूमिका लेखक के अनुसार वेश्या की समस्या माता-पिता और बालक के सम्बन्ध से शुरू होती है। बहुधा जब बालक को माता पिता का प्रेम नहीं मिलता और बात-बात में कठोर दण्ड मिलता है तो उसमें विद्रोह और क्षोभ बढ़ता जाता है। जिससे अवसर मिलने पर वह घर से भाग जाता है और अपराध में पड़ जाता है। माता पिता के तिरस्कार से बच्चे असहाय और अकेला महसूस करते हैं जिससे उनमें अनेक मानसिक ग्रन्थियां बन जाती हैं। यदि माता-पिता अपनी बहुत सी बातों को बालक से छिपाने की कोशिश करते हैं तो इससे भी बालक में अपराधवृत्ति बनती है। उदाहरण के लिये अधिकतर बालक बहुधा अपने माता पिता से यह पूछते हैं कि वे कहां से आये अथवा उनके छोटे भाई बहन कहां से आये। जब माता पिता उनसे झूठ बोलते हैं और वे अपने साथियों अथवा घर के नौकरों से सही बात का पता पा जाते हैं तो उनमें असुरक्षा की भावना उत्पन्न होती है। उनको यह जानकर जबर्दस्त धक्का लगता है कि उनके माता पिता बहुत से ऐसे काम करते हैं जो वे उनको बतलाना नहीं चाहते। यह असुरक्षा की भावना बहुधा बालकों को यौन अपराध की ओर ले जाती है।

अत्यधिक लाड़-प्यार के कारण

जहां एक ओर कुछ माता-पिता अपने बालकों की उपेक्षा करते हैं या उनसे दुर्व्यवहार करते हैं वहां दूसरे माता-पिता अत्यधिक प्यार दिखलाते हैं। इसके अनके कारण हो सकते हैं जिनमें से कुछ मुख्य निम्नलिखित हैं–

(1) देर से सन्तानोत्पत्ति–यदि किसी पत्नी को बहुत दिन प्रतीक्षा करने के बाद सन्तान के दर्शन होते हैं तो स्वाभाविक है कि वे उसे अत्यधिक लाड़-प्यार से रखते हैं।

(2) लैंगिक विषमता–जैसा कि पीछे बतलाया जा चुका है फ्रॉयड के अनुसार पिता के पुत्री के प्रति माता के पुत्र के प्रति अत्यधिक लाड़-प्यार का कारण लैंगिक विषमता भी हो सकता है।

(3) बालक की असहाय दशा–यदि बालक दुर्बल, रोगी, अल्प बुद्धि अथवा किसी कारण से असहाय हो तो उसके प्रति माता पिता का दुलार बढ़ जाता है।

उपरोक्त कारणों के अलावा कुछ और कारण भी माता पिता के अत्यधिक दुलार के पीछे हो सकते हैं। उदाहरण के लिए जिन लोगों को जीवन में अधिक कटु अनुभव होते हैं वे अपने बच्चों को अधिक प्यार देने की कोशिश करते हैं क्योंकि वे जीवन में प्यार के महत्व को सदैव अनुभव करते रहते हैं। भारत में पुत्र होने से मां का सम्मान बढ़ जाता है। अतः स्वाभाविक है कि मां पुत्र को अधिक लाड़-प्यार करे। बालक सुन्दर होने पर भी उसका अधिक लाड़-प्यार किया जाता है।

अधिक लाड़ प्यार का चाहे कुछ भी कारण हो परन्तु मनोवैज्ञानिक दृष्टि से यह भी बालक के व्यक्तित्व के लिए अच्छा नहीं होता। यदि माता-पिता बालक का अत्यधिक दुलार करते हैं तो बालक माता पिता पर अत्यधिक निर्भर हो जाता है। उसमें स्वतन्त्र निर्णय करने की योग्यता का

पर्याप्त विकास नहीं हो पाता। बहुधा वह जिद्दी, आत्म केन्द्रित और स्वार्थी हो जाता है। उसमें उत्तरदायित्व सहन करने की शक्ति नहीं रहती और वह थोड़ी सी कठिनाई पड़ने पर ही घबरा जाता है। उसे बात-बात में दूसरों की सलाह की जरूरत होती है।

सन्तुलन की आवश्यकता

इस प्रकार माता पिता और बालक के सम्बन्ध में अत्यधिक अवहेलना और अत्यधिक लाड़-प्यार दोनों ही हानिकारक हैं। दोनों से ही व्यक्तित्व सम्बन्धी अनेक कठिनाइयों का सूत्रपात होता है और बालक के मन में तरह तरह की उलझनें बन जाती हैं। इसी प्रकार बालक को अत्यधिक नियन्त्रण में रखना अथवा अत्यधिक स्वतन्त्र छोड़ देना दोनों ही हानिकारक हैं। अधिक स्वतन्त्रता से बालक अनुशासनहीन बन जाता है। अत्यधिक नियन्त्रण में उसका व्यक्तित्व अविकसित रह जाता है उसमें हीनता की भावना आ जाती है और कभी-कभी वह अपराध की राह पर बढ़ जाता है। सच तो यह है कि बालक में अनुशासन उत्पन्न करने के लिए बड़ी समझदारी की जरूरत है। इस सम्बन्ध में सन्तुलन और समझदारी की बड़ी आवश्यकता है। फिर सभी बालकों के लिए एकसा नियम नहीं हो सकता। कुछ बालकों पर कम और कुछ पर अधिक नियन्त्रण रखने की आवश्यकता होती है। दूसरी ओर नियन्त्रण का सभी बालकों पर एक सा प्रभाव नहीं पड़ता और न ही माता पिता के लाड़-प्यार और उपेक्षा का सभी बालकों पर एकसा प्रभाव पड़ता है। पीछे इस विषय में जो कुछ कहा गया है वह सामान्य रूप से तो ठीक है परन्तु उसमें अपवाद भी हो सकते हैं।

अनुचित भेदभाव से हानि

कभी-कभी माता पिता बच्चों के प्रति व्यवहार में भेद-भाव दिखलाते हैं। वे किसी बालक को तो अत्यधिक प्यार करते हैं और दूसरों को झिड़कते रहते हैं। कभी कभी सुन्दर बालक प्यारा होता है और कुरूप को झिड़का जाता है। इसलिए भाव के चाहे जो भी कारण हों इससे बालकों के मन में एक दूसरे के प्रति द्वेष जाग्रत हो जाता है। जब बालक देखता है कि उसकी अपेक्षा उसके भाई या बहन को अधिक प्यार मिलता है तो वह इस अन्याय का विरोध करने के लिए बेचैन हो जाता है। कभी-कभी उसमें आक्रामक प्रवृत्तियां भी दिखाई पड़ती हैं। कभी-कभी वह दूसरे बालकों को किसी न किसी प्रकार से हानि पहुँचाने की कोशिश करता है। उसमें निराशा, असुरक्षा की भावना आदि देखी जा सकती है। परन्तु फिर यह भी हो सकता है कि पारिवारिक लाड़-प्यार की क्षति पूर्ति करने के लिये उपेक्षित बालक परिवार के बाहर स्कूल या समाज में आगे बढ़कर दूसरों की प्रशंसा प्राप्त करने की कोशिश करे। कुछ भी हो बालकों में इस प्रकार का भेदभाव करना नितान्त अवांछनीय और अमनोवैज्ञानिक है।

नैतिक आचार का प्रभाव

माता पिता के नैतिक विचारों और आचारों का भी बालक के व्यक्तित्व पर बड़ा प्रभाव पड़ता है क्योंकि बहुधा वे उनके सामने आदर्श के रूप में होते हैं। बच्चों को नैतिक बनाने के लिये सबसे पहले माता पिता को उनके सामने अपने व्यवहार के द्वारा आदर्श उपस्थित करने चाहिये।

ऐसे बालक बहुत कम हैं जो अपने माता पिता को झूठ बोलते और मक्कारीपूर्ण व्यवहार, यौन अनैतिकता तथा चोरी करते देखते हुये भी अपना व्यवहार सामाजिक मूल्यों और मान्यताओं के अनुसार बना पाते हैं। मिस इलियट के अध्ययन में 67 प्रतिशत विश्रृंखलित और 44 प्रतिशत अविश्रृंखलित परिवारों में माता पिता अनैतिक व्यवहार में लगे हुये थे। यदि परिवार में माता वेश्यावृति में लिप्त हो तो उसकी लड़कियों को भी उसका अनुसरण करने में संकोच न होगा और वे भी व्यभिचार की ओर बढ़ेंगी।

आपसी सम्बन्धों का प्रभाव

माता पिता के आपस में सम्बन्धों का भी बालक के व्यक्तित्व पर महत्वपूर्ण प्रभाव पड़ता है। यदि पति पत्नी के साथ दुर्व्यवहार करता है तो बालक विशेषतया लड़के को बहुत बुरा लगता है और उसमें पिता के प्रति घृणा बढ़ती है। इसके कभी-कभी बड़े भयंकर परिणाम हो सकते हैं। इसी तरह यदि पत्नी पति के प्रति दुर्व्यवहार करती है तो बालक को विशेषतया लड़की को बहुत बुरा लगता है और माता से घृणा कर सकती है। पति पत्नी के आपस में क्लेश झगड़े आदि से घर में असुरक्षा का वातावरण बनता है जो बालक के व्यक्तित्व के विकास के लिए बड़ा ही घातक है। पति पत्नी के आपस के सम्बन्ध अच्छे होने से बालकों के सामने अच्छा आदर्श उपस्थित होता है और वे स्वयं अच्छे बनने का प्रयास करते हैं। पति पत्नी से सम्बन्ध खराब होने से बालकों में व्यक्तित्व के दोष आना स्वाभाविक है।

भग्न परिवार का प्रभाव

पति पत्नी के सम्बन्ध खराब होने से परिवार भग्न परिवार (Broken Family) बन जाता है क्योंकि परिवार से किसी के भी सम्बन्ध ठीक नहीं रहते। भग्न परिवार जैसा कि इसके नाम से स्पष्ट है ऐसा परिवार है जिसमें पारिवारिक सम्बन्ध टूट जाते हैं। परिवार का अर्थ केवल कुछ व्यक्तियों का इकट्ठा रहना मात्र नहीं है बल्कि उनका परस्पर घनिष्ट सम्बन्ध है। इस घनिष्ठता की अनुपस्थिति में परिवार विश्रृंखलित हो जाता है और विश्रृंखलित परिवार में किशोर अपराधी उत्पन्न होते हैं। भग्न परिवार में बालक की देखभाल नहीं हो पाती। कुछ विशेषज्ञों के अनुसार विश्रृंखलित परिवार लड़कों की अपेक्षा लड़कियों में अपराधवृत्ति के लिए अधिक सहायक होता है। 1947 में बम्बई के बाल सहायता समाज के आधीन 386 लड़के तथा 169 अंधी लड़कियां थीं। इनमें से दो लड़के और दो लड़कियों के माता पिता किसी न किसी अपराध के कारण जेल में सजा काट रहे थे, 2 लड़के और 5 लड़कियां कठोर व्यवहार से त्रसित थीं, 6 लड़के और 9 लड़कियां अनैतिक असुरक्षा के शिकार थे। भग्न परिवार में पति-पत्नी, माता-पिता और बालक तथा भाई बहिन के सम्बन्ध स्वस्थ नहीं रहते। अतः यह स्वाभाविक है कि बालक बालिकायें गलत रास्ते पर चल पड़ें।

उपरोक्त विश्लेषण से स्पष्ट है कि बालक के व्यक्तित्व के विकास में माता पिता से उसके सम्बन्ध का बड़ा महत्व है।

सारांश

परिवार समाज की इकाई है। समाज में उसकी स्थिति केन्द्रीय है। समाज की सुव्यवस्था उस पर निर्भर है। वह व्यक्ति का समाजीकरण करता है। परिवार संस्कृति का वाहक है। परिवार के द्वारा समाज व्यक्ति पर नियंत्रण करता है। परिवार व्यक्तियों में सामाजिक मूल्यों का प्रसार करता है। परिवार में व्यक्ति मातृभाषा सीखता है। इस प्रकार परिवार व्यक्ति के समाजीकरण की सबसे अधिक महत्वपूर्ण संस्था है।

माता-पिता और बालक के सम्बन्ध—माता-पिता और बालक के सम्बन्ध का व्यक्तित्व पर महत्वपूर्ण प्रभाव पड़ता है। इस सम्बन्ध में फ्रॉयड ने ईडीपस और एलेक्ट्रा ग्रन्थियों का जिक्र किया है। माता-पिता द्वारा बालक की उपेक्षा का उसके भावात्मक विकास पर बुरा प्रभाव पड़ता है। यह दुर्व्यवहार अनुचित है। इससे बालकों में अनेक अपराधी प्रवृत्तियाँ बन जाती हैं। दूसरी ओर अत्यधिक लाड़-प्यार भी हानिकारक है। माता-पिता का बालक के प्रति व्यवहार बड़ा सन्तुलित होना चाहिये। माता-पिता के नैतिक आचार तथा आपसी सम्बन्धों का भी बालक के व्यक्तित्व पर महत्वपूर्ण प्रभाव पड़ता है। ये खराब होने से परिवार भग्न हो जाता है और बालक के व्यक्तित्व का विघटन होता है। अत: माता-पिता का आचार और परस्पर सम्बन्ध भी अच्छे होने चाहियें।

18

सामान्य संकल्प (General Will)

सामान्य संकल्प की धारणा

समाज मनोविज्ञान में कुछ विद्वानों का विचार है कि व्यक्तिगत संकल्प से अलग एक सामान्य संकल्प (General Will) भी होता है। यह संकल्प समूह का संकल्प है। यह एक ऐसा संकल्प है जिसमें कि समूह के सभी व्यक्तियों के संकल्प शामिल हैं। इस प्रकार सामान्य सकंल्प का अर्थ एक सामूहिक अथवा सामान्य संकल्प से है जिसकी व्यक्तियों के संकल्प से अलग अपनी सत्ता और अपने लक्षण हैं और जिसमें भाग लेने के कारण व्यक्तियों के व्यवहार में कुछ परिवर्तन देखे जा सकते हैं। समाज मनोविज्ञान में सामान्य संकल्प का सिद्धान्त समूह मस्तिष्क (Group Mind) के सिद्धान्त के साथ लगा हुआ है। साधारणतया समूह मस्तिष्क को मानने वाले अधिकतर विद्वानों ने सामान्य संकल्प की धारणा उपस्थित की है। राजनीति शास्त्र में सबसे पहले हॉब्स (Hobbes) ने सामान्य संकल्प की व्याख्या की। हॉब्स के बाद लॉक (Locke) ने इसका विवेचन किया। यह माना जाता है कि सामान्य संकल्प व्यक्तिगत संकल्प से कहीं अधिक प्रभावशाली होता है। सामान्य संकल्प की धारणा के विषय में मुख्य सिद्धांत निम्नलिखित हैं–

1. रूसो (Rousseau) का सिद्धांत
2. मैक्डूगल (Mcdougall) का सिद्धांत
3. नोवीकोव (Novikov) का सिद्धांत
4. मैकेन्जी (Mackenzie) का सिद्धांत
5. बार्थ (Barth) का सिद्धांत
6. वुंट (Wundt) का सिद्धांत
7. बोसांके (Bosanquet) का सिद्धांत

(1) रूसों का सिद्धान्त–प्रसिद्ध फ्रैंच दार्शनिक रूसो ने समाज में व्यक्तिगत संकल्प से सामान्य संकल्प का अधिक महत्व माना है। रूसों के अनुसार समाज की स्थापना एक सामाजिक समझौते के आधार पर हुई। समाज के क्रमशः विकास से समाज के लोगों में सामान्य संकल्प

का निर्माण हुआ जिसका लक्ष्य सारे समाज या समूह का कल्याण होता है। रूसो सामान्य संकल्प को सभी का संकल्प नहीं मानता है। अर्थात् सामान्य संकल्प व्यक्तिगत संकल्पों का योगमात्र नहीं है बल्कि उसमें कुछ अपनी विशेषतायें भी हैं। व्यक्तिगत संकल्प के समान स्वार्थ पर आधारित न होकर सामान्य संकल्प समूह के हित पर आधारित होता है। इसलिए वह निस्वार्थ होता है। रूसो ने सामान्य संकल्प के तीन लक्षणों पर विशेष रूप से जोर दिया है—(1) स्थायित्व (2) औचित्य (3) एकता। सामान्य संकल्प का लक्ष्य समूह अथवा समाज के सभी लोगों का हित साधन करना होता है।

रूसो की सामान्य संकल्प की धारणा के विरुद्ध कुछ विद्वानों ने अनेक आलोचनायें प्रस्तुत की हैं। मुख्य आलोचनायें निम्नलिखित हैं—

1. रूसो की व्याख्या में सामान्य संकल्प का स्वरूप स्पष्ट नहीं होता।

2. रूसों ने सामान्य संकल्प की एकता और औचित्य पर अत्यधिक जोर दिया है जो उचित नहीं है। कभी-कभी सामान्य संकल्प अनुचित भी हो सकता है।

3. आजकल अधिकतर समाज मनोवैज्ञानिक यह मानते हैं कि सामान्य संकल्प की धारणा ही भ्रामक है क्योंकि संकल्प व्यक्तिगत ही होता है। व्यक्तिगत संकल्पों से अलग किसी सामान्य संकल्प का अस्तित्व नहीं हो सकता।

(2) मैक्डूगल का सिद्धांत—विलियम मैक्डूगल ने समूह व्यवहार की व्याख्या करने के लिए समूह मन का सिद्धांत उपस्थित किया। इसी सिद्धांत के आधार पर उसने सामान्य संकल्प की धारणा की व्याख्या की। जब समूह के अधिकांश या सभी लोग किसी विषय पर समूह के कल्याण के लिए एक ही तरह से सोचते हैं तो ऐसी परिस्थिति में एक सामान्य संकल्प दिखलाई पड़ता है।

मैक्डूगल के समूह मन के सिद्धांत के समान उसकी सामान्य संकल्प की धारणा की भी आलोचना की गई है। समूह मन के सिद्धांत के विरुद्ध जो तर्क दिये गये हैं उन्हीं से सामान्य संकल्प के सिद्धांत का भी खंडन होता है।

(3) नोवीकोव का सिद्धांत—मैक्डूगल के सिद्धांत को ही कुछ अधिक स्पष्ट और परिष्कृत करके नोवीकोव ने सामान्य संकल्प की धारणा प्रस्तुत की। नोवीकोव के अनुसार सामान्य संकल्प समूह के सभी सदस्यों का संकल्प न होकर समूह में नेताओं और प्रभावशाली व्यक्तियों का संकल्प होता है। इन्हीं के संकल्प से सामान्य संकल्प बनता है। बाकी लोग इन्हीं का अनुसरण करते हैं और इनके संकल्प को अपना संकल्प मान लेते हैं। इसी सिद्धांत के अनुसार नेता और महान् व्यक्ति समाज के शरीर के समान हैं और वे सामान्य संकल्प उपस्थित करके समस्त समाज को मूल आधार प्रदान करते हैं।

जैसे कि पीछे कहा गया है नोवीकोव का सिद्धात मैक्डूगल के सिद्धान्त का ही एक परिष्कृत रूप है अत: मैक्डूगल के सिद्धान्त के विरुद्ध आलोचनायें नोवीकोव के सिद्धान्त पर भी लागू होती हैं। यह ठीक है कि समूह में सदस्यों में उद्देश्यों तथा अस्तित्व की चेतना होती है। परन्तु न तो इससे

समूह मन का और न सामूहिक संकल्प का ही होना सिद्ध होता है। वास्तव में यह चेतना व्यक्तियों में है और उन्हीं में ही समूह के उद्देश्य विकसित होते हैं। समूह के संकल्प व्यक्तियों के संकल्प हैं। व्यक्तिगत संकल्प से अलग किसी ऐसे सामान्य संकल्प की कल्पना एकदम निराधार है जिसके लक्षण व्यक्तिगत संकल्प में नहीं मिलते।

(4) **मैकेन्जी का सिद्धात**—मैकेन्जी ने सामान्य संकल्प की धारणा को परिवार के उदाहरण से समझाने की चेष्टा की है। परिवार में परिवार के सभी सदस्यों के कुछ सामान्य हित होते हैं। कुछ बातें सभी के लिए सुविधाजनक होती हैं और कुछ अन्य बातें सभी के लिए असुविधाजनक होती हैं। इस प्रकार की बातों के विषय में परिवार के सभी लोग सहयोग के आधार पर कुछ सामान्य निर्णय करते हैं। इन्हीं निर्णयों को मैकेन्जी सामान्य संकल्प कहता है। यह संकल्प व्यक्तिगत संकल्पों का योगमात्र नहीं है, बल्कि इसमें एक एकता है। इसमें सभी का सहयोग है और यह परिवार के सदस्यों के विभिन्न मतों का एकीकरण करता है। यह परस्पर विचार-विमर्श के बाद किया जाता है। चाहे इससे परिवार के सभी सदस्य की व्यक्तिगत स्वतन्त्रता में कुछ बाधा भी पड़ती हो परन्तु फिर भी परिवार के सामान्य हित के लिए सभी सदस्य इसको मानते हैं। इसमें मुखिया विशेष रूप से निर्देश देता है। कभी-कभी तो उसका संकल्प ही विचार विमर्श के बाद परिवार का सामान्य संकल्प बन जाता है। जहां तक परिवार का प्रश्न है, मैकन्जी के विचार अनुचित मालूम नहीं पड़ते। परन्तु परिवार के अलावा अन्य समूहों में परिवार के सदस्यों जैसी घनिष्ठता तथा हितों और लक्ष्यों की एकता नहीं पाई जाती इसलिए उनमें वह सहयोग भी दिखाई नहीं पड़ता। अत: मैकेन्जी के सिद्धान्त से भिन्न-भिन्न समूहों में सामान्य संकल्प की धारणा की व्याख्या नहीं होती।

(5) **बार्थ का सिद्धान्त**—जर्मन मनोवैज्ञानिक बार्थ के अनुसार मनुष्य एक स्वार्थी जीव है और वह अपने ही विषय में सोचता है, परन्तु दूसरी ओर उसकी सामाजिक प्रगति तभी हो सकती है जबकि वह सामाजिक हित और कल्याण के विषय में सोचे और संकल्प करे। सामान्य संकल्प व्यक्ति को सामाजिक हित के चिन्तन और संकल्प के लिये आधार प्रदान करता है। जब समूह के भिन्न-भिन्न व्यक्ति समान परिस्थितियों और उत्तेजनाओं का अनुभव करते हैं तो उनमें न्यूनाधिक समान प्रक्रियायें जाग्रत होती हैं। प्रतिक्रियाओं की समानता से समूह में आत्म-चेतना जाग्रत होती है। आत्म-चेतना से सामान्य संकल्प का निर्माण होता है। राष्ट्र के उदाहरण में राष्ट्रीय गौरव गाथाओं से समान परम्पराओं से राष्ट्र में आत्म-चेतना जाग्रत होती है जहां राष्ट्र में परम्पराओं के आधार पर राष्ट्रीय चेतना का विकास होता है। वहां सामान्य संकल्प के आधार पर राष्ट्रीय जागृति दिखलाई पड़ती है। इस प्रकार वास्तव में बार्थ का सामान्य संकल्प सामूहिक संकल्प है।

बार्थ के सिद्धान्त में आत्म चेतना की धारणा की अच्छी विवेचना की गई है। परन्तु बार्थ का यह विचार उपयुक्त नहीं प्रतीत होता कि समूह में सभी व्यक्ति किसी व्यापक लक्ष्य को प्राप्त करने के लिए अग्रसर होते रहते हैं। साथ ही साथ यह भी जरूरी नहीं है कि सभी लोगों में एक से संकल्पात्मक कार्य दिखाई पड़े। समाज और समूह के सभी सदस्यों के समान अथवा एक ही लक्ष्य की बार्थ की कल्पना कोरा अनुमान मात्र है क्योंकि उसने उसके पक्ष में कोई भी ठोस प्रमाण नहीं दिये हैं।

(6) वुन्ट का सिद्धान्त—बार्थ के सिद्धान्त से मिलता-जुलता सिद्धान्त वुन्ट ने उपस्थित किया। वुन्ट की धारणा के अनुसार जब विभिन्न व्यक्ति परस्पर सहयोग से कोई संकल्प उपस्थित करते हैं तो वह एक सामान्य संकल्प होता है। एक संकल्प अन्य संकल्प की पूर्व कल्पना करता है। इस प्रकार से संकल्प की विभिन्न इकाइयों की एक व्यवस्थित श्रृंखला बन जाती है जिसकी कड़ियों में सापेक्षिक सम्बन्ध होता है। वुन्ट के अनुसार सामान्य संकल्प और वास्तविक संकल्प की प्रक्रिया में कोई विशेष भेद नहीं है। जब किसी समूह में किसी वस्तु के विषय में सामान्य लक्ष्य होते हैं तो समूह के सदस्यों में एक सामान्य संकल्प बन जाता है जिसका कार्य सभी सदस्यों को एक सूत्र में बांधना है। इस प्रकार वुन्ट के अनुसार सामान्य संकल्प व्यक्तिगत संकल्प से अधिक विस्तृत, शक्तिशाली और महत्वपूर्ण नहीं है। अत: सामान्य संकल्प को मानते हुए भी वुन्ट ने व्यक्तिगत संकल्प के महत्व पर जोर दिया है। उसके अनुसार महान और प्रभावशाली भागों के व्यक्तिगत संकल्पों का सामान्य संकल्प पर बड़ा प्रभाव पड़ता है।

वुन्ट की सामान्य संकल्प की धारणा बार्थ के सिद्धान्त से अधिक सूक्ष्म होते हुए भी अस्पष्ट है। उसकी यह धारणा भ्रामक है कि सामान्य संकल्प के निर्माण की प्रक्रिया विचार पर आधारित है, क्योंकि विचार तथा संकल्प की प्रक्रिया में महत्वपूर्ण अन्तर है। वुन्ट ने इस अन्तर की उपेक्षा की है।

(7) बोज़ांके का सिद्धान्त—प्रसिद्ध दार्शनिक बोज़ांके ने दार्शनिक आधार पर सामान्य संकल्प की व्याख्या की है। बोज़ांके के अनुसार संसार की सभी वस्तुयें अपूर्ण हैं। परन्तु साथ ही वे पूर्ण (Whole) का अंश भी है। उदाहरण के लिए व्यक्ति अपूर्ण है जबकि वह समाज रूपी पूर्ण का एक अंश भी है जिस प्रकार समाज पूर्ण है उसी प्रकार सामान्य संकल्प भी पूर्ण है। बोज़ांके ने वास्तविक संकल्प और यथार्थ संकल्प में अन्तर किया है। वास्तविक संकल्प आदर्श संकल्प है। उसके मूल तत्व व्यक्ति के आवरण और स्वभाव में विद्यमान है। दूसरी ओर व्यक्तिगत संकल्प यथार्थ है परन्तु साथ ही अपूर्ण भी है। यथार्थ संकल्पों के संगठित होने पर उसमें वास्तविक संकल्प की पूर्णता देखी जा सकती है। इस प्रकार वास्तविक संकल्प विवेकपूर्ण, उचित और सामाजिक संकल्प है। यही सामान्य संकल्प है। यह व्यक्तिगत यथार्थ संकल्प से ऊंचा है यद्यपि इससे अंश के रूप में व्यक्तिगत संकल्प इसमें शामिल है। बोज़ांके ने राज्य को सामान्य संकल्प का मूर्तिमान रूप माना है।

बोज़ांके के सामान्य संकल्प के सिद्धान्त की काफी आलोचना की गई है। वास्तव में व्यक्ति और समाज में अंश तथा पूर्ण के सम्बन्ध की उपमा पूरी तरह से फिट नहीं बैठती। व्यक्ति समाज का अंश अवश्य है परन्तु साथ ही समाज से अलग भी उसकी अपनी सत्ता है, सामाजिक सामान्य संकल्प से अलग भी उसका अपना संकल्प है और मनोवैज्ञानिक दृष्टि से यह बात समझ में नहीं आ सकती कि सामान्य संकल्परूपी पूर्ण में अंशों के रूप में व्यक्तिगत संकल्प किस तरह शामिल हैं।

सामान्य संकल्प के विभिन्न सिद्धान्तों के उपरोक्त विवरण से स्पष्ट है कि थोड़े बहुत अन्तर से ये सभी सिद्धान्त व्यक्तिगत संकल्प से अलग एक सामान्य संकल्प की स्थापना करने की चेष्ट

करते हैं। सामान्य संकल्प के ये सिद्धान्त केवल समाज मनोविज्ञान के क्षेत्र में ही हों ऐसी बात नहीं है। समाज मनोवैज्ञानिक के अलावा दार्शनिकों और राजनीतिशास्त्रियों ने भी सामान्य संकल्प का सिद्धान्त उपस्थित किया है और अपने-अपने क्षेत्र में सामान्य संकल्प की धारणा से अनेक बातों को समझाने की कोशिश की है। इन सिद्धान्तों में सामूहिक आदर्शों, हितों तथा विचारों आदि पर उचित जोर दिया गया है। परन्तु एक वैज्ञानिक धारणा के रूप में सामान्य संकल्प का सिद्धान्त सिद्ध नहीं हो सका है और समूह मन के सिद्धान्त के समान ही आधुनिक समाज मनोविज्ञान में इसका ऐतिहासिक महत्व भर रह गया है।

सारांश

कुछ विद्वान व्यक्तिगत संकल्प से पृथक एक सामान्य संकल्प की कल्पना करते हैं। इस सम्बन्ध में मुख्य मत निम्नलिखित हैं:-

1. **रूसो का सिद्धान्त**—रूसो ने सामान्य संकल्प में स्थायित्व, औचित्य और एकता पर जोर दिया है।

2. **मैक्डूगल का सिद्धान्त**—मैक्डूगल ने समूह मन की धारणा के आधार पर सामान्य संकल्प की कल्पना की है।

3. **नोवीकोव का सिद्धान्त**—इसके अनुसार सामान्य संकल्प समूह के नेताओं के संकल्प से बनता है।

4. **मैकेन्जी का सिद्धान्त**—मैकेन्जी ने परिवार के उदाहरण से सामान्य संकल्प को समझाने की चेष्टा की है।

5. **बार्थ का सिद्धान्त**—बार्थ का सामान्य संकल्प सामूहिक संकल्प है।

6. **वुन्ट का सिद्धान्त**—वुन्ट के अनुसार सामान्य संकल्प विचार पर आधारित है और व्यक्तिगत संकल्प से मिलता-जुलता है।

7. **बोसांके का सिद्धान्त**—इसकी कल्पना दार्शनिक है। इसने राज्य को सामान्य संकल्प का मूर्तिमान माना है।

सामान्य संकल्प के विषय में उपरोक्त सभी सिद्धान्तों का खण्डन हो चुका है। इनका अब केवल ऐतिहासिक महत्व है। आधुनिक समाज मनोवैज्ञानिक सामान्य संकल्प की धारणा को नहीं मानते।

19

सामाजिक उत्तेजना और भाषा
(Social Stimulation and Language)

सामाजिक उत्तेजना

सामाजिक अन्तर्क्रिया सामाजिक उत्तेजना पर आधारित होती है। सामाजिक उत्तेजना के लिये विभिन्न व्यक्तियों में प्रत्यक्ष सम्बन्ध होना जरूरी है। सामाजिक उत्तेजना दो प्रकार की मानी जाती है।

(1) प्राथमिक सामाजिक उत्तेजना (Primary Social Stimulation)—इसमें वे सामाजिक उत्तेजनायें आती हैं जिनमें व्यक्ति एक-दूसरे को प्रत्यक्ष रूप से उत्तेजित करते हैं। इनमें मुख्य निम्नलिखित हैं:—

1. संकेत (Gestures)।
2. संवेगात्मक मुखाभिव्यक्ति (Emotional facial expressions)।
3. शारीरिक आसन और गतियाँ (Postures and movements)।
4. विस्मय (Interjections)।
5. स्पष्ट बोली (Articulate speech)।
6. मुखाकृति अथवा सामान्य रूप से चेहरे की अभिव्यक्ति (Physiognomy or facial expression in repose)।
7. हास्य (Laughter)।

(2) द्वैतीयक सामाजिक उत्तेजनायें (Secondary Social Stimulation)—इनमें वे सामाजिक उत्तेजनायें आती हैं जिनमें व्यक्तियों में अप्रत्यक्ष सम्बन्ध होते हैं।

अब प्राथमिक सामाजिक उत्तेजनाओं को विस्तार से समझना उपयुक्त होगा। ये अग्रलिखित हैं—

(1) संकेत (Gestures)—सामान्य रूप से सभी मनुष्य कभी न कभी मन की बात को स्पष्ट करने के लिये संकेतों का सहारा लेते हैं। गूंगा मनुष्य संकेतों के द्वारा बात करता ही है परन्तु

सामान्य लोग भी आंख मार कर, आंखें झुका कर, आंखें दिखाकर, हाथ उठाकर, मुंह बनाकर, पैर पटक कर, माथा सिकोड़ कर आदि बीसों तरह से अपने मन की बात प्रकट करते हैं। इन संकेतों से स्पष्ट है कि संकेत में आंख, नाक, दांत, होठ, माथा हाथ-पैर आदि शरीर के विभिन्न अंगों का प्रयोग किया जा सकता है। परन्तु इनमें भी सबसे अधिक संकेत आंखों से किये जाते हैं। साहित्य में सूक्ष्म भावों को दिखलाने के लिये आंखों के संकेतों का भरपूर प्रयोग किया जाता है।

संकेत के आधारों और प्रकृति के अनुसार आलपोर्ट ने उनको निम्नलिखित वर्गों में बांटा है–

(अ) संवेगात्मक संकेत (Emotional Gestures)–जैसा कि इनके नाम से स्पष्ट है, इनमें संवेग दिखलाई पड़ते हैं और ये संवेगों के कारण ही उत्पन्न होते हैं। इनके कुछ उदाहरण हैं दांत पीसना, पैर पटकना, मुट्ठियां बांधना, सिर धुनना इत्यादि। भिन्न-भिन्न संवेगों में भिन्न भिन्न संकेत होते हैं और विशिष्ट संस्कृति में सभी लोगों में ये संकेत न्यूनाधिक रूप से समान ही होते हैं। अत: संकेतों से व्यक्ति की आन्तरिक संवेगात्मक दशा को जान लिया जाता है।

(ब) प्रर्दशनकारी संकेत (Demonstrative Gestures)–इनमें वे संकेत आते हैं जिनसे कोई व्यक्ति किसी की ओर इंगित करता है। उदाहरण के लिये उंगली से वस्तुओं और व्यक्तियों की ओर इंगित किया जाता है। लोग हाथ उठाकर रास्ता दिखलाते हैं। इसी प्रकार आंख के संकेत से भी इंगित होता है।

(स) सुचित्रित संकेत (Graphic Gestures)–इनमें वे संकेत आते हैं जिनमें किसी की नकल उतारी जाती है। उदाहरण के लिये किसी को मोटा न कहकर दोनों हाथ फैला कर बतलाना, किसी को पतला न कहकर उंगली या हाथ हिलाकर बतलाना, किसी को दुबला न कहकर गालों को अन्दर भीचकर दिखलाना इत्यादि। इन संकेतों से जहां व्यक्ति का वर्णन हो जाता है वहां देखने वाले के मस्तिष्क में उसका एक चित्र सा बन जाता है।

(द) प्रतीकात्मक संकेत (Symbolic Gestures)–मनुष्य अपने बहुत से विचारों को व्यक्त करने के लिये कुछ प्रतीकों का प्रयोग करता है। ये प्रतीक जब संकेत के द्वारा बतलाये जाते हैं तो ये संकेत प्रतीकात्मक संकेत कहलाते हैं, उदाहरण के लिए नृत्यों में मुख और शरीर के अंगों की भाव-भंगिमा से अनेक घटनाओं और भावों को प्रतीकात्मक संकेतों से प्रकट किया जाता है।

(इ) आदतवश संकेत (Habitual Gestures)–बहुधा लोगों को कुछ संकेत करते रहने की आदत सी पड़ जाती है और वे बिना किसी कारण के केवल आदतवश संकेत करते रहते हैं। स्पष्ट है कि इन संकेतों से कोई अर्थ नहीं निकाला जाना चाहिये यद्यपि अपरिचित लोगों को इनसे भ्रम हो सकता है। उदाहरण के लिये कुछ माथा सिकोड़ते रहते हैं, कुछ कन्धे उचकाते रहते हैं, कुछ लोगों को सर झटकने की आदत होती है इत्यादि।

(उ) अचेतन संकेत (Autistic Gestures)–ये संकेत दो प्रकार से अचेतन कहे जा सकते हैं–एक तो संकेत करने वाले को उनका अभिप्राय और कारण ज्ञात नहीं होता, दूसरे देखने वाला व्यक्ति भी उनसे कोई मतलब नहीं निकाल सकता। इनका अर्थ जानने के लिये अचेतन में कारणों

की खोज करना होता है। यह काम मनोविश्लेषक और मानसिक चिकित्सक तथा मनोवैज्ञानिक करते हैं। इस प्रकार के संकेतों में दांत से नाखून काटना, मुख में पैंसिल देते रहना इत्यादि आते हैं। सामान्य रूप से इनका कारण कोई मानसिक संघर्ष या बेचैनी माना जाता है।

(2) संवेगात्मक मुखाभिव्यक्ति—(Emotional facial expression)—यह एक सामान्य बात है कि लोग चेहरे के भाव से आन्तरिक दशा का अनुमान लगा लेते हैं। अधिकतर लोग अपने भावों को छिपा नहीं पाते और उनसे उनके चेहरे की आकृति में अन्तर आ जाता है। उदाहरण के लिए खुशी में चेहरा खिल जाता है, दु:ख में लटक जाता है, लज्जा से लाल हो जाता है इत्यादि।

(3) शारीरिक आसन और गतियां (Postures and Movements) शारीरिक आसन का तात्पर्य शरीर के विभिन्न अंगों की स्थिति से है जैसे तन कर खड़े होना, झुक कर खड़े होना, लेट जाना, भागने को तैयार हो जाना इत्यादि। गतियों में शरीर की विभिन्न प्रकार की गतियां जैसे भागना, कांपना, गिर पड़ना इत्यादि आते हैं। इन शारीरिक आसनों और गतियों से भी बहुत से संकेत किये जाते हैं। उदाहरण के लिये तन कर खड़े होने से प्रतिरोध या विरोध का संकेत मिलता है।

(4) विस्मय (Interjections)—व्यक्ति के चेहरे पर फैली विस्मय की रेखा वस्तु, व्यक्ति या परिस्थिति के प्रति उसकी मानसिक परिस्थिति दिखलाती है।

(5) स्पष्ट बोली (Articulate Speech)—मनुष्य अपने मन की बात को प्रकट करने के लिये भाषण करता है या बोलता है। इस बोली में संकेतों का व्यापक रूप से प्रयोग किया जाता है।

(6) मुखाकृति अथवा सामान्य रूप से चेहरे की अभिव्यक्ति (Physiognomy or facial expression in repose)—मुखाकृति तथा सामान्य उद्वेगहीन दशा में व्यक्ति के चेहरे की अभिव्यक्ति भी उसके मनोभावों को प्रकट करती है।

(7) हास्य (Laughter)—हास्य एक सामाजिक उत्तेजना है। दूसरे को हंसते देखकर हमें हंसी आती है परन्तु उससे भी अधिक दूसरों की बेवकूफी पर हंसी आती है। हंसी जहां आन्तरिक तनावों को निकालने का एक उपाय है वहां उससे दूसरे लोगों के प्रति व्यक्ति की भावनायें भी स्पष्ट होती हैं। हंसी का अर्थ प्रंसग और हंसने के ढंग से जाना जाता है, न हंसने की बात पर हंसना मूर्खता भी दिखला सकता है और शत्रुता भी, जब दो या अधिक लोग मिलकर किसी बात पर हंसते हैं तो उसके प्रति उनका दृष्टिकोण समान माना जा सकता है।

भाषा

मानव की वर्तमान संस्कृति और सभ्यता के विकास का एक बड़ा कारण उसकी भाषा सम्बन्धी योग्यता है। परस्पर विचारों का आदान-प्रदान करने के लिये मनुष्यों ने भाषायें विकसित की हैं। पशुओं में इस प्रकार की विकसित भाषा न होने के कारण ही वह मनुष्यों से इतना पीछे है। भाषा क्या है? भाषा में शब्द, प्रतीक, चिह्न इत्यादि होते हैं। जिस वस्तु को हम जो नाम देते हैं वह नाम बोलने मात्र से अपने समस्त गुणों सहित उपस्थित होता है। चन्द्रमा को किसी भी नाम से पुकारिये वह सदैव शीतलता ही देगा। परन्तु क्या चन्द्रमा को सूर्य कहा जा सकता है? यदि नहीं

पुकारिये वह सदैव शीतलता ही देगा। परन्तु क्या चन्द्रमा को सूर्य कहा जा सकता है? यदि नहीं तो क्यों। इसका कारण यह है कि भिन्न-भिन्न संस्कृतियों में भिन्न-भिन्न वस्तुओं को बतलाने के लिये विभिन्न शब्द प्रचलित हो जाते हैं। इन शब्दों में थोड़ा बहुत हेर-फेर तो होता रहता है परन्तु इनको बदला नहीं जा सकता। यदि ऐसा न हो तो भाषा का प्रयोजन ही समाप्त हो जाय, इसीलिये यह आवश्यक माना जाता है किसी भी शब्द पर बहस करने से पहले उसके अर्थ को निश्चित कर लिया जाय। यदि दो व्यक्ति एक ही शब्द को दो अर्थों में प्रयोग कर रहे हैं तो उनका परस्पर विवाद व्यर्थ है।

शब्दों की शक्ति

शब्दों की शक्ति अपार है। शब्द जब नारे बन जाते हैं तो बन्दूक की गोलियों से भी अधिक शक्तिशाली मालूम होते हैं। मार्क्स ने जब श्रमिकों को नारा दिया "संसार के श्रमिकों, एक हो जाओ" तो इससे संसार में कितने ही राष्ट्रों में क्रांति मच गई। जनतन्त्रों में स्वतन्त्रता, समानता और भ्रातृत्व इन तीन शब्दों का भारी महत्व होता है। यह महत्व फ्रांस की राज्य क्रांति से शुरू हुआ। धन्यवाद कहने में क्या है जो उससे सुनने वाले व्यक्ति को प्रसन्नता होती है। यह शब्द आभार प्रदर्शित करता है। शब्दों का कितना अधिक महत्व होता है इस सम्बन्ध में स्टुअर्टचेज (Stuart Chase) ने लिखा "एक जापानी शब्द मोक्युसत्सु हम सब के समस्त जीवन को बदल सकता था।"[1] इस शब्द के दो अर्थ होते हैं: एक तो अवहेलना करना और दूसरे टिप्पणी न करना। जुलाई सन् 1945 में मित्र राष्ट्रों की चुनौती पर विचार करके जापानी मन्त्रि-मण्डल ने मौक्युसत्सु की नीति अपनाई जिसमें उनका तात्पर्य दूसरे अर्थ से था। परन्तु उसके अनुवाद में पहला अर्थ ले लिया गया। परिणामस्वरूप हिरोशिमा और नागासाकी पर अणुबम्ब गिराये गये जिससे लाखों मर गये, लाखों बे घरबार हो गये।

भाषा का महत्व

शब्दों के महत्व से भाषा का महत्व भी सिद्ध हो जाता है। जैसा कि पहले कहा जा चुका है पशु जगत में मानव की श्रेष्ठता का एक बड़ा कारण उसकी भाषा की शक्ति है। भाषा के महत्व के विषय में मुख्य बातें निम्नलिखित हैं—

(1) भाषा विचारात्मक विकास का आधार है—जूलियन हक्सले ने लिखा है, "शाब्दिक प्रत्ययों के विकास ने मानव के विचार के आगे के संगठनों और सफलताओं के द्वार खोल दिये।"[2] कहना न होगा कि भाषा के कारण ही मनुष्य का इतना विकास हो सका है।

(2) मानव संस्कृति भाषा पर आधारित है—किंबाल यंग के शब्दों में "भाषा निश्चय ही मानव संस्कृति का एक मूल तत्व है और भाषा के बिना संस्कृति का अस्तित्व या कार्य नहीं

---

1. "A Japanese word, mokusatsu, may have changed all our lives."

—Stuart Chase : *Power of Words,* p. 4.

2. "The evolution of verbal concepts opened the door to all further organisation and achivements of man's thought."

—Julian Huxley.

रह सकता।"[3] मानव समाज में जिस देश में संस्कृति का जितना ही अधिक विकास हुआ वहाँ भाषा का भी उतना ही अधिक विकास हुआ है क्योंकि भाषा के विकास के अभाव में संस्कृति का विकास नहीं हो सकता।

(3) भाषा सामाजिक अन्तर्क्रियाओं का आधार है—मनुष्यों में आपस में सहयोग, प्रतिद्वन्दिता, संघर्ष आदि विभिन्न सामाजिक अन्तर्क्रियाओं में भाषा के बिना काम नहीं चल सकता। मानव समाज में मनुष्यों के परस्पर सम्बन्धों में भाषा के महत्व के विषय में शैरिफ और शैरिफ ने ठीक ही लिखा है, "मानवीय अन्तर्क्रिया और सामाजिक जीवन जैसा कि हम उसे जानते हैं शब्दों अथवा संकेतों के प्रयोग पर निर्भर करता है जो कि भाग लेने वाले व्यक्तियों द्वारा समझे जाते हैं।"[4]

भाषा का विकास

इस बात को सभी जानते हैं कि मानव शिशु धीरे-धीरे भाषा सीखता है। शुरू-शुरू में वह केवल रोता चिल्लाता है। बाद में धीरे-धीरे वह कुछ और तरह की आवाजें निकालता है और क्रमशः दूसरों का अनुकरण करके शब्द बोलता है। व्यक्ति में भाषा के विकास की अधिकतर विद्वान निम्नलिखित चार स्थितियां मानते हैं।

(1) भाषा पूर्व स्थिति (Prelinguistic)—इसमें बालक की वह दशा है जबकि वह शब्द नहीं बोल सकता, केवल चिल्ला सकता है।

(2) टूटां करना (Babbling)—यह अवस्था तीन महीने की आयु के बाद शुरू होती है और 9 महीने की आयु तक रहती है। जैसा कि इसके नाम से स्पष्ट है इसमें बालक कुछ सरल आवाजें करने लगता है।

(3) साधारण अनुकरण (Simple Imitation)—इस स्थिति में बालक दूसरों की आवाजें को सुनकर और उनका अनुकरण करके कुछ सार्थक आवाजें निकालना सीख लेता है।

(4) वास्तविक भाषा का विकास (The rise of true language)—यह दशा डेढ़ वर्ष की आयु के बाद प्रारम्भ होती है। वह बालक धीरे-धीरे शब्द बोलना प्रारम्भ कर देता है। क्रमशः उसका शब्द भण्डार बढ़ता जाता है।

मानव शिशु में भाषा के विकास की उपरोक्त चारों स्थितियां सभी बच्चों में एक ही आयु में शुरू नहीं हो जाती। कुछ बालक दूसरों से शीघ्र बोलना सीख लेते हैं। कुछ दूसरों से कम तुतलाते हैं। कुछ में अनुकरण करने की शक्ति अधिक होती है। फिर भी सामान्य रूप से उपरोक्त चारों स्थितियां सभी बालकों के भाषा संबंधी विकास में देखी जा सकती हैं।

---

3. "Language is surely a sine qua non of human culture and without language culture could not exist or operate."

—K, Young., *A Hanbook of Social Psychology*. p. 10

4. "Human interaction and social life as we know it depend upon the use of words or gestures which are understood by the individuals taking part."

--Sherif and Sherif, *An Outline of Social Psychology*, p. 44

सारांश

सामाजिक उत्तेजना सामाजिक अन्तर्क्रिया का मूल आधार है। सामाजिक उत्तेजना के दो प्रकार हैं—प्राथमिक और द्वैतीयक। प्राथमिक सामाजिक उत्तेजना में आते हैं—(1) संकेत (2) संवेगात्मक मुखाभिव्यक्ति (3) शारीरिक आसन और गतियां (4) विस्मय, (5) स्पष्ट बोली (6) मुखाकृति अथवा सामान्य रूप से चेहरे की अभिव्यक्ति (7) हास्य।

भाषा का सामाजिक जीवन में बड़ा महत्व है। भाषा के कारण ही मानव पशु जगत का सबसे अधिक विकसित प्राणी है। व्यक्ति में भाषा के विकास में साधारणतया चार अवस्थायें दिखलाई पड़ती हैं—(1) भाषा पूर्व स्थिति (2) टूटां करना, (3) साधारण अनुकरण, (4) वास्तविक भाषा का विकास।

20

संस्कार और प्रतीक
(Rituals and Symbols)

संस्कार क्या हैं?

मनुष्य के सामाजिक जीवन में संस्कारों और प्रतीकों का बड़ा महत्व है। लगभग सभी आदिम और सभ्य समाजों में भिन्न-भिन्न अवसरों पर भिन्न-भिन्न प्रकार के संस्कार किये जाते हैं। विवाह के अवसरों पर तो सभी जगह कुछ न कुछ संस्कार किए जाना अनिवार्य होता है। इसके अलावा मकान बनाते समय, मकान में प्रवेश करते समय, कोई नया काम शुरू करते समय तथा खेती आदि के विभिन्न अवसरों पर नाना प्रकार के संस्कार किये जाते हैं। संस्कार समाज द्वारा स्वीकृत होते हैं। वे व्यवहार की विधियाँ हैं, ऐसी विधियाँ जो समाज के प्रति मनुष्य की जारूकता दिखलाती है। इस प्रकार संस्कार विशेष अवसर पर किये जाने वाले समाज-सम्मत औपचारिक व्यवहार हैं।

संस्कार और धर्म

भिन्न-भिन्न समाजों में भिन्न-भिन्न अवसरों पर किये जाने वाले संस्कारों में भारी अन्तर दिखलाई पड़ता है। आदिम समाजों में बहुत से संस्कार बड़े क्रूर होते हैं और उनमें नर हत्या तक की जाती है। धर्म और संस्कार का सब कहीं घनिष्ठ सम्बन्ध है। दुर्खीम और कुछ अन्य लेखकों ने तो धर्म को संस्कारों की उत्पत्ति ही मान लिया है। परन्तु अधिकतर विद्वान इस मत को नहीं मानते क्योंकि धर्म का क्षेत्र संस्कारों के क्षेत्र से भिन्न है। संस्कार धर्म का एक पहलू अवश्य है परन्तु धर्म में संस्कारों के अलावा और भी बहुत कुछ होता है। दूसरी ओर संस्कारों का क्षेत्र भी केवल धार्मिक रीतियों तक सीमित नहीं है। उसमें कला और संस्कृति के अनेक पहलू आ जाते हैं। इस प्रकार संस्कार सदैव धार्मिक नहीं होते। अनेक ऐसे अवसरों पर भी संस्कार दिखलाई पड़ते हैं जिनका धर्म से कोई सम्बन्ध नहीं है। सामाजिक अवसरों पर भी धार्मिक संस्कार होते हैं फिर भी इसमें कोई सन्देह नहीं कि धर्म के सहारे बहुत अधिक संस्कार जीवित रहते हैं। उदाहरण के लिए भारत में हिन्दू लोगों में भिन्न-भिन्न धार्मिक अवसरों और त्यौहारों पर नाना प्रकार के संस्कार देखे जा सकते हैं। वास्तव में संस्कार व्यवहार के किसी भी क्षेत्र में देखे जा सकते हैं।

संस्कार और कला

संस्कार और कला का भी घनिष्ट सम्बन्ध है। जेन हैरीसन के अनुसार कला की उत्पत्ति संस्कार से हुई है। यहां पर उनका तात्पर्य धार्मिक संस्कारों से था। परन्तु जैसा कि पहले बताया जा चुका है संस्कार केवल धार्मिक ही नहीं होते इसी प्रकार कला भी सदैव धार्मिक नहीं होती। आजकल तो कला और धर्म में भारी अन्तर दिखलाई पड़ता है। अतः कला की उत्पत्ति धार्मिक संस्कारों से नहीं मानी जा सकती। दूसरी ओर कला में संस्कारों का अनिवार्य रूप से होना भी आवश्यक नहीं है। सच तो यह है कि संस्कार का कला से कोई अनिवार्य सम्बन्ध नहीं है।

संस्कार और समाज

जैसा कि पहले बताया जा चुका है संस्कार मनुष्य के सामाजिक जीवन में होते हैं। इसलिये उनका सबसे अधिक महत्व सामाजिक जीवन में ही है। भारत में भिन्न-भिन्न त्यौहारों पर जो संस्कार दिखाई पड़ते हैं उनके धार्मिक महत्व के साथ उनका सामाजिक महत्व भी देखा जा सकता है। इस प्रकार संस्कार सामाजिक नियन्त्रण में भी सहायक सिद्ध होते हैं। उदाहरण के लिये विवाह के अवसर पर होने वाले धार्मिक और सामाजिक संस्कार स्त्री पुरुष के विवाह बन्धन को समाज सम्मत और सुदढ़ बनाते हैं। हिन्दुओं में यज्ञोपवीत के अवसर पर होने वाले संस्कार व्यक्ति के व्यवहार पर बहुत अधिक नियन्त्रण करते हैं। हिन्दू समाज में संस्कारों को विशेष महत्व दिया जाता है। विवाह के संस्कार से व्यक्ति का समाजीकरण किया जाता है। क्योंकि वह जातीय जीवन की वृद्धि करने के लिये सन्तानोत्पत्ति की प्रतिज्ञा करता है। हिन्दू समाज में संस्कारों के विषय में वैलवलकर ने लिखा है कि सब संस्कारों का कर्म काण्ड यह सूचित करता है कि वैयक्तिक और सामाजिक हित की दृष्टि से मनुष्य पर कुछ नवीन उत्तरदायित्व डाले जा रहे हैं जिनका पालन करना उसका प्रधान कर्त्तव्य है। उपनयन, विवाह आदि संस्कार व्यक्ति के हित के लिये ही न होकर समाज के प्रति उसका उत्तरदायित्व भी सूचित करते हैं। इस प्रकार संस्कारों के द्वारा व्यक्ति और समाज का सामंजस्य बना रहता है।

संस्कार और प्रतीक

संस्कारों का प्रतीकों से घनिष्ट सम्बन्ध है। प्रतीकों का व्यक्तिगत और सामाजिक जीवन में बड़ा महत्व होता है। उदाहरण के लिये ध्वज राष्ट्र का प्रतीक माना जाता है और इसलिए उसका बड़ा सम्मान किया जाता है। आधुनिक चित्रकला में तरह-तरह की स्थितियों, भावनाओं आदि को प्रकट करने के लिए प्रतीकों का प्रयोग बढ़ रहा है। मनुष्य के दैनिक जीवन में प्रतीक सब कहीं दिखलाई पड़ते हैं। किसी के आने पर हम हाथ जोड़कर नमस्ते करते हैं और कुर्सी छोड़कर खड़े हो जाते हैं। यह व्यवहार आदर का प्रतीक है।

प्रतीकों के प्रकार

प्रतीकों के अध्ययन से स्पष्ट होता है कि प्रतीक का अर्थ उसके प्रत्यक्ष अर्थ से कहीं अधिक व्यापक होता है और प्रतीकों के अर्थ क्रमशः निश्चित होते हैं। प्रतीकों के दो भेद किए जा सकते हैं:—

(1) परिचयात्मक प्रतीक (Referential)—जैसा कि इनके नाम से स्पष्ट है इनसे किसी वस्तु अथवा व्यक्ति के विषय में सूचना या परिचय मिलता है। उदाहरण के लिए लाल रोशनी खतरे का प्रतीक मानी जाती है।

(2) संक्षिप्त प्रतीक (Condensed)—ये प्रतीक जैसा कि इनके नाम से स्पष्ट है किसी बात को संक्षिप्त रूप से प्रकट करते हैं। उदाहरण के लिए शार्टहैण्ड और टेलीग्राफ की टिकटों में चिन्ह ध्वनि संक्षिप्त प्रतीक है।

मानव जीवन में प्रतीक

प्रतीक मानव जीवन के सभी क्षेत्रों में दिखलाई पड़ते हैं। धार्मिक और राजनैतिक क्षेत्रों में तो प्रतीकों की भरमार ही होती है। राजनैतिक क्षेत्र में प्रतीकों के कुछ उदाहरण हैं, झण्डे, नारे, तरह-तरह के बिल्ले इत्यादि। सामाजिक जीवन में शिष्टाचार तो प्रतीकों के द्वारा ही चलता है। आने-जाने, उठने-बैठने, बोलने तथा अन्य व्यवहार में शिष्टाचार प्रतीकों के माध्यम से ही होता है। शिक्षा के क्षेत्र में प्रतीक सब कहीं दिखलाई पड़ते हैं। उदाहरण के लिए डिग्री व्यक्ति की शिक्षा की प्रतीक होती है।

मानव जीवन और व्यवहार परिवर्तनशील हैं। इसमें किसी भी वस्तु अथवा व्यवहार का सब कहीं सब समय एक सा अर्थ नहीं रहता। समय के साथ-साथ अनेक वस्तुओं का प्रतीकात्मक अर्थ भी बदलता रहता है। उदाहरण के लिये भारत में पहले गांधी टोपी का जो प्रतीकात्मक अर्थ लगाया जाता था वह अब नहीं दिखाई पड़ता। विभिन्न संस्कारों में प्रतीकों का व्यापक रूप से प्रयोग किया जात्ता है। उदाहरण के लिये भारत में विवाह, उपनयन आदि संस्कारों के अवसर पर प्रयोग होने वाली छोटी-मोटी अनेक वस्तुओं का प्रतीकात्मक महत्व देखा जा सकता है। उपनयन संस्कार में पहनाया जाने वाला जनेऊ स्वंय एक प्रतीक है।

सारांश

संस्कार विशेष अवसर पर किये जाने वाले समाज सम्मत औपचारिक व्यवहार है। धर्म और संस्कार का घनिष्ठ सम्बन्ध है यद्यपि संस्कारों का क्षेत्र धर्म से कहीं अधिक व्यापक है। कला और संस्कार का सम्बन्ध घनिष्ठ सम्बन्ध है परन्तु अनिवार्य नहीं है। सामाजिक जीवन में संस्कारों से सामाजिक नियन्त्रण और व्यक्ति तथा समाज का सामंजस्य बना रहता है। संस्कारों और प्रतीकों का घनिष्ठ सम्बन्ध होता है। प्रतीक दो प्रकार के होते हैं—परिचयात्मक और संक्षिप्त। मानव जीवन में प्रतीक सब कहीं दिखलाई पड़ते हैं परन्तु उनका अर्थ सदैव एक सा नहीं रहता।

21

किंवदन्तियाँ तथा पौराणिक कथायें (Myths and Legends)

समाज में किंवदन्तियां

मनुष्य जिस समाज में जन्म लेता है उस समाज में उसे अनेक बातें सांस्कृतिक विरासत के रूप में प्राप्त होती हैं। साँस्कृतिक विरासत में संस्कृति के वे सब अंग शामिल हैं जो कि मनुष्य को परम्परा से प्राप्त होते हैं। इस प्रकार जैसा कि किम्बाल यंग ने लिखा है "किंवदन्तियाँ पौराणिक कथायें, अन्धविश्वास और कहावतें सांस्कृतिक विरासत के रूप में हमारे पास भूतकाल से आती हैं।"[1] प्रत्येक समाज में कुछ किंवदन्तियां प्रचलित होती हैं। नेताओं, देश-भक्तों, संस्थाओं और व्यक्तियों के विश्वासों और आदर्शों को लेकर अनेक किंवदन्तियां बन जाती हैं। उदाहरण के लिये भारत में तुलसीदास, कृष्ण, भीष्म आदि अनेक महापुरुषों के विषय में अनेक काल्पनिक कथायें प्रचलित हैं। ये किंवदन्तियां पीढ़ी दर पीढ़ी चलती हैं। इनके उदाहरण से लोगों को जीवन की कठिनाइयों में मार्ग दर्शन मिलता है। अत: काल्पनिक होते हुए भी ये बड़ी महत्वपूर्ण होती हैं। किंवदन्तियों के साथ-साथ समाज में कुछ पौराणिक कथायें भी प्रचलित होती हैं। इन पौराणिक कथाओं से भी लोगों को जीवन के भिन्न-भिन्न पहलुओं में निर्देशन मिलता है। प्रत्येक समाज एक विशेष भौगोलिक परिवेश में विकसित होता है। प्रकृति से सम्पर्क आने पर मनुष्यों को जो कुछ अनुभव होता है उसके आधार पर वे बहुत से अन्धविश्वास बना लेते हैं। ये अन्धविश्वास जैसा कि इनके नाम से स्पष्ट है तर्कहीन और अन्धे होते हैं। परन्तु फिर भी इनसे मनुष्य की बहुत सी क्रियाओं के प्रतिमान निश्चित होते हैं। इसी तरह भिन्न-भिन्न व्यक्तियों, जातियों, पशुओं आदि के व्यवहार के विषय में हर एक समाज में बहुत सी कहावतें प्रचलित हो जाती हैं। उदाहरण के लिये भारत में भिन्न-भिन्न जातियों के सदस्यों के व्यवहार के विषय में बहुत सी कहावतें प्रचलित हैं, जैसे "आम्बा, नींबू, बानिया, गर दाबे रस देय।" अर्थात् आम, नींबू और बनिया

---

1. "Myths, legends, superstitions and proverbs come down to us from the past as part of cultural heritage." —Young, K. *A Handbook of Social Psychology*. (1951.)

गला दबाने से ही रस देता है। इस तरह की कहावतें चाहे कितनी भी गलत क्यों न हों इनसे बहुत से लोगों का व्यवहार निर्देशित होता है। इस प्रकार किंवदन्तियां, पौराणिक कथायें, अन्धविश्वास और कहावतें, सांस्कृतिक विरासत के रूप में मनुष्य को प्राप्त होती हैं और व्यवहार में उसका निर्देशन करती हैं।

किंवदन्तियां क्या हैं?

हर एक समाज में विभिन्न क्षेत्रों में महान् व्यक्तियों के विषय में बहुत सी कल्पित कथायें प्रचलित होती हैं। इन कथाओं से उन व्यक्तियों के विषय में इतना अधिक ज्ञान नहीं मिलता जितना कि उनके विषय में जनता के विश्वास और मूल्य मालूम पड़ते हैं। इस प्रकार किंवदन्तियां तथ्य नहीं दिखलातीं, बल्कि विशेष समूह के मौलिक विश्वासों का प्रतिनिधित्व करती हैं। जैसा कि किम्बाल यंग ने लिखा है, ''सामाजिक किंवदन्तियां, वे कहानियां और वर्णन हैं जिनकी प्रकृति काल्पनिक है और जो कि समूह को उनके जीवन और संस्कृति का अर्थ देती हैं। किंवदन्तियां एक समूह के विश्वासों, आस्थाओं और मूल्यों का प्रतिनिधित्व करती हैं।''[2] स्पष्ट है किंवदन्तियां सामाजिक और सांस्कृतिक विरासत का महत्वपूर्ण अंग हैं। ये किंवदन्तियां मनुष्य को अपने परिवार और समाज से प्राप्त होती हैं। परिवार में बड़े-बूढ़े कहानियों के रूप में इन किंवदन्तियों को नई पीढ़ी के लोगों को बतलाते हैं। संकट के समय में इन्हीं से लोगों को सहारा और निर्देशन मिलता है। पीढ़ी दर पीढ़ी चलने से उनका रूप भी बदल जाता है। इन्हीं के आधार पर लोक गीत बनते हैं। प्रसिद्ध मानवशास्त्री मैलिनोवस्की ने अपनी पुस्तक 'Myths in primitive Psychology' में किंवदन्तियों को काल्पनिक मानने से इन्कार किया है। वास्तव में किंवदन्तियों को एकदम कपोल कल्पित नहीं माना जा सकता क्योंकि यदि ऐसा होता तो वे सदियों तक इस प्रकार नहीं चल सकती थीं। सच तो यह है कि भिन्न-भिन्न स्थितियों से भिन्न-भिन्न किंवदन्तियां प्रचलित होती हैं जिनसे जाति के धार्मिक और सांस्कृतिक विश्वास स्पष्ट होते हैं। उदाहरण के लिये भारत में हिन्दू समाज में सच बोलने के विषय में राजा हरिश्चन्द्र और युधिष्ठर आदि की किंवदन्तियां प्रचलित हैं।

किंवदन्तियां पौराणिक कथाओं से भिन्न होती हैं। उसमें पौराणिक कथाओं से अधिक सत्य होता है। पौराणिक कथायें सामाजिक किंवदन्तियों का एक रूप हैं जो कि कुछ नायकों और घटनाओं से सम्बन्धित होती हैं। पौराणिक कथायें और किंवदन्तियां दोनों ही समूह के विश्वासों और मूल्यों की परिचायक है। दोनों ही सांस्कृतिक विरासत का अंग हैं। दोनों ही से समाज के सांस्कृतिक जीवन में निरंतरता बनी रहती है।

जैसा कि पहले बतलाया जा चुका है किंवदन्तियां केवल कल्पित कहानियां नहीं हैं, उनका ठोस मनोवैज्ञानिक आधार होता है। उदाहरण के लिये यम और यामी, कच्छ तथा देवयानी औरि

---

2. "... stories and descriptions of an imaginative nature, which provide a group with the meaning of their life and culture. Myths represent the fundamental beliefs, convictions and values of group."
—Young K. *Ibid,* p. 562.

हिंतोप्रदेश की कहानियाँ आदि भारतीय समाज की साँस्कृतिक विरासत के महत्वपूर्ण अंग हैं। अधिकतर लोग उनको सत्य मानकर उनमें दिये गये उदाहरण का अनुसरण करते हैं। जैसा कि किम्बाल यंग ने लिखा है, ''आदिम लोगों की तरह हमारे साथ भी किंवदन्तियां सामाजिक सांस्कृतिक परिवेश का यथार्थ और वास्तविक अंग है।''[3] किंवदन्तियों में विशेष समूह के विशिष्ट अनुभव निहित होते हैं। उनसे समूह की रुचि दिखाई पड़ती है। उनका नई पीढ़ी के लोगों पर भारी प्रभाव पड़ता है। वे उनसे आकर्षित होते हैं, प्रोत्साहित होते हैं और उनमें दिये गये उदाहरण का अनुगमन करते हैं। किंवदन्तियां अद्‌भुत भी होती हैं और रोचक भी। मैलिनोवस्की इनको प्रतीकात्मक नहीं मानता। उसके अनुसार ये विषय-वस्तु को प्रत्यक्ष अभिव्यक्त करती हैं। पीढ़ी-दर-पीढ़ी चलने के कारण किंवदन्तियों का रूप परिवर्तन होता रहता है क्योंकि वे सुनी-सुनाई बातें होती हैं और स्मृति के आधार पर दूसरों को बतलाई जाती हैं। इस सम्बन्ध में किम्बाल यंग ने ठीक ही लिखा है ''...भूतकालीन अनुभव की स्मृतियां प्रत्यक्षों और कार्यों को एकदम यथार्थ प्रतिलिपि के रूप में उपस्थित नहीं करती। वह समय गुजरने के साथ-साथ अन्य प्रतिमाओं, अन्य प्रत्यक्षों और भावात्मक स्थितियों से भी प्रभावित होती हैं।''[4]

जैसा कि पहले बतलाया जा चुका है किंवदन्तियां समाज में उत्पन्न होती हैं और समाज का निर्माण भी करती हैं। किंवदन्ति और संस्कार के महत्व के विषय में क्लकहॉन ने लिखा है, ''किंवदन्तियां और संस्कार संयुक्त रूप में दैवी आपत्तियों, रोग के खतरों और भौतिक परिवेश के खतरों, समाज विरोधी तनावों और एक अधिक शक्तिशाली समाज के दबावों से व्यवस्थित सुरक्षा प्रदान करती हैं।''[5]

किंवदन्ति का सामाजिक कार्य :

समाज में किंवदन्ति के महत्व के विषय में किंबाल यंग ने लिखा है ''इनके बिना भूत और वर्तमान तथा भविष्य अव्यवस्थित दिखाई पड़ेगा। उनके साथ संसार नये अर्थ और रूप ग्रहण करता है और हमारे लिए अथवा हमारे द्वारा उनको बराबर पुनर्संगठित होने की आवश्यकता

---

3. "With us, as with primitive peoples, myths are real and actual part of the social cultural environment."

—Young K. *Ibid*. p. 99.

4. "Memory of past experiences is not an accurate photographic reproduction of perceptions and actions. It is also affected by other images, other perceptions and emotional states and by the lapse of time. The process of forgetting and recalling is as dynamic as perception or any other anticipatory response."

—Young K. *Ibid*, pp. 205-206.

5. "'Myths and rituals jointly provide systematic protection against supernatural dangers, threats of ill health and of the physical environment, anti-social tensions and the pressures of a powerful society."

—Kluckhohn C., *Myths and Rituals, a General Theory. Harward Theological Review*, (1942), p. 77.

नहीं होती। वे हमारी, सामाजिक सांस्कृतिक सत्ता को स्थाई भविष्यवाणी करने योग्य और सहन करने योग्य बनाते हैं।''[6] इस प्रकार किंवदन्तियों से भूत और वर्तमान और भविष्य का सम्बन्ध बना रहता है। उनसे सामाजिक परिवेश में समंजन करने में सहायता मिलती है। उनसे सुरक्षा और आश्वासन महसूस होता है। उनसे संस्कृति का परिचय मिलता है। उनसे सामाजिक मूल्य निश्चित होते हैं, जिनसे सामाजिक नियन्त्रण बना रहता है। उनसे लोगों को कठिन परिस्थितियों में प्रोत्साहन मिलता है। उनसे जाति के नायकों और महापुरुषों के विषय में ज्ञान बढ़ता है। बालकों को प्रभावित करके वे परिवार में सामाजिक नियन्त्रण बनाये रखती हैं। ये बालक आगे चलकर समाज के नियन्त्रण को भी आसानी से सहन कर सकते हैं।

पौराणिक कथायें (Legends)

पौराणिक कथायें क्या हैं?

पौराणिक कथाओं के नाम से यह मालूम पड़ता है कि ये कुछ धार्मिक कथायें हैं। इसमें कोई संदेह नहीं कि अधिकतर पौराणिक कथायें धार्मिक होती हैं। परन्तु धार्मिक से अधिक उनका सामाजिक और मनोवैज्ञानिक महत्व है। वे सामाजिक विरासत का महत्वपूर्ण अंग हैं। उनमें सत्य का अंश बहुत कम होते हुए भी वे मनुष्यों के सांस्कृतिक व्यवहार को प्रभावित करती हैं। पौराणिक कथाओं की परिभाषा करते हुए किम्बाल यंग ने लिखा है, ''वह इस प्रकार की सामाजिक किंवदन्ति है जो कि अंशत: ऐतिहासिक तथ्य पर आधारित है जो कि मुख्यत: नायकों और घटनाओं के विषय में होती है जो कि एक समूह अथवा समाज की सफलताओं और असफलताओं से सम्बन्धित हैं।''[7] इस प्रकार पौराणिक कथायें नायकों और घटनाओं से सम्बन्धित होती हैं। ये नायक अधिकतर धार्मिक अथवा दैवी होते हैं। ये घटनायें अधिकतर दैवी और समाजोपरि होती हैं। किंवदन्तियों के समान पौराणिक कथायें भी काल्पनिक होती हैं और पीढ़ी दर पीढ़ी चलते रहने के कारण उनका स्वरूप बहुत बदल जाता है। धार्मिक के साथ-साथ ये ऐतिहासिक नायकों और घटनाओं से भी सम्बन्धित होती हैं। जिन नायकों के साथ पौराणिक कथायें लगी रहती हैं उनके कल्पित होने पर भी समाज में उनका बड़ा सम्मान होता है और जनता अपने जीवन को उनके अनुसार ढालने का प्रयास करती है। उदाहरण के लिए भारत में श्री कृष्ण के व्यक्तित्व के साथ इतनी अधिक पौराणिक कथायें लगी हुई हैं कि उनको ईश्वर ही मान लिया गया है और भारतीय जीवन और संस्कृति के लगभग प्रत्येक पहलू में उनका प्रभाव दिखाई पड़ता है। पौराणिक कथाओं से लोक गीत और लोग वार्तायें बनती हैं। लोक दर्शन पौराणिक कथाओं पर ही आधारित

---

6. "Without them the past and the present as well as the future, would seem chaotic, with them the world takes new meaning and form and does not need to be constantly recast by or for us. They make our social-cultural reality stable, predictable, capable of being endured."

—Young, K. *A Handbook of Social Psychology,* (1951), p. 199.

7. "A form of social myth based, in part, on historical fact, dealing chiefly with heroes and events related to the successes and failures of a group or society."

—Young, K. *Ibid*, p. 562

होता है। पौराणिक कथाओं के द्वारा जनता में बहुत से अन्ध-विश्वास भी फैलते हैं। अधिकतर अन्ध-विश्वास धर्म से सम्बन्धित होते हैं।

पौराणिक कथाओं का विकास

पौराणिक कथाओं के विकास की प्रक्रिया को समझाते हुए किंम्बाल यंग ने उसमें निम्नलिखित कारकों का उल्लेख किया है–

(1) पौराणिक कथाओं का विकास निरीक्षक की संवेगात्मक स्थिति में होता है।

(2) पौराणिक कथाओं से प्रत्यक्षीकरण में त्रुटियां आ जाती हैं।

(3) पौराणिक कथाओं के पुनर्कथन में और भी त्रुटियां आ जाती हैं।

(4) इनमें किसी वस्तु के बारे में पहले से ही कुछ धारणायें बना ली जाती हैं।

(5) इनमें निरीक्षक मिथ्या व्याख्या प्रस्तुत करता है।

(6) इनमें वस्तु-स्थिति को सरल बनाने की प्रवृत्ति होती है।

(7) इनमें कहानियों के रूप में कल्पनाओं को अभिव्यक्त किया जाता है।

(8) इनमें श्रोताओं पर अधिक प्रभाव डालने की भावना होती है।

(9) इनको जानबूझ कर कृत्रिम रूप से गढ़ा जाता है।

(10) इन पर प्रत्यक्षीकरण तथा पुनर्कथन के मध्य के समय के अन्तर का भी प्रभाव पड़ता है।

इस प्रकार क्रमश: विकास के साथ पौराणिक कथाओं का रूप बदलता जाता है। फिर भी अधिकतर लोगों में इतना अधिक विश्वास होता है वे उनके सत्यों अथवा असत्य पर विचार न करके उसको सच मान लेते हैं। पौराणिक कथायें धार्मिक क्रियाओं से भिन्न हैं। धार्मिक कथायें अधिकतर परम्परात्मक और रीतिबद्ध होती हैं। पौराणिक कथाओं को सुनने-सुनाने से मानसिक सन्तोष प्राप्त होता है जैसा कि भारत में भागवत, रामायण पुराण, सत्य नारायण की कथा आदि के सम्बन्ध में देखा जा सकता है। पौराणिक कथाओं की उत्पत्ति के विषय में किम्बाल यंग ने लिखा है ''किंवदन्तियों और पौराणिक कथाओं के पहले और अब भी उत्पन्न होने की अधिक सामान्य परिस्थितियों में धर्म और प्रकृतेरवाद (Super-naturalism), आर्थिक मामले और राजनैतिक समस्यायें सम्मिलित हैं।''[8]

पौराणिक कथाओं के प्रकार

यूं तो पौराणिक कथायें अनेक प्रकार की होती हैं परन्तु सामान्य रूप से अधिकतर पौराणिक कथाओं को अग्रलिखित वर्गों में बांटा जा सकता है–

8. "The more common situations in which myths and legends have arisen and still arise involve religion and supernaturalism, economic matters and political problems."
—Young K. *Ibid* p. 210.

(1) धार्मिक पौराणिक कथायें (Religious Legends)

(2) राजनैतिक पौराणिक कथायें (Political Legends)

(3) आर्थिक पौराणिक कथायें (Economic Legends)

(4) सामाजिक पौराणिक कथायें (Social Legends)

पौराणिक कथाओं का महत्व

पौराणिक कथाओं के अब तक के विवेचन से उनका सामाजिक कार्य स्पष्ट होता है। उनसे मनुष्य को प्रकृति के व्यापार की व्याख्या करने और अपने परिवेश को समझाने में सहायता मिलती है। उनसे समाज के आदर्श और मूल्य स्पष्ट होते हैं। इस प्रकार उनसे भूतकालीन समाज की संस्कृति का परिचय मिलता है। उनके प्रभाव के कारण उनके आधार पर किसी समाज के लोगों के व्यवहार के विषय में भविष्यवाणी भी की जा सकती है। उनसे जाति विशेष के संवेग, भावनायें और धारणायें लगी रहती हैं। उनके आधार पर प्रथायें और परम्परायें विकसित होती हैं। उनका महत्व बतलाते हुये किम्बाल यंग ने ठीक ही लिखा है "हमें यह याद रखना चाहिए कि मनुष्य निष्क्रिय वैयक्तिकता के एक रंगहीन जगत मात्र में नहीं रहता बल्कि एक विषयीगत और संवेगात्मक अभिवृत्तियों और प्रतिभाओं के जगत में रहता है और किंवदन्तियां, विचारधारा और पौराणिक कथा विशुद्ध भौतिक जगत से अधिक उसके आधार को निश्चित करती है।"[9]

सारांश

समाज में मनुष्य को किंवदन्तियां और पौराणिक कथायें परम्परा से प्राप्त होती हैं। किंवदन्तियां समूह के विश्वासों, आस्थाओं और मूल्यों का प्रतिनिधित्व करती हैं। उनका ठोस मनोवैज्ञानिक आधार होता है। उनसे अनेक सामाजिक कार्य सम्पन्न होते हैं। उनमें पौराणिक कथाओं से अधिक सत्य होता है। पौराणिक कथायें कुछ नायकों और घटनाओं से सम्बन्धित होती हैं। उनका विकास क्रमशः होता है। उनके मुख्य प्रकार हैं धार्मिक, राजनैतिक, आर्थिक और सामाजिक। उनके आधार पर परम्परायें और प्रथायें विकसित होती हैं। किंवदन्तियां और पौराणिक कथायें मनुष्य के व्यवहार पर भौतिक पर्यावरण से अधिक प्रभाव डालती हैं।

---

9. "We must remind ourselves that man does not live alone in a colourless universe of passive objectivity, but in a subjective, emotionally toned world of attitudes and images, and that myth, ideology and legend determine his conduct more than does the purely physical universe." —Young K. *Ibid*, p. 221.

22

राष्ट्र और राष्ट्रीय चरित्र
(The Nation and National Character)

राष्ट्र की परिभाषा

भिन्न-भिन्न विद्वानों ने राष्ट्र की भिन्न-भिन्न प्रकार से परिभाषा की है। इनमें कुछ मुख्य परिभाषायें निम्नलिखित हैं–

(1) लार्ड ब्राइस का मत– "एक राष्ट्र एक राष्ट्रीयता है जिसने अपने को या तो स्वतन्त्र या स्वतन्त्र होने की इच्छा रखने वाले एक राजनैतिक समूह में संगठित कर लिया है।"[1] राष्ट्र की इस परिभाषा में उसे राष्ट्रीयता ही मान लिया गया है जो कि वास्तव में राष्ट्र के निर्माण में केवल एक यद्यपि सम्भवतः सबसे महत्वपूर्ण तत्व है।

(2) हक्सले और हड्डन का मत–"एक राष्ट्र एक सामान्य देश रखने वाले एक सामान्य इतिहास, सामान्य भावना और परम्परायें, सामान्य सामाजिक संगठन और बहुधा सामान्य भाषा से बंधे हुये मनुष्यों का एक समूह है।"[2] राष्ट्र की यह परिभाषा पर्याप्त रूप से विस्तृत है परन्तु इसमें स्वतन्त्रता के तत्व पर स्पष्ट जोर नहीं दिया गया है।

(3) मैक्स वेबर का मत–"एक राष्ट्र भावनाओं का एक समुदाय है जो कि अपने ही राज्य में अपने को भली प्रकार अभिव्यक्त कर सकता है। अतः एक राष्ट्र एक समुदाय है जो साधारणतया स्वयं अपना राज्य उत्पन्न करता है।"[3] इस परिभाषा में राष्ट्र को समुदाय मान लिया गया है।

---

1. "Nation is a nationality which has organised itself into a political body, either independent or desiring to be independent."

   —Lord Bryce, *South America, p.* 24

2. "A nation is a group of people with a common tract of country bound together, in a common state by a common history, common sentiment and traditions, common social organisation and usually by common language".

   —Huxley and Huddon

3. "A nation is a community of sentiment which would adequately manifest itself in a state of its own, hence a nation is a community which normally tends to produce a state of its own."

   —Max Weber

(4) रैमजे म्योर का मत–"अस्थाई रूप में राष्ट्र की परिभाषा ऐसे लोगों के समूह के रूप में की जा सकती है जो अपने को स्वाभाविक रूप से कुछ ऐसे लगावों से बंधा पाते हैं जो कि उनके लिए इतने दृढ़ और वास्तविक हैं कि वे आनन्दपूर्वक साथ-साथ रह सकते हैं, अलग होने पर दु:खी होते हैं और उन लोगों की अधीनता नहीं सहन कर सकते जो इन बन्धनों में हिस्सा नहीं लेते।"[4] राष्ट्र की इस परिभाषा में उसके भावात्मक पक्ष पर विशेष जोर दिया गया है।

(5) सिडनी हरबर्ट का मत–"राष्ट्र समूह के ऐतिहासिक भूत से प्रेरित परम्पराओं से उत्पन्न होने वाली और एक निश्चित मातृभूमि से प्रत्यक्ष रूप से सम्बन्धित एक समान प्रकार की चेतना से बंधा एक सामाजिक समूह है।"[5] राष्ट्र की इस परिभाषा में राष्ट्र के लोगों में राष्ट्रीय चेतना पर जोर दिया गया है। सिडनी हरबर्ट के अनुसार समान परम्परायें और एक सामान्य भौगोलिक प्रदेश राष्ट्र के सबसे अधिक महत्वपूर्ण तत्व हैं।

(6) डॉ॰ मैक्डूगल का मत–"एक राष्ट्र एक जनसमूह या जनसंख्या है जो कुछ अंश में राजनैतिक स्वंतन्त्रता का उपयोग करता है और एक राष्ट्रीय मस्तिष्क और चरित्र रखता है, इसलिए राष्ट्रीय विचार विनिमय और राष्ट्रीय संकल्प के लिए समर्थ है।"[6] राष्ट्र की इस परिभाषा में संगठन के मानसिक तत्व पर जोर दिया गया है।

इस प्रकार राष्ट्र की परिभाषा एक ऐसे जन समूह के रूप में की जा सकती है जो कि एक भौगोलिक सीमाओं से निश्चित देश में रहता हो समान परम्पराओं, समान हितों और समान भावनाओं से बंधा हो और जिसमें एकता के सूत्र में बंधने की उत्कंठा तथा समान राजनैतिक महत्वाकांक्षायें पाई जाती हों।"[7] कहना न होगा कि राष्ट्र की इस परिभाषा में उपरोक्त सभी परिभाषाओं के मूल तत्व आ जाते हैं।

---

4. "Nation may be provisionally defined as a body of people who feel themselves to be naturally linked together by certain affinities which are so strong and feel for them that they can live happily together, are distressed when disunited, and cannot tolerate subjection to people who do not share these ties."

—Ramsay Muir

5. "Nation is a social group bound together by a consciousness of kind which springs from the traditions evoked by the group's historic past and is directly related to a definite home country."

—Sidney Herbert

6. "A nation is a people or population enjoying some degree of political independence and possessed of national mind and character, and therefore capable of national deliberation and national volition." —Mcdougall

7. "A nation can be defined as body of a people which lives in a country limited by geographical boundaries, is bound by common traditions, common interests and common feelings and in which are found a desire to be bound in a bond of unity and common political ambitions." — R.N. Sharma

राष्ट्र के निर्मायक तत्व
(Essentials of a Nation)

राष्ट्र की परिभाषा में राष्ट्र के आवश्यक निर्मायक तत्व स्पष्ट होते हैं। राष्ट्र के निर्मायक तत्व क्या हैं अर्थात् राष्ट्र किन-किन तत्वों के मिलने से बनता है? इस प्रश्न का उत्तर सभी विद्वानों ने एकसा नहीं दिया है। कुछ लोगों ने राष्ट्र के वैषयिक आधार (Objective basis) पर अधिक जोर दिया है। बार्कर (Barker) ने राष्ट्र के निर्माण में भू-प्रदेश को एक मौलिक तत्व माना है। आर्थर कीथ (Keith) ने राष्ट्र और प्रजाति में अन्तर ही नहीं किया है। परन्तु कुछ अन्य विद्वानों ने राष्ट्र के प्रातीतिक आधार (Subjective basis) पर अधिक जोर दिया है। इनमें अर्नेस्ट रेनन (Earnest Renan) जान स्टुअर्ट मिल (J. S. Mill), रैमजे म्योर और विलियम मैक्डूगल उल्लेखनीय हैं। रैमजे म्योर लिखता है "एक राष्ट्र इसलिए एक राष्ट्र है क्योंकि उसके लोग अनुरागपूर्वक और एक मत से अपने को ऐसा समझते हैं।"[8] ब्लैकबर्न के विचार में राष्ट्र के लिये निश्चित भू-भाग का होना आवश्यक नहीं हैं।

वैषयिक तत्व :

राष्ट्र के निर्मायक वैषयिक तत्वों में मुख्य निम्नलिखित हैं—

(1) भौगोलिक एकता (Geographical Unity)—बार्कर ने लिखा है, "यदि मुझे राष्ट्र बनाने के लिये एक सूत्र निकालना पड़ता तो मैं कहता कि पहले एक भू-भाग ले लीजिये। इसके निवासियों को साथ बनाये रखने के लिये किसी प्रकार का संगठन या राज्य जोड़ दीजिये। यदि पहले कोई भाषा नहीं थी तो एक भाषा को अपने प्रभाव के लिये फैलाने दीजिये। कुछ विश्वासों और पूजाओं को समुदायों के मनुष्यों की भावनाओं को एक करने दीजिये और तब कुछ समय बाद शताब्दियों के प्रभाव से राष्ट्र अपने आप बन जायेगा।" इसमें कोई सन्देह नहीं कि सामान्य भू-प्रदेश होने से राष्ट्रीय भावनाओं में बड़ी सहायता मिलती है परन्तु ऐसे भी उदाहरण हैं जिनमें बिना भू-प्रदेश के भी राष्ट्र का अस्तित्व रहा है। उदाहरण के लिये यहूदी लोग पिछले 2000 वर्षों से बिना किसी भू-भाग के केवल धार्मिक आधार पर एक राष्ट्र बने हुये थे। उनकी सामुदायिक भावनायें एक निश्चित भू-भाग फिलस्तीन में केन्द्रित थीं और द्वितीय विश्व युद्ध के बाद उन्होंने वहां इजराइल के नवीन राष्ट्र का निर्माण किया। यहूदियों के उदाहरण से यह सिद्ध नहीं होता कि राष्ट्र के निर्माण में एक निश्चित भू-भाग अथवा भौगोलिक एकता कोई आवश्यक तत्व नहीं है। इससे केवल इतना ही सिद्ध होता है कि कभी-कभी भू-भाग के न होने पर भी राष्ट्र बना रह सकता है।

(2) भाषा की एकता (Community of Language)—भाषा भावों की अभिव्यक्ति का माध्यम है अतः उससे राष्ट्रीय भावना के विकास में बड़ी सहायता मिलती है। उससे राष्ट्र में एक साहित्य और एक संस्कृति का विकास होता है। जिससे राष्ट्रीय एकता बढ़ती है। अर्नेस्ट

---

8. "A nation is a nation because its people passionately and unanimously beleive themselves to be so." —Ramsay Muir.

बार्कर लिखता है ''क्योंकि विचार और भावना का वाणी से गहरा सादृश्य है, इसलिये राष्ट्र और भाषा में निकटतम सम्बन्ध है। भाषा केवल शब्द ही नहीं है। प्रत्येक शब्द साहचर्यों से युक्त है जो अनुभूतियों को छूते और विचारों को जगाते हैं। जब तक इन साहचर्यों को आप भाषा की कुंजी की सहायता से खोल नहीं सकते, आप इन अनुभूतियों और विचारों में भाग नहीं ले सकते।''[9]

रैमज़े म्योर ने राष्ट्र के निर्मायक तत्वों में प्रजाति की अपेक्षा भाषा को अधिक महत्वपूर्ण माना है। निसन्देह भाषा की एकता राष्ट्र के लिये बड़ी आवश्यक है। आज भारत में भाषा के प्रश्न को लेकर जो झगड़ा मचा हुआ है इससे राष्ट्रीय एकता को बड़ा भारी खतरा उत्पन्न हो गया है। इसी कारण भारतीय संविधान में हिन्दी को राष्ट्र भाषा और राज्य भाषा मान लिया गया है और उसके विकास का प्रयत्न किया जा रहा है। राष्ट्रीयता की भावना के विकास में और देश के संगठन पर इसका प्रभाव पड़ेगा।

परन्तु इससे यह सिद्ध नहीं होता कि भाषाओं की भिन्नता होने पर राष्ट्र का अस्तित्व ही असम्भव है। स्वयं भारतवर्ष ही इसका एक ज्वलन्त उदाहरण है। स्वीजर लैंड में चार भाषायें फ्रैंच, जर्मन, इटालियन तथा रोमन प्रचलित हैं, बेलजियम में दो भाषायें बोली जाती हैं। स्काउटलैंड की भाषा लन्दन के लोगों से भिन्न है। इससे इन देशों की राष्ट्रीय एकता में कोई अन्तर नहीं पड़ता। ग्रेट ब्रिटेन और संयुक्त राज्य अमरीका की भाषा एक ही है, फिर भी वे भिन्न-भिन्न राष्ट्र हैं। इन उदाहरणों से यह नहीं सिद्ध होता है कि राष्ट्र के निर्माण में भाषा का कोई महत्व ही नहीं है। इनसे केवल यह ज्ञात होता है कि कुछ विशेष परिस्थितियों से भाषा की विभिन्नता के रहते हुए भी राष्ट्रीय एकता बनी रह सकती है।

(2) प्रजाति की समानता (Community of Race)—आर्थर कीथ जैसे शास्त्रकारों ने राष्ट्र और प्रजाति में कोई भेद ही नहीं माना है। जिमर्न (Zimmern) ने लिखा है कि ''राष्ट्रीयता में विशेष प्रकार की सामूहिक चेतना का भाव विद्यमान है। इसमें समान जातियता का तत्व सम्भवतया सबसे अधिक महत्वपूर्ण है।'' लार्ड ब्राइस (Lord Bryce), लीकॉक (Leacock) तथा बर्गेस (Burgess) ने भी इसे बड़ा महत्व दिया है।

परन्तु राष्ट्र के लिए प्रजाति की समानता को आवश्यक मानना नितांत अव्यवहारिक है क्योंकि आज किसी भी देश में प्रजाति की शुद्धता नहीं मिल सकती। पिल्सबरी (Pillsbury) के शब्दों में 'साधारणतः राष्ट्रीयता के निर्माण में अब प्रजाति का कोई महत्व नहीं है। इंग्लैंड में केल्ट (Celt), रोमन (Roman), एंगल (Angle), ब्रिटन (Briton) सैक्सन (Saxon) तथा नार्मन (Norman) आदि जातियों का मिश्रण हुआ । भारत में द्राविड़, आर्य , शक, हुण, मंगोल , तुर्क आदि कितनी ही प्रजातियाँ आकर मिल गई हैं। यही सभी देशों का इतिहास है। इसलिये गार्नर ने

---

9. "Thought and sentiment have deep cognities with speech, hence there is the closest of affinities between nation and languagc. Language is not mere words. Each word is charged with associations that touch feelings and evoke thought. You cannot share these feelings and thoughts unless you can unlock their association by having the key of language."
—E. Barker.

प्रजाति को राष्ट्र से भिन्न बतलाते हुए लिखा है, "प्रजाति एक भौतिक तत्व है जबकि राष्ट्रीयता एक जटिल तत्व है जिसमें आध्यात्मिक तत्व प्रवेश करते हैं"[10]

(3) **धर्म की समानता** (Community of Religion)—यहूदी राष्ट्र का उदाहरण राष्ट्र के निर्मायक तत्वों में धर्म की समानता का महत्व दिखलाता है। धर्म ही पोलैंड, जापान और आयरलैंड की राष्ट्रीयता का मुख्य आधार था। धार्मिक एकता के बल पर ही तुर्की के खलीफाओं के अत्याचारों के विरुद्ध यूनानी लोगों की एकता बनी रही। पाकिस्तान के नवोदित राष्ट्र का मुख्य आधार धर्म है। धार्मिक भेद-भाव भारतवर्ष में राष्ट्रीय एकता के विकास में जबर्दस्त बाधक रहा है।

परन्तु फिर भी धर्म की एकता को राष्ट्र का अनिवार्य तत्व नहीं माना जा सकता। अधिकाँश आधुनिक राष्ट्रों में राज्य धर्म-निरपेक्ष (Secular) है और लगभग हर एक राष्ट्र में अनेक धर्मों के अनुयायी पाये जाते हैं यद्यपि इसमें कोई सन्देह नहीं कि धर्म की एकता से राष्ट्रीयता की भावना अधिकतर सुदृढ़ हो जाती है।

(5) **राजनैतिक एकता और स्वतन्त्रता** (Political Unity and Independence)—कुछ विद्वानों के अनुसार राष्ट्रीयता की भावना के विकास के लिए राजनैतिक एकता और स्वतन्त्रता की आवश्यकता है। मध्यकाल में जब भारतवर्ष छोटे-छोटे राज्यों में बटा हुआ था, तब राष्ट्रीयता की भावना का उतना विकास नहीं हुआ था जितना आज देश की राजनैतिक एकता से हुआ है। अंग्रेजों के शासन काल में भी देश में राष्ट्रीयता की भावना का उतना विकास नहीं हुआ था। यह सब ठीक है, परन्तु फिर यह भी गलत नहीं है कि अंग्रजों के अत्याचारों ने ही भारत में राष्ट्रीयता के विकास को प्रोत्साहित किया। अत: स्वतन्त्रता को राष्ट्र का आवश्यक तत्व नहीं माना जा सकता हैं। इसी प्रकार राजनैतिक एकता की अनुपस्थिति में भी राष्ट्र बना रह सकता है। बार्न्स और बेकर (Barnes and Becker) ने लिखा है। "जब 1772-1774 में जर्मनी, आस्ट्रिया और रूस ने पोलैण्ड के टुकड़े कर दिये थे, पोलिश राज्य गायब हो गया था, फिर भी पोलिश राष्ट्रीय समूह बना रहा, विकसित होता रहा और कार्यों में दृढ़ता प्रदर्शित करता रहा ।"

इस प्रकार राजनैतिक एकता और स्वतन्त्रता राष्ट्र के लिए अनिवार्य तत्व नहीं है। परन्तु फिर भी उनसे राष्ट्रीयता के विकास में सहायता अवश्य मिलती है और राष्ट्र सुदृढ़ होता है।

प्रातीतिक तत्व

उपरोक्त वैषयिक तत्वों के अतिरिक्त राष्ट्र के निर्माण में कुछ प्रातीतिक (Subjective) तत्व भी महत्वपूर्ण सहयोग देते हैं। कुछ विचारकों ने तो राष्ट्र के निर्माण में इन्हीं को अधिक महत्वपूर्ण माना है। रेनन और मिल लिखते हैं "वहाँ एक गौरवपूर्ण भूत की चेतना, सच्चा

---

10. "Race is a physical phenomenon whereas nationality is a complex phenomenon into which spiritual elements enter. —Garner.

यश, सामान्य अनुभव और बलिदान तथा गर्व और लाज , सुख और दुःख की अनुभूतियाँ होनी चाहियें ।''[11]

इन प्रतीतिक तत्वों में कुछ मुख्य निम्नलिखित हैं:–

(1) हितों तथा परम्पराओं की समता (Community of Interests and tradition)– राष्ट्र के प्रातीतिक तत्वों के विषय में आलपोर्ट ने लिखा है, ''यह उन परम्पराओं, वर्तमान स्वार्थों और आदर्शों की चेतना में स्थित है जिनके प्रति सभी व्यक्ति समान ढ़ंग से उन्मुख हैं।''[12] इस प्रकार राष्ट्र के निर्माण में परम्पराओं और हितों की समानता का बड़ा महत्व है। भारतवर्ष में हिन्दू और मुसलमानों का बहुत दिन संघर्ष चला और अन्त में मुस्लिम लीग ने पाकिस्तान के रूप में एक अलग मुस्लिम राष्ट्र बनाकर ही दम लिया । इस विकास की पृष्ठ भूमि में यह तथ्य था कि हिन्दू और मुसलमानों की परम्पराओं में मौलिक भेद हैं। भारत का समस्त प्राचीन इतिहास, संस्कृति, महापुरुष, महान ग्रन्थ, परम्परायें आदि को हिन्दू तो मानते हैं। परन्तु मुसलमान अरब और फारस के इतिहास, महापुरुषों, पैगम्बरों तथा परम्पराओं पर ही यकीन करते हैं। इसी कारण महात्मा गांधी आदि नेताओं के लाख प्रयत्न करने पर भी हिन्दू मुस्लिम मिलकर एक राष्ट्र न बना सके। आज भी भारत में जो मुसलमान रहते हैं उनकी परम्परायें तथा विश्वास हिन्दुओं से भिन्न हैं और वे हिन्दुओं के हित को अपना हित नहीं समझते। इस कारण उनमें राष्ट्रीय भावना का समुचित विकास नहीं दिखाई पड़ता और बहुधा वे राष्ट्रद्रोही कार्यों में पकड़े जाते हैं। इसका अर्थ यह कदापि नहीं है कि हिन्दू और मुस्लिम मिलकर भारत राष्ट्र नहीं बना सकते। ऐसा हो सकता है और इसी के लिये देश के नेताओं ने भरसक प्रयास किया है परन्तु इसके लिये यह आवश्यक है कि हिन्दू मुसलमान सभी भारतीय परम्पराओं, संस्कृति, सभ्यता, इतिहास को मानें।

(2) राजनैतिक अकांक्षाओं की समानता (Community of Political Aspirations)–राजनैतिक आकांक्षाओं की समानता का राष्ट्र के निर्माण में बड़ा महत्व है। भारतवर्ष का ही उदाहरण लीजिये। यहां देश के सब लोगों ने अंगेजी शासन को उखाड़ कर एक स्वतन्त्र राष्ट्र बनाने की आकांक्षा की तब जबर्दस्त राष्ट्रीय भावनाओं का प्रचार हुआ और आपस के भेद भूलकर लोग एक हो गये। स्वशासन की माँग ने ज्यूकोस्लोवाकिया, हंगरी आदि कितने ही देशों में राष्ट्रीय एकता का संचार किया है। ''राजनैतिक एकता, या तो भूतकालीन अथवा भविष्य में राष्ट्रीयता के सर्वाधिक स्पष्ट लक्षणों में से एक है वास्तव में इतना स्पष्ट है कि विभिन्न एकताओं में से उसको लगभग एकमात्र आवश्यक विशेषता कहा जा सकता है।''[13]

---

11. "There must be a consciousness of a heroic past, true glory, common experiences and sacrifices, feelings of pride and shame, joy and grief, connected with the past."
—Renan and Mill

12. "It consists in awareness of traditions, of present interests and ideals towards which all are disposed in the same manner."
—Allport

13. "Political union, either past or future, is one of the most marked features of nationality, so marked indeed that of the various unities it may almost be said to be the only essential."
—Gilchrist, *Principles of Political Science,* p. 31.

(3) सामुदायिक भावना (Community Sentiment)—राष्ट्र के निर्मायक तत्वों में सामुदायिक भावना इतनी महत्वपूर्ण है कि मैकाइवर ने उससे ही राष्ट्रीयता की परिभाषा की है। उसके अपने शब्दों में, "अत: हम राष्ट्रीयता की परिभाषा एक इस प्रकार की सामुदायिक भावना के रूप में करते हैं जो कि ऐतिहासिक परिस्थितियों से उत्पन्न होती है और इस सीमा तक तथा इतने दृढ़ सामान्य मनोवैज्ञानिक कारणों से पुष्ट होती है कि उसको अनुभव करने वाले विशेष तौर से या अकेले अपनी एक सामान्य सरकार बनाने की इच्छा करते हैं।"[14] औपेनहीमर लिखता है, "राष्ट्रीयता की चेतना राष्ट्र को बनाती है।"[15] हान्स कोन के शब्दों में "आधुनिक युग में, यह विचार की ही शक्ति थी, रक्त की पुकार नहीं, जिसने आधुनिक राष्ट्रीयताओं का निर्माण किया है।"[16] इस सामुदायिक भावना को टॉयनबी (Toynbee) ने सार्वजनिक संकल्प (Popular Will) कहा है और राष्ट्रीयता का प्रधान तत्व माना है।

राष्ट्र के निर्मायक तत्वों के उपरोक्त विवरण से यह स्पष्ट हो गया होगा कि इनमें निम्नलिखित वैषयिक तत्वों का वर्णन किया गया है—

(1) मनुष्यों में एक राष्ट्र होने की इच्छा होनी चाहिये।

(2) उन्हें एकता और दृढ़ता के लिए विशेष रूप से प्रयत्नशील होना चाहिये और यह तभी हो सकता है जबकि वहाँ राजनैतिक, आर्थिक, धार्मिक तथा सामाजिक समानता हो।

(3) उन्हें विदेशी शासन से मुक्त होना चाहिये।

(4) उनमें विशेषता (Distinctiveness) तथा अपूर्वता (Originality) की विशेष इच्छा होनी चाहिये।

राष्ट्रीयता की भावना
(Sentiment of Nationality)

राष्ट्रीयता क्या है?

राष्ट्र के निर्मायक तत्वों में राष्ट्रीयता की भावना सबसे अधिक महत्वपूर्ण है। अत: यहां उसका विस्तृत विवेचन प्रासंगिक होगा। राष्ट्रीयता की भावना किसी राष्ट्र के सदस्यों में पाई जाने वाली सामुदायिक भावना है जो उनका संगठन सुदृढ़ रखती है। राष्ट्रीयता एक सांस्कृतिक और

---

14. "Thus we define nationality as a type of community sentiment, created by historical circumstances and supported by common psychological factors of such an extent and so strong that those who feel it desire to have a common government peculiarly or exclusively their own."

—MacIver

15. "The consciousness of nationality makes the nation."

— Oppenheimer

16. "In modern times, it has been the power of an idea, not the call of the blood, that has constituted the modern nationalities."

— Hans Kohn, World in Historical Perspective, p. 93.

जातीय (Ethnic) शब्द है। उसका लक्षण आध्यात्मिक है। उससे लोगों में एकता की भावना का संचार होता है। एक ही भूभाग में रहने वाले लोगों की हम की भावना है। हेज के शब्दों में "राष्ट्रीयता एक ऐसा समूह है जो लगभग एक ही भाषा या अत्यधिक सम्बन्धित भाषायें बोलता हो, जो सामान्य ऐतिहासिक परम्पराओं को मानता हो और इस प्रकार एक विशेष सांस्कृतिक समाज बनाता है.....एक राष्ट्रीयता, राजनैतिक एकता और स्वतन्त्र प्रभुता प्राप्त करके एक राष्ट्र बन जाती है।"[17] रोज ने लिखा है "राष्ट्रीयता वह जन समूह है जो कि अभी तक राजनैतिक दृष्टि से संगठित न हुआ हो। "आदर्श रूप में वह एक संगठित राष्ट्रीय अस्तित्व की ओर एक प्रेरणा है"[18] इस प्रकार राजनैतिक संगठन मिल जाने से राष्ट्रीयता राष्ट्र का रूप धारण कर लेती है।

राष्ट्रीयता और राज्यत्व

राष्ट्रीयता और राज्यत्व (Statehood) में अन्तर बतलाते समय जिमेरिन ने राष्ट्रीयता की प्रकृति पर अच्छा प्रकाश डाला है। वे लिखते हैं राष्ट्रीयता धर्म के समान आत्मगत (Subjective) है राज्यत्व वस्तुगत है, राष्ट्रीयता मनोवैज्ञानिक (Psychological) है, राज्यत्व राजनैतिक है, राष्ट्रीयता मन की एक दशा (A condition of mind) है, राज्यत्व विधि की एक अवस्था है, राष्ट्रीयता एक आध्यात्मिक सम्पत्ति (Spiritual possession) है, राज्यत्व बाधित किया जाने वाला कर्त्तव्य है, राष्ट्रीयता एक सोचने का, अनुभूति का और रहने का ढंग (Way of thinking, feeling and living) है, राज्यत्व रहने के सब समान तरीकों से अविच्छेद एक दशा है।"[19]

राष्ट्रीयता के इस विस्तृत वर्णन से राष्ट्रीयता की भावना (Sentiment of nationality) स्पष्ट हो गई होगी। इस प्रकार राष्ट्रीयता की भावना राष्ट्र अथवा राज्य की भावना से भिन्न है। उसके लिए राजनैतिक संगठन तथा राजनैतिक स्वतन्त्रता और प्रभुता आवश्यक नहीं है। "वह समान परम्पराओं, समान रीतिरिवाजों, समान अतीत की स्मृतियों और समान भविष्य की आकांक्षाओं पर आधारित एक मानसिक अवस्था, एक आध्यात्मिक दशा है।"[20] वह मनोवैज्ञानिक है। वह

---

17. "Nationality is a group of people who speak either the same language or closely related dialects, who cherish common historical traditions and thus constitute a distinct cultural society... a nationality by acquiring political unity and sovereign independence becomes nation state."

—Hayes, *Essay on Nationalism*. (1962), p. 5.

18. "Nationality is a people which has not yet become organised politically. In an ideal sense, it is inspiration toward united national existence." —Rose.
19. "Nationality like religion is subjective, statehood is objective: nationality is psychological, statehood is political nationality is a condition of mind, statehood is a condition of law; nationality is a spiritual possession, statehood is an enforceable obligation: nationality is a way of thinking , feeling and living, statehood is a condition inseparable from all civilized ways of living"

—Zimmerin.

20. "It is mental state, a spiritual condition based upon common traditions, common customs, common reminiscences of the past and common future aspirations."

—R.N.Sharma.

राष्ट्र के व्यक्तियों के मन में है। वह उनके सोचने-विचारने, महसूस करने और रहन-सहन में अभिव्यक्त होती है। राष्ट्रीयता की भावना राष्ट्र की नींव है। उसी के आधार पर राष्ट्र टिका रहता है। उसकी अनुपस्थिति में राष्ट्र की कल्पना नहीं की जा सकती।

राष्ट्रीयता की भावना के रूप

राष्ट्रीयता की भावना दो प्रकार के रूपों में मिलती है—स्वस्थ और विकृत। विकृत रूप में वह उग्र राष्ट्रवाद और साम्राज्यवाद के रूप में प्रकट होती है जो कि अन्तर्राष्ट्रीय व्यवस्था के लिए अत्यन्त हानिकारक है। पिछले दोनों महायुद्ध उग्र राष्ट्रीयता का ही परिणाम थे। परन्तु स्वस्थ राष्ट्रीयता का अन्तर्राष्ट्रीय व्यवस्था की आवश्यकताओं से कोई विरोध नहीं है अन्तर्राष्ट्रीय व्यवस्था की यह मांग है कि सभी राष्ट्रों को शान्तिपूर्वक रहना चाहिये। शक्तिशाली राष्ट्रों को निर्बल राष्ट्रों की सहायता करनी चाहिये। इस प्रकार शान्तिपूर्ण सह-अस्तित्व (Peaceful coexistence) और परस्पर सहायता (Mutual help) अथवा अन्तर्राष्ट्रीय भ्रातृत्व (International Brotherhood) अन्तर्राष्ट्रीय व्यवस्था की आवश्यकतायें हैं। राष्ट्रीयता की भावना से इन आवश्यकताओं का सामंजस्य करने के लिये अन्तर्राष्ट्रीय कानून (International laws) पर्याप्त नहीं हैं। इसके लिये अन्तर्राष्ट्रीयता की भावना के विकास की आवश्यकता है जो कि स्वस्थ राष्ट्रीयता के विस्तार से हो सकता है। संयुक्त राष्ट्र संघ इस दिशा में एक महत्वपूर्ण कदम है और उसकी विभिन्न शाखाओं से विभिन्न राष्ट्रों को विभिन्न विषयों में परस्पर सहयोग का अवसर मिलता है। परन्तु इन प्रयत्नों की सफलता के लिये अन्तर्राष्ट्रीयता की भावना के जबर्दस्त प्रचार की आवश्यकता है।

पंचशील द्वारा समन्वय

28 जून 1954 को भारत और चीन के प्रधान मन्त्रियों ने ''पंचशील की घोषणा की जिसको बाद में अप्रैल 1955 में बान्डुग कान्फ्रेंस में 29 राष्ट्रों ने स्वीकार किया। 1955 में जेनेवा अधिवेशन (Geneva Conference) में ''चार बड़ों'' (Big four) ने भी इन सिद्धान्तों का समर्थन किया। ये सिद्धान्त निम्नलिखित हैं—

(1) एक दूसरे की प्रादेशिक एकता और प्रभुता के लिये परस्पर आदर (Mutual respect for each other's territorial integrity and sovereignty)।

(2) आक्रमण न करना (Non Aggression)।

(3) एक दूसरे के आन्तरिक मामलों में हस्तक्षेप न करना (Non interference in each other's internal affairs)।

(4) समानता और परस्पर हित लाभ (Equality and mutual benefit)।

(5) शान्तिपूर्ण सह-अस्तित्व (Peaceful coexistence)।

राष्ट्रीयता और अन्तर्राष्ट्रीयता

जैसा कि पंचशील के इन सिद्धान्तों को देखने से स्पष्ट मालूम पड़ता है पंचशील से राष्ट्रीयता और अन्तर्राष्ट्रीय व्यवस्था में सामंजस्य उपस्थित किया जा सकता है। पंचशील के

सिद्धान्तों ने अन्तर्राष्ट्रीय तनाव को कम करने और परस्पर मैत्रीपूर्ण भावनाओं को बढ़ाने में बड़ा महत्वपूर्ण योगदान दिया है परन्तु कोरे वायदों से लोगों के मन नहीं बदल सकते । चीन जो भारत के साथ मिलकर पंचशील की घोषणा करने वालों में पहला था, उसी ने सबसे पहले पंचशील के नियमों को तोड़कर भारत की सीमा पर आक्रमण किया और कुछ प्रदेश पर अधिकार कर लिया। चीन के इस उदाहरण से इसमें सन्देह होता है कि राष्ट्र अपने स्वार्थों के सामने इन सिद्धान्तों की कुछ भी परवाह करेंगे। परन्तु अन्तर्राष्ट्रीय राजनीति की समस्यायें इतनी जटिल हैं कि उनको सुलझाने के लिये किसी स्थायी रूप से लाभदायक व्यवस्था का बनाना सरल नहीं है। वास्तव में मूल समस्या हृदय परिवर्तन की है। हृदय परिवर्तन का कार्य कुछ वर्षों में नहीं हो सकता। इसमें सदियां लगेंगी, तब तक पंचशील जैसे प्रयत्नों से उस दिशा में कुछ न कुछ प्रगति अवश्य होगी।

राष्ट्रीय चरित्र
(National Character)

राष्ट्रीय चरित्र की परिभाषा करते हुये हर्ज ने लिखा है, ''राष्ट्रीय चरित्र की परिभाषा परम्पराओं, अभिरुचियों और आदर्शों के संग्रह के रूप में की जा सकती है जो कि राष्ट्र में इतने व्यापक और प्रभावशाली होते हैं कि वे उस राष्ट्र के और अन्य राष्ट्रों के मस्तिष्क में उसकी छाप अंकित कर देते हैं।''[21] प्रत्येक देश के राष्ट्रीय चरित्र का अनेक प्रकार से वर्णन किया गया है। सबसे पहले यूनानी लेखकों ने विभिन्न यूनानी नगर राज्यों (City States) के राष्ट्रीय चरित्र पर विचार किया था। स्पार्टा के व्यक्तियों को क्रियाशील और शक्तिशाली तथा एथेन्स के लोगों को अधिक बात करने वाले समझा जाता था। डी टौकविलि (De Tocqueville) ने एक शताब्दी पूर्व अमरीकी राष्ट्रीय चरित्र का अध्ययन किया था। आधुनिक अध्ययनों में ए॰ सीगफ्राइड (A. Siegfried) की America Come of Age और डी॰ डब्लू ब्रोगन (D. W. Brogan की The American Character नामक पुस्तकें उल्लेखनीय हैं। लिन यूटांग (Lin Yutang) ने My Country and My People में चीन के राष्ट्रीय चरित्र का वर्णन किया गया है जैसे अमरीका का Uncle Sam के रूप में, इग्लैंड का जॉन बुल (John Bull) के रूप में तथा रूस का भालू के रूप में। यूरोप के विभिन्न राष्ट्रों में भिन्न-भिन्न राष्ट्रीय गुण माने जाते हैं। साधारणतया अंग्रेजों को भाव शून्य, जर्मनों को अनुशासनबद्ध तथा फ्रैंच को अस्थिरमति समझा जाता है। भारतवर्ष में बंगालियों को कला प्रेमी और पंजाबियों को भौतिकवादी तथा राजपूतों को बहादुर समझा जाता है।

क्या राष्ट्रीय चरित्र होता है? इस प्रश्न पर अनेक विद्वानों ने विचार किया है। मान्टेस्क (Montesque)ने लिखा है कि एक राष्ट्र की विशेषतायें ही उस राष्ट्र के चरित्र को प्रकट करती हैं और इन पर जलवायु, संस्कृति, सरकार और कानून के स्वरूप, रीति-रिवाज तथा धर्म का

---

21. "National character may be defined as the totality of traditions, interests, ideals and aspirations which are so wide-spread and influential in a nation that they mould its image both in the mind of the nation concerned and in that of others."

—Hertz

प्रभाव पड़ता है। इनके परिणामस्वरूप प्रत्येक राष्ट्र के व्यक्तियों में विशेष प्रकार की भावनायें, इच्छायें, विचार, क्रियायें आदि पाई जाती हैं। राष्ट्रीय चरित्र पर विचार करने वाले अन्य लेखकों में मैक्डूगल, हर्ज, मौरिस गिन्सबर्ग तथा ब्लैकबर्न (Black Burn) उल्लेखनीय हैं।

मैक्डूगल ने Group Mind नामक अपनी पुस्तक में राष्ट्रीय चरित्र का वर्णन किया है। उसके अनुसार प्रत्येक स्थानीय समूह की अपनी प्रतिभा (Genius) होता है और उसी के अनुकूल उसका राष्ट्रीय चरित्र होता है। भौगोलिक विशेषतायें प्रजाति की शुद्धता और यातायात की स्वतन्त्रता का राष्ट्रीय चरित्र पर बड़ा प्रभाव पड़ता है। मैक्डूगल के अनुसार विभिन्न प्रजातियों में जन्मजात मानसिक अन्तर होते हैं और ये अन्तर स्थायी होते हैं तथा राष्ट्रीय चरित्र को प्रभावित करते हैं। इस प्रकार हब्शी मस्त और भाग्यवादी होते हैं और अनियन्त्रित संवेगात्मक हिंसा (Unrestrained emotional violence) प्रदर्शित करते है। आयरिश कवितामय और उत्साही तथा अंग्रेज अनुभववादी (Empirical) हैं। फ्रान्सीसी निगमनात्मक (Deductive) होते हैं। एशियावासी भाग्यवादी हैं। भारतवासी अत्यन्त बौद्धिक (Intellectual) और नैतिक (Moral) हैं।

मैक्डूगल के विचार से ऐसा मालूम पड़ता है जैसे राष्ट्रीय चरित्र स्थायी हो परन्तु व्यवहार में ऐसा देखने में नहीं आता। इसमें सन्देह नहीं कि विभिन्न राष्ट्रों के व्यक्तियों में सामूहिक रूप से भी कुछ अन्तर पाये जा सकते हैं और राष्ट्रीय चरित्र है अवश्य, परन्तु यह स्थायी नहीं है और न किसी राष्ट्र के सभी व्यक्तियों में एक सा पाया जाता है। यह ठीक है कि साधारणतया बंगाली, पंजाबियों की अपेक्षा अधिक कलाप्रिय हैं और राजपूत अन्य जातियों की अपेक्षा अधिक दिलेर परन्तु इसका अर्थ यह नहीं हो सकता कि सभी बंगाली कलाप्रिय और सभी राजपूत दिलेर होते हैं। सामान्य रूप से भारत के लोग अमरीकनों से अधिक धार्मिक हैं परन्तु फिर भी अमरीकनों में भी धार्मिक और भारतीयों में भी नास्तिक मिल सकते हैं। इस दृष्टि से विचार करने पर राष्ट्रीय चरित्र के विषय में मौरिस गिन्सबर्ग का यह कथन ठीक प्रतीत होता है "राष्ट्रीय चरित्र कोई ऐसी वस्तु नहीं है जिसको सदा के लिये दे दिया गया हो, वह सदैव बनता रहता है।"[22]

राष्ट्रीय चरित्र के बनने में भूगोल, आर्थिक स्थिति, संस्कृति, राजनैतिक संगठन, वर्गीय ढांचा, धर्म और भाषा सभी का प्रभाव पड़ता है। इस प्रकार राष्ट्रीय चरित्र अस्थायी और नमनीय होता है।

प्रजाति और राष्ट्र में अन्तर

प्रजाति और राष्ट्र में मुख्य अन्तर निम्नलिखित हैं:—

(1) प्रकृति का अन्तर—प्रजाति एक जैवकीय विचार है जबकि राष्ट्र एक राजनैतिक और मनोवैज्ञानिक विचार है।

(2) भूभाग की आवश्यकता का अन्तर—प्रजाति के लिए निश्चित भूभाग आवश्यक नहीं है जैसे गोरी जाति के लोग संसार में सब सभ्य देशों में मिल सकते हैं। राष्ट्र के लिये

22. " National character is not something given once for all, it is always in the making."
—M. Ginsberg.

सामान्यतया एक निश्चित भूभाग आवश्यक है। भारत, इंगलैड, रूस सभी राष्ट्रों का एक निश्चित भू-प्रदेश है।

(3) राष्ट्र के लिये राष्ट्रीयता की भावना आवश्यक है—राष्ट्र के लिये राष्ट्रीयता की भावना आवश्यक है प्रजाति के लिये इस प्रकार की किसी भावना की आवश्यकता नहीं है।

(4) उत्पत्ति के कारकों का अन्तर—राष्ट्र का जन्म अनेक सामाजिक प्रक्रियाओं जैसे भाषा, धर्म, नस्ल, रीतिरिवाज, परम्पराओं आदि की समानता से होता है। प्रजाति का जन्म प्राकृतिक क्रियाओं जैसे प्रवरण, उत्परिवर्तन आदि से होता है।

(5) सदस्यता की परिवर्तनशीलता का अन्तर—एक राष्ट्र के सदस्य अपनी राष्ट्रीयता बदल कर दूसरे राष्ट्र के सदस्य हो सकते हैं परन्तु कोई व्यक्ति अपनी पीली या काली प्रजाति बदल कर गोरी प्रजाति में सम्मिलित नहीं हो सकता।

(6) राष्ट्र की सदस्यता के लिये देश में निवास आवश्यक है—राष्ट्र का सदस्य बने रहने के लिये बहुत अधिक समय तक राष्ट्र से बाहर नहीं रहा जा सकता परन्तु कोई भी व्यक्ति कहीं भी रहते हुये अपनी प्रजाति बनाये रख सकता है। मंगोल जीवन भर अमरीका में रहकर भी मंगोल रहेगा परन्तु वह चीन राष्ट्र का सदस्य नहीं रह सकता।

(7) भेद के आधार का अन्तर—प्रजाति में भेद शारीरिक लक्षण के आधार पर किया जाता है, राष्ट्र में भेद राष्ट्रीयता के आधार पर किया जाता है। इस प्रकार प्रजाति का भेद बाह्य लक्षणों से होता है और राष्ट्र का भेद आन्तरिक राष्ट्रीय भावना से होता है।

(8) शुद्धता का अन्तर—आजकल कोई भी प्रजाति शुद्ध रूप में नहीं मिलती। सभी प्रजातियां वर्ग संकर हो चुकी हैं परन्तु राष्ट्र शुद्ध रूप में मिलते हैं। साधारणतया प्रत्येक राष्ट्र के व्यक्ति अपने ही राष्ट्र के प्रति राष्ट्रीयता की भावना रखते हैं।

(9) उत्पत्ति में मनुष्य की सामर्थ्य का अन्तर—प्रजाति को मनुष्य उत्पन्न नहीं कर सकते क्योंकि उसकी उत्पत्ति प्राकृतिक कारणों से होती है। राष्ट्र को व्यक्ति उत्पन्न कर सकते हैं। जैसे पिछले महायुद्ध के बाद यहूदियों ने इजराईल में यहूदी राष्ट्र की स्थापना की।

(10) मानसिक आधार पर भेद का अन्तर—प्रजातियों में मानसिक आधार पर भेद नहीं होता, राष्ट्रों में मानसिक आधार पर भेद किया जाता है। राष्ट्रों का चरित्र एक दूसरे से भिन्न होता है।

(11) प्रजाति भौतिक क्रिया का परिणाम है। राष्ट्र मनोवैज्ञानिक क्रिया का परिणाम है।

(12) प्रजाति की उत्पत्ति एक ही पूर्वज से मानी सकती है, राष्ट्र के सदस्यों की उत्पत्ति एक ही पूर्वज से मानना कठिन है।

(13) प्रजाति एक भावना है राष्ट्र एक तथ्य है।

प्रजाति और राष्ट्र का उपरोक्त अन्तर अग्रलिखित तालिका से और भी स्पष्ट हो जायेगा-

प्रजाति और राष्ट्र में अन्तर

प्रजाति	राष्ट्र
1. जैवकीय विचार है	राजनैतिक और मनोवैज्ञानिक विचार है।
2. निश्चित भू-भाग आवश्यक नहीं है	निश्चित भू-भाग आवश्यक है।
3. किसी भावना की आवश्यकता नहीं है	राष्ट्रीयता की भावना आवश्यक है।
4. प्राकृतिक क्रियाओं से जन्म लेती है।	सामाजिक क्रियाओं से जन्म लेता हैं।
5. प्रजाति नहीं बदली जा सकती।	राष्ट बदला जा सकता है।
6. सदस्यता कहीं भी रह कर बनी रह सकती है।	सदस्यता के लिये राष्ट्र के भू-भाग में रहना आवश्यक है।
7. शारीरिक लक्षणों से जानी जाती है।	राष्ट्रीयता से जाना जाता है।
8. शुद्ध नहीं मिलती।	शुद्ध मिलता है।
9. मनुष्य नहीं उत्पन्न कर सकते।	मनुष्य उत्पन्न कर सकते हैं।
10. मानसिक आधार पर भेद नहीं होता।	मानसिक आधार पर भेद होता है।
11. भौतिक क्रिया का परिणाम है।	मनोवैज्ञानिक क्रिया का परिणाम है।
12. सदस्यों की उत्पत्ति एक ही पूर्वज से मानी जा सकती है।	सदस्यों की उत्पत्ति एक ही पूर्वज से मानना कठिन है।
13. एक भावना है।	एक तथ्य है।

देश और राष्ट्र में अन्तर

स्थूल रूप से देश और राष्ट्र में निम्नलिखित अन्तर बतलाये जा सकते हैं—

(1) **व्यापकता का अन्तर**—देश राष्ट्र से अधिक व्यापक है। एक देश में अनेक राष्ट्र पाये जा सकते हैं।

(2) **प्रकृति का अन्तर**—देश एक भौगोलिक विचार है। राष्ट्र एक मनोवैज्ञानिक और आध्यात्मिक विचार है।

(3) **परिभाषा का अन्तर**—देश वह भू-भाग है जिसे राष्ट्र के सदस्य अपनी जन्म भूमि मान कर प्रेम करते हैं, राष्ट्र स्वशासित या स्वशासन की आकाँक्षा रखने वाली राष्ट्रीयता है।

(4) **स्वरूप का अन्तर**—देश मूर्त है, राष्ट्र अमूर्त है।

(5) **अन्योन्याश्रितता का अन्तर**—देश राष्ट्र का आवश्यक तत्व है। देश के न रहने पर राष्ट्र बहुत दिन नहीं रह सकता। राष्ट्र देश के लिए आवश्यक नहीं है। राष्ट्र न होकर भी देश बना रह सकता है।

(6) भेद के आधार का अन्तर—देशों में भौगोलिक आधार पर भेद किये जाते हैं। राष्ट्रों में मानसिक आधार पर भेद किये जाते हैं।

(7) भावना की आवश्यकता का अन्तर—देश के लिये किसी भावना की आवश्यकता नहीं है, राष्ट्र के लिये राष्ट्रीयता की भावना का होना आवश्यक है।

(8) सदस्यता के नियम का अन्तर—एक व्यक्ति एक समय में दो राष्ट्रों का सदस्य रह सकता है परन्तु दो देशों का निवासी नहीं हो सकता।

(9) मनुष्य की सामर्थ्य का अन्तर—राष्ट्र को मनुष्य बना सकते हैं देश को नहीं बनाया जा सकता।

(10) देश बदलना आसान है राष्ट्र बदलना अपेक्षाकृत कठिन है।

(11) राष्ट्र से बाहर रहकर भी व्यक्ति राष्ट्र का सदस्य बना रह सकता है, देश छोड़कर वह देश का सदस्य नहीं रहता।

सारांश

"राष्ट्र की परिभाषा एक ऐसे जन समूह के रूप में की जाती है जो एक भौगोलिक सीमाओं से निश्चित देश में रहता हो, समान परम्पराओं, समान हितों और समान भावनाओं से बंधा हो और जिसमें एकता के सूत्र में बंधने की उत्कंठा तथा राजनैतिक महत्वाकंक्षायें पाई जाती हों।"

राष्ट्र के निर्मायक तत्व—(अ) वैषयिक तत्व—(1) भौगोलिक एकता (2) भाषा की एकता (3) प्रजाति की समानता (4) धर्म की समानता (5) राजनैतिक एकता और स्वतन्त्रता। (ब) प्रतीतिक तत्व—(1) हितों तथा परम्पराओं की समानता (2) राजनैतिक आकाँक्षाओं की समानता (3) सामुदायिक भावना।

राष्ट्रीयता की भावना—"वह समान परम्पराओं, समान रीति-रिवाजों समान अतीत की स्मृतियों और समान भविष्य की आकाँक्षाओं पर आधारित एक मानसिक अवस्था, एक आध्यात्मिक दशा है।"

राष्ट्रीय चरित्र—विचारकों ने विभिन्न राष्ट्रों के व्यक्तियों में विशेष राष्ट्रीय चरित्र का वर्णन किया है। मैक्डूगल राष्ट्रीय चरित्र को स्थायी मानता है परन्तु यह बात वस्तुस्थिति में देखने में नहीं आती। राष्ट्रीय चरित्र अस्थायी और नमनीय होता है। उसके निर्माण में अनेक कारक काम करते हैं।

प्रजाति और राष्ट्र में अन्तर—(1) प्रकृति का अन्तर (2) भू-भाग की आवश्यकता का अन्तर (3) राष्ट्र के लिये राष्ट्रीयता की भावना आवश्यक है (4) उत्पत्ति के कारकों का अन्तर (5) सदस्यता की परिवर्तनशीलता का अन्तर (6) राष्ट्र की सदस्यता के लिये देश में निवास आवश्यक है (7) भेद के आधार का अन्तर (8) शुद्धता का अन्तर (9) उत्पत्ति में

मनुष्य की सामर्थ्य का अन्तर (10) मानसिक आधार पर भेद का अन्तर (11) प्रजाति भौतिक क्रिया का परिणाम है राष्ट्र मनोवैज्ञानिक क्रिया का परिणाम है। (12) प्रजाति की उत्पत्ति एक ही पूर्वज से मानी जा सकती है राष्ट्र के घटकों की उत्पत्ति एक ही पूर्वज से मानना कठिन है। (13) प्रजाति एक भावना है राष्ट्र एक तथ्य है।

देश और राष्ट्र में अन्तर—व्यापकता का अन्तर (2) प्रकृति का अन्तर (3) परिभाषा का अन्तर (4) स्वरूप का अन्तर (5) अन्योन्याश्रितता का अन्तर (6) भेद के आधार का अन्तर (7) भावना की आवश्यकता का अन्तर (8) सदस्यता के नियम का अन्तर (9) मनुष्य की सामर्थ्य का अन्तर (10) देश बदलना आसान है राष्ट्र बदलना अपेक्षाकृत कठिन है (11)राष्ट्र से बाहर रह कर भी व्यक्ति राष्ट्र का सदस्य बना रह सकता है, देश छोड़कर वह देश का सदस्य नहीं रहता।

चतुर्थ-खण्ड
सामाजिक प्रक्रियायें
(Social Processes)

23

अभिवृत्तियां और उनका माप
(Attitudes and their Measurement)

समाज मनोविज्ञान समाज में व्यक्ति के व्यवहार का अध्ययन करता है। व्यक्ति का यह व्यवहार स्थूल रूप से दो प्रकार का हो सकता है प्रकट अथवा बाह्य (Overt) व्यवहार या अप्रकट अथवा आन्तरिक (Covert) व्यवहार। बाह्य व्यवहार को निरीक्षण के द्वारा जाना जा सकता है परन्तु बाह्य व्यवहार छिपे हुये आन्तरिक तथ्यों अथवा मानसिक प्रक्रियाओं को निरीक्षण से नहीं जाना जा सकता। व्यक्ति के व्यवहार में उसके बाह्य व्यवहार से उसके आन्तरिक व्यवहार का अधिक महत्व है क्योंकि वस्तुत: बाह्य व्यवहार इसी आन्तरिक व्यवहार का ही एक परिणाम है। आन्तरिक व्यवहार इसलिये भी अधिक महत्वपूर्ण है कि कभी-कभी बाह्य व्यवहार से व्यक्ति के व्यवहार के वास्तविक अर्थ को समझने में कठिनाई हो सकती है क्योंकि कभी-कभी व्यक्ति के अन्दर कुछ होता है और बाहर कुछ और दिखाई पड़ता है। समाज मनोविज्ञान सामाजिक परिस्थितियों में व्यक्ति के बाह्य व्यवहार के अध्ययन के साथ-साथ उसकी आन्तरिक मनोवृत्तियों का भी अध्ययन करता है।

प्रगट और अप्रगट व्यवहार के सम्बन्ध को समझाने के लिये कुछ उदाहरण लीजिये। मान लीजिये कि कोई पुरुष किसी स्त्री के प्रति कामुक अभिवृत्ति रखता है परन्तु उसके बाह्य व्यवहार से इसका बिल्कुल पता नहीं चलता। एक व्यक्ति अपने मित्र से नाराज हो जाता है जिससे कि मित्र के प्रति उसकी मनोवृत्ति बदल जाती है। मनोवृत्ति के इस परिवर्तन से उसका व्यवहार अपने मित्र के प्रति मैत्रीपूर्ण नहीं रहता बल्कि शत्रुतापूर्ण दिखाई देने लगता है। पिछले उदाहरण में अभिवृत्ति में परिवर्तन होने पर बाह्य व्यवहार में कोई परिवर्तन नहीं हुआ। दूसरे उदाहरण में अभिवृत्ति बदल जाने से बाह्य व्यवहार बदल गया। अपने चारों ओर के लोगों से क्रिया प्रतिक्रिया में व्यक्ति उनके प्रति नाना प्रकार की मनोवृत्तियां बना लेता है। अन्तर्क्रिया के इस परिवर्तन के साथ-साथ ये मनोवृत्तियां भी बदलती रहती हैं। इससे नई-नई समस्यायें उत्पन्न होती हैं। उदाहरण के लिये भारत में जातिवाद, साम्प्रदायिकता, क्षेत्रवाद, भाषावाद आदि के मूल में अनेक प्रकार की मनोवृत्तियां

ही हैं। इन समस्याओं को सुलझाने के लिये यह आवश्यक है कि इन मनोवृत्तियों अथवा अभिवृत्तियों में परिवर्तन किया जाये। अभिवृत्तियों को बदलने के लिये विश्वासों को बदलना पड़ता है क्योंकि अभिवृत्तियों का विश्वासों से बड़ा निकट सम्बन्ध है। जनता में किसी भी प्रकार का सुधार करने के लिये उस विषय में प्रचार किया जाना चाहिये। प्रचार करने से पहले जनता में उस दिशा में अभिवृत्ति उत्पन्न की जानी चाहिये। अभिवृत्ति उत्पन्न करने के लिये पुराने विश्वासों को बदल कर नये विश्वास स्थापित किये जाने चाहियें। यह काम गौण (Secondary) प्रचार का है। इसी के बाद मौलिक प्रचार हो सकता है।

अभिवृत्ति क्या है?

अभिवृत्ति के विषय में उपरोक्त विवेचन से स्पष्ट है कि अभिवृत्ति व्यक्ति की एक विशेष मानसिक दशा है जिसके कारण उसके प्रति इसका व्यवहार बदल जाता है। उदाहरण के लिये गोवध के प्रति हिन्दू और मुसलमानों की अभिवृत्ति में अन्तर होने के कारण गाय के प्रति दोनों के व्यवहार में अन्तर हो जाता है। अभिवृत्ति की निम्नलिखित परिभाषाओं से यह स्पष्ट होगा कि अभिवृत्ति क्या है?

(1) आलपोर्ट का मत–''एक अभिवृत्ति समस्त सम्बन्धित वस्तुओं और परिस्थितियों के प्रति व्यक्ति की प्रतिक्रिया पर निर्देशात्मक या गत्यात्मक प्रभाव डालने वाली तत्परता की एक मानसिक अथवा स्नायविक अवस्था है।''[1] इस परिभाषा से अभिवृत्ति के विषय में निम्नलिखित बातें मालूम होती हैं–

(अ) अभिवृत्ति तत्परता की मानसिक या स्नायविक दशा है।

(ब) अभिवृत्ति का व्यक्ति की प्रतिक्रियाओं पर प्रभाव पड़ता है।

(स) अभिवृत्ति व्यक्ति की प्रतिक्रियाओं को निर्देशित या परिवर्तित करती है।

(2) किम्बाल यंग का मत–अभिवृत्ति किसी परिस्थिति, विचार, मूल्य, भौतिक वस्तु अथवा ऐसी वस्तुओं के वर्ग या व्यक्ति अथवा व्यक्तियों के समूह के प्रसंग में पक्ष या विरुद्ध, बहुधा सकारात्मक या नकारात्मक सतत् और विशिष्ट रूप से प्रतिक्रिया करने की एक सीखी हुई और न्यूनाधिक सामान्यीकृत भावात्मक प्रवृत्ति या विन्यास के रूप में परिभाषित की जा सकती है।''[2] अभिवृत्ति की इस परिभाषा में आलपोर्ट द्वारा दी गई परिभाषा में सम्मिलित तत्वों के अलावा अग्रलिखित बातें और जोड़ी गई हैं :–

---

1. "An attitude is a mental and neural set of readiness, exerting a directive dynamic influence upon the individual's response to all objects and situations with which it is related."

--Allport., G. W. , *A Handbook of Social Psychology*, (1935), pp. 789-844.

2. "An attitude may be defined as a learned and more or less generalised and affective tendency or predisposition to respond in a rather persistent and characteristic manner, usually positively or negatively (for or against) in reference to some situation, idea, value, material object or class of such objects or person or group of persons."

--Young, K., *Handbook of Social Psychology* (1951), p. 122.

(अ) अभिवृत्ति साधारणतया सकारात्मक या नकारात्मक होती है।

(ब) अभिवृत्ति एक सीखी हुई भावात्मक प्रवृत्ति है।

(2) क्रेच और क्रचफील्ड का मत—"एक अभिवृत्ति की परिभाषा व्यक्ति की दुनिया के किसी पहलू की ओर प्रेरणात्मक, संवेगात्मक, प्रत्यक्षात्मक और विचारात्मक प्रक्रियाओं के एक स्थाई संगठन के रूप में की जा सकती है।"[3] इस परिभाषा की विशेषता यह है कि इस परिभाषा में अभिवृत्ति का विश्लेषण करके उसमें उपस्थित विभिन्न तत्वों को स्पष्ट किया गया है। इस प्रकार जैसे कि न्यूकाम्ब ने लिखा है, "एक पसन्द की अभिव्यक्ति अभिवृत्ति नहीं है बल्कि एक प्रेरणा प्रतिमान है।"[4] अत: अभिवृत्ति में प्रेरणा, संवेग प्रत्यक्ष और विचार की प्रक्रियायें सम्मिलित होती हैं। न्यूकाम्ब के शब्दों में "एक व्यक्ति की अभिवृत्ति किसी वस्तु की ओर कार्य करने का, देखने का, सोचने का अथवा अनुभव करने का उसका पूर्व विन्यास है।"[5] न्यूकाम्ब के मत से वही बात सिद्ध होती है जो पीछे कही गई है।

अभिवृत्ति की उपरोक्त परिभाषाओं से स्पष्ट है कि अभिवृत्ति एक मानसिक या स्नायविक तत्परता, संगठन अथवा विन्यास है जिसमें प्रेरणात्मक, भावात्मक, प्रत्यक्षात्मक और विचारात्मक प्रक्रियायें सम्मिलित हैं और जिसके कारण व्यक्ति के चारों ओर की वस्तुओं, व्यक्तियों अथवा समूहों की ओर उसकी सकारात्मक या नकारात्मक प्रक्रिया निर्देशित होती हैं।

अभिवृत्ति की विशेषतायें

(1) अभिवृति क्या है, इसको समझने में अभिवृत्ति की विशेषताओं के उल्लेख से भी सहायता मिलेगी। अभिवृत्ति की मुख्य विशेषतायें निम्नलिखित हैं—

(1) प्रतिमाओं, विचारों या बाह्य वस्तुओं से सम्बन्ध—अभिवृत्ति कुछ प्रतिमाओं, विचारों या बाह्य वस्तुओं से सम्बन्धित होती है। उदाहरण के लिये भारत पर चीन के हमले के समाचार को सुनकर प्रत्येक भारतीय के मन में चीनी आक्रमणकारियों के प्रति एक विरोधी मनोवृत्ति विकसित होती है। इस अभिवृत्ति में यह विचार सम्मिलित है कि चीनियों ने भारत पर आक्रमण करके एक अत्यन्त अनैतिक और अनाधिकार चेष्टा की है। इस अभिवृत्ति में व्यक्ति के मन में चीनी आक्रमणकारियों की कुछ काल्पनिक प्रतिमायें भी उपस्थित होती हैं जो कि चीनी आक्रमण के विषय में उसकी जानकारी पर आधारित होती हैं। इस मनोवृत्ति में बाहरी वस्तुओं का भी कुछ

---

3. "An attitude can be defined, as an enduring organisation of motivational, emotional, perceptual and cognitive processes with respect to some aspect of the individual's world." --Krech and Crutchfield., *Theory and Problems of Social Psychology,* (1955) p. 152.
4. "An expression of preference is not an attitude but a motive pattern." —Newcomb, T. M., *Social Psychology,* (1955) p. 118.
5. "Attitudes are defined in terms of susceptibility to the arousal of motives and not to the carrying out of a particular motive patterns....An individual's attitude toward something is his predisposition to perform, perceive, think and feel in relation to it". --Newcomb, T. M., *Ibid,* pp. 118-119.

प्रभाव है। इस अभिवृत्ति के कारण वह व्यक्ति चीनी आक्रमणकारियों को देश से निकाल देने के लिये सुरक्षा सहायता कोष में अपनी सब कुछ जमा पूंजी देने को तैयार हो जाता है। अभिवृत्ति के इस उदाहरण में अभिवृत्ति का विचारों, प्रतिमाओं और बाह्य वस्तुओं से सम्बन्ध स्पष्ट है।

(2) **विशिष्ट दिशा का निर्देशन**—मनोवृतियां व्यक्ति के व्यवहार को एक विशेष दिशा की ओर निर्देशित करती हैं। अभिवृत्ति के पीछे दिये गये उदाहरण में चीनी आक्रमणकारियों के प्रति नकरात्मक या विरोधी प्रवृत्ति होने के कारण व्यक्ति उसके विरुद्ध लड़ने वाले भारतीय सैनिकों को सहायता देने के लिये सब कुछ करता है। इस प्रकार चीनी आक्रमण के प्रति व्यक्ति की अभिवृत्ति से ही यह जाना जा सकता है कि वह क्या करेगा। चूंकि अभिवृत्तियां व्यक्ति की क्रियाओं का निर्देशन करती हैं इसलिए अभिवृत्तियों को जानकर व्यक्ति की प्रतिक्रिया के विषय में भविष्यवाणी की जा सकती है।

(3) **संवेगात्मक अनुभव**—मनोवृत्तियों के साथ नाना प्रकार के संवेगात्मक अनुभव भी जुड़े रहते हैं। पीछे दिये गये उदाहरण में चीनी आक्रमणकारियों के प्रति अभिवृत्ति से भारतीय व्यक्ति के मन में क्रोध, क्षोभ और कभी-कभी घृणा आदि के संवेग देखे जा सकते हैं।

(4) **अभिवृत्ति के निर्माण में अचेतन का महत्व**—अभिवृत्ति के निर्माण में अचेतन का बहुत महत्व है। कभी-कभी तो व्यक्ति स्वयं यह नहीं जानता कि किसी वस्तु या व्यक्ति के प्रति उसकी विशेष अभिवृत्ति का क्या कारण है क्योंकि वास्तव में कारण उसके अचेतन मन में होता है।

(5) **व्यक्ति की आवश्यकताओं और समस्याओं से सम्बन्ध**—अभिवृत्तियां व्यक्ति की आवश्यकताओं और समस्याओं से सम्बन्धित होती हैं। भारत पर चीनी आक्रमण से प्रत्येक भारतीय के लिए आर्थिक, राजनैतिक आदि अनेक समस्यायें उग्र रूप में उपस्थित हो गई हैं। इससे उसकी दैनिक जीवन की अनेक आवश्यकताओं की पूर्ति में स्पष्ट रूप से बाधा पड़ती है। देश का बहुत सा धन सुरक्षा के आयोजनों में लग जाने से यह अवश्यम्भावी है कि देश के नागरिकों को अनेक कठिनाइयों का सामना करना पड़े और उनकी भौतिक आवश्यकतायें इतनी अच्छी तरह पूरी न हो सकें जितनी की शान्ति के समय में पूरी हो सकती हैं। इस प्रकार आवश्यकताओं और समस्याओं से सम्बन्धित होने के कारण भारतीय व्यक्तियों में चीनी आक्रमणकारियों के प्रति विरोधी या नकारात्मक अभिवृति उत्पन्न होती है।

मानव व्यवहार और अभिवृत्ति

सामाजिक अभिवृत्तियां मनुष्य के सामाजिक व्यवहार का निर्देशन करने में महत्वपूर्ण भाग लेती हैं। मनुष्य का व्यंवहार उसके आन्तरिक विश्वासों, धारणाओं और निर्णयों से प्रभावित होता है। ये सब मनुष्य की व्यक्तियों और वस्तुओं के प्रति अभिवृत्तियों से प्रभावित होता है। उन्हीं से प्रेरक शक्ति मिलती है। अत: अभिवृत्तियों का व्यक्ति के सामाजिक व्यवहार पर प्रभाव पड़ना स्वाभाविक है।

अभिवृत्ति और विश्वास

अभिवृत्ति और विश्वास (Belief) का घनिष्ठ सम्बन्ध है। क्रेच और क्रचफील्ड के शब्दों में "एक विश्वास व्यक्ति की दुनिया के किसी पहलू के बारे में प्रत्यक्षों और विचारों का स्थाई संगठन है।"[6] व्यक्ति के विश्वास सदैव वैज्ञानिक नहीं होते। यद्यपि ज्ञान विश्वास में सहायक होता है परन्तु ज्ञान के अलावा मतों से भी विश्वास बनते हैं। विश्वास वास्तविक भी हो सकते हैं और अवास्तविक भी। कभी-कभी विश्वास का आधार आस्था (Faith) भी होती है जिसमें प्रमाण न मिलने पर भी व्यक्ति किसी बात पर विश्वास करने लगता है। जब कोई अभिवृत्ति विश्वास पर आधारित होती है तो विश्वास को अभिवृत्ति का ज्ञानात्मक पक्ष कहा जा सकता है। परन्तु कभी कभी कुछ अभिवृत्तियां विश्वास के विरुद्ध भी होती हैं। सच तो यह है कि अभिवृत्ति का विश्वास से अनिवार्य सम्बन्ध नहीं है अर्थात् यह विश्वास पर आश्रित नहीं है। उसके लिए यह अनिवार्य नहीं है कि वह विश्वास के अनुरूप ही हो। व्यक्ति के सामाजिक व्यवहार में उसके विश्वासों से अधिक उसकी अभिवृत्तियों का प्रभाव पड़ता है क्योंकि अभिवृत्तियां ही व्यवहार की प्रेरक हैं। वास्तव में मनुष्य के विश्वास किसी वस्तु अथवा व्यक्ति के पक्ष या विपक्ष में नहीं होते जबकि उसकी अभिवृत्तियां तो या पक्ष में होती हैं या विपक्ष में होती हैं। उदाहरण के लिए भारत में भिन्न-भिन्न लोगों में साम्यवादी दर्शन के पक्ष या विपक्ष में अभिवृत्तियां देखी जा सकती हैं। दूसरी ओर जमीन के गोल होने को मानना एक विश्वास है। यहां पर जमीन गोल होने के पक्ष या विपक्ष में होने का सवाल नहीं उठ सकता।

जैसा कि पीछे बतलाया जा चुका है अभिवृत्तियां मनुष्य के सामाजिक व्यवहार की प्रेरक हैं। सामाजिक अभिवृत्तियों के अभाव में व्यक्तियों के सामाजिक व्यवहार के प्रेरक का अभाव हो जायेगा। अभिवृत्तियों से ही व्यक्ति के व्यवहार में समीचीनता और व्यवस्था दिखाई पड़ती है। जैसा कि क्रेच और क्रचफील्ड ने लिखा है इस प्रकार की स्थाई संरचनाओं की अनुपस्थिति में व्यक्ति प्रत्येक परिस्थिति में एक नया व्यक्ति होगा। उनका व्यवहार उत्तेजनाओं के तात्कालिक प्रतिमान और उसकी आर्थिक आवश्यकताओं से ही संगठित होगा। परन्तु चूंकि व्यक्ति में सभी बाह्य वस्तुओं और व्यक्तियों के प्रति किसी न किसी प्रकार की अभिवृत्ति होती है इसलिए उसके व्यवहार में एक निरन्तरता दिखाई पड़ती है। उदाहरण के लिये यदि कोई व्यक्ति साम्यवादी दल के विरुद्ध अभिवृत्ति रखता है तो यह सदैव साम्यवादी दल का विरोध करता दिखाई पड़ेगा। साम्यवादी दल के विरुद्ध विश्वास होने पर यह आवश्यक नहीं है कि वह उसका विरोध करे जब तक कि उसमें विरोधी अभिवृत्ति न हो। इसी प्रकार सरकारी आयोजनों के पक्ष में अभिवृत्ति होने पर लोगों से यह आशा की जा सकती है कि वे जी जान से सरकारी आयोजनों में सहयोग देंगे। अभिवृत्तियों के बन जाने पर व्यक्ति किसी विषय में तत्काल निर्णय कर सकता है और उसे बार-बार सोचना नहीं पड़ता।

---

6. "A belief is an enduring organisation of perceptions and cognition about some aspect of individual's world." —Krech D., and Crutchfield, R. S., *Theory and Problems of Social Psychology*, (1948), p. 157.

बालक एक सामाजिक परिवेश में विकसित होता है। इस सामाजिक परिवेश में उसको भिन्न-भिन्न वस्तुओं, व्यक्तियों, संस्थाओं और समितियों आदि का अनुभव होता है। भिन्न-भिन्न प्रकार के अनुभवों से वह इनके विषय में भिन्न-भिन्न प्रकार की अभिवृत्तियां विकसित करने लगता है। अभिवृत्तियों के इस विकास में उसके विश्वासों, निर्णयों और धारणाओं का भी योगदान होता है। इस प्रकार वयस्क अवस्था तक पहुंचते-पहुंचते उसकी अभिवृत्तियां काफी दृढ़ हो जाती हैं और ये भी उसके सामाजिक व्यवहार को परिचालित करती हैं। इस प्रकार स्पष्ट है कि सामाजिक व्यवहार में सामाजिक अभिवृत्तियों का महत्वपूर्ण कार्य है अतः सामाजिक अभिवृत्तियों को समझने से व्यक्ति के सामाजिक व्यवहार को समझने में सहायता मिलती है परन्तु अभिवृत्तियों के ज्ञान के आधार पर मनुष्य के व्यवहार के विषय में भविष्यवाणी करने की भी एक सीमा है क्योंकि एक तो अभिवृत्तियों को पूरी तरह से जानना कठिन है और दूसरे अभिवृतियाँ परिवर्तित भी होती रहती हैं।

कभी-कभी व्यक्ति के असामान्य व्यवहार के मूल में कोई गलत अभिवृत्ति होती है। उदाहरण के लिये कुछ लोग भूत-प्रेत आदि में विश्वास करते हैं और इसलिये कुछ वस्तुओं जैसे पीपल का पेड़ तथा कुछ जीवों जैसे सर्प आदि के विषय में उनकी विशेष अभिवृत्तियां बन जाती हैं। इन अभिवृत्तियों के कारण वे नाना प्रकार के कर्म-काण्ड करते दिखलाई पड़ते हैं। इस प्रकार की अभिवृत्तियों को बदलना बड़ा कठिन होता है क्योंकि इन्हें प्रमाणों से गलत साबित करना मुश्किल है। व्यक्ति केवल बाहरी वस्तुओं की ओर ही अभिवृत्तियाँ नहीं रखता बल्कि स्वयं अपनी ओर भी अभिवृत्तियां रखता है। इन अभिवृत्तियों का उसके सामाजिक समायोजन में बड़ा महत्व है। अपने प्रति किसी प्रकार की गलत अभिवृत्तियां बन जाने पर उसका व्यवहार असामान्य भी हो सकता है। व्यक्ति के व्यवहार के वांछनीय होने के लिये उसकी अपने प्रति और दूसरों के प्रति अभिवृत्तियों का उचित होना आवश्यक है।

अभिवृत्ति और मूल्य

मूल्य क्या है?

मूल्य (Value) वह है जिसका महत्व है, जिसके पाने के लिए व्यक्ति और समाज चेष्टा करते हैं, जिसके लिये वे जीवित रहते हैं और जिसके लिये वे बड़े से बड़ा त्याग कर सकते हैं। अर्थशास्त्र मूल्य की परिमाणात्मक (Quantitative) व्याख्या करता है। उसके लिये मूल्य वह है जिसका व्यवहारिक उपयोग है, जिसका विनिमय किया जा सकता है। इच्छाओं की पूर्ति करने वाली वस्तुयें मूल्यवान हैं। नीतिशास्त्र मूल्य की गुणात्मक व्याख्या करता है। मूल्य मानव की इच्छा पूर्ति में सहायक है। अर्बन के शब्दों में ''मूल्य वह है जो मानव इच्छा की पूर्ति करता है।''[7] मूल्य जीवन के रक्षण और विकास में सहायक है। वह आत्म साक्षात्कार और आत्म विकास की ओर ले जाता है।

---

7. "Value is that which satisfies human desire."

--W. M. Urban *in Fundamentals of Ethics*.

मूल्य देशकाल के साथ परिवर्तनशील होते हैं। मूल्य गतिशील होते हैं और उनमें बराबर विकास होता रहता है। प्रत्येक व्यक्ति अपनी चेतना के स्तर के अनुसार विभिन्न वस्तुओं को मूल्यवान समझता है। कुछ वस्तुएं स्वयं साध्य होती हैं और कुछ अन्य वस्तुओं की प्राप्ति में साधन मात्र होती हैं। जो स्वयं साध्य हैं उनमें आन्तरिक (Intrinsic) स्थाई और साध्य मूल्य हैं। जो साधन मात्र हैं उनमें बाह्य, अस्थाई और साधन मूल्य हैं। साधारणतया पहले वर्ग में सत्य, सौन्दर्य, शुभ और सद्‌गुण आदि आते हैं।

मूल्य और अभिवृत्तियां

संसार की जो वस्तुएं अथवा व्यक्ति के सामाजिक परिवेश में जो व्यक्ति समूह, संस्थायें, समितियां आदि उसके साध्य मूल्यों को प्राप्त करने में सहायक होते हैं उनके प्रति व्यक्ति में अनुकूल अभिवृत्ति बन जाती है। उदाहरण के लिये जो व्यक्ति जनतन्त्र को अपने परम मूल्यों की प्राप्ति में सहायक समझता है उसमें जनतन्त्र के प्रति अनुकूल अभिवृत्ति बन जायेगी। दूसरी ओर जो वस्तुएं व्यक्ति, समूह, संस्थायें, समितियां किसी वस्तु के मूल्यों की प्राप्ति में बाधक होती हैं व्यक्ति में उनके प्रतिकूल अभिवृत्ति बन जाती है।

व्यक्ति अपने अधिकतर मूल्यों को समाज से ग्रहण करता है। अच्छा और बुरा क्या है इसके विषय में बहुत कम लोग समाज में प्रचलित मत के विरुद्ध जाने की चेष्टा करते हैं। अधिकतर लोग समाज में जो कुछ भी अच्छा माना जाता है उसी को अच्छा मानते हैं अर्थात् उनका जीवन समाज में प्रचलित मूल्यों से ही संचालित होता है। ये मूल्य लोकमत, परम्पराओं, रूढ़ियों, रीति--रिवाजों आदि से बनते हैं। इनमें परिवर्तन के साथ-साथ ये मूल्य भी बदलते रहते हैं। उदाहरण के लिये आज के जनतन्त्रीय समाजों में जनतन्त्र के आधारभूत मूल्य स्वतन्त्रता, समानता और भ्रातृत्व अधिकतर लोगों के द्वारा माने जाते हैं। इन मूल्यों से व्यक्ति की अभिवृत्तियों में परिवर्तन होता है। जिस समाज में स्वतन्त्रता का मूल्य नहीं माना जाता वहां पर दासता के विरुद्ध अभिवृत्ति कम देखने में आयेगी। दूसरी ओर जनतन्त्रीय समाजों में हर प्रकार की दासता और दासता उत्पन्न करने वाली संस्थाओं, व्यक्तियों, समूहों आदि के विरुद्ध अभिवृत्तियां दिखलाई पड़ती हैं। जनतन्त्रीय समाजों की स्थापना क्रमश: विकास का परिणाम हैं। इस क्रमश: विकास में मूल्य भी बराबर बदलते रहे हैं और इन मूल्यों के परिवर्तन के साथ-साथ अभिवृत्तियाँ भी बदलती गई हैं। एक जमाना था जबकि स्त्री को पुरुष की सम्पत्ति समझा जाता था और अधिकतर सभ्य समाजों में बहुविवाह की संस्था का विरोध नहीं किया जाता था बल्कि उल्टे उसको मूल्यवान समझा जाता था। आज भी जहां-जहां स्त्री पुरुष के सम्बन्ध में इस प्रकार के मूल्य प्रचलित हैं वहां बहुविवाह देखने में आता है। अनेक समाजों में लोग अपनी स्त्रियों की संख्या बतलाने में गर्व महसूस करते हैं। कभी-कभी तो इस संख्या से ही उनकी सामाजिक स्थिति निश्चित होती है। स्पष्ट है कि इन समाजों में लोगों की अभिवृत्तियां बहुविवाह और स्त्री की दासता के अनुकूल होंगी। परन्तु आज के जनतन्त्रीय समाजों में बहुविवाह का मूल्य केवल समाप्त ही नहीं हुआ बल्कि नकारात्मक (Negative) हो गया है अर्थात् उसको एक बुरी बात समझा जाने लगा है। इन समाजों में व्यक्तियों में बहुविवाह के विरुद्ध अभिवृत्तियां देखी जा सकती हैं। इस प्रकार स्पष्ट है कि समाज में प्रचलित मूल्यों का अभिवृत्तियों पर प्रभाव पड़ता है।

अभिवृत्ति और मूल्य में अन्तर

उपरोक्त विवेचन से अभिवृत्ति और मूल्य का अन्तर भी स्पष्ट होता है। जैसे कि पीछे बतलाया जा चुका है मूल्य वह है जिसका महत्व है, जो आदर्श है, जो लक्ष्य है और जो मनुष्य की इच्छा पूर्ति में सहायक है। दूसरी ओर अभिवृत्ति एक मानसिक या स्नायविक तत्परता (Set), संगठन (Organisation) अथवा विन्यास (Disposition) है जिसमें प्रेरणात्मक, भावात्मक प्रत्यक्षात्मक और विचारात्मक प्रतिक्रियायें सम्मिलित हैं। मूल्यों में प्रेरणा की शक्ति नहीं है। प्रेरणा शक्ति अभिवृत्तियों में है। अभिवृत्ति के आभाव में व्यक्ति किसी मूल्य को प्राप्त करने का प्रयास नहीं कर सकता। मूल्यों का सम्बन्ध विश्वासों, आस्थाओं और विचारों से है जबकि अभिवृत्ति भावात्मक, प्रत्यक्षात्मक और स्नायविक है। मूल्य लक्ष्य है, अभिवृत्ति उसको प्राप्त करने की तत्परता है। मूल्य साध्य है अभिवृत्ति उसकी ओर प्रेरणा है। इस प्रकार अभिवृत्ति और मूल्य में पर्याप्त अन्तर है परन्तु इस अन्तर से उनका सम्बन्ध कम नहीं होता। जैसा कि पीछे बतलाया जा चुका है। अभिवृत्तियां समाज में प्रचलित मूल्यों से अत्यधिक प्रभावित होती हैं।

अभिवृत्ति में परिवर्तन और विकास

अभिवृत्ति में विकास

यद्यपि अभिवृत्तियों को स्थाई कहा जाता है परन्तु इससे यह नहीं समझना चाहिए कि उनमें परिवर्तन और विकास नहीं होता। अभिवृत्तियों का स्थायित्व सापेक्ष है अर्थात् एक बार अभिवृत्ति बन जाने पर उसमें परिर्वतन धीरे-धीरे तीव्र हो सकता है। परन्तु अभिवृत्ति में परिवर्तन और विकास होता अवश्य है। जहां अनेक कारक अभिवृत्ति को ज्यों का त्यों बनाये रखते हैं वहां कुछ कारक क्रमश: परिवर्तन भी करते रहते हैं। यूं तो किसी वस्तु के प्रति स्थायी अभिवृत्ति एकदम नहीं बन जाती बल्कि उसका क्रमश: विकास होता है। अभिवृत्ति का यह विकास परिवर्तन धीरे-धीरे होता है और यह प्रक्रिया भिन्न-भिन्न व्यक्तियों में भिन्न-भिन्न गति से चलती है।

अभिवृत्ति में परिवर्तन के निर्णायक

अभिवृत्ति के इस विकास और परिवर्तन में महत्वपूर्ण निर्णायक निम्नलिखित हैं—

(1) सांस्कृतिक निर्णायक (Cultural Determinants)

(2) मनोवैज्ञानिक निर्णायक (Psychological Determinants)

(3) कार्यात्मक निर्णायक (Functional Determinants)

(1) सांस्कृतिक निर्णायक—मानवशास्त्रियों की खोजों से भिन्न-भिन्न संस्कृतियों में लोगों में भिन्न-भिन्न प्रकार की अभिवृत्तियों के विकास पर प्रभाव पड़ा है। एस्किमों व्यक्तिवादी, अरापेश शान्तिप्रिय और मुन्डगुमार आक्रामक, उद्दंड और असहिष्णु दिखाई पड़ते हैं। नागा लोग सिरों के शिकारी हैं। भील लड़ाकू हैं और संथाल सीधे साधे हैं। दक्षिणी अफ्रीका की स्वाजी जाति शांतिप्रिय और अहिंसक हैं जबकि उसी के निकट रहने वाली जूलू जाति हिंसक और युयुत्सात्मक है। इस

सब अन्तर का कारण संस्कृति का प्रभाव है। मैकाइवर और पेज के शब्दों में, ''संस्कृति, हमारे रहने और सोचने के ढंग में, दैनिक कार्यकलापों में, कला में, साहित्य में, धर्म में, मनोरंजन और सुखोपभोग में हमारी प्रकृति की अभिव्यक्ति हैं।'' इस प्रकार संस्कृति, मूल्यों, शैलियों, भावात्मक लगावों और बौद्धिक अभियानों का क्षेत्र है। भारतीय और अंग्रेज, सभ्य और आदिम मनुष्यों के मूल्यों, शैलियों, भावात्मक लगावों और बौद्धिक अभियानों, रहने और सोचने के ढंगों, दैनिक कार्य-कलापों तथा साहित्य, धर्म, कला आदि में जो अन्तर दिखलाई पड़ता है वह उनकी संस्कृति के अन्तर के कारण है। मूल रूप से सभी जगह मनुष्यों में एक ही प्रकार के जैवकीय प्रेरक होते हैं। परन्तु संस्कृति से इन प्रेरकों को सन्तुष्ट करने के ढंगों में अन्तर पड़ जाता है। संस्कृति से इनका स्वरूप भी बदल जाता है। उदाहरण के लिये सभ्य समाज में किशोरावस्था में व्यक्ति में जो उथल-पुथल दिखाई पड़ती है वह ऐसे अनेक समाजों में नहीं दिखाई पड़ती जहां पर भिन्न लिंगीय व्यक्तियों को आपस में मिलने की अधिक स्वतन्त्रता है। इस प्रकार स्पष्ट है कि संस्कृति हमारे चारों ओर की वस्तुओं, व्यक्तियों, समूहों, संस्थाओं, समितियों आदि की ओर हमारी अभिवृत्तियों को निर्धारित करने में अत्यन्त महत्वपूर्ण निर्णायक हैं।

अभिवृत्तियों पर सांस्कृतिक कारकों के प्रभाव के विषय में आजकल अनेक मनोवैज्ञानिकों ने महत्वपूर्ण अध्ययन किये हैं। 1934 में कार्लसन (Carlson) के अनुसंन्धान से यह ज्ञात हुआ कि विश्वविद्यालयों के छात्रों के विश्वासों और मनोवृत्तियों पर उनके धार्मिक संस्कारों का बड़ा प्रभाव पड़ता है। कार्लसन ने अपने अध्ययन में देखा कि उच्च माध्यमिक वर्ग के यहूदी छात्रों में ईश्वर, युद्ध तथा सन्तति नियमन के प्रति उदार मनोवृत्तियां थीं। दूसरी ओर कैथोलिक ईसाई छात्रों में नितान्त अनुदार और रूढ़िवादी अभिवृत्तियां दिखाई पड़ीं। प्रोटेस्टैन्ट छात्रों में न तो अत्यधिक उदार और न अत्यधिक अनुदार अभिवृत्तियां दिखाई पड़ीं। कार्लसन से पहले सन् 1932 में हैरिस (Harris) , रैमर्स (Remmers) और एलीसन (Ellison) नामक विद्वानों ने सांख्यिकीय विधि से रूढ़िवादी विद्यार्थियों का अध्ययन करके यह ज्ञात किया कि गिरजे अथवा किसी अन्य धार्मिक संस्था से सम्बन्ध रखने वाले विद्यार्थी उन विद्यार्थियों से अधिक रूढ़िवादी होते हैं जिनका किसी धार्मिक संस्था से सम्बन्ध नहीं है। सन् 1936 में स्टैग्नर (Stagner) ने मंहगी संस्थाओं में शिक्षा पाने वाले और मध्यम श्रेणी की संस्थाओं में शिक्षा पाने वाले विद्यार्थियों का अध्ययन किया। इस अध्ययन में पहली श्रेणी की संस्थाओं के विद्यार्थियों में फात्सीवाद (Fascism) के प्रति मध्यम श्रेणी की संस्थाओं के विद्यार्थियों की अपेक्षा अधिक निष्ठा पाई गई। स्टैग्नर ने यह पता लगाया कि माता पिता और बालकों के अन्तर्राष्ट्रीयता से सम्बन्धित विचारों और विश्वासों में अन्तर नहीं होता।

(2) मनोवैज्ञानिक निर्णायक—अभिवृत्ति के निर्णायकों में मनोवैज्ञानिक निर्णायक भी अत्यन्त महत्वपूर्ण हैं। इनमें तरह-तरह के तनाव, आवश्यकतायें, आशायें, संवेगात्मक अनुभव, प्रत्यक्ष आदि आते हैं। इन सबका व्यक्ति की अभिवृत्तियों पर प्रभाव पड़ता है। उदाहरण के लिये जिन लोगों ने मुसलमानों के अनाचार और देशद्रोह देखे हैं, उनमें उनके प्रति विरोधी अभिवृत्ति बनना स्वाभाविक है। दूसरी ओर जो लोग मुसलमानों के सम्पर्क में आयें हैं जिन्होंने देश के प्रति

अत्यधिक त्याग और प्रेम का परिचय दिया है उनमें मुसलमानों के प्रति विरोधी अभिवृत्तियाँ नहीं मिलेंगी। अभिवृत्तियों का यह अन्तर प्रत्यक्षों और अनुभवों के अन्तर के कारण है। सभी माता-पिताओं को अपने बच्चों से बड़ी-बड़ी आशायें होती हैं और इसीलिये उनका बच्चों के प्रति प्रेम और स्नेह भी रहता है। कभी-कभी ये आशायें निराशा में परिणित हो जाती हैं। ऐसी दशा में कुछ माता-पिताओं में अपने बालकों के प्रति विरोधी अभिवृत्ति भी देखी जा सकती है। जिन व्यक्तियों से हमारी आवश्यकताओं की पूर्ति में सहायता मिलती है उनके प्रति हमारी अभिवृत्ति सदैव सकारात्मक होगी। बालक की अनेक आवश्यकतायें माता से पूर्ण होती हैं। इसीलिये संसार में बहुत कम व्यक्ति माता के विरुद्ध अभिवृत्ति रखते देखे गये हैं। दूसरी ओर अधिकतर व्यक्तियों में माता के प्रति अत्यधिक प्रेम और स्नेह दिखलाई पड़ता है। इसी प्रकार जिन व्यक्तियों तथा वस्तुओं से हमें कष्टदायक सांवेगिक अनुभव होता है या जो हमारे जीवन में तनाव बढ़ाते हैं हम में उनके विरुद्ध अभिवृत्तियाँ बन जाती हैं। इसके विपरीत जिन वस्तुओं अथवा व्यक्तियों आदि से हमें सुखदायक सांवेगिक अनुभव होता है और तनाव कम होते हैं उनके पक्ष में अनुकूल अभिवृत्तियाँ बन जाती हैं।

(3) **कार्यात्मक निर्णायक**—अभिवृत्ति में परिवर्तन करने वाले निर्णायकों में तीसारा वर्ग कार्यात्मक निर्णायकों का है। इनमें व्यक्तित्व का प्रकार, विश्वास, प्रचार आदि आते हैं। व्यक्तित्व के प्रकार से अभिवृत्तियों में अन्तर पड़ता है। यदि कोई व्यक्ति अन्तर्मुखी है तो यह स्वाभाविक है कि उसकी अनेक वस्तुओं और व्यक्तियों के बारे में अभिवृत्तियाँ बहिर्मुखी व्यक्ति से एकदम भिन्न होंगी। बहुधा अन्तर्मुखी व्यक्तियों में सामाजिक मेल-मिलाप के प्रति विरोधी अभिवृत्ति दिखाई पड़ती है जबकि बहिर्मुखी व्यक्ति बड़ा सामाजिक होता है। विश्वासों का अभिवृत्तियों पर बड़ा प्रभाव पड़ता है। यह हिन्दुओं का विश्वास ही है जिसके कारण पत्थर की मूर्ति के प्रति उनमें इतनी अधिक अनुकूल अभिवृत्ति होती है कि उसका तनिक सा अपमान होने पर भी वे खून बहान तक को तैयार हो जाते हैं। दूसरी ओर मूर्तियों में अविश्वास के कारण मुसलमान उनके प्रति विरोधी अभिवृत्ति रखते हैं। अभिवृत्तियों के परिवर्तन के सबसे अधिक महत्वपूर्ण कृत्रिम साधनों में प्रचार उल्लेखनीय है। प्रचार का एक उद्देश्य जनता के विश्वासों और अभिवृत्तियों को परिवर्तित करना या उन पर नियन्त्रण करना है। जैसा कि पहले बतलाया जा चुका हैं, मौलिक प्रचार में पहले से ही मौजूद कुछ अभिवृत्तियों का सहारा लिया जाता है और गौण प्रचार में अभिवृत्तियाँ बदली जाती हैं या बनाई जाती हैं। इसी तरह प्रचार में पुराने विश्वासों को बदलकर नये विश्वास स्थापित करने की चेष्टा की जाती है। उदाहरण के लिये हर एक राजनैतिक दल जनता को यह विश्वास दिलाने की चेष्टा करता है कि वही जनता का सच्चा कल्याण कर सकता है। हर एक अपने को जनता का सच्चा प्रतिनिधि बतलाता है और दूसरे दलों में से विश्वास को उठा देना चाहता है। परन्तु विश्वासों को बदलने में अभिवृत्तियों को ध्यान में रखना जरूरी है क्योंकि प्रचार बलपूर्वक नहीं किये जा सकते। यदि जनता की अभिवृत्ति किसी ओर न हो तो उस दिशा में एकदम प्रचार शुरू कर देना बेकार है। इसके लिये जनता में पहले अभिवृत्ति उत्पन्न की जानी चाहिए।

अभिवृत्तियों का माप

अभिवृत्तियों के माप में कठिनाइयाँ

अभिवृत्ति की प्रकृति और विशेषताओं के पीछे दिये गये विवरण से यह स्पष्ट मालूम पड़ता है कि उनमें ऐसे अनेक तत्व हैं जिनका माप होना बड़ा कठिन है। उदाहरण के लिये अभिवृत्ति में सम्मिलित अनुभूतियों और संवेगों को नापा नहीं जा सकता। अत: अभिवृत्तियों को परोक्ष रूप से ही या अनुमान के द्वारा नापा जाता है। मनोवृत्तियाँ आन्तरिक प्रवृत्तियाँ या विन्यास हैं। इस रूप में उनका माप असम्भव है। परन्तु अभिवृत्तियों से व्यक्ति का बाहरी व्यवहार संचालित होता है। अत: बाह्य व्यवहार के आधार पर अभिवृत्तियों को मापा जा सकता है। अभिवृत्तियों के माप के लिये यह आवश्यक है कि तात्कालिक परिस्थितियों को नियन्त्रित किया जाये। यह नियन्त्रण जितना ही अधिक यथार्थ होगा अभिवृत्ति का माप भी उतना ही अधिक सफल और विश्वनीय हो सकता है। इसीलिये अभिवृत्ति के माप में परिस्थिति का नियन्त्रण आवश्यक है। परन्तु कुछ परिस्थितियाँ ऐसी होती हैं जो नियन्त्रित नहीं की जा सकतीं। उदाहरण के लिये साम्प्रदायिक अभिवृत्तियों को प्रयोगशाला में या कृत्रिम रूप में उत्पन्न करना कठिन होगा। ऐसी स्थिति में प्रयोगकर्ता को वास्तविक परिस्थितियों पर भली प्रकार नजर रखते हुए अभिवृत्ति का अध्ययन करना चाहिये। अत: यह स्पष्ट है कि अभिवृत्तियों के माप में उतनी यथार्थता की आशा नहीं की जा सकती जितनी की बाह्य व्यवहारों के माप में होती है और न ये माप उतने अधिक विश्वसनीय हो सकते हैं। फिर भी इससे यह निष्कर्ष नहीं निकाला जा सकता है कि अभिवृत्ति के माप विश्वसनीय नहीं होते या उनमें यथार्थता नहीं होती। अभिवृत्ति के माप की यथार्थता की परीक्षा उसकी भविष्यवाणी करने की शक्ति से की जा सकती है। जिस सीमा तक कोई माप व्यक्ति के भावी व्यवहार अथवा अनुभव के विषय में भविष्यवाणी कर सकता है उसी सीमा तक वह माप यथार्थ हैं।

अभिवृत्ति के माप की सीमायें

अभिवृत्ति के माप के विषय में इस विवेचन से निम्नलिखित निष्कर्ष निकलते हैं–

(1) अभिवृत्तियों को परोक्ष रूप से भी मापा जा सकता है।

(2) अभिवृत्तियों के माप के लिये तात्कालिक परिस्थिति पर अधिक से अधिक नियन्त्रण किया जाना चाहिये।

(3) अभिवृत्ति के माप में अनियन्त्रित परिस्थितियों का ध्यानर्पूवक अध्ययन किया जाना चाहिये।

(4) अभिवृत्तियों के माप बाह्य व्यवहारों के माप के समान विश्वसनीय और यथार्थ नहीं हो सकते।

(5) अभिवृत्ति के माप की यथार्थता की परीक्षा उसके आधार पर मानव व्यवहार के विषय में भविष्यवाणी की यथार्थता से की जा सकती है।

अभिवृत्तियों के माप की विधियाँ

अत: समाज मनोवैज्ञानिक ने अभिवृत्ति को मापने के लिये विभिन्न विधियाँ निकाली हैं। मुख्य विधियाँ निम्नलिखित हैं–

(अ) मत मापदण्ड (Opinion Scales)।

(ब) मूल्यांकन मापदण्ड (Rating Scales)।

(स) परोक्ष मापदण्ड (Indirect Scales)।

(अ) मत मापदण्ड

मत मापदण्ड में, जैसा कि इस नाम से स्पष्ट है, मत के माप के द्वारा अभिवृत्ति को मापने की चेष्टा की जाती है। किसी भी व्यक्ति या वस्तु के सम्बन्ध में हमारे जो मत होते हैं उनके विश्लेषण से उस व्यक्ति अथवा वस्तु के प्रति हमारी अभिवृत्ति को जाना जा सकता है। अत: मनोवैज्ञानिक विशेष वस्तुओं, व्यक्तियों अथवा समस्याओं के प्रति व्यक्ति के मतों का पता लगाने के लिये मापदण्ड बनाते हैं। इन मापदण्डों में रचना की विधियों और प्रकारों का अन्तर होता है। परन्तु सभी मापदण्डों का उद्देश्य स्वीकार की एक सीमा से नकार की दूसरी सीमा तक फैले एक मापदण्ड में व्यक्ति की स्थिति को निश्चित करना है। जैसा कि पीछे बतलाया जा चुका है किसी भी मापदण्ड से मनोवृत्तियों का प्रत्यक्ष माप सम्भव नहीं है। मत मापदण्ड से विशेष बातों की ओर व्यक्ति की प्रतिक्रियायें ज्ञात होती हैं। इन प्रतिक्रियाओं से उसकी अभिवृत्तियों के बारे में अनुमान लगाया जा सकता है। स्पष्ट है कि मापदण्ड इस प्रकार का बनाया जाना चाहिये कि उससे व्यक्ति की अभिवृत्तियों पर अधिकाधिक प्रकाश पड़ सके। इसके लिये मापदण्ड में ऐसे कथनों का चुनाव होना चाहिये जो कि व्यक्तियों की अभिवृत्ति को अनुकूलता अथवा प्रतिकूलता को भली प्रकार व्यक्त कर सके।

उपयुक्त मापदण्ड की विशेषतायें

उपयुक्त मापदण्ड में निम्नलिखित विशेषतायें होनी जरूरी हैं–

(1) **विश्वसनीयता** (Reliability)–मापदण्ड का सबसे अधिक मुख्य गुण उसकी विश्वसनीयता है। विश्वसनीयता का अर्थ यह है कि दो समान परिस्थितियों में प्राप्त हुये मापों में अधिक अन्तर नहीं होना चाहियें। जिस मापदण्ड में यह गुण जितना ही अधिक होगा उसमें उतनी ही अधिक विश्वसनीयता मानी जायेगी।

(2) **यथार्थता** (Exactness)–विश्वसनीयता के साथ मापदण्ड यथार्थ भी होना चाहिये। इसके लिये मापदण्ड में ऐसे तत्व होने चाहिये जिनसे व्यक्ति की वास्तविक मनोवृत्ति मालूम हो सके।

(3) **तटस्थता** (Objectivity)–मापदण्ड की रचना तटस्थ अथवा वस्तु विषयक होनी चाहिये। उसमें विभिन्न प्रश्नों के चुनाव में निर्णायकों की मनोवृत्ति का प्रभाव नहीं पड़ना चाहिये।

(4) मनोवैज्ञानिक गुण (Psychological quality)—मापदण्ड तभी सफल हो सकता है जबकि उसमें दिये गये प्रश्नों तथा उत्तरों आदि का व्यक्ति की अभिवृत्तियों से मनोवैज्ञानिक सम्बन्ध हो। इस प्रकार के कथनों या प्रश्नों का चुनाव मापदण्ड बनाने वाले की योग्यता पर निर्भर है।

(5) विभिन्न पदों में अन्तर (Distinction of different items)—यथार्थ होने के लिये मापदण्ड के विभिन्न पदों, कथनों, प्रश्नों आदि में परस्पर स्पष्ट अन्तर होना चाहिये। ऐसा न होने पर उत्तर भी स्पष्ट नहीं आयेंगे जिससे निर्णय में गलती हो सकती है।

विभिन्न मापदण्ड—यूँ तो मत मापदण्ड के अनेक रूप समाज मनोविज्ञान में प्रचलित हैं परन्तु मुख्य और महत्वपूर्ण मापदण्ड निम्नलिखित हैं—

1—थर्सटन मापदण्ड रचना विधि (Thurstone Scale Construction Method)

2—लिकर्ट मापदण्ड रचना विधि (Likert Scale Construction Method)

3—गटमैन मापदण्ड रचना विधि (Guttman Scale Construction Method)

उपरोक्त विधियों के अलावा समाज मनोविज्ञान में बोगार्डस मापदण्ड, रैंक आर्डर (Rank Order) मापदण्ड तथा पेयर्ड कम्पैरिजन (Paired Comparison) विधि आदि भी महत्वपूर्ण हैं। यहाँ पर स्थायीभाव के कारण इनका वर्णन नहीं किया जा सकता।

(1) थर्सटन मापदण्ड

सन् 1929 और 1931 में युद्ध, गिरजे, हब्शी, मृत्युदण्ड, सन्तान निरोध आदि के सम्बन्ध में विभिन्न जनसमूहों के मतों और विश्वासों के माप के लिये थर्सटन और उनके साथियों ने मापदण्डों की रचना की।

रचना विधि

थर्सटन मापदण्ड रचना विधि में निम्नलिखित पद थे—

1. प्रस्तुत प्रश्न अथवा वस्तु से सम्बन्धित बहुत से सरल कथनों या मतों को इकट्ठा करना।

2. इन मतों के मापदण्ड के मूल्य को कुछ निश्चित निर्णायकों के द्वारा निर्धारित करना। इस मूल्यांकन से विवादास्पद कथन निकाल दिये जाते हैं और केवल वे ही कथन रहने दिये जाते हैं जिनके विषय में सारे विशेषज्ञ निर्णायक एक मत होते हैं। मतों का विस्तार एक अभावात्मक से एक भावात्मक सीमा तक होता हैं।

3. विशेषज्ञ निर्णायकों के मत के अनुसार हर एक कथन की एक मध्य बिन्दु (Median) संख्या निर्धारित करना।

4. अन्त में यह देखना जरूरी है कि मापदण्ड के सारे कथन विशेष क्रम में आ गये हैं या नहीं। कथनों का क्रम इस प्रकार होना चाहिये कि वे अधिकतम स्वीकृति से प्रारम्भ होकर न्यूनतम स्वीकृति तक जायें। इसके लिये मापदण्ड में प्रारम्भ में ऐसे कथन रखे जाते हैं जिनके बारे में सभी विशेषज्ञ सहमत होते हैं और सबसे अन्त में वे क़थन रखे जाते हैं जिनको सभी अस्वीकार करते हैं।

सावधानियाँ

थर्सटन मापदण्ड रचना विधि में निम्नलिखित सावधानियाँ रखी जाती हैं–

(1) मापदण्ड का प्रत्येक कथन स्पष्ट होना चाहिये।

(2) निर्णायक विशेषज्ञों की संख्या इतनी पर्याप्त होनी चाहिये कि यह बात भली प्रकार मालूम हो सके कि विषयी के द्वारा प्रकाशित मत को कौन सा स्थान दिया जा सकता है। इसके लिये बहुधा निर्णायकों की संख्या सौ से अधिक होती है।

(3) मापदण्ड में केवल वे ही कथन रखे जाने चाहियें जिनको निर्णायक लोग एक मत से स्वीकार करते हैं। इसके लिये प्रत्येक विशेषज्ञ अधिकतम स्वीकृति से लेकर न्यूनतम स्वीकृतियों तक समस्त कथनों को 11 वर्गों में रखता है। यदि सभी विशेषज्ञ एक कथन को ही विशेष वर्ग में रखते हैं तो वह कथन निश्चय ही चुना जाना चाहिये। परन्तु यदि सभी विशेषज्ञ उस कथन को अलग-अलग वर्गों में रखते हैं तो विवादास्पद होने के कारण उसको छोड़ दिया जाना चाहिये।

उदाहरण

थर्सटन मापदण्ड रचना विधि का एक उदाहरण ड्रोबा द्वारा रचित मापदण्ड है। इसमें 22 कथन हैं। यह 1930 में बनाया गया था। व्यक्ति का अभिवृत्ति अंक (Attitude score) ज्ञात करने के लिये यह छपा हुआ मापदण्ड उसको दे दिया जाता है। व्यक्ति जिन कथनों को स्वीकार करता है उन पर सही के निशान लगा देता है। इन कथनों के मापक (Scale score) का मध्य बिन्दु (Median) उस व्यक्ति के अभिवृत्ति अंक दिखलाता है।

ड्रोबा के मापदण्ड के कुछ कथन निम्नलिखित हैं :–

(1) राष्ट्रीय सम्मान के बिना कोई भी देश प्रतिष्ठा प्राप्त नहीं कर सकता और केवल युद्ध ही एक ऐसा साधन है जिसके द्वारा राष्ट्रीय सम्मान की रक्षा की जा सकती है।

(2) यदि युद्ध की घोषणा की जाती है तो हमें भी भरती होना चाहिये।

(3) युद्ध प्रारम्भ करना तभी उचित है जबकि उससे निर्बल राष्ट्र की रक्षा होती हो।

(4) प्रगति के लिये शान्ति और युद्ध आवश्यक हैं।

(5) हम अधिक से अधिक यह आशा कर सकते हैं कि युद्ध का आँशिक रूप में उन्मूलन कर दिया जाय।

(6) युद्ध में लगे हुए लोगों के जीवन अधिकारों का अनादर करने से अपराध की लहर फैल जाती है।

(7) हर एक राष्ट्र को फौरन ही अपना निशस्त्रीकरण कर देना चाहिये।

(2) लिकर्ट मापदण्ड

सन् 1932 में लिकर्ट ने थर्सटन से भिन्न एक मापदण्ड का निर्माण किया। इस मापदण्ड में साम्राज्य, अन्तर्राष्ट्रीयता और नीग्रो लोगों के प्रति प्रयोज्य समूहों के मतों तथा अभिवृत्तियों को जानने की चेष्टा की गई।

रचना विधि

लिकर्ट की मापदण्ड रचना विधि में विभिन्न पद निम्नलिखित हैं—

(1) बहुत से कथनों की रचना करना कि जो उस समस्या अथवा वस्तु से सम्बन्धित हों जिससे सम्बन्धित मनोवृत्ति का अध्ययन करना है।

(2) प्रयोज्यों को ये कथन दिखाकर उनमें उनका निम्नलिखित वर्गों में वर्गीकरण करना।

पूर्णतया स्वीकार (Strongly approve)	स्वीकार (Approve)	अनिश्चित (Undecided)	अस्वीकार (Disapprove)	पूर्णरूप से अस्वीकार (Strongly disap-prove)

(3) उपरोक्त वर्गों में उपरोक्त क्रम से निम्न अंक प्राप्त करना।

5 4 3 2 1

(4) प्रयोज्य के सम्पूर्ण प्राप्त अंक (Total Score) और कथनों के व्यक्तिगत अंकों के बीच में सहसम्बन्ध (Correlation) ज्ञात करना।

(5) उन कथनों को निकल देना जिनका सम्पूर्ण प्राप्तांक से अत्यन्त से निम्न अंश का सहसम्बन्ध है।

(3) गटमैन मापदण्ड

गटमैन ने 1941—44 में अमरीकी सैनिकों के नैतिक स्तर का अध्ययन करने के लिये मापदण्ड का निर्माण किया। गटमैन के मापदण्ड के मुख्य तत्व निम्नलिखित हैं—

(1) यह ज्ञात करना कि कोई कथन मापदण्ड पर अंकित किया जा सकता है या नहीं।

(2) किसी कथन की समीचीनता (Consistancy) की परीक्षा के लिये स्केलोग्राम (Scalogrm) तैयार करना।

(3) एक ही समस्या पर प्रश्नों को इस प्रकार घुमा-फिरा कर पूछना जिससे कि यह बात ज्ञात हो सके कि प्रयोज्य के मत में समीचीनता है।

गटमैन के मापदण्ड की सन् 1947 में फैस्टिग्नर ने तीव्र आलोचना की।

(ब) मूल्यांकन मापदण्ड

जैसा कि पीछे बतलाया जा चुका है उपरोक्त मत मापदण्डों के अलावा अभिवृत्तियों के माप की दूसरी विधि मूल्यांकन मापदण्डों की है। मूल्यांकन मापदण्डों की विशेषता यह है कि इनमें अभिवृत्ति का मूल्यांकन प्रयोज्य के मतों या निर्णयों के आधार पर न होकर विशेषज्ञ अथवा प्रयोगकर्त्ता के अपने निर्णय के आधार पर होता है।

सामग्री एकत्रित करने के साधन—मूल्यांकन मापदण्ड में प्रयोगकर्त्ता मापदण्ड के लिये प्रदत्त या अध्ययन सामग्री को अग्रलिखित साधनों से एकत्रित करता है—

(1) **अशाब्दिक व्यवहार** (Non verbal behaviour)—जैसे रीति-रिवाज को मानना या न मानना।

(2) **शाब्दिक व्यवहार** (Verbal behaviour)—जैसे सहमति अथवा असहमति प्रगट करना।

(3) **गौण अभिव्यक्ति करने वाले सूत्र** (Secondary Expressive Guess)—जैसे मुखाकृति, गले की ध्वनि आदि।

(4) **चिकित्सात्मक साक्षात्कार** (Clinical Type Inter-view)।

(5) **निजी लेख** (Personal Documents)—जैसे आत्मकथा, पत्र, डायरी आदि।

(6) **प्रक्षेपण प्रविधियाँ** (Projective Techniques)—जैसे स्याही का धब्बा विधि आदि।

(7) **तात्कालिक अनुभव** (Immediate Experience)—जैसे व्यक्ति के भाव, विचार, प्रत्यक्षीकरण, कल्पना आदि।

उपरोक्त साधनों से प्रयोगकर्त्ता को अभिवृत्ति के विषय में पर्याप्त प्रदत्त मिल जाते हैं। व्यक्ति के मूक व्यवहार से उसके बिना बोले हुए भी बहुत सी बातें मालूम हो जाती हैं यद्यपि अनुमान लगाने में काफी सावधानी की जरूरत है। मूक व्यवहार की अपेक्षा वार्तालाप से अभिवृत्ति को समझना अधिक आसान है। वार्तालाप के आलावा विभिन्न मुख मुद्राओं से और आवाज के चढ़ाव-उतार से व्यक्ति की अभिवृत्ति मालूम होती है। जैसा कि क्रेच और क्रचफील्ड ने ठीक ही कहा है "यह एक सामान्य विश्वास है कि व्यक्ति जो कुछ कहता है वह उसको जैसा कहता है उसकी अपेक्षा कम व्यक्त करने वाला हो सकता है।"[8] इस प्रकार कही हुई बात से कहने का ढंग व्यक्ति की अभिवृत्ति को कहीं अधिक प्रगट करता है। चिकित्सात्मक साक्षात्कार में व्यक्ति से बहुत सी ऐसी बातें पूछी जा सकती हैं जो कि वह सामान्य रूप से नहीं बतलाना चाहता, क्योंकि इस प्रकार के साक्षात्कार में वह यह समझता है कि इन प्रश्नों का उत्तर देना उसकी चिकित्सा के लिये जरूरी है। डायरी, निबन्ध, पत्र, कविता, कहानी आदि विभिन्न प्रकार के व्यक्तिगत लेख मनुष्य की अभिवृत्ति को व्यक्त करते हैं। इनमें सबसे अधिक महत्व डायरी का है क्योंकि वह एकदम निजी लेख है। आत्म कथा से भी व्यक्ति की अभिवृत्ति मालूम होती है। अभिवृत्तियों को प्रकट करने के लिये प्रक्षेपण विधियाँ बड़ी लाभदायक सिद्ध हुई हैं। इनमें दो मुख्य हैं—(1) रोर्शा स्याही धब्बा परीक्षण और मरे का प्रासंगिक अन्तर्बोध। रोर्शा के स्याही धब्बा परीक्षण में व्यक्ति को स्याही के धब्बों के दस प्रामाणिक कार्डों को देखकर उससे यह पूछा जाता है कि उसे उनमें क्या दिखाई पड़ता है। ? मरे प्रासंगिक अन्तर्बोध परीक्षण में कुछ प्रामाणिक चित्र एक-एक करके प्रयोज्य के सामने उपस्थित किये जाते हैं और उसके आधार पर निश्चित काल में, जो कि बहुत कम होता है, एक कहानी लिखनी होती है। प्रक्षेपण विधियों में व्यक्ति अनजाने ही अपनी आन्तरिक अभिवृत्तियों को

---

8. "It is a common place belief that what a man says may be less revealing than how he says it."

--Krech and Crutchfield., *Theory and Problems of Social Psychology*. p. 237.

व्यक्त कर देता है। इनके अलावा व्यक्ति की तत्कालीन अनुभूतियों, संवेगों, विचारों, प्रत्यक्षों आदि से भी उसकी अभिवृत्ति का पता लगाने में सहायता मिलती है।

मूल्यांकन मापदण्ड के प्रकार

मूल्यांकन मापदण्ड स्थूल रूप से दो प्रकार के होते है—सापेक्ष और निरपेक्ष। सापेक्ष विधि का एक उदाहरण रैंक पदक्रम मापदण्ड है। निरपेक्ष विधि का उदाहरण जनसंख्या प्रतिशत मापदण्ड है। मूल्यांकन मापदण्ड को समझने के लिये इन दोनों मापदण्डों का उल्लेख पर्याप्त होगा।

(1) रैंक पदक्रम मापदण्ड (Rank Order Scale)—इंस मापदण्ड में निर्णायक विशेषज्ञ निम्न से लेकर उच्च कोटि तक फैले हुए एक माप में व्यक्ति की मनोवृत्ति को एक स्थान या पद देता है। जन समूह की परिस्थिति में व्यक्ति की परीक्षा करते समय यह ध्यान रखा जाता है कि अन्य व्यक्तियों की तुलना में उसका क्या स्थान है। इस प्रकार रैंक पदक्रम विधि में व्यक्ति को समान मापदण्ड पर सापेक्ष अर्थात् दूसरे व्यक्ति की तुलना में पद या स्थान दिया जाता है।

(2) जनसंख्या प्रतिशत मापदण्ड (The Percentage of Population Scale)—इस मापदण्ड में जनसंख्या में एक व्यक्ति अथवा कुछ व्यक्तियों को स्थान दिया जाता है। इस विधि में एक निश्चित जनसंख्या की परीक्षा ली जाती है और फिर एक व्यक्ति के मतों की परीक्षा की जाती है। अब निर्णायक व्यक्ति के मतों को मापदण्ड एक स्थान देता है जिससे कि यह स्पष्ट होता है कि उस निश्चित जनसंख्या में कितने प्रतिशत व्यक्ति के पक्ष में हैं और कितने उसके विरोध में हैं। इससे यह भी मालूम हो जाता है कि विशेष व्यक्ति के मत जनसंख्या के कितने प्रतिशत मतों से आगे हैं और कितने प्रतिशत मतों से पिछड़े हुए हैं।

(स) परोक्ष मापदण्ड

अभिवृत्तियों के माप की तीसरी विधि परोक्ष मापदण्ड की विधि है। अभिवृत्तियों के माप की जिन विधियों का अभी तक वर्णन किया गया है उनमें एक दोष यह है कि प्रयोज्य बहुधा यह जान लेता है कि उसकी परीक्षा ली जा रही है और इसलिये वह अपनी असली अभिवृत्ति को छिपाने की चेष्टा करता है। अतः मनोवैज्ञानिकों ने अभिवृत्ति के माप के लिये परोक्ष विधियों का समर्थन किया है जिनमें यह न मालूम हो सके कि अभिवृत्तियों की परीक्षा ली जा रही है। सन् 1938 में ऐश, ब्लाक और हर्जमैन आदि मनोवैज्ञानिकों ने परोक्ष विधियों से अभिवृत्तियों के अध्ययन करने की चेष्टा की। उन्होंने संकेत की सहायता से औद्योगिक समूहों में मत परिवर्तनों का अध्ययन किया। आजकल अनेक अन्य समाज मनोवैज्ञानिक परोक्ष विधियों से अभिवृत्तियों के अध्ययन की चेष्टा कर रहे है।

सारांश

मानव व्यवहार के दो रूप हैं—आन्तरिक और बाह्य। इन दोनों ही रूपों में परस्पर घनिष्ठ सम्बन्ध है। अभिवृत्ति मानव व्यवहार का आन्तरिक पहलू है।

अभिवृत्ति क्या है—अभिवृत्ति एक मानसिक या स्नायविक तत्परता, संगठन अथवा विन्यास है जिसमें प्रेरणात्मक, भावात्मक, प्रत्यक्षात्मक और विचारात्मक प्रक्रियायें सम्मिलित हैं और जिसके

कारण व्यक्ति के चारों ओर की वस्तुओं, व्यक्तियों अथवा समूहों की ओर उसकी सकारात्मक या नकारात्मक प्रक्रिया निर्देशित होती है।

अभिवृत्ति की विशेषतायें—(1) प्रतिमाओं, विचारों या बाह्य वस्तुओं से सम्बन्ध, (2) विशिष्ट दिशा का निर्देशन, (3) संवेगात्मक अनुभव, (4) अभिवृत्ति के निर्माण में अचेतन का महत्व।

अभिवृत्ति और मानव व्यवहार—मानव व्यवहार पर अभिवृत्ति का बड़ा प्रभाव पड़ता है क्योंकि उसका विश्वासों से घनिष्ठ सम्बन्ध है और वह मनुष्य के संकल्पों को प्रभावित करता है। अभिवृत्तियों को समझने से मनुष्य के सामाजिक व्यवहार को आसानी से समझा जा सकता है। कभी-कभी व्यक्ति के असामान्य व्यवहार के मूल में कोई गलत अभिवृत्ति भी होती है।

अभिवृत्ति और मूल्य—मूल्य वह है जिसका महत्व है, जिसके पाने के लिये व्यक्ति और समाज चेष्टा करते हैं, जिसके लिये वे जीवित रहते हैं और जिसके लिये वे बड़े से बड़ा त्याग कर सकते हैं। मूल्य देश काल के साथ परिवर्तनशील हैं। मूल्यों को प्राप्ति में साधक वस्तुओं के प्रति अनुकूल और बाधक वस्तुओं के प्रति प्रतिकूल अभिवृत्ति बन जाती है। मूल्यों में परिवर्तन से अभिवृत्तियाँ भी बदलती जाती हैं। परन्तु अभिवृत्तियों और मूल्यों में स्पष्ट अन्तर है। मूल्य का सम्बन्ध विश्वासों, तथ्यों, आस्थाओं और विचारों से है जबकि अभिवृत्ति प्रेरणात्मक, भावात्मक, प्रत्यक्षात्मक और स्नायविक है।

अभिवृत्ति में परिवर्तन और विकास—अभिवृत्तियों में क्रमशः परिवर्तन और विकास होता रहता है। इसमें निर्णायक कारक तीन प्रकार के हैं—

(1) सांस्कृतिक, (2) मनोवैज्ञानिक, (3) कार्यात्मक।

अभिवृत्तियों का माप—अभिवृत्तियों के माप में अनेक कठिनाईयाँ है और उनके माप कुछ सीमित परिस्थितियों में ही सम्भव हैं। अभिवृत्तियों के उपयुक्त मापदण्ड में आवश्यक विशेषतायें हैं—(1) विश्वसनीयता, (2) यथार्थता (3) तटस्थता, (4) मनोवैज्ञानिक गुण, (5) विभिन्न पदों में अन्तर।

अभिवृत्तियों के माप की विधियाँ—(अ) मत मापदण्ड, (1) थर्सटन मापदण्ड रचना विधि, (2) लिकर्ट मापदण्ड रचना विधि। (3) गटमैन मापदण्ड विधि। (ब) मूल्यांकन मापदण्ड—इसमें इन साधनों से सामग्री एकत्रित की जाती हैं, (1) अशाब्दिक व्यवहार, (2) शाब्दिक व्यवहार, (3) गौण अभिव्यक्ति करने वाले सूत्र, (4) चिकित्सात्मक साक्षात्कार, (5) निजी लेख, (6) प्रक्षेपण प्रविधियाँ (7) तात्कालिक अनुभव, (8) परोक्ष मापदण्ड।

24

पूर्वाग्रह और रूढ़युक्तियां
(Prejudices and Stereotypes)

पूर्वाग्रह जैसा कि उसके नाम से स्पष्ट है, किसी व्यक्ति अथवा वस्तु के प्रति पहले से ही निर्धारित आग्रह है। बहुधा लोग किसी व्यक्ति अथवा वस्तु के विषय में पूरी तरह से जानकारी किये बिना ही किसी न किसी प्रकार का विचार अथवा धारणा बना बैठते हैं भारत में हिन्दू मुसलमानों के प्रति और मुसलमान हिन्दुओं के प्रति पूर्व धारणायें या पूर्वाग्रह रखते हैं। स्वयं हिन्दू समाज में ऊंची जातियों के लोग नीची जातियों के प्रति पूर्वाग्रह रखते हैं। यह पूर्वाग्रह अनुभव और ज्ञान पर नहीं बल्कि नाना प्रकार के भय, संवेग, अज्ञान आदि पर आधारित होते हैं। ऊंची जातियों में भी एक दूसरे के प्रति पूर्वाग्रह दिखलाई पड़ते हैं। जैसे बनियों और कायस्थों के विरुद्ध पूर्वाग्रह रखने वाले लोग यह कहावत कहते दिखालाई पड़ते हैं–

आँबा, नीबू, बानिया जे दाबे रस दें।
कायस्थ, कौआ, करकटा, जे मरेउ रस लें॥

इसी प्रकार ब्राह्मणों के बारे में कहा जाता है "ब्राह्मण, कुत्ता, हाथी, जे न चाहें साथी।" खत्रियों के विषय में कहावत प्रचलित है "खत्री पुत्रम कभी न मित्रम, जब मित्रम तब दगी दगम्।" केवल भारत में ही नहीं लगभग हर एक देश के समाज में भिन्न-भिन्न वर्गों में नाना प्रकार के पूर्वाग्रह दिखलाई पड़ते हैं। उदाहरण के लिये अमेरिका में काले और गोरे लोगों में एक दूसरे के प्रति पूर्वाग्रह भयंकर रूप से विद्यमान है।

उपरोक्त वर्णन से यह नहीं समझना चाहिये कि पूर्वाग्रह केवल विरोधी भावना ही दिखलाता है। पूर्वाग्रह पक्ष में भी हो सकता है और विपक्ष में भी। दोनों ही हालतों में उसका आधार और अनुभव और ज्ञान न होकर अंधविश्वास (Superstition) अज्ञान और पूर्व निर्णय (Per-Judgment) होते हैं। हर एक माता अपने बालक के विषय में पूर्वाग्रह अथवा पूर्व धारणा रखती है और इस कारण उसे अपने बालक के दोष दिखलाई नहीं पड़ते। समाज में सहयोग और संघर्ष दोनों प्रकार की प्रक्रियायें दिखलाई पड़ती हैं। जिन लोगों से व्यक्ति की सहयोग की क्रियायें होती हैं उनके पक्ष और जिन लोगों से संघर्ष की क्रियायें होती हैं उनके विपक्ष में पूर्वधारणायें बन जाती हैं।

पूर्वाग्रह की परिभाषायें

पूर्वाग्रह जैसे कि उसके नाम से स्पष्ट है किसी बात की जांच या परीक्षा करने से पहले ही उसके सम्बन्ध में कोई निश्चित विश्वास या अभिवृत्ति बना लेना है। जाहिर है कि पूर्व आग्रह सरासर अनुचित और अविवेकपूर्ण होते हैं। निम्नलिखित कुछ परिभाषाओं से पूर्व आग्रह का स्वरूप समझने में आसानी होगी–

(1) **जेम्स ड्रेवर द्वारा परिभाषा**–जेम्स ड्रेवर के अनुसार "पूर्वाग्रह एक निश्चित प्रकार के कार्यों अथवा वस्तुओं, कुछ व्यक्तियों और कुछ सिद्धान्तों के विरुद्ध अथवा पक्ष में एक अभिवृत्ति है जिसमें प्रायः कुछ संवेग भी जुड़े रहते हैं।"[1] पूर्वाग्रह की इस परिभाषा में उसको एक अभिवृत्ति (Attitude) बतलाया गया है जिसमें किसी न किसी तरह का संवेग (Emotion) जुड़ा रहता है। साम्प्रदायिक पूर्व आग्रह रखने वाले हिन्दू लोग मुसलमानों को मलेच्छ कहते हैं और उससे दूर भागते हैं। ऊंची जाति के लोग नीची जाति के लोगों से घृणा करते हैं। अमरीका में गोरे लोग हब्शी लोगों को देखकर नाक भौं सिकोड़ते हैं और उसको पास नहीं बैठने देना चाहते। इन सब उदाहरणों में कुछ व्यक्तियों की ओर या समूहों की ओर एक विशेष प्रकार की अभिवृत्ति दिखलाई पड़ती है जिसके साथ घृणा और भय भी लगा हुआ है।

(2) **ऑगबर्न द्वारा परिभाषा**–ऑगबर्न के अनुसार "पूर्व आग्रह एक जल्दी में किया हुआ निर्णय या उपयुक्त परीक्षा के बिना बनाई हुई राय है।"[2] जैसा कि पहले बतलाया जा चुका है। पूर्व आग्रह में व्यक्ति जांच करने से पहले ही कोई धारणा बना लेता है। उदाहरण के लिये बहुत से हिन्दू यह मान बैठते हैं कि मुसलमान स्वभाव से देशद्रोही होते हैं और वे इस बात की जांच करना जरूरी नहीं समझते कि वास्तव में ऐसा है भी या नहीं। इसी प्रकार बहुत से मुसलमान हर एक विधर्मी को काफिर कहते हैं और उसको कुफ्र करने वाला या पापी मानते हैं। यह एक परीक्षा के बिना बनाई हुई राय है।

(3) **किम्बाल यंग द्वारा परिभाषा**–किम्बाल यंग ने पूर्व आग्रह की एक अधिक विस्तृत परिभाषा उपस्थित की है। उसके अनुसार "एक पूर्व आग्रह रूढ़युक्तियों, पौराणिक कथाओं और कहानियों का एक समग्र है जिसमें कि एक व्यक्ति अथवा एक समूह को पूर्ण रूप में लेकर वर्गीकरण करने, उसके लक्षण बतलाने अथवा उसकी परिभाषा करने के लिये एक समूह लेबिल या प्रतीक का इस्तेमाल किया जाता है। इसका अर्थ है पूर्व निर्णय, एक निर्णय देना अथवा एक अभिवृत्ति ग्रहण करना अथवा पहले से ही एक विश्वास बना लेना। वह आत्महित या समूह के हित से बौद्धिक निर्णय को विकृत कर देता है। प्रायः उसके साथ राग और द्वेष के दृढ़ संवेग जुड़े

---

1. "Prejudice is an attitude, usually with an emotional colouring, hostile to, or in favour of, action or objects of a certain kind, certain persons and certain doctrines."
—James Drever.

2. "Prejudice is a hasty judgement or an opinion formed without due examination."
—Ogburn

रहते हैं।''[3] पूर्व आग्रह की इस परिभाषा में उसको एक रूढ़युक्ति (Stereotype) एक पूर्ण निर्णय (Prejudgment), एक बुद्धिहीन निर्णय (Irrational Judgement) कहा गया है जिसके साथ राग द्वेष के दृढ़ संवेग लगे रहते हैं। पूर्व आग्रह की इस परिभाषा में लगभग सभी बातें आ जाती हैं।

(4) क्रेच और क्रचफील्ड द्वारा परिभाषा–''पूर्वाग्रह का तात्पर्य अभिवृत्तियों और विश्वासों से है जो कि अभिवृत्तियों और विश्वासों के विषयों को लाभदायक अथवा हानिकारक परिस्थिति में रख देते हैं। प्रजातीय पूर्वाग्रह का तात्पर्य किसी भी अल्प मत प्रजातीय, नृवंशशास्त्रीय अथवा राष्ट्रीय समूह के विषय में अभिवृत्तियों अथवा विश्वासों से है जो कि उस समूह के सदस्यों के लिये हानिकारक है।''[4] इस परिभाषा में पूर्वाग्रह को किसी वस्तु के या व्यक्ति अथवा व्यक्ति समूह के पक्ष या विपक्ष में अभिवृत्तियां और विश्वास कहा गया है। प्रजातीय पूर्वाग्रह का एक उत्तम उदाहरण है।

पूर्वाग्रह की उपरोक्त परिभाषाओं से स्पष्ट है कि पूर्वाग्रह रूढ़युक्तियों विश्वासों, अभिवृत्तियों, पूर्व निर्णयों, पौराणिक कथाओं आदि का एक ऐसा समग्र है जिसके साथ राग और द्वेष के संवेग जुड़े रहते हैं और जो किसी व्यक्ति अथवा समूह को लाभदायक अथवा हानिकारक परिस्थिति में रख देता है। पूर्वाग्रह के उदाहरण भारतवर्ष में जातिवाद, भाषावाद, क्षेत्रवाद और साम्प्रदायिकता आदि में देखे जा सकते हैं।

सामाजिक सम्बन्धों में पूर्वाग्रह

सामाजिक सम्बन्धों को निश्चित करने में पूर्वाग्रह का बड़ा महत्व है। भारत में भिन्न-भिन्न जातियों, सम्प्रदायों, क्षेत्रों और भाषाओं से सम्बन्धित व्यक्तियों के परस्पर सामाजिक सम्बन्धों में पूर्वाग्रह स्पष्ट देखा जा सकता है। स्थान-स्थान पर बनिये और ब्राह्मण, ब्राह्मण और कायस्थ, ब्राह्मण और अब्राह्मण, ऊंची जातियों अथवा नीची जातियों में परस्पर बैर-भाव दिखलाई पड़ता है। सैंकड़ों सालों से देश में हिन्दू मुसलमानों के साथ रहने पर भी उनके आपसी सम्बन्ध पूर्वाग्रह पर आधारित हैं। कुछ लोग देश के विभिन्न भागों में रहने वाले लोगों में भी पूर्वाग्रह बढ़ा रहे हैं। इस प्रकार के लोगों ने दक्षिणी भारत को एक अलग राज्य बनाने की मांग की है। अमरीका में काले और गोरे लोगों के परस्पर सम्बन्धों में पूर्वाग्रह का महत्व स्पष्ट दिखलाई पड़ता है। इस

---

3. "A prejudice is a composite of stereotypes, myths and legends in which a group label or symbol is used to classify, characterise and define an individual or a group considered as a totality....It means 'prejudgement.,' the making of a decision or the adoption of an attitude or a belief in advance. It is a preversion of rational judgement by self interest or group interest. It is usually accompanied by strong emotional likes and dislikes."
—K. Young.

4. "Prejudice refers to attitudes and beliefs that serve to place the objects of the attitudes and beliefs at an advantage or disadvantage, racial prejudice refers to attitudes or beliefs concerning any minority, racial, ethnic or national group that are disadntageous to the members of that group."
—Krech and Crutchfield.

प्रकार पूर्वाग्रह के कारण विभिन्न दलों, सम्प्रदायों, समूहों और व्यक्तियों में परस्पर द्वेष, प्रतिस्पर्द्धा और संघर्ष दिखलाई पड़ता है। दूसरी ओर पूर्वाग्रह के कारण लोग कुछ व्यक्तियों, समूहों, दलों आदि का अन्ध समर्थन करते दिखलाई पड़तें हैं।

पूर्वाग्रह की प्रकृति

पूर्वाग्रह के उपरोक्त विवेचन से उसकी प्रकृति भी स्पष्ट होती है। इस संबंध में मुख्य बातें निम्नलिखित हैं—

(1) **पूर्वाग्रह अज्ञान पर आधारित है**—विभिन्न दल, समूहों और व्यक्तियों के मध्य पूर्वाग्रह परस्पर अज्ञान के कारण होता है। इस अज्ञान के कारण तरह-तरह के अन्ध विश्वास बन जाते हैं और अन्य लोगों के विषय में नाना प्रकार की गलत धारणायें बना बैठते हैं।

(2) **पूर्वाग्रह पक्ष में भी हो सकता है और विपक्ष में भी**—पूर्वाग्रह के कारण कोई वस्तु स्वीकृत और समर्थित होती है जबकि दूसरी वस्तु अस्वीकृत होती है और उसका विरोध किया जाता है। इस प्रकार पूर्वाग्रह किसी व्यक्ति अथवा समूह के पक्ष में हो सकता है और विपक्ष में भी। जातिवाद के मूल में उपस्थित पूर्वाग्रह से अपनी जाति के प्रति पक्षपात और दूसरी जाति के प्रति घृणा अथवा बैर उत्पन्न होता है।

(3) **पूर्वाग्रह में संवेग जुड़े रहते हैं**—यदि पूर्वाग्रह पक्ष में हो तो उसके साथ राग और विपक्ष में हो तो द्वेष के संवेग जुड़े रहते हैं। क्षेत्रवाद के मूल में उपस्थित पूर्वाग्रह के कारण लोग अपने क्षेत्र के लोगों का समर्थन करने के साथ-साथ उनसे रागात्मक संवेग भी रखते हैं। दूसरी ओर जहां वे अन्य क्षेत्रों के लोगों का विरोध करते हैं वहां उनके प्रति द्वेष संवेग भी रखते हैं। पूर्वाग्रह रखने वाले व्यक्ति की बातचीत सन्तुलित नहीं दिखलाई पड़ती। गोरे लोग काले लोगों से दूर ही नहीं रहते बल्कि उनको देखकर नाक भौं भी सिकोड़ते हैं।

(4) **पूर्वाग्रह के साथ पौराणिक कथायें और कहानियाँ भी जुड़ी रहती हैं**—भारत में साम्प्रदायिक पूर्वाग्रहों के मूल में कुछ पौराणिक कथायें तथा ऐतिहासिक तथ्य भी हैं। मुसलमानों के देशद्रोह, क्रूरता तथा अत्याचार के विषय में हिन्दुओं में तरह-तरह की कहानियां तथा कथायें प्रचलित हैं। इसी प्रकार मुसलमानों में भी तरह-तरह की पौराणिक कथायें हिन्दुओं के विषय में प्रचलित हैं।

(5) **पूर्वाग्रह एक अभिवृत्ति हैं**—अभिवृत्ति एक मानसिक और स्नायविक तत्परता है जिससे कि कुछ वस्तुओं, व्यक्तियों, समूहों आदि के प्रति व्यक्ति की अनुक्रिया पर प्रभाव पड़ता है। पूर्वाग्रह एक ऐसी अभिवृत्ति है जिसके मूल में अन्ध विश्वास और बुद्धिहीन निर्णय हैं।

(6) **पूर्वाग्रह में गलत विश्वास शामिल हैं**—हर एक व्यक्ति की एक अपनी दुनिया होती है जिसमें अपनी देखी हुई और जानी हुई बातों के आधार पर वह कुछ विश्वास बना लेता है। ये विश्वास अच्छे भी हो सकते हैं और बुरे भी। परन्तु दोनों ही हालतों में व्यक्ति के व्यवहार पर इनका प्रभाव पड़ता है। पूर्वाग्रह बहुधा पक्ष या विपक्ष में गलत विश्वासों पर आधारित होता है।

(7) पूर्वाग्रह शीघ्र, पूर्व और बुद्धिहीन निर्णय है—पूर्वाग्रह से व्यक्ति निर्णय करता है। दूसरे शब्दों में पूर्वाग्रह निर्णय के रूप में अभिव्यक्त होता है। ये निर्णय बहुत शीघ्र और बिना किसी अनुभव या ज्ञान अथवा तर्क की सहायता लिये हुये कर लिये जाते हैं। इसलिये बहुधा पूर्वाग्रह हानिकारक ही सिद्ध होते हैं।

पूर्वाग्रह की उत्पत्ति विषयक मनोवैज्ञानिक सिद्धान्त

पूर्वाग्रह के विकास में अनेक कारण कार्य करते हैं। उनकी उत्पत्ति के कारण सामाजिक, मनोवैज्ञानिक आदि अनेक प्रकार के हैं। भिन्न-भिन्न कारणों को लेकर समाज मनोवैज्ञानिकों ने विभिन्न मत उपस्थित किये हैं जिनमें से मुख्य निम्नलिखित है—

(1) जन्मजात स्वभाव का सिद्धान्त (Theory of Innate Tendency)।

(2) आत्म प्रेम का सिद्धान्त (Theory of self Love)।

(3) प्रजातीय केन्द्रिता का सिद्धान्त (Theory of Ethoncentrism)।

(4) मनोविश्लेषणवादी सिद्धान्त (Psycho-Analytic Theroy)।

(1) जन्मजात स्वभाव का सिद्धान्त—पूर्व धारणाओं की उत्पत्ति और विकास के सम्बन्ध में जन्मजात स्वभाव के सिद्धान्त के अनुसार पूर्वाग्रह का कारण जन्मजात स्वभाव ही है। व्यक्ति में जन्म से ही अपने समान व्यक्तियों से प्रेम करने और अपने से भिन्न व्यक्तियों से घृणा करने की प्रवृति होती है। इस मत के अनुसार सभी लोग अपनी प्रजाति के सदस्यों से प्रेम करते हैं और भिन्न प्रजाति के सदस्यों से घृणा करते हैं। इन विचारकों ने पूर्वाग्रहों को सामाजिक जीवन का स्वाभाविक और आवश्यक अंग माना है। गिडिंग्स (Giddings) और रॉस (Ross) तथा समनर (Sumner) आदि ने इसी प्रकार का मत उपस्थित किया है। इन विद्वानों के अनुसार पूर्वाग्रह रूप रंग तथा शारीरिक गठन आदि कुछ जन्मजात विशेषताओं पर आधारित होते हैं।

पूर्वाग्रह की उत्पत्ति के विषय में इस मत की आधुनिक समाज मनोवैज्ञानिकों ने तीव्र आलोचनायें की हैं। किम्बालयंग के शब्दों में "इस मत का कोई प्रमाण नहीं है कि पूर्वाग्रह मूल-प्रवृत्ति जन्य अथवा आन्तरिक होता है।...फिर भी शरीर शास्त्र और मनोविज्ञान इस सिद्धान्त का कोई समर्थन नहीं करते कि किसी व्यक्ति में एक भिन्न प्रजाति और रंग अथवा एक भिन्न समाज और संस्कृति के सदस्य के विरुद्ध जन्मजात पूर्वाग्रह होते हैं।"[5] सच तो यह है कि शारीरिक भिन्नता को पूर्वाग्रह का कारण मानना एकदम भ्रामक है। समान शारीरिक विशेषताओं वाले लोगों में भी पूर्वाग्रह पाये जाते हैं और भिन्न शारीरिक विशेषताओं वाले लोगों में इनका सर्वथा अभाव हो सकता है।

---

5. "There is no evidence whatsoever that prejudice is instinctive or innate yet psychology and physiology give no support to any theory that a man has inborn prejudices against persons of a different race and colour or of a different society and culture."

—K Young.

(2) **आत्म प्रेम का सिद्धान्त**—एम्बरी (Embree) और रूटर (Reuter) इत्यादि कुछ विद्वानों ने पूर्वाग्रह की उत्पत्ति को समझने के लिये आत्म प्रेम के सिद्धान्त का समर्थन किया। प्राणी मात्र में जन्म से ही अपने से प्रेम करने की प्रवृत्ति होती है। आत्म प्रेम की इस प्रवृत्ति के कारण व्यक्ति अपने से भिन्न और अलग लोगों से घृणा करता है और वह अपने अहं या आत्मा (Self) में सम्मिलित लोगों से प्रेम करता है। उदाहरण के लिये प्रत्येक बालक में आत्म प्रेम की प्रवृत्ति देखी जा सकती है और साथ ही साथ वह अपने माता-पिता, सगे सम्बन्धियों आदि से भी प्रेम करता है जोकि उसके अहं के अंग बन जाते हैं। परन्तु फिर भी आत्म प्रेम के सिद्धान्त में पूर्वाग्रह की व्याख्या नहीं होती। यह ठीक है कि पूर्वाग्रह में आत्म प्रेम एक कारक हो सकता है परन्तु उसके मूल और भी अनेक सामाजिक, मनोवैज्ञानिक तथा अन्य अनेक प्रकार के कारण होते हैं।

(3) **प्रजातीय केन्द्रिता का सिद्धान्त**—कुछ अन्य विद्वानों ने प्रजातीय केन्द्रिता के आधार पर अन्तर्राष्ट्रीय सम्बन्धों में सहयोग और विरोध आदि की व्याख्या करने की चेष्टा की है। इसी आधार पर उन्होंने पूर्वाग्रह को भी समझाया है। प्रजातीय सिद्धान्त के खण्डन के साथ-साथ इस मत का भी खण्डन हो चुका है। यह ठीक है कि अमरीका में काले और गोरे लोगों के एक दूसरे के विरुद्ध पूर्वाग्रहों का कारण प्रजातीय केन्द्रिता हो सकती है परन्तु फिर इन दोनों ही प्रजाति के व्यक्तियों में अपनी ही प्रजाती के व्यक्तियों के प्रति भी पूर्वाग्रह देखे जा सकते हैं। मर्फी-मर्फी और न्यूकाम्ब (Murphy, Murphy and Newcomb) ने प्रजातीय केन्द्रिता के सिद्धान्त की आलोचना करते हुऐ ठीक ही लिखा है कि मैत्री स्वजातीय नहीं बल्कि सहृदयता पर और सम्पर्क पर आधारित होती है।

(4) **मनोविश्लेषणवादी सिद्धान्त**—पूर्वाग्रह के विषय में मनोविश्लेषणवादी के सिद्धान्त में मूल कारण मानव अुनभव को माना गया है। व्यक्ति का बचपन से ही जिन वस्तुओं, व्यक्तियों और समूहों के विषय में जैसा अनुभव होता है उनके प्रति उसमें वैसे ही पूर्वाग्रह बन जाते हैं। जिनसे कटु अनुभव होता है उनके विरुद्ध और जिनसे अच्छा अनुभव होता है उनके पक्ष में पूर्वाग्रह बन जाते हैं। फ्रॉज ऐलेक्जेन्डर (Franz Alexander) ने ठीक ही लिखा है कि मनुष्य में प्रारम्भिक हताशाओं (Frustrations) के आधार पर पूर्वाग्रहों का निर्माण होता है। परन्तु केवल इतना कहने मात्र से पूर्वाग्रह को पूरी तरह नहीं समझा जा सकता है। मनुष्यों में ऐसे व्यक्तियों और समूहों के प्रति भी पूर्वाग्रह मिलते हैं जिनके विषय में उनका किसी भी प्रकार का अनुभव नहीं होता। फिर जैसा कि मोरनो (Moreno) ने ठीक ही संकेत किया है पूर्वाग्रह के विकास में परिवेश के कारकों और शिक्षा का भी कम महत्व नहीं होता। पर्ल बक (Pearl Buck) और हौरोवित्स (Horowitz) ने भी इस सिद्धान्त की आलोचना की। वास्तव में जैसा कि न्यूकाम्ब ने लिखा है "संक्षेप में पूर्वाग्रह की सामर्थ्य अनर्जित होती है परन्तु उसका लक्ष्य (जिस समूह के विरुद्ध उसे निर्देशित किया जाता है) सीखा हुआ होता हैं।"[6]

---

6. "In brief, capacity for prejudice is unlearned but its target (the group against which it is directed) is learned." —Newcomb.

इस प्रकार पूर्वाग्रह के विकास या उत्पत्ति को किसी एक कारक की सहायता से नहीं समझा जा सकता है। बालक का व्यक्तित्व परिवार में और फिर स्कूल में विकसित होता है। इन दोनों ही संस्थाओं में अनेक प्रभावों से उसमें नाना प्रकार के पूर्वाग्रह बन जाते हैं। हौरीवित्स ने अनेक प्रकार के प्रयोगों से यह पता लगाया कि गोरे बालक बालिकाएं काले बालक बालिकाओं के प्रति इसलिये पूर्वाग्रह रखते हैं क्योंकि उनके माता-पिता ने उन्हें वैसा ही सिखाया है। अमेरिका में टैनेसी नामक स्थान के एक स्कूल बालिका ने हौरोवित्स को बतलाया "काले बालक! मां मुझे काले बालकों के साथ नहीं खेलने देना चाहती क्योंकि वे काले लोग हैं। मां कहती है कि उनके साथ खेलने से निमोनियां हो सकता है। जब कभी मैं काले बच्चों के साथ खेलती हूं तो मां मारती है।"[7] एक अन्य बालिका ने बतलाया कि उसकी मां उसे काले बच्चों के साथ खेलने को मना करती है और इस निषेध का कारण नहीं बतलाना चाहती। इस प्रकार बालक परिवार में माता पिता तथा अन्य लोगों के प्रभाव से अनेक पूर्वाग्रह विकसित कर लेते है। ईसाई स्कूलों में बहुधा शिक्षकों की शिक्षा के प्रभाव से यहूदियों के प्रति पूर्वाग्रह बन जाता है। पूर्वाग्रह के इस निर्माण में व्यक्तिगत अनुभव और सम्पर्क का भी कम महत्व नहीं है। यह एक सामान्य बात है कि जिन लोगों से हमारा जैसा अनुभव होता है उनके विषय में हमारे वैसे ही पूर्वाग्रह बन जाते हैं। इन पूर्वाग्रहों में व्यक्ति के अपने मानसिक दोषों, हताशाओं आदि का कम हाथ नहीं होता। मनुष्यों की अभिवृत्तियों के विकास में व्यक्तिगत अनुभवों का महत्वपूर्ण स्थान है। लासकर (B. Lasker) ने अपने प्रयोगों के आधार पर यह बतलाया कि पूर्वाग्रह के विकास में व्यक्तिगत अनुभव का बड़ा महत्व है। परन्तु कभी-कभी व्यक्ति अपना निजी अनुभव न होने पर भी अपने समूह के अन्य व्यक्तियों के अनुभव को जान कर उनके आधार पर पूर्वाग्रह बना लेता है। उदाहरण के लिए कुछ अमरीकी बालकों के अध्ययन में बोगार्डस (Bogardus) ने उनमें चीनियों और जर्मनों के प्रति विरोधी पूर्वाग्रह पाये जबकि उन्होंने किसी चीनी या जर्मन को देखा तक नहीं था। इन सब कारकों के अलावा संस्कृति, लोक साहित्य और समाज के नियमों आदि का भी पूर्वाग्रहों पर प्रभाव पड़ता है। जापानी और अमरीकी लोक साहित्य के अध्ययन से हैरेन (L. Hearen) ने उन्हें पूर्वाग्रह के विकास में महत्वपूर्ण कारक पाया है। क्रेच और क्रचफील्ड ने पूर्वाग्रह को प्रभावित करने वाले अनेक प्रकार के पर्यावरणों का उल्लेख किया है। बियर्लसन (Baerlson) तथा साल्टर (Salter) ने अपने अध्ययनों के आधार पर पूर्वाग्रह के निर्माण में समाचार पत्रों और पत्रिकाओं का महत्व बतलाया। इनके अलावा प्रचार के अन्य सभी साधनों का भी पूर्वाग्रह पर प्रभाव पड़ता है। इस प्रकार पूर्वाग्रह के विकास में व्यक्तिगत अनुभवों और अन्य कारकों के अलावा अन्य बहुत से सामाजिक कारणों का भी प्रभाव पड़ता है।

पूर्वाग्रह की उत्पत्ति के कारण

स्थूल रूप से पूर्वाग्रह की उत्पत्ति के कारकों को दो वर्गों में विभाजित किया जा सकता हैं—सामाजिक और मनोवैज्ञानिक। इनमें से सामाजिक (Social Factors) पूर्वाग्रह को अर्जित

---

7. "Coloured Children ! Mother does not want me to play with coloured children, because they are coloured men. Might have pneumonia if you play with them. If play with coloured children sometimes mamma whips me." —Horowitz.

करने में सहायक होते हैं जबकि मनोवैज्ञानिक कारण (Psychological factors) पूर्वाग्रह के व्यक्तिगत आधार हैं। विश्लेषण की सुविधा के लिये इनमें से दूसरे वर्ग का पहले अध्ययन किया जायेगा।

मनोवैज्ञानिक कारण

पूर्वाग्रह के मनोवैज्ञानिक कारण अनेक और विविध हैं। भारत में विभिन्न जातियों, धर्मों, क्षेत्रों आदि के व्यक्तियों में उपस्थित पूर्वाग्रह के मूल में ईर्ष्या और द्वेष की भावनायें, परस्पर विरोधी विश्वास और संघर्ष की अभिवृत्तियां आदि मनोवैज्ञानिक तत्व देखे जा सकते हैं। आत्म सम्मान की भावना को ठेस पहुँचाने पर व्यक्ति अन्य व्यक्ति या समूहों से घृणा करने लगते हैं और उनके विषय में पूर्वाग्रह बना लेते हैं। पूर्वाग्रह के उन्मूलन के लिये सबसे पहले उसके मनोवैज्ञानिक कारणों का उन्मूलन आवश्यक है। मनोवैज्ञानिक कारणों में मुख्य कारण निम्नलिखित हैं:–

(1) **असामान्य व्यक्तित्व** (Abnormal Personality) व्यक्ति की अनेक समानतायें उसके पूर्वाग्रहों का कारण होती हैं क्योंकि वह अपनी असामान्य प्रवृत्तियों का, व्यवहारों का विवेकीकरण करके तरह-तरह की पूर्व धारणायें बना लेता है। उदाहरण के लिये साम्प्रदायिक दंगों में व्यक्तियों की असमान्यतायें हिंसा के रूप में अभिव्यक्त होती हैं चाहे अपने व्यवहार के लिये वे कुछ भी दलील देने की कोशिश क्यों न करें। अनेक प्रकार के मानसिक रोग भी कुछ पूर्वाग्रहों के कारण होते हैं। उदाहरण के लिये पैरेनोइया (Paranoia) नामक मानसिक रोग से ग्रसित व्यक्ति को चारों ओर अपने शत्रु दिखलाई पड़ते हैं और वह सभी को संदेह की दृष्टि से देखता है। इसलिए वह दूसरे लोगों के प्रति नाना प्रकार के पूर्वाग्रह बना लेता है।

(2) **हताश आवश्यकतायें** (Frustrated needs)–प्रत्येक व्यक्ति की अनेक प्रकार की शारीरिक और मनोवैज्ञानिक आवश्यकतायें होती हैं। यदि वह आवश्यकतायें पूरी नहीं होतीं तो उसमें बहुत सी हताशायें बन जाती हैं जो प्रतिहिंसा, घृणा, हिंसा आदि के रूप में अभिव्यक्त होती हैं। हताशाओं के कारण व्यक्ति अचेतन रूप से विभिन्न व्यक्तियों और समूहों के विषय में तरह-तरह के पूर्वाग्रह बना लेता है।

(3) **दोषपूर्ण समायोजन** (Maladjustment)–समाज में सभी लोग अपनी परिस्थितियों से और समाज के अन्य लोगों से ठीक प्रकार से समायोजन नहीं कर पाते। अनेक कारणों से उनमें तरह-तरह की मानसिक ग्रन्थियाँ बन जाती हैं। उनमें निराशा और असन्तोष बढ़ता जाता है। वे अपनी असामाजिक प्रवृत्तियों का भी ठीक प्रकार से शमन नहीं कर पाते। अत: उनमें अन्य व्यक्तियों और समूहों के प्रति घृणा, द्वेष और भय आदि की प्रवृत्तियां बढ़ती जाती हैं जिनके कारण वे नाना प्रकार के पूर्वाग्रह बना लेते हैं।

(4) **आत्म रक्षा** (Self defence)–प्रत्येक व्यक्ति अपने अहं या आत्म (Self) की रक्षा करना चाहता है और उसको चोट पहुंचाने पर तीव्र प्रतिक्रिया करता है। प्रतिक्रिया में वह चोट पहुँचाने वाले व्यक्ति अथवा समूह के प्रति बैर, घृणा, द्वेष आदि विकसित कर लेता है और फलस्वरूप उसमें तरह-तरह के पूर्वाग्रह बन जाते हैं।

(5) आत्म सम्मान की भावना (Motive of self Regard)–प्रत्येक व्यक्ति आत्म सम्मान चाहता है। आत्म सम्मान की यह भावना केवल उसके अपने व्यक्तित्व तक ही सीमित नहीं रहती। उसके आत्म या अहं के विकास के साथ-साथ वह अपने सम्बन्धियों, साथियों, दल, समूह आदि के आत्म सम्मान को भी बनाये रखना चाहता है। इनके साथ आत्म सम्मान की भावना जुड़ जाने के कारण वह इनके पक्ष में तरह-तरह के पूर्वाग्रह बना लेता है।

(6) सामाजिक अनुरूपता की चाह (Desire of social conformity)–प्रत्येक समाज में कुछ रीति-रिवाज, नियम, चलन, अन्धविश्वास, विचार आदि प्रचलित होते हैं। सामाजिक अनुरूपता की चाह के कारण व्यक्ति इनके विषय में सोच विचार किये बिना इनको मान लेता हैं और पूर्वाग्रहों के रूप में अपना लेता है।

(7) सीखना (Learning)–पूर्वाग्रह का एक अत्यन्त महत्वपूर्ण मनोवैज्ञानिक कारण सीखना है। व्यक्ति अपने अधिकतर पूर्वाग्रहों को समूह के अन्य लोगों से सीख लेता है। उदाहरण के लिये हिन्दू या मुस्लिम बालकों में प्रारम्भ से एक दूसरे के विषय में किसी तरह के पूर्वाग्रह नहीं होते जबकि उनके परिवारों में वयस्क लोग साम्प्रदायिक पूर्वाग्रह रखते हैं। ये लोग बालक को सिखाते हैं कि मुसलमान गन्दा है अथवा हिन्दू काफिर है। इस प्रकार बालक बड़ों की देखा देखी या उनके बतलाने से साम्प्रदायिक पूर्वाग्रह सीख लेता है।

वास्तव में अधिकतर पूर्वाग्रह सीखे हुए ही होते हैं। पूर्वाग्रह में सीखने के इस प्रकार से पूर्वाग्रहों को दूर करने में शिक्षा का महत्व स्पष्ट होता है।

सामाजिक कारण

उपरोक्त मनोवैज्ञानिक कारणों के अलावा पूर्वाग्रह के मूल में कुछ सामाजिक कारण भी होते हैं। इनमें मुख्य निम्नलिखित हैं–

(1) सामाजिक दूरी (Social Distance)–हर एक समाज में भिन्न-भिन्न समूह सामाजिक संरचना में ऊंची नीची विशेष स्थिति रखते हैं। इन स्थितियों में पर्याप्त सामाजिक दूरी होती है। उदाहरण के लिये हिन्दू समाज में सामाजिक संस्तरण में ब्राह्मण सबसे ऊंचे और शूद्र सबसे नीचे माने जाते हैं। इनमें सामाजिक दूरी इतनी अधिक है कि ब्राह्मण लोग शूद्रों को अपवित्र और नीच समझते हैं। यदि कोई ब्राह्मण का बालक किसी शूद्र को छू भी देता है तो उसको स्नान कराया जाता है। इससे उसके अन्दर यह पूर्वाग्रह उत्पन्न हो जाता है कि शूद्र अपवित्र और अस्पृश्य है।

(2) सांस्कृतिक अन्तर (Cultural Differences)–पूर्वाग्रह के मूल में एक महत्वपूर्ण कारण सांस्कृतिक अन्तर है । प्रत्येक व्यक्ति अपने संस्कृति को ऊंचा समझता है और भिन्न होने के कारण अन्य संस्कृति को नीचा समझता है। इस प्रकार विभिन्न संस्कृतियों से प्रभावित व्यक्तियों में परस्पर दूरी बढ़ती जाती है। जो कि अन्त में घृणा का रूप ले लेती है। इससे वे एक दूसरे के विषय में तरह-तरह के पूर्वाग्रह बना लेते हैं। उदाहरण के लिए प्राचीन भारतीय संस्कृति के पुजारी लोग पश्चिमी संस्कृति में रंगे लोगों से घृणा करते हैं । इससे वे उनके बारे में तरह-तरह के पूर्वाग्रह बना लेते हैं। वे उनको अनैतिक आचार भ्रष्ट, देशद्रोही, फिजूल खर्च और बनावट के

पुतले समझते हैं जबकि पश्चिमी संस्कृति से प्रभावित व्यक्तियों में इस प्रकार के दोष होना कुछ भी आवश्यक नहीं है। सांस्कृतिक दूरी के कारण बंगाल में ब्रह्म सामाजिकों के विषय में तरह-तरह के पूर्वाग्रह बन गये थे।

(3) सामाजिक निषेध और प्रतिबन्ध (Social Taboos and Restrictions)—अनेक समूहों में एक दूसरे के प्रति व्यवहार में तरह-तरह के सामाजिक निषेध और प्रतिबन्ध होते हैं। उदाहरण के लिए हिन्दुओं में भिन्न जाति में विवाह करने का निषेध है और ऊंची जातियों के लिये नीची जातियों के यहां खाने आदि पर भी प्रतिबन्ध है। इन सामाजिक निषेधों का परिणाम यह होता है कि इन समूहों में सामाजिक दूरी बढ़ती जाती है और परस्पर अनेक प्रकार के पूर्वाग्रह बन जाते हैं। भिन्न लिंगीय व्यक्तियों से व्यवहार के विषय में निषेधों का एक अन्य प्रकार से प्रभाव पड़ता है। सभ्य समाजों में स्त्री पुरुष के परस्पर व्यवहार के विषय में अनेक निषेध होने के कारण उनको अपने काम प्रवृत्ति का दमन करना पड़ता है अथवा वे उसको किसी अप्राकृतिक रूप से सन्तुष्ट करते हैं। इन दोनों ही परिस्थितियों में मानसिक संघर्ष बढ़ता है और नाना प्रकार की पूर्व धारणायें उत्पन्न होती हैं।

(4) सामाजिक परिस्थितियां और घटनायें (Social Conditions and Phenomena) उपरोक्त कारणों के अलावा कुछ सामाजिक परिस्थितियाँ और घटनायें भी पूर्वाग्रह की उत्पत्ति का कारण बन जाती हैं। उदाहरण के लिये भारत में जहां साम्प्रदायिक दंगे, साम्प्रदायिक तनावों का परिणाम हैं वहां उनसे हिन्दू मुसलमानों में पूर्वाग्रह बढ़ते भी हैं। भिन्न-भिन्न समूहों में प्रचलित विभिन्न रीति रिवाजों, प्रथाओं, त्यौहारों आदि की भिन्नता भी पूर्वाग्रहों का कारण बन जाती हैं।

अन्य कारण

उपरोक्त मनोवैज्ञानिक और सामाजिक कारणों के अलावा पूर्वाग्रह के कुछ अन्य कारण भी होते हैं जिनमें से मुख्य निम्नलिखित हैं—

(1) ऐतिहासिक कारण (Historical Causes)—भारत में हिन्दू मुसलमानों में एक दूसरे के प्रति पूर्वाग्रह के मूल में कुछ ऐतिहासिक कारण भी हैं। यह एक ऐतिहासिक तथ्य है कि भारतवर्ष में इस्लाम धर्म के अनुयायी बाहर से आये और उन्होंने तलवार के जोर से बहुत से हिन्दुओं को मुसलमान बनाया। अनेक मुस्लिम शासकों ने हिन्दुओं पर भारी अत्याचार किये। दूसरी ओर अनेक हिन्दू राजाओं ने मुंह तोड़ जवाब दिया। ये ऐतिहासिक घटनायें आज पुरानी हो चुकी हैं। परन्तु फिर भी बहुत से लोग उस पुराने इतिहास को भूल नहीं पाते जबकि औरंगजेब के अत्याचार से हिन्दू धर्म को खतरा उपस्थित हो गया था अथवा जबकि हरिसिंह नलवा का नाम लेकर मुस्लिम स्त्रियां अपने बच्चों को चुप कराती थीं। इससे बहुत से हिन्दुओं और मुसलमानों में अब भी परस्पर घृणा, भय, द्वेष आदि की भावनायें उपस्थित हैं जिससे तरह तरह के पूर्वाग्रह पलते रहते हैं।

(2) भौगोलिक कारण (Geographical Causes)—पूर्वाग्रह के कारण भौगोलिक भी होते हैं। भारत में भिन्न-भिन्न क्षेत्रों में लोगों के एक दूसरे के विषय में तरह-तरह के पूर्वाग्रह पाये

जाते हैं। उदाहरण के लिये सरदारों की तथाकथित मूर्खता के विषय में उत्तर प्रदेश में कितनी ही कहानियाँ प्रचलित हैं। भिन्न-भिन्न भौगोलिक क्षेत्रों में रहने वाले लोग अपने क्षेत्र के लोगों को स्वदेशी और दूसरे क्षेत्र के लोगों को विदेशी समझने लगते हैं। इससे उनमें अपने क्षेत्र के लोगों के पक्ष में और दूसरे क्षेत्र के लोगों के विपक्ष में पूर्वाग्रह बन जाते हैं।

(3) राजनैतिक कारण (Political Causes)—कुछ राजनैतिक कारण भी पूर्वाग्रह को उकसाते हैं। उदाहरण के लिये भारत में राजनैतिक स्वार्थों को लेकर अनेक दल विभिन्न समूहों के प्रति घृणा और द्वेष फैलाते हैं तथा तरह-तरह की झूठी सच्ची घटनायें गढ़कर पूर्वाग्रह उत्पन्न करते हैं।

(4) आर्थिक कारण (Economic Causes)—पूर्वाग्रहों के कारण आर्थिक भी हैं। साम्यवादी विचारधारा से अत्यधिक प्रभावित कुछ लोग हर एक धनी और पूंजीपति व्यक्ति को क्रूर, भ्रष्ट, अनैतिक और गिरा हुआ समझते हैं। वे समझते हैं कि सभी धनी हृदयहीन होते हैं। दूसरी ओर धनिक वर्ग के लोग निर्धन लोगों को अशिष्ट, उद्दण्ड, कामचोर, असभ्य आदि समझते हैं। स्पष्ट है कि दोनों के विचार पूर्वाग्रहों पर आधारित हैं जिनके कारण आर्थिक हैं।

रूढ़युक्तियां
(Stereotypes)

समाज मनोविज्ञान में सन् 1920 में वाल्टर लिपमैन (Walter Lippmann) ने स्टीरियोटाइप (Stereotype) शब्द का प्रयोग किया। प्रारम्भ में इस शब्द का प्रयोग डेमेन्शिया प्रकौक्स (Dementia Praecox) नामक एक मानसिक रोग में प्रकट होने वाली मुख मुद्राओं तथा शब्दों के लिए किया गया। स्टीरियोटाइप शब्द का शाब्दिक अर्थ है एक ऐसी तश्तरी जो सांचे का काम करती है। लिपमैन ने इस शब्द का प्रयोग उन विचारों तथा वृत्तियों के लिये किया जो कि जाग्रत होने पर हमारे मस्तिष्क में एक चित्र या प्रतिमा अंकित कर देती है।

रूढ़युक्ति की परिभाषा

आधुनिक समाज मनोविज्ञान में रूढ़ियुक्तियों को न तो उसके शाब्दिक अर्थ में लिया जाता है और न उस अर्थ में जो लिपमैन ने किया था। इस आधुनिक रूप को समझने के लिये रूढ़ियुक्तियों की कुछ परिभाषाओं को देखना प्रासंगिक होगा।

(1) किम्बाल यंग द्वारा परिभाषा—"इसकी सर्वोत्तम परिभाषा मिथ्या वर्गीकरण करने वाले एक प्रत्यय के रूप में की जा सकती है जिसके साथ नियमानुसार पसन्द, स्वीकृति या अस्वीकृति की कोई दृढ़ संवेगात्मक अनुभूति जुड़ी रहती है।"[8] इस परिभाषा में रूढ़युक्तियों की अग्रलिखित दो विशेषतायें बतलाई गई हैं—

---

8. "....It is best defined as a false classificatory concept to which as a rule, some strong emotional feeling tone of like or dislike, approval or disapproval is attached."

—K. Young.

(अ) यह एक मिथ्या वर्गीकरण करने वाला प्रत्यय है।

(ब) उसके साथ पसन्द या नापसन्द, स्वीकृति या अस्वीकृति की संवेगात्मक अनुभूति जुड़ी हुई हैं।

इस प्रकार रूढ़युक्तियों से लोगों का वर्गीकरण किया जाता है जैसे कि शिकारपुरी, सरदारजी, काफिर आदि शब्द कुछ विशेष प्रकार के लोगों के लिये प्रयोग किये जाते हैं और उनसे अरुचि तथा अस्वीकृति की संवेगात्मक अनुभूतियां जुड़ीं रहती हैं। यहां यह ध्यान रखने की बात है कि इस प्रकार लोगों का वर्गीकरण सर्वथा अनुचित है यद्यपि इससे इस तथ्य में कोई अन्तर नहीं पड़ता कि रूढ़युक्तियों का मनुष्य के अनुभव और व्यवहार पर प्रभाव पड़ता है।

(2) चार्ल्स बर्ड का मत–"रूढ़युक्ति युक्त प्रक्रियायें वे प्रत्यक्ष अथवा विचारों के अर्थपूर्ण संगठन हैं जिसका उद्‌गम प्रेरित करने वाली परिस्थितियों की कुछ विशेषताओं में न होकर मुख्य रूप से अनुभवों और संवेगों में होता है।"[9] रूढ़युक्तियों की इस परिभाषा में यह संकेत किया गया है कि उनका निर्माण परिस्थितियों पर इतना निर्भर नहीं होता जितना कि व्यक्ति की अपनी अनुभूतियों और संवेगों पर। इस परिभाषा में यह भी बतलाया गया है कि रूढ़युक्ति में प्रत्यक्ष और विचार परस्पर गुंथे रहते हैं।

इस प्रकार संक्षेप में रूढ़युक्तियों की परिभाषा करने के लिये कहा जा सकता है कि ये मिथ्या वर्गीकरण करने वाले वे प्रत्यय हैं जिनमें प्रत्यक्ष और विचार परस्पर गुथें रहते हैं और जिनके साथ पसन्द या नापसन्द, स्वीकृति या अस्वीकृति की दृढ़ संवेगात्मक अनुभूतियां जुड़ी रहती हैं।

रूढ़युक्ति का प्रभाव

व्यक्ति के अनुभव और व्यवहार में रूढ़युक्तियों का बड़ा महत्व है। इस सम्बन्ध में अनेक अध्ययन भी किये गये हैं जिनसे सामाजिक व्यवहार में रूढ़युक्तियों के प्रभाव पर प्रकाश पड़ता है। अनुभव और व्यवहार में रूढ़युक्तियों के प्रभाव के विषय में निम्नलिखित बातें उल्लेखनीय हैं–

(1) मानव व्यवहार का निर्देशन–रूढ़युक्तियां व्यक्ति के व्यवहार का निर्देशन करती हैं। जैसा कि पहले बतलाया जा चुका है रूढ़युक्ति के द्वारा हम बहुत सी वस्तुओं या व्यक्तियों को विभिन्न वर्गों में बांटते हैं। इससे हर एक वस्तु या व्यक्ति के बारे में अलग अलग सोचना नहीं पड़ता। वास्तव में आज के जटिल जीवन संघर्ष में मनुष्य को इतना समय नहीं मिलता कि वह प्रत्येक वस्तु अथवा व्यक्ति के बारे में नये सिरे से छानबीन करे। ऐसी दशा में रूढ़युक्तियां ही उसके व्यवहार का निर्देशन करती हैं। राजनैतिक क्षेत्र में तो अधिकतर व्यवहार रूढ़युक्तियों से ही निर्देशित होता है। उदाहरण के लिए भारत में राजनैतिक क्षेत्र में कांग्रेस की जीत निश्चित

---

9. "Stereotyped responses are perceptions or meaningful arrangement of ideas having their origin primarily in feelings and emotions rather than in some characteristics of the stimulating circumstances" —Charles, Bird.

समझी जाती है और बहुधा ऐसा होता है। इसलिये लोग कांग्रेस के नाम पर वोट देते हैं। यद्यपि यह स्थिति किसी प्रकार से अच्छी नहीं कहीं जा सकती। व्यवहार के निर्देशन में रूढ़युक्ति का यह महत्व केवल भारत में ही हो ऐसी बात नहीं है। यह प्रवृत्ति सभी जगह है। हार्डमैन ने पेंसिलवेनिया की सैंटर काउन्टी में 160 व्यक्तियों पर प्रयोग करके उनमें राजनैतिक रूढ़युक्तियों का प्रभाव दिखलाया। हार्टमैन (Hakrtmen) ने 20 प्रश्नों की एक प्रश्नावली बनाई। इनमें से 10 प्रश्न ऐसे थे कि जिनका उत्तर हां में देने पर प्रयोज्य को रेडिकल (Radical), माना जाता। बाकी 10 प्रश्न ऐसे थे जिनका उत्तर हां में होने पर व्यक्ति को कन्जरवेटिव (Conservative) माना जा सकता था। हार्टमैन के प्रयोगों से यह ज्ञात हुआ कि प्रयोज्यों में राजनैतिक रूढ़युक्तियां थीं जिनके कारण रिपब्लिकन, डेमोक्रेटिक, फरमर लेबर तथा लेबर सर्वश्रेष्ठ वर्ग समझे जाते थे और दूसरी ओर इण्टरनेशनल रेडिकल रिफार्म, टैक्नोक्रेटिक और कम्युनिस्ट सबसे नीचे वर्ग के समझे जाते थे।

(2) भविष्यवाणी में सहायता—बहुधा रूढ़युक्तियों के आधार पर व्यक्तियों के व्यवहार के विषय में भविष्यवाणी भी की जाती हैं। उदाहरण के लिए भारतीय सेना में सिख और गोरखे अच्छे सिपाही माने जाते हैं और इस रूढ़युक्ति के आधार पर युद्ध में उनके कार्य के विषय में भविष्यवाणी कर दी जाती है। इसी प्रकार कुछ लोग पढ़ी लिखी स्त्रियों के विषय में और कुछ धार्मिक लोग स्त्रियों के विषय में रूढ़युक्तियां बनाये रखते हैं और उसी से उनके व्यवहार के विषय में भविष्यवाणी कर बैठते हैं। यदि आप माने बैठे हैं कि बंगाली झगड़ालू होते हैं तो आप किसी भी बंगाली के विषय में यह भविष्यवाणी कर सकते हैं कि वह झगड़ा करेगा।

(3) सामाजिक व्यवहार का नियन्त्रण—प्रत्येक समाज में बहुत सी ऐसी युक्तियां प्रचलित होती हैं जिनसे समाज के सदस्यों के व्यवहार का नियन्त्रण होता है। उदाहरण के लिए भारतवर्ष में क्षत्रिय का धर्म युद्ध से भाग जाने को सबसे बड़ा पाप मानता है। इससे बहुत से क्षत्रिय युद्ध से भाग जाने के बारे में सोच भी नहीं सकते। आज के प्रगतिशील युग में भी अधिकतर भारतीय स्त्रियों का यौन व्यवहार पतिव्रता की रूढ़युक्ति से नियन्त्रित होता है। कहा जाता है कि भारतीय नारी जीवन में केवल एक ही पुरुष से यौन सम्बन्ध स्थापित करती है। इसी प्रकार भिन्न-भिन्न जातियों के विषय में प्रचलित रूढ़युक्तियों से उनके व्यवहार पर नियन्त्रण होता है। उदाहरण के लिए कहा जाता है "कायस्थ का बच्चा पढ़ा भला या मरा भला।" कायस्थ कलम के धनी माने जाते हैं। बनिये के पेट में लक्ष्मी मानी जाती है। ब्राह्मण त्यागी और धार्मिक माने जाते हैं। इन रूढ़युक्तियों से व्यवहार पर कुछ न कुछ नियन्त्रण अवश्य होता है।

(4) व्यवसायिक प्रचार में उपयोगिता—व्यक्ति के व्यवहार में निर्देशन और नियन्त्रण में रूढ़युक्तियों के प्रभाव का व्यवसायिक क्षेत्र में खूब उपयोग किया जाता है कि संसार में कोई भी टॉनिक (Tonic)ऐसा नही हैं जिसकी दो चार बोतलें पीकर कोई दुबला पतला व्यक्ति मोटा तगड़ा और पहलवान बन जाये। परन्तु फिर भी कितने ही टॉनिक के निर्माता अपने टॉनिक के विषय में इसी प्रकार रूढ़युक्ति का निर्माण करते हैं। एक बार रूढ़युक्ति चल जाने पर प्रचार आसान हो जाता है। इसी प्रकार कोई भी साबुन त्वचा के रंग को बदल कर साफ नहीं बना सकता परन्तु लक्स, रेक्सोना, आदि कितने ही साबुनों के साथ इसी प्रकार की रूढ़युक्ति लगी हुई है।

(5) शिक्षा सम्बन्धी संस्थाओं में प्रयोग—रूढ़युक्ति के इस महत्व का शिक्षा सम्बन्धी संस्थाओं में व्यापक प्रयोग किया जाता है। लोग शिक्षा संस्था के नाम से उसकी प्रकृति का अनुमान लगाते हैं। इसीलिये रूढ़युक्तियों के आधार पर शिक्षा संस्थाओं के नाम रखे जाते हैं—जैसे दयानन्द ऐंग्लो वैदिक कालिज, मौर्डन आर्ट स्कूल, सनातन धर्म विद्यालय इत्यादि। ध्यान रहे कि यह आवश्यक नहीं है कि मौडर्न आर्ट कालिज आधुनिक ही हो यद्यपि उनके नाम से लोग ऐसा समझ सकते हैं।

(6) अनुभव में रूढ़युक्तियों का महत्व—केवल व्यवहार में ही नहीं बल्कि अनुभव में भी रूढ़युक्तियों का अनुभव होता है। शैरिफ ने (Sherif) ने अपने एक लेख में लिखा है कि किसी गद्यांश को पसन्द करना या नापसन्द करना इस बात पर निर्भर है कि वह किस लेखक का लिखा हुआ है क्योंकि पाठक लेखकों के विषय में कुछ रूढ़युक्तियाँ बना लेते हैं जिनसे उनके अनुभव प्रभावित होते हैं। शैरिफ ने स्टीवैंसन (Stevenson) के कुछ लेखों में से 1 से 16 गद्यांश छांटकर प्रत्येक को अलग-अलग लेखकों के नाम के साथ छोड़ दिया। अब ये लेख विद्यार्थियों को दिये गये तथा उनसे उनकी पसन्द पूछी गई। यद्यपि सभी लेख स्टीवैन्सन के ही लिखे हुये थे परन्तु फिर भी प्रत्येक विद्यार्थी ने उसी लेखक के नाम के साथ जुड़े लेख को पसन्द किया जिसके प्रति उसके हृदय में पहले से ही सराहना का भाव था। यह एक सामान्य बात है कि शुरू-शुरू में तो लेखकों की रचनाओं के गुणों से ही उनकी प्रशंसा होती है परन्तु क्रमशः लेखक के नाम के साथ रूढ़युक्ति जुड़ जाने पर उनके नाम से ही उनकी रचनाओं की प्रशंसा होने लगती है।

अपने एक प्रयोग में राइस (Rice) ने यह सिद्ध किया कि रूढ़युक्तियों के कारण लोगों के मन में विभिन्न व्यक्तियों के विषय में कुछ प्रतिमायें बन जाती हैं। राइस ने यूरोप के एक देश के प्रधान मन्त्री, श्रमिकों के एक नेता, रूसी राजदूत, साहूकार, राज्यपाल, अमरीकी सीनेट का सदस्य तथा मिल मालिक की तस्वीरें छांटीं। अब उसने इन सब व्यवसायों की सूची देकर ये तस्वीरें प्रयोज्य के सम्मुख रख दीं और उनसे यह छांटने को कहा गया कि कौनसी तस्वीर किस व्यवसाय के व्यक्ति की है। प्रयोगों के परिणामों से यह मालूम हुआ कि प्रयोज्यों के समाचार पत्रों में छपने वाले व्यवसाय विशेष के लोगों के वर्णनों या फोटो से उनके विषय में रूढ़युक्तियों और मानसिक प्रतिमायें बना रखी थीं इन्हीं कें आधार पर उन्होंने भिन्न-भिन्न व्यवसाय करने वालों के चित्रों को छांटा। यह एक सामान्य अनुभव की बात है कि एक विशेष नाम से जाने वाले विभिन्न व्यक्तियों में कुछ सामान्य विशेषतायें देखकर क्रमशः उस नाम के साथ एक मानसिक प्रतिमा जुड़ जाती है। उदाहरण के लिये बाबा कहने से बूढ़े और दादी कहने से बुढ़िया की प्रतिमा मस्तिष्क में उभरती है। यद्यपि यह जरूरी नहीं है कि बाबा और दादी बूढ़े ही हों, इसी प्रकार बहू कहने से लम्बा सा घूघंट निकाले शरमाती हुई स्त्री की प्रतिमा बनती है यद्यपि वास्तव में सभी बहुयें ऐसी नहीं दिखलाई पड़तीं।

प्रत्यक्षों के प्रभाव

व्यवहार और अनुभव के अलावा प्रत्यक्षों पर भी रूढ़ युक्तियों का प्रभाव पड़ता है। जब हमारे मन में यह रूढ़ युक्ति होती है कि मुसलमान गन्दे होते हैं तो हम अधिकतर उनके गन्दे कामों

पर ही नजर डालते हैं और अन्य कामों को भूल जाते हैं। इसी प्रकार यदि किसी के मस्तिष्क में यह रूढ़युक्ति बन गई है कि स्त्रियां शिशु प्रेमी होती हैं अथवा उनमें सेवा का अधिक भाव होता है तो वह फिर ऐसा देखता भी है। ऐसी ही एक रूढ़युक्ति सरदार जी के बारे में है और आपको कितने ही लोग इस रूढ़युक्ति के अनुरूप प्रत्यक्ष देखी घटनाओं का वर्णन करते भी दिखलाई पड़ेंगे। इस प्रकार रूढ़युक्ति का व्यक्ति के व्यवहार, अनुभव और प्रत्यक्ष रुचि पर प्रभाव पड़ता है।

सारांश

पूर्वाग्रह क्या है?—पूर्वाग्रह रूढ़युक्तियों, विश्वासों, अभिवृत्तियों, पूर्व निर्णयों, पौराणिक कथाओं आदि का एक ऐसा समग्र है जिसके साथ राग और द्वेष के संवेग जुड़े रहते हैं और जो कि किसी वस्तु, व्यक्ति अथवा समूह को लाभदायक अथवा हानिकारक परिस्थिति में रख देता है।

पूर्वाग्रह की प्रकृति—(1) पूर्वाग्रह अज्ञान पर आधारित है (2) पूर्वाग्रह पक्ष में भी हो सकता है और विपक्ष में भी (3) पूर्वाग्रह में संवेग जुड़े रहते हैं (4) पूर्वाग्रह के साथ पौराणिक कथायें और कहानियां भी जुड़ी रहती हैं (5) पूर्वाग्रह एक अभिवृत्ति है। (6) पूर्वाग्रह में गलत विश्वास शामिल हैं (7) पूर्वाग्रह शीघ्र, पूर्व और बुद्धिहीन निर्णय है।

पूर्वाग्रह की उत्पत्ति विषयक मनोवैज्ञानिक सिद्धान्त—(1) जन्मजात स्वभाव का सिद्धान्त (2) प्रेम का सिद्धान्त (3) प्रजातीय केन्द्रिता का सिद्धान्त (4) मनोविश्लेषणवादी सिद्धान्त।

पूर्वाग्रह उत्पत्ति के कारक—(अ) मनोवैज्ञानिक कारण (1) असामान्य व्यक्तित्व (2) हताश आवश्यकतायें (3) दोषपूर्ण समायोजन (4) आत्म रक्षा (5) आत्म सम्मान की भावना (6) सामाजिक अनुरूपता की चाह (7) सीखना।

(ब) सामाजिक कारण—(1) सामाजिक दूरी (2) सांस्कृतिक अन्तर (3) सामाजिक निषेध और प्रतिबन्ध (4) सामाजिक परिस्थितियां और घटनायें। (5) अन्य कारण—(1) ऐतिहासिक कारण (2) भौगोलिक कारण (3) राजनैतिक कारण (4) आर्थिक कारण।

रूढ़युक्तियों की परिभाषायें—ये मिथ्या वर्गीकरण करने वाले वे प्रत्यय हैं जिनमें प्रत्यक्ष और विचार परस्पर गुंथे रहते हैं और उनके साथ पंसद या नापसंद स्वीकृति या अस्वीकृति की दृढ़ संवेगात्मक अनुभूतियां जुड़ी रहती हैं।

अनुभव और व्यवहार में रूढ़युक्ति का प्रभाव—(1) मानव व्यवहार का निर्देशन (2) भविष्यवाणी में सहायता (3) सामाजिक व्यवहार का नियन्त्रण (4) व्यवसायिक प्रचार में उपयोगिता (5) शिक्षा सम्बन्धी संस्थाओं में प्रयोग (6) अनुभव में रूढ़युक्तियों का महत्व।

25

सामाजिक-मनोवैज्ञानिक समूह और उनका वर्गीकरण
(Social-Psychological Groups and their Classification)

सामाजिक समूह की परिभाषा

समाजशास्त्रियों और समाज मनोवैज्ञानिकों ने सामाजिक समूह की बहुत सी परिभाषायें उपस्थित की हैं। दृष्टिकोण के भेद से इन परिभाषाओं में सामाजिक समूह की कुछ विशेषताओं पर विशेष जोर दिया गया है। सामाजिक समूह की परिभाषाओं का आलोचनात्मक विवेचन करने से यह स्पष्ट हो जायगा कि समूह क्या है? सामाजिक समूह की इन परिभाषाओं में मुख्य निम्नलिखित हैं:–

(1) आर० एम० विलियम्स–''एक सामाजिक समूह परस्पर सम्बद्ध भूमिकायें अदा करते हुए लोगों का स्वयं तथा दूसरों से एक परस्पर क्रिया की इकाई के रूप में माना हुआ समूह है।''[1] इस प्रकार सामाजिक समूह कुछ निश्चित लोगों का समुदाय है। इन लोगों की भूमिकायें एक दूसरे से सम्बद्ध होती हैं। इस समुदाय को समूह के सभी लोग एक इकाई मानते हैं जिसमें सदस्यों में परस्पर व्यवहार रहता है। समूह के बाहर के लोग भी उसको ऐसा ही मानते हैं।

(2) ऑगबर्न तथा निमकॉफ–''जब कभी दो या अधिक व्यक्ति इकट्ठे होते हैं और एक दूसरे पर प्रभाव डालते हैं तो वे एक सामाजिक समूह का निर्माण करते कहे जा सकते हैं।''[2]

---

1. "A social group is a given aggregate of people playing inter-related roles and recognised by themselves or others as a unit of interaction."

--Williams R. M., *American Society: A Sociological Interpretation* Alfred A Knopf. Inc., New York (1951), p. 446

2. "Whenever two or more individuals come together and influence one another, they may be said to constitute a social group."

--Ogburn & Nimkoff. , *A Hand book of Sociology*, p. 172.

सामाजिक समूह की यह परिभाषा अत्यधिक सरल है परन्तु इससे इतना अवश्य मालूम पड़ता है कि मनुष्यों के किसी संग्रह को समूह तभी माना जा सकता है जब कि वे एक दूसरे पर प्रभाव डालते हों अर्थात् जब उनमें एक दूसरे के प्रति जागरूकता हो।

(3) **मैकाइवर**–"समूह से हमारा तात्पर्य सामाजिक प्राणियों के किसी भी ऐसे संकलन से है जो एक दूसरे के साथ विशेष सामाजिक सम्बन्ध स्थापित करते हों।"[3] इस परिभाषा से यह स्पष्ट है कि समूह के सदस्यों में आपस में सामाजिक सम्बन्ध होना आवश्यक है।

(4) **गिलिन और गिलिन का मत**–"सामाजिक समूह की उत्पत्ति के लिए एक ऐसी परिस्थिति का होना आवश्यक है जिसमें सम्बद्ध व्यक्तियों में अर्थ पूर्ण अन्तः उत्तेजना और अर्थ पूर्ण प्रतिक्रिया हो सके और जिसमें सामान्य उत्तेजनाओं तथा हितों पर सब का ध्यान केन्द्रित हो सके और कुछ सामान्य चालकों, प्रेरकों तथा संवेगों का विकास हो सके।"[4] सामाजिक समूह की इस परिभाषा में समूह के सदस्यों में परस्पर उत्तेजना और परस्पर क्रिया-प्रतिक्रिया को आवश्यक माना गया है। समूह में कुछ सामान्य चालक, हित, संवेग तथा प्रेरक और उत्तेजनायें होती हैं।

(5) **एडवर्ड सपिर का मत**–"किसी समूह का निर्माण इस तथ्य पर होता है कि कोई न कोई स्वार्थ है जो समूह के सदस्यों को परस्पर बांधे रहता है।"[5] सदस्यों में सामान्य स्वार्थ भी होना चाहिये जिससे वे आपस में एक दूसरे से बंधे रहें।

(6) **एलरिज और मैरिल**–"सामाजिक समूह की परिभाषा ऐसे दो या अधिक व्यक्तियों के रूप में की जा सकती है जिनमें पर्याप्त अवधि या समय से संचार है और जो किसी सामान्य कार्य या प्रयोजन के अनुसार काम करें।"[6] इस परिभाषा के अनुसार समूह में सामान्य प्रयोजन के साथ पर्याप्त अवधि तक संचार भी आवश्यक है।

---

3. "....by group we mean any collection of social beings, who enter into distinctive social relationships with one another."

--MacIver, R. M., and Page, C. H. , '*Society : An Introductory Analysis,*' Macmillan and Co. London (1953). p. 213.

4. "A social group thus grows out of and requires a situation which permits meaningful inter-stimulation and meaningful response between the individuals involved, common focusing of attention on common stimulation or interest and the development of certain common drives, motivations or emotions."

--Gillin and Gillin, *Cultural Sociology,* p. 196.

5. "Any group is constituted by the fact that there is some interest which holds its members together."

—Edward Sapir, 'Groups', *Encyclopaedia of Social Sciences,* Vol. 7. p. 179.

6. "A social group may be defined as two or more persons who are in communication over an appreciable period of time and who act in accordance with a common function of purpose."

--Eldredge and Merrill, *Culture and Society,* p. 19.

समूह की परिभाषाओं के उपरोक्त विवेचन से यह स्पष्ट हो गया होगा कि "सामाजिक समूह व्यक्तियों के उस संकलन को कहते हैं जो एक इकाई के समान है और जिसके सदस्यों में परस्पर सामाजिक सम्बन्ध तथा सामाजिक क्रिया-प्रतिक्रिया, जागरूकता के साथ-साथ कुछ सामान्य स्वार्थ, हित तथा उत्तेजनायें और सामान्य प्रेरक, चालक तथा संवेग हैं।"[7] इन सबसे सामाजिक समूह के सदस्य एक दूसरे को प्रभावित करते हैं और आपस में बंधे रहते हैं। बोगार्डस के अनुसार "एक सामाजिक समूह दो या अधिक व्यक्तियों की ऐसी संख्या को कहते हैं जिनमें ध्यान के कुछ सामान्य विषय हों, जो एक दूसरे को प्रेरणा देने वाले हों, जिनमें सामान्य आस्था हो, जो एक सी क्रियाओं में सम्मिलित होते हों।"[8]

समूहों का वर्गीकरण

वर्गीकरण के आधार

भिन्न-भिन्न विचारकों ने समूहों का वर्गीकरण भिन्न-भिन्न रूप में किया है। समूहों के इस वर्गीकरण के मुख्य आधार कार्य (Functions) क्षेत्र, स्थिरता इत्यादि हैं। जार्ज सिंमैल (Simmel), वॉन विजे (Von Weise) तथा बेकर (Becker) ने संख्या के आधार पर, टॉनीज (Tonnis) ने सामाजिक अन्तर्क्रिया के गुण के आधार पर, लोवी (Lovie) तथा मैलिनोवस्की (Malinowaski) ने आयु, लिंग, जादू तथा अन्य लक्षणों के आधार पर और मैनियर (Monier) ने रक्त सम्बन्ध, स्थान और क्रिया के आधार पर भी समूहों का वर्गीकरण किया है। रक्त सम्बन्धों तथा शारीरिक विशेषताओं के आधार पर समूहों के वर्गीकरण किये गये हैं। इसी प्रकार आकार, अवधि तथा इच्छा (Choice) के आधार पर भी वर्गीकरण किया है।

बोगार्डस द्वारा वर्गीकरण—बोगार्डस ने समूहों को निम्नलिखित छः वर्गों में बांटा है—

(1) अनौपचारिक (Informal), औपचारिक (Formal) और प्रशासकीय (Bureaucratic)।

(2) ऐच्छिक (Voluntary), तथा अनैच्छिक (Involuntary)।

(3) जननिक (Genetic) और समूहीकृत (Congregate)।

(4) प्राथमिक (Primary) और द्वैतीयक (Secondary)।

(5) विभाजनकारी (Disjunctive) अथवा अतिक्रमणकारी (Overlapping)।

---

7. "Social group is that aggregate of persons which is like a unit and whose members have some common aims, interests, stimulations and emotions together with mutual social relations and social interactions"

--R.N Sharma

8. "A social group may be thought of as a number of persons, two or more, who have some common objects of attention, who are stimulating to each other, who have common loyalty and participate in similar activities."

--Bogardus, E. S. *Society*. p. 5.

(6) सामाजिक (Social), अर्धसामाजिक (Pseudo-Social), असामाजिक (Anti-Social), समाज के पक्ष में (Prosocial) और समाजीकृत (Socialized)।

समूहों के कुछ उल्लेखनीय वर्गीकरण निम्नलिखित हैं–

(1) कूले द्वारा वर्गीकरण–(अ) प्राथमिक समूह (Primary Group) जिनमें आमने सामने के (Face to Face), घनिष्ट तथा सहयोग के सम्बन्ध होते हैं जैसे परिवार।

(ब) द्वैतीयक समूह (Secondary Group)–जिनमें घनिष्ट, व्यक्तिगत तथा उष्ण (Warm) सम्बन्ध नहीं पाये जाते जैसे राजनैतिक दल।

(2) समनर द्वारा वर्गीकरण–(अ) अन्तः समूह (In Group)–जिसके सदस्यों में सामान्य उद्देश्य, हित, स्वार्थ इत्यादि और हम भावना (We-feeling) हो। अन्तः समूहों के सदस्य समूह वालों को अपना और बाहर वालों को पराया समझते हैं। ये समूह धर्म, देश, राजनैतिक, स्वार्थ, आर्थिक स्वार्थ आदि किसी भी आधार पर बनाये जा सकते हैं जैसे भारतीय, जनसंधी, निग्रो समूह इत्यादि।

(ब) बाह्य समूह (Out Group)–अन्तः समूह के बाहर के या विरोधी समूह बाह्य समूह होते हैं जैसे मुसलमानों के लिये सब गैर मुस्लिम बाह्य समूह हैं जिनको वे 'काफिर' कहते हैं।

(3) **मिलर** (Miller) **का वर्गीकरण**–(अ) लम्बमान (Vertical) (ब) क्षेतिज (Horizontal)

(4) **गिडिंग्स** (Giddings) **का वर्गीकरण**– (अ) सार्वजनिक (Public) (ब) वैयक्तिक (Private)

(5) **एलवुड** (Elwood) **का वर्गीकरण**–(अ) स्वीकृत (Sanctioned) (ब) अस्वीकृत (Unsanctioned)।

(6) **गिलिन और गिलिन** (Gillin and Gillin) **का वर्गीकरण**–

(अ) नातेदारी या रक्त सम्बन्धी।

(ब) शारीरिक विशेषताओं वाले।

(स) स्थानीय निकटता पर आधारित।

(द) साँस्कृतिक हितों पर आधारित।

(7) वार्ड (Ward) **का वर्गीकरण**–(अ) ऐच्छिक (Voluntary) (ब) अनैच्छिक (Involuntary)।

(8) मैकाइवर द्वारा वर्गीकरण–समूहों का वर्गीकरण करने में मैकाइवर और पेज ने निम्नलिखित तत्वों को प्रधानता दी है–

(1) घनिष्ठता की मात्रा (Degree of intimacy)

(2) आकर (Size)

(3) समूहों के स्वार्थ (Interests) तथा इन स्वार्थों की अवधियां (Durations)

(4) समूहों के संगठन (Organisations)

इन तत्वों के आधार पर समूहों को निम्नलिखित तीन वर्गों में बांटा गया है–

(1) संयुक्त प्रादेशिक इकाइयां (Inclusive territorial units)

(2) हितों के प्रति जागरूक इकाइयाँ जिनका संगठन निश्चित न हो (Interest- conscious units without definite organization)

(3) हितों के प्रति जागरूक इकाइयाँ जिनका संगठन निश्चित हो (Interest-conscious units with definite organization)

वास्तव में समूहों का वर्गीकरण करना बड़ी कठिन समस्या है। इसलिये ऐसा वर्गीकरण करना कठिन है जो सभी समाजशास्त्रियों को समान रूप से मान्य हो। इस विषय में क्यूबर ने ठीक ही लिखा है कि "समाजशास्त्रियों ने समूहों का प्रकारों में वर्गीकरण करने की कठिन समस्या को सुलझाने में भारी प्रयास किया है। पहले पहल तो यह करने में आसान मालूम पड़ता है परन्तु सम्भवत: आगे सोचने पर उसमें अनेक कठिनाइयां दिखाई पड़ेंगी। वास्तव में ये कठिनाइयाँ इतनी भारी हैं कि वर्तमान समय में हमारे पास समूहों का कोई भी पूरी तरह व्यवस्थित वर्गीकरण नहीं है जो कि सभी समाजशास्त्रीय विद्वानों को पूर्णत: स्वीकार्य हो।"[9]

सामूहिक जीवन की मुख्य विशेषतायें

समूहों के वर्गीकरण के समान ही समूह के जीवन की विशेषताओं का भी पूरी तरह निश्चय करना कठिन है। फिर भी सामूहिक जीवन की कुछ विशेषताओं का उल्लेख किया जा सकता है। ये निम्नलिखित हैं–

(1) समूह के सदस्यों में परस्पर सम्बन्ध होते हैं–मनुष्यों के किसी समूह मात्र को समूह नहीं कहा जा सकता। समूह के सदस्यों में परस्पर सम्बन्ध होने चाहियें। वास्तव में ये ही सामाजिक सम्बन्ध तो समूह है। जैसा कि क्यूबर (Cuber) ने लिखा है "समूह किसी भी संख्या के मनुष्यों के पारस्परिक सम्बन्ध को कहते हैं।"[10] मैकाइवर इत्यादि अन्य समाजशास्त्रियों ने भी सामाजिक सम्बन्धों को समूह की अनिवार्य विशेषता माना है।

(2) समूह में एकता की भावना होती है–कूले (Cooley) के अनुसार प्रत्येक समूह में एकता की भावना होनी आवश्यक है। इसमें समूह के लोग एक दूसरे को अपना समझते हैं और आपस में सहानुभूति रखते हैं।

---

9. "Sociologists have devoted a great deal of effort to the difficult problem of classifying groups into types. At first thought this would seem easy to do but perhaps after further reflection it will be found to present numerous difficulties. These difficulties are so great in fact, that at present we have no over all systematic classification of groups which is entirely acceptable to all sociological scholars."

--Cuber, J.F., *Sociology*, p. 303.

10. "A group is any number of human beings in reciprocal communication."

--Cuber, *Ibid.*

(3) समूह के सदस्यों में परस्पर सहयोग होता है—इस भावना (We feeling) के कारण समूह के सदस्य एक दूसरे के साथ कामों में सहयोग करते हैं। समूह को हानि पहुँचाने वाली शक्तियों का वे मिलकर मुकाबला करते हैं, समूह के बाहर के लोगों को पराया समझते हैं और समूह को सुखी तथा समृद्ध बनाने की कोशिश करते हैं।

(4) समूह के सदस्यों में स्वार्थों, आदर्शों और मूल्यों की समानता होती है—स्माल (Small) ने लिखा है कि समूह उन थोड़े या बहुत व्यक्तियों को कहते हैं जिनमें इस प्रकार के सम्बन्ध हों कि वे एक समझे जायें। इसके लिये समूह के सदस्यों में कुछ सामान्य स्वार्थों, सामान्य आदर्शों और सामान्य मूल्यों का होना बड़ा जरूरी है। इन्हीं के कारण समूह में एकता रहती है और व्यक्तिगत रूप से एक दूसरे से भिन्न होने पर भी सदस्यों में आपस में संगठन रहता है।

(5) समूह में व्यवहारों में समानता होती है—स्वार्थों, आदर्शों और मूल्यों में समानता होने के कारण समूह में सदस्यों के व्यवहारों में समानता दिखाई पड़ती है। जनेनिकी (Znaniecki) ने लिखा है कि सामाजिक समूह व्यक्तियों का केवल समूह मात्र नहीं होता बल्कि उनके विशिष्ट व्यवहारों का समन्वय होता है।

(6) सदस्यों की क्रिया पर समूह का नियन्त्रण—सामूहिक जीवन में व्यवहार की इस एकता का मुख्य कारण सदस्यों की क्रियाओं पर समूह का नियन्त्रण है। प्रत्येक समूह में कुछ प्रथायें, परम्परायें और तरीके सर्वमान्य होते हैं और समूह के प्रत्येक सदस्य को उनका पालन करना पड़ता है। इनका उल्लंघन करने पर समूह दंड देता है। यदि समूह दंड न भी दे तो कम से कम वह ऐसे काम की भर्त्सना अवश्य करता है और जनमत के दबाव से सदस्यों को उनके करने से रोकता है। इस प्रकार सामूहिक नियमों का सभी सदस्यों को पालन करना पड़ता है। वास्तव में किसी न किसी प्रकार के नियमों के बिना सामाजिक जीवन ही असम्भव हो जाता है।

(7) समूह के सदस्यों पर समूह की विशेषताओं का प्रभाव पड़ता है—प्रत्येक समूह में अपनी कुछ विशेषतायें होती हैं जो कि उसको स्वजातीय तथा विजातीय समूहों से अलग करती हैं। समूह की इन विशेषताओं का समूह के प्रत्येक सदस्य पर प्रभाव पड़ता है। यह प्रभाव सभी सदस्यों पर भिन्न-भिन्न पड़ता है परन्तु फिर भी सभी पर समूह की छाप रहती है।

सामूहिक जीवन की उपरोक्त विशेषताओं को परिवार के समूह के उदाहरण से भली-भांति समझा जा सकता है। परिवार के सदस्यों में पति-पत्नी, पिता-पुत्र, भाई-बहन आदि में परस्पर सम्बन्ध होते हैं और वे सब मिलकर परस्पर सहयोग से पारिवारिक हितों के लिये काम करते हैं। सभी सदस्य एक दूसरे को अपना समझते हैं और उनकी प्रवृत्तियों में कितना भी भेद होने पर भी कुछ न कुछ आदर्श और मूल्य समान होते हैं। सामान्य स्वार्थों के कारण ही परिवार एक इकाई की तरह काम करता है। सदस्यों पर पारिवारिक नियंत्रण रहता है। परिवार के नियमों को न मानने पर बच्चों और अल्प वयस्कों को ताड़ना मिलती है और दूसरे लोगों पर भी डाँट फटकार पड़ती है। परिवार के प्रत्येक सदस्य पर पारिवारिक विशेषताओं की अमिट छाप रहती है। यह

तक की व्यवहार को देखकर यह अनुमान लगाया जाता है कि अमुक तरह के परिवार में पला होगा। सामूहिक जीवन की ये विशेषतायें न्यूनाधिक इसी प्रकार से अन्य समूहों में भी पाई जाती है।

सामाजिक संगठन सामाजिक समूहों का संगठन है। सामाजिक समूह सामाजिक संगठन की इकाइयां हैं। अत: सामाजिक संगठन की व्यवस्था और विघटन सामाजिक समूहों की व्यवस्था और विघटन पर आधारित है। सामाजिक समूह, जैसा कि उसके नाम से ही प्रकट है वह समूह है जिसका आधार सामाजिक सम्बन्ध होते हैं। उदाहरण के लिये परिवार एक सामाजिक समूह है।

समूह में सामान्य मूल्य

प्रत्येक जाति के कुछ निश्चित सामान्य मूल्य (Common values) होते हैं जो कि उसको अन्य जातियों से अलग करते हैं और उसके सदस्यों को एकता के सूत्र में बांधते हैं। इस प्रकार ब्राह्मण और शूद्रों तथा क्षत्रियों और वैश्यों के सामाजिक मूल्यों में भारी अन्तर देखा जा सकता है। जाति बिरादरी की पंचायतें इन सामाजिक मूल्यों की बड़ी सावधानी से रक्षा करती हैं और इनका उल्लंघन करने वालों को जाति से बहिष्कृत कर दिया जाता है। उनके पास कोई नहीं उठता बैठता, कोई उनमें शादी विवाह नहीं करता और उनका हुक्का पानी बन्द कर दिया जाता है। इसी प्रकार परिवार का उदाहरण लीजिये। परिवार में सदस्यों के सामाजिक मूल्य समान होते हैं जो परम्परागत रूप से चलते रहते हैं और सदस्यों के परस्पर व्यवहार में स्पष्ट दिखाई पड़ते हैं। अत: सामाजिक समूहों में सदस्य सामान्य मूल्यों द्वारा बंधे रहते हैं।

समूह में पारस्परिक कर्त्तव्य

सामान्य मूल्यों के साथ-साथ सामाजिक समूह के सदस्य पारस्परिक कर्त्तव्यों (Mutual Obligation) के बन्धन में बंधे रहते हैं। परिवार इसका बड़ा सुन्दर उदाहरण है। परिवार में माता तथा बच्चों, बड़े भाइयों और छोटे भाइयों, बहनों, पति पत्नी आदि विभिन्न सदस्यों के एक दूसरे के प्रति परस्पर पूरक (Complementary) कर्त्तव्य होते हैं। बच्चे माता-पिता की आज्ञाओं का पालन करते हैं और उनकी आशाओं के अनुरूप बनने की चेष्टा करते हैं। पति पत्नी परस्पर प्रेमपूर्ण व्यवहार करते हैं। पति पत्नी की आवश्यकताओं की पूर्ति करता है और पत्नी पति की आज्ञा मानती है तथा सभी कार्यों में उसके साथ सहयोग करती है। इस प्रकार परिवार के सदस्य पारस्परिक कर्त्तव्यों के बन्धन में बंधे रहते हैं।

समूह में पारस्परिक आशायें

सामाजिक समूह में सदस्य एक दूसरे से प्रेम, सहानुभूति तथा सहयोग की आशा रखते हैं। परिवार में पत्नी को पति से प्रेम की और पति को पत्नी से प्रेम की आशा होती है। जब यह आशा-निराशा में परिवर्तित हो जाती है तब पारिवारिक सम्बन्ध टूट जाता है और तलाक की नौबत आ जाती है। इसी प्रकार माता पिता अपनी सन्तान से यह आशा रखते हैं कि वह उनकी आज्ञाओं का पालन करेगी। दूसरी ओर सन्तान को माता पिता से ममता और सहानुभूति की तथा जीवन में आगे बढ़ने में सहायता की आशा होती है। ये आशायें छिन्न-भिन्न होने पर पारिवारिक

विघटन प्रारम्भ हो जाता है। परिवार ही क्यों पड़ोसी भी इसी आशा के बन्धन में बंधे रहते हैं। मनुष्यों के सभी समूहों में सदस्य एक दूसरे से अनेक आशायें रखते हैं। जाति बिरादरी के लोग, नाते रिश्तेदार यदि अपनी खुशी और गमी में सम्मिलित न हों तो कैसा रिश्ता और कैसी बिरादरी? सभी को यह आशा होती है कि उनके यहाँ सुख-दुख में जाति बिरादरी के लोग हिस्सा लेंगे और जब तक ऐसा होता है तभी तक जाति का संगठन बना रहता है। जिस पाठशाला में शिष्य गुरु की आज्ञा न माने और गुरू शिष्य को ज्ञान बुद्धि में सहयोग न दे वह कितने दिन चलेगी? अत: सामाजिक समूह तभी तक बने रहते हैं जब तक उसके सदस्य परस्पर आशाओं की पूर्ति करते हैं।

उपरोक्त उदाहरणों से यह स्पष्ट होता है कि "सामाजिक समूह सामान्य मूल्यों, पारस्परिक कर्तव्यों एवं आशाओं द्वारा बंधे रहते हैं।"

सामाजिक सम्बन्धों के प्रकार के दृष्टिकोण से सामाजिक समूह दो वर्गों में बांटे जाते हैं– प्राथमिक समूह और द्वैतीयक समूह।

प्राथमिक समूह
(Primary Group)

प्राथमिक समूह का अर्थ

प्राथमिक समूह का अर्थ समझाते हुए अमरीकन शास्त्री कूले ने लिखा है "प्राथमिक समूहों से मेरा तात्पर्य उन समूहों से है जिनकी विशेषतायें घनिष्ठ सम्मुख सम्बन्ध और सहयोग हैं। ये कई अर्थों में प्राथमिक हैं। परन्तु विशेषतया इस अर्थ में कि वे व्यक्तियों की सामाजिक प्रकृति और आदर्शों को बनाने में मौलिक हैं। घनिष्ठ सम्बन्धों का परिणाम ....वैयक्तिकताओं का एक सामान्य पूर्ण में एक प्रकार से घुल मिल जाना है जिससे कि कम से कम बहुत से प्रयोजनों के लिये व्यक्ति का अपना अहं समूह का सामान्य जीवन और उद्देश्य हो जाता है। सम्भवत: इस सम्पूर्णता को वर्णन करने का सरलतम तरीका यह कहना है कि वह एक "हम" (We) है, उनमें उस प्रकार की सहानुभूति और परस्पर तादात्म्य है जिसके लिये "हम" एक स्वाभाविक अभिव्यक्ति है,"[11] प्राथमिक समूह के सर्वोत्तम उदाहरण परिवार, बालकों की क्रीड़ा समूह और गांवों का पड़ोस इत्यादि हैं। ये समूह मनुष्य के जीवन पर अन्य समूहों की अपेक्षा अधिक प्रभाव डालते हैं। खेल के समूह के सम्बन्ध में मैकाइवर ने लिखा है "यह वह समूह है जिसमें कि खेल के संगियों

---

11. "By primary groups I mean those characterised by intimate face-to-face association and cooperation. They are primary in several senses but chiefly in that they are fundamental in forming the social nature and ideals of the individuals. The result of intimate association....is a certain fusion of individualities in a common whole, so that one's very self for many purposes at least is the common life and purpose of the group. Perhaps the simplest way of describing this wholeness is by saying that it is a 'we', it involves the sort of sympathy and mutual identification for which we, is the natural expression."

--Cooley C. H., *Social Organisation,* p. 23.

और साथियों के रूप में हम अपनी सामाजिक प्रवृत्तियों को रचनात्मक अभिव्यक्ति देते हैं। वह हमारी सामाजिक रूढ़ियों और परम्पराओं की जन्म भूमि है, हमारी निष्ठाओं को पुष्ट करने वाली धाय है। वह हमारी सामाजिक संतुष्टियों का प्रथम साधारणतया मुख्य केन्द्र है। इन दृष्टियों से सन्मुख समूह हमारे जीवनों में प्राथमिक कहलाता है।''[12]

प्राथमिक समूह की बाह्य विशेषतायें

प्राथमिक समूह के अर्थ को पूरी तरह जानने के लिये उसकी विशेषताओं को समझना बड़ा आवश्यक है। इन विशेषताओं में कुछ बाह्य हैं और कुछ आन्तरिक हैं। प्राथमिक समूह की बाह्य विशेषतायें या बाहरी दशायें (External Conditions) निम्नलिखित हैं–

(1) **सदस्यों की शारीरिक समीपता** (Physical closeness of the members)–प्राथमिक समूहों के लिये यह आवश्यक है कि उसके सदस्य शारीरिक रूप से भी एक दूसरे के समीप हो। आमने-सामने न रहने से उनमें विचारों आदि का आदान-प्रदान और सहयोग आदि कठिन होगा। प्राथमिक समूह के सदस्यों में अत्यन्त घनिष्ठ सम्बन्ध होते हैं। अतः उनमें शारीरिक समीपता (Physical Closeness) बहुत आवश्यक है।

(2) **आकार की लघुता** (Smallness of Size)–प्राथमिक समूह का आकार इतना लघु होना चाहिये कि उसमें अभीष्ट सामाजिक सम्बन्ध विकसित हो सकें। परिवार, कक्षा, खेल मंडली कहीं भी सदस्यों की संख्या बहुत अधिक बढ़ जाने पर घनिष्ठता कम हो जाती है। इसके विपरीत समूह का आकार जितना ही छोटा होगा उसमें उतनी ही घनिष्ठता बढ़ेगी। अत्यधिक संख्या होने पर एक स्रोता समूह न तो वक्ता को भली प्रकार देख सकता है न उसकी आवाज को ही स्पष्ट सुन सकता है।

(3) **स्थायित्व** (Permanency)–प्राथमिक समूह में सम्बन्ध घनिष्ठ होने के लिये उसका थोड़ा बहुत स्थायी होना भी नितान्त आवश्यक है। बहुत दिन अलग-अलग रहने पर नये-नये साथी बन जाते हैं और पुराने साथियों से सम्बन्ध कुछ न कुछ हटता रहता है। बहुत दिनों तक न मिलने पर धीरे-धीरे प्रेमी-प्रेमिका भी एक दूसरे को भूल जाते हैं, कम से कम उनमें घनिष्ठता नहीं रह पाती।

(4) **सम्बन्धों में निरन्तरता** (Continuity of Relations)–इसलिये प्राथमिक समूह के सदस्यों में निरन्तर सम्बन्ध का होना बहुत आवश्यक हो जाता है। बार-बार मिलने-जुलने, साथ उठने बैठने, बहुधा विचार विमर्श करने में परस्पर घनिष्ठता बढ़ती है। यह क्रम टूट जाने पर सामूहिक सम्बन्ध भी उतने ही दृढ़ नहीं रह पाते। बहुत दिनों के बाद मिलने के अवसर आने से निकट सम्बन्धियों तक में केवल औपचारिक (Formal) सम्बन्ध रह जाते हैं।

---

12. "It is the group through which as playmates and comrades we first give creative expression to our social impulses, it is the breeding ground of our mores, the nurse of our loyalties. It is the first and generally remains the chief focus of our loyal satisfactions. In these respects the face group is primary in our lives."

--MacIver.

आन्तरिक विशेषतायें

प्राथमिक समूह की आन्तरिक विशेषतायें वे दशायें है जिनका सदस्यों के अन्तरजगत में सम्बन्ध होता है। बाहरी परिस्थितियों के कारण धीरे-धीरे ये आन्तरिक विशेषतायें भी उत्पन्न हो जाती हैं। मुख्य आन्तरिक विशेषतायें निम्नलिखित हैं।

(1) सदस्यों में उद्देश्यों की एकता (Unity of aims among members)–प्राथमिक समूह के सदस्यों में उद्देश्यों की एकता होती है। प्राथमिक समूह जैसे परिवार इत्यादि में परिवार के प्रत्येक सदस्य का सुख-दुख सबका सुख-दुख हो जाता है और सभी लोग परिवार के सामूहिक कल्याण के विचार से काम करते हैं।

(2) सदस्यों के आपसी सम्बन्ध स्वयं साध्य होते हैं (Relations of members are ends in themselves)– प्राथमिक समूह में सदस्यों के आपसी सम्बन्ध अपने-अपने स्वार्थों की पूर्ति के लिए नहीं होते। ये सम्बन्ध स्वयं साध्य होते हैं। इससे दोनों पक्षों को मानसिक सन्तोष और सुख मिलता है। परिवार के सम्बन्ध ऐसे ही होते हैं। साथ खेलने-कूदने वाले और साथ पढ़ने लोगों की दोस्ती किसी स्वार्थ को लेकर नहीं होती बल्कि एक स्वयं साध्य होती है।

(3) सदस्यों के सम्बन्ध स्वाभाविक होते हैं (Relations of members are spontaneous)–स्वयं साध्य होने के कारण प्राथमिक समूह के सदस्यों के सम्बन्ध स्वाभाविक (Spontaneous) होते हैं। उनमें किसी प्रकार की कृत्रिमता या स्वार्थपरता नहीं होती, कोई जोर जबर्दस्ती या दबाव नहीं होता। उनमें कोई नियम नहीं होते। समूह का प्रत्येक सदस्य स्वाभाविक रूप.से दूसरों से घनिष्ठता का अनुभव करता है।

(4) सदस्यों के सम्बन्ध वैयक्तिक होते हैं (Relations of members are personal)–प्राथमिक समूह के सदस्यों के सम्बन्ध वैयक्तिक होते हैं जिसके कारण किसी एक सदस्य के अभाव को कोई दूसरा व्यक्ति पूरी तरह दूर नहीं कर सकता। परिवार में कभी मौत होती है कभी जन्म, परन्तु जाने वाले के अभाव की पूर्ति आने वाले से नहीं होती, पत्नी के मरने पर दूसरा विवाह कर लेने पर भी लोगों को पहली पत्नी की याद बनी रहती है। किंग्सले डेविस ने ठीक ही लिखा है एक ''नवीन वैयक्तिक सम्बन्ध स्थापित किया जा सकता है, एक पुराना वैयक्तिक सम्बन्ध छोड़ा जा सकता है–परन्तु एक ही सम्बन्ध में एक व्यक्ति के स्थान पर दूसरे का उसी सम्बन्ध में प्रतिस्थापन (Substitution) नहीं किया जा सकता।''[13]

(5) सदस्यों के सम्बन्ध सर्वांगीण होते हैं (Relations of Members are inclusive)–प्राथमिक समूह के सदस्य एक दूसरे के जीवन के किसी विशेष क्षेत्र में ही भाग नहीं लेते बल्कि जीवन के अनेक क्षेत्रों में उनका सम्बन्ध होता है। साथ ही साथ उनका सम्पूर्ण व्यक्तित्व इन सम्बन्धों में भाग लेता है। इस प्रकार प्राथमिक समूहों में सम्बन्ध सर्वांगीण होते हैं।

---

13. "A new personal relationship can be established, an old one can be abandoned...but no substitution can be made of one individual for another in the same relationship."
--Davis., K., *Human Society,* The Macmillan Co., New York (1955), p. 296.

(6) सदस्यों के सम्बन्धों में अधिकतम नियन्त्रण की शक्ति होती है (Relations of members have power of greatest possible control)—प्राथमिक समूह के सदस्यों के सम्बन्धों में अत्यधिक घनिष्ठता, स्वाभाविकता, शारीरिक समीपता और स्थायित्व होने के कारण और समूहों का आकार छोटा होने के कारण सभी एक दूसरे को अच्छी तरह जानते हैं और किसी से किसी का काम छिपा रहना कठिन हो जाता है। इसलिये सदस्यों के आचार-विचार आदि पर समूह का पूरा अंकुश रहता है। समूह किसी सदस्य को गलत रास्ते पर जाने की अनुमति नहीं दे सकता और उसको समूह के आदर्शों तथा परम्पराओं के विरुद्ध काम करने से रोकता है।

प्राथमिक समूह का महत्व

सम्पूर्ण सामाजिक ढाँचे में प्राथमिक समूहों के निर्माण किये जाने का कारण उनका महत्व है। समूहों के सदस्यों को उनमें ऐसे अनेक लाभ होते हैं जिनको वे स्वतन्त्र क्रिया द्वारा प्राप्त नहीं कर सकते। उदाहरण के लिये परिवार को ही लीजिये। परिवार में बालक का पालन-पोषण होता है, उसका समाजीकरण होता है, उसके व्यक्तित्व का विकास होता है और उसकी रक्षा होती है। बड़े होने पर उसकी समस्त शारीरिक और मनोवैज्ञानिक आवश्यकतायें और प्रवृत्तियां परिवार में सन्तुष्ट होती हैं। वास्तव में परिवार का व्यक्ति और समाज की दृष्टि से इतना अधिक महत्व है कि उसको दोनों के विकास का मूल आधार कहना भी अतिशयोक्ति नहीं होगी।

व्यक्ति के लिये महत्व

व्यक्ति की दृष्टि से प्राथमिक समूह के महत्व के विषय में निम्नलिखित बातें उल्लेखनीय हैं:—

(1) व्यक्तित्व का विकास (Development of Personality)—प्राथमिक समूह जैसे परिवार, बांलकों के खेल कूद के समूह तथा पड़ोस आदि का व्यक्तित्व के विकास में इतना अधिक महत्व है कि व्यक्ति का सारा व्यवहार इन्हीं के प्रभाव से बनता है। फ्रायड, एडलर तथा अन्य मनोवैज्ञानिकों ने यह भली प्रकार सिद्ध कर दिया है कि बालक का जो व्यक्तित्व परिवार तथा खेल समूहों में बन जाता है, आगे चलकर परिवर्तन बहुत कम होता है, अधिकतर केवल उसका विकास भर ही होता है। कहना न होगा कि व्यक्तित्व का विकास अधिकतर प्राथमिक समूहों पर निर्भर हैं।

(2) कार्यक्षमता में वृद्धि (Increase in working capacity)—व्यक्तित्व के विकास के साथ-साथ प्राथमिक समूहों में व्यक्ति की कार्य क्षमता का भी विकास होता है। समूह में व्यक्तियों को एक दूसरे से सहायता, प्रेरणा और प्रोत्साहन मिलता है। काम अच्छा करने पर सबसे प्रशंसा मिलती है जिसका सदस्यों के लिये बड़ा मूल्य है। इससे व्यक्ति की कार्यक्षमता बढ़ती है। परिवार में व्यक्ति अपने बाल बच्चों के लिये जितना श्रम कर सकता है और जितनी मुस्तैदी से काम कर सकता है उतना स्वयं अपने लिये नहीं कर सकता।

(3) मनोवैज्ञानिक आवश्यकताओं की पूर्ति (Fulfilment of Psychological Needs)–प्राथमिक समूहों की सबसे बड़ी आवश्यकता और उपयोगिता यह है कि वे मनुष्य की बहुत सी मनोवैज्ञानिक आवश्यकताओं की पूर्ति करते हैं। वे मनुष्य की सुरक्षा की भावना को संतोष देते हैं और उसकी प्रेम करने तथा प्रेम पाने की मांग को पूरा करते हैं। प्राथमिक समूह से व्यक्ति की साथीपन, सहानुभूति, विचारों का आदन-प्रादान, सामाजिक भावना आदि अनेक आवश्यकताओं की पूर्ति होती है।

समाज की दृष्टि से महत्व

प्राथमिक समूहों का महत्व केवल व्यक्ति की ही दृष्टि से नहीं है बल्कि समाज की दृष्टि से उतना ही है। उनसे व्यक्ति का समाजीकरण होता है। वे व्यक्तियों पर समाज का नियन्त्रण स्थापित रखते हैं। उनसे समाज का संगठन सुदृढ़ बना रहता है और समाज के काम सुचारू रूप से चलते रहते हैं। वे व्यक्ति को समाज में उसकी भूमिकाओं के अनुसार काम करने की शिक्षा प्रदान करते है। उसके विघटन से सम्पूर्ण समाज का विघटन प्रारम्भ हो जाता है। जे० एल० गिलिन तथा जे० पी० गिलिन ने ठीक ही लिखा है कि ''प्राथमिक समूह पूरे सामाजिक जीवन का मूल है।''

द्वैतीयक समूह

द्वैतीयक समूह क्या है?

द्वैतीयक समूह की परिभाषा करते हुए लैण्डिस ने लिखा है, ''द्वैतीयक समूह उस शीत जगत् का प्रतिनिधित्व करते हैं जिसमें ग्रामीण समूह के माता-पिता के अनुसार उनके बच्चे घर छोड़ने के बाद जाते हैं। द्वैतीयक समूह वे हैं जो कि अपने सम्बन्धों में अपेक्षाकृत अनिरन्तर और निर्वैयक्तिक होते हैं क्योंकि द्वैतीयक समूह व्यक्ति पर कुछ विशेष माँगें ही रखते हैं, वे उसकी निष्ठा का केवल थोड़ा सा भाग पाते हैं और साधारणतया उसका कुछ ही समय और ध्यान चाहते हैं। उनमें सम्बन्ध साधारणतया परस्पर सहायक होने की अपेक्षा प्रतियोगी होते हैं।''[14] ऑगबर्न और निमकॉफ ने द्वैतीयक समूहों की परिभाषा इस प्रकार की है– ''वे समूह जो घनिष्ठता के अभाव वाले अनुभवों के दाता हैं द्वैतीयक समूह कहलाते हैं।''[15] इस प्रकार द्वैतीयक समूह प्राथमिक समूह से लगभग विपरीत होते हैं। उनमें शारीरिक निकटता, सम्बन्धों की घनिष्ठता तथा वैयक्तिकता

---

14. "Secondary groups represent that cold world into which peasants in rural community have always thought of their young people going when they leave home. Secondary groups are those that are relatively casual and impersonal in their relationships. Because secondary groups make only specialised demands on the persons they receive only a segment of his time and attention. Relationships in them are usually competitive rather than mutually helpful."

--P. H. Landis.

15. "The groups which provide experiences lacking in intimacy are called secondary groups."

--Ogburn & Nimkoff., *A Handbook of Sociology*, p. 178.

अपेक्षित होती है। वे न स्वयं साध्य होते हैं न सर्वांगीण। उनमें द्वैतीयक दशायें और लक्षण प्रबल होते हैं। उनसे कुछ विशेष उद्देश्यों की पूर्ति होती है जिनके पूरा होने पर उनकी आवश्यकता नहीं रहती। उनमें सम्बन्ध भी अल्पकालिक और अप्रत्यक्ष होते हैं।

शीत जगत् के प्रतिनिधि—पॉल लैन्डिस ने द्वैतीयक समूह को 'शीत जगत् के प्रतिनिधि' कहा है। ऐसा कहना ठीक भी है क्योंकि अप्रत्यक्ष और निर्वैयक्तिक सम्बन्धों में प्राथमिक समूह के सम्बन्धों जैसी उष्णता हो ही कैसे सकती है? द्वैतीयक समूह में प्राथमिक समूहों जैसी स्वाभाविकता कहीं दिखाई नहीं पड़ती। उनमें कृत्रिमता दिखाई पड़ती है। उनमें व्यक्तियों के सम्बन्ध 'छुओ और जाओ' (Touch and go) के होते हैं। उनमें आपसी व्यवहार औपचारिक होते हैं। किसी भी आफिस के कर्मचारियों में आपस में इस प्रकार का शीत (Cold) व्यवहार देखा जा सकता है। उनमें कोई प्रयोजन नहीं रहता जब तक कि इन सब बातों से उनका कोई स्वार्थ न लगा हो।

द्वैतीयक समूह की विशेषतायें

द्वैतीयक समूह की प्रकृति पर उसकी विशेषताओं से भी प्रकाश पड़ेगा। मुख्य विशेषतायें निम्नलिखित हैं—

(1) व्यक्ति की स्थिति उसके कार्य पर निर्भर (Status of individual depends on his role)—द्वैतीयक समूहों में प्रत्येक व्यक्ति की स्थिति उसके कार्यों पर निर्भर होती है। इनमें व्यक्ति जन्म के आधार पर नहीं जाने जाते बल्कि कार्य के आधार पर माने जाते हैं। मजिस्ट्रेट होने पर हरिजन और ब्राह्मण दोनों मजिस्ट्रेट ही कहलाते हैं।

(2) सदस्यों में व्यक्तिवाद (Individualism in the members)—द्वैतीयक समूह के सदस्यों में व्यक्तिवाद विकसित हो जाता है क्योंकि उनके सम्बन्ध स्वार्थ पर आधारित होते हैं। स्वार्थ पूरा होने पर उनका समूह से कोई प्रयोजन नहीं रहता।

(3) सदस्यों की आत्म-निर्भरता (Self sufficiency of the members)—इसलिये द्वैतीयक समूह के सदस्यों में आत्म-निर्भरता होती है, क्योंकि प्रत्येक को स्वयं अपने स्वार्थों की रक्षा करनी पड़ती है। द्वैतीयक समूह का आकार अत्यधिक बड़ा होने के कारण उसके सदस्यों में आपसी सम्बन्ध अप्रत्यक्ष रहते हैं।

प्राथमिक और द्वैतीयक समूहों का तुलनात्मक अध्ययन

प्राथमिक और द्वैतीयक समूहों के परिचय के पश्चात् अब उनका तुलनात्मक अध्ययन उपयोगी होगा। इनमें सबसे पहले उनके अन्तर का अध्ययन किया जायेगा।

प्राथमिक और द्वैतीयक समूहों में मुख्य अन्तर अग्रलिखित हैं—

(1) आकार का अन्तर—प्राथमिक समूहों का आकर छोटा होता है जबकि द्वैतीयक समूहों का आकार बड़ा होता है।

(2) **सम्बन्धों की प्रकृति का अन्तर**—इसी कारण प्राथमिक समूहों में सम्बन्ध वैयक्तिक, प्रत्यक्ष और घनिष्ठ होते हैं और द्वैतीयक समूहों में सम्बन्ध निर्वैयक्तिक, अप्रत्यक्ष और औपचारिक होते हैं।

(3) **उद्देश्यों की प्रकृति का अन्तर**—प्राथमिक समूहों में उद्देश्यों की समानता होती है यहां तक कि लोग दूसरों के हितों को अपना हित समझते हैं। द्वैतीयक समूह में उद्देश्यों की समानता नहीं होती। इसलिए प्रत्येक अपना स्वार्थ सिद्ध करना चाहता है।

(4) **सम्बन्ध की सर्वांगीणता में अन्तर**—प्राथमिक समूहों में सम्बन्ध सर्वांगीण होता है और इसलिये एक व्यक्ति के अभाव की पूर्ति दूसरा व्यक्ति नहीं कर सकता। द्वैतीयक समूहों में सम्बन्धों में सर्वांगीणता (Inclusiveness) नहीं होती। अत: एक व्यक्ति आसानी से दूसरे का स्थान ले सकता है।

(5) **समाज में महत्व का अन्तर**—प्राथमिक समूह सामाजिक संगठन की नींव है। द्वैतीयक समूह इतने अधिक महत्वपूर्ण नहीं हैं।

(6) **इनके पाये जाने वाले स्थान का अन्तर**—प्राथमिक समूह अधिकतर आदिम और ग्रामीण समाज में मिलते हैं। द्वैतीयक समूह अधिकतर शहरों में उपलब्ध होते हैं।

(7) प्राथमिक समूहों में दूसरे समूह नहीं पाये जाते द्वैतीयक समूह बड़े होते हैं अत: उनमें अनेक समूह पाये जा सकते हैं।

(8) **स्थिति के आधार का अन्तर**—प्राथमिक समूह में स्थिति का निश्चय जन्म और कुल के आधार पर होता है। द्वैतीयक समूह में कार्यों (Roles) के आधार पर स्थिति निश्चित की जाती है।

(9) **व्यक्तित्व पर प्रभाव में अन्तर**—प्राथमिक समूह का सम्बन्ध मनुष्य के सम्पूर्ण व्यक्तित्व से होता है और उनमें पूरा व्यक्तित्व विकसित होता है। द्वैतीयक समूह का सम्बन्ध मनुष्य के व्यक्तित्व के किसी विशेष अंग से होता है और वह उसे ही विकसित करता है।

(10) **इनमें पलने वाले गुणों में अन्तर**—प्राथमिक समूह में प्रेम, सहानुभूति, सहयोग आदि गुण पलते हैं, द्वैतीयक समूह में स्वार्थ और व्यक्तिवाद पलता है।

(11) **सदस्यों पर नियन्त्रण में अन्तर**—प्राथमिक समूह में एक निश्चित व्यवस्था होती है जिनका नियन्त्रण बड़े बूढ़ों के हाथ में होता है और जिसके नियमों का पालन करना प्रत्येक सदस्य के लिये अनिवार्य होता। द्वैतीयक समूह में सदस्यों के आचार-विचार पर नियन्त्रण कम होता है और जो कुछ होता है वह राजदण्ड, जेल, कचहरी आदि के द्वारा होता है जोकि प्रत्यक्ष नियन्त्रण नहीं कर सकते।

(12) **सम्बन्धों की निरन्तरता में अन्तर**—प्राथमिक समूहों में सदस्यों के सम्बन्धों में निरन्तरता रहती है। द्वैतीयक समूह के सदस्यों के सम्बन्धों में यह निरन्तरता नहीं होती।

(13) **व्यवहार में स्वाभाविकता का अन्तर**—प्राथमिक समूह में सदस्यों का परस्पर व्यवहार द्वैतीयक समूह के सदस्यों की अपेक्षा स्वाभाविक होता है।

प्राथमिक तथा द्वैतीयक समूहों का उपरोक्त अन्तर निम्नलिखित तालिका से और भी आसानी से समझा जा सकता है।

प्राथमिक और द्वैतीयक समूहों में अन्तर

प्राथमिक समूह	द्वैतीयक समूह
1. आकार बहुत छोटा।	1. आकार अपेक्षाकृत बड़ा।
2. प्रत्यक्ष सम्बन्धों पर आधारित	2. प्रत्यक्ष सम्बन्धों का अभाव।
3. सदस्यों के समान उद्देश्य।	3. समान उद्देश्य नहीं।
4. सदस्यों के सम्पूर्ण जीवन पर प्रभाव।	4. सदस्यों के जीवन के किसी अंग पर प्रभाव।
5. सामाजिक संगठन की नींव।	5. विशेषीकरण के आधार।
6. प्राय: गांवों में पाये जाते हैं।	6. प्राय: नगरों में पाये जाते हैं।
7. इसमें अन्य समूह नहीं होते।	7. इसमें अन्य समूह भी हो सकते हैं।
8. स्थिति का निर्माण परिवार के आधार पर।	8. स्थिति का निर्धारण कार्य (Role) के आधार पर।
9. व्यक्तित्व का पूर्ण विकास।	9. व्यक्तित्व का आंशिक विकास।
10. प्रेम, सहानुभूति और घनिष्ठता।	10. स्वार्थ, व्यक्तिवाद और संकीर्णता।
11. आन्तरिक और नैतिक नियन्त्रण।	11. बाह्य और कानूनी नियन्त्रण।
12. सम्बन्धों की निरन्तरता।	12. सम्बन्धों में निरन्तरता नहीं।
13. व्यवहार में स्वाभाविकता।	13. व्यवहार में कृत्रिमता।

प्राथमिक समूहों में सामाजिक नियन्त्रण की विधियां

सामाजिक नियन्त्रण समाज में व्यवस्था बनाये रखने का प्रतिमान है। यह नियन्त्रण औपचारिक (Formal) भी हो सकता है और अनौपचारिक (Informal) भी हो सकता है। औपचारिक नियम्त्रण समाज के नियमों तथा राज्य के कानूनों का नियन्त्रण है जिनकों पुलिस, न्यायालय आदि के द्वारा लागू किया जाता हो। अनौपचारिक नियन्त्रण, रीति रिवाज, अदब कायदे, तौर तरीके आदि का नियन्त्रण है।

अनौपचारिक नियन्त्रण

प्राथमिक समूहों में सामाजिक नियन्त्रण अनौपचारिक (Informal) होता है। अनौपचारिक नियन्त्रण के साधन जनरीतियां (Folk ways), रूढ़ियां (Mores) तथा समूह के आदर्श (Group Ideals) हैं। ये लोक मत (Public opinion) अथवा चर्चा (Gossip) द्वारा काम करते हैं। उदाहरण के लिये आदिम समाजों (Primitive Societies) अथवा भारत जैसे देश के ग्रामीण समाजों में समाज की रूढ़ियां परम्परायें, प्रथायें और आदर्श ही सदस्यों के व्यवहार को निर्देशित करते हैं।

भारत के गाँवों में सब प्रकार के झगड़े आपस में मिल जुलकर सुलझा लिये जाते हैं। भारत के गाँवों के सदस्यों पर ग्राम पंचायत अथवा बिरादरी की पंचायत का नियन्त्रण रहता है। हर एक व्यक्ति जाति बिरादरी में अपनी नाक कट जाने से और हुक्का पानी बन्द होने से डरता है। लोक लाज के भय से कोई जाति अथवा बिरादरी नियमों को तोड़ने की हिम्मत नहीं करती। कहीं-कहीं तो इस सामाजिक दण्ड का भय राजदण्ड से भी अधिक होता है। राज्य के नियम तोड़ने पर तो कुछ जुर्माना हो जाता है या हद से कुछ साल की जेल काट कर छूट जाते हैं परन्तु समाज में बदनामी हो जाने पर आदमी जीवन भर मुंह दिखाने योग्य नहीं रहता।

लोक मत का प्रभाव

ऑगबर्न और निमकॉफ के अनुसार ''बहुधा समूह स्वयं अपने सदस्यों के व्यवहार पर बाहर के किसी विशेष अधिकार प्राप्त व्यक्ति की अपेक्षा अधिक प्रभावशाली नियन्त्रण रख पाता है।''[16] समूह के सदस्यों पर लोकमत के प्रभाव को समझाते हुये ऑगबर्न और निमकॉफ ने एक सुधार गृह (Reformatory) के बालकों का उदाहरण दिया है। इस स्कूल के बालक बड़े शरारती थे। संचालक ने उन्हें शारीरिक दण्डों का भय दिखाकर ठीक करना चाहा परन्तु उसे कोई सफलता नहीं मिली। जब एक नया संचालक आया तो उसने विद्यार्थियों को लोकमत से अनुशासित करने क़ी चेष्टा की। पहले बच्चे खाने के समय बड़ा दंगा करते थे और एक दूसरे पर सड़ी गली चीजें फेंकते थे। नये संचालकों ने बालकों को अलग अलग समूह में बांट दिया। हर एक समूह अलग- अलग मेज पर बैठता था। अब यह नियम बनाया गया कि जिस मेज के बच्चों का व्यवहार सबसे अच्छा होगा उस पर खाने की अच्छी चीजों की मात्रा दुगुनी कर दी जायेगी और उस समूह को एक झण्डा भी इनाम में मिलेगा। अब यदि किसी मेज पर कोई बालक शरारत करने की चेष्टा करता या किसी दूसरे पर कोई चीज फैंकना चाहता तब मेज पर बैठे अन्य बालक उसको रोक देते अथवा उसका तिरस्कार करते क्योंकि प्रत्येक समूह सर्वश्रेष्ठ व्यवहार दिखाकर इनाम जीतना चाहता था। इस प्रकार विद्यार्थियों में अनुशासन स्थापित हो गया। जो संचालक नहीं कर सकता था वही काम समूहों के नियन्त्रण ने कर दिखाया। इस एक उदाहरण से यह स्पष्ट है कि प्राथमिक समूहों के नियन्त्रण के अनौपचारिक साधन बहुधा औपचारिक साधनों से भी अधिक प्रभावशाली सिद्ध होते हैं। समूह के दबाव से सदस्यों में स्वयं अनुशासन रहता है। समान आयु और समान हितों वाले सदस्यों के समूह में लोकमत का बड़ा जबर्दस्त प्रभाव रहता है।

परिवार का उदाहरण

परिवार प्राथमिक समूह का सर्वश्रेष्ठ उदाहरण हैं। परिवार में बालकों के माता पिता के प्रति, छोटे भाई बहनों के बड़े भाई बहनों के प्रति तथा इसी प्रकार पति पत्नी, भाई-भाई, भाई-बहन, बहन-बहन छोटे बड़े सभी में व्यवहार का एक अनुशासन रहता है जो किसी भी द्वैतीयक समूह में कभी भी दिखाई नहीं पड़ता चाहे उसमें समूहों के सदस्यों पर समूह का कैसा भी नैतिक और

16. "The group in itself is frequently able to exert more effective control over the conduct of its members than can an outside individual charged with special authority."

--Ogburn & Nimkoff.

आन्तरिक नियन्त्रण होता हो। परस्पर प्रेम सहानुभूति और ममता के प्रभाव से सदस्य स्वभावतः एक दूसरे से प्रेम पूर्ण व्यवहार रखते हैं। मां, बाप, बड़े बूढ़ों की डांट फटकार या टेढ़ी नजर बड़ा काम करती है और बहुत बार तो इसकी आवश्यकता ही नहीं पड़ती तथा केवल बहलाने फुसलाने और समझने से ही काम चल जाता है।

इस प्रकार प्राथमिक समूहों में सामाजिक नियन्त्रण की विधियां अनौपचारिक, अनैतिक तथा आन्तरिक होती हैं।

द्वैतीयक समूह में सामाज़िक नियन्त्रण

औपचारिक नियन्त्रण

प्राथमिक समूह के विरुद्ध द्वैतीयक समूह के सामाजिक नियन्त्रण की विधियां औपचारिक (Formal) होती हैं। इस अन्तर का कारण प्राथमिक और द्वैतीयक समूह का मौलिक अन्तर है। प्राथमिक समूह के विरुद्ध द्वैतीयक समूह में सदस्यों की संख्या अधिक होती है और उनमें विचारों, व्यवहारों तथा नैतिक आदर्शों की विभिन्नता पाई जाती है। उनमें सम्बन्ध निर्वैयक्तिक होते हैं। उन पर लोकमत का प्रभाव बहुत कम पड़ता है। इसका उदाहरण शहर का समाज हैं शहर में कोई भी व्यक्ति किसी प्रकार का अपराध करके मनुष्यों के विशाल जन समुदाय में विलीन हो सकता है। सांस्कृतिक अन्तर के कारण शहर वालों को एक दूसरे की अधिक परवाह नहीं होती। जीवन की तीव्र गति में सम्बन्ध यन्त्रवत हो जाते हैं और लोगों के मत की परवाह करना तो दूर रहा पड़ोसी-पड़ोसी को पहचानता तक नहीं। इन सब कारणों से अनौपचारिक विधियां व्यर्थ हो जाती हैं और कानून, पुलिस, अदालत तथा जेल आदि औपचारिक विधियों के द्वारा ही सामाजिक नियन्त्रण काम करता है।

वैधानिक नियन्त्रण

द्वैतीयक समूहों में सामाजिक नियन्त्रण के लिए कानून या विधान का सहारा लिया जाता है। विभिन्न समितियों के सदस्यों के व्यवहार के कुछ नियम बना दिये जाते हैं जिनको भंग करने पर दण्ड मिलता है। इस प्रकार के नियमों के कुछ उदाहरण मजदूर संघ या कालिज यूनियन के नियम हैं। स्कूल एक द्वैतीयक समूह है। उसमें कक्षा में तथा स्कूल में व्यवहार करने के कुछ नियम होते हैं जिनको तोड़ने से जुर्माना तथा अन्य प्रकार के दण्ड दिये जाते हैं और कभी-कभी स्कूल से निकाल भी दिया जाता है। इस प्रकार यह स्पष्ट है कि द्वैतीयक समूहों में सामाजिक नियन्त्रण के लिए विधान का सहारा लिया जाता है। यह नियन्त्रण नैतिक नहीं बल्कि बल प्रयोग द्वारा होता है। यह आन्तरिक नहीं बल्कि बाहरी प्रत्यक्ष न होकर परीक्षा है।

सारांश

सामाजिक समूह व्यक्तियों के उस संकलन को कहते हैं जो एक इकाई के समान हो और जिसके सदस्यों में परस्पर सामाजिक सम्बन्ध तथा सामाजिक क्रिया प्रतिक्रिया, जागरूकता के साथ-साथ कुछ सामान्य स्वार्थ हित तथा उत्तेजनायें और सामान्य प्रेरक, चालक तथा संवेग हैं।

समूहों का वर्गीकरण—भिन्न-भिन्न समाजशास्त्रियों ने समूहों का वर्गीकरण भिन्न-भिन्न प्रकार से किया है। सामाजिक सम्बन्धों के प्रकार की दृष्टि से प्राथमिक और द्वैतीयक वर्गीकरण सबसे अधिक महत्वपूर्ण है।

सामूहिक जीवन की विशेषतायें—(1) समूह के सदस्यों में परस्पर संबंध (2) एकता की भावना (3) सदस्यों में सहयोग (4) सदस्यों में स्वार्थों, आदर्शों और मूल्यों की समानता (5) व्यवहारों में समानता (6) सदस्यों पर समूह का नियन्त्रण (7) सदस्यों पर समूह की विशेषताओं का प्रभाव।

''सामाजिक समूह सामान मूल्यों पारस्परिक कर्त्तव्यों एवं आशाओं द्वारा बंधे रहते हैं।'' स्थूल रूप से सामाजिक समूहों को दो वर्गों में बांटा जा सकता है (1) प्राथमिक (2) द्वैतीयक समूह।

प्राथमिक समूह की बाहरी विशेषतायें—(1) सदस्यों में शारीरिक समीपता (2) आकार की लघुता (3) स्थायित्व (4) सम्बन्धों की निरन्तरता।

प्राथमिक समूहों की आन्तरिक विशेषतायें—(1) सदस्यों में उद्देश्यों की एकता (2) सदस्यों के आपसी सम्बन्ध स्वयं साध्य होते हैं। (3) सदस्यों के सम्बन्ध स्वाभाविक होते हैं (4) सदस्यों के आपसी सम्बन्ध वैयक्तिक होते हैं (5) सदस्यों के सम्बन्ध सर्वांगीण होते हैं (6) सदस्यों के सम्बन्धों में अधिकतम नियन्त्रण की शक्ति होती है।

प्राथमिक समूह का महत्व—व्यक्ति की दृष्टि से महत्व—(1) व्यक्तित्व का विकास (2) कार्यक्षमता में वृद्धि (3) मनोवैज्ञानिक आवश्यकताओं की पूर्ति। (ब) समाज की दृष्टि से महत्व।

द्वैतीयक समूह—द्वैतीयक समूह शीत जगत के प्रतिनिधि हैं।

द्वैतीयक समूह की विशेषतायें—(1) व्यक्ति की स्थिति उसके कार्य पर निर्भर (2) सदस्यों में व्यक्तिवाद (3) सदस्यों में आत्म निर्भरता।

प्राथमिक तथा द्वैतीयक समूहों में अन्तर—(1) आकार का अन्तर (2) सम्बन्धों की प्रकृति का अन्तर (3) उद्देश्यों की प्रकृति का अन्तर (4) सम्बन्धों की सर्वांगीणता में अन्तर (5) समाज में महत्व का अन्तर (6) पाये जाने के स्थानों का अन्तर (7) स्थिति के आधार का अन्तर (8) व्यक्तित्व पर प्रभाव में अन्तर (9) इनमें पलने वाले गुणों में अन्तर (10) सदस्यों पर नियन्त्रण में अन्तर (11) सम्बन्धों की निरन्तरता में अन्तर (12) व्यवहार की स्वाभाविकता में अन्तर।

प्राथमिक समूहों में सामाजिक नियन्त्रण—प्राथमिक समूहों में सामाजिक नियन्त्रण अनौपचारिक होता है। इनमें लोकमत का बड़ा प्रभाव होता है। इनमें सामाजिक नियन्त्रण की विधियाँ, अनौपचारिक, नैतिक तथा आन्तरिक होती हैं।

द्वैतीयक समूह में सामाजिक नियन्त्रण—प्राथमिक समूह के विरुद्ध द्वैतीयक समूह में नियन्त्रण की विधियां औपचारिक, वैधानिक, बाह्य और परोक्ष होती हैं।

26

सामाजिक अन्तर्क्रियाओं के रूप और नियम (Modes and Laws of Social Interactions)

समाज सामाजिक सम्बन्धों का जाल है। सामाजिक सम्बन्ध समाज के सदस्यों, नर-नारियों, बालक, युवा और वृद्धों के परस्पर व्यवहार से स्थापित होते हैं यह व्यवहार परस्पर क्रियाओं के रूप में होता है। इस प्रकार सामाजिक सम्बन्ध समाज के सदस्यों में सामाजिक अन्तर्क्रिया (Social Interaction) पर आधारित है। समाज के किन्हीं दो सदस्यों में सम्पर्क होने पर किसी न किसी प्रकार की सामाजिक अन्तर्क्रिया आरम्भ हो जाती है। स्त्री पुरुष के सम्पर्क में आने पर आकर्षण भी हो सकता है और विकर्षण भी, सहयोग भी हो सकता है और संघर्ष भी। समाज के विभिन्न समूहों पर परस्पर संघर्ष, प्रतियोगिता, सहयोग अथवा समवन्य की प्रतिक्रियायें चलती रहती हैं। ये सब सामाजिक अन्तर्क्रियायें हैं।

सामाजिक अन्तर्क्रिया की परिभाषा

सामाजिक अन्तर्क्रिया के उपरोक्त परिचय से उसके स्वरूप पर प्रभाव पड़ता है। परन्तु इस विषय में सामाजिक अन्तर्क्रिया की कुछ परिभाषाओं की जानकारी भी आवश्यक है। कुछ मुख्य परिभाषायें निम्नलिखित हैं–

(1) डासन और गेटिस के शब्दों में ''सामाजिक परस्पर-क्रिया वह प्रक्रिया है जिससे मनुष्य एक दूसरे के मस्तिष्क में प्रवेश करते हैं।''[1] समाज सामाजिक सम्बन्धों का एक जाल है। सामाजिक परस्पर-क्रिया उस क्रिया को कहा जायेगा जो सामाजिक सम्बन्धों को प्रभावित करें। सामाजिक सम्बन्ध मनुष्यों में होते हैं। अत: सामाजिक अन्तर्क्रिया से व्यक्तियों में मानसिक सम्बन्ध स्थापित होते हैं। लोग एक दूसरे के विचारों, कामों, भावनाओं आदि से प्रभावित होते हैं।

(2) गिस्ट के शब्दों में ''सामाजिक परस्पर-क्रिया वह परस्पर प्रभाव है जो परस्पर-उत्तेजना और प्रतिक्रिया के द्वारा मानव प्राणी एक दूसरे पर डालते हैं।''[2] मनुष्य समाज में रहता है। उसका

1. "Social inter-action is a process where by men interpenetrate the minds of each other."
--Dawson and Gettys.

2. "Social interaction is the reciprocal influence human beings exert on each other through interstimulation and response."
--Gist.

और लोगों से कुछ न कुछ सम्बन्ध होना अवश्यम्भावी है। उसका और लोगों से शारीरिक के साथ मानसिक सम्पर्क भी जरूरी होता है। अपनी-अपनी स्थिति (Status) और कार्य (Role) के अनुसार प्रत्येक व्यक्ति दूसरों को प्रभावित करता है। सम्पर्क (Contact) और संचार (Communication) की क्रियायें ही सामाजिक परस्पर क्रियायें कहलाती हैं। सामाजिक परस्पर-क्रिया संचारात्मक परस्पर क्रिया (Communicative interaction) होती हैं।

(3) **ग्रीन** के शब्दों में ''सामाजिक परस्पर-क्रिया से व्यक्तियों और समूहों की समस्याओं को सुलझाने के प्रयत्नों और लक्ष्यों की ओर पहुंचने की कोशिशों में परस्पर प्रभावों का अर्थ लिया जाता है।''[3] समाज में सभी व्यक्ति और समूह किसी न किसी समस्या को सुलझाने और किसी न किसी लक्ष्य पर पहुंचने के लिये प्रयत्नशील रहते हैं, इसमें वे एक दूसरे पर प्रभाव भी डालते हैं। यही परस्पर प्रभाव अन्तर्क्रिया है।

(4) **गिलिन और गिलिन** के अनुसार ''सामाजिक परस्पर-क्रिया से हमारा तात्पर्य सब तरह के क्रियात्मक सामाजिक सम्बन्धों—सब तरह के गत्यात्मक सामाजिक सम्बन्धों से है चाहे ये सम्बन्ध व्यक्ति-व्यक्ति के बीच हों या समूह-समूह के बीच या व्यक्ति और समूह के बीच।''[4] परस्पर-क्रिया सामाजिक प्रक्रिया (Social-Process) का सबसे साधारण रूप है। **पार्क और बर्गेस** भी इस विचार से सहमत हैं।

(5) **एलरिज और मैरिल** के शब्दों में ''सामाजिक अन्तर्क्रिया वह सामान्य क्रिया है जिससे दो या अधिक व्यक्तियों में अर्थपूर्ण सम्पर्क स्थापित होता है, जिसके परिणामस्वरूप उनके व्यवहार में कुछ न कुछ परिवर्तन अवश्य आ जाता है।''[5] इस प्रकार उन सब क्रियाओं को सामाजिक अन्तर्क्रिया कहा जा सकता है जिससे लोगों में कुछ भी सामाजिक सम्बन्ध स्थापित होते हैं या सामाजिक सम्बन्धों में कुछ भी परिवर्तन आता हो।

सामाजिक अन्तर्क्रिया की मौलिक शर्तें

सामाजिक अन्तर्क्रिया के उपरोक्त विवेचन से यह स्पष्ट हो गया होगा कि सामाजिक अन्तर्क्रिया की दो मौलिक शर्तें (Basic Conditions) हैं—(1) **सामाजिक सम्पर्क** (Social Contact) तथा (2) **संचार** (Communication) । सम्पर्क और संचार के बिना मनुष्यों में सामाजिक अन्तर्क्रिया हो ही नहीं सकती।

---

3. "By social interaction is meant the mutual influences that individuals and groups have upon one another in their attempts to solve problems and in their striving for goals."
--Green, A. W.

4. "By social interaction we refer to social relations of all sorts in functions--dynamic social relations of all kind--whether such relations exist between individual and individual, between group and group and group and individual, a the case may be."
--Gillin and Gillin.

5. "Social interaction is thus the general process whereby two or more persons are in meaningful contact, as a result of which their behaviour is modified, however slightly."
--Eldredge and Merrill.

(1) सामाजिक सम्पर्क—सामाजिक सम्पर्क शारीरिक सम्पर्क से भिन्न है। उसके लिये शारीरिक सम्पर्क आवश्यक भी नहीं है। हजारों मील दूर बैठे लोगों में भी रेडियो, पत्र अथवा टेलिफोन, तार आदि संदेशवहन के साधनों के द्वारा सामाजिक सम्पर्क स्थापित हो सकता है। परन्तु शारीरिक सम्पर्क से सामाजिक सम्पर्क और भी दृढ़ होते हैं। हाथ मिलाना, आलिंगन, चुम्बन आदि शारीरिक सम्पर्क जहां सामाजिक सम्पर्क को बढ़ाते हैं वहां उसकी दृढ़ता के भी परिचायक हैं। सामाजिक सम्पर्क व्यक्तियों अथवा समूहों में परस्पर अनुक्रिया से प्रारम्भ होता है। सामाजिक सम्पर्क से ही सामाजिक अन्तर्क्रिया प्रारम्भ होती है। गिलिन और गिलिन के शब्दों में "इसलिये सामाजिक सम्पर्क सामाजिक अन्तर्क्रिया की पहली अवस्था है।"[6]

सामाजिक सम्पर्क स्वीकारात्मक (Positive) **या निषेधात्मक** (Negative) दोनों तरह के हो सकते हैं। स्वीकारात्मक सम्पर्क सहिष्णुता समझौता, सहकारिता या सात्मीकरण की दिशा की ओर ले जाते हैं। निषेधात्मक सम्पर्क उपेक्षा, तिरस्कार और संघर्ष उत्पन्न करते हैं। इसी प्रकार जब कर्त्ताओं में सीधा व्यक्तिगत (Personal) सम्पर्क होता है तब वह प्राथमिक (Primary) सम्पर्क कहा जाता है और जब यह सम्पर्क किसी अन्य व्यक्ति या एजेन्सी के द्वारा और निर्वैयक्तिक (Impersonal) रूप में होता है तब वह द्वैतीयक (Secondary) कहलाता है। इनके अलावा कुछ सामाजिक सम्पर्क अस्थायी होते हैं और कुछ दीर्घकाल तक रहने वाले होते हैं।

(2) संचार—सामाजिक सम्पर्क सदैव किसी न किसी ज्ञानेन्द्रिय के माध्यम से स्थापित होता है। कोई वस्तु ज्ञानेन्द्रिय को तभी स्पष्ट हो सकती है जब उससे ज्ञानेन्द्रिय में संचार (Communication) हो। इस तरह सामाजिक सम्पर्क के लिये संचार के साधन अनिवार्य हैं। संचार के साधनों में मुख्य मनुष्य की इन्द्रियां, भाषा, लिपि, संकेत (Gestures), प्रतीक (Symbols), रेडियों, टेलीफोन, डाक, तार, समाचार पत्र, टेलीविजन आदि हैं। वास्तव में संचार के बिना समाज की कल्पना ही नहीं की जा सकती।

सामाजिक अन्तर्क्रिया के अध्ययन का महत्व

समाज मनोविज्ञान समाज में व्यक्ति के व्यवहार का वैज्ञानिक अध्ययन करता है। समाज की जड़ें सामाजिक अन्तर्क्रियाओं पर आधारित हैं। अतः समाज मनोविज्ञान में सामाजिक अन्तर्क्रियाओं का अध्ययन करना महत्वपूर्ण ही नहीं बल्कि अनिवार्य है। बीसंज और बीसंज के शब्दों में "समाज की जड़ें सामाजिक परस्पर क्रिया में गड़ी हुई हैं।"[7] लम्ले ने लिखा है "और सम्पर्क तथा अन्तर्क्रियायें हमारे जीवन की नींव के पत्थर हैं, वास्तव में सामाजिक से हमारा तात्पर्य इन्हीं से है, वे समाज के लिये वैसी ही हैं जैसी कि इमारतों के लिये ईंटें और चूना।"[8]

---

6. "Social contact, therefore, is the first phase of interaction."
—Gillin and Gillin.
7. "Society is rooted in social interaction..." --Biesanz and Biesanz.
8. "And contacts and interactions are the foundation stone of our life indeed, they are what we mean by social, they are to society what bricks and mortar are buildings."
—Lumley.

समाज ही नहीं बल्कि संस्कृति भी सामाजिक अन्त: क्रिया पर आधारित हैं। विल्सन और कौल्ब लिखते हैं "संस्कृति और समाज दोनों ही सामाजिक परस्पर क्रिया की उपज हैं।"[9] इस तरह समाज का जन्म सामाजिक अन्तर्क्रियाओं से हुआ। उनके बिना उसका अस्तित्व नहीं रह सकता। उन्हीं से समाज का जीवन है। उन्हीं से उसकी संस्कृति का विकास होता है और अस्तित्व बना रहता है। अत: समाज का अध्ययन करने में सामाजिक परस्पर क्रियाओं का अध्ययन सबसे पहले जरूरी है। उन्हीं से सामाजिक सम्बन्धों को समझा जा सकता है। पार्क और बर्गेस के अनुसार समाज की सीमाओं का निश्चय सामाजिक अन्तर्क्रिया की सीमाओं से होता है। इस तरह समाज मनोविज्ञान के अध्ययन में सामाजिक अन्तर्क्रियाओं के अध्ययन का बड़ा महत्व है।

सामाजिक अन्तर्क्रिया के रूप

सामाजिक अन्तर्क्रिया के रूपों की संख्या के विषय में विचारकों में मतभेद है। कुछ इनकी संख्या को सैकड़ों तक पहुँचा देते हैं। कुछ अन्य केवल दो रूप मानते है, यथा सहगामी और असहगामी, अथवा संयुक्त (Conjunctive) और विभाजक (Disjunctive), परन्तु आजकल ये दोनों ही मत अमान्य हैं। पार्क और बर्गेस ने सामाजिक अन्तर्क्रियाओं के निम्नलिखित चार मुख्य रूप माने हैं–

(1) प्रतिस्पर्द्धा (Competition)

(2) संघर्ष (Confict)

(3) समवस्थापन (Accommodation)

(4) सात्मीकरण (Assimilation)

मैकाइवर, मर्टन और मैरिल ने चार के अतिरिक्त सहयोग (Cooperation) को भी माना है। इनमें पहले दो विभाजक हैं और बाकी तीन सहगामी अथवा संयुक्तक हैं। अब सामाजिक अन्तर्क्रियाओं के इन रूपों का वर्णन किया जायेगा।

विभाजक प्रतिक्रियायें
(Disjunctive Processes)

संघर्ष और प्रतिस्पर्द्धा

संघर्ष तथा प्रतिस्पर्द्धा दोनों ही पृथक करने वाली मौलिक सामाजिक प्रक्रियायें हैं। ये दोनों ही असहयोग और विरोध के रूप हैं परन्तु फिर भी उनमें बहुत अन्तर है। पार्क और बर्गेस के शब्दों में "कुछ भी हो, प्रतिस्पर्द्धा निरन्तर और अवैयक्तिक होती है और संघर्ष अनिरन्तर और व्यक्तिक होता है।"[10] प्रतिस्पर्द्धा और संघर्ष के मौलिक अन्तरों को अग्रलिखित तालिका से भली भांति समझा जा सकता है–

9. "Both culture and society are the products of social interaction..."
--Wilson and Kolb.

10. "Competition, however, is continuous and impersonal, conflict is intermittent and personal."
--Park and Burgess.

	प्रतिस्पर्द्धा	संघर्ष
(1)	निरन्तर	अनिरन्तर
(2)	अवैयक्तिक	वैयक्तिक
(3)	अचेतन	चेतन
(4)	अहिंसा पर आधारित	हिंसा का प्रयोग
(5)	दोनों विरोधियों को लाभ	दोनों विरोधियों को हानि
(6)	उत्पादक	उत्पादक नहीं
(7)	परिश्रम को प्रोत्साहन	परिश्रम को प्रोत्साहन नहीं
(8)	अति न्यून मात्रा में पृथक करने वाली	अत्यधिक मात्रा में पृथक करने वाला।
(9)	सामाजिक नियमों का पालन	सामाजिक नियमों का पालन नहीं
(10)	उद्देश्य की प्राप्ति प्राथमिक	विरोधी को हानि प्राथमिक
(11)	उद्देश्य—स्वार्थपूर्ति	उद्देश्य—स्वार्थपूर्ति के साथ विरोधी को हानि।

(1) प्रतिस्पर्द्धा
(Competition)

प्रतिस्पर्द्धा की परिभाषा

प्रतिस्पर्द्धा की कुछ परिभाषायें निम्नलिखित हैं—

(1) **बीसन्ज और बीसन्ज** के शब्दों में "दो या अधिक व्यक्तियों के समान उद्देश्य को पाने के प्रयत्न को प्रतिस्पर्द्धा कहते हैं जो कि इतना सीमित है कि सब उसमें हिस्सा नहीं ले सकते।"[11] **बोगार्डस** के अनुसार "प्रतिस्पर्द्धा किसी ऐसी चीज को प्राप्त करने की प्रतियोगिता को कहते हैं जो कि मांग की पूर्ति करने के लिये पर्याप्त मात्रा में पाई जाती हैं।"[12]

(2) **सदरलैंड, वुडवर्ड और मैकसवेल** के अनुसार "प्रतिस्पर्द्धा व्यक्तियों या समूहों के बीच उन सन्तुष्टियों को प्राप्त करने के लिए एक अवैयक्तिक, अचेतन और निरन्तर परिश्रम को कहते हैं, जिन्हें उनके सीमित होने के कारण सब प्राप्त नहीं कर सकते हैं।"[13]

---

11. "Competition is the striving of two or more persons for the same goal, which is limited so that all cannot share it."
--Biesanz and Biesanz.

12. "Competition is a contest to obtain something which does not exist in a quantity sufficient to meet the demands." --Bogardus.

13. "Competition is an impersonal, unconscious, continuous struggle between individuals or groups for satisfactions which, because of their limited supply, all may not have." --Sutherland, Woodward and Maxwell.

(3) फेयर चाइल्ड ने भी इसी का समर्थन किया है। उपरोक्त परिभाषाओं से यह स्पष्ट है कि प्रतिस्पर्द्धा का लक्ष्य उन वस्तुओं को प्राप्त करना होता है जो सीमित हों। हवा और पानी को प्राप्त करने की कोई प्रतिस्पर्द्धा नहीं हो सकती। प्रतिस्पर्द्धा अवैयक्तिक, अचेतन और निरन्तर परिश्रम है।

प्रतिस्पर्द्धा की प्रकृति

प्रतिस्पर्द्धा की प्रकृति में निम्नलिखित मुख्य विशेषतायें आती हैं—

(1) प्रतिस्पर्द्धा एक अचेतन प्रक्रिया है—प्रतिस्पर्द्धा व्यक्तियों के प्रति न होकर उद्देश्य के प्रति होती है। अत: उद्देश्य के ज्ञान के अलावा वह एक अचेतन क्रिया है।

(2) प्रतिस्पर्द्धा एक निर्वैयक्तिक प्रक्रिया है—प्रतिस्पर्द्धा और संघर्ष में यही भेद है कि प्रतिस्पर्द्धा निर्वैयक्तिक है और संघर्ष वैयक्तिक। ऑगबर्न और निमकॉफ के शब्दों में ''संघर्ष वैयक्तिक प्रतिस्पर्द्धा है।''

(3) प्रतिस्पर्द्धा एक निरन्तर प्रक्रिया है—प्रतिस्पर्द्धा कभी समाप्त नहीं होती। धन की प्रतिस्पर्द्धा में सौ में दो सौ, दो सौं में पांच सौ और फिर हजार, इसी तरह प्रतिस्पर्द्धा बराबर बढ़ती ही जाती है।

(4) प्रतिस्पर्द्धा एक सार्वभौम प्रक्रिया है—प्रतिस्पर्द्धा प्रत्येक समाज में पाई जाती है क्योंकि सभी जगह लोग ऐसी वस्तुओं की इच्छा करते हैं जो कि सीमित हैं। विद्यार्थियों, उत्पादकों, श्रमिकों, कलाकारों, नेताओं सभी में प्रतिस्पर्द्धा पाई जाती है। इसी से व्यक्ति तथा राष्ट्र का विकास होता है।

प्रतिस्पर्द्धा के रूप

गिलिन और गिलिन ने प्रतिस्पर्द्धा के चार रूप माने हैं—(1) आर्थिक, (2) सांस्कृतिक, (3) कार्य तथा सामाजिक स्थिति के लिये और (4) प्रजातीय। इनके अलावा प्रतिस्पर्द्धा का राजनैतिक रूप भी महत्वपूर्ण है।

(1) आर्थिक प्रतिस्पर्द्धा—यह उत्पादन, विनिमय, वितरण और उपभोग के क्षेत्रों में पाई जाती हैं।

(2) सांस्कृतिक प्रतिस्पर्द्धा—विभिन्न संस्कृतियों में सांस्कृतिक प्रतिस्पर्द्धा पाई जाती है। प्रत्येक देश के इतिहास में आदिवासियों और बाहर से आने वालों की संस्कृतियों में प्रतिस्पर्द्धा देखी जा सकती है।

(3) सामाजिक प्रतिस्पर्द्धा—समाज में ऊंची सामाजिक स्थिति पाने के लिये सभी व्यक्तियों में प्रतिस्पर्द्धा पाई जाती है।

(4) प्रजातीय प्रतिस्पर्द्धा—दक्षिणी अफ्रीका में काली और गोरी प्रजातियों में बड़ी उग्र प्रतिस्पर्द्धा पाई जाती है।

(5) राजनैतिक प्रतिस्पर्द्धा—राष्ट्रों में विभिन्न राजनैतिक दलों में, राजनैतिक दल में अलग-अलग गुटों में और गुट में भिन्न-भिन्न व्यक्तियों में राजनैतिक सत्ता के लिये प्रतिस्पर्द्धा बराबर चलती रहती है। इसी प्रकार अन्तर्राष्ट्रीय क्षेत्र में विभिन्न राष्ट्रों में कूटनीतिक प्रतियोगिता चलती रहती है।

उपरोक्त रूपों के अलावा प्रतिस्पर्द्धा के दो प्रकार माने जाते हैं—

(1) वैयक्तिक (Personal) (2) **निर्वैयक्तिक** (Impersonal)। वैयक्तिक अर्थात् व्यक्तियों के बीच पाई जाने वाली प्रतिस्पर्द्धा को प्रतिद्वन्दिता (Rivalry) भी कहा जाता है। निर्वैयक्तिक प्रतिस्पर्द्धा समूहों के बीच होती है।

प्रतिस्पर्द्धा का महत्व

समाज और व्यक्ति तथा अन्य समूहों के जीवन में प्रतिस्पर्द्धा का बड़ा महत्व है। उससे कार्यक्षमता (Efficiency) बढ़ती है। **बीसन्ज और बीसन्ज** लिखते हैं "हमें विश्वास है कि यदि सहयोग कामों को पूरा करवाता है, प्रतिस्पर्द्धा यह आश्वासन देती है कि वे भली प्रकार किये जायेंगे।"[14] रूस में उत्पादन बढ़ाने के लिये समाजवादी प्रतिस्पर्द्धा (Socialist Competition) से आश्चर्यजनक प्रगति हुई है। **किंग्सले डेविस** ने लिखा है "वास्तव में उसकी प्रगति कही जाने वाली वस्तु से स्वाभाविक सम्बन्ध होने के कारण कुछ क्षेत्रों में उसको आधुनिक सभ्यता का आवश्यक गुण मान लिया गया है।"[15] सामाजिक स्थिति का प्रतिस्पर्द्धा से बड़ा घनिष्ट सम्बन्ध है। **बर्नार्ड** के शब्दों में "इस तरह यद्यपि हम आर्थिक, सामाजिक और राजनैतिक प्रतिस्पर्द्धा की बात कर सकते हैं परन्तु सब मामलों में स्थिति के लिये प्रतिस्पर्द्धा उपस्थित रहती है।"[16] आधुनिक युग में व्यक्ति और समाजों की आश्चर्यजनक प्रगति में प्रतिस्पर्द्धा का बड़ा हाथ है। वास्तव में प्रतिस्पर्द्धा का उद्देश्य ही प्रगति की ओर बढ़ना है। एलरिज के शब्दों में "व्यक्तियों और समाजों के बीच प्रतिस्पर्द्धा का उद्देश्य यथार्थ अस्तित्व न होकर अपनी-अपनी स्थितियों की रक्षा या उन्नति ही अधिक होती है।"[17] परन्तु इतनी लाभदायक होने पर भी प्रतिस्पर्द्धा को असीमित होने देना ठीक नहीं अन्यथा उससे लाभ के स्थान पर हानि की अधिक होगी क्योंकि जैसा कि बोगार्डस ने ठीक ही लिखा है "प्रतिस्पर्द्धा तर्क के अनुसार संघर्ष में विकसित हो जाती है।"[18]

---

14. "We are convinced that while co-operation gets things done, competition assures that they will be well done." --Biesanz and Biesanz.
15. "In fact its obvious connection with what is called progress has led to its enthronement in some circles as the essential feature of modern civilization." --Kingsley Davis.
16. "Thus although we may speak of economic, social and political competition, in all cases competition for status is present." --Bernard, J.
17. "Competition between individuals and groups is thus largely towards the objective of preserving or improving their respective statuses rather than survival." --Eldredge.
18. "Competition logically develops into conflict." --Bogardus.

(2) संघर्ष
(Conflict)

संघर्ष क्या है?

प्रतिस्पर्द्धा क्रमशः प्रतिद्वन्द्विता बन जाती है और प्रतिद्वन्द्विता से अन्त में संघर्ष उत्पन्न होता है। इसीलिये किंग्सले डेविस ने लिखा है "वह (प्रतिस्पर्द्धा) कलह का एक परिवर्तित रूप है।"[19] प्रतिस्पर्द्धा और संघर्ष के मौलिक अन्तर का बयान पीछे किया जा चुका है। गिलिन और गिलिन के अनुसार "संघर्ष वह सामाजिक प्रक्रिया है जिसमें व्यक्ति या समूह अपने विरोधी को हिंसा के भय द्वारा प्रत्यक्ष आह्वान देकर अपने लक्ष्यों को प्राप्त करते हैं।"[20] इस तरह संघर्ष में हिंसा की भावना होती है। संघर्ष में बदले की भावना भी होती है। ग्रीन के शब्दों में "संघर्ष दूसरे या दूसरों के संकल्पों के विरोध, प्रतिकार या बलपूर्वक रोकने के लिये जान बूझकर किये गये प्रयत्न को कहते हैं।"[21]

संघर्ष की प्रकृति

संघर्ष सहयोग की विरोधी प्रक्रिया है। इसमें व्यक्ति या समूह एक दूसरे के कामों में अड़चन डालने की कोशिश करते हैं। कभी तो वे एक दूसरे को बिल्कुल ही नष्ट करने का निश्चय कर लेते हैं और हिंसात्मक उपायों से काम लेते हैं। परन्तु यह आवश्यक नहीं है कि संघर्ष में हिंसात्मक उपायों से ही काम लिया जाय। कभी-कभी वैधानिक अथवा शान्तिपूर्ण उपायों से भी संघर्ष किया जाता है। उदाहरण के लिये अंग्रेजी सरकार के विरुद्ध गाँधी जी के नेतृत्व में आजाद हिन्द फौज ने अंग्रेजों के संघर्ष में हिंसात्मक उपायों को अपनाया। चुनाव में परस्पर विरोधी उम्मीदवार बहुधा वैधानिक उपायों से काम लेते हैं। परन्तु कभी-कभी गुण्डागर्दी और मारतोड़ पर भी उतर आते हैं। संघर्ष परस्पर विरोधी लक्ष्यों के कारण होता है। उदाहरण के लिए भारतीयों का लक्ष्य भारत को समृद्ध बनाना है जबकि अंग्रेज देश का शोषण कर रहे थे। अतः संघर्ष होना स्वाभाविक था। संघर्ष परस्पर विरोधी रीतियों के कारण भी होता है। भारतवर्ष में विभिन्न राजनैतिक दलों में आपस में संघर्ष है क्योंकि वे देश की उन्नति के लिये एक दूसरे के उपायों को गलत समझते हैं। विभिन्न दलों के स्वार्थ परस्पर प्रतिकूल (Mutually exclusive) है क्योंकि सभी राजनैतिक दल सत्ता हथियाना चाहते हैं।

संक्षेप में, संघर्ष की प्रकृति के बारे में अग्रलिखित विशेषतायें महत्वपूर्ण हैं–

(1) संघर्ष एक चेतन प्रक्रिया है–संघर्ष में प्रतिद्वन्द्वी समझ बूझ कर एक दूसरे को हराने की कोशिश करते हैं। पार्क और बरगेस के अनुसार "...... बहुत तेज उद्वेग और सबसे

---

19. "It is thus a modified form of struggle." --Kingsley Davis.
20. "Conflict is the social process in which individuals or groups seek their ends by directly challenging the antagonist by violence or the threat of violence" --Gillin and Gillin.
21. "Conflict is the deliberate attempt to oppose, resist or coerce the will of another or others." --Green A. W.

अधिक शक्तिशाली उत्तेजनाओं को उत्पन्न करता है और ध्यान तथा प्रयत्न का सबसे अधिक केन्द्रीयकरण करता है।"[22]

(2) संघर्ष एक वैयक्तिक प्रक्रिया है—संघर्ष लक्ष्य के लिये नहीं बल्कि प्रतिद्वन्द्वी को पछाड़ने के लिये किया जाता है। उसमें प्रतिद्वन्द्वी की हानि या नाश ही असली उद्देश्य है।

(3) संघर्ष की प्रक्रिया में निरन्तरता नहीं होती—संघर्ष अविराम नहीं होता बल्कि रुक-रुक कर चलता है क्योंकि उसके लिये शक्ति इकट्ठा करनी पड़ती है।

(4) संघर्ष की प्रक्रिया सार्वभौम है—मानव समाज में परिवार से लेकर सामाजिक जीवन के प्रत्येक क्षेत्र में संघर्ष दिखाई पड़ता है।

संघर्ष के प्रकार

संघर्ष एक सार्वभौम प्रक्रिया है। मोटे तौर से उसके मुख्य प्रकार निम्नलिखित हैं—

(1) व्यक्तिगत संघर्ष—इसमें परस्पर विरोधी लक्ष्यों वाले व्यक्तियों में संघर्ष होता है। उदाहरण के लिये यदि दो प्रोफेसर एक कालिज में प्रिंसिपल का पद पाना चाहते हैं तो उनमें संघर्ष अवश्यम्भावी है।

(2) वर्गगत संघर्ष—परस्पर प्रतिकूल स्वार्थों वाले वर्गों में संघर्ष होता है। उदाहरण के लिये जैसा कि मार्क्स ने ठीक ही कहा है पूंजीपति का सर्वहारा वर्ग से संघर्ष अनिवार्य है।

(3) जातीय संघर्ष—भारत में ऊंच-नीच की भावना के कारण विभिन्न जातियों में बैरभाव उत्पन्न हो जाता है और जातिगत संघर्ष चलता है।

(4) प्रजातीय संघर्ष—कभी-कभी कुछ प्रजातियां दूसरों पर शासन करना अपना जन्मसिद्ध अधिकार समझने लगती हैं। अत: उनका औरों से संघर्ष होता है। उदहारण के लिये नार्डिकवादी विचारधाराओं से जर्मनी में जर्मनों और यहूदियों में संघर्ष हुआ।

(5) दलगत संघर्ष—राजनीति के क्षेत्र में विभिन्न दल अपना-अपना उल्लू सीधा करना चाहते हैं। अत: दलगत संघर्ष होता है। इसी प्रकार कहीं भी विभिन्न दलों में संघर्ष हो सकता है।

(6) अन्तर्राष्ट्रीय संघर्ष—कभी-कभी कुछ राष्ट्र अन्य राष्ट्रों के हितों का ख्याल न करके उन्हें हानि पहुँचाकर अपना स्वार्थ सिद्ध करना चाहते हैं, ऐसी स्थिति में अन्तर्राष्ट्रीय संघर्ष होता है जोकि कभी-कभी बड़े भयंकर रूप धारण कर लेता है। पिछले दोनों विश्व महायुद्ध इस प्रकार के संघर्ष के उदाहरण हैं।

संघर्ष के उपरोक्त प्रकारों के अलावा राजनैतिक संघर्ष होता है। आर्थिक क्षेत्र में मिल मालिकों और मजदूरों तथा मिल मालिकों और मिल मालिकों में संघर्ष होता है। इस प्रकार एक ही व्यवसाय करने वाले तथा भिन्न-भिन्न व्यवसाय करने वालों में भी संघर्ष होता है।

---

22. "Conflict....evokes the deepest emotions and strongest passions and enlists the greatest concentration of attention and of effort," --Park and Burgess.

संघर्ष सर्वव्यापी क्यों है?

इस प्रकार संघर्ष सर्वव्यापी है। संघर्ष सर्वभौम क्यों है इसके विभिन्न विचारकों ने भिन्न-भिन्न कारण बतलाये हैं। माल्थस (Malthus) के अनुसार जबकि जीवन की आवश्यकता की वस्तुओं का उत्पादन गणितीय (Arithmatical) अनुपात में बढ़ता है, जनसंख्या ज्यामितीय (Geometrical) अनुपात से बढ़ती है। इसका परिणाम यह होता है कि समृद्ध देश में भी कभी न कभी जनसंख्या इतनी बढ़ जाती है कि सब के लिये पर्याप्त खाद्य सामग्री तथा अन्य वस्तुओं का प्रबन्ध नहीं हो पाता। अब यदि महामारी और बाढ़ आदि प्राकृतिक विपत्तियों से जनसंख्या कम नहीं हो जाती तो फिर युद्ध तथा संघर्ष होते हैं जिनमें प्रत्येक व्यक्ति और प्रत्येक देश अपना स्वार्थ सिद्ध करना चाहता है। डार्विन तथा उसके अनुयायियों ने मानव समाज में संघर्ष का कारण "अस्तित्व के लिये संघर्ष" और "योग्यतम की विजय" के जैवकीय सिद्धान्तों को बतलाया है। फ्रॉयड आदि मनोवैज्ञानिकों ने मनुष्य में नैसर्गिक आक्रामक मूल प्रवृत्ति को संघर्ष का कारण माना है। गाँधी आदि धार्मिक विचारक मनुष्य को स्वभावत: संघर्ष प्रिय नहीं मानते और संघर्ष का कारण स्वार्थ को मानते हैं। वास्तव में ये सभी मत कुछ न कुछ सीमा तक सच हैं परन्तु एकांगी भी हैं। जीवन की आवश्यकताओं के साधनों की कमी होने पर संघर्ष आवश्यक होता है परन्तु संघर्ष के कारण महत्वाकांक्षा. स्वार्थ तथा संघर्षवृति भी हो सकते हैं। चाहे मनुष्य स्वभावत: हिंसक न हो परन्तु उसमें स्वभाव से ही संघर्ष की प्रवृत्ति आवश्यक है। परन्तु क्या इसका अर्थ यह हुआ कि पशु समाज के समान मानव समाज में भी संघर्ष अनिवार्य है? यदि ऐसा हो तो फिर भविष्य में पृथ्वी पर से मानव जाति का नाम निशान मिट जाना भी अनिवार्य होगा क्योंकि अणु आयुधों के रूप में मानव ने एक ऐसी शक्ति प्राप्त कर ली है कि विश्व महायुद्ध हो जाने पर पृथ्वी पर बहुत कम मानव बचेंगे जो मानव बचेंगे उनमें एक बड़ी संख्या विकलांगों की होगी और भावी पीढ़ियों में एक बड़ी संख्या असमर्थों की होगी। परन्तु मानव का भविष्य निराशामय नहीं है। मनोवैज्ञानिक तथा धार्मिक विचारक दोनों एक मत से यह मानते हैं कि मानव की आक्रामक प्रवृत्तियों (Aggressive tendencies) को अहानिकर कार्यों जैसे विभिन्न प्रकार के खेलों तथा प्रतियोगिताओं आदि के द्वारां निकाला जा सकता है। इस प्रकार मानव में से संघर्ष को निकाला तो नहीं जा सकता परन्तु उसको अहानिकर बनाया जा सकता है और स्वस्थ प्रतियोगिताओं के द्वारा मानव प्रगति के लिये उसका उपयोग किया जा सकता है।

संघर्ष का महत्व

रयूटर और हार्ट ने संघर्ष के बारे में लिखा है कि "वह सारे चेतन जीवन के आधार और उत्पत्ति में है, आत्मचेतना और सामूहिक चेतना दोनों संघर्ष के परिणाम हैं।"[23] इस तरह व्यक्ति और समाज दोनों के लिये संघर्ष का बड़ा महत्व है। वैयक्तिक तथा सामाजिक दोनों तरह के जीवन की समस्याओं को सुलझानें में बड़ा संघर्ष करना पड़ता है। संघर्ष के बिना कोई भी व्यक्ति जीवन की उन्नति नहीं कर पाता और जो जितना आगे बढ़ना चाहता है उसे उतना ही अधिक

---

23. "It is at the base and origin of all conscious life, both self-consciousness and group-consciousness are the result of conflict." --Reuter and Hart.

संघर्ष करना पड़ता है। समितियों को बनाने, चलाने तथा काम रखने में देश का उत्पादन बढ़ाने में, देश की आजादी कायम रखने में और किसी भी दिशा में उसको आगे बढ़ाने में देश के सभी लोगों को संघर्ष करना पड़ता है। वर्ग संघर्ष (Class Conflicts) आजकल के समाजों की एक व्यापक विशेषता है। इसके अलावा राजनैतिक संघर्ष, प्रजातीय संघर्ष, अन्तर्राष्ट्रीय संघर्ष, धार्मिक संघर्ष, सामुदायिक संघर्ष, पारिवारिक संघर्ष, व्यापारिक प्रतिद्वन्द्विता, मुकदमेंबाजी, युद्ध आदि कितने ही प्रकार के संघर्ष सर्वविदित हैं। इन संघर्षों पर नियन्त्रण रखना भी व्यक्ति और समाज की प्रगति के लिये बड़ा जरूरी है। आज विज्ञान की सहायता से मनुष्य एक ऐसी अवस्था पर पहुँच गया जबकि कहीं भी अत्यधिक संघर्ष होने पर सम्पूर्ण मानव जाति के लिये खतरा है। वर्तमान अणु युग में अन्तर्राष्ट्रीय युद्ध से मानव जाति के अस्तित्व तक को खतरा है। वास्तव में मानव जाति की उन्नति के लिये मनुष्य, मनुष्य में नहीं बल्कि मनुष्य का निम्न तथा पाशविक शक्तियों से संघर्ष जरूरी है। संघर्ष पर नियन्त्रण रखने के लिये सह अस्तित्व (Co-existence) काफी नहीं है। उसके लिए सक्रिय सहयोग (Active Co-operation) की आवश्यकता है।

(3) प्रतिकूलता
(Contravention)

प्रतिकूलता क्या है?

विभाजक सामाजिक प्रतिक्रियाओं के इस विवरण में प्रतिकूलता का परिचय देना भी प्रासंगिक होगा। प्रतिकूलता (Contravention) संघर्ष और प्रतिस्पर्द्धा के मध्य की स्थिति है। इसके दो मुख्य लक्षण हैं एक तो द्विविधा की स्थिति और दूसरे छिपी हुई नफरत (Covert Hatred)] उदाहरण के लिये कभी-कभी हम किसी आदमी को पसन्द नहीं करते, हमें वह अच्छा आदमी नहीं मालूम पड़ता परन्तु साथ ही हमारे पास उसको बुरा कहने का कोई कारण भी नहीं होता। ऐसी स्थिति में द्विविधा होती है, प्रत्यक्ष रूप ये नफरत होती है और हम उस व्यक्ति से बचना भी चाहते हैं। इस तरह प्रतिकूलता भी एक पृथक करने वाली क्रिया है। न तो वह संघर्ष के समान पूरी तरह प्रकट है और प्रतिस्पर्द्धा के समान अचेतन। इसीलिये कुछ समाजशास्त्री इसको एक पृथक मौलिक प्रक्रिया मानते हैं।

प्रतिकूलता के प्रकार

वीस और बेकर (Wiese and Bekcer) ने प्रतिकूलता के तीन प्रकार माने हैं—(1) पीढ़ियों की प्रतिकूलता, (2) लिंगों की प्रतिकूलता और (3) संसदीय प्रतिकूलता। प्रतिकूलता पीढ़ियों की (Contravention of Generations) दो अलग-अलग पीढ़ियों में पाये जाने वाले विरोध को कहते हैं। यह देखा जाता है कि युवक वृद्धों के और वृद्ध युवकों के आचार-विचार को पसन्द नहीं करते। लिंगों की प्रतिकूलता (Contravention of Sexes) स्त्री और पुरुषों की एक दूसरे के प्रति द्विविधा तथा सन्देह की प्रवृत्ति को कहते हैं। संसदीय प्रतिकूलता (Parliamentary Contravention) उस विरोध को कहते हैं जो संसदों में बहुमत और अल्पमत में पाया जाता है।

संयुक्त प्रक्रियायें
(Conjunctive Processes)

संयोजक प्रतिक्रियाओं की व्याख्या पीछे कर दी गई हैं। यहां पर विभिन्न संयोजक प्रक्रियाओं का वर्णन किया जायेगा।

(1) प्रतियोजन
(Accommodation)

प्रतियोजन क्या है?

प्रतियोजन संघर्ष से सहयोग की ओर पहला कदम है। मनुष्य अपने चारों ओर के लोगों से या पर्यावरण से सदैव संघर्ष नहीं कर सकता। चाहे वह उससे सहमत न भी हो परन्तु फिर भी बहुधा उनको सहन करना पड़ता है। जिन्दगी में समझौता करना ही पड़ता है। उसके बगैर जिन्दगी का चलना मुश्किल है। समझौते से संघर्ष टल जाता है। इस तरह विभिन्नता होते भी संघर्ष नहीं होता। यह समझौता ही प्रतियोजन है। यह एक अचेतन प्रक्रिया (Process) है जो जीवन में सब कहीं हर समय चलती रहती है। परिवार में मनुष्य का बाल्य-जीवन प्रतियोजन का एक सुन्दर उदाहरण है। बालक में माता पिता तथा अन्य लोगों के प्रति विद्रोह होता है परन्तु फिर भी वह उनके अनुसार अपने को बदलता है। उनकी आज्ञा मानता है। दिल में विरोध दबाकर भी उनका सम्मान रखता है। इसका दूसरा सुन्दर उदाहरण विवाहित नव वधू का नये परिवार के लोगों के साथ प्रतियोजन करना है। उसको सबकी बातें सहन करनी पड़ती हैं। ऐसा नहीं है कि उसको सास ससुर की फटकारें, ननदों के ताने और देवरों के उपद्रवों से परेशानी न होती हो। परन्तु संघर्ष को बचाने के लिये उसे अपने को दबाकर परिस्थितियों से समझौता करना ही पड़ता है। प्रतियोजन जीवित रहने की कला है। मानव में समस्त प्राणियों से अधिक प्रतियोजन शक्ति है। इसी कारण वह आज संसार का सबसे अधिक शक्तिशाली प्राणी है। प्रतियोजन की यह क्रिया जीवन के प्रत्येक क्षेत्र में देखी जा सकती है। गाँव के लोग शहर में प्रतियोजन कर लेते हैं। विदेश में पहुंच कर, नये व्यापार में, नई नौकरी में, नई सोसाइटी में, जाति में, समाज में, पड़ोस में, देश में, विदेश में कहीं भी प्रतियोजन के बिना काम नहीं चल सकता। प्रतियोजन एक दशा भी है। वह मानसिक और सामाजिक समझौते और शान्ति की दशा है। प्रत्येक व्यक्ति कुछ विशेष परिस्थितियों में पैदा होता है। उसमें कुछ अच्छी होती हैं और कुछ बुरी। व्यक्ति को उनसे समझौता करना ही पड़ता है अन्यथा वह जिन्दा नहीं रह सकता। कितना भी प्रयत्न करने पर मनुष्य सब परिस्थितियों को नहीं बदल सकता। कुछ उसे जरूर प्रतियोजन करना पड़ता हैं वह संघर्ष से भागता नहीं बल्कि उसको टालता है जिससे जिन्दगी आगे बढ़ सके और कायम रह सके।

प्रतियोजन की परिभाषा

प्रतियोजन की कुछ परिभाषायें अग्रलिखित हैं:–

(1) **र्‌यूटर और हार्ट**–''एक प्रक्रिया के रूप में प्रतियोजन प्रयत्नों का वह अनुक्रम है जिससे मनुष्य बदली हुई अवस्थाओं से जरूरी बनाई गई आदतों और दृष्टिकोणों का निर्माण करके जीवन की बदली हुई अवस्थाओं से समझौता कर लेते हैं।''[24]

(2) **बीसन्ज और बीसन्ज**–''एक अर्थ में प्रतियोजन समस्त औपचारिक सामाजिक संगठन का आधार है।''[25]

(3) **जोन्स**–''एक अर्थ में प्रतियोजन असहमत रहने के लिये समझौता कहा जा सकता है।''[26]

(4) **मैकाइवर और पेज**–''प्रतियोजन शब्द खासतौर पर उस प्रक्रिया की ओर संकेत करता है जिसमें मनुष्य अपने पर्यावरण से सामंजस्य की भावना पाता है।''[27]

(5) **पार्क और बर्गेस**–''प्रतियोजन संघर्षों का स्वाभाविक परिणाम है। प्रतियोजन में विरोधी तथ्यों का विरोध कुछ समय के लिये नियन्त्रित हो जाता है और एक प्रत्यक्ष क्रिया के रूप में संघर्ष गायब हो जाता है यद्यपि एक संभाव्य शक्ति के रूप में वह गुप्त रूप से बना रहता है।''[28]

उपरोक्त परिभाषाओं से यह स्पष्ट मालूम पड़ता है कि प्रतियोजन में नापसन्द परिस्थितियों में संघर्ष को टाला जाता है। परिस्थितियों से न तो पूर्ण अनुरूपता (Complete Uniformity) होती है और न संघर्ष। इसमें विरोधी शक्तियों का सन्तुलन किया जाता है। इस तरह यह सामाजिक संगठन की नींव है। इसके बिना समाज में सन्तुलन नहीं रह सकता।

प्रतियोजन और समंजन–प्रतियोजन (Accommodation) समंजन (Adjustment) नहीं है। इन दोनों प्रक्रियाओं में निम्नलिखित अन्तर हैं–

प्रतियोजन	समंजन
(1) अचेतन प्रक्रिया	चेतन प्रक्रिया
(2) बाह्य के साथ-साथ आन्तरिक भी	केवल बाह्य

---

24. " As a process, accommodation is the sequence of steps by which persons are reconciled to changed conditions of life through the formation of habits and attitudes made necessary by the changed conditions themselves".

—Reuter and Hart.

25. " In one sense, accommodation is the basis of all formal social organisation."

—Biesanz and Bieasanz.

26. "In one sense, accommodation may by said to be an agreement to disagree."

—Jones M. E.

27. "The term accommodation refers particularly to the process in which man attains a sense of harmony with his environment."

—MacIver and Page.

28. "Accommodation is the natural issue of conflicts. In an accommodation the antagonism of the hostile elements is, for the time being, regulated and conflict disappears as overt action, although it remains latent as a potential force."

--Park and Burgess.

(3) समंजन के बाद धीरे-धीरे होता है प्रतियोजन का पहला कदम है।

उदाहरण के लिये जब किसी देश पर विदेशियों का आक्रमण होता है तो पहले वे लोग डटकर मुकाबला करते हैं फिर हार जाने पर कोई उपाय न देखकर समंजन कर लेते हैं। संमजन से विजेताओं और विजितों में धीरे-धीरे प्रतियोजन शुरू हो जाता हैं।

प्रतियोजन और अनुकूलन—प्रतियोजन और अनुकूलन (Adaptation) में निम्नलिखित अन्तर हैं–

प्रतियोजन	अनुकूलन
(1) एक सामाजिक प्रक्रिया	एक जैवकीय (Biological) प्रक्रिया
(2) संघर्ष से उत्पत्ति	प्रतिस्पर्द्धा का प्राकृतिक परिणाम
(3) एक सीखने की प्रक्रिया	जैवकीय विकास की प्रक्रिया का अन्तिम परिणाम।

अनुकूलन का सम्बन्ध प्राकृतिक प्रवरण (Natural Selection) के सिद्धान्त से है। मनुष्यों और पशुओं में प्राकृतिक अनुकूलन के कारण बड़े परिवर्तन हुये हैं।

प्रतियोजन की प्रकृति:

प्रतियोजन के उपरोक्त विवेचन से उसकी प्रकृति बहुत स्पष्ट हो गई होगी। उसकी प्रकृति के प्रमुख लक्षण लिखित हैं-

(1) प्रतियोजन संघर्ष का स्वाभाविक परिणाम—प्रतियोजन संघर्ष से उत्पन्न होता है और उसको टाले रखता है। संघर्ष न हो तो प्रतियोजन का सवाल ही नहीं उठता।

(2) प्रतियोजन अधिकतर एक अचेतन प्रक्रिया है—प्रतियोजन अधिकतर अचेतन दशा में होता रहता है। मनुष्य का सामाजिक पर्यावरण बराबर बदलता रहता है और उससे मनुष्य पर प्रभाव पड़ता रहता है। नवीन परिस्थितियों में मनुष्य अचेतन रूप में क्रमशः व्यवस्थापन करता रहता है।

(3) प्रतियोजन एक सार्वभौम प्रक्रिया है—पार्क और बरगेस लिखते हैं "सम्पत्ति के अधिकार हर एक तरह के निहित स्वार्थ, पारिवारिक संगठन, दासता, जातियां, वर्ग, वास्तव, में सम्पूर्ण सामाजिक संगठन प्रतियोजन अर्थात् व्यक्तियों की प्राकृतिक इच्छाओं पर सीमाओं का प्रतिनिधित्व करता हैं।"[29] मानव समाज में सब कहीं प्रतियोजन की प्रक्रिया सदैव चलती रहती है।

(4) प्रतियोजन प्रेम और घृणा का मिश्रण है—ऑगबर्न और निमकॉफ ने लिखा है "प्रतियोजन में प्रेम और घृणा की प्रवृत्तियां साथ-साथ पाई जाती हैं।"[30] प्रेम से सहयोग होता है

29. "The right of property, vested interests of every sort, the family organisation, slavery, castes and classes, the whole social organisation, in fact, represents accommodation, that is to say, limitations on the natural wishes of the individual."

--Park and Burgess.

30. "In accommodation...love and hate attitudes co-exist.

--Ogburn and Nimkoff.

और घृणा से संघर्ष। प्रतियोजन में प्रेम और घृणा दोनों ही पाई जाती हैं।

(5) **प्रतियोजन एक निरन्तर प्रक्रिया है**—मनुष्य के जीवन में और समाज के प्रत्येक क्षेत्र में प्रतियोजन की प्रक्रिया सदैव चलती रहती है।

प्रतियोजन की पद्धतियां

Cultural Sociology में **गिलिन और गिलिन** ने प्रतियोजन की निम्नलिखित सात रीतियां बतलाई हैं—

(1) **बलप्रयोग के सामने झुकना** (Yielding to Coercion)—बल प्रयोग के सामने झुककर अधिकतर व्यक्ति या समूह प्रतियोजन कर लेते हैं।

(2) **समझौता** (Compromise)-समझौते में बराबर शक्ति वाले व्यक्ति अथवा समूह संघर्ष को टालने के लिये अपने स्वार्थों को कुछ न कुछ त्याग कर परस्पर सह-अस्तित्व पर राजी हो जाते हैं।

(3) **पंच निर्णय और अनुरंजन** (Arbitration and Conciliation)— पंच-निर्णय में दो विरोधी दलों के संघर्ष दबाने के लिए तीसरा पक्ष उनमें कुछ निर्णय करता है जिसको दोनों पक्षों को मानना पड़ता है। अनुरंजन में तीसरा पक्ष निर्णय नहीं करता बल्कि कुछ सुझाव पेश करता है ताकि दोनों पक्षों के संघर्ष को टाला जा सके। इन सुझावों को मानना विरोधी दलों की इच्छा पर निर्भर है। यह पंचनिर्णय की तरह अनिवार्य नहीं है।

(4) **सहिष्णुता** (Toleration)—सहिष्णुता प्रतियोजन की वह पद्धति है जिसमें दोनों पक्ष एक दूसरे के प्रति सहानुभूति से सोचते विचारते हैं और एक दूसरे की बात समझने की कोशिश करते हैं तथा आपस के भेदों को शान्ति से सहन करते हैं। प्रतियोजन की पद्धतियों में सहिष्णुता का बड़ा भारी महत्व है।

(5) **स्थिति परिवर्तन** (Conversion)—जब कोई मनुष्य या समूह किसी विशेष स्थिति से समझौता नहीं कर पाता तब प्रतियोजन का एक तरीका यह भी होता है कि यह अपनी स्थिति में ही अपनी प्रवृत्ति के अनुसार परिवर्तन कर ले। इस तरह बहुत से हिन्दू लोग जब जाति के बन्धनों का पालन नहीं कर सके तब उन्होंने हिन्दू धर्म ही छोड़ दिया और मुसलमान या ईसाई हो गये। इस परिवर्तन से उनको नवीन परिस्थिति में अपनी मनमानी करने का अवसर मिल गया।

(6) **शोधीकरण** (Sublimation)—इसमें व्यक्ति या समूह अपने विरोधी से संघर्ष करने के स्थान पर अपनी संघर्ष की प्रवृत्तियों को कुछ ऐसी क्रियाओं से निकाल देते हैं जिनसे किसी को नुकसान न हो।

(7) **युक्तिकरण** (Rationalisation)—जब व्यक्ति या समूह किसी विरोधी शक्ति से संघर्ष नहीं करना चाहते और न अपनी कामनाओं को छोड़ना चाहते हैं तब वे अपनी कामनाओं को यथार्थ में पूरा करने या छोड़ देने के स्थान पर मौजूदा हालत को ही ठीक समझने के लिये युक्तियां निकाल लेते हैं। इस तरह लोग अपने-अपने व्यवहार और तरीकों को ठीक सिद्ध करने की कोशिश करते हैं। गरीबी में लोग भगवान की इच्छा समझ कर सन्तोष कर लेते हैं। फेल होने वाला

विद्यार्थी अपने में कोई दोष न देखकर परीक्षक में ही दोष निकाल कर सन्तोष कर लेता है।

प्रतियोजन का महत्व

आधुनिक समाज में प्रतियोजन का बड़ा महत्व है। सूचना, शिक्षा, प्रचार, राजनैतिक और वैधानिक दबाव, व्यवसायों और पेशों के विभिन्न संगठनों, कल्याण मनोरंजन और सांस्कृतिक सम्बन्धों की संस्थाएं, विभिन्न जातियों, प्रजातियों, राष्ट्रों धर्मों आदि के परस्पर आदान-प्रदान के संगठन, न्यायालय, पुलिस, राज्य व्यवस्थापिका सभायें, समाज कार्यकर्ता, मानसिक चिकित्सक (Psychiatrists) और मनोविश्लेषक (Psycho-analysts) आदि सभी व्यवस्थापन की प्रक्रिया में महत्वपूर्ण हिस्सा लेते हैं। इन सबसे व्यवस्थापन सरल हो गया है परन्तु उसकी प्रक्रिया अत्यधिक जटिल है।

(2) सात्मीकरण
(Assimilation)

सात्मीकरण क्या है?

सात्मीकरण सामाजिक समंजन (Social Adjustment) का एक रूप है। इसकी प्रक्रिया प्रतियोजन के बाद प्रारम्भ होती है। इसमें व्यक्ति अथवा समूह नई परिस्थितियों को धीरे-धीरे और अचेतन रूप में ग्रहण करने लगता है। इससे सामाजिक मनोवृत्तियों का संशोधन होता है। उदाहरण के लिये भारत से बहुत से क्षेत्रों में हिन्दू और मुसलमान इतने घुल मिल गये हैं कि उन्होंने एक दूसरे की संस्कृति की बहुत सी बातों को आत्मसात कर लिया है अर्थात् अपने व्यवहार में पचा लिया है। आधुनिक अमरीकी समाज विभिन्न संस्कृतियों और समाजों के सात्मीकरण का एक सुन्दर उदाहरण है। आजकल यातायात और आवागमन के साधनों में अभूतपूर्व विकास हो जाने के कारण सात्मीकरण की प्रक्रिया भी बड़ी व्यापक हो गई है। सात्मीकरण के लिए सामाजिक सम्पर्क के साथ-साथ अधिकतम संचार की आवश्यकता होती है। सात्मीकरण एक प्रक्रिया भी है और दशा भी। यह एक सांस्कृतिक प्रक्रिया है। जब विभिन्न संस्कृतियां आपस में मिलती हैं तो पहले तो उनमें परस्पर विरोध की भावना तीव्र रहती है फिर जब वे धीरे-धीरे एक दूसरे से सामंजस्य कर लेती हैं तब उनमें एक-दूसरे के प्रति सहिष्णुता आ जाती है। यह प्रतियोजन की प्रक्रिया है। जब परस्पर सहिष्णुता के भाव से कुछ संस्कृतियों को एक दूसरे से मिलने-जुलने का अवसर आता है तब वे एक दूसरे से धीरे-धीरे बहुत सी बातें ग्रहण करने लगती हैं। इस तरह सात्मीकरण की प्रक्रिया शुरू होती है। इसी प्रकार की सात्मीकरण की प्रक्रिया व्यक्ति और समाज, पति-पत्नी, परिवार के अन्य सदस्यों, सामाजिक संस्थाओं, समितियों और समुदायों आदि में भी दिखलाई पड़ती हैं।

सात्मीकरण की परिभाषा

सात्मीकरण की कुछ मुख्य परिभाषायें अग्रलिखित हैं—

(1) **डासन और गेटिस**–"सांस्कृतिक रूप से समान और अभिन्न होना सात्मीकरण कहलाता है।"

(2) **पार्क और बर्गेस**–"सात्मीकरण एक दूसरे में बैठने और मिल जाने की एक प्रक्रिया है जिसमें व्यक्ति और समूह दूसरे व्यक्तियों या समूहों की स्मृतियों, भावनाओं और रुखों को अपना लेते हैं और उनके अनुभव तथा इतिहास में हिस्सा लेकर एक सामान्य सांस्कृतिक जीवन में शामिल हो जाते हैं।"[31]

(3) **ऑगबर्न और निमकॉफ**–सात्मीकरण एक प्रक्रिया है जिससे कभी असमान रहे व्यक्ति और समूह समान बन जाते हैं अर्थात अपने रुचियों और दृष्टिकोणों में एक हो जाते हैं।"[32]

(4) **बोगार्डस**–"सात्मीकरण वह प्रक्रिया है जिससे बहुत से व्यक्तियों के रुख एक हो जाते हैं और इस प्रकार एक संगठित समूह में विकसित हो जाते हैं।"[33]

(5) **बीसन्ज और बीसन्ज**–"सात्मीकरण वह सामाजिक प्रक्रिया है जिससे व्यक्ति और समूह समान भावनाओं, मूल्यों और लक्ष्यों को स्वीकार कर लेते हैं।"[34]

सात्मीकरण की उपरोक्त परिभाषाओं में उसका रूप स्पष्ट हो गया होगा। समाजीकरण के समान वह भी एक सीखने की प्रक्रिया है परन्तु सात्मीकरण तब होता है जबकि व्यक्ति परिवार के बाहर अन्य संस्कृतियों से मिलता है और समाजीकरण अधिकतर परिवार और स्कूल आदि में होता है। सात्मीकरण मनुष्य को परिवर्तित करता है। समाजीकरण बालक को एक सामाजिक व्यक्ति बनाता है। इसी प्रकार सात्मीकरण मिश्रण (Amalgamation) से भिन्न है। मिश्रण रक्त के मिलने की शारीरिक और जैवकीय क्रिया है जिससे वर्णसंकर (Hybrid) उत्पन्न होता है। सात्मीकरण एक सामाजिक तथा मनोवैज्ञानिक प्रक्रिया है जिससे सांस्कृतिक एकता बढ़ती है। उससे मनुष्य या समूह के दृष्टिकोण तथा व्यक्तित्व में मौलिक अन्तर उत्पन्न होता है। इसीलिये वह प्रतियोजन से भिन्न है। सात्मीकरण से पूर्ण सामाजिक एकीकरण (Complete Social Integration) हो जाता है।

---

31. "Assimilation is a process of interpenetration and fusion in which persons and groups acquire the memories, sentiments and attitudes of other persons or groups and, by sharing their experience and history, are incorporated in a common cultural life." --Park and Burgess.
32. "Assimilation is the process whereby individuals or groups once dissimilar become similar, that is, become identified in their interests and outlook." --Ogburn and Nimkoff.
33. "Assimilation is a process whereby attitudes of many persons are united and thus develop into a united group." --Bogardus.
34. "Assimilation is the social process whereby individuals and groups come to share the same sentiments, values and goals." --Biesanz and Biesanz.

सात्मीकरण के सहायक कारक

सात्मीकरण के सहायक कारक अग्रलिखित हैं–

(1) सहिष्णुता–सात्मीकरण के लिये घनिष्ठ सामाजिक सम्बन्धों की जरूरत है और सहिष्णुता के बिना सामाजिक सम्बन्ध घनिष्ठ नहीं हो सकते। उदाहरण के लिए जब किसी देश में विभिन्न संस्कृतियों के मानने वालों में आपस में सहिष्णुता होती है तो उन पर एक दूसरे की संस्कृति का प्रभाव पड़ने लगता है और सात्मीकरण की प्रक्रिया प्रारम्भ हो जाती है।

(2) घनिष्ठ सामाजिक सम्पर्क–सहिष्णुता के बाद घनिष्ठ सामाजिक सम्बन्धों तथा सम्पर्क से सात्मीकरण की प्रक्रिया को प्रोत्साहन मिलता है। सामाजिक सम्पर्क जितना ही बढ़ता है उतना ही सात्मीकरण की प्रक्रिया भी बढ़ती है।

(3) मिश्रण–मिश्रण से भी सात्मीकरण बढ़ता है। मिश्रण से रक्त सम्बन्ध स्थापित होते हैं। इससे सम्बन्ध घनिष्ठ होते हैं जिससे लोगों पर एक दूसरे का प्रभाव पड़ता है और सात्मीकरण की प्रक्रिया तेज होती है।

(4) सांस्कृतिक समानता–जब दो संस्कृतियों में एक दूसरे से कुछ समानता होती है जब उनके सदस्यों में आपस में सहिष्णुता और घनिष्ठता बढ़ती है जिससे सात्मीकरण को प्रोत्साहन मिलता है।

(5) समान आर्थिक अवसर–आर्थिक असमानता से घृणा और संघर्ष बढ़ता है। यदि आर्थिक अवसर समान हों तो लोगों में सामाजिक घनिष्ठता बढ़ती है और सात्मीकरण बढ़ता है।

सात्मीकरण के विरोधी कारक

सात्मीकरण के विरोधी मुख्य कारक निम्नलिखित हैं–

(1) श्रेष्ठता तथा हीनता की उग्र भावनायें–श्रेष्ठता (Superiority) या हीनता की उग्रभावनाओं के होने पर लोग दूसरे लोगों से नफरत करते हैं और उनसे किसी प्रकार का सम्बन्ध स्थापित करना नहीं चाहते। इससे वे एक दूसरे से बहुत कम सीखते हैं और परस्पर प्रभाव से बचना चाहते हैं। इससे सात्मीकरण में बाधा पहुँचती है।

(2) पृथक्करण (Isolation)–जिस तरह घनिष्ठता से सात्मीकरण बढ़ता है उसी तरह पृथक्करण से सात्मीकरण कम होता है। अलग रहने से सामाजिक सम्बन्ध नहीं बनते। अतः एक दूसरे पर प्रभाव डालने का सवाल ही नहीं उठता।

(3) वर्ण और शारीरिक लक्षणों की भिन्नता–वर्ण और शारीरिक लक्षणों की भिन्नता के कारण लोग एक दूसरे से भेद करने लगते हैं। इस प्रकार काली और गोरी जातियों में सब कहीं भेदभाव दिखाई पड़ता है। यूरोपीय गोरों और हब्शियों में बहुत कम मेल हो पाता है। इस भेदभाव के कारण गोरे लोग अपने को कालों से श्रेष्ठ समझते है और उनसे किसी प्रकार के सामाजिक सम्बन्ध स्थापित करना अच्छा नहीं समझते। इससे सात्मीकरण मुश्किल हो जाता है।

(4) **सांस्कृतिक विभिन्नता**—जैसे सांस्कृतिक समानता से सात्मीकरण को प्रोत्साहन मिलता है वैसे ही सांस्कृतिक विभिन्नता से सात्मीकरण की गति मन्द पड़ती है।

(5) **प्रभुता और आधीनता**—प्रभुता होने से शासक लोग शासितों को हीन समझते हैं और उनसे सामाजिक सम्बन्ध नहीं स्थापित करना चाहते। भारत में विजेता के रूप में आने वाले आर्य यहाँ के आदिवासियों को घृणा से देखते थे। इसी तरह आधीनता होने पर दास लोग सदैव स्वतन्त्र होने की बात सोचते रहते हैं और विजेताओं से बैर भाव रखते हैं। इसी तरह दोनों ही हालतों में सामाजिक सम्बन्ध नहीं बढ़ते और सात्मीकरण में कठिनाई पड़ती है।

(6) **सामाजिक सम्पीड़न** (Social Persecution)—सामाजिक सम्पीड़न, शोषण तथा अत्याचार से संघर्ष बढ़ता है और लोगों में अत्याचारियों के प्रति घृणा उत्पन्न होती है। इससे सामाजिक घनिष्ठता का अवसर नहीं आता और सात्मीकरण भी नहीं होता।

(3) सहयोग
(Cooperation)

सहयोग क्या है?

सहयोग वह सामाजिक अन्त: क्रिया है जिसमें दो या दो से अधिक व्यक्ति किसी सामान्य ध्येय को लेकर काम करते हैं। उदाहरण के लिये एक कालिज में सभी अध्यापकगणों का उद्देश्य कालिज में शिक्षा का उच्च स्तर बनाये रखना और समाज में कालिज का सम्मानास्पद स्थान बनाये रखना है। अत: वे सभी सहयोग से काम करते हैं। यदि कोई अध्यापक कालिज में शिक्षा का स्तर बनाये रखने या समाज में कालिज का सम्मान बनाये रखने की कोई परवाह नहीं करता या कालिज में अव्यवस्था उत्पन्न करना चाहता है तो वह अन्य अध्यापकों से सहयोग नहीं करता। देश का शासन शासक और शासितों के सहयोग से चलता है। यदि शासित शासकों को बदलना चाहते हैं तो वे उनसे असहयोग करते हैं। इस प्रकार महात्मा गांधी के नेतृत्व में भारतवासियों ने अंग्रेज सरकार से असहयोग किया। मैरिल और एलरिज के शब्दों में ' इस तरह सहयोग की परिभाषा सामाजिक अन्तर्क्रिया के एक प्रकार के रूप में की जा सकती है जिसमें दो या अधिक व्यक्ति एक सामान्य लक्ष्य की प्राप्ति के लिये प्रयत्न करते हैं।''[35] इस प्रकार सहयोग में दो तत्वों का समावेश होता है, एक तो सामान्य उद्देश्य और दूसरे संगठित प्रयत्न। जैसा कि फेयरचाइल्ड ने लिखा है ''सहयोग वह प्रक्रिया है जिससे व्यक्ति अथवा समूह, न्यूनाधिक संगठित रूप में, सामान्य लक्ष्यों की प्राप्ति के लिये अपने प्रयत्नों को एकत्रित करते हैं।''[36] इस प्रकार कालिज के अध्यापकगण जनता में कालिज का नाम बनाये रखने के लिये और कालिज में शिक्षा का स्तर ऊंचा रखने के लिए संगठित होकर प्रयत्न करते हैं।

---

35. "Co-operation thus may be defined as a form of social interaction wherein two or more persons work together to gain a common end."

--Merrill & Eldredge.

36. ''Co-operation is the process by which individuals or groups combine their efforts, in a more or less organised way, for the attainment of common objectives.''

--Fairchild.

सहयोग का महत्व

सहयोग का मानव समाज में कितना महत्व है यह इसी से स्पष्ट हो जाता है कि स्त्री पुरुष के सहयोग पर ही समाज का अस्तित्व निर्भर हैं। परस्पर सहयोग से स्त्री पुरुष सन्तानोत्पत्ति करते हैं और सन्तान का पालन पोषण करते हैं। परिवार के सदस्यों के सहयोग से ही बालक का समाजीकरण होता है और उनकी विभिन्न सुप्त शक्तियों का विकास होता है। घर से बाहर निकल कर बालक के विकास पर सहपाठियों और शिक्षिकों से उसके सम्पर्क का प्रभाव पड़ता है। शिक्षा समाप्त करके जब व्यक्ति व्यवसाय में दाखिल होता है तब उसको बहुत से लोगों से सहयोग के अवसर आते हैं, विवाह करने पर उसका सारा वैवाहिक और पारिवारिक जीवन अपने जीवन साथी के सहयोग पर निर्भर होता है। मानव की शारीरिक, मानसिक और यहां तक की आध्यात्मिक आवश्यकतायें भी दूसरे के सहयोग के बिना सन्तुष्ट नहीं हो सकती। संघर्ष से प्रगति होती है परन्तु सहयोग से ही प्रगति स्थायी बनती है। ''समाज संघर्ष से कटा हुआ सहयोग है'' (Society is co-operation crossed by conflict)। संघर्ष से व्यक्ति को आगे बढ़ने की प्रेरणा मिलती है परन्तु सहयोग से ही वह आगे बढ़ पाता हैं।

सहयोग के प्रकार

ग्रीन तथा कुछ अन्य समाजशास्त्रियों के अनुसार सहयोग के निम्नलिखित तीन प्रकार माने जा सकते हैं–

(1) **प्राथमिक** (Primary)–प्राथमिक सहयोग वह सहयोग है जो परिवार आदि प्राथमिक समूहों में पाया जाता है। इसमें व्यक्ति और समूह का स्वार्थ एक ही होता है। समूह के स्वार्थों के साधन में ही प्रत्येक व्यक्ति का हित साधन होता है। इस प्रकार प्राथमिक समूहों के सहयोग में साध्यों और साधनों में अन्तर नहीं किया जाता। तभी सदस्य प्रत्येक स्थिति में सहयोग को आवश्यक समझते हैं।

(2) **द्वैतीयक** (Secondary)–द्वैतीयक सहयोग जैसा कि उसके नाम से ही प्रगट है वह सहयोग है जो कि द्वैतीयक समूहों में पाया जाता है। आर्थिक, राजनैतिक, सामाजिक और धार्मिक समूहों, कारखानों, सरकारों, सभा सोसाइटियों और धार्मिक समितियों के सदस्यों में समान स्वार्थों के कारण परस्पर सहयोग पाया जाता है। इन स्वार्थों की पूर्ति व्यक्ति अकेले नहीं कर सकता। अत: द्वैतीयक सहयोग आवश्यक माना जाता है।

(3) **तृतीयक** (Tertiary)–प्राथमिक और द्वैतीयक सहयोग तो व्यक्तियों का सहयोग है। तृतीयक सहयोग समाज के विभिन्न छोटे बड़े समूहों का परस्पर सहयोग है। इस सहयोग से इन समूहों का परस्पर प्रतियोजन और अनुकूलन होता है। इस प्रकार समाज में ये तीनों ही प्रकार के सहयोग आवश्यक हैं।

ऑगबर्न ने सहयोग के अग्रलिखित तीन प्रकार माने हैं–

(1) **सामान्य सहयोग** (Common co-operation)–इस सहयोग में लोग सामान्य कार्य के लिये साथ साथ प्रयत्न करते हैं।

(2) **मित्रवत** (Companionable)–इसमें मित्र, साथी अथवा सगे सम्बन्धियों के कामों में हाथ बंटाने का सहयोग आता है।

(3) **विभेदीकृत श्रमों का एकीकरण** (Intergration of differentiated labour)–कुछ कार्य ऐसे होते हैं जिनमें विभिन्न लोगों के अलग-अलग काम करने पर भी उनके श्रमों के एकीकरण से ही काम पूरा होता है। उदाहरण के लिए एक बाँध बनाने में मजदूर, इन्जीनियर, लोहार, राज आदि बहुत से लोगों के श्रम का एकीकरण होता है।

मैकाइवर के अनुसार सहयोग के निम्नलिखित दो रूप होते हैं–

(1) **प्रत्यक्ष** (Direct)–इसमें दो या अधिक व्यक्ति मिल-जुलकर एक सा काम करते हैं। उदाहरण के लिये खेत काटने में बहुत से लोग प्रत्यक्ष सहयोग करते हैं।

(2) **अप्रत्यक्ष** (Indirect)–इसमें कुछ लोग समान उद्देश्य की पूर्ति के लिए अलग-अलग काम करते हैं। उदाहरण के लिये एक बैंक में सब कर्मचारी अलग-अलग काम करते हैं परन्तु उन सबके सम्मिलित काम से ही बैंक चलता है।

सहयोग के विभिन्न प्रकारों के उपरोक्त विवेचन से स्पष्ट मालूम पड़ता है कि सहयोग समाज में प्रत्येक व्यक्ति और प्रत्येक समूह के लिये कितना आवश्यक है। जिस तरह एक समूह के विभिन्न व्यक्तियों में सहयोग आवश्यक है उसी तरह विभिन्न समूहों में भी परस्पर सहयोग आवश्यक है। इसका अर्थ यह है कि समाज में संघर्ष अथवा प्रतियोगिता आदि अन्तर्क्रिया की अन्य विधियों को कोई स्थान ही नहीं है। कबायली जैसे कुछ समाजों में प्रतियोगिता को भी महत्व दिया जाता हैं, परन्तु इन समाजों में भी सहयोग की अनुपस्थिति में कोई काम नहीं हो सकता। वास्तव में समाज के विकास और प्रगति के लिये सहयोग के साथ-साथ संघर्ष और प्रतियोगिता भी जरूरी है। शान्तिकाल में स्वस्थ प्रतियोगिता ही व्यक्तियों और समूहों को आगे बढ़ाने की प्रेरणा देती है। परन्तु युद्धकाल में सभी संगठित राष्ट्रों के व्यक्ति और समूह एक हो जाते हैं और परस्पर सहयोग से काम करते हैं।

(4) एकीकरण
(Integration)

सामाजिक एकीकरण क्या है?

सामाजिक एकीकरण की परिभाषा करते हुये गिलिन और गिलिन ने अपनी पुस्तक Cultural Sociology में लिखा है ''एकीकरण सजातीयत्व न होकर संगठन है।''[37] समाज एक गतिशील व्यवस्था है। वह सामाजिक सम्बन्धों के सुसंगठित होने पर निर्भर है। सामाजिक एकीकरण जैसा कि उसके नाम से ही स्पष्ट है समाज का अथवा सामाजिक सम्बन्धों का एकीकरण अथवा एकता है। एकता के लिये विभिन्न तत्वों की समानता आवश्यक नहीं है। उसके लिये आवश्यक है विभिन्न तत्वों में एक सुसंगठित सम्बन्ध। समाज के विभिन्न तत्व प्रथायें, परम्परायें, आदर्श

---

37. "Integration is organisation, rather than homogeneity."

--Gillin and Gillin.

समूह, वर्ग आदि हैं। अतः सामाजिक एकीकरण के लिये उन सब का संगठित होना आवश्यक है। इस संगठन का प्रतिमान सभी समाजों में एकसा होना आवश्यक है। भिन्न-भिन्न समाज भिन्न-भिन्न भौगोलिक परिवेश में रहते हैं और भिन्न-भिन्न ऐतिहासिक घटनाओं से गुजरते हैं। अतः उनकी संस्कृति एक दूसरे से अलग होती है। संस्कृति की भिन्नता के साथ-साथ सामाजिक संगठन भी बदल जाता है। इस प्रकार सामाजिक संगठन के विशिष्ट प्रतिमान संस्कृति से ही निश्चित होते हैं। इस प्रकार सामाजिक एकीकरण विशिष्ट सांस्कृतिक प्रतिमानों के आधार पर समाज के विभिन्न अंगों का संगठन है।

सामाजिक एकीकरण के मुख्य लक्षण

सामाजिक एकीकरण के उपरोक्त वर्णन से उसके लक्षणों का भी कुछ आभास मिलता है। मुख्य लक्षण निम्नलिखित हैं–

(1) **समाजीकरण**–सामाजिक एकीकरण कोई स्थिर दशा नहीं बल्कि एक गतिशील प्रक्रिया (Process) है। गतिशील प्रक्रिया का मुख्य लक्षण और मुख्य माध्यम समाज के व्यक्तियों का समाजीकरण (Socialisation) है। समाजीकरण से व्यक्ति सामाजिक गुणों का विकास करते हैं और सामाजिक जीवन के प्रतिमानों को ग्रहण करते हैं। इससे उनके परस्पर सम्बन्धों में समन्वय रहता है।

(2) **सामान्य लक्ष्य**–सामाजिक एकीकरण का दूसरा लक्षण समाज के सदस्यों के लक्ष्यों का सामान्य अथवा परस्पर समन्वित होना है। समाज के सदस्य कुछ सामान्य लक्ष्यों के द्वारा ही बंधे रहते हैं।

(3) **संस्कृति के तत्वों में कार्यात्मक सम्बन्ध**–जैसा कि पीछे बतलाया जा चुका है सामाजिक एकीकरण संस्कृति के तत्वों के संगठन पर आधारित है। अतः संस्कृति के तत्वों में कार्यात्मक सम्बन्ध सामाजिक एकीकरण का एक महत्वपूर्ण लक्षण है।

सामाजिक एकीकरण के लिये सजातीयता आवश्यक नहीं है अतः बहुजातीय (Multicaste) देश में सामाजिक एकीकरण कठिन होते हुये भी असम्भव नहीं है। आवश्यकता इस बात की है कि इन जातियों में उतार-चढ़ाव के सामाजिक संरक्षण को एक गतिमान व्यवस्था में बांधा जाय। इस उतार-चढ़ाव के क्रम में व्यक्तियों के ऊपर नीचे जाने पर रोक-टोक नहीं होनी चाहिए चाहे विभिन्न जातियों के काम निश्चित हों और उनकी सामाजिक प्रतिष्ठा भी एक सी न हो।

सामाजिक एकीकरण सामाजिक सम्बन्धों के संगठन की प्रक्रिया है। सामाजिक सम्बन्धों के संगठन के लिये व्यक्तियों में परस्पर समन्वित व्यवहार आवश्यक है। समन्वित व्यवहार में भाषा की समानता बड़ी सहायक होती है। अतः बहुभाषी (Multi-lingual) देश में सामाजिक एकीकरण में बाधा अवश्य पड़ेगी। इसके लिये यह आवश्यक अथवा वांछनीय नहीं है कि विविध भाषाओं को मिटाकर एक भाषा की स्थापना की जाय। इसके लिये विविध भाषाओं के साथ-साथ एक सामान्य भाषा का विकास होना चाहिये।

अतः बहुजातीय और बहुभाषी देश में सर्वोत्तम रूप से सामाजिक एकीकरण प्राप्त करने के लिए विभिन्न जातियों और भाषाओं का साथ-साथ विकास करते हुये भी उनसे लगी हुई

जातिवाद अथवा भाषावाद की भावनाओं को रोकना चाहिये और एक सामान्य सामाजिक चेतना तथा एक सामान्य भाषा का विकास किया जाना चाहिये।

सारांश

सामाजिक अन्तर्क्रिया में वे सब क्रियायें आती हैं जिनसे लोगों में सामाजिक सम्बन्ध स्थापित होते हैं या उनके सामाजिक सम्बन्धों में परिवर्तन आता है।

सामाजिक अन्तर्क्रिया की मौलिक शर्तें—(1) सामाजिक सम्पर्क (2) संचार।

सामाजिक अन्तर्क्रिया के अध्ययन का महत्व—इससे सामाजिक सम्बन्धों और प्रक्रियाओं को समझने में सहायता मिलती है।

सामाजिक प्रक्रियायें—इसमें समाज के सदस्यों में सभी तरह की परस्पर क्रियायें आती हैं।

सामाजिक प्रक्रियाओं के रूप—संयुक्तक—(अ) प्रतियोजन, (ब) सात्मीकरण, (स) सहयोग, (2) विभाजक—(अ) प्रतिस्पर्द्धा, (ब) संघर्ष।

प्रतिस्पर्द्धा—प्रतिस्पर्द्धा में ये विशेषतायें हैं। (1) प्रतिस्पर्द्धा एक अचेतन प्रतिक्रिया है। (2) प्रतिस्पर्द्धा एक निर्वैयक्तिक प्रक्रिया है। (3) प्रतिस्पर्द्धा एक निरंतर प्रक्रिया है। (4) प्रतिस्पर्द्धा एक सार्वभौम प्रक्रिया है।

प्रतिस्पर्द्धा के रूप—(1) आर्थिक, (2) सांस्कृतिक, (3) सामाजिक (4) प्रजातीय, (5) राजनैतिक।

संघर्ष—इसमें ये विशेषतायें हैं—(1) चेतन प्रक्रिया, (2) वैयक्तिक प्रक्रिया, (3) निरन्तरता नहीं (4) सार्वभौम।

संघर्ष के प्रकार—(1) व्यक्तिगत, (2) वर्गगत, (3) जातीय, (4) प्रजातीय, (5) दलगत, (6) अन्तर्राष्ट्रीय।

संघर्ष का समाज में बड़ा महत्व हैं। वह एक सर्वव्यापी प्रक्रिया है।

प्रतिकूलता—प्रतिकूलता संघर्ष और प्रतिस्पर्द्धा के मध्य की स्थिति है।

प्रतियोजन—इसमें न तो पूरी तरह संघर्ष होता है न पूरी तरह अनुरूपता बल्कि संघर्ष को टाला जाता है और सतुंलन किया जाता है। यह समंजन और अनुकूलन से भिन्न है।

प्रतियोजन की प्रकृति—(1) प्रतियोजन संघर्ष का स्वाभाविक परिणाम है। (2) प्रतियोजन ज्यादातर एक अचेतन प्रक्रिया है। (3) प्रतियोजन एक सार्वभौम प्रक्रिया है। (4) प्रतियोजन प्रेम और घृणा का मिश्रण है। (5) प्रतियोजन एक निरन्तर प्रक्रिया है।

प्रतियोजन की पद्धतियां—(1) बल प्रयोग के सामने झुकना, (2) समझौता, (3) पंच निर्णय और अनुरंजन, (4) सहिष्णुता, (5) स्थिति परिवर्तन, (6) रूपान्तरण, (7) युक्तिकरण।

सात्मीकरण—इसमें विभिन्न तत्वों को आत्मसात किया जाता है जिससे एकीकरण बढ़ता है।

सात्मीकरण के सहायक कारण–(1) सहिष्णुता, (2) घनिष्ठ सामाजिक सम्पर्क, (3) मिश्रण, (4) सांस्कृतिक समानता, (5) समान आर्थिक अवसर।

सात्मीकरण के विरोधी कारण–(1) श्रेष्ठता तथा हीनता की उग्र भावनायें, (2) पृथक्करण, (3) वर्ण और शारीरिक लक्षणों की भिन्नता, (4) सांस्कृतिक विभिन्नता, (5) प्रभुता और आधीनता (6) सामाजिक सम्पीड़न।

सहयोग–समाज में सहयोग का बड़ा महत्व है इसमें दो या अधिक व्यक्ति किसी समान ध्येय को लेकर संगठित प्रयत्न करते हैं।

सहयोग के प्रकार–(1) ग्रीन के अनुसार– (अ) प्राथमिक, (ब) द्वैतीयक, (स) तृतीयक, (2) ऑगबर्न के अनुसार– (अ) सामान्य सहयोग, (ब) मित्रवत, (स) विभिन्न श्रमों का एकीकरण, (3) मैकाइवर के अनुसार– (अ) प्रत्यक्ष, (ब) अप्रत्यक्ष।

सामाजिक एकीकरण–इसमें समाज के विभिन्न भागों का संगठन होता है।

सामाजिक एकीकरण के लक्षण–(1) समाजीकरण, (2) सामान्य लक्षण, (3) संस्कृति के तत्वों में कार्यात्मक सम्बन्ध।

सामाजिक एकीकरण एक बहुजातीय और बहुभाषीय समाज में भी हो सकता है।

27

सामाजिक मध्यमान और सामाजिक नियन्त्रण

(Social Norms and Social Control)

सामाजिक मध्यमान क्या है?

सामाजिक मध्यमान वे मध्यमान हैं जो समाज के व्यक्तियों के जीवन को निर्देशित करते हैं। इनको निर्देशन के मानदण्ड (Frames of Reference) भी कहा जाता है। निर्देशन के मानदण्ड की व्याख्या करते हुए क्रेच और क्रेचफील्ड ने कहा है, ''निर्देशन का मानदण्ड'' शब्द कार्यात्मक रूप से सम्बन्धित कारकों (वर्तमान और भूत) के लिये इस्तेमाल किया जाता है जो कि एक मनोवैज्ञानिक घटना (जैसे प्रत्यक्ष, निर्णय, भावात्मकता) के विशेष गुण निश्चित करने के लिये उस क्षण काम करता है।''[1] हर व्यक्ति अपने प्रत्यक्षों, निर्णयों, व्यवहार आदि में कुछ निश्चित नियमों पर चलता है। अपने जीवन दर्शन के अनुसार वह हर एक बात को कुछ कसौटियों पर कस कर देखता है। ये कसौटियाँ, अनुभव के ये निश्चित सांचे और यह जीवन दर्शन ही उसका निर्देशन का मानदण्ड है। जैसा कि लेपियर ने लिखा है ''व्यक्ति का निर्देशन का मानदण्ड ही सबसे पहले उसके लिये किसी उपस्थिति का अर्थ निश्चित करेगा।''[2] इस प्रकार अलग-अलग लोग अपने निर्देशन के अनुसार अलग-अलग दृष्टिकोण से किसी बात की व्याख्या करते हैं। इस सम्बन्ध में किम्बालयंग ने लिखा है ''व्यक्ति की परिपक्वता की कसौटी वह सीमा है जहां तक उसके लक्षण, अभिवृत्तियां, स्थायीभाव, मूल्य आदर्श एक विशाल जीवन दर्शन में निर्देशन में एक सामान्य मानदण्ड में समन्वित हो जाते हैं। जिससे कि वह अपने

---

1. "The term 'frame of reference' is simply used to denote the functional related factors (present and past) which operate at the moment to determine the particular properties of a psychological phenomenon such as perception, judgement, effectivity"
—Krech and Crutchfield., Theory *and Problems of Social Psychology,* Megraw Hill. Book Co. Inc, New York (1948), p. 101
2. "The individual's frame of reference would determine in the first instance the meaning to him of any given situation."
—Lapiere and Fransworth, *Social Psychology* (1959), p. 555

कामों, शब्दों विचारों और दूसरों के कामों और शब्दों को परखता है। इस प्रकार वैयक्तिक शैली उसके सम्पूर्ण जीवन की परिचायक हो सकती है। वह जन्म जात और अर्जित सभी प्रकार के तत्वों से उत्पन्न होती है जो कि व्यक्तित्व में समा चुके हैं।''[3] किम्बालयंग के इस लम्बे उद्धरण से सामाजिक मध्यमान और निर्देशन के मानदण्ड की रूप रेखा स्पष्ट होती है।

आलपोर्ट के प्रयोग[4]

आलपोर्ट ने समूह में व्यापक सामान्य प्रतिक्रियाओं और मध्यमानों का व्यवस्थित अध्ययन किया और प्राप्त सामग्री को रेखा चित्र पर दिखाकर यह निष्कर्ष निकाला कि यह वक्र रेखा सदैव अंग्रेजी वर्णमाला के अक्षर 'J' के उल्टे चित्र के रूप में आई। यह जे रेखा चित्र कहलाता है। आलपोर्ट ने इस सम्बन्ध में अनेक कारणों का संकेत किया है। समाज में अनेक ऐसी शक्तियां काम करती रहती हैं जो सदस्यों में समानता उत्पन्न करती हैं। इस कारण समाज में विचार और आचार की एकरूपता दिखलाई पड़ती है। इन सामाजिक उपादानों के अलावा कुछ जैविक प्रवृत्तियां भी समानता उत्पन्न करती हैं। दूसरी ओर कुछ वैयक्तिक गुण समाज में भिन्नता भी उत्पन्न करते हैं। वैयक्तिक गुण तथा कुछ आकस्मिक उपादान विभिन्न समूहों के व्यवहार के रेखा चित्रों में अन्तर उत्पन्न करते हैं। यह ध्यान रहे कि एक ही समूह में व्यक्तियों का अध्ययन करने पर ही जे रेखा चित्र मिलते हैं। इससे यह मालूम होता है कि प्रत्येक समाज में संस्थागत आचार विचार स्थायी होने के कारण व्यक्ति कुछ सामाजिक मध्यमान के अनुसार कार्य करते हैं। आलपोर्ट के प्रयोगों से यह स्पष्ट होता है कि व्यक्ति किसी भी विचार या आचार की उपयुक्तता को कुछ सामाजिक मध्यमानों के आधार पर रखता है। इन मध्यमानों के अनुकूल होने पर वह उचित और प्रतिकूल होने पर अनुचित या अनुपयुक्त माना जाता है। इनसे उचित और अच्छे जीवन का विचारों या आचारों का आधार अथवा मान बिन्दु निश्चित होता है। इसीलिये ये सामाजिक मध्यमान कहलाते हैं।

शैरिफ के प्रयोग[5]

कुछ सरल प्रयोगों द्वारा शैरिफ ने सामाजिक मध्यमान के निर्माण की प्रक्रिया का अध्ययन किया। शैरिफ ने दो प्रकार से प्रयोग किये—(1) वैयक्तिक परिस्थिति में प्रयोग (2) सामूहिक

---

3. "One measure of maturity of the individual is the degree to which his traits, attitudes, sentiments, values, ideals become integrated into a large philosophy of life, a general frame of reference by which he judges his own acts, words, thoughts and the acts and words of others. Such an individual style may come to characterise one's entire life. It is born of all elements, inherited and learned, which have gone into one's own personality."

—K. Young., *A Handbook of Social Psychology* (1951), p. 123.

4. Allport F. H. The J. Curve Hypothesis of conforming Behaviour, *Jr. of Soc. Psy.* (1934-35) pp. 141-183.
5. Sherif, M. *The Psychology* of Social *Norms*. Harper Bros. New York, (1956), p. 89-107.

परिस्थिति में प्रयोग। दोनों ही प्रकार के प्रयोगों को एक कमरे में किया गया जिसमें सब ओर पूर्ण अन्धकर था और केवल एक जलता हुआ बल्ब एक डिब्बे में बन्द लटका हुआ था। डिब्बे में एक छोटा सा सुराख था जिससे प्रकाश की एक बहुत ही क्षीण रेखा कमरे में फैल रही थी। व्यक्तिगत परिस्थिति में प्रयोज्य को कमरे में अकेले बैठाया गया और सामूहिक परिस्थिति में एक व्यक्ति को नहीं बल्कि समूह को कमरे में बैठाया गया।

वैयक्तिक परिस्थिति में प्रयोग—वैयक्तिक परिस्थिति में प्रयोज्य को प्रकाश में पांच मीटर की दूरी पर एक मेज सामने रखकर बैठाया गया। जिस पर कि एक कुंजी (Key) लगी हुई थी। प्रयोज्य को आदेश दिया गया कि जब कमरे में पूर्ण अन्धकार हो जायेगा तो उसे सावधान होने का संकेत दिया जाएगा और फिर एक प्रकाश बिन्दु दिखलाया जायगा। थोड़ी देर बाद यह प्रकाश बिन्दु अपने स्थान से चलने लगेगा। उसको चलते देखते ही प्रयोज्य को कुंजी को दबा देना था। प्रयोज्य को बतलाया गया कि कुछ समय बाद प्रकाश बिन्दु विलीन हो जायेगा, अब उसे अनुमान के द्वारा यथा सम्भव ठीक-ठीक बतलाना था कि प्रकाश बिन्दु अपने स्थान से कितनी दूर तक चला था।

वास्तव में प्रयोग में प्रकाश बिन्दु एक ही स्थान पर निर्भर था। परन्तु 'सावधान' का संकेत मिलते ही कुछ क्षण प्रयोज्य को प्रकाश बिन्दु चलता हुआ दिखलाई दिया। यह आत्मोत्पादित गति (Autokinetic movement) के कारण था। इस प्रकार 19 विद्यार्थियों पर प्रयोग करने के बाद निम्नलिखित निर्णय निकाले गये।

जिस परिस्थिति में व्यक्ति किसी एक वस्तु की दूसरी से तुलना नहीं कर सकता वहाँ वह अपना निजी मान दण्ड बना लेता हैं। भिन्न-भिन्न व्यक्ति एक ही परिस्थिति में भिन्न-भिन्न मानदण्ड बनाते हैं। अत: यह मानदण्ड वस्तुगत (Objective) न होकर आत्मगत (Subjective) होता है। एक बार मानदण्ड वस्तुदण्ड बना लेने पर व्यक्ति उसे बनाये रखने की कोशिश करता है और बराबर उसी परिस्थिति में रखा जाने पर उस एक ही मानदण्ड के विस्तार (Range) में प्रक्रिया करता है। वह मानदण्ड की कभी भी अवहेलना नहीं करता बल्कि उसके अनुरूप निर्णय करने की कोशिश करता है।

सामूहिक परिस्थिति में प्रयोग

सामूहिक परिस्थिति में 40 छात्रों पर प्रयोग करने पर शैरिफ को कुछ और बातों का भी पता चला। सामूहिक परिस्थिति में प्रयोग करने का उद्देश्य निम्नलिखित प्रश्नों का उत्तर प्राप्त करना था—

(1) समूह के सदस्य के रूप में व्यक्ति के निर्णयों पर क्या प्रभाव पड़ता है? क्या वह सामूहिक परिस्थिति में वैयक्तिक परिस्थिति से भिन्न एक नया मानदण्ड निर्माण करता है।

(2) क्या सामूहिक परिस्थिति में व्यक्ति की मानदण्ड बनाने की क्षमता कम हो जाती है अथवा क्या वह कोई भी उत्तर नहीं दे सकता?

(3) क्या समूह के सारे सदस्य मिल कर अपने-अपने वैयक्तिक मानदण्डों के औसत के रूप में एक सामान्य मानदण्ड बना लेते हैं।

सामूहिक मानदण्ड बन जाने के बाद यदि प्रयोज़्य को फिर से अकेले उसी परिस्थिति में रखा जाय तो क्या वह फिर व्यक्तिगत मानदण्ड बनाने का प्रयास करता है?

सामूहिक प्रयोग में शैरिफ ने यह देखा कि सब व्यक्ति एक सामान्य मानदण्ड की ओर झुकते तो अवश्य हैं परन्तु एक दूसरे से समरूप नहीं हो पाते। व्यक्तिगत और सामूहिक मानदण्डों में कुछ न कुछ अन्तर बराबर रहता हैं सामूहिक परिस्थिति समूह के व्यक्तियों को सामूहिक मानदण्ड बनाने को प्रेरित करती है।

शैरिफ के उपरोक्त प्रयोगों से यह निष्कर्ष निकलता है कि जब व्यक्ति किसी ऐसी परिस्थिति में होता है जिसमें निर्णय करने के लिए उसके पास पहले से कोई मानदण्ड नहीं होता तो वह अपना निजी मानदण्ड बना कर उसी के अनुसार कार्य करता है और उसी पर डटा रहता हैं सामूहिक परिस्थिति में व्यक्ति सामाजिक मानदण्ड के अनुसार चलने का प्रयास करता है। यह मानदण्ड सामाजिक परिस्थिति के कारण बनता है। चाहे व्यक्तिगत रूप में कोई इस मानदण्ड को पसंद न भी करता हो परन्तु सामूहिक मानदण्ड होने के कारण इसका बड़ा प्रभाव पड़ता है और व्यक्ति इसी के अनुसार व्यवहार करता है।

लोग सामाजिक मानदण्ड को क्यों स्वीकार करते हैं?

लोग सामाजिक मानदण्डों को क्यों स्वीकार करते हैं इसके अनेक कारण हैं। स्थूल रूप से मुख्य कारण निम्नलिखित हैं—

(1) **सम्मानित संकेत** (Prestige suggestion)—व्यक्ति सम्मानित और प्रतिष्ठित व्यक्तियों द्वारा माने गये मध्यमानों को अपना लेता है। उदाहरण के लिये बालक अपने माता पिता के विचारों, आदर्शों और विश्वासों को अपना लेता है। इसी प्रकार नेताओं, महापुरुषों तथा प्रसिद्ध व्यक्तियों के आचार विचार से सामाजिक मध्यमान बन जाते हैं और अन्य लोग उन्हीं का पालन करते हैं।

(2) **अन्य मानदण्डों की अज्ञानता** (Ignorance about other norms)—बहुधा लोग सामाजिक मानदण्डों को इसलिये भी मान कर चलते हैं क्योंकि उन्हें उनके अलावा कोई और मार्ग नहीं सूझता, और कोई विकल्प नहीं दिखलाई पड़ता। देखा जाता है कि पढ़े लिखे लोगों की अपेक्षा बिना पढ़े लिखे और कम पढ़े लिखे लोग सामाजिक मध्यमानों का अधिक सम्मान करते हैं।

(3) **सामाजिक अनुरूपता की प्रवृत्ति** (Thendency of social Conformity)—मनुष्य एक सामाजिक प्राणी है। वह समाज के नियमों के अनुरूप ही चलना चाहता है। सामूहिक परिस्थिति बदलने पर उसके निजी मध्यमान भी बदल जाते हैं। न्यूकोम्ब ने अपने अध्ययन में देखा कि बैनिंगटन कालेज में चार वर्ष तक अध्ययन करने से अधिकतर विद्यार्थियों की आर्थिक और राजनैतिक मनोवृतियां काफी उदार हो गई। दक्षिण अमरीका के विश्वविद्यालयों में पढ़ने वाले उत्तरी अमरीका के विद्यार्थियों के विषय में अध्ययन करके पैट्रिक और सिम्स ने यह

निष्कर्ष निकाला कि हब्शी लोगों के प्रति उनकी मनोवृत्तियां दक्षिणी अमेरिका के लोगों जैसी ही बन गई।

(4) सामाजिक अस्वीकृति का भय (Fear of social disapproval)—आमतौर से हर एक व्यक्ति समाज में सम्मान और स्वीकृति चाहता है। वह हर एक ऐसे काम से बचता है जिसे समाज बुरा मानता है। भारत में बहुत से हिन्दुओं को जाति से बहिष्कृत होने का जितना अधिक भय है उतना राज्य के दण्ड और कभी-कभी दैवी दण्ड तक का नहीं है। इस प्रकार सामाजिक बहिष्कार के भय से अधिकतर लोग सामाजिक मानदण्ड को स्वीकार करते हैं और उसी के अनुसार चलते हैं। ज्यों-ज्यों सामाजिक मानदण्ड बदलते हैं त्यों-त्यों व्यक्तियों के मानदण्ड भी बदलते रहते हैं। सामाजिक मानदण्डों का विरोध करने वाले विरले ही होते हैं।

सामाजिक विरासत
(Social Heritage)

सामाजिक विरासत क्या है?

सामाजिक विरासत की परिभाषा करते हुये ऑगबर्न और निमकॉफ लिखते हैं कि "वह मनुष्य के सम्पूर्ण पर्यावरण का वह भाग है जिसमें एकमात्र वही उत्पन्न है। उसमें इमारतें, औजार, वस्त्र, कला, विज्ञान, धर्म तथा मनुष्य द्वारा सीखी जाने वाली काम करने की सभी पद्धतियां शामिल हैं।"[6] इस प्रकार सामाजिक विरासत में वह सम्मिलित हैं जो मनुष्य समाज में रहकर सीखता है। परिवार तथा समाज में अन्य समितियां धीरे-धीरे व्यक्ति का समाजीकरण करते हैं जिससे उनका ज्ञान बढ़ता है और वह समाज से व्यवहार करने के तरीके सीखता है। बालक नंगा पैदा होता है। परिवार में उसे ढंग से वस्त्रादि का प्रयोग करना सिखाया जाता है। बालक बोल नहीं सकता केवल रोता और हंसता है। परिवार में उसे भाषा का प्रयोग सिखाया जाता है। बालक भौतिक वस्तुओं और जीवधारियों में तथा एक चीज का दूसरी चीज से अन्तर नहीं समझ सकता। परिवार में उसको यह सब सिखाया जाता है। बालक दो पैरों पर नहीं चल पाता। दूसरे लोग उंगली पकड़ कर उसे चलना सिखाते हैं। खिलौने के द्वारा उसका ज्ञान बढ़ाया जाता है। वह पशु पक्षी, मोटर, रेल, हवाई जहाज आदि के साथ-साथ मिट्टी, रबड़ और प्लास्टिक का अन्तर समझता है। वह लोहा, सोना, पीतल और चाँदी में अन्तर पहचानता है। बालक को व्यवहार के नियम नहीं आते। परिवार के सदस्य उसको शिष्टाचार के तौर तरीके सिखाते हैं। स्कूल और कालिजों में उनका ज्ञान बढ़ता है, वह संसार में धन कमाने और एक जिम्मेदार सदस्य की तरह रहना सीखता है। राज्य के नियम, समाज के रीतिरिवाज और परम्परायें उस पर नियन्त्रण रखते हैं। इन सबसे उसके व्यक्तित्व का विकास होता है। यही सब सामाजिक विरासत है। सामाजिक विरासत मनुष्य

---

6. "It is that part of man's total environment into which he alone is born. It consists of buildings, tools, wearing apparel, art, science, religion and all the ways of doing things which amn learns." —Ogburn and Nimkoff.

के उन सब सांस्कृतिक प्रतिमानों का संग्रह है जिसको उसने उन सामाजिक समूहों से लिया है जिनका वह सदस्य है। यह सामाजिक विरासत समाज के सदस्यों को पीढ़ी दर पीढ़ी प्राप्त होती रहती है। प्रत्येक पीढ़ी उसमें अपना हिस्सा जोड़ देती है। इस तरह ग्राहम वालेस के शब्दों में, ''ज्ञान, औजार और आदतें सामाजिक कामों में भाग लेने से और सामाजिक दिशा के फलस्वरूप सामाजिक रूप से एक पीढ़ी दूसरी पीढ़ी को देती है।''

सामाजिक विरासत में भाषा का महत्व

सामाजिक विरासत में भाषा का बड़ा महत्व है। भाषा क्रे कारण ही मनुष्यों का ज्ञान संचित होता रहता है और एक पीढ़ी से दूसरी पीढ़ी को दिया जा सकता है। भाषा के अभाव की वजह से ही पशुओं की कोई संस्कृति नहीं होती और न उनके व्यवहार में कोई महत्वपूर्ण सांस्कृतिक विकास हो पाता है। भाषा के कारण मानव अपने पूर्वजों के अर्जित ज्ञान और अनुभव का लाभ उठाता है। भाषा से ही मानव माता-पिता और गुरूजन अपना ज्ञान बच्चों तक पहुँचाते हैं। भाषा से ही मानव संस्कृति का संचार होता है। ज्ञान विश्वास, विचार, कार्य करने की प्रविधियां आदि भाषा की सहायता से ही निरन्तर विकसित होती रहती है। मानव को पशुओं के समान सभी बातें 'प्रयत्न और भूल' (Trial and Error) की पद्धति से नहीं सीखनी पड़ती क्योंकि उसके पास भाषा की शक्ति है। भाषा की सहायता से वह दूसरे लोगों से वे सब बातें जान लेता है जिनके लिए उन्होंने भारी कष्ट सहकर अनुभव किया है। आगॅबर्न और निमकॉफ ने ठीक ही लिखा है, ''भाषा का व्यवहार और उसे समझना मनुष्य के इतिहास में एक महान् घटना थी। इसी के कारण मनुष्य निम्न प्राणियों की तुलना में अपनी संस्कृति को इतना उन्नत बना सका। ध्वनियों में सूक्ष्म परिवर्तन से भाषा ऐसे विचार दूसरों को प्रकट कर सकती थी कि बाढ़ आई और उसने मकानों को नष्ट कर दिया, ऐसी भाषा बहुत तरह की चिल्लाहट द्वारा तरह-तरह के भावों को प्रकट करने वाले प्रतीकों से अधिक महत्वपूर्ण थी। बहुत अधिक विकसित भाषा में तरह-तरह की चीजों के बारे में विचार जाहिर करने की ताकत होती है। भाषा कई पीढ़ियों तक ज्ञान को स्थायी बनाये रखने का काम करती है।''

भाषा के प्रतीक

भाषा के संकेत और प्रतीक पशुओं के संकेतों से भिन्न होते हैं। ए० डब्लू० ग्रीन ने दो प्रकार के प्रतीक बतलाये हैं–

(1) प्रत्याशित प्रतीक (Anticipatory Symbols)–इनमें वे व्यवहार, गतिविधियाँ और ध्वनियां शामिल हैं जिनसे प्राणी यह समझ जाता है कि अब क्या होने वाला है अथवा अब उसको किस बात के लिये तैयार रहना चाहिये।

(2) अभिव्यंजक प्रतीक (Expressive Symbols)–इनमें वे सब ध्वनियां आती हैं जिनसे डर, क्रोध आदि विविध भावों को व्यक्त किया जाता है।

मनुष्य की भाषा के प्रतीक उपरोक्त दोनों प्रकार के प्रतीको से अलग और स्वतन्त्र या मनमाने (Arbitrary Symbols) होते हैं उदाहरण के लिये खाने को ही संस्कृत में 'भोजन' और

अंग्रेजी में 'फूड' कहते हैं। प्रतीकों के परिस्थितियों से स्वतन्त्र होने से यह लाभ है कि उनसे भूत और भविष्य की घटनाओं का भी वर्णन किया जा सकता है। यह बात जानवरों की परिभाषा में नहीं होती। इस प्रकार यह मनुष्य की भाषा की ही विशेषता है कि मानव संस्कृति सामाजिक विरासत के रूप में आने वाली पीढ़ियों को प्राप्त होती रहती है और उसमें बराबर विकास होता रहता है।

सामाजिक विरासत का महत्व

क्लेरेन्स एम० केस ने यह सिद्ध किया है कि सामाजिक विरासत जानवरों में बिल्कुल ही नहीं होती। इस प्रकार सामाजिक विरासत मानव की ही विशेषता है। क्लेरेन्स एम० केस के शब्दों में "संस्कृति (या सामाजिक विरासत) खासतौर से मानव समूहों का ही अधिकार है और समूह की निरन्तरता को बनाये रखने के लिये और व्यक्ति तथा समूह के विकास के लिये अत्यन्त महत्वपूर्ण माध्यम उपस्थित करती है।"[7] सामाजिक विरासत के बिना व्यक्तियों का विकास नहीं हो सकता। भूतकाल के संचित ज्ञान के सहारे ही मानव कोई चीज उपस्थित करता है। बोगार्डस ने लिखा है 'यदि शेक्सपीयर अपने से पहले के संस्कृति प्रतिमानों को न जानता तो वह अपने विश्वविख्यात नाटकों की रचना न कर सकता।" संस्कृति या सामाजिक विरासत से ही व्यक्ति और समूह का विकास होता हैं वह मानव समाज की विभिन्न पीढ़ियों के बीच की कड़ी है। उसकी भिन्नता के साथ-साथ समाज और व्यक्ति के विकास के स्वरूप में भी अन्तर होता रहता है। वही मानव को पशु के स्तर से ऊपर उठा कर 'इन्सान' के स्तर पर पहुँचाती है।

सामाजिक संहितायें
(Social Codes)

जब भिन्न भिन्न नियमों को एक साथ संग्रह कर लिया जाता है तब वह संग्रह संहिता कहलाता है। सामाजिक नियमों के संग्रह सामाजिक संहिता कहलाते हैं। महत्वपूर्ण सामाजिक संहिताओं को नीचे लिखे वर्गों में बांटा जा सकता है।

(1) धार्मिक संहिता (Religious code)

(2) आचार संहिता (Moral code)

(3) प्रथा संहिता (Code of customs)

(4) प्रचलित ढंग से फैशन संहिता (Code of Fashion)

इन संहिताओं के अलावा सामाजिक नियन्त्रण के कुछ अन्य साधन भी हैं जिनका इस अध्याय में वर्णन किया जायेगा। सामाजिक नियन्त्रण में परिवार, जनमत और फैशन के योगदान का विवेचन इन विषयों से सम्बन्धित अध्यायों में दिया गया है।

---

7. "Culture is the possession distinctly of human groups and gives highly important medium of group continuity, and for group and personal advancement."

—Clarence M. Casse.

सामाजिक संहिता का बाहरी स्वरूप न्यूनाधिक एकसा रहते हुए भी उसके नियम देश काल की परिस्थितियों के अनुसार बदलते रहते है। इस प्रकार सामाजिक संहिता एक गतिशील और नमनीय धारणा है।

सामाजिक संहिताओं में स्वीकृतियां

सामाजिक नियम कानून से भिन्न होते हैं। कानून के पीछे राज्य की शक्ति होती है और राज्य उसको बलपूर्वक मनवाता हैं। सामाजिक नियम के पीछे राज्य शक्ति नहीं होती। परन्तु उसका अर्थ यह नहीं है कि सामाजिक नियम में किसी प्रकार क़ा बल नही होता। कभी-कभी तो ऐसा देखा जाता है कि सामाजिक नियम कानून से भी अधिक बलशाली होते हैं क्योंकि उनके पीछे समाज की स्वीकृति (Sanction) होती है। यहां पर स्वीकृति की धारणा को अच्छी तरह समझ लेना आवश्यक है। हर एक संहिता से लगी हुई एक स्वीकृति होती है। यदि स्वीकृति न हो तो संहिता के नियमों की अवज्ञा हो सकती है। इसी अवज्ञा को रोकने के लिये हर एक संहिता के पीछे एक स्वीकृति रखी जाती है। उदाहरण के लिये कानून के पीछे राज्य की स्वीकृति होती है। इसी तरह धार्मिक संहिता के पीछे ईश्वर, देवी, देवता, नर्क या स्वर्ग आदि समाजोपरि शक्ति की स्वीकृति होती है। आचार संहिता के पीछे किसी बाहरी शक्ति की स्वीकृति नहीं होती परन्तु उसके पीछे व्यक्ति की स्वयं की आत्मा चेतना की स्वीकृति होती है। प्रथा के पीछे समाज की स्वीकृति होती है। समूह में रहकर समूह की प्रथा को न मानने पर व्यक्ति को समूह का विरोध झेलना पड़ता है। फैशन संहिता के पीछे किसी प्रकार की स्वीकृति नहीं होती परन्तु मनुष्य मनोवैज्ञानिक रूप से फैशन के अनुसार चलने को बाध्य होता हैं। इस प्रकार यह कहा जा सकता है कि फैशन संहिता के पीछे मनोवैज्ञानिक स्वीकृति होती है।

सामाजिक संहिताओं का महत्व

समाज के जीवन में भिन्न-भिन्न प्रकार की सामाजिक संहिताओं का बड़ा महत्व है। वे व्यक्ति के जीवन को नियमित रखती हैं जिससे समाज में परिवर्तन होते हुये भी नियन्त्रण बना रहता है। प्रस्तुत अध्याय में सामाजिक नियन्त्रण के साधनों के रूप में इन विभिन्न सामाजिक संहिताओं के कार्य का विवेचन किया जायेगा। इससे सामाजिक नियन्त्रण के साधन के रूप में धर्म, आचार, प्रथा, फैशन, आदि का महत्व स्पष्ट होगा।

सामाजिक नियमों का वर्गीकरण

समाज में सामाजिक नियम इतने अधिक और विविध होते हैं कि उन सबका वर्णन करना असम्भव है अत: उसका वर्गीकरण करना भी बड़ा कठिन काम है। कभी-कभी उनका वर्गीकरण उनकी मान्यता के आधार पर किया जाता है। कभी-कभी उनका वर्गीकरण उनके सामाजिक महत्व के अनुसार और कभी-कभी परिवर्तनशीलता तथा संचारशीलता के आधार पर किया जाता है। मोटे तौर पर सामाजिक नियमों का वर्गीकरण रूढ़ियों (Meres), जनरीतियों, (Folk-ways) विधियों (Laws), फैशन (Fashion) रिवाजों (Conventions), शिष्टाचार (Etiquette), आदि के रूप में किया जाता है। इन सामाजिक नियमों में एक प्रकार की बाध्यता होती है जिससे

समाज के सदस्यों को इनका अनुसरण करना ही पड़ता है। विभिन्न व्यक्तियों तथा विभिन्न सामाजिक परिस्थितियों के लिये ये सामाजिक नियम एक से नहीं होते बल्कि व्यक्ति की स्थिति और कार्य के अनुसार संशोधित हो जाते हैं। सभी व्यक्ति समान रूप से इनका पालन भी नहीं करते। व्यक्ति और समाज की क्रिया प्रतिक्रिया से इनका स्वरूप भी बदलता रहता है। सामाजिक नियमों के बिना मानव समाज की कल्पना भी नहीं की जा सकती। अब सामाजिक संहिताओं द्वारा सामाजिक नियन्त्रण का वर्णन किया जायेगा। इससे सामाजिक नियन्त्रण के विभिन्न साधनों (Means) का ज्ञान होगा।

परम्परायें
(Traditions)

परम्परा क्या है?

इस प्रकार परम्परायें (Traditions) सामाजिक विरासत का महत्वपूर्ण अंग हैं। परम्परा में वे सामाजिक नियम सम्मिलित हैं जो समाज में पीढ़ी दर पीढ़ी चलते रहते हैं। परम्पराओं में समूह के ज्ञान और विश्वास जीवित रहते हैं। परम्परा के रूप में समूह के विश्वास, आदतें, विचार और प्रथायें इत्यादि एक पीढ़ी से दूसरी पीढ़ी को दे दी जाती हैं। इस प्रकार परम्परा पीढ़ी दर पीढ़ी चलती है। गिन्सबर्ग के शब्दों में परम्परा से तात्पर्य किसी जन समूह से सम्बन्धित समस्त विचारों, आदतों और प्रथाओं के योग से है जो कि पीढ़ी दर पीढ़ी प्रसारित होती रहती है।''[8] इस प्रकार परम्परा के रूप में खान-पान, रहन-सहन, रीति-रिवाज, तौर-तरीके, विश्वास, फैशन आदतें लोकाचार आदि एक पीढ़ी से दूसरी पीढ़ी को मिलते रहते हैं। इस प्रकार परम्परा के द्वारा समाज की विभिन्न पीढ़ियों में सम्बन्ध बना रहता है।

परम्परा और प्रथा

परम्परा और प्रथा में अन्तर है। प्रथायें काम करने के समाज सम्मत तरीके हैं जबकि परम्परायें वे प्रथायें हैं जो एक पीढ़ी से दूसरी पीढ़ी को मिलती हैं। प्रथा से लोकाचार या काम करने के तरीके का बोध होता है। परम्परा विचार अथवा विश्वास के ढंगों से सम्बन्धित है। प्रथा और परम्परा का अन्तर बतलाते हुए रॉस (Ross) ने ठीक ही लिखा है ''प्रथा से तात्पर्य क्रिया करने के तरीके का प्रसार है, परम्परा से तात्पर्य विचार करने तथा विश्वास करने के ढंग के प्रसार से है।''[9]

परम्परा का महत्व

परम्परा के उपरोक्त विवेचन से सामाजिक जीवन में और व्यक्तिगत जीवन में उसका महत्व स्पष्ट होता हैं इस सम्बन्ध में मुख्य बातें अग्रलिखित हैं–

---

8. "By tradition is meant the sum of all the ideas, habits and customs that belong to a people and are transmitted from generation to generation."
—Ginsberg., *'Psychology of Society'*, p. 121

9. "By custom is meant the transmission of a way of doing, by tradition is meant the transmission of a way of thinking or believing."
—E. A. Ross., *'Social Psychology'*, p. 196

(1) परम्परायें व्यवहार के निश्चित ढंग हैं—समाज में भिन्न-भिन्न क्षेत्रों में कार्य करने के सम्बन्ध में परम्पराओं के उपस्थित होने से व्यक्ति को व्यवहार के निश्चित ढंग मालूम हो जाते हैं इससे उसको बात-बात में सोच-विचार नहीं करना पड़ता और मानसिक संघर्ष भी कम होता है। इससे उसको जीवन के विभिन्न पहलुओं में निर्देशन मिलता है।

(2) परम्परायें व्यवहार के परीक्षित ढंग हैं—जीवन की अनेक महत्वपूर्ण बातों में उपयुक्त नियम थोड़े बहुत अनुभव या प्रयोग से निश्चित नहीं किये जा सकते। उदाहरण के लिये विवाह कब, कैसे और किस आयु में होना चाहिये, इस विषय में कोई व्यक्ति निजी अनुभव के आधार पर सही बातों का पता नहीं लगा सकता है। इस प्रकार की महत्वपूर्ण बातों में सदियों के अनुभव और प्रयोग की आवश्यकता है। सदियों की परीक्षा में इन बातों में कोई नियम निश्चित हो सकता हैं। स्पष्ट है कि इसमें परम्परा का ही सहारा लेना पड़ता है।

(3) परम्परा में सुरक्षा की भावना निहित है—प्रत्येक सामाजिक नियम भिन्न-भिन्न परिस्थितियों में क्रिया प्रतिक्रिया करता है। इस संघर्ष में केवल वे ही नियम अथवा व्यवहार के तरीके जीवित रह पाते हैं जो उपयोगी पाये जाते हैं और परीक्षा में सफल उतरते हैं। ये परम्परा के रूप में पीढ़ी दर पीढ़ी चलते रहते हैं। इस प्रकार परम्परा में सुरक्षा की भावना निहित होती ही है।

(4) सीखने में समय और प्रयास की बचत—व्यवहार के तरीकों को परम्पराओं से लेने पर उनके सीखने में समय और प्रयास की बचत हो जाती है क्योंकि उनमें प्रयत्न और भूल का लम्बा रास्ता नहीं अपनाना पड़ता। शक्ति की इस बचत को किसी और लाभदायक काम में लगाया जा सकता है।

(5) समूह व्यवहार में समन्वय और समरूपता—इस प्रकार परम्परायें समूह के विभिन्न व्यक्तियों के व्यवहार में समन्वय और अनुरूपता बनाये रखती है। इससे सामाजिक संगठन दृढ़ रहता है।

(6) राष्ट्रीय चरित्र का विकास—राष्ट्र के जीवन में राष्ट्रीय परम्पराओं का बड़ा महत्व है। इससे राष्ट्र के गौरव की भावना लगी रहती है और जब राष्ट्र के सभी सदस्य इनके अनुसार चलते हैं तो राष्ट्रीय चरित्र का विकास होता है। इससे राष्ट्र संगठित और व्यवस्थित होता है।

(7) परम्परायें समाज को व्यवस्थित रखती हैं—एक ऐसे समाज की कल्पना कीजिये जिसमें कोई परम्परा नहीं है। ऐसे समाज के हर सदस्य को जीवन के हर एक क्षेत्र में अपने सीमित अनुभव और बुद्धि के अनुसार विश्वास और नियम बनाने होंगे। इससे विभिन्न सदस्यों में भारी संघर्ष होगा और सामाजिक व्यवस्था छिन्न-भिन्न हो जायेगी। इस प्रकार परम्परा समाज में व्यवस्था बनाये रखती है। उससे समाज संगठित रहता है और उसकी निरन्तरता बनी रहती है।

सामाजिक और जैवकीय परम्परा— उपरोक्त विवरण से स्पष्ट है कि जीवन और व्यवहार में परम्परा का कितना अधिक महत्व है। अब तक सामाजिक यह जैवकीय परम्परा

का वर्णन किया गया है। यह जैवकीय परम्परा से भिन्न है। जैवकीय परम्परा व्यक्ति को पीढ़ी दर पीढ़ी मिलने वाली जैवकीय विशेषताओं, रूप रंग, ऊंचाई, शारीरिक ढांचा आदि के रूप में होती है। दूसरी ओर सामाजिक परम्परा में जैसा कि पीछे बतलाया ज़ा चुका है प्रथायें, जन रीतियां, विश्वास आचार आदि शामिल होते हैं। इस प्रकार जैवकीय परम्परा (Biological Heredity) और सामाजिक परम्परा में मौलिक भेद है। जैवकीय परम्परा में मनुष्य मात्र एक है और समान है। सामाजिक परम्परा के कारण भिन्न-भिन्न समाज के व्यक्तियों में विविधता और विशेषता पायी जाती है। व्यक्ति के जीवन में दोनों का ही महत्व है।

रूढ़ियां और जनरीतियां
(Mores and Folkways)

रूढ़ियां और जनरीतियां सामाजिक नियन्त्रण के सबसे अधिक मुख्य साधन हैं। रूढ़ियों का अर्थ जानने के लिये उनकी परिभाषा जानना जरूरी है।

रूढ़ियों की परिभाषा

(1) मैकाइवर और पेज का (Maclver and Page) **मत**—"इस प्रकार, यह तर्क किया जाता है कि जब जनरीतियाँ अपने साथ समूह के कल्याण की कल्पना और शुभाशुभ का विचार जोड़ लेती हैं तब वे रूढ़ियों में परिवर्तित हो जाती हैं।"[10]

(2) डॉसन और गेटिस (Dawson and Gettys) **का मत**—"रूढ़ियां वे जन-रीतियां हैं जिन्होंने अपने साथ, विचार के द्वारा यह निर्णय जोड़ लिया है कि समूह का कल्याण उन पर खासतौर से आधारित है।"[11]

रूढ़ियों की विशेषतायें

जनरीतियों के समान रूढ़ियां भी स्वयं उत्पन्न होती हैं। कभी-कभी जनरीतियां ही रूढ़ियां बन जाती हैं तब उनका उल्लंघन कठिन हो जाता है। रूढ़ियों की विशेषतायें निम्नलिखित हैं—

(1) रूढ़ियों में नैतिकता की भावना होती है। उनका पालन न करना समाज में बुरा समझा जाता है और उनका पालन न करने पर समाज कुछ न कुछ दण्ड का विधान करता है।

(2) रूढ़ियों को समाज की स्वीकृति प्राप्त होती है। उनका मानना अनिवार्य होता है।

(3) रीति-रिवाज या जनरीतियां रूढ़ि बनकर दृढ़ बन जाते हैं।

आमतौर से रूढ़ियां तीन प्रकार की होती हैं—

---

10. "Thus it is reasoned, that when the folkways have added to them conceptions of groups welfare, standards of right and wrong, they are converted into mores."
—Maclver and Page, *Society*, p. 20

11. "Mores are folkways which have added to them through some reflection, the judgment that group welfare is particularly dependent upon them."
—Dawson and Gettys, *An Introduction to Sociology*. The Ronald Press Co. New Yark, (1948) p. 50

(1) आचार सम्बन्धी जैसे गुरुजनों की सेवा करना सच बोलना इत्यादि।

(2) निषेध (Taboos)—जैसे हिन्दुओं में गोहत्या आदि।

(3) विधि (Law)—जिनके न मानने में राज्य का भय होता है।

जनरीतियां क्या हैं?

समाज शास्त्रियों ने जनरीतियों (Folkways) की जो परिभाषायें उपस्थित की हैं उनमें कुछ मुख्य निम्नलिखित हैं—

(1) **बोगार्डस** (Bogardus)—"एक समूह की जनरीतियों में रूढ़ियां और व्यवहार की अन्य सभी रीतियां शामिल होती हैं जो रोचक समझी जाती हैं परन्तु समाज के कल्याण के लिये आवश्यक नहीं समझी जाती।"[12]

(2) **ग्रीन** (Green)—"क़ार्य करने की वे रीतियाँ जो एक समाज या समूह में सामान्य होती हैं और जो एक पीढ़ी से दूसरी पीढ़ी को परम्परागत रूप से चली आती हैं, जनरीतियों के नाम से जानी जाती है।"[13]

जनरीतियों की विशेषतायें

इस प्रकार जनरीतियां मनुष्य के परम्परागत व्यवहार के सामाजिक नियम हैं। जनरीतियों की मुख्य विशेषतायें निम्नलिखित हैं—

(1) वे व्यक्ति को समाज में व्यवहार के नियम बतलाती हैं।

(2) वे विभिन्न परिस्थितियों में मनुष्य के आचरण को नियन्त्रित करती हैं।

(3) वे देश, काल तथा परिस्थितियों के अनुसार परिवर्तित होती रहती हैं।

जनरीतियों और रूढ़ियों में अन्तर

वास्तव में जनरीतियों तथा रूढ़ियों में बहुत ही कम अन्तर है। जनरीतियां रूढ़ियों से कम कठोर होती हैं और उनका पालना उतना आवश्यक भी नहीं माना जाता। साधारण जनता रूढ़ियों को ही नैतिक नियम मानती हैं। जनरीतियों के बारे में ऐसा नहीं है। रूढ़ियों का पालन करना समाज के लिये कल्याणकारी माना जाता है। उनके पालन न करने पर समाज आर्थिक या सामाजिक दण्ड दे सकता है परन्तु जनरीतियों को न मानने पर न तो समाज से दण्ड ही मिलता है और न उसको उतना बुरा माना जाता हैं।

---

12. "The folkways of a group include the mores and all the other ways of behaving that are considered interesting but not essential to the welfare of the group."
—E. S. Bogardus, *Sociology*, p. [illegible]

13. "Those ways of action that are common to a society or a group, and that are handed down from one generation to the next are known as folkways."
—A. W. Green., *Sociology : As Analysis of life in Modern Society*, p. 7[illegible]

प्रथायें
(Customs)

्रथा क्या है?

रूढ़ियों और जनरीतियों के समान ही प्रथाओं का भी सामाजिक नियन्त्रण में महत्वपूर्ण कार्य है। प्रत्येक समाज में खान-पान, रहन-सहन छोटे-बड़ों के व्यवहार बातचीत तथा अन्य अनेक बातों के विषय में व्यवहार के कुछ निश्चित तरीके होते हैं। ये समाज द्वारा स्वीकृत तरीके ही प्रथायें हैं। मैकाइवर और पेज (Maclver and Page) के शब्दों में 'काम करने के समाज सम्मत तरीके समाज की प्रथायें हैं।''[14] प्रथाओं के कारण व्यक्तियों को अपने जीवन की इन बातों के विषय में नये सिरे से नहीं सोचना पड़ता। वास्तव में वह बहुधा इन बातों के विषय में बिल्कुल ही नहीं सोचता और चुपचाप प्रथाओं का अनुसरण करता है। ये प्रथायें एक पीढ़ी से दूसरी पीढ़ी को मिलती जाती हैं। आमतौर से लोग इनको स्वाभाविक और सर्वाधिक उचित व्यवहार के तरीके मान लेते हैं और उनका तोड़ना अच्छा नहीं समझते। इस प्रकार प्रथायें व्यक्तियों के व्यवहार का नियन्त्रण करती हैं। बोगार्डस (Bogardus) के शब्दों में ''प्रथायें और परम्परायें नियन्त्रण की समूह-सम्मत प्रविधियां हैं जो कि अच्छी तरह जम गई हैं, जो कि मान ली गई हैं और जो कि एक पीढ़ी से दूसरी पीढ़ी को सौंप दी जाती हैं।''[15] प्रथा और जनरीतियों, रूढ़ियों तथा संस्थाओं में कुछ अंशों (Degrees) का अन्तर हैं। उदाहरण के लिये विवाह एक संस्था है और विवाह में विभिन्न चलन वरमाल, पलंगचार आदि प्रथायें हैं।

व्यक्ति के बर्तावों के नियन्त्रण में प्रथाओं का महत्व
(Importance of Customs in Controlling the Behaviour of Individuals)

समाज में व्यक्ति के बर्तावों के नियन्त्रण में प्रथाओं का बड़ा महत्व है। वे व्यक्ति के जीवन को इस प्रकार नियन्त्रित करती है कि उस पर कम से कम दबाव पड़ता है। आमतौर से लोग खुद ही प्रथाओं के अनुसार चलना चाहते हैं। इससे एक ओर तो वे समाज के विरोध और उपेक्षा से बच जाते हैं और दूसरी ओर उन्हें प्रत्येक बात पर स्वयं नये सिरे से नहीं सोचना पड़ता। प्रथाओं के द्वारा उनको जीवन की प्रत्येक बात और क्रिया से स्पष्ट मार्गदर्शन मिल जाता है। एक उदाहरण लीजिये, हिन्दुओं में दिनचर्या, तौर-तरीकों तथा विवाह, आदि अवसरों के लिये निश्चित प्रथायें हैं। वर्णाश्रम व्यवस्था ने इन प्रथाओं को और भी व्यवस्थित बना दिया है। अतः हिन्दू को इन सबके बारे में सोचना नहीं पड़ता और सदियों के अनुभव से जो प्रथायें

---

14. "The socially accredited ways of acting are the customs of society."
—Maclver and Page, *Society,* p. 18.
15. "Customs and traditions are groups accepted techniques of control that have become well established, that are taken for granted, and that are passed along from generation to generation." —Bogardus E. S., *Sociology,* p. 475.

बन चुकी हैं उनके अनुसार उसका जीवन सुचारू रूप से चलता रहता है। गिन्सबर्ग (Ginsberg) ने ठीक ही कहा है कि प्रथायें हमारे जीवन में वही काम करती हैं जो प्राणियों में मूल प्रवृत्तियाँ करती हैं। मूल प्रवृत्तियाँ जीवन संघर्ष में प्राणियों का मार्ग निर्देशन करती हैं। प्रथायें सामाजिक जीवन में मनुष्यों को मार्ग दिखलाती हैं। बचपन से ही मनुष्य को उनके पालन की आदत पड़ जाती है और वह बिना किसी हील हुज्जत के उनके अनुसार काम किये जाते हैं। ये प्रथायें उसको सामाजिक विरासत के रूप में मिल जाती हैं और वह आगे आने वाली पीढ़ी को सौंप जाता है। आमतौर से व्यक्ति प्रथाओं का विरोध करने का साहस नहीं करता। कभी-कभी तो हानिकारक प्रथायें भी सैंकड़ों साल चलती हैं, क्योंकि एक तो सभी उनको हानिकारक नहीं समझते दूसरे जो उन्हें हानिकारक समझते भी हैं उन्हें विरोध करने का साहस नहीं होता। कोई विरला व्यक्ति ही रिवाजों को बदलता है, उसका विरोध किया जाता है। कभी-कभी तो उसकी जान पर भी आ बनती है। परन्तु क्रमश: अन्य व्यक्ति भी उसके कायल हो जाते हैं और इस प्रकार प्रथायें बदलती रहती हैं। परन्तु इससे व्यक्ति के बर्तावों के नियन्त्रण में उनके प्रभाव में कोई कमी नहीं आती।

कानून
(The law)

कानून सामाजिक नियन्त्रण का प्रमुख साधन है। राज्य समाज के व्यक्तियों के व्यवहार का नियन्त्रण करने के लिये कानून बनाता है। इन कानूनों को न मानने पर और उनका उल्लंघन करने पर सरकार द्वारा दण्ड दिया जाता हैं। इस प्रकार कानून का नियन्त्रण शासन शक्ति का नियन्त्रण है जो कि सरकारी अधिकारियों में निहित रहती है। कानूनों को पुलिस और न्यायालय तथा कभी-कभी सेना की सहायता से लागू किया जाता है।

रॉस (Ross) के अनुसार "कानून समाज द्वारा प्रयुक्त सामाजिक नियंत्रण का सबसे विशिष्ट और पूर्ण साधन है।"[16] रॉस ने कानून के दो कार्य बतलाये हैं (1) व्यक्तियों के कुछ हिंसात्मक कार्यों का दमन (2) दूसरों के अधिकारों का ध्यान रखने और सहयोग पूर्ण कार्य करने के लिये व्यक्ति को बाध्य करना। इस प्रकार कानून केवल समाज की रक्षा ही नहीं करता बल्कि उसका कल्याण भी करता है। आधुनिक राज्य कल्याणकारी राज्य (Welfare state) है। अत: आधुनिक राज्यों में जीवन के सभी पक्षों में कानून का प्रवेश होता जा रहा है कानून जहां अपराधियों का कार्यक्षेत्र सीमित करता है वहाँ दंड का भय दिखाकर अन्य लोगों को अपराध करने से रोकता भी है। जहां वह कानून का पालन करने वाले की कानून न मानने वाले से रक्षा करता है। वहां वह प्रत्येक व्यक्ति को दूसरे के मार्ग में बाधा पहुँचाने से रोकता है। इस प्रकार कानून राज्य के व्यक्तियों के आचरण पर नियंत्रण करता है और सबको आगे बढ़ाने के अवसर प्रदान करता है।

---

16. "Law is the most specialized and highly furnished engine of social control employed by society."
—Ross.

कानून और प्रथा का अन्तर

(Distinction Between Law and Customs)

मैकाइवर और पेज (Maclver&Page) के अनुसार ''प्रथा एक सामूहिक कार्य विधि (Group procedure) है जो बिना प्रत्यक्ष अधिनियम के, बिना किसी संगठित सत्ता द्वारा घोषणा किये, लागू किये हुये अथवा रक्षा किये हुये क्रमशः उदित हुई, प्रथा सामान्य स्वीकृति द्वारा सुरक्षित रखी जाती है।'' इसके विपरीत कानून की परिभाषा करते हुये मैकाइवर और पेज ने लिखा है कि ''कानून नियमों का वह संग्रह है जिसको राज्य के न्यायालयों द्वारा माना जाता हैं, जिसकी व्याख्या की जाती है और विशिष्ट परिस्थितियों में प्रयोग किया जाता है।''[17] इस प्रकार जबकि प्रथा क्रमशः विकसित होती है, कानून सरकार और अन्त में न्यायालयों द्वारा राज्य के सभी नागरिकों पर अनिवार्य रूप से लागू किया जाता है। प्रथा सामान्य स्वीकृति द्वारा सुरक्षित रखी जाती है परन्तु कानून की रक्षा पुलिस, सेना और न्यायालय के द्वारा की जाती है। इस विषय में कानून किसी भी अन्य समिति के नियमों से भिन्न है। अन्य समितियां अपने नियमों के भंग करने पर हद से हद सदस्य को समिति से निकाल सकती हैं, परन्तु कानून के भंग करने पर राज्य कठोर से कठोर दण्ड यहां तक कि प्राण दण्ड भी दे सकता है। इस प्रकार कानून के पीछे सामान्य स्वीकृति मात्र नहीं बल्कि राज्य की सत्ता स्वीकृति (Sanction) का बल है। प्रथा सामाजिक नियम है, कानून राज्य के नियम हैं। प्रथायें लिखित और निश्चित नहीं होती, कानून लिखित और निश्चित तथा अधिनियमित (Enacted) होते हैं, न्यायालय उनकी व्याख्या करते हैं और उनके तोड़ने वालों को दण्ड दिया जाता है। मैकाइवर के अनुसार कानून के दो उद्देश्य हैं- (1) मनुष्य को सामान्य अवसरों पर सुरक्षा प्रदान करने वाली मौलिक व्यवस्था को बनाये रखना। (2) एक दूसरे के हितों पर आक्रमण करने वाले व्यक्तियों के परस्पर संघर्षों को रोकना। मैकाइवर ने लिखा है ''कानून राज्य द्वारा समर्पित संहिता है और सब पर समान रूप से लागू होने के कारण इस प्रकार स्वयं समाज का संरक्षक है''[18]

---

17. "Law is the body of rules which are recongnised, interpreted and applied to a particular situation by the courts of the state."

—Maclver & Page., *'Society : An Introductory Analysis'*, Macmillan & Co. London.(1957) p. 175,

18. " Law means the code upheld by the state, which because of its inclusive applicability, is thus a guardian of society it-self."

—Maclver & Page, *Ibid.*

प्रथा और कानून का अन्तर

प्रथा	कानून
1. समाज के नियम	1. राज्य के नियम
2. अधिनियमित नहीं	2. अधिनियमित
3. क्रमशः विकसित	3. राज्य द्वारा बनाये गये
4. अस्पष्ट और अलिखित	4. स्पष्ट और लिखित
5. कोई सत्ता लागू नहीं करती	5. राज्य सत्ता लागू करती है।
6. न मानने पर केवल जग हंसाई होती है।	6. न मानने पर दण्ड मिलता हैं।
7. सामान्य स्वीकृति द्वारा रचित	7. सेना, पुलिस, न्यायालय द्वारा लागू किया जाता है।
8. अधिकतर प्राथमिक समूहों में नियंत्रण करती है।	8. अधिकतर द्वैतीयक समूहों में नियंत्रण करते हैं।
9. अनौपचारिक	9. औपचारिक
10. प्राय: तर्कहीन	10. प्राय: तर्कपूर्ण
11. आमतौर से इनको बदलने के लिये आवाज नहीं उठाई जाती	11. इनको बदलने के लिये आवाज उठाई जाती है।
12. समाज के सभी व्यक्तियों के लिये	12. नियम भंग करने वाले व्यक्तियों के लिये।

कानून और प्रथा का संघर्ष
(Conflict between Law & Custom)

किसी भी राज्य में कोई ऐसा कानून सफल नहीं हो सकता जिसका समर्थन करने वाली सामाजिक प्रथा प्रचलित न हो, प्रथा विरोधी कानून का अस्तित्व खतरे में पड़ जाता है। इस प्रकार जब कोई कानून प्रचलित प्रथाओं द्वारा अनुमोदित होता है तब तो उसका कोई विरोध नहीं किया जाता परन्तु यदि वह प्रचलित प्रथाओं के विरुद्ध होता है तो उसका विरोध किया जाता है और कानून तथा प्रथा में संघर्ष शुरू हो जाता है। इसमें प्रथा तो लोगों को अपने स्वभाव का अंग ही मालूम पड़ती है और कानून बाहरी सत्ता द्वारा लादा हुआ लगता है। अत: वे उसे उखाड़ फेंकने की चेष्टा किया करते हैं। प्रथा और कानून के इस संघर्ष के सैंकड़ों उदाहरण भारतवर्ष में ही मिल सकते हैं। बाल विवाह को रोकने के लिए बनाया गया शारदा कानून आरम्भ में इसी कारण सफल नहीं हो सका कि देश में बाल विवाह की प्रथा प्रचलित थी परन्तु धीरे-धीरे शिक्षा के प्रचार से जब बाल विवाह की प्रथा उठती गई तब यह संघर्ष समाप्त हो गया। इसी प्रकार का संघर्ष आज अस्पृश्यता की प्रथा और विरोधी कानूनों में दिखाई पड़ता है। जिन देशों में रंग भेद की प्रथा है वहां रंग भेद विरोधी कानून सफल होते नहीं दिखाई पड़ते

और आये दिन दंगे (Riots) होते रहते हैं। कानून और प्रथा का यह संघर्ष एक सामाजिक तथ्य है। इसका तात्पर्य यह नहीं है कि प्रथाओं के विरुद्ध कानून नहीं बनने चाहिये। बुरी प्रथाओं को रोकने के लिये कानून बनाने ही पड़ते हैं। परन्तु इससे केवल यह बात मालूम पड़ती है कि कानून की सफलता के लिये प्रचार और शिक्षा द्वारा प्रथा को बदलने की भी कोशिश की जानी चाहिये। प्रथायें कानून से नहीं बदली जा सकतीं। वे धीरे-धीरे विकसित होती हैं और सामान्य स्वीकृति से पुष्ट होती हैं। जनमत को क्रमशः प्रभावित करके ही प्रथाओं को बदला जा सकता है।

कानून और प्रथा का अन्योन्याश्रय
(Interdependence of Law and Custom)

इस प्रकार कानून और प्रथा अन्योन्याश्रित है। कानून को बदलने के लिये प्रथा को बदलना आवश्यक है। प्रथा और कानून दोनों में साथ-साथ परिवर्तन होंने चाहियें क्योंकि दोनों एक दूसरे पर निर्भर हैं। वास्तव में ये दोनों एक दूसरे के बिना अधूरे हैं। प्रत्येक देश में लिखित संविधान के साथ क्रमशः कुछ प्रथायें विकसित हो जाती हैं। ये प्रथायें कानूनों को बनाये रखती हैं क्योंकि प्रथाओं से कानून स्वाभाविक बन जाता है और लादा हुआ सा नहीं मालूम पड़ता।

दूसरी ओर कानून के बिना प्रथायें अपूर्ण हैं। प्रथायें व्यक्ति को किसी काम से बलात नहीं रोक सकतीं। इस प्रकार केवल प्रथाओं की सहायता से समाज में अपराध नहीं रोके जा सकते। अतः उनके साथ-साथ कानूनों को भी जरूरत होती है। प्रथायें अस्पष्ट होती हैं। उनसे व्यक्ति को साफ-साफ कर्त्तव्य और अकर्त्तव्य का ज्ञान नहीं होता? कानून स्पष्ट होते हैं और प्रथाओं की इस कमी को पूरा करते हैं। कानून की व्याख्या करने के लिये वकील और न्यायाधीश होते हैं। प्रथायें बहुत धीरे-धीरे बदलती हैं जबकि समाज में कभी-कभी तीव्र परिवर्तन की आवश्यकता होती है। हानिकारक प्रथाओं को बदलने में बड़ा समय लगता है, क्योंकि प्रथा की तो प्रकृति ही धीरे-धीरे बदलने की हैं। अतः आधुनिक समाजों में परिवर्तन की गति के साथ चलने के लिये प्रथाओं के साथ-साथ कानून की बड़ी जरूरत है। प्रथायें विभिन्न व्यक्तियों और समूहों के संघर्षों का निराकरण नहीं कर सकतीं, उसके लिये कानून की सहायता अनिवार्य है। राज्य में अनेक समितियां और संस्थायें होती हैं उनके नियम राज्य के नियमों के या एक दूसरे के नियमों के विरुद्ध हो सकते हैं। अतः इनके संघर्ष को रोकने के लिये राज्य में कानून आवश्यक हो जाते हैं। प्रथा का उल्लंधन करने पर दण्ड नहीं मिलता। इससे उसका अनुशासन कमजोर सा रहता है और उससे सामाजिक व्यवस्था सुद्दढ़ नहीं रह सकती। इसलिये उनके पूरक के रूप में कानून आवश्यक है। इस प्रकार प्रथा और कानून परस्पर पूरक हैं। प्रथाओं के कारण कानून और कानून के लिये प्रथायें बनती हैं।

टैबू अथवा निषेध
(Taboos)

सामाजिक नियन्त्रण के साधनों में विशेषतया आदिम समाजों में सामाजिक निषेधों का विशेष महत्व होता है। सामाजिक निषेध जैसा कि उनके नाम से स्पष्ट है समाज में अनेक कामों

का निषेध करते हैं। इस प्रकार जहां लोकाचार किसी विशेष कार्य करने को प्रेरित करता है वहां निषेध किसी काम को न करने को बाध्य करता है। निषेधों के कारण अनेक प्रकार के हो सकते हैं। इनमें धार्मिक कारण विशेष महत्वपूर्ण हैं। आदिम धर्म में टोटम (Totem) के साथ नाना प्रकार के निषेध लगे हुये दिखाई पड़ते हैं। भिन्न-भिन्न आदिम धर्मों में भिन्न-भिन्न पशु, वनस्पति आदि को टोटम माना जाता है। बहुधा इस टोटम से विशेष जनजाति की उत्पत्ति मानी जाती है। इसलिये टोटम की वनस्पति अथवा पशु या पक्षी का विशेष सम्मान किया जाता है और उसको मारने, खाने, जलाने आदि का निषेध होता है। टोटम के साथ लगे हुये निषेधों के अलावा कुछ सामाजिक निषेध भी होते हैं। ये निषेध केवल आदिम समाजों में ही नहीं बल्कि सभ्य समाजों में भी देखे जा सकते हैं। उदाहरण के लिये सभी मानव समाजों में रक्त सम्बन्धियों से यौन प्रसंग (Incest) का निषेध होता है।

निषेध क्या है?

निषेध की उपरोक्त विवेचना से निषेध की परिभाषा स्पष्ट होती है। इस विषय में काज और शैंक ने लिखा है "निषेध की परिभाषा लोगों के एक समूह में समान रूप से व्याप्त एक नकारात्मक स्वीकृति के रूप में की जा सकती है। उसकी समरूपता का सामाजिक और जैवकीय आधार होता है और उसकी प्रभावोत्पादकता बाहरी दबाव की अपेक्षा आन्तरिक बाध्यता पर अधिक निर्भर होती है।"[19] निषेध की इस परिभाषा से निषेध की निम्नलिखित विशेषतायें स्पष्ट होती हैं–

(1) निषेध नकारात्मक स्वीकृति है।

(2) निषेध को समाज के सभी लोग मानते हैं।

(3) निषेध के आधार सामाजिक और जैवकीय होते हैं। उदाहरण के लिये निकट सम्बन्धियों से यौन प्रसंग केवल सामाजिक रूप से ही अनुचित नहीं होता बल्कि जैवकीय रूप में भी हानिकारक होता है।

(4) निषेध आन्तरिक बाध्यता के कारण माने जाते हैं। व्यक्ति जिस समाज में पलता है उस समाज में समाजीकरण के साथ-साथ सभी प्रचलित मान्यतायें उसकी अपनी मान्यतायें हो जाती हैं। इस प्रकार समाज में जिन बातों का निषेध होता है उनके प्रति उसमें बचपन से ही नकारात्मक (Negative) भावना बन जाती है और उसमें एक ऐसी अन्तरात्मा बन जाती है जो इस प्रकार के हर एक निषिद्ध कार्य का विरोध करती है।

निषेधों में विविधता

इस प्रकार हर एक समाज में कुछ न कुछ निषेध दिखलाई पड़ते हैं। कुछ निषेध तो अधिकतर समाजों में एक से देखे जा सकते हैं जैसे रक्त सम्बन्धियों से यौन प्रसंग। दूसरी ओर

---

19. "Taboo may be defined as a negative sanction, common to a group of people, its uniformity having a social as well as biological basis, and its efficacy depending upon internal compulsion rather than external coercion."

—Katz and Schank '*Social Psychology*' : p. 56.

कुछ निषेध ऐसे होते हैं जो विशेष समाजों में माने जाते हैं जबकि अन्य समाज उनको नहीं मानते। उदाहरण के लिये हिन्दुओं में गौ मांस खाने का निषेध है जबकि मुस्लिम लोग ऐसा करने में कोई हानि नहीं समझते। इसी प्रकार मुसलमानों में सुअर का गोश्त खाने का निषेध है जबकि अन्य अनेक समाजों में सूअर का गोश्त खाया जाता है। इसी प्रकार भारत में विवाह के सम्बन्ध में जीवन साथी के चुनाव के विषय में बहुत से ऐसे निषेध हैं जो अन्य समाजों में नहीं माने जाते। भिन्न-भिन्न समाजों में भिन्न-भिन्न निषेध होने पर भी प्रत्येक समाज का सदस्य अपने समाज में प्रचलित निषेधों को उसी कठोरता से मानता है। जिस प्रकार अन्य लोग अपने समाज के निषेधों को मानते हैं।

निषेधों के प्रकार

यूं तो निषेध अनेक प्रकार के हो सकते हैं परन्तु मुख्य रूप से उनको निम्नलिखित वर्गों में बांटा जा सकता है–

(1) **खान-पान सम्बन्धी निषेध**–अधिकतर समाजों में ऊंचे नीचे वर्गों में परस्पर खान-पान आदि के सम्बन्ध में कुछ निषेध मिलता है। इसके अलावा जैसे कि पीछे कुछ उदाहरण दिये गये हैं भिन्न-भिन्न समाजों में भिन्न-भिन्न प्रकार की वस्तुओं का खाना वर्जित है।

(2) **विवाह सम्बन्धी निषेध**–भिन्न-भिन्न समाजों में भिन्न-भिन्न सम्बन्धियों से विवाह के सम्बन्ध में निषेध मिलते हैं। उदाहरण के लिये हिन्दुओं में मामा, मौसी, चाचा, बुआ आदि की सन्तानों में विवाह सम्बन्ध नहीं किये जा सकते।

(3) **यौन** (sex) **सम्बन्धी निषेध**–सामाजिक निषेध में सबसे अधिक व्यापक और कठोरता से लागू किये जाने वाले निषेध यौन सम्बन्धी निषेध हैं। इनका उल्लंघन विशेष रूप से बुरा माना जाता है और उसके लिये समाज कठोर दंडों की व्यवस्था करता है।

(4) **धर्म सम्बन्धी निषेध**–जैसे कि पहले बतलाया जा चुका है आदिम धर्म में टोटमों से लगे हुये निषेध होते हैं जिनका कठोरता से पालन किया जाता है। इस प्रकार के कुछ निषेध सभ्य समाजों में भी देखे जा सकते हैं।

निषेधों में परिवर्तन

निषेध के उपरोक्त विवेचन से यह ज्ञात होता है कि निषेध एक ही समाज में भिन्न-भिन्न समय में और भिन्न-भिन्न समाजों में एक ही समय में एक से नहीं होते। उदाहरण के लिये हालिंगबर्थ ने अपने एक लेख में लिखा है कि प्राचीन काल में सन्तानोत्पत्ति के समय के अनुभव पर बात करना इतना अधिक निषिद्ध था कि उसको एक प्रकार का पाप माना जाता था। इस प्रकार के निषेध आजकल नहीं दिखाई पड़ते। धार्मिक और खान-पान सम्बन्धी निषेधों में कालान्तर से बड़ा परिवर्तन हो जाता है।

निषेधों से सामाजिक नियन्त्रण

जैसा कि पहले बतलाया जा चुका है निषेधों का मुख्य काम सामाजिक नियन्त्रण है निषेधों के द्वारा बहुत से ऐसे कामों को वर्जित कर दिया जाता था जिनसे समाज को हानि

थी। उदाहरण के लिये भारत में देश की अर्थव्यवस्था गो पालन पर बहुत कुछ आधारित थी, इसीलिये यहाँ गौहत्या और गौमाँस खाने के सम्बन्ध में इतना कठोर निषेध किया गया। बांस के जंगलों में रहने वाली जनजातियों में बांस को टोटम माना जाता है और उसमें अनेक निषेध लगे होते हैं।

निषेध की मनोवैज्ञानिक व्याख्या

निषेध की मनोवैज्ञानिक व्याख्या के विषय में Totem and Taboo नामक पुस्तक में उपस्थित फ्रॉयड का मत विशेष रूप से उल्लेखनीय है। फ्रॉयड (Freud) के अनुसार प्रत्येक निषेध के दो पहलू होते हैं। एक ओर तो निषिद्ध कर्मों से लगे हुये व्यक्तियों अथवा वस्तुओं को पवित्र और आदरणीय माना जाता है और दूसरी ओर उन्हे गंदा, दूषित और हानिकारक माना जाता है। इस प्रकार निषेध से आदर और भय की परस्पर विरोधी भावनायें लगी रहती हैं। आदर और भय की यह भावनायें परस्पर इतनी अधिक मिल जाती हैं कि उनको अलग करना कठिन होता है। उदाहरण के लिये मृत व्यक्ति के संस्कार के विषय में विभिन्न समाजों में कुछ विशेष निषेध प्रचलित होते हैं। इन निषेधों में दो प्रकार की भावनायें निहित होती हैं—आदर की भावना और भय की भावना। मृत व्यक्ति के प्रति प्रेम और आदर के कारण सम्बन्धी लोग उसका अच्छी प्रकार से दाह संस्कार करना चाहते हैं ताकि जीवात्मा को किसी प्रकार का कष्ट न हो। उदाहरण के लिये सिक्खों में जब कोई युवती अविवाहित ही मर जाती है तो उसकी मृत्यु संस्कार के समय वे सभी संस्कार किये जाते हैं जो उसके विवाह के अवसर पर होते हैं। इसके पीछे यह धारणा है कि यदि कोई लड़की युवा अवस्था में अविवाहित मर जाती है तो उसके अरमान पूरे नहीं होते और मरने के बाद भी उसे कष्ट देते हैं, इन अरमानों को पूरा करने के लिये ही यह संस्कार किये जाते हैं। दूसरी ओर इन निषेधों के साथ में भय की भावनायें भी जुड़ी हुई हैं। लगभग सभी समाजों में यह माना जाता है कि यदि मृत व्यक्ति का दाह संस्कार ठीक प्रकार से नहीं किया जाता तो वह भूत या प्रेत का रूप धारण करके सम्बन्धियों को सताता रहता है।

निषेधों के विषय में फ्रॉयड का दृष्टिकोण बहुत से निषेधों की सफल व्याख्या करता है। परन्तु इससे सभी निषेधों की व्याख्या नहीं होती। उदाहरण के लिए आदर और भय की मिश्रित भावनाओं से अनेक सामाजिक निषेधों की व्याख्या नहीं की जा सकती। अतः कुछ लोगों के अनुसार निषेधों के मूल में जीवन की वास्तविक तथा काल्पनिक भयोत्पादक परिस्थितियां होती हैं। वास्तव में यह आवश्यक नहीं है कि हर एक निषेध के साथ परस्पर विरोधी भावनायें अवश्य जुड़ी हों। खाने की अनेक वस्तुओं का निषेध इसलिये किया जाता है क्योंकि ये हानिकारक होती हैं। निकट सम्बन्धियों से यौन प्रसंग के निषेध के मूल में उसका जैवकीय रूप से हानिकारक होना ही है। फिर भी इसमें सन्देह नहीं कि फ्रॉयड के सिद्धान्त से बहुत से निषेधों की उपयुक्त व्याख्या होती है।

सामाजिक नियन्त्रण में शिक्षा का महत्व
(Significance of Education in Social Control)

शिक्षा का लक्ष्य

मिल (Mill) के अनुसार शिक्षा एक प्रयोजनमय प्रक्रिया (Purposive Process) है जो कि संस्कृति को एक पीढ़ी से दूसरी पीढ़ी तक ले जाने में और उन्नत करने में सहायक होती है। वास्तव में शिक्षा उन समस्त शक्तियों में सबसे महत्वपूर्ण शक्ति है जो कि मनुष्य के समाजिक विकास में सहायक होती है। शिक्षा का क्षेत्र स्कूल नहीं बल्कि समाज है। समाज में बचपन से लेकर बुढ़ापे तक मनुष्य को शिक्षा मिलती है। इस शिक्षा ग्रहण में उसकी स्कूल या कालिज की शिक्षा उसकी सहायक होती है। इस प्रकार शिक्षा एक विशाल प्रक्रिया का एक महत्वपूर्ण अंग है। शिक्षा का लक्ष्य मनुष्य की सामर्थ्यों और गुप्त शक्तियों का विकास करना हैं। श्री रवीन्द्र नाथ ठाकुर के शब्दों में "शिक्षा मनुष्य में पहले से उपस्थित पूर्णता की अभिव्यक्ति है।"[20] An Idealistic Philosophy of Education में हार्ने (Horne, H.N.) लिखता है "पाठ्य क्रम का लक्ष्य मानव और उसकी दुनिया का एक पूर्ण दृष्टिकोण देना, जीवन में सर्वोत्तम वस्तुओं के लिये एक रुचि उत्पन्न करना और दुनिया में अपना व्यवहारिक भाग लेने के योग्य बनना होना चाहिये।"[21] गिलिन (Gillin) ने शिक्षा के निम्नलिखित उद्देश्य माने हैं–

(1) बालक को भाषा और गणित का ज्ञान कराना जिससे वह अपने विचारों को दूसरों तक भली-भांति पहुंचा सके और उनके विचार समझ सके तथा आवश्यक हिसाब किताब रख सके।

(2) बालक को अपने समाज की संस्कृति समझने तथा अपने को उसके अनुसार ढालने के योग्य बनाना।

(3) बालक को सामाजिक प्रतिमानों (Social Patterns) का ज्ञान कराना जिससे वह यह जान सके कि किस परिस्थिति में किस व्यक्ति के साथ किस तरह का व्यवहार करना चाहिये।

(4) बालक को आर्थिक दृष्टि से समाज में आत्म निर्भर होना सिखाना।

(5) वर्तमान विद्याओं का ही ज्ञान न देना बल्कि साथ ही उनमें ऐसी प्रकृति उत्पन्न करना कि बालक इन नवीन अन्वेषणों द्वारा उन्नति करके सामाजिक जीवन को समृद्ध करे।

सामाजिक जीवन में शिक्षा

इस प्रकार शिक्षा समाज की सत्ता बनाये रखने के लिये बड़ी आवश्यक है। शिक्षा सामाजिक नियन्त्रण का एक अत्यन्त महत्वपूर्ण साधन है। उसके द्वारा सामाजिक विरासत

---

20. "Education is the manifestation of perfection already in man."

—R. N. Tagore.

21. "The curriculum should aim at giving aroundeded view of man in his world, a taste for the best things in life and the ability to take one's own practical part in the world."

—Home H. N.

(Social Heritage) को एक व्यक्ति से दूसरे व्यक्ति तक और एक समूह से दूसरे समूह तक पहुँचाया जाता है। उसके द्वारा व्यक्ति को सामाजिक प्रथाओं, परम्पराओं, रीतिरिवाजों और व्यवहारों का ज्ञान कराया जाता है। उसके द्वारा पुरानी और नई पीढ़ियों में सम्बन्ध स्थापित रखा जाता है। उसके द्वारा व्यक्ति को उसके अधिकारों और कर्त्तव्यों का ज्ञान कराया जाता है। शिक्षा संस्कृति का विकास करती है। वह सामाजिक कुशलता (Social Efficiency) बढ़ाती है। व्यक्ति को आत्मनिर्भर बनाकर वह समाज की आर्थिक प्रगति में सहायक होती है। वह राष्ट्र के लिये उत्तम नागरिकों का निर्माण करती है। वह सामाजिक प्रगति के रास्ते की बाधाओं को दूर करके समाज की प्रगति में सहायक होती है। वह राष्ट्रीयता और अन्तर्राष्ट्रीयता की भावना को विकसित करती है और लोगों को एक दूसरे को समझने में सहायता देती है। इस प्रकार शिक्षा के बिना सामाजिक जीवन में समन्वय की व्यवस्था असम्भव है। Dynamic Sociology में प्रो॰ वार्ड (Prof. Ward) ने शिक्षा का कार्य ज्ञान की वृद्धि माना है। Brief Course in the History of Education में मनरो (Munroe) ने ज्ञान की वृद्धि के साथ शिक्षा का कार्य सामाजिक नियन्त्रण, संस्कृति तथा सभ्यता का प्रसार सामाजिक प्रगति को प्रोत्साहन देना माना है। अशिक्षित मनुष्य सभ्य नहीं कहला सकता यद्यपि शिक्षा का अर्थ साक्षरता नहीं हैं मानव समाज और पशुओं के झुण्ड (Herd) में जो अन्तर है वह शिक्षा के ही कारण है। शिक्षा मानव समाज के संगठन की नींव है। वह मानव की श्रेष्ठता का आधार है।

शिक्षा से सामाजिक नियंन्त्रण

रस्किन (Ruskin) के अनुसार "शिक्षा लोगों को शिष्ट बनाने में है जो कि उन्हें होना चाहिये।"[22] शिष्टाचार के प्रतिमान और आदर्श प्रत्येक समाज में अलग-अलग होते हैं। शिक्षा द्वारा व्यक्ति को इन्हीं का प्रशिक्षण दिया जाता है। यहां पर शिक्षा का अर्थ पढ़ना लिखना मात्र न होकर उसके व्यापक अर्थों में लिया गया है। शिक्षा के इसी अर्थ में समाजशास्त्री उस पर विचार करता हैं शिक्षा मनुष्य को प्रकृति द्वारा मिली शक्तियों, इन्द्रियों, बुद्धि, स्मृति आदि के उपयोग सिखाती है। शिक्षा उसको जीवन संघर्ष में सफल होने योग्य बनाती है। शिक्षा अनुकूलन की कला (Art of Adaptation) है। मनुष्य के लिये यह अनुकूलन प्राकृतिक से अधिक सामाजिक है। अत: शिक्षा मनुष्य का समाज में अनुकूलन करती है। इस प्रकार शिक्षा सामाजिक नियन्त्रण का एक महत्वपूर्ण साधन है।

शिक्षा केवल कला में ही नहीं होती, शिक्षा परिवार, स्कूल, खेल का मैदान, क्लब, आफिस सभी जगह होती है। व्यक्ति को सब कहीं कुछ न कुछ सिखाया जाता है, उसका समाजीकरण किया जाता है। परिवार में, स्कूल में, खेल के मैदान में बालक परिवार के, स्कूल के और खेल के मैदान के नियमों का पालन सीखता है। शिष्ट और तौर तरीकों का प्रयोग सीखता है, विभिन्न मूल्यों का आदर करना सीखता है, विभिन्न प्रतिमानों का अनुकरण करना सीखता है, दूसरों की राय और मत की इज्जत करना सीखता है और प्रथाओं व परम्पराओं का पालन करना सीखता है। मौखिक शिक्षा से अर्थात पढ़ने लिखने आदि से वह इन सबका बौद्धिक आधार तैयार करता है और व्यवहारिक शिक्षा से वह इनको व्यवहार में उतारना सीखता हैं शिक्षा

---

22. "Education consists in making people polite what they ought to be."

—Ruskin.

व्यवस्थाओं में विरोध होने अथवा शिक्षा का काम ठीक-ठीक न होने पर समाज की व्यवस्था छिन्न-भिन्न हो जाती है और समाजिक नियन्त्रण काम नहीं कर पाता। अत: सामाजिक नियन्त्रण के भली प्रकार चलने के लिये शिक्षा एक आवश्यक शर्त है। उचित और व्यवस्थित शिक्षा के अभाव में सामाजिक नियन्त्रण केवल एक जर्बदस्ती का दबाव रहेगा जो बहुत दिन नहीं चल सकता। समुचित शिक्षा के बिना व्यक्ति और समाज का समन्वय कठिन ही नहीं बल्कि लगभग असंभव है। शिक्षा सामाजिक नियन्त्रण को स्वाभाविक बना देती है। उससे सामाजिक नियन्त्रण आत्म-नियन्त्रण बन जाता है और व्यक्ति को उसका बोझ नहीं मालूम पड़ता। यह दूसरी बात है कि शिक्षित व्यक्ति गलत सामाजिक नियन्त्रण को मानने को मुश्किल से तैयार होगा।

क्रीड़ा समूह

क्रीड़ा समूह में बालक का समाजीकरण होता है और वह अन्य लोगों से व्यवहार के तरीके सीखता है। हेज (Hayes) ने लिखा है कि "पर्यवेक्षित खेल के द्वारा बच्चे अनुभव से यह सीखते हैं कि सभ्य जीवन सभी सम्बन्धित व्यक्तियों के लिये बर्बरता की अपेक्षा अधिक आनन्दमय है।"[23] खेल नियमों पर आधरित होते हैं इन नियमों का पालन किये बिना खेल हो ही नहीं सकते। इस प्रकार खेल के नियम व्यक्ति में नियन्त्रण में रहने अथवा नियम पालन की आदत डालते हैं। खेल व्यक्ति को अनुशासित बनाता है और उसको नेता की आज्ञा का पालन करना तथा अन्य लोगों के साथ सहयोग करना सिखाता है। उससे बालकों में सामूहिक उत्तरदायित्व की भावना उत्पन्न होती है।

नैतिक आचरणों तथा प्रथाओं में अन्तर
(Diffrence between morals and customs)

	नैतिक आचरण	प्रथा
1.	सोच समझ कर बनाये जाते हैं।	स्वभावत: विकसित होती हैं।
2.	तर्कयुक्त।	तर्कहीन।
3.	स्पष्ट।	अस्पष्ट।
4.	परिवर्तित की जा सकती हैं।	परिवर्तन का विरोध होता है।
5.	आन्तरिक शक्ति पर आधारित।	सार्वजनिक अनुमोदन पर आधारित।
6.	न मानने पर कोई दण्ड नहीं।	न मानने पर समाज द्वारा दण्ड मिलता है।
7.	अधिकतर आन्तरिक जीवन से सम्बन्धित।	अधिकतर बाहरी जीवन से सम्बन्धित।
8.	सामाजिक सम्बन्धों पर प्रत्यक्ष अंकुश।	सामाजिक सम्बन्धों पर स्वाभाविक रूप में अंकुश।
9.	मानने के लिये संकल्प (Will) आवश्यक।	स्वभाव का अंग मानने के लिये संकल्प आवश्यक नहीं होता।
10.	आदर्शात्मक।	तथ्यात्मक।

23. "By supervised play children learn by experience that civilized life is far superior for all concerned than savagery." —Hayes.

धर्म और आचार
(Religion and Morals)

सामाजिक क्षेत्र में धर्म का नियन्त्रण बड़ा जबर्दस्त है। प्रत्येक धर्म ने व्यवहार के कुछ नियम निश्चित किये हैं जिनका पालन करना आवश्यक माना जाता हैं। इन धार्मिक नियमों के पीछे ईश्वरीय अथवा दैवी प्रकोप तथा नर्क आदि की यातनाओं का भय है और साथ ही साथ अदृश्य शक्ति के प्रति आदर और प्रेम की भावना भी हैं। इनका शक्ति पर इतना दबाव रहता है। जितना समाज और राज्य का भी नहीं रहता। इस प्रकार धर्म सामाजिक नियन्त्रण का एक सबल साधन है।

नैतिक आदर्श उचित अनुचित के विचार के नियम हैं सभ्य समाजों में अहिंसा, सत्य, न्याय, समानता आदि नैतिक नियम माने जाते हैं और उनके विरुद्ध आचरण करना अनुचित माना जाता है। नैतिक आदर्श के पीछे केवल अन्तरात्मा (Conscience) का बल है। वह उचित अनुचित की सामाजिक चेतना पर निर्भर है। उचित अनुचित के ये विचार देशकाल के अनुसार बदलते रहते हैं। परन्तु प्रत्येक देश में सम-सामयिक नैतिक धारणाओं से व्यक्तियों के सामाजिक व्यवहार का नियन्त्रण होता है।

सामाजिक नियन्त्रण में कला का कार्य
(Role of Art in Social Control)

कला समाज में व्यक्तियों की अनुभूति पर शासन करती है। संगीत; कविता, नृत्य, वाद्य, चित्रकारी, मूर्तिकारी, आदि सभी के द्वारा कलाकार दूसरों को प्रभावित करता है। मनुष्य के संगठन में भावनाओं का बड़ा महत्व है। भावनाओं की एकता पर ही सामाजिक संगठन आधारित है। भावनाओं का नियन्त्रण, नियन्त्रण का अत्यन्त प्रभावशाली रूप है। जब-जब किसी देश, राष्ट्र, समूह अथवा दल का संगठन करने का अवसर आता है तब उसके सदस्यों की भावनाओं से अपील की जाती है। भारत में प्राचीन काल में युद्ध के समय रणगान गाये जाते थे। उनसे जहां सैनिकों को युद्ध के लिये उत्साह मिलता था वहां सामूहिक गान से उनको एकता का भी अनुभव होता था। जन जातीय समाजों और आदिम समाजों में सामूहिक गान और सामूहिक नृत्य आदि का सामाजिक एकता में बड़ा महत्व है। इनसे भावनाओं को उत्तेजना मिलती है और परस्पर तनाव ढीले पड़ते हैं जिनसे मनुष्यों में एक दूसरे के प्रति सहानुभूति की भावना का संचार होता है। उनसे समाज के प्रत्येक व्यक्ति पर प्रभाव पड़ता है। उनकी अपील सार्वभौम है। केवल उनमें भाग लेने वालों में ही नहीं बल्कि उनको देखने वालों में भी भावनाओं का संचार होता है। इस प्रकार कला का सामाजिक नियन्त्रण में वही महत्व है जो कि खेल का है। दोनों आपस के भेदभावों को दूर करते हैं और तनावों को कम करके एकता का संचार करते हैं। अतः कला का प्रयोग सभी कहीं दिखाई पड़ता है। जनजातियों में त्यौहारों पर, युद्ध के अवसर पर, बीज बोने के अवसर पर खेती के काटने के अवसर पर सामूहिक गान और सामूहिक नृत्य दिखाई पड़ते हैं। इस प्रकार कला का प्रयोग व्यापक है। उसको धार्मिक, राजनैतिक, सामाजिक सभी अवसरों पर प्रयोग किया जाता है। भारत में विशेष अवसरों पर जो राष्ट्रीय गान का आयोजन किया जाता है उसका यही महत्व है।

कला समाज के हित के लिये मनुष्यों की सौन्दर्य प्रवृत्ति का उपयोग करती है। चित्रकारी और मूर्ति निर्माण में राष्ट्रीय वीरों और नेताओं के चित्र और मूर्तियाँ सुन्दर, भव्य, और प्रभावशाली बनाये जाते हैं। शैतान, राक्षस और उनके मानव भक्तों को कुरूप और वीभत्स रूप में चित्रित किया जाता है। भारतीय चित्रकला में देवताओं और राक्षसों तथा दैवी और आसुरी प्रकृति के मनुष्यों के चित्रण में इस प्रकार का अन्तर स्पष्ट देखा जा सकता है। इस प्रकार कला मनुष्यों के आदर्शों और विचारों को भी प्रभावित करती है। शुभ को सुन्दर दिखाया जाता है और अशुभ को कुरूप। स्वभावतः इससे मनुष्यों पर अच्छा प्रभाव पड़ता है। सभी शुभ को पसन्द करते हैं और अपनाना चाहते हैं और अशुभ से दूर भागना चाहते हैं। असामाजिक प्रवृत्तियों चोरी, व्यभिचार, झूंठ, हत्या आदि को सभी जगह वीभत्स और कुरूप चित्रित किया जाता है और सामाजिक गुणों, प्रेम, सहानुभूति, परोपकार, त्याग आदि को सुन्दर और स्वस्थ रूप में चित्रित किया जाता है।

कला राष्ट्र के सदस्यों के सामने राष्ट्र के स्थायित्व का चित्र उपस्थित करती है। भारत में विभिन्न युगों की कला हमारे वर्तमान को अतीत से जोड़ती है और यह संकेत करती है कि करोड़ों व्यक्तियों के पैदा होते और मरते रहने पर भी राष्ट्र की परम्परायें, आदर्श, प्रथायें धार्मिक विश्वास और संस्कृति के अन्य तत्व अक्षुण्ण रूप से विद्यमान रहते हैं। व्यक्ति आता है और चला जाता है परन्तु समाज सदैव रहता है। राष्ट्र अमर है। अजन्ता और एलोरा की गुफायें, सांची और भारहुत के स्तूप, ग्वालियर और दिल्ली आदि के किले और आगरे का ताजमहल आदि भारतीय संस्कृति के कलात्मक रूप राष्ट्र की अमरता की घोषणा करते हैं। ये देश की शक्ति और शाश्वतता के प्रतीक हैं।

कला हमारे सामाजिक प्रतीकों को गौरवान्वित करती है। उदाहरण के लिये राष्ट्र का ध्वज सुन्दर रंगों से सजाया जाता है। भारत का तिरंगा झंडा, अशोक चिन्ह आदि सौन्दर्य की दृष्टि से भी प्रभावशाली हैं क्योंकि उसमें कला का ध्यान रखा गया है। भिन्न-भिन्न देशों के राष्ट्र-चिन्ह (National Symbols) भिन्न-भिन्न प्रकार की भावना प्रदर्शित करते हैं। रूस का हंसिया हथौड़ा श्रमिकों और किसानों के महत्व और योगदान का प्रतीक है। भारत में बने सैकड़ों शहीद स्मारक कला के माध्यम से जनता में देशभक्ति का संचार करते हैं। स्थान-स्थान पर स्थापित शहीदों की मूर्तियां देखने वालों को त्याग और शौर्य का पाठ पढ़ाती हैं। इस प्रकार कला से समाज के राष्ट्रीय पर्वों, आदर्शों, चिन्हों, परम्पराओं, रीतियों सभी को गौरवमय रूप मिलता है।

कला श्रम का सम्मान स्थापित करती है। हंसिया हथौड़ा लिये हाथ उठाये स्त्री पुरुष की विशाल मूर्तियां किसको प्रेरणा नहीं देतीं। मजदूर भारत माता का सूपत है, यह राष्ट्र का अग्रदूत है। भारतमाता को उससे बड़ी आशायें हैं। भारत-माता के विविध चित्र और मूर्तियां प्रत्येक देशभक्त भारतवासी के हृदय में स्फूर्ति संचार करती हैं।

इस प्रकार कला के माध्यम से व्यक्ति पर सामाजिक मूल्यों, आदर्शों, परम्पराओं, रीतियों तथा प्रथाओं आदि का नियन्त्रण रहता है। कला उसे इन सब को मानने को प्रेरित करती हैं और इनके लिये बड़े से बड़ा त्याग करने को तैयार करती है।

सामाजिक नियन्त्रण में विश्वासों का महत्व

सामाजिक नियन्त्रण में विश्वासों, सुझावों और सामाजिक आदर्शों का बड़ा महत्व है। Social Control में रॉस (Ross, E. A) ने सामाजिक नियन्त्रण में विभिन्न प्रकार के विश्वासों का विस्तृत वर्णन किया है। गिलिन (Gillin) तथा रॉस (Ross) ने विश्वासों को पांच प्रकारों में विभाजित किया है। ये प्रकार निम्नलिखित हैं–

(1) **सामाजिक नियमों और व्यवहारों की शाश्वतता में विश्वास**–इसमें यह माना जाता है कि सामाजिक नियम स्वाभाविक और प्राकृतिक हैं और उनके विरुद्ध कार्य करने से प्रकृति से दण्ड मिलता है।

(2) **कर्मफल में विश्वास**–हिन्दू पुनर्जन्म में विश्वास करते हैं। पुर्नजन्म के साथ कर्म के सिद्धान्त में विश्वास लगा हुआ है। इस विश्वास के अनुसार प्रत्येक आत्मा एक शरीर को छोड़ने के बाद दूसरा शरीर धारण कर लेती है और अपने कर्मों के अनुसार उसको अगले जन्म से अच्छा या बुरा शरीर मिलता है। बुरे काम करने वाले पशुओं और नीच जातियों में पैदा होते हैं और अच्छे काम करने वाले ब्राह्मण, देवता या राजाओं का शरीर धारण करते हैं। इस प्रकार कर्म में विश्वास से सामाजिक व्यवहारों की मान्यता मिलती है जिससे व्यक्ति पर उनका नियन्त्रण रहता है।

(3) **तपस्या में विश्वास**–इसके अनुसार बुरे आदमी को अपने बुरे कर्मों का फल इसी जीवन में भोगना पड़ता है। वह जाति से बहिष्कृत कर दिया जाता है, उसको सामाजिक त्यौहारों और व्यवहारों में शामिल नहीं किया जाता। ये सजायें उसको अपने कर्मों का सुधार करने के लिये दी जाती हैं। इनसे उसकी आत्मा पाप से मुक्त होती है।

(4) **परलोक में विश्वास**–लगभग सभी समाजों में रोक-थाम अर्थात् स्वर्ग-नरक में विश्वास करते हैं। पुराण और ग्रन्थ स्वर्ग-नरक के विविध चित्रण से भरे पड़े हैं। ये वर्णन, चित्र तथा मूर्तियां मनुष्यों को असामाजिक कामों से रोकते हैं और समाज सम्मत कार्यों की ओर प्रेरित करते हैं।

(5) **गतात्माओं से सम्बन्ध में विश्वास**–इस विश्वास के अनुसार आत्मायें अमर हैं और शरीर छोड़ने के बाद भी पृथ्वी पर रहने वाले लोगों से उसका लगाव रहता है। हमारे प्रिय बन्धु बान्धवों की आत्मायें स्वर्ग से हमारे कामों को देखती रहती हैं। मां अपने बच्चों को, पत्नी अपने पति को अथवा पति पत्नी को स्वर्ग से निहारते हैं। इस विश्वास से हमें सामर्थ्य और स्फूर्ति मिलती है तथा बुरे रास्ते पर न जाने की प्रेरणा मिलती है।

विभिन्न प्रकार के विश्वासों के उपरोक्त वर्णन से यह स्पष्ट होता है कि सामाजिक नियन्त्रण में विश्वासों का कितना महत्व है? ये प्रभावशाली हैं और इनमें कुछ खर्च नहीं होता। आत्म-नियन्त्रण के रूप में ये कभी-कभी कानून से भी अधिक प्रभावशाली होते हैं। कानून हेतुओं को नहीं निश्चित करता। वह दिलो पर शासन नहीं करता परन्तु विश्वास हमारी अन्तरात्मा

के अभिन्न अंग है। परलोक, प्राकृतिक न्याय, कर्म पुनर्जन्म और गतात्माओं की देखभाल में विश्वास से मनुष्य स्वयं सत्पथ पर जाने की कोशिश करता है और बुरे कामों से बचता है। इनसे बुरे कामों में चिता होती है और अच्छे कामों से सन्तोष मिलता है। 'भगवान सब देखता है' यह विश्वास व्यक्ति के व्यवहारों पर जितना नियन्त्रण कर सकता है, उतना राज्य, सेवा, पुलिस, कानून, पड़ौसी कोई नहीं कर सकते। मनुष्य की असामाजिक प्रवृत्तियों पर इन विश्वासों का जबर्दस्त और सहज नियन्त्रण रहता है ये विश्वास हमारे कामों के आधार स्त्रोत बन जाते हैं। ये आदिम और सुसंस्कृत सभी समाजों में व्यक्ति के आचरणों का नियन्त्रण करते हैं। इनकी सामर्थ्य व्यक्ति के विकास पर निर्भर है। सन्देह होते ही उनकी शक्ति समाप्त हो जाती है। विश्वास ही उनकी शक्ति है।

सामाजिक संकेतों द्वारा नियन्त्रण

सामाजिक संकेत अप्रत्यक्ष रूप से सामाजिक नियन्त्रण पर प्रभाव डालते हैं। व्यक्ति जागते हुये और काम करते हुये अपने अचेतन हेतुओं (Motives) को नहीं समझ पाता। अतः सामाजिक संकेत अचेतन रूप से ही काम करते हैं। सामाजिक संकेतों के प्रभाव का एक उदाहरण इस तथ्य में मिलता है कि किसी देश में बाहर से आये लोग, विशेषतः उनके बालक नये देश के तौर-तरीके और विश्वास ग्रहण कर लेते हैं। सामाजिक संकेत अनेक प्रकार से प्रभाव डालता है। एक विधि उदाहरण (Example) की है। वांच्छित सामाजिक गुण प्रदर्शित करने वाले व्यक्ति का लोग सम्मान करते हैं। उसे फूलों के हार पहनाते हैं, उसके जुलूस निकालते हैं, उनके स्मारक बनाये जाते हैं, उनकी मूर्तियाँ स्थापित की जाती हैं। इस प्रकार सुधारकों, सन्तों, नेताओं और शहीदों के यश से अन्य लोग उनसे प्रभावित होते हैं और उनके उदाहरण का अनुसरण करने की स्फूर्ति प्राप्त करते हैं।

सामाजिक संकेत के काम करने का एक अन्य तरीका मनुष्य की सुप्त शक्तियों में आस्था पर जोर देना है। मानव संकल्प के बल से असम्भव को भी सम्भव बना सकता है। उत्साह दिलाने से वह बड़े-बड़े कठिन कार्य सम्पन्न कर सकता है। इस तथ्य का नेता, सेनापति, सुधारक, राजा, उपदेशक आदि व्यापक उपयोग करते हैं।

सामाजिक संकेत शब्दों तथा लेखों से अभिव्यक्त आदर्शों द्वारा भी काम करता है। प्रचार भी एक प्रकार का संकेत है। आधुनिक काल में समाचार पत्रों रेडियों, टेलीविजन आदि का प्रभाव किसी से छिपा नहीं है। प्रचार की सहायता से ही जर्मनी, इटली और जापान के राष्ट्रों में अभूतपूर्व सामर्थ्य और संगठन दिखाई पड़ा था।

सामाजिक संकेत का सबसे प्रभावशाली प्रकार शिक्षा है। शिक्षा में सामाजिक संकेत का व्यापक रूप से प्रयोग किया जाता है। उदाहरण, उपदेश, अनुशासन, खेल तथा आदर्शों और जनतन्त्रीय प्रशिक्षण के द्वारा शिक्षा में सामाजिक संकेतों का प्रयोग किया जाता है। शिक्षा के समान ही प्रथा और परम्परा भी सामाजिक संकेतों का प्रयोग करती हैं। प्रथायें और परम्परायें व्यक्तियों के आचरण, व्यवहार और विश्वासों को एक रूप में ढालती हैं।

सामाजिक आदर्शों द्वारा नियन्त्रण

सामाजिक संकेतों की तरह सामाजिक आदर्श भी सामाजिक नियन्त्रण के महत्वपूर्ण साधन हैं। स्वतन्त्रता, समानता और भ्रातृत्व के आदर्शों ने जनतन्त्रीय समाजों में कितना महत्वपूर्ण भाग लिया है। जर्मनी के सामने "आदर्श प्रजाति" का आदर्श रखकर हिटलर ने पूरे राष्ट्र का कैसा जबर्दस्त संगठन किया। समानता के आदर्श ने साम्यवादी देशों में कैसी काया पलट दी है। विश्व बन्धुत्व का आदर्श कितने भेदभाव मिटा रहा है। न्याय के आदर्श ने कितने शोषण को रोका है। अत: आदर्शों का महत्व जाहिर है। निसन्देह आदर्शों का महत्व उनके मानने वालों की सामर्थ्य पर निर्भर है परन्तु इससे उनका मूल्य कम नहीं होता।

इस प्रकार विश्वास, सामाजिक सुझाव और सामाजिक आदर्श सामाजिक नियन्त्रण के महत्वपूर्ण साधन हैं और प्रत्येक संगठित तथा प्रगतिशील समाज में इनका व्यापक रूप से प्रयोग किया जाता है।

प्रचार द्वारा नियन्त्रण

प्रचार के द्वारा मनुष्यों को कुछ मतों, आदर्शों और व्यवहार के प्रतिमानों को मानने के लिये तैयार किया जाता है। प्रचार में विशेष सिद्धान्त के पक्ष की बातों को खूब बढ़ा चढ़ा कर जनता के सामने रखा जाता है और उसके विपक्ष की बातों पर पर्दा डाल दिया जाता है। विज्ञापन प्रचार का ही एक रूप है। प्रचार बड़े सूक्ष्म ढंग से किया जाना चाहिये। स्थूल प्रचार का प्रभाव बहुधा उल्टा ही पड़ता है। प्रचार जितने सूक्ष्म ढंग से होगा उतना ही प्रभावशाली भी होगा। कभी-कभी वह बिल्कुल निष्काम दिखाई पड़ता है परन्तु इससे उसका प्रभाव बढ़ता ही है। आजकल के युग में प्रचार के साधनों में अभूतपूर्व प्रगति हुई है। आजकल प्रचार के लिए घर पर घूमने की और लोगों से मिलने की जरूरत नहीं पड़ती। समाचार पत्र, रेडियो, टेलीविजन आदि साधन ही घर-घर में प्रचार का काम कर देते हैं। प्रचार के इन साधनों को शुभ अशुभ सभी प्रकार के साध्यों में उपयोग किया जाता है। आधुनिक काल में साम्यवादी और पश्चिम देशों में प्रचार के माध्यम से ही शीत युद्ध छिड़ा हुआ है। जनतन्त्रीय देशों में प्रचार की स्वतन्त्रता होती है परन्तु तानाशाही राज्यों में प्रचार की स्वतन्त्रता नहीं होती। अशुभ हो या शुभ प्रचार का व्यापक परिणाम होता है और यह सामाजिक नियन्त्रण का एक महत्वपूर्ण साधन है।

नेतृत्व और सामाजिक नियन्त्रण

सामाजिक नियन्त्रण में प्रभावशाली व्यक्तियों का महत्वपूर्ण हाथ होता है। पशुओं के समूहों तक में नेताओं का महत्व देखा जा सकता है। भीड़ मनोविज्ञान से काम लेकर और जनता की भावनाओं पर शासन करके नेतागण समाज का नियंत्रण करते हैं। नेतृत्व के इस प्रभाव में जहां मनुष्य की समर्पण वृत्ति का हाथ है वहां, नेता के व्यक्तिगत गुणों का भी कम महत्व नहीं है। नेता में असाधारण शारीरिक, मानसिक अथवा आध्यात्मिक शक्तियां होती हैं। इन असाधारण गुणों का प्रभाव जनता में नेता के सम्मान से और भी बढ़ जाता है। किसी विशेष समाज में विशेष समय में नेता में किन गुणों की आवश्यकता होती है यह तत्कालीन परिस्थितियों

और सामाजिक मूल्यों पर निर्भर है। प्रारम्भिक समाजों से जबकि मनुष्य केवल भय दिखाकर ही नियन्त्रित किये जा सकते थे, शारीरिक शक्ति ही नेतृत्व का गुण था। आधुनिक काल में शारीरिक के स्थान पर मानसिक गुणों को महत्व दिया जाता है। धर्म प्रधान समाजों में आध्यात्मिक गुणों का बड़ा महत्व होता है। इस प्रकार नेता के लिये आवश्यक गुण देश काल के अनुसार बदलता रहता है। जैसे नेताओं के गुणों से सम्मान होता है वैसे ही विशेष प्रकार के संकट (Crisis) में समाज को विशेष प्रकार के नेतृत्व की आवश्यकता पड़ती है। इस प्रकार युद्ध का संकट उपस्थित होने पर सेनानायक और आर्थिक संकट पड़ने पर अर्थशास्त्री अच्छे नेता सिद्ध हो सकते हैं। जनतन्त्र में नेता का नियन्त्रण होने का सबसे कम अवसर होता है, फिर भी जनतन्त्र में नेतृत्व के महत्व से कोई इन्कार नहीं कर सकता। हां, यह जरूर है कि जनतन्त्र में नेता के गुण तानाशाही देशों की तुलना में भिन्न होते हैं। नेता अकेला समाज पर शासन करता है। वह धार्मिक, राजनैतिक तथा सामाजिक सीमितियों के द्वारा जनता पर नियन्त्रण करता है। इनका विरोध करके वह नियंत्रण नहीं कर सकता। इनको हाथ में लेकर वह सर्वेसर्वा बन जाता है।

सामाजिक नियन्त्रण में पुरस्कार और दण्ड का कार्य

प्रत्येक समाज में दण्ड और पुरस्कार की व्यवस्था रहती है जो कि व्यक्तियों के विभिन्न कार्यों का नियन्त्रण करती है। दण्ड और पुरस्कार की यह व्यवस्था अलग-अलग समाजों में अलग-अलग तरह की होती है और उसी के अनुसार व्यक्तियों के व्यवहार और आचरण में भी अन्तर पड़ जाता है। उदाहरण के लिये कुछ जनरीतियों में जो स्त्री सबसे अधिक तलाक प्राप्त करती है उसका सबसे अधिक सम्मान किया जाता है। अत: इससे तलाकों की वृद्धि को प्रेरणा मिलना स्वाभाविक है। कुछ नागा लोगों में जो नवयुवक कोई सिर काट कर नहीं लाता था उससे कोई भी युवती विवाह करना पसन्द नहीं करती। दूसरी ओर हिन्दू समाज में किसी का सिर काटने वाले व्यक्ति से शायद ही कोई लड़की विवाह करना पसन्द करती। इस परस्पर विरोधी दण्ड और पुरस्कार व्यवस्था से नागा लोगों में बहुत से सिरों के शिकारी (Head Hunters) होते हैं और हिन्दू समाज में हत्यायें अपेक्षाकृत कम होती हैं।

पुरस्कार के रूप भिन्न-भिन्न समाजों में अलग-अलग तरह के होते हैं। पुरस्कार पद, सम्मान, धन, स्त्री, सामाजिक स्वीकृति, यश आदि के रूप में होता है। दण्ड इन्हीं पुरस्कारों से वंचित कर दिये जाने के रूप में होता हैं। मानव स्वभाव से ही ऐसे काम करना चाहता है जिनसे पुरस्कार मिले और ऐसे काम नहीं करना चाहता है जिनसे दण्ड मिले। अत: पुरस्कार और दण्ड की व्यवस्था द्वारा समाज व्यक्ति के आचरण और व्यवहार का नियन्त्रण करता है। उदाहरण के लिये कुछ जन जातियों में उसी स्त्री को विवाह के लिये उपयुक्त माना जाता है जो विवाह से पूर्व ही गर्भवती बन चुकी हो। अत: ऐसे समाज में क्वारी लड़कियां अधिक से अधिक यौन सम्बन्धों की ओर प्रवृत्त होती हैं। दूसरी ओर हिन्दू समाज में ऐसी कन्या से कोई विवाह करना पसन्द नहीं करता जो विवाह के पूर्व गर्भवती हो जाती है। अत: हिन्दू समाज में क्वारी कन्यायें यौन सम्बन्धों से बचने की भरसक कोशिश करती हैं। जिन कामों से समाज में बदनामी हो उनसे व्यक्ति हमेशा बचता है। भारतवर्ष में पहले जब जातिवाद और छुआ-छूत

का बड़ा जोर था तब अन्तर्जातीय विवाह से बड़ी बदनामी होती थी। अब क्योंकि इस विषय में जनमत कुछ बदल गया है अतः अन्तर्जातीय विवाह को प्रोत्साहन मिलने लगा है। समाज में प्रेम, मैत्री, सहानुभूति, दया, दान करना आदि गुणों वाले व्यक्ति का सम्मान किया जाता है और इनसे वंचित व्यक्ति का तिरस्कार किया जाता है। अतः लोग जानबूझकर इन गुणों को प्राप्त करने की कोशिश करते हैं। जंग हंसाई का हर व्यक्ति पर जितना नियन्त्रण रखता है उतना बहुत कम बातों का होता है। दुनियां में नाम कमाने के लिए लोग बड़े से बड़ा त्याग करने को तैयार रहते हैं। रूस में सबसे अधिक उत्पादन करने वाले श्रमिकों को सम्मानित उपाधियां दी जाती हैं। इस पुरस्कार से मजदूरों में काम करने की प्रतियोगिता सी रहती है। पुरस्कार में धन का बड़ा महत्व है। इसके कारण व्यक्ति के व्यवहारों पर बड़ा नियन्त्रण रहता है। धन की खातिर व्यक्ति क्या नहीं करता?

मनुष्य एक सामाजिक प्राणी है। अतः उसके कामों पर सामाजिक पुरस्कार और दण्ड का प्रभाव पड़ना स्वाभाविक है। हम सभी उन्हीं कामों को करना चाहते हैं जिनको और लोग स्वीकार करें और अच्छा समझें तथा जिनसे वे हमारा सम्मान करें। यदि किसी काम से हमारी बदनामी हो सकती है, हमारे विवाह आदि में बाधा पड़ सकती है, हमारा पद व सम्मान कम हो सकता है अथवा जिसे समाज के अधिकांश व्यक्ति स्वीकार नहीं करते तो उसको करने में हम हिचकिचाते हैं। इस प्रकार समाज की पुरस्कार और दण्ड की व्यवस्था हमारे कामों का नियन्त्रण करती है।

सारांश

सामाजिक मध्यमान क्या है— सामाजिक मध्यमान निर्देशन के मानदण्ड हैं जो समाज के सदस्यों के जीवन को निर्देशित करते हैं।

सामाजिक मध्यमान का प्रभाव—समाज में व्यक्तियों के व्यवहार पर सामाजिक मध्यमान के प्रभाव के विषय में आलपोर्ट और शेरिफ के प्रयोग महत्वपूर्ण हैं।

लोग सामाजिक मानदण्ड को क्यों स्वीकार करते हैं—(1) सम्मानित संकेत (2) अन्य मान दण्डों की अज्ञानता, (3) सामाजिक अनुरूपता की प्रवृत्ति। (4) सामाजिक अस्वीकृति का भय।

सामाजिक विरासत—सामाजिक विरासत में वह सब शामिल है जो कि व्यक्ति को परम्पराओं, प्रथाओं, रूढ़ियों, जनरीतियों आदि के रूप में मिलता है। सामाजिक विरासत में माता का बड़ा महत्व है।

सामाजिक संहिता—सामाजिक नियमों के वर्गीकरण सामाजिक संहिता कहलाते हैं। इनमें मुख्य हैं। (1) धार्मिक, (2) आचार, (3) प्रथा, (4) फैशन। प्रत्येक सामाजिक संहिता के पीछे कोई न कोई स्वीकृति होती है। सामाजिक संहिता सामाजिक नियन्त्रण के सबसे प्रमुख साधन हैं।

सामाजिक नियन्त्रण के साधन

(1) **परम्परा**—परम्परा के रूप में समूह के विश्वास, आदतें, विचार और प्रथायें एक पीढ़ी से दूसरी पीढ़ी को दी जाती हैं।

परम्परा और प्रथा—प्रथायें काम करने के समाज सम्मत तरीके हैं जब कि परम्परायें पीढ़ी दर पीढ़ी चलने वाले विचार तथा विश्वास के ढंग हैं।

परम्परा का महत्व—(1) परम्परायें व्यवहार के निश्चित ढंग हैं। (2) परम्परायें व्यवहार के परीक्षित ढंग हैं। (3) परम्परा में सुरक्षा की भावना निहित है। (4) सीखने में समय और प्रयास की बचत। (5) समूह व्यवहार में समन्वय और समरूपता, (6) राष्ट्रीय चरित्र का विकास, (7) परम्परायें समाज को व्यवस्थित रखती हैं।

(2) **रूढ़ियां और जनरीतियां**—जनरीतियां सामाजिक व्यवहार के नियम हैं। रूढ़ियां इनसे अधिक कठोर हैं। दोनों ही सामाजिक नियन्त्रण के महत्वपूर्ण साधन हैं।

(3) **प्रथायें**—प्रथायें सामाजिक व्यवहार के समाज द्वारा स्वीकृत तरीके हैं। इनके द्वारा सामाजिक नियन्त्रण आत्म नियन्त्रण सा मालूम पड़ता है।

(4) **कानून**—कानून के पीछे राज्य की स्वीकृति है। कानून और प्रथा में भारी अन्तर है। कभी-कभी उनमें संघर्ष भी हो जाता है। परन्तु यह संघर्ष अनिवार्य नहीं है बहुधा कानून और प्रथा अन्योन्याश्रित होते हैं।

(5) **सामाजिक निषेध (टेबू)**—सामाजिक निषेध एक समूह के लोगों में समान रूप से व्याप्त नकरात्मक स्वीकृतियां होती हैं जिनसे बाध्यता लगी होती है।

निषेधों के प्रकार—(1) खान-पान सम्बन्धी निषेध, (2) विवाह सम्बन्धी निषेध, (3) यौन सम्बन्धी निषेध, (4) धर्म सम्बन्धी निषेध।

निषेध की मनोवैज्ञानिक व्याख्या—फ्रॉयड के अनुसार निषेध के मूल में आदर और भय की परस्पर विरोधी भावनायें हैं। अन्य लोगों ने निषेध के मूल में केवल भय की भावना को माना हैं इन दोनों मतों में फ्रॉयड का मत अधिक निषेधों की व्याख्या करता है।

(6) **शिक्षा**—शिक्षा भी व्यक्ति का समाजीकरण करती है और उसके व्यक्तित्व का विकास करती है। शिक्षा द्वारा सामाजिक नियन्त्रण आत्म नियन्त्रण बन जाता है।

(7) **क्रीड़ा समूह**—क्रीड़ा समूह भी व्यक्ति का समाजीकरण करते हैं और उसमें सामाजिक नियन्त्रण को मानने की आदत उत्पन्न करते हैं।

(8) **धर्म और आचार**—धर्म और आचार सामाजिक नियन्त्रण के महत्वपूर्ण साधन हैं। समानता होने पर भी उनमें असमानता है। उनमें से किसी को भी प्राथमिकता देना कठिन है। कभी-कभी उनमें संघर्ष भी होता है परन्तु यह उनके रूढ़िवादी पहलुओं में ही होता है अन्यथा वे परस्पर पूरक हैं।

(9) **कला**—कला द्वारा व्यक्तियों की अनुभूतियों और मनोभावों पर नियन्त्रण होता है। वह व्यक्ति को सामाजिक मूल्यों को अपनाने और सामाजिक नियमों को मानने को प्रेरित करती है।

(10) **विश्वास**—सामाजिक नियमों, कर्मफल, तपस्या, परलोक तथा गतात्माओं से सम्बन्ध आदि में विश्वास व्यक्ति को सामाजिक नियन्त्रण को मानने को प्रेरित करते हैं।

(11) **सामाजिक संकेत**—सामाजिक संकेत सामाजिक नियन्त्रण के अप्रत्यक्ष साधन हैं। वे व्यक्ति के अचेतन मन को प्रभावित करते हैं।

(12) **सामाजिक आदर्श**—सामाजिक आदर्श समाज को संगठित करते हैं और व्यक्ति में सामाजिकता बढ़ाते हैं।

(13) **प्रचार**—प्रचार के द्वारा व्यक्तियों को कुछ मतों, आदर्शों, और व्यवहार के प्रतिमानों को तैयार किया जाता हैं।

(14) **नेतृत्व**—सामाजिक नियन्त्रण में नेताओं का बड़ा हाथ होता है। नेता के निर्देश में ही अधिकतर सामाजिक समूह काम करते हैं।

(15) **पुरस्कार और दंड**—पुरस्कार और दण्ड की व्यवस्था सामाजिक नियन्त्रण और मनोवैज्ञानिक आधार प्रदान करती है।

28

जनता और जनमत
(Public and Public Opinion)

जनतन्त्र में जनमत का महत्व

आधुनिक युग जनतन्त्र का युग है। संसार के सभी प्रगतिशील राष्ट्रों में जनतन्त्रीय सरकारें हैं और जहां नहीं हैं वहां क्रमशः शासन को जनतन्त्रीय बनाने की चेष्टा की जा रही है। लोकतन्त्र के इस युग में यह स्वाभाविक है कि जनता के मत को अत्यधिक महत्व दिया जाय। केवल शासन में ही नहीं बल्कि अन्य मामलों में भी जनमत का बड़ा महत्व है। एक उर्दू श्यार ने कहा है–

बजा कहे जिसे आलम उसे बजा समझो।
आवाजे खल्क को नक्काराये खुदा समझो।।

इस प्रकार लगभग सभी समाजों में तौर-तरीके, रीति -रिवाज, रहन-सहन और आधार आदि के विषय में जनमत ही अच्छे और बुरे का निर्णय करता है। यह ठीक है कि जनमत कभी-कभी गलत भी हो सकता है परन्तु उसको सुधारने के लिये जनमत को सुधार के पक्ष में तैयार करना जरूरी है। कोई भी शासन जनमत के विरुद्ध चलकर नहीं टिक सकता। या तो सरकार जनमत से स्थापित होती है या फिर वह जनमत की स्वीकृति प्राप्त करने की चेष्टा करती है अन्यथा समाप्त हो जाती है।

भारत में जनमत का महत्व

भारत एक जनतन्त्र है। अतः स्वाभाविक है कि भारत में राजनैतिक मामलों में जनमत का बड़ा महत्व है। भारतीय समाज दर्शन में जनमत को महत्व दिया गया है। भारतीय गणतन्त्र में आज बहुत सी समस्यायें हैं। देश के विकास के लिये सरकार नई-नई योजनायें बना रही हैं। नये-नये कानून बन रहे हैं। इन सबकी सफलता के लिये इनके पक्ष में जनमत निर्माण करना जरूरी है। बहुधा जनमत ही व्यक्तियों के मत को बनाता है। परन्तु फिर कुछ प्रभावशाली लोग

जनमत को बदल देते हैं। जनमत को कैसे बदला जा सकता है? स्वस्थ जनमत कैसे निर्माण किया जाना चाहिये? इसके क्या-क्या उपाय हैं? व्यवहारिक समस्याओं को हल करने के लिए जनमत का मनोवैज्ञानिक अध्ययन आवश्यक है।

जनता क्या है?

जनमत का शाब्दिक अर्थ होता है जनता का मत। अतः जनमत को समझने के लिये जनता और मत के अर्थ को समझना आवश्यक है। यूं तो जनता शब्द साधारण व्यवहार में समुदाय, भीड़, राष्ट्र आदि के लिये भी खूब प्रयोग किया जाता है परन्तु वैज्ञानिक अध्ययन के लिये जनता का इनसे अन्तर करना आवश्यक है। भीड़ के समान ही जनता भी एक विशेष प्रकार का मनोवैज्ञानिक समूह है। जनता की परिभाषा करते हुये किम्बाल यंग ने लिखा है कि जनता "...एक बिखरा हुआ और व्यक्तियों का अस्थाई समूह है जिसमें एक सांझी और सामान्य रुचि होती है।"[1] जैसा कि इस परिभाषा से स्पष्ट है जनता के सदस्यों का एक स्थान पर एकत्रित होना आवश्यक नहीं है। उनमें अन्तर्क्रिया भी प्रत्यक्ष रूप से नहीं होती। वे बिखरे हुये होते हैं और उनका समूह अस्थाई होता है। परन्तु वे एक सामान्य रुचि से परस्पर सम्बन्धित होते हैं। इस प्रकार के विषय राजनैतिक, आर्थिक, कलात्मक, नैतिक कुछ भी हो सकते हैं। रुचियों और मूल्यों के इस अन्तर से राजनैतिक जनता, अर्थसम्बन्धी जनता, कला से सम्बन्धित जनता और नैतिक विचारों से सम्बन्धित जनता में अन्तर देखा जा सकता है। जनता में विशाल जनसमूह सम्मिलित होता है इसलिये जनता की शक्ति भी अपार होती है।

जनता की विशेषतायें

निम्नलिखित सामान्य विशेषताओं से जनता का स्वरूप स्पष्ट होगा:–

(1) जनता एक असंगठित और बिखरा हुआ समूह है–जैसा कि पहले कहा जा चुका है जनता के सदस्यों का एक स्थान पर संगठित रूप से एकत्रित होना आवश्यक नहीं है किम्बाल यंग के शब्दों में "जनता सम्मुख अथवा कन्धे से कन्धा लगे हुये सम्पर्क से नहीं बंधी होती। वह एक बड़ी संख्या में लोगों से बनती है, जो दूर-दूर बिखरे हुये होते हैं और एक सामान्य उत्तेजना के प्रति प्रतिक्रिया करते हैं जो कि संदेशवहन के यांत्रिक साधनों के द्वारा प्रदान की जाती है।"[2]

(2) जनता अस्थाई समूह है–जैसा कि पहले बताया जा चुका है जनता स्थाई नहीं होती। परन्तु इससे यह नहीं समझना चाहिये कि वह भीड़ के समान अल्पकालीन होती है।

---

1. "...a non-contiguous and transitory mass of individuals with a common or general interest."

—K. Young, *Handbook of Social Psychology*, p. 429.

2. "The public is not held together by face to face or shoulder to shoulder contacts, a number of people scattered in space react to a common stimulus, which is provided by indirect and mechanical means of communication."

—K. Young, *Ibid.*

वास्तव में जनता की सामान्य रुचि का विषय जितना अधिक स्थाई होता है उतनी ही स्थाई जनता भी होती है। रुचि का विषय समाप्त हो जाने पर जनता भी समाप्त हो जाती है।

(3) जनता विशेष समस्या से सम्बन्धित होती है–इस प्रकार जनता विशेष सामाजिक, आर्थिक, राजनैतिक आदि किसी भी सामान्य रुचि की समस्या से सम्बन्धित होती है।

(4) समस्या समाप्त हो जाने पर जनता भी समाप्त हो जाती है–जैसा कि पहले बताया जा चुका है सामान्य समस्या ही जनता के सदस्यों को सम्बन्धित रखती है। इसके न रहने पर जनता भी नहीं रहती।

(5) जनता का एक स्थान पर एकत्रित होना आवश्यक नहीं है–इस प्रकार जनता के सदस्य किसी विशेष स्थान पर एकत्रित न होकर दूर-दूर बिखरे हुये होते हैं।

(6) एक व्यक्ति एक समय में अनेक जनताओं का सदस्य हो सकता है–भिन्न-भिन्न प्रकार की समस्याओं में रुचि रखने के कारण एक व्यक्ति एक ही समय में राजनैतिक, आर्थिक, सामाजिक आदि विभिन्न समस्याओं से सम्बन्धित अनेक जनताओं का सदस्य हो सकता है।

(7) जनता के सदस्यों में परस्पर उत्तेजना (Interstimulation) **आवश्यक नहीं है**–जैसा कि पहले बतलाया जा चुका है जनता के सदस्यों में यान्त्रिक साधनों से विचारों का आदान-प्रदान होता है। उसमें परस्पर उत्तेजना आवश्यक नहीं है।

(8) जनता के सदस्यों में अहमन्यता की भावना (Feeling of Iness) **होती है**–जनता में जनसमूह की शक्ति होती है और उसका आदर भी होता है। इसलिये उसके सदस्यों में अहमन्यता की भावना होना स्वाभाविक है।

(9) जनता के मत का विरोध करना कठिन होता है–जनता की इसी शक्ति के कारण उसके मत का विरोध करना कठिन होता है। गिन्सबर्ग ने लिखा है "आधुनिक समाजों में जनता अत्यधिक जटिल होती है और उसका सम्मान एक भीड़ मात्र से बहुत अधिक होता है। बहुत कम व्यक्ति किसी ऐसे मत का प्रतिरोध कर सकते हैं जो कि व्यापक रूप से माना हुआ और फैला हुआ है और जो कि एक विशाल जनता की शक्ति के साथ आता है।"[3]

जनता और भीड़ में अन्तर

जनता की प्रकृति को और भी भली प्रकार समझने के लिये जनता और भीड़ में अन्तर करना आवश्यक है। मुख्य रूप से जनता और भीड़ में अग्रलिखित अन्तर है–

---

3. "The public is in modern societies enormously large and complex and its prestige is correspondingly greater than that of a mere crowd. Very few individuals can resist an opinion which is widely accepted and diffused and which comes with authority of a vast public."

—M. Ginsberg., *The Psychology of Society,* (1951) p. 138.

(1) भीड़ के निर्माण के लिये व्यक्तियों का एक स्थान पर एकत्रित होना आवश्यक है जबकि जनता में सदस्यों का एक स्थान पर एकत्रित होना जरूरी नहीं है।

(2) इस प्रकार भौतिक सम्पर्क के अभाव में यान्त्रिक साधनों के द्वारा संदेश वहन के आधार पर भी जनता बन सकती है। दूसरी ओर भीड़ के सदस्यों में निकट व प्रत्यक्ष और सन्मुख शारीरिक सम्पर्क होता है।

(3) भौतिक सम्पर्क होने के कारण भीड़ के सदस्यों में सांकेतिकता भी अधिक होती है। दूसरी ओर जनता के सदस्यों में भीड़ की अपेक्षा सांकेतिकता कम होती है।

(4) इस प्रकार भीड़ संयुक्त और एकत्रित दिखाई पड़ती है जबकि जनता बिखरी हुई होती है।

(5) सांकेतिकता के कारण भीड़ उत्तेजित रहती है और उसमें कोलाहल होता रहता है। दूसरी ओर जनता के रहस्य दूर-दूर बिखरे हुये होने के कारण उसमें कोलाहल का अभाव होता है।

(6) भीड़ में परस्पर आदान-प्रदान के माध्यम प्रत्यक्ष और सम्मुख रहते हैं। उसकी एकता एक स्थान पर उपस्थित होने के कारण होती है दूसरी ओर जनता की एकता समाचार पत्रों, रेडियों, प्रेस तथा प्रचार के अन्य साधनों के द्वारा बढ़ती और ज्ञात होती है।

(7) जनता भीड़ की अपेक्षा स्थाई है। भीड़ जनता से अधिक अस्थाई होती है।

(8) भीड़ में सम्बन्ध प्रत्यक्ष उत्तेजना से स्थापित होते हैं जबकि जनता के सदस्यों में उनका आधार अप्रत्यक्ष उत्तेजनायें होती हैं।

(9) भीड़ में सदस्यों का व्यवहार बुद्धिहीन और उत्तेजनापूर्ण होता है। दूसरी ओर जनता में सदस्यों का व्यवहार उत्तेजनापूर्ण नहीं होता और इसीलिये बुद्धिहीन कम होता है।

(10) भीड़ कितनी ही अधिक बड़ी होने पर भी जनता का विस्तार उससे कहीं अधिक होता है।

(11) भीड़ का सदस्य व्यक्ति एक समय में एक ही भीड़ का सदस्य हो सकता है। दूसरी ओर व्यक्ति एक ही समय में अनेक जनताओं का सदस्य हो सकता है।

(12) भीड़ में सदस्यों में जोश तो होता है और शक्ति का अनुभव भी होता है परन्तु सम्मान की भावना उतनी नहीं होती जितनी की जनता के सदस्यों में होती है।

(13) सम्मान की भावना के साथ जनता के सदस्यों में मानसिक एकता भी होती है। दूसरी ओर भीड़ के सदस्यों में मानसिक एकता के स्थान पर शारीरिक एकता होती है।

(14) भीड़ के सदस्यों में भावात्मकता होती है। जनता के सदस्यों का व्यवहार अधिक बौद्धिक और सन्तुलित होता है।

(15) भीड़ अस्थाई होने के कारण उसका प्रभाव भी अस्थाई होता है उसकी तुलना में जनता का प्रभाव अधिक स्थाई होता है। भीड़ जिस तरह शीघ्र बिखर जाती है उसी प्रकार शीघ्र बनती भी है क्योंकि वह आकस्मिक घटना पर आधारित होती है। दूसरी ओर जनता न तो इतनी

शीघ्र बनती है और न इतनी शीघ्र बिखरती ही है। उसका निर्माण आकस्मिक घटनाओं के आधार पर न होकर सामान्य रुचि के आधार पर होता है।

(16) विभिन्न प्रकार की भीड़ का एक निश्चित और स्पष्ट भौतिक स्वरूप होता है। दूसरी ओर जनता के सदस्य दूर-दूर बिखरे होने के कारण उनका कोई स्वरूप नहीं होता।

(17) जनता के सदस्यों में मानसिक एकता होती है। भीड़ के सदस्यों में मानसिक एकता के साथ-साथ शारीरिक एकता भी होती है।

भीड़ और जनता में समानता

उपरोक्त वर्णन से यह नहीं समझना चाहिये कि भीड़ और जनता में कोई समानता ही नहीं है। जैसा कि गिन्सबर्ग ने लिखा है "यद्यपि इसलिये सामान्य समाज में जनता की मानसिक स्थिति अधिक बौद्धिक और कम विस्फोटक होती है, फिर भी भीड़ के संक्षिप्त अर्थ में उसमें उससे बहुत समान तत्व होते हैं।"[4] उदाहरण के लिये क्रान्ति या विद्रोह के समय में भीड़ और जनता में बहुत कम अन्तर दिखलाई पड़ता है। दोनों ही मनोवैज्ञानिक समूह हैं और दोनों में ही सदस्य समान उद्देश्यों और समान रूचियों में बंधे होते हैं तथा वे कुछ समान लक्ष्यों को प्राप्त करने का प्रयत्न करते हैं।

मत

जनता का विस्तृत विवेचन करने के पश्चात् अब मत शब्द की व्याख्या करना प्रासंगिक होगा। इस सम्बन्ध में किम्बाल यंग ने लिखा है "एक मत केवल आभास या धारणा से अधिक तीव्र और दृढ़ एक विश्वास है परन्तु पूर्ण या पर्याप्त ज्ञान पर आधारित विधायक ज्ञान से कम दृढ़ है। वास्तव में मत किसी विवादास्पद विषय या कुछ तथ्यों का मूल्यात्मक अथवा नैतिक व्याख्या के बारे में विश्वास है।"[5] मत के विषय में इस उद्धरण से मत और विश्वास में भ्रम हो सकता है। मत एक विशेष प्रकार का विश्वास लिये हुये होता है परन्तु मत और विश्वास दो अलग अलग शब्द हैं जिनमें भेद करना आवश्यक है। उदाहरण के लिये अधिकतर मत विवादास्पद विषय पर वाद-विवाद करने के बाद बनाये जाते हैं जबकि कुछ विश्वास वाद विवाद से पहले भी बनाये जा सकते हैं। साथ ही साथ मत में विश्वास से कम दृढ़ता होती है। इसी प्रकार विश्वास मत से अधिक स्थाई होता है। फिर भी यह कहा जा सकता है कि मत एक प्रकार का विश्वास है जो किसी विवादस्पद विषय अथवा कुछ तथ्यों की व्याख्या के बारे में बना लिया जाता है।

---

4. "Though therefore the mentality of the public is at any rate in normal times, more rational and less explosive, it does have many elements in common with that of crowed in the narrower sense of the term."

—M. Ginsberg, *Ibid.*

5. "An opinion is a belief somewhat stronger or more intense than a mere notion or impression but less strong than positive knowledge based on complete or adequate knowledge. Opinions are really beliefs about a controversial topic or with respect to the evaluative interpretation or moral meaning of certain facts."

—K. Young, *Handbook of Social Psychology,* p. 30-40.

जनमत की परिभाषायें

जनमत को केवल जनता का मत कहने मात्र से उसका स्वरूप स्पष्ट नहीं होता। उसका अर्थ जानने के लिये उसकी कुछ शास्त्रीय परिभाषाओं को देखना भी लाभदायक होगा। कुछ मुख्य परिभाषायें निम्नलिखित हैं–

(1) किम्बाल यंग का मत–"जनमत में एक विशेष समय जनता द्वारा मानी जाने वाली रायें सम्मिलित हैं।"[6]

(2) कूले का मत–"जनमत को किसी समस्या के विषय में सहमति की एक अवस्था मात्र न समझकर एक अवयवीय प्रक्रिया समझना चाहिये।"[7]

(3) अकोलकर का मत–"जनमत से तात्पर्य केवल विचारों के उस पुंज से है जिसको कि किसी विशेष समस्या के विषय में लोग रखते या अभिव्यक्त करते हैं।"[8]

जनमत की प्रकृति

जनमत की उपरोक्त परिभाषाओं से स्पष्ट है कि जनमत में विशेष समस्याओं के विषय में जनता का मत, विचार, निर्णय आदि सम्मिलित होते हैं। यहां यह आवश्यक नहीं है कि लोगों में प्रत्येक व्यक्ति एक से ही विचार रखता हो। वास्तव में जनमत, बहुमत और प्रभावशाली मत का प्रतिनिधित्व करता है। जनता में कुछ न कुछ लोग तो उसके विरुद्ध होते हैं परन्तु उससे जनमत में कोई परिवर्तन नहीं आता। यह भी आवश्यक नहीं है कि जनमत बहुसंख्यक लोगों का ही मत हो। वास्तव में जैसा कि लावेल ने संकेत किया है जनमत संख्या की बहुलता न दिखाकर प्रभाव की बहुलता दिखाता है। किसी विषय में जनमत से यह मालूम पड़ता है कि कौन सा विचार अधिक प्रभावशाली है। मैक्डूगल ने जनमत को जनता की नैतिक धारणायें माना है।"[9] परन्तु जैसा कि व्यवहार में दिखलाई पड़ता है जनमत केवल नैतिक समस्याओं के विषय में ही नहीं होता बल्कि राजनैतिक, अथवा शासन सम्बन्धी बातों के विषय में भी होता है। उदाहरण के लिये जन्तन्त्रीय सरकार जनमत का प्रतिनिधित्व करने वाली मानी जाती है।

जनमत और व्यक्ति

मैक्डूगल के अनुसार जनमत व्यक्तियों के मत से श्रेष्ठ होता है जैसा कि पीछे दी गई उर्दू कहावत से मालूम पड़ता है। साधारणतया लोग यह मानते हैं कि व्यक्ति को जनमत के अनुसार

---

6. "Public opinion consists of the opinions held by a public at a certain time."

-K. Young, *Handbook of Social Psychology,* (1951), p. 431.

7. "Public opinion....should be regarded as an organic process, and not merely as a state of agreement about some question of the day."

—C. H. Cooley, *Social Process,* (1981), p. 38.

8. "Public opinion simply refers to that mass of ideas which people have or express on a given issue."

—V. V. Akolkar, *Social Psychology* (1959) p. 244.

9. Wm. Mcdougall, *The Group Mind,* pp, 198-199.

चलना चाहिये। परन्तु वास्तव में यह मत उचित नहीं प्रतीत होता। कभी-कभी जनमत भारी गलतियाँ भी कर बैठता है। उदाहरण के लिये कोई भी विचारवान व्यक्ति जनमत से सुकरात को जहर दिये जाने की घटना को नैतिक नहीं कहना चाहेगा। इस प्रकार कभी-कभी कुछ महान् व्यक्तियों के विचार जनमत के विरुद्ध होते हुये भी अधिक ऊंचे होते हैं और कभी-कभी इतने प्रभावशाली भी होते हैं कि क्रमशः जनमत उसके पक्ष में भी हो जाता है।

जनमत की विशेषतायें

गिन्सबर्ग ने जनमत में निम्नलिखित विशेषताओं का होना आवश्यक माना है।[10] इनसे [illegible] की प्रवृत्ति पर प्रकाश पड़ता है।

(1) **सर्वमान्यता**—जनमत उसी मत को कहा जा सकता है जो सर्वमान्य है। सर्वमान्य होने के लिये उसको केवल बहुसंख्या का मत होना ही पर्याप्त नहीं है बल्कि समूह को रुचि के अनुरूप होना भी जरूरी है।

(2) **समूहगत**—जनमत किसी एक व्यक्ति का विश्वास न होकर समूह के सभी सदस्यों का सम्मिलित मत होता है।

(3) **सामूहिक स्वीकृति**—जनमत समूह के द्वारा समान स्वीकृति से बनता है।

(4) जनमत के लिये समूह के सदस्यों में सामाजिक और सांस्कृतिक एकता होना जरूरी है।

(5) जनमत के निर्माण के लिये समूह के सदस्यों में परस्पर विचारों का आदान-प्रदान होने की सुविधा होनी चाहिये।

(6) समूह के विचारों के आदान प्रदान में हरएक सदस्य को स्वतन्त्रता होनी अनिवार्य है।

(7) वही मत जनमत कहलाता है जिसमें जनता का अगाध विश्वास हो।

जनमत के निर्माण की प्रक्रिया

जनमत के निर्माण की प्रक्रिया बड़ी जटिल होती है। जनमत कभी भी एक दम नहीं बन जाता, बल्कि क्रमशः बनता है। जनमत के बनने में नेताओं के मत का हाथ होता है। जनमत के निर्माण में सबसे पहले कुछ लोगों का ध्यान किसी विशेष समस्या की ओर आकर्षित करते हैं और उसके महत्व पर जोर देते हैं। क्रमशः लोग उस समस्या पर विचार करने लगते हैं और उसके विषय में अपने अपने मत उपस्थित करते हैं। इस प्रकार के मतों का तुलनात्मक अध्ययन करने से जो निष्कर्ष निकलता है वही जनमत है। इसमें शासन का भी प्रभाव पड़ता है, परन्तु यह आवश्यक नहीं है कि जनमत में सरकारी अधिकारियों का हाथ अवश्य हो। जनमत के निर्माण के विषय में कुछ मनोवैज्ञानिकों का विचार है कि वह समाज के विभिन्न व्यक्तियों की क्रिया प्रतिक्रिया से होता है। दूसरी ओर अन्य लोगों के अनुसार जनमत का मूल आधार व्यक्तियों का

---

10. M. Ginsberg, *The Psychology of Society,* (1951), p.141.

निष्पक्ष विचार विमर्श और तर्क वितर्क है। अन्य विचारकों के अनुसार जनमत के निर्माण के आधार बौद्धिक न होकर संवेगात्मक होते हैं और समूह मनोविज्ञान पर आधारित होते हैं। कुछ लोगों ने जनमत को समूह मन से भी समझाने की चेष्टा की है। वास्तव में जनमत का निर्माण मनुष्य के मूल प्रेरकों द्वारा ही होता है। वह सोच विचार अथवा नैतिक मापदण्डों के आधार पर नहीं बनता। इसमें अचेतन इच्छाओं और उलझे हुये विचारों का भी महत्वपूर्ण हाथ है। इसी कारण कुछ चतुर नेता लोग जनमत को बड़ी आसानी से मोड़ देते हैं। जनमत के निर्माण में प्रेरणाओं के अलावा अनुकरण का महत्वपूर्ण योगदान है। अन्य लोगों को किसी विशेष समस्या के विषय में कुछ विचारों को मानते देखकर बाकी लोग भी वैसा ही करने लगते हैं। क्योंकि वे यह समझते हैं कि जब इतने लोग यह मानते हैं तो अवश्य ही उसमें कुछ न कुछ सत्य होगा। इस प्रकार बहुसंख्यक मत होने से किसी भी मत का जनमत हो जाना सम्भव हो जाता है। जैसा कि पीछे बतलाया जा चुका है कि जनमत के निर्माण की प्रक्रिया में कुछ लोग उसका निर्देशन करते हैं। उन नेताओं में प्रचारात्मक नेताओं की अपेक्षा विषय के विशेषज्ञों का अधिक प्रभाव होता है। इसके अलावा जनमत के निर्माण में आत्म गौरव की भावना का भी बड़ा महत्व है। आलपोर्ट ने इस पर बड़ा जोर दिया है। आत्म गौरव की भावनायें व्यक्तियों को सामूहिक रूप से प्रभावित करके जनमत की स्थापना में योग देती हैं। इसके साथ-साथ जनमत में जन समस्या और जन विश्वास का भी बड़ा महत्व है। जन समस्या की ओर जन विश्वास ही जनमत बन जाता है।

जनमत के निर्माण में महत्वपूर्ण कारक

जनमत के निर्माण में भाग लेने वाले महत्वपूर्ण कारकों को दो वर्गों में विभाजित किया जा सकता है व्यक्तिगत कारक और सामाजिक कारक।

(अ) व्यक्तिगत कारक—यूं तो सामाजिक प्रक्रियाओं में सामाजिक परिस्थितियों का ही अधिक प्रभाव पड़ता है परन्तु कुछ प्रभावशाली व्यक्तियों का भी जनमत के निर्माण में महत्वपूर्ण हाथ होता है। ये महापुरुष दूसरों के आदर्श बन जाते हैं और अन्य लोग उनका अनुकरण तथा अनुगमन करते हैं।

(ब) सामाजिक कारक—जनमत के निर्माण के सामाजिक कारकों में मुख्य कारक निम्नलिखित हैं—

(1) **अनुप्रस्थ दबाव** (Cross pressure)—अनुप्रस्थ दबाव से तात्पर्य यह है कि समाज में लोगों के विश्वासों और मान्यताओं पर भिन्न-भिन्न संस्थाओं और दशाओं का अनुप्रस्थ दबाव पड़ता है। इन विश्वासों और मान्यताओं से ही जनमत का निर्माण होता है स्पष्ट है कि अनुप्रस्थ दबाव के कारण जनमत के निर्माण की प्रक्रिया जटिल हो जाती है और यह कहना कठिन है कि इस दबाव में किसका कितना हाथ है।

(2) आर्थिक और व्यवसायिक संस्थायें (Economic and Professional Institutions)—जनमत के निर्माण के सामाजिक कारकों में आर्थिक और व्यवसायिक संस्थायें भी महत्वपूर्ण हैं। इन्हीं के अन्तर से विभिन्न आर्थिक वर्गों के जनमत में अन्तर दिखाई पड़ता है। जनमत के निर्माण में आर्थिक स्वार्थों का महत्वपूर्ण स्थान होता है। समाज की विभिन्न समस्याओं

की ओर भिन्न-भिन्न आर्थिक और व्यवसायिक स्वार्थों के कारण विभिन्न वर्गों में भिन्न-भिन्न जनमत देखे जा सकते हैं।

(3) जाति और धर्म (Caste and Religion)—जनमत्त को प्रभावित करने वाले मुख्य सामाजिक कारकों में जाति और धर्म की भी गिनती है। यद्यपि आजकल अधिकतर राज्य धर्म निरपेक्ष (Secular) होते हैं। फिर भी सामाजिक जीवन में, विशेषतया ग्रामीण सामाजिक जीवन में धर्म का प्रभाव अब भी बना हुआ है। उदाहरण के लिये भारतवर्ष में विभिन्न सामाजिक और राजनैतिक समस्याओं के विषय में जनमत धार्मिक विश्वासों से बहुत अधिक प्रभावित होता है। धर्म के साथ-साथ जाति भी भारत में जनमत के निर्माण में एक महत्वपूर्ण कारक है। यद्यपि जाति व्यवस्था में बराबर परिवर्तन हो रहा है परन्तु निहित स्वार्थों के कारण देश में जातिवाद (Casteism) बढ़ता जा रहा है। सामाजिक और राजनैतिक दोनों ही क्षेत्रों में विभिन्न प्रश्नों के प्रति विभिन्न जातीय स्वार्थों के कारण जनमत में अन्तर देखा जा सकता है। कहना न होगा कि यह स्थिति जनतन्त्र के लिये नितान्त अवांछनीय है।

(4) विशिष्ट सामाजिक घटनाओं का प्रभाव—(Effect of Particular Social Phenomena) जनमत के निर्माण में उपरोक्त सामाजिक कारकों के अलावा अनेक विशिष्ट सामाजिक घटनाओं का भी प्रभाव पड़ता है। इस सम्बन्ध में किम्बाल यंग ने सात प्रकार की घटनाओं का उल्लेख किया है-(1) विशिष्ट आर्थिक घटनायें, (2) अन्य विशिष्ट घटनायें, (3) अन्तर्राष्ट्रीय स्थिति को प्रभावित करने वाली घटनायें, (4) विशिष्ट घटनाओं के द्वारा व्यक्तियों का मार्ग परिवर्तन, (5) बौद्धिक दृष्टिकोण से सम्बन्धित सामाजिक घटनायें, (6) स्थिरता प्रदान करने वाली घटनायें, (7) विवेकीकरण (Rationalisation) से सम्बन्धित भ्रमोत्पादक घटनायें। इन सभी घटनाओं का जनमत के निर्माण में महत्वपूर्ण प्रभाव पड़ता है।

(5) शिक्षा (Education)—जनमत के निर्माण में शिक्षा का अत्यधिक महत्व है। शिक्षा के द्वारा जनमत बनता है और शिक्षा से ही जनमत में परिवर्तन किया जा सकता है। सामान्य रूप से ग्रामीण जनता की अपेक्षा नगरीय जनता अधिक शिक्षित होती है। अत: ग्रामीण जनमत और नगरीय जनमत में अन्तर दिखाई पड़ता है। सामान्यतया ग्रामीण जनमत रूढ़िवादी और नगरीय जनमत प्रगतिशील होता है।

जनमत के निर्माण में नेता का महत्व

जैसा कि पीछे संकेत किया जा चुका है, जनमत के निर्माण में नेता का बड़ा महत्व होता है। नेता अपने प्रभाव से जनमत को परिवर्तित करता है। इसका तात्पर्य यह नहीं है कि वह स्वयं जनता से प्रभावित न होता हो। वास्तव में जनमत के निर्माण में नेता और जनता के विचारों की क्रिया प्रतिक्रिया होती है। नेता अन्य लोगों के सामने एक आदर्श के रूप में होता है, इसलिये उसके विचारों को अन्य लोग भी ग्रहण कर लेते हैं। नेता के विचार अन्य लोगों की अपेक्षा अधिक स्पष्ट और सुलझे हुए होते हैं तथा वह भाषणों के द्वारा अपने विचारों को जनता में फैलाता भी है। बहुधा नेता विशेष क्षेत्रों में विशेषज्ञ भी होता है। उदाहरण के लिये राजनैतिक नेता राजनैतिक क्षेत्र में, कलाकार नेता कला के क्षेत्र का और विचारक नेता दर्शन के क्षेत्र का विशेषज्ञ होता है।

अतः हर एक समस्या में उसकी राय सबसे अधिक महत्वपूर्ण मानी जाती है और दूसरे लोग सामान्यतः उसी को मानकर चलते हैं। नेताओं के विषय में कहा जाता है कि वे अपने युग के प्रतिनिधि होते हैं। वे जनता के अपने विचारों और अनुभूतियों को व्यक्त करते हैं। दूसरे शब्दों में, जनता के विचार और अनुभूतियां जन नेता के द्वारा अभिव्यक्ति पाते हैं। नेता जनता के मनोविज्ञान से भली-भांति परिचित होता है। इसीलिये वह जनता के विचारों और अनुभूतियों को अपनी इच्छा अनुसार मोड़कर जनमत को अपने पक्ष में कर लेता है। सभी क्रान्तियों के अग्रदूत नेता ही होते हैं। वे ही क्रान्ति की ज्वाला भड़काते हैं। दूसरे लोग उनका अनुगमन करते हैं। एक ही समाज में एक ही समस्या की ओर जो भिन्न-भिन्न मत दिखाई पड़ते हैं उसका कारण भी नेता का प्रभाव ही है। बहुधा हरएक समाज में हरएक क्षेत्र में एक से अधिक नेता होते हैं जो कि जनता को अपनी अपनी ओर खींचने का प्रयास करते रहते हैं। फलस्वरूप जनता में एक ही क्षेत्र में एक ही समस्या की ओर विभिन्न मत दिखाई पड़ते हैं। इससे जनमत के निर्माण की प्रक्रिया जटिल हो जाती है। परन्तु इससे यह लाभ है कि परस्पर विरोधी मत एक दूसरे को सन्तुलित करते रहते हैं और निष्पक्ष विचारक विभिन्न मतों को देखकर वस्तु स्थिति का और भी अच्छा अनुमान लगा सकता है। यूं तो जनमत का संगठित होना आवश्यक है, परन्तु विशेष समस्यओं के विषय में अनेक जनमत होने से जनतन्त्र को कोई हानि नहीं पहुंचती, जब तक कि वे एक दूसरे के प्रति सहिष्णु और उदार रहें। जनमत के निर्माण में नेता के प्रभाव पर ध्यान देते समय यह याद रखना आवश्यक है कि जनता भी नेता को प्रभावित करती है। जनप्रिय नेता जनता के विचारों और अनुभूतियों को बड़ा महत्व देता है।

जनमत और शासन

जनमत के निर्माण की प्रक्रिया के अब तक के विश्लेषण से यह स्पष्ट हो गया होगा कि जनमत के निर्माण में शासन का भी बड़ा महत्व है। जैसा कि पहले कहा जा चुका है सफल सरकार या तो जनता के मत के अनुसार कार्य करती है अथवा नई नीति बनाने के बाद जनमत को उसके पक्ष में कर लेती है। जो शासन को अपने पक्ष में नहीं कर पाता उसका बना रहना असम्भव हो जाता है। यह बात जनतन्त्रीय समाज में और भी अधिक सच है। जनतन्त्रीय राष्ट्र में कोई भी सरकार अधिक समय तक जनमत की अवहेलना करके नहीं टिक सकती।

जनमत और शासन के परस्पर सम्बन्ध में जनमत शासन को अधिक प्रभावित करता है। अरस्तू ने शासन में जनमत का ध्यान रखने पर बहुत जोर दिया हैं। उसने तो यहां तक कहा है कि शासन को केवल बहुसंख्यक जनमत का ही नहीं बल्कि अल्पसंख्यक जनमत का भी ध्यान रखना चाहिये। मौखिक रूप में तो जनतन्त्रीय सरकार बहुसंख्यक जनमत से ही बनती है; परन्तु फिर भी उसको अल्पसंख्यक जनमत का भी ध्यान रखना पड़ता है, क्योंकि अल्पसंख्यक जनमत बहुत अधिक विरुद्ध हो गया हो तो हो सकता है कि वह विद्रोह करे और क्रमशः यह विद्रोह की आग और लोगों में भी फैल जाय। केवल राजनैतिक क्षेत्र में तो यह कहा ही जाता है कि शासन की अच्छाई बुराई के निर्णायक शासित ही होते हैं परन्तु कला और साहित्य आदि के क्षेत्र में भी बहुधा सामान्य जनमत से ही कला और साहित्य का मूल्यांकन किया जाता है। यह ठीक है कि इन क्षेत्रों के नेता जनता से बहुत अधिक ज्ञानी, विचारवान और मेधावी होते हैं, परन्तु बहुत सी बा

ऐसी हैं जो सामान्य बुद्धि के मनुष्य अधिक अच्छी तरह समझ पाते हैं। इस प्रकार वस्तुतः जनमत नेता के मत पर भी नियन्त्रण रखता है। इस विषय में सबसे अच्छा तो यह है कि नेता और जनता का निकट सम्पर्क रहे और उनका सामंजस्य बना रहे।

जनतन्त्र में जनमत के निर्माण की प्रक्रिया

जनमत के निर्माण की प्रक्रिया का वर्णन पीछे किया गया है। परन्तु जनतंत्र में इस प्रक्रिया में कुछ विशिष्टता होती है। इसीलिये जनतन्त्र में जनमत के अध्ययन में इन विशेषताओं पर भी ध्यान देना प्रासंगिक होगा। जनतन्त्र में जनमत के निर्माण की प्रक्रिया के मुख्य चरण निम्नलिखित हैं :—

1. समस्या अथवा विषय की परिभाषा।
2. प्रारम्भिक अथवा जांच सम्बन्धी विचार।
3. वैकल्पिक समाधान अथवा योजनाओं का प्रस्तुत किया जाना।
4. जनमत का निर्माण।

इस प्रकार जनतन्त्र में जनमत के निर्माण में सबसे पहले कुछ लोग या समूह किसी समस्या या विषय की ओर ध्यान दिलाते हैं और उसकी परिभाषा करते हैं। उदाहरण के लिये भारत में दहेज, सती प्रथा, विधवा विवाह आदि के विषय में समस्या को कुछ समाज सुधारकों ने सबसे पहले जनता के सामने उपस्थित किया। समस्या की परिभाषा के साथ-साथ समस्या के विषय में जांच की जाती है और उसका खुलासा करने के लिये विचार उपस्थित किये जाते हैं। उस क्षेत्र के विशेषज्ञ अपने-अपने विचार जनता के सामने रखते हैं। शिक्षित लोग परस्पर विचार विमर्श करके समस्या को स्पष्ट करने की चेष्टा करते हैं। समस्या के इस स्पष्टीकरण में रेडियो, समाचार पत्र, भाषण तथा पुस्तकों आदि से सहायता मिलती है। भिन्न-भिन्न लोग समस्या के भिन्न-भिन्न पहलुओं पर विशेष प्रकाश डालते हैं। इस प्रकार समस्या स्पष्ट हो जाने के बाद उसके सुलझाव के लिये समाधान या योजनायें प्रस्तुत की जाती हैं। इन समाधानों तथा योजनाओं को प्रस्तुत करने के साथ-साथ उनके पक्ष और विपक्ष के लोग भी अपने मत उपस्थित करते हैं। इस प्रकार विचार विमर्श से जब कोई समाधान या योजना सर्वमान्य हो जाती है तब क्रमशः वह जनमत का रूप धारण कर लेती है। वास्तव में जनमत का निर्माण इस प्रक्रिया में कोई चरण न होकर प्रक्रिया से पहले तीन चरणों का परिणाम है।

अब जनतन्त्र में जनमत के निर्माण की इस प्रक्रिया का एक उदाहरण लिया जा सकता है। भारत में विधवा विवाह के औचित्य के विषय में सबसे पहले कुछ समाज सुधारकों ने जनता का ध्यान आकर्षित किया। जनता में जहां कुछ लोगों ने इसे उचित ठहराया वहां दूसरे लोग इसके घोर विरोधी थे। दोनों ही पक्षों के लोगों ने अपने-अपने विचार उपस्थित किये। विधवा विवाह के पक्ष में लोगों ने विधवाओं की दुर्दशा पर भी प्रकाश डाला। इस दुर्दशा को दूर करने की बात पर तो सभी सहमत थे। इस प्रकार क्रमशः लोगों के सामने विधवाओं की समस्या स्पष्ट हुई, यद्यपि सभी विधवा पुनर्विवाह को समस्या का समाधान नहीं मानते थे। इन लोगों ने भी अपने कुछ सुझाव रखे। विभिन्न समाधान और योजनायें उपस्थित की गई। क्रमशः विधवा पुनर्विवाह कानून

से भी वैध मान लिया गया। अतः जनमत भी धीरे-धीरे उनके पक्ष में होने लगा। आजकल सामान्य रूप से भारत में जनमत को विधवा के पक्ष में कहा जा सकता है, यद्यपि अब भी उसका विरोध करने वालों अथवा उनको नीचा समझने वालों की संख्या कम नहीं है।

जनमत को मापने की विधियां

जनमत को मापने की मुख्य विधियाँ निम्नलिखित हैं—

(1) **ऐतिहासिक गुणात्मक विधि** (Historical Qualitative Methods)—जैसा कि इसके नाम से स्पष्ट है उसमें जनमत के गुणात्मक पहलू को मापने की चेष्टा की जाती है। साथ ही साथ इसमें जनमत के परिवर्तन का इतिहास भी मालूम होता है। इस विधि में किसी निर्धारित समय में जनता के दृष्टिकोण तथा विश्वासों के परिवर्तन की जांच की जाती है। इस प्रक्रिया में जीवन इतिहास, विषय अध्ययन, साक्षात्कार आदि विधियों की सहायता ली जाती है। इसमें अनुसंधानकर्ता अपने अनुभवों को भी ध्यान में रखता है और समाचार पत्रों, रेडियो आदि द्वारा मिलने वाली जानकारी की भी सहायता लेता है। जनमत के अलावा भावनाओं, उत्तेजनाओं, प्रेरणाओं, कल्पनाओं आदि का भी हाथ है। ऐतिहासिक विधि में इन सभी का ध्यान रखना आवश्यक है। ऐतिहासिक विधि से जनमत के विषय में अनेक महत्वपूर्ण बातें ज्ञात होती हैं। उदाहरण के लिए ऐतिहासिक विधि यह बतलाती है कि किसी विषय में जनमत कैसे क्रमशः प्रथा, रूढ़ि अथवा कानून बन जाता है।

(2) **गैलप मतदान प्रणाली** (Gallup Poll Methods)—जनमत को मापने के लिये सबसे अधिक प्रसिद्ध प्रणाली गैलप मतदान प्रणाली है। आजकल इस प्रणाली से विभिन्न समस्याओं के विषय में जनमत का पता लगाया जाता है। उदाहरण के लिये इंगलैंड में अनेक बार इस प्रणाली से डेली मिरर (Daily Mirror) नामक समाचार पत्र ने प्राणदण्ड के विषय में जनमत की परीक्षा की। गैलप मतदान प्रणाली में साक्षात्कार अथवा प्रभावशाली विधि के द्वारा जनमत का अध्ययन किया जाता है।

(3) **मतदान प्रणाली** (Polling Method)—जनतन्त्रीय देशों में सरकार बनाने के लिये जनमत को जानने के लिये मतदान प्रणाली का प्रयोग किया जाता है। भारत में इस प्रणाली में जनता बैंलट पेपर पर अपनी इच्छा अनुसार उपयुक्त राजनैतिक दल के उम्मीदवार के सामने निशान लगाकर अपना मत प्रकट करती है। मतदान प्रणाली में अन्य समस्याओं के विषय में जांच करने के लिये तीन विधियां अधिक प्रयोग की जाती हैं—(1) समाचार पत्रों के द्वारा बैलट पेपर बाँटकर, (2) चुने हुए नागरिकों के पास डाक द्वारा बैलट पेपर भेजकर और (3) साक्षात्कार के द्वारा। कभी-कभी देश में सार्वजनिक राजनैतिक चुनाव होने से पहले ही उसके परिणामों को इन विधियों से जान लिया जाता है।

(4) **साक्षात्कार विधि** (Interview Method)—साक्षात्कार विधि में जैसा कि उसके नाम से स्पष्ट है अन्वेषक सूचनादाताओं के पास जाकर अथवा उनसे साक्षात्कार करके उनसे प्रश्न पूछकर जनमत ज्ञात करता है। इसमें सबसे बड़ा लाभ यह है कि उसको सही-सही और प्रामाणिक जानकारी हो जाती है। परन्तु इसमें सबसे बड़ी कठिनाई यह है कि इसका बड़े पैमा

पर प्रयोग करने के लिए बहुत समय और बहुत धन की आवश्यकता है। सफल होने के लिए साक्षात्कार अनौपचारिक होना चाहिये अन्यथा उससे सही जानकारी प्राप्त नहीं हो सकती।

(5) **प्रश्नावली विधि** (Questionnaire Methods)–प्रश्नावली विधि में जैसा कि उसके नाम से स्पष्ट है समस्या से सम्बन्धित महत्वपूर्ण बातों को लेकर कुछ चुने हुये प्रश्न निश्चित किये जाते हैं और उनको एक प्रश्न के रूप में लोगों के सामने रखा जाता है। प्रश्न सीधे और स्पष्ट होने चाहियें और उनका उत्तर भी आसान होना चाहिये। इस विधि में एक लाभ यह है कि बहुत सी बातें जो कोई व्यक्ति अनुसन्धानकर्ता के आमने सामने नहीं कहना चाहता उन्हें वह प्रश्नावली भरने में व्यक्त कर सकता है।

(6) **पुंज अवलोकन विधि** (Mass Observation Method)–इस विधि में जैसा कि इसके नाम से स्पष्ट है पुंज अथवा समूह का अवलोकन करके कुछ सामान्य निष्कर्ष निकालने की चेष्टा की जाती है। इसमें पक्षपात अथवा वैयक्तिकता के अभाव के कारण गलती होने की सम्भावना है। अतः यह विधि बहुत कम वैज्ञानिक है।

(7) **सार्वजनिक अधिकारियों के नाम पत्र** (Letters to Public Officials)–आमतौर से जनता के बहुत से लोग विभिन्न समस्याओं के विषय में अपने मतों को पत्र सम्पादकों के नाम या सरकारी अधिकारियों के नाम भेजते रहते हैं। इन पत्रों से जनमत का बहुत कुछ अनुमान लगाया जा सकता है। इस विषय में यान्ट और हर्जोंग के अध्ययन महत्वपूर्ण हैं।[11]

(8) **अर्ध प्रयोगात्मक विधि** (Quasi Experimental Method)–जनमत पर प्रयोग करना सम्भव नहीं है। क्योंकि उसकी परिस्थितियों को पूरी तरह से नियंत्रित नहीं किया जा सकता। इसलिये जनमत को नापने के लिए अर्ध प्रयोगात्मक विधि का प्रयोग किया जाता है। इस विधि में जनता को कुछ नियन्त्रित प्रेरणायें देकर उनका मत प्राप्त किया जाता है। पीटरसन और थर्स्टन (Peterson and Thurston) ने इसी विधि के द्वारा चल चित्रों तथा बालकों की[12] सामाजिक अभिवृत्तियों के प्रति जनमत का अध्ययन किया। मेयर (Meier) व अनीस (Annis)[13] ने इस विधि के द्वारा जनता में विवेकशीलता से अधिक प्रेरणाओं और भावात्मक मूल्यों को क्रियाशील बनाया।

जनमत के निर्माण के साधन

जनतन्त्र में जनमत के निर्माण के साधनों का बड़ा महत्व है क्योंकि जनतन्त्र में बहुधा किसी भी दिशा में परिवर्तन करने के पहले उसके पक्ष में जनमत निर्माण करना जरूरी होता है। जनमत के निर्माण के मुख्य साधन अग्रलिखित हैं–

---

11. Wyant R. and Herzog, H. '*Voting via the Senate Mailbag,*' 'Public opinion Quarterly, (1941).
12. Peterson R. C. and Thurstone, L. L, *Motion Pictures and Social Attitudes of Children.'* (1933).
13. Annis A. D., and Meier N. C., *The Induction of Opinion through Suggestion by means of Planned Content.* (1934).

(1) समाचार पत्र (News papers)—जनमत निर्माण का सबसे अधिक प्रचलित साधन समाचार पत्र है। समाचार पत्रों के द्वारा सरकार और नेता लोग अपने विचारों को जनता तक पहुँचाते हैं। समाचार पत्रों का पूरा उपयोग होने के लिये यह जरूरी है कि समाचार प्रामाणिक हों। भिन्न-भिन्न समाचार पत्र भिन्न-भिन्न दृष्टिकोणों से समस्याओं पर विचार करते हैं। इससे जनता में सभी प्रकार के विचार स्थान पाते हैं और समस्या के सभी पहलुओं पर विचार किया जाता है। समाचार पत्र जहाँ जनमत को स्वस्थ बना सकते हैं वहाँ वह उसको पक्ष-भ्रष्ट भी कर सकते हैं। अतः निष्पक्ष समाचार पत्रों को प्रोत्साहन दिया जाना चाहिये और निहित स्वार्थों को लेकर चलने वाले समाचार पत्रों पर कड़ी नजर रखी जानी चाहिये।

(2) **रेडियो** (Radio)—जनमत के निर्माण का दूसरा महत्वपूर्ण साधन रेडियो है। यह एक मनोवैज्ञानिक तथ्य है कि पढ़ी हुई बात से सुनी हुई बात अधिक प्रभाव डालती है अतः रेडियो समाचार पत्र से अधिक प्रभावशाली होता है। जनता पर मनोवैज्ञानिक प्रभाव के विषय में रेडियो द्वारा प्रचार के अनेक वैज्ञानिक अध्ययन किये गये हैं। The Psychology of Radio नामक पुस्तक में कैंट्रिल और आलपोर्ट ने रेडियों के विषय में निम्नलिखित महत्वपूर्ण बातें बतलाई हैं[14]:—

(क) रेडियो के द्वारा अधिकतर स्त्रियों से ब्राडकास्ट कराना चाहिये क्योंकि उनकी कण्ठ ध्वनि अधिक जनप्रिय होती है।

(ख) रेडियो में अभ्यस्त भाषणकर्ता के भाषण अधिक पसन्द किये जाते हैं।

(ग) शुद्ध उच्चारण पर जोर देना जरूरी है।

(घ) किसी भी विषय में सामान्य विवरण देने के साथ-साथ विशेष व्याख्या भी दी जानी चाहिये।

(ङ.) पुनरावर्तन अवश्य किया जाय क्योंकि उसका प्रभाव पड़ता है। परन्तु वह सीमा से अधिक नहीं होना चाहिये।

(च) विषय के अनुरूप वाक्य छोटे बड़े किये जाने चाहिये। साधारणतया छोटे वाक्य ही अच्छे रहते हैं, परन्तु रोचक विषय में वाक्य लम्बे भी हो सकते हैं।

(छ) बोलने की गति तीव्र होना ठीक नहीं है। साधारणतया 1 मिनट में 115 से 160 तक शब्द बोले जा सकते हैं।

(ज) कार्यक्रम औसत रूप में 15 मिनट से अधिक लम्बा नहीं होना चाहिये यद्यपि नाटक आदि मनोरंजक कार्यक्रमों में अधिक समय भी दिया जा सकता है।

कहना न होगा कि यदि उपरोक्त बातों का ध्यान रखा जाय तो जनमत के निर्माण में रेडियो की शक्ति का पूरा उपयोग किया जा सकता है। रेडियों से जनता के विचारों, मतों, विश्वासों और अभिवृत्तियों के अलावा सामाजिक मूल्यों पर भी प्रभाव पड़ता है।

---

14. Cantril and Allport, *The Psychology of Radio*. 1935.

(3) टेलीविजन (Television)—आजकल रेडियों के साथ टेलीविजन भी जनमत निर्माण का महत्वपूर्ण साधन हो गया है। इसमें श्रोता केवल आवाज ही नहीं सुनता बल्कि भाषणकर्ता या पात्र को देख भी सकता है। स्पष्ट है कि इसका अधिक प्रभाव होता है। क्रमश: देशों में टेलीविजन का प्रचार बढ़ता जा रहा है। खेद है कि भारत में अभी इसका इतना विकास नहीं हो सका है।

(4) चलचित्र (Cinema)—जनमत निर्माण में चलचित्रों का भी बड़ा महत्व है। चलचित्रों के द्वारा सामाजिक, राजनैतिक, धार्मिक सभी क्षेत्रों में विचारों, आदर्शों मूल्यों आदि में परिवर्तन किया जाता है। फैशन की दिशा मोड़ने में तो चलचित्र बहुत ही प्रभावशाली सिद्ध हुये हैं। चलचित्र का अधिक प्रभाव इस कारण है क्योंकि उसमें दिखाई जाने वाली घटनायें एकदम वास्तविक सी लगती हैं इसलिए उनका भावात्मक प्रभाव अधिक होता है। यह ठीक है कि चलचित्र उतने अधिक लोगों के पास नहीं पहुँच सकता जहां तक रेडियो या समाचार पत्र पहुँच सकता है। परन्तु फिर भी जहाँ तक प्रेरणाओं का प्रश्न है चलचित्र का प्रभाव अन्य किसी भी साधन से अधिक होता है।

जनमत के उपरोक्त साधनों का अच्छी बुरी किसी भी दिशा में प्रयोग किया जा सकता है। जनतन्त्र में उनका जनहित के लिये प्रयोग होना चाहिये। जनतन्त्र जनता का जनता द्वारा और जनता के लिये शासन है। अत: उसमें किसी भी दिशा में परिवर्तन करने के लिये सबसे पहले जनमत को बदलना जरूरी होता है। इसके लिये पहले जनमत की माप की जानी चाहिये और फिर समस्या का काफी प्रचार तथा स्पष्टीकरण करने के बाद जनमत को किसी विशेष पक्ष में मोड़ने की चेष्टा की जा सकती है।

सारांश

जनतन्त्र में जनमत का विशेष महत्व होता है। सरकार अपनी सफलता के लिये या तो जनमत के अनुसार चलती है या फिर उसको अपने अनुकूल बना लेती है। भारत एक़ जनतन्त्र है अत: यहां जनमत का महत्व स्पष्ट है। जनमत दो शब्दों से बनता है जनता और मत।

जनता—जनता सामान्य रुचि से बंधे हुये इधर उधर बिखरे हुये व्यक्तियों का स्थाई समूह है। उसकी विशेषतायें हैं—1—एक असंगठित और बिखरा हुआ समूह, 2—अस्थाई समूह, 3—विशेष समस्या से सम्बन्धित, 4—समस्या समाप्त हो जाने पर जनता भी समाप्त हो जाती है, 5—सदस्यों का एक स्थान पर एकत्रित होना आवश्यक नहीं है, 6—सदस्यों में परस्पर उत्तेजना आवश्यक नहीं है, 7—सदस्यों में अहमन्यता की भावना होती है, 8—जनता के मत का विरोध करना कठिन होता हैं, 9—एक व्यक्ति एक समय में अनेक जनताओं का सदस्य हो सकता है।

जनता और भीड़ में कुछ समानतायें होते हुये भी अनेक अन्तर हैं।

मत—मत एक विशेष प्रकार का विश्वास है जो कि किसी विवादस्पद विषय अथवा कुछ तथ्यों की व्याख्या के बारे में बना लिया जाता है।

जनमत क्या है—जनमत में विशेष समस्याओं के विषय में जनता के मत विचार, निर्णय आदि सम्मिलित होते हैं। यह संस्था की बहुलता न दिखाकर प्रभाव की बहुलता दिखाता है।

जनमत और व्यक्ति—साधारणतया जनमत व्यक्तियों के मत से अधिक प्रभावशाली होता है।

जनमत के निर्माण की प्रक्रिया—जनमत का निर्माण क्रमशः होता है और इसमें नेताओं के मत और सदस्यों की अचेतन इच्छाओं, विचारों, प्रेरणाओं तथा अनुकरण और आत्म गौरव की भावना आदि का विशेष योगदान होता है।

जनमत के निर्माण में महत्वपूर्ण कारक—(अ) व्यक्तिगत कारक। (ब) सामाजिक कारक—1—अनुप्रस्थ दबाव, 2—आर्थिक और व्यवसायिक संस्थायें, 3—जाति और धर्म, 4—विशिष्ट सामाजिक घटनाओं का प्रभाव, 5—शिक्षा। (स) नेता का प्रभाव। (द) शासन का प्रभाव।

जनतन्त्र में जनमत के निर्माण की प्रक्रिया—1—समस्या अथवा विषय की परिभाषा, 2—प्रारम्भिक अथवा जांच सम्बन्धी विचार, 3—वैकल्पिक समाधान अथवा योजनाओं का प्रस्तुत किया जाना, 4—जनमत का निर्माण।

जनमत को मापने की विधियां—(1) ऐतिहासिक गुणात्मक विधि, (2) गैलप मतदान प्रणाली, (3) मतदान प्रणाली, (4) साक्षात्कार विधि, (5) प्रश्नावली विधि, (6) पुंज अवलोकन विधि, (7) सार्वजनिक अधिकारियों के नाम पत्र, (8) अर्थ प्रयोगात्मक विधि।

जनमत के निर्माण के साधन—(1) समाचार पत्र, (2) रेडियो, (3) टेलीविजन, (4) चलचित्र।

29

जनप्रवाद

(Rumour)

शहर के एक जनसंकुल चौराहे पर दो बैल जोरों से लड़ पड़े। जान बचाने के लिये लोग इधर-उधर भागने लगे। भागते लोगों को देखकर दूसरे लोग भी भागने लगे। देखते ही देखते कई तरह की अफवाहें फैल गई। किसी ने कहा गोली चल गई है। कोई कहने लगा कि लाठी चार्ज हुआ है। कोई साम्प्रदायिक दंगे की खबर लाया। जिसने इन खबरों को सुना उसने दूसरों में फैलाया। किसी ने यह जानने की कोशिश नहीं कि कि वस्तु स्थिति क्या थी? बाद में जब वस्तु स्थिति मालूम हुई तो आश्चर्य हुआ कि ऐसी बे सिर पैर की अफवाहें कैसे उड़ जाती हैं।

एक लड़की का अपनी कक्षा के एक प्रोफेसर के यहां आना जाना है। लोग देखते हैं कि कभी-कभी वह ऐसे समय भी उनके यहाँ आती है जबकि उनकी पत्नी घर नहीं होती। धीरे-धीरे कुछ कालिज के छात्रों को यह बात मालूम होती है और एक दिन कालिज में यह अफवाह फैल जाती है कि अमुक लड़की का अमुक प्रोफेसर से अनुचित सम्बन्ध है। उस दिन कुछ ऐसा अवसर बन पड़ता है कि प्रोफेसर साहब भी छुट्टी पर हैं और वह लड़की भी नहीं आई। अब क्या था चर्चा होने लगी कि दोनों साथ ही कहीं गये होंगे। बाद में मालूम किया तो ज्ञात हुआ कि वह लड़की प्रोफेसर के अभिन्न मित्र की बहन है जिन्होंने उनसे उसका विशेष ध्यान रखने और पढ़ाई में सहायता देने की प्रार्थना की है। इसलिये उनके यहां उसका अधिक आना जाना है।

पहला व्यक्ति–''सुना है कि गोरखपुर के विश्वविद्यालय में दर्शन के प्राध्यापक का स्थान खाली है। क्या डॉ० वर्मा ने आवेदन पत्र भेजा है?''

दूसरा व्यक्ति–''क्या वे बगैर इन्टरव्यू लिए ही गोरखपुर यूनिवर्सिटी में ले लिये गये।''

तीसरा व्यक्ति–''अरे भई तुम नहीं जानते हो वह बड़ा तिकड़मबाज आदमी है। जबर्दस्त सिफारिश पहुंचा दी होगी।''

चौथा व्यक्ति–''भई कुछ भी हो आदमी विद्वान था। यहां रहता तो अच्छा था।

उपरोक्त बात चीत में यह ध्यान देने की बात है कि जिस व्यक्ति के बारे में बात हो रही है उसने न तो कहीं अर्जी दी है और न कही गया है। फिर भी बात कहां से शुरू होकर कहां जा रही है।

जनप्रवाद की प्रक्रिया

अफवाह या जनप्रवाद के उपरोक्त उदाहरणों से स्पष्ट मालूम होता है कि इनमें आंखों देखी या कानों सुनी नहीं कही जाती बल्कि तरह तरह के विश्वासों और पूर्व धारणाओं के आधार पर झूठी सच्ची बात गढ़ ली जाती है। विशेष बात यह है कि अफवाह को फैलाने वाला उसकी जांच करने की कहीं भी चेष्टा नहीं करता। उसको मन माफिक खबर मिल जाने पर वह इधर उधर कह निकलता है चाहे वह झूठी ही क्यों न हो। यदि उससे पूछा जाये तो वह यह मान लेगा कि उसने पता नहीं लगाया है परन्तु साथ ही यह दलील भी देगा कि जब इतने लोग इस तरह की बात कर रहे हैं तो उसके मूल में कुछ न कुछ बात तो होगी ही। जैसा कि जेम्स ड्रेवर ने कहा है ''जनप्रवाद एक अप्रमाणित कहानी है जो किसी विशेष घटना के होने को एक समुदाय में फैलाती है।''[1] बहुधा मोहल्लों में कुछ ऐसे लोग रहते हैं जिनको अफवाहें उड़ाने का शौक होता है। जरा सा भी सुराग मिलने पर वे तिल का पहाड़ बना देते हैं।

जनप्रवाद मुंह दर मुंह फैलता है

अफवाह फैलाने वाला न तो स्वयं प्रमाण देता है और न उससे कोई प्रमाण मांगता है। अफवाह मुंह दर मुंह फैलती है। पोस्ट मैन और आलपोर्ट के शब्दों में ''एक जनप्रवाद साधारणतया सबूत की सुरक्षित कसौटियों के उपस्थित हुये बिना ही मुँह के शब्द से एक व्यक्ति से दूसरे व्यक्ति के पास पहुंचने वाली विश्वास के लिये एक विशेष बात है।''[2] सच तो यह है कि अफवाह फैलानी नहीं पड़ती। कुछ बातें ऐसी हैं कि उनके बोलने मात्र से वे संक्रामक रोग की तरह एक से दूसरे के कान में पड़ती रहती हैं। उन्हें कोई एक व्यक्ति नहीं फैलाता। उन्हें सब फैलाते हैं और वे सब कहीं फैल जाती है। तनाव की स्थिति में या युद्ध के दिनों में अफवाहें बड़ी तेजी से फैलती हैं क्योंकि सभी लोग आशंकित होते हैं और डरे हुए होते हैं तथा किसी भी बात पर आसानी से यह यकीन कर लेते हैं। युद्ध के दिनों में कुछ पंचमांगी लोग जान बूझकर भी अफवाहें फैलाते हैं, जिससे उनके निहित स्वार्थ सिद्ध होते हैं। यूं भी समाज में अनेक लोग ऐसी दुष्ट प्रकृति के होते हैं कि वे अपने स्वार्थों को सिद्ध करने के लिये चाहे जिस व्यक्ति के बारे में कैसी ही अफवाह फैला देते हैं। यह ठीक है कि सत्य मालूम होने पर लोग अफवाह पर विश्वास नहीं करते। परन्तु एक बार किसी की झूठी बदनामी फैल जाने पर अनेक लोग यह सोचने लगते हैं कि जब इतनी बदनामी फैली है तो कोई न कोई बात जरूर होगी। यदि कोई बात नहीं थी तो इतने लोग ऐसी बात क्यों कर रहे हैं। फिर, अफवाह फैलाने वाला साधारणतया नहीं पकड़ा जाता। क्योंकि सच का पता लगने पर बात इतनी फैल चुकती है कि उसमें यह पता लगाना लगभग

---

1. "Rumour is an unverified story, circulating in a community, alleging the occurrence of a certain event."

—J. A. Drever, *Dictionary of Psychology*, p. 250.

2. "A rumour, is a specific (or typical) proposition for belief passed along from person to person, usually by word of mouth, without secure standards of evidence being present."

—Allport and Postman ,*The Psychology of Rumour*, (1948), Preface, p. 9.

असम्भव हो जाता है कि बात पहले किसने शुरू की थी। फिर यदि किसी तरह यह मालूम हो भी जाय और उस व्यक्ति से पूछा जाय तो बड़ी आसानी से इन्कार कर सकता है, क्योंकि वास्तव में इस बात का कोई सबूत नहीं है कि उसने ही वह अफवाह शुरू की है। कभी-कभी तो लोग अनजाने व्यक्तियों की छुट पुट बातचीत को थोड़ा बहुत सुन कर ही उसे अफवाह बना देते हैं। किसी ने कहा कि अमुक विश्वविद्यालय के अमुक विभाग के अध्यक्ष का अपनी कहारी से अनुचित सम्बन्ध है। उस व्यक्ति, उस विश्वविद्यालय अथवा उस विभाग में रुचि लेने वाले लोगों को अधिक मजेदार खबर और क्या मिल सकती है। उसकी जांच न तो सम्भव है और न की जा सकती है। बस यह बात एक दूसरे के कान में फैलने लगती है और फिर यदि यह खबर मिलती है कि उनकी पत्नी साल भर से अपने मायके गई हुई है तो कोई उस कारण का पता लगाये बिना ही शीघ्र ही यह अफवाह फैला देता है कि उनके दुराचार से तंग आकर ही बेचारी अपने मायके चली गई है।

जनप्रवाद में महत्वपूर्णता और अस्पष्टता

जनप्रवाद के सम्बन्ध में अब तक जो कुछ कहा गया है उससे उसकी मनोवैज्ञानिक प्रवृत्ति स्पष्ट होती है। मनोवैज्ञानिक दृष्टि से जन-प्रवाद की रचना को निम्नलिखित सूत्र से व्यक्त किया जा सकता है।

$$\text{जनप्रवाद} = \text{महत्वपूर्णता} \times \text{अस्पष्टता}।$$

उपरोक्त समीकरण से स्पष्ट है कि जनप्रवाद महत्वपूर्णता (Importance) और अस्पष्टता (Ambiguity) के गुणनफल के अनुपात में होता है अर्थात् जनप्रवाद में कोई महत्वपूर्ण बात अस्पष्टता के कारण अत्यधिक बढ़कर फैल जाती है। पोस्टमैन और आलपोर्ट ने लिखा है "यह निश्चय है कि जनप्रवाद में खबर के शेषकांश में सत्य का एक अंश जरूर होता है। परन्तु प्रचार के दौरान में वह काल्पनिक विस्तार से इतना अधिक दब जाता है कि वह पृथक करने अथवा पता लगाने योग्य नहीं रहता।"[3] जैसा कि जनप्रवाद के उदाहरण के पीछे बतलाया जा चुका है जनप्रवाद किसी न किसी वास्तविक घटना से शुरू होता है परन्तु क्रमशः उस घटना का रूप इतना बदल जाता है कि जनप्रवाद में से उसके सही रूप को निकालना लगभग असम्भव हो जाता है। महत्वपूर्णता और अस्पष्टता दोनों जनप्रवाद के आवश्यक तत्व हैं। इनमें से किसी की भी नितान्त अनुपस्थिति में जनप्रवाद नहीं बन सकता। मान लीजिये कि कोई अत्यन्त महत्वपूर्ण घटना घटित होती है परन्तु उसमें अस्पष्टता बिल्कुल नहीं होती। ऐसी दशा में जनप्रवाद नहीं फैल सकता। नाथू राम गोडसे ने सैकड़ों लोगों के श्रोता समूह के सामने महात्मा गांधी जी को गोली से मारा। गांधी जी की मृत्यु के फौरन बाद आल इण्डिया रेडियो ने देश को यह दुखद समाचार प्रसारित किया। देश के इतिहास में ही नहीं बल्कि जनता के अधिकतर व्यक्तियों के लिये यह एक बहुत ही महत्वपूर्ण घटना थी परन्तु इसमें कोई अस्पष्टता नहीं थी। इसलिये गांधी जी के मृत्यु के विषय में कोई

---

3. "To be sure, in rumour, there is also some residual particle of news, a 'kernel of truth' but in the course of transmission it has become so overlaid with forceful elaboration that it is no longer separable or detectable."
—Allport G. W. and Postman, *The Psychology of Rumour,* (1948), p. 33.

जनप्रवाद सुनने में नहीं आया। यह अवश्य स्पष्ट नहीं था कि नाथू राम गोडसे ने गांधी जी को क्यों मारा अथवा कि वह किस राजनैतिक दल से सम्बन्धित है। अतः घटना के इस पहलू को लेकर अवश्य कुछ जनप्रवाद सुनाई पड़े। स्पष्टता के अभाव में जनप्रवाद का न होना जनप्रवाद की रचना के विषय में पीछे दिये गये सूत्र के द्वारा निम्नलिखित रूप में दिखाया जा सकता है–

जनप्रवाद = क × महत्वपूर्णता × 0 (अस्पष्टता) = 0

इसी तरह महत्वपूर्णता के अभाव में भी कोई भी घटना जनप्रवाद नहीं बन सकती क्योंकि कोई उस पर ध्यान नहीं देगा। जनप्रवाद बनने के लिये यह आवश्यक है कि घटना ऐसी महत्वपूर्ण हो कि लोग उस पर ध्यान दें अन्यथा वह जनप्रवाद नहीं बन सकती। महत्वपूर्णता के अभाव में जनप्रवाद का न होना निम्नलिखित सूत्र से व्यक्त होता है–

जनप्रवाद = क × 0 (महत्वपूर्णता) × अस्पष्टता = 0

इसी बात को स्पष्ट करते हुये आलपोर्ट और पोस्टमैन ने लिखा है "महत्वपूर्णता और अस्पष्टता में सम्बन्ध योग का न होकर गुण का है क्योंकि यदि महत्वपूर्णता अथवा अस्पष्टता शून्य है तो जनप्रवाद नहीं होगा।"[4] जनप्रवाद में महत्वपूर्णता और अस्पष्टता के महत्व के उपरोक्त विवेचन को एक दो उदाहरणों से समझा जा सकता है। शहर के कालिज की बी० ए० कक्षा में चावला सबसे तेज विद्यार्थी है दूसरी ओर पालीवाल एक दम बुद्धिहीन और मूर्ख माना जाता है। अब यदि कोई यह अफवाह उड़ाने की कोशिश करे कि पालीवाल बी० ए० में प्रथम श्रेणी में पास हुआ है और चावला फेल हुआ है तो इस तरह का जनप्रवाद फैलना बड़ा मुश्किल है। हां यदि चावला कुछ दिन से कालिज न आ रहा हो तो यह अफवाह फैल सकती है कि वह परीक्षा से ड्रॉप कर रहा है। इस अफवाह का फैलना इसी बात पर निर्भर है कि उसके कालिज न आने का कारण लोगों को पता नहीं है। इसमें यह सत्य है कि वह कालिज नहीं आ रहा। और यह एक महत्वपूर्ण बात है क्योंकि वह कक्षा का सबसे तेज विद्यार्थी है। परन्तु यह निश्चित नहीं है कि वह ड्रॉप भी कर रहा है, हो सकता है कि उसे ऐसा जरूरी काम लग गया हो कि वह दो चार दिन या दस बीस दिन कालिज से अनुपस्थित रहने से मजबूर हो। इन सब कारणों से उसके ड्रॉप करने के विषय में अफवाह फैल जाती है और जब उसे कोई शिक्षक या विद्यार्थी मिलता है तो वे उससे पूछते हैं भई आखिर क्यों ड्रॉप कर रहे हो। यह सुनकर उसे बड़ा आश्चर्य होता है क्योंकि ड्रॉप करने की तो उसने स्वप्न में भी कल्पना नहीं की थी वह तो टॉप करने की फिक्र में है।

जनप्रवाद के मनोवैज्ञानिक आधार

जनप्रवाद के उदाहरणों पर दृष्टि डालने से उनके कुछ मनोवैज्ञानिक आधार स्पष्ट होते हैं। मुख्य मनोवैज्ञानिक आधार अग्रलिखित है। इनको जनप्रवाद फैलने के कारण या दशायें भी कहा जा सकता है। इनसे यह मालूम होगा कि लोग जनप्रवाद क्यों फैलाते हैं और वे क्यों फैलते हैं।

---

4. "The relation between importance and ambiguity is not additive but multiplicative for if either importance or ambiguity is zero, there is no rumour."

—Allport and Postma, *Why Rumours Circulate*, published in '*Selected Readings in Social Psychology*' by S. H. Britt, (1951), p. 208.

(1) काम प्रवृत्ति की सन्तुष्टि—(Satisfaction of sex)—अपने चारों ओर के दैनिक जीवन में जो जनप्रवाद सुनाई पड़ते हैं उनमें एक बड़ी संख्या लोगों के यौन आचरण सम्बन्धी घटनाओं के विषय में होते हैं। मौहल्ले की चार स्त्रियां जहां मिल बैठती हैं तो वे किसी न किसी के चरित्र की आलोचना करती हैं। अमुक रात के बारह बजे घर आता है। अमुक डाक्टर क्वांरा है परन्तु नर्स रोज उसके यहां आती है अमुक पति पत्नी घर में शराब पीते हैं अमुक लड़का अमुक लड़की से नजरें लड़ाता है। अमुक लड़की जब कभी पढ़ने बैठती है तो अपने कमरे की खिड़की जरूर खुली रखती है और उसकी नजर किताब पर न रह कर सामने के मकान में रहने वाले विद्यार्थी पर रहती है। इस तरह लड़के हों या लड़कियां उन्हें दूसरे के विषय में यौन भ्रष्टाचार सम्बन्धी झूठी सच्ची घटनायें सुनने और पढ़ने में बड़ा आनन्द आता है। ऐसा क्यों होता है? मनोवैज्ञानिक दृष्टि से इसका कारण अफवाह उड़ाने वालों या गढ़ने वालों की अतृप्त (Frustrated) और दमित (Repressed) कामवासनायें हैं। जब व्यक्ति की कामवासनायें कुंठित हो जाती हैं अथवा किसी भी प्रकार से सन्तुष्ट नहीं हो पातीं या वह स्वयं उनका अत्यधिक दमन करता है तब वे नष्ट न होकर अचेतन रूप से उसके मन से बाहर निकलने के अवसर ढूंढती हुई बनी रहती हैं। जब कभी किसी के यौन भ्रष्टाचार के सम्बन्ध में कोई झूठी सच्ची बात सुनाई पड़ती है तब वे अचेतन वासनायें जाग्रत हो जाती हैं और जनप्रवाद बन जाता है। जनप्रवाद बनाने में व्यक्ति को परोक्ष रूप से स्वयं भी कुछ न कुछ संतोष मिलता है। विश्लेषण करने से ज्ञात होगा कि कलुष कथाओं के मूल में बहुधा कामवासना की सन्तुष्टि ही होती है। कभी कभी ऐसा भी होता है कि जब कोई भिन्न लिंगीय व्यक्ति किसी व्यक्ति के काम प्रस्ताव को मानने से इन्कार कर देता है या उसे कोई लिफ्ट नहीं देता तो वह बदले की भावना से उसको बदनाम करने के लिये वह अफवाह उड़ा देता है।

(2) प्रतिस्पर्द्धा अथवा बदले की भावना की तृप्ति (Satisfaction of the feeling of rivalry or revenge)—इस प्रकार अफवाह के मूल में बहुधा व्यक्तिगत प्रतिस्पर्द्धा या बदला लेने की भावना होती है। जो लोग उचित उपायों से दूसरों से आगे नहीं निकल पाते वे उनकी बदनामी करके उनको नीचा दिखाने की चेष्टा करते हैं। एक प्रोफेसर की पत्नी किसी अन्य विश्वविद्यालय में अनुसंधान कार्य कर रही थीं। यूं तो उनका उसी विश्वविद्यालय के शहर में रहना जरूरी था परन्तु वे अपने पति से साथ ही रहकर अनुसंधान कार्य कर रही थीं और उसके लिये उन्होंने अपने निर्देशक से अनुमति भी ले ली थी। यद्यपि प्रोफेसर और उसकी पत्नी की आयु में अधिक अन्तर नहीं था परन्तु देखने से यह बात जंच सकती थी कि वे प्रोफेसर की पत्नी नहीं बल्कि छात्रा हैं। इतना मसाला मिलना काफी था। प्रोफेसर के विरोधियों ने चटपट बात बना डाली और अफवाह उड़ा डाली कि वह कालिज की किसी छात्रा को लिये खुले आम बाजारों में, सिनेमाओं में, रेस्ट्रां में घूमता रहता है और उसके साथ रेल की यात्रा करते हुये भी देखा गया है। बात बड़ी संगीन थी और शीघ्र ही कालिज की कमेटी के कान में पहुंच गई। यह तो उनके अधिकार को चुनौती थी। ऐसा आदमी भला कैसे कालिज में टिक सकता है! फिर क्या था कालिज के सैक्रेटरी ने प्रोफेसर को बुलाकर उनसे सफाई मांगी। प्रोफेसर ने बड़ी कठिनाई से सैक्रेटरी महोदय को यह समझाया कि जिस लड़की के साथ उसके घूमने की अफवाह उड़ाई गई

वह अन्य कोई नहीं बल्कि उसकी पत्नी ही है और वह अपने निर्देशक की विशेष अनुमति से विश्वविद्यालय के शहर में न रहकर उसी के साथ रहती है।

(3) घृणा की अभिव्यक्ति (Expression of Hatred)—बहुधा जिन लोगों से हम घृणा करते हैं उनके विषय में कोई भी बुरी बात आसानी से मान लेते हैं और उसको और भी नमक मिर्च लगाकर दूसरे लोगों में फैला देते हैं। मुसलमानों के विषय में हिन्दुओं और हिन्दुओं के विषय में मुसलमानों में भारत के नगरों में बड़ी शीघ्रता से अफवाहें फैल जाती हैं और कोई भी उनकी जांच करने की कोशिश नहीं करता क्योंकि दोनों समुदायों में कुछ लोग दूसरे समुदायों से घृणा करते हैं।

(4) आशा और इच्छा की अभिव्यक्ति (Expression of Expectation and desire)— यह एक मनोवैज्ञानिक तथ्य है कि लोग अपनी आशा और इच्छाओं के अनुरूप किसी भी घटना को तोड़ मरोड़ देते हैं। गाँव में काँग्रेस के विरोधी अफवाह उड़ाते हैं कि सरकार जल्दी ही सबकी जमीन छीन लेगी और सब किसान जमीन के मालिक न रहकर सरकारी नौकर हो जायेंगे। सरकार से असन्तुष्ट कुछ रूढ़िवादी लोग कहते सुनाई पड़ते हैं कि सुना है कि बर्तानिया सरकार फिर से हिन्दुस्तान में आ रही है क्योंकि पंडित जवाहरलाल नेहरू की सरकार फेल हो चुकी है।

(5) चिन्ता और भय की अभिव्यक्ति (Expression of anxiety and fear)—खतरे अथवा संकट के दिनों में लोग अत्यधिक चिन्तित और भयातुर हो बैठते हैं। ऐसी दशा में उनकी सोचने समझने की शक्ति मन्द पड़ जाती है। उनकी सुझाव ग्रहणशीलता और संवेगात्मकता बढ़ जाती है। अत: वे आसानी से किसी भी अफवाह पर विश्वास कर लेते हैं। कुछ वर्ष पूर्व अलीगढ़ में विद्यार्थियों में साम्प्रदायिक झगड़े होने के अवसर पर अलीगढ़ में तरह-तरह की अफवाहें सुनाई पड़ीं। किसी ने कहा कि कुछ हिन्दू लड़कों को जिन्दा जला दिया गया है और यह खबर अलीगढ़ के अलावा अन्य शहरों में भी फैल गई जिससे वहां भी साम्प्रदायिक दंगे शुरू हो गये। युद्ध की परिस्थिति में युद्ध में लगे हुये देशों की जनता में युद्ध की गतिविधि के विषय में तरह-तरह की अफवाहें बहुत शीघ्र फैलती हैं। क्योंकि लोग चिन्तित और भयभीत होते हैं।

(6) प्रक्षेपण (Projection)—जनप्रवाद के मूल में एक मनोवैज्ञानिक कारण प्रक्षेपण भी है। बहुधा अचेतन रूप से जिन बातों को कोई व्यक्ति घटित होते देखना चाहता है उनको वह दूसरों के व्यवहार पर प्रक्षेपित कर लेता है। एक साहब अपने मित्र को सुना रहे थे कि उनके घर के सामने के मकान में जो युवती रहती है वह उनमें बहुत रुचि रखती है। बहुधा वह उनको किसी न किसी तरह से देखा करती है। एक आध बार उसने उनसे बात करने की भी कोशिश की मगर उन्होंने कोई लिफ्ट नहीं दिया। वह अपने मित्र से इस तथाकथित रोमान्स की कहानी बता रहे थे कि अक्समात वह लड़की उधर से आ निकली। उसके साथ उसके पिता भी थे। लड़की ने अपने पिता को कुछ संकेत किया और ज्यों ही वे इन मित्रों के नजदीक आये कि उन्होंने आव देखा न ताव मित्र के सामने ही उनको भला बुरा कहना शुरू कर दिया कि अभी तो यह महाशय कुछ और बात कह रहे थे और इस समय कुछ और ही बात दिखाई पड़ती है।

मित्र के बीच बचाव करने पर जब वे सज्जन वहाँ से चले गये तो काफी तर्क विर्तक करने के बाद उसको यह मालूम हुआ कि वास्तव में वे साहब स्वयं यह चाहते थे कि वह लड़की उनसे रोमान्स लड़ाये और उनको अपनी मनोभावना के कारण उसकी निर्दोष गतिविधियों से भी ऐसा लगा कि वह उनमें रुचि रखती है और वे एक दिन कुछ ऐसे इशारे कर बैठे जो नहीं करने चाहिये थे। इस प्रकार की घटनायें नित्य प्रति देखने में आती है। मनुष्य अचेतन रूप से जो कुछ चाहता है। कभी-कभी वह दूसरों की निर्दोष गतिविधियों पर अपनी भावनाओं का प्रेक्षपण करके उनको भिन्न रूप में देखने ही नहीं लगता बल्कि दूसरों को कहानी बनाकर सुनाने लगता है।

जन प्रवाद के मूल में उपस्थित मनोवैज्ञानिक कारकों के उपरोक्त विवेचन से उसके मनोवैज्ञानिक तत्व स्पष्ट होते हैं।

जनप्रवाद के फैलाने की विधियां

जनप्रवाद फैलाने के लिये यूं तो किसी विशेष साधन की आवश्यकता नही हैं परन्तु फिर भी वैज्ञानिक दृष्टि से जनप्रवाद फैलाने के तरीकों का विश्लेषण किया जा सकता है। सामान्य रूप से जनप्रवाद फैलाने के लिये लोग झूंठी कहानी गढ़कर दूसरों को सुनाते हैं। दूसरे लोग फिर वही बात अन्य लोगों को सुनाते हैं और इसी प्रकार जनप्रवाद फैलता जाता है। परन्तु इस प्रकार के जनप्रवाद के फैलने की सीमायें हैं और ये सीमायें बहुत संकुचित हैं। व्यापक रूप में किसी जनप्रवाद को फैलाने के लिये कुछ विशेष विधियों की जरूरत नहीं पड़ती है। इस प्रकार की विधियों का बहुधा राजनैतिक स्वार्थों को लेकर जनप्रवाद फैलाने में प्रयोग किया जाता है। स्थूल रूप से जनप्रवाद को फैलाने की विधियां निम्नलिखित हो सकती हैं—

(1) **परस्पर बातों के द्वारा** (Through mutual talks)— जैसा कि पीछे बतलाया जा चुका है जनप्रवाद फैलाने की सबसे अधिक सामान्य विधि वार्तालाप के द्वारा एक दूसरे से जनप्रवाद का प्रसार करना है। इस विधि से जनप्रवाद बहुत ही सीमित क्षेत्र में फैल सकता है।

(2) **झूंठे रेडियो स्टेशनों के द्वारा** (Through Falsified Radio Station)—राजनैतिक जनप्रवाद में झूठे रेडियो स्टेशन इस्तेमाल किये जाते हैं। नाजी जर्मनी में बी० बी० सी० की वेव पर झूंठा बी० बी० सी० स्टेशन बनाया गया था और उससे ऐसे जनप्रवाद फैलाये जाते थे जिससे इंग्लैंड की प्रतिष्ठता को चोट पहुँचे। जर्मनी में ऐसे रेडियो स्टेशन भी बनाये गये जहां से बोलने वाले अन्य स्थान से बोलने का बहाना करते थे और सुनने वालों को भ्रम में डालने के लिये जर्मनी के विरुद्ध भी बोलते थे। फिर वे साम्यवादी विचारों को आधार बनाकर इंगलैण्ड के विरुद्ध बोलते थे तथा झूंठे समाचार सुनाते थे ताकि रूस और इंगलैंड के सम्बन्ध खराब हों।

(3) **समाचार पत्रों के माध्यम से** (Through the medium of News paper)— सामान्य जनता के बहुत से लोग अखबार में लिखी हर बात पर यकीन कर लेते हैं। इसलिये कभी कभी राजनैतिक तथा दलगत स्वार्थों को लेकर झूठी घटनायें गढ़ कर अखबारों में समाचार निकाले जाते हैं जिससे झूठी अफवाहें फैलती हैं। भारत में कुछ दलों के समाचार पत्र इस प्रकार की अफवाहें उड़ाने में विशेष रूप से सिद्धहस्त हैं चाहे उन्हें कभी-कभी कानूनी कार्यवाही का सामना ही क्यों न करना पड़े। भारत से सीमा के झगड़े को लेकर चीनी सरकार अपने समाचार पत्रों में

बराबर यह छापे जाती है कि आक्रमण भारतीय सैनिक कर रहे हैं और चीनी सैनिक केवल बचाव कर रहे हैं।

(5) रेडियो के द्वारा झूठे समाचार (Through false news from Radio)—राजनैतिक जनप्रवादों को फैलाने के लिये विशेषतया युद्ध के दिनों में रेडियो से बहुत से झूठे समाचार प्रसारित किये जाते हैं और दूसरे पक्ष को न जानने वाले लोग उन पर आसानी से विश्वास कर लेते हैं जब से चीन ने भारत से सीमा सम्बन्धी झगड़ा उठाया है तब से वह भारत के विरुद्ध झूंठी अफवाहें बराबर प्रसारित करता रहा है। पाकिस्तान में स्थित तथाकथित आजाद कश्मीर रेडियों ने तो मानों झूंठे जनप्रवाद उड़ाने में विशेष योग्यता प्राप्त की है।

(ब) बाधक ध्वनियों द्वारा (Through obtructing sounds)—जनप्रवाद फैलाने का एक राजनैतिक तरीका यह भी है कि अपने यहाँ से झूठी घटनाओं को प्रसारित करने के साथ दूसरे पक्ष के द्वारा रेडियो स्टेशनों से समाचारों के प्रसार को भूत प्रेत आदि की ध्वनियों के रूप में या जोरों से बाजा इत्यादि बजाकर रेडियो बेव को नष्ट किया जाता है।

(6) कल्पित भाष्यकार (Pseudonymous Commentators)—नाजी जर्मनी में विलियम जौयस (Wm. Joyce) नाम का अंग्रेज लार्ड हाउ हाउ (Lord Haw Haw) के नाम से जर्मनी रेडियों से जर्मनी के विरुद्ध बोलने का ढोंग रचता था। इस तरह के ढोंगी भाष्यकारों से तरह-तरह की अफवाहें उड़ाई जाती हैं।

जनप्रवाद की प्रक्रिया

आलपोर्ट और पोस्टमैन के जनप्रवाद का मनोवैज्ञानिक अध्ययन किया और उसकी प्रक्रिया का विश्लेषण किया। इस प्रक्रिया में उन्होंने निम्नलिखित तीन प्रक्रियायें देखीं।

(1) विषमता का निराकरण (Levelling)—किसी भी घटना को जनप्रवाद बनाकर फैलाने वाले लोग उस बात को गोल-मोल करके रखते हैं। अर्थात उसमें से विषम या रूखे तत्वों को निकाल देते हैं क्योंकि उनसे जनप्रवाद के फैलने में रुकावट आती है। यदि सभी बातें लोगों के सामने रख दी जायें तो लोग उनमें किसी प्रकार की रुचि नहीं लेंगे और जनप्रवाद नहीं बन सकेगा। इसलिये जनप्रवाद फैलाने वाले बहुधा घटना के सत्य के अंश को छिपाकर अन्य बातों को बहुत बढ़ा चढ़ा देते हैं।

(2) विषय की पैना बनाना (Sharpening)—यदि किसी घटना को साधारण रूप से बयान किया जाये तो लोग उसमें रस नहीं लेते और वह जनप्रवाद नहीं बन सकती। इसके लिये जनप्रवाद फैलाने वाले को विषय को पैना करना पड़ता है अर्थात् अपनी ओर से मनगढ़न्त बातें मिलाकर विषय को मनोरंजक बनाना पड़ता है। विषय जितना ही पैना होगा जनप्रवाद उतनी ही तेजी से फैलेंगे।

(3) सात्मीकरण (Assimilation)—सात्मीकरण का अर्थ किसी बात को या तत्व को आत्मसात करना या पचा लेना है। किसी बात को जनप्रवाद का रूप देने के लिये उसका सात्मीकरण भी जरूरी है। दूसरे शब्दों में, जब जनता किसी विषय का सात्मीकरण कर लेती है तभी वह अफवाह बन सकता है क्योंकि लोग उस पर आसानी से विश्वास करने लगते हैं।

उपरोक्त विवरण से स्पष्ट है कि जनप्रवाद की प्रक्रिया सदैव सरलता से नहीं चलती। बहुधा ऐसी परिस्थितियाँ आ जाती हैं। जिनमें जनप्रवाद फैल ही नहीं सकता। जनप्रवाद फैलाने के लिये लोगों में कुछ समरसता (Homogeneity) होनी चाहिये। यदि उनके जीवन में समरसता से विषमता अधिक है अर्थात् एक के जीवन और दूसरे के जीवन में कोई विशेष सम्बन्ध नहीं है तो जनप्रवादों का फैलना कठिन हो जाता है। यह एक सामान्य बात है कि यदि आवागमन और संदेशवहन के साधन अधिक सुलभ होते हैं तो जनप्रवाद अधिक आसानी से फैल पाता है। दूसरी ओर यदि इनकी कमी हो तो जनप्रवाद फैलाने में कठिनाई होती है। देश पर संकट आने के समय बहुधा राज्य सरकारें जनप्रवाद फैलाने वालों को कठोर दण्ड देती हैं। इसलिये यद्यपि तनाव की स्थिति होने के कारण युद्ध के दिनों में जनप्रवाद आसानी से फैल सकते हैं। परन्तु फिर भी युद्ध सम्बन्धी जनप्रवाद कम दिखाई पड़ते हैं।

जनप्रवाद के प्रकार

यूं तो जनप्रवाद अनेक प्रकार के हो सकते हैं परन्तु उत्पत्ति के दृष्टिकोण से उनको कुछ विशेष वर्गों में बांटा गया है। इस वर्गीकरण का आधार यह है कि जनप्रवाद कैसे शुरू होते हैं। इस दृष्टि से जनप्रवाद को निम्नलिखित चार वर्गों में बांटा जा सकता है–

1. भय जनप्रवाद (Fear Rumour)
2. दिवास्वप्नमय जनप्रवाद (Day Dream Rumour)
3. युयुत्सात्मक जनप्रवाद (Combat Rumour)
4. उत्सुक्तापूर्ण जनप्रवाद (Curiosity Rumour)

(1) भय जनप्रवाद (Fear Rumour)–जैसा कि इसके नाम से स्पष्ट है कि इस वर्ग में वे जनप्रवाद आते हैं जिनकी उत्पत्ति भय की परिस्थिति में होती है। साधारणतया युद्ध की स्थिति में अथवा किसी प्रकार के तनाव की स्थिति में जनता आशंकित और भयभीत रहती है जिससे उनमें जनप्रवाद आसानी से फैल जाते हैं। भारत में सन् 1947 के भयंकर साम्प्रदायिक दंगों में भय जनप्रवाद आसानी से फैलते थे।

(2) दिवास्वप्नात्मक जनप्रवाद (Day Dream Rumour)–जैसा कि इसके नाम से स्पष्ट है इस वर्ग में ऐसे जनप्रवाद आते हैं जो दिवास्वप्नों से सम्बन्धित होते हैं अर्थात् जिनका आधार लोगों की कल्पनायें या इच्छायें अथवा आशायें होती हैं। उदाहरण के लिये युद्ध के दिनों में यह जनप्रवाद फैल सकता है कि शत्रु की सेना पीछे हट गई क्योंकि लोग चाहते हैं कि शत्रु की सेना पीछे हटनी चाहिये। इस प्रकार के जनप्रवादों के मूल में यह तत्व होता है कि जब कोई व्यक्ति हम से हमारी इच्छानुकूल या आशानुकूल बात कहता है तो हम उस पर आसानी से विश्वास कर लेते हैं और यह जांच करने की कोशिश नहीं करते कि यह बात सच है या झूठ। आशाओं और इच्छाओं के कारण किसी भी अस्पष्ट या अपूर्ण सत्य को तोड़ मरोड़कर जनप्रवाद का रूप दे दिया जाता है।

(3) युयुत्सात्मक जनप्रवाद (Combat Rumour)–जैसा कि इसके नाम से स्पष्ट है इस वर्ग में वे जनप्रवाद आते हैं जिनका मूल आधार युयुत्सा अथवा हिंसा और घृणा आदि की

प्रेरणायें होती हैं समाज में भिन्न-भिन्न व्यक्तियों में भिन्न-भिन्न निहित स्वार्थों को लेकर बराबर प्रतिद्वन्द्विता और संघर्ष होता रहता है। इन संघर्षों के कारण लोग एक दूसरे के विषय में तरह-तरह के जनप्रवाद फैलाकर नीचा दिखाने की कोशिश करते हैं। व्यक्ति की सभी आशायें और इच्छायें सन्तुष्ट नहीं होने पातीं। अनेक इच्छाओं की सन्तुष्टि में भारी बाधायें आ जाती हैं जिनके सामने वह मजबूर हो जाता है। उसी मजबूरी से असन्तुष्ट इच्छा उसके मन से निकल नहीं जाती बल्कि अचेतन रूप में उपस्थित रहती है और किसी न किसी रूप में अभिव्यक्त होने का अवसर ढूंढती रहती है। मान लीजिये कि किसी दफ्तर के एक कर्मचारी को उसके दूसरे सहकर्मचारी के कारण तरक्की नहीं मिल पा रही है। दूसरा सहकर्मचारी अफसरों से मिला रहता है इसीलिये उससे बदला भी नहीं लिया जा सकता। परन्तु इस मजबूरी से प्रतिहिंसा की भावना और भी प्रखर हो उठेगी और यदि उस सहकर्मचारी के विषय में कोई छोटी सी भी बात सुनाई पड़ती है तो वह कर्मचारी तिल का ताड़ बनाकर उसको जनप्रवाद के रूप में लोगों में फैला देता है। सच तो यह है कि जिन लोगों की जिन लोगों से दुश्मनी है वे उनके विरुद्ध कोई न कोई बात सुनने के लिये कान लगाये बैठे रहते हैं और जब कभी उन्हें थोड़ी सी भी बात मिल जाती है तो वे उसी को खूब नमक मिर्च लगाकर जनप्रवाद का रूप दे देते हैं।

(4) उत्सुकतापूर्ण जनप्रवाद (Curiosity Rumour)—जैसा कि इसके नाम से स्पष्ट है इस वर्ग में वे जनप्रवाद आते हैं जिनमें मूल प्रेरणा उत्सुकता है। मान लीजिये कि कुछ विद्यार्थी हाई स्कूल की परीक्षा दे चुके हैं। अब वे परिणाम घोषित होने के विषय में स्वभावतया बड़े उत्सुक रहते हैं। ऐसे समय यदि कोई भी व्यक्ति परिणाम के विषय में झूठी सच्ची खबर लाता है तो वह बहुत जल्दी जनप्रवाद बन जाती है क्योंकि लोग परीक्षा परिणाम के विषय में उत्सुक हैं। इसी प्रकार जब कोई व्यक्ति सख्त बीमार होता है और दूसरे लोग इसके विषय में समाचार जानने के लिये उत्सुक रहते हैं तो उसके सम्बन्ध में जनप्रवाद आसानी से फैल जाते हैं। पिछले दिनों जब पण्डित गोविन्द बल्लभ पंथ मरणासन्न अवस्था में थे तब कई बार उनकी मृत्यु के जनप्रवाद उनकी मृत्यु से पहले ही जनता में फैल गये। मनोवैज्ञानिक दृष्टि से इस प्रकार के जनप्रवादों का कारण यह है कि व्यक्ति जिस व्यक्ति अथवा घटना के विषय में जानने को उत्सुक रहता है उसके बारे में कही जाने वाली हर एक झूठी सच्ची बात को गौर से सुनता है और विश्वास कर लेता है। फिर इस समाचार को वह अपने तक ही सीमित नहीं रखता क्योंकि उसको इतना उत्साह होता है कि बात उसके पेट में पच नहीं पाती और वह दूसरों से कहने लगता है। इस प्रकार एक दूसरे में जनप्रवाद फैलता जाता है। उत्सुकता के आधार पर जनप्रवाद कितने लोगों में फैल सकता है यह इस बात पर निर्भर है कि कितने लोग एक ही व्यक्ति अथवा घटना के बारे में जानने को उत्सुक हैं। जो घटनायें पूरे देश के लोगों से सम्बन्ध रखती हैं अथवा जिन व्यक्तियों के बारे में जानने के लिये पूरा देश या कभी-कभी पूरा संसार उत्सुक रहता है उनके विषय में जनप्रवाद देश देशान्तर तक फैलाये जा सकते हैं। अभी कुछ वर्षों पूर्व रूस के तथाकथित फौलादी पर्दे के पीछे क्या होता है इसको जानने के उत्सुक पश्चिमी देशों के नागरिकों में इस सम्बन्ध में जनप्रवाद बराबर फैलाते रहते थे और बड़ी-बड़ी विचित्र बातें सुनने में आती थीं। प्रसिद्ध भारतीय नेता सुभाष चन्द्र बोस की मृत्यु ऐसी परिस्थिति में हुई कि जनता को न तो उसका समाचार तत्काल मिल सका और न प्रामाणिक रूप से अब तक यह ज्ञात हो सका कि उसकी मृत्यु हुई है। अतः इसके

जीवित रहने के विषय में तरह-तरह के जनप्रवाद बार-बार सुनाई पड़ते हैं। एक बार अफवाह फैली की सुभाष चन्द्र बोस रूस में हैं और देश के स्वतन्त्र होने के बाद देश में आयेंगे। देश स्वतन्त्र हो गया परन्तु वे न आये। पिछले सार्वजनिक चुनाव के अवसर पर यह जनप्रवाद सुनाई पड़ा कि सुभाष चन्द्र बोस जिन्दा हैं और इस बार भारत के राष्ट्रपति वे ही चुने जायेंगे। कुछ लोग तो यहां तक खबरें लाये कि कुछ लोगों ने अपनी आंखों से सुभाष चन्द्र बोस को देखा है। परन्तु किन लोगों ने देखा है यह किसी को भी पता नही था। इस प्रकार के जनप्रवाद इसलिये फैल सके क्योंकि सुभाषचन्द्र बोस का भारत में बड़ा सम्मान है। लोग उनके बारे में सुनने को उत्सुक रहते हैं और सोचते हैं कि अगर वे जीवित होते तो कितना अच्छा होता। यह इच्छा और आशा दिवास्वप्न का रूप लेकर जनप्रवाद बन जाती है।

जनप्रवाद तथा भविष्यवाणी

मैक ग्रेगर (Mc Gregor) ने जनता से इस समस्या पर भविष्यवाणी प्राप्त की कि "क्या हिटलर संसार का विजेता होगा या नहीं?" इस प्रश्न के उत्तर में लगभग 95 प्रतिशत लोगों ने यह भविष्यवाणी की कि हिटलर संसार का विजेता होगा। मैक ग्रेगर ने इसके साथ ही लोगों से दूसरा प्रश्न यह पूछा कि "क्या आप हिटलर से घृणा करते हैं?" इसके उत्तर में लगभग सभी लोगों ने यह कहा कि वे हिटलर से घृणा करते हैं। यहां यह ध्यान देने की बात है कि हिटलर से घृणा करते हुये भी लोगों ने उसके विश्वविजेता होने की भविष्यवाणी की है। इसका कारण यह था कि वस्तु स्थिति में उन्हें स्पष्ट दिखाई पड़ता था कि हिटलर जीतेगा और संसार का विजेता होगा। इस प्रकार यदि बात इतनी स्पष्ट हो कि उसमें जनप्रवाद का कोई मौका न हो तो भविष्यवाणी पर जनप्रवाद का कोई प्रभाव नहीं पड़ता। दूसरी ओर यदि बात अस्पष्ट है तो भविष्यवाणी के रूप में तरह-तरह के जनप्रवाद सुनाई पड़ सकते हैं। जैसा कि सुभाष चन्द्र बोस के उदाहरण में पीछे बतलाया गया है उसके विषय में कई बार यह भविष्यवाणी की गई कि अमुक-अमुक अवसर पर वे प्रकट होंगे परन्तु बाद में यह भविष्यवाणी जनप्रवाद ही सिद्ध हुई। यहां यह भी ध्यान देने की बात है कि यदि कोई विषय अत्यधिक स्पष्ट होता है तो उसके विषय में भविष्यवाणी नहीं की जा सकती यद्यपि उस विषय में रुचि रखने के कारण जनप्रवाद अवश्य फैल सकते हैं। उदाहरण के लिये भारत और पाकिस्तान के सम्बन्धों के विषय में भविष्यवाणी करना कठिन है यद्यपि जनप्रवाद कुछ भी बनाये जा सकते हैं। दूसरी ओर यदि विषय स्पष्ट हो तो उसमें भविष्यवाणी आसानी से हो पाती है परन्तु जनप्रवाद नहीं बन पाता।

जनप्रवाद और भविष्यवाणी के सम्बन्ध में उपरोक्त विवेचन से स्पष्ट है कि जहां अस्पष्टता जनप्रवाद में सहायक है वहां वह भविष्यवाणी में बाधक है और स्पष्टता भविष्यवाणी में सहायक होते हुये भी जनप्रवाद में बाधक है।

सारांश

जनप्रवाद एक अप्रामाणिक कहानी है जो किसी विशेष घटना के होने को एक समुदाय में फैलाती है। जनप्रवाद मुंह दर मुंह फैलता है। उसके लिये समाचार में महत्वपूर्णता और अस्पष्टता होना जरूरी है।

जनप्रवाद के मनोवैज्ञानिक आधार–(1) काम प्रवृत्ति की सन्तुष्टि, (2) प्रतिस्पर्द्धा अथवा बदले की भावना की तृप्ति, (3) घृणा की अभिव्यक्ति, (4) आशा और इच्छा की अभिव्यक्ति, (5) चिन्ता और भय की अभिव्यक्ति, (6) प्रक्षेपण।

जनप्रवाद फैलने की विधियाँ–(1) परस्पर बातों के द्वारा, (2) झूठे रेडियो स्टेशनों के द्वारा, (3) समाचार पत्रों के माध्यम से, (4) रेडियों के द्वारा झूठे समाचार, (5) बाधक ध्वनियों के द्वारा, (6) कल्पित भाष्यकार।

जनप्रवाद की प्रक्रिया का विश्लेषण–(1) विषमता का निराकरण, (2) विषय का पैना बनाना, (3) सात्मीकरण।

जनप्रवाद के प्रकार–(1) भय जनप्रवाद, (2) दिवास्वप्नमय जनप्रवाद, (3) युयुत्सात्मक जनप्रवाद, (4) उत्सुकतापूर्ण जनप्रवाद।

जनप्रवाद तथा भविष्यवाणी–समाचार अस्पष्ट होने पर जनप्रवाद बनता है परन्तु भविष्यवाणी नहीं हो पाती। समाचार स्पष्ट होने पर भविष्यवाणी होती है परन्तु जनप्रवाद नहीं बन पाता।

30

प्रचार
(Propaganda)

यूं तो राजनीति के क्षेत्र में शासन पद्धति के विषय में तरह-तरह के विचार पाये जाते हैं, परन्तु आजकल अधिकांश विचारक जनतन्त्र को ही शासन पद्धति का सर्वोत्तम रूप मानते हैं। अब्राहम लिंकन ने (Abraham Lincoln) ने "जनता के लिये, जनता के द्वारा, जनता की सरकार" के रूप में जनतन्त्र की परिभाषा की है। जनतन्त्र का क्या रूप होना चाहिये, इसके विषय में सभी देशों के विचारक एकमत नहीं हैं और भिन्न-भिन्न देशों में जनतन्त्र के भिन्न-भिन्न रूप पाये जाते हैं। परन्तु फिर भी जनतन्त्र सभी जगह लोकप्रिय है। अनेक देशों में सच्चे अर्थों में जनतन्त्रीय सरकार न होते हुये भी शासकलोग उसे जनतन्त्रीय ही कहते हैं, क्योंकि सभी जगह जनतन्त्र को जनता के कल्याण के लिये आदर्श शासन पद्धति माना जाता है। अनेक देशों में जहां जनतन्त्र अभी-अभी स्थापित नहीं हो सका है वहां भी बहुत से लोग जनतन्त्र की स्थापना के लिये प्रयत्नशील हैं। ऐसा नहीं है कि जनतन्त्र की किसी ने आलोचना ही न की हो। ऑस्कर वाइल्ड (Oscar Wilde) ने लिखा है "जनतन्त्र का अर्थ केवल जनता द्वारा जनता के लिये डण्डों से पीटना है।" परन्तु ऑस्कर वाइल्ड का यह मत तथ्यों से पुष्ट नहीं होता। सच तो यह है कि जनतन्त्र जनता में स्वतन्त्रता, समानता और भ्रातृत्व के आदर्श प्राप्त करने के लिये आदर्श परिस्थितियां उपस्थित करता है। जनतन्त्र उन दशाओं को उत्पन्न करना चाहता है जिनमें पिछड़े वर्ग आगे बढ़ें और निर्धन लोग समृद्ध बनें। जनतन्त्र के सिद्धान्तों को स्पष्ट करते हुये सन् 1776 की अमरीका की आजादी की घोषणा में लिखा गया है "मनुष्य अपने अधिकारों के विषय में समान उत्पन्न हुये हैं और रहेंगे। राजनैतिक समाज का लक्ष्य मनुष्य के प्राकृतिक और अप्रत्यक्ष अधिकारों की रक्षा करना है। ये अधिकार हैं स्वतन्त्रता, सम्पत्ति, सुरक्षा और अत्याचार का विरोध।"

जनतन्त्र की सफलता के लिये प्रत्येक समाज में कुछ परिस्थितियों की आवश्यकता होती है। सबसे पहली और अनिवार्य परिस्थिति सामान्य शिक्षा का उच्च स्तर है। जैसा कि बर्ट्रेण्ड रसल (Bertrand Russel) ने लिखा है, जिस देश में नागरिक अशिक्षित हों वहां जनतन्त्र की बात

भी करना मूर्खता है। स्मरण रहे कि यहां शिक्षा का तात्पर्य साक्षरता से नहीं है। शिक्षा का तात्पर्य राजनैतिक, सामाजिक और सामान्य शिक्षा से है। जब तक नागरिक लोग अपने अधिकारों और कर्तव्यों से परिचित नहीं होंगे और नागरिक जीवन की उच्च कल्पना नहीं रखेंगे तब तक वे जनतन्त्रीय सरकार को सफलतापूर्वक नहीं चला सकते। इस प्रकार की शिक्षा जनतन्त्रीय संस्थाओं में भी मिलती है। विधान में या अन्य सार्वजनिक संस्थाओं में भाग लेने से, चुनावों में भाग लेने से तथा अन्य सार्वजनिक कार्यक्रमों में भाग लेने से नागरिकों को जनतन्त्र की शिक्षा मिलती है।

जनतन्त्र के लिए आवश्यक इस शिक्षा में प्रचार का बड़ा महत्व है। प्रचार के द्वारा ही जनता को जनतन्त्र के आदर्शों से परिचित कराया जा सकता है। हर एक देश में जनतन्त्र की एक विशेष कार्य पद्धति होती है। इस कार्य पद्धति से परिचित हुये बिना जनता उसमें समुचित भाग नहीं ले सकती। अत: जनता में इस कार्य पद्धति के व्यापक प्रचार की आवश्यकता है। जनतन्त्र में जनता द्वारा चुने हुये प्रतिनिधि शासन चलाते हैं। इन चुनावों में एक से अधिक राजनैतिक दलों के प्रतिनिधि खड़े होते हैं। ये सभी राजनैतिक दल अपने-अपने विचारों का जनता में प्रचार करते हैं। इससे जनता यह समझ पाती है कि विभिन्न दलों के उद्देश्य क्या हैं और किस दल के प्रतिनिधि को वोट देना देश के लिये कल्याणकारी होगा। यहां यह ध्यान रखने की बात है कि यह विचार कभी-कभी भ्रामक भी हो सकता है और जनतन्त्र की सफलता के लिए भ्रामक प्रचार को रोकना भी उतना ही जरूरी है जितना कि सही बातों का प्रचार करना।

जनतन्त्र में अथवा जन समाज में प्रचार की आवश्यकता के इस विवेचन से यह स्पष्ट है कि समाज शास्त्र और मनोविज्ञान में प्रचार का शास्त्रीय अध्ययन कितना आवश्यक और लाभदायक है। प्रस्तुत अध्याय में प्रचार पर मनोविज्ञान और समाजशास्त्रीय, दोनों दृष्टिकोण से विचार किया जायेगा। प्रचार की अपील के मनोवैज्ञानिक आधार को समझने से यह स्पष्ट होगा कि समाज में प्रचार का इतना अधिक प्रभाव क्यों पड़ता है। साथ ही इससे यह भी मालूम होगा कि अच्छा प्रचार किस प्रकार किया जाना चाहिये। इस सम्बन्ध में प्रचार की विभिन्न विधियों का विश्लेषण भी प्रासंगिक होगा। जनतन्त्र में प्रचार करने वालों को प्रभावशाली प्रचार में आवश्यक बातों का भी ज्ञान होना चाहिये। अत: प्रचार के विभिन्न साधनों और उनके गुण-दोषों का विचार किया जायेगा।

प्रचार क्या है?

इस प्रकार आज के संसार में राजनैतिक, आर्थिक, सामाजिक सभी क्षेत्रों में प्रचार का बोलबाला है। यह प्रचार क्या है? इसको समझने के लिए प्रचार की वैज्ञानिक परिभाषा करनी पड़ेगी। प्रचार शब्द के लिये अंग्रेजी में प्रोपेगन्डा (Propaganda) शब्द का इस्तेमाल किया जाता है। प्रोपेगन्डा शब्द लैटिन भाषा के प्रोपेगेयर (Propagare) नामक शब्द से बना है। प्रोपेगेयर का अर्थ उत्पादन करना या फैलाना अथवा नया पौधा पैदा करने के लिये टहनियों को दबा देना है। इस प्रकार प्रोपेगेयर में उत्पादन या विस्तार स्वाभाविक न होकर कृत्रिम होता है। जाहिर है कि शाब्दिक अर्थ में प्रचार का अर्थ किसी बात को कृत्रिम रूप से फैलाना होगा। इसलिये कभी-कभी कुछ लोग प्रचार को हानिकारक समझने लगते हैं यद्यपि अब यह भली-भांति सिद्ध हो गया है कि जनता की शिक्षा के लिए प्रचार का कितना अधिक महत्व है।

प्रचार की परिभाषा

प्रचार को अच्छी तरह समझने के लिये उसकी कुछ परिभाषाओं पर दृष्टि डालना भी लाभदायक होगा। कुछ मुख्य परिभाषायें निम्नलिखित हैं–

(1) किम्बाल यंग का मत–किम्बाल यंग के अनुसार "अपने प्रयोजन के लिये हम सबसे पहले मतों, विचारों या मूल्यों के बदलने के लिये और उनका नियन्त्रण करने के लिये और अन्त में पूर्ण निर्धारित दिशा में बाहरी क्रियाओं को बदलने के लिये सुझाव और सम्बन्धित मनोवैज्ञानिक प्रणालियों द्वारा प्रतीक के न्यूनाधिक सोच-विचार कर आयोजित और व्यवस्थित प्रयोग के रूप में प्रचार की परिभाषा करेंगे।"[1]

प्रचार की उपरोक्त परिभाषा में निम्नलिखित महत्वपूर्ण बातों पर जोर दिया गया है–

(अ) प्रचार अधिकतर सोच-विचार कर और व्यवस्थित रूप में किया जाता है।

(ब) प्रचार प्रत्यक्ष रूप से नहीं बल्कि प्रतीक (Symbolic) रूप में किया जाता है। उदाहरण के लिए आमतौर से जब कोई राजनैतिक दल यह कहता है कि 'जनता के सच्चे प्रतिनिधि को ही वोट दें' तो उसका तात्पर्य इस बात का प्रचार करना होता है कि उसका अपना प्रतिनिधि ही जनता का सच्चा प्रतिनिधि है और दूसरे राजनैतिक दलों द्वारा खड़े किये गये उम्मीदवार सच्चे प्रतिनिधि नहीं हैं।

(स) प्रचार अधिकतर सुझाव (Suggestion) के द्वारा किया जाता है।

(द) प्रचार का उद्देश्य जनमत को बदलना या उसका नियन्त्रण करना होता है। प्रचार का अन्तिम उद्देश्य जनता के आदर्शों और विचारों को नियन्त्रित करके उसकी क्रियाओं को मनचाही दिशा में मोड़ देना होता है।

(2) डूब का मत–डूब के अनुसार "जब कोई व्यक्ति अथवा कुछ व्यक्ति किसी लक्ष्य को पूरा करने के लिये व्यवस्थित ढंग से निर्देश के द्वारा किसी जनसमूह की अभिवृत्तियों पर नियन्त्रण करके उसके व्यवहार को प्रभावित करते हैं तो वह प्रक्रिया प्रचार की प्रक्रिया कहलाती है।"[2]

उपरोक्त परिभाषा में यह बतलाया गया है कि प्रचार सुझाव के द्वारा होता है, उसके द्वारा जनता की अभिवृत्तियों पर नियन्त्रण किया जाता है और प्रचार व्यवस्थित होता है।

---

1. "For our purposes we shall define propaganda as the more or less deliberately planned and systematic use of symbols, chiefly through suggestion and related psychological techniques, with a view first to altering and controlling opinions, ideas and values and ultimately to changing overt action along predetermined lines."

—Kimball Young., *Handbook of Social Psychology,* (1951) p. 506.

2. ".... a systematic attempt by an interested individual or individuals to control the attitudes of groups of individuals through the use of suggestion and consequently, to control their actions."

—Doob. L. W., *Propaganda, Its psychology and Technique..*

इस प्रकार संक्षेप में प्रचार एक मनोवैज्ञानिक प्रक्रिया है जिसमें अप्रत्यक्ष रूप से जनता के विचारों, आदर्शों और अभिवृत्तियों पर नियन्त्रण करने के लिये या उनको प्रभावित करने के लिये व्यवस्थित ढंग से सुझाव का प्रयोग किया जाता है।

प्रचार के रूप

प्रत्यक्ष और अप्रत्यक्ष प्रचार

उपरोक्त परिभाषा से यह नहीं समझना चाहिये कि प्रचार केवल अप्रत्यक्ष ही होता है। वास्तव में प्रचार प्रत्यक्ष अथवा अप्रतयक्ष किसी भी तरह का हो सकता है। प्रत्यक्ष प्रचार में जैसा कि उसके नाम से जाहिर है लोगों को यह मालूम रहता है कि प्रचार करने वाला कौन है और वह क्यों प्रचार कर रहा है। उदाहरण के लिये आजकल भारत सरकार जीवन बीमा, परिवार नियोजन, अल्प बचत योजना आदि अनेक बातों के लिये प्रत्यक्ष रूप से प्रचार कर रही है। सब लोग जानते हैं कि यह प्रचार सरकारी है और इस प्रचार में सरकार लोगों को इनके फायदे बतलाकर इनको अपनाने के लिये कहती है। दूसरी ओर कुछ प्रचार अप्रत्यक्ष (Indirect) भी हो सकते हैं, जैसे पाकिस्तान का भारत विरोधी प्रचार कश्मीर को हड़पने के लिये है। प्रत्यक्ष प्रचार में लोगों को प्रचार के उद्देश्य का पता नहीं होता। उदाहरण के लिये बहुत से प्रचारक यह कभी नहीं जाहिर करते कि वे जनता से क्या चाहते हैं। वे जनता के विचारों और आदर्शों को इस तरह बदल देते हैं कि जनता वह ही करती है जोकि वे चाहते हैं। युद्ध के दिनों में बहुत से नेता अपने देशवासियों में देश-भक्ति और त्याग की भावना उकसाते हैं, जिसमें उनका उद्देश्य यह होता है कि अधिक लोग सेना में भरती हों।

प्रचार के अन्य रूप

मनोवैज्ञानिकों ने प्रचार के कुछ अन्य भेद भी किये हैं, जैसे प्राथमिक (Primary) और गौण (Secondary) प्रचार! प्राथमिक वह है जिसमें पहले से ही उपस्थित कुछ अभिवृत्तियों या पूर्व आग्रहों को भड़काया जाय। उदाहरण के लिये मुसलमानों और हिन्दुओं में कुछ न कुछ तनातनी पहले से ही चली आती है। इसका फायदा उठाकर आजाद कश्मीर सरकार मुसलमानों को जिहाद के लिए भड़काती रहती है। यह प्राथमिक प्रचार का एक उदाहरण है। गौण प्रचार में पहले से कोई भी अभिवृत्ति उपस्थित नहीं रहती। इसमें जनता में नये सिरे से कुछ अभिवृत्तियां पैदा की जाती हैं। कुछ मनोवैज्ञानिकों ने चेतन (Conscious) और अचेतन (Unconscious) प्रचार में भी अन्तर किया है। चेतन प्रचार जैसा कि उसके नाम से स्पष्ट है जानबूझ कर किया जाता है, अर्थात् वह पहले से ही आयोजित होता है। अचेतन प्रचार में प्रचार जानबूझ कर नहीं किया जाता वह अनजाने ही हो जाता है।

प्रचार की अपील के मनोवैज्ञानिक आधार

प्रचार के उपरोक्त विवेचन से उसकी अपील और मनोवैज्ञानिक आधारों पर भी प्रकाश पड़ता है। स्थूल रूप से प्रचार की मनोवैज्ञानिक पृष्ठभूमि में संकेत, प्रेरणा, अभिवृत्ति, विश्वास और संवेग तथा अनुभूतियां हैं। प्रचार में इनको प्रभावित किया जाता है, इनका उपयोग किया

जाता है, इनको बदला जाता है और इनका नियन्त्रण किया जाता है। प्रचार के मनोवैज्ञानिक आधार को भली प्रकार समझने के लिए प्रचार में इनके सम्बन्ध की विवेचना आवश्यक है।

प्रचार और संकेत

जैसा कि पहले बतलाया जा चुका है–प्रचार का मुख्य आधार संकेत (Suggestion) है। संकेत के द्वारा लोगों के विचारों और आदर्शों में मनचाहे परिवर्तन किये जा सकते हैं। यद्यपि सब लोगों में एक सी संकेत ग्रहणशीलता (Suggestibility) नहीं होती। परन्तु संकेत का थोड़ा बहुत प्रभाव हरएक व्यक्ति पर पड़ता है। संकेत में कुछ बातों का विशेष महत्व है। आमतौर से राजनैतिक नेता, अभिनेता, सन्तों आदि की बातों का आदर किया जाता है और उनका अनुकरण किया जाता है। लोग अपने कामों में उनका उदाहरण दिया करते हैं। संकेत की यह शक्ति उनकी प्रतिष्ठा के कारण है। इसलिए यह प्रतिष्ठा संकेत (Prestige Suggestion) कहलाता है। कहावत है ''महाजन: येन गता: स पन्था' अर्थात् बड़े लोग जिस तरफ जायें वही जाने योग्य मार्ग है। इसी तरह लोगों में बहुमत का भी अनुकरण करने की प्रवृत्ति होती है। यह बहुमत का संकेत (Suggestion of Majority) कहलाता है। अधिकतर आदमी जिस काम को करते हों, अधिकतर लोग जिसको अच्छा मानते हों अन्य लोग भी उन्हीं का अनुकरण करते हैं। भेड़चाल की यह प्रवृत्ति मनुष्य की सामाजिकता के कारण है। बहुत ही कम लोग ऐसे हैं जो बहुमत से प्रभावित न होते हों। इस प्रकार प्रतिष्ठित लोगों के मत अथवा बहुमत के संकेत के द्वारा जनता में तरह-तरह की बातों का प्रचार किया जाता है। उदाहरण के लिए कांग्रेस का अधिकतर प्रचार नेहरू और गांधी के नाम पर होता है।

प्रचार और प्रेरणायें तथा आवश्यकतायें

मनुष्य का हर एक व्यवहार उसकी प्रेरणाओं (Motives) और आवश्यकताओं (Needs) पर निर्भर है। इसके बगैर किसी भी व्यक्ति से कोई भी काम नहीं कराया जा सकता। जिस चीज की कोई जरूरत नहीं, जिससे कोई प्रेरणा नहीं मिलती उसका प्रचार नहीं हो सकता। प्रचार उसी का हो सकता है जिसकी लोगों को जरूरत हो या उसकी जरूरत पैदा कर दी जाय। इसलिये सफल प्रचारक लोगों की प्रेरणाओं को अपील करते हैं। यद्यपि भिन्न-भिन्न लोगों की प्रेरणाओं और आवश्यकताओं में कुछ न कुछ अन्तर होता है। परन्तु फिर भी स्थूल रूप से कुछ प्रेरणायें और आवश्यकतायें सभी में देखी जा सकती हैं। उदाहरण के लिये हर एक व्यक्ति चाहता है कि समाज में उसका आदर हो और उसको अच्छा समझा जाय। हर एक व्यक्ति शक्ति प्राप्त करना चाहता है। हर एक व्यक्ति अपनी और अण्ने परिवार की सुरक्षा चाहता है। हर एक व्यक्ति जीवन का स्तर ऊंचा करना चाहता है। आम तौर से हर एक को देश और धर्म से प्रेम होता है। हर एक को रोटी, कपड़ा, काम, नाम और आराम की जरूरत होती है। प्रचार में इन प्रेरणाओं और आवश्यकताओं को उत्तेजित किया जाता है। साम्प्रदायिक दल 'धर्म खतरे में है' का नारा लगाकर अपने सम्प्रदाय में विरोधी दल के प्रति घृणा का प्रचार करते हैं और उनको उकसाते हैं। विदेशियों का आक्रमण होने पर देश की सरकार देश की सुरक्षा के नाम पर जनता का संगठन करती है। साम्यवादी लोग देश की गरीबी दूर करने का वायदा करने और लोगों का जीवन स्तर ऊंचा उठाने

का आश्वासन देकर निर्धन लोगों में और मजदूरों में अपने दल का प्रचार करते हैं। जीवन बीमा कम्पनी लोगों की अपनी और अपने परिवार की सुरक्षा और कुशलता की प्रेरणा की अपील करके जीवन बीमा का प्रचार करती है। धर्म प्रचारक, ईश्वर और धर्म के नाम पर, धार्मिक प्रचार करते हैं। आजकल सभी लोग इस बात को जानते हैं कि यदि किसी चीज का प्रचार करना हो तो जनता में उसकी आवश्यकता पैदा करना जरूरी है और उसको किसी न किसी प्रेरणा से सम्बन्धित होना चाहिए।

प्रचार और विश्वास तथा अभिवृत्तियां

प्रचार का एक उद्देश्य जनता के विश्वासों और अभिवृत्तियों को परिवर्तित करना या उनको नियन्त्रित करना है। जैसा कि पहले बतलाया जा चुका है कि मौलिक प्रचार में पहले ही मौजूद कुछ अभिवृत्तियों का सहारा लिया जाता है और गौण प्रचार से अभिवृत्तियां बदलीं जाती हैं या बनाईं जाती हैं। इसी तरह प्रचार में पुराने विश्वासों को बदलकर नये विश्वास स्थापित करने की चेष्टा की जाती है। उदाहरण के लिए हर एक राजनैतिक दल जनता को यह विश्वास दिलाने की कोशिश करता है कि वह जनता का सच्चा कल्याण कर सकता है। हर एक अपने को जनता का सच्चा प्रतिनिधि बतलाता है और दूसरे दलों में से विश्वास को उठा देना चाहता है। परन्तु विश्वासों को बंदलने में अभिवृत्तियों को ध्यान में रखना जरूरी है क्योंकि प्रचार बलपूर्वक नहीं किये जा सकते। यदि जनता की अभिवृत्ति किसी ओर नहीं हो तो उस दशा में एकदम प्रचार शुरू कर देना बेकार है। इसके लिए जनता में पहले अभिवृत्ति उत्पन्न की जानी चाहिए।

प्रचार संवेग और अनुभूतियां

मनुष्य पर संवेगों (Emotions) और अनुभूतियों (Feelings) को उत्तेजित करने वाली बातों का प्रभाव पड़ता है। इसीलिए प्रचारक लोग जनता में प्रचार करते समय अपने मनोनुकूल संवेग उत्पन्न करने की कोशिश करते हैं। जरूरत के अनुसार के लोगों में भय, क्रोध, आशा, निराशा और घृणा आदि संवेगों को जाग्रत करने की कोशिश करते हैं। उदाहरण के लिए साम्प्रदायिक दल अपने सम्प्रदाय के लोगों में अन्य सम्प्रदायों से भय, क्रोध और घृणा उकसाते हैं। भारत से ब्रिटिश सरकार को निकालने की कोशिश में भिन्न-भिन्न लोगों ने जनता में भिन्न-भिन्न संवेगों और अनुभूतियों को उकसा कर ब्रिटिश विरोधी और स्वतन्त्रता के पक्ष में प्रचार किया। महात्मा गांधी ने स्वदेशी प्रेम का संवेग उकसाया। क्रान्तिकारियों ने जनता में अंग्रेजों के प्रति क्रोध और घृणा फैलाई। तरह-तरह के नारे लगाये गये। नारों का उद्देश्य जनता की अनुभूतियों और संवेगों को उकसाना होता है। 'इन्कलाब जिन्दाबाद' के नारे सुनकर और बोलकर लोग उत्तेजित हो जाते हैं और आशा से भर उठते हैं। ''सड़ी गली सरकार को, एक टक्कर और दो' का नारा लगाकर लोग क्रोध प्रदर्शित करते हैं। कुशल नेता अपने भाषणों द्वारा लोगों के संवेगों और भावनाओं का नियन्त्रित करते हैं और उनको मनचाही दिशा में बदल देते हैं। तरह-तरह के चित्रों और पोस्टरों के द्वारा सरकार जनता में मद्य निषेध, परिवार नियाजेन, जीवन बीमा, सहकारिता आदि अनेक आन्दोलनों के सम्बन्ध में प्रचार करती है।

प्रचार की विधियां
(Techniques of Propaganda)

संयुक्त राष्ट्र अमेरिका में न्यूयार्क में एक प्रचार विश्लेषण संस्था (Institute of Propaganda Analysis) है। इस संस्था ने प्रचार की विधियों का वर्गीकरण किया है। इसके अनुसार ये विधियां निम्नलिखित हैं–

(1) **नामकरण** (Name Calling)–किसी के पक्ष या विपक्ष में प्रचार करने के लिये कुछ नामों का प्रयोग किया जाता है। इस नामकरण से पक्ष या विपक्ष में अच्छा खासा प्रचार हो जाता है। उदाहरण के लिये अक्सर राजनैतिक दल के नेता विरोधी दलों को 'गद्दार' या 'पंचमांगी' कहते हैं। कुछ लोग दूसरे दलों को साम्प्रदायिक नाम देकर उनके विरुद्ध प्रचार करते हैं।

(2) **स्थानान्तरण** (Transfer)–स्थानान्तरण में, जैसा कि उसके नाम से स्पष्ट है परस्पर असम्बद्ध बातों, विचारों या वस्तुओं को जोड़ दिया जाता है। उदाहरण के लिये बहुत से प्रचारक अपनी बातों के पक्ष में बहुत सी इधर-उधर की असंगत बातों को जोड़ देते हैं।

(2) **आकर्षक सामान्य धारणायें** (Glittering Generalities)–कुछ शब्द ऐसे हैं जो आमतौर से सभी को आकर्षित करते हैं और जिनको सभी लोग मानते हैं, जैसे विश्व बन्धुत्व, समानता, स्वतन्त्रता और भ्रातृत्व इत्यादि। इन आकर्षक, सामान्य धारणाओं का सहारा लेकर बहुत सी बातों का प्रचार किया जाता है। अन्तर्राष्ट्रीय क्षेत्र में रूस और अमेरिका दोनों ही विश्वशान्ति के नाम पर अपने-अपने कारनामों के पक्ष में प्रचार करते हैं। साम्यवादी दल समानता और भ्रातृत्व का नारा लगा कर अपने सिद्धान्तों का प्रचार करते हैं। यहां तक कि हिटलर जैसे तानाशाहों ने भी विश्वशान्ति और मानव की प्रगति के नाम पर अपने सिद्धान्तों का प्रचार किया।

(4) **प्रसिद्ध व्यक्तियों के प्रमाण-पत्र** (Testimonials)–आमतौर से लोग अपनी चीजों, विचारों या मतों का प्रचार करने के लिये बड़े-बड़े नेताओं और प्रसिद्ध व्यक्तियों के प्रशंसा पत्र पेश करते हैं। भारत में अधिकतर राजनैतिक दल यह प्रचार करते हैं कि वे महात्मा गांधी के विचारों को वास्तविक रूप से अपनाये हुये हैं और दूसरे लोग गलत रास्ते पर हैं। चुनाव के दिनों में कांग्रेस ने अपने प्रचार के लिये नेहरू जी और गांधी जी के प्रमाण पत्र उपस्थित किये।

(5) **लोक रीति की दुहाई** (Plain Folk Appeal)–प्रचार में लोक रीति की दुहाई दी जाती है, क्योंकि जनता में लोक रीति को अपनाने की प्रवृत्ति होती है। इस बात को ध्यान में रखकर संसार में सब कहीं राजनैतिक दल ऐसे चुनाव चिन्ह ग्रहण करते हैं जो लोक जीवन के समीप हों। उदाहरण के लिये भारत में कांग्रेस का चुनाव चिन्ह दो बैलों की जोड़ी, जनसंघ का चुनाव चिन्ह, दीपक प्रजा सोशालिस्ट पार्टी का चुनाव चिन्ह झोंपड़ी और साम्यवादी दल का चुनाव चिन्ह हंसिया और हथौड़ा है। कहना न होगा कि ये सभी लोक जीवन के बहुत निकट हैं।

(6) **सर्वसम्मति का सहारा** (Band Wagon)–प्रचार में सर्वसम्मति के प्रभाव का भी उपयोग किया जाता है। लोगों में बहुमत की बात मानने की प्रवृत्ति होती है। बहुमत में सुझाव की शक्ति होती है अत: हर एक प्रचारक यह विश्वास दिलाने की कोशिश करता है कि बहुमत उसी

के सिद्धान्तों और आदर्शों को मानता है। चुनाव के दिनों में इस विधि का विशेष रूप से उपयोग किया जाता है। कम वोट मिलने पर भी वोटिंग के समय अधिकतर राजनैतिक दल बराबर यह प्रचार करते रहते हैं कि उनको सबसे अधिक वोट मिल रहे हैं और वे भारी बहुमत से जीत रहे हैं।

(7) एंकागी प्रचार या पत्तेबाजी (Card Stacking)–प्रचार की इस विधि में, जैसा कि इसके नाम से स्पष्ट है तथ्यों को तोड़-मरोड़ कर अपने पक्ष में दिखाने की कोशिश की जाती है और विरोधी पक्ष के अनुकूल बातों को झूठ-मूठ गलत साबित किया जाता है। इस तरह यह एकांगी प्रचार है। स्पष्ट है कि प्रचार की यह रीति अनैतिक और भ्रामक है। फिर भी राष्ट्रीय और अन्तर्राष्ट्रीय राजनीति के क्षेत्र में इसका बराबर प्रयोग किया जाता है। राष्ट्रीय क्षेत्र में सरकारी समाचार पत्र सरकार के पक्ष में और अन्य दलों के समाचार पत्र सरकार के विरोध में समाचारों को तोड़-मरोड़कर छापते हैं सामान्य बात को विशेष और विशेष बात को सामान्य रूप में दिखलाते हैं और सारा दोष एक ही पक्ष के सर मढ़ देते हैं। यही अन्तर्राष्ट्रीय क्षेत्र में भी होता है। चीनी समाचार पत्र बराबर यह छापे जाते हैं कि भारत की ओर से उनके सैनिकों पर हमला किया गया और भारतीय लोग उसकी सीमा में घुस गये। इस तरह पाकिस्तान के समाचार पत्र बराबर यह प्रचार करते रहते हैं कि भारतवर्ष पाकिस्तान के खिलाफ सैनिक तैयारियाँ कर रहा है।

प्रभावशाली प्रचार में आवश्यक बातें

किम्बाल यंग का मत

प्रचार को प्रभावशाली बनाने में समाज मनोविज्ञान से बड़ी सहायता मिल सकती है। प्रचार प्रभावशाली किस तरह हो इस बारे में समाज मनोवैज्ञानिकों ने बहुत से प्रयोग किये। इन सब प्रयोगों से यह बात सामान्य रूप से देखी गई कि प्रचार का प्रभाव उसके मनोवैज्ञानिक आधार की दृढ़ता पर आधारित है। किम्बाल यंग[3] ने प्रचार के निम्नलिखित चार मनोवैज्ञानिक आधार बतलाये हैं–

(1) प्रचार का उद्देश्य श्रोतागण से सम्बन्धित होना चाहिये।

(2) प्रचार की प्रत्येक वस्तु जिसके आधार पर प्रचार को अधिक शक्तिशाली और सूत्ररूपी बनाया जाता है।

(3) प्रचार से सम्बन्धित विशेष सुझाव और अन्य मनोवैज्ञानिक विधियां।

(4) विचारों, दृष्टिकोणों, मूल्यों तथा क्रियाओं पर प्रचार का प्रभाव।

(1) अप्रत्यक्ष प्रचार–प्रचार की सफलता के लिये यह जरूरी है कि लोगों को यह न मालूम हो सके कि प्रचार क्यों किया जा रहा है। प्रत्यक्ष प्रचार का प्रभाव उतना नहीं पड़ता जितना कि अप्रत्यक्ष प्रचार का पड़ता है क्योंकि प्रत्यक्ष प्रचार में लोगों को मालूम हो जाता है कि कौन अपने किस स्वार्थ को सिद्ध करने के लिये प्रचार कर रहा है। इस प्रकार आमतौर से अप्रत्यक्ष प्रचार ही अधिक प्रभावशाली होता है। यहाँ पर मूल बात यह है कि चूंकि अधिकतर प्रचार के

3. Kimball Young., *Handbook of Social Psychology.* (1951) pp. 507-508.

पीछे किसी विशेष व्यक्ति या समूह का अपना स्वार्थ होता है इसीलिये उसका प्रभाव कम पड़ता है। यदि ऐसा न हो अर्थात् यदि प्रत्यक्ष प्रचार में प्रचारक का उद्देश्य निःस्वार्थ हो तो उससे भी लाभ होगा। उदाहरण के लिये भारत सरकार जीवन बीमा, परिवार नियोजन, मद्यनिषेध आदि के लिये प्रत्यक्ष प्रचार कर रही है। इनको अपनाने में जनता का ही भला है। सरकार का इसमें कोई स्वार्थ नहीं है। ऐसी दशा में प्रत्यक्ष प्रचार भी कम प्रभावशाली नहीं होगा।

(2) विशेष वर्ग के अनुकूल प्रचार—प्रचार की सफलता के लिये ध्यान रखने की एक दूसरी बात यह है कि प्रचार किस वर्ग, लिंग, आयु अथवा शैक्षिक स्तर के लोगों के लिये किया जा रहा है, क्योंकि इन सबके अन्तर से प्रचार की अपील में अन्तर पड़ जाता है। प्रचार करने में यह देखना जरूरी है कि प्रचार जिस वर्ग के लिये किया जा रहा है उस वर्ग की अभिवृत्ति के अनुरूप हो। विवादास्पद विषयों में प्रचार को प्रभावशाली बनाने के लिये विषय के पक्ष और विपक्ष दोनों ही बातों को उपस्थित किया जाना चाहिये। ऐसा करने से पढ़े-लिखे और विचारशील लोगों पर अधिक प्रभाव पड़ता है। परन्तु जो लोग पहले से ही किसी विशेष तरह के विचार रखते हैं उनको एकांगी प्रचार अधिक प्रभावित करता है। बेपढ़े-लिखे लोगों को भी एकांगी प्रचार ही अधिक प्रभावित करता है।

(3) प्रचार का दोहराना—प्रचार को प्रभावशाली बनाने के लिये उसको बार-बार दोहराया जाना चाहिए। जैसा कि डाक्टर गोबेल्स (Dr. Goebbels) ने कहा कि एक झूठ को सौ बार दोहराइये तो वह सत्य के रूप में स्वीकृत होने लगेगा। बार-बार दोहराने से झूठी बात भी सत्य मान ली जाती है। वशीकरण (Hypnotism) में इस बात का व्यापक उपयोग किया जाता है। राजनैतिक क्षेत्र में भी प्रचार की बात को बराबर दोहराया जाता है। धार्मिक और व्यापारिक क्षेत्र में तरह-तरह के नारों को बराबर दोहराया जाता है। परन्तु किसी बात को केवल बार-बार दोहराना मात्र ही काफी नहीं है। कभी-कभी उसके साथ में कुछ तर्क भी दिये जाने चाहियें। सच तो यह है कि जिन विधियों का पीछे उल्लेख किया गया है उन सभी को आवश्यकता अनुसार इस्तेमाल करने से प्रचार प्रभावशाली होता है। इस तरह कभी-कभी सम्मानित व्यक्तियों के प्रमाण पत्र पेश करना भी लाभदायक होगा। लोक रीति की दुहाई देने से बहुधा लोग प्रचारक की बात पर विश्वास कर लेते हैं। इसी तरह सर्वसम्मति का सहारा लेने से भी प्रचार प्रभावशाली बनाया जा सकता है। इस सम्बन्ध में यह ध्यान रखना जरूरी है कि प्रचार ऐसा हो जो संवेगों, अनुभूतियों तथा प्रेरणाओं आदि को अपील करे। कभी-कभी अपने प्रचार को प्रभावशाली बनाने के लिये विरोधी प्रचार करना अधिक अच्छा रहता है। राजनीति के क्षेत्र में कुशल राजनीतिज्ञ बहुधा इसी नीति पर चलते हैं।

क्रेच और क्रचफील्ड का मत

प्रभावशाली प्रचार के उपरोक्त विवरण को संक्षेप में क्रेच और क्रचफील्ड[4] (Krech and Crutchfield) के विभिन्न प्रयोगों पर आधारित सफल प्रचार को अग्रलिखित सात नियमों में दिया जाता है—

4. Krech and Crutchfield, *Theory and Problems of Social Psychology*. pp. 357-360.

(1) किसी आवश्यकता या प्रेरणा को सन्तुष्ट करने वाले सुझाव शीघ्र स्वीकार कर लिये जाते हैं। इसीलिये प्रचारक को लोगों की आवश्यकताओं तथा प्रेरणाओं के आधार पर प्रचार करना चाहिये।

(2) स्पष्ट परिस्थितियों की अपेक्षा अस्पष्ट और अनिश्चित परिस्थितियों में दिये जाने वाले सुझाव शीघ्र ग्रहण कर लिये जाते हैं। इसीलिए सफल प्रचारक पहले अस्पष्ट परिस्थितियां उन्नत करके फिर उनको सुलझाने के लिए सुझाव देते हैं।

(3) जिस जन समूह में प्रचार करना हो उसमें प्रचलित विश्वासों और मान्यताओं के अनुकूल सुझाव शीघ्र ग्रहण कर लिये जाते हैं।

(4) प्रत्यक्ष की अपेक्षा अप्रत्यक्ष प्रचार अधिक प्रभावशाली होता है। लोगों को यह नहीं मालूम होना चाहिए कि उनमें किस बात का प्रचार किया जा रहा है।

(5) प्रचार को सामाजिक स्वीकृति प्राप्त होनी चाहिए। सामान्य जनता की आवश्यकताओं को दृष्टि में रखकर ही प्रचार के सुझाव दिए जाने चाहियें। लोगों को ऐसा प्रतीत होना चाहिए कि प्रचारक अपने विचार नहीं बल्कि स्वयं उन्हीं के विचारों को व्यक्त कर रहा है।

(6) प्रभावशाली उत्तेजनायें उत्पन्न करने के लिए भाषा, शब्द चयन, उच्चारण और बोलने का ढंग आदि ऐसा होना चाहिये जो प्रचार के जन-समूह को प्रभावित करे।

(7) प्रचार का प्रतिरोध विरोधी प्रचार से किया जा सकता है। सर्वोत्तम विरोधी विचार वह है जिसमें अधिकतर जनता की अधिकतर सामाजिक और आर्थिक आवश्यकतायें अधिकाधिक समय तक सन्तुष्ट होती रहे।

प्रचार के साधन
(Means of Propaganda)

प्रचार के विभिन्न साधन

भिन्न-भिन्न प्रचारक प्रचार करने के लिये तरह-तरह के साधनों को इस्तेमाल करते हैं। कोई प्लेटफार्म से भाषण देता है, कोई पत्र पत्रिकाओं में लेख और खबरें छपवाता है। कुछ लोग पुस्तकें लिख कर ही अपने विचारों का प्रचार करते हैं। नाटक, कविता, उपन्यास आदि साहित्य के माध्यम से भी प्रचार किया जाता है। बहुत से विचारों और मूल्यों के प्रचार में सिनेमा का भारी हाथ है। राजनैतिक दल अपने प्रचार के लिये जुलूस निकालते हैं और नारे लगवाते हैं। उद्योग और व्यापार तथा राजनीतिक सम्बन्धी प्रचार में रेडियो एक महत्वपूर्ण माध्यम है। प्रचार के इन सब माध्यमों का अलग-अलग महत्व और उपयोग है। समय और आवश्यकता के अनुसार सफल प्रचारक इनमें से उपयुक्त माध्यम चुन लेता है। उदाहरण के लिये क्रान्ति के समय प्रचार के माध्यम शान्ति के समय से भिन्न होंगे। व्यापारिक प्रचार करने में रेडियो और प्रेस सर्वोत्तम साधन हैं। मूल्यों, आदर्शों और विचारों के सम्बन्ध में प्रचार करने में साहित्यिक माध्यम उपयोगी सिद्ध होते हैं। राजनैतिक क्षेत्र में भाषण, नारे, जुलूस सभा आदि का व्यापक प्रभाव पड़ता है। पहले जमाने में जब रेडियो, प्रेस, सिनेमा आदि नहीं थे तब प्लेटफार्म ही प्रचार का

मुख्य माध्यम था। परन्तु आजकल विज्ञान की सहायता से प्रचार के नये-नये माध्यम निकलते आ रहे हैं। इन माध्यमों से कम समय में और कम शक्ति खर्च करके अधिक लोगों में प्रचार किया जा सकता है।

प्रचार के प्रत्यक्ष और अप्रत्यक्ष माध्यम

प्रचार के इन माध्यमों में प्लेटफार्म प्रत्यक्ष माध्यम है। इसके आलावा प्रेस, रेडियो, सिनेमा एवं साहित्य आदि प्रचार के अप्रत्यक्ष माध्यम हैं। प्रत्यक्ष माध्यमों में सभा, जुलूस, नारे आदि की भी गिनती की जा सकती है। इनमें प्रचारक जनता के सामने व्यक्तिगत रूप से स्वयं उपस्थित होकर अपनी बात कहता है। इससे उसके बाहरी व्यक्तित्व का भी प्रभाव पड़ता है। अप्रत्यक्ष माध्यमों में प्रचारक स्वयं जनता के समाने नहीं आता। पत्र-पत्रिकाओं और साहित्य के द्वारा उसके विचार लोगों के सामने आते है। रेडियो से उसकी आवाज सुनाई पड़ती है। सिनेमा में उसको बोलते देखा जा सकता है। स्थूल रूप से प्रत्यक्ष-अप्रत्यक्ष माध्यमों से अधिक प्रभावशाली होते हैं। परन्तु दूसरी ओर अप्रत्यक्ष माध्यमों में एक विशेष लाभ यह है कि उनसे प्रचार इतने अधिक लोगों तक पहुँच सकता है कि जितना प्रत्यक्ष माध्यमों से कभी सम्भव नहीं है। उदाहरण के लिये रेडियो से दिया गया भाषण करोड़ों लोगों तक पहुँच सकता है, जबकि प्लेटफार्म से दिया गया भाषण अधिक से अधिक दो-तीन लाख लोग सुन सकते हैं। वास्तव में कब किस तरह के माध्यम का प्रयोग करना चाहिये यह प्रचार के उद्देश्य और रूप पर निर्भर है। जहां प्रचार के प्रचारक के अपने-अपने व्यक्तित्व का भी काफी महत्व होता है। वहां प्रत्यक्ष प्रचार से जितना लाभ हो सकता है उतना लाभ अप्रत्यक्ष प्रचार से कभी नहीं हो सकता। उदाहरण के लिये पण्डित नेहरू जैसे नेताओं के प्लेटफार्म पर आने पर लाखों की भीड़ सुनने को एकत्रित होती है और केवल उनको सुन कर नहीं बल्कि उनको देखकर और उनके हाव-भाव तथा व्यक्तित्व से भी प्रभावित होती है। यूं तो प्रचार के माध्यम बहुत से हो सकते हैं परन्तु यहां पर केवल मुख्य-मुख्य माध्यमों कां ही वर्णन किया जायेगा। ये माध्यम निम्नलिखित हैं–

(1) प्लेटफार्म (Platform)
(2) प्रैस (Press)
(3) रेडियो (Radio)
(4) टेलीविजन (Television)
(5) चलचित्र (Cinema)
(6) शिक्षा (Education)
(7) धर्म (Religion)
(8) साहित्य (Literature)
(9) सभा, जुलूस और नारे (Meetings, Processions and Slogans)
(10) शक्ति का प्रयोग (Use of Force)

(1) प्लेटफार्म–प्लेटफार्म प्रचार का सबसे प्राचीन और आजकल भी सबसे अधिक महत्वपूर्ण माध्यम है। राजनैतिक क्षेत्र में सभी राजनैतिक दल प्रचार करने के लिये प्लेटफार्म का

इस्तेमाल करते हैं। चुनाव में भाग लेने वाले उम्मीदवार प्लेटफार्म से भाषण देकर ही जनता के वोट जीतने का प्रयास करते हैं। केवल भारत ही नहीं बल्कि संयुक्त राष्ट्र अमेरिका जैसे प्रगतिशील देश में भी प्लेटफार्म ही राजनीति के क्षेत्र में प्रचार का मुख्य माध्यम है। अमेरिका के राष्ट्रपति कैनेडी ने अपने चुनाव के प्रचार में प्लेटफार्म के माध्यम का ही सबसे अधिक प्रयोग किया था। बहुधा महान् नेता अच्छे भाषणकर्ता भी होते हैं। उनके भाषण जनता पर जादू का सा असर करते हैं। प्लेटफार्म के माध्यम में कुछ ऐसी बातें हैं जो कि प्रचार के अन्य माध्यमों में नहीं मिलतीं। जैसा कि पहले बतलाया जा चुका है प्लेटफार्म की सबसे बड़ी विशेषता है कि उसमें प्रचारक जनता के सामने स्वयं उपस्थित होता है। इससे वह अपने व्यक्तित्व, गुणों और योग्यता से श्रोताओं को मोहित कर सकता है। प्लेटफार्म का सामूहिक संकेत की दृष्टि से बड़ा भारी प्रभाव पड़ता है। इसके माध्यम से बहुत नेता लोग जनता में मनचाहे संवेग उकसा कर उनसे मनचाहा काम करा लेते हैं। यह बात दूसरे किसी माध्यम में नहीं मिलती। इसका एक मुख्य कारण यह है कि प्लेटफार्म से दिये गये भाषण को सुनने के लिये जनता की भीड़ एकत्रित होती है। अत: उसमें भीड़ मनोविज्ञान काम करता है। लोगों पर संवेगों का अधिक प्रभाव पड़ता है। उनकी विवेकशीलता और तर्क बुद्धि कम हो जाती है। इसलिये ऐसे कितने ही उदाहरण हैं जिनमें भाषणकर्ता ने भीड़ को उत्तेजित करके आक्रमण करा दिये, आग लगावा दी, और खून करवा दिये। रेडियो, चलचित्र अथवा अन्य किसी माध्यम से यह काम असम्भव है, क्योंकि उनमें प्रचार को ग्रहण करने वाला व्यक्ति के रूप में होता है, भीड़ के सदस्य के रूप में नहीं होता।

(2) **प्रैस**—प्रैस के आविष्कार से प्रचार के क्षेत्र में एक क्रांति सी हो गई। प्रैस के माध्यम से किया गया प्रचार दूर-दूर करोड़ों लोगों तक पहुँच सकता है। देश में लाखों करोड़ों लोग नियमित रूप से समाचार पत्र पढ़ते हैं। अत: उनके माध्यम से किये प्रचार जनता में आसानी से पहुंच जाते हैं। प्रैस द्वारा जो विचार प्रकट किये जाते हैं वे अधिक सन्तुलित और तर्क युक्त होते हैं। उनमें संवेगों से अधिक पाठक की बुद्धि को अपील किया जाता है। इसलिये प्रैस शिक्षित समाज में प्रचार का सर्वोत्तम साधन है। आजकल लगभग हर एक बड़ा राजनैतिक दल अपने प्रचार के लिये कुछ न कुछ पत्र-पत्रिकायें निकालता है। इन पत्र-पत्रिकाओं से उसके विचारों का नियमित रूप से प्रचार होता है। हर एक में कुछ सरकारी पत्र-पत्रिकायें भी होती हैं। इनसे जनता को सरकार का मत मालूम होता रहता है और सरकार की नीति का प्रचार होता रहता है।

(3) **रेडियो**—प्रचार क्षेत्र में विज्ञान की सबसे अधिक महत्वपूर्ण देन रेडियो है। यह एक मनोवैज्ञानिक तथ्य है कि देखने की संवेदना से, सुनने की संवेदना अधिक प्रभावशाली होती है पढ़े हुये भाषण की अपेक्षा सुना हुआ भाषण अधिक प्रभावित करता है। क्योंकि उसमें श्रोता प्रचारक की आवाज सुनता है और इस प्रकार किसी हद तक उसके व्यक्तिगत सम्पर्क से प्रभावित होता है। आजकल अधिकतर समृद्ध परिवार में लोग रेडियो सुनते हैं। गांवों में सार्वजनिक रेडियों होते हैं जिसको सुनने के लिये काफी लोग एकत्रित होते हैं। शहरों में पान की दुकानों, उपहारगृहों और होटलों आदि में रेडियो बजते रहते हैं और श्रोतागण बराबर उपस्थित रहते हैं। इस प्रकार जहां प्रैस द्वारा प्रचार केवल पढ़े-लिखे लोगों तक ही पहुँच पाता है वहां रेडियो द्वारा प्रचार पढ़े-लिखों के साथ बेपढ़े-लिखे लोगों तक भी पहुंच जाता है। रेडियों के प्रचार में एक अन्य

विशेषता यह है कि वह अधिक विश्वसनीय और सन्तुलित होता है, क्योंकि रेडियो पर सरकार का नियन्त्रण रहता है। रेडियो से सुने गये प्रचार प्लेटफार्म अथवा प्रेस के समाचारों से अधिक प्रमाणित माने जाते हैं। रेडियो में एक दूसरी विशेषता यह है कि उसके द्वारा घटना स्थल पर आँखों देखी बातों के समाचार हजारों मील दूर बैठे हुये व्यक्ति को तत्काल मिल जाते हैं और ऐसा मालूम पड़ता है, मानों वह घटना अपनी आंखों से देखी जा रही हो। दिल्ली में स्वतन्त्रता दिवस मानने के साथ-साथ उसका आंखों देखा विवरण रेडियो से प्रसारित किया जाता है। इस विवरण को सुनते हुये लोग जब प्रधान मन्त्री का भाषण सुनते हैं तो उनको ऐसा प्रतीत होता है मानो यह सब उनकी आंखों के सामने ही हो रहा है।

(4) **टेलीविजन**—रेडियो के बाद प्रचार के माध्यमों में विज्ञान की अगली महत्वपूर्ण भेंट टेलीविजन है। रेडियो के द्वारा तो केवल आवाज ही जनता तक पहुँचती है टेलीविजन के द्वारा भाषणकर्ता स्वयं टेलीविजन के पर्दे पर दिखाई पड़ता है। स्पष्ट है कि टेलीविजन के द्वारा प्रसारित किये गये प्रचार अधिक व्यापक होंगे और उनका प्रभाव अधिक पड़ेगा। अमरीका में तो एक व्यक्ति टेलीविजन के पर्दे पर मुक्केबाजी देखते हुये इतना उत्तेजित हो उठा कि उसकी तत्काल मृत्यु हो गई। इस प्रकार कभी-कभी तो टेलीविजन एक प्रत्यक्ष माध्यम बन जाता है। विज्ञान के क्षेत्र में पश्चिमी देशों से पीछे होने के कारण भारत में अभी टेलीविजन का इतना अधिक प्रचार नहीं हुआ है। परन्तु पश्चिमी देशों में टेलीविजन शिक्षा और प्रचार का महत्वपूर्ण साधन बन गया है।

(5) **चलचित्र**—यूं तो सिनेमा विशेषतौर से मनोरंजन का साधन है, परन्तु उसके माध्यम से प्रचार भी किया जाता है। चलचित्र के माध्यम से सरकार अपनी नीति और देश की प्रगति तथा अनेक योजनाओं के सम्बन्ध में प्रचार करती है। कश्मीर के सम्बन्ध में भारत के पक्ष में प्रचार करने के लिये अभी हाल मे ही भारत सरकार ने एक फिल्म बनाई है। इसी प्रकार परिवार नियोजन, जीवन बीमा, सहकारिता तथा अल्प बचत योजना और प्राइज बांड आदि अनेक सरकारी योजनाओं के बारे में प्रचार करने के लिये चलचित्र बनाये गये हैं। युद्ध और संकट के समय में चलचित्रों के द्वारा सरकार वास्तविक स्थिति का प्रचार करती है। चलचित्र के माध्यम के प्रचार से लोगों के आंख और कान दोनों ही प्रभावित होते हैं। अत: यह प्रचार अधिक यथार्थ और प्रभावशाली होता है। टेलीविजन के मुकाबले में चलचित्र का पर्दा बहुत बड़ा होता है और उसमें पर्दे पर दिखाई पड़ने वाले व्यक्ति और स्थान एकदम असली से मालूम पड़ते हैं। अत: चलचित्र लोगों की भावनाओं, संवेगों और प्रेरणाओं को अधिक प्रभावित करते हैं। इस प्रकार चलचित्रों द्वारा किया गया प्रचार मनोवैज्ञानिक रूप से अधिक प्रभावशाली होता है। चलचित्रों के द्वारा प्रचार में एक लाभ और भी है कि इससे एक ही समय में सैकड़ों स्थानों पर लाखों लोगों को एक फिल्म दिखा कर किसी बात का प्रचार किया जा सकता है। चलचित्र की सबसे बड़ी विशेषता है कि उससे घटना स्थल पर घटना के चित्र लेकर उसको प्रमाणिक रूप से ज्यों के त्यों और सजीव रूप में दिखलाया जा सकता है। युद्ध स्थलों पर और दंगों के मौकों पर जो चलचित्र बनाये जाते हैं उनको देखने से दर्शक को ऐसा मालूम होता है कि मानों वह घटनास्थल पर स्वयं उपस्थित हो। अत: वह उन पर पूरा विश्वास करता है और उनके आधार पर किये गये प्रचार पूरी तरह से मान लेता है।

(6) **साहित्य**—यद्यपि साहित्य में प्रचार की मनोवृत्ति रखना एक दोष माना गया है, परन्तु फिर भी साहित्य सदैव प्रचार के मुख्य माध्यमों में से एक रहा है। कुछ पुस्तकें तो केवल प्रचार की दृष्टि से ही लिखी जाती हैं, जैसे मार्क्स और इंगेल्स का Communist Manifesto साम्यवादी विचारधारा का प्रचार करता है। गांधी और विनोबा जी ने सर्वोदय की विचारधारा और प्रचार के लिये अनेक पुस्तकें लिखी हैं। ये पुस्तकें तो प्रत्यक्ष प्रचार करती हैं। इनके अलावा उपन्यास, नाटक, कहानी, कविता, लेख आदि विभिन्न प्रकार के साहित्य के माध्यम से भी विचारों और मूल्यों का प्रचार किया जाता है। उपन्यास, नाटक, कहानी, कविता, और लेख आदि के माध्यम से साम्यवादी विचारों का लगभग सभी देशों में प्रचार करने की कोशिश की गई है। राजनैतिक विचारों के अलावा जीवन दर्शन सम्बन्धी विचार साहित्य के माध्यम से, लोगों में फैलाये जाते हैं। उदाहरण के लिये भौतिकवादी विचारधारा को लेकर आज के युग में एक विशाल साहित्य की रचना की गई है। कहना न होगा कि साहित्य से भौतिकवादी और भोगवादी विचारों तथा मूल्यों का प्रचार होता है। देश पर संकट आने के समय भी देश के कवि और साहित्यकार देश के लोगों में देश भक्ति और त्याग की भावनाओं का प्रचार करते हैं। साहित्य द्वारा प्रचार में एक विशेषता यह है कि उसका मनुष्यों के भावों और अनुभूतियों पर बड़ा गहरा प्रभाव पड़ता है। मानव हृदय के इस अन्तरंग पक्ष को प्रचार का और कोई भी माध्यम इतनी गहराई से छू नहीं सकता और न किसी का प्रभाव इस क्षेत्र में इतना स्थायी ही होता है, विशेषकर पढ़े-लिखे लोगों में विचारों, मूल्यों और आदर्शों का प्रचार करने के लिये साहित्य, सर्वोत्तम माध्यम सिद्ध हुआ है। साहित्य के माध्यम से किया गया प्रचार अप्रत्यक्ष होता है। उपन्यास और कहानियों में पात्रों के द्वारा जो विचार और आदर्श उपस्थित किये जाते हैं उनको पाठकगण अनजाने ही ग्रहण कर लेते हैं। इस प्रकार साहित्य द्वारा प्रचार बहुत ही सूक्ष्म होता है। परन्तु साहित्य द्वारा प्रचार में प्रचारक अथवा साहित्यकार के व्यक्तित्व और निजी योग्यता का भी बड़ा महत्व होता है। साहित्य द्वारा प्रचार जितना ही अधिक अप्रत्यक्ष होगा उतना ही अधिक प्रभावशाली भी होगा।

(7) **धर्म**—पुराने जमाने से ही प्रचार के लिये शिक्षा और धर्म की सहायता ली जाती है। धर्म का आम जनता पर बड़ा भारी असर होता है। जिन विचारों या आदर्शों को धार्मिक ग्रन्थों अथवा सन्तों और महापुरुषों का समर्थन मिला होता है उनको सामान्य जनता बड़ी शीघ्रता से ग्रहण करती है। वास्तव में धार्मिक स्वीकृति के पीछे दैवी स्वीकृति होती हैं, अर्थात यह माना जाता है कि स्वयं ईश्वर उन विचारों या आदर्शों के पक्ष में है। इससे उनके साथ स्वर्ग और नर्क की कल्पना भी लग जाती है। आमतौर से लोग यह समझते हैं कि ईश्वर की आज्ञाओं को मानने से स्वर्ग मिलता है और उनके विरुद्ध चलने से मनुष्य को नर्क में तरह-तरह की तकलीफें झेलनी पड़ती हैं। इसलिये जिन बातों को धार्मिक स्वीकृति मिल जाती हैं उनका आसानी से प्रचार हो जाता है। धर्म के इस महत्व को समझकर बहुत से लोग अपने विचारों को धार्मिक ग्रन्थों के अनुसार बतलाने की कोशिश करते हैं। भारत के महात्मा गांधी के विचारों का इतना अधिक प्रचार होने का एक मुख्य कारण उनका धार्मिक प्रभाव भी था। यदि वे महात्मा न होते तो भारत जैसे धर्मपरायण देश में उनके विचारों का इतना प्रचार कभी न हुआ होता।

(8) शिक्षा–शिक्षा विचारों और आदर्शों तथा मूल्यों के प्रचार का मुख्य माध्यम है। प्राचीनकाल से ही हर एक जाति और राष्ट्र में नेता लोग जनता को राष्ट्रीय शिक्षा देने के पक्ष में रहे हैं, जिससे कि जनता में राष्ट्रीय विचारधारा का प्रचार हो सके। जो विदेशी लोग भी किसी देश में आकर अपनी विचारधारा का प्रचार करना चाहते हैं, वे भी शिक्षा का माध्यम अपनाते हैं। भारत में ईसाई धर्म प्रचारकों ने अपने धर्म के प्रचार में शिक्षा का व्यापक प्रयोग किया। आजकल बहुत सी सरकारें जनता में अपने अनुकूल विचारधारा फैलाने के लिये शिक्षा का प्रयोग करती हैं। जर्मनी में हिटलर ने शिक्षा के द्वारा जर्मनी के युवकों और युवतियों के विचारों और आदर्शों को अपने अनुकूल बदलने की जबर्दस्त कोशिश की थी। साम्यवादी देशों में सब सरकारें शिक्षा पर नियन्त्रण रखती हैं और उसके द्वारा अपनी विचारधारा फैलाती है। प्रचार के माध्यम के रूप में शिक्षा में एक विशेष बात यह है कि उसके माध्यम से अधिकतर उचित और तर्कपूर्ण बातों का ही प्रचार हो सकता है। चूंकि शिक्षा लोगों के व्यक्तित्व को विकसित करती है और उनमें विवेक को बढ़ाती है इसलिये शिक्षा के माध्यम से उन्हीं विचारों का प्रचार हो सकता है जो गम्भीर और सूक्ष्म तर्कों के द्वारा उपस्थित किये गए हैं।

(9) सभा, जलूस और नारे–राजनैतिक, आर्थिक और धार्मिक प्रचार में सभाओं, जलूसों और नारों का भी बड़ा महत्व है। अक्सर विभिन्न आर्थिक संगठन, मजदूर यूनियनें और विभिन्न प्रकार के कर्मचारियों के संघ जनमत में अपनी विचारधारा और अपने पक्ष का प्रचार करने के लिये सभायें करते हैं, जुलूस निकालते हैं और नारे लगाते हैं। प्रचार के इन साधनों का एक विशेष महत्व यह है कि इनसे जनता के संवेगों पर प्रभाव पड़ता है। सभाओं और जुलूसों में शामिल हुये लोगों का व्यवहार भीड़ के सदस्यों जैसा होता है। उनकी विवेकशीलता कम हो जाती है और सुझाव ग्रहणशीलता बढ़ जाती है। अत: उनमें किसी भी बात के पक्ष या विपक्ष में आसानी से प्रचार किया जा सकता है। नारे में ऐसे वाक्य होते हैं जिनमें प्रचार के मूल तत्वों को बहुत ही संक्षिप्त रूप में रख दिया जाता है। ये वाक्य इस तरह के बनाये जाते हैं कि वे आसानी से याद किये जा सकें और दोहराये जा सकें। इनमें ऐसे शब्दों का प्रयोग किया जाता है जो सुनने वालों के ध्यान को तुरन्त आकर्षित करते हैं और उनके हृदय पर चोट करते हैं। नारे पूरे संवेग के साथ और ऊंचे स्वर में लगाये जाते हैं। सामूहिक रूप से नारे लगाने से लोगों में संवेगों का तीव्र प्रचार होता है। स्वतन्त्रता आन्दोलनों के दिनों में ''अंग्रेजों भारत छोड़ो'' के नारे का देश की जनता पर व्यापक प्रभाव पड़ता था। इसी तरह स्वराज्य और स्वदेशी के नारों से जनता में स्वराज्य और स्वदेशी विचारधारा का व्यापक प्रचार हुआ था।

(10) शक्ति का प्रयोग–यूं तो प्रत्यक्ष प्रचार की उपेक्षा अप्रत्यक्ष प्रचार अधिक प्रभावशाली होते हैं, और इसलिये प्रचार में शक्ति का प्रयोग नहीं होना चाहिये परन्तु फिर भी शक्ति का प्रयोग सदा ही प्रचार का एक महत्वपूर्ण साधन रहा है। हैडमोवस्की (Hadamovsky) के शब्दों में प्रचार और शक्ति कभी भी एक दूसरे के पूर्णतया विरोधी नहीं रहे। शक्ति का प्रयोग प्रचार का एक भाग हो सकता है। प्राचीनकाल से ही शासकों ने और सरकारों ने अपनी विचारधारा को फैलाने में शक्ति से काम लिया। धर्म के क्षेत्र में तो शक्ति का प्रयोग सदा प्रचार का एक

मुख्य साधन रहा। मुस्लिम धर्म प्रचारकों ने तलवार के जोर से दूर-दूर देशों में इस्लाम धर्म का झण्डा फैलाया। ईसाइयों ने भी धर्म के नाम पर युद्ध किये और जहां युद्ध नहीं किये वहां अन्य उपायों से लोगों को दबाकर अपने धर्म का प्रचार किया। उदाहरण के लिये भारत में ईसाई धर्म प्रचारक पिछड़ी जातियों के हिन्दुओं को इस शर्त पर एक रुपया उधार देते थे कि वे अपनी चोटी कटवा दें। ऐसा न करने पर उनको ब्याज सहित मूलधन वापिस करना पड़ता था। ईसाई बन जाने से उनका कर्जा भी माफ कर दिया जाता था। हिटलर, मुसोलिनी और स्टैलिन जैसे तानाशाहों ने अपनी विचारधारा के प्रचार के लिए शक्ति का व्यापक प्रयोग किया, परन्तु इन सब उदाहरणों से यह सिद्ध नहीं होता कि शक्ति का प्रयोग प्रचार का कोई अच्छा या उपयुक्त साधन है। इसमें एक बड़ा दोष यह है कि इसके द्वारा लोगों पर कुछ बातें जबर्दस्ती लादी जाती हैं। जब तक शक्ति का प्रयोग रहता है, लोग इन बातों को मानते रहते हैं। जैसे ही शक्ति का प्रयोग हट जाता है, लोग इन बातों को छोड़ देना चाहते हैं। इसके अलावा शक्ति के प्रयोग से प्रचार करने से जनता में विद्रोह की आग सुलगती रहती है और कभी यह चिंगारी इतनी भड़क उठती है कि प्रचारक और उसका प्रचार सभी ध्वंस हो जाते हैं। इतिहास में शक्ति के प्रयोग से प्रचार करने वाले लोग बुरे नामों से याद किये जाते हैं। अतः आजकल शक्ति का प्रयोग प्रचार का महत्वपूर्ण और उपयुक्त साधन नहीं माना जाता।

भ्रामक प्रचार का प्रतिरोध
(Propaganda Prophylaxis)

भ्रामक प्रचार के कुपरिणाम

प्रचार चाहे झूठे हों या सच्चे जनता को सदैव प्रभावित करते हैं। सच्ची बातों के प्रचार से जनता का अधिकतर लाभ ही होता है। दूसरी ओर झूठी बातों के प्रचार से जनता में भ्रामक और गलत बातें फैलती हैं। तरह-तरह के तनाव उत्पन्न होते हैं जिनसे कभी-कभी प्रत्यक्ष संघर्ष की नौबत आ जाती है। नाजी जर्मनी में यहूदियों के विरुद्ध भ्रामक प्रचार के द्वारा इतनी घृणा उत्पन्न की गई कि नाजी दल के सदस्यों द्वारा लाखों यहूदियों की हत्या होने पर भी इस अत्याचार का कोई विरोध नहीं किया गया। भ्रामक प्रचार के कुपरिणाम का यह एक ज्वलन्त उदाहरण है। इसी तरह के भ्रामक प्रचारों के द्वारा मध्ययुग में अनेक धर्म प्रचारकों ने विरोधी धर्मों के प्रति घृणा और हिंसा को उकसाया। क्रूसेड (Crusades) और जिहाद की घटनाओं से मानव इतिहास के पन्ने रंगे पड़े हैं जो कि भ्रामक प्रचार के खतरे के जीवित उदाहरण हैं। इसी तरह आजकल राजनैतिक क्षेत्र में बराबर भ्रामक प्रचार देखने में आते हैं। चीन बराबर यह प्रचार कर रहा है कि जहां-तहां हिन्दुस्तानी सैनिक ही चीनियों पर आक्रमण करते हैं और चीनियों का भारत के हजारों मील के क्षेत्र पर जन्म सिद्ध अधिकार है। इस तरह पाकिस्तान बराबर यह प्रचार कर रहा है कि कश्मीर पाकिस्तान में मिलना चाहिये, भारत का उस पर कोई अधिकार नहीं है। इस तरह के भ्रामक प्रचारों से अन्तर्राष्ट्रीय शान्ति को भारी खतरा है। इससे जनता के मन विषाक्त हो जाते हैं। उनमें व्यर्थ का भय और घृणा भर जाती है जो कि तनिक सी चिन्गारी पाकर ही भड़क उठती है।

भ्रामक प्रचार के प्रतिरोध के उपाय

अतः भ्रामक प्रचार का प्रतिरोध एक महत्वपूर्ण और गम्भीर समस्या है। इसलिये आधुनिक सरकारों ने इस ओर ध्यान देना शुरू किया है। अनेक मनोवैज्ञानिकों ने इस दिशा में प्रयोग किये हैं। इनमें बिडिल (Biddle) और कोलियर (Collier) के प्रयोग महत्वपूर्ण हैं। स्थूल रूप से भ्रामक विचार तथा विज्ञापनों के प्रतिरोध के लिये निम्नलिखित मुख्य सुझाव दिये जा सकते हैं–

(1) **जनता को भ्रामक प्रचार के सम्बन्ध में सूचनायें देना**–भ्रामक प्रचार का विरोध करने के लिये यह जरूरी है कि कुछ सामाजिक अथवा सरकारी संस्थायें इस सम्बन्ध में खोजबीन करती रहें और जनता को इस विषय में सूचनायें दिया करें। अमरीका में न्यूयार्क की प्रचार विश्लेषण संस्था यह काम करती है। पत्र-पत्रिकाओं, रेडियो, पोस्टरों, पुस्तकों, और पर्चों के द्वारा जनता को भ्रामक प्रचार के प्रति सतर्क रहने की चेतावनी दी जा सकती है।

(2) **विरोधी प्रचार**–भ्रामक प्रचार के प्रतिरोध का एक मुख्य उपाय विरोधी प्रचार है। उदाहरण के लिये यदि लोगों को यह भली प्रकार समझा दिया जाये कि सब रोगों की एक दवा नहीं हो सकती अथवा वर्षों में खोई गई शक्ति कुछ घण्टों में वापिस नहीं लाई जा सकती तो जनता इस तरह के झूठे प्रचार से बच सकती है। विरोधी प्रचार से जनता में विभिन्न क्षेत्रों में स्वस्थ अभिवृत्ति और विश्वास उत्पन्न किये जा सकते हैं।

(3) **कानूनी रोकथाम**–भ्रामक प्रचार को रोकने के लिए सरकार को कठोर कदम उठाने चाहिये। ऐसे प्रचार को गैर-कानूनी घोषित किया जाना चाहिए और जो लोग ऐसा करते हुये पकड़े जायें उनको राज्य की ओर से कठोर दण्ड दिया जाना चाहिये।

(4) **शिक्षा**–भ्रामक प्रचार से अधिकतर अशिक्षित लोग ही प्रभावित होते हैं। शिक्षित लोग आसानी से बहकावे में नहीं आ सकते। इसीलिये भ्रामक प्रचार के प्रतिरोध का सबसे अधिक महत्वपूर्ण साधन शिक्षा है। वैज्ञानिक शिक्षा के द्वारा जनता को हर एक बात को बुद्धि और तर्क से परखने की शिक्षा दी जानी चाहिए जिससे कि वह किसी तरह के भुलावे में न आ सके।

(5) **आर्थिक सुधार**–कुछ आर्थिक परिस्थितियां ऐसी होती हैं जिनके कारण लोग आसानी से भुलावे में आ जाते हैं। उदाहरण के लिए यह देखा जाता है कि भ्रामक प्रचार का गरीबों पर अधिक प्रभाव पड़ता है क्योंकि वे लोग ऐसी चीजों की तलाश में रहते हैं जिनमें पैसा कम खर्च हो और लाभ ज्यादा हो। इसलिये प्रचारक लोग झूठे वायदे करके उनको फंसा लेते हैं। अतः भ्रामक प्रचार के प्रतिरोध के लिये कुछ आर्थिक सुधार भी जरूरी हैं।

(6) **सामाजिक सुधार**–अनेक सामाजिक परिस्थितियां ऐसे अन्धविश्वासों और पूर्व आग्रहों को उत्पन्न करती हैं जिनसे कि भ्रामक प्रचार सुलभ हो जाता है। इसका प्रतिरोध करने के लिए सामाजिक सुधार आवश्यक हैं।

संक्षेप में यह कहा जा सकता है कि भ्रामक प्रचार का प्रतिरोध करने के लिए सभी दिशाओं से उपाय करने की जरूरत है। जनता को शिक्षित किया जाये। भ्रामक प्रचार का पर्दाफाश

किया जाये। सरकार ऐसे लोगों को कठोर दण्ड दे। उनके विरुद्ध प्रचार किया जाय और समाज से ऐसी सामाजिक और आर्थिक परिस्थितियों को दूर किया जाय जो भ्रामक प्रचार में सहायक होती हैं।

सारांश

जनतन्त्र में सुधार—आधुनिक काल में जनतन्त्र को शासन पद्धति का सर्वोत्तम रूप माना जाता है। जनतन्त्र की सफलता के लिए सामान्य शिक्षा के एक उच्च स्तर की आवश्यकता है। यह शिक्षा जनतन्त्रीय संस्थाओं में भाग लेने से मिलती है। इसमें प्रचार सबसे अधिक महत्वपूर्ण साधन है।

प्रचार क्या है—प्रचार एक मनोवैज्ञानिक प्रक्रिया है जिसमें अप्रत्यक्ष रूप से जनता के विचारों, आदर्शों और अभिवृत्तियों को नियंन्त्रित करने के लिए या उनको प्रभावित करने के लिए व्यवस्थित ढंग से सुझाव का प्रयोग किया जाता है।

प्रचार के रूप—(1) प्रत्यक्ष और अप्रत्यक्ष प्रचार, (2) प्राथमिक और गौण प्रचार, (3) चेतन और अचेतन प्रचार।

प्रचार की अपील के मनोवैज्ञानिक आधार—(1) सुझावग्रहणशीलता, (2) प्रेरणायें, (3) आवश्यकतायें, (4) विश्वास, (5) अभिवृत्तियां, (6) संवेग, (7) अनुभूतियां।

प्रचार की विधियां—(1) नामकरण, (2) स्थानान्तरण, (3) आकर्षक सामान्य धारणायें, (4) प्रसिद्ध व्यक्तियों के प्रमाण-पत्र, (5) लोकरीति की दुहाई, (6) सर्वसम्मति का सहारा, (7) एकांगी प्रचार।

प्रभावशाली प्रचार में आवश्यक बातें—(1) अप्रत्यक्ष प्रचार, (2) विशेष वर्ग के अनुकूल प्रचार, (3) प्रचार का दोहराना।

प्रचार के साधन—(1) प्लेटफार्म, (2) प्रैस, (3) रेडियो, (4) टेलीविजन, (5) चलचित्र, (6) शिक्षा, (7) धर्म, (8) साहित्य, (9) सभा, जुलूस और नारे, (10) शक्ति का प्रयोग।

भ्रामक प्रचार के प्रतिरोध के उपाय—(1) जनता को भ्रामक प्रचार के सम्बन्ध में सूचनायें देना, (2) विरोधी प्रचार, (3) कानूनी रोकथाम, (4) शिक्षा, (5) आर्थिक सुधार, (6) सामाजिक सुधार।

31

फैशन, स्टाइल, धुन और उन्माद (Fashion, Style, Fad and Craze)

आपने बहुधा लोगों को यह कहते सुना होगा कि आजकल अमुक क्षेत्र में अमुक वस्तु का फैशन है अथवा अमुक क्षेत्र से अमुक वस्तु का फैशन उठ गया है इत्यादि। युवक-युवतियां जहां देखिये फैशन की बात करते हैं और अपने को अधिक फैशनेबल दिखाने की कोशिश करते हैं। मौहल्ले में कभी-कभी किसी महिला की नई साड़ी के आते ही सभी स्त्रियां उतावली होकर उसी तरह की साड़ी लाने दौड़ पड़ती हैं। पहले लोग चौड़ी मौहरी की पतलून पहना करते थे, अब पतलूनों की मौहरी तंग रखने का फैशन है। केवल कपड़ों के क्षेत्र में ही नहीं बल्कि जेवरों, सजावट के ढंगों और मकानों के रंगों से लेकर तौर-तरीकों, रहन-सहन, बात-चीत सभी में फैशन का प्रभाव दिखालाई पड़ता है। परन्तु इसका अर्थ यह नहीं हुआ कि फैशन का क्षेत्र सर्वव्यापक है। जीवन के एक बड़े क्षेत्र में फैशन का प्रभाव दिखाई देने पर भी उसका क्षेत्र सीमित है। उसका प्रभाव उन्हीं क्षेत्रों में दिखलाई पड़ता है जिनमें हम तटस्थ (Indifferent) होते हैं। उदाहरण के लिये सलवार की मौहरी तंग भी हो सकती है और चौड़ी भी, अब कैसी मौहरी रखी जाय इस विषय में किसी की भी, कोई विशेष व्यक्तिगत राय न होने के कारण जैसा फैशन होता है वैसी ही मौहरी रख ली जाती है। परन्तु आमतौर से स्त्री-पुरुष के परस्पर सम्बन्ध विशेषत: वैवाहिक सम्बन्धों में व्यवहार के तरीके फैशन से निश्चित नहीं होते क्योंकि यह ऐसा क्षेत्र है जिसमें हम तटस्थ न होकर कुछ विशेष प्रथाओं को मानते हैं। इस प्रकार तटस्थता का क्षेत्र बढ़ने के साथ-साथ फैशन का क्षेत्र भी बढ़ता है। उदाहरण के लिये यदि किसी समाज में पति-पत्नी के परस्पर सम्बन्धों के विषय में निश्चित प्रथायें नहीं होती या प्रथाओं का सम्मान उठ जाता है तो इनमें भी फैशन चल निकलता है।

फैशन क्या है?

उपरोक्त विवेचन से स्पष्ट है कि फैशन की प्रथा (Custom), शिष्टाचार, (Etiquette), चलन (Usage), रिवाज (Convention) और परम्परा (Tradition) से घनिष्ठ सम्बन्ध है। इस सम्बन्ध की विवेचना करने के पूर्व यह निश्चित करना प्रासंगिक होगा कि फैशन है क्या ? आमतौर

से लोग फैशन का अर्थ व्यक्तिगत पसन्द या बहुमत की पसन्द या बड़े आदमियों अथवा नेताओं की पसन्द से लगाते हैं। परन्तु वैज्ञानिक अध्ययन में फैशन की इस अस्पष्ट परिभाषा से काम नहीं चल सकता। अत: उसकी और भी स्पष्ट परिभाषा करनी होगी।

रॉस द्वारा परिभाषा

फैशन की परिभाषा करते हुए रॉस (Ross) ने लिखा है "फैशन लोगों के एक समूह के चुनावों (Choices) में बराबर होने वाले परिवर्तनों की श्रृंखला है जो कि उपयोगिता की भावना के साथ होते हुए भी उससे निश्चित नहीं होती।"[1] फैशन की इस परिभाषा में चार बातों पर जोर दिया गया है। चार बातें निम्नलिखित हैं:—

(1) **फैशन किसी समूह के चुनाव में परिवर्तन है**—फैशन का सम्बन्ध समूह के लोगों की पसन्द अथवा चुनाव से है। फैशन इसमें परिवर्तन करता है। उदाहरण के लिये भारत वर्ष में शहरों में थोड़े से लोग बुशर्ट पहनते थे। अब रिक्शे वाले तक बुशर्ट पहनते देखे जा सकते हैं और सभी वर्गों में इसका फैशन हो गया है।

(2) **फैशन बारम्बार होने वाले परिवर्तनों की श्रृंखला है**—फैशन सदैव बदलते रहते हैं। इस परिवर्तन की कभी-कभी कोई चीज फैशन में नहीं रहती और काफी समय बाद फिर से फैशन में आ जाती है। उदाहरण के लिये भारतवर्ष में पढ़े लिखों में बन्द गले के कोट का फैशन था। फिर यह फैशन नहीं रहा। अब धीरे-धीरे यह फिर से फैशन में आता जा रहा है। इस प्रकार फैशन एक गतिशील प्रक्रिया है। वह बारम्बार होने वाले परिवर्तनों की एक श्रृंखला है।

(3) **फैशन उपयोगिता के साथ हो सकता है**—अनेक फैशन उपयोगी भी होते हैं। उदाहरण के लिये भारतवर्ष की गर्म जलवायु में बुशर्ट बड़ी आरामदेह रहती है। इस प्रकार बुशर्ट पहनना फैशन भी है और उपयोगी भी है।

(4) **फैशन उपयोगिता से निश्चित नहीं होता**—परन्तु उपयोगिता फैशन की निर्णायक नहीं है। अनेक वस्तुयें फैशन में आ जाती हैं यद्यपि उनकी कुछ भी उपयोगिता नहीं होती जैसे ब्रोच, टाइयाँ, तरह-तरह के जेवर, इत्यादि।

फैशन की प्रकृति

रॉस की परिभाषा के उपरोक्त विश्लेषण से फैशन की प्रकृति पर प्रकाश पड़ता है। इस प्रकार फैशन मनुष्यों के चुनावों में परिवर्तन करता है। मैकाइवर और पेज के अनुसार "फैशन से हमारा तात्पर्य एक प्रथा से सम्बन्धित बात में परिवर्तन के समाज सम्मत क्रम से है।"[2] इस क्रम में न तो यह आवश्यक है कि समकालीन लोगों की नकल की जाय न यही आवश्यक है कि

---

1. "Fashion is a series of recurring changes in the choices of a group of people which, though they may be accompanied by utility, are not determined by it."
— Ross, *Social Psychology*, p. 49.
2. "By fashion we mean the socially approved sequence of variation on a customary theme."
—MacIver and Page, *Society*, p. 181.

पूर्वजों की नकल की जाय। इसमें न यह आवश्यक है कि उच्च वर्ग की नकल की जाय, न यह कि निम्न वर्ग की नकल की जाय। फैशन इनमें से कोई भी हो सकता है। जैसा कि मैकाइवर ने अपनी परिभाषा में दिखलाया है फैशन प्रथा का विरोधी अथवा उससे बाहर नहीं होता। यह प्रथा के क्षेत्र में काम करता है। उदाहरण के लिये भारतीय वेशभूषा प्रथा से निश्चित होती है परन्तु इस वेशभूषा में छोटे-मोटे परिवर्तन फैशन से होते हैं। अधिकतर भारतीय स्त्रियां साड़ी पहनती हैं यह प्रथा है। परन्तु साड़ी के रंगों, किनारे के डिजाइन आदि के विषय में चुनाव, फैशन के साथ-साथ बदलते रहते हैं।

फैशन का मनोवैज्ञानिक आधार

फैशन का इतना प्रभाव क्यों है इसका कारण मानव मनोविज्ञान में मिलेगा। फैशन के मनोवैज्ञानिक आधार में दो परस्पर विरोधी इच्छाये हैं। एक तो नवीनता (Novelty) की इच्छा और दूसरे समाज सम्मतता (Confirmity) की इच्छा। व्यक्ति जहां लोगों से अलग और भिन्न दिखलाई देना चाहता है और इसके लिये अपने रहन-सहन, वेश-भूषा, तौर-तरीके आदि में नवीनता लाता है वहां वह औरों के समान भी दिखलाई देना चाहता है और इसके लिये वस्त्र, खान-पान, बात-चीत, तौर-तरीके आदि में समाज सम्मत प्रतिमानों को अपनाता है। फैशन इन दोनों ही इच्छाओं की मांग पूरी करता है। "Encyclopaedia of Social Sciences" में सपिर के 'Fashion' नामक लेख में लिखा है, ''वस्त्र अथवा व्यवहार के अन्य रूपों में प्रचलित रीति से थोड़ा भी परिवर्तन उस क्षण व्यक्ति की विजय सी मालूम पड़ती है परन्तु यह तथ्य कि अपने साथी भी उसी दिशा में विद्रोह करेंगे व्यक्ति को साहसपूर्ण सुरक्षा की अनुभूति देते हैं।''[3] इस प्रकार फैशन परम्परा का विरोधी है परन्तु क्रमशः वह स्वयं चलन बन जाता है। एक सार्वजनिक चलन बन जाने पर फिर कोई नया फैशन आता है और परिवर्तन होता है, इस प्रकार यह चक्र चलता ही रहता है। फैशन में नकल है परन्तु यह नकल वस्तुओं की नकल न होकर शैली (Style) में नकल है और शैली में नकल की भी प्रत्येक व्यक्ति की अपनी शैली होती है, इस प्रकार यद्यपि फैशन समानता फैलाता है पर उसमें व्यक्तिगत विभिन्नता के लिये भी पर्याप्त स्थान है।

फैशन और अनुकरण

परन्तु यह निश्चित है कि फैशन में अनुकरण का महत्वपूर्ण स्थान है। फैशन अनुकरण की प्रक्रिया के द्वारा ही समाज में फैलता है, अनुकरण की इस प्रक्रिया में कौन किस का अनुकरण करता है यह एक विचारणीय प्रश्न है। मनोवैज्ञानिक विश्लेषण से ज्ञात हुआ है कि अनुकरण कुछ विशेष नियमों के अनुसार होता है। ये नियम अग्रलिखित हैं—

---

3. "The slight changes from the established norms in dress or other forms of behaviour seem for the moment to give the victory to the individual while the fact that one's fellows revolt in the same direction give one a feeling of adventurous safety."

—E. Sapir, in his article 'Fashion' in *Encyclopaedia of Social Sciences*, (New York, 1935), VI. pp. 139-144.

(1) उच्च स्तर के व्यक्तियों का अनुकरण—आमतौर से सभी लोग अपने से उच्च स्तर प्राप्त करना चाहते हैं। अत: सब कहीं अधिकतर लोग वेश-भूषा, सजावट आदि में उच्च वर्ग के व्यक्तियों का अनुकरण करते दिखलाई पड़ते हैं। कोई भी व्यक्ति अपनी सामाजिक स्तर से निम्न स्तर का अनुकरण नहीं करता और ऐसा करने पर उसकी समाज में बदनामी होती है।

(2) धनवानों का अनुकरण—इस प्रकार आमतौर से निर्धन लोग धनवानों का अनुकरण करते हैं। धनवानों के से बाहरी ठाट-बाट बनाकर मध्यवर्गीय बाबू लोग समाज में प्रशंसा और सम्मान प्राप्त करना चाहते हैं।

(3) शक्तिशालियों का अनुकरण—शक्तिशाली व्यक्ति सभी को प्रभावित करते हैं। यह शक्ति, सौन्दर्य, बल, बुद्धि, धन, पद किसी भी प्रकार की हो सकती है। शक्ति में आकर्षण है। अत: सभी शक्तिशाली व्यक्तियों का अनुकरण करते हैं।

(4) नेताओं का अनुकरण—इस प्रकार साधारणजन फैशन में नेताओं का अनुकरण करते हैं। राजनैतिक क्षेत्र में इस प्रकार अनुकरण बहुत देखा जा सकता है।

(5) सफल व्यक्तियों का अनुकरण—अंग्रेजी में एक कहावत है Nothing succeeds like success अर्थात् सफलता से अधिक कोई सफल नहीं होता। सफल व्यक्ति सभी की प्रशंसा पाते हैं। अत: लोग उनका अनुकरण करके उनके समान सफल बनने के लिये प्रयत्नशील दिखलाई पड़ते हैं।

(6) नगरवासियों का अनुकरण—सामुदायिक जीवन के प्रकारों के दृष्टिकोण से नगर गाँवों के लिए फैशन के प्रतिमान उपस्थित करता है। फैशन बड़े नगरों से छोटे नगरों तथा गांवों में फैलते हैं उदाहरण के लिये भारतवर्ष में दिल्ली अथवा बम्बई के निवासी फैशन में अग्रणी माने जाते हैं।

(7) फिल्म अभिनेताओं का अनुकरण—आजकल लगभग सभी देशों में फिल्म का जनता पर बड़ा प्रभाव है। फिल्म अभिनेता और अभिनेत्रियां लगभग सभी जगह वेश-भूषा, बालों का बनाव श्रृंगार, हाव-भाव, बोल-चाल, तौर-तरीकों आदि का फैशन निश्चित करते हैं। उदाहरण के लिए भारतवर्ष में नई पीढ़ी के लिये लोगों में यह प्रभाव स्पष्ट देखा जा सकता है।

फैशन का सामाजिक कार्य

अब तक के विवेचन से स्पष्ट है कि फैशन सामाजिक नियन्त्रण का एक महत्वपूर्ण साधन है। नगरों में अधिकांश युवक युवती फैशन का विरोध नहीं कर पाते। चाहे फैशन से कुछ लाभ भले ही न हो परन्तु हममें से अधिकतर लोग फैशन को मानने के लिये मजबूर होते हैं। फैशन का प्रथा और शिष्टाचार से घनिष्ट सम्बन्ध है। इस सम्बन्ध के विवेचन से भी फैशन का सामाजिक कार्य स्पष्ट होगा।

रिवाज और शिष्टाचार

शिष्टाचार (Etiquette) और रिवाज (Convention) प्रथा के अंग हैं। रिवाज उन चलनों (Usages) को कहा जाता है जिसके विषय में समाज के अधिकतर लोग सहमत होते

हैं। इस प्रकार अध्यापक का भाषण पसन्द न आने पर भी विद्यार्थी उसको चुपचाप सुनते रहते हैं यह रिवाज है। शिष्टाचार विशेष अवसरों पर व्यवहार की विस्तृत व्याख्या करता है। उदाहरण के लिये भारतवर्ष में लोग एक दूसरे से मिलने पर हाथ जोड़ कर नमस्कार करते हैं, यह शिष्टाचार है।

फैशन का प्रभाव

फैशन रिवाज और शिष्टाचार दोनों को प्रभावित करता है। उदाहरण के लिये भारतवर्ष में पढ़े-लिखे लोगों में अब नमस्ते की जगह हाथ मिलाने का फैशन बढ़ता जा रहा है और बहुधा छोटों से मिलने पर भी लोग हाथ मिलाते हैं यद्यपि अभी स्त्री-पुरुष के मिलने पर हाथ मिलाने का फैशन नहीं चला है। इसी प्रकार कहीं जाने पर 'टा-टा' करने का फैशन भी बढ़ता जा रहा है। शादी के अवसरों पर फैशन की वजह से अनेक रिवाज बदलते जा रहे हैं। परन्तु इन क्षेत्रों में भी फैशन का प्रभाव असीम नहीं हैं, वास्तव में फैशन का प्रभाव केवल उन्हीं क्षेत्रों तक सीमित है जिनमें सांस्कृतिक तटस्थता (Cultural Indifference) के कारण परिवर्तन सम्भव और ग्राह्य है। जैसा कि पहले बतलाया जा चुका है फैशन भाषा, साहित्य, खान-पान, वेश-भूषा, कला आदि जीवन के विभिन्न पहलुओं में अन्तर्वस्तु (Contents) को नहीं बल्कि बाह्य रूप (External form) को और उसमें भी शैली (Style) को परिवर्तित करता है।

आधुनिक काल में फैशन का विस्तार

आधुनिक काल में सामाजिक परिवर्तन (Social change) के अन्य कारकों के साथ ही फैशन में भी अन्तर दिखलाई पड़ता है। यह परिवर्तन फैशन के क्षेत्र में विस्तार तथा उसके परिवर्तन की गति में तेजी के रूप में दिखलाई पड़ता है। इसका एक बड़ा कारण संदेशवहन और यातायात के साधनों का विकास और जनसंख्या का बढ़ना है, इससे दूर-दूर के लोग एक दूसरे के सम्पर्क में आते हैं और फैशन का क्षेत्र बढ़ता जाता है। उदाहरण के लिये भारत में नगर-वासियों में पेरिस, लन्दन और न्यूयार्क या हालीवुड के फैशन को देखा जा सकता है और अमरीका में भी कुछ महिलाओं को भारतीय साड़ी का प्रयोग करते देखा जा सकता है। नई-नई चीजें आविष्कार के शीघ्र बाद ही फैशन में आ जाती हैं। फैशन से निकली वस्तुओं की बिक्री कठिन हो जाती है और फैशन में आने पर बिक्री तेजी से बढ़ती है। अतः व्यापारी और कारखानेदार अपनी वस्तुओं को 'फैशनेबिल' बतलाते हैं और ऐसा ही प्रचार करते हैं। इसमें फिल्म अभिनेताओं और अभिनेत्रियों की सिफारिशों का व्यापक उपयोग किया जाता है। वस्त्र उद्योग में नये-नये डिजाइनों को फैशन में लाने के लिये मॉडलों द्वारा उनका सार्वजनिक प्रदर्शन कराया जाता है। इस प्रकार फैशन से प्रभावित होने वाले नर-नारियों की संख्या बराबर बढ़ती जा रही है। फैशन की इस बाढ़ में उपयोगिता पर नहीं बल्कि 'अपील' पर जोर दिया जाता है। भारतवर्ष में अधिकतर युवक-युवतियां फैशन में पश्चिम की नकल करते देखे जा सकते हैं। इस नकल में दिखावा और अन्धानुकरण विशेष है, तर्क और उपयोगिता का विचार बहुत कम है।

सामाजिक प्रक्रिया के रूप में फैशन

सामाजिक प्रक्रिया के रूप में फैशन सामाजिक परिवर्तन का एक अत्यन्त लाभदायक अंग

है। प्रथा और आदतें, परम्परायें और रीति-रिवाज जीवन को एक सा और स्थिर बना देते हैं। फैशन उसमें विविधता और गति लाता है। वह क्रमशः धीरे-धीरे परिवर्तन करते हुये बड़े-बड़े परिवर्तनों को सुलभ बना देता है। वह उस क्षेत्र में काम शुरू करता है जहां न्यूनतम प्रतिरोध (Least Restraint) होता है और क्रमशः जीवन के अन्य क्षेत्रों पर प्रभाव डालता है, उदाहरण के लिये भारतवर्ष में नई पीढ़ी की युवतियों के वस्त्रों के नये-नये फैशनों ने उनकी नैतिक धारणाओं को भी प्रभावित किया है। इस प्रकार सामाजिक संरचना के संशोधन तथा परिवर्तन में फैशन एक अत्यन्त महत्वपूर्ण कारक है।

फैशन और प्रथा
(Fashion and Custom)

प्रथा क्या है?

प्रत्येक समाज में खान-पान, रहन-सहन, छोटे-बड़ों के व्यवहार, बात-चीत तथा अन्य अनेक बातों के विषय में व्यवहार के कुछ निश्चित तरीके होते हैं। ये समाज द्वारा स्वीकृत तरीके ही प्रथायें हैं। मैकाइवर और पेज के शब्दों में "काम करने के समाज सम्मत तरीके समाज की प्रथायें है।" प्रथाओं के कारण व्यक्ति को अपने जीवन की इन बातों के विषय में नये सिरे से नहीं सोचना पड़ता। वास्तव में वह बहुधा इन बातों के विषय में बिल्कुल ही नहीं सोचता और चुपचाप प्रथाओं का अनुकरण करता है। ये प्रथायें एक पीढ़ी से दूसरी पीढ़ी को मिलती जाती हैं। आमतौर से लोग इनको व्यवहार के स्वाभाविक और सर्वाधिक उचित तरीके मान लेते हैं और उनका तोड़ना अच्छा नहीं समझते। इस प्रकार प्रथायें व्यक्तियों के व्यवहार का नियन्त्रण करती हैं। बोगार्डस के शब्दों में "प्रथायें और परम्परायें नियन्त्रण की समूह-सम्मत प्रविधियां हैं जो कि अच्छी तरह जम गईं हैं, जो कि मान ली जाती हैं और जो कि एक पीढ़ी से दूसरी पीढ़ी को सौंप दी जाती हैं।"

फैशन और लोकाचार

फैशन और प्रथा अथवा लोकाचार की तुलना करते हुए किम्बाल यंग ने लिखा है "यदि हम प्रथा को सामाजिक व्यवहार की एक स्थाई और बनी रहने वाली दशा समझते हैं तो फैशन को इस सामान्य स्वीकृति में मान्य एक परिवर्तन समझा जा सकता है।"[4] इस प्रकार फैशन प्रथाओं की अपेक्षा अधिक स्थाई होते हैं और वे प्रथा के क्षेत्र में परिवर्तन करते चलते हैं। उदाहरण के लिए भारतवर्ष में स्त्रियों में साड़ी और ब्लाउज पहनने की प्रथा है। परन्तु साड़ी किसी तरह की हो, किस रंग की हो, किस तरह बाँधी जाय, ब्लाउज कैसा कटा हो, उसका गला कैसा हो, आस्तीनें कितनी बड़ी हों, साड़ी और ब्लाउज के रंग में अन्तर हो या समानता आदि अनेक बातें प्रथा से नहीं बल्कि फैशन से निश्चित की जाती हैं। इस प्रकार फैशन समाज में विविधता बनाये रखता है जबकि प्रथा समानता बढ़ाती है। फिर कुछ क्षेत्र ऐसे भी है जहां साधारणतया कोई विशेष प्रथा नहीं होती और फैशन से ही क्रियायें निश्चित होती हैं। उदाहरण के लिए बालों का शृंगार,

---

4. "If we consider custom as a stable and persistent phase of social behaviour, fashion may be thought of as a variation permissible within this general acceptance."

—Young, K., *Handbook of Social Psychology,* (1951) p. 411.

कला, भाषा, बोलने का ढंग आदि ऐसे क्षेत्र है जिनमें व्यवहार की कोई निश्चित प्रथा नहीं है और इसलिए सामान्य लोग इन क्षेत्रों में फैशन का ही अनुकरण करते हैं। इसलिए इन क्षेत्रों में परिवर्तन भी अपेक्षाकृत तीव्र गति से होते हैं। जहां प्रथा से यह लाभ है कि व्यक्ति को नये सिरे से नहीं सोचना पड़ता और न वह औरों से अलग मालूम पड़ता है वहां फैशन से उसकी आत्माभिव्यक्ति की भावना सन्तुष्ट होती है। फैशन उपयोगी ही हो यह आवश्यक नहीं है। कभी-कभी वह इसलिये ग्रहण किया जाता है जिससे कि व्यक्ति दूसरों से अलग दिखलाई पड़े। फैशन और प्रथा के अन्तर को बतलाये हुये टार्डे (Tarde) ने लिखा है कि "फैशन समकालीन लोगों का अनुकरण (Imitation of the contemporaries) है जबकि प्रथा पूर्वजों का अनुकरण (Imitation of ancestors) है।" प्रथायें पहले से चली आती हैं। प्रथा का पालन करने वाला व्यक्ति वही करता है जो पहले से होता आया है। दूसरी ओर फैशनेबिल स्त्री-पुरुष वह नहीं करते जो होता आया है बल्कि रहन-सहन, वेश-भूषा, बोल-चाल आदि में लेटैस्ट और अपटूडेट दिखाई पड़ने के लिये वह करते हैं जो चारों ओर हो रहा है। भारत में नई पीढ़ी के लड़के-लड़कियों की वेश-भूषा में जो परिवर्तन तेजी से होता देखा जा रहा है उसका कारण फैशन ही है प्रथा नहीं। रॉस के शब्दों में "यदि हम किसी समाज के जीवन को एक बहती हुई जल-धारा चित्रित करें तब हम एक को (प्रथा) नीचे की ओर अनुकरण और दूसरे को (फैशन) आर-पार अनुकरण समझ सकते हैं।"[5] रॉस के कथन से भी वही बात सिद्ध होती है जो पीछे बतलाई जा चुकी है कि प्रथा पूर्वकालीन विचारों और क्रियाओं का अनुकरण है जबकि फैशन समकालीन विचारों और क्रियाओं का अनुकरण है

प्रथा और फैशन का उपरोक्त अन्तर निम्नलिखित तालिका से और भी स्पष्ट हो जायेगा।

प्रथा	फैशन
1. पूवजों का अनुकरण	समकालीन व्यक्तियों का अनुकरण
2. स्थाई	अस्थाई
3. एक बार विलीन होकर फिर नहीं आता	पुराना पड़कर भी काल चक्र में दुबारा आ सकता है
4. रूढ़िवादी	रूढ़ि विरुद्ध
5. प्राचीनता की ओर प्रवृत्ति	नवीनता को अपनाने की प्रेरणा
6. केवल अनुकरण और आदत	अनुकरण के साथ-साथ आत्मप्रदर्शन
7. परम्परागत	परम्परागत नहीं
8. समाज की स्थाई और महत्वपूर्ण	समाज की स्थाई और महत्वहीन आवश्यकताओं से सम्बन्धित
9. परिवर्तन सुगम और तीव्र नहीं होता हैं	परिवर्तन सुगम और तीव्र होता है
10. विशेषतया संस्कृति से सम्बन्धित अनुरूपता स्थापित करती हैं आवश्यकताओं से सम्बन्धित	विशेषतया सभ्यता से सम्बन्धित भिन्नता और आत्म-प्रदर्शन का आधार है।

5. "If we figure the life of a society as a flowing stream then we think of one (custom) as down imitation, the other (fashion) as cross imitation."
—Ross, E. A., *Social Psychology*, p. 196.

समूह व्यवहार और फैशन

व्यवहार में फैशन

फैशन केवल व्यक्ति के व्यवहार को ही प्रभावित नहीं करता बल्कि सामूहिक व्यवहार को भी प्रभावित करता है। विभिन्न वर्गों के व्यवहारों में फैशन के अनुसार अन्तर देखा जा सकता है। नैतिकता के क्षेत्र में विशेषतया स्त्री-पुरुष के परस्पर सम्बन्धों के विषय में आचारों पर फैशन का बड़ा प्रभाव पड़ता है। फैशन के मूल में एक मुख्य कारण यौन आकर्षण है। इसीलिये स्त्री-पुरुष के भिन्न लिंगीय व्यक्तियों के प्रति व्यवहार में फैशन का बड़ा महत्व है। फैशन आत्माभिव्यक्ति का एक साधन है। आत्माभिव्यक्ति व्यक्ति के समूह व्यवहार में ही सम्भव हो पाती है। इसलिये फैशन का प्रभाव सब कहीं दिखाई पड़ता है। व्यापार के क्षेत्र में फैशन का व्यापक महत्व दिखाई पड़ता है। वस्तुओं के फैशन में आने से उनकी बिक्री बढ़ती है और फैशन से निकल जाने से उनकी बिक्री ठप्प हो जाती है।

फैशन का चक्र

समाज में फैशन के चक्र (Cycle of fashion) का वर्णन करते हुए सीमेल (Simmel) ने लिखा है ''फैशन की प्रकृति की मांग है कि वह एक समय एक समूह के केवल एक अंश के द्वारा ग्रहण किया जाना चाहिये जबकि अन्य लोग उसको ग्रहण करने के पथ पर होते हैं। जैसे ही एक उदाहरण सार्वभौम रूप से ग्रहण कर लिया जाता है अर्थात् जैसे ही शुरू में कुछ थोड़े से लोगों के द्वारा की गई बात अन्य सब लोगों के द्वारा व्यवहार में ग्रहण कर ली जाती है जैसा कि हमारी वेशभूषा के कुछ क्षेत्रों में दिखालाई पड़ता है और विभिन्न प्रकार के सामाजिक आचार में देखा जा सकता है, तब हम उसको फैशन नहीं कहते। जैसे-जैसे फैशन फैलता है वैसे-वैसे वह क्रमशः खत्म होता जाता है।''[6] इस प्रकार समाज में फैशन का एक चक्र सा चलता है। उदाहरण के लिये भारत में प्राचीनकाल में स्त्रियां बहुत ही संक्षिप्त ब्लाउज पहनती थीं जोकि चोली जैसे लगते थे। ये कमर से बहुत ऊंचे होते थे और गले से भी बहुत नीचे होते थे। क्रमशः जब सभी लोग इस तरह की वेषभूषा धारण करने लगे तो ब्लाउजों का आकर बढ़ने लगा। इसके बाद फैशनेबिल स्त्रियों ने फिर पश्चिम के प्रभाव से ब्लाउज संक्षिप्त करने शुरू किये। धीरे-धीरे वे कमर से ऊपर उठने लगे और गले के नीचे आने लगे। आश्चर्य नहीं कि वे शीघ्र ही प्राचीन काल की चोलियों का रूप धारण कर लें। परन्तु जब यह फैशन सार्वभौम हो जायेगा तब यह निश्चित है कि यह फैशन भी खत्म हो जायेगा और फिर कोई आश्चर्य नहीं कि स्त्रियां फिर से बांहदार और पेट को ढकने वाले ब्लाउज पहनने लगें। इसी प्रकार के फैशन चक्र सभी तरह के फैशनों में देखे

6. "The very character of fashion demands that it should be exercised at one time only by a portion of the given group, the great majority being merely on the road to adopting it. As soon as an example has been universally adopted, that is, as soon as anything that was originally done only by a few has really come to be practised by all as is the case in certain portions of our apparel and in various forms of social conduct we no longer speak of fashion. As fashion spreads, it gradually goes to its doom."
—Simmel G. '*Fashion*', International Quarterly 1904-1905, pp. 137-138.

जा सकते हैं। फैशन चक्र इसलिये चलते हैं कि पुराने फैशन मनोवैज्ञानिक तत्वों को सन्तुष्ट नहीं करते। न तो उनसे आत्माभिव्यक्ति हो पाती है, न उनमें आकर्षण रहता है, न कोई विशेषता रहती है। कुछ लोग कहते दिखाई पड़ते हैं कि अमुक-अमुक कपड़े तो भंगी-चमार भी पहनने लगे हम क्या पहनें। मानों कि उनके कपड़े पहनने का उद्देश्य यह भी है कि वे भंगी-चमारों से अलग दिखाई पड़ें। दूसरी ओर निम्न सामाजिक स्थिति के लोग उच्च सामाजिक स्थिति के लोगों के फैशन का अनुकरण करने लगते हैं। भारत में नगरीय समाज में अब नीचे से नीचे सामाजिक स्तर में लोग अपने बच्चों से मम्मी और पापा कहलाना पसन्द करते हैं। क्या आश्चर्य है कि जब फैशन एक प्रथा का रूप धारण कर लेगा तो ऊंची स्थिति के लोग फिर से बापू और अम्मा कहलाना शुरू कर दें। पाक ने ठीक ही लिखा है कि "हममें से कुछ फैशन से पीछे रह सकते हैं परन्तु फैशन से आगे कोई नहीं बढ़ सका।" बढ़े भी कैसे? जैसे ही वह कोई नई बात शुरू करता है दूसरे लोग उसको ग्रहण कर लेते हैं और वह फैशन बन जाती है। बस शर्त यह है कि उस बात में आत्माभिव्यक्ति, यौन आकर्षण, भिन्नता आदि के मौलिक गुण अवश्य होने चाहियें। फैशन के इस चक्र में ऊंची स्थिति या धनिक वर्ग के लोग ही उदाहरण उपस्थित करते हैं। नेता, सिनेमा के अभिनेता और अभिनेत्रियां आदि इसी वर्ग में आते हैं। किम्बाल यंग ने लिखा है "धुन अथवा फैशन को ग्रहण करने में सम्मानित होना आवश्यक है।"[7] फैशन में परिवर्तन की दिशा को निर्धारित करने में सम्मानित व्यक्तियों का विशेष स्थान होता है। इसका मुख्य कारण यह है कि वे लोगों के सामने भिन्न-भिन्न क्षेत्रों में आदर्श रूप में होते हैं इसलिये लोग उनकी हर अच्छी-बुरी बात का अनुकरण करने लगते हैं। अमेरिका में श्रीमती कैनेडी और इंगलैण्ड में रानी एलिजाबेथ स्त्रियों में फैशन के क्षेत्र में अग्रणी हैं और उनके द्वारा स्थापित किये गये फैशन बहुत ही शीघ्र उन्माद का रूप धारण कर लेते हैं। फैशन के इस चक्र में जब निम्न वर्ग उच्च वर्ग के फैशन ग्रहण कर लेता है तब तक उच्च वर्ग के लोग फैशन बदल देते हैं और इस प्रकार यह चक्र चलता ही रहता है।

फैशन और यौन आकर्षण

सामूहिक व्यवहार में फैशन के चक्र का एक मुख्य कारण यह है कि फैशन यौन आकर्षण का एक साधन है। इस बात को सभी जानते हैं कि भारत में सहशिक्षा बढ़ने के साथ-साथ फैशन में भी तीव्रगति से परिवर्तन हुआ है। आज के युग में दिखावे में स्त्री-पुरुष कोई भी किसी से पीछे नहीं रहना चाहते। नई पीढ़ी के युवक-युवतियां हर उपाय से अपने को आधुनिकतम और फैशनेबिल सिद्ध करने की चेष्टा करते हैं जिससे कि भिन्न लिंग के व्यक्तियों पर उनका प्रभाव पड़े।

समकालीन विचारों का भी फैशन पर प्रभाव पड़ता है। किम्बाल यंग ने लिखा है "लिंगों की समानता का हमारा समकालीन आदर्श निस्सन्देह फैशन की दिशा को प्रभावित कर रहा है। पुरुषों के तौर-तरीके, वेष-भूषा और आदतों को ग्रहण करके स्त्रियां अपनी समानता दिखलाने

---

7. "Reputability is essential to the adoption of a fad or fashion."
—Young K. *Handbook of Social Psychology* (1951), p. 442.

का प्रयास करती हैं।''[8] इस बात का एक उदाहरण यह है कि आज के युग में कटे बाल की लड़कियां और बढ़े बाल के लड़के बढ़ते जाते हैं। लड़के-लड़कियों की वेष-भूषा में भी बड़ी समानता आने लगी है ।

फैशन के प्रेरक कारण

फैशन के प्रेरक कारणों का विश्लेषण करते हुये बार ने उसमें निम्नलिखित महत्वपूर्ण कारण बताये हैं।[9]

(1) व्यक्तिवादिता की भावना।

(2) अनुरूपता की इच्छा।

(3) आराम की इच्छा।

(4) अपने भौतिक स्वरूप की चेतना।

(5) सुन्दर होने की इच्छा।

(6) व्यक्तित्व की अभिव्यक्ति की इच्छा।

(7) विशिष्ट तथा विभिन्न दिखने की इच्छा।

(8) शारीरिक दोष छिपाने की इच्छा।

समूह में स्त्री-पुरुष के व्यवहार में फैशन की प्रकृति के उपरोक्त सभी कारक देखे जा सकते हैं। जैसा कि हरलॉक ने लिखा है ''वस्त्रों का एक मुख्य मूल्य यह है वह व्यक्तियों को अपना इस प्रकार विज्ञापन करने योग्य बनाते हैं जिससे कि वे दूसरों का ध्यान और प्रशंसा आकर्षित कर सकते हैं। बहुत से लोग जिनमें कोई योग्यता नहीं होती और जो अपने गुणों के आधार पर औसत से ऊपर उठने की आशा नहीं कर सकते वस्त्रों के माध्यम से सम्मान की इस इच्छा को सन्तुष्ट करने का साधन पा जाते हैं।''[10] हरलॉक के इस मत की सच्चाई को देखने के लिये समाज में अपने चारों ओर के स्त्री पुरुषों, विशेषतया नई पीढ़ी के युवक युवतियों पर दृष्टि डालना ही पर्याप्त होगा।

---

8. "Our contemporary ideology of the equality of the sexes is doubtless influencing the direction of fashion. Women attempt to prove their equality with men by adopting the manners, dress and habits of men."

—Young K. *Handbook of Social Psychology*, p. 420.

9. "Estelle de Young Bar, ''*Psychological Analysis of Fashion Motivation.*'' *Archives of Psychology*, (1934) No. 171.

10. "One of the chief values of clothing is that it enables people to advertise themselves in a way that will win the attention and admiration of others. Many, who lack any ability and could not hope to rise above the 'average' on their merits alone, find a satisfactory outlet for this desire for recognition through the medium of dress."

—Hurlock, E. *The Psychology of Dress : An Analysis of Fashion and Its Motive*, (1929), pp. 27-28.

जैसा कि पहले बताया जा चुका है कि व्यापार के क्षेत्र में फैशन का भारी महत्व यद्यपि फैशन उपयोगी नहीं होते और कभी-कभी वे अनैतिक तक समझे जाते हैं। सन् 1929 में स्टुवर्ड चेज[11] ने संयुक्त राज्य अमरीका में जनता द्वारा फैशन पर किये जाने वाले व्यय का अध्ययन किया। अपने अध्ययन से उसने यह निष्कर्ष निकाला कि जनता कुल व्यय का एक तिहाई भाग फैशन की वस्तुओं पर खर्च करती है। सन् 1938 में एलिजाबेथ हाज [12] ने भी अमरीका में इसी प्रकार के व्यय का उल्लेख किया है। केवल पश्चिमी देशों में ही नहीं भारत जैसे गरीब देश में भी लोग अपनी आय का काफी हिस्सा फैशन की चीजों पर खर्च करते हैं। विशेषतया मध्यवर्गीय स्त्री-पुरुषों में फैशन की ओर अधिक प्रवृत्ति देखी जाती है। जबकि उसकी वजह से उनको अपना पारिवारिक बजट बनाने में काफी कठिनाई झेलनी पड़ती है। फैशन की इस प्रवृत्ति का लाभ उठाकर व्यापारी लोग और निर्माता नये-नये फैशन की चीजें बेचने और बनाने में लगे रहते हैं। वस्त्रों के क्षेत्र में तो फैशन का बहुत ही महत्व है और इस क्षेत्र में फैशन बहुत जल्दी परिवर्तित भी होता है। पहले सूती साड़ियों का फैशन था, फिर रेशम चला, फिर नायलॉन आया, आज नायलॉन भी जा चुका है और अब उच्च वर्ग के बहुत से लोग फिर से सूती साड़ियों पर उतर आये हैं। इस प्रकार एक फैशन चक्र पूरा हो गया है।

फैशन और नैतिकता

जैसा कि पहले संकेत किया जा चुका है कि सामूहिक व्यवहार में नई पीढ़ी के लोग फैशनेबिल होने के सामने नैतिकता की भी कोई चिन्ता नहीं करते जबकि पुराने लोगों को, लड़के-लड़कियों के कपड़ों का काट-छांट, बाहों का खुला रहना, प्रसाधन की सामग्रियों का अत्यधिक प्रयोग, कसे हुये वस्त्र, जिससे शरीर की रेखायें साफ दिखाई पड़ें, आदि, एकदम अनैतिक मालूम पड़ते हैं। यहां वस्तु स्थिति तो यह है कि वस्त्रों से नैतिकता के विषय में कुछ नहीं कहा जा सकता। परन्तु फिर इस बात से भी इन्कार नहीं किया जा सकता कि रहन-सहन, वेश-भूषा और तौर-तरीके आदि में बहुत से फैशनों का नैतिकता पर अवश्य प्रभाव पड़ता है क्योंकि उनका फैशन करने वाले की मनोवृत्ति पर, विचारों और संकल्पों पर देखने वालों की मनोवृत्ति, विचारों और संकल्पों पर भी अवश्य प्रभाव पड़ता है। जो फैशन यौन वासना को जितना अधिक भड़काते हैं उनसे अनैतिक भावनाओं के उत्तेजित होने की उतनी ही अधिक आशंका हो सकती है। परन्तु नैतिक, अनैतिक विचारों से फैशन नहीं रुकता। क्योंकि उसके स्रोत नैतिक न होकर मनोवैज्ञानिक हैं।

फैशन और स्टाइल

स्टाइल (Style) के बारे में किम्बाल यंग ने लिखा है, ''स्टाइल शब्द बहुधा फैशन से लगा रहता है और फैशन के परिवर्तन से सम्बन्धित रहता है परन्तु वह एक अस्पष्ट प्रत्यय है।''[13]

---

11. Stuart chase, *Tragedy of Waste* (1926).
12. Hayes E., *Fashion is Spinach* (1938), p. 6.
13. "The term style is often associated with fashion and fashion change but it is a vague concept."

—Young, K., *Handbook of Social Psychology* (1951), p. 411.

फैशन और स्टाइल परस्पर घनिष्ठ रूप से सम्बन्धित हैं। फिर भी इन दोनों में अन्तर समझना आवश्यक है। फैशन प्रथा के अनुसार व्यवहार में समकालीन प्रवृत्ति के अनुरूप परिवर्तन हैं। स्टाइल इसी फैशन में छोटे-मोटे परिवर्तनों को कहा जाता है। उदाहरण के लिये दाढ़ी रखना या न रखना यह फैशन की बात है। परन्तु दाढ़ी किस तरह की रखी जाय, फ्रैन्चकट या मुल्लाकट या राजपूतों के तरह की, यह स्टाइल पर निर्भर है। इसी तरह सिगरेट पीना एक फैशन हो सकता है परन्तु इसमें बहुत से स्टाइल दिखाई पड़ते हैं। प्रसिद्ध भारतीय फिल्म अभिनेता देवानन्द और अशोक कुमार दोनों ही सिगरेट पीते हैं परन्तु उनके स्टाइल में अन्तर सभी सिनेमा प्रेमी जानते हैं। पुराने लोगों और नई पीढ़ी के जवानों के सिगरेट पीने के स्टाइल में भारी अन्तर दिखाई पड़ता है। भारतीय सिनेमा के खलनायक प्राण का सिगरेट पीने का बिल्कुल ही अलग स्टाइल है।

फैशन के साथ दो शब्द और सम्बन्धित हैं। फैड (Fad) और क्रेज (Craze)। फैड को धुन और क्रेज को उन्माद कहा जा सकता है। वास्तव में ये दोनों फैशन की गतिशीलता से सम्बन्धित हैं। फैशन की गतिशीलता अत्यधिक तीव्र हो जाने पर वह उन्माद बन जाता है। धुन, उन्माद और फैशन के बीच की धारणा है। धुन ही अत्यधिक गतिशीलता और व्यापक हो जाने पर उन्माद बन जाती है। फैशन स्थाई हो जाने पर और उसका क्षेत्र बढ़ जाने पर धुन बन जाती है। किम्बाल यंग के अनुसार धुन वेश-भूषा या गहने आदि छोटी-छोटी बातों से सम्बन्धित होती है और बहुधा रूढ़िवादी लोगों को इसके अनैतिकता और रुचि दिखाई पड़ती है। धुन जब उन्माद का रूप धारण करती है तो संक्रामक रोग की तरह फैलती है। हर व्यक्ति उसके पीछे भागता नजर आता है। उन्माद बन जाने पर चीजें हाथों-हाथ बिकती हैं। उन्माद बन जाने पर लोग एक के बाद एक वही क्रिया करते नजर आते हैं। इस प्रकार धुन फैशन से अधिक स्थाई होती है और उन्माद धुन से अधिक तीव्र गति से फैलता है। जो लोग अधिक नवीनता चाहते हैं उनमें फैशन जितनी जल्दी फैलते हैं उतनी ही जल्दी समाप्त भी होते हैं।

फैशन, धुन और उन्माद

फैशन के धुन बनने में सहायक कारकों में मुख्य हैं नवीनता, प्रचार, विज्ञापन, समय और रुचि के अनुरूप होना, इत्यादि। इस प्रकार विज्ञापन और प्रचार के जोर से फैशन को धुन और धुन को उन्माद बनाया जा सकता है। वास्तव में उन्माद धुन का एक प्रकार है। धुन दो प्रकार की होती हैं, धार्मिक सम्प्रदाय के प्रकार की अथवा उन्माद के प्रकार की। धार्मिक सम्प्रदाय के प्रकार की धुन अधिक स्थाई होती है और लोग धार्मिक श्रद्धा से उनका पालन करते हैं। दूसरी ओर उन्माद के प्रकार की धुन अत्यधिक तेजी से फैलती है परन्तु साथ ही साथ उनमें स्थायित्व भी कम होता है। कुशल निर्माता और व्यापारी अपनी वस्तुओं को फैशनेबिल बनाने के साथ-साथ उनको धुन और उन्माद का रूप देने की भी कोशिश करते हैं। कला, विशेष तथा लोक कला के क्षेत्र में बहुत सी बातें शीघ्र ही धुन का और उन्माद का रूप धारण कर लेती हैं। उदाहरण के लिये पश्चिमी समाज में पिछले दिनों रॉक-एन-रॉल (Rock-n-Roll) उन्माद बन गया था और आजकल टुइस्ट (Twist) नाम का नृत्य उन्माद बनता जा रहा है। भारत में फैशनों के फैलने की अपेक्षाकृत अधिक समय लगता है और धुन तथा उन्माद का रूप तो वे बहुत ही कम ले पाते हैं। इसके अनेक कारण हैं। पश्चिमी देशों के मुकाबले में भारतीय लोग अधिक रूढ़िवादी, सन्तोषी, अन्तर्मुखी,

धार्मिक और साथ ही साथ निर्धन भी हैं। हमारे देश में यातायात और संदेशवाहन के साधन पश्चिमी देशों जैसे विकसित नहीं हैं। भारत की स्त्रियों के आदर्श भी पश्चिम की स्त्रियों से भिन्न हैं। इन सब तथा अन्य अनेक कारणों से भारत में पश्चिमी समाजों की अपेक्षा फैशन की गतिशीलता कम होती है। फिर भी जैसे-जैसे आधुनिक शिक्षा और पाश्चात्य संस्कृति का प्रभाव बढ़ता जाता है। वैसे-वैसे गतिशीलता भी बढ़ती जाती है। इसी गतिशीलता में सबसे अधिक महत्वपूर्ण योगदान सिनेमा का कहा जा सकता है।

सारांश

फैशन का प्रभाव जीवन के उन क्षेत्रों में दिखाई पड़ता है जिनमें हम तटस्थ होते हैं।

फैशन क्या है—फैशन की परिभाषा करते हुये रॉस ने चार बातों पर जोर दिया है— (1) फैशन किसी समूह के चुनाव में परिवर्तन है, (2) फैशन बारम्बार होने वाले परिवर्तनों की श्रृंखला है, (3) फैशन उपयोगिता के साथ हो सकता है, (4) फैशन उपयोगिता से निश्चित नहीं होता।

फैशन की प्रकृति—फैशन मनुष्यों के चुनावों में परिवर्तन करता है। उसमें वस्तुओं की नकल न होकर व्यक्तिगत विशेषता के कारण शैली की नकल होती है। उसके मूल में दो विरोधी इच्छायें हैं—नवीनता की इच्छा और समाज सम्मतता की इच्छा।

फैशन और अनुकरण—फैशन में अनुकरण के नियम हैं—(1) उच्च स्तर के व्यक्तियों का अनुकरण, (2) धनवानों का अनुकरण, (2) शक्तिशालियों का अनुकरण, (4) नेताओं का अनुकरण, (5) सफल व्यक्तियों का अनुकरण, (6) नगरवासियों का अनुकरण, (7) फिल्म अभिनेताओं का अनुकरण।

फैशन का सामाजिक कार्य—फैशन का प्रथा से घनिष्ठ सम्बन्ध है। इसी प्रकार वह रिवाज और शिष्टाचार दोनों को ही प्रभावित करता है। वह सामाजिक परिवर्तन का एक कारक है। आधुनिक काल में उसका क्षेत्र बढ़ता जाता है। वह वहां काम करता है जहां प्रतिरोध न्यूनतम होता है।

फैशन और प्रथा—प्रथा समाज द्वारा स्वीकृत व्यवहार का तरीका है जो कि पीढ़ी दर पीढ़ी चलता रहता है। फैशन प्रथा के क्षेत्र में परिवर्तन करते हैं। फैशन अस्थाई हैं प्रथा स्थाई हैं। प्रथा रूढ़िवादी है और उसकी प्रवृत्ति प्राचीनता की ओर है फैशन रूढ़ि विरुद्ध है और उसकी प्रवृत्ति नवीनता की ओर है। प्रथा स्थाई और महत्वपूर्ण आवश्यकताओं से सम्बन्धित है जबकि फैशन स्थाई और महत्वहीन आवश्यकताओं से सम्बन्धित है।

फैशन का चक्र—फैशन में चक्रवत परिवर्तन होता है। इस प्रकार पुराने फैशन लौटकर आते रहते हैं। इस चक्र का एक मुख्य कारण यह है कि फैशन यौन आकर्षण का एक कारण है। इसमें ऊंची स्थिति के लोग जो फैशन अपनाते हैं अन्य लोग उसी का अनुकरण करते हैं और तब ऊंची स्थिति के लोग फैशन बदल देते हैं।

फैशन के प्रेरक कारण—(1) व्यक्तिवादिता की भावना, (2) अनुरूपता की इच्छा, (3) आराम की इच्छा, (4) अपने भौतिक स्वरूप की चेतना, (5) सुन्दर होने की इच्छा, (6) व्यक्तित्व की अभिव्यक्ति की इच्छा, (7) विशिष्ट तथा विभिन्न दीखने की इच्छा, (8) शारीरिक दोष छिपाने की इच्छा।

फैशन और नैतिकता—फैशन का नैतिकता पर प्रभाव पड़ता है। परन्तु नैतिकता के विचारों से फैशन नहीं रुकता क्योंकि उसके स्रोत मनोवैज्ञानिक हैं।

फैशन और स्टाइल—स्टाइल फैशन में छोटे-मोटे परिवर्तनों को कहा जाता है। इसका प्रत्यय अस्पष्ट है।

फैशन और धुन—फैशन की गतिशीलता अत्यधिक बढ़ जाने पर वह धुन बन जाता हैं।

फैशन और उन्माद—नवीनता, प्रचार, विज्ञापन आदि से फैशन धुन बनता है। यही धुन और भी गतिशील और व्यापक होकर उन्माद बन जाती है। उन्माद धुन का एक प्रकार है। इसके अलावा धुन का दूसरा प्रकार धार्मिक सम्प्रदाय के प्रकार की धुन है। धुन बनने पर और उन्माद का रूप लेने पर फैशन बड़ी तेजी से फैलते हैं। भारत में बहुत कम फैशन उन्माद का रूप ले पाते हैं।

32

नेतृत्व और नीतिमत्ता
(Leadership and Morale)

प्रत्येक समूह में भिन्न-भिन्न सदस्यों के कार्य भिन्न-भिन्न होते हैं। समूह के सभी सदस्य प्रत्येक कार्य को करने की सामान्य रूप से योग्यता नहीं रखते। व्यक्तिगत योग्यता के अनुसार उनमें कार्यों का विभाजन हो जाता है। कार्यों के विभाजन के साथ-साथ उनकी स्थिति में भी अन्तर पड़ता है। बालकों के किसी समूह को देखिये तो उसमें कोई नेता दिखाई पड़ेगा तो बाकी लोग उसके पीछे चलने वाले। कभी-कभी एक ही समूह में कई नेता होते हैं जिनमें एक तो दंगा करने की योजना बनाता है जबकि दूसरा उस योजना को कार्य में परिणत करता है। बाकी लोग उनकी सहायता करते हैं। स्पष्ट है कि योजना बनाने वाला नेता बुद्धि में तेज होगा जबकि उस पर अमल करने वाला नेता शारीरिक दृष्टि से सबसे अधिक शक्तिशाली होगा। बालकों के समूह की तरह मानव समाज में सब कहीं भिन्न-भिन्न समूहों में एक या अधिक नेता होते हैं और बाकी लोग उनके अनुगामी। भारत के गांवों में भिन्न-भिन्न जातियों में जातीय नेता होते हैं। इसके अलावा कुछ नेता गांव भर का नेतृत्व करते हैं। राजनैतिक क्षेत्र में तो नेता इतना अधिक सर्वव्यापक है कि साधारणतया नेता शब्द से राजनैतिक नेता का ही अर्थ माना जाता है। भारत में कांग्रेस दल ने सबसे अधिक नेतृत्व किया है। अत: जब कोई व्यक्ति शुद्ध खद्दर के कपड़े, धोती कुर्ता, टोपी आदि पहनने लगता है तो कुछ लोग यूं ही उसको नेता कहने लगते हैं। इसी प्रकार मौहल्ले में जो लोग मौहल्ले के कामों में अधिक दिलचस्पी लेते हैं वे नेता कहे जाते हैं। नेता सब कहीं देखे जा सकते हैं क्योंकि उनकी सब कहीं जरूरत पड़ती है। नेता सब कहीं पहचाने जा सकते हैं क्योंकि वे औरों से अलग दिखलाई पड़ते हैं। नेता स्वयं बनते हैं और दूसरों को रास्ता दिखलाना शुरू कर देते हैं। नेताओं को दूसरे लोग भी चुनते हैं और उनके अनुगामी बन जाते हैं।

समाज मनोविज्ञान और समाज शास्त्र के दृष्टिकोण से आज के युग में नेतृत्व का वैज्ञानिक अध्ययन अत्यन्त महत्वपूर्ण है क्योंकि इस जनतन्त्रीय युग में नेता जितने भी अधिक योग्य होंगे उतनी ही अधिक प्रगति की आशा की जाती है। सच तो यह है कि प्रत्येक देश के सामने सब से

पहली समस्या होती है कुशल नेताओं को उत्पन्न करना। उपरोक्त विवरण से स्पष्ट है कि नेतृत्व के अनेक पहलू हैं, शास्त्रीय विवेचन में इन सब पहलुओं पर अलग-अलग और विस्तृत विचार किया जाना चाहिये।

नेता क्या है?

स्प्रॉट के अनुसार, ''कोई भी जो दूसरों के लिए एक आदर्श है बहुधा एक नेता कहलाता है।''[1] इस प्रकार भिन्न-भिन्न समूहों में उस व्यक्ति को नेता माना जाता है जो उस समूह के अन्य लोगों के लिये आदर्श हो। स्पष्ट है कि पहलवानों के दल में पहलवान नेता हो सकता है और राजनैतिक दल में राजनैतिक दांव पेचों को समझने वाला व्यक्ति नेता हो सकता है। दोनों ही परिस्थितियों में वही नेता कहलाता है जो दूसरों को रास्ता दिखाता है अर्थात् जो दूसरों का आदर्श होता है। आदर्श होने के कारण ही समूह के अन्य व्यक्ति स्वभावतया ही नेता का अनुगमन करने लगते हैं। इसी कारण नेता का अन्य व्यक्तियों पर इतना प्रभाव होता है। नेता अनुगामी नेता की आज्ञा को मानते हैं। वे उसके उपदेशों को जीवन में उतार लेना चाहते हैं, उसके इशारे पर जान पर भी खेल जाते हैं। फ्रॉयड के अनुसार नेता अनुगामियों का अहं आदर्श (Ego-ideal) बन जाता है।

नेतृत्व क्या है?

नेतृत्व के विवेचन में सबसे पहले यह निश्चित करना जरूरी है कि नेतृत्व है क्या? इस सम्बन्ध में भिन्न-भिन्न विद्वानों ने भिन्न-भिन्न परिभाषायें उपस्थित की हैं। इन परिभाषाओं के विवेचन से यह स्पष्ट होगा कि नेतृत्व क्या है। कुछ मुख्य परिभाषायें निम्नलिखित हैं—

लेपियर और फ्रैंसवर्थ का मत— ''नेतृत्व एक व्यवहार है जो कि अन्य व्यक्तियों के व्यवहार को नेता पर उनके व्यवहार के प्रभाव की अपेक्षा अधिक प्रभावित करता है।''[2] प्रत्येक समूह में विभिन्न सदस्यों में कुछ सम्बन्ध होते हैं और सभी एक दूसरे को प्रभावित करते हैं। इन परस्पर सम्बन्धों और परस्पर प्रभाव में जो व्यक्ति दूसरे को तो अत्यधिक प्रभावित करता है और उनसे उतना अधिक प्रभावित नहीं होता वह नेता बन जाता है। इस प्रकार नेतृत्व की इस परिभाषा से नेता और अनुगामियों की अन्तर्क्रिया पर प्रकाश पड़ता है। नेता नेतृत्व करता है, सुझाव देता है, आज्ञा देता है और रास्ता दिखलाता है। अन्य लोग उसका अनुगमन करते हैं।

नेतृत्व और प्रभुता में अन्तर

इस परस्पर अन्तर्क्रिया में स्पष्ट दिखाई पड़ता है कि नेतृत्व और प्रभुता समानार्थक शब्द नहीं हैं। जहां नेता का अनुगामियों पर प्रभाव पड़ता है वहां अनुगामियों का कुछ न कुछ प्रभाव

---

1. "Any one who acts as a model to others is often called a leader."
   —Sprott, W. G. H, *Social Psychology*, (1952), p. 71.
2. "Leadership is a behaviour that affects the behaviour of other people, more than their behaviour affects that of the leader."
   —Lapiere and Fransworth, *Social Psychology* (1949), p. 254.

नेता पर भी अवश्य पड़ता है। मनोवैज्ञानिक दृष्टि से अनुगामियों के प्रति नेता के व्यवहार में प्रभुत्व अधिक होता है जबकि नेता के प्रति अनुगामियों के व्यवहार में दैन्य की भावना अथवा समर्पण की भावना अधिक काम करती है। किन्तु ऐसे अवसर बहुत कम आते हैं जबकि नेता का व्यवहार एक दम प्रभुत्वयुक्त हो और अनुगामी पूर्णतया आत्मसमर्पण करें। इस प्रकार नेता और अनुगामियों की अन्तर्क्रिया में केवल यही बात सदैव देखी जा सकती है कि नेता का व्यवहार अनुगामियों को अधिक प्रभावित करता है जबकि अनुगामियों का व्यवहार नेता को अपेक्षाकृत कम प्रभावित करता है। जहां कहीं प्रभुत्व और आत्मसमर्पण का इस प्रकार का मेल हो वहीं नेतृत्व देखा जा सकता है। इसके लिए यह आवश्यक है कि नेता अच्छी ही राह में ले जाए। चाहे वह अच्छी राह में ले जाये या बुरी राह में नेता-नेता ही है और नेता रहते उसके अनुगामी उसकी आज्ञा का पालन करते ही हैं।

मैकाइवर और पेज का मत—''नेतृत्व से हमारा तात्पर्य लोगों को प्रोत्साहित करने अथवा निर्देशित करने की वह योग्यता है जो कि पद के अलावा व्यक्तिगत गुणों से आती है।''[3] नेतृत्व की इस परिभाषा में नेतृत्व और पद में अन्तर दिखलाया गया है। केवल ऊंचा पद होने मात्र से कोई व्यक्ति नेता नहीं बन जाता। यह दूसरी बात है कि अपने पद से उसे नेता बनने में कुछ सहायता भले ही मिलती हो। वास्तव में नेतृत्व व्यक्ति के व्यक्तिगत गुणों पर निर्भर है उसके पद पर नहीं। इसलिये कभी-कभी यह देखा जाता है कि वैधानिक रूप से चुने हुये नेता की बात कोई नहीं मानता और कुछ लोगों की बात लोग मानने लगते हैं। राजनैतिक क्षेत्र में नेतृत्व के व्यक्तिगत गुणों के अभाव में राजनीतिज्ञ अपना पद भी सुरक्षित नहीं रख सकता। नेतृत्व के व्यक्तिगत गुण क्या हैं? इनका विवेचन क्रमश: किया जायेगा।

नेता और नेतृत्व

संक्षेप में नेता वह प्रभावशाली व्यक्ति है जो समूह में विशेष कामों को करता है, जो सुझाव देता है, आज्ञा और रास्ता दिखाता है, जो दूसरे के सामने आदर्श बनकर रहता है, जिसका सब आदर करते हैं और जिसके सुझावों तथा आज्ञाओं का पालन किया जाता है। इस नेता का व्यवहार अथवा कार्य ही नेतृत्व कहलाता है। इस प्रकार नेतृत्व एक व्यवहार अथवा प्रक्रिया है जो कि समूह के अन्य लोगों को इस तरह प्रभावित करती है कि वे आत्मसमर्पण कर देते हैं और उसकी आज्ञा का अनुगमन करते हैं। जैसा कि पहले बताया जा चुका है कि नेतृत्व की प्रक्रिया प्रभुता की प्रक्रिया से भिन्न है। पिगोर्स के शब्दों में 'नेतृत्व परस्पर प्रोत्साहित करने की एक प्रक्रिया है जबकि प्रभुता नियन्त्रण की एक प्रक्रिया है जिसमें श्रेष्ठता प्राप्त करके एक व्यक्ति अथवा समूह अपनी इच्छानुसार प्रयोजनों को सिद्ध करने के लिये दूसरों की क्रियाओं पर नियन्त्रण करता है।''[4]

---

3. "By leadership we mean the capacity to persuade or to direct men that comes from personal qualities apart from office."

—MacIver, R. M. and Page. C. H, *Society,* Macmillan & Co. London (1952), p. 46.

4. " Leadership is a process of mutual stimulation while domination is a process of control in which by the assumption of superiority a person or group regulates the activities of others for purposes of his own choosing."

—Pigors, *Leadership or Domination,* (1935).

नेतृत्व की प्रकृति

नेतृत्व की विभिन्न परिभाषाओं से नेतृत्व की प्रकृति स्पष्ट होती है। नेतृत्व की प्रकृति को और भी स्पष्ट करने के लिये समूह में नेता की स्थिति और कार्य का विवेचन सहायक होगा। इस सम्बन्ध में नेता और पदासीन व्यक्ति अथवा नेता और पदासीन प्रमुख में अन्तर करना भी प्रासंगिक होगा।

नेता की स्थिति और कार्य

समूह में नेता का एक विशिष्ट स्थान होता है और अनुगामियों से उसके कुछ विशिष्ट सम्बन्ध होते हैं। इस विषय में अग्रलिखित महत्वपूर्ण बातें दिखलाई पड़ती हैं—

(1) **नेता अनुगामियों का आदर्श होता है**—जैसा कि पहले बतलाया जा चुका है किसी भी समूह में वही व्यक्ति नेता बनता है जिसको और लोग आदर्श मानते हैं और जब तक वे उसको आदर्श मानते हैं तब तक वह नेता बना रह सकता है।

(2) **नेता एक सम्मानित और प्रतिष्ठित व्यक्ति होता है**—समूह के अन्य लोगों के सामने आदर्श रूप में रहने के लिये यह आवश्यक है कि नेता सम्मानित और प्रतिष्ठित हो। साधारणतया जितना ही बड़ा नेता होता है उसका उतना ही अधिक सम्मान और प्रतिष्ठा होती है।

(3) **नेता का सत्कार किया जाता है**—नेता और अनुगामियों के परस्पर व्यवहार में अनुगामी सदैव नेता का सत्कार करते हैं। उसकी बात को ध्यान से सुना जाता है उसको चोट पहुंचने पर लोग जान पर खेल जाते हैं। उसके आंख के इशारे पर अनुगामी सब कुछ करने को तैयार.रहते हैं। अनुगामियों के इस सत्कार से नेता भी प्रोत्साहित होता है और अपना उत्तरदायित्व अनुभव करता है।

(4) **नेता की आज्ञा शिरोधार्य होती है**—जिस प्रकार परिवार में बालक अपने पिता की आज्ञा को टाल नहीं सकता उसी प्रकार समूह में नेता की आज्ञा अनुगामियों के लिये सदैव शिरोधार्य होती है।

(5) **नेता और अनुगामी दोनों एक दूसरे को प्रभावित करते हैं**—नेता और अनुगामियों के परस्पर सम्बन्ध और व्यवहार में यह ध्यान रखने की बात है कि ये दोनों ही एक दूसरे की प्रभावित करते हैं। यद्यपि इस परस्पर प्रभाव में नेता का प्रभाव निश्चय ही बहुत अधिक होता है। इससे एक महत्वपूर्ण बात यह भी निकलती है कि सफल नेता को अनुगामियों के मनोविज्ञान पर सदैव दृष्टि रखनी चाहिये। उसको उनका सम्मान करना चाहिये और उनकी भावनाओं को ठोस नहीं पहुँचानी चाहिये। उसको जोर अजमाने से अधिक अनुगामियों के दिलों पर अधिकार करने की चेष्टा करनी चाहिये। तभी वह उनका प्रिय नेता बन सकता है।

(6) **नेता समूह के व्यवहार को निर्धारित करता है**—जैसा ऊपर बतलाया जा चुका है समूह के सभी लोग नेता के सुझावों और आज्ञाओं का अनुगमन करते हैं। इस प्रकार समूह में नेता की स्थिति श्रेष्ठतम और केन्द्रीय होती है। उसके अनुगामी सदैव उसकी ओर उन्मुख रहते हैं। हर एक कठिनाई में वे उसी का मुंह ताकते हैं और वह जैसा कहता है वैसा ही करते हैं। इसी

बात को व्यक्त करते हुये सीमान और मौरिस ने लिखा है "नेतृत्व की एक अस्थाई रूप से मानने योग्य परिभाषा उसके प्रभाव के पहलू पर जोर देती है। नेतृत्व के कार्य उन व्यक्तियों के कार्य हैं जो अन्य व्यक्तियों को अनुरूप दिशा में प्रभावित करते हैं।"[5]

(7) **नेता समूह के अन्य सदस्यों पर नियन्त्रण रखता है**—प्रत्येक समूह में अनेक व्यक्ति होते हैं। उनके विशेष प्रकार के सम्बन्धों से नेतृत्व की प्रक्रिया निश्चित होती है। पिगोर्स के शब्दों में "नेतृत्व व्यक्ति और पर्यावरण के सम्बन्ध में लागू किया एक ऐसी परिस्थिति का ज्ञान देने वाला प्रत्यय है जबकि एक व्यक्ति पर्यावरण में इस प्रकार स्थित होता है कि उसके संकल्प अनुभूतियों और अन्तःदृष्टि के सामान्य लक्ष्य को प्राप्त करने के लिये दूसरे निर्देशित और नियन्त्रित होते हैं।"[6]

नेतृत्व और पद

समूह में नेता के स्थान और कार्य के उपरोक्त विवेचन से यह स्पष्ट होता है कि नेतृत्व कुछ व्यक्तिगत गुणों पर निर्भर है और उसमें तथा पद में अन्तर है। यह ठीक है कि उच्च पद मिलने पर व्यक्ति आसानी से नेता बन सकता है। जैसा की शारटेल और स्टॉगडिल ने लिखा है "जो लोग ऐसे पद ग्रहण करते हैं जिनमें सामान्य नेतृत्व की योग्यता की आवश्यकता मानी जाती है वे नेतृत्व के अध्ययन के लिये उपयुक्त विषय हैं।"[7] परन्तु केवल पद पर होने मात्र से किसी व्यक्ति में नेतृत्व के गुण होना आवश्यक नहीं हैं। हां यह अवश्य है कि ऐसे पद पर बहुत समय तक बने रहने के लिए नेतृत्व के गुण आवश्यक हैं। उदाहरण के लिए सेनानायक के गुणों के अभाव में कोई भी सेनापति बहुत दिनों तक सफलता से सेना का संचालन नहीं कर सकता। दूसरी ओर जिस व्यक्ति में ये गुण अधिक होंगे वह सेनापति न होते हुए भी सेनानायक बन बैठता है। पद और नेतृत्व के इसी अन्तर के कारण बड़े-बड़े तथा कथित नेता पदच्युत कर दिये जाते हैं, सेनापति अपनी ही सेनाओं के द्वारा मार दिये जाते हैं और नये-नये लोग नेतृत्व के द्वारा आगे आते हैं।

नेता और पदासीन प्रमुख में अन्तर

इस प्रकार नेता पदासीन प्रमुख (Head) से भिन्न है। स्थूल रूप से इन दोनों में अग्रलिखित अन्तर हैं:—

---

5. "One tentatively adoptable definition of leadership emphasises its influence aspect, leadership acts are acts by persons which influence other persons in shared direction."

—Seeman and Morris.

6. "Leadership is a concept applied to the personality environment relation to describe the situation when a personality is so placed in the environment that his will, feeling and insight direct and control others in persuit of a common cause."

—Pigors., *Leadership or Domination,* (1935).

7. "Persons who occupy positions which are commonly presumed to demand leadership ability are proper and likely subjects for the study of leadership."

—Shartle and Stogdill,

(1) प्रभाव के आधार में अन्तर—नेता और पदासीन प्रमुख दोनों का अन्य लोगों पर प्रभाव होता है परन्तु दोनों के प्रभाव के आधार अलग-अलग होते हैं। पदासीन प्रमुख का प्रभाव, जैसा कि उसके नाम से स्पष्ट है उसके पदासीन होने के कारण होता है। दूसरी ओर नेता का प्रभाव उसके नेतृत्व के गुणों के कारण होता है।

(2) प्रभुता के आधार में अन्तर—नेता और पदासीन प्रमुख दोनों ही प्रभुत्व सम्पन्न होते हैं। परन्तु इस प्रभुत्व को वे अलग-अलग उपायों से प्राप्त करते हैं। पदासीन प्रमुख मुख्य-मुख्य और महत्वपूर्ण स्थानों पर अपने दल के लोगों को नियुक्त करके अपना प्रभुत्व कायम रखता है। दूसरी ओर नेता अपने अनुगामियों के दिलों को जीत कर उन पर अपना प्रभुत्व बनाये रखता है।

(3) समूह के अन्य सदस्यों से सम्बन्ध में अन्तर—नेता और पदासीन प्रमुख दोनों के अन्य लोगों में सम्बन्ध होते हैं। इन सम्बन्धों की प्रकृति में अन्तर है। पदासीन प्रमुख केवल आज्ञा देता है और अन्य लोगों की राय नहीं लेता। दूसरी ओर सफल नेता समूह के अन्य लोगों के मत से भी प्रभावित होता है और उसका ध्यान रखता है।

(4) सामाजिक दूरी का अन्तर—पदासीन प्रमुख और अन्य लोगों में काफी सामाजिक दूरी है जिसके कारण लोग उससे डरते हैं। दूसरी ओर नेता सम्मानित और प्रतिष्ठित होते हुए भी अपने अनुगामियों में घुला-मिला रहता है और उनसे सामाजिक दूरी नहीं रखता। पदासीन प्रमुख सामाजिक दूरी बनाये रखने की चेष्टा रखता है जबकि नेता सामाजिक दूरी हटाने का प्रयास करता है।

(5) समूह के नियन्त्रण में अन्तर—पदासीन प्रमुख और नेता दोनों ही अन्य लोगों का नियन्त्रण करते हैं परन्तु इस नियन्त्रण के स्वरूप में अन्तर है। पदासीन प्रमुख का नियन्त्रण अधिकतर प्रभुत्व जमाने के रूप में होता है जबकि नेता समूह के व्यक्तियों के सहयोग से उन पर नियन्त्रण करता है।

(6) समूह के उद्देश्य निर्धारित करने में अन्तर—पदासीन प्रमुख और नेता दोनों ही समूह के उद्देश्य निर्धारित करते हैं। परन्तु पदासीन प्रमुख इसमें अन्य लोगों की राय नहीं लेता जबकि नेता ऐसे ही उद्देश्य निर्धारित करता है जिनके पीछे समूह को अप्रत्यक्ष स्वीकृति होती है अर्थात् जो समूह के अन्य सदस्यों को उनके अपने मन के उद्देश्य मालूम पड़ते हैं।

सत्ता और नेतृत्व

उपरोक्त विवेचन से स्पष्ट है कि सत्ता (Authority) और नेतृत्व में पर्याप्त अन्तर है। सत्ता में प्रभुता की भावना निहित होती है। सत्ताशील व्यक्ति अपनी बातों को मनवाने के लिये शक्ति का भी प्रयोग करता है। सत्ता के साथ आत्मप्रदर्शन भी लगा हुआ है। सत्ता से लोग डरते हैं। दूसरी ओर नेतृत्व में ये सब बातें नहीं दिखालाई पड़तीं। यद्यपि नेता प्रभुत्वशाली होता है परन्तु वह अपना प्रभुत्व कभी नहीं जमाता। सफल नेता शक्ति का प्रयोग नहीं करता। जनता उससे डरती नहीं बल्कि उससे प्रेम और आदर रखती है। नेता भी अपने अनुगामियों से प्रेम और सहिष्णुता का व्यवहार करता है। वह अपने अधिकारों की ओर नहीं बल्कि कर्तव्यों की ओर देखता है। वह जनता के सामने एक आदर्श उपस्थित करता है। अतः स्पष्ट है कि नेताओं को सत्ता के पीछे नहीं

भागना चाहिये। ऐसा करने से उनके बहुत से नेतृत्व के गुणों में कमी आती है और कभी-कभी तो वे सत्ता के लालच में अपना नेतृत्व भी खो बैठते हैं। राजनैतिक क्षेत्र में आये दिन ऐसे बहुत से उदाहरण देखे जा सकते हैं जिनमें नेतृत्व को कायम रखने के लिये नेता ने सत्ता को ठोकर मार दी।

नेतृत्व के प्रकार

विभिन्न विद्वानों ने नेतृत्व के भिन्न-भिन्न प्रकार बतलाये हैं। नेतृत्व के वर्गीकरण भिन्न-भिन्न आधार पर किये गये हैं। इनमें से मुख्य आधार निम्नलिखित हैं-

(अ) नेतृत्व की उत्पति (Origin of Leadership)।

(ब) नेतृत्व के उद्देश्य (Purposes of Leadership)।

(स) नेतृत्व की प्रकृति (Nature of Leadership)।

(द) अनुगामियों के साथ नेता के सम्पर्क की प्रकृति (Nature of the relation of the leader with the followers)।

अब इन विभिन्न वर्गों में नेताओं के प्रकार का विस्तृत वर्णन प्रासंगिक होगा।

(अ) उत्पत्ति के आधार पर वर्गीकरण—उत्पत्ति के आधार पर नेतृत्व के निम्नलिखित प्रकार माने गये हैं। कहना न होगा कि इनसे नेतृत्व की उत्पत्ति पर प्रकाश पड़ता है।

(1) शासन द्वारा नियुक्त (Executive appointed) **नेता**—जैसा कि इसके नाम से स्पष्ट है इस प्रकार के नेता को शासन नियुक्त करता है और शासन द्वारा पद प्राप्त करने से ही उनके नेतृत्व की उत्पत्ति होती है। सरकारी अधिकारी वर्ग इसी समूह में आता है।

(2) समूह द्वारा नियुक्त (Group appointed) **नेता**—ये नेता समूह के व्यक्तियों द्वारा चुने जाते हैं। भारत में पंचायतों, स्थानीय निकायों और लोक सभा तथा राज्य सभा आदि के जन नेता समूहों के द्वारा चुने जाते हैं।

(3) आत्म नियुक्त (Self- appointed) **नेता**—परन्तु कुछ नेता ऐसे होते हैं जिनको न तो शासन अधिकार देता है और न समूह। वे अपने व्यक्तिगत गुणों के कारण स्वयं आगे बढ़कर अन्य लोगों का नेतृत्व करने लगते हैं और उनके गुणों के कारण अन्य लोग भी उनको नेता मानने लगते हैं। महात्मा गांधी जैसे जनप्रिय नेता इसी वर्ग में आते हैं। यहां पर यह भ्रम हो सकता है कि आत्म नियुक्त नेता नेतृत्व की इच्छा से आगे बढ़ता है। वस्तुत: यह आवश्यक नहीं है। यहां आत्म नियुक्त करने से केवल यही तात्पर्य है कि इन नेताओं को चुना नहीं जाता उनके गुणों के कारण वे स्वभावत: नेता मान लिये जाते हैं।

(ब) उद्देश्यों के आधार पर वर्गीकरण—उद्देश्यों के आधार पर भी नेताओं का वर्गीकरण किया जा सकता है। भिन्न-भिन्न क्षेत्रों में भिन्न-भिन्न समूह विभिन्न उद्देश्यों को लेकर काम करते हैं। उद्देश्यों की प्राप्ति के लिये जो व्यक्ति सबसे अधिक गुणवान और सामर्थ्यशाली दिखाई पड़ता है वे उस क्षेत्र में नेता मान लिया जाता है। यूं तो इस प्रकार के क्षेत्र बीसियों हो सकते हैं परन्तु यहां पर केवल बौद्धिक, कलात्मक और शासन के क्षेत्रों का उल्लेख पर्याप्त होगा। इस

प्रकार इस वर्ग में निम्नलिखित नेता आते हैं–

(1) बौद्धिक (Intellectual) **नेता**–बौद्धिक क्षेत्र में बौद्धिक नेतृत्व की आवश्यकता होती है। विज्ञान, दर्शन आदि के क्षेत्र में महान वैज्ञानिक और महान विचारक बौद्धिक नेता कहे जा सकते हैं। वे राह दिखाते हैं और दूसरे उनका अनुगमन करते हैं। फ्रॉयड और शंकराचार्य इसी प्रकार के नेता हैं।

(2) कलाकार (Artist) **नेता**–कला के क्षेत्र में महान् कलाकार ही नेतृत्व कर सकते हैं। तानसेन, प्रेमचन्द्र, रवीन्द्रनाथ ठाकुर इत्यादि कलाकार नेता कहे जा सकते हैं।

(3) शासक (Executive) **नेता**– शासन के क्षेत्र में शासक अथवा सत्तारूढ़ व्यक्ति नेता बन जाते हैं। उदाहरण के लिये हर एक जिले में जिलाधीश शासन के क्षेत्र में जिले का नेता होता है और उसकी आज्ञाओं को सभी मानते हैं।

(स) नेतृत्व की प्रकृति के आधार पर वर्गीकरण–नेतृत्व की प्रकृति के आधार पर भी नेताओं का वर्गीकरण किया गया है। उदाहरण के लिये कुछ नेता निरंकुश होते हैं जबकि कुछ प्रजातन्त्रीय होते हैं। नेतृत्व की प्रकृति के आधार पर नेताओं का वर्गीकरण इस प्रकार है:–

(1) **निरंकुश** (Authoritarian) **नेता**–निरंकुश नेता जैसा कि उसके नाम से स्पष्ट है कि निरंकुश होता है। अत: यह मनमाना व्यवहार करता है। अपने निर्णय में वह किसी की राय नहीं लेता। वह भय उत्पन्न करके दूसरों पर शासन करता है। वह दूसरों का सहयोग नहीं लेता बल्कि उनको आज्ञा देता है। जो लोग उसका विरोध करते हैं वे दण्ड पाते हैं। जो उसकी बात मानते हैं उनको पुरस्कार मिलता है। वह सारे अधिकार अपने हाथ में रखता है और खास-खास जगहों पर अपने आदमियों को नियुक्त करता है। स्पष्ट है कि इस प्रकार का नेता एक अधिकारी और सत्तारूढ़ व्यक्ति है। सच तो यह है कि उसको नेता कहा ही नहीं जाना चाहिये।

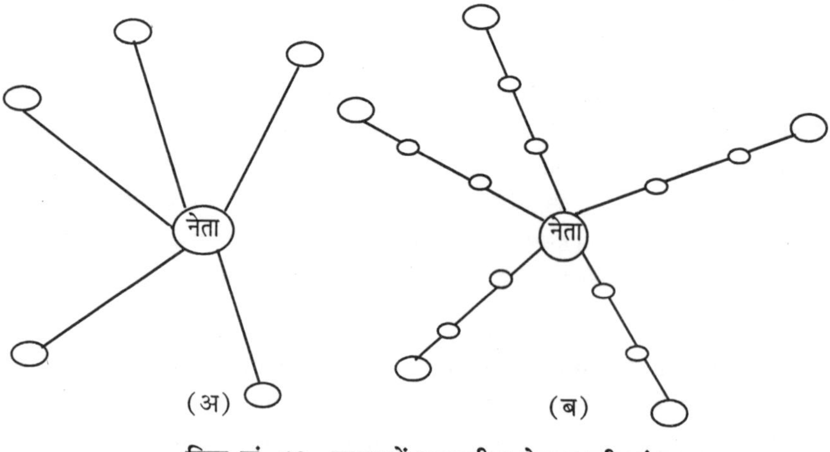

चित्र सं० 12–समूह में सत्ताशील नेतृत्व की संरचना
(अ) छोटे समूह में (ब) बड़े समूह में।

(2) **प्रजातन्त्रीय** (Democratic) **नेता**—जनतन्त्रीय नेता जैसा कि उसके नाम से स्पष्ट है विचारों, कार्य प्रणालियों और व्यवहार में एकदम जनतन्त्रीय होता है। वह सबकी राय लेता है और सबका सहयोग प्राप्त करने की चेष्टा करता है। वह भय से नहीं बल्कि श्रद्धा, विश्वास और प्रेम प्राप्त करके नेतृत्व करता है। वह अपने को नेता नहीं कहता और न सारे अधिकार ही अपने हाथ में रखता है। योग्यता के अनुसार और लोगों को अधिकार बांट देता है और अपने को जनता का सेवक कहता है।

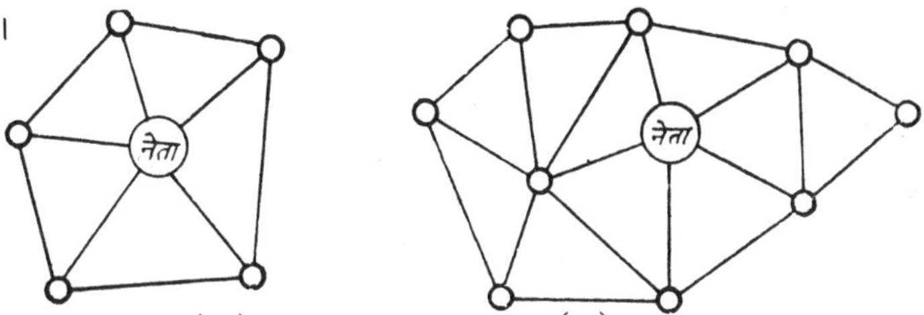

(अ) (ब)

चित्र सं॰ 13—जनतन्त्रीय नेतृत्व की संरचना
(अ) छोटे समूह में (ब) बड़े समूह में

(द) अनुगामियों के साथ सम्पर्क की प्रकृति के आधार पर वर्गीकरण—अनुगामियों के साथ सम्पर्क की प्रकृति के आधार पर भी नेतृत्व का वर्गीकरण किया गया है। विभिन्न नेताओं के अनुगामियों से भिन्न-भिन्न प्रकार के सम्बन्ध होते हैं। कुछ नेता शासन से सम्बन्ध रखते हैं, कुछ संस्था में ऊंचे पद के कारण नेता होते हैं, कुछ कार्यकुशल नेता होते हैं, जबकि कुछ हृदयग्राही नेता होते हैं। स्थूल रूप से इस वर्ग के नेताओं का वर्णन अग्रलिखित हैं:—

(1) **प्रभुत्वशाली** (Dominant) **नेता**—प्रभुत्वशाली नेता जैसा कि इसके नाम से स्पष्ट है अपने अनुगामियों से प्रभुत्व का सम्बन्ध रखता है। वह उन पर शासन करता है, चाहे वह अपनी शक्ति के कारण कितना ही सफल क्यों न दिखलाई पड़े।

(2) **संस्थात्मक** (Institutional) **नेता**—प्रत्येक संस्था में कोई न कोई व्यक्ति सर्वोच्च पद ग्रहण करता है जैसे हर एक विश्वविद्यालय में एक वाइस चांसलर होता है जो सर्वोच्च अधिकारी माना जाता है। उसके अधिकारों के कारण अन्य सभी लोग उसकी आज्ञा मानते हैं। वास्तव में संस्थात्मक नेता पदासीन प्रमुख है, नेता नहीं।

(3) **विशेषज्ञ** (Expert) **नेता**—अनेक क्षेत्रों में जो लोग अपने क्षेत्र के विशेषज्ञ हैं वे स्वभावतया ही नेता बन जाते हैं। अनुगामियों में उनके सम्पर्क का आधार उनकी विशेष योग्यता होती है। ये उनसे मिलने-जुलने, उनको जानने या उनके विचारों और व्यवहारों को समझने की कोई आवश्यकता नहीं समझते। विशेषज्ञ होने के कारण अन्य लोग स्वयं समय-समय पर इनकी राय लेते हैं, इनके मतों का सम्मान करते हैं तथा कठिनाइयों में ये उनको राह दिखाते हैं। विशेषज्ञ नेता विशेषज्ञ हैं, उनको नेता नहीं कहना चाहिये।

(4) **हृदयग्राही** (Persuasive) **नेता**—हृदयग्राही नेता अनुगामियों का हृदय जीत लेते हैं। उनसे निकटतम सम्पर्क बनाये रखने की चेष्टा करते हैं। ये ही सच्चे नेता हैं। इन्हीं में नेतृत्व के सारे गुण दिखलाई पड़ते हैं।

विद्वानों द्वारा नेतृत्व के वर्गीकरण

विभिन्न आधारों पर नेतृत्व के उपरोक्त वर्गीकरण के अलावा नेतृत्व के और भी अनेक वर्गीकरण किये जा सकते हैं। भिन्न-भिन्न विचारकों ने भिन्न-भिन्न प्रकार से नेतृत्व के वर्गीकरण किये हैं। यहां पर इनमें से कुछ मतों को जान लेना भी प्रासंगिक होगा:—

(1) युंग का वर्गीकरण[8]—प्रसिद्ध मनोवैज्ञानिक युंग ने व्यक्तियों के प्रकारों के आधार पर नेतृत्व को दो वर्गों में बांटा है—

(क) अन्तर्मुखी (Introvert) **नेतृत्व**—इस वर्ग में अन्तर्मुखी प्रकृति के नेता आते हैं। विचार, कला, दर्शन, विज्ञान आदि के क्षेत्र में ऐसे ही नेता दिखलाई पड़ते हैं।

(ख) बहिर्मुखी (Extrovert) **नेतृत्व**—बहिर्मुखी व्यक्तित्व वाले नेता बहिर्मुखी नेतृत्व करते हैं। अधिकतर पुरुष नेता इसी वर्ग में आते हैं। शासन, राजनीति आदि के क्षेत्र में अधिकतर नेता बहिर्मुखी होते हैं।

युंग के प्रकार (Type) भेद की काफी आलोचना की गई और अधिकतर मनोवैज्ञानिक उसको मनोवैज्ञानिक नहीं मानते। युंग के वर्गीकरण के आधार पर बलिंग्राथ (Bellingrath), काल्वेल और वेलमैन (Callwell and Wellman) तथा स्वार्ड (K. Sward) आदि विद्वानों ने कुछ परीक्षण किये हैं। कहना न होगा युंग का वर्गीकरण वैज्ञानिक नहीं कहा जा सकता।

(2) बार्टलेट का वर्गीकरण[9]—बार्टलेट ने नेताओं को निम्नलिखित वर्गों में बांटा है—

(क) संस्थात्मक नेतृत्व—इस प्रकार के नेतृत्व का वर्णन ऊपर किया जा चुका है।

(ख) प्रभुत्वशाली नेतृत्व—इसका वर्णन ऊपर किया जा चुका है।

(ग) **हृदयगाही नेतृत्व**—इसका उल्लेख भी ऊपर हो चुका है।

नेतृत्व के उपरोक्त वर्गीकरण के अलावा महत्वपूर्ण वर्गीकरण है कोनवे[10] का वर्गीकरण, नेफ[11] का वर्गीकरण, वुल्फ[12] का वर्गीकरण, श्वार्ट्ज (Schwartz) का वर्गीकरण और यंग (Young) का वर्गीकरण। स्थानाभाव से इनका यहाँ विस्तृत वर्णन नहीं किया जा सकता। इनमें से अनेक का उल्लेख किया जा चुका है। उदाहरण के लिये यंग ने नेतृत्व को दो वर्गों में बांटा है (क) निरंकुश नेतृत्व, (ख) प्रजातन्त्रीय नेतृत्व। इन दोनों का वर्णन ऊपर किया जा चुका है।

---

8. Jung, C. G, *Psychological Types,* (1922).
9. Bartlett, F. C., *The Social Psychology of Leadership.* Journal of National Institute of Industrial Psychology (1926) 3, pp. 188-193.
10. Conway, Sir, W. H., *The Crowd in Peace and War*, (1915).
11. Nafe, R. W., *Psychological Description of Leadership, Jr. Soc. Psycho.* (1930) I, pp. 248-266.
12. Wolfe, A. B., *Conservation, Radicalism and Scientific Method* (1923).

नेतृत्व के गुण

नेतृत्व के विवेचन में व्यवहारिक दृष्टिकोण से सबसे अधिक महत्व नेतृत्व के गुणों का है। इन गुणों के ज्ञान से जहां यह मालूम होता है कि नेता किस प्रकार का व्यक्ति है वहां यह भी पता चलता है कि नेता बनने के लिये व्यक्ति में कौन-कौन सी योग्यतायें होनी चाहियें। भिन्न-भिन्न विद्वानों ने नेता में भिन्न-भिन्न गुण बतलाये हैं। यहां पर उनमें से कुछ महत्वपूर्ण मतों का वर्णन किया जायेगा।

नेतृत्व के अंग

नेतृत्व के विषय में पिगोर्स ने निम्नलिखित बातों को आवश्यक माना है—

1. सामान्य उद्देश्य (Common Cause)
2. नेता (Leader)
3. अनुगामी (Follower)
4. वर्तमान परिस्थिति (Present Situation)

आलपोर्ट के अनुसार नेतृत्व के गुण[13]

आलपोर्ट ने नेता में निम्नलिखित गुण बताये हैं—

1. ऊपर उठने का गुण (Trait of Ascendence)
2. शारीरिक शक्ति (Physical Power)
3. अधिक फुर्तीलापन (High Mobiliity)
4. सीधा और प्रभावशाली शरीर (Erect, Aggressive Carriage)
5. मृदु वाणी (Tonus)
6. दृढ़ता (Tenacity)
7. सन्मुख बोलने की प्रणाली (Face to face mode of address)
8. शक्ति की परिपूर्ति (Reinforcement of Energy)
9. संयम (Restraint)
10. गहनता (Inscrutability)
11. व्यापक क्रिया क्षेत्र (Expansivensess in field of action)
12. उच्च बुद्धि (High Intelligence)
13. समझ (Understanding)
14. सामाजिक प्रेरणा से अत्यधिक प्रभावित होने वाला (Keenly susceptible to social stimulation)
15. चतुरता (Tact)

---

13. Allport, F. H., *Social Psychology* (1924), pp. 412-420.

16. उत्साह (Zeal)
17. सामाजिक कार्यों में भाग लेना (Social participation)
18. चरित्र (Character)
19. प्रेरणा शक्ति (Drive)

कॉफिन द्वारा वर्गीकरण[14]

चार्ल्स बर्ड ने नेता में लगभग 79 विशेषताओं का ज़िक्र किया है। विशेषताओं की इस लम्बी सूची में अनेक विशेषताओं को कई बार दोहराया गया है। कॉफिन ने इन विशेषताओं को कुछ सीमित वर्गों में रखने की चेष्टा की है। कॉफिन के अनुसार नेता में आवश्यक गुण निम्नलिखित वर्गों में रखे जा सकते हैं–

(1) बुद्धि (Inteligence)–तीव्र बुद्धि, अन्तर, बौद्धिक दूरदर्शिता, प्रखरता, चतुरता और अच्छी जानकारी।

(2) नैतिक संवेदनशीलता (Moral Sensitivity)–ईमानदारी, न्याय, उपयुक्त निणर्य, उदार दृष्टिकोण, सत्यानुराग, नैतिक दृष्टि, परार्थ, और आदर्शवाद।

(3) कल्पना (Imagination)–मौलिकता, कल्पना, पूर्व दृष्टि, जिज्ञासा, मानसिक नमनीयता और व्यापक रुचियां।

(4) संयम (Restraint)–संयम, गहनता और आत्म नियन्त्रण।

(5) प्रेरणा शक्ति और दृढ़ निश्चय (Drive and Determination)–लगन, प्रेरणा, उत्साह, गतिशील व्यक्तित्व, स्पष्टवादिता, आक्रामक, महत्वाकाँक्षी, ऊर्ध्वोन्मुख, नाम पाने की इच्छा, वीर, दृढ़ता, एकाग्रता, सहनशीलता, इत्यादि।

(6) उत्तरदायित्व (Responsibililty)–परिपुष्टि, सम्मानित, स्पष्टवादी, चरित्रवान, सधा हुआ, विश्वनीय, स्वच्छ, संगठित, कर्त्तव्य परायण, उद्यमी, कार्य प्रेम तथा एकाग्रता।

(7) आत्म-निर्भरता (Self-reliance)–प्रयोजन और दिशा की अनुभूति, आत्म-निर्भरता, आत्म-विश्वास, निर्णय की योग्यता, उत्साह तथा निर्णय का अन्तिम होना।

(8) गत्यात्मक शारीरिक लक्षण (Dynamic physical characteristics)–शारीरिक शक्ति, आकार, क्षमता, मृदु वाणी, सीधा शरीर, इत्यादि।

(9) अक्षुब्धता (Imperturbability)–सन्तुलन, कठोरता, सम-स्वभाव, प्रफुल्लता, आशावादिता, सहिष्णु और धैर्यवान।

(10) सामाजिक प्रतिक्रियाशीलता (Social Responsiveness)–सामाजिक प्रेरणा में ग्रहणशीलता, सामाजिक कार्यों में भाग लेना, मैत्री, प्रेम, सामाजिकता बहिर्मुखी प्रवृति और दूसरों पर छा जाना।

---

14. Coffin, T. E., *A Three component Theory of Leadership, Journal of Abnormal and Social Psychology,* (1944), 39. pp. 63-83.

(11) दूसरों से अच्छे सम्बन्धों को आसानी से बनाये रखना (Easy Maintenance of good relations with others)—चतुरता, कूटनीतिकता, मेहरबानी, सहानुभूति, सहयोग, मानवता और मानव प्रकृति का ज्ञान।

नेतृत्व के गुणों के उपरोक्त 11 वर्गों को कॉफिन ने और भी संक्षिप्त करके निम्नलिखित 3 वर्गों में बांटा है—

(1) नियोजन (Planning)—	1. समस्याओं को जानने की क्षमता।
	2. इन समस्याओं के समाधान के लिये योजनायें बनाने की क्षमता।
(2) संगठन (Organisation)—	3. योजनाओं को सफल बनाने के लिये कार्यकर्ताओं और आवश्यक वस्तुओं को जुटाने की व्यवस्था।
	4. सम्पूर्ण व्यवस्था का संगठन करके एक संतुलित इकाई बनाने की योग्यता।
	5. आकस्मिक परिवर्तनों के लिये क्षमता।
(3) संलग्नता (Persuasion)—	6. योजना को कार्यान्वित करने के लिये सम्पूर्ण उत्तरदायित्व को भिन्न-भिन्न व्यक्तियों में बांटने की क्षमता।
	7. सम्पूर्ण व्यवस्था का सफल निरीक्षण करने की क्षमता।
	8. सम्पूर्ण व्यवस्था पर अपना नियन्त्रण बनाए रखने की क्षमता।

नेतृत्व के लिये सभी गुण आवश्यक हैं

नेतृत्व के विभिन्न गुणों के विषय में पीछे दिये गये विभिन्न मतों से यह स्पष्ट होता है कि नेता में केवल शारीरिक गुण होना ही काफी नहीं है। यहां यह ध्यान रखने की आवश्यकता है कि पशु जगत में सबसे अधिक शक्तिशाली ही नेता होता है जबकि मानव जगत में शक्ति मात्र काफी नहीं है। फिर भी नेतृत्व के गुणों में शारीरिक शक्ति और आकर्षक व्यक्तित्व का बड़ा महत्व है। वस्तुतः मानव समाज में बहुधा बौद्धिक योग्यता और आकर्षक शारीरिक व्यक्तित्व साथ-साथ देखे जा सकते हैं। पार्ट्रिज (Partridge) ने अपने प्रयोगों से यह सिद्ध किया कि आर्मी एलफा बुद्धि परीक्षणों में सबसे ऊंचे अंक पाने वाले सभी लोग सुन्दर, लम्बे और स्वतन्त्र प्रकृति के थे। पार्ट्रिज का यह मत एकांगी है, क्योंकि बहुत से बुद्धिमान और मेधावी नेताओं में शारीरिक सौंदर्य का नितान्त अभाव पाया गया है। इस प्रसंग में सुकरात, अष्टावक्र, चाणक्य आदि कुछ ही नाम काफी होंगे। दूसरी ओर यह कहना भी ठीक न होगा कि कि आज के युग में केवल बौद्धिक क्षमता ही किसी व्यक्ति को नेता बनाने के लिये काफी है। वास्तव में नेता बनने के लिये मनुष्य में शारीरिक और बौद्धिक गुणों के अलावा व्यक्तित्व के अनेक गुणों और विशेषतया व्यवहारिक चतुरता की आवश्यकता होती है।

नेतृत्व की शिक्षा

परन्तु केवल इन गुणों के रहने मात्र से भी नेतृत्व सफल नहीं हो सकता। यह ठीक है कि नेता में जन्मजात नेतृत्व के गुण होते हैं, परन्तु जैसा कि प्लेटो ने ठीक ही कहा है उनको शिक्षा की भी आवश्यकता होती है। जनतन्त्र में शिक्षा और सार्वजनिक कार्यक्रमों के द्वारा नये-नये नेता उत्पन्न किये जा सकते हैं। इसके लिये नई पीढ़ी के योग्य युवक-युवतियों को उत्तरदायित्वपूर्ण कार्य दिये जाने चाहिये। उनको आगे आने का मौका मिलना चाहिये। युवक आन्दोलन के द्वारा उनको अपने गुणों को प्रगट करने का अवसर मिलना चाहिये। इस प्रकार जब जाने वाले नेताओं का स्थान लेने के लिये नये-नये बराबर आते रहेंगे तो समाज और राष्ट्र-प्रगति की राह पर तेजी से और सतत बढ़ सकेगा।

नीतिमत्ता
(Morale)

नीतिमत्ता का महत्व

चीन के हमले में भारत पर एक भारी संकट आया। नेताओं का विचार था कि हो सकता है कि यह युद्ध काफी दिन चले। युद्ध के प्रारम्भ से ही भारतीय सैनिकों को बराबर पीछे हटना पड़ रहा था। एक के बाद एक चौकी हमारे हाथ से निकलती जा रही थी। ऐसे समय में देश की स्वतन्त्रता की रक्षा के लिये सैनिकों, हथियारों और युद्ध से सम्बन्धित अन्य सामग्री की बड़ी जरूरत थी। इसके लिये जनता को जी जान से कार्य करने और राष्ट्रीय सुरक्षा कोष में अधिक से अधिक धंन देने की जरूरत थी, परन्तु इस कठिन समय में सब से बड़ी जरूरत सैनिकों में और जनता में नीतिमत्ता अथवा नैतिक स्तर बनाये रखने की थी। भारत सरकार ने इस बात को समझकर राष्ट्रीय सुरक्षा समिति को यह काम सौंपा और इसकी एक विशेष कमेटी ने गृह मंत्री की आधीनता में यह प्रयास किया कि जनता में नैतिक स्तर बनाये रखा जाये।

नीतिमत्ता क्या है?

यह नीतिमत्ता क्या है? इसकी व्याख्या करते हुये आलपोर्ट ने लिखा है "राष्ट्रीय नीतिमत्ता एक सामूहिक प्रयत्न में व्यक्ति की अभिवृत्ति है।"[15] अर्थात् यदि देश का प्रत्येक नागरिक सार्वजनिक हित के अनुकूल अभिवृत्ति रखता है और जी जान से लगा रहता है तो यह माना जा सकता है कि नीतिमत्ता का स्तर ऊंचा है। दूसरी ओर यदि सामूहिक प्रयत्नों में देश के व्यक्ति तटस्थ है अथवा कुछ लोगों में प्रतिकूल अभिवृत्ति है तो नीतिमत्ता का स्तर नीचा माना जाता है।

निकृष्ट नीतिमत्ता के लक्षण

इस निकृष्ट नीतिमत्ता में निम्नलिखित लक्षण दिखलाई पड़ते हैं–

(1) निरुत्साह।

(2) पीठ पीछे परनिन्दा

---

15. "National morale is an individual attitude in a group endeavour."

—G. W. Allport.

(3) तरह-तरह के जनप्रवाद फैलाना।

(4) संदेह और अविश्वास।

(5) निराशा, नीरसता और एकाकी प्रयास।

(6) स्थानान्तरिक द्वेष अर्थात् नेताओं से घृणा अथवा द्वेष करना।

(7) विश्वासघात अथवा शत्रु के प्रति सहानुभूति।

उत्कृष्ट नीतिमत्ता के लक्षण

इसके विरुद्ध उत्कृष्ट नीतिमत्ता की दशा में निम्नलिखित बातें दिखलाई पड़ती हैं—

(1) मानसिक शांति।

(2) आर्थिक सुव्यवस्था।

(3) स्वस्थ जनमत।

(4) नेताओं के प्रति श्रद्धा और आस्था।

(5) सफलता और विजय में अटल विश्वास।

(6) शत्रु के प्रति तीव्र विरोध।

(7) जीवन के लक्ष्यों का स्पष्ट होना।

उत्कृष्ट नैतिक स्तर के उपादान

नार्मन मेयर ने नीतिमत्ता में टीम स्पिरिट (Team Spirit) पर बड़ा जोर दिया। टीम स्प्रिट रहने से नीतिमत्ता बनी रहती है। टीम स्पिरिट बने रहने के लिये निम्नलिखित बातों का बना रहना बड़ा जरूरी है।

(1) कार्य के प्रति लगन—इनमें तत्परता और शक्तिशाली प्रेरकों का अस्तित्व सम्मिलित है जिससे कि व्यक्ति निश्चित उद्देश्यों की ओर बराबर बढ़ता रहता है।

(2) कार्य से विमुख न होना—यह बने रहने का गुण (Staying quality) है। ऐसी दशा में असफलता मिलने पर भी लोग कार्य से विमुख नहीं होते।

(3) सहयोग की भावना—सहयोग की भावना के कारण लोग व्यक्तिगत रूप में न सोच कर सामूहिक रूप से सोचते हैं और समूह की सफलता को अपनी सफलता समझकर अन्य लोगों के साथ सहयोग करते हैं।

उत्कृष्ट नीतिमत्ता के उपाय

यूं तो उत्कृष्ट नीतिमत्ता बनाई रखने के लिये बहुत से उपाय किये जा सकते हैं परन्तु स्थूल रूप से उत्कृष्ट नैतिक स्तर को बनाने के लिये निम्नलिखित उपादान आवश्यक हैं—

(1) दैहिक उपादान—उत्कृष्ट नीतिमत्ता बनाये रखने के लिये भौतिक परिस्थितियां अच्छी होनी चाहियें जिससे दैहिक शक्ति और क्षमता बनी रहे। इसके लिये संतुलित और पर्याप्त आहार अथवा उपयुक्त विश्राम, पर्याप्त वस्त्र तथा जीवन की अन्य आवश्यक वस्तुयें सुलभ होनी चाहियें।

(2) संतोषजनक आर्थिक, सामाजिक व्यवस्था—नैतिक स्तर बनाये रखने के लिये देश की आर्थिक और सामाजिक व्यवस्था संतोषजनक होनी चाहिये। ऐसा न होने पर शासन के प्रति कटुता बढ़ती है, नेताओं पर से विश्वास उठ जाता है और नैतिक स्तर गिरने लगता है।

(3) मानसिक उपादान—उत्कृष्ट स्तर को बनाये रखने के लिये प्रेम और त्याग, सार्वजनिक कार्यों में लगन, सफलता की अनुभूति, नेताओं में विश्वास आदि मानसिक उपादानों की बड़ी जरूरत है। इसके अभाव में नीतिमत्ता का स्तर ऊंचा नहीं रह सकता।

नीतिमत्ता और नेतृत्व

जनता में नीतिमत्ता बनाये रखना बहुत कुछ स्वयं जनता पर निर्भर है, परन्तु इसका अधिकतर उत्तरदायित्व नेताओं पर माना जाता है। नीतिमत्ता को बनाये रखने के लिये योग्य नेतृत्व (Leadership) की आवश्यकता है। भारत का ही उदाहरण लिया जाय तो चीनी आक्रमण से उत्पन्न हुये संकट में देश में, गाँव-गाँव में, नगर-नगर और नगरों के भिन्न-भिन्न मौहल्लों में जन नेताओं को जनता में उत्कृष्ट नैतिक स्तर बनाये रखने की चेष्टा करनी पड़ी। यद्यपि अखिल भारतीय नेताओं का भारी महत्व है परन्तु थोड़े से ऊपर के नेता लोग देश में नीतिमत्ता नहीं बनाये रख सकते क्योंकि उनका सामान्य जनता से उतना अधिक निकट सम्पर्क नहीं रहता जितना कि नगर, मौहल्ले अथवा गांव के नेताओं का रहता है। इसलिये नीतिमत्ता को बनाये रखने के लिये सब कहीं योग्य नेतृत्व का निर्माण होना चाहिये। यह नेता लोग पंचमांगियों पर और गलत अफवाह उड़ाने वालों पर नजर रखेंगे तथा नीतिमत्ता को गिरने नहीं देंगे। ये जनता में देश के नेताओं के प्रति आस्था बनाये रखेंगे, संदेहों का निवारण करेंगे और नये-नये उपायों के द्वारा जनता में उत्साह बनाये रखेगे। ये जनता के सामने वर्तमान उद्देश्यों को स्पष्ट करेंगे और उन्हें विजय में दृढ़ विश्वास दिलायगे। स्वतन्त्रता का युद्ध केवल किसी विशेष स्थान पर हीं नहीं होता वह गाँव-गाँव, नगर-नगर और गली-गली में होता है। इसलिये नीतिमत्ता बनाये रखने के लिये सब कहीं प्रयत्न करने की जरूरत है। जहां लोगों को उद्देश्य बतलाये जायें वहां नेता उन्हें उद्देश्यों को प्राप्त करने के साधन भी बतलायेगा। नीतिमत्ता बनाये रखने के लिये लोगों में समान उद्देश्यों की चेतना उत्पन्न होनी चाहिये और उन्हें उपयुक्त मार्ग का ज्ञान होना चाहिये। उन्हें यह स्पष्ट होना चाहिये कि उद्देश्यों को प्राप्त करने के लिये उनमें से हर एक हो अपनी रोजाना की जिन्दगी में क्या करना है। इस प्रकार नेता हर उपाय से जनता में उद्देश्यों के लिये कार्य के प्रति लगन बनाये रखता है। वह उन्हें कार्य से विमुख नहीं होने देता। वह लोगों में टीम स्पिरिट बढ़ाता है और रचनात्मक कार्यों में उनका निर्देशन करता है। वह लोगों में उत्साह बढ़ाता है और उत्साह का समुचित उपयोग भी करता है। यह नीतिमत्ता बनाये रखने की जनतन्त्रीय पद्धति है। जनतन्त्रीय समाज में जनता में नये-नये नेता उत्पन्न करने की बड़ी जरूरत होती है। इन नेताओं के सहारे ही जनतन्त्र चलता है।

सारांश

समूहों में नेता—जीवन के विभिन्न क्षेत्रों में सब कहीं नेता और अनुगामी पहचाने जा सकते हैं। नेता चुने भी जाते हैं और स्वयं भी बनते हैं। जनतन्त्रीय व्यवस्था में नेतृत्व के अध्ययन का बड़ा महत्व है।

नेतृत्व क्या है—नेता वह प्रभावशाली व्यक्ति है जो समूह में विशेष कामों को करता है, जो सुझाव देता है, आज्ञा देता और रास्ता दिखलाता है, जो दूसरे के समाने आदर्श बनकर रहता है, जिसका सब आदर करते हैं और जिसके सुझावों तथा आज्ञाओं का पालन किया जाता है। इस नेता का व्यवहार अथवा कार्य ही नेतृत्व कहलाता है जो कि अन्य लोगों को आत्मसमर्पण करने के लिये और नेता का अनुगमन करने के लिये प्रेरित करता है।

समूह में नेता की स्थिति और कार्य—(1) नेता अनुगामियों का आदर्श होता है। (2) नेता एक सम्मानित और प्रतिष्ठित व्यक्ति होता है। (3) नेता का सत्कार किया जाता है। (4) नेता की आज्ञा शिरोधार्य होती है। (5) नेता और अनुगामी दोनों एक दूसरे को प्रभावित करते हैं। (6) नेता समूह के व्यवहार को निर्धारित करता है। (7) नेता समूह के अन्य सदस्यों पर नियन्त्रण रखता है।

नेता और पदासीन प्रमुख में अन्तर—(1) प्रभाव के आधार में अन्तर। (2) प्रभुता के आधार में अन्तर। (3) समूह के अन्य सदस्यों से सम्बन्ध में अन्तर। (4) सामाजिक दूरी का अन्तर। (5) समूह के नियन्त्रण में अन्तर। (6) समूह के उद्देश्य निर्धारित करने में अन्तर।

नेतृत्व के प्रकार—(अ) उत्पति के आधार पर वर्गीकरण (1) शासन द्वारा नियुक्त, नेता (2) समूह द्वारा नियुक्त नेता, (3) आत्म नियुक्त नेता। (ब) उद्देश्यों के आधार पर वर्गीकरण (1) बौद्धिक नेता, (2) कलाकार नेता (3) शासक नेता, (स) नेतृत्व की प्रकृति के आधार पर वर्गीकरण (1) निरंकुश नेता, (2) प्रजातन्त्रीय नेता, (द) अनुगामियों के साथ सम्पर्क की प्रकृति के आधार पर वर्गीकरण, (1) प्रभुत्वशाली नेता, (2) संस्थात्मक नेता, (3) विशेषज्ञ नेता, (4) हृदयग्राही नेता।

विद्वानों के द्वारा नेतृत्व के वर्गीकरण—(1) युंग का वर्गीकरण (क) अन्तर्मुखी (ख) बहिर्मुखी नेतृत्व, (2) बार्टलेट का वर्गीकरण (क) संस्थात्मक नेतृत्व, (ख) प्रभुत्वशाली नेतृत्व, (ग) हृदयग्राही नेतृत्व।

नेतृत्व के गुण—पिगोर्स और आलपोर्ट ने नेतृत्व के बहुत से गुण गिनाये हैं। चार्ल्स बर्ड ने नेता में 79 विशेषताओं का जिक्र किया है। कॉफिन ने इन विशेषताओं को तीन वर्गों में रखा है (1) नियोजन, (2) संगठन, (3) संलग्नता। उसने नेता में ग्यारह आवश्यक गुण बतायें हैं:-(1) बुद्धि, (2) नैतिक संवेदनशीलता, (3) कल्पना (4) संयम, (5) प्रेरणा शक्ति और दृढ़ निश्चय, (6) उत्तरदायित्व, (7) आत्मनिर्भरता, (8) गत्यात्मक शारीरिक लक्षण, (9) अक्षुब्धता, (10) सामाजिक प्रतिक्रियाशीलता, (11) दूसरों से अच्छे सम्बन्धों को आसानी से बनाये रखना।

नेतृत्व के लिए शारीरिक, मानसिक सभी गुण आवश्यक हैं। जनतन्त्र में नेतृत्व के लिए शिक्षा भी आवश्यक है।

नीतिमत्ता—नीतिमत्ता सामूहिक प्रयत्न में व्यक्ति की अभिवृत्ति है। उत्कृष्ट नीतिमत्ता के लिए आवश्यक उपादान हैं—(1) कार्य के प्रति लगन, (2) कार्य से विमुख न होना, (3) सहयोग की भावना।

उत्कृष्ट नीतिमत्ता के उपाय—(1) दैहिक उपादान, (2) संतोषजनक आर्थिक सामाजिक व्यवस्था।

33

भीड़ और श्रोता समूह
(Crowds and Audiences)

भीड़ की परिभाषा

चौराहे पर कहीं साइकिलें लड़ जायें, लोगों में कहा-सुनी होने लगे या कोई मदारी तमाशा दिखाने लगे अथवा कोई उत्साही नेता ही जोर से बोलने लगे तो देखते ही देखते आदमी के बाद आदमी इकट्ठा होता चला जाता है। साधारण बोल-चाल की भाषा में आदमियों के इस जमघट को भीड़ कहते हैं। परन्तु विज्ञान में प्रत्येक शब्द को प्रयोग करने से पूर्व उसकी शास्त्रीय परिभाषा करनी पड़ती है। अत: भीड़ जैसे रोजाना की बोल-चाल के शब्द की भी परिभाषा की गई है जिससे कि उसका प्रयोग करने में गलती न हो। भीड़ की कुछ परिभाषायें निम्नलिखित हैं–

(1) **मैकाइवर का मत**–"भीड़ एक दूसरे के साथ प्रत्यक्ष, अस्थायी और असंगठित सम्बन्ध में लाये गये लोगों का शारीरिक रूप में घना संगठन है।"[1] भीड़ की यह परिभाषा बिल्कुल सामान्य है। इसके अनुसार यदि कुछ लोग कहीं भी पास-पास थोड़ी देर के लिये एकत्रित हो जायें तो वह समूह भीड़ कहलायेगा।

(2) **किम्बाल यंग का मत**–"एक भीड़ बहुत से लोगों का एक केन्द्र अथवा सामान्य बिन्दु के चारों ओर इकट्ठा होना है।"[2] इस परिभाषा में भीड़ की एक यह विशेषता बतलाई गई है कि उनमें लोगों के ध्यान का केन्द्र एक होता है। समाज मनोविज्ञान की दृष्टि से यह परिभाषा अधिक उपयुक्त है। मैक्डूगल ने भी लिखा है "एक स्थान पर एकत्र हुआ प्रत्येक ऐसा समूह

1." Crowd is a physically compact organisation of human beings, brought into direct, temporary and unorganised contact with one another."

—MacIver.

2. "Crowd is a gathering of considerable number of persons around a centre or point of common attention."

—Kimball Young., *Handbook of Social Psychology*, Routledge and Kegan Paul. (1953) p. 387.

मनोवैज्ञानिक अर्थ में नहीं बन जाता, जिससे सदस्यों का एक दूसरे को देखना और सुनना संभव हो।''[3] गिलिन ने इसका एक बड़ा ही मनोरंजक दृष्टान्त दिया है। आप बहुत से लोगों के गुरजने वाले किसी मार्ग पर खड़े जो जाइये और किसी ऊंची इमारत की ओर टकटकी लगाकर देखने लगिये, यह जरूरी नहीं कि वहां देखने लायक कोई चीज हो परन्तु यह ज़रूरी है कि आप उस ओर बराबर देखते रहें। थोड़ी देर में आपके चारों ओर कौतूहलवश बहुत से लोग आकर खड़े हो जायेगे और एक दूसरे से पूछने लगेंगे कि क्या बात है और ऊपर आकाश की ओर देखने लगेंगे। एक ही जिज्ञासा को लेकर इकट्ठा हुआ इन लोगों का समूह भीड़ है। जैसे ही यह जिज्ञासा पूरी हो जायेगी वे वहां से अपने कामों पर चले जायेंगे और भीड़ खत्म हो जायेगी। इस दृष्टान्त से भीड़ का स्वरूप बिल्कुल स्पष्ट हो जाता है।

(3) **ब्रिट का मत**–''तब एक भीड़ में समान उत्तेजनाओं से प्रतिक्रियाओं का अनुभव करने वाले लोगों का एक अस्थायी रूप से एकत्रित होना सम्मिलित है।''[4] इस परिभाषा के अनुसार भीड़ में एक सामान्य वस्तु के प्रति प्रतिक्रियायें होती हैं। थाउलस ने भी भीड़ में सामान्य रुचि को आवश्यक माना है। उसके अनुसार ''भीड़ एक अस्थिर और एक दूसरे को छूता हुआ समूह है। जो कि किसी सामान्य रुचि के कारण अपने आप बन जाता है और यहां तक असंगठित होता है कि उसकी सीमायें पूरी तरह से पारगम्य होती है।''[5] केन्ट्रिल के अनुसार भीड़ में सामान्य मूल्य और सामान्य उद्वेग होते हैं। उसके अपने शब्दों में ''भीड़ ऐसे व्यक्तियों का सम्मिलित समूह है जिन्होंने अस्थायी रूप से सामान्य मूल्यों से अपने को एक समझा है और जो कुछ ही तरह के संवेग दिखा रहे हैं।''[6]

इस प्रकार संक्षेप में, ''भीड़ कुछ ऐसे लोगों का अस्थायी प्रत्यक्ष और असंगठित समूह है जिनकी जिज्ञासा, मूल्य तथा उद्वेग अस्थायी रूप से सामान्य हों और जो सामान्य रुचि या सामान्य उत्तेजनाओं के कारण बन गया हो।''[7]

भीड़ और श्रोता समूह

श्रोता समूह भीड़ का रूप कैसे धारण कर लेता है यह जानने के लिये श्रोता समूह की परिभाषा और विशेषतायें तथा भीड़ से उसका अन्तर जानना जरूरी है। किम्बाल यंग के अनुसार

---

3. "Not every mass of human beings gathered together in one place within sight and sound of one another constitutes a crowd in the psychological sense of the word." —Mcdougall.
4. "A crowd then involves a temporary physical gathering of people experiencing much the same reactions from the same stimuli." —Britt.
5. "A crowd is a transitory contiguous group organised with completely permeable boundaries, spontaneously formed as a result of some common interest." —Thouless, *General and Social Psychology,* p. 258.
6. "Crowd is a congregate group of individuals who have temporarily Identified themselves with common values and who are expressing similar emotions." —Cantril
7. "Crowd is a temporary, direct and unorganised group of the persons whose curiosity, values and emotions are temporarily common and which has been formed due to some common interest and common stimuli." — R.N.Shrama

"श्रोता समूह संस्थागत भीड़ का एक रूप है।"[8] इस प्रकार श्रोता समूह कुछ निश्चित समय के लिये कुछ निश्चित नियमों पर आधारित एक भीड़ है। स्प्रोट ने लिखा है "हमने श्रोता समूह को एक संस्थागत भीड़ कहा है क्योंकि अधिकतर ऐसी परिस्थितियों में, जिनको कि हम श्रोता समूह कहते हैं व्यवहार का माना हुआ प्रतिमान होता है, एक औपचारिक अन्त का एक औपचारिक प्रारम्भ होता है।"[9]

भीड़ और श्रोता समूह में अन्तर

भीड़	श्रोता समूह
1. पहले से निश्चित उद्देश्य नहीं।	1. पहले से निश्चित उद्देश्य।
2. स्वयं एकत्रित हो जाती है।	2. बुलाया जाता है।
3. समय और स्थान निश्चित नहीं होता।	3. समय और स्थान निश्चित होता है।
4. व्यवहार अनिश्चित रहता है।	4. व्यवहार निश्चित रीतियों के अनुसार होता है।
5. इसमें कन्धे से कन्धा मिला रहता है और एक दूसरे को उत्तेजना देता है।	5. इसमें सदस्यों की उपस्थिति से व्यवहार को कोई उत्तेजना नहीं मिलती।
6. भीड़ के किसी आन्तरिक उत्तेजक के प्रभाव से सदस्यों में प्रतिक्रिया होती है।	6. उत्तेजक कारण समूह से बाहर होता है।
7. सदस्य संवेगों से संचालित होते हैं और बहुत शीघ्र अनियंत्रित हो जाते हैं।	7. लोग विवेकशील रहते हैं और उचित-अनुचित का विचार भी रखते हैं।
8. सभी सदस्यों की बुद्धि बेकाम सी हो जाती है।	8. सदस्य विवेक नहीं खोते।
9. अनियंत्रित, असंगठित और अव्यवस्थित।	9. नियंत्रित, संगठित और व्यवस्थित।
10. अभिमुखता और अन्तर्क्रिया का निश्चित स्वरूप नहीं।	10. अभिमुखता और अन्तर्क्रिया का निश्चित स्वरूप।
11. भीड़ का आकर्षण बिन्दु कोई घटना होती है।	11. आकर्षण बिन्दु भौतिक, आध्यात्मिक, प्रत्यक्ष, अप्रत्यक्ष कुछ भी हो सकता है।
12. संख्या बढ़ने से बल बढ़ता है।	12. संख्या का इतना अधिक प्रभाव नहीं पड़ता।

8. "The audience is a form of institutionalised crowd."
—Kimball Young, *Handbook of Social Psychology,* (1953), p. 399.

9. "We have called the audience an institutionalised crowd, because in the vast majority of situations, which we should call audiences there is an accepted pattern of conduct, a formal beginning of a formal end."
—Sprott, *Social Psychology,* Methuen & Co. Ltd. India (1952).

श्रोता समूह और भीड़ में उपरोक्त अन्तर होते हुये भी श्रोता समूह और भीड़ में बहुत सी समानतायें भी हैं। दोनों में एक स्थान पर बहुत से लोग एक दूसरे के पास एकत्रित होते हैं। दोनों में रुचि तथा ध्यान का कुछ न कुछ केन्द्र अवश्य होता है। दोनों में कुछ न कुछ उद्वेग होते हैं। आवश्यक नहीं है कि श्रोता समूह संगठित ही हो या उसके सदस्य बुद्धिपूर्वक ही काम करें या उसकी अभिमुखता एक ही ओर हो। एक सिनेमा हाल में श्रोतागणों के व्यवहार को भीड़ के व्यवहार में बदलने में देर नहीं लगती। यदि सिनेमा हाल में कुछ लोगों में मारपीट हो जाय तो श्रोतागण भयंकर से भयंकर भीड़ का रूप धारण कर सकते हैं। कुर्सियां उठा-उठा कर एक दूसरे पर फेंक सकते हैं, पर्दा फाड़ सकते हैं, सिनेमा घर में आग लगा सकते हैं। सिनेमा घर में जब तक रील ठीक से चलती है श्रोतागण नियन्त्रित रहते हैं परन्तु यदि रील कट जाय या बिजली चली जाय तब उनका व्यवहार भीड़ से किसी प्रकार कम नहीं होता। तरह-तरह की आवाजें आने लगती हैं, सीटियां बजने लगती हैं, शोर होने लगता है। कांग्रेस जैसी संगठित पार्टी के श्रोतागणों का 1905 में सूरत सम्मेलन में व्यवहार भीड़ से किसी प्रकार कम न था। नरम दल और गरम दल में तनातनी हुई, गाली-गलौज हुई और जूते तक उछाले गये। वास्तव में श्रोतागणों में सभी तरह के लोग रहते हैं। कुछ लोग तो दंगा करने के इरादे से ही पहुंचे रहते हैं और कोई भी मौका पाने पर दंगा शुरू कर देते हैं। इससे संगठित श्रोता समूह में भी खलबली पड़ जाती है और भीड़ का रूप धारण कर लेता है।

भीड़ के व्यवहार की व्याख्या

भीड़ का व्यवहार व्यक्ति के व्यवहार से भिन्न क्यों होता है? इस प्रश्न को लेकर मनोवैज्ञानिकों ने भीड़ के व्यवहार की व्याख्या करने के अनेक सिद्धाँत प्रस्तुत किये हैं। भीड़ के सामूहिक व्यवहार की व्याख्या भी इन्ही सिद्धाँतों के आधार पर की गई है। इनमें चार सिद्धांत मुख्य हैं—

समूह मन का सिद्धांत (The Group mind Thesis), निरुद्ध चालकों की मुक्ति का सिद्धांत (The thesis of the release of repressed drives), सामाजिक दशा का सिद्धान्त (The thesis of social situation) तथा बहुकारक सिद्धान्त (Theory of multiple factors)।

(1) समूह मन का सिद्धान्त—अपनी पुस्तक 'Crowd' में लेबोन ने लिखा है, "भीड़ के सारे व्यक्तियों के उद्वेग और विचार एक ही दिशा में बहने लगते हैं और उनका चेतन व्यक्तित्व गायब हो जाता है। एक सामूहिक मन बन जाता है, यह निस्सन्देह स्थिर होता है और स्पष्ट विशेषताओं को उपस्थित करता है।"[10] लेबोन के साथ मैक्डूगल तथा कुछ अन्य मनोवैज्ञानिकों ने भी सामूहिक चेतना (Group Consciousness) के रूप में एक समूह मन की कल्पना की है जो कि भीड़ के सदस्य व्यक्तियों के अपने निजी मनों से भिन्न होता है।

---

10. "The sentiments and ideas of all the persons in the gathering take one and the same direction and their conscious personality vanishes. A collective mind is formed, doubtless transitory but presenting very clearly defined characteristics."

—Lebon, *The Crowd, Eng Trans.* p. 1.

सामूहिक मन के सिद्धान्त को आधुनिक समाजशास्त्र और मनोविज्ञान में नहीं माना गया है। रेनहार्ट के शब्दों में ''यह मान लिया गया है कि कोई भी स्वस्थ मस्तिष्क वाला व्यक्ति यह विश्वास नहीं करता कि वातनाड़ी मण्डल से भिन्न और अलग महत्वपूर्ण अहं के रूप में किसी भीड़ मन का भी अस्तित्व है।''[11] व्यक्तियों की अपनी बुद्धि और अपने मस्तिष्क से अलग और भिन्न किसी समूह बुद्धि अथवा समूह मन की कल्पना सर्वथा निराधार है। तर्क अथवा अनुभव किसी तरह से यह मत सिद्ध नहीं होता।

(2) **निरुद्ध चालकों की मुक्ति का सिद्धान्त**—भीड़ के व्यवहार से व्यक्ति के व्यवहार के अलग होने की व्याख्या करने वाला दूसरा सिद्धांत निरुद्ध चालकों की मुक्ति का सिद्धान्त (The Thesis of the release of repressed drives) है। फ्रॉयड तथा अन्य मनोविश्लेषणवादी मनोवैज्ञानिकों ने इस सिद्धान्त का प्रतिपादन किया है। इस मत के अनुसार भीड़ में मनुष्य की प्रवृत्तियों और चालकों (Drives) पर से प्रतिबन्ध टूट जाता है। साधारण चेतन अवस्था में व्यक्ति अपने व्यवहार पर नियन्त्रण रखता है असामाजिक चालकों तथा वासनाओं को दबा देता है। मनोविश्लेषणवादियों के अनुसार ये दमित वासनायें तथा चालक समाप्त नहीं हो जाते बल्कि अचेतन मन में चले जाते हैं। भीड़ की सामाजिक परिस्थिति में अचेतन नियन्त्रण के हट जाने से ये दमित या निरुद्ध चालक मुक्त हो जाते हैं और व्यक्तियों का व्यवहार बुद्धि के स्थान पर भावनाओं से नियन्त्रित होने लगता है।

यह सिद्धान्त भीड़ के व्यवहार पर प्रकाश अवश्य डालता है परन्तु इससे यह नहीं साबित होता कि भीड़ में मनुष्य के व्यवहार को निरुद्ध चालकों से क्यों नियन्त्रित होना चाहिये।

(3) **सामाजिक दशा का सिद्धान्त**—सामाजिक दशा के सिद्धान्त से व्यवहार पर सामाजिक और सांस्कृतिक दशा का बड़ा प्रभाव पड़ता है। जैसा समाज होगा, उसकी जैसी संस्कृति होगी उसी के अनुसार भीड़ व्यवहार भी बदल जाएगा। यह सिद्धान्त भीड़ के व्यवहार की व्याख्या करने के लिए पर्याप्त नहीं है।

(4) **बहुकारक सिद्धान्त**—वास्तव में भीड़ का व्यवहार एक जटिल व्यवहार है। उसको किसी एक बात से पूरी तरह नहीं समझाया जा सकता। उसमें सामाजिक और संस्कृति दशा, निरुद्ध चालकों तथा उत्तरदायित्वहीनता की भावना आदि कितने ही कारक काम करते हैं। उद्वेग और भीड़ की शक्ति की भावना से भीड़ में मनुष्य का व्यवहार कभी-कभी बिल्कुल पागलों का सा दिखाई पड़ता है। वास्तव में भीड़ का व्यवहार शक्ति के व्यवहार के उन सब कारकों से विभिन्न होता है जो भीड़ की विशेषतायें हैं।

भीड़ के आवश्यक तत्व या लक्षण

भीड़ के आवश्यक तत्वों से उसके मानसिक लक्षण स्पष्ट होते हैं। भीड़ के आवश्यक लक्षण अग्रलिखित हैं—

11. "It is assumed that no sane individual believes that a mob mind exists as a form of transcendent ego separate and apart from nervous tissue."
—Reinhardt, *Social Psychology*, p. 206.

(1) अस्थाई स्वरूप (Transitory Nature)—किम्बाल यंग, ब्रिट तथा मैक्डूगल आदि और मनोवैज्ञानिकों के अनुसार भीड़ अस्थाई होती है। ब्रिट ने लिखा है कि "तब भीड़ व्यवहार में तीन पहलू होते हैं—(1) मनोवैज्ञानिक क्रम, (2) हित और ध्यान की अभिमुखता और (3)अस्थायित्व।"[12] भीड़ किसी विशेष रुचि, जिज्ञासा या अन्य अस्थायी कारण से इकट्ठा होती हैं और उस कारण के हटते ही खत्म हो जाती है। सड़क पर दो लोग मारपीट करने लगें तो भीड़ इकट्ठी हो जायगी। यदि वे लोग छोड़कर चल दें तो भीड़ तितर-बितर हो जायगी।

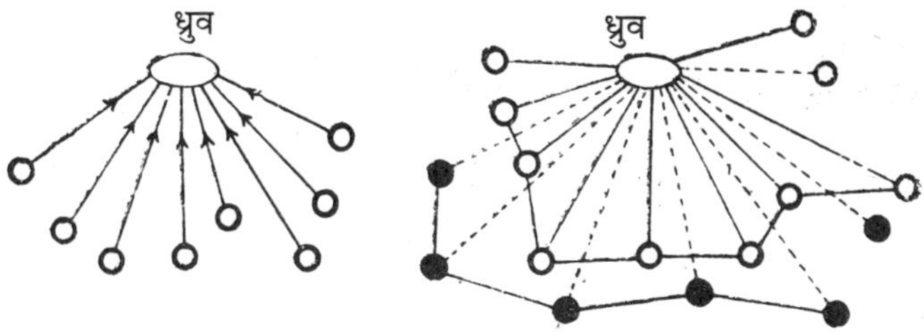

(अ) भीड़ का बनना प्रारम्भिक स्थिति (ब) भीड़ का बनना बाद की स्थिति

● —दूर परे खड़े हुए दर्शक

○ —ध्रुव के समीप स्थित दर्शक

चित्र सं॰ 14 : भीड़ का बनना

(2) हित और ध्यान की अभिमुखता (Polarisation of Interest and Attention)—भीड़ के लोगों में रुचि और उद्देश्यों की समानता होती है। उनका ध्यान किसी एक व्यक्ति या वस्तु या घटना पर केन्द्रित होता है जिसके हटते ही भीड़ बिखर जाती है। लेबौं के शब्दों में "व्यक्तियों का कोई भी समूह भीड़ नहीं है बल्कि पूरे समूह के केन्द्रीय महत्व की कोई चीज अवश्य होनी चाहिये।"[13] रॉस ने लिखा है, "जब तक अवधान की अभिमुखता, आशा तथा विचलित करने वाले अनुभवी को निकालने वाला चेतना के क्षेत्र का संकुचन न हो तब तक भीड़ नहीं बन सकती।"[14]

(3) असंगठित (Unorganised)—भीड़ असंगठित होती है क्योंकि उसके नेता, उद्देश्य, नियम, स्थान, कार्य कुछ भी निश्चित नहीं होते।

(4) विचारों, भावनाओं तथा व्यवहार की समानता (Similarity in thoughts, emotions and actions)—परन्तु फिर भी भीड़ में विचारों, भावनाओं और व्यवहार की दशा एक ही होती है।

---

12. "The crowd behaviour then, involves three aspects (1) Psychological continuity. (2) Polarisation of interest and attention and (3) Transitoriness or temporary character." —S. H. Britt
13. "Not just any group of individuals is a crowd, but that there must be something of central importance to the group as a whole." —Lebon.
14. "A crowd itself will not arise unless there is an orientation of attention, expectancy, a narrowing of the field of consciousness that excludes disturbing expressions." —Ross.

(5) पारस्परिक प्रभाव—भीड़ में मनुष्य एक दूसरे के व्यवहारों और भावनाओं को उत्तेजित करते हैं और उत्तेजित होते हैं। संकेतग्रहण की क्षमता कभी-कभी भयंकर रूप धारण कर लेती है।

(6) सामूहिक शक्ति का अनुभव (Sense of mass strength)—भीड़ में लोगों का आत्मविश्वास कई गुना बढ़ जाता है। क्योंकि वे शक्ति को सामूहिक अनुभव करने लगते हैं।

(7) पर्याप्त व्यक्तियों का एक स्थान पर एकत्रित होना (Gathering of sufficient persons at one place)—भीड़ की एक अनिवार्य विशेषता पर्याप्त व्यक्तियों का एक स्थान पर एकत्रित होना है।

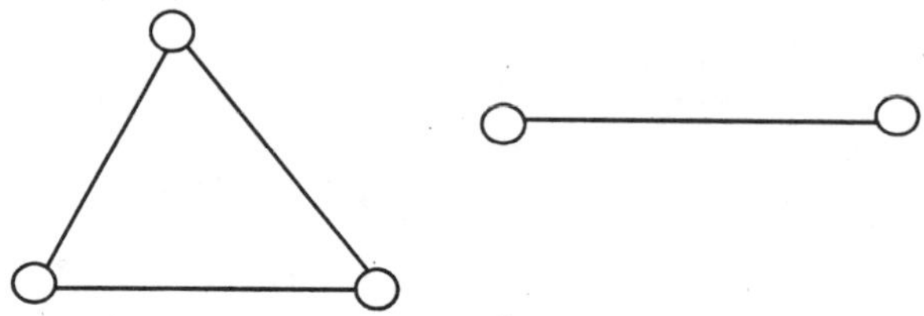

चित्र सं० 15 : भीड़ के व्यक्ति आमने-सामने

भीड़ की मानसिक विशेषतायें

भीड़ की सामाजिक परिस्थिति के मनोवैज्ञानिक कारण अथवा मानसिक विशेषतायें ही उसके व्यवहार को व्यक्ति के व्यवहार से भिन्न बना देते हैं। इन्हीं के कारण भीड़ में विचारों के स्थान पर भावनायें तेजी से फैलती हैं। ये ही भीड़ के व्यवहार के प्रमुख कारक है। इनमें से मुख्य मानसिक विशेषतायें निम्नलिखित हैं—

(1) उत्तरदायित्व की भावना का अभाव (Lack of the sense of responsibility)—भीड़ में संकेत ग्रहणशीलता, सामूहिक शक्ति का अनुभव आदि के कारण लोगों में उत्तरदायित्व की भावना बिल्कुल नहीं रहती और वे बहुत से ऐसे काम कर डालते हैं जो वे व्यक्तिगत रूप में कभी नहीं कर सकते। जैसे आग लगाना, लूटना, विध्वंस, रक्तपात आदि। भीड़ में अपराधी अज्ञात रहता है, अतः कोई भी व्यक्ति कुछ भी काम कर सकता है। रॉस ने लिखा है "अज्ञात होने की अवस्था के आवरण से ढके हुये लोग अपनी भावनाओं को खुली छूट देने की स्वतन्त्रता करते हैं।"[15] मैक्डूगल के अनुसार भीड़ में उत्तरदायित्व की भावना के अभाव का कारण आत्मसम्मान की भावना का लोप होना भी है। लेबौं ने लिखा है कि "उत्तरदायित्व की भावना जो सदैव उन पर नियन्त्रण रखती है पूरी तरह गायब हो जाती है।"[16]

---

15. "Masked by their anonymity people feel free to give reign to the expression of their feelings."

—Ross, E. A., *Social Psychology,* p. 46

16. "The sentiment of responsibility which always controls individuals disappears entirely."
—Lebon.

(2) बुद्धि का निम्न स्तर—(Low degree of Intelligence)—भीड़ में सदस्यों की बुद्धि का स्तर बहुत निम्न हो जाता है। रस्किन ने इस मनोवैज्ञानिक तथ्य का वर्णन करते हुये लिखा है "आप किसी भीड़ से बात करके कुछ भी करवा सकते हैं..... वह अधिकतर एक राय को जुकाम की तरह दूसरों से ग्रहण करती है और संसर्गजन्य प्रभाव से सोचती है। जब खब्त सवार होता है तब छोटी से छोटी बात भी ऐसी नहीं है जिस पर वह जंगली पशु के समान गर्जना न करने लगे। जब खब्त उतर जाती है। तब कोई भी चीज इतनी बड़ी नहीं कि वह उसको घण्टे भर में भूल न जाय।"[17] भीड़ में बुद्धि स्तर के निम्न होने के कारण अनुकरणवृत्ति, ग्रहणशीलता, संवेगों का उत्तेजित होना, चिन्तन का अभाव आदि हैं।

(3) **संकल्प शक्ति का अभाव** (Lack of volition)—भीड़ में आत्म-सम्मान तथा उत्तरदायित्व की भावना का अभाव तथा बुद्धि का स्तर निम्न होने के कारण और उद्वेगों के प्रभाव से शक्ति समाप्त हो जाती है।

(4) तीव्र सुझाव ग्रहणशीलता (Heightened suggestibility)—भीड़ में लोगों की सुझाव ग्रहण करने की क्षमता बहुत अधिक बढ़ जाती है। लोग अपनी विचार शक्ति खो बैठते हैं। उनके संवेग उत्तेजित हो उठते हैं और वे जैसा दूसरे कहते या करते हैं बिना सोचे-समझे वैसा ही कहने या करने लगते हैं।

(5) तीव्र संवेगात्मकता (Heightened Emotionality)—बर्नार्ड के शब्दों में "आमतौर से कोई तीव्र संवेग या जिज्ञासा की प्रवृत्ति भीड़ को संगठित करते हैं।"[18] इस प्रकार संवेगात्मकता में वृद्धि भीड़ व्यवहार की एक प्रमुख और अनिवार्य विशेषता है।

(6) विश्वासशीलता (Credulity)—सुझाव ग्रहण करने की क्षमता और संवेगशीलता बढ़ने के साथ-साथ भीड़ की विश्वासशीलता भी बढ़ जाती है। रॉस के अनुसार "भीड़ में तार्किक विश्लेषण और परीक्षा का सवाल ही नही उठता, जिन शक्तियों से हम सन्देह करते हैं वे सो जाती हैं।"[19] भीड़ किसी भी अफवाह पर आसानी से विश्वास कर लेती है।

(7) अचेतन प्रेरणायें (Unconscious impulses)—फ्रॉयड इत्यादि मनोविश्लेषणवादियों के अनुसार भीड़ के व्यवहार का निर्देश व्यक्तियों की अचेतन प्रेरणायें करती हैं। भीड़ में नियन्त्रण टूटने के कारण व्यक्तियों की दमित प्रवृत्तियां भड़क उठती हैं और वे पागलों की तरह व्यवहार करने लगते हैं।

---

17. "You can talk a mob into anything...it thinks by infection for the most part catching an opinion like cold and there is nothing so little that it will not roar itself wild about, when the fit is on and nothing so great but it will forget in an hour when the fit is past." —Ruskin.

18. "It is usually some strong emotions or curiosity impulse which integrates the crowd." —Bernard.

19. "Rational analysis and test are out of question. The faculties we doubt with are asleep." —Ross, E. A.

(8) उद्वेगों और विचारों का अस्थायित्व (Instability of emotions and Ideas)—भीड़ के उद्वेग और विचार बड़ी जल्दी बदलते हैं। वह किस वक्त क्या कर बैठे इसका कुछ पता नहीं रहता। रॉस ने लिखा है "एक क्षण में उसका नेता अगले क्षण उसका शिकार हो सकता है।"[20]

(9) पारस्परिक उत्तेजना (Inter stimulation)—भीड़ में लोग एक दूसरे को उत्तेजित करते हैं। प्रत्येक विचार या उत्तेजना भीड़ में संक्रामक रोग की तरह फैलते हैं। डर, क्रोध, शोक, हर्ष आदि भीड़ में बड़ी तेजी से फैलते हैं, क्योंकि भीड़ के सदस्यों में सुझाव ग्रहणशीलता बढ़ जाती है।

(10) नेता का प्रभाव (Influence of leader)—भीड़ पर नेता का बड़ा प्रभाव होता है। वह भीड़ को हंसा सकता है, रुला सकता है, उत्तेजित कर सकता है, क्रोधित कर सकता है, उससे आग लगवा सकता है, लूटमार करा सकता है और खून तक करा सकता है। कुशल नेता भीड़ से चाहे जैसा काम ले सकता है। तांत्या टोपे के भाषण से उसका पीछा करती हुई सेना की तोपों के मुख उसके दुश्मनों की ओर घूम गये। जूलियस सीजर नामक नाटक में ऐन्टोनी के भाषण से जो भीड़ पहले ब्रुटश की भक्ति करने लगी थी वही उसके खून की प्यासी बन जाती है।

(11) सामाजिक सौकार्य (Social facilitation)—ऑगबर्न और किम्बाल यंग के अनुसार "सामाजिक सौकार्य वह प्रक्रिया है जिससे भीड़ में व्यक्ति की प्रतिक्रियायें दूसरे व्यक्तियों की उपस्थिति या क्रियाओं के कारण अधिक तीव्र हो जाती हैं।"[21] मिलर और जौन डोलर्ड ने इस प्रक्रिया को भीड़ की प्रेरणा (Crowd Stumuli) कहा है।

(12) भीड़ की अनैतिकता (Immorality of the crowd)—भीड़ को नैतिकता-अनैतिकता, शुभ-अशुभ का विवेक नहीं रहता और भावनाओं के जोश में तथा नेताओं के भड़काने पर यह गिरे से गिरा काम करने पर उतारू हो जाती है। सन् 1947 में भारतवर्ष में साम्प्रदायिक दंगों में भीड़ ने ऐसे-ऐसे काम किये जिन पर आसानी से विश्वास नहीं किया जा सकता। शक्ति की भावना में अन्धी होकर भीड़ सारे सामाजिक निषेधों (Social taboos) को भूल जाती है। बर्नाड ने ठीक ही लिखा है 'वे निम्न पशुओं के झुण्डों और रेवड़ों से बहुत अधिक मिलते-जुलते हैं।"[22] भीड़ की अनैतिकता उसके नेता पर निर्भर है। वास्तव में जैसा कि गिन्सबर्ग ने ठीक ही कहा है, "भीड़ स्वयं न तो अच्छी ही है और न बुरी, परन्तु वह उत्तेजना के अनुसार अलग-अलग अवसरों पर एक या दूसरे प्रकार की हो सकती है।"[23]

---

20. "Social facilitation may be difined as the enhancement of one's response by the presence of activity of the other person." —Augburn and Kimball young
21. "Its hero one moment may be its victim the next" —Ross, *ibid*, p. 54
22. "They approximate most closely to the packs and herds of the lower animals." —Bernard, L.L, *An Introduction to Social Psychology*, Henry Holt & Co. New York, (1928), p. 458.
23. "Crowds are in themselves neither good nor evil, but they may be either the one or the other on occasions according to the stimulus" —Ginsberg, M. *The Psychology of Society,* p.133.

भीड़ के व्यवहार के उपरोक्त मनोवैज्ञानिक विश्लेषण से यह स्पष्ट है कि भीड़ में मनुष्य का व्यवहार मूल प्रवृत्तियों भावनाओं और उद्वेगों से परिचालित होता है उसमें व्यक्ति की सुझाव ग्रहणशीलता, भावुकता, उद्वेगशीलता बढ़ जाती है और अचेतन प्रवृत्तियों को छूट मिल जाती है। सामाजिक सौकार्य, नेता के प्रभाव तथा बुद्धि के निम्न-स्तर और इच्छा-शक्ति के अभाव में भीड़ में व्यक्ति वह काम कर बैठता है जो वह निजी तौर पर कभी नहीं कर सकता। संक्षेप में मैक्डूगल के शब्दों में ''भीड़ अत्यन्त संवेगात्मक, आतुर, अस्थिर, अंसगठित, अनिश्चित तथा कार्य करने में अतिवादी निम्न संवेगों तथा अपरिमार्जित भावनाओं को प्रदर्शित करने वाली, संकेतग्रहण करने में तेज, विचार-विमर्श में उदासीन, फैसले में जल्दबाज, सुगम और अपूर्व तर्कों को छोड़कर अन्य तर्क करने में असमर्थ, सरलता में बहकाई जाने वाली, आत्म-चेतना से रहित, आत्म-सम्मान तथा उत्तरदायित्व की भावना से हीन और अपनी शक्ति की चेतना में बह जाने वाली है जिससे कि वह किसी भी अनुत्तरदायी और निरंकुश शक्ति की अभिव्यक्ति प्रकट करती है। अतः उसका व्यवहार एक चपल बालक या एक विचित्र परिस्थिति में एक अनुशासनहीन उत्तेजित जंगली व्यक्ति और सबसे बुरी हालतो में एक जंगली पशु के समान होता है।''[24]

भीड़ के प्रकार

स्थूल रूप से भीड़ को निम्नलिखित दो प्रकारों में बांटा जा सकता है–

(1) क्रियांशील (Active),

(2) निष्क्रिय (Inactive)।

सक्रिय भीड़

क्रियाशील भीड़ अथवा सक्रिय भीड़ जैसा कि इसके नाम से स्पष्ट है क्रियाशील या सक्रिय होती है। बर्गेस के अनुसार सक्रिय भीड़ आकस्मिक होती है। उदाहरण के लिये सड़क पर कोई मदारी तमाशा दिखाने लगे तो एक के बाद एक आदमी इकट्ठा होता चला जाता है। ये आदमी मदारी के आकर्षण से अनायास ही खिंचे से चले आते हैं। इसी प्रकार यदि कहीं दो बैल लड़ जायें या गोली चल जाये तो देखते ही देखते लोग भीड़ के रूप में भागने लग पड़ते हैं। लेबौं ने सक्रिय भीड़ का विस्तारपूर्वक वर्णन किया है। उसके अनुसार इस तरह की भीड़ में व्यक्ति का अपना व्यक्तित्व नहीं रहता। सम्पूर्ण सक्रिय भीड़ एक इकाई बन जाती है जिसमें एक ही तरह की

---

24. "A crowd is excessively emotional, impulsive, fickle, inconsistent, irresolute and extreme in action, displaying the coarse emotions and the less refined sentiments, extremely suggestible, careless in deliberation, hasty in judgment, incapable of any but, the simpler and imperfect forms of reasoning, easily swayed and led, lacking in self consciousness, devoid of self-respect and a sense of responsibility, and apt to be carried away by the consciousness of its force, so that it tends to reproduce all the manifestations... of any irresponsible and absolute power. Hence its behaviour is like that of an unruly child or an untutored passionate savage in a strange situation...and in the worst cases it is like that of a wild beast."

—Mcdougall, Wm., *The Group Mind,* Cambridge, (1920).

प्रेरणा और एक ही तरह का तथा एक ही दिशा में व्यवहार दिखाई पड़ता है। लेबौं के अनुसार इस तरह की भीड़ का व्यवहार एक सामूहिक मन से संचालित होती हैं। मैक्डूगल ने अपनी पुस्तक Group Mind में लेबौं की विचारधारा को माना है। इस विचारधारा के अनुसार सक्रिय भीड़ का एक अलग व्यक्तित्व है और एक अपना मन है। सन् 1924 में एच० एच० ऑलपोर्ट ने समूह मन की इस धारणा की आलोचना की। आधुनिक समाज मनोविज्ञान में समूह मन की इस धारणा को नहीं माना जाता। ऑलपोर्ट के शब्दों में ''व्यक्ति भीड़ में ठीक इसी तरह व्यवहार करता है जैसे वह अकेले में करता है। केवल उसमें थोड़ी विशेषता अवश्य आ जाती है'' किम्बाल यंग ने लिखा है ''एक सक्रिय भीड़ व्यक्तियों का ऐसा समूह है जो ध्यान के सामान्य केन्द्र के साथ कुछ अन्तर्निहित अभिवृत्तियों, उद्वेगों और क्रियाओं को प्रकट करते हैं।''[25] सक्रिय भीड़ को मनोवैज्ञानिकों ने चार भागों में विभाजित किया है–

(1) आक्रामक भीड़ (Aggressive crowd)

(2) भयग्रस्त भीड़ (Panicky crowd)

(3) अर्जनशील भीड़ (Acquisitive crowd)

(4) प्रदर्शनकारी भीड़ (Expressive crowd)

निष्क्रिय भीड़

कोई भी भीड़ पूरी तरह से निष्क्रिय नहीं होती। रामायण सुनने के लिये इकट्ठे हुये लोग भी कुछ न कुछ क्रिया तो करते ही रहते हैं। ऐसे किसी निष्क्रिय श्रोता समूह को देखिये। विशेष तौर से स्त्रियां आपको कुछ न कुछ करती दिखाई पड़ेंगी। कोई स्वेटर बुन रही होगी तो कोई छालियां कतर रही होगी। कोई अपने सुनने के साथ-साथ अपने घर की कथा सुना रही होगी। कोई अपने बच्चों को बहलाने या सुलाने में लगी होगी। इसी प्रकार ऐसी सभा में इकट्ठे हुये पुरुष भी रामायण सुनने के अलावा कुछ न कुछ करते ही रहते हैं। परन्तु यदि इस श्रोता समूह की तुलना किसी प्रदर्शनकारी, भयग्रस्त या आक्रमणकारी भीड़ से की जाये तो निष्क्रिय और सक्रिय भीड़ का अन्तर स्पष्ट हो जायेगा। एक-दो घण्टे रामायण पाठ हो चुकने के बाद श्रोतागणों की क्रियाओं में अधिक अन्तर दिखाई नहीं पड़ेगा। परन्तु दंगाइयों की भीड़ मिनट-मिनट में अपनी क्रियायें बदलती रहती है। अभी उसमें लोग भागते नजर आयेंगे तो थोड़ी देर बाद कुछ लोग आग लगाते नजर आयगें। अभी वे लोग किसी को पीट रहे होंगे। कुछ ही देर बाद वे सर पर पांव रखकर भागते दिखाई पड़ेंगे। स्पष्ट है कि सक्रिय और निष्क्रिय भीड़ में अपेक्षाकृत अन्तर है। सक्रिय भीड़ अपेक्षाकृत अधिक सक्रिय है। निष्क्रिय भीड़ अपेक्षाकृत अधिक निष्क्रिय मालूम पड़ती है। निष्क्रिय भीड़ को श्रोता समूह भी कहा जाता है। श्रोता समूह को मुख्य रूप से दो भागों में बांटा जा सकता है–

(1) आकस्मिक (Causal) (2) ऐच्छिक (Intentional)।

---

25. "An action crowd is a mass of individ with uals who, with the common focus of attention, unleash certain deep lying attitudes, emotions and actions."
—Young K., *Handbook of Social Psychology*, (1951), p. 287.

(1) **आकस्मिक श्रोता समूह**—सड़क पर भाषण देने वाले किसी नेता की बातों को सुनने के लिए अकस्मात एकत्रित होने वाला श्रोता समूह आकस्मिक श्रोता समूह है।

(2) **ऐच्छिक श्रोता समूह**—किसी चलचित्र को देखने के लिए एकत्रित हुआ श्रोता समूह ऐच्छिक श्रोता समूह है। इसमें लोग अकस्मात् इकट्ठे नहीं हो जाते बल्कि इकट्ठे होने का स्थान और समय पहले से जाने रहते हैं।

ऐच्छिक श्रोता समूह को भी दो भागों में बांटा गया है—

(1) मनोरंजनात्मक (Recreational) (2) ज्ञानार्जनशील (Information seeking)

(1) **मनोरंजनात्मक श्रोता समूह**—जैसा कि इसके नाम से स्पष्ट है मनोरंजनात्मक श्रोता समूह, मनोरंजन के लिये एकत्रित होता है। पीछे दिये गये उदाहरण में चलचित्र देखने के लिए एकत्रित हुआ समूह मनोरंजनात्मक ऐच्छिक श्रोता समूह है।

(2) **ज्ञानार्जनशील श्रोता समूह**—जैसा कि इसके नाम से स्पष्ट है इस तरह का श्रोता समूह मनोरंजन के लिये नहीं बल्कि जानकारी अथवा ज्ञान प्राप्त करने के लिये एकत्रित होता है। कक्षा में विद्यार्थी का श्रोता समूह इसी वर्ग में आता है। स्पष्ट है कि इसमें उतनी स्वतन्त्रता नहीं हो सकती जितनी कि मनोरंजनात्मक श्रोता समूह में होती है। कक्षा से उठकर जाना बुरा माना जाता है। कक्षा में उठने-बैठने में भी कुछ तौर-तरीकों का ध्यान रखा जाता है। दूसरी ओर न तो सिनेमा हाल से उठकर जाना कोई बुरा समझता है और न ही वहां उठने-बैठने में मर्यादा की इतनी जरूरत पड़ती है।

भीड़ के उपरोक्त प्रकार दिये हुए चार्ट से स्पष्ट होते हैं।

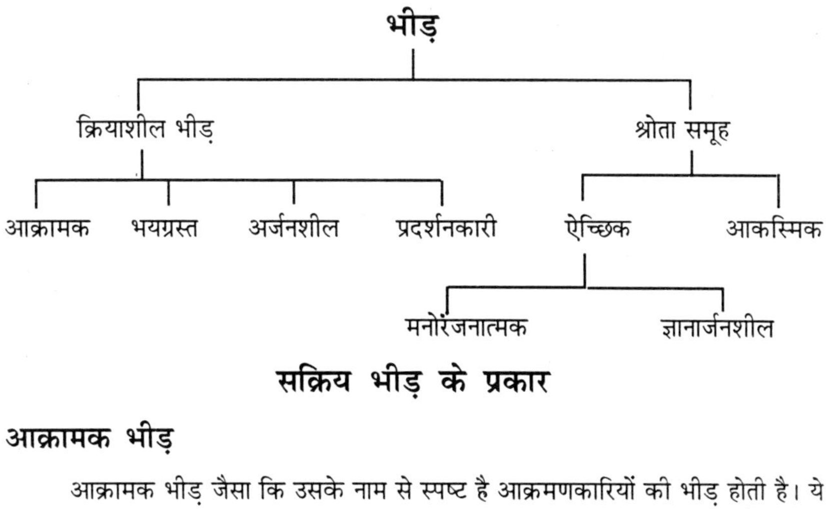

सक्रिय भीड़ के प्रकार

आक्रामक भीड़

आक्रामक भीड़ जैसा कि उसके नाम से स्पष्ट है आक्रमणकारियों की भीड़ होती है। ये आक्रमणकारी कुछ भी कर सकते हैं। वे आग लगा सकते हैं और किसी को जान से भी मार सकते हैं। ऐसी भीड़ में बड़ी उत्तेजना दिखाई पड़ती है। ''मारो-पीटो पकड़ो, जाने न पावे, आग

लगा दो, उठा कर पटक दो, जमीन में गाड़ दो'' जैसे उत्तेजित वाक्यों से शोर मचा रहता है। ऐसी भीड़ की नृशंसता की कोई सीमा नहीं है। इसमें सदस्यों को भले-बुरे का कोई ज्ञान नहीं रहता। सन् 1947 के दंगों में हिन्दू-मुसलमानों ने दूसरे धर्म के लोगों के मकानों में आग लगा दी। जलते मकानों में जिन्दा बच्चों को झोंक दिया और स्त्रियों पर अमानवीय अत्याचार किये। एक देश से दूसरे देश में जाने वाली रेल गाड़ियों में सैंकड़ों यात्री मौत के घाट उतार दिये। तार काट दिये गये। रेल की पटरियां उखाड़ दी गईं। गांव के गांव जला दिये गये और लाखों लोग बेघरबार हो गये। सन् 1942 में अंग्रेज सरकार के विरुद्ध स्वतन्त्रता आन्दोलन में भी आक्रामक भीड़ एक सामान्य बात थी। 'भारत छोड़ो' प्रस्ताव पास होने के साथ अंग्रेज सरकार ने देश के नेताओं को गिरफ्तार कर लिया। अपने प्रिय नेताओं की गिरफ्तारी की खबर सुनकर जनता पागल हो उठी और स्थान-स्थान पर उसने अक्रामक भीड़ का रूप धारण कर लिया। जगह-जगह पर आक्रामक भीड़ ने पुलिस चौकियों में आग लगा दी। सरकारी दूकानें लूट ली गई। सरकारी इमारतों में खूब तोड़-फोड़ की गईं। स्थान-स्थान पर ब्रिटिश सरकार का यूनियन जैक उतार कर जला दिया गया और उसके स्थान पर तिरंगा झण्डा फहरा दिया गया।

आक्रामक भीड़ में अनुभव और व्यवहार

आक्रामक भीड़ के जो उदाहरण पीछे दिए गए हैं उनसे आक्रामक भीड़ की कुछ विशेषतायें ज्ञात होती हैं। स्थूल रूप से ये विशेषतायें निम्नलिखित हैं। इन विशेषताओं से इस तरह की भीड़ में सदस्यों का अनुभव और व्यवहार भी स्पष्ट होता है।

(1) तीव्र संवेगात्मकता (Intense emotionality)–आक्रामक भीड़ में सबसे स्पष्ट दिखाई देने वाली विशेषता उसकी तीव्र संवेगात्मकता है। इस तरह की भीड़ में सभी सदस्य उत्तेजित रहते हैं। ऐसी किसी भीड़ को देखिये। कोई चिल्ला रहा होगा, कोई मुक्के तान रहा होगा, कोई उछल रहा होगा, कोई भाग रहा होगा, कोई आंखे निकाल रहा होगा तो कोई दांत पीस रहा होगा। ऐसी भीड़ में अधिकतर क्रोध का संवेग दिखाई पड़ता है।

(2) संकेतशीलता (Suggestibility)–आक्रामक भीड़ में प्रत्येक सदस्य की संकेतशीलता बढ़ जाती है। एक को देखकर दूसरा वैसा ही करने लग पड़ता है। सड़क पर तेजी से जाती हुई एक मोटर से बच्चा कुचल गया। देखने वाले दौड़ पड़े। ड्राइवर ने मोटर लेकर भाग जाना चाहा। परन्तु एक खम्बे में लड़कर मोटर रुक गई। अब क्या था, दो चार लोगों ने ड्राइवर को मोटर से बाहर खींच लिया और पीटना शुरू किया। धीरे-धीरे पीटने वालों की एक भीड़ इकट्ठी हो गई जिसमें सभी चिल्ला रहे हैं, सभी क्रोधित हैं और सभी पीटते जा रहे हैं। बच्चे को कुचले जाते तो बहुत कम लोगों ने देखा। अधिकतर पीटने वाले तो दूसरे लोगों को पीटते देखकर पीटने लगे। उन्हें इस बात से कोई मतलब नहीं कि दूसरे क्यों पीट रहे हैं। दूसरों को गुस्सा होते देखकर उनमें क्रोध आ जाता है। दूसरों को पीटते देखकर वे पीटने लगते हैं। आक्रामक भीड़ में सदस्यों की इस संकेतशीलता के कारण भीड़ के व्यवहार को बड़ी आसानी से किसी भी दिशा में मोड़ा जा सकता है। कभी-कभी किसी राजनैतिक दल की सभा में विरोधी दल के कुछ लोग दंगा करने के लिए जा पहुँचते हैं। सभा शुरू हुई। वक्ता ने अपना भाषण अभी शुरू ही किया था कि एक

तरफ से कुछ आवाजें आने लगीं। वह देखिये कुछ लोग उठकर खड़े हो गये। यह लीजिये एक आदमी ने वक्ता महोदय को जूता फैंककर मारा। अब क्या था, कूद-कूद कर लोग मंच पर आ गए। मुक्के चलने लगे। फिर जूतों पर नौबत आई। किसी ने माइक्रोफोन ही उठाकर घुमाना शुरू कर दिया। इतने में किसी ने पुलिस को सूचना दे दी। जैसे ही दंगाइयों ने पुलिस को आते देखा वे भाग निकले। उनके भागते ही भीड़ भी तितर-बितर हो गई। इस घटना में दंगा करने वाले तो केवल दो चार ही लोग थे जबकि पचासों लोगों ने उनका अनुकरण किया। यह संकेतशीलता के कारण हुआ। आक्रामक भीड़ में इस संकेतशीलता के कारण व्यक्ति का विवेक बहुत मन्द पड़ जाता है।

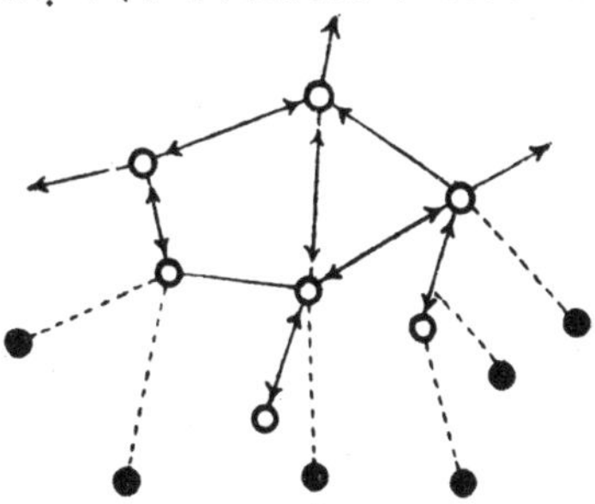

(1) आक्रामक भीड़ ● दूर से देखने वाले

चित्र सं॰ 16 : आक्रामक भीड़

(3) तात्कालिक कारण का प्रभाव (Effect of preciptating cause)—उपरोक्त उदाहरण में वक्ता को जूता लगना था कि दंगा शुरू हो गया क्योंकि उसके दल के लोग इस अपमान को सहन नहीं कर सकते थे जबकि विरोधी दल के लोग वक्ता का अपमान करने और सभा भंग करने पर तुले हुये थे। इस प्रकार दो विरोधी दलों की उपस्थिति के कारण इस भीड़ में आक्रामक भीड़ के लिये पृष्ठ भूमि तो पहले ही तैयार थी। जूते ने भुस में चिंगारी का काम किया और आग भड़क उठी।

(4) सामाजिक प्रोत्साहन (Social facilitation)—किसी सभा में दंगा करना कोई हंसी खेल नहीं है। जरा सी देर में पिटने की नौबत आ जाती है। उपरोक्त घटना में एक नवयुवक ने हिम्मत की और मंच पर जूता फेंका। बस फिर क्या था, विरोधी दल के उपस्थित लोगों को जोश आ गया और वे मंच पर कूद पड़े। इस तरह दूसरे लोगों की अनुक्रिया को देखकर आक्रामक भीड़ के सदस्यों का प्रोत्साहन बढ़ता है। इसका कारण सामाजिक प्रोत्साहन है। इस सामाजिक प्रोत्साहन में नारे, आवाजें और हाथ-पैर की क्रियायें सभी काम करती हैं।

(5) अफवाह का महत्व (Influence of rumour)—बहुधा किसी अफवाह के फैलने से आक्रामक भीड़ एकत्रित हो जाती है। खबर मिली कि मुसलमानों ने एक हिन्दू को मार दिया। अब क्या देखते ही देखते हिन्दू नौजवान इकट्ठे हो गये, जिसके जो हाथ लगा लाठी, हाकी, बैंत भाला वही लेकर निकल पड़ा। बात की बात में भीड़ इकट्ठी हो गई और क्रोधित भीड़ मुसलमानों के मौहल्ले की ओर बढ़ गई। ऐसी हालत में यदि कोई सामने आया तो उसकी खैर नहीं। इस बिचारे गरीब रिक्शे वाले ने क्या बिगाडा था? कौन पछता है? कोई चिल्लाया, "अरे कटल्ला

है काटो'' और पलक मारते ही बेचारा काट दिया गया। इस घटना में भीड़ के एक भी आदमी ने इस अफवाह की सच्चाई की जांच नहीं करनी चाही कि कोई हिन्दू वास्तव में मारा गया है या नहीं। अफवाहों के उड़ने से इस तरह की दुर्घटनाओं के कितने ही उदाहरण दिये जा सकते हैं।

(6) **अनुकरणशीलता** (Tendency of imitation)—उपरोक्त उदाहरण से स्पष्ट है कि आक्रामक भीड़ में सदस्य एक दूसरे का अनुकरण करते हैं और सोच-समझ से कोई काम नहीं लेते। दो चार के भाग निकलने पर सब भाग निकलते हैं। दो चार के नारा लगाने पर सब चिल्लाने लगते हैं।

(7) **पहले से उपस्थित परिस्थितियों का प्रभाव** (Influence of pre-existing conditions)—यदि 1947 में भारत में स्थान-स्थान पर हिन्दुओं और मुसलमानों की आक्रामक भीड़ें भयंकर रक्त-पात करती देखी गईं तो इसका कारण राजनैतिक दलों द्वारा फैलाया गया साम्प्रदायिकता का विष था जोकि धीरे-धीरे दोनों सम्प्रदायों में बढ़ता जा रहा था। इस तरह की पहले से उपस्थित पृष्ठभूमि के न होने पर आक्रामक भीड़ एकाएक नहीं बन जाती।

(8) **एकांगी व्यवहार** (Single line of behaviour)—जैसा कि पीछे दिये गये उदाहरणों से मालूम पड़ता है आक्रामक भीड़ के सदस्यों का व्यवहार एकांगी होता है। दूसरे पक्ष की बात तो वे सुनते ही नहीं और न उसकी बात को जानने की कोशिश करते हैं। वे किसी बात का समर्थन करेगें तो उसके विरोध में कोई भी बात नहीं सुनेंगे। वे किसी का विरोध करेंगे तो उसके पक्ष में कोई भी बात कहना बेकार है। पक्षपात या विरोध दोनों ही हालतों में आक्रामक भीड़ के सदस्यों का व्यवहार एकांगी होता है।

(9) **निम्न आर्थिक स्तर का प्रभाव** (Influence of low economic level)—किसी आक्रांमक भीड़ के सदस्यों पर नजर डालने से उसमें से अधिकांश निम्न आर्थिक वर्ग के दिखलाई पड़ेंगे। उच्च अथवा मध्यम आर्थिक वर्ग के लोगों को आसानी से भड़काया नहीं जा सकता। निम्न आर्थिक वर्ग के लोग रिक्शे-तांगे वाले, मजदूर आदि शीघ्र आक्रामक बनाये जा सकते हैं। बेकार लोग आसानी से भड़काये जा सकते हैं।

(10) **निम्न शैक्षिक स्तर का प्रभाव** (effect of low educational level)—आक्रामक भीड़ में बहुधा कम पढ़े लिखे या बेपढ़े-लिखे लोग दिखाई पड़ेंगे। विद्यार्थियों की आक्रामक भीड़ में भी अधिकतर वे ही विद्यार्थी दिखाई पड़ते है जिन्हें अध्ययन की अपेक्षा और कामों का अधिक शौक होता है। दंगा करने वाले विद्यार्थियों में गम्भीर और मेधावी छात्र बहुत कम दिखाई पड़ते हैं। अशिक्षित लोगों को या अल्प शिक्षित लोगों को आसानी से भड़काया जा सकता है क्योंकि उनमें सोचने-समझने की शक्ति कम होती है और वे अपने उद्वेगों का अधिक नियन्त्रण नहीं कर सकते।

(11) **नेता का महत्व** (Importance of leader)—आक्रामक भीड़ के सदस्यों में नेता का महत्व सबसे अधिक होता है। यह आवश्यक नहीं है कि नेता एक ही व्यक्ति हो। एक आक्रामक भीड़ में दो चार लोग भी नेतृत्व करने वाले हो सकते हैं। यह नेता जैसा करता है भीड़ वैसा ही करने लग जाती है। नेता के कारण भीड़ का व्यवहार संगठित हो जाता है। नेता भीड़ के व्यक्तियों

का ध्यान केन्द्रित कर देता है। भाषण और हाव-भाव से वह लोगों को भड़काता है और उनके संवेगों को उकसाता है। यह बतलाता है कि लोगों को क्या करना है और उस काम को वह सबसे आगे बढ़कर करता भी है। यह जरूरी नहीं है कि वह नेता ऊंचे ही वर्ग का हो या कोई बहुत ही बुद्धिमान व्यक्ति हो। किसी विशेष समय पर विशेष तरह की भीड़ को जो भी व्यक्ति प्रभावित कर लेता है। जो भी उसको उकसा सकता है उसके संवेगों का संचालन कर सकता है वह उससे मनचाहे काम करा लेता है और नेता बन जाता है। इस तरह की सामर्थ्य सभी लोगों में नहीं होती जबकि कुछ लोगों में इसकी आश्चर्यजनक शक्ति होती है। भारत के स्वाधीनता संग्राम में तॉत्या टोपे ने कितनी ही बार अपना पीछा करती हुई फौज की दिशा को बदल दिया था और उसकी तोपों के मुंह उसी के अफसरों की तरफ मुड़वा दिये थे।

भयग्रस्त भीड़

सक्रिय भीड़ का एक अन्य मुख्य प्रकार भयग्रस्त भीड़ है। भयग्रस्त भीड़, जैसा कि उसके नाम से स्पष्ट है एक ऐसी भीड़ है जिसके सदस्य भयभीत हों। गोली चलने पर जो उसकी खबर सुनता है वही डर जाता है और शीघ्र ही लोगों को भीड़ की भीड़ भागती दिखाई पड़ती है। युद्ध के दिनों में भयग्रस्त भीड़ आमतौर से देखी जा सकती है। भारत में हिन्दू-मुस्लिभ साम्प्रदायिक दंगों के दिनों में भयग्रस्त भीड़ एक आम बात थी। पश्चिमी पंजाब से हजारों लोगों की भीड़ मुसलमानों के डर से गांव के गांव पार करके भारत पहुँची। अभी कुछ वर्षों पहले प्रयाग में कुम्भ के अवसर पर जहाँ लाखों की भीड़ एकत्रित होती है भयग्रस्त भीड़ का उदाहरण दिखाई पड़ा। मेले में एक स्थान पर बड़ा तेज ढलाव था। इस ढाल पर एक ओर बड़ा गहरा दलदल था जिसके किनारे केवल बाँस से रोक लगाई गई थी। लोगों की भीड़ की भीड़ इस ढाल पर बढ़ रही थी। ढाल को जाने वाली सड़क पर दोनों ओर 6-6 फिट ऊंचे तख्तों से चार दीवारी बनाई गई थी जिसको पार करना कठिन था। शीघ्र ही पीछे से एक जोर का धक्का आया और ढाल पर जाते हुये कुछ लोग गिर पड़े। उनको उठने का अवसर नहीं मिला कि पीछे वाले लोग भीड़ के धक्के के कारण उन पर गिरे। भगदड़ मच गई जिससे कुछ लोग ढाल के बाई तरफ के दलदल में जा गिरे और उनकी जिन्दा ही कब्र बन गई। मौत के इस खेल को जिसने भी देखा उसके प्राण नसों में समा गये। इस भयग्रस्त भीड़ में किसी को किसी की परवाह नहीं थी। स्त्रियों और बच्चों को कुचलते हुये लोगों ने अपनी जान बचाने की कोशिश की और कुछ मिनटों में सैकड़ों आदमी कुचल कर या दलदल में फंस कर मर गये।

भयग्रस्त भीड़ की विशेषतायें

भयग्रस्त भीड़ में कुछ बातें स्पष्ट दिखाई पड़ती हैं। एक तो इसके सभी सदस्य भयभीत होते हैं। उनको कुछ नहीं सूझता उनकी सोचने-समझने की शक्ति कुंठित हो जाती है। उनके सामने बस एक ही सवाल रहता है कि कैसे भी जान बचाई जाय। ऐसे हालात में कुछ लोग आश्चर्यजनक साहस दिखाते हैं जबकि कुछ लोग अन्धाधुन्ध भागने के कारण व्यर्थ ही मारे जाते हैं। ऐसी भीड़ में हर आदमी संकट महसूस करता है। छूत की तरह से भय की भावना चारों ओर फैल जाती है। एक आदमी मरता है तो दस के मरने की अफवाह फैलती है। चारों ओर अव्यवस्था दिखाई पड़ती है। बिना किसी सोच-विचार के जिसका जिधर मुंह उठता है भाग निकलता है।

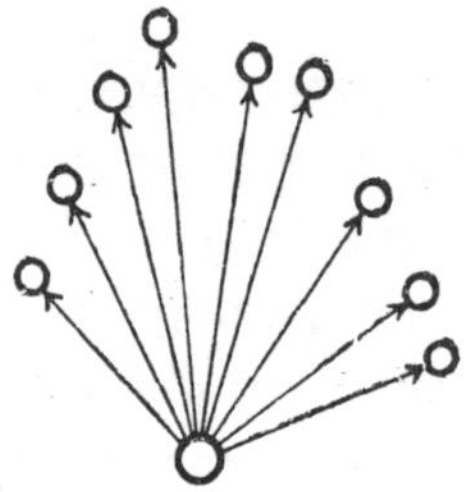

चित्र सं॰ 17 : भयग्रस्त भीड़

भयग्रस्त भीड़ के प्रकार

परन्तु भयग्रस्त भीड़ का संगठित होना आवश्यक नहीं है। कुम्भ के मेले के उदाहरण में भयग्रस्त भीड़ असंगठित थी परन्तु जब कोई सेना पीछे हटती या भागती है तो उसके सैनिक लोग जिधर मुंह उठता है उधर ही नहीं भाग निकालते, उनके भागने में भी एक व्यवस्था और संगठन होता है। इस प्रकार कुछ मनोवैज्ञानिक भयग्रस्त भीड़ के दो प्रकार मानते हैं–

1. संगठित, 2. असंगठित।

भयग्रस्त भीड़ में अनुभव और व्यवहार

भयग्रस्त भीड़ के उपरोक्त विवरण से उसकी कुछ सामान्य विशेषतायें स्पष्ट होती हैं। इन लक्षणों से भयग्रस्त भीड़ में व्यक्ति का अनुभव और व्यवहार भी स्पष्ट होता है। स्थूल रूप से ये लक्षण निम्नलिखित हैं–

(1) भय की भावना (Emotion of fear)–जैसा कि पीछे बतलाया जा चुका है भयग्रस्त भीड़ के सदस्य भयभीत होते हैं। उनमें भय के सभी चिन्ह दिखाई पड़ते हैं। वे उत्तेजित होते हैं। उनकी हृदय की गति तीव्र हो जाती है। चेहरे विकृत हो जाते हैं। उचित-अनुचित का विचार खत्म हो जाता है।

(2) संकट की अनुभूति (Sense of crisis)–इस भय का कारण संकट की अनुभूति है। आग लगने पर, गोली चलने पर, बम फटने पर या कुछ लोगों के मारे जाने पर उस स्थान के आसपास उपस्थित सभी लोगों में संकट की अनुभूति दिखाई पड़ती है।

(3) पलायनशीलता (Tendency to escape)–भय और संकट की अनुभूति के कारण भयग्रस्त भीड़ के सदस्य पलायनशील हो जाते हैं। वे जिधर मुंह उठता है उधर जान लेकर भाग निकलते हैं। उन्हें यह भी परवाह नहीं होती कि कौन साथ है और कौन छूट गया, कौन बच गया और कौन मारा गया।

(4) अव्यवस्था (Disorder)–आमतौर से भयग्रस्त भीड़ के सदस्यों में कोई व्यवस्था अथवा संगठन नहीं रहता। संगठन भयग्रस्त भीड़ भी केवल अपेक्षाकृत ही संगठित होती है। अनुशासन की शिक्षा के कारण भागती हुई सेना के सदस्यों में कुछ संगठन दिखाई पड़ता है। यह संगठन बहुत ही कम होता है।

(5) अविवेकशीलता (Irrationality)–जैसा कि पहले बतलाया जा चुका है भयग्रस्त भीड़ में सदस्य अपना विवेक खो बैठते हैं। उनकी बुद्धि काम नहीं करती।

(6) संवेगात्मकता (Emotionality)–अविवेकशीलता का एक मुख्य कारण भयग्रस्त भीड़ के सदस्यों का उत्तेजित हो जाना है। जैसा कि रॉस ने लिखा है "जिस अंश तक भावना उत्तेजित हो जाती है उस अंश तक बुद्धि को लकवा मार जाता है।"[26] एक अन्य स्थान पर रॉस लिखता है "अनामता के आवरण के कारण लोग अपनी भावनाओं को उन्मुक्त छोड़ देते हैं। अपनी बात सुनाने के लिये वे बोलते नहीं बल्कि चिल्लाते हैं। दिखाई देने के लिए वे केवल अपने को दिखाते ही नहीं बल्कि इशारे करते हैं।"[27]

(7) उत्तरदायित्वहीनता (Lack of responsibility)–इस प्रकार भयभीत भीड़ में जिम्मेदारी की कोई भावना नहीं होती। कोई किसी की परवाह नहीं करता है। हर एक को अपनी-अपनी फिक्र होती है। जीवित स्त्रियों व बच्चों के शरीर पर पैर रख कर उनको कुचल कर अपनी जान बचाते हुये भी लोग देखे गये हैं।

(8) अफवाह का प्रभाव (Effect of rumour)–भय उत्पन्न करने में अफवाह का बड़ा प्रभाव होता है। खबर मिली कि कहीं गोली चल गई है और बाजार में लोग सर पर पांव रखकर भाग निकलते हैं। अफवाह फैली कि हिन्दू-मुस्लिम दंगा हो गया और बात की बात में बाजार जनशून्य हो जाते हैं।

आक्रामक और भयग्रस्त भीड़ की तुलना

भयग्रस्त भीड़ के लक्षणों के उपरोक्त विवेचन से यह स्पष्ट होता है कि अनेक बातों में आक्रामक भीड़ के समान होते हुये भी इन दोनों में काफी अन्तर होता है। आक्रामक और भयग्रस्त भीड़ में निम्नलिखित समानतायें हैं–

(1) दोनों में सदस्य उत्तेजित और संवेगशील होते हैं।

(2) दोनों में व्यवहार में विवेकशीलता नहीं रहती।

(3) दोनों में उचित-अनुचित का विचार समाप्त हो जाता है।

(4) दोनों में अनुकरण तथा सुझाव की प्रवृत्ति बढ़ जाती है।

(5) दोनों में अफवाह का प्रभाव होता है।

उपरोक्त समानताओं के होते हुये भी आक्रामक और भयग्रस्त भीड़ में अग्रलिखित अन्तर होते हैं–

---

26. "To the degree that feeling is intensified, reason is paralysed."

—Ross, E. A., *Social Psychology,* chap. III

27. "Masked by their anonymity, people feel free to give reign to the expression of their feelings. To be heard, one does not speak, one shouts. To be seen, one does not simply show one's self, one gesticulates." - *Ibid.*

(1) आक्रामक भीड़ में सदस्य उत्तेजित होते हैं जबकि भयग्रस्त भीड़ में सदस्य भयभीत होते हैं।

(2) आक्रामक भीड़ में सदस्य विध्वंस करना चाहते हैं जबकि भयग्रस्त भीड़ में सदस्य अपनी जान बचाना चाहते हैं।

(3) आक्रामक भीड़ में नेता का बड़ा महत्व होता है। भयग्रस्त भीड़ में नेता की बात कोई नहीं सुनता।

(4) आक्रामक भीड़ संगठित होती है जबकि भयग्रस्त भीड़ अधिकतर विघटित होती है।

अर्जनशील भीड़

सक्रिय भीड़ का तीसरा मुख्य प्रकार अर्जनशील भीड़ है। अर्जनशील भीड़ के सदस्यों का उद्देश्य कुछ न कुछ अर्जन करना अथवा प्राप्त करना होता है। दिल्ली के इस पलाई बैंक के सामने यह इतनी भीड़ क्यो एकत्रित है? ये सब वे लोग है जिनका कुछ न कुछ रुपया बैंक में जमा है। बैंक का दिवाला निकलने का समाचार सुनकर ये सब यहां अपना-अपना रुपया वापस लेने आये हैं। जरा इस सिनेमाघर में तीसरे दर्जे की खिड़की के पास इस भीड़ को देखिये, कितने लोग इकट्ठा है। आदमी से आदमी भिड़ रहा है। अरे वे देखिये एक आदमी कितने पीछे से लोगों के सिरों पर खिसकता हुआ खिड़की की तरफ बढ़ रहा है। इधर धक्का-मुक्की होने लगी। उस रिक्शे वाले का कुर्ता फट गया। आखिर क्या परेशानी है? ये सब इतने उत्तेजित और परेशान क्यों दिखाई पड़ते हैं? शायद आपको मालूम नहीं इस सिनेमाघर में "गंगा जमना फिल्म" आज पहली बार दिखाई जा रही है। ये सब लोग टिकट लेने के लिए संघर्ष कर रहे हैं। अगर आपको राशन के जमाने की याद हो तो आपको अर्जनशील भीड़ को समझने में कठिनाई नहीं होगी। उस जमाने में जगह-जगह पर राशन की दुकानों पर गेहूं, चीनी या मिट्टी का तेल लेने वालों की भीड़ दिखाई पड़ती थी। अर्जनशील भीड़ के उपरोक्त उदाहरणों से स्पष्ट है कि इसमें भीड़ के सदस्य कुछ न कुछ लेने के लिये इकट्ठा होते हैं जैसे सिनेमा या रेल का टिकट, गेहूं, चीनी, मिट्टी का तेल, रुपया-पैसा आदि।

प्रदर्शनकारी भीड़

सक्रिय भीड़ का चौथा मुख्य प्रकार प्रदर्शनकारी भीड़ है। इसको व्यंजक भीड़ भी कहा जाता है। जैसा कि इसके नाम से स्पष्ट है इसमें कुछ लोग अपनी मांगों या भावनाओं का प्रदर्शन अथवा अभिव्यंजना करने के लिये इकट्ठे होते हैं। आज के जनतन्त्र के जमाने में इस तरह की भीड़ कोई नई बात नहीं है। कलकत्ता विश्वविद्यालय में किसी इम्तहान में परचे बड़े कठिन आये। अब क्या था, एक-एक करके परीक्षार्थी भवन में उठ आये और बाहर मैदान में एकत्रित हो गये। देखते ही देखते एक भीड़ लग गई। जलूस के रूप में यह भीड़ वाइस चान्सलर के निवास स्थान की ओर चल पड़ी। कुछ लोग नारे लगाने लगे। वाइस चान्सलर के निवास स्थान पर पहुँच कर इस भीड़ के नेताओं ने उसके सामने प्रश्न पत्रों के दोबारा बनाये जाने की मांग पेश की। पिछले चुनावों में राजनैतिक प्रचार के सिलसिले में गांव-गांव और शहर-शहर में इस तरह की प्रदर्शनकारी

भीड़ देखी जा सकती थी। हर तरह के जलूस प्रदर्शनकारी भीड़ में आते हैं चाहें वे मजदूरों के जलूस हों या विद्यार्थियों के, किसी अर्थी का जलूस हो या किसी नेता की सवारी। प्रदर्शनकारी भीड़ के सदस्यों में हिंसा की भावना अपेक्षाकृत कम हो जाती है। यद्यपि जलूस को जबर्दस्ती तितर-बितर करने की कोशिश करने पर वह आक्रामक भी हो सकती है। आमतौर से यदि इस तरह की भीड़ की गतिविधि में कोई बाधा न डाली जाय तो वह अपनी भावना को अभिव्यक्त करके अपनी बात को लोगों के सामने रखकर खत्म हो जाती है। ऐसी भीड़ में लोग थोड़े-बहुत उत्तेजित तो हो जाते हैं परन्तु वे अपना विवेक नहीं खोते। इस भीड़ में न तो आक्रमण की भावना होती है न पलायन की और न कुछ प्राप्त करने की। इसमें तो सदस्य अपना रोष, विरोध, हर्ष अथवा दुख आदि प्रकट करना चाहते हैं। यदि इसमें कुछ बाधा पड़ती है तो यह भीड़ आक्रामक हो सकती है और लाठी चार्ज होने पर भयग्रस्त भी हो सकती है।

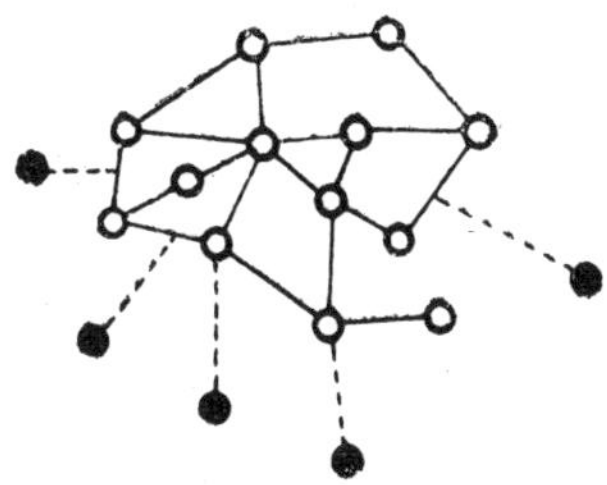

(2) **प्रदर्शनकारी**

● दूर से देखने वाले

चित्र सं० 18 : प्रदर्शनकारी भीड़

श्रोता समूह के प्रकार

विभिन्न मनोवैज्ञानिकों ने श्रोता समूह को भिन्न-भिन्न प्रकारों में विभाजित किया है। इस वर्गीकरण में किम्बाल यंग (Kimball Young), लेपियर (Lapiere) और ब्रिट (Britt) का वर्गीकरण अधिक महत्वपूर्ण है। यहाँ पर इन्हीं का संक्षिप्त वर्णन किया जायेगा।

किम्बाल यंग का मत [28]

(1) **ज्ञानार्जनशील श्रोता समूह** (Information seeking audience)—ज्ञानार्जनशील श्रोता समूह, जैसा कि उसके नाम से स्पष्ट है ऐसे लोगों की भीड़ है जो कि कुछ जानकारी अथवा ज्ञान प्राप्त करने के लिए एकत्रित हुये हैं। आजकल संध्या समय बाजारों में पान की दुकानों पर खबरें सुनने के लिए एकत्रित लोग स्थान-स्थान पर दिखलाई पड़ते हैं। जब कभी शहर में कोई नेता आता है तो उसकी बात सुनने के लिए बड़ी संख्या में लोग एकत्रित होते हैं। शिक्षा संस्थाओं में समय-समय पर विद्वानों के भाषण सुनने के लिए विद्यार्थी तथा अन्य लोग एकत्रित होते हैं। ये सब ज्ञानार्जनशील श्रोता समूह के उदाहरण हैं।

---

28. *Handbook of Social Psychology*, (1951), pp.399-400.

(2) मनोरंजनशील श्रोता समूह (Recreation seeking audience)—जैसा कि इसके नाम से स्पष्ट है इस श्रोता समूह के सदस्य जानकारी प्राप्त करने के लिये नहीं बल्कि मनोरंजन के लिए एकत्रित होते है। सिनेमा, सरकस, नाटक, नाच-गाना, आदि देखने के लिए एकत्रित श्रोता समूह के सदस्यों का उद्देश्य मनोरंजन होता है। मनोरंजन का उद्देश्य ज्ञानार्जन से कम गम्भीर होने के कारण इसमें सदस्यों का व्यवहार कम संयमित और व्यवस्थित रहता है। कुछ लोकप्रिय चलचित्रों में तो श्रोता समूह के सदस्य न केवल सीटी बजाते, आवाजें लगाते और ठहाकें लगाते देखे जा सकते हैं बल्कि कुछ लोग तो गाने की ताल में ताल मिलाते हैं और नाचने तक में साथ देने को तैयार दिखाई पड़ते हैं।

(3) परिवर्तनात्मक श्रोता समूह (Conversional audience)—कुछ श्रोता समूह न तो जानकारी प्राप्त करने के लिये एकत्रित होते हैं और न मनोरंजन के लिए। उनका उद्देश्य विचारों अथवा भावनाओं में परिष्कार या परिवर्तन लाना होता है। धार्मिक श्रोता समूह इसी वर्ग में आते हैं। चुनावों के दिनों में हर एक राजनैतिक दल के नेता स्थान-स्थान पर भाषण देकर श्रोता समूह के विचारों को परिवर्तित करने की चेष्टा करते हैं। यह परिवर्तनात्मक श्रोता समूह का एक उदाहरण है।

लेपियर का मत [29]

लेपियर ने श्रोता समूह को निम्नलिखित दो भागों में बांटा हैं—

(1) **नाटकीय श्रोता समूह** (Dramatic audience)—इस वर्ग में वे श्रोता समूह आते हैं जो नाटक देखने अथवा मनोरंजन के लिए एकत्रित हुए हैं।

(2) **भाषण श्रोता समूह** (Lecture audience)—इस वर्ग में वे श्रोता समूह आते हैं जिनके सदस्यों का उद्देश्य भाषण सुनना होता है। इस वर्ग में किम्बाल यंग के ज्ञानार्जनशील और परिवर्तनात्मक दोनों श्रोता समूह आ जाते हैं। लेपियर ने परिवर्तनात्मक श्रोता समूह को एक उपप्रकार (Sub type) माना है।

ब्रिट का मत [30]

समाज मनोवैज्ञानिक ब्रिट (Britt) के अनुसार श्रोता समूहों को निम्नलिखित पांच वर्गों में बांटा जा सकता है—

(1) पैदल श्रोता समूह (Pedestrian audience)—इस वर्ग में वह श्रोता समूह आता है जिसके सदस्य राह चलते किसी वस्तु से आकर्षित होकर उसको देखने के लिये खड़े हो जाते हैं। बाजारों में मदारियों, सपेरे और बाजीगरों के चारों ओर इस तरह का पैदल श्रोता समूह देखा जाता है। इसके सदस्य जब तक उनको आकर्षण की वस्तु में विशेष आकर्षण रहता है तब तक तो खड़े रहते हैं और जैसे ही यह आकर्षण कम होता है या उनको किसी काम की याद आती है

---

29. Lapiere, R. T. *Collective Behaviour* (1938). ch.11.
30. Britt, S. H., *Social Psychology of Modern Life*, p. 285.

वैसे ही वे चल पड़ते हैं। वास्तव में पैदल श्रोता समूह को दर्शकगण (Spectators) कहना चाहिये। दर्शकगण और श्रोता समूह का अन्तर आगे दिये गये चित्र से मालूम पड़ता है।

(2) **निष्क्रिय श्रोता समूह** (Passive audience)—निष्क्रिय श्रोता समूह में सदस्य शान्त और मौन बैठे रहते हैं। ऐसा नहीं है कि वे बिल्कुल ही निष्क्रिय हों। कुछ न कुछ क्रिया तो उनमें भी होती रहती है। परन्तु वे अपेक्षाकृत कम सक्रिय होते हैं।

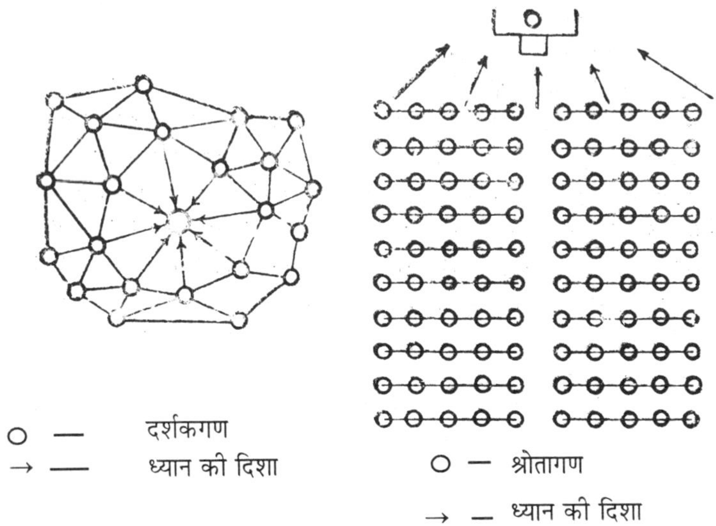

चित्र सं॰ 19 : दर्शकगण और श्रोतागण में अन्तर

(3) चुना हुआ श्रोता समूह (Selected audience)—इस वर्ग में जैसा कि इसके नाम से स्पष्ट है उन लोगों का श्रोता समूह आता है जो कि विशेष रूप से आमन्त्रित किये जाते हैं। उदाहरण के लिये किसी बड़े नेता के आने पर विशेष सभा में हर किसी को नहीं आने दिया जाता बल्कि कुछ चुने हुए लोग आमन्त्रित किये जाते हैं। स्पष्ट है कि इस तरह का श्रोता समूह अधिक संगठित और व्यवस्थित होगा।

(4) **संगठित श्रोता समूह** (Organised audience)—इस वर्ग में वे श्रोता समूह आते हैं जिसके सदस्य संगठित तथा व्यवस्थित व्यवहार दिखाते हैं।

(5) **समूह्य श्रोता समूह** (Concerted audience)—श्रोता समूह के इस वर्ग में किसी विशेष समूह के व्यक्तियों को ही बुलाया जाता है, जैसे आर्य समाज की सभा में आर्य समाजी, सनातन धर्म की सभा में सनातन धर्मी, मुसलमानों की सभा में मुसलमान और विद्यार्थियों की सभा में विद्यार्थी एकत्रित होते हैं।

श्रोता समूह में धार्मिक अनुभव और व्यवहार

श्रोता समूह के विभिन्न प्रकारों के उपरोक्त वर्णनों के साथ-साथ उसके सदस्यों के अनुभव और व्यवहार के विषय में भी संकेत किया गया है। इसको और भी अच्छी तरह समझने के लिये यहां व्याख्यान अथवा धर्मोपदेश के श्रोता समूह के अनुभव और व्यवहार का विवेचन प्रासंगिक होगा। ऐसे श्रोता समूह में सदस्यों का ध्यान वक्ता की ओर लगा रहता है। वक्ता के शब्दों के साथ-साथ उसके हाव-भाव का भी उन पर काफी प्रभाव पड़ता है। कुछ धार्मिक सभाओं में तो लोग वक्ता के साथ हंसते और रोते भी देखे जा सकते हैं। सांधारण भाषण और धर्मोपदेश के श्रोता समूह में कुछ अन्तर होता है। साधारण भाषण में वक्ता को अधिक महत्व दिया जाता है। उसमें वक्ता के व्यक्तित्व और बुद्धि का बड़ा प्रभाव पड़ता है। इन दोनों का स्तर ऊंचा होने पर श्रोता लोग प्रभावित होते हैं। इन श्रोताओं में श्रद्धा कम और विवेक अधिक होता है। वे वक्ता की बात को ज्यों का त्यों न मानकर कुछ न कुछ परखते भी हैं। यद्यपि उनके संवेगों को प्रभावित करके वक्ता उनके विचारों को बदल सकता है। दूसरी ओर धार्मिक श्रोता समूह में वक्ता का इतना अधिक महत्व नहीं होता। यह ठीक है कि यदि कथा वाचक विद्वान और आकर्षक व्यक्तित्व का हुआ और उसके गले में मिठास हुई तो वह श्रोताओं को अधिक प्रभावित करता है और लोग घण्टों मन्त्र मुग्ध से बैठे रहते हैं। परन्तु यदि पंडित जी अल्प बुद्धि और भोंदू भी हुये तो भी काफी लोग उनका प्रवचन सुनते रहते हैं क्योंकि उनकी रुचि पण्डित जी में नहीं बल्कि उस कथा में है जो पण्डित जी सुना रहे हैं। धर्मोप्रदेशों में वक्ता का महत्व अवश्य होता है परन्तु साथ ही साथ विशिष्ट उपदेश का महत्व कम नहीं होता। यह उपदेश बहुधा वक्ता का अपना मत न होकर किसी महापुरुष या ईश्वर का मत कहा जाता है। ईसा, बुद्ध या कृष्ण के वचनों का उपदेश देने वाला वक्ता अपने विचार नहीं देता बल्कि इन्हीं के विचार देता है और चाहे उसके अपने विचार कैसे भी हो उसकी कोई परवाह न करके श्रोतागण इन महापुरुषों के विचारों से प्रभावित होते हैं। धर्मोप्रदेश का वक्ता साधारण भाषण में उतना सफल सिद्ध नहीं हो सकता। अपने मौहल्ले के पंडित जी जब कथा कहते हैं तो मौहल्ले की आधी से ज्यादा औरतें और बूढ़े लोग घण्टों उनकी बात सुनते रहते हैं। परन्तु उस दिन जब वे चुनाव के दिनों में हिन्दू महासभा की तरफ से कुछ कहने को खड़े हो गये तो मौहल्ले के लड़कों ने आवाजें कसनी शुरू कीं। ''बैठ जाओ! बैठ जाओ!'' की आवाज आने लगीं। उपस्थित बुजुर्ग भी मुस्कराये। किसी ने कहा ''यह रामायण का पाठ नहीं है पंडित जी!'' पंडित जी को पसीना आ गया। सच ही तो है, राजनैतिक सभा में भाषण देना रामायण पाठ तो है नहीं। पंडित जी बेचारे क्या करते, हार मानकर बैठ गये। फिर उसी दिन शाम को जब पंडित जी ने मौहल्ले में रामायण की कथा छेड़ी तो सुनने वाले किसी भी दिन से कम नहीं थे। न किसी ने मजाक उड़ाया न आवाजें कसीं क्योंकि यहाँ लोग सत्संग करने के लिये आये थे, विचार परिवर्तन के लिये नहीं और पंडित जी भी अपनी कथा न कह कर भगवान रामचन्द्र जी की कथा कह रहे थे। इस प्रकार धर्मोपदेश सुनने वाले श्रोता समूह में सदस्यों की बुद्धि का स्तर नीचा हो जाता है। तर्क का स्थान श्रद्धा ले लेती है। हर एक बात पर आंखें मूंद कर विश्वास कर लिया जाता है। व्याख्यानदाता का बड़ा आदर होता है। ऐसे समूह में संवेग भी आमतौर से अच्छे और ऊंचे होते हैं। दया, प्रेम, सहयोग, सहानुभूति आदि ऊंची भावनाओं को

प्रोत्साहन मिलने के कारण ही ऐसी सभाओं को सत्संग कहा जाता है। इनमें सदस्य बड़े संतुलित और मयार्यादित रहते हैं। अन्य व्याख्यान सभाओं की तरह वे वक्ता की आलोचना नहीं करते बल्कि उसकी बात को मान लेते हैं। यहां तक कि जिन बातों को कोई आदमी अपने जीवन के अन्य क्षेत्रों में मानने को तैयार नहीं होता ऐसी अवैज्ञानिक बातों को भी वह धर्मोपदेशक के मुंह से सुनकर चुपचाप मान लेता है।

सारांश

भीड़ की परिभाषा—भीड़ कुछ ऐसे लोगों का अस्थायी, प्रत्यक्ष और असंगठित समूह है जिनकी जिज्ञासा, मूल्य तथा उद्वेग अस्थायी रूप से सामान्य हों और जो सामान्य रुचि या सामान्य उत्तेजनाओं के कारण बन गया हो।

भीड़ और श्रोता समूह में अन्तर—भीड़ और श्रोता समूह में उद्देश्य, स्थान, व्यवहार, प्रतिक्रिया, अभिमुखता, आकर्षण बिन्दु तथा संख्या के प्रभाव आदि बहुत सी बातों में अन्तर होता है।

भीड़ व्यवहार की व्याख्या के सिद्धान्त—1. समूह मन का सिद्धान्त, 2. निरुद्ध चालकों की मुक्ति का सिद्धान्त, 3. सामाजिक दशा का सिद्धान्त, 4. बहुकारक सिद्धान्त।

भीड़ की आवश्यक विशेषतायें—1. अस्थायी स्वरूप, 2. हित और ध्यान की अभिमुखता, 3. असंगठित, 4. विचारों, भावनाओं तथा व्यवहार की समानता, 5. पारस्परिक प्रभाव, 6. सामूहिक शक्ति का अनुभव, 7. पर्याप्त व्यक्तियों का एक स्थान पर एकत्रित होना।

भीड़ की मानसिक विशेषतायें—1. उत्तरदायित्व की भावना का अभाव, 2. बुद्धि का निम्न स्तर, 3. संकल्प शक्ति का अभाव, 4. तीव्र सुझाव ग्रहणशीलता 5. तीव्र संवेगात्मकता, 9. पारस्परिक उत्तेजना, 10. नेता का प्रभाव, 11. सामाजिक सौकार्य, 2. भीड़ की अनैतिकता।

भीड़ के प्रकार—(अ) क्रियाशील भीड़—1. आक्रामक भीड़ 2. भयग्रस्त भीड़, 3. अर्जनशील भीड़, 4. प्रदर्शनकारी भीड़। (ब) श्रोता समूह—1. ऐच्छिक—(1) मनोरंजनात्मक, (2) ज्ञानार्जनशील, 2. आकस्मिक।

आक्रामक भीड़ के सदस्यों का अनुभव और व्यवहार—(1) तीव्र संवेगात्मकता, (2) निर्देशशीलता, (3) तात्कालिक कारण का प्रभाव, (4) सामाजिक प्रोत्साहन, (5) अफवाह का महत्व, (6) अनुकरणशीलता, (7) पहले से उपस्थित परिस्थितियों का प्रभाव, (8) एकांगी व्यवहार, (9) निम्न आर्थिक स्तर का प्रभाव, (10) निम्न शैक्षिक स्तर का प्रभाव, (11) नेता का महत्व।

भयग्रस्त भीड़ में सदस्यों का अनुभव और व्यवहार—1. भय की भावना, 2. संकट की अनुभूति, 3. पलायनशीलता, 4. अव्यवस्था, 5. अविवेकशीलता, 6. संवेगात्मकता, 7. उत्तरदायित्वहीनता, 8. अफवाह का प्रभाव।

अर्जनशील और प्रदर्शनकारी भीड़—अर्जनशील भीड़ के सदस्यों का उद्देश्य कुछ न कुछ अर्जन करना अथवा प्राप्त करना होता है। प्रदर्शनकारी भीड़ का उद्देश्य अपनी मांगों या भावनाओं का प्रदर्शन करना होता है।

श्रोता समूह के प्रकार–(अ) किम्बाल यंग का मत–1. ज्ञानार्जनशील श्रोता समूह, 2. मनोरंजनशील श्रोता समूह, 3. परिवर्तनात्मक श्रोता समूह। (ब) लेपियर का मत–1. नाटकीय श्रोता समूह, 2. भाषण श्रोता समूह। (स) ब्रिट का मत–1. पैदल श्रोता समूह, 2. निष्क्रिय श्रोता समूह, 3. चुना हुआ श्रोता समूह, 4. संगठित श्रोता समूह, 5. समूह्य श्रोता समूह।

धार्मिक श्रोता समूह में सदस्यों के अनुभव तथा व्यवहार के उदाहरण से श्रोता समूह के मनोवैज्ञानिक व्यवहार का परिचय मिलता है।

34

समूह मन
(The Group Mind)

समूह में व्यक्ति के व्यवहार में परिवर्तन

यह एक सामान्य अनुभव की बात है कि जब भी हम किसी भीड़ में होते हैं तो हमारा व्यवहार कुछ न कुछ बदल जाता है। भीड़ में लोगों के व्यवहार को देखकर आपको आसानी से यह भी विश्वास नहीं होगा कि ये वही व्यक्ति हैं जिनको आपने पहले कहीं देखा है। समूह के सदस्य के रूप में व्यक्ति का व्यवहार एकदम बदल जाता है। ऐसा प्रतीत होता है कि वह एक भिन्न व्यक्ति है, अर्थात् उसका मस्तिष्क ही बदल गया है। समूह की परिस्थिति में व्यक्ति के व्यवहार के इस अन्तर को समझाने के लिये कुछ लोगों ने समूह मन (Group Mind) की कल्पना की है। इस कल्पना के अनुसार समूह का व्यक्ति से अलग एक अपना मन होता है, अथवा यूं कहा जाये कि समूह में विभिन्न व्यक्तियों के मन मिल कर एक नए मन का निर्माण करते हैं और इस मन से निर्देशित होकर उन सभी का व्यवहार बदल जाता है। इस प्रकार समूह मन की कल्पना से सामूहिक परिस्थितियों में व्यक्ति के व्यवहार के परिवर्तन को समझाने का प्रयास किया गया है।

समूह मन के अन्तर से सदस्यों में अन्तर

भारतवर्ष में हिन्दू समाज में अनेक जातियां हैं। हर एक जाति में रहन-सहन, सामाजिक सम्बन्ध, रीति-रिवाज, तौर-तरीके, भाषा, बोल-चाल, आदि की कुछ न कुछ विशेषतायें होती हैं, जो उसको दूसरों से अलग करती हैं। इस प्रकार हरिजन कहलाने वाले लोगों में कुछ सामान्य मानसिक विशेषतायें देखी जा सकती हैं जो उनको दूसरों से अलग दिखाती हैं। आजकल विभिन्न जातियों के परस्पर मेल-मिलाप से जातियों का अन्तर समाप्त होता जा रहा है परन्तु फिर भी गौर करने से ब्राह्मण और शूद्र जाति के व्यक्ति को पहचाना जा सकता है। इसी प्रकार विभिन्न वर्गों के लोगों में भी कुछ ऐसी मानसिक विशेषतायें पाई जाती हैं जो उनको एक दूसरे से अलग करती हैं। व्यक्तिगत विभिन्नताओं के अलावा समूहों की भी परस्पर भेद करने वाली कुछ विशेषतायें देखी जा सकती हैं। अतः कुछ विद्वानों ने यह कल्पना की है कि समूह का

एक अलग मन होता है जिसकी विशेषतायें उसके सभी सदस्यों में देखी जा सकती हैं। उदाहरण के लिये हिन्दू समाज में विभिन्न जातियों के सदस्यों के कुछ अन्तर उन जातियों के जातीय मनों के अन्तर के परिणाम हैं।

समूह मन की कल्पना

व्यक्तियों के समूह को समाज नहीं कहते। समाज उन व्यक्तियों के परस्पर सम्बन्ध के ताने-बाने का नाम है। पिता-पुत्र, भाई-बहन, पति-पत्नी, सास-बहू आदि के सम्बन्ध शारीरिक अथवा भौतिक मात्र नहीं होते। चाहे वे कहीं भी रहें उनके सम्बन्ध बने रहते हैं। ये सम्बन्ध अमूर्त हैं। इसी प्रकार समाज के भिन्न-भिन्न सदस्यों में जो सहयोग और संघर्ष के सम्बन्ध हैं वे आन्तरिक हैं। अतः कुछ लोगों ने समाज को एक मन के रूप में माना है। इससे आगे बढ़कर कुछ लेखकों ने एक समूह मन की कल्पना की है। इस समूह मन में समूह के सम्बन्ध आते हैं। दूसरे शब्दों में समूह के सदस्यों के मानसिक सम्बन्ध मिलकर समूह मन की रचना करते हैं।

इस प्रकार क्रमशः साहित्य, मनोविज्ञान, समाजशास्त्र आदि में समूह मन की कल्पना दिखलाई पड़ी। वैज्ञानिकों ने इस कल्पना की जाँच की है। इतना तो अवश्य कहा जा सकता है कि समाज और व्यक्ति का सम्बन्ध अत्यन्त घनिष्ठ है और समाज में रहकर व्यक्ति के मन का जो विकास होता है अर्थात् उसकी मानसिक विशेषतायें जिस प्रकार विकसित होती हैं, वह समाज से अलग रहकर कदापि नहीं हो सकती। यूं तो समाज से बिछुड़ कर मनुष्य का अस्तित्व भी असंभव है, परन्तु यदि उसका अस्तित्व किसी प्रकार बच भी जाये तो भी उसका मानसिक विकास सामाजिक परिस्थितियों में मानसिक विकास से एकदम भिन्न होगा। स्पष्ट है कि समूह मन के सिद्धान्त में कुछ न कुछ सत्य अवश्य है।

समूह मन के सिद्धान्त

यह सिद्धान्त कितना सत्य है और कितना अवैज्ञानिक है इसका विवेचन करने के लिये समूह मन के विभिन्न सिद्धान्तों का विस्तृत विवेचन करना होगा। समूह मन के विषय में विभिन्न सिद्धान्तों में उल्लेखनीय मत निम्नलिखित हैं–

(1) लेबौं का मत (Lebon's Theory)
(2) एस्पिनाज का मत (Theory of Espinas)
(3) ट्राटर का मत (Trotter's Theory)
(4) दुर्खीम का मत (Durkheim's Theory)
(5) मैक्डूगल का मत (Mcdougall's Theory)
(6) फ्रॉयड का मत (Freud's Theory)
(7) आलपोर्ट का मत (Allport's view)

ऐतिहासिक क्रम

उपरोक्त मत ऐतिहासिक क्रम में एक के बाद एक उपस्थित किये गये। लेबौं ने अपना मत सन् 1892 तक उपस्थित किया। एस्पिनाज का मत 1858 का है। ट्राटर का मत 1916 का

है। दुर्खीम ने 1917 में अपना मत उपस्थित किया। मैक्डूगल का समूह मन का प्रसिद्ध सिद्धान्त 1920 में उपस्थित हुआ। लेबौं और मैक्डूगल की आलोचना करते हुये फ्रॉयड ने 1922 में अपना मत उपस्थित किया। समूह मन के विषय में सबसे अधिक अर्वाचीन मत आलपोर्ट का है। यह मत 1934 में उपस्थित किया गया। अब इन मतों पर क्रमश: विस्तार से विचार किया जायेगा।

लेबौं का मत

समूह मन क्या है?

जैसा कि पहले बतलाया जा चुका है समूह मन की कल्पना सबसे पहले लेबौं ने उपस्थित की। अपनी पुस्तक The Crowd में लेबौं ने लिखा है "भीड़ के सारे व्यक्तियों के उद्वेग और विचार एक दिशा में बहने लगते हैं और उनका चेतन व्यक्तित्व गायब हो जाता है। एक सामूहिक मन बन जाता है। यह निस्सन्देह अस्थिर होता है और स्पष्ट विशेषताओं को उपस्थित करता है।"[1] इस प्रकार लेबौं के अनुसार समूह की परिस्थिति में समूह के सदस्य अलग-अलग व्यक्तियों के रूप में नहीं बल्कि सामूहिक मन के द्वारा सोचते, अनुभव करते और कार्य करते हैं। व्यक्तिगत रूप में इन लोगों के जीवन व्यवसाय, चरित्र, बुद्धि, विचार आदि में पर्याप्त अन्तर होता है और इसके कारण व्यक्तिगत रूप में वे एक दूसरे से पर्याप्त भिन्न होते हैं। परन्तु समूह की परिस्थिति में प्रत्येक व्यक्ति रूपान्तरित हो जाता है, मानो कि उनका अपना मस्तिष्क सामूहिक मस्तिष्क का अंग बन जाता है। वह औरों के समान ही महसूस करने लगता है और काम करने लगता है। इस प्रकार समूह में हम कुछ ऐसे विचार देखते हैं, कुछ ऐसी भावनाओं को पाते हैं जो कि उसके सदस्यों में व्यक्तिगत रूप से दिखाई नहीं पड़ती। यह सामूहिक मत भिन्न-भिन्न व्यक्तियों को लेकर अस्थाई रूप से बन जाता है। जिस प्रकार से एक शरीर में विभिन्न कोण सामूहिक रूप से कार्य करते हैं अथवा शरीर के अंग के रूप में कार्य करते हैं उसी प्रकार से समूह के सदस्यों का मन भी सामूहिक मन में निजी मन से बिल्कुल भिन्न हो जाता है। लेबौं ने यह स्वीकार किया है कि मनुष्य व्यक्तित्व के मस्तिष्क और समूह के एक अंग के रूप में उसके मस्तिष्क में भेद दिखाई पड़ता है। समूह में वह ऐसे-ऐसे काम कर गुजरता है जिनको वह निजी रूप में कभी नहीं करता। इसको समझने के लिये एक उदाहरण लीजिये, दिल्ली के साम्प्रदायिक दंगों में मनुष्य ने मनुष्य पर अमानुषिक अत्याचार किये। पशुओं की तरह से मनुष्य समूह एक दूसरे के खून के प्यासे दिखाई पड़ें। जो लोग निजी रूप में खून को देखकर भी डरते थे उन्होंने खुले आम बड़ी नृशंसता से सड़कों पर हत्यायें कीं। यह सब कैसे हो गया? लेबौं के अनुसार इसका उत्तर समूह मन है।

---

1. "The sentiments and ideas of all the persons in the gathering take one and the same direction and their conscious personality vanishes. A collective mind is formed, doubtless transitory, but presenting very clearly defined characteristics."

—Lebon.

The Crowd: A Study of Popular Mind, —Fisher Unwin, 12th Impression (1920)

समूह मन में अचेतन प्रेरणायें

समूह मन की कल्पना में लेबौं ने समूह मन के निर्माण में मनुष्य की अचेतन प्रेरणाओं का महत्व माना है। आधुनिक मनोविज्ञान के अनुसार मनुष्य के चेतन और अचेतन में भारी अन्तर होता है। केवल ऐसा ही नहीं है कि यह अचेतन स्वप्न आदि में कार्य करता हो परन्तु यह बुद्धि की अभिव्यक्ति में भी कार्य करता है। जैसा कि मनोविश्लेषणवादियों ने दिखाया है कि मनुष्य के कामों में उसके चेतन मन की अपेक्षा उसके अचेतन मन का अधिक हाथ है। सामूहिक परिस्थिति में मनुष्य की ये अचेतन प्रवृत्तियां ही अधिक क्रियाशील हो उठती हैं। इस कारण उसका व्यवहार देखकर ऐसा लगता है मानो वह बिल्कुल भिन्न हो गया है मानों वह अपनी चेतन प्रेरणा से न चलकर किसी अज्ञात शक्ति के द्वारा चालित हो रहा है।

भीड़ में जातीय अचेतन

लेबौं के अनुसार भीड़ में जातीय अचेतन जागृत हो जाता है जिसके कारण व्यक्ति के व्यवहार में उसके निजी व्यवहार से अन्तर परन्तु समूह के अन्य सदस्यों के व्यवहार से समानता दिखाई पड़ती है। भीड़ की परिस्थिति में व्यक्ति कुछ नई विशेषतायें दिखाता है। लेबौं ने इसके तीन कारण माने हैं। ये कारण निम्नलिखित हैं–

(1) **अजेय शक्ति का स्थायी भाव** (Sentiment of invincible power)–समूह में व्यक्ति को अपने में अजेय शक्ति मालूम पड़ती है इसलिए वह अपनी मूल प्रवृत्तिजन्य वासनाओं को पूरी तरह से सन्तुष्ट करने की कोशिश करता है।

(2) **संक्रामकता**–भीड़ में संक्रामकता बहुत अधिक होती है, अतः भीड़ की परिस्थिति में उद्योग संक्रामक रोगों की तरह एक दूसरे से फैलते हैं। सदस्य सम्मोहित व्यक्ति की तरह दिखलाई पड़ते हैं। उनका अहं सो जाता है और इसलिये वे उद्योग के वशीभूत होकर बहुत से काम कर बैठते हैं।

(3) **सांकेतिकता**–भीड़ संकेत प्रधान होती है। ऊपर बतलाई हुई संक्रामकता का मुख्य कारण संकेत ही है।

लेबौं के सिद्धान्त की आलोचना

लेबौं के समूह मन के सिद्धान्त की मनोवैज्ञानिकों ने आलोचना की है। आधुनिक मनोविज्ञान के अनुसार व्यक्तियों की अपनी बुद्धि और अपने मस्तिष्क से अलग और भिन्न किसी समूह मन की कल्पना सर्वथा निराधार है। लेबौं के विरुद्ध मुख्य आलोचनायें निम्न हैं–

(1) **समूह के सदस्यों के परस्पर बन्धन का आधार क्या है?**–लेबौं ने यह माना है कि समूह के सदस्य एक दूसरे से परस्पर मनोवैज्ञानिक बन्धन में बंध जाते हैं। परन्तु लेबौं ने यह नहीं बतलाया कि यह कौन सी शक्ति है जो समूह के सदस्यों को परस्पर बांध देती है।

(2) **साँकेतिकता और संक्रामकता में अन्तर की अस्पष्टता**–लेबौं ने समूह मन के सिद्धान्त में सांकेतिकता और संक्रामकता दोनों का वर्णन किया है परन्तु उसके वर्णन को पढ़ने से दोनों में कोई भी स्पष्ट अन्तर नहीं मालूम होता।

(3) भीड़ के सदस्यों को कौन सम्मोहित करता है—लेबौं ने यह माना है कि भीड़ में सदस्यों का व्यवहार सम्मोहित व्यक्ति जैसा होता है, परन्तु यह नहीं बतलाया कि आखिर यह सम्मोहन किस शक्ति के कारण है अथवा कौन सम्मोहित करता है?

(4) लेबौं ने अहिंसक भीड़ की व्याख्या नहीं की—लेबौं ने भीड़ को सदैव क्रूर दिखलाने की कोशिश की है। उसके अनुसार भीड़ में "उत्तरदायित्व की भावना जो सदैव व्यक्ति पर नियन्त्रण करती है, पूरी तरह गायब हो जाती है।"[2] लेबौं ने एक अन्य स्थान पर लिखा है "फिर, इस तथ्य मात्र से कि वह एक संगठित समूह का सदस्य है, एक मनुष्य सभ्यता की सीढ़ी में कई कदम नीचे उतर जाता है। अकेले में शायद वह एक सभ्य व्यक्ति हो, भीड़ में वह बर्बर है अर्थात् मूल प्रवृत्तियों से काम करने वाला जीव है। वह आदिम प्राणियों की तत्परता, हिंसा, भयंकरता और साथ ही उत्साह और बहादुरी भी रखता है।"[3] लेबौं के वर्णन को पढ़ने से ऐसा लगता है मानों भीड़ सदैव क्रूर ही होती है। परन्तु वस्तुतः सदैव ऐसा देखने में नहीं आता। यह तो ठीक है कि भीड़ विचारों के स्थान पर भावनाओं से प्रेरित होती है। परन्तु ये भावनायें अच्छी भी हो सकती हैं और भीड़ के काम नैतिक भी होते हैं। लेबौं ने इस तथ्य की व्याख्या नहीं की।

उपरोक्त विवेचन से स्पष्ट है कि लेबौं का समूह मन का सिद्धान्त किसी प्रकार भी सन्तोषजनक नहीं है। इस सम्बन्ध में आधुनिक दृष्टिकोण का संकेत करते हुए रेनहार्ट ने लिखा है "यह मान लिया गया है कोई भी स्वस्थ मस्तिष्क वाला व्यक्ति यह विश्वास नहीं करता कि वातनाड़ी मण्डल से भिन्न और अलग महत्वपूर्ण अहम् के रूप में किसी भीड़ मन का भी अस्तित्व है।"[4]

एस्पिनाज का मत

जैविक आधार पर समूह मन की कल्पना

एस्पिनाज, फ्रांस का प्रसिद्ध दार्शनिक और लेखक था। उसने जीव शास्त्र का गहन अध्ययन किया था। इसलिये उसके समूह मन के सिद्धान्त में जीव शास्त्र की झलक मिलती है। जीव शास्त्र के अनुसार जीवन एक कोषीय (Uniceller) जीवों से प्रारम्भ होता है। ये जीव अणुवीक्षण यन्त्र के बिना नहीं देखे जा सकते क्योंकि इनका आकार बहुत सूक्ष्म होता है। इन जीवों के बाद क्रमशः अधिक विकसित जीव दिखाई पड़ते हैं। जीवों के विकास के साथ-साथ जीवों में कोषों

---

2. "The sentiment of responsibility which always controls individuals disappears entirely." —Lebon, *Ibid.*
3. "Moreover, by the mere fact that he forms part of one organised group, a man descends several ladder of civilisation. Isolated, he may be a cultivated individual, in a crowd, he is a barbarian that is, a creature acting by instincts. He possesses the spontaneity, the violence, the ferocity and also the enthusiasm and heroism of primitive beings." —Lebon, *Ibid.*, p. 36
4. "It is assumed that no sane individual believes that a mob mind exists as a form of transcendent ego separate and apart from nervous tissue." —J. Reinhardt

की संख्या भी बढ़ती जाती है। कोषों की संख्या बढ़ने के साथ-साथ जीवनोचित कार्य भी भिन्न-भिन्न कोषों में बढ़ता जाता था। एक कोषीय जीव में एक ही कोष जीवन के सारे कामों को करता है। विकसित जीवों में भिन्न-भिन्न कोष भिन्न-भिन्न कोष कार्यों को करते हैं। इस प्रकार जीव जगत में विकास के साथ-साथ कोषों में श्रम विभाजन बढ़ता है। इस स्तर के जीवों को एस्पिनाज संयुक्त पशु (Compound Animal) कहता है। इन्हीं के आधार पर उसने मानव समाज में सामूहिक चेतना की कल्पना की है।

सामाजिक चेतना

एस्पिनाज की सामूहिक चेतना की कल्पना के अनुसार सामूहिक परिस्थिति में मनुष्य अपनी वैयक्तिकता छोड़कर सामूहिक चेतना ग्रहण कर लेता है। जिस प्रकार व्यक्ति में उसके विभिन्न कोष मिलकर एक ऐसी चेतना का निर्माण करते हैं जिनको वह अपनी चेतना समझता है और जो एक है उसी तरह समाज में विभिन्न व्यक्तियों की चेतना मिलकर एक सामूहिक चेतना बनती है। इस प्रकार एस्पिनाज लेबौं के समूह मन को सामाजिक चेतना (Social Consciousness) का नाम देता है।

एस्पिनाज के मत की आलोचना

समूह मन के अन्य सिद्धान्तों के समान एस्पिनाज के मत की भी आलोचना की गई है। इस सम्बन्ध में मुख्य तर्क निम्नलिखित हैं–

(1) **मानसिक प्रक्रिया और मानसिक प्रदत्त में अन्तर का अभाव**–मानसिक प्रदत्त (Mental Content) का अर्थ मस्तिष्क में उपस्थित उस सामग्री से है जो कि किसी वस्तु के ज्ञान की दशा में होती है। उदाहरण के लिये सड़क पर जमा हुई एक भीड़ के बहुत से लोग किसी आदमी को बुरा भला कहते दिखाई देते हैं। यहां इन सभी सदस्यों का मानसिक प्रदत्त एक ही है, अर्थात् सभी एक विशेष व्यक्ति को बुरा भला कहते हैं और उसको दंडनीय मानते हैं। क्या इससे यह माना जा सकता है कि वे सब एक ही मानसिक प्रक्रिया से उसको बुरा मानने लगे हैं। उस व्यक्ति को बुरा मानना एक निर्णय है, इस निर्णय पर भीड़ का हर एक सदस्य अलग-अलग पहुँचा है। इसलिये यहां पर मानसिक प्रदत्त एक होते हुए भी मानसिक प्रक्रिया एक नहीं है। एस्पिनाज ने मानसिक प्रदत्त और मानसिक प्रक्रिया में अन्तर नहीं बतलाया है। वह मानसिक प्रक्रियाओं के मिश्रण की बात करता है। परन्तु यह नहीं समझाता कि भिन्न-भिन्न व्यक्तियों की मानसिक प्रक्रियाओं का मिश्रण कैसे होता है।

(2) **सामाजिक चेतना का विचार तर्कयुक्त नहीं है**–एस्पिनाज ने सामाजिक चेतना के सिद्धान्त को तर्कों से भली प्रकार सिद्ध नहीं किया है। उसके अनुसार प्रत्येक समाज में एक प्रकार की आत्म चेतना होती है और इसीलिये जब कभी उनकी संस्कृति, संरचना इत्यादि पर बाहर से आक्षेप लगाये जाते हैं तो वह उसके विरुद्ध आवाज उठाता है। परन्तु वस्तु स्थिति यह है कि ऐसी परिस्थिति में समाज नहीं बल्कि व्यक्ति आवाज उठाते हैं जिसका आधार समाज की आत्म चेतना नहीं बल्कि व्यक्तियों की ही चेतना है। यह एक सामान्य बात है कि समाज की कठिनाइयों को सभी व्यक्ति एक साथ और एकसा नहीं समझ पाते क्योंकि हर एक की व्यक्तिगत

विचारधारा, मस्तिष्क और चेतना अलग-अलग होती है। कहना न होगा कि यदि समाज में कोई सामाजिक आत्म चेतना होती तो फिर समाज में सभी सदस्यों को सामाजिक कठिनाइयां स्वभावत: ही ज्ञात हो जानी चाहियें थीं। वास्तव में सामूहिक चेतना भी समूह के सदस्य व्यक्तियों में ही होती है। सदस्यों से अलग किसी सामूहिक चेतना की कल्पना उपयुक्त नहीं प्रतीत होती।

(3) **व्यक्ति की चेतना के दो भिन्न-भिन्न रूप**—एस्पिनाज ने व्यक्ति की चेतना को दो रूपों में देखा है। एक बार तो वह उसे व्यक्तिगत चेतना मानता है, परन्तु फिर कहीं-कहीं वह उसे सामाजिक अथवा सामूहिक चेतना का एक अंग मात्र मानता है। यहाँ यह कठिनाई है कि व्यक्ति की चेतना इनमें से एक है अथवा दोनों, और यदि दोनों है तो कैसे?

(4) **चेतना का अर्थ स्पष्ट नहीं है**—एस्पिनाज ने चेतना शब्द को तो प्रयोग किया परन्तु उसका अर्थ स्पष्ट नहीं किया। इसी कारण चेतना के सम्मिलन की बात भी समझ में नहीं आती। यह स्पष्ट नहीं है कि चेतना का सम्मिलन चेतन मानसिक प्रक्रियाओं का सम्मिलन है अथवा उनके परिणामों का सम्मिलन है।

ट्रॉटर का सिद्धांत[5]

समूह प्रवृत्ति

बहुत से समाजशास्त्री और मनोवैज्ञानिक मनुष्य में एक समूह प्रवृत्ति मानते हैं जिसके कारण मनुष्य अन्य मनुष्यों के समूह में रहना पसन्द करता है और समूह से अलग होने पर उसको अकेलापन खलता है। अधिकतर पशु किसी न किसी प्रकार के झुण्ड बनाकर रहते हैं। इस समूह प्रवृत्ति से ट्रॉटर ने मनुष्य की समस्त क्रियाओं को समझाने की कोशिश की है। ट्रॉटर के अनुसार मनुष्य की समूह प्रवृत्ति (Gregariousness) उसके मानसिक संगठन को प्रवाहित करती है जिससे वह तर्क-वितर्क किये बिना समूह के आदेश को स्वीकार करता है और उसके अनुसार चलता है। ट्रॉटर के अनुसार मानव की अन्तर्चेतना या अन्तकरण इसी समूह प्रवृत्ति का परिणाम है। जिन कार्यों को समूह बुरा समझता है उनको करने से मनुष्य की अन्तरात्मा उसको रोकती है। दूसरी ओर प्रत्येक व्यक्ति वही कार्य करना चाहता है जिनसे समाज में उसको प्रशंसा मिले। समूह प्रवृत्ति के कारण मनुष्य समाज का विरोध नहीं कर सकता। वह ऐसे कार्यों से सदैव बचता रहता है जिनसे जाति बिरादरी में उसका उठना-बैठना बन्द हो जाय। ट्रॉटर के अनुसार मनुष्य का सामाजिक व्यवहार उसकी समूह मूल प्रवृत्ति के कारण है।

आलोचना

ट्रॉटर के सिद्धान्त के विरुद्ध निम्नलिखित तर्क उपस्थित किये गये हैं—

(1) नेता के महत्व की उपेक्षा—समूह में नेता का बड़ा महत्व होता है और समूह व्यवहार की व्याख्या में नेता के विषय में अवश्य कहा जाना चाहिये, फिर भी ट्रॉटर ने अपने सिद्धान्त में नेता के महत्व का कहीं भी संकेत नहीं किया।

---

5. W. Trotter, *Instinct of the Herd in Peace and War*. (1916).

(2) समूह प्रवृत्ति की व्याख्या में अस्पष्टता—ट्रॉटर ने समूह प्रवृत्ति को अच्छी तरह नहीं समझाया है। उसके अनुसार वास्तव में समूह प्रवृत्ति में बहुत सी अन्य प्रवृत्तियां सम्मिलित हैं परन्तु यह नहीं बतलाया गया कि समूह में किस परिस्थति में समूह प्रवृत्ति में सम्मिलित कौन सी प्रवृत्ति काम करती है।

(3) बच्चे का रोना समूह प्रवृत्ति के कारण ही नहीं होता—समूह प्रवृत्ति के महत्व को बतलाते हुए ट्रॉटर ने लिखा है कि अकेला रह जाने पर बच्चा इसलिये रोता है क्योंकि उसकी समूह प्रवृत्ति पर चोट लगती है। यह बात तथ्यों से पुष्ट नहीं होती क्योंकि यदि अकेले बच्चे के पास कोई भी व्यक्ति आ जाये तो उससे वह चुप नहीं हो जाता बल्कि कभी-कभी वह और भी जोर से रोने लगता है।

(4) समूह का विरोध क्यों किया जाता है?—ट्रॉटर के सिद्धान्त से यह तो समझाया जा सकता है कि व्यक्ति समूह के आदेशों को क्यों मानते हैं? परन्तु उससे यह समझ में नहीं आता कि कभी-कभी व्यक्ति समूह के आदेशों का विरोध क्यों करता हैं? विरोध न करने पर भी बहुधा समाज में बहुत से आदेश उसको बुरे लगते हैं। ऐसा क्यों होता है? ट्रॉटर के मत में इन तथ्यों की कोई व्याख्या नहीं की गई।

(5) मूल प्रवृत्ति के स्वरूप में परिवर्तन—मूल प्रवृत्ति के सिद्धान्त के सबसे बड़े व्याख्याकार मैक्डूगल ने यह माना है कि मानव की मूल प्रवृत्तियां बराबर बदलती रहती हैं और कभी-कभी तो उनको पहचाना तक नहीं जा सकता। फिर अनेक विद्वानों ने स्वयं मूल प्रवृत्ति के सिद्धान्त की आलोचना की है। अत: स्पष्ट है कि किसी भी मूल प्रवृत्ति से मानव व्यवहार की व्याख्या नहीं की जा सकती। समूह मूल प्रवृत्ति समूह व्यवहार की व्याख्या नहीं करती।

दुर्खीम का सिद्धान्त

सामूहिक चेतना

दुर्खीम ने भी एस्पिनाज के समान समूह मन को सामूहिक चेतना के रूप में समझाया है। उसके अनुसार मन चेतना प्रवाह का दूसरा नाम है। इस चेतना का क्रमश: विकास होता है। इस विकास में सबसे पहले संवेदनायें (Sensations) आती हैं। जब उत्तेजना ज्ञानेन्द्रिय से मस्तिष्क तक पहुचंती है तो मस्तिष्क के कोष में एक प्रक्रिया होती है जो कि संयुक्त होकर संवेदना उत्पन्न करती है। यह संवेदना कोषों (Cells) की प्रक्रिया से भिन्न है। अनेक संवेदनायें मिलकर मस्तिष्क में प्रतिमाओं (Images) को जन्म देती हैं। ये मानसिक प्रतिमायें मिलकर विचार बन जाते हैं। यहां तक तो मानसिक संगठन का यह कार्य निजी होता है परन्तु क्रमश: भाषा बोली तथा अन्य संकेतों से विभिन्न व्यक्तियों में विचारों का आदान-प्रदान होता है। इस परस्पर आदान-प्रदान से एक सामाजिक चेतना उत्पन्न होती है। परन्तु यह सामाजिक चेतना व्यक्तिगत चेतनाओं का जोड़ मात्र नहीं हैं। जिस प्रकार से रासायनिक मिश्रण को अनेक रासायनिक तत्व मिलकर बनाते हैं परन्तु मिश्रण की प्रकिृत से तत्वों की प्रकृति भिन्न होती है उसी प्रकार बहुत से व्यक्तियों की चेतनायें मिलकर सामाजिक चेतनाओं को बनाती है परन्तु विश्लेषण करके सामाजिक चेतना में व्यक्तियों की चेतना की विशेषतायें नहीं पाई जा सकतीं।

सामूहिक चेतना की विशेषायें

अपने सिद्धान्त को स्पष्ट करने के लिये दुर्खीम ने सामूहिक चेतना की निम्नलिखित मुख्य विशेषतायें मानी हैं–

(1) सामूहिक चेतना व्यक्तिगत चेतना से भिन्न है।

(2) सामूहिक चेतना व्यक्तिगत चेतना से श्रेष्ठ है।

(3) सामूहिक चेतना व्यक्तिगत चेतना से अधिक व्यापक है।

इस प्रकार दुर्खीम के अनुसार व्यक्ति और समूह के चिन्तन की प्रक्रिया में स्पष्ट अन्तर है। सामूहिक परिस्थिति में व्यक्ति की क्रियाओं और विचारों में परिवर्तन होता है। समूह में उसके विचार और उसकी क्रियायें उसके निजी विचारों और क्रियाओं से बिल्कुल भिन्न होते हैं। जहां कुछ लोग व्यक्तिगत मस्तिष्क को समूह मस्तिष्क से श्रेष्ठ समझते हैं वहां दुर्खीम ने समूह मन को श्रेष्ठ माना है क्योंकि सदस्यों के विचारों के आदान-प्रदान से वह व्यक्तिगत मन से अधिक व्यापक और पूर्ण बन जाता है। उसमें बहुत सी व्यक्तिगत त्रुटियां नहीं रह पातीं। दुर्खीम के अनुसार व्यक्ति के चिन्तन के बहुत से रूपों का श्रेय समूह मन को है। उदाहरण के लिये समय (Time), स्थान तथा कार्य कारण (Cause-effect) आदि के रूपों (Categories) में अनुभवों का वर्गीकरण समूह मन की ही देन है। चूंकि समूह मन अनेक व्यक्तिगत चेतनाओं को मिलाकर बनता है इसलिये वह व्यक्तिगत चेतनाओं से अधिक व्यापक होता है।

आलोचना

दुर्खीम के सिद्धान्त की अनेक आलोचनायें की गई हैं जिनमें से मुख्य निम्नलिखित हैं–

(1) व्यक्ति की मानसिक प्रक्रियायें एक कैसे हो सकती हैं?–दुर्खीम ने लिखा है कि भिन्न-भिन्न व्यक्तियों की चेतना के एक हो जाने से सामाजिक चेतना उत्पन्न होती है। यहां यह स्पष्ट नहीं है कि यह सामाजिक चेतना मानसिक प्रदत्त (Mental content) है या मानसिक प्रक्रिया (Mental process)। फिर भी दुर्खीम अधिकतर इन्हें मानसिक प्रक्रियायें ही मानता है। यहाँ कठिनाई यह है कि विभिन्न व्यक्तियों की मानसिक प्रक्रियायें एक नहीं हो सकती। तब उनके सम्मिलन से सामूहिक चेतना कैसे बन सकती है?

(2) सामूहिक चेतना कहां है?–यूं तो सामूहिक चेतना की कल्पना नितान्त असन्तोषजनक है। परन्तु यदि उसको सत्य भी मान लिया जाय तो फिर यह पता नहीं चलता कि यह सामूहिक चेतना रहती कहां है? यदि यह व्यक्ति में है तो व्यक्ति में दो चेतनायें हुईं; एक उसकी व्यक्तिगत चेतना और दूसरी सामूहिक चेतना यह बात तथ्यों से सिद्ध नहीं होती। दूसरी ओर यदि यह व्यक्ति में नहीं है तो फिर कहां है, यह कहना कठिन है।

(3) कोषों के सम्मिलन और व्यक्तियों के सम्मिलन में अन्तर–सामूहिक चेतना की उत्पत्ति को समझाने में दुर्खीम ने कोषों के परस्पर समन्वय से संवेदना की उत्पत्ति की कल्पना को समझाने की चेष्टा की है। यहां वह यह भूल गया कि शरीर में कोषों की स्थिति में और समूह में व्यक्तियों की स्थिति में भारी अन्तर है। अतः यह उपमा ठीक नहीं बैठती।

(4) सामूहिक चेतना व्यक्तिगत चेतना से श्रेष्ठ नहीं है—यह एक सामान्य बात है कि समूह अथवा भीड़ का व्यवहार व्यक्तित्व के व्यवहार से कहीं अधिक अनियन्त्रित और बुद्धिहीन होता है। तब फिर यह कैसे कहा जा सकता है कि सामूहिक चेतना व्यक्तिगत चेतना से श्रेष्ठ है सच तो यह है कि व्यक्तिगत चेतना को ही सामूहिक चेतना से अधिक श्रेष्ठ कहा जाना चाहिये। इसी मत को अधिकांश मनोवैज्ञानिक मानते भी हैं।

(5) व्यक्ति के व्यवहार में परिवर्तन से सामूहिक चेतना का अस्तित्व सिद्ध नहीं होता—सामूहिक चेतना के अस्तित्व को सिद्ध करने कि लिये दुर्खीम ने इस तथ्य की ओर संकेत किया है कि समूह में सदस्यों का व्यवहार बदल जाता है और वे अपनी निजी विशेषतायें खोकर सामूहिक रूप से सोचने-समझने और काम करने लगते हैं; परन्तु व्यक्ति के व्यवहार में यह परिवर्तन अनुकरण अथवा निर्देश के कारण ही तो हो सकता है। इससे यह तो सिद्ध नहीं होता कि समूह में कोई सामूहिक चेतना है जो कि उस पर छा जाती है।

(6) विभिन्न वर्गों (Categories) **का आधार सामूहिक नहीं है**—दुर्खीम ने यह माना है कि समय, स्थान, कार्य-कारण सम्बन्ध आदि विभिन्न वर्ग व्यक्ति को सामूहिक चेतना की देन है । सामाजिक जीवन में परम्पराओं से समय का वर्ग निर्माण होता है क्योंकि उनसे भूत, वर्तमान और भविष्य के प्रत्यय लगे हुये हैं। इसी प्रकार समाज द्वारा अधिकृत स्थान से स्थान का प्रत्यय उत्पन्न होता है। इसी प्रकार समूह की शक्ति का विचार कार्य कारण के वर्ग का आधार है। वास्तव में दुर्खीम का यह मत तथ्यों से गलत सिद्ध होता है। जैसा कि कांट (Kant) नामक जर्मन दार्शनिक ने बतलाया है, विभिन्न वर्ग मानव मन की सरंचना में दिये रहते हैं। मनुष्य का मस्तिष्क ही इस प्रकार का बना है कि वह अपने अनुभवों को विभिन्न वर्गों में वर्गीकृत करके जानता है। इस वर्गीकरण के बिना ज्ञान नहीं हो सकता। ज्ञान की प्रक्रिया में यह वर्गीकरण एक स्वाभाविक कदम है।

मैक्डूगल का सिद्धान्त[6]

समूह मन

मैक्डूगल ने एस्पिनाज और दुर्खीम के सामूहिक चेतना के सिद्धान्त को अस्वीकार किया है। वह समूह मन का सिद्धान्त मानता है। यहां पर मन मानसिक अथवा प्रयोजनमयी शक्तियों की एक संगठित व्यवस्था है। मैक्डूगल के अनुसार समाज ही शक्तियों की एक संगठित व्यवस्था है जिसका एक अपना जीवन है अपनी प्रवृत्तियां हैं। उसके अपने अंग सभी व्यक्तियों को परिवर्तित करने की एक शक्ति है और अपने को एक व्यवस्था में बनाये रखने की शक्ति है जिसमें क्रमशः और धीरे-धीरे परिवर्तन होता है। इस प्रकार मैक्डूगल के मतानुसार हर एक समाज का एक अपना मन होता है। इस मन में हर एक समाज की अपनी परम्परा, संस्कृति और सभ्यता होती है। इन्हीं से समाज के सभी व्यक्तियों का जीवन चलता है। यह समूह मन व्यक्तियों के मनों का योग मात्र नहीं है। व्यक्तियों के मनों से अलग भी उसका अस्तित्व है और कुछ अपनी विशेषतायें हैं

6. W. Mcdougall, *The Group Mind,* Cambridge University Press, (1920).

जो कि व्यक्तिगत मनों को प्रभावित करती हैं। इसी कारण समूह के सदस्य के रूप में व्यक्ति का सोचने और कार्य करने का ढंग बदल जाता है।

व्यवस्थित और अव्यवस्थित समूह

मैक्डूगल ने यह माना है कि समूह का बौद्धिक स्तर नीचा होता है। इसी कारण भीड़ में व्यक्ति का व्यवहार उत्तरदायित्व रहित दिखाई पड़ता है। परन्तु मैक्डूगल अव्यवस्थित और व्यवस्थित समूह में अन्तर करता है। व्यवस्थित समूह का चिन्तन और क्रियायें भीड़ के चिन्तन अथवा क्रियाओं से ऊंची होती हैं। मैक्डूगल ने व्यवस्थित और अव्यवस्थित दोनों प्रकार के समूहों का उल्लेख किया है।

व्यवस्थित समूह के तत्व

व्यवस्थित समूह की रचना में मैक्डूगल ने निम्नलिखित पांच तत्व आवश्यक माने हैं:—

(1) **अविच्छिन्नता**—व्यवस्थित समूह में अविच्छिन्नता होनी चाहिये। यह या तो दो सदस्यों के समूह में एक बने रहने से हो सकती है या फिर तब हो सकती है जबकि जाने वाले सदस्यों के स्थान पर नये सदस्य बराबर आते रहें।

(2) **समूह के उद्देश्य, कार्य और बनावट की चेतना**—व्यवस्थित समूह में सदस्यों में समूह के उद्देश्य, कार्य और बनावट की चेतना होनी चाहिये। इससे उनका समूह के प्रति एक प्रकार का भावात्मक सम्बन्ध बन जाता है।

(3) **अन्य समूह के प्रति स्पर्द्धा**—व्यवस्थित समूह में अन्य समूह के प्रति प्रतिस्पर्द्धा की भावना सदस्यों को संगठित बनाये रखती है।

(4) **समूह की परम्परायें, रीति-रिवाज और आदतें**—व्यवस्थित होने के लिये समूह की अपनी परम्परायें, रीति-रिवाज और आदतें होनी चाहियें जिससे समूह के सदस्य अपने कर्त्तव्यों को जान सकें।

(5) **निश्चित आकार**—व्यवस्थित समूह का आकार निश्चित होना चाहिये।

आलोचना

मैक्डूगल के समूह मन के सिद्धान्त की निम्नलिखित आलोचनायें की गईं हैं—

(1) **समूह मन की उत्पत्ति की व्याख्या सन्तोषजनक नहीं है**—समूह मन को समझाते हुये मैक्डूगल ने प्रत्येक समूह की संस्कृति, परम्परा, सभ्यता आदि की ओर संकेत किया है जिसके कारण विभिन्न समूह के व्यक्तियों का व्यवहार भिन्न-भिन्न होता है। यह ठीक है कि भिन्न-भिन्न समूहों में भिन्न-भिन्न संस्कृति, सभ्यता, परम्परा आदि मिलती हैं परन्तु इनसे व्यक्तियों के मनों से अलग किसी समूह मन का अस्तित्व सिद्ध नहीं होता क्योंकि वास्तव में ये व्यक्तियों के मानसिक प्रयास का ही परिणाम है।

(2) समाज का स्वरूप सामाजिक मन नहीं है—समाज व्यक्तियों के परस्पर सम्बन्धों के ताने-बाने को कहते हैं। ये सम्बन्ध मानसिक हैं। इसलिये मैक्डूगल ने समाज की समूह मन के रूप में कल्पना की है। इसके विरुद्ध गिंसबर्ग ने ठीक ही लिखा है कि ईंटों की एक सही व्यवस्था से भवन निर्माण होता है। परन्तु ईंटों के द्वारा बनने मात्र से उस भवन को केवल ईंट तो नहीं कहा जा सकता। समाज-मानसिक सम्बन्धों का तानाबाना अवश्य है परन्तु वह मानसिक सम्बन्ध या केवल मन मात्र तो नहीं कहा जा सकता।

समूह के उद्देश्यों तथा अस्तित्व की चेतना से समूह मन का होना सिद्ध नहीं होता—समूह मन के अस्तित्व को सिद्ध करने के लिये मैक्डूगल ने इस तथ्य की ओर संकेत किया है कि समूह के सदस्यों में समूह के अस्तित्व की ओर समूह के उद्देश्यों की चेतना पाई जाती है। परन्तु यह चेतना व्यक्तियों में है और उन्ही उद्देश्यों की चेतना से व्यक्तियों की मानसिक क्रियायें दिखलाई पड़ती हैं न कि समूह मन से।

फ्रॉयड का मत[8]

फ्रॉयड ने लेबौं और मैक्डूगल दोनों के समूह मन के सिद्धान्त की आलोचना की है। उसके अनुसार विचारक लोग संकेत के आधार पर समूह व्यवहार समझाते हैं परन्तु यह नहीं बताते कि यह संकेत क्या है? लेबौं और मैक्डूगल ने इस तथ्य की व्याख्या नहीं की है कि समूह में लोग एक दूसरे से क्यों बंध जाते हैं और ऐसे काम क्यों करने लगते हैं जो कि निजी रूप में नहीं कर सकते। फ्रॉयड ने स्वयं इन प्रश्नों का उत्तर देने की चेष्टा की है। उसके अनुसार लिबिडो (Libido) वह शक्ति है जो कि समूह के सदस्यों को एक दूसरे से बांधती है। समूह की परिस्थिति में सदस्य समूह के साथ तादात्मय स्थापित कर लेते हैं। उन सबका अहम् लक्ष्य एक ही हो जाता है। समूह में एकत्रित मनुष्यों की मानसिक स्थिति प्रेमी (Ego-Ideal) अथवा सम्मोहित (Hypnotised) व्यक्ति जैसी होती है। वह नेता अथवा समूह से तादात्मय करके उसी के आदेशों पर चलता है।

फ्रॉयड ने सामूहिक परिस्थिति में काम करते हुये अचेतन प्रेरकों की व्याख्या की है और यहीं उसके सिद्धान्त का महत्व भी है।

आलपोर्ट का मत[9]

सामूहिक परिस्थिति में व्यक्ति के व्यवहार की व्याख्या के विषय में आलपोर्ट का मत नवीनतम है। आलपोर्ट ने समूह मन की और समूह चेतना दोनों प्रकार के सिद्धान्तों की जबर्दस्त आलोचना की और उनका खण्डन किया। सामूहिक परिस्थिति में व्यक्ति का व्यवहार पलायन, सुरक्षा, भूख, यौन प्रवृत्ति इत्यादि प्रवृत्तियों से निर्देशित होता है। इसमें दो प्रक्रियायें विशेष रूप से कार्य करती हैं—(1) सामाजिक सुगमता (Social Facilitation), (2) परस्पर उत्तेजना (Inter-

---

7. Ginsberg M., *The Psychology of Society.*
8. Freud S., *Group Psychology and the Analysis of Ego* (1949).
9. Allport F. H., *Social Psychology* (1924).

stimulation)। सामाजिक सुगमता की प्रक्रिया से विभिन्न व्यक्तियों में एक सी प्रक्रिया दिखलाई पड़ती है। जब समूह में एक व्यक्ति किसी उत्तेजक के प्रति प्रतिक्रिया करता है तो सामाजिक सुगमता के कारण दूसरे को भी उसी प्रतिक्रिया को करने की प्रेरणा मिलती है। इस प्रकार समूह की परिस्थिति में सदस्य एक दूसरे को प्रेरणा देते हैं अत: उन्हें परस्पर उत्तेजना मिलती है। इस परस्पर उत्तेजना से सदस्यों को अजेय शक्ति की अनुभूति होती है। सामाजिक सुगमता और परस्पर उत्तेजना के कारण सदस्यों की तर्क शक्ति शान्त हो जाती है, सांकेतिकता अत्यधिक बढ़ जाती है और वे बहुत से ऐसे काम कर बैठते हैं जो वे निजी परिस्थिति में कभी नहीं कर सकते।

निष्कर्ष

समूह मन के विभिन्न सिद्धान्तों और फ्रॉयड तथा आलपोर्ट के मतों के पीछे दिये गए विवरण से यह स्पष्ट है कि सामूहिक परिस्थिति में व्यक्तियों के व्यवहार की व्याख्या करने के लिए समूह मन अथवा समूह चेतना की कल्पना एकदम निराधार और तर्कहीन है। इन कल्पनाओं में समूह में व्यक्ति के महत्व को भुला दिया गया है और उसको समूह के एक ऐसे अंग के रूप में मान लिया गया है जैसा कि शरीर में कोष होता है। आधुनिक मनोविज्ञान जहां यह बतलाता है कि सामूहिक परिस्थिति में सांकेतिकता, सामाजिक सुगमता आदि अनेक प्रक्रियाओं के कारण व्यक्ति का व्यवहार बदल जाता है वहां इस तथ्य की ओर भी संकेत करता है कि इस परिर्वतन के स्रोत व्यक्ति में ही हैं उसके बाहर नहीं। मानव-मनोविज्ञान चाहे वह निजी स्थिति में हो या समूह की परिस्थिति में स्वयं मानव व्यक्ति की प्रेरणाओं के विश्लेषण से ही जाना जा सकता है। मनुष्य से बाहर उसकी खोज करना नितांत तर्कहीन और निरर्थक है।

सारांश

समूह मन की कल्पना—समूह में व्यक्ति के व्यवहार में परिवर्तन हो जाता है। इस तथ्य की व्याख्या करने के लिये कुछ विद्वानों ने समूह के सदस्यों के व्यक्तिगत मनों के अतिरिक्त एक समूह मन की कल्पना की। इस कल्पना के अनुसार समूह के सदस्यों के मानसिक सम्बन्ध समूह मन बनाते हैं।

लेबौं का मत— लेबौं के अनुसार समूह मन के निर्माण में अचेतन प्रेरणाओं का विशेष महत्व है। भीड़ की परिस्थिति में व्यक्तियों का जातीय अचेतन जागृत हो जाता है। जिसके कारण हैं—अजेय शक्ति का स्थायी भाव, (2) संक्रामकता, (3) सांकेतिकता।

लेबौं सिद्धान्त की आलोचना—(1) समूह के सदस्यों के परस्पर बन्धन का आधार क्या है? (2) सांकेतिकता और संक्रामकता में अन्तर की अस्पष्टता, (3) भीड़ के सदस्यों को कौन सम्मोहित करता हैं? (4) लेबौं ने अहिंसक भीड़ की व्याख्या नहीं की।

एस्पिनाज का मत—एस्पिनाज ने जैविक आधार पर समूह मन की कल्पना की।

एस्पिनाज के मत की आलोचना—(1) मानसिक प्रक्रिया और मानसिक प्रदत में अन्तर का अभाव, (2) सामाजिक चेतना का विचार तर्कयुक्त नहीं है, (3) व्यक्ति की चेतना के दो भिन्न-भिन्न रूप, (4) चेतना का अर्थ स्पष्ट नहीं है।

ट्राटर का सिद्धान्त—ट्राटर ने मानव व्यवहार में समूह प्रवृत्ति को निर्णायक माना है।

ट्राटर के सिद्धान्त की आलोचना—(1) नेता के महत्व की उपेक्षा, (2) समूह प्रवृत्ति की व्याख्या में अस्पष्टता, (3) बच्चे का रोना समूह प्रवृत्ति के कारण ही नहीं होता, (4) समूह का विरोध क्यों नहीं किया जाता है? (5) मूल प्रवृत्ति के स्वरूप में परिवर्तन।

दुर्खीम का सिद्धान्त—दुर्खीम ने समूह मन को सामूहिक चेतना के रूप में समझाया है।

दुर्खीम के सिद्धान्त की आलोचना—(1) व्यक्ति की मानसिक प्रक्रियायें एक कैसे हो सकती हैं? (2) सामूहिक चेतना कहां है? (3) कोषों के सम्मिलन और व्यक्तियों के सम्मिलन में अन्तर, (4) सामूहिक चेतना व्यक्तिगत चेतना से श्रेष्ठ नहीं है, (5) व्यक्ति के व्यवहार में परिवर्तन से सामूहिक चेतना का अस्तित्व सिद्ध नहीं होता, (6) भिन्न वर्गों का आधार सामूहिक नहीं है।

मैक्डूगल के समूह मन का सिद्धान्त—मैक्डूगल के अनुसार समूह मन में समूह की परम्पराओं, संस्कृति और सभ्यता की प्रयोजनमयी शक्तियों की एक संगठित व्यवस्था होती है। मैक्डूगल ने व्यवस्थित और अव्यवस्थित समूह में अन्तर किया है।

मैक्डूगल के मत की आलोचना—(1) समूह मन की उत्पत्ति की व्याख्या सन्तोषजनक नहीं है (2) समाज का स्वरूप सामाजिक मन नहीं है।

फ्रॉयड का मत—फ्रायड ने सामूहिक परिस्थिति में काम करते हुए अचेतन प्रेरकों की व्याख्या की है।

आलपोर्ट का मत—समूह मन के सिद्धान्तों की आधुनिक विचारकों ने पर्याप्त आलोचना की है। इसमें आलपोर्ट का मत सबसे अधिक प्रसिद्ध है। आलपोर्ट ने सामूहिक परिस्थिति में सामाजिक सुगमता और परस्पर उत्तेजना के महत्व को दिखलाते हुये समूह मन के सिद्धान्त का खण्डन किया है।

इस प्रकार आधुनिक समाज मनोविज्ञान के अनुसार समूह के सदस्य व्यक्तियों के निजी मनों के अलावा किसी भी समूह मन की कल्पना नितान्त भ्रमात्मक है और उससे व्यवहार की व्याख्या नहीं हो सकती।

पंचम-खण्ड

व्यवहारिक समाज मनोविज्ञान

(Apppplied Social Psychology)

35

किशोरापराध

(Juvenile Delinquency)

आधुनिक सभ्य देशों में अपराधी को पापी या बुरा व्यक्ति न समझकर एक मानसिक रोगी और परिस्थिति से मजबूर व्यक्ति समझा जाता है। एक समय था जबकि अपराध करने पर छोटे-छोटे बालकों को भी कठोर दण्ड दिया जाता था। परन्तु जैसे-जैसे मनोविज्ञान ने किशोर अपराध के कारणों की ओर सभ्य जगत का ध्यान आकर्षित किया, वैसे-वैसे किशोर अपराधी को दण्ड देने का रिवाज कम हुआ और उसके सुधार का रिवाज बढ़ा। आजकल सभी सभ्य देशों में किशोर अपराधी के सुधार की कोशिश की जाती है। रिफार्मेटरी स्कूल, प्रोबेशन तथा अन्य उपायों से किशोर अपराधियों को फिर से समाज के स्वस्थ नागरिक बनाने का प्रयत्न किया जाता है।

किशोरापराध की कानूनी परिभाषा

किशोर अपराध की कानूनी परिभाषा उसकी मनोवैज्ञानिक परिभाषा से भिन्न है। कानून की दृष्टि से किशोर अपराधी 15 से 17 वर्ष का वह बालक है जो कि समाज विरोधी काम करता है। ओहायो कोड (Ohio Code-U.S.A.) ने किशोर अपराध की परिभाषा इस तरह की है "किशोर अपराधी वह है जो कानून भंग करता है, आवारागर्दी करता है, आज्ञा का उल्लंघन करने में अभ्यस्त है, जिसके व्यवहार से उसका अपना तथा दूसरों का नैतिक जीवन खतरे में पड़ता है, अथवा जो अपने माता-पिता या अविभावकों की अनुमति के बिना विवाह करने की कोशिश करता है।" यहां यह ध्यान रखने की बात है कि किशोर अपराधी कहलाने वाले बालकों की आयु सभी देशों में एक सी निश्चित नहीं की गई है। कहीं यह आयु 28 वर्ष है तो कहीं 16 वर्ष, कहीं 20 है तो कहीं 22 वर्ष। साधारणतया 17 वर्ष की आयु के बालक किशोर अपराधी माने जाते हैं। भारतवर्ष में प्रचलित किशोर अधिनियमों में किशोर अपराधी की अधिकतम आयु 16 वर्ष निश्चित की गई है। ये अधिनियम उत्तर प्रदेश, मध्य प्रदेश, बम्बई, मद्रास, मैसूर, देहली, पश्चिमी बंगाल, उड़ीसा तथा पूर्वी पंजाब में बनाये जा चुके हैं। जिन राज्यों में किशोर अधिनियम नहीं बना है या लागू नहीं हुआ है, उनमें 1897 का रिफार्मेटरी स्कूल अधिनियम लागू है। इसमें किशोर अपराधी की अधिकतम

आयु 15 वर्ष निश्चित की गई। बम्बई तथा मध्य प्रदेश में यह आयु 16 वर्ष है। रिफार्मेट्री स्कूल अधिनियम के अनुसार 21 वर्ष से कम आयु का बालक जिसे किसी अपराध के कारण कारावास या काले पानी की सजा मिली है, युवक अपराधी (Youthful Offender) कहा जायेगा।

किशोरापराध की मनोवैज्ञानिक परिभाषा

जैसा कि पहले बतलाया गया है किशोर अपराध की मनोवैज्ञानिक परिभाषा उसकी कानूनी परिभाषा से भिन्न है क्योंकि मनोविज्ञान ने किशोर अपराध के कारणों पर जोर दिया है। कानून की दृष्टि से ऐसे अपराधी छूट जाते हैं जो पकड़े न जायें, परन्तु मनोवैज्ञानिक दृष्टिकोण से ये सभी अपराधी हैं। इस तरह किशोर अपराध की मनोवैज्ञानिक परिभाषा उसकी कानूनी परिभाषा से अधिक विस्तृत है। मनोविज्ञान के अनुसार 15 से 18 वर्ष के वे सभी किशारे बालक-बालिकायें किशोर अपराधी कहे जायेंगे जिन्होंने कोई अपराध किया है चाहे वे पकड़े जायें या कानून से बच निकलें। इस तरह किशोर अपराधी वह बालक है जो दूसरों की सम्पत्ति छीनता है, या उसे हानि पहुँचाता है, असामाजिक कार्य करता है, दूसरों की जिन्दगी के लिये खतरा पैदा करता है या दूसरों के कार्यों में बाधा डालता है। इस तरह किसी मोटर के शीशे में पत्थर मार कर भाग जाने वाला, कहीं आग लगा देने वाला, केवल हंसी के लिए किसी की जान को खतरा पैदा कर देने वाला, ये सभी बालक मनोवैज्ञानिक दृष्टिकोण से किशोर अपराधी हैं।

किशोर अपराध की परिभाषा करते हुए डॉ॰ सेठना ने लिखा है "किशोर अपराध में एक स्थान विशेष पर उस समय लागू कानून द्वारा निर्धारित एक निश्चित आयु के बालक अथवा व्यक्ति द्वारा किए गये अनुचित कार्य सम्मिलित हैं।"[1]

न्यूमेयर ने इसी बात को इन शब्दों में लिखा है "एक किशोर अपराधी निर्धारित आयु से कम आयु वाला वह व्यक्ति है जो समाज विरोधी कार्य करने का दोषी है और जिसका दुराचरण कानून का उल्लंघन है।"[2]

अपराध और किशोर अपराध में अन्तर

अपराधी और किशोर अपराधी में मुख्य अन्तर निम्नलिखित हैं:–

(1) आयु का अन्तर–किशोर अपराधी की उपरोक्त व्याख्या से स्पष्ट होता है कि किशोर अपराधी और अपराधी में खास तौर से आयु का अन्तर है। दोनों ही समाज विरोधी काम करते हैं। दोनों ही के काम सामाजिक सम्बन्धों तथा कार्यों में बाधा डालते हैं। डा॰ हैकरवाल (Haikerwal) के शब्दों में "सामाजिक दृष्टिकोण से अपराध या किशोर अपराध व्यक्ति का ऐसा व्यवहार है जो उन मानवीय सम्बन्धों की व्यवस्था में बाधा डालता है जिनको समाज अपने

---

1. "Juvenile delinquency involves wrong going by a child or a young person who is under an age specified by the law (for the time being in force) of the place concerned." —Dr. Sethna
2. "A delinquent is a person under age who is guilty of anti-social act and whose misconduct is an infraction of law." —Newmeyer

अस्तित्व की मौलिक दशा मानता है।" इस तरह यदि अपराधी एक निश्चित आयु से कम है तो वह किशोर अपराधी कहा जाएगा और यदि कानून द्वारा निश्चित आयु से अधिक है तो वह अपराधी कहा जाएगा।

(2) कामों का अन्तर—परन्तु कभी-कभी अपराधी और किशोर अपराधी में केवल आयु का नहीं बल्कि कुछ विशेष कामों का भी अन्तर होता है। इस तरह कानून विरोधी काम न करने पर भी कुछ खास तरह के काम करने वाले बालक और नौजवान किशोर अपराधी मान लिये जाते हैं। आवारा, दुष्ट, उद्दण्ड और चोर, डाकू, गुण्डे तथा आवाराओं, वेश्याओं, शराबियों, जुआरियों आदि के साथ घूमने वाले, माता-पिता की आज्ञा के बिना घर से बहुत समय तक गायब रहने वाले अथवा रात बीते तक सड़कों पर घूमने वाले बालक और युवक बहुधा किशोर अपराधी मान लिए जाते हैं। यहां यह ध्यान देने की बात है कि ये सब काम कानून के विरुद्ध नहीं हैं। अतः ऐसे काम करने वाला किशोर अपराधी सामान्य अपराधियों की श्रेणी में नहीं आता। कभी-कभी तो बे-घरबार घूमने वाला या भीख मांगने वाला बालक भी किशोर अपराधियों में शामिल कर लिया जाता है और उसको किशोर न्यायालयों के सामने पेश करके उसके सुधार की कोशिश की जाती हैं।

(3) विशेषताओं का अन्तर—कोहेन ने कुछ विशेषताओं के आधार पर अपराधियों और किशोर अपराधियों में अन्तर किया है। ये विशेषताएं निम्नलिखित हैं:—

(अ) किशोर अपराध निरुपयोगी होता है। किशोर अपराधी ऐसे-ऐसे काम करता है जिनसे उसका कोई लाभ नहीं होता जैसे सड़कों पर व्यर्थ घूमना-फिरना। दूसरी ओर अपराधी केवल ऐसे ही काम करता है जिनसे उसे लाभ हो। कभी-कभी किशोर अपराधी अपने कार्य के लक्ष्य तक को नहीं जानता।

(ब) कभी-कभी किशोर अपराधी केवल हंसी के लिए अपराध करता है जैसे किसी मोटरकार का शीशा तोड़ देना, रेल की पटरी पर पत्थर रख देना या किसी को छल से पानी में ढकेल देना। अपराधी इस तरह के कार्य नहीं करता।

(स) किशोर अपराधी अधिकतर योजना बनाकर अथवा संगठित रूप से कार्य नहीं करता। दूसरी ओर अपराधी योजना बनाकर तथा संगठित रूप से कार्य करता है।

संक्षेप में, अपराधियों और किशोर अपराधियों में मुख्य अन्तर उम्र, कार्यों के प्रकार, कार्यों के उद्देश्य, कार्यों की विधि आदि का है। परन्तु आम तौर से उम्र के भेद से ही अपराधियों और किशोर अपराधियों में अन्तर किया जाता है।

किशोर अपराधों के कारण जानने की विधियां

किशोर अपराधों के कारणों का विस्तृत विवेचन करने के पहले उनको जानने की विधियों का अध्ययन जरूरी है क्योंकि इससे इस क्षेत्र में मनोविज्ञान के प्रवेश का आभास होगा तथा खोज की वैज्ञानिकता का पता चलेगा। किशोरापराध के कारण पता लगाने के लिए तीन तरह की विधियां इस्तेमाल की गईं हैं—(1) सांख्यिकीय, (2) जीवनवृत्त विधि तथा (3) मनोविश्लेषण

विधि। ये विधियां अपराधों का पता लगाने में इस्तेमाल की गईं हैं। अब इन विधियों का विस्तार से अध्ययन प्रासंगिक होगा।

(1) **साँख्यिकीय विधि**—सांख्यिकीय (Statistical) विधि को साइरिल बर्ट ने सबसे अधिक स्पष्ट रूप में रखा है। बर्ट ने 107 अपराधी तथा 400 स्वस्थ बालकों का तुलनात्मक अध्ययन किया।[3] उसने कुछ परिस्थितियों की एक सूची बनाई। इस सूची के द्वारा उसने यह पता लगाने की कोशिश की कि अपराधी बालकों में अथवा बालकों में कौन-कौन सी परिस्थितियां पाई जाती हैं। इन में से कुछ परिस्थितियों के उदाहरण अग्रलिखित हैं—

(1) आनुवांशिकता की परिस्थिति (माता-पिता की स्थिति)।

(क) शारीरिक

(ख) मानसिक

(ग) स्वभाव (मानसिक रोग के लक्षण भी)।

(2) परिवेश की परिस्थिति—

(क) घर की स्थिति—

(1) गरीबी, (2) दोषपूर्ण पारिवारिक सम्बन्ध, (3) दोषपूर्ण अनुशासन, (4) चरित्रहीन परिवार।

(ख) घरों के बाहर की स्थिति—

(1) पास-पड़ोसी, (2) घर के बाहर की स्थिति, (3) मित्र मंडली।

(3) शारीरिक स्थिति।

(4) मानसिक स्थितिः—

(क) बौद्धिक।

(ख) संवेगात्मक।

(ग) रुचि।

(घ) संवेगात्मक विचार।

(ड.) मानसिक ग्रन्थियां।

उपरोक्त परिस्थितियों की सूची के आधार पर साइरिल बर्ट ने किशोरापराध के कारण जानने की कोशिश की। कुछ परिस्थितियों को निरीक्षण द्वारा देखा गया तथा कुछ को निरीक्षण द्वारा मापा गया। किशोरापराध का सबसे महत्वपूर्ण कारण संवेगात्मक पाया गया। माता-पिता के शारीरिक स्वास्थ्य में क्षय, मिर्गी तथा सूजाक आदि का अपराध से घनिष्ठ सम्बन्ध दिखाई पड़ा। परिवेश में परिवार की स्थिति सबसे महत्वपूर्ण पाई गई। शारीरिक स्थिति और मानसिक स्थिति को गौण कारण माना गया। इस तरह साइरिल बर्ट ने यह निष्कर्ष निकाला कि किशोरापराधियों

3. Burtt C., *The Causal Factors of Juvenile Crime, British Journal of Psychology*, 1923. pt.- 1, pp. 12-27.

के सम्बन्ध में मुख्य कारक दोषपूर्ण अनुशासन, माता-पिता के दोषपूर्ण सम्बन्ध तथा उद्वेगात्मक विकार थे।

(2) जीवन वृत्त विधि—किशोरापराध के कारणों का पता लगाने के लिये दूसरी महत्वपूर्ण विधि जीवनवृत्त अध्ययन विधि है। सांख्यिकीय विधि से वास्तविक कारण का पता नहीं चलता क्योंकि उसमें किशोरापराधी के व्यक्तिगत जीवन के अध्ययन की ओर ध्यान नहीं दिया जाता। जीवनवृत्त अध्ययन विधि में किशोरापराधी के व्यक्तित्व के हर पहलू को तथा सभी परिस्थितियों को जानने की कोशिश की जाती है। निरीक्षक किशोरापराधी के परिवार, स्कूल तथा स्थिति आदि के बारे में पूरी सूचना इकट्ठा करते हैं। मानसिक परीक्षण, व्यक्तित्व सूचियां तथा साक्षात्कार के द्वारा किशोरापराधी की आकांक्षाओं, हताशाओं (Frustrations) तथा समस्याओं का ज्ञान प्राप्त किया जाता है। किशोरापराधी के माता-पिता, सगे-सम्बन्धी तथा साथियों से साक्षात्कार द्वारा उसके बारे में विस्तृत जानकारी प्राप्त करने की कोशिश की जाती है। इस सब जानकारी के आधार पर किशोरापराधी का एक जीवनवृत्त तैयार किया जाता है। इस तरह के अध्ययन का उदाहरण शा की पुस्तक The Jack Roller है।[4] जीवनवृत्त के अध्ययन से किशोरापराधियों में अनेक ऐसी बातें पाईं गईं जिनसे वे अपराध की ओर बढ़ सकते थे। उदाहरण के लिये दूसरों की कटु आलोचना करना, दूसरों को दोष देना, दूसरों का ध्यान आकर्षित करने की उत्कृष्ट इच्छा, अर्न्तदृष्टि के स्थान पर विवेकीकरण (Rationalisation), अपने आपको समझने में असमर्थता तथा दूसरों पर अकारण संदेह आदि।

(3) मनोविश्लेषण विधि—किशोरापराध के कारणों का अध्ययन करने में प्रयोग की गई तीसरी और सबसे महत्वपूर्ण विधि मनोविश्लेषण विधि है। मनोविश्लेषण विधि में, जैसा कि उसके नाम से स्पष्ट है किशोरापराधी की केवल बाहरी परिस्थितियों का अध्ययन नहीं किया जाता बल्कि उसके अन्तरमानस के विश्लेषण करने की कोंशिश भी की जाती है। मनोविश्लेषणवादी स्वप्न की व्याख्या, शब्द साहचर्य, तथा अन्य अनेक मनोवैज्ञानिक परीक्षणों द्वारा किशारोपराधियों के अन्तर्मन में बैठने की चेष्टा करते हैं जिससे कि उन गोपनीय कारणों की खोज की जा सके जिनसे वे अपराध करते हैं। Roots of Crime में एलेक्जेंडर और हीली ने लिखा है "अपराधी मनोवृत्ति को सांख्यिकीय अध्ययन द्वारा कुछ बुरी बातों को जान लेने या व्यक्तिगत अध्ययन की विधि द्वारा अनुमान लगाने मात्र से नहीं समझा जा सकता। अपराधी मनोवृत्ति को समझने के लिये हमें उन मनोवैज्ञानिक प्रक्रियाओं को समझना चाहिए जो मानव व्यवहार की पृष्ठ भूमि में रहती हैं। सांख्यिकीय विधि के आधार पर हम जिन तत्वों को अपराधीवृत्ति का मुख्य कारण मानते हैं वे केवल व्यक्तित्व के ज्ञान अथवा व्यवहार की प्रवृत्तियों की उपयोगिता में सहायक मात्र होती हैं।"[5] कहना न होगा कि मनोविश्लेषण विधि किशोरापराध के सभी कारणों का पता लगाने के लिये एकमात्र विधि नहीं कही जा सकती। वास्तव में उपरोक्त तीनों विधियों में से किसी भी एक विधि से किशोरापराध के सभी कारणों का पता नहीं लगाया जा सकता। इस विषय में अच्छा यह

---

4. Shaw, C. R. *The Jack Roller,* Chicago University Press 1930.
5. Alexander, F., Healy, W., *Roots of Crime,* Psycho-analytic Studies 1935.

है कि उपरोक्त तीनों विधियों से ही काम लिया जाय। इस तरह किशोरापराधी की आन्तरिक और बाहरी सभी परिस्थितियों और उसके व्यक्तित्व की सभी विशेषताओं से अपराध के कारणों पर प्रकाश पड़ता है।

किशोर अपराध के कारण

आधुनिक अपराधशास्त्र की नई विचारधारा के अनुसार किशोरापराध के कारणों को दो भागों में बांटा गया है—व्यक्तिगत कारण और सामाजिक कारण। अपराध में दो विशेष कारक काम करते हैं आन्तरिक और बाहरी। आन्तरिक कारकों में शारीरिक और मनोवैज्ञानिक कारक आते हैं तथा बाहरी कारकों से सामाजिक कारक गिने जाते हैं। अमरीकी अपराधशास्त्री लिण्ड स्मिथ (Lynd Smith) और डुनहैम (Dunhem) ने अपराधियों को दो भागों में बांटा है—

(1) सामाजिक अपराधी, (2) व्यक्तिगत अपराधी। सामाजिक अपराधी खासतौर से सामाजिक परिस्थिति के कारण पैदा होते हैं। वाल्टर रैक्लैस (Walter Recklace) ने अपराध के दो विशेष कारण बतायें हैं—(1) रचनात्मक और (2) परिस्थिति सम्बन्धी। कुछ अन्य अपराधशस्त्रियों ने अपराध के कारणों को दो भागों में बांटा है—(1) समाज प्रेरित (Sociogenic) (2) मनोविज्ञान प्रेरित (Psychogenic)। यहां पर किशोरापराध के कारणों को तीन वर्गो में बांट कर उनका अध्ययन किया जायेगा (1) सामाजिक कारण, (2) मनोवैज्ञानिक कारण और (3) आर्थिक कारण।

(1) सामाजिक कारण

किशोरापराध के कारणों में से सबसे अधिक व्यापक सामाजिक कारण हैं। इनमें मुख्य कारण हैं (1) परिवार, (2) स्कूल, (3) अपराधी क्षेत्र (4) बुरी संगति, (5) मनोरंजन, (6) युद्ध, (7) सामाजिक विघटन, (8) स्थानान्तरण।

(1) परिवार—किशोरापराध के कारणों में इलियट और मैरिल ने दूषित पारिवारिक प्रभाव को सबसे महत्वपूर्ण माना है। हीली और ब्रोनर ने शिकागो तथा बोस्टन के 4000 किशोरापराधियों में 50 प्रतिशत विश्रृंखलित घरों से आये हुए किशारों को पाया। परिवार के सम्बन्ध में मुख्य परिस्थितियां हैं—(अ) भग्न परिवार (ब) माता-पिता का रुख (स) माता-पिता का चरित्र व आचार (द) अपराधी भाई-बहिनों का प्रभाव। किशोरापराध में परिवार के महत्व को पूरी तरह समझने के लिये इन सभी कारकों को समझना जरूरी है।

(अ) भग्न परिवार (Broken Families)—किशारोपराध के अध्ययन से पता चला है कि अधिकतर किशोरापराधी भग्न परिवारों से आते है। भग्न परिवार जैसा कि उसके नाम से स्पष्ट है ऐसा परिवार है जिसमें पारिवारिक सम्बन्ध टूट चुके हैं। परिवार का अर्थ केवल कुछ व्यक्तियों का इकट्ठा रहना मात्र नहीं है बल्कि उनका परस्पर घनिष्ठ सम्बन्ध है। इस घनिष्ठता की अनुपस्थिति में परिवार विश्रृंखलित हो जाता है और विश्रृंखलित परिवार में किशोर अपराधी उत्पन्न होते हैं। भग्न परिवार में बालक की देखभाल नहीं हो पाती। कुछ विशेषज्ञों के अनुसार विश्रृंखलित परिवार लड़कों की अपेक्षा लड़कियों में अपराधवृत्ति के लिये अधिक सहायक होता

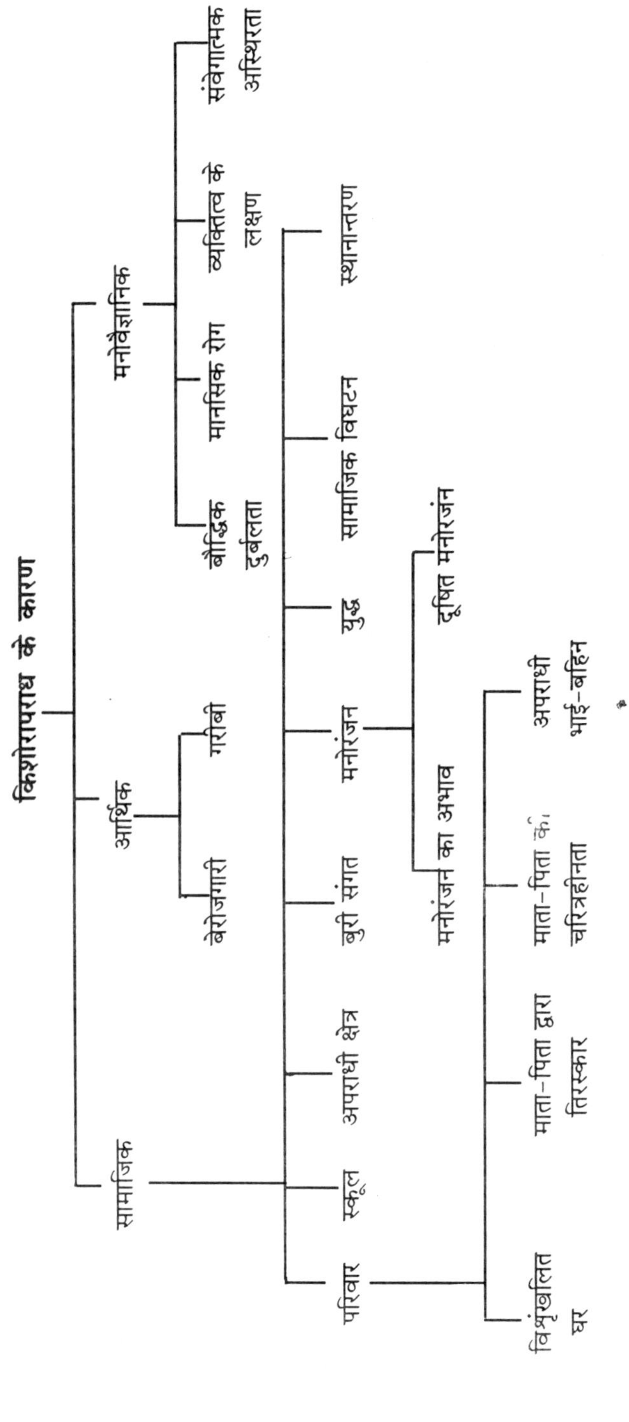
किशोरापराध के कारण
सामाजिक
आर्थिक
मनोवैज्ञानिक
बेरोजगारी
गरीबी
बौद्धिक दुर्बलता
मानसिक रोग
व्यक्तित्व के लक्षण
संवेगात्मक अस्थिरता
परिवार
स्कूल
अपराधी क्षेत्र
बुरी संगत
मनोरंजन
युद्ध
सामाजिक विघटन
स्थानान्तरण
मनोरंजन का अभाव
दूषित मनोरंजन
विश्रृंखलित घर
माता-पिता द्वारा तिरस्कार
माता-पिता की चरित्रहीनता
अपराधी भाई-बहिन

है। 1947 में बम्बई के बाल सहायता समाज के आधीन 386 लड़के तथा 169 अन्धी लड़कियां थीं। इनमें 2 लड़के और 2 लड़कियों के माता-पिता किसी न किसी अपराध के कारण जेल में सजा काट रहे थे, 2 लड़के और 5 लड़कियां कठोर व्यवहार से ग्रसित थीं, 6 लड़के और 9 लड़कियां अनैतिक असुरक्षा के शिकार थे। भग्न परिवार में पति-पत्नी, माता-पिता और बालक तथा भाई-बहिन के सम्बन्ध स्वस्थ नहीं रहते। अत: यह स्वाभाविक है कि बालक-बालिकायें गलत रास्ते पर चल पड़ें।

(ब) माता-पिता का रुख—किशोरापराध की पारिवारिक परिस्थिति में बालक और माता-पिता के सम्बन्ध अत्यन्त महत्वपूर्ण हैं। Women of the Street नामक लन्दन की वेश्याओं पर किये गये एक खोजपूर्ण प्रबन्ध के भूमिका लेखक के अनुसार वेश्या की समस्या माता-पिता और बालक के सम्बन्ध से शुरू होती है। बहुधा जब बालक को माता-पिता का प्रेम नहीं मिलता और बात-बात में कठोर दण्ड मिलता है तो उसमें विद्रोह और क्षोभ बढ़ता जाता है जिससे अवसर मिलने पर वह घर से भाग जाता है और अपराध में पड़ जाता है। माता-पिता के तिरस्कार से बच्चे असहाय और अकेला महसूस करते हैं जिससे उनमें अनेक मानसिक ग्रन्थियां बन जाती हैं यदि माता-पिता अपनी बहुत सी बातों को बालक से छिपाने की कोशिश करते हैं तो इससे भी बालक में अपराधवृत्ति बनती है। उदाहरण के लिये अधिकतर बालक बहुधा अपने माता-पिता से यह पूछते हैं कि वे कहां से आये अथवा उनके छोटे भाई-बहन कहां से आये। जब माता-पिता उनसे झूठ बोलते हैं और वे अपने साथियों अथवा घर के नौकरों से सही बात का पता पा जाते हैं तो उनमें असुरक्षा की भावना उत्पन्न होती है, उनको यह जानकर जबर्दस्त धक्का लगता है कि उनके माता-पिता बहुत से ऐसे काम करते हैं जो वे उनको बतलाना नहीं चाहते। यह असुरक्षा की भावना बहुधा बालकों को यौन अपराध की ओर ले जाती है।

(स) माता-पिता का चरित्र व आचार—माता-पिता के चरित्र व आचार का बालकों के व्यक्तित्व पर बड़ा प्रभाव पड़ता है। ऐसे बालक बहुत कम हैं जो अपने माता-पिता को झूंठ बोलते और मक्कारीपूर्ण व्यवहार, यौन अनैतिकता तथा चोरी करते देखते हुए भी अपना व्यवहार सामाजिक मूल्यों और मान्यताओं के अनुसार बना पाते हैं। मिस इलियट के अध्ययन में 67 प्रतिशत विश्रृंखलित और 44 प्रतिशत अविश्रृंखलित परिवारों में माता-पिता अनैतिक व्यवहार में लगे हुए थे। यदि परिवार में माता वेश्यावृत्ति में लिप्त हो तो उसकी लड़कियों को भी उसका अनुसरण करने में संकोच न होगा और वे भी व्यभिचार की ओर बढ़ेगी।

(द) भाई-बहिनों का प्रभाव—केवल माता-पिता और बालकों के सम्बन्ध का ही नहीं बल्कि भाई-बहनों के व्यक्तित्व का भी बालकों के व्यक्तित्व पर बड़ा प्रभाव पड़ता है। यह प्रभाव लड़कियों पर अधिक देखा जाता है क्योंकि उन पर लड़कों की अपेक्षा बाहर के कारकों का प्रभाव पड़ने का मौका बहुत कम आता है। यदि घर के बड़े बालक अपराधी व्यवहार करते हैं तो उनका असर छोटे भाई-बहनों पर जरूर पड़ता है। यदि बड़ी बहिन अपराधी हो या अनैतिक व्यवहार में लगी हो तो उसकी छोटी बहिन भी उसके अनुसार चलने लगती है।

उपरोक्त विस्तृत विवेचन से यह जाहिर है कि पारिवारिक परिस्थिति का बालकों को अपराधी बनाने में भारी हाथ है। परन्तु जैसा कि पहले बतलाया जा चुका है इससे यह निष्कर्ष नहीं

निकाला जाना चाहिये कि भग्न परिवार के सभी बालक अपराधी होते हैं। हीली और ब्रोनर के अध्ययन में 372 भग्न परिवारों में केवल 20 प्रतिशत परिवारों में 2 में से एक बालक अपराधी था। 6 बच्चे वाले 336 परिवारों में केवल 12 प्रतिशत बालक अपराधी व्यवहार में लगे हुए थे।[6] इस अध्ययन से यह तो मालूम पड़ता है कि परिवार का विश्रृंखलन किशोरापराध का एक मात्र कारण नहीं है परन्तु कोई अपराधशास्त्री इस बात से इन्कार नहीं करता कि वह निश्चय ही सबसे बड़ा कारण है।

(2) स्कूल—परिवार के बाद बालक के व्यक्तित्व पर उसके स्कूल का प्रभाव पड़ता है। स्कूल से भाग जाना और एक मुख्य किशोरापराध है। विलियमसन ने 1947 में अपने अध्ययन में यह देखा कि किशोरापराध में स्कूल से भागना, चोरियां तथा यौन अपराध सबसे मुख्य थे और इसमें भी स्कूल छोड़कर भाग जाना और स्कूल के बाहर शहर में घूमना-फिरना सबसे अधिक पाये गये। विलियमसन ने स्कूल से भागने के मुख्य कारण माता-पिता द्वारा उपेक्षा, अपराधियों के गिरोह में शामिल होना, अध्यापक द्वारा दण्ड, विषय में कमजोरी तथा शिक्षा स्तर योग्यता से अधिक होना पाये जाते हैं। स्कूल से भागने वाले बालक अपना सारा समय बुरी संगति में बिताते हैं और तरह-तरह के अपराध करते हैं। आजकल अध्यापक के सामने यह एक बड़ी समस्या है। इसके लिए बड़े-बड़े नगरों में विद्यार्थियों को मैटनी शो में जाने से रोक दिया गया है। परन्तु इस प्रकार रोकने मात्र से समस्या हल नहीं होती। आजकल की बढ़ी हुई अनुशासनहीनता का मुख्य कारण यह है कि शिक्षा न तो मनोरंजक है और न रुचिकर तथा वह चरित्र निर्माण करने की अपेक्षा सूचनाओं को मस्तिष्क में भरने पर अधिक जोर देती है। कहना न होगा कि इन्हीं कारणों से बालक का स्कूल में मन नहीं लगता और वह स्कूल जाने से डरता है तथा नाना प्रकार के अपराधों में फंस जाता है।

(3) अपराधी क्षेत्र—क्लिफोर्ड, शा और मैके के अध्ययन के अनुसार कुछ क्षेत्र बालकों के स्वस्थ विकास के लिये उपयुक्त नहीं होते। यह एक सामान्य बात है कि पड़ोस और मुहल्लों का बालकों पर बड़ा असर पड़ता है। सांख्यिकीय विधि का प्रयोग करके मालर ने यह निष्कर्ष निकाला कि न्यूयार्क शहर में किशोरापराधी उस क्षेत्र में अधिक थे जहां रहन-सहन का स्तर बहुत नीचा था, बाल मृत्यु अधिक होती थी, मनोरंजन का कोई साधन नहीं था, बस्ती अस्थिर थी तथा जो औद्योगिक केन्द्र था। अस्थिर बस्तियों में कोई स्थाई सामाजिक नियम नहीं होता। उदाहरण के लिये धर्मशालाओं, सरायों तथा होटलों के आस-पास पाकेटमार अधिक पाये जाते हैं क्योंकि वहां आने जाने वालों का सिलसिला बराबर लगा रहता है। क्लिफोर्ड, शा और मैके ने लगभग 15 शहरों में किशोरापराध का अध्ययन करके यह देखा कि अपराध की दर नगर के केन्द्रीय भाग में सबसे अधिक और आखिरी छोर पर सबसे कम थीं। इससे उन्होंने यह निष्कर्ष निकाला कि पिछड़े हुए और निम्न आर्थिक स्तर वाले क्षेत्र की सामाजिक परम्परायें अपराध के प्रतिमानों को साधारण समूह से अलग करती हैं। ये प्रतिमान किशोरापराधी समूह में बनाये रखे जाते हैं। इस

---

6. Healy and Bronner, *Delinquents and Criminals; Their making and unmaking.* —The Macmillan Co., New York, pp. 121-125.

तरह बड़े-बड़े शहरों में कुछ क्षेत्र ऐसे हैं जहां अपराधियों की भरमार होती है। यही क्षेत्र अपराधी क्षेत्र कहलाते हैं। अपराधी क्षेत्र किशोर अपराध का महत्वपूर्ण कारण हैं। यहाँ यह ध्यान रखने की बात है कि शा और उसके सहयोगी हेनरी मैके ने निवास स्थान को अपराध का कारण नहीं माना है बल्कि यह दिखलाने की चेष्टा की है कि अपराधी वहां अधिक पाये जाते हैं जहां निर्धनता, मानसिक विकार, परिवारिक विघटन, रोग, शिशु मृत्यु आदि विघटन की परिस्थितियाँ बराबर बनी रहती हैं। अपराधी क्षेत्र में स्थानान्तरण की प्रवृत्ति भी अधिक पाई जाती है। शा और मैके ने शिकागो तथा अन्य नगरों के अध्ययन के आधार पर निम्नलिखित निष्कर्ष निकाले :–

1. भिन्न-भिन्न बस्तियों में किशोरापराध की दरें भिन्न-भिन्न रहती हैं। कुछ क्षेत्रों में लड़के गिरफ्तार नहीं होते जबकि कुछ क्षेत्रों में वर्ष भर में कुल लड़कों की संख्या का पाँचवा भाग पकड़ा जाता है।

2. सर्दियों में अपराध की दरें नगर के केन्द्र के निकट कम और कारखाने वाले क्षेत्रों में सबसे अधिक पाई जाती हैं। केन्द्र से दूरी के अनुपात से अपराध की दर घटती जाती है।

3. जिन क्षेत्रों में स्कूल छोड़कर भागने की प्रवृत्ति अधिक पाई जाती है वहां किशोरापराध की दरें भी अधिक होती हैं।

4. सन् 1930 में जिन क्षेत्रों में अपराध की दरें अधिक थी वहाँ सन् 1900 में भी अपराध दर अधिक थी यद्यपि इन वर्षों में जनसंख्या के आकार और स्वरूप में बहुत परिवर्तन हुए हैं।

(4) बुरी संगति–प्रमुख अपराधशास्त्री एडविन एच॰ सदर लैंड के अनुसार अपराधी व्यवहार दूसरे व्यक्ति की अंत:क्रिया द्वारा सीखे जाते हैं। सदर लैंड के शब्दों में ''कानून के उल्लंघन करने में सहायक परिभाषाओं की कानून के उल्लघंन में बाधक परिभाषाओं की अपेक्षा अधिकता हो जाने के कारण एक व्यक्ति अपराधी हो जाता हैं।''[7] बालकों में किसी को बुरी और किसी को अच्छी संगति मिलती है। बुरी संगति में पड़ने पर बालक अपराध की ओर बढ़ता है। जबकि अच्छी संगति से वह आगे चल कर समाज का योग्य सदस्य बनता है। मनुष्य के व्यवहार पर उसके साथियों का काफी असर पड़ता है। बालकों में वृहद समुदाय की मान्यताओं और मूल्यों को मानने की भावना उत्पन्न करने के लिए उनके चारों ओर एक ऐसें वातावरण की जरूरत है जहां उन्हें समाज के विरुद्ध काम करने की प्रेरणा कम से कम मिले।

(5) मनोरंजन–बालकों के विकास के लिए मनोरंजन के साधनों का भी बड़ा महत्व है। स्कूल के बाद के शेष समय में स्वस्थ क्रियायें करने की प्रेरणा उन्हें अच्छे वातावरण में ही मिल सकती हैं। खाली समय का सदुपयोग न होना भी अपराधी व्यवहार को प्रेरित करता है। बालकों के सामाजीकरण और नैतिक प्रशिक्षण में खेल-कूद प्रमुख तत्व हैं। अपर्याप्त और अनियन्त्रित मनोरंजन नगर में किशोरापराध का महत्वपूर्ण कारण है। थर्सटन ने एक अध्ययन में देखा कि 2507 किशोरपराधियों के खाली समय का दुरुपयोग हुआ था।

---

7. Sutherland E. H, *Principles of Criminolog,* New York (1955).

आधुनिक नगरों में छोटे-बड़े सभी के मनोरंजन का प्रमुख साधन सिनेमा है। सिनेमा किशोरापराध और समाज विरोधी व्यवहार के लिए बहुत कुछ उत्तरदायी है। एडवेंचर (Adventure) और रोंमास (Romance) के दृश्यों के द्वारा सिनेमा अपराध के नये-नये प्रतिमान (Patterns) प्रस्तुत करता है। कुछ फिल्मों का किशोर बालकों पर इतना प्रभाव देखा गया कि उनको दिखाये जाने के बाद नगर में तरह-तरह के किशोरापराधों की दरें अत्यधिक बढ़ गईं। परन्तु सिनेमा के प्रति बालकों की प्रतिक्रिया अधिकतर उनके पड़ोस के तथा घरेलू प्रतिमानों द्वारा निर्देशित होती हैं। भिन्न-भिन्न बालकों पर उसका प्रभाव भी भिन्न-भिन्न मात्रा में पड़ता है। वैज्ञानिक अध्ययनों से यह प्रमाणित हो चुका है कि बालकों के व्यवहार पर सिनेमा का प्रत्यक्ष प्रभाव बहुत कम होता है। वास्तव में सिनेमा से अधिक महत्वपूर्ण बालक की सिनेमा के प्रति प्रतिक्रिया (Reaction) होती है जो उसके पिछले अनुभवों और सामाजिक तथा सांस्कृतिक परिस्थितियों के प्रति प्रतिक्रिया के आधार पर काम करती है।

(6) **युद्ध**—युद्धकाल और युद्धोत्तर काल में किशोरापराध की दरें बढ़ी पाई गईं हैं। युद्ध में सम्मिलित होने वाले देशों के बालकों की स्कूल की पढ़ाई में बहुत सी बाधायें पड़ती हैं। बहुधा पिता लड़ाई के मैदान में रहता है और माता कारखाने में काम करती है। अत: बच्चे की देखभाल ठीक तरह से नहीं हो पाती। नियन्त्रण के अभाव के कारण लड़के-लड़कियों के मिलने-जुलने की स्वतन्त्रता होती है। जिसके कारण यौन अपराध बढ़ते हैं। युद्ध काल में जहां बम गिराये जाते थे वहां टूटे-फूटे मकानों में किशोर व्यक्ति ही अधिक लूटमार करते थे। अत: युद्ध काल की स्थिति अपराध प्रवृत्तियों को स्पष्ट रूप से बढ़ाती है।

(7) **सामाजिक विघटन**—सामाजिक विघटन से व्यक्ति का विघटन होता है। समाज के विघटित होने पर अपराधियों की संख्या बढ़ जाती है। अत: सामाजिक विघटन भी किशोरापराध का एक कारण है। आधुनिक औद्योगिक समाज में समन्वय और समानता का बड़ा अभाव होता है। इससे तनाव बढ़ता है और युवक-युवतियां अपराधों की ओर बढ़ते हैं।

(8) **स्थानान्तारण**—स्थानान्तारण का भी किशोरापराध पर प्रभाव पड़ता है। स्टुअर्ट ने बर्कले नगर के अध्ययन में देखा कि किशोरापराधी ऐसे क्षेत्र में अधिक रहते थे जहाँ स्थानान्तरण अधिक था परन्तु अपने परिवार की अपेक्षा वे स्वयं बहुत कम गतिशील होते थे।

(2) मनोवैज्ञानिक कारण

अब जब कि किशोरापराध के सामाजिक कारणों का वर्णन किया गया। इस विषय पर अधिकतर खोज सांख्यिकीय विधि के आधार पर की गई है। किशोरापराध के कारणों की खोज करने की अन्य दो विधियों जीवनवृत्त विधि तथा मनोविश्लेषण विधि के आधार पर खोज से किशोरापराध के मनोवैज्ञानिक कारणों पर प्रकाश पड़ा है। अपराध के सम्बन्ध में मनोविश्लेषणवादी सिद्धान्त आइसलर (Eissler) ने विकसित किया है। अपराध के मनोवैज्ञानिक कारणों में मुख्य कारण निम्नलिखित हैं—

(1) बौद्धिक दुर्बलता, (2) मानसिक रोग, (3) व्यक्तित्व के लक्षण, (4) संवेगात्मक अस्थिरता।

इन मनोवैज्ञानिक कारणों का वर्णन करने से पहले इस मत की परीक्षा भी मनोरंजक होगी कि शारीरिक विशेषतायें अपराध का कारण हैं।

इटली के सैनिक डा० सीजर लोम्ब्रोसो ने कुछ शारीरिक विकारों के आधार पर अपराधी को एक विशेष टाइप या आदर्श माना है। लोम्ब्रोसो ने 5907 अपराधियों के शारीरिक अध्ययन के बाद यह निष्कर्ष निकाला कि अपराधों का कारण उनकी शारीरिक विशेषताएं होती हैं जो कि उन्हें वंश परम्परा से प्राप्त होती हैं। लोम्ब्रोसो के अनुसार ये शारीरिक लक्षण निम्नलिखित हैं [8]—

(अ) दबा हुआ तथा पीछे की ओर झुका हुआ ललाट।

(ब) मोटी गोल पीठ।

(स) भारी जबड़ा।

(द) वनजातियों जैसी ठुड्डी।

(इ) शरीर पर अधिक बाल।

लोम्ब्रोसो के इस मत का परीक्षण और खंडन किया जा चुका है। ब्रिटेन की राजकीय जेल के डॉ० चार्ल्स गोरिंग ने लगभग 3000 कैदियों के शारीरिक निरीक्षण द्वारा यह निष्कर्ष निकाला कि शारीरिक बनावट अथवा लक्षणों को अपराध का कारण नहीं ठहराया जा सकता। 1939 में हूटन ने अपनी पुस्तक Crime and the Man में लोम्ब्रोसो के सिद्धान्त को फिर से सिद्ध करने की चेष्टा की परन्तु उसका मत माननीय नहीं हो सका। [9] सदरलैंड ने इस मत का खंडन करते हुए यह संकेत किया है कि परीक्षण में जिस प्रकार का नमूना लिया गया था वह ठीक नहीं था और व्यक्तित्व के गुणों का वर्गीकरण भी दोषपूर्ण था।

(1) बौद्धिक दुर्बलता—डॉ० गोरिंग ने लोम्ब्रोसो के मत का खंडन करके यह मत उपस्थित किया कि अपराध का कारण बुद्धि दोष है। परन्तु बौद्धिक दुर्बलता को अपराध का कारण मानने वाले मत के मुख्य प्रवर्तक गौडार्ड थे। उन्होंने अपनी पुस्तक Mental Efficiency And Levels of Intelligence में लिखा है "अपराध का सबसे बड़ा एक मात्र कारण बौद्धिक दुर्बलता है।" [10] हीली तथा ब्रोनर ने 4000 बालकों की बुद्धि परीक्षा के बाद यह निष्कर्ष निकाला कि 13 प्रतिशत बालकों की बुद्धि लब्धि 70 से नीची थी। [11] Unraveling Juvenile Delinquency नामक पुस्तक में ग्ल्यूक और ग्ल्यूक ने 1934 में 1000 अपराधी बालकों के अध्ययन से यह निष्कर्ष निकाला कि 13 प्रतिशत बालकों की बुद्धि लब्धि 70 से कम थी। [12]

8. Caesar Lombroso, *Crime: Its Causes and Remedies,* Little Brown & Co., Boston (1911).
9. Hooton E. A., *Crime and the Man*, Harvard University Press (1939).
10. Goddard, H. H., *Mental efficiency and levels of Intelligence,* Princeton University Press., (1936)
11. Healy W. Bronner, A. F., *New light on Delinquency and its Treatment.* Yale University Press, (1936).
12. Glueck, S. S., and Glueck, E. T., *Unraveling Juvenile Delinquency,* Harvard University Press (1940), p. 256.

उपरोक्त मत में यह दोष दिखलाया गया है कि वह उन्हीं किशोरापराधियों के अध्ययन पर आधारित है जो न्यायालयों में उपस्थित किये जाते थे। कहना न होगा कि चतुर और बुद्धिमान किशोरापराधी मन्द बुद्धि किशोरापराधी की अपेक्षा बहुत कम पकड़े जायेंगे। मैन और मैन ने अपने एक अध्ययन में इस तथ्य का समर्थन करते हुये दिखलाया कि 90 से कम बुद्धि लब्धि वाले बालकों की तीव्र बुद्धि वाले बालकों की अपेक्षा पकड़े जाने की अधिक सम्भावना होती है। इन्होंने 1061 अपराधियों की बुद्धि लब्धि का मध्यमान निकाला। इसमें लड़कों की बुद्धि 84.88 तथा लड़कियों की बुद्धि लब्धि 83.87 पाई गई।[13] 1947 में मेरिल ने अपनी पुस्तक Problems of Child Delinquency में 500 अपराधी बालकों की बुद्धि लब्धि का संशोधित बिना परीक्षण के आधार पर मध्यमान निकाला। यह मध्यमान 92.5 था। 2904 स्वस्थ बालकों की बुद्धि परीक्षा करने पर बुद्धि लब्धि 101.8 पाई गई। इन दोनों अध्ययनों से मैरिल ने यह निष्कर्ष निकाला कि कम बुद्धि को अपराध का कारण नहीं माना जा सकता क्योंकि अपराधियों का बौद्धिक स्तर सामान्य बालकों से स्पष्ट रूप से अलग नहीं होता। इस बात से इन्कार नहीं किया जा सकता कि मन्द बुद्धि वाले बालक आसानी से बहकाये जा सकते हैं परन्तु बुद्धिमान और चतुर बालक भी अपराधों में पड़ सकते हैं।

(2) मानसिक रोग—कुछ अपराधशास्त्रियों ने मानसिक रोग और अपराध में घनिष्ठ सम्बन्ध दिखाने की कोशिश की है। किशोरापराधियों पर किये गये कुछ अध्ययनों में अनेक मानसिक रोगी भी पाये गये। इस मत के अनुसार अपराधी एक प्रकार का मानसिक रोगी है और उसको दंड की नहीं बल्कि इलाज की जरूरत है। कुछ मानसिक चिकित्सक साइकोपैथिक व्यक्तित्व (Psycho-pathic Personality) को अपराध का कारण मानते हैं। साइकोपैथिक ऐसे परिवार में पैदा होते हैं जहां प्रेम और स्नेह और नियन्त्रण का पूर्ण अभाव है। साइकोपैथिक बालक के लिये टप्पन ने लिखा है कि वह अत्यधिक असामाजीकृत, झगडा़लू प्रकृति तथा निर्दयी, उद्दण्ड, शक्की, आत्म केन्द्रित (Self-centred), मित्रता रहित, बदले की भावना से पूर्ण, पिछड़ा हुआ तथा अति यौनिक (Hyper-sexual) अथवा यौन व्यवहार में अनियंत्रित बालक होता है। अत्यधिक बढ़े हुए दोष में वह सहानुभूति की क्षमता में पूर्ण असमर्थता रखता है अपने निर्दय कार्यों तथा दूसरों के कष्ट के प्रति व पूर्ण रूप से पश्चाताप रहित होता है। यह साइकोपैथिक बालक अपने घर में एक बिना बुलाये मेहमान की तरह रहता है। उससे कोई प्रेम नहीं करता बल्कि सभी सदैव उसका तिरस्कार करते रहते हैं। ऐसे व्यवहार से यह स्वाभाविक ही है कि बालक में निर्बाध उद्दण्डता और हिंसात्मक रूप में प्रतिक्रिया जाग्रत होती है। Juvenile Delinquency में टप्पन ने आइसाक नामक एक साइकोपैथिक बालक का वर्णन किया है। आइसाक 14 वर्ष का एक अत्यन्त बुद्धिमान बालक था। उस पर चोरी करने, स्कूल से भागने (Truancy), अप्राकृतिक यौन व्यवहार तथा सामान्य अनुशासनहीनता के दोष लगाये गये। वह एक सुन्दर बालक था जो पूर्णतया अजनबी व्यक्तियों को भी प्रभावित करता था। वह अपने परिवार में अकेला बालक था, उसके बचपन में ही उसकी माता की मृत्यु हो गई थी। उसके पिता ने उसे 2 वर्ष की उम्र में ही छोड़ दिया था। कुछ

---

13. Mann, C. W. & Mann, H. P. *Age & Intelligence of a group of Juvenile Delinquent*, Journal of Abnormal & Social Psychology, (1939) Vol. 34. pp 251-360.

समय तक वह एक सम्बन्धी से दूसरे सम्बन्धी के पास निरुत्साह से पाला जाता रहा। अन्त में वह एक अनाथालय में भर्ती कर दिया गया। इन सब कारणों से उसमें बाल्य अवस्था में ही बहुत से विकार दिखाई पड़ने लगे।

आइसाक ने दैनिक कार्यक्रम और अनुशासन का कभी पालन नहीं किया। अपने व्यवहार में वह सदैव कटुता और उद्दण्डता का परिचय देता था। उसने बहुत सी असम्भव और असंगत मांगे पेश कीं। जिन दो व्यक्तियों को वह बहुत पसन्द करता था उनके प्रति भी उसका व्यवहार इसी तरह का था। इन दो व्यक्तियों में एक किसान और एक सामाजिक कार्यकर्त्ता ने उसके सुधार के लिए बहुत कोशिश की। धीरे-धीरे उसको उसके व्यवहार के बारे में सचेत किया गया। खेती में उसकी अभिरुचि को बढ़ावा दिया गया। कुछ समय के सहानुभूतिपूर्ण व्यवहार से ये दो व्यक्ति उसके बहुत निकट आ गये। ये किसान और सामाजिक कार्यकर्त्ता आगे चलकर उसके आदर्श बन गये यहां तक कि उन्होंने उसकी आत्मचेतना का रूप ले लिया। उसमें ग्लानि की भावना पैदा हो गई तथा उसने हर एक काम में इन दोनों व्यक्तियों की सलाह लेना शुरू कर दिया। जब आइसाक ने इस तरह समंजन (Adjustment) की प्रवृत्ति दिखानी शुरू की तो उसके सामने क्रमशः उच्चतर व्यवहार के आदर्शों को रखा जाने लगा। सुधारकों के आत्मविश्वास और लगे रहने के परिणामस्वरूप आइसाक अपने भविष्य का पुनर्गठन करने में क्रियाशील हो गया। 21 वर्ष की आयु में 1941 में वह संयुक्त राज्य की वायु सेना में भर्ती कर लिया गया।

कुछ अपराधशास्त्रियों और मनोवैज्ञानिकों ने साइकोपैथिक अपराधियों के अध्ययन की आलोचना की है। सदरलैंड लिखता है कि एक मानसिक चिकित्सक ने इलीनौज राज्य के बन्दीगृह के कैदियों का अध्ययन किया। चिन्हों के आधार पर उसने 98 प्रतिशत कैदियों को साइकोपैथिक पाया। जब इसी बन्दीगृह का कुछ दूसरे मानसिक चिकित्सकों ने अध्ययन किया तो उन्होंने केवल 5 प्रतिशत बन्दी ही साइकोपैथिक पाये। वास्तव में विभिन्न मानसिक चिकित्सकों ने इस शब्द का प्रयोग इतने अधिक भिन्न-भिन्न रूपों और भिन्न-भिन्न चिन्हों के आधार पर किया है कि इसका कोई विशिष्ट अर्थ नहीं रह गया है जो वैज्ञानिक व्यवस्थाओं में प्रयोग किया जा सके।

(3) व्यक्तित्व के लक्षण—व्यक्तित्व के लक्षणों तथा अपराध की प्रवृत्ति में भी बहुत निकट सम्बन्ध पाया गया। व्यक्तित्व व्यक्ति के परिवेश से अनुकूलन करने का ढंग है। अपराधी बालक इस अनुकूलन में अपराधी कार्यों का प्रयोग करते हैं। अतः अपराधी बालकों में व्यक्तित्व के कुछ विशेष लक्षण पाये गये हैं जिनसे किशोरापराध के कारणों पर प्रकाश पड़ता है। ग्ल्यूक ने अपनी पुस्तक Unraveling Juvenile Delinquency में किशोरापराधियों में सामान्य बालक की अपेक्षा स्वच्छंदता, विद्रोह, हिंसात्मक प्रवृत्ति, सन्देहशीलता, असंयम, दूसरों को दुख देने में सुख लेना, संवेगात्मक और सामाजिक असमंजन, बहुर्मुखी स्वभाव आदि कहीं अधिक पाए। संवेग की अपरिपक्वता अथवा संवेगात्मक असन्तुलन आदि सामान्य बालक की अपेक्षा आठ गुना अधिक पाया गया। सामान्य बालक नम्र, शांत, नियम पालन करने वाला तथा सामाजिक होता है। इसके विपरीत अपराधी बालक उद्दण्ड, अशान्त, नियम भंग करने वाला और असामाजिक पाया गया। ग्ल्यूक ने किशोरापराधी और सामान्य बालकों के मनोरंजन के साधनों में भी काफी अन्तर पाया। अपराधी बालक अधिकतर साहसिक कार्यों में रुचि लेता था। उसमें सिनेमा देखने

की लत बहुत अधिक पाई गई। उसके मनोरंजन के प्रमुख साधन सिगरेट पीना, जुआ खेलना, घर से बाहर रहना, तोड़-फोड़ करना, तथा सरकारी गाड़ियों में चुपके से चढ़ जाना आदि पाए गए। बहुधा वह किसी न किसी गिरोह का सदस्य होता था। इसके विपरीत सामान्य बालक खेलों से मनोरंजन करते देखे गए, डयूरिया और असम ने भी अपने अध्ययन से यह सिद्ध किया कि अपराधी बालिकाओं में संवेगात्मक अपरिपक्वता बहुत अधिक पाई गई।

(4) संवेगात्मक अस्थिरता—इस प्रकार संवेगात्मक अस्थिरता अपराध के मनोवैज्ञानिक कारणों में सबसे अधिक महत्वपूर्ण है। प्रेम और सहानुभूति की कमी संवेगात्मक असुरक्षा, कठोर, अनुशासन, अपर्याप्तता (Insufficiency) तथा हीनता की भावना और विद्रोह की प्रतिक्रिया बालक के व्यक्तित्व को असंतुलित बना देती है जिससे उसे अपराधी व्यवहार की प्रेरणा मिलती है। हीली और ब्रोनर ने अपने अध्ययनों में 93 प्रतिशत किशोरापराधी ऐसे देखें जिनमें संवेगात्मक असंतुलन उपस्थित था। इन अपराधियों को विस्तार से विश्लेषण करने पर उन्हें जो संवेगात्मक प्रभाव देखने को मिले वे निम्नलिखित हैं:

(1) 46 अपराधियों में असुरक्षित, अस्वीकृत, अत्यधिक तिरस्कृतहीनता की तथा ठीक न समझे जाने की भावना मौजूद थी।

(2) 28 अपराधियों में स्नेह की कमी के कारण उनकी सामान्य और असामान्य इच्छाओं का निरोध किए जाने की भावना उपस्थित थी।

(3) 46 अपराधियों में स्कूल, परिवारिक जीवन, साथियों या खेलकूद में हीनता अथवा अपर्याप्तता की भावना उपस्थित थी।

(4) 34 अपराधियों में माता-पिता के बुरे व्यवहार, पारिवारिक जीवन की परिस्थितियों अथवा माता-पिता की गलतियों और पारिवारिक असंतुलन के कारण संवेगात्मक असंतुलन पाया गया।

(5) 31 अपराधियों में अन्य साथी बालकों के प्रति द्वेष की कटु भावना उपस्थित थी।

(6) 17 अपराधियों में अप्रसन्न जीवन की भ्राँति पाई गई जिसके कारण कुछ पिछले अनुभव ही हो सकते हैं।

(7) 9 अपराधियों में पहले अपराधी व्यवहार के कारण चेतन या अचेतन रूप में आत्मग्लानि अथवा अपराध भावना मौजूद थी।

(3) आर्थिक कारण

निर्धनता और अपराध का बड़ा घनिष्ठ सम्बन्ध है। शा और मैके तथा इलियट के अध्ययन से यह मालूम हुआ कि किशोरापराधियों में अकुशल मजदूरों की सन्तान की संख्या बहुत अधिक थी। बौंगर (Bonger) तथा फोर्नासिरी डिवर्सी ने भी इस मत का समर्थन किया कि निर्धनता अपराध की प्रवृत्तियों को बढ़ावा देती है। इन किशोरापराधियों के बारे में मैरिल (Merrill) ने लिखा है कि परिवार की आय कम होने के कारण बालकों को भी काम करना पड़ता है और उनकी शिक्षा नहीं हो पाती। कारखानों का परिवेश बालक-बालिकाओं को अपराध की राह पर ले जाता है। कभी-कभी बालकों को दूसरों के घर संदेश ले जाने का कार्य सौंपा जाता है जिनसे

उनको नाना प्रकार के यौन व्यवहार देखने को मिलते हैं। इसका उन पर बुरा असर पड़ता है और वे अपराध की ओर प्रवृत्त होते हैं। गणना से देखा गया कि अपराधी बालकों में काम करने वालों की संख्या काम न करने वालों से लगभग 10 गुनी होती है। होटलों या उपहारगृहों में काम करने वाली लड़कियां यौन अपराध की ओर शीघ्र प्रवृत्त हो जाती हैं क्योंकि एक तो उनको वेतन बहुत कम मिलता है, दूसरे उनका निवास स्थान गन्दा तथा काम के घन्टे अधिक होते हैं तथा तीसरे उनको यौन अपराधों की ओर ले जाने वालों की संख्या कम नहीं होती। वास्तव में गरीब परिवार के बालक-बालिकाओं की अनेक इच्छाएं अतृप्त रह जाती हैं जिनको तृप्त करने के लिये अपराधों का सहारा लेते हैं। निर्धनता से असंतोष और हीनता की भावना भी पैदा होती है, जिससे व्यक्ति अपराध की ओर बढ़ता है।

परन्तु इसका अर्थ यह नहीं निकाला जा सकता कि निर्धनता और अपराध में अनिवार्य सम्बन्ध है। वास्तव में अपराध का कारण निर्धनता नहीं है बल्कि उनमें उत्पन्न वे मनोवैज्ञानिक कारक हैं जो बालक या बालिकाओं को अपराध की ओर ले जाते हैं। Juvenile Delinquency में टप्पन ने लिखा है कि निर्धनता अपराध से सम्बन्धित है, परन्तु मुख्यतः इस कारण से कि सामान्य से निम्नतर (Sub-normal) आर्थिक परिस्थितियों के साथ-साथ बालक के प्रशिक्षण और अनुभवों के अन्य तत्व भी क्रियाशील रहते हैं जो चरित्र, मूल्यों और कानूनों के प्रति अनुक्रियाओं को निर्धारित करने में अधिक महत्वपूर्ण होते हैं। घरेलू लड़ाई-झगड़े, अपराधी समूह, (Delinquent gangs) अपर्याप्त शिक्षा और मनोरंजन की असुविधा, अवैधानिकता के उपस्थित प्रलोभन, ये अधिकाधिक क्रियाशील तत्व होते हैं। साइरिल बर्ट ने अपने अध्ययन से यह दिखलाया है कि पकड़े हुए अपराधियों में निर्धनों की बहुत बड़ी संख्या होने का एक कारण यह भी है कि गरीब होने के कारण वे पुलिस तथा कानून से नहीं बच सकते जब कि धनिक अपराधी आसानी से बच सकते हैं। साइरिल बर्ट के अध्ययन में केवल 19 प्रतिशत किशोरापराधी ही बहुत अधिक निर्धन परिवार के सदस्य पाए गए। 37 प्रतिशत किशोरापराधी औसत रूप से निर्धन परिवारों के सदस्य थे। इस प्रकार आधे से अधिक किशोरापराधी निर्धन परिवारों से आये थे। परन्तु बर्ट के अनुसार इस बड़ी संख्या का मुख्य कारण निर्धनता न होकर यह था कि धनिक परिवारों के बालक अपनी सम्पन्नता के कारण पकड़े जाने से बच जाते हैं। निर्धन बालकों में किशोरापराधियों की अधिक संख्या के पाए जाने का चाहे कुछ भी कारण माना जाये परन्तु इस बात पर सभी अपराधशास्त्री और मनोवैज्ञानिक एक मत हैं कि किशोरापराध का निर्धनता से घनिष्ठ सम्बन्ध है। जब निर्धन परिवार के बालक धनिक परिवार के बालकों को तरह-तरह की चीजों का इस्तेमाल करते देखते हैं तो वे भी वैसा ही करना चाहते हैं परन्तु धन की कमी के कारण वे उन चीजों को प्राप्त नहीं कर सकते। फलस्वरूप उनमें द्वेष, लालच और जलन की भावनायें पैदा होती हैं जो उनको अपराधों की ओर ले जाती हैं।

किशोर अपराधों के सामाजिक, मनोवैज्ञानिक और आर्थिक कारणों के उपरोक्त विवेचन से यह स्पष्ट होता है कि इस विषय में विशिष्ट कारणवाद का सिद्धान्त ठीक नहीं है। वास्तव में आजकल कोई भी अपराधशास्त्री अथवा मनोवैज्ञानिक इस तथ्य से इन्कार नहीं कर सकता कि अपराध के कारण विविध हैं। व्यक्ति की क्रियाएं परिवेश के प्रति समंजन करने का ढंग है। इस

समंजन में जो व्यक्ति सामाजिक उपाय अपनाते हैं वे स्वस्थ कहलाते हैं। इसके विपरीत जो व्यक्ति इस अनुकूलन में असामाजिक अथवा असामान्य उपायों का प्रयोग करते हैं वे अपराधी कहलाते हैं। इस तरह किसी बालक के अपराधी बनने में सामाजिक और व्यक्तिगत, घरेलू, मनोवैज्ञानिक और आर्थिक सभी कारणों का हाथ हैं। अत: किशोर अपराधी को फिर से समाज का स्वस्थ नागरिक बनाने के लिए इन सब कारणों को समझकर इनको दूर करने की जरूरत है। हर्ष है कि इस तथ्य को आजकल सभी प्रगतिशील देशों में अनुभव किया गया है और इसलिए सब कहीं किशोरापराधी को दण्ड देने के स्थान पर उसके सुधार करने की कोशिश की जाती है।

किशोरापराध के सुधार के उपाय

जैसा कि पहले बतलाया जा चुका है आधुनिक प्रगतिशील देशों में किशोरापराधियों को दण्ड नहीं दिया जाता बल्कि उनके सुधार का उपाय किया जाता है। इस विषय में 3 उपाय सबसे अधिक प्रचलित हैं–1. परिवीक्षण (Probation), 2. सुधार स्कूल (Reformatory School), 3. मनोवैज्ञानिक उपचार (Psychotherapy)।

(1) परिवीक्षण

किशोरापराध के सुधार की सबसे अधिक प्रचलित विधि परिवीक्षण है। इसमें किशोरापराधी को एक परिवीक्षण अधिकारी (Probation officer) के संरक्षण में रख दिया जाता है। अमेरिका में सन् 1841 ई० से 1859 ई० तक जान आगस्टस ने 203 युवकों तथा 149 युवतियों को यह विश्वास दिलाकर जमानत पर छुड़ाया कि वे दोबारा अपराध नहीं करेंगे और वास्तव में न तो उनमें से किसी ने दोबारा अपराध किया और न प्रोबेशन की शर्तों को तोड़ा। उस समय तक प्रोबेशन का कानून नहीं था। अत: इसको बेल बोंडिंग (Bail Bonding) कहा गया जिससे जमानत का तात्पर्य होता है। अमेरिका में सबसे पहला प्रोबेशन कानून 1876 में मेसाच्यूसैट्स राज्य में पास हुआ। उसके बाद धीरे-धीरे सभी सभ्य देशों में प्रोबेशन या परिवीक्षण का रिवाज हो गया।

परिवीक्षण के उद्देश्य

परिवीक्षण के उद्देश्य के बारे में अनेक प्रकार के मत मिलते हैं। अधिकतर लोग परिवीक्षण को पहली बार अपराध करने वालों के प्रति नर्मी बरतने की एक विधि मानते हैं। एक अन्य मत यह है कि परिवीक्षण का उद्देश्य चेतावनी देकर अथवा दण्ड का भय दिखलाकर अपराधी का सुधार करना है। कुछ नये अपराधशास्त्रियों के अनुसार परिवीक्षण का उद्देश्य बालक की सामाजिक और मनोवैज्ञानिक जरूरतों को पूरा करना है। कुछ लोगों ने परिवीक्षण को एक उपचार विधि ही मान लिया है, जिसमें कि बालक की मनोवृत्तियों और परिस्थितियों का अध्ययन करके उसके सुधार के उपाय किए जाते हैं। वास्तव में परिवीक्षण के उद्देश्य में उपरोक्त सभी बातें आ जाती हैं। परिवीक्षण का उद्देश्य अपराधी की मानसिक प्रवृत्तियों तथा उसकी परिस्थितियों का सूक्ष्म अध्ययन करके, कभी उसे दण्ड का भय दिखलाकर और कभी नर्मी से समझाकर तथा उसकी सामाजिक और मनोवैज्ञानिक जरूरतों को यथासंभव पूरा करने की कोशिश करते हुए अपराधी को सही रास्ते पर लाना है।

भारत में परिवीक्षण

भारत में सन् 1938 में उत्तर प्रदेश का प्रथम अपराधी परिवीक्षण अधिनियम (First Offender's Probation Act) पास हुआ। इस नियम के अनुसार पहली बार अपराध करने वाले बालक-बालिकाओं को प्रोबेशन पर रखने की व्यवस्था की गई। बड़े-बड़े नगरों में प्रोबेशन अधिकारियों की नियुक्ति की गई यद्यपि अभी हर एक जिले में प्रोबेशन का इन्तजाम नहीं है। उत्तर प्रदेश के इस अधिनियम के अनुसार 7 वर्ष से लेकर 24 वर्ष की आयु तक अपराध करने वाले युवकों को परिवीक्षण अधिकारी को देख-रेख में रखा जाता है।

परिवीक्षण अधिकारी के काम

उत्तर प्रदेश के अलावा भारत में मद्रास और बम्बई की सरकारों ने भी प्रोबेशन के बारे में अधिनियम बनाए। कुछ अन्य राज्यों ने भी इस दिशा में कदम उठाये हैं, परन्तु सारे देश में प्रोबेशन की व्यवस्था होना अभी दूर की बात है। बम्बई, उत्तर प्रदेश और मद्रास के परिवीक्षण अधिनियम में परिवीक्षण अधिकारी के कामों के बारे में मुख्य निर्देश निम्नलिखित हैं–

1. प्रोबेशनर (Probationer) से मित्रता स्थापित करना और उससे सहानुभूति का व्यवहार रखना।

2. समय-समय पर प्रोबेशनर के घर जाकर उससे मिलना और कभी-कभी उसे अपने घर भी आमन्त्रित करना।

3. इस बात की देख-रेख रखना कि प्रोबेशनर अदालत में दाखिल किए गए बोंड (Bond) की शर्तों का पालन कर रहा है या नहीं।

4. अदालत को प्रोबेशनर के व्यवहार के बारे में सूचित करते रहना।

5. प्रोबेशनर को सलाह मशविरा देना और उसके व्यवहार को उचित दिशा में ले जाने की कोशिश करना।

6. प्रोबेशनर को काम-धन्धा दिलाने में मदद देना।

आजकल उत्तर प्रदेश के 51 जिलों में से लगभग 7 जिलों में प्रवीक्षण का इन्तजाम है। उत्तर प्रदेश के सूचना विभाग के अनुसार 1957 में लगभग 3000 अपराधियों को परिवीक्षण अधिकारियों के संरक्षण में छोड़ा गया। भारत में परिवीक्षण व्यवस्था का प्रयोग बढ़ता जा रहा है। अकेले बम्बई राज्य में 1951 में परिवीक्षण पर छोड़े गए अपराधियों की संख्या केवल 11 थी जबकि 1952 में यह संख्या बढ़कर 663 हो गई। मद्रास में 1952 में 5250 अपराधी प्रोबेशन पर छोड़े गए।

परिवीक्षण व्यवस्था से लाभ

प्रोबेशन व्यवस्था अपराधियों को और अधिक अपराधों से रोकने में बहुत अधिक लाभदायक सिद्ध हुई है। मुख्य लाभ अग्रलिखित हैं:–

1. परिवीक्षण व्यवस्था अपराधी को सुधरने का मौका देती है।

2. परिवीक्षण अधिकारी अपराधी को सहायता और निर्देशन देता है।

3. प्रोबेशन व्यवस्था अपराधी को जेल के दूषित वातावरण से बचाती है। जिससे वह अनेक असामान्य प्रवृत्तियों का शिकार होने से बच जाता है।

4. परिवीक्षण व्यवस्था अपराध रोकने की अन्य व्यवस्थाओं से सस्ती भी है उदाहरण के लिये 1952 में मद्रास राज्य में प्रोबेशन पर छोड़े हुए 5200 अपराधियों पर लगभग 2,28,000 रु० खर्च किया गया। जेल भेजे जाने पर इन्हीं अपराधियों पर लगभग 16 लाख रुपया खर्च होता।

५. प्रोबेशन व्यवस्था केवल अपराधी को अपराध करने से ही नहीं रोकती बल्कि उसे समाज का एक उपयोगी अंग बनाने में भी सहायता करती है। उत्तर प्रदेश में 1953 में परिवीक्षण पर छोड़े गए 1700 अपराधियों में केवल 8 को छोड़ कर बाकी अपराध करना छोड़कर उत्तम नागरिक बन गए।

(2) सुधार संस्थायें

भारत में 1897 के रिफोर्मेटरी स्कूल अधिनियम (Reformatory Schools Act) के अनुसार सुधार स्कूल स्थापित किये गये। आजकल भारत में इस तरह के निम्नलिखित 4 स्कूल हैं:–

(अ) सुधार स्कूल

(1) **हिसार रिफोर्मेटरी स्कूल**–इसमें दिल्ली और पंजाब के 15 वर्ष से कम उम्र के किशोरापराधी भेजे जाते हैं। ये 3 से 5 वर्ष तक स्कूल में रखे जाते हैं। इन्हें मिडिल स्कूल तक की शिक्षा दी जाती है और साथ में प्रौद्योगिक शिक्षा भी दी जाती है। इसमें चमड़े का काम, सिलाई, लुहार का काम, बैंत का काम, बढ़ईगिरी आदि आते हैं। इसके अलावा स्काउटिंग, प्राथमिक चिकित्सा, मनोरंजन आदि का भी प्रबन्ध है। आचरण अच्छा होने पर बालक को इनाम दिया जाता है और घर जाने के लिये 15 दिन की छुट्टी भी दी जाती है।

(2) **लखनऊ रिफार्मेटरी स्कूल**–इसमें उत्तर प्रदेश के 9 वर्ष से 15 वर्ष की आयु तक के किशोरापराधी रखे जाते हैं। ये 4 से 7 वर्ष तक स्कूल में रहते हैं। स्कूल में इनकी सामान्य और प्रौद्योगिक शिक्षा का प्रबन्ध है। बालकों को जेब खर्च मिलता है और सादे कपड़ों में स्कूल से बाहर जाने दिया जाता है। स्कूल के बालकों का एक अपना बैंड भी है जो शहर में भेजा जाता है।

(3) **जबलपुर रिफार्मेटरी स्कूल**–इसमें मध्यप्रदेश के किशोर अपराधी रखे जाते हैं। स्कूल में बालकों को पूरी स्वतन्त्रता दी जाती है और उन्हें आत्मनिर्भरता सिखाई जाती है। स्कूल में सामान्य और औद्योगिक दोनों प्रकार की शिक्षा दी जाती है।

(4) **हजारीबाग रिफार्मेटरी स्कूल**–इसमें पश्चिमी बंगाल, बिहार, आसाम, और उड़ीसा के किशोर अपराधियों को प्राथमिक शिक्षा (Primary Education) दी जाती है। स्कूल से लगे औद्योगिक कक्ष में स्कूल के अलावा बाहर के विद्यार्थियों को भी प्रशिक्षण दिया जाता है। प्रतिभाशाली बालकों को बाहर की शिक्षा संस्थाओं में भेजा जाता है।

(ब) सर्टीफाइड स्कूल

रिफार्मेटरी स्कूलों में भयंकर अपराध वाले किशोर अपराधियों को रखा जाता है। छोटे अपराध वाले बालक सर्टीफाइड स्कूलों में रखे जाते हैं। ये स्कूल भारत में उन सब राज्यों में पाए जाते हैं जिनसे बाल अधिनियम (Children Act) पास किये जा चुके हैं। 14 वर्ष तक के बालक जूनियर सर्टीफाइड स्कूलों में रखे जाते हैं। 14 से 16 वर्ष तक के बाल-अपराधी सर्टीफाइड स्कूलों में रखे जाते हैं। इन स्कूलों में 5वीं से 8वीं कक्षा तक की शिक्षा दी जाती है। मद्रास राज्य में लड़कों के एक सीनियर और दो जूनियर तथा लड़कियों का एक सम्मिलित स्कूल है। राज्य द्वारा संचालित इन स्कूलों के अलावा 8 सर्टीफाइड स्कूल सार्वजनिक समितियों द्वारा संचालित हैं। बम्बई राज्य में राज्य सरकार द्वारा संचालित 19 सर्टीफाइड स्कूल हैं। केरल राज्य में एक सर्टीफाइड स्कूल है। इन सर्टीफाइड स्कूलों के अलावा बम्बई राज्य की 89 उपयुक्त व्यक्ति संस्थायें (Fit person's institutions), बंगाल का आवारा बच्चों का शरणालय (Vagrant children's home), कलकत्ता का कलकत्ता विजिलेन्स समिति शरणालय (Calcutta Vigilance Association Home) आन्ध्र प्रदेश में कुट्टी नेल्लोड़ी का बाल शारणालय तथा दिल्ली का बाल शरणालय और मैसूर राज्य में बेलारी का सर्टीफाइड स्कूल आदि संस्थायें किशोर अपराधियों के सुधार की दिशा में महत्वपूर्ण काम कर रही हैं।

(स) सहायक गृह

सर्टीफाइड स्कूलों के लिये बच्चे लेने वाली संस्थायें सहायक गृह (Auxiliary homes) कहलाती हैं। सहायक गृह सरकारी और गैर-सरकारी दोनों प्रकार के होते हैं। इनमें सातवें दर्ज तक की सामान्य शिक्षा और बढ़ईगिरी, कताई-बुनाई, जिल्दसाजी, चटाई बुनना, राज और दर्जी का काम आदि की औद्योगिक शिक्षा दी जाती है। इसके अलावा स्काउटिंग, प्राथमिक चिकित्सा (First Aid) संगीत तथा खेती आदि की शिक्षा का भी प्रबन्ध होता है। सहायक गृहों से निकले हुए बालक बहुत कम संख्या में दुबारा अपराध करते हैं।

(द) बोर्स्टल स्कूल

Juvenile Delinquency के लेखक टप्पन के अनुसार इंगलैंड के गृह विभाग ने बोर्स्टल व्यवस्था के सिद्धान्तों की इस प्रकार व्याख्या की है "इस व्यवस्था का लक्ष्य चरित्र और नैतिक, मानसिक, शारीरिक तथा व्यवसाय सम्बन्धी क्षमताओं का विशेष रूप से उत्तरदायित्व, और आत्मनियन्त्रण के विकास पर जोर देते हुए प्रगति के साथ बढ़ते हुए विश्वास के द्वारा सर्वांगीण विकास करना है।"[14] बोर्स्टल संस्था में सदस्यों को दिन भर रुचिकर तथा मेहनत के कामों में लगाए रखा जाता है। सामान्य शिक्षा के साथ-साथ इनमें शारीरिक प्रशिक्षण तथा औद्योगिक प्रशिक्षण का विशेष ध्यान रखा जाता है। इस प्रकार प्रशिक्षण सबसे पहले 1902 में इंगलैंड में

14. "The object of the system is the all round development of character and capacities, moral, physical and vocational with particular emphasis on the development of responsibility and self-control, trust increasing with progress."

—Quoted from P. W. Tappan, *Juvenile Delinquency,* p. 477.

केन्ट प्रान्त में मैन्चेस्टर के निकट बोर्स्टल नामक स्थान पर स्थापित किया गया। अत: इसका नाम बोर्स्टल स्कूल पड़ा। बोर्स्टल स्कूल भारत में सबसे पहले मद्रास राज्य में1926 में बने एक अधिनियम के अनुसार स्थापित हुआ। पश्चिमी बंगाल के बेहरामपुर में और महाराष्ट्रमें धारवाड़ में भी मद्रास के समान बोस्टंल स्कूल स्थापित किया गया। मैसूर और मध्य प्रदेश में भी इस प्रकार का एक-एक स्कूल बना।

बोर्स्टल स्कूल में 16 से 21 वर्ष की आयु के अपराधी रखे जाते हैं। 32 वर्ष की आयु के बाद इनको स्कूल से छोड़ दिया जाता है। आमतौर से बोर्स्टल स्कूल राज्य के जेल विभाग के आधीन होते हैं। मद्रास राज्य का बोर्स्टल स्कूल कई खण्डों में विभाजित है। इन खण्डों का परीक्षक एक हाउस मास्टर (House Master) होता है। हाउस मास्टर खण्ड के काम और अनुशासन का जिम्मेदार होता है। हाउस समूहों (Groups) में बंटा होता है। बोर्स्टल स्कूल में अच्छा आचरण दिखलाने वाले अपराधी को स्टार श्रेणी दी जाती है। इस श्रेणी के बन्दी को उसकी पसन्द का काम मिलता है और साथ ही साथ बैज धन राशि (Badge Money) के रूप में कुछ धन भी दिया जाता है। स्टार श्रेणी में अच्छा आचरण दिखलाने वालें सदस्यों को विशेष स्टार श्रेणी में रखा जाता है। विशेष स्टार श्रेणी के सदस्यों को बिना निगरानी के बाहर जाने की सुविधा दी जाती है। वे परेड, वर्कशाप, तथा मनोरंजन कक्ष आदि की देख-रेख करते हैं और सन्तरी आदि का काम करते हैं। वे संस्था के बाहर खेल-कूद प्रतियोगिताओं में और स्काउट शिविरों में भाग लेने को भी भेज जा सकते हैं।

(इ) किशोर बन्दीगृह

उत्तर प्रदेश बरेली में बोर्स्टल व्यवस्था के अनुकूल एक किशोर बन्दीगृह (Juvenile Jail) स्थापित किया गया है। उड़ीसा में अंगुल और बिहार में पटना में भी इसी प्रकार के किशोर बन्दीगृह स्थापित किये गये हैं। किशोर बन्दीगृह में उन्नीस वर्ष की आयु तक के या अधिक से अधिक 21 वर्ष की आयु तक के अपराधी रखे जा सकते हैं। किशोर बन्दीगृह साधारण जेलों से भिन्न है। यह एक सुधार संस्था है। इसमें बन्दियों को सामान्य शिक्षा और औद्योगिक शिक्षा दी जाती है। बन्दी जेल से बाहर जाकर भी काम कर सकते हैं। वे समय-समय पर अपने परिवार से मिलने घर पर भी जा सकते हैं। जेल की पढ़ाई खत्म करने के बाद सदस्य आगे पढ़ने के लिये जेल से बाहर के स्कूल में भी जा सकते हैं। बरेली जेल में कैदियों की अपनी देख-रेख में एक कैन्टीन भी है जिसमें उनको अपनी आवश्यकता की वस्तुयें मिल जाती हैं। जेल में बन्दियों द्वारा चुनी हुई एक पंचायत भी होती है। यह पंचायत सफाई तथा भोजन की व्यवस्था की देख-रेख करती है। यह कैदियों के अनुशासन भंग के मामलों में निर्णय भी देती हैं। किशोर बन्दीगृह अपराधियों के सुधार में बड़े सफल सिद्ध हुये हैं। बरेली के किशोर बन्दीगृह से पिछले बारह वर्षों में केवल एक ही कैदी भागा है। बन्दीगृह के सदस्यों की कमाई का धन उनके नाम जमा कर लिया जाता है और जेल छोड़ते समय उन्हें दे दिया जाता है ताकि वे कोई स्वतन्त्र व्यवसाय स्थापित कर सकें। जेल में खिलौने बनाने, चमड़े का काम, बुनाई, सिलाई, गलीचा बनाना, खेती, मुर्गी पालन, बैंड बजाना आदि विभिन्न उपयोगी काम सिखाये जाते हैं।

(3) मनोवैज्ञानिक उपचार

किशोरापराधियों के सुधार में मनोवैज्ञानिक खोज से बड़ी सहायता मिली है। परिवीक्षण व्यवस्था तथा सुधार संस्थाओं में किशोरापराध के सामाजिक कारण दूर किये जा सकते हैं परन्तु उसके व्यक्तित्व के दोषों को दूर करना कठिन है। बहुधा किशोरापराधियों में मानसिक असन्तुलन अथवा ऐसे ही अनेक मनोवैज्ञानिक दोष होते हैं जिनको दूर करने के लिये विशेष उपायों की जरूरत है। अत: आजकल अपराधियों के सुधार की सबसे अधिक प्रचलित वैज्ञानिक विधि मनोवैज्ञानिक उपचार है। इस तरह के उपचार का पाश्चात्य देशों में अधिक अच्छा प्रबन्ध है। भारत में अभी इस विषय में बड़ी कमी है। परन्तु फिर भी सुधार संस्थाओं में और परिवीक्षण व्यवस्था में अपराधियों के जीवनवृत्त को जानकर उनके मनोवैज्ञानिक उपचार का प्रबन्ध किया जाता है। मनोवैज्ञानिक उपचार में विशेषत: निम्नलिखित 3 तरह की विधियां आती हैं–

(अ) क्रीड़ा चिकित्सा (Play therapy)।

(ब) अंगुलि चित्रण (Finger painting)।

(स) मनो-अभिनय (Psycho-drama)।

(अ) क्रीड़ा चिकित्सा–क्रीड़ा चिकित्सा मनोवैज्ञानिक उपचार की सबसे अधिक स्वाभाविक विधि है। किशोरापराध का एक बड़ा कारण यह है कि बालक की रचनात्मक प्रवृत्तियों को स्वाभाविक रूप से उभरने नहीं दिया जाता जिससे कि वे विनाशात्मक मार्ग में निकल पड़ती हैं और बालक अपराधी बन जाते हैं। क्रीड़ा चिकित्सा में बालक को इस प्रकार के खेल खिलाये जाते हैं जिनसे उसको अपनी रचनात्मक शक्ति के विकास करने का समुचित अवसर मिल सके जैसे किला बनाना, घर बनाना आदि। इन खेलों का प्रयोजन बालकों को कुछ सिखाना का नहीं होता बल्कि इससे उनकी मानसिक प्रवृत्तियों को जाहिर होने का मौका दिया जाता है। इससे बालकों को संतोष मिलता है और मन में विकार नहीं आ पाते। खेल का एक बड़ा लाभ यह भी है कि इससे बालकों के सामाजिक गुण विकसित होते हैं। उनमें भ्रातृत्व और सहयोग की भावना आती है और असामाजिक प्रवृत्तियां नहीं आ पातीं। क्रीड़ा चिकित्सा में व्यक्तिगत और सामूहिक दोनों ही तरह के खेलों का प्रयोग किया जाता है।

(ब) अंगुलि चित्रण–मनोवैज्ञानिक उपचार की दूसरी मुख्य विधि अंगुलि चित्रण की विधि कहलाती है। जैसा कि इसके नाम से स्पष्ट है इसमें बालक अंगुलियों से चित्रण करता है। उसके सामने लाल, पीला, नीला, हरा आदि अनेक रंग रख दिये जाते हैं और उसको एक कोरा कागज दे दिया जाता है। अब बालक को उस कागज पर उंगली से उन्हीं रंगों के द्वारा कोई भी चित्र बनाने को कहा जाता है। बालक मन चाहे रंग से मनचाहें ढंग से कागज पर चित्र बनाता है। वास्तव में इसमें प्रयोजन चित्र बनवाने का बिल्कुल नहीं होता बल्कि चित्र बनाने के बहाने बालक के संवेगात्मक तनावों को निकलने का मौका दिया जाता है। अक्सर बालक अंगुलि चित्रण से बहुत सा रंग कागज पर फैला देता है और कभी-कभी अपने हाथ पैर और कपड़े तक रंग डालता है। इस तरह जहां उसको मनमानी करने का आनन्द मिलता है वहां उसका संवेगात्मक तनाव भी निकल जाता है और वह फिर से स्वस्थ बालक हो जाता है।

(स) मनो-अभिनय—मनोवैज्ञानिक उपचार की तीसरी प्रसिद्ध विधि मनो-अभिनय है। इस विधि को सबसे पहले मुरैनो नामक मनोवैज्ञानिक ने प्रारम्भ किया था।[15] इस विधि में बालक को एक काल्पनिक भूमिका में भाग लेने का मौका दिया जाता है जैसा कि इस विधि के नाम से स्पष्ट है यह अभिनय मनोवैज्ञानिक होता है। इसका प्रयोजन बालक को अभिनय करना सिखाना नहीं होता बल्कि अभिनय के सहारे उसके संवेग को जाहिर करने का मौका दिया जाता है। इस विधि में बालक अभिनय की भूमिका भी अपनी इच्छानुसार ही चुनता है तथा अपनी इच्छा से ही क्रोध, हर्ष, घृणा अथवा संघर्ष के भाव व्यक्त करता है। अत: बालक अभिनय में इतना तन्मय हो जाता है कि उसे अपने किसी भी संवेग को जाहिर करने में कोई भी संकोच नहीं होता। स्पष्ट है कि इससे उसका दमित संवेग अभिव्यक्त हो जाता है और मन शान्त हो जाता है। इस प्रकार अभिनय से बालक का संवेगात्मक रेचन हो जाता है और उसका मस्तिष्क फिर से सन्तुलित हो जाता है। मनोवैज्ञानिक अभिनय व्यक्तिगत भी होता है और सामूहिक रूप से भी किया जाता है। सामूहिक अभिनय में सभी तरह की भूमिकायें होती हैं जिससे बालक अपनी इच्छा के अनुसार मनचाही भूमिका चुन सके। बहुधा इसमें ऐसी स्थिति की कल्पना की जा सकती है जिसमें किसी किले को जीता जाये या किसी राक्षस को मारा जाये। इससे बालकों को अपनी ध्वंसात्मक (Destructive) अथवा आक्रामक (Aggressive) प्रवृत्तियों को व्यक्त करने का अवसर मिलता है।

किशोरापराध की रोकथाम

वास्तव में किशोरापराधियों को सुधारने के लिये केवल उपरोक्त उपाय ही पर्याप्त नहीं हैं। सच पूछा जाये तो सुधार से रोकथाम का अधिक महत्व होता है। अंग्रेजी में एक कहावत है "Prevention is better than cure" अर्थात् चिकित्सा से रोकथाम बेहतर है। यह कथन जितना शारीरिक रोग के बारे में सही है उतना ही मानसिक रोग के बारे में भी ठीक है। और क्योंकि अपराध भी एक प्रकार का असामान्य व्यवहार या रोग की ही अवस्था है इसलिए उसमें भी यह सिद्धान्त शतप्रतिशत काम करता हैं। रोकथाम इसलिये भी जरूरी है कि उससे बालकों को किशोरापराधी बनने से पहले ही रोका जा सकता है। यहां यह ध्यान करने की बात है कि अपराधी बनने के बाद बालक में चाहे कितना भी सुधार क्यों न किया जाये सभी किशोरापराधी फिर से स्वस्थ नहीं बन पाते।

इस रोकथाम में यह पहले पता लगा लेना जरूरी है कि कौन से बालक ऐसे हैं जिनके अपराधी बन जाने की सम्भावना हो सकती है। ग्ल्यूक के अध्ययनों से यह निष्कर्ष निकला कि भावी अपराधियों का ठीक-ठाक वर्गीकरण किया जा सकता है। प्रश्नावलियों, परीक्षणों तथा निरीक्षण की सहायता से भावी अपराधियों का पता लगाया जाता है। इसमें उनके व्यक्तित्व का परीक्षण बड़ा जरूरी है। यह परीक्षण केवल प्रयोगशाला में नहीं हो सकता। इसके लिए मनोवैज्ञानिक के साथ बालक के शिक्षक और उसके संरक्षक अथवा माता-पिता के सक्रिय सहयोग की जरूरत है। इन सबके सहयोग से परीक्षण किये जाने पर बालक की अपराधी प्रवृत्तियों का बड़ी सफलता

15. Moreno, L., *Psycho-drama,* Beacon House (1946), New York.

से पता लगाया जा सकता है। भावी अपराधियों की यह रोकथाम किशोरावस्था में नहीं बल्कि बचपन में शुरू होनी चाहिये। ग्ल्यूक ने 1000 किशोरापराधियों के अध्ययन में 3 प्रतिशत को 4 वर्ष की आयु से पहले, 12 प्रतिशत को 6 वर्ष की आयु से पहले, 36 प्रतिशत को 8 वर्ष की आयु से पहले, 62 प्रतिशत को 10 वर्ष की आयु से पहले तथा 84 प्रतिशत को 12 वर्ष की आयु से पहले पहली बार अपराध करते हुये पाया। इससे स्पष्ट है कि अपराध की रोकथाम 4-5 वर्ष की आयु से होनी जरूरी है। प्रसिद्ध मनोविश्लेषणवादी फ्रॉयड के अनुसार बालक के जीवन में प्रारम्भ के 7 वर्ष का बड़ा महत्व होता है और उसके भावी व्यक्तित्व का सारा ढांचा इन्हीं सात वर्षों में तैयार हो जाता है। फ्रॉयड के इस मत को चाहे न भी माना जाये परन्तु किशोर अपराधियों से सम्बन्धित आंकड़ों से यह जरूर सिद्ध होता है कि उनकी अपराधी प्रवृत्तियों की रोकथाम छोटी आयु से ही होनी जरूरी है। इस रोकथाम में सबसे पहले उनके घर का परिवेश स्वस्थ होना चाहिये और माता-पिता तथा अन्य सम्बन्धियों का सम्बन्ध प्रेम पूर्ण होना चाहिये। स्कूल में बालक का पाठ्यक्रम रुचिकर हो और उनको पाठ्यक्रम के अतिरिक्त कार्यक्रम, संगीत, खेलकूद, पिकनिक, स्काउटिंग आदि में पर्याप्त रूप से भाग लेने का अवसर मिले। बालक में अनुशासन उत्पन्न करना आवश्यक जरूरी है परन्तु यह चेष्टा होनी चाहिये कि यह अनुशासन बाहर से न लादा जाकर स्वयं उनमें से ही उत्पन्न हो। घर और स्कूल के अतिरिक्त बालकों को तरह-तरह के खेलों के अवसर मिलने चाहिये। इस प्रसंग में यह संकेत करना भी अप्रासंगिक नहीं होगा कि चल-चित्र यथासम्भव स्वस्थ हों और बालकों को समाज विरोधी अथवा व्यस्कोचित चलचित्र न ही देखने दिये जायें तो अच्छा है। संक्षेप में, अपराधी प्रवृत्तियों की रोकथाम में बालकों के पूरे व्यक्तित्व पर दृष्टि रखने की आवश्यकता है। इस सम्बन्ध में जो कुछ पहले कहा गया है उससे केवल सुझाव मात्र मिल सकता है विस्तृत रूप रेखा तो प्रत्येक बालक के लिये अलग-अलग उसके संरक्षक और माता-पिता मनोवैज्ञानिक के सहयोग से बना सकते हैं। इस सम्बन्ध में बालक का समुचित पालन-पोषण, समुचित शिक्षा, स्वस्थ मनोरंजन तथा मनोवैज्ञानिक दोषों का उपचार महत्वपूर्ण तत्व हैं। अब इन तत्वों का जरा विस्तृत विवेचन प्रासंगिक होगा।

(1) **समुचित पालन-पोषण**—किशोर अपराध के निरोध का मूल मन्त्र उन कारणों की रोकथाम है जिनसे बालक अपराधी बनते हैं। विभिन्न अध्ययनों से यह देखा गया है कि अपराध की ओर जाने का मूल कारण बालक का समुचित पालन-पोषण न होना है। अतः किशोर अपराध को रोकने के लिये सबसे पहले परिवारों का पुनर्संगठन करना होगा। माता या पिता बनने से पहले प्रत्येक स्त्री और पुरुष को बाल मनोविज्ञान और बालकों के पालन-पोषण सम्बन्धी बातों का ज्ञान होना आवश्यक है। बालक का पालन-पोषण एक कला और एक विज्ञान है। इस कला की आवश्यक शर्तें, माता-पिता का चरित्र तथा व्यवहार और घर का वातावरण है। आवश्यकता से अधिक लाड़-प्यार से बालक बिगड़ जाते हैं। आवश्यकता से कम स्नेह और प्यार पाने पर उनका भावात्मक विकास नहीं हो पाता। अतः प्यार का बालक के जीवन में बड़ा महत्व है। मारपीट और अपमान बहुधा बालक को अपराध की राह पर ले जाते हैं। घर का अनुशासन प्रेमपूर्ण होना चाहिये। दूसरे बालक की जिज्ञासाओं के समाधान में बड़ी सावधानी की आवश्यकता है। कोई बात पूछने पर बालक को झिड़क देने या उससे झूठ बोल देने पर प्रभाव बड़ा बुरा पड़ता है। बहुधा

बालकों से यौन जिज्ञासाओं के विषय में झूठ बोल दिया जाता है। बालक जब अपने साथियों या घर के नौकरों से सही बात का पता पाते है तब उस पर माता-पिता का झूठ खुल जाता है। बहुधा स्त्री-पुरुष के परस्पर प्रेम व्यवहार के समय बालक के आ जाने में वे अपराधी की सी मुद्रा बना लेते हैं या बालक को फटकार देते हैं। इससे बालक में अपराध ग्रन्थि बन जाती है। आवश्यक यौन शिक्षा के अभाव से अनेक लड़के-लड़कियाँ यौन अपराध की राह पर अग्रसर हो जाते हैं। माता-पिता बालक के सामने आदर्श होते हैं। उनके आपस के झगड़ों का और उनके चरित्र के दोषों का भी बालक पर उतना ही बुरा प्रभाव पड़ता है जितना कि उनके दुर्व्यवहार का। अतः माता-पिता को अपने आचरण तथा चरित्र को ठीक रखने के विषय में बालक के प्रति जिम्मेदारी महसूस करनी चाहिये। वास्तव में बालक को अपराध से बचाने का तरीका उसकी बुरी आदतों को रोकना नहीं बल्कि उसमें अच्छी आदतें डालना है। दण्ड और पुरस्कार का बालक पर बड़ा प्रभाव पड़ता है अतः उसको अच्छी आदतें सिखाने में सावधानीपूर्वक इनका उपयोग किया जाना चाहिये। किस बात में कितनी सजा अथवा पुरस्कार किस तरह दिया जाये यह महत्वपूर्ण प्रश्न है। बालक को उपदेश से अधिक उदाहरण और आदर्श से सिखाना चाहिये।

(2) **समुचित शिक्षा**—परिवार के बाद बालक पर स्कूल का प्रभाव पड़ता है अतः किशोर अपराध रोकने के लिये बालक की समुचित शिक्षा का प्रबन्ध होना बड़ा जरूरी है। समुचित शिक्षा में शिक्षक का व्यक्तित्व, स्कूल का पाठ्यक्रम, शिक्षा की विधि और पाठ्यक्रम के अलावा कार्यक्रमों का बड़ा महत्व है। शिक्षकों को बाल मनोविज्ञान का विशेष ज्ञान होना चाहिये ताकि वे अपने विषय को मनोरंजक ढंग से उपस्थित कर सकें और बालक में विषय के प्रति रुचि उत्पन्न कर सकें। शिक्षक का आचरण और व्यवहार बड़ा सुधरा हुआ होना चाहिये क्योंकि बालक उसके उदाहरण से बहुत कुछ सीखता है। शिक्षक को भी उपदेश से अधिक उदाहरण से शिक्षा देनी चाहिये। बालक का अपमान बड़ा ही घातक सिद्ध होता है। शारीरिक दण्ड का यथा सम्भव प्रयोग नहीं होना चाहिये। पढ़ने-लिखने में कमजोर बालकों की ओर विशेष ध्यान दिया जाना चाहिये क्योंकि उनके अपराधी बनने की सम्भावना अधिक रहती है। विद्यार्थियों को अपनी रुचि के अनुसार विषय चुनने तथा आपस के मामलों को स्वयं निपटाने की स्वतन्त्रता मिलनी चाहिये। खेल-कूद, नाटक, वादविवाद, स्काउटिंग तथा नाना प्रकार की प्रतियोगिताओं के द्वारा बालक की विभिन्न प्रवृत्तियों को अभिव्यक्त होने का अवसर मिलने से उनकी अपराध की ओर जाने की सम्भावना कम हो जाती है। सामान्य शिक्षा के साथ-साथ बालकों की शारीरिक शिक्षा, औद्योगिक शिक्षा तथा नैतिक शिक्षा भी आवश्यक है। स्कूल से भागना अपराध की पहली सीढ़ी है। स्कूल का वातावरण तथा शिक्षा पद्धति ऐसी होनी चाहिये कि बालक स्कूल से न भागे।

(3) **स्वस्थ मनोरंजन**—मनोरंजन का व्यक्ति के जीवन में बड़ा महत्वपूर्ण स्थान होता है। स्वस्थ मनोरंजन के अभाव में बालक की अपराधी प्रवृत्तियों को प्रोत्साहन मिलता है। अतः अपराधों को रोकने के लिये स्वस्थ तथा सुसंस्कृत मनोरंजन की सामग्रियों का उपलब्ध होना अत्यन्त आवश्यक है।

(4) **मनोवैज्ञानिक दोषों का उपचार**—मनोवैज्ञानिक दोष अपराध के महत्वपूर्ण कारण

हैं। अत: बालकों को अपराधों से रोकने के लिये उंनके मनोवैज्ञानिक दोषों का उपचार अत्यन्त आवश्यक है। इसके लिये स्कूलों से लगे हुए मनोवैज्ञानिक क्लीनिक (Psychological Clinics) होने चाहियें जो बालकों के विषय में उचित देख-भाल कर सकें और परामर्श दे सकें

वास्तव में बालक को अपराध से रोकने का कार्य माता-पिता, शिक्षक तथा सरकार पर निर्भर है। इन सभी के सम्मिलित सहयोग से इस कठिन कार्य में सफलता मिल सकती है। इन सब को समय-समय पर मिलकर बालक की समस्याओं के विषय में परामर्श करना और उन समस्याओं को सुलझाने के उपाय सोचना आवश्यक है। इसके लिए शिक्षकों, अभिभावकों तथा मनोवैज्ञानिकों और प्रोबेशन अधिकारी आदि सरकारी कर्मचारियों की संयुक्त परिषदें होनी चाहिए। सरकार को परिवारों तथा स्कूलों के सुधार में सहायता करनी चाहिये। परिवार नियोजन, स्कूलों और परिवारों को आर्थिक स्वालम्बन में सहायता देना, शिक्षा का सुधार आदि अपराध निरोध में सहायक सिद्ध होंगे।

सारांश

आधुनिक सभ्य देशों में किशोरापराधी को दण्ड देने के स्थान पर उसका सुधार करने की कोशिश की जाती है। किशोर अपराधियों में कानून द्वारा निश्चित आयु से कम आयु के वे सभी बालक आते हैं जो कि कुछ गैर-कानूनी काम करते हैं। किशोरापराध की मनोवैज्ञानिक परिभाषा में इनके अलावा और भी बहुत से किशोर आ जाते हैं जो कि समाज विरोधी या अनुचित कार्य करते हैं।

अपराध और किशोर अपराध में अन्तर—(1) आयु का अन्तर, (2) कामों का अन्तर, (3) विशेषताओं का अन्तर।

अपराधों के कारण जानने की विधियां—(1) सांख्यिकीय विधि, (2) जीवनवृत्त विधि तथा (3) मनोविश्लेषण विधि।

किशोरापराध के कारण—1. **सामाजिक कारण**—(1) परिवार—(अ) भग्न परिवार, (ब) माता-पिता का रुख, (स) माता-पिता का चरित्र व आधार, (द) भाई-बहनों का प्रभाव (2) स्कूल, (3) अपराधी क्षेत्र, (4) बुरी संगत, (5) मनोरंजन, (6) युद्ध, (7) सामाजिक विघटन, (8) स्थानान्तरण।

2. मनोवैज्ञानिक कारण—(1) बौद्धिक दुर्बलता, (2) मानसिक रोग, (3) व्यक्तित्व के लक्षण, (4) संवेगात्मक अस्थिरता।

3. आर्थिक कारण—(1) बेरोजगारी, (2) गरीबी।

किशोरापराध के सुधार के उपाय—(1) परिवीक्षण, (2) सुधार स्कूल, (3) मनोवैज्ञानिक उपचार—(अ) क्रीड़ा चिकित्सा, (ब) अंगुलि चित्रण, (स) मनो-अभिनय

किशोर अपराध निरोध—(1) समुचित पालन-पोषण, (2) समुचित शिक्षा, (3) स्वस्थ मनोरंजन।

36

समूह तनाव और सामाजिक संघर्ष (Group Tensions and Social Conflicts)

जेम्स ड्रेवर (1968) के अनुसार, ''तनाव के तीन अर्थ हैं–(1) एक दवाब की अनुभूति, (2) सन्तुलन में विघ्न का आभास ही तनाव है, (3) धमकीपूर्ण परिस्थिति का सामना करने के लिए व्यवहार को परिवर्तित करने की तैयारी ही तनाव है।''[1] कोलमैन (1976) ने तनाव को परिभाषित करते हुए लिखा है कि मनोवैज्ञानिक अर्थों में, ''दबाव, बेचैनी और चिन्ता की अनुभूति ही तनाव है।''[2]

समूह तनाव क्या है?

तनाव व्यक्तियों में भी हो सकते हैं और समूहों में भी। जिस तरह परस्पर विरोधी दृष्टिकोण, विचार और मत आदि रखने वाले व्यक्तियों में आपस में तनाव उत्पन्न हो जाता है, उसी तरह परस्पर विरुद्ध आचार-विचार व्यवहार, आदर्श और तौर-तरीके आदि रखने वाले समूहों में तनाव उत्पन्न हो जाता है। समूह तनाव, जैसा कि उसके नाम से स्पष्ट है, दो या अधिक समूहों के बीच मनोवैज्ञानिक तनाव है। उदाहरण के लिये भारत में विभिन्न जाति समूहों में एक दूसरे से घृणा, भय और ऊँच-नीच की भावना देखी जाती है। स्थान-स्थान पर बनिये और ब्राह्मण, ब्राह्मण और कायस्थ, ब्राह्मण और अब्राह्मण, ऊँची जातियों तथा नीची जातियों में परस्पर बैर-भाव दिखाई पड़ता है। यह जातिवाद (Casteism) जातीय तनाव के कारण है। भारत में सैकड़ों सालों से हिन्दुओं व मुसलमानों के साथ-साथ रहने पर भी उनके आचार-विचार, आदर्श, रीति-रिवाज, दृष्टिकोण तथा अन्य बातों में अब भी पर्याप्त अन्तर है। इस कारण भारत में हिन्दुओं और मुसलमानों में साम्प्रदायिक तनाव देखा जाता है। इसी प्रकार देश के भिन्न-भिन्न प्रदेशों में रहने वाले लोगों में परस्पर कुछ न कुछ भेदभाव पाया जा सकता है। पंजाबी, पंजाबी को और बंगाली, बंगाली को फायदा पहुँचाने की कोशिश करता है। असम वाले यह समझते हैं कि असम, असमियों के लिये

1. "Tension: A feeling of strain; A general sense of disturbance of equilibrium and of readiness to alter behaviour to meet some almost threatening factor in the situation."
—James Drever, *A Dictionary of Psychology,* 1968.
2. "Tension : Psychologically, is characterised by feeling of strain, uneasiness and anxiety," —James Colemen, *Abnormal Psychology & Modern Life,* 1976.

है और उसमें बंगालियों की कोई जगह नहीं होनी चाहिये। इतना ही नहीं बल्कि कुछ संस्थाओं ने उत्तर दक्षिण के अन्तर की ओर संकेत करके दक्षिण भारत को बिल्कुल पृथक राज्य बनाने की माँग की है। इस प्रकार के दल का अस्तित्व ही यह सिद्ध करता है कि भारत में क्षेत्रगत तनाव (Regional Tension) कितना बढ़ा हुआ है। दक्षिण वाले यह समझते हैं कि केन्द्रीय सरकार में उत्तर वाले ही अधिक पदों पर कब्जा किये हुये हैं। बहुत से दक्षिण निवासियों के सामने सदैव देश का पिछला इतिहास रहता है जबकि उत्तरी भारत के शासकों ने दक्षिण भारत पर बारम्बार आक्रमण किये थे। उनको उत्तर की तलवारों की झनकार अब भी सुनाई पड़ती है। इससे उत्तर के प्रति बैर-भाव बना रहता है। केवल जातिगत, साम्प्रदायिक और क्षेत्रगत तनाव ही नहीं बल्कि भारत में आजकल भाषा-सम्बन्धी तनाव भी देखे जा सकते हैं। भाषा के प्रश्न को लेकर कुछ समय पूर्व असम में भयंकर दंगे हुए। हिन्दी और पंजाबी के प्रश्न को लेकर पंजाब में कितने ही दिनों भारी अशन्ति छाई रहीं। उर्दू और हिन्दी के प्रश्न को लेकर देश में कितनी ही गर्मागर्मी बनी रही। भाषा व्यक्तियों के परस्पर व्यवहार का माध्यम है। अन्य भाषा बोलने वाला और अपनी भाषा न जानने वाला स्वभावतया ही विदेशी मालूम पड़ता है। अतः भिन्न भाषा-भाषी लोगों में तनाव देखा जाना स्वाभाविक है।

परन्तु, जाति, धर्म, निवास-स्थान अथवा भाषा की विविधता से भिन्न समूहों में संघर्ष होना आवश्यक नहीं है। भारतीय संस्कृति में सदा से ही विधिवता में एकता देखी जा सकती है। अतः देश में इन सब प्रकार के भेदों के रहते हुए भी राष्ट्रीय संगठन असम्भव नहीं समझा जाता। अभी पिछले वर्षों में परस्पर विरोधी मत रखने वाले देश के भिन्न-भिन्न राजनीतिक दलों ने एकत्रित होकर राष्ट्रीय संगठन के विषय में विचार-विमार्श किया और इस विषय में कार्यक्रम की एक मोटी रूपरेखा तैयार की। इस योजना से राष्ट्रीय संगठन कहाँ तक हो सकता है, यह दूसरी बात है, परन्तु महत्वपूर्ण बात यह है कि विभिन्न दल एक स्थान पर एकत्रित होकर राष्ट्रीय संगठन के विषय में कुछ सोच सकें और एकमत से निर्णय कर सकें। राष्ट्रीय संगठन कैसा होना चाहिये ? इस विषय में मतभेद हो सकता है परन्तु आज इस तथ्य के विषय में दो मत नहीं हो सकते कि भारत एक इकाई है, एक राष्ट्र है और उसमें जातियों, धर्मों, भाषाओं, रीति-रिवाजों और संस्कृतियों आदि की विविधता कायम रखते हुए भी राष्ट्रीय एकता उत्पन्न की जा सकती है।

समूह तनाव के मनोवैज्ञानिक तत्व

समूह तनाव का मूल पूर्वाग्रह

समूह तनाव की धारणा को स्पष्ट करने के लिए उसके मनोवैज्ञानिक मूल तत्वों का विश्लेषण आवश्यक है। समूह तनाव के मूल में मनोवैज्ञानिक कारण ही है पूर्वाग्रह (Prejudice)। ऊँची जाति के लोग नीची जातियों के लोगों का स्पर्श तक अपवित्र करने वाला समझते हैं। यह एक पूर्वाग्रह है। पूर्वाग्रह, जैसा कि उसके नाम से स्पष्ट है, किसी बात की जाँच या परीक्षा करने से पहले ही उसके सम्बन्ध में कोई निश्चित विश्वास और अभिवृत्ति बना लेना है। स्पष्ट है कि पूर्वाग्रह सरासर अनुचित होते हैं।

आलपोर्ट (1954) के अनुसार, "यह एक विरोधी भाव है जो एक द्वेषपूर्ण और दृढ़ सामान्यीकारण पर आधारित है। यह अनुभव किया जा सकता है या इसकी अभिव्यक्ति की जा

सकती है। यह सम्पूर्ण रूप से किसी समूह के प्रति अथवा किसी व्यक्ति के प्रति होता है क्योंकि वह व्यक्ति उस समूह का सदस्य होता है।''[3]

ब्रिट (1950) के अनुसार, ''पूर्वाग्रहित निर्णय शब्द का अर्थ परिपक्व अथवा पक्षपातपूर्ण मत है।''[4]

क्रेच तथा क्रचफील्ड के अनुसार, ''पूर्वाग्रह उन अभिवृत्तियों तथा विश्वासों को कहते हैं जो उनके पात्रों को लाभकर अथवा हानिकर स्थिति में रखते हैं। जातीय पूर्वाग्रह किसी अल्पसंख्यक जातीय नैतिक तथा राष्ट्रीय समूह के प्रति उन अभिवृत्तियों तथा विश्वासों को कहते हैं जो उस समूह के सदस्यों के लिए हानिकारक होते हैं।''[5]

जेम्स ड्रेवर ने पूर्वाग्रह की परिभाषा इस प्रकार दी है–''निश्चित वस्तुओं, व्यक्तियों तथा सिद्धान्तों के प्रति अनुकूल तथा प्रतिकूल अभिवृत्ति को, जिसमें प्रायः संवेग भी सन्निहित रहते हैं, पूर्वाग्रह कहते हैं''[6]

के० जी० सैयदेन के शब्दों में, ''पहले हम लोगों को स्पष्टतया बिना हिचकिचाहट के यह स्वीकार करना चाहिये कि किसी राष्ट्र में विभिन्न भाषा-भाषी रहन-सहन, खान-पान, धर्म तथा जाति के लोगों का होना कोई त्रुटि, अपराध, कमजोरी अथवा लज्जाजनक बात नहीं है। उपयुक्त परिस्थिति में विविधता, निर्बलता तथा गरीबी को नहीं वरन शक्ति और सम्पन्नता को जन्म देती है। अतः विश्व की तथा भारत जैसे बड़े देशों की यह प्रमुख समस्या है कि मनुष्य की मानसिक शक्तियों को ऐसी दिशा प्रदान करें और सामाजिक तथा राजनैतिक जीवन की ऐसी प्रविधियों को अपनावें कि ये स्वस्थ अन्तर संघर्ष तथा शत्रुता में न बदल जायें।''[7]

---

3. "An antipathy based upon a faulty and inflexible generalization. It may be felt or expressed. It may be directed towards a group as a whole or towards as individual because he is amember of that group."
—G.W. Allport, *The Nature of Prejudice,* 1954.
4. "The word "prejudice actually means a premature or biased opinion."
—S.H. Britt, *Social Psychology,* 1950.
5. "Prejudice is defined as referring to attitudes and beliefs that serve to place the object of the attitudes and beliefs at an advantage and dis-advantage... Racial prejudice is to be defined as referring to attitudes or beliefs concerning any minority racial, ethnic, or national group that are disadvantageous to the members of that group."
—D. Krech and R.S. Crutchfield : *Theory and Problems of Social Psychology.* Mcgraw Hill Book Co. , New York 1948, p. 444.
6. "Prejudice is an attitude, usually with an emotional colouring, hostile to, or in favour actions and objects of a certain kind, certain persons and certain doctrines."
—James Drever : *Dictionary of Psychology,* p. 21.
7. "In the first place, we should recognise, frankly and without mental reservation that there is nothing wrong or criminal or shameful or weak in a nation having people with different languages, forms of dress or types of food or belonging to different religions or races, Variety, under proper conditions, is a source of strength and enrichment, not of weakness or poverty and one of the greatest problem facing the world, and big countries like India, is to work out a mental reorientation and the technique of social and political life which would stop these perfectly healthy differences from breaking out into conflicts and antagonisms."
—K. G. Saiyedain : The Conflict Between Cultures and Prejudices : Group Prejudices in India—A symposium, edited by Nanawati and Vakils Bombay, pp. 25-26.

किम्बाल यंग ने पूर्वाग्रह की एक विस्तृत परिभाषा उपस्थित की है। उसके अनुसार, ''एक पूर्वाग्रह रूढ़ियुक्तियों, पौराणिक कथाओं और कहानियों का एक समग्र है जिसमें कि एक व्यक्ति अथवा एक समूह को पूर्ण रूप से लेकर उसका वर्गीकरण करने, उसके लक्षण बतलाने अथवा उसकी परिभाषा करने के लिये एक समूह, लेबिल या प्रतीक का इस्तेमाल किया जाता है। इसका अर्थ यह है कि पूर्व निर्णय, एक निर्णय देना अथवा एक अभिवृत्ति ग्रहण करना अथवा पहले से ही एक विश्वास बना लेना है। वह एक आत्महित या समूह के हित से बौद्धिक निर्णय को विकृत कर देता है। प्राय: उसके साथ राग और द्वेष के दृढ़ संवेग जुड़े रहते हैं।''[8] पूर्वाग्रह की इस परिभाषा में उसको एक रूढ़ियुक्ति (Stereotype), एक पूर्व निर्णय (Prejudgement) एक बुद्धिहीन निर्णय (Irrational Judgement) कहा गया है जिसके साथ राग-द्वेष के दृढ़ संवेग लगे रहते हैं। पूर्वाग्रह की इस परिभाषा में लगभग सभी बातें आ जाती हैं।

1. विश्वास– पूर्वाग्रह की उपरोक्त परिभाषा में अभिवृत्ति और विश्वास शब्द का प्रयोग किया गया है। अत: इनको भी भली प्रकार समझना आवश्यक है। क्रेच और क्रचफील्ड के अनुसार, ''विश्वास व्यक्ति के जगत के किसी पहलू के बारे में प्रत्यक्षों और ज्ञान का एक स्थायी संगठन है''[9] हर एक व्यक्ति की अपनी एक दुनिया होती है जिसमें अपनी देखी हुई और जानी हुई बातों के आधार पर वह कुछ विश्वास बना लेता है। ये विश्वास अच्छे भी हो सकते हैं और बुरे भी, सही भी हो सकते हैं और गलत भी परन्तु इनसे व्यक्ति का व्यवहार बहुत कुछ निश्चित होता है।

2. अभिवृत्ति–अभिवृत्ति (Attitude) की परिभाषा करते हुए आलपोर्ट ने लिखा है, ''एक अभिवृत्ति समस्त सम्बन्धित वस्तुओं और परिस्थितियों के प्रति व्यक्ति की अनुक्रिया पर एक निर्देशात्मक और गत्यात्मक प्रभाव डालने वाली एक मानसिक और स्नायविक तत्परता या रुख है।''[10] जैसे कि इस परिभाषा से स्पष्ट है, अभिवृत्ति एक मानसिक और स्नायविक तत्परता है। इसका व्यक्ति के सभी व्यवहारों पर प्रभव पड़ता है। उदाहरण के लिये हिन्दुओं और मुसलमानों की परस्पर अभिवृत्तियों का एक दूसरे के व्यवहार पर स्पष्ट प्रभाव देखा जा सकता है। जो लोग एक दूसरे से शत्रुता की अभिवृत्ति रखते हैं, उनके सभी व्यवहारों में शत्रुता दिखलाई पड़ती है। मित्रता की अभिवृत्ति रखने वाले की बातों से मैत्री की गंध आती है।

---

8. "A prejudice is a composite of stereotypes, myths and legends in which a group label or symbol is used to classify, characterise and define an individual or a group considered as a totality... It means prejudgement, the making of a decision or the adoption of an attitude of a belief in advance, It is a perversion of rational judgment by self-interest or group interest. It is usually accompanied by strong emotional likes and dislikes." —K. Young
9. '' A belief is an enduring of organisation of perceptions and cognitions about some aspect of the individual's world.'' — Kretch and Crutchfield Theory and Problems of Social Psychology, Mcgraw Hill Book Co. New York (1548), p. 144.
10. "An attitude is a mental and neural set of readiness, exerting, a directive dynamic influence upon the individual's response to all objects and situations with which it is related." —G. W. Allport

अभिवृत्ति और विश्वास में बड़ा घनिष्ठ सम्बन्ध है। बहुधा हर एक अभिवृत्ति के पीछे एक विश्वास रहता है, यद्यपि यह आवश्यक नहीं कि हर एक विश्वास के पीछे एक अभिवृत्ति भी हो। उदाहरण के लिये पृथ्वी गोल है—यह एक विश्वास है परन्तु बहुधा इस विश्वास से व्यक्ति में कोई अभिवृत्ति नहीं बनती। दूसरी ओर यदि रामू खुदाबख्श से घृणा करता है तो इसके पीछे खुदाबख्श के विषय में किसी न किसी तरह का विश्वास अवश्य है। बहुधा जैसी मनोवृत्ति होती है उसकी पृष्ठभूमि में वैसा ही विश्वास भी रहता है।

3. **रूढ़ियुक्ति**—समूह तनाव में एक मनोवैज्ञानिक तत्व रूढ़ियुक्ति (Stereotype) है। किम्बाल यंग (1960) के अनुसार, ''रूढ़ियुक्ति की सबसे अच्छी परिभाषा इस प्रकार की जा सकती है कि यह एक गलत वर्गीकरण करने वाली धारणा है, जिसके साथ पसन्द, नापसन्द, स्वीकृति या अस्वीकृति की कोई प्रबल संवेगात्मक भावना सम्बन्धित रहती है।''[11]

जहोदा (1965) के अनुसार, रूढ़ियुक्तियाँ एक समूह के लोगों के प्रति, समूह के प्रति पूर्व कल्पित मतों का संकेत करती हैं अर्थात् यह प्रत्येक घटना के नये निर्णयों से निष्कर्ष के रूप में नहीं निकलती है बल्कि यह निर्णय और प्रत्यक्षीकरण के उत्कृष्ट उदाहरण स्वरूप हैं।''[12]

तनाव के उपरोक्त विस्तृत विवेचन से तनाव की प्रकृति स्पष्ट होती है। इस प्रकार तनाव कुछ पूर्वाग्रहों, विश्वासों और अभिवृत्तियों के परिणामस्वरूप उत्पन्न होते हैं। विभिन्न तनावों के उपरोक्त विस्तृत विवेचन से तनाव की प्रकृति स्पष्ट होती हैं। इस प्रकार तनाव कुछ पूर्वाग्रहों, विश्वासों और अभिवृत्तियों के परिणामस्वरूप विभिन्न व्यक्तियों या समूहों के परस्पर सम्बन्धों में एक प्रकार की विषमता, असन्तुलन और असमायोजन है।

समूह तनाव के विकास के कारण
(Causes of the Group Tensions)

समूह तनाव के विकास के बहुत से कारण होते हैं। भाषा, सम्प्रदाय, निवा सस्थान, सांस्कृतिक और सामाजिक तथा आर्थिक स्थिति आदि किसी भी पहलू में परस्पर विरोधी होने पर विरोधी समूहों में सामूहिक तनाव उत्पन्न हो जाते हैं। इस प्रकार समूह तनाव के भौतिक, धार्मिक, सामाजिक, सांस्कृतिक, आर्थिक और राजनीतिक अनेक प्रकार के कारण देखे जा सकते हैं। इनमें विषमता होने से तनाव बढ़ते हैं। गार्डनर मर्फी ने इनकों 'भिन्न होने का पाप' (The sin of being different)[13] कहकर संक्षेप में व्यक्त किया है। यह ध्यान रखने की आवश्यकता है कि

---

11. "It is best to define stereotype as a false, classificatory concept to which, as a rule, some strong emotional feeling tone of like or dislike, approval or disapproval is attached." —Kimbal Young, *Handbook of Social Psychology.* 1960.

12. "A stereotype denotes opinion about classes of individual groups or objects which are "preconceived", i, e., which do not derive from new judgements of each single phenomenon but are pattern like forms of perceiving and judging."
—M. Jahoda : Stereotype : In_ J. Gould & W. L. Kolb (Eds.) : *Dictionary of Social Sciences,* 1965.

13. Murphy G., *Minds of Men,* New York, (1955), pp. 219-20.

भिन्नता मात्र को तनाव का कारण नहीं माना जा सकता। यह आवश्यक नहीं है कि भिन्न समूहों में तनाव भी अवश्य हो। तनाव होने से पहले भिन्नता के अलावा कुछ मनोवैज्ञानिक कारणों का भी महत्व है। जैसा कि पहले बतलाया जा चुका है, अनेक पूर्वाग्रह, विश्वास, अभिवृत्तियाँ, तनाव के मूल कारण हैं। क्रेच और क्रचफील्ड ने तनाव के भौतिक, मनोवैज्ञानिक और सामाजिक कारण माने हैं। किम्बाल यंग ने तनाव में सांस्कृतिक कारकों को अधिक महत्व दिया हैं। स्थूल रूप से समूह तनाव के विकास के निम्नलिखित कारण माने जा सकते हैं–

(1) भौतिक कारण (Physical Causes),

(2) सामाजिक कारण (Social Causes),

(3) सांस्कृतिक कारण (Cultural Causes),

(4) धार्मिक कारण (Religious Causes),

(5) आर्थिक कारण (Economic Causes),

(6) राजनीतिक कारण (Political Causes),

(7) मनोवैज्ञानिक कारण (Psychological Causes)।

(1) भौतिक कारण (Physical Causes)–भौतिक कारणों को भोगौलिक कारण (Geographical Causes) भी कहा जा सकता है। भिन्न-भिन्न स्थानों पर रहने वाले लोगों के पहनावे, खान-पान, रहन-सहन, शारीरिक बनावट आदि में काफी अन्तर हो जाता है। इस अन्तर के कारण वे एक-दूसरे को विदेशी समझने लगते हैं। स्वाभाविक है कि हर एक व्यक्ति को स्वदेशियों से प्रेम और विदेशियों से भय होता है। अब यदि कुछ अन्य बातें भी मिल जाती हैं तो विभिन्न क्षेत्रों के निवासियों में तनाव उत्पन्न हो जाते हैं। भारतवर्ष में इस प्रकार के क्षेत्रगत तनावों का जिक्र पीछे किया जा चुका है।

(2) सामाजिक कारण (Social Causes)–सामाजिक सम्बन्धों में सामाजिक दूरी (Social Distance) का बड़ा महत्व होता है। हर एक समाज में भिन्न-भिन्न समूहों की एक विशेष स्थिति (Status) होती है और उस स्थिति के अनुरूप कुछ विशेष कार्य (Roles) होते हैं। इसी स्थिति से ही अन्य समूहों से उनके सम्बन्ध, मिलना-जुलना, सगाई-विवाह और सम्मान निश्चित होते हैं। उदाहरण के लिये हिन्दू समाज में सामाजिक संस्तरण में ब्राह्मण सबसे ऊँचे और शूद्र सबसे नीचे माने जाते हैं। इस प्रकार हिन्दू समाज में, ब्राह्मण और शूद्र में, ब्राह्मण और क्षत्रिय की अपेक्षा अधिक सामाजिक दूरी है। सामाजिक दूरी से ऊँची स्थिति वाला नीची सामाजिक स्थिति में समूह को नीचा मानता है। उनमें कुछ पूर्वाग्रह उत्पन्न हो जाते हैं। ब्राह्मण का बालक यदि भंगी हो छू देता हैं तो उसको स्नान कराया जाता है। इससे उसके अन्दर यह पूर्वाग्रह उत्पन्न हो जाता है कि भंगी अपवित्र और अस्पर्शनीय है। स्वाभाविक है कि इस पूर्वाग्रह से विभिन्न समूहों में तनाव बढ़ते हैं।

(3) सांस्कृतिक कारण (Cultural Causes)–संस्कृति भाषा, साहित्य, रहन-सहन और सोचने-विचारने के प्रतिमानों से व्यक्त होती है। इनमें अन्तर होने से विभिन्न समूहों में सांस्कृतिक अन्तर हो जाता है। इस सांस्कृतिक अन्तर से लोग एक-दूसरे से हटने लगते हैं। प्रत्येक व्यक्ति

अपनी संस्कृति को ऊँचा समझता है और दूसरे समूह की संस्कृति को नीचा समझता है। इस प्रकार प्राचीन भारतीय-संस्कृति के पुजारी लोग पाश्चात्य संस्कृति के रंग में रंगे लोगों से घृणा करते हैं। समाज में इसी संस्कृति के किसी भी अंग को लेकर सामूहिक तनाव उत्पन्न हो सकता है। उदाहरण के लिये भारत में हिन्दी भाषा-भाषी और अहिन्दी भाषा-भाषी समूह में, बंगाली बोलने वाले और असमी बोलने वालों में और पंजाबी समर्थकों तथा हिन्दी के प्रचारकों में जबर्दस्त तनाव देखे जा सकते हैं।

(4) धार्मिक कारण (Religious Causes)—विभिन्न वर्गों के मानने वाले लोग ईश्वर, परलोक, स्वर्ग, नर्क, आदि के विषय में भिन्न-भिन्न विचारों को मानते हैं। वे अलग-अलग महापुरुषों में विश्वास करते हैं। उनकी पूजा पद्धति और पूजा-स्थान भिन्न-भिन्न होते हैं। इस भिन्नता के कारण विभिन्न वर्गों के लोगों में साम्प्रदायिकता फैलती हैं क्योंकि सब लोग समझते हैं कि उनका धर्म ही ठीक है जबकि अन्य सब गलत हैं। इस तरह साम्प्रदायिक विचारों के हिन्दुओं और मुसलमानों को एक दूसरे की बातें बिल्कुल उल्टी और गलत दिखाई पड़ती हैं। इससे साम्प्रदायिकता बढ़ती है और यह समूह तनाव कभी-कभी इतना बढ़ जाना है कि प्रत्यक्ष संघर्ष की नौबत आ पहुँचती है।

(5) आर्थिक कारण (Economic Causes)—भिन्न-भिन्न आर्थिक स्थिति के समूहों में वेश-भूषा, रहन-सहन, खान-पान, तौर-तरीके, रीति-रिवाज और सोचने विचारने के ढंग तक में अन्तर हो जाता है। आधुनिक समाज में धन को अत्यधिक महत्व दिये जाने के कारण सामाजिक स्थिति आर्थिक स्थिति से निश्चित होती है। अत: आर्थिक स्थिति बढ़ने के साथ-साथ सामाजिक दूरी भी बढ़ती है। इसीलिये भिन्न-भिन्न वर्गों के लोगों में परस्पर तनाव उत्पन्न हो जाता है। इस प्रकार का तनाव संसार में सब कहीं अमीरों तथा गरीबों, मिल मालिकों और मजदूरों, शोषकों और शोषितों में देखा जा सकता है।

(6) राजनीतिक कारण (Political Causes)—विभिन्न आर्थिक वर्गों में तनाव को बढ़ाने में साम्यवादी दल का जबर्दस्त हाथ है। इसी प्रकार द्रविड़ मुन्नेत्र कड़गम (DMK) नाम की राजनीतिक संस्था ने भारत में उत्तर और दक्षिण के लोगों में क्षेत्रगत तनाव उत्पन्न किया है। मुस्लिम लीग, हिन्दू महासभा तथा अन्य साम्प्रदायिक दलों ने राजनीतिक, लक्ष्यों को लेकर हिन्दू और मुस्लिम समूहों में साम्प्रदायिक तनाव बढ़ाया है। इसी प्रकार भाषा के प्रभाव को लेकर कुछ राजनीतिक दल अपना उल्लू सीधा करने के लिये विभिन्न भाषा-भाषी समूहों में तनाव बढ़ाते हैं। भारत में वर्तमान राजनीति में जातीय संगठनों का बड़ा महत्व है। पिछले सभी चुनावों में बहुत से लोग जाति के आधार पर निर्वाचित किये गये और चुने जाने के बाद उन्होंने जातिवाद को और भी प्रोत्साहन दिया, क्योंकि ऐसा करने से ही उनकी सीटें कायम रह सकती थीं। इस प्रकार भारत में जातिगत राजनीतिक और साम्प्रदायिक तथा क्षेत्रगत तनावों के पीछे राजनीतिक दलों का भारी हाथ है।

(7) मनोवैज्ञानिक कारण (Psychological Causes)—अन्त में समूह तनाव के मूल में सबसे अधिक मुख्य कारण मनोवैज्ञानिक होते हैं। वास्तव में ये ही समूह तनाव के प्रत्यक्ष कारण हैं। भौगोलिक, सामाजिक, धार्मिक, सांस्कृतिक और आर्थिक अन्तर से समूह तनाव होना

आवश्यक नहीं है जबकि विभिन्न समूहों के लोगों में परस्पर ईर्ष्या, द्वेष की भावनायें, परस्पर विरोधी विश्वास, संघर्ष की अभिवृत्तियाँ और पूर्वाग्रह न उत्पन्न किये जाये। इन मनोवैज्ञानिक तत्वों की उपस्थिति से विभिन्न समूहों में तनाव बढ़ते हैं। आत्म-सम्मान (Self-respect) की भावना को ठेस पहुँचने पर हर एक समूह के व्यक्ति ठेस पहुँचने वाले समूह से घृणा करने लगते हैं। आत्म-प्रदर्शन (Self-expression) की भावना से विभिन्न समूहों में तनातनी बढ़ जाती है। एक-दूसरे से भय करने वाले समूह स्वभावतया ही एक दूसरे को हानि पहुँचाने का मौका देखते रहते हैं। इस प्रकार घृणा, द्वेष, भय आदि मनोवैज्ञानिक कारण समूह तनाव के मूल कारण हैं।

समूह तनावों के विकास के विभिन्न कारणों के उपरोक्त विवेचन से स्पष्ट है कि सामूहिक तनाव का कोई एक कारण नहीं होता। भिन्न-भिन्न परिस्थितियों में भिन्न-भिन्न समूहों में तनाव बढ़ने के भिन्न-भिन्न कारण हो सकते हैं। इस विषय में व्यापक दृष्टिकोण से काम लेने की आवश्यकता है। यह ध्यान रखना जरूरी है कि दो समूहों के तनावों में सदैव एक से अधिक कारण उलझे रहते हैं। अनेक कारण मिलकर ऐसी परिस्थितियाँ बना देते हैं और ऐसे मनोवैज्ञानिक कारण इकट्ठे कर देते हैं कि समूहों में तनाव बढ़ने लगता है।

समूह तनाव का स्थायित्व

जब भिन्न-भिन्न समूहों में आपस में कुछ तनाव बन जाते हैं तो ये तनाव आसानी से दूर नहीं होते। समूह तनाव कुछ विशेष परिस्थितियों में बनते हैं। जब तक ये परिस्थितियाँ बनी रहती हैं तब तक समूह तनाव को दूर नहीं किया जा सकता। इस प्रकार समूह तनाव का स्थायित्व (Stability) बहुधा बहुत समय तक बना रहता हैं उदाहरण के लिये भारत में औरंगजेब जैसे अत्याचारी मुस्लिम बादशाहों के समय में हिन्दू-मुसलमानों में जो सामूहिक तनाव उत्पन्न हुआ वह आज तक पूरी तरह से दूर नहीं किया जा सका। यद्यपि गाँधी जी जैसे नेताओं के निर्देशन में काँग्रेस ने देश से इस तनाव को दूर करने की कोशिश की परन्तु वह बार-बार भिन्न-भिन्न रूप में सामने आता रहा। इस तनाव के स्थायित्व के परिणामस्वरूप देश का विभाजन हुआ, देश में साम्प्रदायिक दंगे हुये और आज भी समय-समय पर साम्प्रदायिक संघर्ष होते ही रहते हैं।

राबर्स केव का अध्ययन

समूह तनाव के स्थायित्व के कारणों के विषय में अनेक मनोवैज्ञानिकों ने प्रयोग किये। इस सम्बन्ध में शेरिफ (Sherif) महाशय का रॉबर्स केव (Robbers Cave) का अध्ययन उल्लेखनीय है। इस अध्ययन से यह स्पष्ट होता है कि सामूहिक तनाव क्यों बनते हैं और क्यों बने रहते हैं। शेरिफ और उनकी पत्नी, हारवे, व्हाइट तथा हुड आदि मनोवैज्ञानिकों के निर्देशन में सन् 1950 में संयुक्त राज्य अमेरिका (U.S.A.)में ओकलाहोमा नगर से 140 मील की दूरी पर राबर्स केब स्टेट पार्क में सामूहिक तनाव के विषय में एक प्रयोग किया गया।[14] इस प्रयोग में 22 बच्चों को एक स्थान पर रखा गया। इन सब बच्चों की आयु 11 वर्ष थी। उनको दो समूहों में बाँट दिया

15. Sherif, M., Harway O. J., White, B, J., Hood W. R. Sherif C.W., Experimental Study of positive and Negative Inter Group Attitudes between Experimentally produced Groups, Robbers Cave Study, Normen University of Oklahoma, U. S. A.

गया। दोनों समूहों को अलग-अलग वर्गों में राबर्स केव पार्क ले जाया गया। दोनों समूहों में आपस में कोई सम्पर्क नहीं होने दिया। उनको अलग-अलग डेरों में रखा गया, यहाँ तक कि उनको काफी दिनों तक यह भी नहीं मालूम हुआ कि उनके अलावा दूसरा कोई समूह भी वहाँ आया हुआ है। ऐसा इसलिये किया गया था जिससे कि दोनों समूहों में अलग-अलग सामूहिक जीवन का विकास हो सके, उनमें सब बच्चों में परस्पर सम्बन्ध स्थापित हो सके, उनमें कुछ मान्यताओं का विकास हो सके, उनमें भिन्न-भिन्न सदस्यों की स्थिति निश्चित हो जाये और उसके नेताओं का विकास हो और यह हुआ भी। भिन्न-भिन्न समूहों को ऐसे काम में लगाया गया जिससे कि सामूहिक प्रयत्न करना पड़े। इससे शीघ्र ही उनमें सामूहिक जीवन का विकास हुआ। स्वभावतया कुछ नेता बन गये। हर एक सदस्य की स्थिति निश्चित हो गई और सामूहिक जीवन में उसके कार्य के अनुसार उसकी प्रतिष्ठा भी निश्चित हो गई। समूहों के नाम भी रख दिये गये। एक समूह का नाम ईगल्स और दूसरे का नाम रैटलर्स पड़ा। दोनों ने अपने-अपने झण्डों पर अपने नाम लिख दिये।

सामूहिक जीवन के विकास के बाद अब सामूहिक तनाव की नौबत आई। अब दोनों समूहों को एक-दूसरे से परिचित कराया गया और कुछ प्रतियोगिताओं की घोषणा की गई। पहली बार रस्सा खींचने की प्रतियोगिता हुई जिसमें रैटलर्स ने ईगल्स को हरा दिया। अब क्या था, दोनों दलों में तनाव हो गया। खेल खत्म होने के बाद ईगल्स ने मैदान में लहराता हुआ रैटलर्स का झण्डा जला डाला। दूसरे दिन सवेरे जब रैटलर्स ने अपना झण्डा जला हुआ देखा और उन्हें यह मालूम हुआ कि झण्डा ईगल्स ने जलाया है तो उन्होंने तुरन्त ईगल्स का झण्डा जला दिया। दोनों समूहों ने एक दूसरे को गालियाँ देनी शुरू की। देखते ही देखते मारपीट होने लगी और सामूहिक तनाव गम्भीर स्थिति पर पहुँच गया। ईगल्स पर तो इतना प्रभाव पड़ा कि उन्होंने अपने नेता को अयोग्य जानकर बदल भी दिया। समूह के सदस्यों में हार के लिये एक दूसरे पर दोषारोपण भी हुआ। परन्तु जहाँ तक दूसरे समूह का सामना करने का प्रश्न था उनमें एकता और दृढ़ता भी बढ़ गई। इस समय मनोवैज्ञानिकों ने दोनो समूहों के एक दूसरे के बारे में मूल्यांकन प्राप्त किये। कुछ ऐसी रूढ़ियुक्तियों (Stereotypes) का प्रयोग किया गया जो कि संघर्ष और तनाव की स्थिति में ही पाई जाती है। प्रशंसात्मक और निन्दासूचक दोनों तरह की रूढ़ियुक्तियाँ चुनी गईं। दोनों में तीन-तीन रूढ़ि प्रत्यय थे। प्रशंसात्मक प्रत्ययों में ये तीन प्रत्यय थे—वीर (Brave), दृढ़ (Tough) और मैत्रीपूर्ण (Friendly)। हर एक समूह ने इन रूढ़ि प्रत्ययों को अपने लिये ही इस्तेमाल किया। हर एक ने अपने दल के सदस्यों को वीर दृढ़ और मैत्रीपूर्ण बतलाया। निन्दासूचक प्रत्यय थे—नीच (Sneaky) सुस्त (Lazy) और दुर्गन्धियुक्त (Stinks)। हर एक दल ने इन प्रत्ययों को दूसरे दल के लिये प्रयोग किया। हर एक ने एक दूसरे दल के सदस्यों को नीच, सुस्त और दुर्गन्धियुक्त बतलाया। इससे यह स्पष्ट होता है कि किस तरह तनाव की स्थिति में सहायक समूह अपने सदस्यों के लिये प्रशंसात्मक और विरोधी दल के समूहों के लिए निन्दासूचक रूढ़ि प्रत्ययों का इस्तेमाल करता है। भारत में साम्प्रदायिक मनोवृत्ति के हिन्दू लोग मुसलमानों को 'मलेच्छ' और मुसलमान हिन्दुओं को 'काफिर' कहते हैं। दोनों ही अपने तौर-तरीके, चरित्र, आचार-विचार को ऊँचा और ठीक मानते तथा दूसरों को नीचा और गलत मानते हैं। केवल विभिन्न वर्गों में ही

नहीं बल्कि भारत में विभिन्न जातियों में भी इस तरह का तनाव देखा जा सकता है। ब्राह्मण तो शूद्रों को अपवित्र समझते ही हैं किन्तु कही-कहीं शूद्र भी ब्राह्मण को अपवित्र समझते हैं। दक्षिण के गाँवों में अपवित्र समझे जाने के कारण भंगियों को गाँव से बाहर रहना पड़ता है। परन्तु कहीं-कहीं पर ऐसा देखा गया है कि ब्राह्मण भंगियों की बस्ती में पहुँच जाता है तो उसको झाडुओं से पीटा जाता है और उसकी छुई हुई भूमि को गोबर से लीपा जाता है।

प्रयोग के अभी तक विकास से दो स्थितियाँ दिखाई पड़ती हैं—एक तो सामूहिक जीवन का विकास और दूसरे सामूहिक तत्वों का विकास। अब सामूहिक तनावों के स्थायित्व की बारी आती है। दोनों समूहों में तनाव देखते ही देखते उत्पन्न हो गया और बढ़ गया परन्तु उसको दूर करना टेढ़ी खीर था। इस दिशा में तरह-तरह से कोशिशें की गयी। दोनों समूहों के सदस्यों को एक साथ बैठाकर भोजन कराया गया, एक साथ सिनेमा भी दिखाया गया तथा अन्य कई कार्य भी साथ-साथ कराये गये। परन्तु इससे समूह तनाव के स्थायित्व पर कोई प्रभाव नहीं पड़ा उल्टे वह बढ़ने लगा। जब-जब दलों के मिलने का मौका आता तब-तब उनमें कहा-सुनी हो जाती। इससे यह स्पष्ट हुआ कि समूह तनाव एक बार उत्पन्न हो जाने के बाद उसमें स्थायित्व की प्रवृत्ति होती है।

परन्तु प्रयोग यहीं समाप्त नहीं हो गया, क्योंकि ऐसा नहीं है कि सामूहिक तनावों को दूर किया ही नहीं जा सकता। समूह तनाव दूर करने के लिये कुछ ऐसे लक्ष्य सामने लाये गये जिनको समाप्त करने के लिये दोनों का सहयोग अत्यन्त आवश्यक था। सबसे पहले पानी की जिस टंकी से बच्चों को पानी मिलता था उसकी टोंटी का मुँह बोरे के टुकड़े से बन्द कर दिया गया और बच्चों से यह कह दिया गया कि शायद पाइप में कहीं छेद हो जाने की वजह से पानी नहीं आ रहा है। पानी की बड़ी जरूरत थी। दोनों ही समूहों के सदस्य प्यासे थे। इसलिये एक व्यापक सामान्य लक्ष्य बन गया। दोनों ही के सामने एक समस्या थी कि किसी तरह पानी मिलना चाहिये। फल यह हुआ कि दोनों समूहों ने सहयोग किया। मनोवैज्ञानिकों ने टंकी पर चढ़ने की सीढ़ी भी हटा दी थी। दोनों समूह उसकों ढूँढ लाये और दोनों के सदस्य टंकी पर चढ़कर देखने लगे। टंकी पानी से भरी हुई दिखाई पड़ी। इससे यह निष्कर्ष निकाला गया कि टोंटी में ही कोई खराबी है। अब क्या था। दोनों समूहों के सदस्य अपने-अपने चाकू लेकर टोंटी का मुँह साफ करने में जुट गये। शीघ्र ही टोंटी साफ हो गयी और पानी आने लगा। इससे सभी बड़े प्रसन्न हुये और तनाव कुछ कम हुआ। परन्तु एक घण्टे के बाद जब भोजन के समय दोनों समूहों के मिलने का समय आया तो उनमें फिर कहा-सुनी हो गई। स्पष्ट है कि थोड़े बहुत सहयोग से समूह तनाव के स्थायित्व में अधिक कमी नहीं आती।

अब एक दूसरी तरकीब निकाली गई। बाजार से सिनमा की एक रील किराये पर लाने की योजना बनाई गई। मनोवैज्ञानिकों ने रील का आधा किराया अपनी ओर से देने का वायदा किया जिससे बच्चों को रील लाने की प्रेरणा मिले। कोई भी समूह बाकी किराया नहीं दे सकता था। स्पष्ट था कि दोनों को सहयोग करने की जरूरत थी। सहयोग हुआ, दोनों समूहों ने चन्दा दिया, पैसा इकट्ठा हुआ रील आई और शाम को दिखालाई गई। परन्तु जब रील देखने के लिये दोनों

समूह इकट्ठा हुये तो वे अलग-अलग बैंचों पर बैठे। इससे यह स्पष्ट हुआ कि तनाव का स्थायित्व अब भी बना हुआ था यद्यपि अब संघर्ष की स्थिति नहीं थी।

मनोवैज्ञानिकों ने और कोशिश की। राबर्स केव से आठ मील एक ऊँचे पहाड़ी प्रदेश में एक झील थी। दोनों दलों को इस झील के किनारे कैंप को लिये ले जाया गया। दोनों अलग-अलग ट्रकों में पहुँचायें गये, वहाँ खाना भी अलग-अलग बनवाया गया। बर्तन एक स्थान पर रखे गये, जहाँ दोनों समूहों के सदस्यों ने अपने बर्तन उठा लिये। परन्तु अब समस्या थी बाजार से सामान लाने की। समान ट्रक द्वारा लाया जा सकता था परन्तु ड्राइवर के लाख कोशिश करने पर भी ट्रक स्टार्ट नहीं हो सका। ट्रक का मुँह चढ़ाई की ओर होने के कारण धक्का देने से भी काम नहीं चल सकता था। एक ही उपाय था कि ट्रक पर पड़े रस्से से ट्रक को बाँध कर खींचा जाये और इस काम में बीस से कम लोगों से बात नहीं बन सकती थी। चारा ही क्या था? सहयोग करना ही पड़ा। ट्रक के सामने रस्से को फँसा दिया गया और रस्से के दोनों छोरों को एक-एक समूह ने पकड़ लिया। दोनों समूह मिल कर ट्रक खींचने लगे। ट्रक चल पड़ा, सभी लोग प्रसन्न हुये। सहयोग से खाने का सामान लाया गया। सामान आने पर सबने मिलकर खाना बनाना शुरू कर दिया। सहयोग और भी बढ़ गया। इसके बाद एक बार फिर ट्रक खींचने के लिये सामूहिक प्रयत्न करना पड़ा। इस बार और भी अधिक सहयोग दिखाई पड़ा। इस बार अलग-अलग दलों के सदस्यों ने अलग-अलग तरफ से रस्सियों को नहीं पकड़ा बल्कि दोनों ने मिलकर दोनों ही तरफ से जोर लगाया। इससे दोनों समूहों के सदस्यों का एक-दूसरे समूह के सदस्यों से मेल-जोल बढ़ा यहाँ तक कि बाद में जब उनसे अपना मित्र चुनने को कहा गया तो हर एक समूह के सदस्यों ने भिन्न समूह से अपना मित्र चुना। अब समूह तनाव दूर हो चुका था।

उपरोक्त प्रयोग के विस्तृत विवरण से स्पष्ट है यद्यपि समूह तनाव में स्थायित्व की प्रवृत्ति होती है परन्तु कुछ व्यापक सामान्य लक्ष्य प्राप्त करने के लिये सहयोग करने के बार-बार अवसर आने पर यह समूह तनाव दूर किया जा सकता है।

समूह तनाव के स्थायित्व के कारण

समूह तनाव के स्थायित्व को बनाये रखने वाली परिस्थितियों में मुख्य निम्नलिखित हैं–

(1) प्रतियोगिता (Competition)–जैसा कि राबर्स केव के उदाहरण से स्पष्ट है, प्रतियोगिता से समूह तनाव बढ़ता है। विभिन्न खेलों के मैचों में इस तरह का समूह तनाव बराबर देखा जा सकता है। राजनीतिक क्षेत्र में चुनाव के दिनों में चुनाव जीतने की प्रतियोगिता के कारण विभिन्न दलों के अनुयायियों में काफी तनाव बढ़ जाता है और कभी-कभी तो प्रत्यक्ष संघर्ष की भी नौबत आ जाती है। प्रतियोगिता से तनाव उत्पन्न हो जाता है और प्रतियोगिता बने रहने से बढ़ता है। इस प्रकार प्रतियोगिता तनाव को स्थायित्व प्रदान करती है। जिन समूहों में बराबर प्रतियोगिता बनी रहती है उनमें तनाव भी बराबर बना रहता है।

(2) सामान्य लक्ष्य का अभाव (Absence of Common Goal)–रॉबर्स केव के उदाहरण में यह दिखलाई पड़ता है कि जब विरोधी समूहों के सामने सामान्य लक्ष्य रखे गये तो उनमें तनाव धीरे-धीरे कम हो गया क्योंकि सामान्य लक्ष्यों को प्राप्त करने के लिये सहयोग

आवश्यक था। इन सामान्य लक्ष्यों के अभाव में तनाव का स्थायित्व बना रहता है। जब तक हर समूह अपने सामने अलग-अलग लक्ष्य रखता है और उनके सहयोग के अवसर नहीं आते, तब तक उनमें तनाव का स्थायित्व बना ही रहता है। भारत में साम्प्रदायिक, जातिगत, क्षेत्रगत तथा अन्य प्रकार के तनावों का स्थायित्व बने रहने का मुख्य कारण यह है कि उनके सामने ऐसे लक्ष्य नहीं हैं, जिनको प्राप्त करने के लिये सबका सहयोग जरूरी हो।

(3) सम्पर्क का अभाव (Absence of Contact)—जैसा कि राबर्स केव के उदाहरण से स्पष्ट है, तनाव उत्पन्न करने के लिये दोनों दलों को एक दूसरे के सम्पर्क में न आने दिया गया। यह एक साधारण बात है कि मिलने-जुलने से तनाव कम होता है और सहयोग बढ़ता है। भारत में जातिवाद दूर करने के लिये यह एक सामान्य सुझाव दिया जाता है कि विभिन्न जातियों के सदस्यों के मिलने-जुलने के अवसर बढ़ने चाहियें।

(4) परस्पर विरोधी मान्यतायें अथवा मूल्य (Values)—हर एक समूह में जो कुछ मूल्य अथवा मान्यतायें प्रचलित होती हैं उनमें समूहों में प्रचार का आचार और व्यवहार निर्धारित होता है। यदि दो समूहों के मूल्य और मान्यतायें एक दूसरे के विरुद्ध होती हैं। तो उनमें तनाव बढ़ता है। उदाहरण के लिये भारत में हिन्द-मुस्लिम समूहों में तनाव बढ़ने का मुख्य कारण यह है कि दोनों समूहों में भिन्न-भिन्न मूल्य माने जाते हैं।

(5) अज्ञान (Ignorance)—भिन्न-भिन्न समूहों में तनाव बने रहने का मुख्य कारण उनका एक दूसरे के बारे में भारी अज्ञान है। सामूहिक तनाव पूर्वाग्रहों पर आधारित होते हैं। एक दूसरे के सम्पर्क में आये बगैर लोग एक दूसरे के बारे में भिन्न-भिन्न धारणायें बना लेते हैं। आमतौर से साम्प्रदायिक द्वेष उन लोगों में अधिक पाया जाता है ज़ो दूसरे सम्प्रदाय के बारे में कुछ नहीं जानते या तो कुछ भी जानते हैं, गलत जानते हैं। यह अज्ञान उनके परस्पर भय और घृणा के मूल में मुख्य कारण है। भारत में साम्प्रदायिक दंगों में भाग लेने वाले लोगों में अधिकतर अशिक्षित या कम शिक्षित लोग हैं। धर्म के नाम पर अधिकतर ऐसे ही लोग लड़ते हैं जो दूसरे धर्मों के बारे में बहुत कम जानते हैं। दूसरे समूह के सदस्यों से मेल-जोल बढ़ने से और उनके बारे में जानकारी बढ़ने से सामूहिक तनाव कम होते हैं।

(6) दोषपूर्ण समायोजन (Maladjustment)—समाज में सभी लोग अपनी परिस्थितियों से और समाज के अन्य लोगों से ठीक तरह के समायोजन (Adjustment) नहीं कर पाते। अनेक कारणों से उनमें तरह-तरह की मानसिक ग्रन्थियाँ बन जाती हैं। निराशा और असन्तोष बढ़ता जाता है। वे अपनी असामाजिक प्रवृत्तियों का ठीक प्रकार से दमन नहीं कर पाते। इस तरह के लोगों में दूसरे समूह के सदस्यों के प्रति तनाव अधिक दिखलाई पड़ता हैं क्योंकि घृणा, द्वेष, भय, आदि की जिन प्रवृत्तियों को वे किसी तरह से निकाल नहीं पाते उनको उन्हें दूसरे समूह के विरुद्ध निकालने का अवसर मिल जाता है।

समूह तनाव के निराकरण की विधियाँ

स्थूल रूप से, समूह तनाव दूर करने के लिये उन सब कारणों को दूर करना आवश्यक है जो तनाव उत्पन्न करते हैं। तनाव उत्पन्न करने वाले ये कारण सामाजिक, आर्थिक, राजनीतिक,

मनोवैज्ञानिक और अनेक प्रकार के होते हैं। अतः इनको दूर करने के लिये सामाजिक, आर्थिक राजनैतिक और मनोवैज्ञानिक सभी तरह के उपाय अपनानें की आवश्यकता है। मूल बात यह है कि विभिन्न समूहों के सदस्यों में से पूर्वाग्रह दूर किये जायें। उनको यह मालूम हो जाये कि दूसरे समूह के सदस्य भी उनकी तरह मनुष्य हैं। वे भी सहयोग का महत्व समझते हैं। उनके जीवन में भी कठिनाइयाँ हैं। वे सभी दूसरों से मेल-जोल बढ़ाना चाहते हैं। मनुष्य-मनुष्य की एकता के ज्ञान और अनुभूति से विभिन्न समूहों के तनाव दूर किये जा सकते हैं। यहाँ पर कुछ मुख्य-मुख्य उपायों का वर्णन किया जायेगा।

(1) **शिक्षा**—समूह तनावों के मूल में सबसे बड़ा कारण अज्ञानता है। यह अज्ञानता दो रूपों में होती है। इसका एक रूप अशिक्षा है। अशिक्षित व्यक्तियों में सामूहिक तनाव शीघ्र बढ़ते हैं और देर तक बने रहते हैं। अज्ञानता का दूसरा रूप विभिन्न समूहों के बारे में जानकारी का अभाव है। इससे लोग दूसरे समूहों के सदस्यों के विषय में तरह-तरह के भ्रामक विचार लिये बैठे रहते हैं। मुसलमान यह समझता है कि हिन्दू उसे दबाना चाहते हैं। हिन्दू समझता है कि मुसलमान को गुण्डागर्दी के अलावा और कुछ काम नहीं है। गोरे लोग नीग्रो लोगों को नीच, गन्दे और संकीर्ण बुद्धि वाले समझते हैं। नीग्रो लोग भी गोरे लोगों के विषय में इसी प्रकार के विचार रखते हैं। इस परस्पर अज्ञानता से तनाव बढ़ता है। अतः समूह तनाव के निवारण की सबसे मुख्य विधि ज्ञान का प्रसार है। दूसरे शब्दों में, इसको शिक्षा कहा जा सकता है। यह शिक्षा दोनों प्रकार की होनी चाहिये। एक तो देश में शिक्षा के व्यापक प्रसार के द्वारा लोगों के व्यक्तित्व का विकास करना जरूरी है। इसमें उनमें उदारता आयेगी। शिक्षा संस्थाओं में जाति, धर्म, सम्प्रदाय, क्षेत्र, वर्ग अथवा अन्य किसी आधार पर दाखिलों में छात्रवृत्तियों में या नियुक्तियों में भेद नहीं किया जाना चाहिये। खेद है कि भारत में इस बात का ध्यान नहीं रखा जाता। डॉ एम॰ एन॰ श्रीनिवास ने मैसूर राज्य में जातिवाद पर प्रकाश डालते हुये लिखा है कि "आजकल मैसूर राज्य में इस सिद्धान्त (जाति प्रथा के सिद्धान्त) का पालन केवल प्रत्येक नियुक्ति के सम्बन्ध में ही नहीं किया जाता बल्कि स्कूलों और कॉलिजों में सीटों का बँटवारा भी इसी आधार पर होता है।" कहना न होगा कि अन्य राज्यों का भी यही हाल है। देश से जातिवाद को दूर करने के लिये विद्यार्थियों में जातिसूचक शब्दों के प्रयोग को निकाल दिया जाना चाहिये। शिक्षा के द्वारा लोगों में उदारता उत्पन्न करने की कोशिश की जानी चाहिये। खेल-कूद तथा पाठ्यक्रमेत्तर (Extra Curricular) सांस्कृतिक कार्यक्रमों के द्वारा विद्यार्थियों को विभिन्न प्रतियोगिताओं के साथ-साथ सहयोग से भाग लेने का भी अवसर मिलना चाहिये। इन सब बातों के अलावा विद्यार्थियों को विभिन्न समूहों के आचार-विचार, रीति-रिवाज आदि के बारे में भी जानकारी दी जानी चाहिये जिससे कि उनके मन में भ्रामक विचार और पूर्वाग्रह न बन सकें। भारतीय विद्यार्थियों को देश के भिन्न-भिन्न भागों में रहने वालों के बारे में ज्ञान दिया जाना चाहिये।

(2) **स्वस्थ साहित्य का निर्माण**—शिक्षा में केवल स्कूल और कालिज ही भाग नहीं लेते बल्कि इस दिशा में पत्र-पत्रिकायें भी महत्वपूर्ण कार्य करती हैं। अनेक पत्र-पत्रिकायें भ्रामक विचार फैलाकर समूह तनावों को बढ़ाती रहती हैं। इसके अलावा बहुत-सा ऐसा साहित्य भी होता है, जो सामूहिक तनावों को बढ़ाता है। कुछ समूह ऐसे पत्र-पत्रिकायें निकालते हैं जिनमें उनके

समूहों की प्रशंसा और अन्य समूहों की निन्दा भरी होती हैं। इस तरह के साहित्य की रोकथाम करने की जरूरत है। साम्प्रदायिक पत्र-पत्रिकाओं पर दृढ़ अंकुश रहना चाहिये। दूसरी ओर, देश में स्वस्थ साहित्य तैयार किया जाना चाहिये। ऐसे पत्र-पत्रिकाओं को प्रोत्साहन मिलना चाहिये जो सामूहिक तनावों को दूर करते हैं और समाज में उदारता, सहयोग और मैत्री बढ़ाते हैं।

(3) स्वस्थ जनमत तैयार करना–वास्तव में समूह तनाव दूर करने के लिये स्वस्थ जनमत तैयार करने की जरूरत है। इसके लिये पत्र-पत्रिकाओं के अलावा सिनेमा, रेडियो और भाषणों के द्वारा ऐसा प्रचार होना चाहिये जिससे कि सामूहिक तनाव कम हो। रेडियो में इस तरह के नाटक तथा अन्य कार्यक्रम प्रसारित किये जायें जिनमें जातिवाद, क्षेत्रवाद, भाषावाद और साम्प्रदायिकता कम होकर राष्ट्रीय भावनाओं का प्रचार हो। प्रचार के द्वारा लोगों में भ्रामक विचारों को भी खत्म किया जा सकता है।

(4) सामाजिक समायोजन बढ़ाना–विषम समायोजन समूह तनावों का एक मुख्य कारण है। जो लोग अपनी परिस्थितियों से ठीक प्रकार से समायोजन नहीं कर सकते उनके अन्दर द्वेष, भय, विरोध, घृणा आदि की भावनायें घर कर लेती हैं और वे दूसरे समूहों के विरुद्ध उनको निकालने का अवसर खोजते रहते हैं। सामूहिक तनाव भी एक प्रकार का विषम समयोजन है। अत: उसको दूर करने का उपाय विभिन्न समूहों में सामाजिक समायोजन बढ़ाना है।

(5) सामाजिक दूरी में कमी–विभिन्न समूहों में सामाजिक समायोजन बढ़ाने के लिये उनमें सामाजिक दूरी कम की जानी चाहिये। उनमें परस्पर सम्पर्क बढ़ाना चाहिये। विभिन्न जातियों के सदस्यों के परस्पर सम्पर्क और मेल-जोल से सामूहिक तनाव दूर किये जा सकते हैं। भारत में अस्पृश्यों का दूर करने का सबसे मुख्य उपाय सवर्ण हिन्दुओं और अस्पृश्यों का सम्पर्क बढ़ाना है। इससे सवर्ण हिन्दुओं के हृदय से अस्पृश्यों के लिये घृणा और अछूतों में से हीनता की भावना दूर हो जायेगी। देश से जातिवाद दूर करने के लिये अन्तर्जातीय विवाहों (Inter-caste Marriages) के द्वारा विभिन्न जातियों में परस्पर घनिष्ठ सम्पर्क स्थापित होने से बड़ा लाभ हो सकता है।

(6) व्यक्तित्व का सन्तुलित विकास–समूह व्यक्तियों से मिलकर बनते हैं। सामूहिक असन्तुलन के मूल में व्यक्तियों का असन्तुलन होता है। अत: सामूहिक तनाव को दूर करने का एक उपाय लोगों के व्यक्तित्व का सन्तुलित विकास करना है। यह काम शिक्षा संस्थाओं में ही शुरू होना चाहिये। शिक्षा संस्थाओं के काम में मनोवैज्ञानिकों की सहायता भी ली जा सकती है। शिक्षा संस्थाओं में इसके अलावा व्यक्तित्व के विकास में परिवार का बड़ा महत्व है। सामाजिक संस्थाओं के सुधार से भी व्यक्तित्व के विकास पर प्रभाव पड़ता है। संक्षेप में, सभी प्रकार के सम्भव उपायों से व्यक्तित्व को सन्तुलित बनाने के प्रयासों से समूह तनाव कम किया जा सकता है।

(7) युवकों का संगठन–समाज में संघर्ष और सहयोग दोनों ही युवकों का बड़ा महत्व है। समूह तनाव दूर करने के लिये युवकों के समाज में विशेष प्रयास करने की जरूरत है। इसके लिये ऐसे युवकों संगठन बनाये जाने चाहियें जो राष्ट्रीय स्तर पर संगठित किये गये हों और

जिनमें धर्म, सम्प्रदाय, भाषा, क्षेत्र, जाति आदि का विचार न रक्खा गया हो। युवकों के इस प्रकार के संगठन का एक उदाहरण भारतीय विश्वविद्यालयों में प्रतिवर्ष मनाया जाने वाला युवक समारोह (Youth Festival) है। इस तरह के युवक समारोह के साथ-साथ ग्रामीण युवकों को राष्ट्रीय स्तर पर संगठित किया जाना भी बहुत जरूरी है। इसके बिना गाँवों से समूह तनाव दूर करके सहयोग की कल्पना करना असम्भव है।

(8) राष्ट्रीय लक्ष्यों का प्रभाव—समूह तनाव के मूल में एक कारण व्यापक लक्ष्यों का अभाव भी है। बहुधा हर एक समूह अपने स्वार्थों को पूरा करने की कोशिश में लगा रहता है। हर एक धर्म सम्प्रदाय और जाति अपने ही सदस्यों को फायदा पहुँचाने के उपाय निकालने में लगे रहते हैं। इन सबसे विभिन्न धर्मों, सम्प्रदायों और जातियों में तनाव बढ़ना स्वाभाविक है। यदि इन सबके सामने कुछ राष्ट्रीय लक्ष्य रखे जायें, राष्ट्रीय सुरक्षा और राष्ट्रोत्थान के कुछ कार्यक्रम रखे जायें तो इन व्यापक लक्ष्यों के प्रभाव से सामूहिक तनाव अवश्य कम होंगे।

(9) आर्थिक विषमता दूर करना—समूह तनावों का एक कारण आर्थिक विषमता भी है। आर्थिक विषमता से आर्थिक वर्ग भी बनते हैं जिनमें ऊँचे वर्ग नीचे वर्गों का शोषण करते हैं। इससे परस्पर कटुता बढ़ती है और वर्ग संघर्ष की नौबत आ पहुँचती है। इसके अलावा आर्थिक असुरक्षा से असन्तोष फैलता है और तनाव बढ़ते हैं, अत: सामूहिक तनाव दूर करने के लिये आर्थिक समानता और आर्थिक सुरक्षा की बड़ी जरूरत है। इस बात को साम्यवादी और गैर-साम्यवादी सभी विचारक मानते हैं।

(10) सामाजिक सुधार—बहुत से सामाजिक कारण विभिन्न समूहों में तनाव बनाये रखते हैं। उदाहरण के लिये हिन्दु समाज में अन्तर्जातीय विवाह का निषेध और अस्पृश्यता का विचार जातिवाद को बनाये रखने में एक मुख्य कारक है, जातिवाद को दूर करने के लिये इन दोनों सामाजिक रोगों को दूर करने की जरूरत है।

(11) वैज्ञानिक उपाय—अन्त में समूह तनावों को दूर करने के लिये वैधानिक उपाय भी अपनाये जाने चाहियें। कभी-कभी कानून के द्वारा भी लोगों पर दबाब डालने की जरूरत होती है। वैधानिक उपायों से साम्प्रदायिक गतिविधियों पर रोक लगाई जा सकती है। भारतवर्ष में अस्पृश्यता को अपराध घोषित कर दिये जाने के बाद इस दिशा में बड़ा सुधार हुआ है। इसी प्रकार जातिवाद को भी अपराध घोषित किया जा सकता है और यदि ऐसा न किया जाये तो भी जातिवाद के कारण भ्रष्टाचार दिखाई पड़ने पर उसके विरुद्ध कड़ी कार्यवाही की जाने के अच्छे उदाहरण स्थापित किये जा सकते हैं। ऐसे पत्र-पत्रिकाओं पर कानूनी रोकथाम लगाई जा सकती है जो समूह तनाव बढ़ाते हैं।

(12) समूह तनावों के विशेष अध्ययन—समूह तनाव एक मनोवैज्ञानिक तथ्य है। उसको दूर करने के उपरोक्त उपाय तभी सफल हो सकते हैं जबकि मनोवैंज्ञानिक पहलू पर विशेष ध्यान दिया जाये। इस विषय में मनोवैज्ञानिकों द्वारा विशेष अध्ययन भी कराये जा सकते हैं। उदाहरण के लिये गार्डनर मर्फी के निर्देशन में भारतवर्ष में साम्प्रदायिक तनावों के सम्बन्ध में कुछ अनुसंधान किये गये हैं। इसी प्रकार जातिगत, भाषा पर आधारित, क्षेत्रफल तथा अन्य प्रकार

के तनावों के विषय में विशेष मनोवैज्ञानिक अनुसंधान कराये जा सकते हैं जिससे उनको दूर करने के लिये विशिष्ट विधियाँ निकाली जा सकें। इन विधियों को निकाले जाने के बाद सरकार द्वारा दृढ़ कदम उठाये जाने और जनता द्वारा सहयोग करने की जरूरत है।

समूह तनाव का सामान्य अध्ययन करने के पश्चात् अब सामाजिक संघर्ष की कुछ ऐसी समस्याओं का विवेचन किया जा सकता है। जिनके मूल में समूह तनाव विशेष रूप से उपस्थित रहते हैं। भारत में इस प्रकार के सामाजिक संघर्ष के उदाहरण जातिवाद, साम्प्रदायिकता, क्षेत्रवाद और भाषावाद में दिखाई पड़ते हैं। यहाँ इन्हीं का क्रमशः विवेचन किया जायेगा।

जातिवाद
(Casteism)

जातिवाद क्या है?

जातिवाद जाति के प्रति एकांगी निष्ठा है। कोई भी विचारधारा जब वाद (Ism) का रूप धारण कर लेती है तब उसकी प्रकृति कठोर और एकांगी हो जाती है। समाज में एक विशिष्ट स्थिति के परिचायक शब्द के रूप में जाति की भावना जातिवाद नहीं है। जाति की भावना तभी जातिवाद बनती है जबकि उसमें अन्य जातियों से छोटा बड़ा होने तथा उनके विरुद्ध अपनी ही जाति के स्वार्थों की चिन्ता करने की प्रवृत्ति जुड़ जाती है। इस प्रकार जातिवाद के कारण एक जाति के सदस्य अन्य जातियों के हितों पर कुठाराघात करने में भी नहीं हिचकिचाते। संक्षेप में, जातिवाद अपनी जाति अथवा उपजाति के प्रति अन्ध समूह भक्ति है जो कि अन्य जातियों के हितों की कोई परवाह नहीं करती और अपने समूह के सामाजिक, आर्थिक और राजनीतिक तथा अन्य हितों को प्राप्त करने की चेष्टा करती है।

जातिंवाद के विकास के कारण

आजकल भारत में जातिवाद जोर-शोर से फैला हुआ है। भारत में जातिवाद के इतने जोर के बहुत से कारण हैं। इनमें कुछ मुख्य निम्नलिखित हैं–

(1) जातीय प्रतिष्ठा की एकांगी भावना–जातिवाद का सबसे बड़ा कारण यह है कि प्रत्येक जाति के लोग अपनी ही जाति की प्रतिष्ठा प्रतिक्षण बढ़ाना चाहते हैं और ऐसा करने में गिरे से गिरे उपाये अपनाने को भी बुरा नहीं समझते। परन्तु जाति की प्रतिष्ठा इसी आधार पर स्थित रह सकती है कि प्रत्येक सुविधा से लाभ उठाकर सदस्यों की सामाजिक स्थिति को ऊँचा उठाया जाये। इस उद्देश्य को पूरा करने के लिये हर एक जाति अपने-अपने सदस्यों को अधिक से अधिक सुविधा देकर उनकी सामाजिक स्थिति को ऊँचा उठाने की चेष्टा करती है। इसी से जातिवाद बढ़ता है।

(2) विवाह सम्बन्धी प्रतिबन्ध–जातिवाद के विकास का दूसरा कारण विवाह सम्बन्धी प्रतिबन्ध (Marriage Restrictions) हैं। जाति प्रथा के अन्तर्गत विवाह सम्बन्धी प्रतिबन्धों के कारण प्रत्येक जाति का एक वैवाहिक समूह बन जाता है जिसमें प्रत्येक सदस्य अपने को किसी न किसी रूप में सम्बन्धित समझता है और इसलिये सभी एक दूसरे के हित को ध्यान रखते हैं। इससे जातिवाद बढ़ता है।

(3) नगरीकरण—नगरीकरण (Urbanisation) से प्रत्येक नगर में भिन्न-भिन्न जातियों का एक अच्छा खासा जमघट सम्भव होने लगा। साथ ही साथ जाति के सदस्यों के जीवन में अनेक समस्यायें उपस्थित हुई, जिनसे जातीय आधार पर उनकी सुरक्षा और भी आवश्यक हो गई। इस आवश्यकता को पूर्ण करने के लिये जातिवाद बढ़ता जा रहा है।

(4) यातायात और प्रचार के साधनों में वृद्धि—जातिवाद के विकास में सहायक एक कारण यातायात और प्रचार के साधनों की वृद्धि है। यातायात और प्रचार के साधनों की वृद्धि के कारण बिखरी हुई जाति के सदस्यों में सम्बन्ध स्थापित होते जा रहे हैं। समाचार-पत्रों और जातीय पत्रिकाओं के माध्यम से जातिवाद की भावना का तेजी से प्रचार हो रहा है।

जातिवाद के परिणाम

जातिवाद से जहाँ एक ओर कुछ लोगों के स्वार्थ सिद्ध होते हैं वहाँ वह देश के लिये एक बड़ा अभिशाप भी है। जातिवाद के कुछ मुख्य परिणाम निम्नलिखित हैं—

(1) राष्ट्रीयता के विकास में बाधा—जातिवाद राष्ट्रीयता के विकास में बाधक है। एक ओर तो जाति प्रथा ने भारतीय समाज को अनेक भागों में विभाजित कर दिया है, दूसरी ओर, जातिवाद के आधार पर विभिन्न भागों के बीच जबर्दस्त तनाव और संघर्ष उत्पन्न हो गया है। इससे सामुदायिक भावना संकुचित होती जाती है जोकि राष्ट्रीयता के विकास में बाधक है।

(2) प्रजातन्त्र में बाधा—अनेक पेशेवर नेता जातिवाद से राजनीतिक क्षेत्र में लाभ उठाते हैं और चुनाव के समय में जाति के नाम पर अपनी जाति के लोगों से वोट माँगते हैं और सफलता भी प्राप्त करते हैं। इससे कभी-कभी ऐसे व्यक्तियों का भी चुनाव हो जाता है जो जाति के हितों के सामने सामान्य हितों को कुचल देते हैं। व्यवहारिक रूप में समानता की आड़ में भी जातिवाद का ही डंका बजता है। इस प्रकार जातिवाद प्रजातन्त्र का घातक है। श्री पणिक्कर के अनुसार, ''वास्तव में समानता के आधार पर समाज का कोई भी संगठन तब तक सम्भव नहीं जब तक कि उपजाति और संयुक्त परिवार उपस्थित हैं।''[15]

(3) भ्रष्टाचार—जातिवाद की भावना से प्रेरित होकर लोग अपनी जाति के लोगों को हर तरह की सुविधा देने के लिये अनेक अनैतिक और अनुचित उपायों का सहारा लेते हैं। इस प्रकार जातिवाद से समाज में घोर भ्रष्टाचार फैल रहा है।

(4) औद्योगिक कुशलता में बाधा—सरकारी तथा अन्य प्रकार की नौकरियों में नियुक्ति जाति के आधार पर होने के कारण आयोग्य और निकम्मे लोगों की भरमार होती जाती है। इसका परिणाम यह होता है कि योग्य और कुशल व्यक्तियों को अवसर नहीं मिलता। इससे देश की औद्योगिक कुशलता में भारी बाधा उत्पन्न होती है।

---

15. "In fact no organisation of society on the basis of equality is possible so long as the sub-caste and the joint family exist."

—Panikkar K.M., *Hindu Society at Cross Roads* (1964), p. 24

जातिवाद के हल के उपाय

जातिवाद की समस्या के हल के कुछ उपाय निम्नलिखित हैं–

(1) उचित शिक्षा–जातिवाद को रोकने के लिये सबसे अधिक उचित शिक्षा की आवश्यकता है। शिक्षा संस्थाओं में ऐसी व्यवस्था होनी चाहिये कि एक ओर बच्चों के मन में जात-पात के भेदभाव पैदा न हो सकें और दूसरी ओर जातिवाद के विरुद्ध स्वस्थ जनमत पनप सके। नई मनोवृत्तियों और व्यवहारों को विकसित करने से जातिवाद नष्ट हो सकता है।

(2) अन्तर्जातीय विवाह–जातिवाद को दूर करने के लिये एक अन्य उपाय अन्तर्जातीय विवाह है। अन्तर्जातीय विवाह से दो भिन्न जाति के स्त्री-पुरुष को ही नहीं वरन् उन दोनों के परिवारों को भी एक-दूसरे के निकट आने का अवसर मिलता है। इस प्रकार जाति के बीज को पनपने का अवसर न मिल पायेगा और जो कुछ पनपेगा उसका प्रभाव भी कालान्तर में नष्ट हो जायेगा।

(3) जाति शब्द का कम प्रयोग–जातिवाद की समस्या के हल का एक उपाय यह भी है कि 'जाति' शब्द का कम से कम प्रयोग किया जाये जिससे छोटे-छोटे बच्चों के मन में इसका कोई अवशेष बाकी न रह जाये और उनमें जातिवाद की भावना न पनप सके। इससे कम से कम भावी पीढ़ी से जातिवाद के नष्ट होने की सम्भावना अवश्य हो सकेगी।

(4) सांस्कृतिक और धार्मिक समानता–जातिवाद के हल का एक उपाय विभिन्न जातियों में सांस्कृतिक और आर्थिक समानता उत्पन्न करना है। विभिन्न जातियों की सांस्कृतिक और आर्थिक असमानता, उनमें आपसी द्वेष और प्रतियोगितायें उत्पन्न करते हैं जिससे आगे चलकर जातिवाद पनपता है। अत: जातिवाद को समाप्त करने के लिये सांस्कृतिक और आर्थिक समानता बड़ी लाभदायक होगी।

जातिवाद के उन्मूलन के सुझाव

महात्मा गाँधी ने जाति प्रथा को हिन्दू धर्म के शरीर का अपेन्डिसाइटिस (Appendicitis) कहा है। जब तक वह स्वस्थ रहता है तब तक वह हानि नहीं करता परन्तु जब वह रोगी हो जाता है तब उसे हटा देना आवश्यक होता है नहीं तो वह सम्पूर्ण संगठन के जीवन को खतरे में डाल सकता है। इस प्रकार कुछ लोगों की राय में जाति का समूलोच्छेदन करके ही जनतन्त्र से उसका संघर्ष दूर किया जा सकता है। परन्तु वर्तमान परिस्थितियों में जबकि जातियाँ वर्गों का रूप धारण करती जा रही हैं और जातिवाद बढ़ता जा रहा है, यह आशा करना व्यवहारिक नहीं मालूम पड़ता कि जातिप्रथा को समूल उखाड़ फेंका जा सकता है। जातिप्रथा को कानून बनाकर नहीं तोड़ा जा सकता। वह हिन्दू समाज की नींव है, उसको हटाने के लिये एक जबरदस्त क्रान्ति की आवश्यकता होगी। परन्तु कृत्रिम उपायों से क्रान्ति करना कालान्तर में हानिकारक सिद्ध होता है। अत: जब तक समाज जातिप्रथा के स्थान पर कोई अन्य व्यवस्था ग्रहण करने के लिये तैयार न हो तब तक अधिक से अधिक सुधारों की चेष्टा करनी चाहियें। इस विषय में विभिन्न विचारकों ने अलग-अलग सुझाव उपस्थित किये हैं। कुछ महत्वपूर्ण सुझाव अग्रलिखित हैं–

(1) डॉ० श्रीनिवास का मत—डॉ० श्रीनिवास (Dr. M.N. Srinivas) के मत के अनुसार वयस्क मतदान प्रणाली, पंचवर्षीय योजनायें, शिक्षा का प्रयास, पिछड़ी जातियों की लगातार उन्नति और रहन-सहन के तरीकों पर उच्च जाति की संस्कृति का प्रभाव, जाति व्यवस्था के अनेक अवगुणों को दूर कर देगा तथा प्रजातन्त्र सुलभ समानता के लिये रास्ता खोल देगा।

(2) डॉ० घुरिए का सुझाव—डॉ० घुरिये (Dr. Ghurye) के अनुसार जातिवाद से उत्पन्न हुये संघर्ष को अन्तर्जातीय विवाहों को प्रोत्साहन देकर दूर किया जा सकता है। प्रारम्भ से ही लड़के-लड़कियों की सह-शिक्षा का प्रबन्ध किया जाये और भिन्न लिंग के व्यक्तियों को एक-दूसरे के निकट आने के अवसर दिये जायें। इससे लैंगिक आचरण में सुधार होगा और साथ ही जातिवाद का क्रियात्मक विरोध किया जायेगा। अन्तर्जातीय विवाहों को प्रोत्साहन मिलेगा और अन्तर्जातीय विवाह करने वाले व्यक्ति एक ऐसा जातिविहीन वातावरण पैदा कर देंगे और एक ऐसी पीढ़ी उत्पन्न करेंगे जो जातिव्यवस्था की घोर विरोधी होगी।

(3) डॉ० राव का मत—डॉ० राव (Dr. V. K. R. V. Rao) के सुझाव के अनुसार क्रियाओं को निर्मूल करने के लिये सामूहिक प्रवृत्तियों को व्यक्त करने तथा अपनी क्रियाओं को संगठित करने के लिये कुछ वैकल्पिक (Optional) समूहों के निर्माण को प्रोत्साहन देना चाहिये। इन समूहों की संख्या बढ़ाने के साथ-साथ जातिवाद कम होगा क्योंकि मनुष्यों की अपनी अनेक प्रवृत्तियों को जाति समूह से बाहर व्यक्त करने का अवसर मिलेगा।

(4) श्रीमति कार्वे का सुझाव—श्रीमति इरावती कार्वे (Iravati Karve) का सुझाव है कि जातिवाद से उत्पन्न हुये संघर्ष को दूर करने के लिये विभिन्न जातियों में आर्थिक और सांस्कृतिक समानता लाना आवश्यक है।

(5) प्रभु का मत (P. N. Prabhu)—प्रभु के अनुसार, जातिवाद से उत्पन्न हुये संघर्ष तभी दूर किये जा सकते हैं। जबकि व्यवहारों के आन्तरिक क्षेत्रों पर प्रभाव डाला जाये। इसके लिये शिक्षा के द्वारा मनुष्यों में सही मनोवृत्तियाँ और अभिवृत्तियाँ विकसित करने का प्रयत्न होना चाहिये। इस दिशा में सिनेमा भी बड़ा महत्वपूर्ण कार्य कर सकता है।

निष्कर्ष

जातिवाद भारतीय समाज में सैंकड़ों वर्षों से पल रहा है। आज वह जनतन्त्र और देश की उन्नति में भारी बाधा है। राष्ट्रीयता की भावना के विकास तथा देश में जनतन्त्र को सफल बनाने के लिये उसका भारी रूपान्तर निःसन्देह आवश्यक है। परन्तु यह कार्य कुछ वर्षों में नहीं किया जा सकता। इसलिये पहले तो यह निश्चित कर लेना चाहिये कि जाति-व्यवस्था में किस सीमा तक विकास की आवश्यकता है और फिर उस दिशा में सरकारी, गैर-सरकारी सभी व्यक्तियों द्वारा प्रयत्न किये जाने चाहियें। आगे आने वाली पीढ़ी में शिक्षा द्वारा जातिगत भेदभाव को दूर करना इस विषय में पहला कदम होगा। सहशिक्षा से अन्तर्जातीय विवाहों को प्रोत्साहन मिलेगा। जातिसूचक शब्दों को नामों से निकाल देने का भी प्रचार किया जा सकता है। जातीय समाजों और समितियों पर सरकार द्वारा रोक लगाई जानी चाहिये और नियुक्तियों में सरकार की ओर से जातिवाद को रोकने के उपाय किये जाने चाहियें। इस प्रकार चारों ओर से चेष्टा करने से ही इस दिशा में सुधार होगा।

साम्प्रदायिकता
(Communalism)

15 अगस्त, 1947 को भारत सरकार द्वारा स्वतन्त्रता की घोषणा की गई और उसी दिन से भारत में गाँव-गाँव और शहर-शहर में हिन्दू-मुसलमान ने एक दूसरे के खून की होली खेली। इन साम्प्रदायिक दंगों में जितना नृशंस व्यवहार दिखलाई पड़ता था उतना मानव इतिहास में शायद ही कहीं दिखाई पड़ा हो। गाँव-गाँव में आग लगा दी गई। जलती हुई आग में जीवित बच्चों को झोंक दिया गया। स्त्रियों के अंग भंग कर दिये और उनको नग्न करके कोड़ों से मारते हुये सड़कों पर जूलूस निकाले गये। स्थान-स्थान पर रेलगाड़ियाँ रोककर हजारों आदमियों को गाजर-मूली की तरह काट दिया गया। लाखों बेघर-बार हो गये। करोड़ों की सम्पत्ति नष्ट हो गई और इतना बड़ा बलिदान लेकर भी देश में साम्प्रदायिक तनाव कम नहीं हुआ। अभी पिछले वर्षों में अलीगढ़, मेरठ तथा उत्तरप्रदेश के कितने ही नगरों में कितने ही दंगे हुये। यह आग कभी न कभी भड़क ही उठती है। इसके मूल में कुछ विशेष कारण हैं। इन कारणों के अध्ययन से देश से साम्प्रदायिकता दूर करने के विषय में जानकारी प्राप्त होगी।

साम्प्रदायिक तनाव के कारण

साम्प्रदायिक तनावों के मुख्य कारण निम्नलिखित हैं—

(1) भौगोलिक कारण (Geographical Causes)—साम्प्रदायिकता का एक मुख्य कारण भौगोलिक है। जहाँ-तहाँ हिन्दू, मुसलमान, सिक्ख और ईसाइयों की बस्तियाँ अलग-अलग हैं वहाँ सामूहिक तनाव बढ़ता है क्योंकि भिन्न-भिन्न सम्प्रदायों की बस्तियों में रहन-सहन, तौर-तरीकों आदि में एक-दूसरे से भारी अन्तर दिखाई पड़ता हैं।

(2) ऐतिहासिक कारण (Historical Causes)—साम्प्रदायिक तनावों में ऐतिहासिक कारण भी बड़ा महत्वपूर्ण है। यह एक ऐतिहासिक तथ्य है कि भारतवर्ष में इस्लाम धर्म के अनुयायी बाहर से आये और उन्होंने तलवार के जोर से लोगों को मुसलमान बनाना शुरू किया। अनेक मुस्लिम शासकों ने हिन्दुओं पर अत्याचार किये। दूसरी ओर, हिन्दू राजाओं ने इसका मुँह तोड़ उत्तर दिया। इस बात को आज सैकड़ों साल हो गये। तब से अनेक बार हिन्दू-मुसलमानों ने मिलकर काम किया। सन् 1857 के स्वतन्त्रता संग्राम में हिन्दु-मुसलमानों ने कन्धे से कन्धा मिलाकर देश को आजाद कराने की कोशिश की। कांग्रेस में, आजाद हिन्द फौज में और अन्य राजनीतिक दलों में हिन्दू-मुसलमानों ने मिलकर मोर्चा लिया परन्तु इन दोनों सम्प्रदायों में बहुत से लोग उस पुराने इतिहास को भूल नहीं सके जबकि औरंगजेब के अत्याचार से हिन्दू धर्म पर खतरा उपस्थित हो गया था, जबकि हरिसिंह नलवा का नाम लेकर मुस्लिम स्त्रियाँ अपने बच्चों को चुप कराती थीं। इससे साम्प्रदायिक तनाव बना ही रहा। यही नहीं, बल्कि कुछ लोगों ने साम्प्रदायिक हितों को लेकर राजनीतिक दल बना डाले। मुस्लिम लीग और हिन्दू महासभा जैसे राजनीतिक दलों ने दोनों संप्रदायों को भड़काया। मुस्लिम लीग ने पाकिस्तान की माँग की। पाकिस्तान भी बन गया परन्तु फिर भी साम्प्रदायिक तनाव में आशातीत कमी नहीं आई।

(3) मनोवैज्ञानिक कारण (Psychological Causes)—साम्प्रदायिक तनाव के मुख्य कारण मनोवैज्ञानिक हैं। जब-जब हिन्दू-मुस्लिम सम्प्रदायों में परस्पर घृणा और द्वेष अत्यधिक बढ़ जाता है तभी देश में साम्प्रदायिक दंगे होते हैं। इस परस्पर घृणा के मूल में कुछ भ्रामक रूढ़ियाँ हैं। हिन्दू यह समझते हैं कि मुसलमान जन्म का राष्ट्र-द्रोही है। मुसलमान यह समझते हैं कि हिन्दुओं से उन्हें सदैव खतरा है। परस्पर अज्ञानता पर आधारित इन बातों से तनाव बढ़ता है।

(4) सामाजिक कारण (Social Causes)—कुछ सामाजिक कारण भी साम्प्रदायिक तनाव बढ़ाते है। भारत में आज भी हिन्दू-मुसलमानों के परस्पर घनिष्ठ मेल-जोल में बहुत-सी सामाजिक बाधायें है। मुसलमान गाय काटते हैं जिससे हिन्दुओं को चोट लगती है। हिन्दु मुसलमानों से मेल-जोल बढ़ाना ठीक नहीं समझते क्योंकि वे विधर्मी हैं। दोनों में बहुत से रीति-रिवाज एक-दूसरे से बिल्कुल विपरीत हैं। हिन्दू चोटी रखते हैं, मुसलमान नहीं रखते। हिन्दू धोती पहनते हैं, मुसलमान लुंगी इस्तेमाल करते हैं। हाथ धोते समय हिन्दू पानी कोहनी से कलाई की तरफ गिराते हैं और मुसलमान कलाई से कोहनी की तरफ उड़ेलते हैं। इन छोटी-छोटी बातों का कोई विशेष महत्व नही हैं, परन्तु इससे दोनों एक-दूसरे को उल्टा समझते हैं। अभी तो देश में अन्तर्जातीय विवाहों का ही रिवाज नहीं है, विभिन्न सम्प्रदायों में विवाह के बारे में तो अधिक लोग सोच भी नहीं सकते।

साम्प्रदायिक तनाव दूर करने के उपाय

साम्प्रदायिक तनाव के उपरोक्त कारणों के अध्ययन से उनको दूर करने के उपायों का भी संकेत मिलता है। स्थूल रूप से मुख्य उपाय निम्नलिखित हैं—

(1) राष्ट्रीय इतिहास का प्रचार—साम्प्रदायिक तनावों को दूर करने के लिये यह जरूरी है कि इतिहास के उस पहलू पर विशेष जोर दिया जाये जिसमें कि हिन्दू मुसलमानों ने मिलकर राष्ट्रोत्थान के लिये प्रयास किये और कुर्बानियाँ दीं। ऐसा करने से तनावों का ऐतिहासिक कारण दूर होगा और राष्ट्रीय भावना बढ़ेगी।

(2) परस्पर सम्पर्क—साम्प्रदायिक तनावों के मनोवैज्ञानिक कारणों को दूर करने के लिये विभिन्न सम्प्रदायों में परस्पर सम्पर्क बढ़ाने की जरूरत है। गाँव-गाँव और शहर-शहर में युवक संगठन बनाये जाने चाहियें जिनसे सभी सम्प्रदायों के युवक एकत्रित होकर साथ-साथ कार्यक्रमों में भाग लें। इसके अलावा इस प्रकार की अन्य अनेक संस्थायें बनाई जा सकती हैं जिनसे विभिन्न सम्प्रदायों के लोगों को एक-दूसरे के पास आने का अवसर मिले और उनमें मेल-जोल बढ़े।

(3) साम्प्रदायिक तत्वों की समाप्ति—सरकार की ओर से साम्प्रदायिक दलों की कार्यवाही पर कड़ी नजर रखे जाने की जरूरत है। क्रमशः इन दलों को समाप्त करने की कोशिश की जानी चाहिये। भारत में अनेक साम्प्रदायिक दल सांस्कृतिक अथवा धार्मिक कार्यक्रमों की आड़ लेकर साम्प्रदायिकता का जहर फैलाते हैं। सरकार को इस ओर ध्यान देना चाहिये और ऐसा पाये जाने पर ऐसे दल को एकदम बन्द कर देना चाहिये।

(4) असाम्प्रदायिक जनमत का निर्माण—पत्र-पत्रिकाओं, भाषाओं तथा रेडियो कार्यक्रमों और चलचित्रों के द्वारा देश में असाम्प्रदायिक स्वस्थ जनमत तैयार किया जाना चाहिये। इसके

लिये साम्प्रदायिक पत्र-पत्रिकाओं, भाषाओं आदि को गैर-कानूनी घोषित कर देना चाहिये।

(5) राष्ट्रीय त्यौहारों को प्रोत्साहन—देश में राष्ट्रीय त्यौहारों और समारोहों को ऐसा प्रोत्साहन दिया जाना चाहिये कि विभिन्न सम्प्रदायों के लोग उसमें पूरे उत्साह से भाग लें। हिन्दू-मुस्लिम दोनों सम्प्रदायों के मुख्य त्यौहारों जैसे होली, दिवाली, दशहरा, ईद आदि को राष्ट्रीय त्यौहार घोषित किया जा सकता है जिससे कि उनसे हिन्दू-मुस्लिम दोनों मिलकर भाग लें। इस मेल-जेल से साम्प्रदायिक तनाव कम होंगे।

साम्प्रदायिक तनावों को दूर करने के उपायों के उपरोक्त संक्षिप्त विवरण से स्पष्ट है कि इस दिशा में सामाजिक, वैज्ञानिक और मनोवैज्ञानिक सभी उपायों से काम लेने की आवश्यकता है। सभी ओर से प्रयास करना जरूरी है। इस दिशा में सरकार और जनता दोनों को सहयोग करना पड़ेगा। देश में साम्प्रदायिकता का यह विष इतना पुराना है कि इसको निकाल फेंकने के लिये भारी प्रयास की आवश्यकता है।

धर्मवाद (Religionism) और धार्मिक तनाव

धर्मवाद क्या है?

साम्प्रदायिकता की समस्या के साथ धर्मवाद की समस्या लगी हुई है। धर्मवाद, जैसा कि इसके नाम से स्पष्ट है, धर्म को वाद (ism) बना लेने को कहते हैं, और जिस प्रकार जातिवाद, सम्प्रदायवाद, क्षेत्रवाद और भाषावाद समूह तनाव उत्पन्न करते हैं उसी प्रकार धर्मवाद भी समूह तनावों का एक मुख्य कारण है भारतवर्ष में यह कारण विशेष रूप से प्रभावशाली दिखलाई पड़ता है क्योंकि भारतवर्ष एक धर्म-प्रधान देश है और यहाँ धर्म को विशेष महत्व दिया जाता रहा है। धर्मवाद की समस्या को और भी अधिक स्पष्ट करने के लिये इसकी परिभाषा करनी आवश्यक है। इस सम्बन्ध में श्री अरविन्द ने धर्म और धर्मवाद में भेद स्पष्ट करते हुये जो लिखा है वह अत्यन्त महत्वपूर्ण है। श्री अरविन्द के शब्दों में, "सच्चा धर्म आध्यात्मिक धर्म है जो कि बुद्धि से परे, मानव की सौन्दर्यात्मक, नैतिक और व्यवहारिक सत्ता से परे है और हमारी सत्ता के इन अंगों को आत्मा के उच्चतर प्रकाश और नियमों से सूचित और शामिल करने के लिये आत्मा में रहता है। इसके विरुद्ध धर्मवाद अपने को निम्न सदस्यों की कुछ संकीर्ण धार्मिक उन्नति में सीमित रखता हैं अथवा बौद्धिक सिद्धान्तों, रूपों और विधियों, कुछ निश्चित और कठोर नैतिक नियमावली, कुछ धार्मिक-नैतिक अथवा धार्मिक-सामाजिक व्यवस्था पर विशेष रूप से जोर देता है।"[16]

---

16. "True religion is spiritual religion, that which seeks to live in spirit, in what is beyond the intellect, beyond the aesthetic and ethical and practical being of man and to inform and govern those members of our being by the higher light and laws of the spirit., Religionism, on the contrary, entrenches itself into some narrow pietistic exaltation of lower members or lays exclusive stress on intellectual dogmas, and ceremonies, on some fixed and rigid moral code, on some religio-political and religio-social system."

—Sri Aurobindo, *The Human Cycle,* p. 220.

धर्मवाद की विशेषतायें

श्री अरविन्द के उपरोक्त शब्दों में धर्म और धर्मवाद में अन्तर स्पष्ट होता है। इस प्रकार जबकि धर्म का लक्ष्य व्यापक होता है, धर्मवाद में विशेष धर्म के सदस्यों की कुछ संकीर्ण उन्नति की ओर विशेष ध्यान दिया जाता है। उदाहरण के लिये जो लोग उचित-अनुचित सभी प्रकार के साधनों से अपने धर्म के अनुयायियों की संख्या बढ़ाने का प्रयास करते हैं वे धार्मिक नहीं बल्कि धर्मवाद की प्रवृत्ति दिखलाते हैं। इस प्रकार संसार में अनेक पिछड़े देशों में जाकर ईसाई धर्म प्रचारकों ने जो अनेक अनुचित साधनों से स्थानीय लोगों का धर्म-परिवर्तन किया अथवा तलवार के जोर से मध्य युग में जिन लोगों ने इस्लाम को फैलाने का प्रयास किया, वह धर्मवाद का उदाहरण है। इसी प्रकार जो लोग अपने विशेष धर्म के समर्थन के साथ-साथ दूसरों के धर्म के खण्डन में लगे रहते हैं वह भी धर्मवादी प्रवृत्ति है। इस प्रवृत्ति से वे अपनी नियावली, अपने सिद्धान्तों और विधियों तथा अपनी धार्मिक-सामाजिक व्यवस्था को सर्वश्रेष्ठ मानकर दूसरों की आलोचना करते हैं और केवल इतना ही नहीं बल्कि दूसरों के विनाश के लिये भी प्रयास करते हैं। यह धर्मवाद धर्म के नाम पर भयंकर रक्तपात का कारण रहा है। इस धर्मवाद को धर्म की संज्ञा देकर विचारकों ने धर्म का खण्डन किया है। उन्होंने यह दिखलाया है कि किस प्रकार से धर्म मानव मानव में खाई उत्पन्न करता है, अन्धविश्वास की ओर ले जाता है, रूढ़िवाद और परम्परावाद का पोषण करता है और मनुष्यों पर भारी अत्याचार का आधार बन जाता है। किन्तु जैसा कि श्री अरविन्द ने स्पष्ट किया है, ''यह अस्त-व्यस्त इतिहास सभी मानवीय प्रयत्नों से सम्बन्धित है और यदि उसको धर्म के सत्य की आवश्यकता के विरुद्ध गिना जायेगा तो यह मानवीय प्रयत्नों के प्रत्येक अन्य पहलू, मानव की समस्त क्रियाओं, उसके आदर्शों, उसके विचारों, उसकी कला और उसके विज्ञान के सत्य की आवश्यकता के भी विरुद्ध गिना जायेगा।''[17] अस्तु, धर्म को नहीं बल्कि धर्मवाद को दूर करने की आवश्यकता है। धर्म तो समूह को बाँधता है। धर्मवाद ही समूह तनाव उत्पन्न करता है। अस्तु, धर्मवाद के स्थान पर सच्चे धर्म की स्थापना होनी चाहिये जिसका कार्य है मानव को दैवी सत्ता की ओर ले जाना, उसने जो कुछ अब तक इस दिशा में प्राप्त किया है उसको एक स्वरूप देना और उसकी सामर्थ्य के अनुसार सत्य के निकट पहुँचने का मार्ग दिखलाना है। संसार में प्रत्येक धर्म ने मानवजाति की कुछ-न-कुछ सहायता की है। मूर्ति-पूजावाद ने मानव के जीवन में विशालता, ऊँचाई और सौन्दर्य का प्रकाश बढ़ाया है और अनेकांगी पूर्णता की ओर लक्ष्य किया है। ईसाइयत ने मानव को दैवी प्रेम और दान के विषय में दिव्य दृष्टि प्रदान की है। बौद्ध धर्म ने उसको विवेकपूर्ण, नैतिक और शुद्ध बनाने का एक उत्तम मार्ग दिखलाया है। यहूदी धर्म और इस्लाम ने मानव को धर्म में धार्मिक रूप से विश्वसनीय होना और ईश्वर के प्रति अन्यन्य भक्ति रखना सिखलाया है। हिन्दू धर्म ने उसके सम्मुख सर्वाधिक विशाल और महान्

17. "This chequered history belongs to all human efforts and if it were to count against the truth and necessity of religion it would count also against the truth and necessity of every other line of human endeavour, against all man's actions, his thought, his art, his science.,"

—Sri Aurobindo, *The Life Divine*, p. 696

आध्यात्मिक सम्भावनाओं को मुक्त कर दिया है। इस प्रकार सभी महान् धर्मों ने करोड़ों मानवों की रक्षा की है। धर्म मानव की कुछ आधारभूत आवश्यकताओं को सन्तुष्ट करता है, धर्मवाद इसी का विकृत रूप है जो कि धर्म को कठोर, गतिहीन और हानिकारक बना देता है।

धर्मवाद के कारण

उपरोक्त विवेचन से धर्मवाद की धारणा स्पष्ट होती है। अब समूह तनाव उत्पन्न करने में धर्मवाद के योगदान को समझने के लिये यह जानना आवश्यक है कि धर्मवाद किन कारणों से उत्पन्न होता है। संक्षेप में ये कारण निम्नलिखित हैं—

(1) **भौगोलिक कारण**—प्रत्येक धर्म के अनुयायी अलग-अलग भौगोलिक परिवेश में रहते हैं और उनके धार्मिक ग्रन्थों में इस भौगोलिक परिवेश की पृष्ठभूमि में ही कथायें मिलती हैं। अस्तु, प्रत्येक को अपने ही धर्म से विशेष लगाव होना स्वाभाविक है। इस प्रकार हिन्दू धार्मिक ग्रन्थों में भारतीय भौगोलिक परिवेश और मुस्लिम धार्मिक ग्रन्थों में अरब का भौगोलिक परिवेश दिखलाई पड़ता है। इस अन्तर से इन दोनों धर्मों के अनुयायी एक दूसरे को विदेशी मानते हैं और उनमें तनाव बढ़ता है।

(2) **ऐतिहासिक कारण**—यह एक ऐतिहासिक तथ्य है कि संसार में अनेक देशों में भिन्न धर्म के अनुयायियों ने हिंसा का सहारा लेकर अपना धर्म फैलाया। इस्लाम का प्रचार बहुत कुछ इसी प्रकार से हुआ। इसी ऐतिहासिक कारण से विभिन्न धर्मों के अनुयायी एक दूसरे से पुरानी शत्रुता मानते हैं जिससे उनमें समूह तनाव उत्पन्न होता है।

(3) **सामाजिक कारण**—प्रत्येक धर्म का एक सामाजिक पहलू होता है जो कभी-कभी उसके व्यक्तिगत पहलू से ही अधिक प्रभावशाली होता है। इस प्रकार हिन्दू, मुस्लिम, ईसाई इत्यादि धर्मों के अनुयायी अलग-अलग प्रकार के सामाजिक रीति-रिवाज, प्रथायें, विधियों और संस्थाओं का रूप रखते हैं। उससे वे एक दूसरे को विदेशी मानने लगते हैं और उनमें समूह तनाव उत्पन्न होता है।

(4) **मनोवैज्ञानिक कारण**—किन्तु अन्त में धर्मवाद का सबसे प्रमुख कारण मनोवैज्ञानिक है क्योंकि धर्मवाद एक मनोवैज्ञानिक प्रवृत्ति, दृष्टिकोण अथवा विन्यास है। उसके मूल में घृणा और द्वेष के संवेग काम करते हैं। वह पक्षपात पर आधारित है। उसमें परस्पर अज्ञान सम्मिलित है जिसके कारण विभिन्न धर्मावलम्बी एक-दूसरे से भयभीत रहते हैं। प्रत्येक व्यक्ति अपने धर्म के विषय में कुछ पक्षपात और कुछ रूढ़ि प्रत्यय बनाये रखता है जिससे समूह तनाव बढ़ता है।

(5) **राजनैतिक कारण**—जैसा कि पहले बतलाया जा चुका है, धर्म स्वयं लोगों को अलग नहीं करता बल्कि उन्हें बाँधता है किन्तु जब धर्म को कुछ राजनैतिक लक्ष्यों को प्राप्त करने का साधन बना लिया जाता है तो धर्मवाद उत्पन्न होता है जिससे समूह तनाव बढ़ते हैं। आधुनिक काल में भारत में कुछ राजनैतिक दल विशेष धर्म के अनुयायियों ने बनाये हैं और वे धर्म को राजनैतिक संगठन का आधार बना कर धर्मवाद और उसके आधार पर समूह तनाव बढ़ाते हैं।

(6) आर्थिक कारण—जैसा कि अनेक विचारकों ने संकेत किया है, कुछ धर्मों के अनुयायी आर्थिक दृष्टि से अत्यन्त पिछड़े हुए हैं, अन्य धर्मों के अनुयायियों की आर्थिक स्थिति बहुत अच्छी है। उदाहरण के लिये भारतवर्ष में मुसलमानों से हिन्दुओं और हिन्दुओं से ईसाइयों की आर्थिक स्थिति बेहतर है। अनेक क्षेत्रों में हिन्दू व्यापारी, कारखानेदार और सूदखोर होता है जबकि मुसलमान श्रमिक और शोषित तथा निर्धन होता है। ऐसी स्थिति में आर्थिक प्रश्नों के साथ धार्मिक प्रश्नों को जोड़ देने पर आर्थिक कारणों से धर्मवाद उत्पन्न होता है और समूह तनाव बढ़ता है।

धर्मवाद के उपचार

धर्मवाद के उपरोक्त कारणों के विवेचन से स्पष्ट है कि इसमें सामाजिक, आर्थिक, राजनैतिक, ऐतिहासिक और मनोवैज्ञानिक सभी प्रकार के कारकों का योगदान है, अस्तु, धर्मवाद के कारण उत्पन्न समूह तनाव को दूर करने के लिये इन सभी प्रकार के कारणों को दूर करने का उपाय करना पड़ेगा। इस सम्बन्ध में उपचार निम्नलिखित हैं—

(1) भौगोलिक कारणों के उपचार—मनुष्य स्वभाव से ही अपनी धरती से प्रेम करता है। भारतपर्ष में जो भी व्यक्ति रहता है उसे यहाँ की धरती, नदियों और पहाड़ों, संक्षेप में भौगौलिक परिवेश से प्रेम होना स्वाभाविक है किन्तु जो धर्म बाहर से आये हैं उनको मानने वाले नर-नारी स्थानीय परिवेश के प्रति लगाव न रखते हुये उन धर्मों की पुस्तकों में दिये हुये उनके मूल स्थान के भौगोलिक परिवेश से लगाव प्रकट करते हैं। इससे समूह तनाव बढ़ता है। वास्तव में धर्म एक व्यक्तिगत मामला है और यदि उसे यहीं तक सीमित रखा जाये तो उससे मनुष्य को अनेक लाभ हैं। इसलिये धर्मों के अन्तर को बीच में न लाते हुये प्रत्येक व्यक्ति को उस देश की धरती और भौगोलिक परिवेश से लगाव रखना चाहिये जिस देश का वह नागरिक है। यदि इस बात को भारत में इस्लाम और ईसाई धर्म के अनुयायी समझ लें तो धर्मवाद बहुत कुछ दूर हो सकता है।

(2) ऐतिहासिक कारणों का उपाय—धर्मवाद पर आधारित समूह तनाव को दूर करने के लिये यह आवश्यक है कि धर्मों के बलपूर्वक प्रचार के इतिहास को भुलाकर राष्ट्रीय इतिहास का निर्माण करने का प्रयास किया जाये जिसमें इस बात पर जोर दिया जाये कि कैसे विभिन्न धर्मों के अनुयायियों ने कन्धे से कन्धा मिलाकर राष्ट्र को आगे बढ़ाने में सहायता दी है। इस प्रकार राष्ट्रीय इतिहास के प्रचार से धर्मवाद के ऐतिहासिक कारणों को दूर करने में सहायता मिलेगी।

(3) परस्पर सम्पर्क में वृद्धि—धर्मवाद दूर करने के लिये यह आवश्यक है कि विभिन्न धर्मों के अनुयायी परस्पर मिल-जुलकर राष्ट्रीय त्यौहार मनावें और युवक संगठन बनावें, शिक्षा तथा मनोरंजन के कार्यक्रमों में भाग लें और इस प्रकार उनमें अधिक से अधिक सम्पर्क के अवसर आवें।

(4) धार्मिक दलों की राजनीतिक गतिविधियों पर रोकथाम—धार्मिक दलों को धार्मिक कार्यक्रमों और धार्मिक लक्ष्यों को आगे बढ़ाने का प्रयास करना चाहिये। जब ये राजनैतिक लक्ष्यों को लेकर गतिविधियाँ बढ़ाने लगें तो सरकार को इन पर नजर रखने की आवश्यकता है। इस रोकथाम से धर्मवाद पर नियन्त्रण रहेगा।

(5) राष्ट्रीय त्यौहारों को प्रोत्साहन—यदि राष्ट्र निर्माण के लिये नागरिकों में धर्म की एकता आवश्यक होती तो आधुनिक काल में संसार के किसी भी देश में राष्ट्र-निर्माण न हो पाता क्योंकि प्रत्येक देश में अनेक धर्मों के अनुयायी रहते हैं। अस्तु, प्रत्येक व्यक्ति को यह समझ लेना चाहिये कि राष्ट्र का सदस्य होने के लिये विशेष धर्म का अनुयायी होना आवश्यक नहीं है। जब यह दृष्टिकोण सब ओर फैल जायेगा तो विभिन्न धर्मों के अनुयायी अपने धर्म का पालन करते हुये भी राष्ट्रीय त्यौहार को मिल-जुलकर मनायेंगे और सब प्रकार से राष्ट्रीय प्रगति को आगे बढ़ाने में योगदान देंगे।

(6) धर्म-निरपेक्ष साहित्य और कार्यक्रमों का प्रसार—सभी बड़े धर्मों के अनुयायियों में धार्मिक साहित्य और धार्मिक कार्यक्रम बिना किसी के कहे हुये चलते रहते हैं और इनका चलना बड़ा लाभदायक है किन्तु इनको संकीर्ण अर्थों में लेने से जो धर्मवाद फैलता है उसकी रोकथाम के लिये यह आवश्यक है कि धर्म-निरपेक्ष साहित्य और कार्यक्रमों का भी व्यापक प्रसार किया जाये ताकि जनता को यह स्पष्ट हो जाये कि जीवन का धर्म निरपेक्ष पहलू धार्मिक पहलू से कम महत्वपूर्ण नहीं है। इसके साथ ही धर्म-निरपेक्ष अथवा लौकिक जीवन के पहलू को इतना बढ़ाया जाना चाहिये कि धर्म का क्षेत्र केवल व्यक्तिगत जीवन में ही सीमित हो जाये। वास्तव में सामाजिक सम्पर्क का आधार धार्मिक न रहकर लौकिक हो जाना चाहिये। विभिन्न धर्मों के नर-नारियों को परस्पर विवाह करने के लिये प्रोत्साहित किया जाना चाहिये। इस प्रकार लौकिक जीवन का क्षेत्र बढ़ाने से धर्मवाद की रोकथाम होगी और समूह तनाव कम होंगे।

(7) मानव धर्म का प्रचार—विचारशील व्यक्ति बहुत बार यह सोचते रहे हैं कि यदि संसार में कोई एक धर्म होता तो धर्मवाद न फैलता। इस विचार को लेकर अनेक विचारकों ने मानव धर्म की धारणा प्रस्तुत की है। उदाहरण के लिये रवीन्द्रनाथ ने मानव धर्म का विस्तारपूर्वक वर्णन किया है। इसी प्रकार कुछ अन्य व्यक्तियों ने मानव धर्म की रूपरेखा स्पष्ट करने का प्रयास किया है। गाँधी जी अपनी प्रार्थना सभा में सभी बड़े धर्मों के धर्म-ग्रन्थों से कुछ न कुछ पाठ कराते थे। कुछ विचारकों ने विभिन्न धर्मों की महत्वपूर्ण बातें लेकर एक ऐसा धर्म निकालने का प्रयास किया है जो सब कहीं मान्य हो। किन्तु धर्म को इस प्रकार कृत्रिम रूप से उत्पन्न करने का प्रयास व्यर्थ है। सब बड़े धर्मों से कुछ न कुछ लेकर एक नया धर्म बनाने की बात धर्म को कृत्रिम बना देती है और उसकी स्वभाविकता समाप्त हो जाती है। वास्तव में विविधता में एकता का निराकरण अनिवार्य नहीं है बल्कि उससे तो समाज की समृद्धि बढ़ती है। इस प्रकार सर्वांग दृष्टिकोण ही सच्चे मानव धर्म का आधार बन सकता है। इसको स्पष्ट करते हुये श्री अरविन्द ने लिखा है, "एक धर्म, जो कि स्वयं भी धर्मों की एक व्यवस्था है और जो साथ ही साथ व्यक्ति को उसके अपने आन्तरिक अनुभव देता है, प्रकृति के इस प्रयोजन से सबसे अधिक निकट होगा।"[18] विलियम जेम्स ने मनोवैज्ञानिक दृष्टिकोण से धर्म पर विचार करते हुये यह स्पष्ट

---

18. " A religion which is itself a congeries of religions and which at the same time provides each man with his own turn of inner experience would be the most in consonance with this purpose of nature."

—Sri Aurobindo, *The Life Divine*, p. 726.

किया है कि प्रत्येक व्यक्ति को अपनी-अपनी रुचि और मानसिक विन्यास के अनुसार अपना धर्म, पूजा पद्धति और ईश्वर चुन लेना चाहिये और स्वभावतया इन सब के विषय में विविधता ही सबसे अधिक मनोवैज्ञानिक दृष्टिकोण है। प्रत्येक व्यक्ति को अपने धर्म का पूरी आस्था से पालन करना चाहिये और दूसरों को भी ऐसा करने का अवसर देना चाहिये। यह सर्वांग दृष्टिकोण ही मानव-धर्म का आधार है। स्पष्ट है कि मानव धर्म कोई एक धर्म नहीं हो सकता। चाहे वह कोई महान् धर्म हो या विभिन्न धर्मों की अनेक बातों को लेकर बनाया गया कोई नया समन्वित धर्म हो। धर्म के क्षेत्र में स्वतन्त्रता और स्वभाविकता का सबसे अधिक महत्व है। अस्तु, मानव धर्म से तात्पर्य प्रत्येक व्यक्ति की अपने धर्म के पालन की स्वतन्त्रता से है। इसमें आध्यात्मिक मूल्य सर्वोच्च मूल्य हैं। इसका लक्ष्य मानव प्रकृति और ईश्वर के मध्य की खाई को समाप्त करना है। यह आध्यात्मिक विकास का साधन है और मनुष्य को उनकी दुर्बलताओं में और कठिनाइयों में रोग, शोक और मृत्यु में सहारा देने वाला है। धर्म के इस मूल स्वरूप को समझ लेने से धर्मवाद को दूर किया जा सकता है।

धर्मवाद को दूर करने के अनेक उपायों में से उपरोक्त मुख्य उपायों के विवरण से यह स्पष्ट हो जाता है कि धर्मवाद पर आधारित समूह तनाव को कैसे दूर किया जा सकता है।

सब धर्मों का सार समान है

संसार में प्रत्येक धर्म विकास में अपनी अवस्था के अनुसार एक विशेष सत्य की अभिव्यक्ति करता है। अपने विकास में धर्म कई सोपानों से गुजरा है। प्रकृति में प्रत्येक वस्तु निश्चेतना में प्रारम्भ होती, अज्ञान, अवनति और मूल प्रवृत्तिजन्य विरोधों में होकर डगमगाते हुए कदमों से क्रमश: आगे बढ़ती और अन्त में कुछ एकांगी गहराइयों तथा अधिक स्पष्ट रूपों को प्रदर्शित करती है। इसी अवस्था पर एक तीव्र परिवर्तन, एक निश्चित नव्योत्क्रान्ति होती है जो गहरी, विस्तृत और सूक्ष्म होकर एक ऐसे सत्य पर पहुँचती है जो प्रारम्भिक रूपों की भाषा में नहीं समझाईं जा सकती। अत: प्रतीकों, प्राकृतिक वस्तुओं और पत्थरों की पूजा में उत्पन्न धर्म के सत्य के विरुद्ध कोई तर्क नहीं हो सकता। हमें उन दोषों से इन्कार नहीं जिन्होंने धर्म में पैठकर उसको कठोर, गतिहीन और मानव जाति के लिये हानिकारक तक बना दिया है किन्तु हमारा कहना यह है कि धर्म का यह स्वरूप सच्चा धर्म न होकर धर्मवाद है। जिस प्रकार कोई भी विचार वाद बनकर कठोर और निष्प्राण हो जाता है उसी प्रकार धर्म भी धर्मवाद के रूप में मानव समाज के लिये हानिकारक सिद्ध होता है। हर्ष है कि संसार का कोई भी महान धर्म धर्मवाद नहीं कहा जा सकता और इस प्रकार सभी धर्मों का सार एक है। हिन्दु, इस्लाम, सिक्ख, जैन, बौद्ध तथा ईसाई धर्म सभी सच्चे धर्म हैं और इनसे मानव जाति को अत्यधिक लाभ हुआ है। प्रत्येक महान् धर्म में धर्मवाद के स्थान पर सच्चे धर्म की स्थापना की गई है जिसका कार्य मानव को दैवी सत्ता की ओर ले जाना है, उसने जो कुछ अब तक इस दिशा में प्राप्त किया है उस सबको एक स्वरूप देना और उसको उसके सामर्थ्य के अनुसार सत्य के निकट पहुँचने का मार्ग दिखलाना है।

संसार के सभी महान् धर्मों के विकास में एक-से सोपान दिखलाई पड़ते हैं। आरम्भ में वे सभी आदिम मानव की सहज प्रवृत्तियों से उत्पन्न होते हैं। जैसे-जैसे बौद्धिक तत्व बढ़ता जाता

है वैसे-वैसे एक ओर कर्मकाण्ड और दूसरी ओर आध्यात्मिक प्रवृत्ति अभिव्यक्त होती है। इन दोनों के सम्मिश्रण से मत, सम्प्रदाय और सिद्धान्तों का जन्म होता है। इस अवस्था में महान् धर्म जन्म लेता है जिसका सार आध्यात्मिक तत्व होता है। यह महान् धर्म भी क्रमशः दो रूपों में बंट जाता है– कैथोलिक और प्रोटेस्टेन्ट। पहला धर्म का मौलिक नमनीय स्वभाव, उसकी अनेकांगिता और मानव सत्ता की समस्त प्रकृति का आह्वान करने की प्रवृत्ति है और दूसरा उदार को खंडित करने वाली और विश्वास, पूजा तथा व्यवहार में एक आस्था पर जोर देने वाली और सामान्य बुद्धि, हृदय और संकल्प को शीघ्र प्रभावित करने के लिये सरलता लिये हुए एक प्रवृत्ति है। यह दूसरी प्रवृत्ति ही अत्यधिक बौद्धिकता की ओर ले गई जो अपनी चरम सीमा पर पहुँचकर धर्म में एक मात्र शुष्क बुद्धि को छोड़कर समस्त आध्यात्मिक तत्व को निकालकर जीवित धर्मों के स्थान पर समृद्धिहीन और निष्प्राण व्यवस्था स्थापित करती है।

धर्म के विकास की लम्बी प्रक्रिया में प्रत्येक धर्म ने मानव जाति की सहायता की है। मूर्ति-पूजावाद ने मानव के जीवन की विशालता और ऊँचाई और सौन्दर्य का प्रकाश बढ़ाया है और अनेकांगी पूर्णता की ओर लक्ष्य किया है। ईसाइयत ने उसको दैवी प्रेम और दान के विषय में दिव्य दृष्टि प्रदान की है। बुद्ध धर्म ने उसको अधिक बुद्धिमान, शुभ और शुद्ध बनने का एक उत्तम मार्ग दिखलाया है। यहूदी धर्म और इस्लाम ने उसको कार्य में धार्मिक रूप से विश्वसनीय होना और ईश्वर के प्रति उद्दाम भक्ति करना सिखलाया है। हिन्दु धर्म ने उसके सम्मुख सर्वाधिक विशाल और गहन आध्यात्मिक सम्भावनाओं को उन्मुक्त कर दिया है। इन सभी धर्मों ने अनेक आत्माओं की रक्षा की है। परन्तु मानव जाति को आध्यात्मिक बनाने के लिये मत-सम्प्रदाय की नहीं बल्कि आध्यात्मिक आत्म-विकास के लिये एक सतत और सर्वग्राही प्रयत्न की आवश्यकता है। ल्यूबा तथा अन्य विद्वानों के साथ श्री अरविन्द ने भी यह माना है कि धर्म मानव की आधारभूत आवश्यकताओं को सन्तुष्ट करता है परन्तु इस संकीर्ण लक्ष्य के पीछे उन्होंने प्रकृति के एक अधिक विस्तृत प्रयोजन की और संकेत किया है। धर्म केवल ऊँचाई ही नहीं बल्कि विस्तार भी है, विकास ही नहीं बल्कि संश्लिष्टता भी है, भौतिक शरीर, प्राण और मानव की परिपूर्ति ही नहीं बल्कि इन सबका आध्यात्मिक तत्व में आरोहण और सच्चिदानन्द में चैत्यीकरण, आध्यात्मीकरण और एकता भी सम्पादित करता है।

धर्म के विषय में उपरोक्त विवेचन सभी महान् धर्मों पर लागू होता है। इस प्रकार सभी धर्मों का सार समान है। आधुनिक युग में लगभग सभी देशों में विचारवान् व्यक्ति धर्म के प्रति इस समन्वयात्मक दृष्टिकोण का महत्व समझने लगे हैं समन्वयात्मक दृष्टिकोण से तात्पर्य विभिन्न ध र्मों की मूलभूत एकता को समझकर धार्मिक उदारता और सहिष्णुता की प्रवृत्ति रखते हुये यह जान लेना है कि विभिन्न धर्म भिन्न-भिन्न मार्गों से एक ही परम लक्ष्य की ओर ले जाते हैं। ईसा, मोहम्मद, बुद्ध, महावीर, नानक और कबीर से लेकर आधुनिक युग में रामकृष्ण, टैगोर और गाँधी तक सभी ने धर्म की समन्वयवादी व्याख्या उपस्थित की है।

ईसामसीह ने जनता को न्याय, प्रेम और कर्त्तव्य पालन का उपदेश दिया। उनके सबसे प्रसिद्ध उपदेश Sermon on the mount अर्थात् पहाड़ी पर उपदेश हैं। एक बार कैपरनाम के निकट की एक पहाड़ी पर लोग बहुत बड़ी संख्या में ईसा का उपदेश सुनने के लिए एकत्रित हो

गये। इस उपदेश में ईसा ने कहा था—''धन्य हैं वे जो निर्धन हैं क्योंकि स्वर्ग का राज्य उन्हीं का है। धन्य हैं वे जो नम्र हैं क्योंकि वे समस्त पृथ्वी के उत्तराधिकारी होंगे। धन्य हैं वे जो धर्म के लिए भूख प्यास सहन करते हैं क्योंकि वे तृप्त किये जायेंगे। धन्य हैं वे जो दयालु हैं क्योंकि उन्हें ईश्वर की प्राप्ति होगी। धन्य हैं जो शुद्ध हृदय वाले हैं क्योंकि वे ईश्वर का दर्शन करेंगे। धन्य हैं वे जो शान्ति स्थापित करते हैं क्योंकि वे ईश्वर के बालक कहलायेंगे।'' ईसा के पहाड़ी पर उपदेश से स्पष्ट है कि उन्होंने दया, क्षमा, सहानुभूति, भ्रातृत्व और सेवा का उपदेश दिया।

ईसाई धर्म के उपरोक्त सिद्धान्तों से इस्लाम धर्म के सिद्धान्तों की तुलना करने से यह स्पष्ट होता है कि सार रूप में दोनों धर्मों में बहुत-सी बातें समान हैं। इस्लाम धर्म में अल्लाह पर विश्वास करना सबसे अधिक आवश्यक माना गया है। कुरान के अनुसार प्रत्येक व्यक्ति को भले कर्म करने चाहियें। हजरत मोहम्मद ने मूर्ति-पूजा का विरोध किया और अल्लाह को एक मानने का उपदेश दिया। इस्लाम धर्म में प्रत्येक व्यक्ति के लिए दान देना आवश्यक है। हजरत मोहम्मद ने छोटे-बड़े, गरीब-अमीर सभी को समान माना है। शाब्दिक अर्थ में इस्लाम का अर्थ शान्ति का मार्ग होता है। यदि अन्य महान् धर्मों की तुलना में इस्लाम में कोई भेद दिखलाई पड़ता है तो उसका मुख्य कारण उसका सार रूप न होकर वे तत्कालीन परिस्थितियाँ हैं जिनमें इस्लाम धर्म पैदा हुआ था।

ईसा मसीह और हजरत मोहम्मद के समान बौद्ध धर्म के प्रवर्तक गौतम बुद्ध ने भी दया, क्षमा, अहिंसा, समानता, भ्रातृत्व, सहिष्णुता आदि मानव-सुलभ गुणों पर जोर दिया। उन्होंने संसार में दुखों से छुटकारा पाने के लिए वासनाओं और तृष्णाओं से छुटकारा पाने का उपदेश दिया। उन्होंने कहा कि निर्वाण का अर्थ तृष्णा का त्याग, उससे अलग होना, उससे मुक्ति पाना है। नामरूप की वासना और अहंकार दुख के कारण है। अहंकार और जीवेषणा के नाश से राग, द्वेष, भ्रम, दुख इत्यादि का विनाश होता है। दुख-निरोध के उपाय बतलाते हुए गौतम बुद्ध ने अष्टांग पथ के रूप में मानव धर्म का उपदेश दिया। अष्टांग पथ मध्यम मार्ग है। इसमें आत्मशक्ति और स्वयं को कष्ट देना दोनों का ही निरोध है। इस प्रकार बुद्ध ने आध्यात्मिक और नैतिक दृष्टि से मध्यम मार्ग अपनाया है। दो ऐसी सीमायें हैं जिन्हें आगे बढ़ने वाले को कभी अनुसरण नहीं करना चाहिए—एक तो इन्द्रिय-विषय के सुखों और वासनाओं की भक्ति की आदत जो तृप्ति खोजने का एक निम्न, असंस्कृत, त्याज्य और लाभहीन मार्ग है और केवल सांसारिक जनों के लिए उपयुक्त है और दूसरी आत्मा को कष्ट देने की आदत जो कष्टमय, त्याज्य और व्यर्थ है। तथागत ने एक मध्यम मार्ग का पता लगाया है, एक ऐसा मार्ग जो आँखें खोलता और बुद्धि प्रदान करता हैं—जो शान्ति, अन्तर्दृष्टि, उच्च प्रज्ञा और निर्वाण की ओर ले जाता है। वास्तव में वह मार्ग यही आर्य अष्टांग-पथ है जिसके अंग सम्यक् दृष्टिसम्यक् संकल्प, सम्यक् वाक् , सम्यक् कर्मान्त, सम्यक् व्यायाम, सम्यक् स्मृति और सम्यक् समाधि हैं।

बौद्ध धर्म के समान जैन धर्म में भी अहिंसा, सत्य, अस्तेय, ब्रह्मचर्य, अपरिग्रह तथा सम्यक्, दर्शन सम्यक् ज्ञान और सम्यक् चरित्र पर जोर दिया गया है। जैन धर्म के ये सिद्धान्त हिन्दू धर्म के सिद्धान्तों से मिलते-जुलते हैं। हिन्दू धर्म में भी इन सब गुणों को आवश्यक माना गया है। इसी प्रकार जैन और बौद्ध धर्म के अधिकतर विचार भी परस्पर मिलते हैं। दोनों के प्रवर्तक ब्राह्मण

धर्म के विरुद्ध हैं। दोनों ने कर्मकाण्ड का खण्डन किया। दोनों ने धर्म को नैतिक आधार पर स्थापित किया। दोनों ही मानववादी धर्म हैं।

बुद्ध और महावीर के उपदेशों से गुरु नानक के उपदेशों की तुलना करने पर यह स्पष्ट हो जाता है कि इन धर्मों का सार समान है। नानक ने कहा है कि, ''अव्वल अल्लाह नूर नुमाया कुदरत दे सब बन्दे। एक नूर ते सब जग उपजिया कौन भले कौन मन्दे।'' गुरु नानक ने बाह्य आडम्बर की कटु आलोचना की। उन्होंने घोषणा की कि ईश्वर एक है यद्यपि उसके रूप अनेक हैं। संसार की सृष्टि एक परमेश्वर और एक ही परम तत्व से हुई। मनुष्य-मनुष्य में भेद करना अनुचित है। हमें ईश्वर के समान दया प्रदान करनी चाहिये। दान सभी का कर्तव्य है और दान में प्रेम शामिल है। इस प्रकार मूल रूप से सिक्ख धर्म के सिद्धान्त भी वे ही हैं जिनको ईसाई, इस्लाम, बौद्ध और जैन धर्मों में दिखलाया गया है।

बौद्ध और जैन धर्म में अधिकतर सिद्धान्त हिन्दू धर्म से लिये गये हैं। हिन्दू धर्म सदैव अनेकता में एकता का समन्वयात्मक दृष्टिकोण मानता रहा है। वेदों, उपनिषदों और भगवद्गीता में जिन मूल तत्वों पर जोर दिया गया है वे ही संसार के सभी महान् धर्मों के सार है। हिन्दू धर्म का धर्म के प्रति यह समन्वयात्मक दृष्टिकोण आधुनिक युग में रामकृष्ण, रवीन्द्रनाथ टैगोर और गाँधी के विचारों से स्पष्ट होता है। रामकृष्ण परमहंस के अनुसार ईश्वर एक है और उसके रूप अनेक हैं। जिस तरह गिरगिट बहुत-से रंग बदलते हुए भी एक रहता है, उसी तरह बहुरूपी ईश्वर एक ही है। जिस तरह भिन्न-भिन्न अंधों को हाथी का रूप भिन्न-भिन्न दिखलाई पड़ता है, उसी तरह ईश्वर को भिन्न-भिन्न सम्प्रदायों ने भिन्न-भिन्न रूप में देखा है। जिस तरह शक्कर से बहुत से मिष्ठान्न बनाये जा सकते हैं, उसी तरह ईश्वर तक पहुँचने के भिन्न-भिन्न मार्ग हैं। ईश्वर के अनेक रूप इसलिये है कि प्रत्येक व्यक्ति अपनी प्रवृत्ति के अनुसार उसके विशिष्ट रूप की आराधना कर सके। जिस तरह मिट्टी से बहुत प्रकार के बर्तन बनाये जा सकते हैं और मछली अनेक प्रकार से पकाई जा सकती है, उसी तरह ईश्वर को विभिन्न नामों और रूपों में पूजा जा सकता है। अस्तु, रामकृष्ण ने समझाया कि विभिन्न धर्मों से घृणा और भेदभाव दूर करो, कुएं के मेंढक मत बनो, घण्टाकर्ण की तरह कठोर चित्त मत बनो। जिस तरह नववधू परिवार में सबसे प्रेम करती है, उसी तरह अन्य धर्मों के प्रति सम्मान रखते हुये अपने इष्ट देवता की भक्ति करो। सम्प्रदायों में भेदभाव व्यर्थ है। क्योंकि सभी का अन्तिम लक्ष्य एक ही है। अस्तु, दल बनाना उपयुक्त नहीं है। शाश्वत और सम्पूर्ण आनन्द का मूल अपने धर्म का श्रद्धा के साथ पालन करना है। रामकृष्ण ने पीड़ित मानवता की सेवा का उपदेश दिया। उनका यह उपदेश हमारे वर्तमान काल के लिये सर्व सांसारिक क्रियाओं के परम्परागत त्याग के आदर्श की अपेक्षा अधिक उपयुक्त है।

रवीन्द्रनाथ टैगोर के अनुसार संसार के सभी धर्म एक मूल मानव धर्म के विभिन्न रूप हैं। इसलिए सब धर्मों के पैगम्बरों ने समान रूप से सेवा और प्रेम का उपदेश दिया। सभी धर्म उस महामानव ईश्वर तक पहुँचने के माध्यम हैं।

महात्मा गाँधी संसार के विभिन्न धर्मों का समान रूप से सम्मान करते थे। उनका कहना था कि किसी भी व्यक्ति की धार्मिकता इस बात से जानी जाती है कि वह अन्य धर्मों का कहाँ तक

सम्मान करता है क्योंकि, ''सभी धर्मों का सार एक है, केवल उनके दृष्टिकोण भिन्न-भिन्न हैं।'' विभिन्न धर्मानुयायी इसीलिये लड़ते हैं कि वे गौण बातों को मुख्य मान लेते हैं। महात्मा गाँधी सभी धर्मों के धर्म ग्रन्थों का पाठ करते थे और उनके पैगम्बरों का सम्मान करते थे यद्यपि वे अपने को हिन्दू ही कहते थे क्योंकि वे धर्मपरिवर्तन के विरुद्ध थे। इसी प्रकार गाँधी जी ने धर्म के प्रति समन्वयवादी दृष्टिकोण का परिचय दिया।

उपरोक्त विवेचन से स्पष्ट है कि सभी धर्म मूल रूप से समान है। सबमें एक मूलभूत एकता पाई जाती है। यह बात समझ लेने से मनुष्यों में धर्म के प्रति एक समन्वयवादी दृष्टिकोण जन्म लेता है जो विश्व-शान्ति का सुदृढ़ आधार है। इससे धार्मिक तनाव दूर होते हैं।

भाषावाद
(Linguism)

भाषावाद क्या है?

भारत में भिन्न-भिन्न क्षेत्रों में भिन्न-भिन्न भाषायें बोली जाती हैं। कहीं-कहीं पर तो एक ही क्षेत्र में अनेक भाषायें बोली जाती हैं। हिन्दी, उर्दू, पंजाबी, गुजराती, मराठी, असमिया, कश्मीरी, बंगाली, तमिल, तेलगू, मलयालम, कन्नड़ आदि देश में दर्जनों भाषायें हैं। देशी भाषाओं में राष्ट्रभाषा हिन्दी बोलने वाले सबसे अधिक हैं और ये बढ़ते ही जाते हैं, परन्तु अन्य भाषाओं में भी साहित्य का पर्याप्त विकास हुआ है। उदाहरण के लिये पंजाबी, गुजराती, मराठी, बंगाली, तमिल आदि में साहित्य का विकास हिन्दी से किसी प्रकार भी निम्न स्तर का नहीं कहा जा सकता। किसी भी देश में दर्जनों भाषाओं का होना स्वयं अपने में कोई दोष नहीं है। विभिन्न भाषाओं के साहित्य की वृद्धि से राष्ट्रीय साहित्य की ही वृद्धि होती है। हर एक भाषा बोलने वाले यदि अपनी ही भाषा के विकास की चेष्टा करें तो उसमें कोई बुराई नहीं परन्तु जब भाषाओं की भिन्नता विभिन्न भाषा-भाषी समूहों में तनाव का आधार बन जाये तो यह निश्चित ही चिन्ता की बात है। जब भाषा का समर्थन अन्धा रूप धारण कर लेता है जिसमें कि विशेष भाषा को ऊँचा समझकर अन्य भाषाओं को नीचा और त्याज्य समझा जाता है तो यह प्रवृत्ति भाषावाद (Linguism) की प्रवृत्ति कहलाती है। अन्य वादों के समान भाषावाद भी देश के सामूहिक हित के लिये हानिकारक है।

भारत में पिछले दिनों में भाषावाद की समस्या ने भयंकर रूप धारण कर लिया है। पंजाब में पंजाबी और हिन्दी की समस्या को लेकर भारी संघर्ष दिखाई पड़ता है। असम में तो भाषा के प्रश्न को लेकर रक्तपात भी हो गया। बंगाल में हिन्दी के विरोध में बंगाली भाषा को लेकर भाषावाद खड़ा किया गया है। क्षेत्रीय भाषाओं के अलावा, हिन्दी, अंग्रेजी और उर्दू के समर्थक भाषा के प्रश्न को लेकर देश में तनाव फैलाते हैं। बहुधा भाषा सम्बन्धी इन आन्दोलनों के पीछे राजनीतिक उद्देश्य छिपे रहते हैं। यदि ध्यान से देखा जाये तो किसी भाषा के प्रश्न को लेकर आन्दोलन खड़े करने वालों में साहित्यिक लोग कम और राजनीतिक लोग अधिक दिखाई पड़ेंगे। उदाहरण के लिये पंजाबी भाषा का आन्दोलन पंजाबी सूबे की माँग से जुड़ा हुआ है।

भाषावाद के कारण

इस भाषावाद के मूल में क्या कारण हैं? यूँ तो एक जटिल समस्या होने के कारण भाषावाद के सभी कारणों का विस्तृत विश्लेषण कठिन है परन्तु संक्षेप में उसके मुख्य कारण निम्नलिखित हैं–

(1) भौगोलिक कारण (Geographical Causes)—अन्य तनावों के समान भाषावाद के पीछे भी एक मुख्य कारण भौगोलिक है। जैसा कि पीछे बतलाया जा चुका है, भारत में भिन्न-भिन्न क्षेत्रों में भिन्न-भिन्न भाषायें बोली जाती हैं। भाषा के माध्यम से ही लोग एक-दूसरे को अपने विचार और भावनायें प्रकट करते है अपनी भाषा बोलने वाला परिचित और भिन्न भाषा बोलने वाला अपरिचित मालूम पड़ता है। हर एक भाषा में एक साहित्य होता है। इस साहित्य में स्थानीय भौगोलिक परिस्थितियाँ, नदियाँ, मैदान और पहाड़, स्थानीय वनस्पति, स्थानीय पशु और स्थानीय संस्कृति सब कहीं दिखाई पड़ती है। अतः साहित्य का क्षेत्र से विशेष सम्बन्ध होता है। विशेष क्षेत्र के लोगों को स्थानीय भाषा के साहित्य में जो अपनापन मिलता है वह दूसरी भाषा के साहित्य में नहीं मिल सकता। स्वाभाविक है कि हर एक व्यक्ति अपने ही क्षेत्र की भाषा का विकास चाहता है और दूसरे क्षेत्र की भाषा का लादा जाना पसन्द नहीं करता। जब यह मनोवृत्ति अत्यधिक बढ़ जाती है और भिन्न भाषाओं के प्रति तथा भिन्न भाषा-भाषी व्यक्तियों के प्रति द्वेष का रूप धारण कर लेती है तब तनाव हो जाता है।

(2) ऐतिहासिक कारण (Historical Causes)—भाषावाद के कुछ कारण ऐतिहासिक भी हैं। भारत में सदा ही विदेशियों के आक्रमण होते रहे। विदेशी अपने साथ अपनी-अपनी भाषायें भी लाये। मुगल लोग फारसी भाषा लेकर आये जो कि स्थानीय भाषाओं से मिलकर उर्दू बन गई। अंग्रेज लोग अंग्रेजी लेकर आये। इन भाषाओं के साथ इनके साहित्य भी आये और साहित्य के साथ इनकी संस्कृति भी आई। क्रमशः ये भाषायें भारत में फलने-फूलने लगीं और उनका भारतीयकरण होने लगा। उर्दू में बहुत से हिन्दू लोगों ने साहित्य निर्माण किया। यदि समझदारी से काम लिया जाता तो उर्दू-हिन्दी के प्रश्न के खड़े होने का कोई अवसर ही न था, परन्तु पिछले इतिहास से प्रेरणा लेने वालों ने उर्दू का भारतीयकरण स्वीकार नहीं किया और उसमें अरबी, फारसी के शब्दों की ही बहुतायत रखी। केवल इतना ही नहीं बल्कि उन्होंने उर्दू में जो साहित्य निर्माण किया उसकी आत्मा तक विदेशी थी। अतः संघर्ष होना आवश्यक हो गया।

(3) मनोवैज्ञानिक कारण (Psychological Causes)—परन्तु फिर भाषावाद के मूल में सबसे मुख्य कारण मनोवैज्ञानिक है। उसके पीछे भिन्न भाषा-भाषी समूह की ईर्ष्या और द्वेष तथा अपनी भाषा का अहंकार है। उसके पीछे संकीर्ण आत्मसम्मान की भावना है। यदि अन्य भाषाओं से पूर्वाग्रहों को निकालकर व्यापक दृष्टिकोण से काम लिया जाये तो देश में कितनी ही भाषायें एक साथ रहकर फल-फूल सकती हैं।

(4) राजनैतिक कारण (Political Causes)—जैसा कि पहले बतलाया जा चुका है, भाषावाद के पीछे विभिन्न राजनीतिज्ञों और राजनीतिक दलों के राजनीतिक स्वार्थ हैं। अनेक

साम्प्रदायिक राजनीतिक दल भाषावाद के प्रश्न को उठाकर अपने-अपने सम्प्रदाय के लोगों को भड़काते हैं और चुनावों में उनके मत लेना चाहते हैं। राजनीतिक स्वार्थों से मिलकर भाषावाद की समस्या और भी कठिन हो गई है।

(5) आर्थिक कारण (Economic Causes)—भाषावाद के मूल में कुछ कारण आर्थिक भी हैं। कुछ भाषाओं को सरकार से आर्थिक सहायता मिलती है। इससे अन्य भाषा-भाषी उस भाषा का विरोध करने लगते हैं और भाषावाद बढ़ता है।

(6) सामाजिक कारण (Social Causes)—भाषावाद के मूल में सामाजिक कारण भी हैं। हर एक समाज में कुछ मान्यतायें प्रचलित होती हैं। ये मान्यतायें जिस भाषा में स्थान पाती हैं उसको उस समाज में ग्रहण किया जाता है और आदर मिलता है। इसके विरुद्ध जिन भाषाओं में इन मान्यताओं को सम्मान नहीं दिया जाता अथवा जिनमें विरोधी मान्यतायें मानी जाती हैं, उस भाषा का विरोध होता हैं। इस प्रकार भाषावाद बढ़ता है।

भाषा के निवारण के सुझाव

भाषावाद के कारणों को समझने के बाद उसके निवारण के उपायों का विवेचन किया जा सकता है। इस विषय में मुख्य रूप से अग्रलिखित सुझाव दिये जा सकते हैं—

(1) राष्ट्रीय भाषा का विकास—देश में एक राष्ट्रीय भाषा और साहित्य का विकास होने से उसके माध्यम से विभिन्न भाषा-भाषी समूहों को परस्पर मिलने का अवसर मिलेगा और उनमें तनाव कम होगा।

(2) सभी मुख्य भाषाओं को प्रोत्साहन—एक सामान्य राष्ट्रीय भाषा और साहित्य के विकास के साथ-साथ सभी मुख्य क्षेत्रीय भाषाओं को प्रोत्साहन दिया जाना चाहिये। किसी भी क्षेत्र पर कोई भी भाषा लादी नहीं जा सकती, न ही किसी भाषा का खींचतान कर विकास किया जा सकता है। बोलचाल के माध्यम से भाषा का विकास अपने आप होता है। यदि यह बात समझ ली जाये तो भाषा सम्बन्धी तनाव बहुत कुछ कम हो जाये। इस प्रकार सरकार की ओर से देश की सभी मुख्य भाषाओं को प्रोत्साहन मिलना चाहिये। पंजाब में पंजाबी, असम में असमिया, बंगाल में बंगाली और गुजरात में गुजराती का विकास होना चाहिये तथा इसके साथ-साथ हिन्दी का भी इन क्षेत्रों में विकास होना चाहिये।

(3) साम्प्रदायिकता का विरोध—भाषावाद के राजनीतिक कारक को दूर करने के लिये देश में साम्प्रदायिकता का विरोध करने की आवश्यकता है।

अन्त में यह ध्यान देने की बात है कि भाषावाद की समस्या को सुलझाने के लिये व्यापक दृष्टिकोण से काम लेने की आवश्यकता है। सरकार की ओर से हर एक भाषा को प्रोत्साहन मिलना चाहिये। हर एक क्षेत्र में स्थानीय भाषा की ओर ध्यान दिया जाना चाहिये। भाषा की समस्या के पीछे राजनीतिक दाँव-पेचों पर कड़ी नजर रखी जानी चाहिये जिससे कि विभिन्न भाषा-भाषी समूहों का मेल-जोल बढ़े और भाषावाद कम हो।

क्षेत्रवाद
(Regionalism)

यूँ तो भारतवर्ष में क्षेत्रवाद किसी न किसी रूप में सदैव उपस्थित था परन्तु न तो पहले वह कभी इतना बढ़ा था और न वह राष्ट्रीय हित के लिये कभी इतना हानिकारक हुआ था। देश में अनेक राज्य होने पर उनमें क्षेत्रवाद से इतनी हानि न थी परन्तु आज जबकि पूरा देश एक राज्य हो गया है इस समय क्षेत्रवाद से राष्ट्रीय एकता को भारी खतरा है।

क्षेत्रवाद क्या है?

यह क्षेत्रवाद क्या है? क्षेत्रवाद, जैसा कि उसके नाम से स्पष्ट है, अपने-अपने भौगोलिक क्षेत्रों के प्रति भक्ति और दूसरे क्षेत्रों के लोगों के प्रति भय, अविश्वास या घृणा का भाव है। इस प्रकार भारत में आज विभिन्न क्षेत्रों के लोग एक-दूसरे को विदेशी समझने लगे हैं। हर एक क्षेत्र अपने ही क्षेत्र के लोगों का राज्य चाहता है और उसमें दूसरे क्षेत्रों से आये हुये लोगों को बिल्कुल स्थान नहीं देना चाहता, चाहे वे वहाँ कितने ही दिनों से रह रहे हों। इस प्रकार नागा क्षेत्र में कुछ लोगों ने एक पृथक् नागा राज्य की माँग की है। पंजाब में अकाली दल ने पंजाबी सूबे की माँग की है। क्षेत्र के आधार पर बम्बई राज्य का महाराष्ट्र और गुजरात दो राज्यों में विभाजन हो गया। इसके अलावा कुछ लोग दक्षिण भारत को एक बिल्कुल ही पृथक् राज्य बनाने की भी माँग लाये हैं। भारत एक संघ राज्य है। राज्य के कार्य कुछ संघ सरकार और कुछ राज्य सरकार को मिले हुये हैं। ये सब राज्य अधिकतर आन्तरिक मामलों में स्वतन्त्र हैं। इसलिये देश की एकता तभी तक रह सकती है जब कि लोग पूरे देश को एक राष्ट्र और अपना देश समझें। यदि हर एक क्षेत्र के लोग अपने ही क्षेत्र के प्रति भक्ति रखें और उसमें राष्ट्रीय हितों की कोई परवाह न करें तो संघ सरकार का बने रहना कठिन हो जायेगा। इस प्रकार क्षेत्रवाद राष्ट्रीय हित के लिये एक भयंकर समस्या बन गई है।

क्षेत्रवाद के कारण

(1) भौगोलिक कारण (Geographical Causes)—क्षेत्रवाद का मुख्य कारण भौगोलिक है। भिन्न-भिन्न भौगोलिक क्षेत्रों में रहने वाले लोगों का रहन-सहन, पहनावा, खान-पान, रीति-रिवाज, इतिहास, भूगोल आदि कुछ न कुछ भिन्न होता है। इससे वे एक-दूसरे को विदेशी समझने लगते हैं और उनमें एक-दूसरे के प्रति भय और घृणा के भाव उत्पन्न हो जाते हैं।

(2) ऐतिहासिक कारण (Historical Causes)—जैसा कि पीछे संकेत किया जा चुका है, क्षेत्रवाद के मूल में एक कारण ऐतिहासिक भी है। उदाहरण के लिए भारतवर्ष में आर्यों के समय से ही दक्षिण और उत्तर में कुछ न कुछ भेद बना रहा। उत्तर के बहुत से राजाओं ने दक्षिण को विजय किया। दक्षिण में शायद ही कभी कोई ऐसा राज्य बन सका हो जो उत्तरी भारत तक फैला हो। इससे दक्षिण के बहुत से लोग दक्षिण भारत को उत्तरी भारत से अलग समझते हैं।

(3) राजनैतिक कारण (Political Causes)—परन्तु यदि ध्यान से देखा जाये तो देश में फैले क्षेत्रवाद के मूल में मुख्य कारण राजनैतिक हैं। अलग-अलग क्षेत्रों में राजनैतिक स्वार्थों

को लेकर और राजनैतिक सत्ता प्राप्त करने के लिये कुछ लोगों ने तो क्षेत्रीय राज्यों की मांग की है। इस दिशा में फिजो के विद्रोही नागा दल, पंजाब के अकाली दल, दक्षिण के द्रविड़ मुन्नेत्र कड़गम आदि विभिन्न राजनैतिक दलों का भारी हाथ है। सच तो यह है कि इन्हीं दलों के नेताओं ने इन क्षेत्रों में क्षेत्रवाद फैलाया है। केवल इतना ही नहीं बल्कि कुछ राष्ट्रीय दलों में भी भिन्न-भिन्न क्षेत्र के प्रतिनिधि क्षेत्रीय हितों के सामने राष्ट्रीय हितों की परवाह नहीं करते।

(4) मनोवैज्ञानिक कारण (Psychological Causes)—अन्त में क्षेत्रवाद के विकास और स्थायित्व में मनोवैज्ञानिक कारण भी कम महत्वपूर्ण नहीं हैं। हर एक क्षेत्र के लोग यह चाहते हैं कि उनका क्षेत्र सबसे अधिक उन्नति करे। यह तो कोई बुरी बात नहीं है परन्तु जब इसके लिये वे अन्य क्षेत्र और पूरे राष्ट्र के हितों को भी तुच्छ समझते हैं तो यह भावना क्षेत्रवाद का रूप धारण कर लेती है। इसके अलावा क्षेत्रवाद के पीछे बहुत से ऐसे व्यक्ति हैं जो अन्दर की ईर्ष्या, द्वेष, भय, क्रोध आदि की भावनायें इस तरीके से निकालते हैं।

(5) अन्य कारण (Other Causes)—उपरोक्त कारणों के अलावा कुछ अन्य कारण भी क्षेत्रवाद बढ़ाते हैं। उदाहरण के लिये भारत में बंगालियों और महाराष्ट्रियनों और पंजाबियों आदि में परस्पर विवाह बहुत कम देखे जाते है। आमतौर से भिन्न-भिन्न क्षेत्रों के लोगों के विवाह सम्बन्ध नहीं होते। इससे परस्पर घनिष्ठ सम्पर्क का अवसर कम आता है। इन सामाजिक कारणों के अलावा क्षेत्रगत तनाव के कुछ आर्थिक कारण हैं। देश में कुछ क्षेत्र अन्य क्षेत्रों से बहुत पिछड़े हुए हैं। इससे उनमें हीनता की भावना रहती है और वे दूसरों से ईर्ष्या करने लगते हैं। कुछ क्षेत्रों में, जैसे व्यापार में कुछ विशेष क्षेत्रों के लोग अधिक सफल दिखाई पड़ते हैं। उदाहरण के लिये भारत में व्यापारी वर्ग में मारवाड़ियों, गुजरातियों और पंजाबियों ने अधिकतर अधिकार जमा रखा है। इससे भी अन्य लोग उनसे जलते हैं और अपने क्षेत्रों से उनको निकालने की कोशिश करते हैं।

क्षेत्रवाद के निवारण के उपाय

क्षेत्रवाद के निवारण के मुख्य उपाय निम्नलिखित हो सकते हैं—

(1) यातायात और संदेशवहन को प्रोत्साहन—क्षेत्रवाद दूर करने के लिये देश में घूमने की और विभिन्न क्षेत्रों से सम्बन्ध बढ़ाने की प्रवृत्ति को प्रोत्साहन मिलना चाहिये। कुछ वर्ष पूर्व साधुओं की एक ट्रेन भारत दर्शन के लिये निकली थी। इसी तरह से राजस्थान के बहुत से किसानों ने ट्रेन के द्वारा भारत यात्रा की । भारत में जो तीर्थ करने की परम्परा है उसके कारण भी लोगों को सारे देश में घूमना पड़ता है। देश के भिन्न-भिन्न भागों में जाने से देशवासियों में यह भावना बढ़ती है कि भारतवर्ष एक बड़ा देश है और उनका अपना क्षेत्र विशाल भारत का एक अंग मात्र है। देश में यातायात और संदेशवहन को प्रोत्साहित करके क्षेत्रवाद को कम किया जा सकता है।

(2) राष्ट्रीय इतिहास का प्रचार—सम्पूर्ण देश में राष्ट्रीय इतिहास का प्रचार किया जाना चाहिये जिससे लोगों के सामने यह स्पष्ट हो जाये कि भारत के अलग-अलग क्षेत्रों के इतिहास भारत राष्ट्र के इतिहास के अंग मात्र हैं जिसमें सभी क्षेत्रों ने महत्वपूर्ण योगदान दिया है। राष्ट्रीय इतिहास के प्रचार से क्षेत्रवाद की भावनायें दूर होंगी।

(3) क्षेत्रवादी राजनैतिक दलों पर रोक—राष्ट्रीय एकता के लिये यह आवश्यक है कि क्षेत्रवाद का प्रचार करने वाले राजनैतिक दलों पर रोकथाम की जाये। खुल्लम-खुल्ला प्रचार करने पर उनको गैर-कानूनी घोषित कर दिया जाना चाहिये। यद्यपि जनतन्त्र में हर एक व्यक्ति को अपने विचारों को अभिव्यक्त करने के लिये राजनैतिक दल बनाने का अधिकार है परन्तु यदि इससे राष्ट्रीय हितों की हानि होती है तो यह अधिकार छीन लिया जाना चाहिए।

(4) राष्ट्रीय भावना का प्रसार—अन्त में क्षेत्रवाद के मूल में मनोवैज्ञानिक कारणों को दूर करने के लिये देश भर में राष्ट्रीय भावना के प्रसार की चेष्टा की जानी चाहिये। इस दिशा में रेडियो, चलचित्रों, पत्र-पत्रिकाओं, व्याख्यानों आदि सभी उपायों से प्रचार करने की आवश्यकता है। सरकारी नौकरियों, शिक्षा संस्थानों आदि सभी जगहों में क्षेत्रवादी प्रवृत्तियों को निकालने की कोशिश की जानी चाहिये और राष्ट्रीयता की भावना को प्रोत्साहित किया जाना चाहिये।

क्षेत्रवाद एक जटिल समस्या है। इसको सुलझाने के लिए सभी ओर से प्रयास करने की जरूरत है। इसमें जनता और सरकार दोनों का सहयोग होना चाहिये। तभी यह समस्या सुलझ सकती है।

सारांश

समूह तनाव क्या है—समूह तनाव दो से अधिक समूहों के बीच मनोवैज्ञानिक तनाव है। केवल भिन्नता से समूहों में तनाव होना आवश्यक नहीं है।

समूह तनाव के विकास के कारण—(1) भौतिक कारण, (2) सामाजिक कारण, (3) सांस्कृतिक कारण, (4) धार्मिक कारण, (5) आर्थिक कारण, (6) राजनीतिक कारण तथा (7) मनोवैज्ञानिक कारण।

जैसा कि राबर्स केव के अध्ययन से मालूम पड़ता है, सामूहिक तनाव में स्थायित्व की प्रवृत्ति होती है।

समूह तनाव के स्थायित्व के कारण—(1) प्रतियोगिता, (2) सामान्य लक्ष्य का अभाव, (3) सम्पर्क का अभाव, (4) परस्पर विरोधी मान्यतायें अथवा मूल्य, (5) अज्ञान, (6) दोषपूर्ण समायोजन।

समूह तनाव के निराकरण की विधियाँ—(1) शिक्षा, (2) स्वस्थ साहित्य का निर्माण, (3) स्वस्थ जनमत तैयार करना, (4) सामाजिक समायोजन बढ़ाना, (5) सामाजिक दूरी की कमी, (6) व्यक्तित्व का संतुलित विकास, (7) युवकों का संगठन, (8) राष्ट्रीय लक्ष्यों का प्रचार, (9) आर्थिक विषमता दूर करना, (10) समाजिक सुधार तथा (11) वैधानिक उपाय।

जातिवाद—जातिवाद क्या है?—जातिवाद जाति अथवा उपजाति के प्रति एक अन्ध समूह भक्ति है जो कि अन्य जातियों के हितों की कोई परवाह नहीं करती और अपने समूह के सामाजिक, आर्थिक और राजनैतिक तथा अन्य हितों को प्राप्त करने की ही चेष्टा करती है।

जातिवाद के विकास के कारण—(1) जातीय प्रतिष्ठा की एकांगी भावना, (2) विवाह सम्बन्धी प्रतिबन्ध, (3) नगरीकरण, (4) यातायात और प्रसार के साधनों में वृद्धि।

जातिवाद के परिणाम–(1) राष्ट्रीयता के विकास में बाधा, (2) प्रजातन्त्र में बाधा, (3) भ्रष्टाचार, (4) औद्योगिक कुशलता में बाधा।

जातिवाद के हल के उपाय–(1) उचित शिक्षा, (2) अन्तर्जातीय विवाह, (3) जाति सम्बन्धी उपनाम का कम प्रयोग, (4) सांस्कृतिक और आर्थिक समानता।

जातिवाद के उन्मूलन के सुझाव–(1) डॉ॰ श्रीनिवास का मत, (2) डॉ॰ घुरिये का सुझाव, (3) डॉ॰ राव का मत, (4) श्रीमती कार्वे का सुझाव, (5) प्रभु का मत।

साम्प्रदायिकता–साम्प्रदायिकता क्या है?–भिन्न-भिन्न सम्प्रदायों में परस्पर तनाव की स्थिति साम्प्रदायिकता कही जा सकती है।

साम्प्रदायिक तनाव के कारण–(1) भौगोलिक कारण, (2) ऐतिहासिक कारण, (3) मनोवैज्ञानिक कारण, (4) सामाजिक कारण।

साम्प्रदायिक तनाव दूर करने के उपाय–(1) राष्ट्रीय इतिहास का प्रचार, (2) परस्पर सम्पर्क, (3) असाम्प्रदायिक दलों को प्रोत्साहन, (4) असाम्प्रदायिक जनमत का निर्माण, (5) राष्ट्रीय त्यौहारों को प्रोत्साहन।

धर्मवाद–धर्मवाद अपने धर्म का आग्रह है। इसके कारण भौगोलिक, ऐतिहासिक, सामाजिक, मनोवैज्ञानिक, राजनैतिक और धार्मिक हैं। इसको दूर करने के लिये इन कारणों को दूर करके धर्मनिरपेक्ष संहिता और मानव धर्म का प्रचार करना चाहिये। सब धर्मों का सार समान है।

भाषावाद क्या है?–जब किसी भाषा का समर्थक अन्य भाषाओं को नीचा और त्याज्य समझता है तो उसकी यह प्रवृत्ति भाषावाद की प्रवृत्ति कहलाती है। अन्य बातों के समान भाषावाद भी देश में सामूहिक हित के लिये हानिकारक है।

भाषावाद के कारण–(1) भौगोलिक कारण, (2) ऐतिहासिक कारण, (3) मनोवैज्ञानिक कारण, (4) राजनीतिक कारण, (5) आर्थिक कारण, (6) सामाजिक कारण।

भाषावाद के निवारण के लिये सुझाव–(1) राष्ट्रीय भाषा का विकास, (2) सभी मुख्य भाषाओं को प्रोत्साहन, (3) साम्प्रदायिकता का विरोध।

क्षेत्रवाद–क्षेत्रवाद क्या है?–क्षेत्रवाद अपने-अपने भौगोलिक क्षेत्रों के प्रति भक्ति और दूसरे क्षेत्रों के प्रति भय, अविश्वास या घृणा का भाव है।

क्षेत्रवाद के कारण–(1) भौगोलिक कारण, (2) ऐतिहासिक कारण, (3) राजनैतिक कारण, (4) मनोवैज्ञानिक कारण, (5) अन्य कारण।

क्षेत्रवाद के निवारण के उपाय–(1) यातायात और संदेशवहन को प्रोत्साहन, (2) राष्ट्रीय इतिहास का प्रचार, (3) क्षेत्रवादी राजनैतिक दलों पर रोक, (4) राष्ट्रीय इतिहास का प्रसार।

37

प्रजाति और प्रजातिवाद
(Race and Racism)

प्रजाति शब्द के विभिन्न प्रयोग

प्रजाति शब्द वैज्ञानिक, राजनैतिक तथा साहित्यिक ग्रन्थों में जितना ही अधिक प्रचलित है उतना ही उसका अर्थ अनिश्चित है। साधारण व्यक्तियों और राजनीतिज्ञों का तो कहना ही क्या वैज्ञानिकों तक ने प्रजाति शब्द का प्रयोग बड़े ही अवैज्ञानिक और भ्रामक ढंग से किया है। प्रजाति शब्द को भिन्न-भिन्न अर्थों में प्रयोग किया गया है। इसमें कुछ मुख्य निम्नलिखित हैं—

(1) **विशेष वर्ण**—अनेक वैज्ञानिकों ने प्रजाति शब्द का प्रयोग शरीर के वर्ग के आधार पर मनुष्य के वर्गीकरण के लिये किया है, जैसे काली, गोरी, पीली, श्वेत प्रजातियां इत्यादि।

(2) **शारीरिक विशेषतायें**—प्रजाति शब्द का प्रयोग व्यक्ति की शारीरिक पहचान के लिये भी किया जाता है जैसे—हब्शी, योरोपीय, तिब्बती इत्यादि। इनमें से प्रत्येक में विशिष्ट शारीरिक लक्षण होते हैं।

(3) **विशेष भाषा भाषी समूह**—अनेक विद्वानों ने प्रजाति शब्द का प्रयोग विशेष भाषा-भाषी समूह के लिये किया है, जैसे आर्य, द्रविड़ आदि। इनमें से प्रत्येक समूह की अपनी विशेष भाषा होती है।

(4) **मानवीय विशेषतायें**—प्रजाति शब्द का सबसे अधिक विस्तृत अर्थों में प्रयोग मानव मात्र के लिये किया गया है। अन्य जीवों की तुलना में मानव मात्र में कुछ विशेषतायें पाईं जाती हैं। ये विशेषतायें मानव को पशु से अलग करती हैं। मनुष्य और पशु में यही अन्तर स्पष्ट करने के लिये मनुष्य को मानव प्रजाति (Human Race) का सदस्य माना जाता है।

इन चार मुख्य अर्थों के अतिरिक्त प्रजाति शब्द का प्रयोग एक दम्पति के वंशजों के लिये भी किया गया है। एक शब्द का इस प्रकार अनेक अर्थों के प्रयोग करना वैज्ञानिक अध्ययन के लिये उचित नहीं है। अतः समाजशास्त्र के वैज्ञानिक अध्ययन के प्रारम्भ होने पर समाजशास्त्रियों ने प्रजाति शब्द की व्याख्या निश्चित करने का प्रयास किया।

प्रजाति का जैविक अर्थ

वैज्ञानिक साहित्य में प्रजाति शब्द की जैविक (Biological) व्याख्या सर्वप्रथम बफन (Buffon) ने उपस्थित की थी। हक्सले (Huxley) ने भी प्रजाति शब्द को पूर्ण रूप से जैवकीय अर्थों में ही प्रयोग किया है। प्रजाति की व्याख्या करते हुये मैकाइवर और पेज ने उसे एक ऐसा समूह बतलाया है जो कि सामान्य रूप से एक वर्ग में पाई जाने वाली शारीरिक विशेषताओं के कारण आनुवांशिकता (Heredity) हो। इस प्रकार मैकाइवर और पेज के अनुसार वे सब बड़े मानव समूह प्रजाति (Race) हैं जो अपनी शारीरिक विशेषताओं के कारण अपने उच्च होने का दावा करते हैं और जिनमें प्रजाति की चेतना (Consciousness of race) उत्पन्न हो गई है। प्रजाति की यह व्याख्या भी जैविक ही है।

जैविक मत की समीक्षा

परन्तु प्रजाति शब्द का जैविक अर्थ समीचीन नहीं है। उन्नीसवीं शताब्दी (1832-84) में मेण्डल (Mendal) के अन्वेषणों से जीवशास्त्रियों की प्रजाति सम्बन्धी धारणा में महत्वपूर्ण परिवर्तन हुआ। आधुनिक जीवशास्त्र कोई भी विशुद्ध प्रजाति नहीं चाहता। प्रजाति को आनुवांशिकता का परिणाम बतलाना भी ठीक नहीं है क्योंकि प्रजातियों में बड़ा अन्तर्मिश्रण हुआ है तथा भौगोलिक और अन्य परिस्थितियों का भी भारी प्रभाव पड़ा है। मानवशास्त्रीय गवेषणाओं (Anthropological investigations) से यह सिद्ध होता है कि अत्यधिक अन्तर्मिश्रण होने के कारण न तो कोई भी प्रजाति शुद्ध रह सकी है और न प्रजाति चेतना का कोई वास्तविक आधार।

प्रजाति का जननिक अर्थ

आजकल प्रजाति शब्द का प्रयोग केवल जैविक अर्थ में ही नहीं बल्कि जननिक (Genetic) अर्थ में भी प्रयोग किया जाता है। पैनीमैन (Penniman) के अनुसार प्रजाति एक जैविक वर्ग है जिसमें साधारणत: अनिश्चित और परस्पर सम्बन्धित अनेक जननिक लक्षण है। जिनके द्वारा उसे अन्य वर्गों से पृथक किया जा सकता है तथा जिनके आधार पर उसके वंशजों में निरन्तर पृथक्करण की परिस्थितियों में भेद किया जा सकता है। इस प्रकार प्रजाति उन मनुष्यों का समूह है जिनमें कुछ भिन्न पित्रयैको (Genotypes) की समानता हो तथा जिनमें कुछ ऐसे सामान्य शारीरिक लक्षण हो जिनके आधार पर एक प्रजाति को अन्य प्रजाति से पृथक किया जा सके। प्रजाति का यह भेद प्रजातियों के सभी व्यक्तियों में उपस्थित होना आवश्यक नहीं है। जननिक समानता के कारण औसत (On an average) अन्य प्रजाति के व्यक्ति से तुलना में एक प्रजाति का व्यक्ति अपनी प्रजाति के व्यक्तियों से अधिक मिलता-जुलता है, जैसे सभी बच्चे अपने माता-पिता के समान न होने पर भी अन्य बच्चों के माता-पिता की अपेक्षा औसतन अपने माता-पिता से अधिक मिलते-जुलते हैं। माता-पिता से बच्चों की यह समानता उन पित्र्यैकों पर निर्भर होती है जिनको बच्चे अपने माता-पिता से पाते हैं।

प्रजाति की परिभाषा

यूनेस्को द्वारा प्रकाशित What is Race में प्रजाति का लक्षण बतलाते हुए जे० बी० एस० हेल्डन ने लिखा था–"प्रजाति एक समूह है जो कि आन्तरिक शारीरिक लक्षणों के एक निश्चित

समूह में और एक निश्चित क्षेत्र के अन्तर्गत एक भौगोलिक उत्पत्ति में सामान्य रूप से भाग लेता है।''[1] इस प्रकार प्रजाति एक निशिचित भौगोलिक क्षेत्र में उत्पन्न होती है और उसके निश्चित जन्मजात लक्षण होते हैं।

यूनेस्को का विचार

प्रजाति की परिभाषाओं में प्रजाति के सम्बन्ध में कोई एक मत नहीं प्रकट किया गया है। इस कठिनाई का अनुभव करके यूनेस्कों ने सन् 1941 में प्रजाति की एक धारणा निश्चित करने के लिये संसार भर के प्रमुख समाजशास्त्रियों, मानवशास्त्रियों और मनोवैज्ञानिकों का एक सम्मेलन बुलाया। इस सम्मेलन में प्रजाति के विषय में निम्नलिखित निर्णय दिये गए—

(1) मूल रूप से समस्त प्रजातियों का उद्‌गम एक ही है और सभी मनुष्य एक ही मूल प्रजाति के (Homo Sapians) हैं।

(2) राष्ट्रीय समूह, धार्मिक समूह, भौगोलिक समूह, सांस्कृतिक समूह, भाषा समूह इत्यादि प्रजाति की धारणा से एकदम पृथक है। इन समूहों से किसी भी प्रजाति का बोध नहीं होता।

(3) विभिन्न प्रजातियों में शारीरिक विशेषताओं में भेद के आधार पर अन्तर किया जा सकता है परन्तु सांस्कृतिक विशेषताओं के आधार पर अन्तर नहीं किया जा सकता।

(4) मनुष्य के शारीरिक लक्षणों में पाया जाने वाला अन्तर आनुवांशिकता और परिवेश दोनों के कारण हैं। पैतृकता में अन्तर उत्परिवर्तन (Mutation) और अन्तर्विवाह या अन्तर्प्रजनन (Cross Marriage or In-Breeding) की प्रक्रियाओं के द्वारा होता है।

(5) कुछ प्रजातियां शुद्धता का दावा करती हैं परन्तु यह बात सच नहीं है। आज विश्व के किसी भी कोने में शुद्ध प्रजाति देखने को नहीं मिल सकती। प्रजातियों में मिश्रण की प्रक्रिया अतीत काल से चली आ रही है।

(6) मानव प्रजातियों के वर्गीकरण किये जा सकते हैं परन्तु ये वर्गीकरण केवल शारीरिक लक्षणों पर आधारित हैं। किसी प्रकार की मानसिक या बौद्धिक उत्कृष्टता या निकृष्टता से इनका कोई सम्बन्ध नहीं है।

(7) बुद्धि और भावना के विकास की आन्तरिक शक्ति प्रत्येक प्रजाति में समान रूप से पाई जाती है। अतः बुद्धिमत्ता और सांस्कृतिक भिन्नता के आधार पर प्रजातियों में भेद नहीं किया जा सकता है। बुद्धिमान व्यक्ति सभी प्रजातियों में पाये जाते हैं।

(8) प्रजातिक अन्तर एक प्रजाति में अधिक अंश में और दूसरी प्रजाति में उससे कम या अधिक मात्रा में पाया जाना सम्भव हो सकता है।

(9) ऐतिहासिक और समाजशास्त्रीय अध्ययनों के आधार पर इस तथ्य की पुष्टि हो गई है कि विभिन्न मानव समूहों की सामाजिक और सांस्कृतिक भिन्नता को स्पष्ट करने में प्रजाति का

---

1. "Race is a group which shares in common a certain set of innate physical characters and a geographical origin within a certain area."

--J.B. S Haldane.

कोई महत्वपूर्ण प्रभाव नहीं है। प्रजातीय स्वरूपों में परिवर्तन का सम्बन्ध सामाजिक परिवर्तनों से किसी प्रकार भी नहीं जोड़ा जा सकता।

(10) जीवशास्त्र की दृष्टि से प्रजातीय सम्मिश्रण हानिकारक है, यह धारणा एकदम असत्य और अप्रमाणित है।

इस प्रकार प्रजाति पूर्वजों से उत्पन्न, समान शारीरिक लक्षण रखने वाले और हम की भावना रखने वाले मानव प्राणियों का अन्तर्विवाह समूह है। अन्तर्जनन (In-breeding) के कारण प्रजाति के शारीरिक लक्षण स्थायी हो जाते है और उनके कारण एक प्रजाति को दूसरी प्रजाति से अलग किया जा सकता है। अन्तर्जनन का मुख्य कारण भौगोलिक पृथकता (Geographical separation) है। भौगोलिक पृथकता के अतिरिक्त उत्परिवर्तन (Mutation), स्थान परिवर्तन (Migration), प्रवरण (Selection) तथा अनुकूलन (Adaptation) से भी प्रजाति की उत्पत्ति होती है।

जातीय समूह

18 जुलाई, 1950 को अपने एक वक्तव्य में यूनेस्को (UNESCO) ने प्रजाति शब्द का व्यवहार न करने और उसके स्थान पर जातीय समूह (Ethnic group) शब्द का व्यवहार करने पर जोर दिया। इस शब्द के व्यवहार का सुझाव सबसे पहले जूलियन हक्सले ने उपस्थित किया था। जूलियन हक्सले प्रजाति की जैविक धारणा स्वीकार नहीं करता। उसने लिखा है "यदि हम मानवीय समस्याओं की सब चर्चाओं में से प्रजाति शब्द निकाल दें और उसके स्थान पर जातीय समूह का प्रयोग करें तो अतीव वांछनीय होगा।"[2] लेपियर (Lapiere), डासन (Dawson) और गेटिस (Gettys) ने भी इस शब्द का प्रयोग किया है। मैकाइवर और पेज (MacIver and Page) भी इसका प्रयोग करने के पक्ष में है।

जूलियन हक्सले का यह कथन ठीक भी है। आज संसार में शुद्ध प्रजाति कहीं दिखाई नहीं पड़ सकती। We Europeans, नामक पुस्तक में हक्सले, हड्डन (Haddon) और कार सान्डर्स (Carr Sanders) ने यह सिद्ध किया है कि यूरोप में कोई भी राष्ट्र ऐसा नहीं है जिसमें विशुद्ध प्रजाति मिलती हो। कोलम्बिया विश्वविद्यालय से प्रकाशित Man's Most Dangerous myth the fallacy of race में एशले (M.F. Ashley) ने प्रजाति की कठोर आलोचना की है। The Study of Man में राल्फ लिन्टन (Ralph Linton) ने लिखा है कि "वही प्रजाति अपने को शुद्ध रख सकती है जिसमें स्त्रियां इतनी कुरूप और भद्दी हों कि वे दूसरे कबीले वाले पुरुषों को आकृष्ट न कर सकें और या जिसके पुरुष इतने भीरू हों कि वे दूसरे कबीले की स्त्रियों को चुराने का साहस न कर सकें और या उस प्रजाति के निवास स्थान में कोई दूसरी प्रजाति न आए।" इस प्रकार मानव जाति को प्रजातियों में बांटना बिल्कुल व्यर्थ है क्योंकि प्रजाति कहीं नहीं है वास्तव में प्रजाति के स्थान पर जातीय समूह शब्द का प्रयोग करना अधिक उपयुक्त होगा।

---

2. "It would be highly desirable if we could banish the question begging term race from all discussions of human affairs and substitute the non- committal phrase Ethnic."
—Julian Huxley. , *The Concept of Race*. Harper's Magazine, Vol. 170, (1935), pp. 615-698

प्रजाति और सामाजिक चेतना

जैवकीय शब्द होने के साथ-साथ प्रजाति एक समाजशास्त्रीय तथ्य (Sociological Fact) का भी परिचायक है। प्रजाति से किसी भी मानव समूह की उत्कृष्टता अथवा निकृष्टता भले ही सिद्ध हो परन्तु सामाजिक चेतना में उसका हाथ अवश्य है। विभिन्न प्रजातियों के मानव समूहों में भिन्न-भिन्न संस्कृति और भिन्न-भिन्न शारीरिक लक्षण पाये जाते हैं। साधारणत: वे अपने समूह में ही विवाह करते हैं। इन सब बातों ने उनमें एक "हम की भावना" उत्पन्न हो जाती है जो सामाजिक चेतना (Social consciousness) को जन्म देती है। प्रजाति का सिद्धान्त वैज्ञानिक दृष्टि से निर्बल सिद्ध हो चुका है। हॉबेल ने लिखा है "आज भूमण्डल पर शुद्ध प्रजाति नाम की वस्तु नहीं है। प्रागैतिहासिक काल में शुद्ध प्रजाति थी या नहीं इसका हमें ज्ञान नहीं है। परन्तु यह निश्चित है कि भविष्य में कभी शुद्ध प्रजाति नहीं होगी।"[3] इसी प्रकार आधुनिक प्रयोगों से शारीरिक लक्षणों और मानसिक उत्कृष्टता में सम्बन्ध की धारणा भी निर्मूल सिद्ध हो चुकी है। उदाहरण के लिये यह मत निराधार सिद्ध हो चुका है कि सिर के आकार और बुद्धि में बहुत अधिक सम्बन्ध है। परन्तु फिर भी हिटलर ने प्रजाति के नाम पर ही जर्मनी में जबर्दस्त सामाजिक चेतना निर्माण की ओर जनता के मस्तिष्क से यह धारणा अब भी दूर नहीं हो सकी है।

वास्तव में प्रजाति की धारणा पीढ़ी दर पीढ़ी चलती है। भारत में अब भी आर्य रक्त की शुद्धता और श्रेष्ठता में विश्वास करने वाले लोग मिल जायेंगे। हिन्दुओं में इसी कारण विधर्मियों से विवाह के सम्बन्ध निषेध है। प्रजाति की धारणा व्यक्ति के आचरण पर भी बड़ा भारी प्रभाव डालती है। भारत में आर्य समाज ने प्राचीन आर्य संस्कृति को पुनर्जीवित करने की चेष्टा की। उनके पीछे आर्य जाति की श्रेष्ठता का विचार भी था चाहे वह झूठ हो या सच।

प्रजाति का सामाजिक चेतना से सम्बन्ध पश्चिमी देशों में रहने वाले काले लोगों के उदाहरण से भली प्रकार जाना जा सकता है। अमरीका में प्रजाति के आधार पर ही नीग्रो लोगों को श्वेत लोगों से अलग माना जाता है। उनके साथ शादी विवाह नहीं किया जाता, उनके बच्चों को गोरे बच्चों के साथ पढ़ने नहीं दिया जाता, वे होटलों तथा सार्वजनिक स्थानों का उपयोग नहीं कर सकते। कई जगह तो उनको मतदान देने और राज्य में उच्च पद प्राप्त करने के भी अवसर नहीं दिये जाते हैं। इस प्रकार प्रजाति के आधार पर गोरे और काले लागों के रहन सहन, सुविधाओं विशेषाधिकारों आदि में भारी भेद पाया जाता है। यह निश्चित है कि इस भेद-भाव से प्रजाति की सत्यता किसी प्रकार भी कम नहीं होती परन्तु इससे काले और गोरे लोगों के व्यक्तित्व और सामाजिक संस्थाओं में अन्तर पड़ता है। दोनों अपने को भिन्न-भिन्न प्रजाति का समझते हैं और उनमें उसके अनुरूप ही सामाजिक चेतना का विकास होता है।

इस प्रकार प्रजाति की धारणा का कोई वैज्ञानिक आधार न होने पर भी सामाजिक चेतना निर्माण करने में अब भी उसका महत्वपूर्ण हाथ है।

---

3. "There is no such thing as pure race on the face of the globe today whether there were pure races in the prehistoric past, we do not know. That there will be no pure race in the future, is a certainty."

—Hoebel., *Man in the Primitive World.*, p. 73.

प्रजातिवाद
(Racism)

उन्नीसवीं तथा बीसवीं शताब्दी में राजनैतिक तथा सामाजिक क्षेत्र में प्रजातिवाद के सिद्धान्त (Racial Doctrine) ने विप्लव मचा दिया था। इस सिद्धान्त के विषय में गिलिन (John Lewis Gillin) ने लिखा है ''अर्ध वैज्ञानिक तर्क (Pseudo scientific reasoning) के आधार पर संस्कृति अथवा राष्ट्रीयता को किसी विशेष जाति के साथ जोड़ लिया जाता है और फिर इस जाति को उन समाजों की वैज्ञानिक और सांस्कृतिक उन्नति का मूल कारण मान लिया जाता है।'' इस प्रकार के सबसे प्रसिद्ध सिद्धान्त आर्यवाद और नार्डिकवाद हैं। वर्तमान विज्ञान ने इन सिद्धान्तों को बिल्कुल मिथ्या कर दिया है।

आर्यवाद (Aryanism)—सबसे पहले विलियम जोन्स ने 'आर्य' शब्द को संस्कृत से लेकर साधारण भाव में योरोपीय भाषा में सम्मिलित किया और एशिया की अनेक भाषाओं को आर्य (Aryan) कहा गया। बाद में मैक्समूलर (Max Muller) ने इसी शब्द को भाषाओं के विशेष वर्ग के लिये प्रयोग किया। हक्सले और हड्‌डन के अनुसार उसने उस शब्द का प्रयोग दो प्रकार की कल्पनाओं से किया। एक भाषा सम्बन्धी और दूसरी भौगोलिक। मैक्समूलर की गवेषणाओं से यह ज्ञात हुआ कि बास्क, मगयार तथा फिनिश भाषाओं के अतिरिक्त अन्य योरोपीय भाषायें भारत की संस्कृत और ईरान की भाषा के परिवार की हैं। इन भाषाओं को आर्य अथवा भारत-योरोपीय (Indo-European) भाषा परिवार का नाम दिया गया। भाषाओं की इस समानता के आधार पर एक समान प्रजाति की कल्पना की गई जिसको आर्य प्रजाति (Aryan race) कहा गया। काउण्ट जोसेफ डे गोबिनो (Count Joseph De Gobineau) ने अपने निबन्ध "The Inequality of Human Races'' में इस सिद्धान्त को साहित्यिक रूप प्रदान किया। उसने आर्य प्रजाति की श्रेष्ठता सिद्ध करने की चेष्टा की। लापूज (Lapouge) ने इस सिद्धान्त को चरम सीमा पर पहुँचा दिया। प्रचीन काल में आर्य भाषा बोलने वाले भारतीयों, यूनानियों तथा रोमन लोगों ने अत्यन्त उन्नत संस्कृतियों और सभ्यताओं को उत्पन्न किया। गत शताब्दी में योरोपीय आर्य जातियों ने असाधारण वैज्ञानिक उन्नति की। अत: यह माना गया कि सभ्यता की उन्नति का आर्य जाति से विशेष सम्बन्ध है। सभी जातियां समान नहीं होती और न उनमें समान क्षमता ही होती है। आर्य प्रजाति ही उत्कृष्ट सभ्यता का विकास कर सकती है। इस प्रकार आर्यवाद का लक्ष्य पूर्वजों की स्तुति करना तथा एक विशेष प्रजाति की श्रेष्ठता सिद्ध करना था।

(2) नार्डिकवाद (Nordicism)—योरोप के प्रत्येक राष्ट्र ने आर्यवाद को संशोधित करके अपने राष्ट्रीय इतिहास के साथ जोड़ने की चेष्टा की। नार्डिकवाद भी इसी का एक रूप है। यह जर्मनी में ट्यूटानिकवाद (Teutanicism), इंगलैंड में एंग्लोसेक्सनवाद (Anglo-Saxonism) तथा फ्रांस में गैलिकवाद (Gallicism) कहलाया। नार्डिकवाद अतीत नार्डिक प्रजाति के सांस्कृतिक गुणों का बखान करता है। उसके अनुसार नार्डिक प्रजाति ही संसार का नेतृत्व कर सकती है। वही सभ्यता में सर्वश्रेष्ठ है। वह मानसिक और शारीरिक दृष्टि से भी सर्वोत्तम है। वही जीवन

संघर्ष में सबसे बलिष्ठ और विजयी सिद्ध होगी। नार्डिकवाद के अनुसार प्रजातियों के मिश्रण से संस्कृति की सृजन शक्ति का नाश हो जाता है और सभ्यता के पतन का खतरा उपस्थित हो जाता है। वास्तविक तथा सच्ची आर्य जाति उत्तरी योरोप के निवासी गौर वर्ण, ऊंचे कद और लम्बे सिर वाले (Dolichocephalic) लोग हैं। उत्तर जर्मन (North Nord) में रहने के कारण ये लोग नार्डिक (Nordic) कहलाए। प्राचीन यूनान और रोम के सब बड़े कलाकार, दार्शनिक और राजनैतिक नेता नार्डिक थे। ईसा मसीह और मुहम्मद से लेकर चंगेज खां तक सभी प्रसिद्ध ऐतिहासिक पुरुषों में नार्डिक रक्त था। नाजियों ने नार्डिकों में भी ट्यूटानिक या जर्मन प्रजाति को विश्व में सर्वश्रेष्ठ और शासक प्रजाति घोषित किया। 1933 के बाद जर्मनी में सत्ता प्राप्त करने पर हिटलर ने नार्डिकवाद पर बड़ा जोर दिया और यहूदियों का बड़ी नृशंसता से बहिष्कार किया। 1938 में हिटलर के साथ सन्धि करने पर मुसोलिनी ने यह घोषणा की कि इटली के लोग ही सच्चे आर्य हैं। हाउस्टन स्टीवर्ड चैम्बरलैन (Houstan Steward Chamberlain) ने अपनी पुस्तक Foundations of the Nineteenth Century में आर्य अथवा टयूटानिक जातियों की अभिन्नता के सिद्धान्त का जर्बदस्त प्रतिपादन किया गया। स्टोडार्ड (Stoddard) ने अपनी पुस्तक The Rising Tide of Coloured and Racial Realities in Europe में इस सिद्धान्त का विस्तारपूर्वक पोषण किया।

क्या गौरी प्रजाति अन्य प्रजातियों से श्रेष्ठ है?

परन्तु वैज्ञानिक गवेषणाओं से गोरी प्रजाति की श्रेष्ठता का दम्भ असत्य सिद्ध हो चुका है। निम्नलिखित तर्कों के आधार पर यह सिद्ध होता है कि गोरी प्रजाति अन्य प्रजातियों से श्रेष्ठ नहीं है—

(1) गोरी प्रजाति बौद्धिक दृष्टि से श्रेष्ठ नहीं है—आधुनिक वैज्ञानिक परीक्षणों में यह सिद्ध हो चुका है कि बुद्धि बल में किसी प्रजाति को उत्कृष्ट नहीं माना जाता। Scientific Aspects of Race Problems में क्लाइनबर्ग (Klineberg) ने अपने लेख Mental Testing in Racial and National Groups में यह स्पष्ट किया है कि बुद्धि परीक्षणों में मिला बुद्धिफल (Intelligence quotient) का अन्तर प्रजाति का परिणाम न होकर परिवेश का परिणाम है। नौ वर्ष की एक नीग्रो लड़की का बुद्धिफल 200 पाया गया जो औसत से दूना था। इसी प्रकार शिक्षा का अच्छा परिवेश पाने वाले अमरीका के उत्तरी राज्यों के नीग्रो लोगों का बुद्धिफल दक्षिणी राज्यों के नीग्रो लोगों से अधिक पाया गया। परिवेश की भिन्नता के कारण अमरीकन इण्डियनों और सामान्य अमरीकनों के बुद्धिफल में अन्तर पाया गया।

(2) गोरी प्रजाति संस्कृति में श्रेष्ठ नहीं है—आर्यवाद तथा नार्डिकवाद के समर्थक योरोप की किसी न किसी जाति को सर्वश्रेष्ठ मानकर उसी को सभ्यता का स्रोत मानते हैं परन्तु इतिहास इस बात का साक्षी है कि जब योरोपीय जातियां बर्बर अवस्था में थीं तब भारत और चीन में सभ्यता ऊंचे शिखर पर पहुँच चुकी थी और बारूद, कागज तथा दिग्दर्शक यन्त्र जैसी वस्तुओं का आविष्कार हो चुका था। अत: प्रजातिवाद का सांस्कृतिक उत्कृष्टता का सिद्धान्त बिल्कुल

अनैतिहासिक और असत्य है। ग्रीन (Green) के शब्दों में "जब एडौल्फ हिटलर के गोरे नार्डिक जानवरों की खाल ओढ़कर एक दूसरे के सिर पर गदा से प्रहार किया करते थे, उस समय चीनियों तथा अत्यधिक काले मिश्रियों ने महान् सभ्यताओं का विकास किया था।"[4]

(3) कोई प्रजाति शुद्ध नहीं है—आधुनिक वैज्ञानिक खोजों ने रक्त शुद्धि की धारणा को एकदम निर्मूल सिद्ध कर दिया है। सभी प्रजातियों में सभी प्रकार के रक्त समूह मिलते हैं। रक्त का आनुवांशिकता से कोई सम्बन्ध नहीं है और रक्त की उच्चता की कल्पना एकदम निराधार है। आज संसार में कोई भी प्रजाति शुद्ध नहीं है। भारत का उदाहरण लिया जाय तो यहां नेग्रिटो, प्रोटो आस्ट्रेलॉयड, भूमध्य सागरीय, द्रविड़, मंगोल, ईरानी, शक, कुशाण, पहलव, हूण, अरब, तुर्क, मुगल, अफगान और पश्चिमी योरोप की प्रजातियों का मिश्रण हो चुका है। रंग भेद के आधार पर इतना जबर्दस्त उपद्रव होते-होते भी संयुक्त राज्य अमरीका में नीग्रो और गोरी प्रजातियों का खूब मिश्रण हुआ।

उपरोक्त तर्कों से स्पष्ट है कि प्रजाति के आधार पर गोरी प्रजाति अन्य प्रजातियों से बौद्धिक तथा सांस्कृतिक दृष्टि से श्रेष्ठ नहीं है।

प्रजातिवाद के दोष

अत: प्रजातिवाद सर्वथा अवैध है। प्रजातिवाद के सिद्धान्तों में कई बड़े दोष हैं। इनमें से मुख्य निम्नलिखित हैं—

(1) प्रजाति को संस्कृति से मिला देना—इन सिद्धान्तों में प्रजाति को संस्कृति से मिला दिया गया है। इन सिद्धान्तों में यह मान लिया गया है कि संस्कृति का उत्थान अथवा पतन प्रजाति पर निर्भर रहता है। यह धारणा सर्वथा निराधार है। वास्तव में सभ्यता और संस्कृति पर प्रजाति का कोई प्रभाव नहीं पड़ता। एक ही प्रजाति कभी सांस्कृतिक उत्थान के शिखर पर पहुंचती है और कभी पतन के गर्त में जा गिरती है। इस प्रकार का उत्थान-पतन इण्डो आर्यन (Indo-Aryan) प्रजाति के सांस्कृतिक इतिहास और अरब की संस्कृति के उतार-चढ़ाव में देखा जा सकता है। इस उत्थान-पतन में प्रजातीय तत्वों का कोई प्रभाव नहीं है। वास्तव में प्रजाति न तो संस्कृति का आधार है और न उसका कोई प्रमुख कारक ही है। संस्कृति एक सामाजिक प्रत्यय है जबकि प्रजाति एक शारीरिक अथवा जैविक कारक है। संस्कृति के विभिन्न अंग काव्य, कला, दर्शन, रीति-रिवाज, संस्थायें, भाषा, विचार आदि हैं। इनमें से कोई भी प्रजातीय तत्वों से सम्बन्धित नहीं है। संस्कृतियां सांस्कृतिक सम्पर्क से फैल सकती हैं परन्तु प्रजातिक लक्षण परस्पर वास्तविक व्यत्सयन (Actual Crossing) के बिना दूसरे भू-भाग में नही फैल सकते।

(2) भाषा को प्रजाति का लक्षण मान लेना—इन सिद्धान्तों में दूसरा दोष यह है कि भाषा को प्रजाति का लक्षण मान लिया गया है। वास्तव में भाषा का प्रजाति से कोई सम्बन्ध

---

4. "The Chinese and extremely dark Egyptians had achieved great civilisations at a time when Adolf Hitler's blond Nordics, dressed in animal skins, were hitting one another over the head with clubs." —A. W. Green.

नहीं है। यह कल्पना मिथ्या और निराधार है कि आर्य भाषायें बोलने वाले आर्य जाति या आर्य रक्त वाले ही रहे होंगे। अंग्रेजी आर्य भाषा होते हुये भी संयुक्त राज्य अमरीका में एक करोड़ बीस लाख से अधिक नीग्रो लोग अंग्रेजी के अतिरिक्त दूसरी भाषा नहीं जानते। इतिहास में ऐसे अनेक उदाहरण हैं जबकि विजेता लोगों ने विजित लोगों पर अपनी भाषा लाद दी। इसके विपरीत ऐसे भी उदाहरण हैं जबकि विजित लोगों की भाषा को विजेताओं ने अपनाया। सच तो यह है कि भाषा संस्कृति का अंग है और उसे किसी भी जाति का व्यक्ति सीख सकता है। उसे प्रजाति के साथ नहीं जोड़ा जा सकता।

(3) प्रजाति को राष्ट्रीयता के साथ मिला देना—इन मतों द्वारा प्रजाति को राष्ट्रीयता के साथ मिला दिया गया है। प्रजाति और राष्ट्र में पर्याप्त अन्तर है। हक्सले और हड्डन के अनुसार मनुष्य के वर्गों के विकास का एक विशेष पक्ष है। राष्ट्र के संगठन में अनेक प्रजातीय तत्व सम्मिलित हो सकते हैं। सम्पूर्ण राष्ट्र में एक प्रजातीय तत्व भी हो सकता है और अनेक प्रजातियों का मिश्रण भी हो सकता है। प्रजाति राष्ट्र का एक भौतिक तत्व हो सकता है। राष्ट्र एक सामाजिक प्रत्यय है, प्रजाति एक जननिक अवधारणा है। राष्ट्र का एक सीमित क्षेत्र होता है। प्रजाति की कोई निश्चित सीमा नहीं हैं। राष्ट्र का सृजन कुछ विशेष प्रयोजनों से किया गया है। प्रजाति का सृजन प्राकृतिक प्रक्रियाओं से हुआ है, राष्ट्र प्रातीतिक (Subjective) हैं। वह राष्ट्रीय चेतना के बिना सम्भव नहीं है, प्रजाति वास्तविक (Objective) है। वह राष्ट्रीय चेतना के बिना सम्भव नहीं है। प्रजाति वास्तविक (Objective) है क्योंकि वह समान शारीरिक लक्षणों पर आधारित है। संक्षेप में, राष्ट्र और प्रजाति एक दूसरे के पर्याय नहीं है।

(4) विशुद्ध प्रजाति की कल्पना—इन मतों में विशुद्ध प्रजातियों की कल्पना की गई है जोकि सर्वथा अयथार्थ है। वास्तव में नार्डिक प्रजाति जैसी कोई शुद्ध प्रजाति नहीं है। हिटलर और उसके साथियों के शारीरिक लक्षणों तक में नार्डिक जाति की सभी विशेषतायें नहीं मिल सकतीं। हक्सले, हड्डन तथा कार साण्डर्स ने अपनी पुस्तक We Europeans में यह सिद्ध किया है कि योरोप में कोई ऐसा राष्ट्र नहीं है जिनमें कोई जाति विशुद्ध सिद्ध रूप में पाई जाती है। वैज्ञानिक दृष्टि से भी किसी भी प्रजाति को विशुद्ध सिद्ध नहीं किया जा सकता।

निष्कर्ष

संक्षेप में प्रजातिवाद का सिद्धान्त सर्वथा निराधार है। प्राचीन मिश्र, कम्बोडिया चीन, मैसोपोटामिया और मैक्सिकों की सभ्यतायें न तो नार्डिक प्रजाति वालों ने और न आर्य भाषा भाषियों ने ही विकसित की थीं। 2000 वर्ष पहले जब नार्डिक जाति बर्बर अवस्था में थी तब रोम में महान् सभ्यता का विकास हो चुका था। आज के सबसे अधिक सुंसस्कृत देशों, फ्रांस, अमेरिका, भारत, जर्मनी और इटली में ही मानव प्ररूपों का सबसे अधिक मिश्रण हुआ है। आधुनिक काल में कोई भी समाजशास्त्री प्रजाति के प्रत्यय की वैधता (Validity) स्वीकार नहीं करता। प्रजातिवाद एक अत्यन्त हानिकारक और निराधार सिद्धान्त है। सत्य ही कहा गया है कि ''नार्डिक उपकल्पना एक गल्प है । यह केवल मन के लड्डू खाना है।''

सारांश

प्रजाति शब्द के विभिन्न प्रयोग–(1) विशेष वर्ण (2) शारीरिक विशेषतायें, (3) विशेष भाषा समूह, (4) मानवीय विशेषतायें (5) एक दम्पत्ति के वंशज।

प्रजाति का जैवकीय अर्थ–बफन, हक्सले और मैकाइवर तथा पेज ने प्रजाति शब्द का जैवकीय अर्थ किया है। परन्तु आधुनिक खोजों से यह मत गलत सिद्ध हो चुका हैं।

प्रजाति का जननिक अर्थ–पैनीमैन ने प्रजाति शब्द का जननिक अर्थ में प्रयोग किया है।

प्रजाति की परिभाषा,–जे० बी० हल्डेन, बीसन्ज और बीसन्ज, ए० डब्लू० ग्रीन, हाबेल, एल० सी० डन तथा सदरलैण्ड और वुडवर्थ आदि ने प्रजाति की विभिन्न परिभाषायें उपस्थित की हैं। यूनेस्को ने एक सम्मेलन में प्रजाति के विषय में कुछ निर्णय दिये। संक्षेप में "प्रजाति समान पूर्वजों से उत्पन्न समान शारीरिक लक्षण रखने वाले और हम की भावना रखने वाले मानव प्राणियों का अन्तर्विवाही समूह हैं।"

प्रजाति के लिये अन्य शब्द की उपुयक्तता–जूलियन हक्सले ने प्रजाति के स्थान पर जातीय समूह शब्द का प्रयोग करने का सुझाव दिया है। अन्य समाजशस्त्रियों ने भी इसका समर्थन किया है। ओडम ने प्रजाति के लिये Folk शब्द को उपयुक्त माना है परन्तु इस मत का स्वागत नहीं हुआ।

प्रजाति और सामाजिक चेतना–प्रजाति की चेतना सामाजिक चेतना उत्पन्न करने में सहायक होती है। समान प्रजाति के लोगों में हम की भावना उत्पन्न हो जाती है। इसका उदाहरण पश्चिमी देशों में गोरे और काले लोगों के समाजों में देखा जा सकता है।

प्रजातिवाद

आर्यवाद–प्रजातिवाद का सबसे प्राचीन रूप आर्यवाद का है। आर्यवाद के अनुसार आर्य प्रजाति विश्व में सबसे श्रेष्ठ प्रजाति है। इस मत के समर्थकों में काउण्ट जोसेफ डि गोबिनों तथा लापूज का नाम उल्लेखनीय है।

नार्डिकवाद–आर्यवाद का एक संशोधित रूप नार्डिकवाद है। इसके अनुसार नार्डिक प्रजाति संसार में सर्वश्रेष्ठ है और वही विश्व का नेतृत्व कर सकती है। नार्डिकवाद को नाजी जर्मनी ने चरम सीमा पर पहुँचा दिया।

क्या गोरी प्रजाति अन्य जातियों से श्रेष्ठ है–(1) बुद्धि स्तर में किसी प्रजाति को उत्कृष्ट नहीं माना जा सकता (2) सांस्कृतिक दृष्टि से भी गोरी प्रजाति श्रेष्ठ नहीं है (3) आधुनिक खोजों में रक्त शुद्धि की धारणा निर्मूल सिद्ध हो चुकी है (4) आज संसार में कोई भी प्रजाति शुद्ध नहीं है।

प्रजातिवाद के दोष–(1) प्रजाति को संस्कृति से मिला देना, (2) भाषा को प्रजाति का लक्षण मान लेना, (3) प्रजाति को राष्ट्रीयता के साथ मिला देना, (4) विशुद्ध प्रजाति की कल्पना अयथार्थ है।

संक्षेप में प्रजातिवाद नितान्त अवैध कल्पना है।

38

अन्तर्राष्ट्रीय तनाव
(International Tensions)

आज के आणविक युग में दुनिया इतनी छोटी हो गई है कि हर राष्ट्र की आन्तरिक घटनाओं का प्रभाव भी दूसरे राष्ट्र के लोगों पर पड़ता है। इस प्रकार राष्ट्रीय घटनाओं का अन्तर्राष्ट्रीय महत्व हो जाता है। अणु आयुद्धों की खोज से संसार के सभी राष्ट्र विश्व शान्ति की आवश्यकता और भी अधिक अनुभव करने लगे हैं। किसी भी आणविक युद्ध में केवल लड़ने वाले राष्ट्रों को ही नहीं बल्कि सम्पूर्ण मानव समाज को खतरा उपस्थित होता है। इसलिए सभी विचारवान लोग अन्तर्राष्ट्रीय शान्ति बनाये रखना जरूरी समझते हैं। इसीलिये उन सभी कारकों का उन्मूलन करना जरूरी है जिनसे अन्तर्राष्ट्रीय शान्ति को खतरा है। इनमें एक प्रमुख कारक है अन्तर्राष्ट्रीय तनाव। वास्तव में मनोवैज्ञानिक दृष्टि से अन्तर्राष्ट्रीय सम्बन्धों के किसी भी विघटन के मूल में अन्तर्राष्ट्रीय तनाव एक मुख्य कारण होता है।

अन्तर्राष्ट्रीय तनाव क्या है?

यह अन्तर्राष्ट्रीय तनाव क्या है? जैसा कि इसके नाम से स्पष्ट है यह व्यक्तियों में नहीं बल्कि राष्ट्रों के बीच तनाव की स्थिति है। तनाव की स्थिति में विभिन्न समूह एक दूसरे से आशंकित और भयभीत रहते हैं। इस स्थिति में परस्पर पूर्वाग्रह, द्वेष, घृणा, आदि बढ़ते हैं। इस स्थिति में कभी भी विस्फोट की आशंका की जा सकती है अर्थात् किसी भी समय परस्पर तनाव वाले राष्ट्रों में किसी भी बात को लेकर युद्ध छिड़ सकता है।

राष्ट्रीय भेदों से तनाव आवश्यक नहीं

यह तो स्पष्ट ही है कि विभिन्न राष्ट्रों में सामाजिक आर्थिक संरचना, राजनैतिक ढांचा, भाषा, संस्कृति, वेशभूषा, राष्ट्रीय चरित्र आदि बहुत सी बातों में भिन्नता होती है । परन्तु यह घ्यान रखने की बात है कि भिन्नता से तनाव का होना आवश्यक नहीं है। उदाहरण के लिये अमरीका और इंगलैंड के राष्ट्रों में बहुत सी भिन्नतायें हैं, परन्तु उनमें तनाव नहीं है। वास्तव में अन्तर्राष्ट्रीय तनाव के मूल में कुछ अन्य कारण हैं। तनाव मूल रूप से एक मनोवैज्ञानिक प्रक्रिया है। इसलिये इसमें अधिक महत्वपूर्ण कारक मनोवैज्ञानिक ही है। अत: समाज मनोविज्ञान में अन्तर्राष्ट्रीय

तनावों की ठीक-ठीक विवेचना की जा सकती है और उसका विश्लेषण करके उसके निदान भी खोजे जा सकते हैं।

अन्तर्राष्ट्रीय तनाव के विश्लेषण में भूलें

अन्तर्राष्ट्रीय तनावों की समस्या के विवेचन में कुछ मौलिक भूलें की गईं हैं। कुछ मुख्य भूलें निम्नलिखित हैं–

(1) **युद्ध पर अत्यधिक जोर**–कुछ लोगों ने इस समस्या के विश्लेषण में युद्ध की समस्या पर अत्यधिक जोर दिया है। इसमें कोई सन्देह नहीं कि अन्तर्राष्ट्रीय तनावों से युद्ध की परिस्थितियां उत्पन्न होती हैं परन्तु फिर अन्तर्राष्ट्रीय तनावों के कुछ अन्य महत्वपूर्ण पहलू भी हैं।

(2) **व्यक्ति के महत्व की अवहेलना**–अन्तर्राष्ट्रीय तनाव का विश्लेषण करने वाले कुछ अन्य लोगों ने उसमें व्यक्ति के महत्व को भुला दिया है। यह ठीक है कि अन्तर्राष्ट्रीय तनाव राष्ट्रों के बीच होते हैं। परन्तु राष्ट्र देश को नहीं कहते। राष्ट्र व्यक्तियों से बनते हैं और इसलिये आखिरकार अन्तर्राष्ट्रीय तनाव विभिन्न राष्ट्रों के व्यक्तियों में भी होते हैं।

(3) **आक्रामक व्यवहार पर अत्यधिक जोर**:–अन्तर्राष्ट्रीय तनाव के विवेचन में कुछ लोगों ने केवल व्यक्तियों के आक्रामक व्यवहार पर ही जोर दिया है। वास्तव में व्यक्तियों का आक्रामक व्यवहार अन्तर्राष्ट्रीय तनाव का केवल एक पहलू है। आधुनिक युद्ध में केवल लड़ने वाली सेनायें ही भाग नहीं लेती बल्कि सम्पूर्ण राष्ट्र भाग लेते हैं। जैसा कि चीन के विरुद्ध युद्ध में भारत के नेता बराबर कहते रहे हैं यह लड़ाई देश के हर आदमी की लड़ाई है चाहे वह सिपाही हो या मजदूर, मिल मालिक हो या दुकानदार। फिर यदि कुछ लोग युद्ध कर रहे हों तो इससे यह स्पष्ट नहीं होता कि वे युद्ध करना चाहते हैं। उदाहरण के लिये चीन में बहुत से लोगों को जबर्दस्ती सैनिक बना लिया है और उनको जबर्दस्ती युद्ध में लगाया जाता है।

अत: अन्तर्राष्ट्रीय तनाव को समझने में उनके हर पहलू पर जोर दिया जाना चाहिये। उसमें केवल लड़ने वाले लोगों पर ही नहीं बल्कि आम जनता में सर्व सामान्य लोगों के प्रत्यक्षों, आवश्यकताओं, अभिवृत्तियों और व्यवहार का अध्ययन किया जाना चाहिये। इस प्रकार के अध्ययन से यह स्पष्ट होगा कि युद्ध अन्तर्राष्ट्रीय तनाव को कम करने में बिल्कुल असमर्थ ही नही है बल्कि वह उसको बढ़ाता भी है। आज के संसार में कोई भी राष्ट्र दूसरे के बल के सामने सदा के लिये नहीं झुक सकता। थोड़े समय के लिये तो विजेता और विजित देश में तनाव समाप्त हुआ सा लगता है, परन्तु फिर शीघ्र ही विद्रोह की आग भड़क उठती है जो कि अन्दर ही अन्दर बराबर जल रही थी। विभिन्न राष्ट्र लोगों के विशेष प्रकार के संगठन होते हैं। भिन्न-भिन्न राष्ट्रों की आन्तरिक संरचना में अन्तर होता है जिससे उनके अन्तर्राष्ट्रीय व्यवहार पर भी प्रभाव पड़ता है। उदाहरण के लिये अमेरिका की आन्तरिक सरंचना रूस की आन्तरिक संरचना से भिन्न है। दोनों ही देशों में नागरिकों के कार्यों में अन्तर देखा जा सकता है। यह निश्चित नहीं है कि इन दोनों में से कौन-सी संरचना जनता के लिये बेहतर है। परन्तु इतना अवश्य कहा जा सकता है कि दोनों की संरचनाये भिन्न-भिन्न प्रकार से और भिन्न-भिन्न अंशों में जनता की माँग को पूरा करती हैं। विभिन्न राष्ट्रों में भाषा, संस्कृति, धर्म, राजनैतिक विचार, रीति-रिवाज, वेश-भूषा आदि अनेक

बातों में अन्तर होता है। इनके अलावा उनके नाम; झण्डे, कानून, नेता तथा राष्ट्रीय इतिहास भी अलग होते हैं। इन सब बातों से और साथ ही साथ विभिन्न राष्ट्रों की सीमाओं से तथा दूसरे राष्ट्र में प्रवेश करने के लिये पासपोर्ट आदि के नियमों से तनाव बढ़ते हैं। भिन्न-भिन्न राष्ट्रों में राज्य के कार्यों, अधिकारों और संरचना में अन्तर होता है। इससे भी विभिन्न राष्ट्र के लोगों को दूसरे राष्ट्र पराये से मालूम पड़ते हैं।

विभिन्न गुटों में तनाव

केवल विभिन्न राष्ट्रों में ही नहीं बल्कि आजकल विभिन्न राष्ट्रों के विभिन्न गुटों में भी तनाव देखे जा सकते हैं। ये गुट अनेक आधारों पर होते है। जैसे प्रजाति, धर्म, राजनैतिक, लक्ष्य, आर्थिक, स्वार्थ, सांस्कृतिक सम्बन्ध इत्यादि। नाटो (NATO) सीटो (SEATO) आदि राजनैतिक स्वार्थों को लेकर बने हुये गुटों के उदाहरण हैं। ब्रिटिश कौमनवैल्थ में सम्मिलित देश आर्थिक, सामाजिक, राजनैतिक कई दृष्टिकोण के विषय में एकता रखते हैं। यूरोपियन कौमन मार्केट (ECM) आर्थिक हितों को लेकर बना हुआ गुट है। पान अमेरिकन समूह भी आर्थिक सदस्यों को लेकर बना है। रूस और अन्य साम्यवादी देशों का गुट विशेषतया राजनैतिक और सैद्धान्तिक लक्ष्यों पर आधारित है। इन बड़े-बड़े गुटों के अलावा विभिन्न राष्ट्रों में समय-समय पर होने वाली सन्धियों के द्वारा छोटे-मोटे गुट बराबर बनते रहते हैं। पिछले विश्व महायुद्ध में जर्मनी के विरुद्ध मित्र राष्ट्रों के समूह में रूस भी शामिल था। इसी प्रकार कुछ धर्मिक समानता के आधार पर भी बन जाते हैं।

अन्तर्राष्ट्रीय संस्थाओं का महत्व

इन गुटों के अलावा अनेक ऐसी संस्थायें हैं जो विभिन्न राष्ट्रों की सीमाओं में फैली हुईं हैं। उदाहरण के लिये संसार में साहित्यकारों, कलाकारों, विभिन्न वैज्ञानिकों, खिलाड़ियों आदि की अनेक अन्तर्राष्ट्रीय संस्थायें हैं। सांस्कृतिक संस्था का एक उदाहरण रोटरी क्लब (Rotary Club) हैं जो कि संसार के लगभग सभी राष्ट्रों में देखे जा सकते हैं। इनके अलावा अनेक अन्तर्राष्ट्रीय संस्थायें संसार के अधिकतर राष्ट्रों में काम करती हैं। इनमे उल्लेखनीय हैं अन्तर्राष्ट्रीय श्रम संघ (ILO), अन्तर्राष्ट्रीय रैड क्रास (IRC), अन्तर्राष्ट्रीय मौनेटरी फण्ड (IMF), विश्व ट्रेड यूनियन कांग्रेस, (WTUC), कम्यूनिस्ट इण्टर-नेशनल इत्यादि। संयुक्त राष्ट्र संघ (UNO) की संस्था में संसार के अधिकतर राष्ट्र शामिल हैं। इस संस्था से संबन्धित अनेक अन्य संस्थायें भी संसार के विभिन्न राष्ट्रों में फैली हुईं हैं जैसे यूनेस्को (UNESCO), विश्व स्वास्थ्य संघ (WHO) अन्तरर्राष्ट्रीय श्रम संघ, विश्व न्यायालय इत्यादि।

अन्तर्राष्ट्रीय संस्था और गुट

राष्ट्रों की सीमाओं को लांघ कर फैली हुई इन विभिन्न संस्थाओं से अन्तर्राष्ट्रीय तनाव के स्वरूप पर महत्वपूर्ण प्रभाव पड़ता है। गुटों के कारण अन्तर्राष्ट्रीय तनाव राष्ट्रों के बीच न होकर गुटों के बीच देखे जाते हैं। अन्तर्राष्ट्रीय संस्थाओं से तनाव कम होते हैं। परन्तु फिर आर्थिक, सैद्धान्तिक, राजनीतिक, सैनिक, धार्मिक आदि सभी प्रकार के गुटों में अन्तर्राष्ट्रीय तनाव की

काफी जटिल प्रक्रिया है। विभिन्न गुटों से अन्तर्राष्ट्रीय संस्थाओं, समितियों आदि में भाग लेने के कारण अनेक राष्ट्र के लोगों में संवेगात्मक एकता हो जाती है जबकि अन्य लोगों के प्रति उनमें घृणा बढ़ती है। उदाहरण के लिये अमरीका इंगलैड को मित्र समझता है और रूस को प्रतिद्वन्दी। इस प्रकार संसार के विभिन्न राष्ट्रों में संवेगात्मक सम्बन्ध देखे जा सकते हैं। इन संवेगात्मक सम्बन्धों से अन्तर्राष्ट्रीय तनावों का बड़ा घनिष्ठ सम्बन्ध है। विभिन्न राष्ट्रों के लोगों में एक दूसरे के प्रति अनुभूतियों के अध्ययन से उनके तनाव समझने में बड़ी सहायता मिलती है।

अन्तर्राष्ट्रीय तनावों में सामूहिक तनाव

जैसा कि पहले बतलाया जा चुका है राष्ट्र व्यक्तियों के समूह हैं। इस प्रकार राष्ट्रों के तनाव में सामूहिक तनाव देखा जा सकता है। सामूहिक तनाव के मूल में मनोवैज्ञानिक कारक है।। पूर्वाग्रह (Prejudice) के अलावा इसमें मिथ्या विश्वास (False Belief) और विरोधी अभिवृत्ति (Attitude) भी होती है। गार्डनर मर्फी (G. Murphy) ने सामूहिक तनाव को 'भिन्न होने का पाप' कहा है अर्थात् तरह-तरह की भिन्नता से सामूहिक तनाव उत्पन्न होते हैं। शैरिफ (Sherif) तथा अन्य मनोवैज्ञानिकों के राबर्स केव (Robbers Cave) प्रयोग से यह ज्ञात हआ कि सामूहिक तनाव सामान्य लक्ष्य के अभाव, सम्पर्क के अभाव, परस्पर विरोधी मान्यतायें तथा अज्ञान और दोषपूर्ण समायोजन के परिणाम हैं।

अन्तर्राष्ट्रीय तनाव के परिणाम

यह सभी जानते हैं कि अन्तर्राष्ट्रीय तनाव बढ़ने से विभिन्न राष्ट्रों में युद्ध होते हैं। परन्तु युद्ध अन्तर्राष्ट्रीय तनावों का अन्तिम परिणाम है अर्थात् उसको अन्तर्राष्ट्रीय तनाव का अनिवार्य लक्षण नहीं कहा जा सकता। उसकी अनुपस्थिति में भी अन्तर्राष्ट्रीय तनाव देखे जा सकते हैं। युद्ध के अलावा अन्तर्राष्ट्रीय तनाव दो प्रमुख परिणाम में दिखाई पड़ते हैं। (1) पृथक्करण, (2) गुटबन्दी। जब दो राष्ट्रों में तनाव बढ़ते हैं तो वह एक दूसरे से व्यापारिक, राजनैतिक, सांस्कृतिक तथा अन्य प्रकार के सम्बन्ध तोड़ने लग जाते हैं। चीन से झगड़े की स्थिति में भारत-चीन में क्रमश: ये सभी सम्बन्ध टूटते दिखलाई पड़ते रहें हैं। तनाव बढ़ने से हर एक राष्ट्र को विरोधी राष्ट्र के समक्ष अपनी सुरक्षा की चिन्ता बढ़ती हैं और इसके लिये अधिकतर राष्ट्र किसी न किसी गुट में शामिल हो जाते हैं। उदाहरण के लिये साम्यवादी राष्ट्रों से बचाव के लिये पाकिस्तान अमरीकी गुट में शामिल हो गया है। अन्तर्राष्ट्रीय तनावों के इन परिणामों से अन्तर्राष्ट्रीय तनाव कम नहीं होता। जैसा कि प्रत्येक विचारवान व्यक्ति देख सकता है गुटबन्दियों से और युद्ध से तथा परस्पर सम्बन्धों के टूटने से अन्तर्राष्ट्रीय तनाव और भी बढ़े हैं कम नहीं हुये हैं। अन्तर्राष्ट्रीय तनाव के इन परिणामों के अलावा उसका प्रभाव राष्ट्रों की आन्तरिक नीतियों और संरचना पर भी देखा जा सकता है। इसी प्रकार राष्ट्रों की आन्तरिक नीतियों और संरचना का अन्तर्राष्ट्रीय तनाव पर प्रभाव पड़ता है। उदाहरण के लिये भारत से तनाव होने के कारण पाकिस्तान की आन्तरिक संरचना में और गृहनीति में अन्तर दिखलाई पड़ता है। इसी प्रकार चीन में साम्यवादी सरकार की स्थापना से संसार भर की राजनीति पर प्रभाव पड़ा है और अन्तर्राष्ट्रीय सम्बन्धों में महत्वपूर्ण अन्तर हुआ है।

प्रसिद्ध समाज मनोवैज्ञानिक क्रेच और क्रेचफील्ड ने ठीक ही लिखा है "अन्तर्राष्ट्रीय तनावों की समस्या आखिरकार व्यक्ति के मनोविज्ञान की समस्या है।"[1] जैसा कि पहले बतलाया जा चुका है कि सामूहिक तनाव के मूल में व्यक्तियों में पूर्वाग्रह, विश्वास और अभिवृत्तियां होती हैं। इसी प्रकार अन्तर्राष्ट्रीय तनाव भी विभिन्न राष्ट्रों के व्यक्तियों के विश्वासों, अभिवृत्तियों और पूर्वाग्रहों के परिणाम हैं। भिन्न-भिन्न राष्ट्रों के एक दूसरे पर जो आर्थिक, राजनैतिक, धार्मिक और सांस्कृतिक प्रभाव पड़ते हैं उनसे उनके व्यक्तियों की आवश्यकताओं, प्रत्यक्षों, विश्वासों और अभिवृत्तियों में महत्वपूर्ण परिवर्तन होता है। हर एक राष्ट्र के सभी व्यक्तियों पर यह प्रभाव एक सा नहीं पड़ता। क्योंकि एक ही राष्ट्र में विभिन्न रुचियों औंर विभिन्न कार्यों वाले व्यक्ति होते हैं। इस अन्तर से अन्तर्राष्ट्रीय तनावों के प्रतिमान में अन्तर देखा जा सकता है।

नेताओं का योगदान

किसी भी राष्ट्र के व्यक्तियों में नेतागण सबसे अधिक प्रभावशाली व्यक्ति होते हैं। अत: स्वाभाविक है कि अन्तर्राष्ट्रीय तनाव इस बात पर बहुत कुछ निर्भर है कि विभिन्न राष्ट्रों की परस्पर आर्थिक, सामाजिक, सांस्कृतिक और राजनैतिक अन्तर्क्रियाओं पर नेताओं का क्या प्रभाव पड़ता है? इस प्रकार अन्तर्राष्ट्रीय तनाव की प्रकृति को समझने के लिये नेतृत्व के मनोविज्ञान को समझना आवश्यक है। चीन और भारत के युद्ध में भारतीयों के प्रत्यक्षों, आवश्यकताओं, अभिवृत्तियों, विश्वासों आदि सभी पर प्रभाव पड़ा है और इनमें भारी परिवर्तन हुआ है जिससे चीन के विरुद्ध अभिवृत्तियां और भावनायें जागृत हुईं हैं। स्पष्ट है कि इससे दोनों देशों के बीच तनाव और भी बढ़ा है। इससे भारत से सहानुभूति रखने वाले राष्ट्रों के व्यक्तियों पर भी प्रभाव पड़ता है और उनमें भी चीनियों के प्रति तनाव बढ़ा है। आज के जगत में अधिकतर जनसंघीय राष्ट्रों में जब युद्ध छिड़ते हैं तो केवल सरकार नहीं लड़ती बल्कि जनता भी लड़ती है। तानाशाही देशों में अवश्य ऐसा नहीं हैं क्योंकि वहां पर कभी-कभी शासक लोग जनता को बलात युद्ध की भट्टी में झौंक देते हैं। जैसा कि कुछ विचारकों ने संकेत किया है चीन का भारत पर हमला चीन की बढ़ती हुई जनसंख्या की समस्या को सुलझाने का एक साधन भी है। सच तो यह है कि जब कभी कोई देश किसी देश से युद्ध छेड़ता है तो उसके मूल में कोई न कोई आन्तरिक हताशायें (Frustrations) होती हैं। आन्तरिक दोषों को छिपाने के लिये जनता का ध्यान युद्ध की ओर लगा देना एक सामान्य नीति रहीं है।

अन्तर्राष्ट्रीय तनावों के मनोवैज्ञानिक कारण

समाज मनोविज्ञान के दृष्टिकोण से अन्तर्राष्ट्रीय तनावों की समस्या में दो बातों पर ध्यान देना जरूरी है, एक तो अन्तर्राष्ट्रीय तनावों का लोगों की आवश्यकताओं पर प्रभाव और दूसरे अन्तर्राष्ट्रीय तनावों का लोगों के विश्वासों और अभिवृत्तियों से सम्बन्ध। इस विषय में यह देखना

1. "The problem of international tensions is ultimately a problem of the psychology of the individual."

—Krech D. and Crutchfield, R. S., *Theory and Problems of Social Psychology* (1948), p. 586.

जरूरी है कि अन्तर्राष्ट्रीय संघर्ष के प्रति क्या विश्वास और अभिवृत्तियां हैं, उसको कहां तक कुछ आवश्यकताओं की पूर्ति का साधन माना जाता है।

अन्तर्राष्ट्रीय तनावों में आवश्यकतायें

क्रेच और क्रचफील्ड ने अन्तर्राष्ट्रीय तनावों के मूल में निम्नलिखित प्रकार की आवश्यकतायें मानी हैं–[2]

(1) आक्रामकता की ओर ले जाने वाली हताश आवश्यकतायें।

(2) प्रत्यक्ष लाभ की आवश्यकतायें।

(3) शक्ति और सम्मान की आवश्यकतायें।

(4) देश भक्ति और राष्ट्रीयता की आवश्यकतायें।

(5) शान्ति से पलयान की आवश्यकतायें।

(6) अस्पष्ट संकट की परिस्थितियों को सुलझाने की आवश्यकतायें।

(7) समूह के बंधे रहने और उनकी स्वीकृति की आवश्यकतायें।

(8) स्वयं युद्ध की आवश्यकतायें।

(1) हताश आवश्यकतायें–मनोविज्ञान में हताशा (Frustration) और आक्रामकता (Aggression) का घनिष्ठ सम्बन्ध माना गया है। जब कभी व्यक्ति की बहुत सी आवश्यकतायें हताश में परिवर्तित हो जाती हैं तो उसमें आक्रामकता जागती है जो कि कभी-कभी ऐसी वस्तुओं और व्यक्तियों के विरुद्ध भी दिखलाई पड़ती है जिनका व्यक्ति की आवश्यकताओं से कोई स्पष्ट सम्बन्ध नहीं है। कहावत हैं कि कुम्हार से बस न चले तो गधे के कान उमेठे। इस प्रकार प्रत्येक देश में व्यक्तियों की हताशाओं से आक्रामकता की लहर उठती रहती है। इन लहरों को रोकना और जनता की आक्रामक प्रवृत्तियों को अहानिकारक मार्ग में मोड़ना नेताओं का कार्य है। जैसाकि बर्ट्रेण्ड रसल (B. Russell) ने अपनी पुस्तक Principles of Social Reconstruction में ठीक ही लिखा है मानव समाज को इस आक्रामकता की प्रवृत्ति से भयंकर खतरा है और विश्व को भावी युद्ध से बचाने के लिये यह आवश्यक है कि जहां एक ओर हताशाओं को कम करने का उपाय किया जाये वहां दूसरी ओर आक्रामकता को निकालने के अहानिकारक तरीके भी जुटाये जायें।[2] अपनी प्रसिद्ध पुस्तक Civilisation and its Discontents में प्रसिद्ध मनोवैज्ञानिक सिगमण्ड फ्रॉयड (S. Freud) ने हताशाओं को आधुनिक संस्कृति और सभ्यता का अनिवार्य परिणाम बतलाते हुये इस बात पर जोर दिया है कि उनसे उत्पन्न आक्रामकता को निकालने के अहानिकारक तरीके विकसित किये जाने चाहियें।

(2) प्रत्यक्ष लाभ की आवश्यकतायें–अन्तर्राष्ट्रीय तनावों के मूल में कुछ लोगों की प्रत्यक्ष लाभों की वासना भी होती है। यह बात सभी जानते हैं कि युद्ध में कुछ लोगों को शांति की दशा में बहुत अधिक लाभ होता है। भारत में पिछले महायुद्ध में कितने ही मामूली लोग लखपति और करोड़पति बन गये। अस्त्र-शस्त्र बनाने वाले लोगों को युद्ध से विशेष लाभ होता

---

2. *Ibid* p. 587.

है। अनेक राजनीतिज्ञों को भी युद्ध से लाभ होता है क्योंकि युद्ध के दिनों में जनता उनको अधिक सम्मान देती है। उदाहरण के लिए इंगलैड में पिछले महायुद्ध में चर्चिल को फिर से सर्वोच्च सम्मान दिया गया था। युद्ध में निपुण ये नेता शान्ति के समय में अधिक महत्वपूर्ण नहीं रहते। इस प्रकार कुछ लोगों का यह कहना है कि कुछ उद्योगपति और राजनीतिज्ञ लोग अन्तर्राष्ट्रीय तनाव बढ़ाने का षड्यन्त्र करते हैं। इसमें कोई सन्देह नहीं कि यह बात कुछ न कुछ अंशों में सत्य अवश्य है परन्तु इसको युद्ध और अन्तर्राष्ट्रीय तनाव का एक मात्र कारण मानना भूल है। यह ठीक है कि युद्ध से मनुष्य की कुछ आवश्यकतायें पूरी होती हैं परन्तु इससे जर्मन दार्शनिक नीत्शे (Nietzsche) के समान यह निष्कर्ष निकालना अनुचित होगा कि युद्ध उचित और अनिवार्य है। युद्ध न तो उचित ही है और न अनिवार्य ही। समाज मनोविज्ञान युद्ध की ओर ले जाने वाले अन्तर्राष्ट्रीय तनावों को अहानिकारक उपायों से निर्मूल करने के विषय में सुझाव देता है।

(3) शील और सम्मान की आवश्यकतायें—जैसा कि पीछे बतलाया जा चुका है अन्तर्राष्ट्रीय तनाव और युद्ध से कुछ लोगों का सम्मान और शक्ति बढ़ते हैं। इन नेताओं के अलावा इनके साथी भी उनसे तादात्मय के कारण अपने सम्मान और शक्ति में वृद्धि अनुभव करते हैं।

(4) देश भक्ति और राष्ट्रीयता की आवश्यकतायें—कभी-कभी देश भक्ति और राष्ट्रीयता की आवश्यकताओं से भी अन्तर्राष्ट्रीय तनाव बढ़ते है। यद्यपि इससे यह निष्कर्ष नहीं निकालना चाहिये कि ऐसा होना अनिवार्य है। वास्तव में अन्तर्राष्ट्रीय तनाव स्वस्थ राष्ट्रीयता से नहीं बल्कि आक्रामक राष्ट्रीयता (Aggressive Nationalism) से बढ़ते हैं। नाजी जर्मनी और फात्सी इटली आक्रामक राष्ट्रीयता के ज्वलंत उदाहरण हैं। इन राष्ट्रों में नेता-गण अपने राष्ट्र के लाभ के सामने दूसरों की हानि की भी चिन्ता नहीं करते। इस प्रकार की एकांगी राष्ट्रीयता से अन्तर्राष्ट्रीय तनाव बढ़ते हैं। इस प्रकार की संकीर्ण देश भक्ति विश्व शान्ति के रास्ते में भारी रोड़ा है।

(5) शान्ति से पलायन की आवश्यकतायें—यद्यपि शान्ति के कुछ अपने लाभ हैं। परन्तु फिर भी उसमें वह उत्तेजना, सरगर्मी, नित्य नये समाचार आदि कहाँ जो कि युद्ध के दिनों में दिखलाई पड़ते है। शान्ति के समय में लोगों को अपनी वीरता, वाकचातुर्य, आक्रामकता, सहजबुद्धि तथा नेतृत्व के गुण और देश भक्ति की भावना आदि को अभिव्यक्त करने का अवसर कम मिलता है। युद्ध के दिनों में इसके स्पष्ट और प्रत्यक्ष अवसर आते हैं। चीन से युद्ध की परिस्थिति में भारत के हर एक व्यक्ति को राष्ट्रीय सुरक्षा फण्ड में धन देकर, जवानों की सहायता के लिए खून देकर और उनकी आवश्यकता की चीजें जुटाकर तथा अन्य लोगों में उत्साह बढ़ाकर अपनी देश भक्ति दिखाने का अवसर मिला है। इससे देश के लोगों में भारी जोश और उत्साह दिखाई पड़ता है। युद्ध के इस प्रभाव से और जीवन में उत्तेजनायें प्राप्त करने की इच्छा से कुछ लोग कभी-कभी शान्ति से उकता जाते हैं। इसलिए भी अन्तर्राष्ट्रीय तनाव बढ़ते हैं तो युद्ध की ओर ले जाते हैं।

(6) अस्पष्ट संकट की परिस्थितियों को सुलझाने की आवश्यकतायें—अन्तर्राष्ट्रीय तनावों से कुछ ऐसी संकट की परिस्थितियों में निबटने में भी सहायता मिलती है जो सामान्य

परिस्थिति में नहीं सुलझाई जा सकतीं। जहां तक व्यक्तियों का प्रश्न है अपनी अनेक कठिनाईयों को वे तनाव के रूप में अभिव्यक्त करते हैं। यही बात राष्ट्र समूहों के बारे में भी कहीं जा सकती है।

(7) समूह से बन्धे रहने और उसकी स्वीकृति की आवश्यकतायें—प्रत्येक व्यक्ति अपने समूह से सम्बन्ध रखना चाहता है और उसकी स्वीकृति पाने की भी इच्छा करता है। इसलिये जब किसी दूसरे राष्ट्र से तनाव बढ़ता है तो अन्य लोगों के साथ-साथ उसके विश्वासों, अभिवृत्तियों आदि पर भी प्रभाव पड़ता है। उदाहरण के लिये भारत-चीन से संघर्ष की स्थिति में बहुत से लोग अन्य देशवासियों की देखा-देखी चीनियों की लानत मलानत करते रहते हैं। दूसरी ओर कुछ लोग विशेष दलों के सदस्य होने के नाते राष्ट्रीयता की भावनायें रखते हुये भी दल की स्वीकृति की प्रवृत्ति के कारण चीन को आक्रमणकारी कहने से डरते हैं और देश की सुरक्षा के कार्य में योगदान नहीं देते। इस प्रकार देश में भी एक तनाव की स्थिति स्थापित हो जाती है। परिस्थिति के कारण भारत सरकार को बहुत से साम्यवादी नेताओं को बन्दी बनाना पड़ा था।

(8) स्वयं युद्ध की आवश्यकतायें—कुछ लोग यह कहते हैं कि मनुष्य में जन्मजात आक्रामक प्रवृत्ति होती है। रूथ बैनेडिक्ट ने जूनी लोगों के अध्ययन में यह दिखलाया है कि उन लोगों में यह प्रवृत्ति लगभग नहीं के बराबर है। सामाजिक मानव शास्त्र के क्षेत्र में कुछ अन्य अध्ययनों से भी यह स्पष्ट सिद्ध हो चुका है कि आक्रामकता की प्रवृति सांस्कृतिक परिस्थितियों का परिणाम है। यह ठीक है कि जब कभी किसी व्यक्ति की स्वाभाविक प्रवृत्तियों में और स्वाभाविक कार्यों में बाधा डाली जाती है तो उसमें आक्रामकता जागती है। परन्तु यदि ऐसा न हो तो आक्रामकता की प्रवृत्ति उत्पन्न होने का कोई प्रश्न ही नहीं उठता। दुर्भाग्यवश संसार की अधिकतर संस्कृतियों में आक्रामकता की प्रवृत्ति को जागृत होने और बढ़ने का अवसर मिलता है। अत: अन्तर्राष्ट्रीय तनाव बढ़ते हैं, गृह युद्ध होते हैं और शीत युद्ध तो बराबर चलता रहता है। परन्तु इस ओर ध्यान दिया जाय तो आक्रामकता की प्रवृत्ति को बहुत कम किया जा सकता है। और इस प्रकार युद्ध रोके जा सकते हैं। इसके लिये युद्ध की भर्त्सना करने की भी जरूरत है। मध्यकालीन भारत में राजपूत लोग और देश के अन्य क्षत्रिय लोग युद्ध को क्षत्रिय का धर्म समझते थे और युद्ध में वीरगति प्राप्त करना स्वर्ग पहुंचने का सीधा साधन समझते थे। अत: देश में सभी जगह छोटी-मोटी लड़ाइयाँ बराबर छिड़ी रहती थीं। स्पष्ट है कि युद्ध को रोकने के लिये तनावों को कम करने के लिये विशेषतया युद्ध प्रिय जातियों की संस्कृति में भारी परिवर्तन करना होगा। इसके लिये राष्ट्रीय चरित्र का वैज्ञानिक अध्ययन किया जाना चाहिये ताकि उन विशेष लक्षणों में परिवर्तन किया जा सके जो तनाव बढ़ाते हैं।

अन्तर्राष्ट्रीय तनाव में ज्ञानात्मक और भावात्मक कारक

मनोवैज्ञानिक दृष्टिकोण से अन्तर्राष्ट्रीय तनावों और युद्ध के प्रति लोगों को मोड़ने में कुछ विश्वासों, अभिवृत्तियों, प्रत्यक्षों और विचारों आदि का महत्वपूर्ण हाथ है। अन्तर्राष्ट्रीय तनावों के मनोवैज्ञानिक कारणों को समझने के लिए इन ज्ञानात्मक (Cognitive) और भावात्मक (Affective) कारकों पर दृष्टि डालना भी आवश्यक है। इन्हीं के कारण अन्तर्राष्ट्रीय तनाव और संघर्ष

व्यक्तियों की आवश्यकताओं को सन्तुष्ट करते दिखलाई पड़ते हैं। इस सम्बन्ध में क्रेच और क्रचफील्ड ने निम्नलिखित कारणों को महत्वपूर्ण बताया हैं:[3]–

1. नृवंशकेन्द्रित विश्वास।
2. अन्य राष्ट्रों के विषय में रूढ़-युक्ति वाले विश्वास।
3. अन्य राष्ट्रों की ओर नकारात्मक अभिवृत्ति।
4. अन्तर्राष्ट्रीयता की अभिवृत्तियों पर राष्ट्रीयता की अभिवृत्तियों का प्रभाव।
5. अन्तर्राष्ट्रीय तनावों के कारणों और निदान के अत्यधिक सरलीकृत प्रत्यक्ष।
6. युद्ध की अनिवार्यता में विश्वास।
7. अन्तर्राष्ट्रीय तनावों और युद्ध की ओर विचारात्मक रुख।
8. युद्ध के परिणामों के विषय में इच्छापूर्ण चिन्तन।
9. अन्तर्राष्ट्रीय तनावों के विषय में विचारात्मक पुनर्संगठन के मार्ग में भावात्मक बाधायें।

(1) नृवंशकेन्द्रित विश्वास—साधारणतया लोग अपनी प्रजाति को अन्य प्रजातियों से कुछ न कुछ श्रेष्ठ मानते हैं। इस प्रकार अधिकतर लोगों में नृवंशकेन्द्रित विश्वास दिखाई पड़ते हैं। इससे उन्हें अपने दोष दिखाई नहीं पड़ते और दूसरों की अच्छी बातें भी दोषयुक्त दिखलाई पड़ती हैं। उदाहरण के लिये चीनी शासकगण भारतीय नेताओं के गुणों में भी अवगुण देखते हैं। अत: स्वाभाविक है कि लोगों में अन्य राष्ट्रों के लोगों के प्रति तनाव उत्पन्न होते हैं। कहावत है कि अपनी आंख की किरकिरी दिखाई नहीं पड़ती और दूसरे की आंख की किरकिरी पहाड़ सी लगती है।

(2) रूढ़-युक्तियुक्त विश्वास—कुछ लोग अन्य जातियों के विषय में रूढ़ि-युक्ति पर आधारित कुछ विश्वास बनाए रखते हैं। उदाहरण के लिए पाकिस्तान में बहुत से लोग भारत को मुस्लिम विरोधी समझते हैं और इसलिए उन्हें इस्लाम को भारत से खतरा दिखलाई पड़ता है। अत: भारत के प्रति उनमें तनाव बढ़ते हैं। इसी प्रकार अमेरिका और रूस में बहुत से लोग राष्ट्र के प्रति रूढ़-युक्तियों पर आधारित बहुत से विश्वास बनाये रखते हैं। इन लोगों ने दूसरे राष्ट्र में कभी भी सही बातों की जांच नहीं करनी चाही। यदि कभी दूसरे राष्ट्र के लोगों से मिलने का अवसर आता भी है तो भी रूढ़-युक्तियों के कारण उनके प्रत्यक्षों में अन्तर पड़ जाता है। अत: दोनों राष्ट्रों में तनाव बराबर बने हुये हैं।

(3) नकारात्मक अभिवृत्तियाँ—रूस और अमेरिका के सम्बन्धों में कुछ समय पहले नकारात्मक अभिवृत्तियां भी देखी जा सकती थीं। स्टेलिन के समय में अमेरिका और रूस लगभग प्रत्येक बात में एक दूसरे का विरोध करते थे। खुश्चेव और कैनेडी के साथ-साथ यह नकारात्मक अभिवृत्ति बहुत कुछ हट गईं है। अधिकतर रूढ़-युक्तियों पर आधारित विश्वास तनाव बनायें हुये हैं। पाकिस्तान और भारत की सीमा मिली हुई होने के कारण और कुछ पूर्वाग्रहों की पृष्ठ भूमि में पाकिस्तान के शासकों को भारत से बराबर खतरा मालूम पड़ता है। इस प्रकार एक नकारात्मक

3. *Ibid*, 595.

अभिवृत्ति बन जाती है जिससे दोनों राष्ट्रों के बीच तनाव बने रहते हैं। कुछ राष्ट्रों में तो ये तनाव घृणा का रूप ग्रहण कर लेते हैं। जैसे नाजी जर्मनी में इंगलैड के प्रति तीव्र घृणा दिखलाई पड़ती थी।

(4) अभिवृत्तियों का प्रभाव—जैसा कि पहले बतलाया जा चुका है स्वस्थ होने पर राष्ट्रीयता और देश भक्ति की भावनायें अन्तर्राष्ट्रीयता के मार्ग में रोड़ा नहीं बनतीं। परन्तु जब राष्ट्रीयता की भावनायें अन्तर्राष्ट्रीयता की अभिवृत्तियों से अधिक शक्तिशाली हों और उन पर हावी हो जाये तो अन्तर्राष्ट्रीय तनाव बढ़ते हैं। इसके लिये जहां एक ओर स्वस्थ राष्ट्रीयता के प्रचार की जरूरत है वहां दूसरी ओर अन्तर्राष्ट्रीयता की अभिवृत्तियों को और भी दृढ़ बनाने की आवश्यकता है अन्यथा तटस्थता की ओट में बहुत से राष्ट्र अन्य राष्ट्रों की ओर बिल्कुल ध्यान नहीं देना चाहते।

(5) अत्यधिक सरलीकृत प्रत्यक्ष—संसार में बहुत से लोग यह अनुभव करते हैं कि अन्तर्राष्ट्रीय तनावों का होना सभी के लिये हानिकारक है। परन्तु बहुत कम लोग अन्तर्राष्ट्रीय तनावों को दूर करने के लिये किसी सामान्य उपाय के बारे में सहमत होते हैं। सभी जानते हैं कि संयुक्त राष्ट्र संघ और उससे सम्बन्धित सभी अन्तर्राष्ट्रीय संस्थाओं का लक्ष्य अन्तर्राष्ट्रीय तनावों को कम करना है। परन्तु क्या इसके निदान के विषय में संयुक्त राष्ट्र संघ में कभी भी एकमत से कोई प्रस्ताव स्वीकार हो सका है? कुछ लोग अणु आयुधों की रोकथाम पर जोर देते हैं, तो दूसरे जनता में नैतिकता बढ़ाना आवश्यक मानते हैं। अधिकतर लोग यह भूल जाते हैं कि अन्तर्राष्ट्रीय तनाव की समस्या कितनी जटिल है और इसलिये वे उसके निदान के लिए कोई सरल सा उपाय पेश कर देते हैं। परन्तु जैसा कि अब तक के विवेचन से स्पष्ट है अन्तर्राष्ट्रीय तनाव की समस्या बड़ी जटिल है और उसके मूल में अनेक मनोवैज्ञानिक कारक हैं। उसको समझने के लिये उसके सभी कारणों का ध्यान रखना होगा और उसको कम करने के लिये सभी का उपचार करना होगा।

(6) युद्ध की अनिवार्यता में विश्वास—परन्तु सबसे अधिक आवश्यकता इस विचार को निर्मूल करना है कि युद्ध अनिवार्य है। युद्ध की अनिवार्यता में विश्वास से अन्तर्राष्ट्रीय तनाव बराबर बने रहते हैं और उनको दूर करने के लिये पूरी शक्ति से कोई उपाय भी नहीं किया जाता। आज यह जरूरी हो गया है कि संसार में हर एक व्यक्ति यह जान ले कि युद्ध अनिवार्य नहीं है और उसको रोका जा सकता है। इस प्रकार का विश्वास किसी भी रचनात्मक योजना के लिये पहला कदम है। इसके बिना सभी उपाय अधूरे होंगे।

(7) विचारात्मक रुख—युद्ध की अनिवार्यता में विश्वास लोगों में अन्तर्राष्ट्रीय तनावों और युद्ध के प्रति एक विचारात्मक रुख बन जाता है और वे एकता तथा सामंजस्य की ओर कम ध्यान देते हैं। लेखक, इतिहासकार, पत्र सम्पादक आलोचक, वक्ता, नेता आदि सभी तनाव और युद्ध की चर्चा करते हैं और उन बातों को भूल जाते हैं या उन्हें बहुत कम महत्व देते हैं, जो कि विभिन्न राष्ट्रों में एकता और सामंजस्य दिखलाते हैं। अन्तर्राष्ट्रीय तनावों को कम करने के लिए यह जरूरी है, कि तनाव के पहलू की अपेक्षा एकता और सामंजस्य के पहलू पर अधिक जोर दिया जाय और उसे लोगों के सामने बराबर उपस्थित रखा जाय।

(8) युद्ध के परिणामों के विषय में इच्छापूर्ण चिन्तन—किसी भी व्यवहारिक क्षेत्र में और विशेषतया राजनीति के क्षेत्र में इच्छापूर्ण चिन्तन बड़ा हानिकारक है। यह इच्छापूर्ण चिन्तन दो प्रकार का हो सकता है। कुछ राजनैतिक नेता अपनी शक्ति को दूसरों के मुकाबले में बहुत बड़ा-चढ़ा कर देखते हैं और इसीलिये अन्धे होकर दूसरों पर आक्रमण कर देते हैं चाहे उन्हें मुंह की ही क्यों न खानी पड़े। दूसरी ओर कुछ लोग अपनी शक्ति को किसी भी आक्रमण से बचाव के लिये काफी समझते हैं और इस प्रकार के इच्छापूर्ण चिन्तन से अन्य राष्ट्रों को अपने पर आक्रमण करने का अवसर देते हैं। इन दोनों ही प्रकार का चिन्तन विश्व शान्ति के मार्ग में बाधा है। विश्व शान्ति के लिये व्यवहारिक और यथार्थ दृष्टिकोण की आवश्यकता है। आज प्रत्येक राष्ट्र को यह समझ लेना चाहिये कि आणविक युद्ध में न तो किसी के पास बचाव के पूरे साधन हैं और न किसी के पास आक्रमण के ही पूरे साधन है। अतः इस प्रकार के युद्ध में सभी के विनाश का खतरा है। इसलिये कोई भी देश कितना ही शक्तिशाली क्यों न हो उसे केवल विश्व के लाभ के लिये ही नहीं बल्कि स्वयं अपने भी लाभ के लिये अन्तर्राष्ट्रीय तनाव कम करने की भरसक कोशिश करनी चाहिये क्योंकि कहीं भी लगी हुई चिन्गारी किसी भी समय शोला बनकर पूरे घर को जला सकती है।

(9) विचारात्मक पुनर्संगठन में भावात्मक बाधायें—अन्तर्राष्ट्रीय तनावों को दूर करने के लिए लोगों में विचारात्मक पुनर्संगठन की आवश्यकता है। इस पुनर्संगठन से वह अन्तर्राष्ट्रीय तनावों को उनके ठीक रूप में देख सकेगा। परन्तु इस पुनर्संगठन में कुछ भावात्मक बाधायें हैं। उदाहरण के लिये लोग राष्ट्रीय समस्याओं और अन्तर्राष्ट्रीय समस्याओं के सम्बन्ध को नहीं समझ पाते। उनको यह नहीं मालूम होता कि देश की आर्थिक अवस्था बिगड़ने से संसार पर क्या प्रभाव पड़ता है। आज यदि कोई देश शोषण के द्वारा किसी भी दूसरे राष्ट्र की अर्थ व्यवस्था को खराब करता है तो उसके कुपरिणाम केवल उसी राष्ट्र को नहीं बल्कि सारी दुनिया को और किसी न किसी रूप में शोषक राष्ट्र को भी भोगने पड़ते हैं। आज किसी भी राष्ट्र में पूर्ण और स्थायी सुख शान्ति की स्थापना के लिये संसार के हर एक राष्ट्र में पूर्ण और स्थायी सुख शान्ति की आवश्यकता है। अतः एकांगी राष्ट्रीयता से सम्बन्धित भावनायें अन्तर्राष्ट्रीय तनावों को दूर करने के लिये आवश्यक विचारात्मक पुनर्संगठन की राह में भारी बाधा है। किसी भी राष्ट्र के लोगों के प्रति, भय, घृणा, विरोध, आक्रामकता की प्रवृत्ति आदि से अन्तर्राष्ट्रीय तनाव बढ़ते हैं। भय, चाहे वह आणविक शस्त्रों का ही भय क्यों न हो तथ्यों पर आधारित होने पर भी सदैव हानिकारक है। जितना भय बढ़ेगा तनाव की समस्या उतनी ही कठिन हो जायेगी। दुर्भाग्यवश आज रूस और अमेरिका अपने अणु आयुधों के प्रयोगों का व्यापक प्रचार करके जनता में भय और भी बढ़ा रहे हैं। यह एक आत्मघाती प्रयास है। संसार के प्रत्येक विचारवान व्यक्ति को इस प्रयास को रोकने की चेष्टा करनी चाहिये।

अन्तर्राष्ट्रीय एकता में मनोवैज्ञानिक बाधायें

आज संसार के अधिकतर विचारक अन्तर्राष्ट्रीय तनाव को दूर करना चाहते हैं परन्तु अन्तर्राष्ट्रीय एकता के मार्ग में कुछ भारी बाधायें हैं। क्रेचऔर क्रच फील्ड ने समाज मनोविज्ञान के दृष्टिकोण से अग्रलिखित मनोवैज्ञानिक बाधाओं की ओर संकेत किया है—[4]

4. *Ibid* pp. 600--604.

(1) समस्त विश्व में हताशा का ऊंचा स्तर।

(2) अन्य लोगों के विषय में भ्रामक विश्वासों को सहायता।

(3) राष्ट्रीय नेताओं और निहित स्वार्थों का प्रमुख कार्य।

(4) अन्तर्राष्ट्रीय सम्बन्धों की राष्ट्रीय नीतियों पर आश्रितता।

(5) अन्तर्राष्ट्रीय एकता के लिये कुछ मौलिक पूर्व आवश्यकताओं की कमी।

(6) आधारभूत सैद्धान्तिक संघर्ष।

(1) हताशा का ऊंचा स्तर—जैसा कि पीछे संकेत किया जा चुका है वर्तमान संस्कृति और अणु-आयुधों की अन्धी दौड़ में प्रत्येक देश में हताशायें बढ़ती जा रही हैं। इनके अलावा लोगों की आर्थिक आवश्यकतायें भी पूरी न होने के कारण हताशायें बढ़ती हैं। दुर्भाग्यवश संसार के अधिकतर राष्ट्र आज भी आर्थिक दृष्टि से पिछड़े हुए हैं। बहुत कम राष्ट्रों में जनता को जनतन्त्रीय अधिकार सही अर्थों में प्राप्त हैं। अमरीका जैसे आर्थिक दृष्टि से विकसित देश में अनेक सांस्कृतिक समस्यायें होने के कारण लोगों में मानसिक रोगियों की इतनी बड़ी संख्या है जितनी कि बहुत से पिछड़े देशों में भी नहीं है। इस प्रकार भौतिक, सामाजिक, मनोवैज्ञानिक सभी प्रकार के कारकों से हताशायें बढ़ रही हैं। हताशा बढ़ने से कभी भी युद्ध के रूप में उसका विस्फोट हो सकता है। इसीलिय बर्ट्रेण्ड रसल, श्री अरविन्द, टॉलस्टाय, ट्रोयनबी (Toynbee), सोरोकिन (Sorokin) स्वाइटजर, आदि विश्व में कितने ही विचारकों ने खतरे की ओर संकेत किया है और मौलिक सुधारों की मांग की है। जैसा कि श्री अरविन्द ने ठीक ही लिखा है "मानव में सभ्यता की एक ऐसी व्यवस्था उत्पन्न की गई है जो कि उसकी सीमित मानसिक शक्ति और बुद्धि के लिये अत्यधिक बड़ी हो गई है और जिसको उसकी ओर भी सीमित आध्यात्मिक और नैतिक सामर्थ्य प्रयोग और व्यवस्थित नहीं कर सकती। वह उसके दोषपूर्ण अहंकार और उसकी वासनाओं का एक अत्यन्त खतरनाक साधन बनकर रह गई है।"[5]

(2) भ्रामक विश्वासों से पूर्वाग्रह—मनुष्य जिन लोगों के सम्पर्क में नहीं आता उनसे वह डरता है और साथ ही साथ उनके विषय में अनेक भ्रामक विश्वास बना लेता है। इन विश्वासों से तरह-तरह के पूर्वाग्रह उत्पन्न होते हैं जिनसे विभिन्न राष्ट्रों के व्यक्तियों के परस्पर मेल-जोल में बाधा पड़ती है। इस प्रकार भ्रामक विश्वासों को दूर करने के लिये लोगों में परस्पर सम्पर्क और आदान-प्रदान होना जरूरी है। यातायात के साधन, सामान्य भाषा तथा अन्तर्राष्ट्रीय व्यापार आदि की अनुपस्थिति में भ्रामक विश्वास बढ़ते हैं। इन विश्वासों को दूर करने के लिये और विभिन्न राष्ट्रों के व्यक्तियों में सद्भावना बढ़ाने के लिए सांस्कृतिक उपकरणों का आदान-प्रदान जरूरी है।

---

5. "Man has created a system of civilisation which has become too big for his limited mental capacity and understanding and his still more limited spiritual and moral capacity to utilise and manage, a too dangerous servant of his blundering ego and its appetites."

—Sri Aurobindo., *The Life Divine,* Vol I, p 953.

(3) नेताओं और दलों के निहित स्वार्थों से बाधा—अन्तर्राष्ट्रीय एकता के मार्ग में एक अन्य बड़ी बाधा निहित स्वार्थ है। भिन्न-भिन्न राष्ट्रों में नेताओं और राजनैतिक दलों के निहित स्वार्थों को लेकर बहुत से ऐसे काम किये जाते हैं जिनसे अन्तर्राष्ट्रीय सम्बन्धों में संघर्ष उत्पन्न होता है। अन्तर्राष्ट्रीय एकता की वृद्धि में विभिन्न राष्ट्रों के नेताओं का भारी उत्तरदायित्व है। कहना न होगा कि वर्तमान अन्तर्राष्ट्रीय शक्ति को बनाये रखने में कैनेडी, खुश्चेव, नेहरू, मैकमिलन और नासिर इत्यादि नेताओं का कितना महत्वपूर्ण योगदान है। यदि किसी शक्तिशाली राष्ट्र का नेता अन्तर्राष्ट्रीय एकता के विरुद्ध काम करता है तो शान्ति बनाये रखना बहुत कठिन हो जाता है। वर्तमान परिस्थिति में चीन के नेताओं ने अपने संकीर्ण स्वार्थों को लेकर भारत से जो सीमा युद्ध छेड़ दिया है उससे निश्चय ही विश्व शान्ति को खतरा उत्पन्न हो गया है। नेताओं के साथ-साथ विभिन्न राजनैतिक दलों पर भी विश्वशान्ति की जिम्मेदारी है। कभी-कभी ये राजनैतिक दल राष्ट्र के नेताओं को कुछ ऐसे काम करने के लिए बाध्य करते हैं जिनसे उस दल को तो लाभ पहुँचता है परन्तु अन्तर्राष्ट्रीय सम्बन्ध बिगड़ते हैं। पूंजीवादी देशों में अनेक पूंजीपति लोग राष्ट्रीय नेताओं पर जोर डालकर उनसे मनचाहा काम करा लेते हैं।

(4) अन्तर्राष्ट्रीय नीति का प्रभाव—राष्ट्रीय एकता में बड़ी बाधा राष्ट्रीय मामलों में अन्तर्राष्ट्रीय नीति का अभाव है। भिन्न-भिन्न राष्ट्र भिन्न-भिन्न राष्ट्रीय नीतियों को लेकर अन्तर्राष्ट्रीय सम्बन्धों को सुलझाने की चेष्टा करते हैं। विभिन्न राष्ट्रीय नीतियों के भेद के कारण विभिन्न राष्ट्रों के अन्तर्राष्ट्रीय व्यवहार में भारी अन्तर पड़ जाता है। सच तो यह है कि अन्तर्राष्ट्रीय सम्बन्धों का राष्ट्रीय नीति पर आधारित होना उचित नहीं है क्योंकि ऐसा होने पर हर एक राष्ट्र अपना-अपना स्वार्थ सिद्ध करना चाहता है और अन्य राष्ट्रों के हित की कोई परवाह नहीं करता। फिर हर राष्ट्र में सरकारें बदलने के साथ-साथ राष्ट्रीय नीति भी बदलती है। इस प्रकार अन्तर्राष्ट्रीय सम्बन्ध कभी भी स्थाई रूप नहीं ले पाते। होना तो यह चाहिये कि अन्तर्राष्ट्रीय सम्बन्धों को राष्ट्रीय नीति से अलग रखा जाये और अन्तर्राष्ट्रीय हित को राष्ट्रीय हित से ऊंचा माना जाये। इसके अभाव में अन्तर्राष्ट्रीय सम्बन्धों का स्थाई रूप से व्यवस्थित और समन्वित होना असम्भव है।

(5) अन्तर्राष्ट्रीय एकता की मौलिक शर्तों की कमी—अन्तर्राष्ट्रीय एकता के लिए कुछ मौलिक बातों की आवश्यकता होती है। उदाहरण के लिये विभिन्न राष्ट्रों में राष्ट्रीय लक्ष्यों से ऊपर कुछ ऐसे अन्तर्राष्ट्रीय लक्ष्य होने चाहिये जिनको प्राप्त करने के लिये सभी राष्ट्र मिलकर चेष्टा करें। यह एक मनोवैज्ञानिक तथ्य है कि सामान्य लक्ष्यों को प्राप्त करने के लिये मिलजुल कर काम करने से एकता बढ़ती है। राष्ट्रीय एकता बढ़ाने के लिये राष्ट्र के विभिन्न समूहों के सामने राष्ट्रीय लक्ष्य रखे जाने चाहियें। इसी प्रकार अन्तर्राष्ट्रीय एकता बढ़ाने के लिये राष्ट्रों के सामने कुछ सामान्य लक्ष्य रखे जाने जरूरी हैं। अन्तर्राष्ट्रीय एकता स्थापित करने के लिये एक सुदृढ़ अन्तर्राष्ट्रीय संगठन की आवश्यकता है जो कि सभी राष्ट्रों का सम्मान और विश्वास प्राप्त कर सके। संयुक्त राष्ट्र संघ अभी न तो पर्याप्त रूप से दृढ़ है और न उसे सभी का विश्वास प्राप्त है। इसके लिये उसे और भी शक्तिशाली बनाने की आवश्यकता है जिससे वह कूटनीति का अखाड़ा न बनकर अन्तर्राष्ट्रीय एकता की आधार शिला बन जाये। अन्तर्राष्ट्रीय

एकता को बढ़ाने के लिये यातायात और संदेशवहन के साधनों का और भी विकास किया जाना चाहिये। ऐसी अधिक से अधिक अन्तर्राष्ट्रीय संस्थाओं का विकास किया जाना चाहिये जो विभिन्न राष्ट्रों में सहयोग उत्पन्न कर सके।

(6) सैद्धान्तिक संघर्षों में बाधा—अन्त में राष्ट्रीय एकता में एक बड़ी बाधा आधारभूत सैद्धान्तिक संघर्ष है। मनुष्यों के कार्य उनके सिद्धान्तों से निर्देशित होते हैं। परस्पर विरोधी सिद्धान्तों को लेकर चलने वाले लागों के कार्य भी यदि परस्पर विरोधी हों तो इसमें आश्चर्य भी क्या है। आज संसार में राजनैतिक, धार्मिक, सांस्कृतिक और आर्थिक समस्याओं को लेकर अनेक परस्पर विरोधी सिद्धान्त दिखाई पड़ते हैं। राजनैतिक और आर्थिक क्षेत्रों में साम्यवाद और जनतन्त्रीय विचारों तथा समाजवाद और पूंजीवाद में भारी संघर्ष है जिससे संसार के बहुत से राष्ट्र दो गुटों में बंट गये हैं जिनमें से एक का नेता रूस और दूसरे का नेता अमरीका है। धार्मिक क्षेत्र में हिन्दुओं में और मुसलमानों में तथा प्रोटैस्टैन्ट और कैथोलिकों में स्थान-स्थान पर भारी तनाव दिखाई पड़ता है। भारत में तो साम्प्रदायिक तनाव कभी-कभी भयंकर रूप धारण कर लेता है। पाकिस्तान में बहुत से लोग भारत को हिन्दू देश बतलाकर उसके विरुद्ध घृणा प्रचार करते हैं। और उसे मुस्लिम देश पाकिस्तान के लिये एक भारी खतरा मानते हैं। इसी प्रकार कुछ लोग प्रजातीय श्रेष्ठता का शंख फूंकते दिखाई पड़ते हैं यद्यपि नाजी जर्मनी का पतन प्रजातिवाद को एक भारी चुनौती है। इस प्रकार भिन्न-भिन्न क्षेत्रों में सैद्धान्तिक मतभेदों से सामूहिक तनाव उत्पन्न होते हैं जो विश्व शान्ति की राह में भारी बाधा है। परन्तु इसका अर्थ यह नहीं है कि विचारों की भिन्नता स्वयं अन्तर्राष्ट्रीय एकता में बाधक हो। स्वतन्त्रता आत्म विकास की मौलिक शर्त है, स्वतन्त्रता होने पर विचारों में भिन्नता हो ही सकती है। परन्तु खतरा तब उत्पन्न होता है जब कि यह भिन्नता असहिष्णुता और हठवाद का रूप धारण कर लेती है। यदि विभिन्न विचारधाराओं को मानने वाले यह समझ लें कि सिद्धान्तों से सह अस्तित्व (Co-existence) सम्भव है तो बहुत सा तनाव दूर हो सकता है। सच तो यह है कि विचारों की भिन्नता को दूर करना न तो जरूरी है और न उपयुक्त ही है। आवश्यकता इस बात की है कि लोगों में उदारता, सहयोग, विश्वास, भाईचारा तथा अन्य लोगों के विचारों के सम्मान की धारणायें उत्पन्न हो जायें।

अन्तर्राष्ट्रीय एकता के लिये सुझाव

अन्तर्राष्ट्रीय एकता के मार्ग में विभिन्न बाधाओं के उपरोक्त विवेचन से यह स्पष्ट है कि अन्तर्राष्ट्रीय एकता के लिए सभी ओर से प्रयत्न करने की जरूरत है। सबसे पहले तो अन्तर्राष्ट्रीय तनाव के मूल में उपस्थित ज्ञानात्मक और भावात्मक कारकों को दूर करने की जरूरत है। मनुष्य की आक्रामकता को निकालने के लिये सभी राष्ट्रों में खेल-कूद, नाच-गाना तथा अन्य उपाय निकाले जाने चाहियें। राष्ट्रीयता हर एक राष्ट्र के लिये आवश्यक है। परन्तु सभी लोगों को अन्तर्राष्ट्रीय स्वार्थों को राष्ट्रीय स्वार्थों से ऊपर मानना चाहिये। राष्ट्रीय लक्ष्यों से ऊपर अन्तर्राष्ट्रीय लक्ष्यों को महत्व दिया जाना चाहिये। धर्म, राजनीति, आर्थिक स्वार्थ, सांस्कृतिक सम्बन्ध आदि सभी क्षेत्रों में गुटबन्दी दूर करके अन्तर्राष्ट्रीय संस्थाओं का विकास किया जाना चाहिये। इस दिशा में अधिक से अधिक अन्तर्राष्ट्रीय संस्थाओं का विकास किया जाना चाहिये। सभी राष्ट्रों

के नेताओं को यह भली प्रकार समझ लेना चाहिये कि युद्ध अन्तर्राष्ट्रीय सम्बन्धों को सुलझाने के लिये नितान्त अनुचित है। सभी प्रकार के अन्तर्राष्ट्रीय झगड़े परस्पर विचार-विमर्श से अथवा संयुक्त राष्ट्र संघ की मध्यस्थता से सुलझाये जाने चाहियें। भिन्न-भिन्न राष्ट्रों में लोगों का मिलना-जुलना अधिक से अधिक बढ़ना चाहिये। जिससे शिक्षा, संस्कृति तथा विचार और विज्ञान के क्षेत्र में अधिक से अधिक आदान-प्रदान हो सके। युद्धों को रोकने के लिये संयुक्त राष्ट्र संघ को शक्तिशाली बनाना जरूरी है। अन्तर्राष्ट्रीय तनावों को दूर करने के लिये लोगों में विचारात्मक पुनर्संगठन की जरूरत है। मनोवैज्ञानिक उपायों से हताशाओं को दूर किया जाना चाहिये। क्रेच और क्रचफील्ड ने अन्तर्राष्ट्रीय तनावों को दूर करने के लिये और विश्व शान्ति की स्थापना के लिये जो सुझाव दिये हैं उनसे मालूम पड़ता है कि समाज मनोवैज्ञानिक इस दिशा में कितना अधिक योगदान दे सकते हैं। ये सुझाव[6] निम्नलिखित हैं–

(1) लोगों में हताशाओं (Frustrations) का कम करना।
(2) जनता को कार्य करने योग्य बनना।
(3) मानसिक स्वास्थ्य (Mental Health) का विकास।
(4) अन्तर्राष्ट्रीय विचार के लिये शिक्षा (Education) देना।
(5) अभिवृत्तियों (Attitudes) में परिवर्तन।
(6) तटस्थता की विदेश नीति का विकास।
(7) विश्व नेतृत्व को जनतन्त्रीय बनाना।
(8) अन्तर्राष्ट्रीय एकता के लिये आवश्यक उपकरणों को जुटाना।
(9) सैद्धान्तिक संघर्षों को कम करना।
(10) अन्तर्राष्ट्रीय संघर्षों में युद्ध के अलावा अन्य उपायों का प्रयोग।

परन्तु अन्त में विश्व-शांति की स्थापना बहुत कुछ नेताओं और शासकों के हाथ में हैं। समाज मनोवैज्ञानिक केवल सुझाव भर दे सकता है। उसको कार्यान्वित करने की शक्ति उसके हाथ में नहीं हैं। यदि प्रशासकगण एक विशेषज्ञ के नाते उसके सुझावों को ग्रहण करें तो निश्चय ही अन्तर्राष्ट्रीय तनाव की समस्या सुलझ सकती है।

सारांश

आणविक युग में अन्तर्राष्ट्रीय तनाव से मानव समाज को भयंकर खतरा है। अन्तर्राष्ट्रीय तनाव राष्ट्रों के बीच तनाव की स्थिति है। राष्ट्रीय भेदों से तनाव आवश्यक नहीं हैं।

अन्तर्राष्ट्रीय तनाव के विश्लेषण में भूलें–(1) युद्ध पर अत्यधिक जोर, (2) व्यक्ति के महत्व की अवहेलना, (3) आक्रामक व्यवहार पर अत्यधिक जोर।

अन्तर्राष्ट्रीय तनावों को समझने के लिये उनके हर पहलू को समझना जरूरी है। तनाव बढ़ाने में विभिन्न प्रकार के गुटों का विशेष योगदान है। अन्तर्राष्ट्रीय संस्थाओं से तनाव कम और

---

6. *Theory and Problems of Social Psychology* (1948), p. 609.

गुटों से तनाव बढ़ते हैं। अन्तर्राष्ट्रीय तनावों के मूल में विभिन्न प्रकार के सामूहिक तनाव हैं। अन्तर्राष्ट्रीय तनाव के दो मुख्य परिणाम दिखाई पड़ते हैं (1) पृथक्करण, (2) गुट-बन्दी। अन्त में अन्तर्राष्ट्रीय तनावों की समस्या व्यक्ति के मनोविज्ञान की समस्या है। व्यक्तियों पर नेताओं के विशष प्रभाव के कारण अन्तर्राष्ट्रीय तनाव में नेताओं पर बहुत कुछ निर्भर रहता है।

अन्तर्राष्ट्रीय तनावों के मूल में आवश्यकतायें–(1) आक्रामकता की ओर ले जाने वाली हताश आवश्यकतायें, (2) प्रत्यक्ष लाभ की आवश्यकतायें, (3) शक्ति और सम्मान की आवश्यकतायें, (4) देश भक्ति और राष्ट्रीयता की आवश्यकतायें, (5) शान्ति से पलायन के लिये आवश्यकतायें, (6) अस्पष्ट संकट की परिस्थितियों को सुलझाने की आवश्यकतायें, (7) समूह में बंधे रहने और उसकी स्वीकृति की आवश्यकतायें, (8) स्वयं युद्ध की आवश्यकतायें।

अन्तर्राष्ट्रीय तनाव में ज्ञानात्मक और भावात्मक कारण–(1) नृशंस केन्द्रित विश्वास (2) अन्य राष्ट्रों के विषय में रूढ़-युक्ति वाले विश्वास। (3) अन्य राष्ट्रों की ओर नकारात्मक अभिवृत्ति, (4) अन्तर्राष्ट्रीयता की अभिवृत्तियों पर राष्ट्रीयता की अभिवृत्तियों का प्रभाव, (5) अन्तर्राष्ट्रीय तनावों के कारणों और निदान के अत्यधिक सरलीकृत प्रत्यक्षता (6) युद्ध की अनिवार्यता में विश्वास, (7) अन्तर्राष्ट्रीय तनावों और युद्ध की ओर ज्ञानात्मक रुख, (8) युद्ध के परिणामों के विषय में इच्छापूर्ण चिन्तन, (9) अन्तर्राष्ट्रीय तनावों के विश्व में ज्ञानात्मक पुनर्संगठन के मार्ग में भावात्मक बाधायें।

अन्तर्राष्ट्रीय एकता में मनोवैज्ञानिक बाधायें–(1) समस्त विश्व में हताशा का ऊंचा स्तर, (2) अन्य लोगों के विषय में भ्रामक विश्वासों को सहायता, (3) राष्ट्रीय नेताओं और निहित स्वार्थों का प्रमुख कार्य, (4) अन्तर्राष्ट्रीय संबंधों की राष्ट्रीय नीतियों पर आश्रितता, (5) अन्तर्राष्ट्रीय एकता के लिये कुछ मौलिक आवश्यकताओं की कमी, (6) आधारभूत सैद्धान्तिक संघर्ष।

अन्तर्राष्ट्रीय एकता के लिये सुझाव–(1) लोगों में हताशाओं को कम करना, (2) जनता को कार्य करने योग्य बनाना, (3) मानसिक स्वास्थ्य का विकास, (4) अन्तर्राष्ट्रीय विचार के लिये शिक्षा देना, (5) अभिवृत्तियों में परिवर्तन, (6) तटस्थता की विदेश नीति का विकास, (7) विश्व नेतृत्व को जनतन्त्रीय बनाना, (8) अन्तर्राष्ट्रीय एकता के लिये आवश्यक उपकरणों को जुटाना, (9) सैद्धान्तिक संघर्षों को कम करना, (10) अन्तर्राष्ट्रीय संघर्षों में युद्ध के अलावा अन्य उपायों का प्रयोग।

39

सामाजिक परिवर्तन
(Social Change)

मानव स्वभाव से ही एक गतिशील प्राणी है। अत: मानव समाज कभी भी स्थिर नहीं रहता। उसमें सदैव परिवर्तन हुआ करता है। डासन और गेटिस ने ठीक ही लिखा है, ''क्रिया और परिवर्तन सदैव उपस्थित सार्वभौम तथ्य हैं।''[1] एक से जीवन से मानव ऊब जाता है। घनिष्ठ प्रेममय सम्बन्धों में भी कुछ न कुछ परिवर्तन की इच्छा मानव स्वभाव है। प्रसिद्ध मनो-विश्लेषणवादी फ्रॉयड के अनुसार मनुष्य में परस्पर विरोधी भाव सदैव उपस्थित रहते हैं। जहां प्रेम है वहां घृणा भी है। इसी कारण बराबर प्रेम बनाये रखने के लिये घनिष्ठ प्रेमियों और पति-पत्नी को भी जीवन में नये-नये परिवर्तन करते रहने की आवश्यकता पड़ती है। सफल पत्नी नित नये हाव-भाव तथा परिवर्तन से पति की रुचि बनाये रखती है। यही सभी मानव सम्बन्धों का हाल है। ग्रीन के शब्दों में, ''परिवर्तन का उत्साहपूर्ण स्वागत प्राय: जीवन का एक ढंग हो गया है।''[2]

अत: मानव समाज में भी बराबर परिवर्तन होता रहता है। किसी भी देश का इतिहास कभी एक सा नहीं रहा। राज्य बनते बिगड़ते रहते हैं। नई-नई विचारधारायें अपनाई जाती हैं। पुरानी रूढ़ियां और परम्परायें टूटती रहती हैं। रीति-रिवाज, फैशन, प्रथायें, तौर-तरीके, रहन-, सहन के ढंग, पिता-पुत्र, पति-पत्नी, भाई-बहन, देशी-विदेशी भिन्न-भिन्न व्यक्तियों के परस्पर सम्बन्ध बराबर बदलते रहते हैं। भारत में ही प्राचीन, मध्यकालीन और आधुनिक समाज की तुलना करके यह परिवर्तन देखा जा सकता है। परिवार, विवाह जाति सभी संस्थाओं में, सामाजिक, आर्थिक, राजनैतिक और व्यवस्थाओं में, धर्म और राज्य में, शिक्षा के आदर्शों में, स्त्री-पुरुष के सम्बन्ध में, जीवन के सभी पहलुओं में यह परिवर्तन देखा जा सकता है।

---

1. "Activity and change are ever-present universal facts."

—Dawson and Gettys

2. "The enthusiastic reception of change has become almost a way of life."

—Green

परिवर्तन सार्वभौम है

परिवर्तन की यह प्रक्रिया सार्वभौम है। औद्योगिक क्रान्ति, नगरीकरण, जीवत के विभिन्न क्षेत्रों में नई-नई प्रविधियों के आविष्कार, नई-नई मशीनों के आविष्कार, यातायात और संदेशवहन की सुविधाओं में अत्यधिक प्रगति से सब कहीं परिवर्तन दिखाई पड़ता है। स्त्री-पुरुष, मालिक-मजदूर, राजा-प्रजा, तथा विभिन्न वर्गों के परस्पर सम्बन्धों में संसार में लगभग सब कहीं कुछ न कुछ परिवर्तन दिखाई पड़ता है। साम्यवादी विचारधारा ने मानव सम्बन्धों को अत्यधिक प्रभावित किया है। विश्व महायुद्धों का लगभग सार्वभौम प्रभाव पड़ता है। सामाजिक प्रगति के लिये परिवर्तन आवश्यक भी हैं। परिवर्तन जीवन का मूलमंत्र है। उसके बिना जीवन का अस्तित्व तक खतरे में पड़ने का भय है। यह बात जीवन के व्यक्तित्व और सामाजिक दोनों ही पहलुओं के विषय में सत्य है। लम्ले ने ठीक ही लिखा है कि "कई कारणों से सामाजिक परिवर्तन अवश्यम्भावी और अपरिहार्य रहा है और रहेगा।"[3] समाज में परिवर्तन की गति अत्यधिक मन्द हो जाने पर क्रांतियाँ होती हैं।

इस सार्वभौम परिवर्तन को समझने के लिये केवल एक ही उदाहरण पर्याप्त होगा। परिवार का ही उदाहरण लीजिये। आज संसार में सब कहीं परिवार के छोटे होने की प्रवृत्ति है। सभ्यता के विकास के साथ-साथ संसार में सभी आधुनिक देशों में अन्य समितियाँ परिवार से उसके अनेक कार्य लेती गई हैं। लगभग सभी जगह व्यक्ति पर परिवार के नियन्त्रण के बन्धन कुछ ढीले पड़ गए हैं। इसी प्रकार विवाह, राज्य, आर्थिक व्यवस्था आदि अनेक क्षेत्रों के उदाहरणों से सामाजिक परिवर्तन की सार्वभौमिकता समझी जा सकती है।

सामाजिक परिवर्तन क्या है?

सामाजिक परिवर्तन समाज का परिवर्तन है। समाज सामाजिक सम्बन्धों का एक जाल है। अतः सामाजिक परिवर्तन सामाजिक सम्बन्धों का परिवर्तन है। मैकाइवर और पेज ने इस सम्बन्ध में ठीक ही लिखा है, "इन्हीं (सामाजिक सम्बन्धों) में परिवर्तन को ही हम सामाजिक परिवर्तन समझेंगे।"[4] सामाजिक सम्बन्ध क्या है? सामाजिक सम्बन्धों में सामाजिक प्रक्रियायें, सामाजिक प्रतिमान तथा सामाजिक परस्पर सम्बन्धी क्रियायें आती हैं। अतः जोन्स के शब्दों में "सामाजिक परिवर्तन सामाजिक प्रक्रियाओं, सामाजिक प्रतिमानों, सामाजिक परस्पर सम्बन्धी क्रिया या सामाजिक संगठन के किसी भी पक्ष में परिवर्तनों या संशोधनों का वर्णन करने के लिये प्रयुक्त एक शब्द है।"[5] समाज सामाजिक सम्बन्धों की एक अवस्था है। अतः सामाजिक परिवर्तन

---

3. "Social change has been and is inevitable-unevadable for many reasons."
—Lumley

4. "It is the change in these which alone we shall regard as social change."
—MacIver and Page

5. "Social change is a term used to describe variations in or modifications of any aspect of social process, social patterns, social interactions, or social organisation."
—Jones, *Basic Sociological Principles*, p. 96

सामाजिक संगठन का परिवर्तन है। इसी अर्थ में डेविस ने लिखा है कि "सामाजिक परिवर्तन से केवल वे ही परिवर्तन समझे जाते हैं जो सामाजिक संगठन अर्थात् समाज के ढांचे और क्रियाओं में होते हैं।"[6] सामाजिक परिवर्तन प्रत्येक समाज में देखा जा सकता है। मैरिल और एलरिज ने सामाजिक परिवर्तन की विस्तृत व्याख्या करते हुये कहा है "सबसे अधिक मूर्त रूप में सामाजिक परिवर्तन का अर्थ है कि बहुसंख्यक लोग ऐसी क्रियाओं में लग रहे हैं जो कि उनसे भिन्न हैं जिनसे वे (अथवा उनके तत्कालीन पूर्वज) कुछ समय पूर्व लगे हुये थे। समाज प्रतिमान मानव सम्बन्धों के एक विशाल और जटिल जाल से बना हुआ है जिसमें सब लोग भाग लेते हैं। जब मानव व्यवहार संशोधन की प्रक्रिया में हो तब वह केवल यह दिखाने का दूसरा उपाय है कि सामाजिक परिवर्तन हो रहा है।"[7] मानव समाज मनुष्यों से बना है। अतः मनुष्यों के आपस के व्यवहार में जो कुछ परिवर्तन दिखाई पड़ता है वह सामाजिक परिवर्तन है। सामाजिक परिवर्तन का यह तथ्य किसी भी समाज के इतिहास पर दृष्टि डालने से स्पष्ट हो जायेगा। मानव एक गतिशील (Dynamic) प्राणी है। अतः समाज कभी भी गतिहीन (Static) नहीं रह सकता। उसमें बराबर परिवर्तन हुआ करता है।

सामाजिक और सांस्कृतिक परिवर्तन में भेद

सामाजिक परिवर्तन की परिभाषा करते हुये कुछ समाजशास्त्री सामाजिक परिवर्तन और सांस्कृतिक परिवर्तन में अन्तर करना भूल गये हैं। इस प्रकार गिलिन और गिलिन ने सामाजिक परिवर्तन की परिभाषा करते हुये लिखा है कि "सामाजिक परिवर्तन जीवन के स्वीकृत प्रकारों में परिवर्तन है चाहे वह भौगोलिक परिस्थितियों में, सांस्कृतिक साधनों में, जनसंख्या की अथवा विचारधाराओं की रचना में परिवर्तन से हुये हों, या समूह के अन्दर ही प्रसार अथवा आविष्कार से लाये गये हों।"[8] सामाजिक परिवर्तन की इस परिभाषा में सामाजिक परिवर्तन और सांस्कृतिक परिवर्तन में अन्तर नहीं किया गया है। मैकाइवर और पेज ने इन दोनों में अन्तर करने की चेष्टा की है। सामाजिक परिवर्तन सामाजिक सम्बन्धों का परिवर्तन है। सामाजिक सम्बन्ध समाज के जीवन से पृथक नहीं किये जा सकते। इस प्रकार सामाजिक और सांस्कृतिक परिवर्तनों में एक

---

6. "By social change is meant only such alterations as secure in social organisation that is, the structure and functions of society." —Davis. K., *Human Society.*
7. "In its most concrete sense social change means that large number of persons are engaging in activities that differ from those which they (or their immediate forefathers) engaged in some time before. Society is composed of a vast and complex net work of patterned human relationships in which all men participate. When human behaviour is in the process of modification, this is only another way of indicating that social change is occurring."

   —Merrill and Eldredge, *Culture and Society,* pp. 512-513.
8. "Social changes are variations from the accepted modes of life, whether due to alteration in geographic conditions, in cultural equipment, composition of the population, or ideologies or whether brought by diffusion or invention within the group."

   —Gillin and Gillin, *Cultural Sociology,* pp 561-62.

अन्य बड़ा अन्तर उनके तत्वों को लेकर है। संस्कृति के तत्व ऐसे होते हैं कि समय के परिवर्तन के बाद भी उनको किसी रूप में जीवित रखा जा सकता है। उदाहरण के लिये सभ्य समाजों में प्राचीन संस्कृतियों के अवशेषों को संग्रहालयों और अजायबघरों में सजा कर रखा जाता है। इस प्रकार हजारों साल बीत जाने के बाद भी ये साँस्कृतिक उपकरण ज्यों के त्यों देखे जा सकते हैं। परन्तु सामाजिक परिवर्तन के तत्वों के विषय में ऐसा नहीं है। सामाजिक परिवर्तन में सामाजिक सम्बन्ध बदलते हैं। नये सम्बन्ध आने के बाद पुराने सम्बन्धों को किसी अजायबघर में नहीं देखा जा सकता। यद्यपि इतिहास में समाज की प्राचीन संरचना और दशाओं का कुछ उल्लेख मिल सकता है परन्तु इस प्रकार का ज्ञान एक अप्रत्यक्ष ज्ञान होगा जबकि अजायबघर में रखी वस्तुयें प्रत्यक्ष दिखलाई पड़ती हैं। एक नयी मशीन बन जाती है तो पुरानी मशीन अजायबघर में देखी जा सकती है। इस तरह पुरानी मशीन कायम रहती है। परन्तु जब एक नई प्रथा या संस्था विकसित होती है तो पुरानी प्रथा और संस्था का कहीं नामोनिशान नहीं रहता। वास्तव में जैसा कि मैकाइवर और पेज ने ठीक ही लिखा है "यदि लोग किसी प्रथा को नहीं मानते तो यह प्रथा पृथ्वी पर कहीं नहीं रहती।.... सम्बन्धों को उस जीवन से अलग नहीं किया जा सकता जिसकी कि वह अभिव्यक्ति है। काल के आघातों से बचने के लिए एक सामाजिक संरचना को एक अजायबघर में नहीं रखा जा सकता.......।" समाज और संस्कृति के अन्तर से भी सामाजिक और सांस्कृतिक परिवर्तन का अन्तर स्पष्ट मालूम होता है। समाज सामाजिक सम्बन्धों की एक व्यदस्था है । इस व्यवस्था में परिवर्तन सामाजिक परिवर्तन है। यह व्यवस्था कुछ जनरीतियों, रूढ़ियों, परम्पराओं, प्रथाओं तथा फैशन आदि से चलती है। इन सब में परिवर्तन या इनमें से किसी में भी परिवर्तन सामाजिक परिवर्तन है। इनके परिवर्तन से सामाजिक सम्बन्ध, उनके स्वरूप और व्यवहार प्रभावित होते हैं। दूसरी ओर संस्कृति कला विज्ञान, साहित्य, दर्शन तथा विचारों और मूल्यों आदि से सम्बन्धित है। इनमें परिवर्तन का समाज पर कुछ न कुछ प्रभाव पड़ सकता है और सामाजिक परिवर्तन से इनमें भी परिवर्तन होता है। परन्तु एक में परिवर्तन होने से दूसरे में परिवर्तन होना अनिवार्य है। उदाहरण के लिये संगीत और कला के क्षेत्र में नये-नये रागों, नृत्यों आदि के निकालने से सामाजिक परिवर्तनों में कोई विशेष अन्तर नहीं पड़ता। अतः सामाजिक और साँस्कृतिक परिवर्तन परस्पर सम्बन्धित होते हुए भी अभिन्न नहीं हैं।

वास्तव में संस्कृति एक अधिक व्यापक शब्द है। अतः सांस्कृतिक परिवर्तन सामाजिक परिवर्तन से अधिक व्यापक है। सामाजिक परिवर्तन में केवल सामाजिक सम्बन्धों में परिवर्तन आते हैं जबकि सांस्कृतिक परिवर्तन में कला, विज्ञान तथा प्रौद्योगिकी और विचार आदि के परिवर्तन भी आते हैं। इन सब के परिवर्तन का सामाजिक परिवर्तन में उसी सीमा तक महत्व हैं जिस सीमा तक ये सामाजिक सम्बन्धों को प्रभावित करते हैं। अतः सांस्कृतिक और सामाजिक परिवर्तनों को एक दूसरे से पृथक समझना चाहिए। डेविस ने ठीक ही लिखा है कि "यह ठीक है कि संस्कृति का कोई भी भाग सामाजिक व्यवस्था से सम्बद्ध नहीं है परन्तु यह सत्य हैं कि इन शाखाओं में सामाजिक व्यवसाय पर कोई प्रत्यक्ष प्रभाव डाले बिना परिवर्तन हो सकते हैं। अतएव समाजशास्त्रीय दृष्टिकोण से हम सांस्कृतिक परिवर्तन में उसी सीमा तक रुचि लेते हैं जिस सीमा

तक वह सामाजिक संगठन से निकालता है या उस पर प्रभाव डालता है । सामाजिक परिवर्तन से अलग हम उसमें उसी के लिये रुचि नहीं लेते।''[9]

सामाजिक परिवर्तन और सामाजिक अन्तर्क्रियायें

समाज सामाजिक सम्बन्धों का जाल है। सामाजिक सम्बन्ध समाज के सदस्यों, नर-नारियों, बाल, युवा और वृद्धों के परस्पर व्यवहार से स्थापित होते हैं। यह व्यवहार परस्पर क्रियाओं के रूप में होता है। इस प्रकार सामाजिक सम्बन्ध समाज के सदस्यों में सामाजिक अन्तर्क्रिया पर आधारित हैं। समाज के किन्हीं दों सदस्यों में सम्पर्क होने पर किसी न किसी प्रकार की सामाजिक अन्तर्क्रिया आरम्भ हो जाती है। स्त्री पुरुष के सम्पर्क में आने पर आकर्षण भी हो सकता है और विकर्षण भी, सहयोग भी हो सकता है और संघर्ष भी। समाज के विभिन्न समूहों में परस्पर संघर्ष, प्रतियोगिता, सहयोग अथवा समन्वय की प्रक्रियायें चलती हैं। ये सब सामाजिक अन्तर्क्रियायें हैं।

इस प्रकार सामाजिक अन्तर्क्रियाओं और सामाजिक परिवर्तन का घनिष्ठ सम्बन्ध है। यदि किसी समाज में विभिन्न अन्तर्क्रियायें संघर्ष, प्रतियोगिता, सहयोग, समन्वय आदि न हों तो उस समाज में परिवर्तन नहीं हो सकता। अन्तर्क्रियाओं के होने से ही सामाजिक परिवर्तन होता है परन्तु सामाजिक अन्तर्क्रिया और सामाजिक परिवर्तन में अन्तर है। सामाजिक अन्तर्क्रियायें वे प्रक्रियायें हैं जिनसे व्यक्तियों में कुछ अर्थपूर्ण मानसिक व्यवहार स्थापित होते हैं। दूसरी ओर सामाजिक परिवर्तन व्यक्तियों के व्यवहारों में कुछ प्रतिमानों में परिवर्तन की ओर संकेत करता है। यह सामाजिक परिवर्तन सामाजिक जीवन के सभी भागों को प्रभावित करता है। समाज एक गतिशील संरचना है। उसमें सामाजिक परिवर्तन सदैव होता रहता है। समाज की इसी प्रवृत्ति के कारण सामाजिक अन्तर्क्रियायें दिखाई पड़ती हैं।

सामाजिक परिवर्तन के कारक

इस परिवर्तन के कारण क्या हैं? किन-किन कारकों से सामाजिक सम्बन्धों में निरन्तर परिवर्तन हुआ करता है? कुछ लेखकों ने प्रसार (Diffusion) को सामाजिक परिवर्तन का मुख्य कारण माना है और कुछ अन्य विद्वानों ने आविष्कार को। वास्तव में सामाजिक परिवर्तन में प्रसार और आविष्कार दोनों का ही हाथ है। स्थूल रूप से सामाजिक परिवर्तन के मुख्य कारक निम्नलिखित हैं:–

(1) सांस्कृतिक कारक–संस्कृति मूल्यों, शैलियों, भावात्मक लगावों और बौद्धिक अभियानों का क्षेत्र है। यह मूल्य शैलियां और विचार आदि सामाजिक परिवर्तन को भी प्रभावित करते हैं। विशेषतौर से मूल्यों का सामाजिक परिवर्तन पर व्यापक प्रभाव पड़ता है। मूल्य का अर्थ इस लक्ष्य से है कि जिसको प्राप्त करने के लिये कोई व्यक्ति और संस्था प्रयत्नशील रहती है। इस

---

9. "Of course, no part of culture is totally unrelated to the social order, but it remains true that changes may occur in these branches without noticeably affecting the social system. Sociologically, therefore, we are interested in cultural change only to the extent that it arises from or has an effect on social organisation, we are not interested in it for itself apart from social change."

—Davis, K., *Human Society,* p. 623.

प्रकार हर एक सामाजिक संस्था का लक्ष्य कुछ मूल्यों को प्राप्त करना होता है। उदाहरण के लिए हिन्दू विवाह की संस्था का लक्ष्य सन्तानोत्पत्ति के साथ-साथ धर्म पालन और रति भी है। आधुनिक काल में धर्म का महत्व घट जाने से विवाह में से मूल्य लगभग समाप्त हो गया है। मूल्य में इस परिवर्तन से विवाह की संस्था अस्थिर हो गई है। इस प्रकार मूल्यों और विचारों के अन्तर से आधुनिक परिवार में अन्तर देखा जा सकता है। प्राचीन परिवारों में पिता का बड़ा सम्मान था। परिवार में सभी सदस्य उसकी आज्ञा मानना अपना परम कर्त्तव्य समझते थे। आधुनिक काल में माता-पिता और लड़के-लड़कियों के मूल्यों में अन्तर होता चला आ रहा है जिससे कि उन दोनों के बीच के सम्बन्ध टूटते जाते हैं और पारिवारिक विघटन दिखाई पड़ता हैं। शैलियों में परिवर्तन का प्रभाव साहित्य, दर्शन और विशेषत: फैशन में देखा जा सकता है। फैशन का सामाजिक सम्बन्धों पर भी व्यापक प्रभाव पड़ता है। उदाहरण के लिये आजकल वस्त्रों के फैशन विशेषत: स्त्रियों में अंगों का अधिक से अधिक प्रदर्शन करते हैं। स्वाभाविक है कि इससे यौनिकता बढ़ती है और स्त्री-पुरुष के यौन सम्बन्धों में कुछ न कुछ परिवर्तन होता है । इस प्रकार विचार और संस्कृति में परिवर्तन से सामाजिक संरचना और सामाजिक संस्थाओं में परिवर्तन, विशेषतौर से परिवार और विवाह की संस्थाओं में परिवर्तन देखा जा सकता है।

मैक्सवेबर (Maxweber) ने सांस्कृतिक कारकों को सामाजिक परिवर्तन का मुख्य कारक बतलाया है। उसके अनुसार सामाजिक परिवर्तन संस्कृति में परिवर्तन होने के साथ होते हैं। मैक्सवेबर ने अपने इस मत को धर्मों और आर्थिक व्यवस्थाओं के तुलनात्मक अध्ययन से सिद्ध किया। वास्तव में इस बात से कोई इन्कार नहीं कर सकता है कि भौतिक और अभौतिक संस्कृति में परिवर्तन का सामाजिक सम्बन्धों पर अवश्य प्रभाव पड़ता है। डॉसन और गेटिस (Dawson and Gettys) ने लिखा भी है कि इस प्रकार संस्कृति सामाजिक परिवर्तन को गति और निर्देश देती है और वे सीमायें निश्चित करती हैं, जिनसे परे सामाजिक परिवर्तन नहीं हो सकते परन्तु इससे यह निष्कर्ष निकालना ठीक नहीं है कि सामाजिक परिवर्तन और सांस्कृतिक परिवर्तन में कोई अन्तर ही नहीं है। वास्तव में सामाजिक परिवर्तन का क्षेत्र सांस्कृतिक परिवर्तन के क्षेत्र से संकुचित हैं। मैकाइवर और पेज ने स्पष्ट लिखा है "इसलिये सामाजिक परिवर्तन, सांस्कृतिक या सभ्यता सम्बन्धी परिवर्तन से भिन्न वस्तु है।"[10]

(2) प्रौद्योगिक कारण—सामाजिक परिवर्तन में प्रौद्योगिक कारकों (Technological Factors) का बड़ा प्रभाव पड़ता है। ऑगबर्न ने लिखा है कि "प्रौद्योगिकी हमारे पर्यावरण को परिवर्तित करके जिससे कि हम अनुकूलन करते हैं, हमारे समाज को परिवर्तित करती है। यह परिवर्तन साधारणतया भौतिक प्रर्यावरण में होता है और हम परिवर्तनों से जो अनुकूलन करते हैं उससे बहुधा प्रथायें और सामाजिक संस्थायें संशोधित हो जाती हैं।"[11] इस प्रकार विज्ञान के नित

10. "Social change is therefore a distinct thing from culture or civilisational change......"
—MacIver and Page.

11. "Technology changes society by changing our environments to which we in turn adopt. This change is usually in the material environment and the adjustment we make to the changes often modifies customs and social institutions."
—Ogburn W. F.*'How Technology Changes Society'*, in Annals of the American Academy of Political and Social Science, (Jan 1947), p. 81.

नये आविष्कारों से, नये-नये यन्त्रों तथा प्रणालियों के निरन्तर बढ़ते जाने से सामाजिक सम्बन्धों पर भारी प्रभाव पड़ता है। बिजली, भाप तथा पैट्रोल से चलने वाले उत्पादन के यन्त्रों, यातायात, परिवहन और संदेशवहन के साधनों तथा दैनिक जीवन के सैकड़ों कामों के लिये नई-नई मशीनों के आविष्कार से समाज का रूप बदलता जा रहा है और परिवार तथा विवाह जैसी संस्थाओं तक पर भी भारी प्रभाव पड़ रहा है। प्रौद्योगिक विकास के प्रत्यक्ष प्रभाव श्रम संगठन, श्रम विभाजन, विशेषीकरण, जीवन की तीव्रगति, उत्पादन में वृद्धि आदि हैं। अप्रत्यक्ष रूप से नगरीकरण, बेकारी, प्रतिद्वन्द्विता और अपराध भी उसी के कारण हैं। आधुनिक युग में प्रौद्योगिक कारक सामाजिक परिवर्तन के सबसे प्रमुख कारणों में से हैं।

प्रौद्योगिकी में मुख्य रूप से चार कारक काम करते हैं। (1) उद्योगों में मशीनों का प्रयोग, (2) सन्देशवहन के साधनों का विकास, (3) आवागमन के साधनों का विकास, (4) नवीन कृषि प्रविधियों का विकास। उद्योगों में मशीनों के प्रयोगों से नगरीकरण बढ़ा और कारखाना पद्धति का उदय हुआ। औद्योगीकरण से नये वर्गों की उत्पत्ति हुई और नवीन विचारधारायें तथा आन्दोलन दिखाई पड़ने लगे। इससे स्त्रियों की स्थिति में भी परिवर्तन हुआ। प्रौद्योगिकी से मूल्य में भी व्यापक परिवर्तन होते हैं। भौतिकवाद, व्यक्तिवाद, अत्यधिक विशेषीकरण आदि आधुनिक प्रौद्योगिकी का ही परिणाम है। प्रौद्योगिकी का सामाजिक संस्थाओं पर प्रभाव पड़ता है। नागरिक जीवन में प्रौद्योगिकी का प्रभाव सामुदायिक भावना की कमी, सम्बन्धों में निर्वैयक्तिकता, समय का मूल्य बढ़ जाना, बीमारियों की संख्या और प्रकारों में वृद्धि, पारिवारिक नियन्त्रणों का प्रभाव, नैतिकता का निम्न स्तर, स्त्री-पुरुष की जनसंख्या में विषमता, अपराधों की संख्या में वृद्धि, तथा सामाजिक और व्यक्तिगत विघटन के रूप में देखा जा सकता है । प्रौद्योगिकी से सामाजिक परिवर्तन किस प्रकार होते हैं यह एक छोटे से उदाहरण से समझा जा सकता है। पहले जब कार को स्टार्ट करने के लिये हैंडिल घुमाने की जरूरत पड़ती थी तब स्त्रियां कार नही चलाती थीं। जब से कारों में स्वयं चालक यन्त्र का प्रयोग होने लगा तब से समृद्ध स्त्रियाँ बड़ी संख्या में कार स्वयं चलाने लगीं। इससे उनकी वेशभूषा, गतिशीलता, रहन-सहन, विचार मूल्य तथा सामाजिक सम्बन्धों में परिवर्तन हुआ।

(3) जैवकीय कारक—जैवकीय कारकों (Biological Factors) का भी सामाजिक परिवर्तन पर प्रत्यक्ष रूप से प्रभाव पड़ता है। जैवकीय कारकों में वंशानुसंक्रमण से सम्बन्धित जनसंख्या का गुणात्मक पक्ष आता है। मानव समाज में जैवकीय दशायें जनसंख्या के गुण-दोष, आकार, वितरण, रचना आदि में दिखाई पड़ती हैं। जनसंख्या के इन अंगों में परिवर्तन से अनेक सामाजिक परिवर्तन होते हैं। उदाहरण के लिए जनसंख्या में स्त्री-पुरूष के अनुपात में परिवर्तन होने से विवाह की संस्था में और स्त्री-पुरुष के परस्पर सम्बन्धों में परिवर्तन देखा जा सकता है। जनसंख्या के आकार के अत्यधिक बढ़ जाने से समाज में स्वास्थ्य का स्तर नीचे गिरता है और निर्धनता बढ़ती है। नगरों में अत्यधिक जनसंख्या बढ़ जाने से सामाजिक सम्बन्धों में परिवर्तन स्पष्ट देखा जा सकता है। जनसंख्या की वृद्धि से सामुदायिक भावना का ह्रास होता है, सामाजिक नियन्त्रण और पारिवारिक नियन्त्रण कम होता है। स्त्रियों की दशा तथा विवाह और परिवार की संस्था में परिवर्तन दिखाई पड़ता है। जनसंख्या अत्यधिक बढ़ने से सामाजिक मूल्यों में भी परिवर्तन

होता है। नगरों में अत्यधिक भीड़-भाड़ से गन्दी बस्तियां विकसित होती हैं जिनका लोगों के चरित्र और स्वास्थ्य पर बुरा प्रभाव पड़ता है। जनसंख्या की गुणात्मक योग्यता अर्थात् उसमें स्त्री पुरूष, बालक, किशोर, वृद्ध और अपंगु तथा युवा सपंगु तथा मानसिक दोष से पीड़ित लोगों के अनुपात का सामाजिक परिवर्तन पर स्पष्ट प्रभाव देखा जा सकता है।

जनसंख्या का गुणात्मक पक्ष महान और प्रभावशाली व्यक्तियों पर आधारित है और इनका जन्म बहुत कुछ वशानुसंक्रमण तथा उत्परिवर्तन पर निर्भर है। अत: उस सीमा तक भी जैवकीय कारकों का सामाजिक परिवर्तन में हाथ होता है। इसके अतिरिक्त प्राकृतिक प्रवरण (Natural Selection) और अस्तित्व के लिये संघर्ष (Struggle for Survival) के जैवकीय तत्व समाज में बराबर परिवर्तन उत्पन्न करते रहते हैं।

(4) आर्थिक कारक—सामाजिक परिवर्तन के अन्य प्रभावक आर्थिक हैं। कार्ल मार्क्स तथा उसके अनुयायी विचारकों के अनुसार तो सामाजिक परिवर्तन पूरी तरह से आर्थिक परिवर्तनों से ही निश्चित होते हैं। यह मत तो एकांगी है परन्तु फिर भी इसमें कोई सन्देह नहीं कि आर्थिक दशाओं में परिवर्तन सामाजिक परिवर्तनों को अवश्य प्रभावित करते हैं। स्थूल रूप से खेती करने वाले अथवा शिकारी समाजों में विभिन्न प्रकार के सामाजिक परिवर्तनों के प्रतिमान में अन्तर देखा जा सकता है। जब कोई समाज अथवा समूह शिकारी अवस्था से खेती की अवस्था पर आता है तब उसमें अनेक सामाजिक परिवर्तन होते हैं। यह सर्वविदित तथ्य है कि जब घुमक्कड़ जातियां केवल पशु पालन तक ही सीमित न रहकर किसी एक स्थान पर जम कर खेती करने लगीं तो उनकी सामाजिक संरचना, संस्थाओं, परम्पराओं, रीति-रिवाजों, जनरीतियों आदि में व्यापक परिवर्तन हुये। इसी प्रकार से जब कोई समाज अथवा समूह खेती की दशा से उद्योगों की दशा पर पहुँचता है अर्थात् उसमें उद्योगों का तेजी से विकास होता है तब भी समाज के विभिन्न अंगों में परिवर्तन देखे जा सकते हैं। इसके अलावा किसी व्यक्ति अथवा समूह की आर्थिक स्थिति गिरने अथवा उठने से उसके सामाजिक सम्बन्धों में भी परिवर्तन होता है। अत: इसमें कोई सन्देह नहीं कि आर्थिक दशाओं का सामाजिक परिवर्तन पर व्यापक प्रभाव पड़ता है।

(5) भौगोलिक पर्यावरण सम्बन्धी कारक—भौगोलिकवादियों ने मानव समाज पर भौगोलिक पर्यावरण के परिवर्तन के प्रभाव पर बड़ा जोर दिया है। हंटिंगटन ने तो यहां तक कह दिया है कि जलवायु का परिवर्तन ही सभ्यताओं और संस्कृतियों के उत्थान पतन का एकमात्र कारण है। भौगोलिकवादियों के इन दावों को न भी स्वीकार किया जाय तो भी इससे कोई इन्कार नहीं कर सकता कि बाढ़, भूचाल, अकाल, अतिवृष्टि, अनावृष्टि, ऋतु परिवर्तन आदि का सामाजिक सम्बन्धों पर प्रभाव पड़ता है और वे इनसे परिवर्तित होते हैं।

हर एक मानव समाज कुछ विशेष भौगोलिक परिस्थितियों में रहता है। जलवायु, पृथ्वी, ऋतुयें, नदी, पहाड़, समुद्र आदि भौगोलिक दशाओं का समाज के जीवन पर अवश्य प्रभाव पड़ता है। उदाहरण के लिये पहाड़ों और मैदानों के निवासियों के सामाजिक जीवन में स्पष्ट अन्तर देखा जा सकता है। यह देखा गया है कि मैदानों में सामाजिक व्यवस्थायें अधिक जटिल और विकसित होती हैं। संसार की सभी महान सभ्यतायें मैदानों में ही उत्पन्न हुईं और विकसित

हुईं। परन्तु सामाजिक जीवन पर भौगोलिक दशाओं के इस प्रभाव के कारण जो कुछ भौगोलिक वादी विचारकों ने यह मान लिया है कि भौगोलिक दशायें ही सामाजिक परिवर्तनों को निश्चित करती हैं यह मत एकांगी है क्योंकि जहां भौगोलिक दशायें मनुष्य जीवन को प्रभावित करती हैं, वहां मनुष्य स्वयं भी विज्ञान की सहायता से भौगोलिक दशाओं के प्रभाव को नियन्त्रित करता है। सच तो यह है कि भौगोलिक दशायें सामाजिक परिवर्तन का रगंमंच मात्र है। रगांमच में परिवर्तन आने से नाटक में भी कुछ न कुछ परिवर्तन अवश्य आता है। परन्तु केवल रंगमंच का परिवर्तन नाटक की घटनाओं को निश्चित नहीं करता।

(6) मनोवैज्ञानिक कारक—उपरोक्त कारकों के अतिरिक्त सामाजिक परिवर्तन के कारकों में मनोवैज्ञानिक कारकों (Psychological Factors) को भी महत्वपूर्ण माना गया है। सामाजिक परिवर्तनों का कारण स्वयं मनुष्य का मनोविज्ञान है। मनुष्य स्वभाव से ही परिवर्तन-प्रिय है। जीवन के प्रत्येक पक्ष में वह सदैव नई-नई खोजें किया करता है और नये-नये अनुभवों का इच्छुक रहता है। इस प्रवृत्ति के कारण प्रत्येक मानव समाज में रूढ़ियों, परम्पराओं, रीति-रिवाजों आदि में बराबर परिवर्तन हुआ करता है। इसका अर्थ यह नहीं है कि मनुष्य सदैव नवीन को प्राचीन से बेहतर समझता है। जहाँ एक ओर वहन वीनता की ओर उन्मुख रहता है वहां वह प्राचीनता का भी संरक्षण करना चाहता है। इन दोनों ही प्रवृत्तियों की क्रिया प्रतिक्रिया में सामाजिक सम्बन्धों का रूप क्रमशः बदलता रहता है। नई-नई रीतियाँ और प्रथायें बनती रहती हैं और परम्पराओं का स्थान लेती जाती हैं। पुरानी परम्पराओं का सम्मान किया जाता है परन्तु समय की मांग के साथ-साथ उनमें परिवर्तन आवश्यक हो जाता है। वास्तव में परिवर्तन ही जीवन है और स्थिरता जीवन के स्वभाव के विरुद्ध है। जब समय आने पर भी परिवर्तन नहीं होते तो क्रान्तियाँ होती हैं, युद्ध होते हैं, महामारियाँ फैलती हैं और परिवर्तन किये जाते हैं।

(7) अन्य कारक—उपरोक्त कारकों के अतिरिक्त नवीन विचारधाराओं की उत्पत्ति भी परिवर्तन का कारण है। उदाहरण के लिये दहेज, जाति प्रथा, स्त्री शिक्षा आदि की ओर विचारों के परिवर्तन से भारी सामाजिक परिवर्तन हुये हैं। वास्तव में अधिकतर सामाजिक क्रांतियां नवीन विचारधाराओं में उत्पन्न होने के कारण होती हैं। इसी प्रकार युद्ध भी सामाजिक परिवर्तन का एक कारण है क्योंकि उसमें जनसंख्या, आर्थिक स्थिति, स्त्री-पुरुष का अनुपात आदि पर प्रभाव पड़ता है। इसी प्रकार महान व्यक्ति जैसे गांधी, मार्क्स आदि के प्रादुर्भाव से भी सामाजिक परिवर्तन होते हैं।

सामाजिक परिवर्तन के परिणाम

सामाजिक परिवर्तन के उपरोक्त कारणों के प्रभाव से सामाजिक जीवन के प्रत्येक पक्ष का रूप परिवर्तित होता रहता है। सामाजिक, आर्थिक राजनैतिक, सांस्कृतिक सभी क्षेत्रों में नई-नई संस्थायें और समितियां बनती बिगड़ती रहती हैं। परिवार, विवाह, राज्य, धर्म, सभ्यता, संस्कृति, शिक्षा व्यवस्था, आर्थिक व्यवस्था तथा सामाजिक ढांचे का रूप बदलता रहता है। इससे व्यक्ति के जीवन में और अन्य व्यक्तियों से उसके सम्बन्धों में परिवर्तन आता है। उदाहरण के लिये आदिकाल से लेकर आज तक के परिवार के उद्देश्यों, ढांचे, स्वरूप, महत्व, कार्य आदि के

इतिहास को देखकर सामाजिक परिवर्तन के परिणामों का वर्णन करने के लिए तो एक पूरा ग्रन्थ ही होना चाहिये। संक्षेप में, आदिम समाज से आधुनिक समाज में जो कुछ भी अन्तर दिखाई पड़ता है वह सामाजिक परिवर्तन का ही परिणाम है। वेनबर्ग और शेबेत ने ठीक ही लिखा है कि ''सामाजिक परिवर्तन आधुनिक जगत के हृदय में निवास करता है।''[12]

भारतवर्ष के प्राचीन और आधुनिक समाज की तुलना करने से सामाजिक परिवर्तन के इन विभिन्न कारकों का महत्व मालूम हो जायेगा। भारतीय समाज की वर्तमान राजनैतिक, धार्मिक तथा सामाजिक स्थिति में गांधी जी, स्वामी दयानन्द, राजा राममोहन राय आदि महापुरुषों का कितना बड़ा योगदान है, यह सर्वविदित है। भारतवर्ष की जनसंख्या की लगातार वृद्धि से आज देश के आर्थिक सामाजिक सभी क्षेत्रों में परिर्वतन हो रहे हैं। सरकार परिवार नियोजन के लिये जोर-शोर से प्रयत्नशील है। उसके लिये गर्भ निरोधक उपायों की खोज की जा रही है। साथ ही बढ़ती हुई जनसंख्या की भोजन और अन्य आवश्यकताओं की पूर्ति के लिये देश में नित नए आविष्कार हो रहे हैं और नई-नई चीजों के कारखाने खुलते जा रहे हैं। इस औद्योगीकरण से नगरीकरण बढ़ रहा है और नगरीकरण से परिवार, जाति व्यवस्था, सामाजिक संगठन, धर्म, विवाह आदि में बराबर परिवर्तन दिखाई पड़ता है। जहां औद्योगिक और जनसंख्या के कारकों से देश में बराबर परिवर्तन हो रहा है वहां साम्यवाद और समाजवाद आदि नवीन विचारधाराओं तथा पश्चिमी संस्कृति के प्रभाव से मूल्यों में परिवर्तन आ रहा हैं और संस्कृति का रूप बदल रहा है। इस सांस्कृतिक परिवर्तन का प्रभाव सामाजिक संस्थाओं और समितियों पर भी पड़ रहा है। पारिवारिक विघटन इसका एक उदाहरण है। भौतिक पर्यावरण का भी भारत के सामाजिक संगठन पर प्रभाव है। भारत कृषि प्रधान और गर्म देश है। यहां के सामाजिक सम्बन्धों में धर्म का प्रभाव अधिक है क्योंकि खेती में प्राकृतिक शक्तियों से संघर्ष में धर्म की बड़ी आवश्यकता अनुभव होती है। भारतीय समाज के त्यौहार आदि ऋतु परिवर्तनों के अनुसार निश्चित किए गए हैं। गर्म देश होने के कारण यहां शारीरिक अपराध अधिक होते हैं।

सामाजिक परिवर्तन के उपरोक्त कारक अथवा प्रभावक अलग-अलग होते हुये भी एक दूसरे से पृथक नहीं हैं। जैसा कि पीछे दिये गये विवरण से स्पष्ट होता है सामाजिक परिवर्तन में कौन सा परिवर्तन प्रौद्योगिकी के कारण है अथवा कौन सा आर्थिक दशा में परिवर्तन के कारण है यह सदैव निश्चित नहीं किया जा सकता है। इसी प्रकार सांस्कृतिक और प्रौद्योगिक कारक भी एक दूसरे को प्रभावित करते हैं। प्रौद्योगिक परिवर्तनों से सांस्कृतिक परिवर्तन होते हैं। इसी प्रकार प्रौद्योगिक परिवर्तनों से आर्थिक परिवर्तन भी होते हैं। जैसा कि पहले बतलाया जा चुका है जैवकीय परिवर्तनों अथवा जनसंख्या की रचना की गुणात्मक योग्यता आदि में परिवर्तन से आर्थिक और सामाजिक परिवर्तन देखे जा सकते हैं। इस प्रकार सामाजिक परिवर्तन के विभिन्न कारक परस्पर निर्भर हैं और एक दूसरे को प्रभावित करते हैं। सामाजिक परिवर्तनों के इन कारकों के विस्तृत अध्ययन से उनकी यह परस्पर निर्भरता और भी स्पष्ट होगी।

---

12. "Social change ites at the heart of the moden heart."

Weinbeg and shabat

सामाजिक परिवर्तन के प्रतिरोध
(Resistances or Restraints to Social Change)

यहां पर कुछ ऐसे कारकों का विवेचन भी प्रासंगिक होगा जो कि सामाजिक परिवर्तन की गति को कम करते हैं, रोकते हैं, अथवा उसमें प्रतिरोध उत्पन्न करते हैं। मुख्य प्रतिरोध निम्नलिखित हैं–

(1) **आविष्कारों की कमी**–ऑगबर्न और निमकॉफ के अनुसार सामाजिक परिवर्तन में आने वाले प्रतिरोध का एक मुख्य कारण आविष्कारों की सापेक्षिक अनुपस्थिति अर्थात उनका अपेक्षाकृत कम होना है।

Encyclopaedia Americana के अनुसार ''एक आविष्कार कोई भी नवीन अथवा उपयोगी यान्त्रिक उपकरण व्यवस्था है जो कि पहले ज्ञात अथवा वस्तु, प्रणाली, खोज, जड़, पदार्थ की रचना अथवा व्यवस्था है जो कि पहले ज्ञात अथवा प्रयुक्त नहीं होती है। अथवा वह किसी भी ज्ञात यन्त्र, कला, पद्धति या व्यवस्था में कोई भी उन्नति है।''[13] इस प्रकार आविष्कार या तो किसी नई वस्तु, यन्त्र, उपकरण, प्रणाली अथवा व्यवस्था का पता लगाना है या किसी पहले से ही मौजूद यन्त्र, वस्तु, उपकरण, प्रणाली अथवा व्यवस्था में कोई उन्नति करना है। दोनों ही दशा में आविष्कार सदैव नया होता है और उपयोगी भी होता है। कहा जाता है कि आवश्यकता आविष्कार की जननी है। इसका आशय भी यही है कि प्रत्येक आविष्कार किसी न किसी रूप में उपयोगी होता है।

इस प्रकार आविष्कार का मानव समाज में परिवर्तन में महत्वपूर्ण योगदान है। आविष्कारों द्वारा मनुष्य अपने पर्यावरण से सामंजस्य करने के नये-नये उपाय निकालता है जिससे उसके जीवन और सामाजिक सम्बन्धों पर भी प्रभाव पड़ता है। यदि यह कहा जाये तो अतिश्योक्ति नहीं होगी कि मनुष्य का समस्त सांस्कृतिक विकास आविष्कारों पर आधारित है। यदि उसमें आविष्कार करने की सामर्थ्य न होती तो वह आदि अवस्था से सभ्य समाज की स्थिति तक न पहुंचता। आविष्कारों ने मानव जीवन के भौतिक पक्ष को ही नहीं बल्कि मानसिक और आध्यात्मिक पक्ष को भी प्रभावित किया है। मनुष्य का रहन-सहन ही नहीं बल्कि उसकी कला, साहित्य, धर्म, मनोरंजन आदि के क्षेत्र में भी नये-नये आविष्कार होते रहे हैं जिनसे महत्वपूर्ण सामाजिक परिवर्तन हुये हैं। अत: आविष्कारों की कमी से सामाजिक परिवर्तनों का मन्द होना अनिवार्य है। वास्तव में आविष्कार स्वयं परिवर्तन का प्रतीक है। जिस समाज में आविष्कार बहुत कम होते हैं उसमें परिवर्तन भी बहुत कम दिखाई पड़ता है।

परन्तु आविष्कारों के अपेक्षाकृत कम होने के कारण क्या हैं? कुछ समाजों में आविष्कार इतने कम क्यों हैं? स्थूल रूप से इसके लिये तीन कारण दिये गये हैं।

---

13. "An invention is recognised to be any new or useful mechanical contrivance or article, method, discovery, composition of matter or system not previously known or used, or any improvement in any known machine, art, method or system."

—Encyclopaedia Americana.

(अ) किसी भी नये आविष्कार के लिये समाज में आवश्यक तत्वों का होना जरूरी है। इन तत्वों की अनुपस्थिति में आविष्कार नहीं हो सकते। उदाहरण के लिये आविष्कार के लिये परिश्रम के साथ-साथ मानसिक योग्यता और बौद्धिक स्तर की उच्चता भी आवश्यक है। जिस समाज के लोगों में ये गुण अधिक होते हैं वहां आविष्कार भी अधिक दिखाई पड़ते हैं।

(ब) आविष्कार तब होते हैं जब उनकी मांग होती है। अत: ऐसे समाजों में आविष्कार बहुत कम होंगे जहां की जनता गतिशील न हो अथवा जीवन के विभिन्न पहलुओं में परिवर्तन न चाहती हो।

(स) **समूह के व्यक्तियों में उपलब्ध आविष्कार को स्वीकार करने की तत्परता का अभाव**—यदि किसी समूह के सदस्य नये आविष्कारों को स्वीकार करने के लिये तत्पर नहीं होते तो उन आविष्कारों का प्रचार नहीं हो पाता और फलत: उनसे होने वाले सामाजिक परिवर्तन भी नहीं हो पाते। इसलिये केवल आविष्कार होना ही सामाजिक परिवर्तन के लिये काफी नहीं है। आवश्यकता इस बात की है कि समूह के सदस्य इन आविष्कारों को स्वीकार भी करें। अनेक देशों में तरह-तरह के आविष्कारों का घोर विरोध किया गया है। उदाहरण के लिये भारतवर्ष में जब शुरू-शुरू में रेल चली तो जनता ने उसका बड़ा विरोध किया। लोगों का विचार था कि उससे वायु दूषित होगी। इसी प्रकार अन्य आविष्कारों का भी विरोध किया गया है। जांच से पता चला है कि मद्यपान स्वास्थ्य के लिये हानिकारक है परन्तु इस खोज को विभिन्न समाजों के सभी व्यक्तियों ने नहीं अपनाया। अनेक समाजों में मद्य निषेध का विरोध किया गया। अत: उससे जो सामाजिक परिवर्तन होते वे न हो सके। आविष्कार केवल भौतिक क्षेत्र में ही नहीं होते बल्कि जीवन के अन्य क्षेत्रों में भी उनका उतना ही महत्व है। उदाहरण के लिये भारतवर्ष में वेश्यावृत्ति के विरुद्ध कानून एक वैधानिक आविष्कार था परन्तु क्योंकि जनता ने इसको अभी तक पूरी तरह स्वीकार नहीं किया है अत: देश में वेश्यावृत्ति की दशा में होने वाले परिवर्तन अभी नहीं हो पा रहे हैं। इस प्रकार जब समाज के सदस्य नये-नये सामाजिक विचारों, अनुसन्धानों और आविष्कारों को ग्रहण करने के लिये तत्पर नहीं होते तो उनसे होने वाले सामाजिक परिवर्तनों में बाधा पड़ती है और वे सम्भव नहीं हो पाते।

(3) **मनोवैज्ञानिक प्रतिरोध**— सामाजिक परिवर्तन के कुछ प्रतिरोध मनोवैज्ञानिक भी हैं। मनुष्य का स्वभाव है कि वह नई चीजों से डरता है और उनमें सन्देह करता है। मनुष्य स्वभाव से ही पुराने रीति-रिवाजों, प्रथाओं, तौर-तरीकों के अनुसार चलना चाहता है क्योंकि वे अजमाये जा चुके हैं और उनमें खतरा कम है। मनुष्य की यह प्रवृति परिवर्तन की विरोधी है। अत: जब तक पर्याप्त विचार और शिक्षा के द्वारा किसी विशेष परिवर्तन के प्रति सन्देह और भय नहीं मिटा दिया जाता तब तक लोग उस परिवर्तन को अपनाने से डरते हैं। वास्तव में परिवर्तन के विरोधी भय और अविश्वास के मूल में मनुष्य का अज्ञान ही है। जब यह अज्ञान दूर कर दिया जाता है तो यह भय और अविश्वास भी दूर हो जाता है। इस प्रकार सामाजिक परिवर्तन के प्रतिरोधक मनोवैज्ञानिक कारक ऐसे नहीं हैं जिनको उचित शिक्षा से बदला न जा सकता हो।

(4) **सामाजिक परिस्थितियां**— कुछ सामाजिक परिस्थितियां भी सामाजिक परिवर्तन में प्रतिरोध उत्पन्न करती हैं। उदाहरण के लिये भारतवर्ष में जाति प्रथा अनेक प्रकार के सामाजिक

परिवर्तनों को रोकती है। रूढ़ियां सभी जगह पर सामाजिक परिवर्तनों का प्रतिरोध करती हैं। सामाजिक परिवर्तन करने के लिये इन रूढ़ियों को बदलना पड़ता है। सामाजिक प्रथायें और सस्थायें भी सामाजिक परिवर्तन की प्रतिरोधी हैं। सामाजिक परिवर्तन से इनमें परिवर्तन होता है परन्तु सामाजिक परिवर्तन को सफल बनाने के लिए इनमें परिवर्तन करने की दशायें उत्पन्न करना भी आवश्यक है।

(5) राजनैतिक परिस्थितियां—कुछ राजनैतिक परिस्थितियां भी सामाजिक परिवर्तन में प्रतिरोध उत्पन्न करती हैं। उदाहरण के लिये निरंकुश राजतन्त्र में राजा लोग ऐसे परिवर्तन नहीं होने देना चाहते जिनसे उनकी अपनी कुछ भी हानि होती हो। भारतवर्ष में राजाओं और बड़े-बड़े जमीदारों ने जनता में समानता लाने वाले अनेक परिवर्तनों का घोर विरोध किया। सर्वसत्ताधिकारी राज्य में भी राज्य की ओर से ऐसे सामाजिक परिवर्तनों को रोका जाता है जिनसे राज्य को हानि पहुँचने की सम्भावना हो चाहे उसमें जनता का लाभ ही क्यों न होता हो।

(6) आर्थिक परिस्थितियाँ—कुछ आर्थिक परिस्थितियां भी सामाजिक परिवर्तन में बाधा डालती हैं। उदाहरण के लिये निर्धनता सामाजिक परिवर्तन में सबसे बड़ी बाधा है। भूखे आदमी को रोटी के अलावा कुछ नहीं सूझता। जिस देश में लोग दोनों समय पेट भर भोजन भी नहीं प्राप्त कर सकते उस देश में सामाजिक परिवर्तनों की बात करना अज्ञान दिखाना है। परन्तु यदि निर्धनता लोगों में क्रान्ति की आग भड़का दे तो कभी-कभी ऐसे-ऐसे सामाजिक परिवर्तन सम्भव हो पाते हैं जो आर्थिक स्थिति अच्छी होने पर कभी नहीं हो सकते। जहां यह ठीक है कि निर्धन व्यक्ति को कुछ नहीं सूझ पड़ता वहां यह भी ठीक है कि धन की अधिकता मनुष्य को आलसी और स्थिर बना देती है। अतः अत्यधिक निर्धनता और अत्यधिक धन दोनों ही दशायें परिवर्तन में बाधा कही जा सकती हैं यद्यपि इस नियम के अपवाद भी देखे जा सकते हैं। सच तो यह है कि यह निश्चित करना बहुत कठिन है कि कौन सी आर्थिक दशा किस तरह के सामाजिक परिवर्तन में बाधा पहुंचायेगी और किस तरह के सामाजिक परिवर्तन को प्रोत्साहित करेगी। परन्तु इतना अवश्य कहा जा सकता है कि आर्थिक अवस्थायें जहां सामाजिक परिवर्तन को उकसाती भी हैं वहां कभी-कभी उसमें भारी प्रतिरोध भी उत्पन्न करती हैं।

(7) सांस्कृतिक परिस्थितियां— कुछ सांस्कृतिक परिस्थितियां भी सामाजिक परिवर्तन का प्रतिरोध करती हैं। उदाहरण के लिये भारतवर्ष में दक्षिण में मन्दिरों में देवदासी की प्रथा से वेश्यावृत्ति के उन्मूलन के सामाजिक परिवर्तन में बाधा पड़ती है। इस प्रकार देश से भिक्षावृत्ति को समाप्त करने में हिन्दू धर्म की अनेक मान्यतायें बाधा डालती हैं।

सारांश

मानव स्वभाव से ही परिवर्तनशील है। परिवर्तन मानव समाज में एक सार्वभौम प्रक्रिया है। सामाजिक परिवर्तन का अर्थ सामाजिक सम्बन्धों के प्रतिमान में परिवर्तन है। वह सांस्कृतिक परिवर्तन से भिन्न है और अधिक व्यापक है।

सामाजिक परिवर्तन के सामान्य रूप– (1) समरैखिक परिवर्तन, (2) चक्रिक परिवर्तन, (3) सामाजिक उर्ध्व विकास।

सामाजिक परिवर्तन के कारक—(1) सांस्कृतिक, (2) प्रौद्योगिक, (3) जैवकीय, (4) जनसंख्या के कारक, (5) पर्यावरण सम्बन्धी कारक, (6) मनोवैज्ञानिक कारक, (7) अन्य कारक।

सामाजिक परिवर्तन के ये कारक अन्योन्याश्रित हैं।

सामाजिक परिवर्तन के प्रतिरोध—(1) आविष्कार की कमी, (2) समूह के व्यक्तियों में उपलब्ध आविष्कारों को स्वीकार करने की तत्परता का अभाव, (3) मनोवैज्ञानिक प्रतिरोध, (4) सामाजिक परिस्थितियाँ, (5) राजनैतिक परिस्थितियां, (6) सांस्कृतिक परिस्थितियां।

40

सामाजिक प्रगति
(Social Progress)

प्रगति का शाब्दिक अर्थ किसी लक्ष्य की ओर आगे बढ़ना है या केवल आगे बढ़ना है। परन्तु आगे बढ़ना या पीछे हटना, प्रगति या अवनति सापेक्षिक शब्द हैं। यदि कहा जाये कि यह देश आगे बढ़ा तो इस बात का तब तक कोई अर्थ समझ में नहीं आ सकता जब तक यह न मालूम हो कि किस तरफ आगे बढ़ा अथवा उसने किस मूल्य या लक्ष्य को प्राप्त करने में प्रगति की। इस प्रकार प्रगति केवल परिवर्तन मात्र नहीं है। वह किसी विशेष दिशा में परिवर्तन है। प्रत्येक दिशा में परिवर्तन को प्रगति नहीं कहा जा सकता। उदाहरण के लिये यदि किसी देश में खेती की दशा खराब हो गई और अकाल पड़ गया तो यह परिवर्तन तो हुआ परन्तु इसे प्रगति कोई नहीं कहेगा। अत: प्रगति का अर्थ किसी लक्ष्य को प्राप्त करने में आगे बढ़ना है। इस प्रकार अर्थ उद्विकास (Evolution) से संकीर्ण है। मोटे रूप में उस परिवर्तन को प्रगति कहा जा सकता है जिससे किसी व्यक्ति, संस्था अथवा समूह के जीवन में सहायता मिले, क्योंकि जीवित रहना (To live) यद्यपि सर्वोच्च नहीं परन्तु सर्वप्रथम और अनिवार्य मूल्य है। जब जीव ही नहीं रहा तब फिर मूल्य किसका और कैसा ? अत: प्रगति का नाम पाने की इच्छा रखने वाले प्रत्येक परिवर्तन को कम से कम जीवनदायक तो होना ही चाहिये।

सामाजिक प्रगति की परिभाषा

सामाजिक प्रगति की निम्नलिखित परिभाषाओं से भी उसका स्वरूप समझने में सहायता मिलेगी—

(1) **वार्ड का मत**—लैस्टर वार्ड के अनुसार "प्रगति वह है जो कि मानव सुख में वृद्धि उत्पन्न करती है।"[1] जैसा कि वार्ड ने ठीक ही कहा है समाज के सदस्यों के सुख में उत्तरोत्तर वृद्धि सामाजिक प्रगति की एक निश्चित पहचान है और इसकी अनुपस्थिति में किसी भी परिवर्तन को प्रगति नहीं कहा जा सकता। मानव सुख की वृद्धि सामाजिक प्रगति की एक

1. "Progress is that which secures the increase of human happiness."

—Lester Ward

कसौटी है यदि समाज के लोग अधिक सुखी हैं तो स्पष्ट है कि समाज प्रगति की ओर जा रहा है। यदि समाज के लोग दुखी हैं तो प्रगति नहीं मानी जा सकती। यहां पर यह ध्यान रखने की बात है कि सामाजिक सुख एक सापेक्ष शब्द है। प्रगति की कसौटी के रूप में सामाजिक सुख का अर्थ केवल यह है कि लोग पहले की अपेक्षा अधिक सुखी हैं, यह सुख कितना कम है या अपर्याप्त है यह दूसरी बात है। यहां पर यह भी ध्यान रखने की बात है कि यदि समाज के थोड़े से लोग ही सुखी दिखाई पड़ते हैं तो उसको प्रगति की अवस्था नहीं माना जा सकता क्योंकि वे थोड़े से लोग ही तो समाज नहीं बनाते। सामाजिक प्रगति के लिए यह आवश्यक है कि समाज के अधिकतर सदस्यों के सुख में वृद्धि हो।

(2) **ग्रोव्स और मूर का मत**—ग्रोव्स और मूर के अनुसार "प्रगति स्वीकृत मूल्यों के आधार पर एक वांछित लक्ष्य की ओर गति को कहते हैं।"[2] जैसा कि प्रगति के नाम से स्पष्ट है कि प्रगति का निश्चय किसी न किसी लक्ष्य के प्रसंग में ही किया जा सकता है। प्रगति वह गति है जो किसी लक्ष्य की ओर है। परन्तु सभी तरह के लक्ष्य की ओर गति को भी प्रगति नहीं कहेंगे क्योंकि इनमें से कुछ लक्ष्य वांछनीय हो सकते हैं जबकि अन्य कुछ लक्ष्य अवांछनीय भी हो सकते हैं। अवांछनीय लक्ष्यों की ओर गति को कोई भी प्रगति नहीं कहेगा। इसलिए प्रगति के लिए किसी वांछनीय लक्ष्य की ओर गति आवश्यक है।

यहां यह प्रश्न उठता है कि वांछनीय अथवा अवांछनीय की कसौटी क्या है? उसका निश्चय कैसे किया जाये? यह एक तथ्य है कि भिन्न-भिन्न मानव समाजों में और एक ही समाज में भिन्न-भिन्न व्यक्तियों में भिन्न-भिन्न तरह की चीजों को वांछनीय कहा जाता है। कभी-कभी जो चीज एक समाज में वांछनीय मानी जाती है वही दूसरे समाज मे अवांछनीय मानी जाती है। केवल यही क्यों बल्कि एक ही समाज में भी एक समय जो चीज वांछनीय मानी जाती है वही चीज दूसरे समय में अवांछनीय मानी जाती है। इसी तरह एक ही समाज में उसी समय में समाज में भिन्न-भिन्न व्यक्ति भिन्न-भिन्न समय में और कभी-कभी परस्पर विरोधी चीजों को वांछनीय मानते हैं। यह सब मतभेद भिन्न-भिन्न समाजों में और भिन्न-भिन्न व्यक्तियों में तथा एक ही समाज में भिन्न-भिन्न कालों में मूल्यों के भेद के कारण है। इस तरह सामाजिक मूल्य यह निश्चित करते हैं कि क्या वांछनीय है और क्या अवांछनीय है और वांछनीय तथा अवांछनीय का विचार सामाजिक लक्ष्य सिद्ध करता है जिनकी ओर गति सामाजिक प्रगति मानी जाती है। स्पष्ट है कि सामाजिक प्रगति मूल्यों के अनुसार सापेक्ष है। मूल्य बदलने के साथ प्रगति की धारणा भी बदलती है।

यहां पर यह कठिनाई हो सकती है कि मूल्यों के इस भेद में आखिरकार किन मूल्यों को ऊंचा माना जाये। इसके विषय में भिन्न-भिन्न समाजशास्त्री एक मत नहीं हैं। यद्यपि सामान्य रूप से यह कहा जा सकता है कि आध्यात्मिक मूल्य मानसिक मूल्यों से और मानसिक मूल्य भौतिक मूल्यों से ऊंचे हैं। उदाहरण के लिये मानसिक दृष्टिकोण से प्रगति यद्यपि भौतिक प्रगति

---

2. "Progress is movement towards a desired end in terms of accepted values."
— Groves and Moore

का स्थान नहीं ले सकती परन्तु फिर भी इसको भौतिक प्रगति से ऊंचा माना जाता है। मूल्यों के संस्तरण में इस क्रम को मानने का आधार स्वयं मनुष्य की अपनी संरचना हैं। जहां तक भौतिक लक्ष्यों का सवाल है मनुष्य और पशु में अधिक अन्तर नहीं हैं। मानसिक लक्ष्य कला, विज्ञान, साहित्य आदि और आध्यात्मिक मूल्य धर्म, नीति आदि मनुष्य को पशु से ऊपर उठाते हैं। यदि भौतिक मूल्य प्राप्त कर लिये गये तो इसमें कोई मानवोचित श्रेष्ठता नहीं है। उनको तो पशु भी प्राप्त कर सकते हैं। मानवोचित श्रेष्ठता तो तभी होगी जबकि मानसिक अथवा आध्यात्मिक मूल्य प्राप्त किये जायें। इस प्रकार मूल्यों में ऊंचे-नीचे का निश्चय मनुष्य की श्रेष्ठता के आधार पर किया जाता है। दूसरे जैसे-जैसे मूल्य सूक्ष्म जटिल और व्यापक होते जाते हैं वैसे-वैसे ही उनको ऊंचा मानना पड़ेगा। इस प्रकार भौतिक मूल्यों से मानसिक मूल्य अधिक व्यापक, जटिल और सूक्ष्म हैं तथा मानसिक मूल्यों से आध्यात्मिक मूल्य अधिक व्यापक, जटिल और सूक्ष्म हैं। इस प्रकार उपरोक्त परिभाषा में यह बात ठीक नहीं जंचती कि किसी भी समाज के समकालीन लोगों द्वारा माने गये मूल्यों से ही प्रगति की परीक्षा कर ली जाये। जैसा कि मूल्यों के उपरोक्त विवेचन से स्पष्ट है स्वयं मूल्यों में उतार-चढ़ाव का एक क्रम है। अत: यह कहना अधिक बेहतर होगा कि निम्न से उच्चतर मूल्यों को प्राप्त करने की ओर गति को प्रगति कहा जा सकता है।

(3) **मैकाइवर का मत**– मैकाइवर के अनुसार "जब हम प्रगति की बात करते हैं तो हमारा तात्पर्य किसी भी दिशा से नहीं होता बल्कि किसी परम शुभ, किसी गन्तव्य स्थान से होता है जो कि आदर्श रूप में निर्धारित होता है और केवल काम करती हुई शक्तियों के विचार से नहीं निर्धारित होता।[3] इस परिभाषा में मैकाइवर ने यह ठीक ही कहा है कि प्रगति का लक्ष्य आदर्श रूप में निश्चित होता है। जैसा कि पीछे विश्लेषण किया जा चुका है मूल्यों के क्रम के अनुसार प्रगति का विचार निश्चित होगा। मूल्यों के इस संस्तरण को आदर्श रूप में ही निश्चित किया गया है। समाज किस ओर जा रहा है अथवा कौनसी शक्तियां कार्य कर रही हैं इससे यह निश्चय नहीं होगा कि उसको किस ओर जाना चाहिये। जो कुछ है (What is) जो कुछ होना चाहिये (What ought to be) उसका निश्चय नहीं कर पाता। इसीलिये सामान्य शुभ क्या है, अथवा मूल्य क्या हैं इनका निश्चय विज्ञान के क्षेत्र में न आकर नीति और दर्शन क्षेत्र में आता है। वास्तव में जैसा प्लेटो ने हजारों साल पहले ठीक ही कहा था जगत के वैषयिक तत्व अपने आदर्श रूपों की भद्दी प्रतिलिपि मात्र हैं। किस वस्तु को क्या होना चाहिये, किस व्यक्ति को क्या करना चाहिये, यह एक आदर्श की बात है। वह वस्तु क्या है अथवा वह व्यक्ति क्या है इससे इस आदर्श में कोई अन्तर नहीं पड़ता। परन्तु आदर्श का तात्पर्य यह नहीं है कि वह कभी यथार्थ हो ही न सके। सच तो यह है कि यद्यपि यथार्थ और आदर्श का अन्तर पूरी तरह नहीं मिटता परन्तु ये दोनों सापेक्ष हैं और आदर्श अधिकाधिक यथार्थ बनाया जा सकता है। इसीलिये आदर्श रूप में निर्धारित लक्ष्य यथार्थ रूप में प्राप्त किये जा सकते हैं।

---

3. "What we speak progress, we simply not mean direction but direction towards some final good. some destination, determined ideally not simply by the objective consiad-eration of the forces at work."

—MacIver

(4) पार्क और बर्गेस का मत—पार्क और बर्गेस के अनुसार "किसी उपस्थित पर्यावरण के प्रति अनुकूलन के लिए कोई भी परिवर्तन जो कि एक व्यक्ति अथवा व्यक्तियों के समूह अथवा जीवन के अन्य संगठित रूप के लिए जीवन आसान बना देता है प्रगति का प्रतिनिधित्व करता हुआ कहा जा सकता है।"[4] पीछे दिये गये विश्लेषण की पृष्ठभूमि में यह स्पष्ट है कि प्रगति की यह परिभाषा एकांगी और अपूर्ण है। वास्तव में यह प्रगति जैवकीय विचार को उपस्थित करती है। यह ठीक है कि मनुष्य के सामने सबसे बड़ी समस्या जीवन का संघर्ष है और इस संघर्ष में सहायता देने वाली हर चीज आमतौर से वांछनीय है, परन्तु यदि मानव जीवन के लक्ष्य को यही तक सीमित कर दिया जाये तो मनुष्य और पशु में अन्तर ही क्या है। कोई भी विचारक जिसने मनुष्य और पशु के अन्तर पर विचार किया है केवल अस्तित्व के लिए संघर्ष मात्र ही मानव जीवन का लक्ष्य नहीं मान सकता। मनुष्य का लक्ष्य जीना है परन्तु यह जीना कीड़े-मकोड़े की तरह जीना न होकर एक मनुष्य की तरह जीना है। मनुष्य की तरह जीने का अर्थ कोई आसान या सरल जीवन न होकर एक ऐसा जीवन है जिसमें मानव सुलभ मूल्यों का समुचित विकास हो सके और ये मानव सुलभ मूल्य जैसा कि पहले बतलाया जा चुका है मानसिक और आध्यात्मिक मूल्य हैं। दूसरे, मनुष्य केवल पर्यावरण से अनुकूलन ही नहीं करता बल्कि पर्यावरण को भी अपने अनुकूल बदल देता है। यही मानवीय अनुकूलन और पाश्विक अनुकूलन में अन्तर है। अत: केवल अनुकूलन मात्र में सहायता देने वाली चीज को वाँछनीय नहीं कहा जा सकता। फिर भी प्रगति की उपरोक्त परिभाषा में इतना सत्य अवश्य है कि पर्यावरण से अधिक से अधिक अनुकूलन प्रगति की एक महत्वपूर्ण कसौटी है।

(5) **लमले का मत**—सामाजिक उद्‌विकास और सामाजिक प्रगति में अन्तर बताते हुये लमले ने लिखा है "प्रगति एक संकीर्ण प्रत्यय है। वह परिवर्तन है, परन्तु वह किसी भी दिशा में परिवर्तन न होकर एक वांछित अथवा स्वीकृति दिशा में परिवर्तन है।"[5] प्रगति की यह परिभाषा सामाजिक उद्‌विकास से उसका अन्तर स्पष्ट करती है। प्रगति का जो विषलेषण पीछे दिया गया है उससे इस परिभाषा को समझने में कठिनाई नहीं होगी।

प्रगति की विशेषतायें

प्रगति की सामान्य विशेषताओं को जानने से प्रगति का विचार और भी स्पष्ट होगा। प्रगति की मुख्य विशेषतायें निम्नलिखित हैं—

(1) प्रगति में परिवर्तन है—प्रगति जैसा कि उसके नाम से स्पष्ट है, किसी न किसी दिशा में गति अथवा परिवर्तन है। अत: परिवर्तन उसकी पहली अनिवार्य विशेषता है।

---

4. " Any change or adaptation to an existent environment that makes it easier for a person or group of persons or other organised form of life may be said to represent progress."

—Park and Burgess, *An Introduction to Science of Sociology*, p. 382.

5. "Progress is a narrower concept. It is change but it is change in a desired or approved direction, not any direction,"

—Lumley, *Principles of Sociology*, p. 387

(2) प्रगति में वांछित उद्देश्य की पूर्ति होती है—परन्तु केवल परिवर्तन मात्र को प्रगति नहीं कहा जा करता। प्रगति कहलाने के लिये परिवर्तन वांछित उद्देश्य की पूर्ति करने वाला भी होना चाहिये। यह वांछित उद्देश्य कुछ भी हो सकता है परन्तु यह कल्याणकारी और लाभदायक तो होगा ही क्योंकि कोई भी अपना अकल्याण अथवा हानि नहीं चाहता।

(3) प्रगति सामूहिक होती है—प्रगति नैतिक अथवा अन्य अर्थो में व्यक्तिगत भी होती है परन्तु फिर प्रगति सामूहिक भी होती है अर्थात् उसमें समस्त समूह किसी वांच्छित दिशा में आगे बढ़ता है।

(4) प्रगति में लाभ-हानि दोनों सम्भव हैं—ऐसा नहीं है कि प्रगति में केवल लाभ ही लाभ हो और हानि बिल्कुल नहीं, परन्तु हां इतना अवश्य है कि अन्त में हानि की अपेक्षा लाभ अवश्य ही अधिक होता है। लाभ से हानि अधिक होने पर सामाजिक परिवर्तन को प्रगति नहीं कहा जा सकता है। हर एक प्रगति में समूह को कुछ न कुछ कष्ट उठाने पड़ते हैं और त्याग करने पड़ते हैं। स्वतन्त्रता प्राप्त करने में भारत को कितने कष्ट उठाने पड़े और कितनी हानि सहन करनी पड़ी परन्तु फिर भी स्वतन्त्रता के इस इतिहास में प्रत्येक संघर्ष प्रगति का ही एक कदम था।

(5) प्रगति ऐच्छिक होती है—प्रगति अपने आप हाथ पर हाथ धर कर बैठने से नहीं होती। उसके लिये इच्छा और संकल्प की आवश्यकता होती है। वह ऊपर चढ़ने का काम (Up hill task) है, उसके लिये कोशिश करनी पड़ती है और जब उस कोशिश में सफलता मिलती है तब उसे प्रगति कहते हैं। ध्यान रहे कि यह आवश्यक नहीं है कि प्रत्येक प्रयत्न प्रगति हो, क्योंकि बहुधा प्रयत्न व्यर्थ भी जाते हैं और भरसक कोशिश करने पर भी कभी-कभी हम एक कदम भी आगे नहीं बढ़ पाते।

(6) प्रगति की धारणा परिवर्तनशील है—सभी देश कालों में प्रगति की धरणा एक ही नहीं रहती। आज जो प्रगति का चिन्ह माना जाता है वही कल अवनति का प्रतीक माना जा सकता है। भारत में एक बात को अवनति माना जा सकता है जबकि पश्चिमी समाज में उसे ही प्रगति माना जा सकता है। ऑगबर्न और निमकॉफ लिखते हैं "हमारा देश एक शताब्दी पहले से अधिक धनी है। परन्तु क्या धन की प्राप्ति प्रगति है? हम शीघ्रतापूर्वक संसार में भ्रमण कर सकते हैं परन्तु क्या इससे अधिक सुख या स्वास्थ्य या आराम या मानसिक शान्ति प्राप्त होती है? पूर्व की प्राचीन सभ्यताओं से आने वाले व्यक्ति और सुदूर स्थानों के कम उन्नतिशील व्यक्ति हमारी भौतिक सफलता पर आश्चर्य करते हैं और बहुधा पूछते हैं कि क्या यह वास्तव में प्रगति है।"

प्रगति पर सामाजिक मूल्यों का प्रभाव

प्रगति की परिभाषा करते हुये लम्ले ने लिखा है, "प्रगति हमारे सामाजिक उद्देश्यों की प्राप्ति है।"[6] इस प्रकार प्रगति सामाजिक मूल्यों द्वारा निर्धारित होती है। जिस देश काल में जो सामाजिक मूल्य (Social Values) होंगे उसी के अनुसार उनका प्रगति का विचार होगा। समाज शास्त्र में मूल्य शब्द का प्रयोग विशेष अर्थों में किया गया है। Patterns of Culture में गिलिन

6. "Progress is the realisation of our social ideals." —Lumley

और गिलिन लिखते हैं "एक वस्तु का मूल्य किसी अन्य वस्तु की तुलना में उसका महत्व या वांछनीयता है मूल्य (1) समूह अथवा समूह की एक बड़ी संख्या या बड़े भाग की आवश्यकताओं को पूरा करने वाली क्रियाओं और रुखों के चारों ओर अथवा (2) जीवन के उन तरीकों के चारों ओर केन्द्रित है जो कि आदत या प्रथा बन चुकी हैं और इसलिये रोज-रोज बहुत कम चेतन अवधान चाहती हैं अथवा वे (3) संस्कृति के अन्य तत्वों से इतने घुल-मिल गये हैं कि संकुल के किसी एक भाग में विघ्न अन्य सभी में भी खतरा उत्पन्न कर देते हैं।"[7] इस प्रकार मूल्य वह है जो वांछनीय है। वह उन क्रियाओं या विचारों पर आधारित होता है जो सामूहिक जीवन की आवश्यकताओं को पूरा करती हैं। मूल्य उन क्रियाओं से सम्बन्धित है जो हमारी आदत बन चुके हैं तथा संस्कृति में घुल-मिल गये हैं। इस प्रकार स्पष्ट है कि मूल्य सामाजिक हैं और हम उनकी वृद्धि चाहते हैं अथवा समूह को उनकी वृद्धि की आवश्यकता है अतः जितने ही अधिक मूल्यों की प्राप्ति होगी समूह उतना ही वांछित दिशा में बढ़ेगा। स्पष्ट है कि प्रगति सामाजिक मूल्यों पर ही आधारित है। किस परिवर्तन को प्रगति कहा जायेगा या अवनति, यह उस समाज के सामाजिक मूल्यों पर निर्भर है और ये मूल्य सदा बदलते रहते हैं। अतः कोई भी चीज ऐसी नहीं है जो सभी देश काल में एक ही रूप में मूल्यवान मानी जाये। इसीलिये मैकाइवर और पेज ने लिखा है "प्रगति का विचार एक गिरगिट है जो कि जब हम पर्यावरण के अनुकूल होते हैं तब उसका रंग ग्रहण कर लेता है और जब हम अनुकूलन नहीं कर पाते तब विपरीत रंग ग्रहण कर लेता है।"[8] इस प्रकार प्रगति का विचार गिरगिट के समान रंग बदलता रहता है। यहां पर यदि कुछ लोग यह कहें कि प्रगति के कुछ विचार सदैव एक से रहते हैं जैसे चोरी न करना, हिंसा न करना, शोषण न करना आदि प्रगति के चिन्ह हैं। परन्तु गौर करने से यह स्पष्ट हो जायेगा कि इन शब्दों के अर्थ भिन्न-भिन्न देश काल में भिन्न-भिन्न होते हैं। उदाहरण के लिये जैन धर्म में कीड़े या मच्छर को मारना भी हिंसा माना जाता है जबकि राजनैतिक क्षेत्र में शत्रु को मार डालना भी हिंसा नहीं माना जाता है। इस प्रकार किसी समय में दास प्रथा तक को शोषण नहीं माना जाता था। आज भी साम्यवादी और पूंजीवादी देशों में शोषण के अर्थ भिन्न-भिन्न हैं। इस प्रकार प्रगति का अर्थ विशिष्ट सामाजिक मूल्यों पर निर्भर है। मूल्यों की इस परिवर्तनशीलता का अर्थ यह नहीं है कि प्रगति का विचार निश्चित ही नहीं है। इसका अर्थ केवल यह है कि प्रगति का विचार अब देश कालों में एक सा नहीं होता और सामाजिक मूल्यों के अनुसार निर्धारित होता है। ये सामाजिक मूल्य बदलते रहते हैं परन्तु इनके बदलने कि गति बहुत मन्द होती है और बहुत से मूल्यों में तो सैकड़ों सालों में भी बहुत कम अन्तर पड़ता है। अतः उस सीमा तक प्रगति का विचार स्थिर रहता

---

7. "The value of a thing is its worth or desirability as compared with something else. Values cluster around : (1) activities and attitudes which serve needs of the group, or large or dominant portion of group, or (2) about ways of life which have become habitual or customary and therefore require little conscious adjustment from day to day they are (3) so intertwined with other elements in the culture that disturbance of one part of the complex threatens others." —Gillin and Gillin

8. "The concept of progress is a chameleon that takes on the colour of the environment when we are adjusted to that environment, and some contrasting colour when we are feel maladjustment." — MacIver and Page

है। अतः यह स्पष्ट है कि प्रगति का विचार सामाजिक मूल्यों से निर्धारित होता है। मूल्यों का विवेचन पीछे भी किया जा चुका है।

सामाजिक प्रगति में सहायक दशायें

सामाजिक प्रगति में सहायक दशायें भी सभी देश काल में एक सी नहीं हो सकतीं। इसके अलावा प्रगति में भिन्न-भिन्न क्षेत्रों के लिये सहायक दशायें भी भिन्न-भिन्न होंगी। विभिन्न देशों में प्रगति के स्तर के अनुसार उनकी प्रगति में सहायक अवस्थायें भी बदलती रहती हैं। उदाहरण के लिये भारतवर्ष में वर्तमान अवस्था में जनता के लिये शिक्षा, आजीविका के साधन, खाद्य सामग्री आदि का प्रबन्ध प्रगति में सहायक दशायें हैं। ये चीजें प्रत्येक समाज के लिये आवश्यक हैं परन्तु जहाँ ये चीजें पहले से उपलब्ध हों वहाँ प्रगति इन क्षेत्रों के अलावा अन्य क्षेत्रों में होगी। अतः उसके लिये भिन्न दशाओं की आवश्यकता होगी। उदाहरण के लिये अमरीका में मानसिक और यौन सम्बन्धी व्याधियों का दूर होना प्रगति की आवश्यक दशा है। सांस्कृतिक विकास के कार्यक्रम उस देश की प्रगति में सहायक दशा हो सकती है जहां लोगों को पर्याप्त भोजन उपलब्ध हो। जिस देश में लोगों को खाने को भी न हो वहां सांस्कृतिक कार्यक्रम केवल समय और शक्ति बर्बाद करेंगे। इस प्रकार सामाजिक प्रगति में सहायक दशाओं को सब देश, काल के लिये निश्चित नहीं किया जा सकता। इस सापेक्ष रूप को सामने रखते हुए कुछ मुख्य सामान्य दशायें निम्नलिखित हो सकती हैं–

(1) **शारीरिक और मानसिक स्वास्थ्य**–स्वस्थ्य मन और शरीर किसी भी प्रकार की प्रगति की पहली शर्त है। इसी से भावी पीढ़ी भी स्वस्थ होगी और देश का भविष्य उज्ज्वल बनेगा।

(2) **भौतिक वस्तुओं का संचय**–स्वास्थ्य के साथ ही गरीबी और अभाव से मुक्ति मिलना परमावश्यक है। गरीबी और भुखमरी में स्वास्थ्य भी क्या ठीक रहेगा। अतः जीवन की आवश्यकता की चीजों का संचय प्रगति की आवश्यक दशा है।

(3) **सार्वभौम शिक्षा**–पर्याप्त साधनों के साथ सार्वभौम शिक्षा भी प्रगति में सहायक दशा है। इसके बिना ज्ञान विज्ञान की प्रगति नहीं हो सकती।

(4) **सामाजिक सुरक्षा**–प्रगति में सहायक एक अन्य महत्वपूर्ण दशा रोग, आपत्ति, वृद्धावस्था, तथा बेकारी आदि के बीमों की व्यवस्था है।

(5) **स्वतन्त्रता और समानता**–स्वतन्त्रता और समानता के बिना लोग प्रगति की दिशा में सफलतापूर्वक काम नहीं कर सकते। ये प्रगति में बड़ी सहायक दशायें हैं।

(6) **प्रगति की सम्भावना**–लोगों को प्रगति की सम्भावना में विश्वास होना चाहिये और किसी प्रकार का भय नहीं होना चाहिए। जब प्रगति की सम्भावना ही नहीं होगी तो प्रगति के लिये प्रेरणा कहां से मिलेगी। परन्तु दूसरी ओर प्रगति की सम्भावना अनिवार्य भी न मालूम पड़े अन्यथा लोग उसके लिये प्रयत्न करना बन्द कर देंगे।

(7) न्यूनतम बाधायें—मनुष्यों के आने-जाने के व्यवहार तथा जीवन में आगे बढ़ने के रास्ते में बाधाओं का कम से कम होना प्रगति में सहायक दशा है। उसको कार्य करने की अधिक से अधिक स्वतन्त्रता होनी चाहिये।

कहना न होगा कि प्रगति में सहायक दशाओं का उपरोक्त वर्णन संक्षिप्त और अपूर्ण है। देशकाल के अनुसार इसमें बहुत सी बातें बढ़ाई जा सकती हैं। इसमें केवल वे मौलिक दशायें बतलाई गई हैं जो प्रगति के लिये अनिवार्य हैं। आगे प्रगति की कसौटियों के विचार से उसकी दशायें और भी स्पष्ट होंगी।

प्रगति की कसौटियां

प्रगति की दशाओं के समान प्रगति की कसौटियों का भी वर्णन कठिन है और देश, काल की परिस्थितियों में सापेक्ष है। प्रगति की कसौटियां सामाजिक मूल्य हैं और सामाजिक मूल्य देश काल के अनुसार बदलते रहते हैं। अत: प्रगति की सर्वमान्य कसौटी निश्चित करना कठिन है। फिर भी मोटे तौर से इसकी निम्नलिखित कसौटियाँ बतलाई जा सकती हैं—

(1) स्वास्थ्य और दीर्घ जीवन— ए॰ जे॰ टॉड ने लिखा है कि एक डाक्टर के मतानुसार '''जीवन की औसत लम्बाई ही केवल एकमात्र और निश्चित कसौटी है कि दुनियां बेहतर हो रही है।''[9] परन्तु यह आवश्यक नहीं है कि अधिक लम्बा जीवन अधिक सुखी और अच्छा भी हो, अत: यह कसौटी अपूर्ण है।

(2) धन सम्पत्ति—कुछ विद्वानों के अनुसार धन सम्पत्ति अथवा आर्थिक उन्नति प्रगति की कसौटी है। परन्तु स्वास्थ्य के अभाव में धन का क्या लाभ? भारत जैसे धर्म-परायण देश में धर्म अथवा नैतिकता को सदैव धन से ऊपर माना गया है।

(3) जनसंख्या—कुछ लोगों के अनुसार जनसंख्या में वृद्धि प्रगति का चिन्ह है। परन्तु यदि ऐसा है तो भारत जोर-शोर से परिवार नियोजन द्वारा जनसंख्या की वृद्धि को रोकने में क्यों लगा है? यदि जनसंख्या ही कसौटी हो तो इंगलैंड और अमरीका तथा रूस नहीं बल्कि चीन और भारत ही संसार में सबसे अधिक प्रगतिशील देश माने जाने चाहियें।

(4) नैतिक आचार—महात्मा गाँधी जैसे कुछ विचारकों के अनुसार नैतिक आचरण ही प्रगति की कसौटी है। यह मत सामान्य रूप से ठीक है परन्तु इसमें कठिनाई यही है कि नैतिक आचार क्या है, यही निश्चित नहीं है।

उपरोक्त विवेचन से यह स्पष्ट हो गया होगा कि प्रगति की कोई एक कसौटी नहीं बनाई जा सकती क्योंकि जीवन बहुरंगी है।

किसी निष्कर्ष पर पहुंचने से पहले इस सम्बन्ध में कछ मुख्य मतों पर दृष्टि डालना उपयुक्त होगा। कुछ मुख्य मत अग्रलिखित हैं—

---

9. ''.......the average length of life is one and only sure index of whether the world is growing.'' —Quoted by A. J. Todd

बोगार्डस का मत

बोगार्डस के अनुसार सामाजिक प्रगति के निम्नलिखित 14 आधार होते हैं। जिनको देखकर यह निश्चित किया जा सकता है कि प्रगति हो रही है अथवा नहीं—

(1) प्राकृतिक सम्पत्ति का सार्वजनिक हित के लिये उपयोग।
(2) शारीरिक और मानसिक दृष्टि से स्वस्थ व्यक्तियों की वृद्धि।
(3) स्वास्थ्यप्रद पर्यावरण में वृद्धि।
(4) उपयोगी मनोरंजन में वृद्धि।
(5) संगठित परिवारों में वृद्धि।
(6) अधिकाधिक लोगों को रचनात्मक कार्य के लिये अवसर।
(7) उद्योगों और व्यापारों के जनतन्त्रीयकरण की वृद्धि।
(8) दुर्घटनाओं, बीमारियों, मृत्यु, बेकारी आदि के विरुद्ध सामाजिक बीमे की वृद्धि।
(9) अधिक से अधिक लोगों के रहन-सहन के स्तर में वृद्धि।
(10) सरकार के साथ सहयोग में अधिक से अधिक वृद्धि।
(11) कला का अधिक से अधिक प्रसार।
(12) मानव प्रकृति में धार्मिक और आध्यात्मिक पहलुओं का विशेष विकास।
(13) व्यवसायिक, अव्यवसायिक और कल्याणकारी शिक्षा का प्रसार।
(14) संश्लिष्ट अथवा सहकारी जीवन में वृद्धि।

सामाजिक प्रगति के इन आधारों में भौतिक मानसिक और आध्यात्मिक सभी तरह के मूल्यों को स्थान देने का प्रयास किया गया है। अतः काम चलाऊ रूप से प्रगति की इन कसौटियों को माना जा सकता है।

लमले का मत

लमले ने सामाजिक प्रगति के निम्नलिखित आठ आधार माने हैं। इन आधारों को उसने मानव प्रगति की दशायें कहा है। अर्थात् किन दशाओं में किसी समाज में गति को प्रगति कहा जा सकता है। यह आठ दशायें निम्नलिखित हैं—

(1) प्रगति की पहली दशा यह है कि लोगों को यह विश्वास हो कि संघर्ष से वांछित फल होगा। इससे वे परिवर्तन की चेष्टा करेंगे। इसके न होने पर परिवर्तन की सम्भावना और इसलिये प्रगति की सम्भावना कम रहती है।

(2) प्रगति की दूसरी दशा लोगों का यह विश्वास है कि प्रगति अनिवार्य नहीं है अर्थात् वह स्वयं नहीं होती। ऐसा विश्वास होने पर लोग प्रगति के लिये चेष्टा करेंगे और इसके न होने पर वे हाथ पर हाथ धरे बैठे रहेंगे।

(3) प्रगति की तीसरी दशा लोगों का विश्वास है कि प्रगति सम्भव है। इस विश्वास से वे प्रगति के लिये कोशिश करेंगे और ऐसा न होने पर वे भाग्यवादी बन जायेंगे।

(4) प्रगति की चौथी दशा यह है कि मनुष्य को मानवेतर शक्तियों का भय न हो। इसके होने पर वे बहुत से परिवर्तन करते हुये डरेंगे जिससे प्रगति में बाधा पड़ेगी। भय न होने पर वे निशंक होकर नये नये प्रयोग और आविष्कार करेंगे।

(5) प्रगति की पांचवीं दशा भौतिक पदार्थों का पर्याप्त मात्रा में संग्रह है। निर्धनता बढ़ने को अवनति ही कहा जायेगा। भौतिक पदार्थों के संग्रह के साथ प्रगति के लिये उसका अधिक से अधिक व्यक्तियों में वितरण भी आवश्यक है।

(6) प्रगति की छठी दशा शिक्षा का सार्वभौम रूप से प्रसार है जिससे कि अधिक से अधिक लोग उसका लाभ उठा सकें।

(7) प्रगति की सातवीं दशा अनुवांशिक रूप से दोषपूर्ण व्यक्तियों की संख्या में बराबर कमी होना है। इस कमी से समाज में शक्ति और सम्पत्ति की भारी बचत होगी जिसका रचनात्मक कार्यों में उपयोग किया जा सकेगा।

(8) प्रगति की आठवीं दशा व्यक्ति की दुनिया में कहीं भी घूमने-फिरने की स्वतन्त्रता है। इससे भिन्न-भिन्न समाजों में मेल-जोल बढ़ेगा। तथा भिन्न-भिन्न व्यक्तियों को एक दूसरे के सम्पर्क में आने का अवसर मिलेगा।

प्रगति की उपरोक्त आठों दशायें प्रगति की कसौटियां न होकर वे परिस्थितियां हैं जिनमें कोई समाज प्रगति कर सकता है। परन्तु इन आठों परिस्थितियों में सामाजिक प्रगति के लिये आवश्यक सभी परिस्थितियां नहीं आती। इनके अलावा और बहुत सी परिस्थितियां ऐसी हो सकती हैं जो सामाजिक प्रगति के लिये आवश्यक हों और इन आठों दशाओं के रहने पर भी यह आवश्यक नहीं है कि प्रगति अवश्य हो।

हार्ट का मत

हारनेल हार्ट (Harnel Hart) ने सामाजिक प्रगति के निम्नलिखित तीन आधार माने हैं–

(1) आयु का अधिक होना।

(2) मानसिक स्वास्थ्य।

(3) अवकाश का अधिक समय।

सामाजिक प्रगति के लिये तीन आधार तो आवश्यक हैं ही परन्तु इनके अलावा और कितने ही ऐसे आधार हैं जो सामाजिक प्रगति के लिए आवश्यक हैं। अत: हार्ट का यह मत एकांगी और अपूर्ण है।

डेवाइन का मत

ई० टी० डेवाइन (E. T. Devine) ने सामाजिक प्रगति की निम्नलिखित कसौटियां मानी हैं–

(1) प्राकृतिक साधनों का संरक्षण और कुछ थोड़े से चतुर व्यक्तियों के लिये नहीं बल्कि सभी व्यक्तियों के लाभ के लिये उनका अपेक्षाकृत अधिक उपयोग।

(2) अपेक्षाकृत अधिक स्वस्थ, मानसिक और शारीरिक आनुवांशिकता, दुर्बल मस्तिष्क या शराबी माता-पिता से उत्पन्न होने वाले नष्ट धर्मी (Degenerate) सन्तानों की संख्या में अपेक्षाकृत कमी।

(3) स्वास्थ्य के लिये अधिक अनुकूल परिस्थिति और हानिप्रद मकानों, सफाई की सन्तोषजनक व्यवस्था तथा संक्रामक रोगों का अभाव।

(4) स्वास्थ्यप्रद मनोरंजन में वृद्धि और हानिकारक मनोरंजन में कमी तथा नागरिक जीवन की थकाने वाली गति में कमी।

(5) स्वस्थ और सम्पन्न परिवारों और शिक्षित बालकों की संख्या में वृद्धि और माता-पिता द्वारा तिरस्कृत बच्चों की संख्या में कमी तथा उद्योग में बालकों के साथ होने वाले अत्याचार में कमी।

(6) अपेक्षाकृत अधिक व्यक्तियों के लिए रचनात्मक कार्यों के अवसर, ऐसे व्यक्तियों की संख्या में कमी जो कि अपने काम को ईमानदारी के साथ करते हैं और काम चोरी नहीं करते तथा ऐसे व्यक्तियों की संख्या में कमी जो अपने जीवन के मध्यकाल में बेकार हो जाते हैं।

(7) उद्योग और व्यापार का अधिक जनतन्त्रीयकरण। इसमें उद्योग और व्यापार के नियन्त्रण में मजदूर, पूंजीपति, जनता सभी का महत्व हो और ऐसे मजदूर कारीगर तथा मालिकों की संख्या में वृद्धि जो पहले दूसरों की भलाई और तब अपनी भलाई के लिये काम करें।

(8) दुर्घटनाओं, रोगों, बुढ़ापा, मृत्यु और बेकारी के सामाजिक बीमे में वृद्धि।

(9) अपेक्षाकृत अधिक व्यक्तियों के जीवन स्तर में वृद्धि जिसमें पौष्टिक भोजन, ताजगी लाने वाले मनोरंजन और रचनात्मक कार्यों के अवसर शामिल हैं।

(10) इस बात पर अपेक्षाकृत कम जोर दिया जाता है कि मैं सरकार से क्या प्राप्त कर सकता हूं बल्कि इस बात पर अधिक जोर दिया जाना चाहिये कि मैं सरकार के लिये क्या कर सकता हूं। अच्छे संगीत, चित्रकला, काव्य, मूर्तिकला तथा अन्य कलाओं में अधिक रुचि।

(11) व्यवसायिक, अव्यवसायिक और जनकल्याण सम्बन्धी शिक्षा का प्रसार।

(12) अपेक्षाकृत अधिक व्यक्तियों के आध्यात्मिक और धार्मिक पहलुओं का अपेक्षाकृत अधिक विकास।

इस प्रकार सामाजिक प्रगति एक सापेक्ष परिवर्तन है। यदि किसी वांछित लक्ष्य की ओर परिवर्तन पहले की अपेक्षाकृत अधिक है तो उसको प्रगति कहा जायेगा। स्पष्ट है कि यह प्रगति कभी भी खत्म नहीं होती। सामाजिक प्रगति कोई गन्तव्य स्थान नहीं है जहां पहुंचने के बाद कुछ और करना शेष न रह जाय। वास्तव में वह स्वयं यात्रा है। वह अभीष्ट लक्ष्यों की ओर लगातार बढ़ते जाना है। इस यात्रा में अभीष्ट लक्ष्यों की ओर इस परिवर्तन की ओर ही प्रगति है। इस प्रकार किसी समाज ने प्रगति की है या नहीं यह उसकी वर्तमान अवस्था की भूतकालीन अवस्था से तुलना करने से मालूम हो सकता है। लक्ष्य की ओर कितना आगे बढ़े हैं यह एक अलग बात है परन्तु यदि उस दिशा में कुछ भी परिवर्तन हुआ है तो सामाजिक प्रगति अवश्य है।

सामाजिक प्रगति की कसौटियों के विषय में उपरोक्त मतों से उसके विभिन्न पहलुओं का आभास होता है। समाज सामाजिक सम्बन्धों की व्यवस्था है। ये सामाजिक सम्बन्ध केवल शारीरिक न होकर मानसिक और आध्यात्मिक भी होते हैं। ये सामाजिक सम्बन्ध शून्य में नहीं होते। इन पर राजनैतिक, आर्थिक तथा अन्य परिस्थितियों का प्रत्यक्ष अप्रत्यक्ष प्रभाव अवश्य पड़ता है। अत: सामाजिक प्रगति में इन सभी दिशाओं में प्रगति आवश्यक है। यह एक सर्वांगीण विचार है। जैसा कि पहले बताया जा चुका है इसमें जैविक, मानसिक और आध्यात्मिक सभी मूल्यों का समुचित स्थान होना चाहिये। परन्तु फिर भी सामाजिक प्रगति की कसौटियों को पूरी तरह से निश्चित नहीं किया जा सकता क्योंकि जैसे-जैसे मनुष्य मानसिक और आध्यात्मिक दृष्टि से विकसित होता है उसको प्रगति के विचार में और भी अन्तर्दृष्टि मिलती रहती है। स्पष्ट है कि सामाजिक प्रगति का प्रत्यय एक विकासमान प्रत्यय है। फिर सामाजिक प्रत्यय का निश्चय भी बड़ा कठिन है। किसी विशेष समाज ने प्रगति की है अथवा नहीं या मानव समाज पहले से प्रगति की ओर जा रहा है या अवनति की ओर? इस प्रश्न का पूरी तरह उत्तर देना बड़ा कठिन है क्योंकि सामाजिक प्रगति का निश्चय करने के लिये समाज के सभी क्षेत्रों के विकास का चित्र उपस्थित करना पड़ेगा। अव्वल तो पूरे समाज का चित्र उपस्थित ही नहीं किया जा सकता और यदि किया भी जाय तो उसे देखने से यह मालूम पड़ेगा कि परिवर्तन सब कहीं एकसा नहीं है। सामाजिक जीवन के किसी पहलू में वांछित परिवर्तन दिखाई पड़ेगा तो कहीं अवांछित परिवर्तन दिखाई पड़ेगा। ऐसी स्थिति में यह निश्चय करना कठिन होगा कि समाज प्रगति कर रहा है अथवा नहीं। सामाजिक, आर्थिक और औद्योगिक सभी क्षेत्रों में जब कि कुछ कारक आगे बढ़ते हैं तो दूसरे तत्वों में विलम्बना दिखाई पड़ती है। इन सब बातों की वजह से सामाजिक प्रगति का निश्चय करना कठिन होता है। जैसा कि फैरिश ने कहा है "आधुनिक मस्तिष्कों के सामने उपस्थित समस्या के रूप में प्रगति के तथ्य को प्रदर्शित करने की कठिनाई बहुत वास्तविक हो गई है। यह सिद्ध करना सम्भव है कि दुनिया अधिक जटिल हो गई है। यह सिद्ध करना मुश्किल से ही सम्भव है कि वह बेहतर हो गई हैं और यह सिद्ध करना तो बिल्कुल असम्भव ही है कि वह ऐसा करती रहेगी।"[10] फैरिश के इस कथन में इतना सत्य तो अवश्य है कि अन्तिम रूप से और पूरी तरह सन्तोषजनक दशा में यह निश्चय करना कठिन है कि मानव समाज प्रगति कर रहा है अथवा नहीं, परन्तु यदि मूल्यों के संस्तरण को ध्यान में रखा जाय तो किसी छोटे मोटे विशेष समाज के बारे में यह निश्चय अवश्य किया जा सकता है कि उसमें परिवर्तन किस ओर जा रहे हैं। सामाजिक प्रगति की कसौटियों में मतभेद होने का एक बड़ा कारण यह भी है कि सभी विचारक प्रगति के लक्ष्यों के विषय में एकमत नहीं हैं। कुछ उसे धार्मिक बतलाते हैं तो कुछ धर्म को बिल्कुल बेकार समझते हैं। इस मतभेद में कोई ऐसा सिद्धान्त उपस्थित करना सम्भव नहीं है जो सभी को मान्य हो और न ऐसा करना आवश्यक

---

10. "The difficulty in demonstrating the fact of progress has become very real as the problem is presented to modern minds. It is possible to prove that the world has become more complex. It is hardly possible to prove that it has become better and quite impossible to prove that it will continue to do so."

— Ellsworth Faris Quoted by Park and Burgess,
An Introduction to the Science of Sociology., p. 916.

ही है। मूल्य आदर्श रूप में निर्धारित किये जाते हैं, अत: उनके विषय में मतभेद होना स्वाभाविक ही है। परन्तु यदि गौर किया जाय तो यह मालूम पड़ेगा कि यह मतभेद इतना अधिक नहीं है कि भिन्न-भिन्न मत परस्पर विरोधी हो जायें। सामान्य रूप से यह कहा जा सकता है कि सामाजिक प्रगति में समाज की सर्वांगीण प्रगति निहित है और इस सर्वांगीण प्रगति में भिन्न-भिन्न पहलुओं का समान नहीं बल्कि अनुपातिक (Proportionate) महत्व है।

सामाजिक प्रगति के सिद्धान्त

सामाजिक प्रगति के विचार और आधार की पृष्ठ भूमि में अब उसके विषय में प्रचलित कुछ मुख्य सिद्धान्तों का विवेचन किया जा सकता है।

(1) कार्ल मार्क्स का सिद्धान्त—सामाजिक प्रगति के विषय में सबसे प्रसिद्ध सिद्धान्त कार्ल मार्क्स ने उपस्थित किया है। कार्ल मार्क्स ने मानव इतिहास की आर्थिक व्याख्या उपस्थित की। उसके अनुसार मानव समाज के लक्ष्य आर्थिक हैं और इन आर्थिक लक्ष्यों की ओर विकास को देखकर ही समाज की प्रगति का निश्चय किया जा सकता है। मार्क्स के अनुसार सामाजिक जीवन के सभी पहलुओं के स्वरूप आर्थिक कारकों द्वारा निर्धारित होते हैं। उत्पादन और वितरण का प्रकार सामाजिक संरचना और सामाजिक संस्थाओं का स्वरूप निश्चित करता है।इस प्रकार कार्ल मार्क्स के अनुसार मानव सभ्यता की व्याख्या आर्थिक शब्दों में की जा सकती है।

मार्क्स के इस सिद्धान्त में यह सत्य है कि सामाजिक प्रगति आर्थिक प्रगति के बिना असम्भव है। परन्तु फिर आर्थिक प्रगति स्वयं कोई साध्य नहीं है। व्यक्ति और समाज दोनों के जीवन में आर्थिक विकास एक साधन मात्र है जिससे कि वे मानसिक और आध्यात्मिक विकास करते हैं। यह ठीक है कि आर्थिक कारक मानव जीवन को बहुत अधिक प्रभावित करते हैं परन्तु फिर दूसरी ओर यह भी गलत नहीं है कि आर्थिक से अधिक मानव जीवन को मनोवैज्ञानिक कारक प्रभावित करते हैं। अत: सामाजिक प्रगति के विषय में कार्ल मार्क्स का आर्थिक सिद्धान्त एकांगी है।

(2) मानवशास्त्रीय भौगोलिक सिद्धान्त—सामाजिक प्रगति के विषय में दूसरा महत्वपूर्ण सिद्धान्त मानवशास्त्रीय भौगोलित सिद्धान्त है। बकल के अनुसार सामाजिक प्रगति में दो कारक कार्य करते हैं, तो एक तो बाहरी अथवा भौगोलिक कारक और दूसरे आन्तरिक अथवा मनुष्य से सम्बन्धित कारक। इन दोनों ही कारकों ने मनुष्य की प्रगति में हाथ बंटाया है। मनुष्य की बौद्धिक श्रेष्ठता और प्रकृति की उदारता दोनों ही मिलकर महान सभ्यताओं का सूत्रपात करते हैं। बकल का यह सिद्धान्त बहुत कुछ ठीक मालूम पड़ता है। परन्तु इस सिद्धान्त से यह नहीं मालूम पड़ता है कि सामाजिक प्रगति की कसौटियां क्या-क्या हैं। यह तो केवल यह बतलाता है कि सामाजिक प्रगति की दशायें क्या हैं अथवा किन हालतों से सामाजिक प्रगति होती है और इस दृष्टि से इस सिद्धान्त में सभी कारकों का उल्लेख नहीं किया है। मानव समाज इतना जटिल है और मानव इतिहास में इतने विविध कारकों का महत्व रहा है कि उनको इस प्रकार दो कारकों में बांट देना अथवा दो प्रकार की दशाओं के कारण मान लेना अति सरलीकरण (Over simplification) है।

(3) मनोवैज्ञानिक सिद्धान्त—सामाजिक प्रगति के विषय में एक अन्य सिद्धान्त मनोवैज्ञानिक सिद्धान्त कहलाता है। इस सिद्धान्त के मानने वाले विचारकों ने सामाजिक प्रगति में मनोवैज्ञानिक तथ्यों पर जोर दिया है। इस मत के अनुसार सामाजिक जीवन के विकास में स्थायी भावों का महत्वपूर्ण योगदान है। मानव समाज की वर्तमान प्रगति मनुष्य की श्रेष्ठ बौद्धिक सामर्थ्य के कारण है। अपनी बौद्धिक सामर्थ्य से ही मनुष्य ने प्रकृति के रहस्यों का पता लगाया और उनका अपनी प्रगति के लिये उपयोग किया। इस सिद्धान्त के अनुसार सामाजिक विकास में मनोवैज्ञानिक कारण प्रधान होते हैं और प्राकृतिक कारण गौण होते हैं।

मनोवैज्ञानिक सिद्धान्तों के बारे में भी वही कहा ज़ा सकता है जो पिछले दोनों सिद्धान्तों के बारे में कहा गया है। यह सिद्धान्त गलत नहीं है परन्तु एकांगी और अपर्याप्त है। यह सामाजिक प्रगति की कुछ थोड़ी दशाओं को बतलाता है जबकि अन्य बहुत सी दशायें इससे छूट जाती हैं। इससे सामाजिक लक्ष्यों के विषय में अर्न्तदृष्टि नहीं मिलती।

(4) मनोवैज्ञानिक समाजशास्त्रीय सिद्धान्त—सामाजिक प्रगति का एक अन्य सिद्धान्त मनोवैज्ञानिक समाजशास्त्रीय सिद्धान्त कहलाता है। जैसा कि इसके नाम से स्पष्ट है इसमें मनोवैज्ञानिक और समाजशास्त्रीय दृष्टिकोण का समन्वय किया गया है। यह सिद्धान्त सामाजिक प्रगति के लिये अनेक कारकों को महत्वपूर्ण मानता है। इनमें भौगोलिक, आर्थिक, जैवकीय, मनोवैज्ञानिक और सामाजिक सभी कारक आ जाते हैं। सामाजिक प्रगति के आधार के जिन सिद्धान्तों का पीछे उल्लेख किया गया है उनको इसी वर्ग में रखा जा सकता है। जैसा कि पहले बतलाया जा चुका है इस दिशा में अन्तिम रूप से कुछ नहीं कहा जा सकता। इस सिद्धान्त का दृष्टिकोण अन्य सिद्धान्त से कहीं अधिक व्यापक और संतुलित है।

सारांश

प्रगति का अर्थ—किसी विशेष लक्ष्य की ओर बढ़ना प्रगति कहलाता है।

सामाजिक प्रगति की परिभाषायें—(1) वार्ड का मत, (2) ग्रोव्स व मूर का मत, (3) मैकाइवर का मत, (4) पार्क और बर्गेस का मत, (5) लमले का मत।

प्रगति की विशेषतायें—(1) प्रगति में परिवर्तन है, (2) प्रगति में वाँछित उद्देश्य की पूर्ति होती है, (3) प्रगति सामूहिक होती है, (3) प्रगति में हानि लाभ दोनों सम्भव हैं, (5) प्रगति ऐच्छिक होती है, (6) प्रगति की धारणा परिवर्तनशील है।

प्रगति पर सामाजिक मूल्य का बड़ा प्रभाव पड़ता है। वास्तव में प्रगति का विचार सामाजिक मूल्यों से ही निर्धारित होता है।

सामाजिक प्रगति में सहायक दशायें—(1) शारीरिक और मानसिक स्वास्थ्य, (2) भौतिक वस्तुओं का संचय, (3) सार्वभौम शिक्षा, (4) सामाजिक सुरक्षा, (5) स्वतन्त्रता और समानता, (6) प्रगति की संभावना, (7) न्यूनतम बाधायें।

प्रगति की कसौटियां—(1) स्वास्थ्य और दीर्घ जीवन, (2) धन सम्पत्ति, (3) जनसंख्या, (4) नैतिक आचार।

सभ्यता और संस्कृति में अन्तर—(1) सभ्यता का मापने का एक निश्चित मानदण्ड होता है परन्तु संस्कृति का नहीं, (2) सभ्यता सदैव उन्नति करती रहती है परन्तु संस्कृति नहीं, (3) सभ्यता बिना किसी प्रयास के संचारित होती है परन्तु संस्कृति नहीं, (4) सभ्यता को बिना किसी परिवर्तन या हानि के ग्रहण किया जा सकता है परन्तु संस्कृति को नहीं, (5) संस्कृति अन्तरिक तथा साध्य है और सभ्यता बाह्य तथा साधन है।

सामाजिक प्रगति की कसौटियों के विषय में विभिन्न मत—(1) बोगार्डस का मत, (2) लमले का मत, (3) हार्ट का मत, (3) डेवाइन का मत।

सामाजिक प्रगति के सिद्धान्त—(1) कार्ल मार्क्स का मत, (2) मानवशास्त्रीय भौगोलिक सिद्धान्त, (3) मनोवैज्ञानिक सिद्धान्त, (4) मनोवैज्ञानिक समाजशास्त्रीय सिद्धान्त।

41

जनतन्त्र और उसकी समस्यायें
(Democracy and Its Problems)

आधुनिक युग में सरकार का जनतन्त्रीय स्वरूप सबसे अधिक लोकप्रिय है। एक अच्छी सरकार की जाँच करने के लिये एक कसौटी यह है कि उसकी राजनैतिक व्यवस्था में जनतन्त्रीय आदर्श कहाँ तक शामिल है। भिन्न-भिन्न देशों से भिन्न-भिन्न रूपों में जनतन्त्रीय आदर्श को प्राप्त करने की चेष्टा की जाती है।

जनतन्त्र क्या है?

अब्राहम लिंकन ने जनता के लिये, जनता द्वारा, जनता की सरकार के रूप में जनतन्त्र की परिभाषा की है। जनतन्त्र की अन्य भी अनेक परिभाषायें दी गईं हैं, परन्तु इससे अधिक उपयुक्त परिभाषा दूसरी नहीं है। जनतन्त्र में जनता का राज्य होता है। बहुधा वयस्क मताधिकार द्वारा जनता के प्रतिनिधियों का चुनाव किया जाता है और ये प्रतिनिधि ही सरकार को चलाते हैं। जनतन्त्र के आदर्श हैं, स्वतन्त्रता, समानता और भ्रातृत्व। जनतन्त्र राजनैतिक, आर्थिक और सामाजिक समानता स्थापित करता है। उसमें प्रत्येक व्यक्ति को विचार प्रकट करने, समितियाँ बनाने और किसी भी प्रकार के वैधानिक कार्यों में शामिल होने का अधिकार होता है। जनतन्त्र का अन्तिम उद्देश्य केवल सरकार की सफलता नहीं बल्कि एक ऐसा आदर्श समाज स्थापित करना है जिसमें लोगों में भाई चारे का अधिक से अधिक विकास हो सके। जनतन्त्र ऐसी परिस्थिति उपस्थित करता है जिसमें मानव के व्यक्तित्व का अधिकतम और सर्वोच्च विकास हो सके। सन् 1776 की अमरीका की आजादी की घोषणा में जनतन्त्र के सिद्धान्त को निम्नलिखित शब्दों में व्यक्त किया गया है—

"हम इन सत्यों को स्वयं-सिद्ध मानते हैं कि सब मनुष्य समान बनाये गये हैं, कि उनको उनके रचयिता ने कुछ हस्तान्तरित न किये जाने वाले अधिकार दिये हैं, कि इनमें जीवन, स्वतन्त्रता और आनन्द की खोज भी है, कि इन अधिकारों को प्राप्त करने के लिये सरकारें बनाई गईं हैं जो अपने न्यायोचित अधिकार शासितों की सहमति में प्राप्त करती हैं।"

"मनुष्य अपने अधिकारों के विषय में समान उत्पन्न हुए हैं और रहेंगे। राजनैतिक समाज का लक्ष्य मनुष्य के प्राकृतिक और अप्रत्यक्ष अधिकारों की रक्षा करना है। ये अधिकार हैं स्वतन्त्रता, सम्पत्ति, सुरक्षा और अत्याचार का विरोध।"

"समस्त सत्ता का तत्व मूल रूप से राष्ट्र में निहित है। कोई भी संगठन कोई भी व्यक्ति, किसी ऐसी शाक्ति का प्रयोग नहीं कर सकता जो कि स्पष्ट रूप से प्राप्त न हुई हो।"

जनतन्त्र में कठिनाइयाँ

परन्तु जहाँ जनतन्त्र की प्रशंसा की गई है वहाँ उसकी आलोचना भी कम नहीं हुई। ऑस्कर वाइल्ड (Oscar Wilde) ने तो यहाँ तक लिख दिया है—"जनतन्त्र का अर्थ केवल जनता को जनता द्वारा जनता के लिये डण्डों से पीटना है।" जनतन्त्र की यह आलोचना अतिश्योक्तिपूर्ण है और तथ्यों से सिद्ध नहीं होती। फिर भी इसमें सन्देह नहीं कि जनतन्त्र में कुछ मौलिक कठिनाइयाँ हैं। स्थूल रूप से इन कठिनाइयों को निम्नलिखित वर्गों में रखा जा सकता है।

(1) निर्वाचन सम्बन्धी कठिनाइयाँ।

(2) प्रतिनिधित्व सम्बन्धी कठिनाइयाँ।

(3) मनोवैज्ञानिक कठिनाइयाँ।

उपरोक्त कठिनाइयों में से समाज मनोविज्ञान के क्षेत्र में मनोवैज्ञानिक कठिनाइयों का ही विवेचन आता है। परन्तु विषय को भली प्रकार समझाने के लिये निर्वाचन और प्रतिनिधित्व सम्बन्धी कठिनाइयों को भी समझना प्रासंगिक होगा।

निर्वाचन सम्बन्धी कठिनाइयाँ

जनतन्त्र में निर्वाचन सम्बन्धी कठिनाइयाँ निम्नलिखित हैं—

(1) राजनैतिक दलबन्दियाँ—जनतन्त्रीय पद्धति में देश में एक से अधिक राजनैतिक दल होते हैं। इनमें से हर एक दल अपने-अपने दलीय स्वार्थों को लेकर जनता में झूठा सच्चा प्रचार करता है और कभी-कभी इसमें जनता के हानि लाभ की भी परवाह नहीं करता। राजनैतिक दलबन्दियों के कारण कभी-कभी तो भयंकर हत्याकांड तक हो जाते हैं। राजनैतिक, स्वार्थों को प्राप्त करने के लिये साधनों के अच्छे बुरे होने का कोई ध्यान नहीं रखा जाता और बुरे से बुरे साधन भी अपना लिये जाते हैं।

(2) चुनाव के उद्देश्यों को भुला देना—वास्तव में जनतन्त्रीय चुनावों में राजनैतिक दलबन्दी के कारण लोग चुनावों में मुख्य उद्देश्य को भूलकर केवल राजसत्ता प्राप्त करने हेतु चुनाव लड़ते हैं। न तो चुनाव लड़ने वाले ही चुनाव के उद्देश्यों को ध्यान में रखते हैं और न मतदाता ही उन पर विशेष जोर देते हैं। एक ओर तो जनतन्त्र का उद्देश्य जनता में समानता और भाईचारा स्थापित करना है, परन्तु दूसरी ओर चुनाव के दिनों में परस्पर द्वेष, प्रतिद्वन्द्विता, वैमनस्य आदि ही अधिक दिखाई पड़ते हैं। जाति, कुल और रिश्तेदारी के नाम पर वोट माँगे जाते हैं और मिलते भी हैं। पैसे के जोर से सब कहीं बहुत से वोट खरीद लिये जाते हैं। अन्य बहुत से लोगों के वोट अन्य प्रकार की सुविधायें दिलाने का लालच देकर ले लिये जाते हैं। इस प्रकार क्षुद्र स्वार्थों को लेकर राष्ट्रीय हित को तिलांजलि दे दी जाती है। सामूहिक तनाव बढ़ते हैं और वर्ग संघर्ष और भी तीव्र हो जाता है।

(3) प्रचार का कुप्रभाव—जनतन्त्रीय पद्धति में विचारों को फैलाने के लिये उसका प्रचार किया जाता है। प्रचार जनशिक्षा का एक अत्यन्त उत्तम साधन है। परन्तु जब चुनाव के मुख्य उद्देश्यों को ही भुला दिया दिया जाता है तब चुनाव के समय के प्रचार से जनता शिक्षित होने की अपेक्षा पथभ्रष्ट ही अधिक होती है। इस प्रचार में हर प्रकार के झूठ का सहारा लिया जाता है। जनता को अपने पक्ष में मोड़ने के लिये लोग हर तरह के झूठे प्रचार करते हैं इससे जहाँ एक ओर ऐसे लोग चुन लिये जाते हैं जो नितान्त अयोग्य और भ्रष्ट हैं वहाँ दूसरी ओर योग्य व्यक्ति सफलता से वंचित रह जाते हैं। चुनाव के समय प्रचार में जनता को समझाने की अपेक्षा उसके संवेगों और पक्षपातों को उत्तेजित करने की ओर अधिक ध्यान दिया जाता है।

(4) धन शक्ति का दुरुपयोग—जैसा कि पीछे बतलाया जा चुका है जनतन्त्रीय चुनाव में बहुत से वोटों को पैसे के जोर से खरीद लिया जाता है। इस प्रकार जनतन्त्रीय सरकार बहुधा पूंजीपतियों के हाथ में कठपुतली बन जाती है और वे लोग अपना स्वार्थ सिद्ध करने के लिये जनता का शोषण करते जाते हैं।

(5) चुनाव से अधिक बहिष्कार—वास्तव में जैसा कि एच॰ जी॰ वैल्स ने ठीक ही लिखा है "जनतन्त्र में हम चुनाव नहीं पाते बल्कि बहिष्कार पाते हैं।" होता यह है कि मतदाता उम्मीदवारों में चुनाव से अधिक बहिष्कार करता है अर्थात् वह यह नहीं सोचता कि इनमें से उपयुक्त व्यक्ति कौन सा है बल्कि यह देखना शुरू करता है कि किस-किस में क्या-क्या खराबियाँ हैं, किसकी उससे क्या दुश्मनी है, किससे उसे नुकसान पहुंचने की सम्भावना है, कौन दूसरी जाति का है इत्यादि? इस प्रकार वह एक के बाद एक का बहिष्कार करता चलता है और अन्त में जिसके विरुद्ध कोई विशेष बात नहीं मिलती या जिससे थोड़े से लाभ की आशा होती है उसको चुन लेता है। इस प्रकार निर्वाचन में चुनाव कम और बहिष्कार अधिक होता हैं।

प्रतिनिधित्व संबंधी कठिनाइयाँ

उपरोक्त निर्वाचन सम्बन्धी कठिनाइयों के अलावा जनतन्त्र में प्रतिनिधित्व सम्बन्धी कुछ कठिनाइयाँ हैं। इनमें से मुख्य कठिनाई उपयुक्त प्रतिनिधित्व न होने की है। आजकल राष्ट्र बड़े-बड़े होते हैं। करोड़ों को जनता में प्रत्यक्ष निर्वाचन नहीं हो सकता। इसलिये अप्रत्यक्ष निर्वाचन होता है फिर इसमें भी संदेह है कि कोई व्यक्ति अन्य व्यक्तियों का कहाँ तक प्रतिनिधित्व करता है। स्पष्ट है कि समाज में कुछ लोग शासक और कुछ शासित बन जाते हैं। तब फिर जनता की सरकार कहाँ रही? कभी-कभी ऐसा भी होता है कि सबसे अधिक प्रभावशाली दल का नेता ही शासन की बागडोर संभालता है। इस प्रकार जनतन्त्रीय शासन व्यावहारिक रूप में राजतन्त्र से भिन्न नहीं रहता। सोचने की बात है कि जो नेता लोग आम जनता से ऊंचे वर्ग से आये हैं, जिनको आम जनता से मिलने का चुनाव के दिनों के अलावा बहुत ही कम अवसर आता है, वे आम जनता के प्रतिनिधि कैसे हो सकते हैं? यदि वे अपने चुनाव क्षेत्र की समस्याओं को ओर ध्यान देते भी हैं तो वह केवल मतों को सुरक्षित करने के लिये ही।

मनोवैज्ञानिक कठिनाइयाँ

जैसा कि पीछे संकेत किया गया है, जनतन्त्र में कुछ मनोवैज्ञानिक कठिनाइयाँ भी हैं। इनमें से मुख्य अग्रलिखित हैं:—

(1) जनता में सार्वजनिक समस्याओं को समझने की क्षमता—जनता कभी भी इतनी समझदार और शिक्षित नहीं होती कि वह सार्वजनिक समस्याओं को भली प्रकार समझ सके। इसलिये लोग जनता को मूर्ख बनाकर अपना उल्लू सीधा करते रहते हैं। लिंकन ने ठीक ही लिखा है कि आप कुछ लोगों को कुछ समय तक मूर्ख बना सकते हैं परन्तु सब लोगों को सब समय तक मूर्ख नहीं बना सकते। यह ठीक है कि कोई भी नेता लम्बे समय तक जनता की आँखों में धूल नहीं झोंक सकता परन्तु कुशल लोग धूल झोंकने के लिये कुछ लोगों को तरह-तरह के लालच देकर पहले से ही अपने साथ लगा देते हैं।

(2) सार्वजनिक कार्यों में अरुचि—सार्वजनिक समस्याओं को समझने के लिये जनता में अयोग्यता ही नहीं बल्कि रुचि भी नहीं होती है। अधिकतर लोगों को अपने जीवन संघर्ष में इतना अवकाश ही नहीं मिलता कि वे सार्वजनिक समस्याओं की ओर ध्यान दे सकें। दूसरे, सार्वजनिक सुधारों से उनको सीधे-सीधे निजी लाभ अधिक नहीं होता और यदि होता भी है तो वह उनकी समझ में नहीं आता। इसलिये अधिकतर लोग सार्वजनिक कार्यों में कोई रुचि नहीं लेते। केवल चुनाव के दिनों में थोड़े समय के लिये कुछ गर्मा-गर्मी दिखलाई पड़ती है और उसके बाद अगले चुनाव तक अधिकतर लोग मानो सो जाते हैं।

(3) शक्ति की चाह—प्रसिद्ध मनोवैज्ञानिक एलफ्रेड एडलर ने लिखा है कि मनुष्य में सबसे अधिक बलवती इच्छा शक्ति की चाह (Urge to Power) है। यह शक्ति की चाह चाहे अन्य क्षेत्रों में अधिक स्पष्ट न दिखाई पड़ती हो परन्तु राजनैतिक क्षेत्र में एकदम स्पष्ट देखी जा सकती है। विभिन्न दल और विभिन्न दल के विभिन्न उम्मीदवार शक्ति प्राप्त करने के लिये ही राजनैतिक क्षेत्र में संघर्ष करते हैं और चुनाव लड़ते हैं। इस दौड़ में हर तरह के साधनों को अन्धे होकर अपनाया जाता है।

(3) सत्तारूढ़ नेताओं में परिवर्तन—चुनाव लड़ने के समय उम्मीदवार लोग ऐसा दिखाते हैं कि मानों मतदाताओं में से हर एक उनका भाई हो, उनका दोस्त हो और उनका रिश्तेदार हो। वे हर एक को पहचानते हैं, और हर एक के सामने हाथ जोड़ते हैं। वे नम्रता के पुतले हैं और सच्चे देश भक्त हैं। वे हर एक व्यक्ति की हर समस्या को सुलझाने का वायदा करते हैं और जनता से जनता की सेवा करने के लिये वोट मांगते हैं। परन्तु चुने जाने के बाद उनकी एक दूसरी ही तस्वीर सामने आती है। अब वे सत्तारूढ़ नेता हैं। वे किसी को नहीं पहचानते। वे सबसे बड़े हैं और सब उनसे छोटे हैं। चौराहे पर ड्यूटी देने वाला सिपाही भी अगर उनसे सलाम न करे तो वे उस पर हाथ छोड़ सकते हैं। किसी की क्या मजाल जो उनसे बेअदबी करे। चे चाहे जिसको जो भी बना सकते हैं, किसी को परमिट दिला दें, किसी को जेल करा दें, किसी का घर बसा दें, किसी का उजड़वा दें। अब वे सामान्य जनता की समस्याओं को एक ओर रखकर अपने-अपने रिश्तेदारों के स्वार्थ सिद्ध करने में लग जाते हैं। उनकी जिन्दगी दिन-रात दावतें खाते, षड्यन्त्र रचते और भाषण देते तथा शिलान्यास करते कटती है। उनके चारों ओर किराये के टट्टुओं और खुशामदियों का एक गिरोह रहता है जो उन्हें अपने पिछले वायदों और अपनी वर्तमान जिम्मेदारियों का अहसास ही नहीं होने देता। यह सन्तोष की बात है कि सत्तारूढ़ नेता की यह भद्दी तस्वीर देश के अधिकतर नेताओं पर लागू नहीं होती। परन्तु फिर भी इसमें कोई सन्देह नहीं कि जनतन्त्र में सत्तारूढ़ नेताओं में इस चित्र के अनुरूप व्यक्तित्व सब राज्यों में देखे जा सकते हैं।

(4) जनता में वीर पूजा की प्रवृत्ति—जनतन्त्र में एक अन्य मनोवैज्ञानिक कठिनाई जनता में वीर पूजा की प्रवृत्ति से उत्पन्न होती है। इस प्रवृत्ति के कारण जनता अपने जनतन्त्रीय अधिकारों का उपयोग नहीं करती और अन्धी होकर नेताओं की हर बात को मान लेती है। जनतन्त्र उसी देश में सम्भव है जहां पर अधिकांश नागरिक सुशिक्षित, स्वतन्त्र और विचारवान हैं, जो अपने अधिकारों को समझते हैं और उनका पूरी तरह उपयोग करते हैं। जिस देश में जनता अशिक्षित, निर्धन और नेता में श्रद्धा रखने वाली हो वहाँ जनतन्त्र के भेष में राजतन्त्र और अधिनायकवाद पलता है। भारत में इन दोनों परिस्थितियों में से बीच की स्थिति है। यद्यपि जनता में नेताओं के आलोचक भी कम नहीं हैं परन्तु फिर अन्धे भक्त भी बहुत हैं जिनके कारण नेता लोग मनमानी करते हैं।

जनतन्त्र की कठिनाइयों का निराकरण

जनतन्त्र की उपरोक्त कठिनाइयों को किसी सीमा तक अवश्य दूर किया जा सकता है। प्रतिनिधित्व सम्बन्धी कठिनाइयों को चुनाव के क्षेत्रों का योग्य आधार पर विभाजन करके दूर किया जा सकता है। चुनाव की कठिनाइयाँ सार्वजनिक शिक्षा और जागृति से दूर की जा सकती हैं। विभिन्न समस्याओं को सुलझाने के लिये कुशल व्यक्तियों की कमेटियाँ बनाकर संसद में विचार-विमर्श के समय में बचत की जा सकती है। सत्तारूढ़ नेताओं में अवांछित परिवर्तन को जनता स्वयं रोक सकती है। राष्ट्रीय चरित्र और सहयोग की भावना का विकास करके बहुत से मनोवैज्ञानिक दोषों को दूर किया जा सकता है। स्थूल रूप से जनतन्त्र की सफलता के लिये निम्नलिखित परिस्थितियों की आवश्यकता है :—

(1) सामान्य शिक्षा का उच्च स्तर—जनतन्त्र की सफलता के लिये साक्षरता की नहीं बल्कि सामान्य शिक्षा के उच्च स्तर की जरूरत है। जब तक देश के नागरिक, नागरिक जीवन के विषय में ऊँची कल्पना नहीं रखेंगे तब तक वे जनतन्त्रीय सरकार को सफलतापूर्वक नहीं चला सकते। यह शिक्षा दो प्रकार से दी जा सकती है—लोक शिक्षा और व्यावहारिक शिक्षा। लोक शिक्षा में बोलने की और समिति बनाने की स्वतन्त्रता के साथ-साथ समाचार पत्रों का विशेष महत्व है। स्वतन्त्र, जानकार और निष्पक्ष समाचार पत्र लोक शिक्षा के अग्रदूत हैं। देश के प्रत्येक नागरिक को छोटी आयु से ही सामूहिक जीवन के तत्वों के सम्बन्ध में शिक्षित करना आवश्यक है। जनतन्त्र की व्यावहारिक शिक्षा जनतन्त्रीय संस्थाओं, पंचायतों, नगरपालिकाओं तथा राजकीय संसदों और विधान सभाओं के चुनाव में भाग लेने से मिलती है।

(2) समानता—जनतन्त्र की सफलता के लिये जनतन्त्र में सामाजिक राजनैतिक और आर्थिक जीवन में समानता की आवश्यकता है। सामान्य रूप से जनतन्त्र में किसी भी व्यक्ति अथवा वर्ग को विशेषधिकार नहीं दियें जाने चाहियें। परन्तु समानता का तात्पर्य यह नहीं है कि योग्यताओं तथा अन्य बातों के आधार पर कोई भेद नहीं किया जाना चाहिये। वास्तव में समानता का असली रूप अवसर की समानता है। समानता के नाम पर लोगों में तरह-तरह के भेद नहीं हटाये जा सकते। हल्डेन ने ठीक ही लिखा है कि आप सब आदमियों को समान नहीं बना सकते क्योंकि प्रकृति बहुत अधिक प्रभावशाली है। ''एक स्त्री सुन्दर उत्पन्न होती है और दूसरी कुरूप और इससे बड़ा भारी अन्तर पड़ जाता है। एक आदमी बड़ी बुद्धि लेकर पैदा होता है और दूसरा उसके बगैर। एक का स्वास्थ्य बुरा है और दूसरे का स्वारथ्य अच्छा—समानता के उस अपूर्व

विचार को निकाल दीजिये—वह एक पुरानी धारणा है जो अनेक लोगों पर छाई रही है।'' जनतन्त्र में कुछ वर्गों को कुछ समय के लिये उनका पिछड़ापन दूर करने के लिये और अन्य लोगों के बराबर लाने के लिये कुछ विशेषाधिकार दिये जा सकते हैं। परन्तु ये अपवाद ही होने चाहिये। इस प्रकार राज्य में सभी पद उन सब लोगों के लिये खुले होने चाहियें जिनमें आवश्यक सामर्थ्य और योग्यतायें हैं। मतदान का अधिकार सभी वयस्कों को होना चाहिये। आर्थिक क्षेत्र में प्रत्येक व्यक्ति को काम मिलना चाहिये और कम से कम एक उत्तम मानव जीवन व्यतीत करने योग्य वेतन मिलना चाहिये। बेरोजगारी, भुखमरी और जीवन की अस्वास्थ्यकर दशायें जनतन्त्र के लिये घातक हैं।

(3) स्वतन्त्रता—स्वतन्त्रता जनतन्त्र में सफलता की एक मौलिक शर्त है। जान स्टुअर्ट मिल व्यक्ति की स्वतन्त्रता को सबसे अधिक मूल्यवान मानता था। परन्तु स्वतन्त्रता का अर्थ यह नहीं है कि कोई भी व्यक्ति चाहे जो कुछ करे। स्वतन्त्रता निरंकुशता न होकर आत्म-नियन्त्रण है। व्यक्ति की स्वतन्त्रता के हामी मिल ने व्यक्ति पर उन सब मामलों में नियन्त्रण करने पर जोर दिया है जिनका सम्बन्ध दूसरों से या समाज से है। स्वतन्त्रता का अर्थ यह है कि व्यक्ति अपने आत्म (Self) का पूर्ण विकास कर सकता है और उसका साक्षात्कार करने में उस पर कोई बन्धन नहीं है। सबकी स्वतन्त्रता के लिये यह आवश्यक है कि किसी के हाथ में असीम अधिकार न हों और कोई अधिकारों का दुरुपयोग न कर सके।

(4) भ्रातृत्व—जनतन्त्र की सफलता के लिये मनोवैज्ञानिक कठिनाइयों को दूर करने के लिये जनतन्त्र के सर्वश्रेष्ठ आदर्श भ्रातृत्व को प्राप्त करना सबसे अधिक जरूरी है। असली समस्या जनतन्त्रीय सरकार की नहीं बल्कि जनतन्त्रीय समाज की स्थापना है। जनतन्त्रीय समाज का सबसे मुख्य लक्षण भ्रातृत्व है। जनतन्त्रीय समाज की स्थापना के लिये जनता में हर तरह से भाईचारा बढ़ाने की चेष्टा की जानी चाहिये।

जनतन्त्र के स्वरूप, कठिनाइयों और सफलता के उपायों के विवेचन से स्पष्ट है कि यद्यपि उसमें अन्य पद्धतियों की अपेक्षा प्रगति मन्द होती है परन्तु फिर भी अन्त में वही सबसे अधिक लाभ पहुंचाती है।

सारांश

जनतन्त्र क्या है?—जनतन्त्र जनता के लिये जनता द्वारा जनता की सरकार है।

जनतन्त्र में कठिनाइयाँ—(अ) निर्वाचन सम्बन्धी कठिनाइयाँ—(1) राजनैतिक दलबन्दियाँ, (2) चुनाव के उद्देश्यों को भुला देना, (3) प्रचार का कुप्रभाव, (4) धन शक्ति का दुरुपयोग, (5) चुनाव से अधिक बहिष्कार। **(ब)** प्रतिनिधित्व सम्बन्धी कठिनाइयाँ। **(स)** मनोवैज्ञानिक कठिनाइयाँ—(1) जनता में सार्वजनिक समस्याओं को समझने की अक्षमता, (2) सार्वजनिक कार्यों में अरुचि, (3) शक्ति की चाह, (4) सत्तारूढ़ नेताओं में परिवर्तन, (5) जनता में वीर पूजा की प्रवृत्ति।

जनता की सफलता के लिए आवश्यक परिस्थितियाँ—(1) सामान्य शिक्षा का उच्च स्तर, (2) समानता, (3) स्वतन्त्रता, (4) भ्रातृत्व।

42

प्रेस की स्वतन्त्रता
(The Freedom of Press)

प्रेस के द्वारा विचारों को कागज पर छाप कर जनता तक पहुंचाया जाता है। इस प्रकार प्रेस में समाचार पत्र, साप्ताहिक, पाक्षिक, मासिक और वार्षिक पत्र-पत्रिकायें, पुस्तकें, पैम्फलेट आदि सभी आते है। इन सब के माध्यम से व्यक्ति अथवा समूह अपने विचारों, आदर्शों और मूल्यों का जनता में प्रचार करते हैं। समाचार-पत्र जनता को देश-विदेश की घटनाओं की जानकारी कराते हैं और साथ ही उनके विषय में अपनी टिप्पणी भी देते हैं। पत्रिकाओं के द्वारा विभिन्न प्रकार के साहित्य की रचना की जाती है जिनसे लोगों को विशेष-विशेष क्षेत्र में जानकारी होती है और उनका मनोरंजन भी होता है। प्रेस ने ज्ञान के प्रचार को बड़ा आसान बना दिया है। आज संसार में कहीं भी कोई घटना घटित होने पर वह अगले ही दिन दुनिया में सारे देशों में समाचार-पत्रों में प्रकाशित हो जाती है और इस प्रकार उसकी खबर घर-घर पहुँच जाती है। प्रेस के माध्यम से केवल विचारों का ही नहीं बल्कि आदर्शों और मूल्यों का भी परिवर्तन और नियन्त्रण होता है। उदाहरण के लिये साम्यवादी प्रेस साम्यवादी विचारों के साथ भौतिकवादी मूल्यों और साम्यवादी आदर्शों का भी प्रचार करता है। राजनैतिक क्षेत्र में तो अधिकतर प्रचार प्रेस पर ही निर्भर है। प्रेस की सहायता से विभिन्न-राजनैतिक दल अपने विचारों को जनता तक पहुँचाते हैं। आजकल संसार के लगभग सभी देशों में हर एक राजनैतिक दल के एक या एक से अधिक समाचार पत्र आते हैं। इनके द्वारा वे जनता में अपनी विचारधारा फैलाते हैं। हर एक घटना के अनेक पहलू होते हैं। उनमें रुचि रखने वाले विभिन्न दल उसके अपने-अपने पहलू को अधिक महत्व देकर उसकी सूचना प्रसारित करते हैं। इस प्रकार आज के युग में प्रेस जनमत का निर्माण करता हैं। आज का युग जनता का युग है। अत: स्पष्ट है कि प्रेस का कितना अधिक महत्व होगा।

प्रेस की स्वतन्त्रता

आधुनिक काल में लगभग सभी विचारशील व्यक्ति इस मत से सहमत हैं कि प्रेस स्वतन्त्र होना चाहिये। प्रेस छापेखाने को नहीं कहते बल्कि विचारों के प्रसार के उस माध्यम को कहते हैं जिसमें छापेखाने का इस्तेमाल किया जाता है। इस प्रकार प्रेस छपे हुए रूप में विचारों, मूल्यों, और आदर्शों की अभिव्यक्त करने का साधन है। अत: प्रेस की स्वतन्त्रता से तात्पर्य यह है कि

कोई भी व्यक्ति अथवा समूह अपने विचारों, आदर्शों और मूल्यों को छपे हुए रूप में जनता के सामने जैसे चाहे उपस्थित कर सकता है। इसमें सरकार की ओर से कोई रोक-टोक नहीं लगाई जा सकती। सरकार विरोधी विचारों को भी स्वतन्त्रता से अभिव्यक्त किया जा सकता है। जिस देश में प्रेस स्वतन्त्र होता है वहाँ पर लोग पत्र-पत्रिकाओं के माध्यम से अपने हर तरह के विचार को जनता में फैला सकते हैं।

प्रेस की निरपेक्ष स्वतन्त्रता

प्रेस की स्वतन्त्रता के विषय में कुछ लोग हर तरह की सीमा के विरुद्ध हैं। इस मत के अनुसार प्रेस को पूरी स्वतन्त्रता मिलनी चाहिये। यहां तक कि यदि कोई व्यक्ति अथवा समूह समाज विरोधी तथा अश्लील समझे जाने वाले विचारों को भी उपस्थित करना चाहता है तो उसमें कोई रोक टोक नहीं होनी चाहिये। इस मत के अनुसार हर व्यक्ति को जीवन के हर पहलू पर अपनी बुद्धि और अनुभव के अनुसार सोचने का अधिकार है। मनुष्य स्वतन्त्र उत्पन्न हुआ है और वह स्वतन्त्र रूप से दुनिया को देखता है। उसको यह अधिकार होना चाहिये कि वह दुनिया के बारे में जो कुछ सोचता है और जैसा अनुभव करता है उसको ज्यों का त्यों प्रकट कर सके।

निरपेक्ष स्वतन्त्रता में कठिनाइयां

प्रेस की स्वतन्त्रता के विषय में इस मत को मानने में अनेक कठिनाइयां हैं। यह तो ठीक है कि हर एक मनुष्य स्वतन्त्र है और हर एक को अपने विचार अभिव्यक्त करने का अधिकार है परन्तु प्रश्न यह है कि वह अधिकार उसको किसने दिया। मनुष्य का कोई भी अधिकार चाहे वह कितना भी प्राकृतिक समझा जाता हो उसको समाज में ही मिलता है। यदि कोई व्यक्ति जंगल में रहे तो उसको चाहे जैसा व्यवहार करने का अधिकार है परन्तु समाज में हर एक अधिकार के साथ कर्तव्य लगा हुआ है। दूसरे शब्दों में, व्यक्ति का हर एक अधिकार दूसरे व्यक्तियों के अधिकार से सीमित होता है। जहां तक मानव सुलभ अधिकारों का प्रश्न है समाज के सभी लोगों को एक से अधिकार दिये जायेंगे। अब यदि समाज के सब लोगों को अपने विचारों को अभिव्यक्त करने का अधिकार दिया गया है तो इसको सम्भव बनाने के लिये यह जरूरी है कि हर एक व्यक्ति अपने अधिकार को उसी सीमा तक प्रयोग करे जहां तक कि उससे दूसरे के अधिकार में बाधा न पड़ती हो। यदि ऐसा नहीं होता तो स्वयं उसका अधिकार भी खतरे में पड़ जायेगा क्योंकि यदि हर एक व्यक्ति अपने विचारों को चाहे जैसे अभिव्यक्त करना शुरू कर देगा तो उससे हर एक को कठिनाई होगी और अन्त में कोई भी अपने विचारों को स्वतन्त्रता से व्यक्त नहीं कर सकेगा। प्रेस की स्वतन्त्रता के विवेचन में अधिकार-कर्तव्य के इस परस्पर सम्बन्ध को ध्यान में रखना जरूरी है।

जनतन्त्र में प्रेस की स्वतन्त्रता

प्रेस की स्वतन्त्रता एक बहुत ही महत्वपूर्ण तत्व है। आज के सभ्य संसार में प्रेस की स्वतन्त्रता न होने से भारी खतरा उपस्थित हो जाता है। जिन राज्यों में प्रेस सरकार के आधीन है वहां पर सरकार विरोधी विचार और सरकार की आलोचनायें जनता और सरकार के सामने नहीं आ पातीं। इसका परिणाम यह होता है कि सरकार के कामों का मूल्यांकन नहीं हो सकता और

देश की प्रगति में बाधा पड़ती है। आजकल संसार में अधिकतर देशों में जनतन्त्रीय सरकारें हैं। जनतन्त्रीय राज्यों में एक से अधिक राजनैतिक दल होते हैं। चुने गये लोगों में जिस दल का बहुमत होता है वही दल सरकार बनाता है। बाकी दलों में जो सबसे अधिक संख्या में होता है वह विधान सभाओं में विरोधी दल का प्रतिनिधित्व करता है। जनतन्त्रीय पद्धति में इस विरोधी दल का बड़ा भारी महत्व है। सरकार की आलोचनायें करके यह उसको बराबर सचेत रखता है। जनता भी सरकार के पक्ष और विपक्ष दोनों की बातें सुनती रहती है और जब सरकार के विपक्ष में अधिक बातें इकट्ठी हो जाती हैं तो जनमत विरोधी दल के पक्ष में हो जाता है और अगले चुनाव में बहुमत से उसी की जीत होती है। इस प्रकार से शक्ति के सन्तुलन से राष्ट्र का लाभ होता है। इस प्रक्रिया में प्रेस की स्वतन्त्रता का महत्व स्पष्ट है। जनतन्त्र में प्रेस स्वतन्त्र होता है। प्रेस की स्वतन्त्रता के बिना जनतन्त्र की बात करना एक भ्रामक विचार है। जिन देशों में राज्य प्रेस पर नियन्त्रण रखता है वहां न तो साहित्य की उन्मुक्त वृद्धि हो सकती है न विचारों का स्वतन्त्र विकास हो सकता है। ऐसे देश में शिक्षा भी कुंठित हो जाती है और देश के मेधावी नागरिकों की मेधा का समुचित उपयोग नहीं हो पाता। बर्ट्रेण्ड रसल (Bertrand Russell) तथा अन्य विचारकों ने तो प्रेस की स्वतन्त्रता को किसी भी देश में सबसे ऊंची चीज माना है। यदि यह नहीं है तो आर्थिक स्तर कितना भी ऊंचा होने पर भी मानव के कल्याण को भयंकर खतरा है। अत: यह निर्विवाद सत्य है कि प्रेस को स्वतन्त्रता मिलनी चाहिये।

प्रेस की स्वतन्त्रता पर नियन्त्रण

परन्तु फिर यह भी एक निर्विवाद सत्य है कि यह स्वतन्त्रता निरंकुश नहीं हो सकती। जहां हर एक प्रेस स्वतन्त्र है अर्थात् उसको स्वतन्त्रता का अधिकार है वहां उसका यह भी कर्तव्य है कि वह दूसरे प्रेस की स्वतन्त्रता में बाधा न डाले। उदाहरण के लिये किसी भी प्रेस को यह स्वतन्त्रता नहीं हो सकती कि वह समाज विरोधी या अश्लील विचारों का प्रचार करे। उसको सरकार के कामों की अलोचना करने की स्वतन्त्रता जरूर होनी चाहियें परन्तु उसको राष्ट्रद्रोह की छूट नहीं हो सकती। बहुत से साम्प्रदायिक समाचार पत्र जनता में साम्प्रदायिकता फैलाते हैं। बहुत सी जातीय पत्र-पत्रिकायें जनता में जातिवाद उत्पन्न करती हैं। आज भारत में अनेक समाचार-पत्र क्षेत्रवाद और भाषावाद फैला रहे हैं। ऐसा करने का किसी को भी अधिकार नहीं है क्योंकि इन सबसे राष्ट्र की भयंकर हानि है। अत: प्रेस की स्वतन्त्रता का नियन्त्रण जरूरी है।

अब प्रश्न यह रह जाता है कि प्रेस की स्वतन्त्रता का नियन्त्रण कहां तक होना चाहिये। सामान्य रूप से यह कहा जा सकता है कि साहित्य पर रोक-थाम लगाना तब तक ठीक नहीं है जब तक उससे देश और समाज को कोई खतरा ही न पैदा हो जाये। यदि सरकार ने मिल्टन (Milton) रचनाओं पर नियन्त्रण लगाया तो वह सर्वथा अनुचित कहा जायेगा। साहित्य के क्षेत्र में उन रचनाओं में नियन्त्रण लगाना जरूरी है जिनसे किसी व्यक्ति अथवा समूह का अपमान होता हो, किसी के धार्मिक विचारों को ठेस लगती हो अथवा समाज में कुरुचि फैलती हो। अत: आधुनिक सभ्य देशों में अश्लील साहित्य पर सब कहीं नियन्त्रण है। समाचार-पत्रों पर भी कुछ नियन्त्रण करने की जररूत पड़ती है। उदाहरण के लिये किसी को भी समाचार पत्र में झूठी खबरें या खबरों पर गलत टिप्पणियां देने का अधिकार नहीं है। स्वतन्त्र रहने के लिये प्रेस को निष्पक्ष

रहना चाहिये अथवा कम से कम अपनी बात इस तरह कहनी चाहिए कि किसी का अपमान न हो, किसी की भावनाओं, को ठेस न लगे और किसी की स्वतन्त्रता का अपहरण न हो। हर एक प्रेस को अपने स्वस्थ विचारों को स्वतन्त्र रूप से अभिव्यक्त करने का अधिकार है। सच्ची आलोचनायें चाहे वे कटु भी हों बराबर प्रकाशित की जा सकती है। सच्चे समाचार चाहें उनसे किसी की हानि या अपमान भी क्यों न होता हो बराबर छापे जा सकते हैं। परन्तु किसी भी प्रेस को झूठी और भ्रामक बातों का प्रचार करने का अधिकार नहीं है। भ्रामक विचार और झूठे विज्ञापनों पर बराबर रोकथाम होनी चाहिये। मूल्यों और आदर्शों का अन्तर और विभिन्नता कोई बुरी बात नहीं है और न उसके अभिव्यक्त होने से कोई हानि ही हो सकती है। परन्तु नैतिकता और सदाचार के विरुद्ध बातों को पढ़ने से अपरिपक्व मस्तिष्क पर बुरा प्रभाव पड़ सकता है, इसलिये इन पर रोक लगाई जाती है। संक्षेप में प्रेस की स्वतन्त्रता पर वहां तक नियन्त्रण होना चाहिये जहां तक उनसे किसी व्यक्ति, समूह अथवा राष्ट्र की कोई हानि हो। यदि ऐसा नहीं है तो नियन्त्रण की कोई आवश्यकता नहीं हैं। दूसरें सच्चे समाचार छापने में नियन्त्रण की कोई आवश्यकता नहीं है जब तक कि उनको गुप्त रखना राष्ट्रीय हित के लिए ही आवश्यक न हो। भारत में देश के संविधान में प्रेस की स्वतन्त्रता को एक मौलिक अधिकार के रूप में माना गया है। परन्तु उपरोक्त विवेचन की पृष्ठभूमि में सरकार प्रेस पर कुछ न कुछ नियन्त्रण अवश्य रखती है।

सारांश

जनतंत्र में प्रेस की स्वतन्त्रता आवश्यक है परन्तु प्रेस को निरंकुश नहीं होना चाहिये।

43

क्रांति का मनोविज्ञान

(Psychology of Revolution)

उद्‌विकास और क्रान्ति

मानव समाज परिवर्तनशील है। यह परिवर्तन कभी तो धीरे-धीरे व्यवस्थित रूप से होता है और कभी अकस्मात् हो जाता है। पहले प्रकार के परिवर्तन को उद्‌विकास (Evolution) और दूसरे प्रकार के परिवर्तन को क्रान्ति (Revolution) कहते हैं। इस प्रकार ये दोनों ही परिवर्तन के रूप हैं। अन्तर केवल इतना है कि एक में विकास की प्रक्रिया धीरे-धीरे होती है जबकि दूसरे में एकदम परिवर्तन दिखाई पड़ता है।

क्रान्ति क्या है?

उद्‌विकास और क्रान्ति के अन्तर के विवेचन से उसका अर्थ स्पष्ट होता है। क्रान्ति शब्द का प्रयोग तीन विशेष अर्थों में किया जाता है। जब कभी किसी राज्य में कोई जनसमूह विद्रोह करता है और राज्य व्यवस्था को एक दम बदल देता है तो यह राजनैतिक क्रान्ति कहलाती है। राजनैतिक क्रान्तियाँ अधिकतर देशों के इतिहास में सामान्य घटनायें हैं। इस तरह की क्रान्तियाँ समय-समय पर होती ही रहती हैं। क्रांति सांस्कृतिक क्षेत्रों में भी होती है। किसी समाज में मूल्यों, व्यवहारों और रीति-रिवाजों आदि के आकस्मिक परिवर्तन को सांस्कृतिक क्रांति कहा जाता है। इसमें जनता के विश्वास, अभिवृत्तियाँ और आदतें आमूल चूल बदल जाते हैं। सांस्कृतिक क्रांति में धार्मिक और आर्थिक क्रांतियां भी सम्मिलित हैं परन्तु सबसे अधिक व्यापक सामाजिक क्रांति होती है। सामाजिक क्रांति में सम्पूर्ण सामाजिक व्यवस्था में भारी परिवर्तन होता है जिससे सामाजिक संस्थाओं, वर्गों, स्थितियों, कार्यों आदि के प्रतिमानों में अकस्मात् और भारी परिवर्तन होता है। यद्यपि सामाजिक क्रान्ति सबसे अधिक व्यापक प्रक्रिया है परन्तु फिर भी क्रान्ति का सबसे अधिक प्रसिद्ध रूप राजनैतिक ही है। जैसा कि किम्बाल यंग ने लिखा है, "अपने प्रयोजन के लिये हम उसकी परिभाषा एक राष्ट्रीय राज्य में शक्ति अथवा सत्ता के नये रूपों में अकस्मात् परिवर्तन के रूप में करते हैं।"[1]

---

1. "For our purposes, we may define revolution as an abrupt shift to new forms of power or authority within a nation -state."

--Young K., *A Handbook of Social Psychology*, p. 57.

क्रान्ति और युद्ध

कुछ लोग क्रान्ति को युद्ध के साथ जोड़ देते हैं। परन्तु क्रान्ति और युद्ध में अनिवार्य सम्बन्ध नहीं है। किम्बाल यंग के शब्दों में "प्रत्यक्ष हिंसा क्रान्ति का एक आवश्यक लक्षण नहीं है।"[2] क्रान्ति दो प्रकार की हो सकती है–सशस्त्र अथवा हिंसक और निशस्त्र अथवा अहिंसक क्रान्ति। मार्क्स ने पहले प्रकार की क्रांति पर जोर दिया है और उसको आवश्यक माना है। महात्मा गाँधी तथा अन्य शांतिवादी विचारक क्रान्ति के दूसरे रूप पर जोर देते हैं। इस मत के अनुसार क्रान्ति का दूसरा रूप ही स्थाई हो सकता है। हिंसक क्रान्ति से स्थाई लाभ नहीं होता क्योंकि हिंसा की प्रतिक्रिया हिंसा के ही रूप में होती है।

क्रान्ति का मनोविज्ञान

यद्यपि क्रान्ति के राजनैतिक, सामाजिक, आर्थिक तथा अन्य पहलू होते हैं परन्तु मूल रूप से वह एक मनोवैज्ञानिक प्रक्रिया है। समाज मनोविज्ञान उसके मनोवैज्ञानिक रूप का ही अध्ययन करता है। समाज मनोविज्ञान के अनुसार क्रांति के मूल में मुख्य मनोवैज्ञानिक कारक निम्नलिखित हैं–

(1) दमित चालकों का विस्फोट–बहुत से मनोवैज्ञानिकों के अनुसार क्रांति दमित चालकों का सामूहिक विस्फोट है। अधिकतर मनोवैज्ञानिक यह मानते हैं कि मनुष्य जिन इच्छाओं और प्रवृत्तियों का दमन करता है वे उसके मन से बिल्कुल निकल नहीं जातीं बल्कि उचित अवसर आने पर और भी तीव्र प्रतिक्रिया के रूप में अभिव्यक्त होती हैं। जब किसी देश में मनुष्यों की नाना प्रकार की इच्छायें और प्रवृत्तियाँ दमित हो जाती हैं तब अधिकतर लोगों में उसकी प्रतिक्रिया होती है। यही प्रतिक्रिया सामूहिक रूप में क्रान्ति का रूप धारण कर लेती है। दमित इच्छाओं की प्रतिक्रिया को फ्रॉयड ने विशेष रूप से समझाया है। सोरोकिन ने लिखा है "क्रान्ति का तात्कालिक कारण सदैव समाज में अधिकांश लोगों की मुख्य मूल प्रवृत्तियों के दमन की वृद्धि है और इन मूल प्रवृत्तियों के लिये अनिवार्य न्यूनतम सन्तुष्टियों को प्राप्त करने की असम्भाविता है।"[3] जब अधिकांश जनता की आवश्यक मूल प्रवृत्तियों का सन्तोष असम्भव हो जाता है और दमन बढ़ता जाता है तब क्रान्ति के रूप में उसकी प्रतिक्रिया होती है।

(2) अचेतन और निम्न उत्तेजनाओं की अभिव्यक्ति–लेबौं ने क्रांति को समझाने के लिये भीड़ व्यवहार से उपमा दी है। जिस तरह भीड़ व्यवहार में मनुष्यों की अचेतन और निम्न उत्तेजनायें अभिव्यक्त होती हैं, उसी तरह क्रान्ति भी इन्हीं कारणों से होती है। बहुधा देखा जाता है कि क्रांति के दिनों में जनता का व्यवहार भीड़ व्यवहार की तरह उत्तेजित, बुद्धिहीन और उद्वेगयुक्त

---

2. "Over violence is not an essential feature of revolution."
--Young, K., *A Handbook of Social Psychology, p.57.*

3. "The immediate cause of revolution is always the growth to repression of the main instincts of majority of society and the impossibility of obtaining for these instincts the necessary minimum of satisfaction."
--Sorokin P. A., *The Sociology of Revolution*, p. 383.

होता है। क्रांति में अधिकतर समाज के दलित, पीड़ित और हताश लोग भाग लेते हैं। क्रांति के समय में वे किसी की बात नहीं सुनते और सब कुछ करने को तैयार रहते हैं। बहुधा क्रांति के दिनों में ऐसे-ऐसे काम होते हैं जो बुद्धि रहते कोई भी मनुष्य नहीं कर सकता। फ्रांस की राज्य क्रांति में स्त्रियों ने भी लोगों की हत्या करके उनका खून पिया। इस प्रकार क्रांति में भयंकर निर्मतया दिखाई पड़ती है और बहुत से लोग पशुवत व्यवहार करते हैं।

(3) अचेतन इच्छाओं की अभिव्यक्ति—सिगमंड फ्रॉयड के अनुसार समाज में शोषित और पीड़ित लोग उच्च वर्ग के लोगों तथा शासकों के प्रति घृणा और विरोध की इच्छाओं को अपने अचेतन मन में संजोये रहते हैं। व्यक्ति बचपन में पिता के कठोर व्यवहार के कारण उससे घृणा करता है और बड़ा होकर यही घृणा सत्ता से करने लगता है। क्रांति में यही सामूहिक रूप से अभिव्यक्त होती है और सत्ता तथा उसके प्रतिनिधियों को नष्ट करने की चेष्टा की जाती है।

(4) अवरुद्ध सम्बद्ध आवेगों का विकास—रूसी शरीरशास्त्री पैवलोव ने क्रांति को अवरुद्ध सम्बद्ध आवेगों का विकास माना है। जब जनता के मन में बहुत से अवरुद्ध आवेग एकत्रित हो जाते हैं और मानसिक तनाव बढ़ता जाता है तब समय आने पर वे क्रांति के रूप में फूट निकलते हैं।

क्रान्ति के मनोवैज्ञानिक कारणों के विषय में विभिन्न मतों के उपरोक्त विवेचन से स्पष्ट है कि क्रान्ति का मनोवैज्ञानिक आधार विशेषतया दमित इच्छाओं और धारणाओं पर है। जैसा कि एडवर्ड्स ने लिखा है, "लोग यह अनुभव करने लगते हैं कि उनकी उचित आशायें और आदर्श दमित और भ्रष्ट किये जा रहे हैं और उनकी पूर्णतया उपयुक्त इच्छाओं और आकांक्षाओं को रोका और मसला जा रहा है।"[4] यहाँ यह ध्यान रखना आवश्यक है कि वास्तव में मनोवैज्ञानिक कारण क्रान्ति के तात्कालिक कारण न होकर मूलभूत कारण होते हैं। दूसरे शब्दों में, मनोवैज्ञानिक कारणों से मनुष्य में क्रान्ति की तत्परता उत्पन्न होती है। इस तत्परता के अभाव में चाहे कैसी भी राजनैतिक, आर्थिक और सामाजिक परिस्थितियाँ क्यों न हों क्रान्ति नहीं हो सकती। किम्बाल यंग के शब्दों में "वास्तव में हम यहाँ तक कह सकते हैं कि जब तक कि मनोवैज्ञानिक क्षण नहीं आ पहुंचता तब तक कोई भी क्रान्ति सम्भव नहीं है। क्रान्तिकारी व्यवहार के लिये, एक निश्चित तत्परता होनी चाहिये।"[5]

क्रान्ति के कारण

क्रान्ति के सांस्कृतिक कारण

जैसा कि पीछे संकेत किया जा चुका है, मनोवैज्ञानिक कारणों के अतिरिक्त क्रान्ति के

---

4. "People come to feel that their legitimate aspirations and ideals are being repressed, or perverted, that their entirely proper desires and ambitions are being hindered and thwarted."

--Edwards L. P., *The Natural History of Revolution*, p. 30.

5. "We may say in fact no revolution is possible until the psychological moment has arrived, There must be a definite readiness for revolutionary behaviour."

--Young, K., *A Handbook of Social Psychology*, p. 568.

अन्य कारण भी होते है जैसे सांस्कृतिक, राजनैतिक अथवा आर्थिक कारण। क्रान्ति में सांस्कृतिक कारणों का बड़ा महत्व है। ऑगबर्न और निमकॉफ ने लिखा है, "क्रान्ति संस्कृति में महत्वपूर्ण तीव्र परिवर्तन है।"[6] जब-जब किसी समाज में प्राचीन संस्थायें, रूढ़ियाँ, रीति-रिवाज, प्रथायें और परम्परायें समयानुसार समाज की आवश्यकताओं की पूर्ति नहीं कर पाती तो लोगों में असन्तोष और विद्रोह बढ़ने लगता है। इस विद्रोह में नगरनिवासियों का विशेष भाग है। ग्रामीण क्षेत्रों की अपेक्षा नगरों में सुझाव और प्रचार के साधन अधिक सुलभ होने के कारण नगरनिवासियों में क्रान्तिकारी विचार शीघ्र फैलते है। यूँ भी नगरनिवासी नवीनता के पक्षपाती और प्राचीन रूढ़ियों के विरुद्ध होते हैं। नगरों में श्रमिक बहुधा शोषण का शिकार होता है। इस वर्ग में क्रान्ति की चिन्गारी बड़ी शीघ्रता से फैलती है। यदि समाज में नई-नई खोजें, आविष्कार और नये विचार क्रमशः स्वाभाविक रूप से स्थान पाते रहते हैं तो क्रान्ति की आवश्यकता नहीं होती। परन्तु ऐसा नहीं हो पाता क्योंकि समाज में बहुत से लोग अपने निहित स्वार्थों के कारण पुरानी व्यवस्था को ज्यों की त्यों बनाये रखना चाहते हैं। अतः क्रान्ति अनिवार्य हो जाती है। इसमें किंवदंतियों, संवेगात्मक प्रतीकों, पौराणिक कथाओं और रूढ़युक्तियों का भी हाथ होता है। इनमें परिवर्तन होने से क्रान्ति की आग सुलगती है। "एक नवीन किंवदन्ति के उठने का अर्थ है कि लोगों की इच्छायें, विश्वास, अभिवृत्तियाँ और आदतें बदल गई हैं। नवीन किंवदन्ति एक नये स्वर्ग और नई दुनिया का वायदा हैं।"[7]

क्रान्ति के आर्थिक कारण

सांस्कृतिक कारणों के अतिरिक्त क्रान्ति के आर्थिक कारण भी महत्वपूर्ण हैं। प्रसिद्ध क्रांतिकारी कार्ल मार्क्स ने क्रांति के मुख्य कारण आर्थिक ही माने हैं। उसके अनुसार समाज में विभिन्न वर्गों में विषमता बढ़ने और ऊंचे वर्गों के द्वारा निम्न वर्ग का शोषण होने से ऐसी परिस्थिति आ जाती है जिसमें क्रान्ति अनिवार्य हो जाती है क्योंकि शोषक लोग अपनी इच्छा से अपने अधिकार छोड़ने को तैयार नहीं होते। मार्क्स ने क्रान्ति के मूल में मुख्य कारक वर्ग संघर्ष को माना है जिसका कारण धनिक वर्गों द्वारा किसानों और श्रमिकों का आर्थिक शोषण है। ये श्रमिक और किसान ही क्रांति के अग्रदूत होते हैं। यहाँ पर यह ध्यान रखना जरूरी है कि यह नहीं कहा जा सकता कि किस विशेष आर्थिक स्थिति में क्रांति अवश्य होगी। वास्तव में कभी-कभी अत्यधिक गरीब देश में भी क्रांति नहीं होती जबकि अच्छी आर्थिक स्थिति के देश में भी क्रांति हो जाती है। उदाहरण के लिये भारत में अत्यधिक निर्धनता, शोषण आदि होने पर भी श्रमिकों और किसानों ने कभी क्रांति नहीं की। दूसरी और 1918 में जर्मनी में कैसर के विरुद्ध क्रान्ति के समय जर्मन श्रमिकों की दशा बुरी नहीं थी। इसी प्रकार 1917 में अमरीकन क्रान्ति के समय वहाँ की आर्थिक

---

6. "Revolution is a rapid change of some magnitudes in culture."
   --Ogburn and Nimkoff, *A Handbook of Sociology*, p. 616.
7. "The rise of a new social myth means that the desires, beliefs, attitudes and habits of the people have been altered. The new myth is the promise of a new heaven and new earth."
   --Young, K, *A Handbook of Social Psychology*, p. 525.

स्थिति अच्छी थी। वास्तव में आर्थिक स्थिति में भी मनोवैज्ञानिक कारण काम करते हैं। चाहे कैसी भी आर्थिक स्थिति क्यों न हो यदि लोगों के मन में यह बात घर कर चुकी है कि इस आर्थिक स्थिति को बदलने की जरूरत है तो उनमें असन्तोष बढ़ता ही जायेगा और वे क्रान्ति करेंगे। श्रमिकों और किसानों का कितना ही शोषण क्यों न हो क्रान्ति तभी हो सकती है जबकि उनमें जमींदारों और पूंजीपतियों के विरुद्ध घृणा, ईर्ष्या और द्वेष की भावनायें जाग्रत हों। इसीलिये क्रांतिकारी लोग इस तरह की भावनायें भड़काने की ओर ध्यान रखते हैं।

क्रान्ति के राजनैतिक कारण

अन्त में क्रांति के राजनैतिक कारण भी कम महत्वपूर्ण नहीं हैं। विभिन्न देशों में राजनैतिक दलों और नेताओं में राजनैतिक सत्ता के लिये बराबर संघर्ष होता रहता है। अवसर का लाभ उठाकर वे जनता को अपने पक्ष में करने और अन्य दलों तथा नेताओं के विरुद्ध भड़काने की बराबर कोशिश करते रहते हैं। उदाहरण के लिये साम्यवादी दल राजनैतिक सत्ता हड़पने के लिये किसानों और मजदूरों को भड़काता रहता है। इस प्रकार राजनैतिक स्वार्थों को लेकर क्रांतियाँ होती हैं और कराई जाती हैं।

क्रांति में नेता

क्रांति के विभिन्न कारणों के उपरोक्त विवेचन से क्रांति में नेता का महत्व स्पष्ट होता है। जैसा कि किम्बाल यंग ने ठीक ही लिखा है "निश्चित रूप में क्रांति नेतृत्व के बिना नहीं उत्पन्न हो सकती।" इस तथ्य से कौन इन्कार कर सकता है कि रूस की राज्य क्रांति में लेनिन का बहुत बड़ा हाथ था। इसी प्रकार भिन्न-भिन्न देशों में राजनैतिक क्रांतियों में नेता प्रमुख भाग लेते हैं। मिश्र की क्रांति के अग्रदूत नासिर हैं। इसी प्रकार अमरीका में बैन्जामिन फ्रैंकलिन और टॉमस पेन ने वर्षों तक जनता में क्रांतिकारी विचार फूंके। भारत में गांधी जी ने अहिंसात्मक क्रांति की पृष्ठभूमि तैयार की। 1857 की जन क्रांति के नायक बहादुरशाह जफर, लक्ष्मी बाई, नाना साहब, तांत्याटोपे, अहमदशाह मौलवी आदि कुछ थोड़े से नेतागण थे। क्रांति में नेता जनता का नेतृत्व करता है। वह क्रांति को प्रारम्भ भी करता है और उसे चलाता भी है। वह लोगों को रूढ़ियों और आदर्शों पर डटे रहने या छोड़ने के सुझाव देता है। वह जनता में जागृति फैलाता है और क्रान्ति के विचारों का प्रचार करता है। फ्रांस में रूसो ने अपने क्रान्तिकारी विचारों से क्रान्ति की भूमिका तैयार की थी। ये नेतागण केवल राजनैतिक नेता ही नहीं होते। क्रान्ति में राजनैतिक, आर्थिक, सामाजिक नेताओं के अलावा कला, विज्ञान और दर्शन के क्षेत्र के नेता लोग भी महत्वपूर्ण कार्य करते हैं।

क्रांति में दलित वर्ग

जहाँ एक ओर क्रान्ति नेताओं पर आधारित है वहाँ दूसरी ओर उसमें दलित वर्ग का विशेष हाथ है। जिस तरह नेतृत्व के अभाव में क्रांति नहीं हो सकती उसी तरह दलित वर्ग के अभाव में भी क्राँति नहीं होती। नेता नेतृत्व करता है दलित वर्ग का और उसकी योजना को कार्य रूप में परिणत करता है। जब दलित और शोषित वर्ग के लोग अपनी वर्तमान स्थिति के प्रति विद्रोही हो

उठते हैं तो उनमें क्रौंति के विचार बड़ी शीघ्रता से फैलते हैं। भय, अशान्ति और असुरक्षा के विचार इन्हीं लोगों से जनसाधारण में फैल जाते हैं। ये ही क्रांति के बीज बोते हैं और उनका पोषण करते हैं। क्रांति में भाग लेने वाले लोगों में दो प्रकार के समूह देखे जा सकते हैं। लेखक, पत्रकार, दार्शनिक, नेता आदि क्रांतिकारी विचारों को जन्म देते हैं और समाज के सामने नये सुधार, योजनायें आदि रखते हैं। दूसरा समूह इन विचारों को कार्यान्वित करता है और क्रांति का झण्डा उठाता है। परन्तु क्रान्ति में दोनों का ही महत्व है।

क्रांति की मनोवैज्ञानिक प्रक्रिया

क्रांति की मनोवैज्ञानिक प्रक्रिया में चार परम्परायें मानी गईं हैं। पहली परम्परा में वे लोग आते हैं जो अत्याचारों को सहन करते हैं और सुधारों की कल्पना करते हैं। वे आशा करते हैं कि ये सुझाव कार्यान्वित किये जायेंगे। परन्तु जब ऐसा नहीं होता तो क्रांति की दूसरी परम्परा प्रस्तुत होती है जिसमें जनता निराश होकर परिवर्तन के लिये उतावली हो जाती हैं तीसरी परम्परा में जनता को और भी अधिक कठिनाइयाँ उठानी पड़ती हैं। अतः क्रांति होती है। चौथी परम्परा में जनता में पुरानी संस्थाओं के स्थान पर नई संस्थायें और नई संस्कृति दिखाई पड़ती है। इस प्रकार स्पष्ट है कि यद्यपि बाहर से देखने से ऐसा मालूम पड़ता है कि क्रांति अकस्मात् होती है परन्तु वास्तव में किसी भी अन्य घटना के समान क्रांति भी एक सतत प्रक्रिया का परिणाम है।

क्रांति में रूढ़युक्तियां, किंवदन्तियां और पौराणिक कथायें

जैंसा कि पहले बतलाया जा चुका है, क्रांति में रूढ़युक्तियों, किंवदन्तियों और पौराणिक कथाओं का महत्वपूर्ण स्थान है। जब समाज में शोषण और अव्यवस्था बढ़ती है तो प्रगतिशील लोग उनका विरोध करते हैं। क्रमशः प्रगतिशील लोगों के विचारों को लेकर समाज में कुछ किंवदन्तियां प्रचलित हो जाती हैं। इन किंवदन्तियों से जनता में उन विचारों का प्रचार होता है। इनसे लोगों के सामने समस्यायें स्पष्ट होती हैं। उनको मालूम होता है कि गरीबी और बेकारी क्यों हैं, और उनके क्या कारण हैं? क्रमशः शोषण और कुरीतियों को लेकर शोषिकों के प्रति कुछ रूढ़युक्तियाँ बन जाती हैं जिनके द्वारा उनका उपहास उड़ाया जाता है और उनकी आलोचना की जाती है तथा उनके प्रति घृणा की भावना उत्पन्न की जाती है। रूस में बूर्जुआ इसी प्रकार की रूढ़युक्ति थी। इन रूढ़युक्तियों से शोषकों और शोषितों में अन्तर स्पष्ट होता है। इनसे परस्पर संघर्ष भी उत्पन्न होते हैं।

क्रान्ति का मनोवैज्ञानिक पहलू

क्रान्ति के मनोविज्ञान के पीछे दिये गये विवेचन से क्रान्ति के विभिन्न पहलू स्पष्ट होते हैं। क्रांन्ति एक जटिल प्रक्रिया है जिसका मूल आधार मनोवैज्ञानिक है। मनोवैज्ञानिक पहलू के अलावा इसके राजनैतिक, आर्थिक और सांस्कृतिक पहलू भी महत्वपूर्ण हैं। समाज मनोविज्ञान के दृष्टिकोण से मनोवैज्ञानिक पहलू का सबसे अधिक महत्व है इस मनोवैज्ञानिक पहलू में दमित चालकों का विस्फोट, अचेतन और निम्न उत्तेजनाओं की अभिव्यक्ति, अचेतन इच्छाओं की अभिव्यक्ति और अवरुद्ध आवेगों का विकास सम्मिलित है। राजनैतिक, आर्थिक अथवा सामाजिक

पहलू में से किसी पहलू के न होने पर भी क्रान्ति हो सकती है परन्तु इस मनोवैज्ञानिक पहलू के अभाव में क्रान्ति नहीं हो सकती।

सारांश

क्रांति और उद्विकास दोनों ही परिवर्तन के रूप हैं परन्तु जबकि उद्विकास क्रमशः होता है क्रांति एकदम होती है। इस प्रकार क्रांति राज्य अथवा समाज में सत्ता के रूपों में आकस्मिक परिवर्तन है। क्रांति के लिये युद्ध आवश्यक नहीं है। क्रान्ति अहिंसक भी हो सकती है और अहिंसक क्रान्ति अनेक बातों में हिंसक से श्रेष्ठ होती है।

क्रान्ति में मनोवैज्ञानिक कारक—(1) दमित चालकों का विस्फोट, (2) अचेतन और निम्न उत्तेजनाओं की अभिव्यक्ति, (3) अचेतन इच्छाओं की अभिव्यक्ति, (4) अवरुद्ध सम्बद्ध आवेगों का विकास।

क्रान्ति के सांस्कृतिक कारण—इनमें किंवदन्तियों, संवेगात्मक प्रतीकों, पौराणिक कथाओं, रूढ़युक्तियों और क्रान्तिकारी विचारों का विशेष महत्व है।

क्रांति के आर्थिक कारण—क्रांति के आर्थिक कारणों में शोषण से उत्पन्न हुआ वर्ग संघर्ष मुख्य है।

क्रांति के राजनैतिक कारण—क्रांति के राजनैतिक कारण अनेक हो सकते हैं। भिन्न-भिन्न दलों के नेता अवसर का लाभ उठाकर देश में क्रांति कराने का प्रयास करते हैं।

इस प्रकार क्रान्ति में नेता का बड़ा महत्व है। ये नेता राजनैतिक, आर्थिक सामाजिक, कला, विज्ञान, दर्शन किसी भी क्षेत्र के हो सकते हैं। नेताओं के साथ-साथ क्रांति में दलित वर्ग का विशेष हाथ होता है। बहुधा वही क्रांति के विचारों को कार्यान्वित करता है।

क्रांति की मनोवैज्ञानिक प्रक्रिया—(1) सुधारों की आशा, (2) परिवर्तन के लिये उतावलापन, (3) क्रांति, (4) नई संस्थायें और नई संस्कृति का निर्माण।

क्रान्ति की इस प्रक्रिया में रूढ़युक्तियों, किंवदन्तियों और पौराणिक कथाओं का महत्व है। वह एक जटिल प्रक्रिया है जिसका मूल आधार मनोवैज्ञानिक है। मनोवैज्ञानिक पहलू के अभाव में राजनैतिक, आर्थिक, सामाजिक किसी भी प्रकार की क्रांति नहीं हो सकती।

44

युद्ध और शान्ति का समाज मनोविज्ञान
(Social Psychology of War and Peace)

युद्ध क्या है?

मानव समाज में युद्ध एक प्राचीन संस्था है। युद्ध सदा से होते आये हैं। किम्बाल यंग के शब्दों में, ''युद्ध मनुष्य का मानवीय संघर्ष का सबसे अधिक हिंसक रूप है, वह प्राचीनतम मानवीय संस्थाओं में से भी एक है।''[1]

युद्ध एक राजनैतिक घटना है परन्तु मुख्य रूप से वह एक विशेष प्रकार का मानव व्यवहार है। अत: उसके राजनैतिक अध्ययन से अधिक उसके मनोवैज्ञानिक अध्ययन की आवश्यकता है। समाज मनोविज्ञान, सामाजिक परिस्थितियों में और सामूहिक रूप में मनुष्य के व्यवहार का अध्ययन है। अत: समाज मनोविज्ञान युद्ध का भी मनोवैज्ञानिक अध्ययन करता है। इस मनोवैज्ञानिक अध्यबन का उद्देश्य उन मूल मनोवैज्ञानिक कारणों का पता लगना है जिनके कारण युद्ध होते हैं। यूं तो युद्ध के अनेक कारण हैं और बहुधा कुछ राजनैतिक घटनाओं से युद्ध शुरू होते हैं, परन्तु मूल रूप से दो राष्ट्रों में युद्ध उनके बीच तनाव (Tension) का परिणाम है। वास्तव में युद्ध एकदम नहीं छिड़ जाते बल्कि वे संघर्ष और तनाव की एक लम्बी स्थिति का परिणाम होते हैं। युद्ध तभी हो सकता है जबकि दोनों पक्ष युद्ध में भाग लें और उसके लिये तैयार हों। कुछ विचारकों का मत है कि मनुष्य में आक्रामकता की मूल प्रवृत्ति के कारण युद्ध होते हैं और इसलिये युद्ध बन्द नहीं किये जा सकते। युद्ध के समाज मनोविज्ञान के विवेचन से जहाँ उसके मनोवैज्ञानिक कारकों पर प्रकाश पड़ेगा वहाँ यह भी ज्ञात होगा कि युद्ध अनिवार्य है या नहीं। युद्ध अनिवार्य है या नहीं, इसके मूल में यह प्रश्न है कि युद्ध जिन मनोवैज्ञानिक कारणों से होते हैं उनको कहाँ तक बदला जा सकता है। इस सम्बन्ध में कुछ मानवशास्त्रियों ने महत्वपूर्ण खोजें की हैं जिनको ध्यान में रखना आवश्यक है।

युद्ध के मनोवैज्ञानिक कारण

यूँ तो युद्ध के बहुत से तात्कालिक कारण हो सकते हैं परन्तु मूल रूप से उसके मनोवैज्ञानिक कारण अग्रलिखित हैं :—

---

1. Young, K., *A Handbook of Social Psychology*, p. 589.

(1) आक्रामकता और युयुत्सा की प्रवृत्तियाँ—जैसा कि संकेत किया जा चुका है, कुछ विचारकों का मत है कि युद्ध आक्रामकता की मूल प्रवृत्ति के कारण होते हैं। कुछ मनोवैज्ञानिकों ने मनुष्यों में युयुत्सा की मूल प्रवृत्ति को युद्ध का कारण बतलाया है। परन्तु अनेक मानवशास्त्रियों के अध्ययनों से यह प्रमाणित हुआ है कि आक्रामकता की प्रवृत्ति जन्मजात और सार्वभौम नहीं हैं। उदाहरण के लिये न्यूगिनी के अरापेश लोग बहुत ही शान्त प्रकृति के होते हैं। फिर युद्ध आक्रामकता और युयुत्सा की अभिव्यक्ति का एकमात्र साधन नहीं कहा जा सकता है। आधुनिक मनोविज्ञान में किसी भी मूल प्रवृत्ति को अपरिवर्तनीय नहीं माना जाता। मानव की हर एक प्रवृत्ति को बड़ी सीमा तक बदला जा सकता है। यदि लोग आज तक युद्ध करते रहे हैं तो इससे यह निष्कर्ष नहीं निकलता कि युद्ध अनिवार्य है। The Causes and the Prevention of War में डनलप ने लिखा है "मूल प्रवृत्ति के दृष्टिकोण से हमारे जनजातीय पूर्वजों में स्नान न करने की मूल प्रवृत्ति थी परन्तु यद्यपि स्नान आज भी उतना लोकप्रिय नहीं है जितना उसे होना चाहिये, हम लोगों ने न नहाने की मूलप्रवृत्ति को दूर करने में पर्याप्त सफलता प्राप्त की है और नहाने की मूलप्रवृत्ति ने उसका स्थान ले लिया है। एक हजार साल पहले यह कहना उतना ही मूर्खतापूर्ण था कि क्योंकि मनुष्य साधारणतया गन्दे रहे हैं अतः इस बात की कोई आशा नहीं कि वे कभी भी साफ सुथरे होंगे जितना कि तीस साल पहले यह कहना कि क्योंकि मनुष्य हमेशा युद्ध करते रहे हैं इसलिये कोई भी शक्ति इन्हें शान्तिपूर्ण व्यक्तियों में नहीं बदल सकती।"[2]

(2) शक्ति का संकल्प और प्रभुत्व का प्रेरक—नीत्शे ने मनुष्य में शक्ति के संकल्प को सार्वभौम माना है। एडलर मनुष्य में प्रभुत्व की मूल प्रवृत्ति को सबसे अधिक महत्वपूर्ण मानता है। इस मूल प्रवृत्ति के परिणामस्वरूप प्रतिद्वन्द्विता और प्रतियोगिता बढ़ती है तथा युद्ध होते हैं। परन्तु अनेक मानवशास्त्रीय अध्ययनों से यह ज्ञात हुआ है कि प्रभुत्व का प्रेरक न तो सार्वभौम है और न जन्मजात। उदाहरण के लिये जूनी और होपी भारतीयों में प्रभुत्व की प्रवृत्ति बहुत कम दिखाई पड़ती है। वास्तव में अनेक प्रयोगों से यह सिद्ध हो चुका है कि युद्ध के व्यवहार में सीखे हुए प्रतिमान (Pattern) सम्मिलित हैं। यह ठीक है कि मनुष्य के आत्मसम्मान को चोट पहुंचने पर वह उसका प्रतिकार करना चाहता है परन्तु यह आवश्यक नहीं है कि इस प्रतिकार के लिये वह हिंसा ही करे।

(3) युद्ध की मूल प्रवृत्ति (Instinct of War)—कुछ विचारकों ने स्वयं युद्ध को ही एक मूल प्रवृत्ति मान लिया है। चीटियों तथा कुछ अन्य जीवों की जातियों में युद्ध पाया जाता है। परन्तु मानव जाति में युद्ध को जन्मजात नहीं कहा जा सकता। अपनी प्रसिद्ध पुस्तक Social Psychology of War & Peace में मार्क लिखता है कि युद्ध और शान्ति दोनों ही प्रवृत्तियाँ मनुष्य के परिवेश की दशाओं और उसकी आदतों पर निर्भर हैं। अनेक विचारकों का मत है कि जिस तरह मनुष्य युद्ध करना सीख लेते हैं उसी तरह युद्ध का न करना भी सीख सकते हैं।

(4) निहित स्वार्थ (Vested Interests)—यह एक मनोवैज्ञानिक तथ्य है कि मनुष्य स्वार्थी होता है और अपने स्वार्थ के लिये दूसरों की हानि की भी परवाह नहीं करता। इस बात

2. Dunlap, K., *The Causes and Prevention of War.*
—Jr. of Abnormal and Social Psychology, (1940), p. 48.1

को लेकर कुछ लोगों का यह विचार है कि युद्ध सामग्री बनाने वाले व्यापारी तथा बैंकर्स आदि अपने स्वार्थ सिद्ध करने के लिये युद्ध छिड़वाते हैं। इसमें कोई सन्देह नहीं कि युद्ध बहुधा निहित स्वार्थों से छेड़े जाते हैं परन्तु इससे यह निष्कर्ष नहीं निकाला जा सकता कि ऐसा होना अनिवार्य है। देखा जाता है कि युद्ध से अर्थ व्यवस्था को भारी चोट पहुंचती है और इसलिये बहुत से व्यापारी उसका विरोध भी करते हैं।

(4) उत्तेजना (Excitement) **की आवश्यकता**—मनुष्य एक से जीवन से ऊब जाता है। वह जीवन में परिवर्तन और उत्तेजना चाहता है। कुछ लोगों का विचार है कि इसीलिये युद्ध होते हैं। Men Like War में रोस्टन ने लिखा है "सेनायें वर्दी की उत्तेजना, पदों के चिन्हों का दंभ और शूरता के पदकों का गर्व प्रदान करती हैं। वहाँ नगाड़ों की अनिवार्य उत्तेजना होती है और सैनिक बैंड का नशीला सुख होता है। वहाँ झण्डों, जुलूसों, परेडों, जोरदार भाषणों के नाटकीय भाव होते हैं और माताओं, प्रेयसियों तथा जनता के द्वारा पूजित होने के यश की उत्तेजना भी होती है जो कि सेना के निकलने पर सड़कों के दोनों ओर खड़े रहते हैं।"[3] युद्ध से निस्सन्देह सैनिकों को इस प्रकार की उत्तेजनायें मिलती हैं। युद्ध के समय में कुछ लोगों को यश प्राप्त होता है। युद्ध में खतरे होते हैं और लोगों को खतरों से जूझने में आनन्द आता है। युद्ध के समय में बहुत से ऐसे काम सामान्य मान लिये जाते हैं जिनका शान्ति के समय में निषेध होता है परन्तु युद्ध से जो हानि, खून खराबी, गरीबी और कष्ट फैलते हैं उनकी तुलना में यह उत्तेजना कुछ भी नहीं है और उनको देखते हुए कोई भी समझदार और भावुक व्यक्ति युद्ध का स्वागत नहीं करेगा।

(6) मनोवैज्ञानिक संकेत (Psychological Suggestions)—युद्ध के मूल में एक अन्य मनोवैज्ञानिक कारण यह संकेत भी है कि युद्ध होना अनिवार्य है। जब यह संकेत अधिकांश जनता में फैल जाता है तो लोग युद्ध के लिये उत्तेजित हो उठते हैं और हर प्रकार के त्याग के लिये तैयार हो जाते हैं।

(7) अन्य मनोवैज्ञानिक कारण—समाज मनोवैज्ञानिक ब्रिट ने संकेत किया है कि प्रत्येक व्यक्ति के बारे में यह सच है कि नये अनुभवों, सुरक्षा, शूरता, नेतृत्व आदि की इच्छायें उसके युद्धकालीन व्यवहार को प्रभावित करती हैं। इस प्रकार युद्ध के मूल में अनेक प्रकार के मनोवैज्ञानिक कारण हो सकते हैं। कभी-कभी युद्ध के व्यवहार में लोगों में दबी हुई घृणा अभिव्यक्त होती है। युद्ध के मूल में कुछ पूर्वाग्रह और रूढ़युक्तियाँ भी काम करती है। युद्ध संकट के प्रति एक प्रतिक्रिया है देश पर संकट आने पर देश के सभी लोग हर प्रकार के कार्य के लिये प्रस्तुत हो जाते हैं। ऐसे समय में युद्ध का विकल्प उपस्थित होने पर सभी लोग उसका समर्थन करते हैं। युद्ध के मूल में एक मनोवैज्ञानिक कारण भय भी है। दूसरी ओर कभी-कभी कुछ नेताओं का

---

3. "The army offers the thrill of uniform, the vanity of chevrons, the pride of decorations for breavery. There is the irresistible excitement of the drums and the intoxicating pleasure of.... the military band. There is the melodrama of flags, pageants, parades, extravagant oratory, and the glorious thrill of being worshipped by mothers, sweethearts and the multitudes that line the boulevards"

---Rosten, L. C., *Men Like War*, p. 191.

प्रजातीय अथवा राष्ट्रीय दम्भ भी युद्ध का कारण बन जाता है। साम्राज्यवादी प्रवृत्ति युद्ध का एक सर्वविदित कारण है।

युद्ध के अन्य कारण

समाज मनोविज्ञान युद्ध के मनोवैज्ञानिक कारणों पर विचार करता है। अत: युद्ध के बहुत से कारण समाज मनोविज्ञान के विवेचन में छूट जाते हैं। युद्ध एक जटिल प्रक्रिया है। मनोवैज्ञानिक के अलावा उसके कारण राजनैतिक, आर्थिक तथा जैवकीय आदि भी हो सकते हैं। उदाहरण के लिये राजनैतिक लक्ष्यों को प्राप्त करने के लिये बहुधा युद्ध छेड़े जाते हैं। इसी प्रकार देश की आर्थिक व्यवस्था खराब होने पर जनता का ध्यान दूसरी ओर मोड़ने के लिये अनेक शासक युद्ध छेड़ देते हैं। सामाजिक संरचना में अत्यधिक भेद-भाव होने से वर्ग संघर्ष बढ़ता है जिसके परिणामस्वरूप गृहयुद्ध छिड़ सकते हैं। प्रसिद्ध अर्थशास्त्री माल्थस के अनुसार जनसंख्या ज्यामितीय क्रम से और खाने-पीने के साधन गणितीय क्रम से बढ़ते हैं। इस प्रकार कभी न कभी जनसंख्या आवश्यकता से अधिक हो जाती है। ऐसा होने पर यदि मनुष्यों की ओर से कोई उपयुक्त कदम न उठाये गये तो फिर युद्ध होते हैं। इस प्रकार उच्च जन्म दर भी युद्ध का कारण हो सकता है। अनेक सामाजिक, आर्थिक समस्यायें जैसे बेकारी, निर्धनता, दुराचार, घूसखोरी, महंगाई आदि से भी युद्ध की भावना को प्रोत्साहन मिलता है। यह एक सामान्य कहावत है कि जर, जमीन और जन युद्ध के कारण होते हैं। जमीनों के लिये युद्ध आज भी होते हैं और जर(धन) के लिये भी। मध्यकाल में स्त्रियों (जन) के लिये भी युद्ध होते थे।

इस प्रकार युद्ध के कारण अनेक हैं और उससे बचने के लिये सभी ओर से प्रयास किये जाने चाहियें। समाज मनोविज्ञान युद्ध की समस्या को स्पष्ट करता है और युद्ध रोकने के विषय में सुझाव भी देता है यद्यपि इन सुझावों पर अमल करना राजनीतिज्ञों और नेताओं के हाथ की बात है।

शान्ति के सुझाव

युद्ध को रोकने के लिये सामान्यतया वे सब उपाय काम में लाये जाने चाहियें जिनसे अन्तर्राष्ट्रीय तनाव दूर होते हैं।

Psychological Bulletin में प्रकाशित आलपोर्ट के प्रसिद्ध निबन्ध Human Nature and the Peace में अमरीकन समाचार पत्रों में दस सिद्धान्तों के एक वक्तव्य का उल्लेख किया गया है जिसमें द्वितीय महायुद्ध के समय दो हजार से अधिक अमरीकन मनोवैज्ञानिकों ने हस्ताक्षर किये थे। इस वक्तव्य के सिद्धान्तों का सारांश निम्नलिखित है [4]–

(1) युद्ध अनिवार्य नहीं है–युद्ध से बचा जा सकता है क्योंकि वह जन्मजात नहीं होता। कोई भी प्रजाति, राष्ट्र या सामाजिक समूह अनिवार्य रूप से युद्ध-प्रेमी नहीं होता। युद्धों के मूल में कुछ हताशायें और स्वार्थों के संघर्ष होते हैं। शिक्षा और सामाजिक दशाओं के सुधार से युद्ध के कारणों को दूर किया जा सकता है।

---

4. Allport, G. W., *Human Nature and the peace.* --Psychological Bulletin, (1915).

(2) शान्ति की योजना में भावी पीढ़ी का महत्व—शान्ति की योजना भावी पीढ़ी पर आधारित होनी चाहिये क्योंकि उसका स्वभाव नमनीय होता है। बालक सरलता से एकता के सिद्धान्तों को समझ सकते हैं और ऐसा व्यवहार अपना सकते हैं जिसमें साम्राज्यवाद, पक्षपात, असुरक्षा और अज्ञानता के दुर्गुण कम से कम हों।

(3) घृणा और पक्षपात पर नियन्त्रण—शिक्षा और अनुभव के द्वारा मनुष्यों के राष्ट्रीय, प्रजातीय और सामूहिक पूर्वाग्रहों और घृणा को नियन्त्रित किया जा सकता है। मनुष्य यह जान सकते हैं कि सभी प्रजातियों, राष्ट्रों और समूहों के सदस्य एक से होते हैं और एक सी ही समस्यायें, आशायें, आकांक्षायें और आवश्यकतायें भी होती हैं। इस बात को जानने से लोगों में पूर्वाग्रह दूर हो सकते हैं।

(4) समानता का प्रचार—युद्ध को रोकने और स्थाई शान्ति की स्थापना के लिए हर एक प्रकार का भेद-भाव दूर किया जाना चाहिये। धर्म, प्रजाति, राष्ट्र अथवा किसी भी अन्य भेद पर आधारित पृथक्करण की नीति से तनाव बढ़ते हैं।

(5) स्वशासन में अनावश्यक हस्तक्षेप का प्रभाव—शान्ति के लिये यह आवश्यक है कि विभिन्न राष्ट्र के लोगों को स्वशासन का अधिकार दिया जाये और साथ ही उसमें अन्य देशों की ओर से कम से कम हस्तक्षेप हो। ऐसा न होने पर जनता के अन्दर-अन्दर विद्रोह की आग सुलगती रहती है जो स्थाई शान्ति के लिये भारी खतरा है।

(6) उचित दण्ड और पुरस्कार—युद्ध में हारे हुए और युद्ध के दोषी व्यक्तियों को दण्ड और पुरस्कार देने में बड़ी बुद्धिमता से काम लेने की जरूरत है जिससे केवल दोषी व्यक्तियों को ही दण्ड मिले और निर्दोष व्यक्ति के साथ सख्ती न हो।

(7) आत्म-सम्मान बनाए रखते हुए पुनर्वास—युद्ध के दोषी राष्ट्र अथवा समूहों के समर्पण करने के बाद उनका पुनर्वास किया जाना चाहिये और उनके आत्म-सम्मान को चोट नहीं लगनी चाहिये। आत्म-सम्मान को चोट लगने पर कभी न कभी उनके विद्रोह का खतरा उपस्थित हो जाता है। आत्म-सम्मान से आत्मनिर्भरता और आत्म-विश्वास उत्पन्न होते हैं जो सहयोग के लिये बड़े आवश्यक हैं। कोई भी सहायता भीख या घूस के रूप में नहीं दी जानी चाहिये न किसी प्रकार से आत्म-सम्मान को चोट पहुँचनी चाहिये।

(8) साधारण व्यक्ति का ध्यान और सम्मान—स्थाई शान्ति जनता पर आधरित है इसलिये उसकी योजना में सर्वसाधारण लोगों की इच्छाओं को सन्तुष्ट करने का ध्यान रखना जरूरी है।

(9) सामूहिक सुरक्षा के लिए बड़ी-बड़ी इकाइयाँ—मानव सम्बन्धों का दायरा जितना ही अधिक विस्तृत होगा विश्व शान्ति उतनी ही अधिक स्थाई हो सकती है। यदि राष्ट्रों की सीमाओं के ऊपर क्षेत्रीय या अन्तर्राष्ट्रीय सरकारों की स्थापना हो सके तो इससे सामूहिक सुरक्षा अधिक सम्भव हो सकेगी।

(10) वायदों की सच्चाई—युद्ध के बाद की प्रतिक्रियाओं को सही दिशा में मोड़ने के लिये वह आवश्यक है कि युद्ध के दिनों में जो वायदे किये जायें उन पर बाद में अमल किया जाय। यदि ऐसा नहीं होता तो अविश्वास बढ़ता है और फिर से युद्ध छिड़ने की सम्भावना उत्पन्न हो जाती है।

शान्ति के लिये अन्य सुझाव

स्थाई शान्ति स्थापित करने के लिये उपरोक्त सुझावों के अलावा इस संबंध में कुछ अन्य बातों का ध्यान रखना भी जरूरी है। ये बातें निम्नलिखित हैं–

(1) शान्ति की शिक्षा–जिस तरह मनुष्य युद्ध करना सीखता है उसी तरह वह शान्ति से रहना भी सीख सकता है। इसके लिये जनता को विशेषतया नई पीढ़ी के युवक-युवतियों को शान्ति की शिक्षा देनी होगी जिससे कि वे अपने को विश्व का नागरिक समझें और अन्तर्राष्ट्रीय संगठन के सदस्य के रूप में कार्य करें।

(2) अन्तर्राष्ट्रीय सम्बन्धों का विकास–युद्ध के मूल में उपस्थित पूर्वाग्रहों, रूढ़युक्तियों आदि को दूर करने के लिये अन्तर्राष्ट्रीय सम्बन्धों का अधिक से अधिक विकास किया जाना चाहिये। इसके लिये प्रत्येक क्षेत्र में अधिक से अधिक अन्तर्राष्ट्रीय संस्थायें बनाईं जानी चाहियें। इससे अन्तर्राष्ट्रीय सहयोग बढ़ेगा और लोग एक दूसरे के सम्पर्क में आयेंगे। इससे अन्तर्राष्ट्रीय लक्ष्य उपस्थित होंगे जिनसे एकता बढ़ेगी।

(3) सामाजिक और आर्थिक कल्याण–संसार से युद्ध को स्थाई रूप से हटाने के लिये यह जरूरी है कि दुनिया में कभी भी सामाजिक और आर्थिक विषमतायें, गरीबी, असुरक्षा, हताशायें आदि न रहें। संसार के हर एक राष्ट्र में लोगों का सामाजिक और आर्थिक कल्याण किया जाना चाहिये।

उपरोक्त विवेचन से स्पष्ट है कि युद्ध को दूर करने के लिये सामाजिक, आर्थिक, राजनैतिक सभी दिशाओं में प्रयत्न करने की आवश्यकता है। यह ठीक है कि सबसे अधिक प्रयत्न मनोवैज्ञानिक क्षेत्र में करना पड़ेगा। इस दिशा में समाज मनोविज्ञान के सुझाव बड़े महत्वपूर्ण हैं।

युद्ध से अधिक शीत युद्ध

आजकल संसार के सभी राष्ट्र अन्य राष्ट्रों की दृष्टि में अपना सम्मान बनाये रखना चाहते हैं और कोई भी खुल्लमखुल्ला अन्तर्राष्ट्रीय जनमत का विरोध नहीं करना चाहता। सभी यह मानते हैं कि जोर जबर्दस्ती, हिंसा और युद्ध बुरे हैं। सभी आक्रमण के विरुद्ध हैं और आक्रमणकारी की निन्दा करते हैं। इस प्रकार एक ओर हिंसा और युद्ध के विरुद्ध जनमत तैयार हो चुका है परन्तु दूसरी ओर विभिन्न राष्ट्रों के नेताओं और दलों में राष्ट्रीय स्वार्थों को प्राप्त करने के लिये उतना ही आग्रह है जितना पहले था। आज भी अधिकतर राष्ट्र अपने राष्ट्रीय हितों के सामने दूसरे राष्ट्रों की कोई परवाह नहीं करते। आज भी वे येन केन प्रकारेण अपना उल्लू सीधा करना चाहते हैं और ऐसा करने में संसार में बदनाम भी नहीं होना चाहते। इसलिये आजकल सशस्त्र युद्ध के स्थान पर शीत युद्ध होते हैं।

शीत युद्ध में प्रचार

शीत युद्ध मनोवैज्ञानिक युद्ध है। उसका मूल शास्त्र है प्रचार। शीत युद्ध में लगे हुए राष्ट्र, विरोधी राष्ट्र के विरुद्ध रेडियो, समाचार पत्र, टेलीविजन आदि सभी साधनों का उपयोग करते हैं। प्रचार के हर एक साधन के द्वारा अपने मत को सही और विरोधी राष्ट्र के मत को गलत सिद्ध

करने की चेष्टा की जाती है। विदेशों में दूत मण्डल भेजे जाते हैं जो हर तरह से अपने राष्ट्र के पक्ष में प्रचार करते हैं। प्रचार कुछ पूर्व निश्चित उद्देश्यों के अनुसार जनमत को मोड़ देने का एक मनोवैज्ञानिक साधन है। प्रचार से जनमत अपने आप बदलता रहता है। अप्रत्यक्ष प्रचार में लोग प्रचारकों के उद्देश्यों को भी नहीं जान पाते और उनके मत बदलने लगते हैं। मतों को बदलने से विश्वासों तथा अभिवृत्तियों आदि पर प्रभाव पड़ता है और इनकी आड़ में चतुर राजनीतिज्ञ अपना स्वार्थ सिद्ध किये रहते हैं।

युद्ध और शीत युद्ध

जैसा कि पीछे संकेत किया गया है, शीत युद्ध मनोवैज्ञानिक युद्ध है। उसमें मनुष्यों के शरीर पर नहीं बल्कि उनके मस्तिष्क और मनोविज्ञान पर चोट की जाती है। युद्ध लोगों के अस्तित्व को खतरा उत्पन्न करता है जबकि शीत युद्ध उनके विचारों और अभिवृत्तियों में परिवर्तन करता है। युद्ध शस्त्रों के बल से विपक्ष को झुकाने की चेष्टा करता है। शीत युद्ध में यही कार्य अनुरोध (Persuastion) और अन्तर्राष्ट्रीय जनमत के दबाव से किया जाता है। शीत युद्ध में विपक्षी देश के नागरिकों को उनकी ही सरकार के विरुद्ध भड़काने की चेष्टा की जाती है जिससे उन पर सरकार का नियंत्रण कम हो जाता है, उनका सरकार पर से विश्वास उठ जाता है और कभी-कभी वे राज्य विरोधी कामों में लग जाते हैं।

शीत युद्ध के उद्देश्य

(1) **आत्म-रक्षा और प्रतिघात** (Defence and Deterrence)—शीत युद्ध के द्वारा एक राष्ट्र दूसरे राष्ट्र के भ्रामक प्रचार से आत्म-रक्षा करता है और उसका उन्हीं उपायों से मुंह तोड़ जवाब देकर प्रतिघात भी करता है।

(2) **विचारधारा** (Ideology) **की रक्षा**—साम्यवादी, जनतन्त्रीय और पूंजीवादी देशों में अपनी-अपनी विचारधारा की रक्षा करने के लिये और विरोधी राष्ट्रों की विचारधाराओं को खंडित करने के लिये शीत युद्ध छेड़े जाते हैं। रूस अमरीका के बीच शीत युद्ध में विचारधारा की रक्षा एक मुख्य उद्देश्य है।

(3) **जनता से अनुरोध** (Persuasion)—मनोवैज्ञानिक रूप में शीत युद्ध जनता को अपने आदर्श स्वीकार करने के लिये अनुरोध करने का एक उपाय है। इससे यह चेष्टा की जाती है कि लोग प्रचार करने वालों के आदर्शों को स्वीकार करें और विपक्षियों के आदर्श को भूल जायें।

(4) **विपक्षी सरकार का अनुरोध**—शीत युद्ध में विपक्षी सरकार का लगातार विरोध किया जाता है। उसके अच्छे कामों को भी बुरा सिद्ध किया जाता है और उसके बुरे कामों को खोद-खोदकर संसार के सामने लाया जाता है। कभी-कभी विरोधी राष्ट्र के किसी व्यक्ति को बहला फुसलाकर अपने देश में लाया जाता है और रेडियो और समाचार पत्रों आदि के माध्यम से उस व्यक्ति से उसी की सरकार के विरुद्ध प्रचार कराया जाता है। जब वह अपनी सरकार के अत्याचार की कहानी सुनाता है तो स्वाभाविक है कि सुनने वाले उस पर विश्वास कर लेते हैं और

शीत युद्ध छेड़ने वालों के उद्देश्य सिद्ध होते हैं। इस प्रकार लगातार प्रचार करके विपक्षी सरकार की शक्ति कम की जाती है और उस देश के ऐसे दलों को प्रोत्साहन दिया जाता है जो शीत युद्ध छेड़ने वालों के अनुकूल सरकार स्थापित करें।

(5) **मैत्रीपूर्ण सरकार को बनाए रखना**–ऐसी सरकार स्थापित हो जाने पर फिर उस सरकार को बनाये रखने के लिये उनके विरोधियों के विरुद्ध शीत युद्ध चलता है। इसका उद्देश्य ऐसी सरकार को बनाये रखना है जिससे मैत्रीपूर्ण सम्बन्ध बने रहे सकें और परस्पर व्यापार आदि को प्रोत्साहन मिले।

(6) **विशेष उद्देश्यों की सिद्धि के लिए**–इसी प्रकार शीत युद्ध के द्वारा किसी सरकार या किसी राष्ट्र के किसी दल को इस प्रकार प्रभावित करने की चेष्टा की जाती है कि वह कुछ राजनैतिक या आर्थिक छूट दे, किसी प्रकार के व्यापार में एकाधिकार दे या सेना को रहने की स्वीकृति दे। शीत युद्ध के दबाव से इस प्रकार के उद्देश्य सिद्ध हो जाते हैं।

(7) **शत्रु के विरुद्ध दबाव डालना**–कभी-कभी शीत युद्ध इसलिए भी छेड़ा जाता है जिससे कि कोई राष्ट्र दबाव में आकर शत्रु का पक्ष छोड़ दे और उसके विरुद्ध आर्थिक, सैनिक आदि सहायता दे। कभी-कभी इस प्रकार के दबाव डालने के लिए उस राष्ट्र को आर्थिक, सैनिक या टैक्निकल सहायता करने के लिए बाध्य किया जाता है। स्वाभाविक है कि इससे वह अपने पक्ष में आता है और विरोधी राष्ट्र से दूर हो जाता है।

शीत युद्ध के उद्देश्यों के उपरोक्त विवेचन से स्पष्ट है कि इसमें बहुधा उद्देश्यों को अप्रत्यक्ष रखा जाता है और मनोवैज्ञानिक रूप में काम लिया जाता है।

युद्धों की अपेक्षा शीत युद्ध क्यों?

शीत युद्ध उन्हीं कारणों से होते हैं जिन कारणों से पहले युद्ध होते थे। दूसरे शब्दों में, जिन बातों को लेकर पहले युद्ध लड़े जाते थे, उन उद्देश्यों को प्राप्त करने के लिये अब युद्ध नहीं लड़े जाते बल्कि उनके स्थान पर शीत युद्ध होते हैं। यह परिवर्तन क्यों हुआ? इसके कुछ विशेष कारण हैं। मुख्य कारण निम्नलिखित हैं–

(1) **आधुनिक युद्ध अत्यधिक खर्चीला है**–आजकल युद्ध पृथ्वी, वायु, जल सभी पर होते हैं और उनमें केवल सेना ही नहीं बल्कि देश की जनता को भी लग जाना पड़ता है। पहले सेनायें लड़ती रहती थीं और जनता पर कोई विशेष प्रभाव नहीं पड़ता था। आधुनिक युद्ध की परिस्थिति में सारे देश की आर्थिक व्यवस्था पर भारी बोझ पड़ता है जो कि अधिक समय तक सहन नहीं किया जा सकता। युद्ध में चाहे जीत हो या हार, उससे देश की सारी आर्थिक व्यवस्था छिन्न-भिन्न हो जाती है, जीवन स्तर गिर जाता है और गरीबी फैल जाती है। देश में अपराधों की संख्या अत्यधिक बढ़ जाती है। इस प्रकार युद्ध के बाद कितने ही वर्षों तक राष्ट्र पहली जैसी स्थिति पर नहीं आ पाता। दूसरी ओर मनोवैज्ञानिक या शीत युद्ध में जनता की आर्थिक स्थिति पर प्रभाव नहीं पड़ता। इसलिये आजकल युद्ध का स्थान शीत युद्ध ने ले लिया है।

(2) **युद्ध से सैद्धान्तिक विजय नहीं होती**–जैसा कि पहले बतलाया जा चुका है, शीत युद्ध का एक मुख्य उद्देश्य अपने सिद्धान्तों का प्रचार और विरोधी सिद्धान्तों का विनाश

करना होता है। यह काम युद्ध के द्वारा नहीं हो सकता। विचार, आदर्श या सिद्धान्त शस्त्रों से नहीं फैलाये जा सकते क्योंकि वे लादने की वस्तु नहीं है, उनको तो लोगों को स्वयं ग्रहण करना चाहिये। इसके लिये प्रचार सबसे अधिक उपयोगी साधन है। साम्यवाद और जनतन्त्रीय आदर्शों के मध्य जो संघर्ष है उसको युद्ध के द्वारा दूर नहीं किया जा सकता। इसलिये रूस और अमरीका दोनों मनोवैज्ञानिक युद्ध के द्वारा अपने सिद्धान्तों को विजयी बनाने की चेष्टा कर रहे हैं।

(3) युद्ध से सम्पूर्ण मानव जाति के विनाश का खतरा—पहले जब युद्ध होते थे तो उनमें लड़ने वालों की ही जानें जाती थीं। आधुनिक युद्ध में सैनिकों से अधिक नागरिक मारे जाते हैं। अणु शक्ति के आविष्कार के बाद अब युद्ध से सम्पूर्ण मानव जाति को खतरा उत्पन्न हो गया है। आणविक शस्त्रों से लड़े जाने वाले किसी भी युद्ध से पूरे संसार को खतरा उत्पन्न होगा। केवल वर्तमान मानव जाति को ही नहीं बल्कि इससे मानव की भावी पीढ़ियों को भी खतरा उत्पन्न होता है। कुछ वैज्ञानिकों का तो यह विचार है कि यदि संसार में कोई आणविक विश्व युद्ध होता है तो मनुष्य का नामोनिशान न बचेगा। अतः आधुनिक युद्ध दोनों पक्षों के लिये ही नहीं बल्कि तटस्थ लोगों के लिये भी घातक है। फिर, कोई भी युद्ध किसी भी समय आणविक युद्ध में बदल सकता है। इसलिये आजकल किसी भी तरह के युद्ध से बचने की चेष्टा की जाती है और उसके स्थान पर शीत युद्ध होता है।

(4) मनोवैज्ञानिक युद्ध की प्रविधियों का विकास—आजकल मनोवैज्ञानिक युद्ध के लिये नई-नई प्रविधियों का आविष्कार हुआ है जिनके द्वारा दूर-दूर के लोगों को प्रभावित किया जा सकता है। मनोवैज्ञानिक युद्ध की ये प्रविधियाँ सभी देशों के लिये सुलभ भी हैं इसलिये आजकल युद्ध का स्थान मनोवैज्ञानिक युद्ध ने ले लिया है।

(5) प्रतिरोध से विजय—जेम्स फौरसर्टल ने लिखा है, "युद्ध से बचने का सबसे अधिक निश्चित उपाय शत्रुओं के किसी भी सम्भावित समूह को यह स्पष्ट कर देना है कि हमसे युद्ध छेड़ने के खतरे इतने बड़े हैं कि वह उपयुक्त नहीं हैं।"[5] इस प्रकार युद्ध के प्रतिरोध से भी दूसरे देशों का आत्म-विश्वास खत्म करके उन पर विजय पाई जा सकती है। इसका एक उदाहरण आजकल अनेक राष्ट्रों के द्वारा किये जाने वाले अणु शस्त्रों के विस्फोट हैं। अमरीका, इंगलैड, रूस आदि खूब प्रचार करके भारी शक्ति के अणु बमों के विस्फोट के प्रयोग करते हैं ताकि दूसरे राष्ट्रों को उनकी शात्ति का ज्ञान हो और वे उनसे डरते रहें। प्रतिरोध का एक अन्य उपाय परस्पर रक्षा की संधि भी है। आजकल रूस और अमरीका तथा इंगलैंड आदि शक्तिशाली राष्ट्रों ने बहुत से राज्यों से इस तरह की संधि कर रखी है। इस तरह के गुटों में सम्मिलित राज्यों को कोई भी देश एकाएक छेड़ने का साहस नहीं करता।

शीत युद्ध की प्रक्रिया

शीत युद्ध की प्रक्रिया मनोवैज्ञानिक है। Sociological Aspects of Psychological

5. "The surest way to avoid war is to make it clear to any possible group of enemies that the risks of engaging us are too great to make it worth while."

--James Forsertal

Warfare में सौरैन्सन ने लिखा है, ''मनोवैज्ञानिक युद्ध के साधन उसके हथियार हैं। शब्द और कार्य उसके गोली बारूद हैं और उसमें यह बात शमिल है कि जिन दशाओं में ये प्रसारित किये जाते हैं वे लक्ष्यों की व्यवस्था में कार्य माने जाते हैं।''[6] इस प्रकार शीत युद्ध में अनेक प्रकार के शब्दों से काम लिया जाता है जो भिन्न-भिन्न परिस्थितियों में प्रचार, प्रेरणा, धमकी, उदाहरण, आश्वासन आदि का काम करते हैं। मनोवैज्ञानिक युद्ध की प्रक्रिया में विदेश विभाग मुख्य रूप से काम करता है। किसी-किसी देश में कुछ निजी संस्थायें भी इनमें भाग लेती हैं और कहीं-कहीं पूंजीपति लोग इनमें विशेष सहायता करते हैं।

शब्दों के प्रयोग के साधन

जैसा कि पीछे बतलाया गया है, शीत युद्ध का मुख्य साधन शब्द है। इन शब्दों का प्रयोग निम्नलिखित साधनों के द्वारा होता है:—

(1) रेडियो या टेलीविजन के द्वारा ब्राडकास्ट और प्रसार।

(2) हवाई जहाज से या बड़े-बड़े गुब्बारों से गिराये जाने वाले या डाक के द्वारा भेजे जाने वाले पर्चे।

(3) विपक्षीय सरकार को भेजे जाने वाले विरोध पत्र।

(4) संयुक्त राष्ट्र संघ जैसे अन्तर्राष्ट्रीय संगठनों में वाद-विवाद।

(5) खुले और छिपे तौर से होने वाली कूटनीतिक कार्यवाहियाँ।

(6) प्रेस कांफ्रैंस में, सरकारी मंच से, वाद-विवाद में या जनता के बीच भाषणों में सरकारी कर्मचारियों के द्वारा घोषणायें।

(7) पत्र-पत्रिकाओं, फिल्मों या समाचार पत्रों द्वारा प्रचार।

मनोवैज्ञानिक युद्ध की प्रविधियां

मनोवैज्ञानिक युद्ध में निम्नलिखित प्रविधियों को अपनाया जाता है:—

(1) शक्ति का प्रदर्शन—अणु बमों के विस्फोट के प्रयोग से, सैनिक रैलियों से तथा अन्य उपायों से शक्ति का प्रदर्शन करके दूसरे देशों को भयभीत करने की चेष्टा की जाती है।

(2) सहायता—आर्थिक, राजनैतिक, मैडिकल, टैक्नीकल अस्त्र-शस्त्र सम्बन्धी अथवा अन्य किसी भी प्रकार की सहायता देकर विभिन्न देशों को अपने प्रभाव में लाने की और विपक्षियों के विरुद्ध मोड़ने की चेष्टा की जाती है।

(3) व्यापार में भेद-भाव—किसी देश की बनी वस्तुओं का बायकॉट करके उसको दबाने की चेष्टा की जाती है। दूसरी ओर किसी अन्य देश से व्यापारिक समझौते करके उसे तरह-तरह की व्यापारिक छूट और सहायता देकर अपने पक्ष में लाया जाता है।

---

6. "The means of psychological warfare are its weapons, words and deeds are its ammunition, with the added consideration that words and circumstances under which they are conveyed often are viewed as deeds per se in the target system."
--R. Sorensen, *Social Aspects of Psychological Warfare.*

(4) कूटनीतिक सम्बन्ध—भिन्न-भिन्न देशों से सन्धि करे, कूटनीतिक सम्बन्ध जोड़कर तथा दूसरी ओर अन्य देशों से कूटनीतिक सम्बन्ध तोड़कर उन पर जोर डाला जाता है।

(5) सांस्कृतिक और व्यापारिक मेल-जेल—आजकल अपने प्रभाव के क्षेत्र को बढ़ाने के लिये अन्य राष्ट्रों में कलाकारों और साहित्यकारों के सांस्कृतिक मण्डल भेजे जाते हैं और आमन्त्रित किये जाते हैं। इसी प्रकार व्यापारिक मेलों और युवक संघों का आयोजन करके विभिन्न राष्ट्रों को बुलाया जाता है। इस मेल-जोल से कुछ लोगों के परस्पर सम्बन्ध दृढ़ होते हैं जिससे दूसरे लोगों में भय उत्पन्न होता है।

(6) विदेश में रहने वाले नागरिकों के लौटने के सम्बन्ध में कानून—इन कानूनों द्वारा कुछ लोगों को लौटने से रोक दिया जाता है जबकि अन्य लोगों को लौटने दिया जाता है।

(7) विदेशों से संदेशवहन पर नियन्त्रण—शीत युद्ध में संदेहवहन के साधनों का व्यापक रूप से प्रयोग किया जाता है। अत: विदेशों से संदेहवहन पर कड़ा नियन्त्रण रखा जाता है। समाचार पत्र आदि सैन्सर किये जाते हैं। गैर-कानूनी ट्रांसमीटर रखने वालों को कठोर दंड दिया जाता है। विदेशों में आने-जाने पर पाबन्दियाँ लगा दी जाती हैं।

(8) विदेशों में राजनैतिक दलों की स्थापना—कभी-कभी किसी देश की सरकार को कमजोर बनाने या हटाने के लिये और उसके विरुद्ध प्रचार करने के लिये उस देश में राजनैतिक दल की स्थापना की जाती है अथवा किसी विशेष राजनैतिक दल की सहायता की जाती है। साम्यवादी राष्ट्र, गैर-साम्यवादी राष्ट्रों में साम्यवादी दलों को प्रोत्साहित करके शीत युद्ध छेड़ते हैं।

मनोवैज्ञानिक युद्ध की प्रविधियों के उपरोक्त विवरण में सभी प्रविधियाँ नहीं आ जातीं। इस दिशा में नित्य नये प्रयोग हो रहे हैं और नई-नई प्रविधियाँ बराबर निकाली जा रही हैं। यद्यपि शीत युद्ध प्रत्यक्ष रूप से उतने खतरनाक नहीं मालूम पड़ते जितने कि सशस्त्र युद्ध होते हैं परन्तु फिर भी मूल रूप से वे कम खतरनाक नहीं हैं। सच तो यह है कि वे कभी-कभी सशस्त्र युद्ध से अधिक खतरनाक सिद्ध होते हैं क्योंकि युद्ध से तो सैनिकों की जानें ही जाती हैं जबकि शीत युद्ध में देश की जनता के बड़े भाग का मस्तिष्क विषाक्त हो जाता है। शीत युद्धों से तनाव की स्थिति बनी रहती है। इससे देश की सामान्य व्यवस्था में बाधा पड़ती है और अन्तर्राष्ट्रीय शान्ति को खतरा उत्पन्न होता है। चूंकि शीत युद्ध की प्रविधियाँ अधिक सूक्ष्म हैं इसलिये उन पर नियन्त्रण करना और भी कठिन है। परन्तु यह नियन्त्रण होना उतना ही जरूरी है जितना कि सशस्त्र युद्धों पर नियन्त्रण। युद्ध, चाहे वह सशस्त्र युद्ध हो या शीत युद्ध, दोनों ही हालतों में मानव के लिये घातक है। मनोवैज्ञानिक युद्ध को रोकने के उपाय निकालने में समाज मनोवैज्ञानिकों से विशेष सहायता मिल सकती है।

सारांश

समाज मनोविज्ञान में मनोवैज्ञानिक दृष्टिकोण से युद्ध का अध्ययन किया जाता है। इसलिये समाज मनोवैज्ञानिक युद्ध के मनोवैज्ञानिक कारणों का अध्ययन करता है।

युद्ध के मनोवैज्ञानिक कारण—(1) आक्रामकता और युयुत्सा की प्रवृत्तियाँ, (2) शक्ति का संकल्प, (3) युद्ध की प्रवृत्ति, (4) निहित स्वार्थ, (5) उत्तेजना की आवश्यकता, (6) मनोवैज्ञानिक संकेत, (7) अन्य मनोवैज्ञानिक कारण।

युद्ध के अन्य कारण—युद्ध एक जटिल प्रक्रिया है। मनोवैज्ञानिक के अलावा उसके राजनैतिक, आर्थिक, जैवकीय आदि कारण भी होते हैं।

युद्ध को रोकने के लिये सुझाव—युद्ध को रोकने के लिये सामान्य रूप से वे सब उपाय काम में लाये जा सकते हैं जिनसे अन्तर्राष्ट्रीय तनाव दूर होते हैं। इस सम्बन्ध में अन्य सुझाव ये हैं:—(1) युद्ध अनिवार्य नहीं है, (2) शान्ति की योजना में भावी पीढ़ी का महत्व, (3) घृणा और पक्षपात पर नियन्त्रण, (4) समानता का प्रचार, (5) स्वशासन में आवश्यक हस्तक्षेप का प्रभाव, (6) उचित दण्ड और पुरस्कार, (7) आत्म-सम्मान बनाये रखते हुये पुनर्वास, (8) साधारण व्यक्ति का ध्यान और सम्मान, (9) सामूहिक सुरक्षा के लिये बड़ी-बड़ी इकाइयाँ, (10) वायदों की सच्चाई।

शान्ति के लिये अन्य सुझाव—(1) शान्ति की शिक्षा, (2) अन्तर्राष्ट्रीय सम्बन्धों का विकास, (3) सामाजिक और आर्थिक कल्याण।

शीत युद्ध का मनोविज्ञान—आजकल युद्ध से अधिक शीत युद्ध होते हैं। शीत युद्ध मनोवैज्ञानिक युद्ध है। उसका मूल शस्त्र प्रचार है।

शीत युद्ध के उद्देश्य—(1) आत्म-रक्षा और प्रतिघात, (2) विचारधारा की रक्षा, (3) जनता से अनुरोध, (4) विपक्षी सरकार का विरोध, (5) मैत्रीपूर्ण सरकार को बनाये रखना, (6) विशेष उद्देश्यों की सिद्धि के लिये, (7) शत्रु के विरुद्ध दबाव डालना।

आजकल युद्धों के स्थान पर शीत युद्ध क्यों होते हैं—(1) आधुनिक युद्ध अत्यधिक खर्चीला है, (2) युद्ध से सैद्धान्तिक विजय नहीं होती, (3) युद्ध से सम्पूर्ण मानव जाति के विनाश का खतरा है, (4) मनोवैज्ञानिक युद्ध की प्रविधियों का विकास, (5) प्रतिरोध से विजय।

शीत युद्ध की प्रक्रिया—शीत युद्ध की प्रक्रिया मनोवैज्ञानिक है। उसके साधन हैं शब्द और कार्य। शब्दों का विरोध पत्रों, वाद-विवाद, घोषणाओं, ब्राडकास्ट, पैम्फलेट आदि के द्वारा प्रयोग किया जाता है। कूटनीतिक कार्यवाहियों और प्रचार से विशेष काम लिया जाता है।

मनोवैज्ञानिक युद्ध की प्रक्रिया—(1) शक्ति का प्रदर्शन, (2) सहायता, (3) व्यापार में भेदभाव, (4) कूटनीतिक सम्बन्ध, (5) सांस्कृतिक और व्यापारिक मेल-जोल, (6) विदेश में रहने वाले नागरिकों के लौटने के सम्बन्ध में कानून, (7) विदेशों से संदेशवहन पर नियन्त्रण, (8) विदेशों में राजनैतिक दलों की स्थापना।

उपरोक्त प्रविधियों के अलावा मनोवैज्ञानिक युद्ध की नित्य नई प्रविधियाँ निकाली जा रही हैं।

शीत युद्ध सामान्य युद्धों से कम खतरनाक नहीं हैं। समाज मनोवैज्ञानिक जहाँ उसके कारण का पता लगाता है वहां वह उन कारणों को दूर करने के लिये सुझाव भी उपस्थित करता है। परन्तु इन सुझावों को कार्यरूप में परिणित करने का उत्तरदायित्व नेताओं और राजनीतिज्ञों का है। मनोवैज्ञानिक के सहयोग से नेता और राजनीतिज्ञ तथा शासकगण शीत युद्ध को दूर करके शान्ति स्थापित कर सकते हैं।

Bibliography

Adorno, T. W. Else Frenkel-Brunswik, D. J. Levinson, and R. N. Sanford. *The Authoritarian Personality*. New York: Harper & Row, Publishers Inc., 1950.

Aldington, R. (Ed.)., *A Book of "Characters*''. New York : E. P. Dutton & Co. Inc., 1924.

Allport, G. W., *The Nature of Prejudice, Garden City.,* N. Y. Doubleday & Company, Inc., & P. E. Vernon. *Studies in Expressive Movement*, New York : The Macmillan Company, 1932. 1958.

P. E. Vernon. *A Study of Values* Roston : Houghton Mifflin Company, 1931.

Argyris, C. *Understanding Organisational Behaviour*. Homewood, III Dorsey Press, 1960.

Asch, S. E. *Social Psychology*. Englewood Cliffs, N. J. : Prentice-Hall, Inc., 1952.

Bandura, A. & R. H. Walters. *Adolescent Aggression.* New York, The Ronald Press Company, 1959.

Barnard. C. I. *The Functions of the Executive*. Cambridge. Mass : Harvard University Press, 1938.

Biderman, A. D. & H. Zimmer, (Eds.). *The Manipulation of Human Behaviour.* New York : John Wiley & Sons Inc., 1961.

Blau, P. *The Dynamics of Bureaucracy.* Chicago : The University of Chicago Press, 1955.

Bloch, H. A. & A. Niederhoffer. *The Gang : A Study in Adolescent Behaviour.* Now York : Philosophical Library Inc. 1958.

Blood, R. O. Jr. & D. M. Wolfe. *Husbands and Wives.* New York : The Free Press of Glencoe, 1960.

Bowlby, J. *Maternal Care and Mental Health.* Geneva, Switzerland : World Health Organisation, 1952.

Brown, J.S. *The Motivation of Behaviour.* New York : McGraw Hill Book Company, 1961.

Cartwright, D. & A. Zander (Eds.). *Group Dynamics: Research and Theory.* (2nd Ed.) New York : Harper & Row, Publishers Inc. 1966.

Cloward, R. A. & L. E. Ohlin, *Delinquency and Opportunity : A Theory of Delinquent Gangs.* New York : The Free Press of Glencoe, 1960.

Cohen, A. K. *Delinquent Boys, the Culture of the Gang.* New York : The Free Press of Glencoe, 1955.

Cooley, C.H. *Human* Nature *and the Social Order.* New York : Charles Scribner's Sons, 1902—Reprinted by the Free Press of Glencoe, New York, 1956.

Coser, L. *The Functions of Social Conflict.* New York : The Free Press of Glencoe, 1956.

De Fleur, M. L. & O. N. Larsen. *The Flow of Information : An Experiment of Mass Communications.* New York : Harper & Row, Publishers Inc., 1958.

Dollard, J., L. W. Doob, N. E. Miller & R. R. Sears. *Frustration and Aggression.* New Haven, Conn : Yale University Press, 1939.

Ferster, C. B. & B. F. Skinner. *Schedule of Reinforcement.* New York : Appleton-Century Crofts Inc., 1957.

Festinger, L. & H. Kelley. *Changing Attitudes Through Social Contacts,* Ann. Arbor, Mich. : Research Center for Group Dynamics, 1951.

Fieldler, F. E. *Leader Attributes and Group Effectiveness.* Urbana III : The University of Illinois Press, 1958.

Fromm, E. *Escape From Freedom.* New York : Holt, Rinehart Winston Inc., 1941.

Glueck, S. & Eleanor Glueck. *Unraveling Juvenile Delinquency.* New York : The Commonwealth Fund, 1950.

Goffman, D. *The Presentation of Self in Everyday Life.* Garden City, N. Y. : Doubleday & Company Inc., 1959.

Grant, V. W. *The Psychology of Sexual Emotions. The Basis of Selective Attraction.* New York : Longmans Green & Co. Inc., 1951.

Gross, N., W. S. Mason & A. W. McEachern. *Explorations in Role Analysis.* New York : John Wiley & Sons Inc., 1958.

Guetzkow, H. & P. H. Bowman. *Men and Hunger.* Elgin III : Brethren Publishing House, 1946.

Hare, A. P. *Handbook of Small Group Research.* New York : The Free Press of Glencoe, 1952.

Hartley, E. L. *Problems of Prejudice.* New York : King's Crown Press, 1946.

Hartley, E. L. & Ruth E. Hartley. *Fundamentals of Social Psychology.* Alfred A. Knopf Inc., 1952.

Harvey, O. J., D.E. Hunt & H. M. Schroder. *Conceptual Systems and Personality Organisation.* New York : John Wiley & Sons Inc., 1961.

Heider, F. *The Psychology of Interpersonal Relations.* New York ; John Wiley & Sons, Inc., 1958.

Homans, G. C. *The Human Group.* New York : Harcourt, Brace & World Inc. 1950.

— *Social Behaviour: Its Elementary Forms.* New York : Harcourt Brace & World, Inc., 1951.

Horney, Karen. *Neurosis and Human Growth.* New York: W. W. Norton & Company. Inc., 1950.

Hovland, C.I. (Ed.). *The Order of Presentation in Persuasion. New* Haven, Conn.: Yale University Press, 1957.

— I. L. Janis & H. H. Kelley. *Communication and Persuasions.* New Haven, Conn, : Yale University Press. 1953.

Hughes, E. C. *Men and Their Work.* New York : The Free Press of Glencoe, 1958.

Janis, I. L., *Air War and Emotional Stress: Psychological Studies of Bombing and Civil Defence.* New York : McGraw Hill Book Company, 1951.

Jennings, Helen H. *Leadership and Isolation* (2nd Ed.) New York : Longmans, Green & Co. Inc., 1950.

Kelley, G. A. *The Psychology of Personal Construct.* New York : W. W. Norton & Company,.Inc., 1955, 2 Vols.

Kirkpatrick, C. *The Family as Process and Institution.* New York : The Ronald Press Company, 1955.

Klapper, J. T. *The Effects of Mass Media.* New York : The Free Press of Glencoe, 1961.

Klein, Josephine. *The Study of Groups. London* : Routledge & Kegan Paul Ltd., 1956.

Koffka, K. *Principles of Gestalt Psychology.* New York : Harcourt, Brace and Company, 1935.

Kohler, W. *Dynamics in Psychology.* New York : Liveright Publishing Corporation, 1940.

Krech, D. & R. S. Crutchfield. *Theory and Problems of Social Psychology.* New York : McGraw Hill Book Company, 1948.

Kretschmer E. *Physique and Character.* New York : Harcourt, Brace and Company Inc., 1925.

Lazarsfield, P. F., B. R. Berelson & Hazel Gaudet. *The People's Choice.* New York : Columbia University Press, 1948.

Lecky, P. *Self Consistency : A Theory of Personality.* New York : Island Press, 1945.

Levy, D. M. *Maternal Overprotection.* New York: Columbia University Press, 1943.

Lewin, K. *A Dynamic Theory of Personality.* New York : McGraw-Hill Book Company, 1935.

—*Principles of Topological Psychology.* New York : McGraw Hill Book Company, 1936.

Libo, L. *Measuring Group Cohesiveness.* Ann. Arbor, Mich. Institute for Social Research, 1953.

Likert, R. *New Patterns of Management.* New York : McGraw Hill Book Company, 1961.

Lindzey, G. (Ed.) *Handbook of Social Psychology.* Reading, Mass Addison-Wesley Publishing Company, Inc., 1954.

Linton, R. *The Cultural Background of Personality.* New York : Appleton-Century Crofts, Inc., 1945.

McCandless, B. R. *Children and Adolescents.* New York : Holt-Rinehart and Winston, Inc., 1961.

McClelland, D. C. *Personality.* New York : William Sloane Associates, 1951.

—J. W. Atkinson, R. A. Clark, & E. L. Lowell. *The Achievement Motion.* New York : Appleton Century- Crofts, Inc., 1963.

McDougall, W. *An Introduction to Social Psychology.* London : Methuen & Co. Ltd., 1908.

Mead, A. H. *Mind, Self and Society.* Chicago : The University of Chicago Press, 1934.

Merton, R. K. *Mass Persuasion : The Social Psychology of a War Bound Drive.* New York : Harper & Row, Publishers Inc., 1946.

Merton, R. K. *Social Theory and Social Structure.* New York. The Free Press of Glencoe, 1957.

Merton, R. K., G. G. Reader & Patricia L., Kendall (Eds.). *The Student-*

Physician. Cambridge Mass : Harvard University Press, 1957.

Michaels, R. *A Summary and Interpretation of Political Parties : A Sociological Study of the Oligarchical Tendencies of Modern Democracy.* New York : The Free Press of Glencoe, 1949.

Miller, D. R. & G. E. Swanson. *The Changing American Parent.* New York : John-Wiley & Sons, Inc., 1958.

Miller, N. E. & J. Dollard. *Social Learning and Imitation.* New Haven. Conn. : Yale University Press, 1941.

Moreno, J. L. *Who Shall Survive*? (2nd Ed.) Beacon, N. Y : Beacon House Inc., 1953.

Mowrer, O. H. *Learning Theory and Personality Dynamics.* New York : The Ronald Press Company, 1950.

Murphy, G. *Personality : A Bio-Social Approach to Origins and Structure.* New York : Harper & Row, Publishers Inc., 1947.

Murray, H. A. *Explorations in Personality.* New York : Oxford University Press, 1938.

Mussen, P. H. & J. J. Conger. *Child Development and Personality.* New York : Harper & Row, Publishers Inc. 1956.

Newcomb, T. M. *Personality and Social Change: Attitude Formation in a Student Community.* New York : Holt, Rinehart and Winston Inc., 1943.

Osgood, C. E., G. J. Suck & P. H. Tannenbaum. *The Measurement of Meaning.* Urbana. ILL : The University of Illinois Press, 1957.

Parsons, T. *The Social System,* New York : The Free Press of Glencoe, 1951.

—& R. F. Bales. *Family, Socialisation and Inter- Action Process.* New York : the Free Press of Glencoe, 1955.

—T. & E. A. Shils (Eds.) *Towards a General Theory of Action.* Cambridge, Mass : Harvard University Press, 1951.

Pear, T. H. *Voice and Personality.,* London : Chapmen & Hall Ltd., 1931.

— *Personality, Appearance and Speech.* London : George, Allen & Unwin Ltd., 1957.

Peterson, Ruth C. *Scale of Attitude Toward War.* Chicago : University of Chicago Press, 1931.

Redl, F. & D. Wineman. *Children Who Hate.* New York : The Free Press of Glencoe, 1951.

Riesman, D. *The Lonely Crowd : A Study of the Changing American Char-*

acter. New Haven, Conn : Yale University Press 1950.

Rommetveit, R. *Selectivity, Intuition and Halo Effects in Social Perception,* Oslo, Norway : University Press, 1960.

— *Social Norms and Roles ? Explorations in the Psychology of Enduring Social Pressures*. Minneapolis : The University of Minnesota Press, 1955.

Schachter, S. *The Psychology of affiliation: Experimental Studies of the Sources of Gregariousness.* Stanford University Press, 1959.

Schelling, T. C. *The Strategy of Conflict.* Cambridge, Mass : Harvard University Press, 1960.

Schramm, W., J. Lyle & E. B. Parker. *Television in the Lives of Our Children*. Stanford Calif. : Stanford University Press, 1961.

Sears, R. R., Eleanor E. Maccoby & H. Levin. *Patterns of Child Rearing.* New York : Harper & Row, Publishers Inc. 1957.

Selltiz, Clair, Marie Jahoda, M. Deutsch, & S. W. Cook. *Research Methods in Social Relation.* (Rev. Ed.) New York : Holt, Rinehart and Winston Inc., 1959.

Selvin, H. C. *The Effects of Leadership.* New York : The Free Press of Glencoe, 1963.

Sheldon, W. H. & S. Stevens. *The Varieties of Temperament : A Psychology of Constitutional difference.* New York : Harper & Row, Publishers Inc., 1942.

Sheldon, W. H., S. S. Stevens & W. B. Tucker. *The Varieties of Human Physique : An Introduction to Constitutional Psychology*. New York : Harper & Row Publishers Inc., 1940.

Sherif, M. *An Outline of Social Psychology,* New York : Harper & Row, Publishers 1948.

—J. Harvey, B. J. White, W. R. Hood & Carolyn Sherif. *Experimental Study of Positive and Negative Inter-groups Attitudes between Experimentally Produced Groups.* Robbers Cave Study, Norman Okla : University of Olkahoma, 1954.

—O. J. Harvey, B. J. White, W. R. Hood & Carolyn Sherif. *Intergroup Conflict and Cooperation : The Robbers Cave Experiment,* Norman Okla : University of Book Exchange, 1961.

—& C. I. Havland. *Social Judgement : Assimilation and Contrast Effects in Communication and Attitude Change.* New Haven, Conn. : Yale University Press, 1961.

Smith, M. B., J S. Bruner, & R. W. White. *Opinions and Personality,* New York : John Wiley & Sons. Inc., 1956.

Stern, G. G., I. Stein, & B. S. Bloom. *Methods in Personality Assessment : Human Behaviours in Complex Social Situations*. New York : The Free Press of Glencoe, 1956.

Summer, W. G. *Folkways : A Study of the Sociological Importance of Usages, Manners, Customs, Mores and Morals.* New York : Dover Publication Inc., 1906.

Tagiuri, R. & L. Petrullo (Eds.) *Person Perception and Inter-Personal Behaviour.* Stanford, Calif. : Stanford University Press, 1958.

Tarde. G. *The Laws of Limitation.* (Trans. by E. C. Parsons) New York : Henry Holt and Company Inc., 1903.

Thibaut, J W. & H. H. Kelley. *The Social Psychology of Groups.* New York : John Wiley & Sons, Inc., 1959.

Thurstone, L. L & E. J. Chave. *The Measurement of Attitude*, Chicago : The University of Chicago Press, 1929.

Verba, S. *Small Groups and Political Behaviour : A Study of Leadership.* Princeton, N. J. : Princeton University Press, 1961.

Waller, W. & R. Hill. *The Family.* New York : Holt, Rinehart and Winston, Inc., 1951.

Wats, A. F. *The Language and Mental Development of Children*. Boston : D. C. Heath, 1944.

Whiting, J. W. M. & I. L. Child. *Child Training and Personality*-New Haven, Conn : Yale University Press, 1953.

Williams, R. M., Jr. *The Reduction of Inter-group Tensions.* New York : Social Science Research Council, 1947.

Winch, R. F. *Mate-Selection : A Study of Complementary Needs.* New York : Harper & Row, Publishers Inc. 1958.

Winch, R. F. *Identification and Its Familial Determinants. Indianapolis :* The Bobbs-Merrill Company Inc., 1962.